GUIA DE USO
DO PORTUGUÊS

FUNDAÇÃO EDITORA DA UNESP

Presidente do Conselho Curador
Mário Sérgio Vasconcelos

Diretor-Presidente
Jézio Hernani Bomfim Gutierre

Superintendente Administrativo e Financeiro
William de Souza Agostinho

Conselho Editorial Acadêmico
Danilo Rothberg
Luis Fernando Ayerbe
Marcelo Takeshi Yamashita
Maria Cristina Pereira Lima
Milton Terumitsu Sogabe
Newton La Scala Júnior
Pedro Angelo Pagni
Renata Junqueira de Souza
Sandra Aparecida Ferreira
Valéria dos Santos Guimarães

Editores-Adjuntos
Anderson Nobara
Leandro Rodrigues

GUIA DE USO
DO PORTUGUÊS
Confrontando regras e usos

Maria Helena de Moura Neves

2ª edição

editora
unesp

© 2010 Editora UNESP

Direitos de publicação reservados à:
Fundação Editora da UNESP (FEU)

Praça da Sé, 108
01001-900 – São Paulo – SP
Tel.: (0xx11) 3242-7171
Fax: (0xx11) 3242-7172
www.editoraunesp.com.br
www.livrariaunesp.com.br
atendimento.editora@unesp.br

CIP – Brasil. Catalogação na fonte
Sindicato Nacional dos Editores de Livros, RJ

N425g
2.ed.

Neves, Maria Helena de Moura
  Guia de uso do português: confrontando regras e usos / Maria Helena de Moura Neves. – 2.ed. – São Paulo: Editora Unesp, 2012.
  830p.

  ISBN 978-85-393-0231-4

  1. Língua portuguesa – Gramática.   2. Língua portuguesa – Uso.   I. Título.

12-1611.   CDD: 469.5
                                                     CDU: 811.134.3'36

Índice para catálogo sistemático:
1. Português: Uso: Linguística aplicada   469.8

Editora afiliada:

A

Filipe,
Gustavo,
Daniela,
Camila,
Leonardo,
Fernando,
Melina.

Ao Luís Roberto e à Lúcia Helena.
E ao Geraldo.

Ao CNPq,
pela bolsa de pesquisa que
permitiu a realização do trabalho.

Prefácio

Maria Helena de Moura Neves traz a público seu *Guia de uso do português*. Alguém poderia apressadamente pensar que se trata de mais um desses "consultórios gramaticais" que as editoras vêm lançando à exaustão no mercado. Longe disso. O próprio nome da ilustre linguista e o rigor com que tem pautado sua produção científica são garantia de que este não é mais um trabalho vindo à luz para repetir acriticamente um catálogo de prescrições gramaticais ditadas pela tradição ou uma lista de normas sem fundamento, arbitradas por aqueles que teimam em se nomear legisladores da língua. Sua monumental *Gramática de usos do português* (São Paulo, Editora UNESP, 2011, 1005p.) é ao mesmo tempo testemunha de sua seriedade e fiança segura do alto padrão de qualidade do presente trabalho.

Quando se fala em norma linguística, há basicamente duas atitudes diante dessa questão. Uma, estreitamente prescritivista, é adotada por aqueles que concebem a língua como um fato homogêneo (onde só cabe a bipolaridade do certo e errado) e estático (onde não ocorrem mudanças: o que era deve continuar a ser). Segundo esse ponto de vista, cabe aos estudiosos do idioma ditar o que se deve e o que não se deve dizer. Outra é a tese daqueles que consideram as questões de norma um falso problema, vendo-as como um fato de dimensões sociais, que serve para marcar a superioridade de um grupo sobre outro. Paradoxalmente, os adeptos dessa segunda posição são os mesmos que enfatizam a função social da linguagem e rejeitam as teorias linguísticas que concebem a língua como um sistema autônomo, alheio aos condicionamentos sociais. Quando se observa a linguagem em sua dimensão social, é preciso levar em conta que as situações de comunicação são diversas e que cada uma delas exige um dado padrão linguístico. Em outros termos, a norma ajustada a uma circunstância é discrepante em outra. A variedade de circunstâncias de comunicação não é um fato das sociedades de classe, mas é inerente à diversidade dos fazeres práticos e simbólicos em que os homens se engajam.

O descaso de certos estudiosos da linguagem pelo problema dos usos e, por consequência, das normas abriu espaço para o surgimento de toda sorte de "defensores" da língua, que decretam ou arbitram o que se pode e o que não se pode dizer. Para dar resposta a uma necessidade real dos usuários, dada a variedade de usos impostos pelas várias circunstâncias de comunicação, esses "especialistas", sem levar em conta o caráter intrínseco da diversidade linguística e sem fundamentar cientificamente suas opiniões, não se constrangem em contribuir para perpetuar crendices sobre o desempenho linguístico dos falantes, como é o caso da afirmação de que o povo não sabe falar português, ou sobre a decadência ou decomposição de nosso idioma. Diante da incapacidade de controlar todas as variáveis do fenômeno linguístico, não se vexam de reduzir a uma questão de certo ou errado a maravilhosa complexidade da linguagem humana.

O *Guia de uso do português*, de Maria Helena de Moura Neves, foi concebido em oposição a esses dois pontos de vista sobre a norma. Essa oposição não é apenas uma intenção exposta na apresentação do livro, como uma proclamação de princípio, mas se confirma na explicação de cada uso, na organização de cada verbete, na seleção do que vai ser examinado. Recusa o unilateralismo e o simplismo das formulações expostas acima, para construir um discurso bem fundamentado sobre o uso linguístico, que se assenta não sobre opiniões preconcebidas, mas sobre um minucioso, exaustivo e paciente trabalho de pesquisa.

Para compreender melhor as concepções que serviram de base para a elaboração deste *Guia*, vamos aprofundar o conceito de norma. O termo *norma* tem duas acepções básicas: a) regra que determina como alguma coisa deve ser; modelo de alguma coisa; preceito a ser seguido; b) estado habitual; costume concordante com a maioria dos casos; o que é de uso corrente. Na primeira acepção, temos a determinação de um ideal, a orientação do que deve ser; na segunda, temos a constatação do real, a descrição do que de fato é. O *dever ser* marca a diferença entre o que existe e o que regula a existência, enquanto o *ser* não leva em conta necessariamente a prescrição da regra. Numa língua, como o português, a palavra *norma* corresponde, de um lado, à ideia de obediência a um preceito, de julgamento de valor; de outro, à concepção de média, de frequência estatística, de tendência geral ou habitual. Cada um desses sentidos produziu um adjetivo diferente: *normativo* está relacionado ao primeiro significado; *normal*, ao segundo. Com efeito, *normativo* implica conformidade com uma regra e corresponde melhor à ideia tradicional de gramática como a "arte de escrever e de falar corretamente". *Normal* diz respeito à determinação e à descrição de uma normalidade, de um fato corrente e geral e, por isso, está relacionado ao uso.

GUIA DE USO DO PORTUGUÊS

Os compêndios que chamamos de "consultórios gramaticais" são normativos e uma das suas características mais perturbadoras é a total despreocupação com definir os critérios em que se baseiam para decretar a correção ou a incorreção de determinado uso linguístico. O resultado não poderia ser outro: com base em critérios discordantes – muitas vezes forjados para justificar usos pontuais –, só se podem esperar resultados desencontrados; o que é correto, na interpretação de um, vem tachado de incorreção na opinião de outro.

Esse procedimento produz dois efeitos indesejáveis: confirmar a impressão generalizada de que os gramáticos é que definem o certo e o errado em língua; engrossar o coro dos que não veem possibilidade de tratar com objetividade científica essa questão, já que ela depende da opinião de sujeitos sobre objetos que não se submetem a nenhum princípio de regularidade.

Ultimamente, para dar mostras de avanço teórico e exibir familiaridade com as modernas concepções da sociolinguística, alguns consultores gramaticais têm usado o ajustamento à norma culta escrita como critério para definir o uso correto ou mais aconselhável. Mesmo desprezando o caráter discriminatório implicado nos adjetivos *correto* e *aconselhável*, o critério adotado por esses consultores não está livre de objeção. Não se pode garantir se um uso está ou não de acordo com a norma culta escrita, sem proceder a um levantamento criterioso, baseado em pesquisa de córpus e não no palpite de uma suposta autoridade.

O livro que Maria Helena de Moura Neves acaba de lançar, sob o cuidadoso título de *Guia de uso do português*, é o primeiro trabalho que, baseado em critérios científicos, nos diz se um determinado uso está ou não de acordo com a norma da língua culta escrita. Profunda conhecedora da tradição gramatical, com suas regras, com suas prescrições, tem plena noção de todo o preceituário normativista dos nossos compêndios gramaticais. Por outro lado, conhece muito bem, por sua minuciosa pesquisa em um córpus de mais de 80 milhões de ocorrências, como estão sendo distribuídas as diferentes formas no uso vivo da língua, ou seja, aquilo que é normal. Apresenta para o falante o que determina a tradição gramatical e também as variantes consagradas pelo uso. Mostra as divergências entre o que se determina que deve ser e o que é. Utilizando-se de dados de frequência, revela que, muitas vezes, o que é prescrito não ocorre e o que é vetado é o que, de fato, está em uso. Dessa forma, mostra o uso real das formas linguísticas. Sabe ela que as normas linguísticas não são externamente decididas por um conselho de sábios, que determina o que se deve e o que não se deve dizer. Ao contrário, guiada por um antiquíssimo preceito dado pelo poeta Horácio, em sua *Arte poética,* de que o uso é o mestre absoluto da língua (*si uolet usus/ quem penes arbitrium est et jus et norma loquendi*) (vv. 71-72), deixa à escolha do falante a decisão entre utilizar o que diz a tradição e o que é normal.

11

Um prescritivista estreito, ao ouvir que o único senhor da língua é o uso, costuma bradar que se pretende instaurar o vale-tudo linguístico. Não é verdade. A pesquisa de Maria Helena de Moura Neves foi feita em textos escritos por falantes cultos da língua: literatos, jornalistas, parlamentares etc. Na verdade, mesmo dentro da variante culta escrita não existe a cômoda uniformidade decretada pelos preceptistas, que, na dificuldade de encontrar uma descrição satisfatória e abrangente da língua, escapam do problema, forçando os fatos a se acomodarem à versão dada por eles.

Como todos sabemos, cada texto constrói uma imagem do seu leitor, que é também um sujeito produtor do texto, porque, como um filtro, determina as opções conscientes ou inconscientes do enunciador. Os "consultores gramaticais" constroem uma imagem do leitor como um ser passivo, que reclama uma resposta única, explicada com um argumento fácil. Do alto do "Monte Sinai" ditam para ele a lei a ser cumprida, sem qualquer questionamento. Maria Helena de Moura Neves constrói uma imagem do leitor como um ser inteligente, dotado de liberdade, que é capaz de pesar as implicações socioculturais de cada uso e de fazer uma opção entre o que a tradição prescreve e os usos reais. Não subestima a capacidade de escolha do leitor e deixa por sua conta a decisão. Sabe ela muito bem que a seleção é uma das operações intrínsecas a todo ato de fala e, por isso, ela deve ser exercida sempre e em toda a sua plenitude.

É preciso saudar o aparecimento deste *Guia de uso do português*, porque ele se fundamenta em uma concepção que leva em conta a complexidade da linguagem, porque se baseia num trabalho de pesquisa e não na reprodução comodista do que outros disseram, porque deixa ao usuário a possibilidade de refletir sobre as formas linguísticas e escolher aquela que, por diferentes razões, julga a mais conveniente.

Francisco Platão Savioli
José Luiz Fiorin

Apresentação

1. Esta obra tem como público-alvo qualquer pessoa – estudante, profissional ou simples falante da língua portuguesa – que, em algum momento de desempenho linguístico, sinta algum tipo de dificuldade na formulação de seu enunciado.

2. A obra não pretende ser um tira-dúvidas calcado nas fórmulas normativas que vêm sendo repetidas nos diversos livros do tipo "consultório gramatical" que se encontram no mercado. Organizada a partir de um estudo exaustivo dos usos vigentes no português contemporâneo do Brasil,[1] ela busca, em primeiro lugar, informar exatamente como estão sendo usadas pelos falantes as formas da língua portuguesa.[2] O ponto-chave é que **O USO PODE CONTRARIAR AS PRESCRIÇÕES QUE A TRADIÇÃO VEM REPETINDO**, e o falante – particularmente aquele que usa de modo especial a linguagem nas suas atividades profissionais – terá de conhecer os dois lados da questão:

– O MODO COMO OS MANUAIS NORMATIVOS DIZEM QUE "DEVE SER" OU "NÃO DEVE SER",

e

– O MODO COMO, REALMENTE, "É".

---

1 Amostras do estudo que venho empreendendo estão, especialmente, na *Gramática de usos do português* (São Paulo: Editora UNESP, 2011, 1005p.) e nos sete volumes da série *Gramática do português falado* até agora editados (Campinas: Editora da Unicamp, 1990 a 2000), a primeira para a modalidade escrita do português e a segunda, para a modalidade falada (mais especificamente, os inquéritos da Norma Urbana Culta – Nurc).

2 Os usos comentados foram observados num córpus de oitenta milhões de ocorrências do português escrito contemporâneo do Brasil, que abrange textos dos tipos romanesco, oratório, técnico-científico, jornalístico e dramático, o que garante grande representatividade. A própria modalidade falada está

3. Com esse conhecimento seguro – porque baseado em pesquisa de ocorrência e, quando necessário, também de frequência – o consulente, avaliando a situação em que, no momento, produz seu enunciado, poderá decidir se o pauta pelas normas tradicionalmente determinadas, para garantir o padrão necessário naquela situação particular de uso linguístico, ou se – às vezes com grande benefício para a eficiência comunicativa – "afrouxa" os moldes pelos quais pauta a forma daquilo que diz, escudado na frequência de uma determinada ocorrência, ou nos tipos de texto em que ela está presente. É extremamente revelador o fato de que, por vezes, um determinado modo de construção recomendado como padrão por todos os livros normativos (um repetindo o outro) não ocorre nem uma vez em um córpus tão extenso e representativo. Na contraparte, em certos casos, um determinado modo de construção vetado pelas lições normativas tradicionais é justamente o único que está em uso. Esses, na verdade, são os casos extremos, pois há, também, usos recomendados e usos não recomendados que se equilibram na frequência, e que, muitas vezes, se distribuem segundo a especificidade da aplicação, isto é, que se encontram em tipos de textos de registros diferentes (por exemplo, culto ou popular, formal ou coloquial etc.), fato que vai constituir um seguro **GUIA DE USO** para o consulente da obra.

4. Tudo isso os usuários da língua têm o direito de saber, e alguém tem de dizer a eles a verdade sobre os usos da língua, quebrando a falsa lição, sem discussão vendida, de que na língua não existe variação (ou é "certo" ou é "errado") e não existe mudança (se um dia "era", hoje "é"). Levar a eles essa informação é um dever daqueles que, profissionalmente, têm sob sua responsabilidade, nas nossas instituições, o estudo da teoria e da análise linguística, por exemplo os professores universitários de Linguística e de Língua Portuguesa.

NÃO SE NEGA, ABSOLUTAMENTE, O VALOR DA NORMA-PADRÃO E A NECESSIDADE DE SUA DIVULGAÇÃO. Pelo contrário, essa divulgação este livro também faz, e explicitamente, pois acredita-se que é exatamente **O CONHECIMENTO DAS REGRAS, CONFRONTADAS COM A SITUAÇÃO REAL DE USO, QUE PERMITIRÁ QUE O USUÁRIO FAÇA SUAS ESCOLHAS PARA MELHOR DESEMPENHO LINGUÍSTICO**, o qual, se tem de ser eficiente, então tem também de ser socialmente adequado. O que ocorre é que uma proposição de "certo" e de "errado", decidida por palavra de autoridade e perpetuada por inércia, alijada

---

indiretamente representada na simulação que dela fazem as conversações que constituem as peças teatrais incluídas na amostra. Esse córpus, que está disponível, em meio digital, no Laboratório de Estudos Lexicográficos da Faculdade de Ciências e Letras da UNESP, câmpus de Araraquara, é o mesmo que serviu à elaboração da *Gramática de usos do português*, referida na nota 1, e ao *Dicionário de usos do português*, que foi coordenado por Francisco da Silva Borba, e do qual sou coautora (São Paulo: Editora Ática, 2002).

de uma reflexão que tenha base na própria linguagem, não pode ser aceita como determinadora das decisões de uso.

5. Quem cobrar receitas prontas de "certo" e "errado" em todos os campos de tensão não terá entendido o pressuposto básico que dirige esta obra, que é a crença em que, na configuração do uso da língua, não é lícito um corte rígido, preposto e externamente decidido entre sins e nãos. Existem campos em que, de fato, há um uso prescrito a ser seguido, por exemplo o campo da ortografia, que se rege por uma legislação normativa.

Em alguns outros casos, raros aliás, é no interior do próprio funcionamento linguístico que está o impedimento para a aceitação de um determinado emprego, por exemplo um caso como a marcação de crase (**à**) num contexto como "dirija--se **à** qualquer funcionária", inaceitável porque, em nenhum outro contexto de uso, um falante da língua faz preceder por um artigo o elemento **qualquer**, isto é, todos os falantes da língua portuguesa – sem necessitar de nenhuma lição, de nenhum treinamento – rejeitam um enunciado como *o qualquer funcionário chegou*, assim como não dizem *a qualquer funcionária chegou*.

Na grande maioria dos casos, porém, o que existe é a possibilidade de escolha, por parte do falante, de um ou de outro uso, cada qual com suas impli-cações socioculturais, com sua posição na hierarquia de valoração e com seus efeitos especiais de sentido, resultando dessa escolha a submissão do falante ao julgamento de adequação de seu enunciado à situação de uso. Nesse terreno, que é o da grande tensão entre uso e norma prescritiva, o falante é inteiramente responsável por sua ação linguística, e assim ele deve sentir-se, e assim ele deve ser visto na sua comunidade linguística. Como indivíduo inserido numa sociedade, o usuário da língua, do mesmo modo que em qualquer outro campo de atuação, é, pois, o responsável por sua conduta e responde por suas opções.

Aí se chega ao argumento central, o de que, para bem cumprir suas intenções no estabelecimento da interação, o falante deve dispor de um conhecimento das possibilidades de uso e das implicações desse uso que o oriente seguramente para proceder às mais adequadas escolhas. Como em qualquer campo de ativi-dade, ele tem de estar preparado para fazer suas opções, o que só acontece se ele for levado a refletir sobre o funcionamento linguístico, nunca se se limitar à busca de regras rígidas e arbitrárias que simplesmente sancionem ou vetem determinadas construções.

6. Desse modo, **REJEITA-SE, NESTA OBRA, A PRESCRIÇÃO CEGA**, que é estreita e insustentável, **MAS REJEITA-SE, TAMBÉM, O VALE-TUDO QUE CONSIDERA SIMPLISTAMENTE QUE A NORMA-PADRÃO É INVENÇÃO DAS CLASSES DOMINANTES**, e, em nome da mesma linguística que explicitou os conceitos de variação e mudança, ignora o alcance desses conceitos.

7. Quanto ao modo de apresentação da obra, cabem algumas indicações:

7.1. A apresentação por verbetes colocados em ordem alfabética visa a facilitar a consulta, já que o usuário não terá necessidade de, no momento da dúvida, esforçar-se para enquadrá-la em um tema gramatical ou em outro, a fim de efetuar a busca, bastando ir diretamente à palavra ou à expressão cujo emprego constitui problema.

7.2. A obra não é um glossário ou um dicionário, longe disso, mas buscou-se oferecer informações sobre acepções, não apenas quando essas informações dirigem a própria apresentação (por exemplo, casos de parônimos, ou mesmo explanação sobre a regência de alguns verbos), mas, ainda, quando se julgou que a falta delas pudesse obrigar o consulente a dirigir-se a um dicionário, para completar a consulta.

7.3. Quando a apresentação de um verbete se esclarece ou se enriquece com o conhecimento do que se apresenta em outro verbete, faz-se remissão com a indicação ⇨ Ver. Exemplos:

a cima ⇨ Ver **acima** ⇨ Ver **cima.**
arrear ⇨ Ver **arriar** ⇨ Ver **-ear.**
cartucho ⇨ Ver **cartuxo, cartuxa.**
real, Real ⇨ Ver **réis.**

E, quando necessário para facilitar uma consulta mais rápida, já vem colocada, no final do verbete, uma informação bem geral sobre o outro verbete a que se fez remissão. Exemplo:

cartucho ⇨ Ver **cartuxo, cartuxa.**

Cartucho (com **CH**), que tem o significado original de "rolo ou invólucro oblongo, de papel ou cartão", designa também carga de arma de fogo, de impressora, de máquina fotográfica. ♦ *Desapareceu um CARTUCHO de cinquenta mil réis da secretária do seu pai e eu não sei quem foi...* (US) ♦ *O corpo estava todo crivado de balins (estilhaços de chumbo de CARTUCHO de espingarda).* (FSP) ♦ *Verifique se o código do CARTUCHO é o mesmo exigido pela impressora.* (FSP) ♦ *Tudo o que você precisa fazer é colocar o CARTUCHO na máquina, fechar a tampa e pronto.* (REA)

Cartuxo e **cartuxa** designam ordem religiosa ou referem-se a essa ordem. O feminino **cartuxa** designa também o convento de cartuxos.

cartuxo, cartuxa ⇨ Ver **cartucho.**

1. **Cartuxo** designa ordem religiosa ou refere-se a essa ordem. ♦ *E Saturnin torna-se Dom B..., porteiro dos CARTUXOS.* (FSP) ♦ *São tão perigosas as palavras – ai de mim! – que não sei, entre os homens, de vida tão perfeita como a dos monges CARTUXOS.* (VES)

GUIA DE USO DO PORTUGUÊS

2. O feminino **cartuxa** tanto se refere a ordem religiosa como designa o convento de cartuxos. ◆ *"A CARTUXA de Parma", romance de Stendhal (1783-1842), faz um afresco ideológico daquele período, tão análogo ao nosso, quando a Europa decidiu que tudo voltaria a ser como era antes da Revolução.* (FSP) ◆ *Vai dar a uma CARTUXA e, subitamente, tem uma visão da vida a ser levada, longe da agonia das paixões.* (FSP)

Cartucho, com o significado original de "rolo ou invólucro oblongo, de papel ou cartão", designa carga de arma de fogo, de impressora, de máquina fotográfica etc.

7.4. Todas as indicações de uso são feitas a partir das ocorrências registradas no banco de dados examinado, que é de língua escrita.[3] A cada apresentação de uso segue-se, entre parênteses, a sigla da obra em que a passagem de texto oferecida se encontra, o que permite ao leitor conclusões sobre os registros de uso. Exemplo:

◆ *Betinha ia responder mas parou A TEMPO.* (BB)

No final da obra está a relação das siglas, com indicação dos textos examinados. Exemplo:

BB *Balé branco*. CONY, C. H. Rio de Janeiro: Civilização Brasileira, 1966.

7.5. Em alguns casos, para equilibrar as informações, foi necessária referência a elementos ou construções que não ocorreram no banco de dados de análise, ou seja, no córpus de língua escrita que foi examinado: há indicações, por exemplo, de que a forma "não ocorreu". Exemplos:

alisar, alizar

1. O verbo **alisar** escreve-se com **S**, como **liso**. ◆ *A mulher demorou para responder enquanto ALISAVA os cabelos diante do espelho do vestíbulo.* (CP)
2. **Alizar**, com **Z**, é substantivo que designa peça, geralmente de madeira, que guarnece ombreiras de portas e janelas. ◆ *Foi até a porta apoiando-se a um dos alizares, sem ânimo de entrar.* (MI-R)

cruel

O superlativo absoluto sintético é **crudelíssimo**. ◆ *Explicação plausível, aliás, tomando-se em consideração a CRUDELÍSSIMA e deficiente terapêutica usada então.* (FI)

A forma **cruelíssimo**, também oficialmente registrada, está praticamente em desuso. ◆ *Já em Carthago umas (esposas) animando os homens, e administrando-*

---

3 Todos sabemos que não há, no Brasil, uma recolha de usos da língua falada que seja representativa de todo o território, das diversas camadas sociais e de uma extensão de tempo considerável. Por isso, no estado atual das pesquisas, é impraticável a organização de um trabalho como este para a língua falada.

-lhes cordas fabricadas de seus cabelos, para que dos arcos não deixassem de sair contra seus inimigos as setas. Já outra, qual o grande David, fazendo exalar a vida com uma pedrada ao soberbo Abimelech, CRUELÍSSIMO tirano de Efrá. (MB)

7.6. No caso de variantes em uso ou de outras modalidades de opções aproveitadas pelos usuários, procurou-se verificar a frequência relativa de uso, considerada uma boa pista para o consulente orientar-se na sua escolha. Na maioria dos casos são fornecidos dados proporcionais dessa frequência, para informação segura sobre predominância de uso de uma ou de outra forma. Exemplos:

campus, câmpus

1. *Campus* é palavra latina usada para designar o espaço físico de uma universidade. ◆ *Depois de uma concentração no CAMPUS da UFRGS, os estudantes tentaram chegar ao consulado da Argentina, mas foram impedidos por tropas da Brigada Militar.* (EPA)

O plural da forma latina é *campi*. ◆ *Ainda um fato importante na caracterização desse quadro são as revoltas nos CAMPI universitários (...).* (CTR)

2. A forma aportuguesada é **câmpus** (com acento, porque se trata de paroxítona terminada em US). ◆ *No CÂMPUS da Universidade de Jerusalém, a estudante de Linguística de 23 anos diz que está preocupada.* (REA)

Como palavra terminada em S, tem a mesma forma no singular e no plural. ◆ *Os revisionistas lançam livros, fazem palestras nos CÂMPUS universitários e são entrevistados nos programas de televisão nos Estados Unidos e na Europa.* (VEJ)

O uso da forma aportuguesada é muito menos frequente (2%).

bochincho, bochinche, bochicho

São formas variantes. Significam:

✧ "divertimento popular". ◆ *Era um "BOCHINCHO", baile da arraia-miúda, e a prosa descambava para a grosseria, envolvendo histórias de chinas e safadezas.* (G) ◆ *Era um BOCHINCHE muito arrebentado, e o dono era um sujeito alarifaço, cá pra mim, desertor, meio espanhol meio gringo.* (CG) ◆ *O clube fica na atual rua do BOCHICHO em Santos, a Rua da Paz.* (FSP)

✧ "zunzum", "falatório". ◆ *Trata-se daquele jornalismo que procura destacar não a ideia central da fonte, mas a frase que possa dar mais BOCHINCHO.* (FSP) ◆ *Procure sentar-se perto da Mamãe Elaine, porque é lá que o BOCHICHO todo se concentra.* (FSP)

Em geral, **bochincho** é a forma mais recomendada e é a de uso mais frequente (53%). **Bochinche** é de uso raro (7%) e apenas com o primeiro dos significados.

refrão

Os plurais dicionarizados e tradicionalmente indicados são **refrãos** e **refrães**. ◆ *Eles são fãs do som brasileiro e chegam a cantar alguns REFRÃOS em portu-*

guês. (FSP) ✦ *Não se ouvia hard rock de REFRÃES fortes como o do Terrorvision desde os anos 70.* (FSP)

Entretanto, a forma de plural mais usada (90%) é **refrões**, que não é comumente indicada. ✦ *João do Valle começou a chamar a atenção das pessoas já na infância, quando, nas festas, do bumba meu boi, fazia os REFRÕES e improvisos, para alegria dos presentes.* (AMI)

O substantivo designa fórmula que se repete regularmente numa composição.

7.7. Como se observa neste último exemplo, quando se julgou pertinente fez-se o confronto das indicações de frequência – ou simplesmente de preferência de uso – com as prescrições e as recomendações constantes das lições tradicionais em geral, e dos dicionários. Outro exemplo:

canapé, canapê

Canapé e **canapê** são formas gráficas usadas em correspondência com o francês *canapé*. Entretanto, só a forma canapé é abrigada na ortografia oficial.

Tradicionalmente, essas duas formas são assim apresentadas:

1. **Canapé** (com E aberto) é tradicionalmente registrada como designação de uma espécie de sofá. ✦ *Foi tão inesperado que, embora dócil de caráter, sentei-me no CANAPÉ, petrificada.* (CE)

2. A forma **canapê** (que matém a pronúncia francesa, com E fechado) é a forma que se encontra em alguns manuais normativos, e em alguns dicionários, como a designação de iguaria preparada com uma fatia de pão bem pequeno sobre a qual se põe alguma pasta alimentícia, pedaços de frios, ou outros ingredientes apropriados para ser servidos em festas. ✦ *Os garçons do Aracoara começaram a servir uísque White Horse, guaraná e Coca-Cola, com CANAPÊS, como cortesia do hotel.* (NBN)

Entretanto, com esse significado, é bem mais frequente a forma **canapé** (76%). ✦ *Servi os salgadinhos, uns CANAPÉS.* (RI) ✦ *Eram salgadinhos de toda sorte, delicados pastéis, empadinhas apimentadas, camarões recheados, CANAPÉS de salmão importado, caprichosas invenções do seu reconhecido gênio culinário.* (BH)

7.8. Faz-se recuo do texto (como se vê nos três exemplos anteriores) quando se indica que o uso contraria a prescrição tradicionalmente veiculada. Outro exemplo é:

abordar

Na acepção de "acercar-se de", "chegar-se a", "interpelar" (uma pessoa) e na acepção de "tratar" (um assunto), tradicionalmente se indica o uso do verbo **abordar** como galicismo.

Entretanto, em diversos registros linguísticos, é corrente o emprego com ambos os significados. ✦ *Quando Ternura a ABORDOU, ela pediu que ele fosse embora.* (JT) ✦ *Foi Peter, ao que tudo indica, quem primeiro ABORDOU o problema da cardiopatia na gravidez (1871).* (OBS)

Os significados tradicionalmente apontados como vernáculos (ligados a **bordo** e a **borda**) são menos usuais. ✦ *Uma revolta seria teatralmente parada, a fim de que Tully conseguisse ABORDAR o "Halfmoon" [um autogiro] e voar até o "Rotary Prince", em águas distantes, já fora da jurisdição dos Estados Unidos.* (PRE) ✦ *Segundo ele, ao detectar aviões voando irregularmente na região, o procedimento ideal será acionar outro avião da Aeronáutica para ABORDAR a aeronave suspeita, dar um tiro de aviso e, caso não haja resposta, abater o intruso.* (FSP)

Esse recuo pretende ter o efeito de marcar melhor a tensão entre o uso e a norma prescritiva, tensão que é fundamental que o falante sinta, mesmo que isso lhe custe maior trabalho do que simplesmente obedecer a regras sem refletir. Ou melhor... exatamente **porque** isso lhe custa maior trabalho do que simplesmente obedecer a regras sem refletir. Afinal, todos sabemos que a alienação é a mãe de todas as incoerências.

* * *

Este trabalho resultou de pesquisa efetuada pela autora, na Faculdade de Ciências e Letras da UNESP – Araraquara, dentro dos Projetos Integrados CNPq *Gramática de usos do português: os processos* e *Gramática de usos do português: o uso e a norma*. Atuaram como auxiliares nesses projetos, especialmente na verificação das ocorrências, as bolsistas de Iniciação Científica Mayra Fernanda Borceda e Victoria Celeste Marques (sucessivamente). O projeto contou ainda com o auxílio das bolsistas de Apoio Técnico Mara Lúcia Fabrício de Andrade, Érica Cristina Ribeiro e Débora Franciscatto (sucessivamente).

a

a

O nome da letra é **á**. Com acento. ✦ *A letra Á, caro professor, pode não ser inicial de nada e não ser parte de qualquer palavra.* (ACM)

a [indicando tempo] ⇨ Ver
há [indicando tempo] ⇨ Ver **crase.**

O **a** que se emprega em expressão indicativa de tempo é uma preposição (sem acento grave), e a indicação é de tempo futuro. ✦ *Meu filho vai nascer daqui A dois meses.* (AS) ✦ *Estava A três dias de viagem da Vargem da Cruz, quando se deu o sucesso.* (MMM)

a, à [indicando distância]

1. **A**, seguido de uma expressão numérica indicativa de distância, é uma preposição (sem acento grave). ✦ *Chamava-se Lagoa das Emas e ficava A menos de três léguas da estrada que vinha do sul.* (MMM)

Para esse mesmo tipo de indicação, é comum acrescentar-se a expressão **de distância.** ✦ *As duas portas ficam A menos de três metros de distância uma da outra.* (FSP)

2. Quando o **a** se segue da palavra **distância**, registram-se, tradicionalmente, as seguintes expressões adverbiais:

◇ **a distância**, quando não há especificação numérica para a distância: o **a** (sem acento grave) é uma simples preposição. ✦ *Nixon e Reagan conseguiram manter os radicais religiosos A DISTÂNCIA.* (VEJ)

◇ **à distância**, quando há especificação numérica para a distância: o **à** (com acento grave) é o resultado de uma crase (fusão) da preposição **a** com o artigo definido **a.** ✦ *Que toda residência disponha, À DISTÂNCIA de no máximo 200 metros, de uma praça ou parque para crianças e idosos.* (LAZ)

Entretanto, também é usual a expressão **à distância** (com acento grave no **a**) quando não há especificação numérica para a distância. Ocorre que, com o artigo antes do substantivo, e, portanto, com a crase (**à**), pode-se obter indicação mais segura de que se trata de uma expressão adverbial, e, a partir daí, pode haver maior clareza de significado. ✦ *Hoje técnico da seleção japonesa, Falcão evita comentários À DISTÂNCIA.* (VEJ)

à ⇨ Ver **crase.**

À (com acento grave) é a grafia para a crase (fusão) de **a** (preposição) com **a** (artigo ou pronome feminino). **À** é, pois, a forma feminina correspondente à forma masculina **ao.** ✦ *Um senhor quis saber se era possível dar notícias À família.* (MP) [*Um senhor quis saber se era possível dar notícias AO pai.*] ✦ *Aquelas palavras eram idênticas ÀS que eu ouvira no quarto do Sr. Timóteo.* (CCA) [*Aqueles sons eram idênticos AOS que eu ouvira no quarto do Sr. Timóteo.*]

à, ao

1. A preposição **a** (na combinação **ao** e na contração **à**) indica proximidade ou contiguidade em expressões do tipo de **à mesa, à máquina, ao balcão, ao piano.** ✦ *Já vestido, sentei-me À mesa.* (AFA) ✦ *A senhorita Wilkins sentou-se À máquina e reassumiu o trabalho.* (PRE) ✦ *Você senta AO balcão de*

a (grande) maioria de, a maior parte de

um bar qualquer e, a seu lado esquerdo, está Luiz Inácio Lula da Silva. (FSP) ◆ *Logo me sento AO piano.* (ASA)

Para esse significado, as lições normativas não têm considerado recomendável o uso da preposição **em**.

Entretanto, esse emprego é usual, e não apenas na linguagem oral. ◆ *A princípio o rapaz recusou, mas teve receio de desagradar o mestre e sentou-se NA sua mesa.* (CA) ◆ *Era uma vez um cara que entrou num bar, sentou NO balcão do dito bar e, depois de chamar o garçom, pediu um chope.* (RO)

2. A contração à também é usada no sentido de "à moda (de)". ◆ *Não compreendo por que os homens todos se vestem de preto, À europeia, num país tropical.* (XA) ◆ *Tão numeroso que um dia foi infiltrado por um sujeito de péssimas entranhas, bom em Salústio e em fazer églogas À Virgílio, mas ruim de bola e de caráter.* (FSP) ◆ *Empresta a vários dos arranjos uma evocativa sonoridade À anos 60 e 70.* (FSP)

Não há justificativa para que se use, nesse sentido, a expressão francesa *à la*: *à/a la Virgílio, à/a la anos 60 e 70.*

a (grande) maioria de, a maior parte de

Com essas expressões (+ substantivo ou pronome no plural) como sujeito, o verbo:

◇ se vier posposto

- fica no singular (o que ocorre muito mais frequentemente). ◆ *A MAIORIA DE pensionistas é estudante.* (DE) ◆ *A GRANDE MAIORIA Dos nordestinos empobreceu ainda mais nas duas últimas décadas.* (NOR) ◆ *Mais competitiva, a Seikan conseguiu crescer em 1991, justamente quando A MAIOR PARTE Dos negócios encolheu no país.* (EX)

- ou vai para o plural. ◆ *Hitler não era um cristão, e A MAIOR PARTE Dos membros do seu movimento eram abertamente anticristãos.* (IS) ◆ *Muito tem que ser feito pela grafologia em nosso país, e A MAIORIA Dos grafólogos brasileiros se empenham de maneira séria, trabalhando para que a*

grafologia seja divulgada de maneira correta e sem mistérios. (GFO)

◇ se vier anteposto, fica no singular, concordando com o substantivo núcleo da expressão que é sujeito (**maioria, parte**). ◆ *É a esse tipo que se vincula A MAIORIA Dos agricultores.* (BPN) ◆ *É desse catolicismo devocional que vem A MAIORIA Dos adeptos do pentecostalismo.* (PEN)

a baixo ⇨ Ver abaixo ⇨ Ver baixo.

Usa-se, separadamente, **a baixo** quando a expressão equivale a **para baixo** (preposição e substantivo). ◆ *Olhei-o pelas costas. De alto A BAIXO.* (RI)

Abaixo é advérbio que significa "em lugar menos elevado", "em situação inferior", "em descenso".

a bala, à bala
a faca, à faca
a mão, à mão
a máquina, à máquina
a tinta, à tinta
a unha, à unha
a vela, à vela

1. São expressões adverbiais de instrumento iniciadas pela preposição **a**, e com núcleo (substantivo) feminino singular que, a rigor, não vem acompanhado de artigo (daí: **a bala**, **a faca**, **a mão** etc., sem acento grave no **a**). ◆ *Evidentemente o único meio de acabar com a Revolução ordenada pelo Partido era abater Salviano e seus dementes A BALA.* (ASS) ◆ *A fumaça dentro do bar Cassino el Cubano é tamanha que dá a impressão de poder ser cortada A FACA.* (HO) ◆ *Para quem gosta de personalizar seus documentos e detesta escrever A MÃO, a norte-americana Signature Software oferece uma opção.* (FSP) ◆ *Quando eu escrevia A MÁQUINA, às vezes achava que precisava mudar alguma coisa, mas ficava com preguiça de rebater e deixava daquele jeito mesmo.* (VEJ) ◆ *Levara cinco horas para cobrir os 47 quilômetros da distância – escritos A TINTA negra na parede da estação.* (GAT) ◆ *Luciana era de deixar*

à custa de, às custas de

as coisas acontecerem: nada de pegar a vida A UNHA, fincar pé, traçar um destino. (BE)
♦ *Pode-se almoçar nas barracas na beira da praia e depois alugar um jet-ski, uma lancha ou um barco A VELA.* (VEJ)

Ocorre, porém, que, com o artigo antes do substantivo, e, portanto, com a crase e com o acento no **à** (**à bala, à faca, à mão** etc.), pode-se obter indicação mais segura de que se trata de uma expressão adverbial, e, a partir daí, pode haver maior clareza de significado. ♦ *Vou reunir meus homens. Vou dissolver a procissão À BALA.* (GCC) ♦ *Era atraente, o homem alto, com as feições angulosas, como que talhadas À FACA.* (XA) ♦ *O rótulo vem escrito À MÃO e o remédio é displicentemente manuseado por duas enfermeiras.* (MAN) ♦ *Mais tarde aprendeu datilografia e ganhava copiando e ensinando a escrever À MÁQUINA.* (BAL) ♦ *O valor numérico deve vir precedido do símbolo R$ (escreva À TINTA).* (FSP) ♦ *Como o Brasil também é Touro, está difícil de pegá-lo À UNHA.* (BPN) ♦ *É dele o recorde mundial de distância de windcar, 450 quilômetros – uma espécie de triciclo À VELA que anda nas praias.* (VEJ)

2. Na expressão adverbial de lugar **à mão** (o mesmo que **na mão**), há preposição e artigo, por isso o **a** é necessariamente craseado (grafado com acento grave). ♦ *Perícopes e Cidinho me ladeavam, Ulisses vinha mais atrás, com uma máquina fotográfica À MÃO.* (CHI) ♦ *Revólver sempre À MÃO, dedo no gatilho, não errava o alvo, boa pontaria.* (ANA)

à beça

É expressão quantificadora e intensificadora ("muito", "bastante"), de uso coloquial. Inicia-se pela preposição **a** e tem núcleo (substantivo) feminino singular acompanhado de artigo (**à**: craseado). **Beça** escreve-se com Ç. ♦ *Ninguém é dono da verdade, mas a mentira tem acionista À BEÇA.* (RI) ♦ *Modificou À BEÇA a entrada do nosso bairro.* (FSP)

a bordo

O **a** é uma simples preposição, sem acento.
♦ *A ansiedade era geral, porque todos tinham*

parentes e amigos A BORDO do avião que fazia a curva sobre o posto. (ARR)

a cerca de ⇨ Ver acerca de.

Trata-se da expressão **cerca de** (que significa "aproximadamente"), precedida da preposição **a**: **a cerca de**. Como é uma simples preposição, esse **a** não leva acento grave. ♦ *A fusão do alumínio se dá A CERCA DE 500 °C.* (FSP) ♦ *Em 1947 a bainha baixou, chegando A CERCA DE 30 cm do chão.* (CUB)

A expressão **acerca de** significa "a respeito de".

a cima ⇨ Ver acima ⇨ Ver cima.

Usa-se, separadamente, **a cima**, quando a expressão equivale a **até / para cima** (preposição seguida de substantivo). ♦ *Uma das moças era toda tingida de baixo A CIMA.* (PO)
Acima é advérbio que significa "em lugar mais elevado", "em situação superior", "em ascensão".

a cores ⇨ Ver em cores.

A expressão mais recomendada em manuais tradicionais para uso junto de nomes, indicando a existência de várias cores, é **em cores**.

Entretanto, também é usual, embora com frequência bem menor (16%), a construção com a preposição **a**, considerada pelos puristas, e sem fundamento, como galicismo. ♦ *Havia uma televisão A CORES mostrando cenas de um desfile de escola de samba, sem som.* (VA)

à custa de, às custas de

1. **À custa de** é uma expressão iniciada pela preposição **a** e com núcleo (substantivo) feminino singular acompanhado de artigo (**à**: craseado). Significa:

◇ "com o emprego de", "a poder de". ♦ *Essa fornalha metabólica é mantida À CUSTA DE muita "lenha", ou seja, de grandes quantidades de alimento.* (DST)

◇ "a expensas de", "com o dinheiro de".
♦ *Portugal transformou Algarve, região paupérrima, em área rica À CUSTA DE três cassinos.* (LS)

a desoras

2. Embora não seja tradicionalmente citada e recomendada, a expressão **às custas de** é usual (20%), e não apenas com o significado de "a expensas de", "com o dinheiro de" (expressões em que diretamente se vê correspondência com o substantivo **custas**), mas também com o significado de "com o emprego de", "a poder de". ✦ *Em São Paulo, nossos defensores da Assembleia Legislativa aprovaram a manutenção de suas aposentadorias especiais ÀS CUSTAS DE nossos bolsos.* (FSP) ✦ *Minha mulher está doente até hoje, vive ÀS CUSTAS DE calmantes, em constantes crises de depressão.* (FH)

a desoras

A desoras é uma expressão adverbial com núcleo (substantivo) feminino plural que não se acompanha de artigo, sendo o **a** uma simples preposição (grafado sem acento grave). Significa "fora de hora apropriada". ✦ *É bem possível que o senhor Lacerda seja punido por andar A DESORAS com os seus amigos, onde a guarda pretoriana costuma fazer seus exercícios de tiro.* (ESP)

à época de, à hora de ⇨ Ver **na época de, na hora de.**

Com a preposição **a** (**à**) ou com a preposição **em** (**na**), as expressões indicam localização no tempo. ✦ *À ÉPOCA DE Moisés não existia ainda o Templo de Jerusalém, mas, na construção deste, foi previsto um lugar especial para o exame de suspeitos.* (APA) ✦ *Já reparou que os doentes, À HORA DE morrer, estão sempre de barba grande?* (TPR)

As expressões **à época de** e **à hora de** são de uso mais raro, especialmente a segunda (20% e 0,5%, respectivamente).

à falta de ⇨ Ver **na falta de.**

Usam-se indiferentemente as duas expressões, e **à falta de** é um pouco mais usual (60%). ✦ *Resolvi reler o romance de Machado de Assis, À FALTA DE coisa melhor.* (AFA) ✦ *Foi então que interveio aquilo que, À FALTA DE um nome melhor, estou chamando de destino.* (CEN)

a fantasia, à fantasia
a força, à força
a vista, à vista ⇨ Ver **vista.**

São expressões adverbiais de modo iniciadas pela preposição **a** e com núcleo (substantivo) feminino singular que vem, ou não, acompanhado de artigo (daí: **a** ou **à**).

1. Com o artigo antes do substantivo (e, portanto, com a crase, e com o acento grave no **à**: **à fantasia**, **à força**, **à vista** etc.), pode-se obter indicação mais segura de que se trata de uma expressão adverbial, e, a partir daí, pode haver maior clareza de significado. ✦ *Até banho de mar À FANTASIA inventaram no escondidinho, numa praia para além dos limites da cidade.* (CT) ✦ *Serpa o dominou com facilidade, e o fez sentar-se À FORÇA.* (AFA) ✦ *A maior parte dos serviços prestados pela sua empresa é cobrada À VISTA, com o prazo de 30 dias quando o seu valor é muito alto.* (EM)

2. A forma não craseada (só com a preposição **a**) é comparável a expressões de valor similar, mas com núcleo (substantivo) masculino, como: **a muque**, **a fórceps**, **a prazo**. ✦ *É como me preparar para uma festa A FANTASIA – é só fingir que é uma outra pessoa.* (FSP) ✦ *Vi Paula no começo das dores, as mãos no ventre, Abílio a detendo na cama quase A FORÇA.* (ML) ✦ *Em vez de cair na tentação do crediário, é melhor poupar e comprar A VISTA. Muitas lojas dão desconto para quem paga A VISTA.* (VEJ)

a fim de ⇨ Ver **afim.**

1. A locução **a fim de** equivale a **para** (preposição). ✦ *Susteve a frase, porque Juvenília, sem conter o pranto, procurava afastar-se, A FIM DE despertar Ângela.* (AV)

2. **Estar a fim de**, no sentido de "estar com vontade de", "estar disposto a", ocorre em linguagem coloquial. ✦ *Você não está A FIM DE briga, já vi tudo.* (DO)

Afim é adjetivo.

a fortiori

É expressão latina que significa "com mais forte razão". ✦ *É um argumento "A FORTIO-*

RI", tipo que se apresenta com frequência sob forma hipotética e de que podemos colher inúmeros exemplos em Vieira. (PH) ◆ *Já teve algum sentido falar, fora de determinações precisas e historicamente coativas, de "filosofia cristã" e, A FORTIORI, de "filosofia hebraica"?* (FSP)

a gente

1. A expressão **a gente** tem um uso neutro e bem tradicional em que **gente** é um substantivo coletivo referente a pessoas. A concordância é, como em casos do mesmo tipo, na terceira pessoa do singular e no feminino. ◆ *Como o próprio Werther diz, A GENTE daqui é como A GENTE de toda parte.* (VPB) ◆ *Eu sei que lá chegando A GENTE do finado Casemiro vai voltar na peitica.* (CA) ◆ *A GENTE rica de agora não se interessa mais pela Festa do Divino.* (FN)

A expressão admite plural, e obviamente leva o verbo para o plural, quando é sujeito. ◆ *Sabia também que desde 1823 AS GENTES de S. Pedro do Rio Grande haviam abandonado a cultura do trigo.* (TV)

2. A expressão **a gente** também é usada como um pronome pessoal de plural, numa referência que inclui a primeira pessoa ("nós"). É um uso de linguagem menos formal já bastante aceito. ◆ *A GENTE toma um táxi e manda rumar para o Marrocos.* (A) ◆ *O hotel tinha uma tevê na copa e, enquanto serviam o café da manhã, A GENTE seguiu o globo rural.* (GL)

Esse valor fica muito evidente nestas ocorrências: ◆ *Lá A GENTE deve ter a nossa casa, as nossas riquezas, porque lá não entra quem roubou na terra o que era de todos.* (IN) ◆ *Quando eles nos viram, A GENTE já estava em cima.* (MMM)

Mesmo nesse caso, segundo as lições normativas, a concordância com **a gente** (expressão que tem um núcleo feminino) deve ser feita no feminino, não importando que o falante incluído no **nós** seja homem. ◆ *A GENTE é solteira, mas não é criança.* (PED) ◆ *A GENTE não é amiga de uma pessoa porque quer.* (I)

Entretanto, é frequente a concordância no masculino, especialmente quando o falante é homem. É uma concordância que reflete o caráter de pronome pessoal que a expressão assume, no qual fica perdida a propriedade substantiva de gênero (feminino) de **gente**. ◆ *Mas tem uma hora da verdade e A GENTE precisa ser sincero e franco quando a verdade é dura.* (GA) ◆ *Quando A GENTE é novo, gosta de fazer bonito, gosta de se comparecer!...* (SA)

Ocorre até a concordância no masculino plural. ◆ *Vou montar uma casa pra você e A GENTE vai ficar sempre juntos.* (ETR)

Do mesmo modo, recomendam as lições normativas que a concordância do verbo com o sujeito **a gente** (expressão que tem um núcleo de terceira pessoa, e singular coletivo) seja feita na terceira pessoa e no singular, embora a referência seja a um plural que inclui a primeira pessoa (**nós**). ◆ *Bem, A GENTE depois combina.* (JM)

Em linguagem considerada pouco cuidada chega-se a usar o verbo na primeira pessoa do plural, construção que revela o entendimento de **a gente** exatamente como **nós**. Essa concordância não é aceita pelas lições de norma prescritiva. ◆ *A GENTE queremos mudar?* (EMB) ◆ *Eu disse: A GENTE podemos enforcar, que isso não vale nada.* (SAR) ◆ *Encostemos pelos becos eu e Tárcio na sombra, era até bom, porque encanava o vento e ficava fresco bem ali onde A GENTE fomos ficando.* (SAR)

à janela, à porta

São expressões adverbiais que indicam lugar, com ideia de contiguidade. ◆ *Gregório de Matos estava À JANELA, ao lado do altarzinho com dossel.* (BOI) ◆ *Seu Teotônio estava À PORTA do escritório.* (CAS)

Com esse significado, tradicionalmente se tem recomendado que não seja usada a preposição **em** (na janela, na porta).

Entretanto, esse uso é comum, nos vários registros. ◆ *NA JANELA estava um homem que todos conheciam.* (AGO) ◆ *Liliana estava NA PORTA do prédio onde eu morava, me esperando.* (VA)

à la carte

É expressão francesa usada para referência a refeição com escolha individual dos pratos e das bebidas. ✦ *Para convencer os operários de que a reforma administrativa era séria, a Nestlé acabou com a discriminação do refeitório para os funcionários e restaurante À LA CARTE para a chefia.* (EX)

a mais, a menos, a menos que ⇨ Ver mais ⇨ Ver menos.

1. As expressões **a mais** e **a menos** significam "mais que o devido" e "menos que o devido", respectivamente. ✦ *Sempre o dinheiro A MAIS, de sobra, é bom.* (ATR) ✦ *Arranquei do bolso o meu relógio, que fez grande efeito entre os presentes, e verifiquei que realmente era meia-noite em ponto, nem um minuto A MAIS nem A MENOS.* (AL)

2. A expressão **a menos que** é conjuntiva, significando "a não ser que". ✦ *Seja lá o que for, ele o fará, A MENOS QUE eu impeça.* (CH)

a mancheias, a mãos-cheias, às mãos cheias ⇨ Ver mancheia.

São expressões de formas variantes, para significar "à farta", "profusamente", "abundantemente". Nenhuma delas é muito usual, mas a primeira é a mais frequente (67%) e as duas seguintes são de uso ainda mais raro (11% e 22% do total, respectivamente). Nas duas primeiras, o núcleo (substantivo) feminino plural não se acompanha de artigo, sendo o **a** uma simples preposição (sem acento grave). ✦ *A lembrança dos empregos públicos distribuídos A MANCHEIAS, quando era prefeito, também ajudou.* (VEJ) ✦ *E estas, como demonstra A MÃOS-CHEIAS a história eleitoral do país, são passíveis de surpreendente volatilidade.* (FSP) ✦ *E todo esse maquinismo complicado exigiu meses de estudos, engenheiros eletricistas e operários especializados, imaginação, engenho, técnica e dinheiro ÀS MÃOS CHEIAS.* (VID)

Mancheia é substantivo que significa "o quanto a mão pode conter".

à medida que, à proporção que ⇨ Ver medida ⇨ Ver na medida em que.

As locuções conjuntivas iniciadas pela preposição **a** e terminadas em **que** têm o núcleo substantivo acompanhado de artigo (**à**: craseado). Compare-se com uma locução similar que tenha como núcleo um substantivo masculino: o **à** corresponde a **ao**, como em **ao passo que**. ✦ *Há situações que se revelam aos poucos, À MEDIDA QUE o mundo caminha.* (GD) ✦ *E À PROPORÇÃO QUE os dias iam passando, os registros eram cada vez mais sucintos.* (COT)

Não se justifica o emprego da preposição **em** antes do **que** nessas expressões: a expressão **à medida em que**, por exemplo, corresponderia a **à medida na qual**, o que não faz sentido (a expressão deixaria de ser conjuntiva).

à mesa

É expressão adverbial que indica lugar, com ideia de contiguidade. ✦ *Amadeu Miraglia permanecia mudo e imóvel, sentado À MESA, um cálice vazio diante de si.* (AFA)

Com esse significado, tradicionalmente se tem condenado o uso da preposição **em** (**na mesa**).

Entretanto, esse uso é ocorrente, e não apenas na linguagem coloquial. ✦ *Jacqueline me esperava sentada NA MESA junto à caixa.* (T) ✦ *O comentário dava conta de que um alto assessor do presidente Fernando Collor teria ouvido de um notório lobista da cidade, sentado NA MESA vizinha à sua, na hora do almoço, a seguinte incontinência verbal.* (ESP)

a meu ver, a nosso ver, a seu ver

As expressões do tipo de **a meu ver**, **a nosso ver**, **a seu ver** indicam opinião. Elas se iniciam por uma simples preposição (sem acento). Segundo as indicações normativas, também não há o artigo masculino (**ao meu ver** etc.). ✦ *Presidente agora, A MEU VER tem de vir ao Xingu.* (Q) ✦ *Ele dá a sua opinião: A SEU VER, nada há a tentar ali no meio da estrada.* (DES) ✦ *Essas inclusões trifásicas constituem, A NOSSO VER, um dos aspectos* *mais interessantes já encontrados em gemas.* (PEP)

Entretanto, são usuais as expressões desse tipo com artigo definido. ◆ *A realização, AO MEU VER, faz jus à ambição do projeto.* (IS) ◆ *Quais foram, AO SEU VER, os intelectuais e artistas que influenciaram a obra de Chopin no início do século 19?* (FSP) ◆ *AO NOSSO VER, duas observações fundamentais devem ser feitas a respeito desses experimentos.* (NEU)

à moda de

À moda de é uma expressão iniciada pela preposição **a** e com núcleo (substantivo) feminino singular acompanhado de artigo (**à**: craseado). ◆ *Por pouco não se instalou, neste país, um segundo governo À MODA DE Fidel Castro.* (EM)

a nível de, ao nível de

1. A expressão **a nível de** tem sido muito usada como equivalente dos simples **de**, **como**, **em**, e esse uso vem sendo condenado nas lições normativas. Na verdade, nesses casos, ela não acrescenta nada ao enunciado. Avalie-se a inconveniência que haveria se se substituíssem, nas frases seguintes, **de**, **como** e **no** pela expressão **a nível de**. ◆ *O único inconveniente seria a presença do sócio minoritário nas reuniões de diretoria.* (VEJ) ◆ *Terá ela essa coragem? Posso desejá-la, como romancista. Mas, como cristão, peço a Deus que ela não a tenha.* (A) ◆ *É sabido que o fenômeno urbano se manifestou no Brasil, muito tardiamente.* (ESP)

Entretanto, a expressão é bastante usada, e nos diversos tipos textuais. ◆ *Pode ser feita A NÍVEL DE CAMPO, dispensando-se o uso das duas lonas.* (MAQ) ◆ *E as menores mudanças do comportamento, induzidas pela ação da maconha A NÍVEL DE cérebro, geralmente depende tanto do indivíduo como da droga.* (DRO) ◆ *Esta liberdade só existe A NÍVEL DE conjeturas, suposições.* (TE) ◆ *Disponibilidade em quantidade, qualidade adequada e um preço que permita a competitividade, seja A NÍVEL DE mercado interno, seja A NÍVEL DE mercado*

externo. (POL-O) ◆ *Não é só a posse, o secretariado, os diretores de empresa mistas e as reformulações A NÍVEL DE Secretaria que preocupam o novo prefeito.* (ESP) ◆ *Nós vamos faturar US$ 500 milhões este ano no exterior e sabemos muito bem o que significa isso A NÍVEL DE competência.* (JB) ◆ *Hoje, aliás, bastante numeroso, A NÍVEL DE Federação.* (ZH)

Podem-se ver as duas construções alternando-se, nestas ocorrências: ◆ *De acordo com os princípios básicos do projeto e seus objetivos, utiliza-se apenas tecnologia nacional, tanto A NÍVEL DE hardware quanto em todo o software necessário para o funcionamento da rede.* (ISO) ◆ *A pobreza e as desigualdades entre indivíduos e classe, não só A NÍVEL DE países diversos, mas dentro de cada país.* (JL-O)

2. A expressão **ao nível de** corresponde a **no mesmo nível de**, **à altura de**. ◆ *O cemitério surge de pouco em pouco, AO NÍVEL DE meus olhos.* (UQ)

a olhos vistos

1. É expressão adverbial que significa "visivelmente". ◆ *Algumas dúzias de dias palacianos, e o homem rejuvenesce A OLHOS VISTOS.* (EM)

2. Indica-se, nas lições tradicionais, a possibilidade de o particípio **visto** concordar com aquilo que é visto, como em *o homem rejuvenesce a olhos visto*, *a mulher rejuvenesce a olhos vista*.

Entretanto, tal tipo de construção não ocorreu.

à pampa, às pampas ⇨ Ver pampa, pampas.

As expressões (quantificadoras e intensificadoras) **à pampa** e **às pampas** significam "à beça". A primeira não ocorreu e a segunda é usual apenas em linguagem informal. ◆ *Pois eu gosto ÀS PAMPAS.* (ETR) ◆ *Sua casa era uma beleza e a festa um festão com gente grã-fina ÀS PAMPAS, circulando pelos salões.* (RO)

Pampa é substantivo que designa grande planície coberta de vegetação rasteira, na região sul da América do Sul, inclusive no sul do Brasil. **Pampas** (no plural) é a denominação que em geral se dá a essa região.

a par de

a par de ⇨ Ver **ao par** ⇨ Ver **par.**

A par de significa:

✧ "ao corrente de", "ciente de". ✦ *Eu estava A PAR DE tudo o que acontecia na vida de Ângela.* (CL)

✧ "juntamente com", "além de". ✦ *A PAR DE um grau de instrução mínimo, o observador deverá apresentar condições de seriedade e honestidade.* (HID)

Entretanto, também a expressão **ao par de** é encontrada com o significado de "ciente de". ✦ *Mas a verdade é a verdade. E uma Rainha, para que possa agir sensatamente, deve ficar AO PAR DE tudo o que se passa.* (BN) ✦ *Muitas vezes não estava AO PAR DE muitas atividades realizadas dentro da própria empresa.* (FSP)

A expressão **ao par** é relativa a câmbio, e significa "em equivalência de valor".

à parte ⇨ Ver **aparte.**

A expressão **à parte** é:

✧ adjetiva, significando "separado", "particular". ✦ *Os comunistas não formam um partido À PARTE, oposto aos outros partidos operários.* (NOD)

✧ adverbial, significando "separadamente", "particularmente". ✦ *Os oficiais tinham prerrogativas, maior liberdade de ir e vir no colégio, dormiam À PARTE e em camas melhores, num dormitório que abria no da Primeira Divisão.* (CF)

Aparte é substantivo que designa comentário que se faz interrompendo um orador.

a pedido

A pedido é uma expressão adverbial com núcleo (substantivo) masculino, sendo o **a** uma simples preposição (sem acento grave). ✦ *Os flagelados continuam deixando a cidade, A PEDIDO das autoridades.* (PRA)

a persistirem

Construções desse tipo (preposição **a** + oração infinitiva) indicam condição (= **se** / **no caso de** persistirem). **Ao persistirem os sintomas**, que é a outra forma por vezes usada na propaganda de medicamentos para esse caso, não tem cabimento, porque constitui uma indicação de tempo (= **no momento em que** persistirem), ficando perdido o valor de advertência. ✦ *O projeto de lei limita-se a difundir na propaganda uma advertência genérica: "A PERSISTIREM os sintomas, o médico deverá ser consultado".* (FSP) *A PERSISTIREM as tendências atuais, há o risco real de que se diferenciem cada vez mais os dois sistemas econômicos.* (NOR)

a ponto de

A expressão **a ponto de** (que se segue de infinitivo de verbo) significa "a tal ponto de". Não cabe, nessa construção, o uso do artigo **o** antes do substantivo **ponto**; não cabe, portanto, a combinação **ao**, antes do substantivo **ponto**. ✦ *Ninguém podia compreender bem por que aquela sua obstinada paixão por Sofia, A PONTO DE ousar romper todas as convenções.* (AVE)

a posteriori ⇨ Ver **posteriori** ⇨ Ver **a priori.**

É expressão latina que significa "depois da experiência e com base nela", "com apoio nos fatos". Assim, a relação indicada não é de simples posterioridade temporal, e a expressão não significa, simplesmente, "depois". ✦ *Os primeiros poderiam atuar indiferentemente a priori ou A POSTERIORI.* (AQT)

A priori tem o significado oposto.

a pouco ⇨ Ver **há pouco.**

Nessa construção, o **a** é uma preposição, para indicar:

✧ distância. ✦ *Um pedaço importantíssimo do passado fica A POUCO mais de 30 quilômetros de Meknes.* (CLA)

✧ distância no tempo (em direção ao futuro). ✦ *A POUCO mais de uma semana para encaminhar ao Congresso sua proposta de reforma tributária, a equipe econômica do governo ainda enfrenta divergências.* (FSP) ✦ *Daqui A POUCO ela chegará, dourada de leve e com o perfume que só Lisa sabe criar.* (ACM)

Para indicar tempo decorrido, usa-se a forma verbal **há** (equivalente a **faz**): **há pouco.**

a pouco e pouco ⇨ Ver **pouco a pouco.**

A pouco e pouco é construção mais clássica que **pouco a pouco**, que tem o mesmo significado. É de uso raro (3%). ✦ *A POUCO E POUCO, vão surgindo as lavouras, mostrando em agradáveis perspectivas o verde chumbo dos longos cafezais.* (DEN)

à pressa ⇨ Ver **às pressas.**

À pressa é uma expressão adverbial iniciada pela preposição **a** e com núcleo (substantivo) feminino singular acompanhado de artigo (**à**: craseado). ✦ *Mas o padre solicitava tomar seu café À PRESSA, precisava de ir-se embora.* (COB)

Em alguns estudos tradicionais, a expressão **às pressas** é indicada como forma vulgar de **à pressa**, mas essa forma plural é muito mais frequente que a singular (95%).

a princípio ⇨ Ver **em princípio** ⇨ Ver **por princípio.**

A princípio é expressão de valor temporal, que significa "no início". ✦ *A PRINCÍPIO ela não acreditou na minha conversa.* (ANA)

Em princípio é expressão delimitadora que significa "como ponto de partida".

Por princípio é expressão de valor causal que significa "por preceito", "por convicção".

a priori ⇨ Ver **priori** ⇨ Ver **a posteriori.**

É expressão latina que significa "com aceitação anterior a alguma justificativa", "com admissão antes de prova pela experiência". Assim, a relação indicada não é de simples anterioridade temporal, e a expressão não significa, simplesmente, "antes". ✦ *Não se deve julgar A PRIORI que determinado antibiótico é mais sensibilizante que outro.* (ANT)

A posteriori tem o significado oposto.

à queima-roupa

Com um hífen. ✦ *Aquela pergunta, feita À QUEIMA-ROUPA, nos desagradou muito...* (QT)

a rigor ⇨ Ver **em rigor.**

A rigor e **em rigor** são formas variantes para significar "rigorosamente falando", "a bem dizer". ✦ *A RIGOR, o banco não faz um empréstimo.* (FSP)

A forma **em rigor** tem uso muito raro (2%).

à saída ⇨ Ver **na saída.**

Com a preposição **a** (**à**), ou com a preposição **em** (**na**), as expressões indicam lugar. ✦ *À SAÍDA do estádio os meus pés pisam em barro.* (HAR)

A expressão **à saída** é menos usual (22%).

a sós

É expressão que significa "sem (outra) companhia". O fato de a expressão conter o elemento **sós** não significa que se trate de expressão plural. Ela se refere a singular e a plural, indiferentemente. ✦ *Você provavelmente vai querer deixá-lo A SÓS.* (REA) ✦ *Mandou chamar-me, dias depois, para falar A SÓS comigo.* (PFV) ✦ *Mattos e a menina ficaram A SÓS na sala.* (AGO)

a tempo ⇨ Ver **há tempo.**

A expressão adverbial **a tempo** equivale a **em tempo**, isto é, o **a** é uma simples preposição (sem acento). ✦ *Betinha ia responder mas parou A TEMPO.* (BB)

Pode seguir-se uma expressão iniciada pela preposição **de**. ✦ *Voltei rapidamente e agarrei-o A TEMPO de impedir que fosse laçado novamente pelos homens encolerizados.* (ANA)

à toa

À toa (sempre sem hífen) é:

1. Expressão adverbial que significa:

◇ "sem razão", "sem motivo". ✦ *Tinha arrepios À TOA; quando ficava desesperado sempre tinha uns arrepios estranhos.* (BL) ✦ *Fala assim não, Lindauro, você está com raiva À TOA.* (ATR)

◇ "ao acaso", "irrefletidamente". ✦ *De cabeça baixa, folheando À TOA as folhas amareladas do meu dicionário, ouvi a curiosa informação de que um animal desconhecido andava preocupando os moradores da Chácara.* (CCA)

2. Adjetivo invariável que significa:

◇ "desqualificado", "vil". ✦ *Detesto a ideia de vê-lo espojando-se em lençóis de mulher À TOA.* (R)

a toda prova

◇ "sem importância", "insignificante". ♦ *Um incidente À TOA, sem dúvidas, mas, em si, bastante revelador da tensão secreta existente contra mim e que a briga com Pedro Moreno encobriu durante esses dias.* (A)

a toda prova

Nessa expressão, o **a** é simples preposição, e, portanto, não leva acento. A expressão significa "que passa por todo tipo de prova", "capaz de resistir a tudo". ♦ *E Concetta era de uma fidelidade A TODA PROVA.* (IS) ♦ *Naquele transe difícil de minha vida, o Sr. Stragos foi de uma solicitude A TODA PROVA.* (SPI)

à vista de ⇨ Ver vista ⇨ Ver em vista de.

À vista de é uma expressão iniciada pela preposição **a** e com núcleo (substantivo) feminino singular acompanhado de artigo (**à**: craseado). ♦ *Já a Mata Atlântica está À VISTA DE qualquer morador do Rio ou de São Paulo.* (DST)

à vontade

À vontade tem o **à** craseado (preposição **a** + artigo **a**). É:

1. Expressão adverbial que significa "sem constrangimento". ♦ *A Aristófanes é permitido ridicularizar os deuses À VONTADE, como faz também em As Rãs.* (ACM)

2. Substantivo composto que significa "naturalidade", "desembaraço". ♦ *Seu delicado À VONTADE no falar com todos e com cada um.* (BPN)

à zero hora, à uma hora

Nas indicações de hora desse tipo, há acento indicativo de crase no **à** (preposição **a** + artigo **a**). ♦ *A operação destinada a arrasar a cidade teve início À ZERO HORA do dia 6 de agosto de 1945.* (VEJ) ♦ *A Câmara só abre À UMA HORA da tarde.* (IN)

a(d)-

É um prefixo de origem latina que indica (movimento para) aproximação. ♦ *Fora adido militar ADJUNTO em Roma, Paris e Londres.* (AGO) ♦ *É que velhos políticos há*

muito gostam de APOR o nome "social" aos seus partidos. (FSP)

A ligação é com hífen (conservando-se o **D** de **ad-**) se o segundo elemento começar por **R**, ou **D**, como em: **ad-digital**, **ad-rectal**. Formas desse tipo não ocorreram.

a(n)- ⇨ Ver de(s), di(s)- ⇨ Ver i(n)-.

É prefixo de origem grega, que indica negação, privação (correspondendo, em parte, aos prefixos de origem latina **de(s)-**, **di(s)** e **i(n)-**[2]). Liga-se sem hífen ao elemento seguinte, a não ser que esse elemento se inicie por **h**. ♦ *Estaria a ponto de dar a luz a uma criatura, normal ou ANORMAL, diabólica ou divina?* (CEN) ♦ *A renúncia é a solução que afastará as possibilidades de subversão, ANARQUIA e golpe.* (AGO) ♦ *As "Teses" criticam o caráter intuitivo, estático, passivo e A-HISTÓRICO do materialismo de Feuerbach.* (ESO)

Se o elemento seguinte começar por **R** ou **S**, é necessário duplicar essa letra (que ficará entre duas vogais, na escrita). ♦ *Na transpiração se perde sódio, o que pode provocar ARRITMIAS.* (FSP) ♦ *Os pólipos de reprodução brotam pequenas medusas livres e ASSEXUADAS.* (GAN)

a.C.

É a abreviatura de **antes de Cristo**. ♦ *Uma referência ao ópio parece encontrar-se na Odisseia, escrita no século IX a.C.* (DRO)

a.D. ⇨ Ver d.C.

É a abreviatura de **no ano do Senhor** (latim: *anno Domini*), ou seja, **depois de Cristo**. Ocorre em 91% dos casos. ♦ *Há um consenso entre os eruditos, hoje, de que seus trabalhos datam de no mínimo quarenta anos depois da morte de Jesus, sendo o mais antigo o de Marcos (escrito por volta do ano 70 a.D.), e o mais novo o de João (cerca de 110 a.D.).* (VEJ)

A abreviatura de **depois de Cristo** é **d.C.**

ab- / abs- ⇨ Ver apo-.

É um prefixo de origem latina que indica afastamento, separação (como o prefixo de origem grega **apo-**). Liga-se ao elemento seguinte:

◇ com hífen, quando o segundo elemento começa por **R**. ◆ *Existem várias formas de descriminação, a saber: AB-ROGAÇÃO, legalização, despenalização, desjudicialização, mudança ou diminuição da pena.* (FSP)

◇ sem hífen, nos demais casos. ◆ *Se você ABJURAR, pode ser que lhe deem pena semelhante e estaremos livres.* (OSA) ◆ *ABDUÇÃO: é o deslocamento do membro da sua posição anatômica, provocando o afastamento da linha média do corpo.* (ENF)

ab initio

É expressão latina que significa "desde o início". ◆ *Quando, AB INITIO (...), já se vislumbra que haverá possibilidade de concessão futura do "sursis" (suspensão da execução da pena já aplicada), permite-se, desde que haja aceitação do acusado e seu defensor, a suspensão do processo.* (FSP)

ab ovo

É expressão latina que significa "a partir do ovo" e que é usada para referir-se a um processo ou a uma análise que recua às mais remotas origens. É alusão de Horácio (*Arte Poética*, 147) ao ovo de Leda (do qual nasceram Clitemnestra e Helena de Troia): Horácio louva Homero por não haver começado a narração da Guerra de Troia *ab ovo*, isto é, desde o nascimento de Helena. ◆ *A paralisação dos petroleiros era equivocada "AB OVO".* (FSP)

abade

É o título do superior dos monges de uma abadia ou de certas ordens religiosas monásticas. O feminino é **abadessa**. ◆ *Parte da inscrição faz referência, na língua falada entre os séculos 8 e 9, a uma antiga ABADESSA do local.* (FSP)

abadejo ➪ Ver badejo.

Abadejo e **badejo** são formas variantes (designação de uma variedade de peixe). A forma **abadejo** é muito pouco usada (4%). ◆ *O cardápio tem várias sugestões de pratos do mar (como ABADEJO com crosta de ervas).* (FSP)

abaixar ➪ Ver baixar.

1. Sem complemento, o verbo **abaixar** significa "diminuir". ◆ *Tudo está tão caro e o*

arroz não sobe, até ABAIXOU no mercado, tive notícias hoje. (SPI)

2. Com complemento sem preposição (objeto direto), o verbo **abaixar** significa:

◇ "fazer descer". ◆ *As pessoas dentro dele também não se mexiam. Mário aproximou o carro e ABAIXOU o vidro.* (BL)

◇ "fazer diminuir". ◆ *Eu procurava ABAIXAR o nível do discurso, porque punha pouco preço no poder da sua cabecinha.* (SA)

◇ "mover para baixo". ◆ *Ela ABAIXOU os olhos, vacilante.* (LC)

◇ "fazer vir para (mais) baixo". ◆ *ABAIXOU a ponta, soltando a isca, e esta pendulou.* (V)

abaixo ➪ Ver a baixo ➪ Ver baixo.

Abaixo é advérbio que significa:

◇ "em lugar menos elevado", "na parte inferior", "em situação inferior". ◆ *Conduzia-nos mais ABAIXO ao sepulcro do marido e da filha.* (BAL)

◇ "na direção da parte superior para a inferior", "em descenso". ◆ *Continuo vagueando rio ABAIXO.* (PAN)

Pode seguir-se uma expressão iniciada pela preposição **de: abaixo de**. ◆ *O lugar predileto dos dois namorados era a Rua Haddock Lobo, logo ABAIXO da Alameda Santos.* (ANA)

A baixo equivale a **para baixo** (preposição e substantivo).

abaixo-assinado

O plural é **abaixo-assinados**. O primeiro elemento não varia porque é advérbio. ◆ *Outros tipos de bem, que não as habituais igrejas, fortalezas e solares, se apresentavam para tombamento, muitas vezes acompanhadas por pedidos em longos ABAIXO-ASSINADOS.* (ESP)

abajur

É a forma portuguesa correspondente ao francês *abat-jour*. ◆ *Aquele ABAJUR tinha que ser meu.* (ACM)

abalançar-se

Como seus sinônimos **aventurar-se** e **arriscar-se**, usa-se com complemento iniciado pela preposição **a**. ◆ *Sem esse depoimento,*

abalizado

não me ABALANÇARIA a narrar o caso singular. (MEC)

abalizado

Com **Z**, como **baliza**. Significa "competente", "credenciado". ✦ *O corretor é o profissional mais ABALIZADO para dizer qual o valor comercial de um imóvel.* (FSP) ✦ *E, ajeitando o paletó, dava sua opinião ABALIZADA.* (NI)

abcissa, abscissa

São formas gráficas variantes do substantivo que designa cada uma das coordenadas de um ponto sobre uma reta. Por seu significado, a palavra é mais geralmente usada no plural. ✦ *Num gráfico cartesiano, um ponto se refere tanto a um valor da ABCISSA como a um valor da ordenada.* (PUS) ✦ *Coloca-se geralmente a temperatura em ordenadas e a pluviosidade em ABSCISSAS.* (ECG)

abdicar

1. Significa "renunciar", "desistir de". Usa-se com complemento iniciado pela preposição **de**, ou, em contextos mais restritos, pela preposição **a**. ✦ *Valia a pena criar raízes na terra, ABDICAR do seu passado, identificar-se com a gente.* (BH) ✦ *O homem que proclamou a independência do Brasil em 7 de setembro de 1822 ABDICOU ao trono e se tornou rei de Portugal.* (FSP)

2. Mais raramente, usa-se com complemento sem preposição (objeto direto). ✦ *Não pode a sociedade ABDICAR uma só qualidade pessoal de seus filhos.* (AE)

3. Especialmente com o significado de "renunciar voluntariamente a poder soberano ou a investidura", também se usa – e comumente – sem complemento, do mesmo modo que ocorre com o verbo **renunciar**. ✦ *Em condições muito menos graves do que as atuais, Pedro I ABDICOU e Deodoro renunciou".* (AGO) ✦ *E, quando a OEA exigiu que Somoza ABDICASSE e deixasse o país, o chanceler paraguaio Alberto Nogues comentou, preocupado:* (VEJ)

abdome, abdômen

1. São formas variantes, ambas igualmente usuais (cerca de 50%).

1.1 **Abdome** não leva acento (paroxítona terminada em **E**). ✦ *O músculo reto-abdominal tem como principal função a da flexão do tórax sobre o ABDOME.* (CLC)

O plural é **abdomes**. ✦ *Braços curtos, atrofiados, pernas dominantes, ABDOMES distendidos, crânio ovalado.* (FSP)

1.2 **Abdômen** leva acento circunflexo (paroxítona terminada em **N**, com vogal tônica fechada). ✦ *O tecido gorduroso se acumula especialmente nas regiões menos exercitadas, na maioria dos casos no ABDÔMEN.* (HH)

Os plurais indicados são **abdomens** (sem acento) e **abdômenes**, mas só o primeiro ocorreu. ✦ *O médico apenas diplomado pode sair operando de crânios a ABDOMENS, medicando doentes mentais ou tratando recém-nascidos.* (FSP)

2. O adjetivo correspondente é **abdominal**. ✦ *O sangue, rompendo os vasos sanguíneos da laringe, precipitou-se pelos caminhos mais ásperos do conduto ABDOMINAL.* (PEL)

abecar ⇨ Ver abicar.

Abecar significa "agarrar". ✦ *Só sei dizer que passava no meio daquela rapaziada, quando fui ABECADO pelo senhor.* (PFV)

Abicar significa "chegar", "chegar-se".

abecedário

É substantivo coletivo para letras, numa sequência convencional (o mesmo que **alfabeto**). ✦ *Maria Negra dominava as letras do alfabeto, sabia o ABECEDÁRIO de cor e salteado.* (ANA)

abelha

1. O adjetivo correspondente é **apícola**. ✦ *O passeio continua com a visita à Casa do Apicultor, ao Observatório APÍCOLA e à Casa dos Produtos APÍCOLAS.* (FSP)

2. Os coletivos para abelhas são **colmeia** ou **enxame** (abelhas em revoada). ✦ *O microclima da COLMEIA é assim muito mais estável que o clima exterior.* (ECG) ✦ *Uma COLMeIA pode ter até quarenta mil abelhas.* (FOC) ✦ *Contemplo logo acima um ENXAME de abelhas que está se mudando de um lugar para outro.* (PAN)

abençoar

1. Os verbos em **-oar** têm a primeira pessoa do singular do presente do indicativo em **oo**, sem acento. ✦ *E ABENÇOO a escolha de vocês.* (ARA)

2. Esses verbos têm **-e** final na terceira pessoa do singular do presente do indicativo. ✦ *ABENÇOE o seu filho.* (ALE)

abicar ⇨ Ver abecar.

Abicar significa "chegar", "chegar-se". ✦ *Exatamente meio século atrás, ABICOU de supetão na vida de Betinho.* (VEJ)

Abecar significa "agarrar".

abjeção, abjeto ⇨ Ver objeção, objeto.

1. **Abjeção** é substantivo que significa "baixeza", "aviltamento", "infâmia". ✦ *A verdade fica incômoda e quem a proclama se torna objeto de ódio e de ABJEÇÃO.* (ACM)

2. **Abjeto** é adjetivo que significa "vil", "infame". ✦ *Havia outra morte, outro cadáver, não no armário, mas dentro de meu ser ABJETO.* (CF)

Objeção é substantivo que significa "réplica", "contestação".

Objeto é substantivo.

ablação, ablução ⇨ Ver oblação.

1. **Ablação** significa "corte", "extirpação". ✦ *O dedo no gatilho fora uma operação de rotina, como uma cirurgia de ABLAÇÃO.* (GTT)

2. **Ablução** significa "lavagem", "purificação pela água". ✦ *Quem aqui passar, antes de ler a placa, que faça a ABLUÇÃO da boca, para não se contaminar.* (GD)

Oblação significa "oferenda, sacrifício a Deus".

ABNT

É a sigla de **Associação Brasileira de Normas Técnicas**. ✦ *Os tubos de ferro fundido nodular Ferrodúctil são fabricados, rigorosamente, dentro das normas da ABNT.* (VIS)

abóbada

Com **A**, após o segundo **B**. A designação refere-se, genericamente, a teto curvilíneo. ✦ *No alto da ABÓBADA havia uma rachadura estreita, por onde penetrava a luz.* (OE)

abolir

Verbo defectivo, conjuga-se apenas nas formas em que ao radical se segue **E** ou **I**. Não existe, pois, a primeira pessoa do presente do indicativo, e, consequentemente, todo o presente do subjuntivo. Nas formas em que o **O** do radical é tônico, ele é aberto. ✦ *ABOLE-se a iniciativa particular, a liberdade de imprensa e de locomoção, a justiça é transformada em arma de opressão revolucionária.* (SIG) ✦ *Fomos das primeiras nações que ABOLIRAM a pena de morte em sua legislação, depois de a termos ABOLIDO muito antes na prática.* (RB)

abordar

Na acepção de "acercar-se de", "chegar-se a", "interpelar" (uma pessoa) e na acepção de "tratar" (um assunto), tradicionalmente se indica o uso do verbo **abordar** como galicismo.

Entretanto, em diversos registros linguísticos, é corrente o emprego com ambos os significados. ✦ *Quando Ternura a ABORDOU, ela pediu que ele fosse embora.* (JT) ✦ *Foi Peter, ao que tudo indica, quem primeiro ABORDOU o problema da cardiopatia na gravidez (1871).* (OBS)

Os significados tradicionalmente apontados como vernáculos (ligados a **bordo** e a **borda**) são menos usuais. ✦ *Uma revolta seria teatralmente parada, a fim de que Tully conseguisse ABORDAR o "Halfmoon" [um autogiro] e voar até o "Rotary Prince", em águas distantes, já fora da jurisdição dos Estados Unidos.* (PRE) ✦ *Segundo ele, ao detectar aviões voando irregularmente na região, o procedimento ideal será acionar outro avião da Aeronáutica para ABORDAR a aeronave suspeita, dar um tiro de aviso e, caso não haja resposta, abater o intruso.* (FSP)

aborígine

Com **I**, não com **E**, depois do **G**. Significa "nativo", "indígena". ✦ *O arame das cercas "apodrece", segundo um poeta ABORÍGINE.* (AVE)

aborrecer-se

Usa-se com complemento iniciado pelas preposições **com** ou **em** (complemento oracional). ◆ *Aglaia ABORRECIA-SE com a desenvoltura com que Pena Lima se portava em relação a ela diante de todos.* (JM) ◆ *Não sei se o senhor SE ABORRECE em tratá-lo assim...* (ARR)

aborto

O plural é **abortos**, com O fechado. ◆ *Os ABORTOS precoces, ocorridos até o quinto mês, não são de origem sifilítica.* (SMI)

abrasar(-se), abrasado, abrasador

Escrevem-se com S, como **brasa**. ◆ *Numa última tentativa, roçou-lhe os ombros com os dedos finos e somente aí percebeu que SE ABRASAVA em febre.* (FR) ◆ *Na frente da tropa ela resmungava insultos, sozinha, enxugando a testa, onde um suor de febre insistia no ABRASADO da marcha.* (CJ) ◆ *O clima é úmido e ABRASADOR.* (JO)

abrolhos

Nesse plural, assim como no das outras palavras compostas cujo último elemento é **olhos** (antolhos, sobrolhos), o O é aberto. **Abrolhos** é a designação de recifes perigosos para a navegação. ◆ *O recife de ABROLHOS tem portanto várias espécies de corais.* (ZO)

absinto, absíntio

São formas variantes, ambas oficialmente registradas, mas a forma usual atualmente é **absinto**. Os substantivos designam uma erva aromática e também uma bebida alcoólica esverdeada preparada com o óleo dessa erva, com anis e outras ervas aromáticas. ◆ *E diante do copo de ABSINTO, o pobre diabo chorava lágrimas de esguicho.* (FSP) Em poema do Romantismo está: ◆ *ABSÍNTIO amaro.* (JF)

absolver, absorver

1. **Absolver** significa "dar por inocente", "isentar de penalidade". Usa-se com complemento sem preposição (objeto direto), podendo ocorrer, também, outro complemento iniciado pela preposição **de**, indicando a culpa ou o crime. ◆ *O processo correu e o promotor me ABSOLVEU.* (CAA) ◆ *Não tenho dúvidas, pois, de que, em edições futuras, havereis de ABSOLVER o Positivismo de um pecado que não cometeu.* (TA-O)

2. **Absorver** significa "recolher em si um líquido, empapando-se", "assimilar". Usa-se com complemento sem preposição (objeto direto). ◆ *A taipa bem socada é dura como pedra, mas, além de ABSORVER água com facilidade, também não tem dureza ao risco.* (AQT) ◆ *O organismo social não foi capaz de ABSORVER a decisão, e ao invés de engrandecer-se, o Parlamento foi fechado.* (NEP)

absolvição

O adjetivo correspondente é **absolutório**. ◆ *Segundo o Colégio de segunda instância, a sentença ABSOLUTÓRIA em causa não se baseara no artigo 386.* (ESP)

abster-se

Significa "privar-se", "passar sem".

1. Conjuga-se como **ter**. ◆ *ABSTENHO-ME de entrar em outro assunto.* (SI-O) ◆ *Como segunda pessoa em graduação, o sargento ABSTINHA-SE de entrar na conversa (...).* (PFV) ◆ *Entretanto, o Brasil SE ABSTEVE de votar.* (ATN)

Como as formas de terceira pessoa (do singular e do plural) do presente do indicativo são oxítonas em **-em**, elas são acentuadas: com acento agudo no singular e com acento circunflexo no plural. ◆ *O analista ABSTÉM-SE de gratificar o paciente, de satisfazer suas necessidades emocionais.* (PSC) ◆ *Deixam o cabelo crescer, ABSTÊM-SE de pinturas no corpo e de toda espécie de danças.* (IA)

2. Usa-se com complemento iniciado pela preposição **de**. ◆ *Descartes, ao ser informado da condenação de Galileu, prudentemente SE ABSTEVE de publicar suas observações.* (IS)

abusão

É substantivo feminino que significa "crendice", "superstição". Escreve-se com S. ◆ *Era preciso aproveitar a ABUSÃO para livrá-los dos padres.* (ASS)

abusar, abusado, abuso

1. Escrevem-se com S, como **uso**. ✦ *Ultimamente, porém, os produtores têm ABUSADO do direito de errar.* (VIE) ✦ *O atacante do Palmeiras acha que o rival está "muito ABUSADO".* (FSP) ✦ *Ontem, a Polícia recebeu mais uma denúncia de ABUSO sexual contra escola.* (RI)

2. O verbo **abusar** se usa com complemento iniciado pela preposição **de**. ✦ *Se eu for realmente bom, como vocês dizem, não ABUSAREI da posição privilegiada.* (E)

abutre

O adjetivo correspondente é **vulturino**. ✦ *Ela tem uma nítida vocação VULTURINA, ao aliviar o falecido do mau cheiro dos seus vícios morais e éticos.* (FSP)

acabar

Usa-se com complemento sem preposição (objeto direto) ou com complemento iniciado pela preposição **com**. ✦ *ACABAMOS o serviço?* (NOF) ✦ *Angela, vamos ACABAR com toda essa tolice?* (A)

açafrão

Com Ç. É a designação de um pó preparado com os estigmas do açaflor, usado na culinária e na medicina. ✦ *O chá com AÇAFRÃO é uma mistura de chá preto do Sri Lanka e AÇAFRÃO espanhol.* (FSP)

acalanto, acalento

São formas variantes. Significam "ato de embalar cantando, aconchegando ao peito". **Acalento** é muito pouco usada (10%). ✦ *Ela repetia com voz de ACALANTO que eu precisava fugir.* (GI) ✦ *A sua cantilena por muito tempo substituiu o doce ACALENTO de minha mãe na pátria desconhecida.* (AL)

açambarcar

Com Ç. Significa "tomar posse de", "assenhorear-se de". ✦ *O Estado não pode AÇAMBARCAR estes bens para si.* (SIG)

acaso ⇨ Ver **caso** ⇨ Ver **se acaso**.

É advérbio que indica possibilidade ("por acaso", "porventura"). ✦ *Sobral perguntou para S. Luís se ACASO o colega conhecia o Juvenal.* (BP)

Pode ocorrer após a conjunção condicional **se**. ✦ *E se ACASO os gemidos se interrompiam, ficava sem respirar.* (A)

Caso e **se** são conjunções condicionais.

acautelar, acautelar-se

O significado é "prevenir(-se)".

Usam-se com complemento iniciado pelas preposições **de**, **contra** ou **com**. O verbo **acautelar** (não pronominal) tem, ainda, um complemento sem preposição (objeto direto). ✦ *Esse mesmo autor nos ACAUTELA, quando fraca a formação doutrinária, dos perigos das dúvidas mal solucionadas.* (PE) ✦ *É importante que não nos descuidemos mais do que se passa, que NOS ACAUTELEMOS de falhas e fraquezas em nossas hostes.* (JK-O) ✦ *Há que SE ACAUTELAR com tantos devaneios metafísicos.* (PAO) ✦ *Tudo parecendo indicar que o experimentador SE ACAUTELOU contra os possíveis efeitos sistemáticos de outras variáveis que não a sua variável independente.* (PEX)

Acautelar-se se usa, ainda, sem complemento. ✦ *Aquela visita assegura-lhe familiaridade com a região. Contudo, a viajante ACAUTELA-SE.* (PAO)

aceder

Significa "anuir", "aquiescer".

Usa-se com complemento iniciado pelas preposições **a** ou **em**. ✦ *Muito contrariado, Paracelso acabou ACEDENDO ao pedido.* (CEN) ✦ *A mulher ACEDEU imediatamente em ir ver a doente.* (PCO)

O complemento pode deixar de ocorrer. ✦ *Minha avó ACEDEU esfuziante.* (BAL)

aceitado, aceito, aceite

1. A forma de particípio **aceitado** é usada com os auxiliares **ter** e **haver**. ✦ *Se eu soubesse*

acelerado

*que era aquilo, não **tinha** ACEITADO.* (LA) ♦ *Já havia recebido diversos convites, mas nunca **havia** ACEITADO.* (FSP)

2. A forma **aceito** é mais usada com os verbos **ser** e **estar**. ♦ *O movimento estava começando a **ser** ACEITO e compreendido pela população.* (GRE) ♦ *Conforme a tradição local, isto significa que o desafio para um duelo **está** ACEITO.* (EM)

Aceito também se usa, porém, com **ter** e **haver**. ♦ *Se Troia – para usarmos do exemplo clássico – resistiu impávida a dez anos de cerco, verdade é que se entregou num átimo por **ter** ACEITO e recebido dentro de seus muros o cavalo e o que trazia em seu bojo.* (JK-O) ♦ *Em sua busca desesperada por uma retumbante epifania liberal, a mídia parece **haver** ACEITO sem questionar a imagem edulcorada que Larry Flynt pinta de si mesmo.* (FSP)

A forma **aceito** é, ainda, a que tem emprego como adjetivo. ♦ *As correntes de "**ideias** ACEITAS" podem mudar.* (DIR)

3. Só como substantivo se recomenda tradicionalmente o uso de **aceite**, que é outra forma de particípio irregular de **aceitar**. Só como substantivo, de fato, essa forma é usual. O substantivo **aceite** significa "registro de aceitação em título de crédito". ♦ *São participantes do FGC as instituições financeiras e as associações de poupança e empréstimo em funcionamento no país, que (...) efetuem ACEITE em letras de câmbio.* (FSP)

acelerado ⇨ Ver **celerado**.

Acelerado é:

◇ particípio do verbo **acelerar**. ♦ *O processo é lento, podendo, entretanto, ser ACELERADO pelo aumento da proporção de gás carbônico presente na atmosfera.* (MCO)

◇ adjetivo, com o significado de "rápido", "veloz". ♦ *A riqueza nacional desenvolve-se em ritmo ACELERADO.* (FA)

Celerado é substantivo que significa "facínora", "criminoso".

acelga, celga

Acelga tem uma variante, **celga** (com aférese do **A**), forma oficialmente registrada, mas que não ocorreu. ♦ *Que coisa linda são as couves, as alfaces, os repolhos, as couves-flores, as ACELGAS, as mostardas, os brócolis brotando do chão como um tapete colorido de histórias de fadas.* (BU)

acender, acensão ⇨ Ver **ascender, ascensão, ascensorista**.

1. **Acender** (com **C**) significa "atear fogo em", "fazer arder", "fazer brilhar". ♦ *Saímos ACENDENDO nossos cigarros com o ar mais tranquilo deste mundo.* (AL)

Ascender (com **SC**) significa "elevar-se", "subir". **Ascensão** e **ascensorista** são formas ligadas a esse verbo.

2. **Acensão**, que significa "acendimento", não ocorreu.

acendido ⇨ Ver **aceso**.

A forma **acendido** é usada com os auxiliares **ter** e **haver**. ♦ *Agora as coisas pareciam, aos homens, melhores: na nova terra tinham construído uma casa; na nova casa **tinham** ACENDIDO o fogo.* (CEN) ♦ *O vice-chanceler israelense, Yossi Beilin, anunciou que seu país **havia** ACENDIDO o "sinal vermelho" para a Itália, porque "o fascismo foi o pai do nazismo".* (VEJ)

A forma **aceso** é usada com os verbos **ser** e **estar** e é também empregada como adjetivo.

acento ⇨ Ver **assento**.

Acento designa:

◇ sinal gráfico. ♦ *Finalmente, a parte mais discutida da reforma: a queda do circunflexo diferencial, aquele ACENTO que nunca se sabia a hora de usar.* (PFI)

◇ modo de pronunciar, timbre, sotaque. ♦ *Com seu carregado ACENTO português, dona Luiza foi direto ao assunto.* (ANA)

◇ destaque, realce. ♦ *O ACENTO ficou assim colocado nas funções de controle do ego.* (PS)

Assento significa "lugar em que alguém se senta".

acepção ⇨ Ver acessão.

Acepção significa "significado". ◆ *Mesmo de blusão e calça cáqui, via-se que vinham da cidade grande e Irma era, na plena ACEPÇÃO da palavra, uma esnobe.* (ASS)

Acessão significa "consentimento".

acerbo

A indicação corrente é que o E tônico é aberto (É) no masculino e no feminino, no singular e no plural. Entretanto, a pronúncia varia. O adjetivo significa "azedo", "ácido", "atroz". ◆ *"O Ivan é muito chato, fala sem parar", alfineta Apicius, o ACERBO crítico gastronômico do Jornal do Brasil.* (FSP) ◆ *Uma dor ACERBA varou-lhe a alma e lágrimas brotaram de seus olhos.* (CA) ◆ *É certo que Casanova tem sofrido ACERBAS críticas quanto à sua ética e quanto à verdadeira autoria de suas obras.* (FI)

acerca de ⇨ Ver a cerca de ⇨ Ver há [indicando tempo], há cerca de.

Na expressão **acerca de**, que significa "a respeito de", **acerca** escreve-se numa só palavra. ◆ *Nando não tinha qualquer opinião formada ACERCA Do Ministro Gouveia, inclinando-se para uma visão da mediocridade tendendo ao absoluto.* (Q)

Cerca de é uma expressão que significa "aproximadamente" e que pode estar precedida da preposição **a** (**a cerca de**) e do verbo **haver** (**há cerca de**).

acercar-se

Usa-se com complemento iniciado pela preposição **de**. ◆ *Caiá ACERCOU-SE da porta e espiou na direção do rio, curioso para saber que índio era.* (ARR)

acerto ⇨ Ver asserto.

É o substantivo correspondente ao verbo **acertar**. ◆ *A moça fita-o como a dizer que está de acordo, mas o ACERTO disto dependeria da vida que se levasse.* (PV)

O substantivo **asserto** significa "asseveração".

acervo

1. É substantivo coletivo para obras de uma coleção. ◆ *Ele colocará ao seu dispor o ACERVO de suas galerias.* (REA)

2. O E é fechado, no singular e no plural. ◆ *Vários monarcas europeus, desde o século XV, constituíram importantes coleções que posteriormente formaram a base dos ACERVOS dos atuais museus europeus.* (NU)

aceso ⇨ Ver acendido.

A forma **aceso** é usada com os verbos **ser** e **estar**. ◆ *Um lampião fora ACESO a um canto e uma porção de índios se amontoava em sua volta.* (ARR) ◆ *O fogo estava ACESO e a água fervia na chocolateira.* (ALE)

Aceso é, também, a forma que se usa como adjetivo. ◆ *O Dique do Tororó parecia um presépio de faróis ACESOS, ao som da barulheira de buzinas estridentes.* (ATA)

A forma **acendido** é usada com os auxiliares **ter** e **haver**.

acessão ⇨ Ver acepção.

Acessão (palavra de uso raríssimo) significa "consentimento". ◆ *Entre os obstáculos criados à ACESSÃO dos países do Leste Europeu, figura a exigência do "acquis communautaire".* (FSP)

Acepção significa "significado".

acessível, accessível

São formas variantes, mas **accessível** tem uso apenas literário e muito restrito (0,3%). ◆ *Kornhauser reclama a carência de estudos a respeito do que chama as elites ACCESSÍVEIS, referindo-se às facilidades de o povo influir em seu comportamento.* (NEP) ◆ *Já se sentia menos prevenida, mais ACESSÍVEL.* (JM)

acessório, accessório ⇨ Ver assessor, assessoria.

Acessório e **accessório** são formas variantes, mas só a primeira ocorreu.

É:

◇ adjetivo que significa "que não é fundamental". ◆ *O publicitário não elege ninguém,*

acético

ele é uma peça ACESSÓRIA da campanha. (RI)

◇ substantivo que designa aquilo que não é fundamental. ♦ *O botão venceu os preconceitos e hoje é um mero ACESSÓRIO, difundido em todo o mundo civilizado.* (CUB)

Assessor é substantivo que designa auxiliar especializado.

acético ⇨ Ver ascético ⇨ Ver asséptico.

Acético é adjetivo relativo a vinagre. ♦ *Como subprodutos do processo devem ser aproveitados os componentes do destilado pirolenhoso: ácido ACÉTICO, metanol e alcatrão.* (BEB)

Ascético é adjetivo (referente a **ascese**) que significa "devoto", "místico", "contemplativo".

Asséptico é adjetivo relativo a **assepsia**.

acetinar, acetinado

Com **C**, como **cetim**. ♦ *Usava com displicência um Seiko de mostrador azul e umas calças pretas com friso ACETINADO.* (CNT)

acidente ⇨ Ver incidente.

O substantivo **acidente** designa um acontecimento imprevisto ou infeliz, um desastre. ♦ *Luís não tinha culpa do ACIDENTE.* (DES) ♦ *Aos 59 anos Pasteur ficou parcialmente paralisado por um ACIDENTE vascular cerebral.* (APA)

Incidente designa uma circunstância casual, episódica, uma peripécia, um atrito.

acima ⇨ Ver a cima ⇨ Ver cima.

1. **Acima** é advérbio que significa

◇ "em lugar mais elevado"; "na parte de cima"; "em situação superior". ♦ *Quando se chegava ACIMA, seu auxiliar, um alto e delicado demais de postura, já tinha preparado uns trinta copos de solução reforçada de sal amargo.* (CF) ♦ *Jamais fará valer os meus argumentos, os meus "direitos", por uma razão muito simples e que, aliás, já foi ACIMA enunciada.* (A)

◇ "na direção da parte inferior para a superior"; "de baixo para cima". ♦ *Corria desabaladamente rua ACIMA, tropeçando na minha própria sombra e sentindo o cheiro do mar e o seu rumor insano bem junto aos meus calcanhares.* (AL)

2. Pode seguir-se de uma expressão iniciada pela preposição **de**: **acima de**. ♦ *Para ele os preceitos gramaticais estavam ACIMA de todas as regras, de todas as leis.* (ACT)

A cima equivale a **até / para cima** (preposição e substantivo).

açoitar

Em qualquer forma do verbo, o ditongo **OI** (átono ou tônico) é sempre fechado. O verbo significa "flagelar", "bater em", "devastar". ♦ *A chuva fininha era uma librina que o vento AÇOITAVA, ensopando fundo a terra.* (VER) ♦ *Oito anos atrás, estava em Nova York quando se anunciou um dos tornados que periodicamente AÇOITAM os Estados Unidos.* (FSP)

aço-liga

O plural é **aços-liga** (substantivo + substantivo, o segundo fazendo uma determinação sobre o primeiro). ♦ *Os AÇOS-LIGA devem conter elementos que permitam aumentar a sua resistência, sobretudo ao desgaste.* (EFE)

acomodar, acomodar-se

Usam-se com complemento iniciado pelas preposições **a** ou **com**. O verbo **acomodar** (não pronominal) tem, ainda, um complemento sem preposição (objeto direto). ♦ *Evidentemente, no Brasil, tal lei agrária deve possuir características de maleabilidade, para ACOMODÁ-la às variadas condições regionais.* (G-O) ♦ *Como nos edifícios de maiores dimensões, as edículas viriam ACOMODAR-SE aos limites de fundo dos terrenos.* (ARU) ♦ *Este Tribunal, instalado há pouco mais de um ano, não pode ACOMODAR-SE com a norma viciosa de ver seus pares submetidos a cotejos de ordem política.* (EM)

Acomodar-se usa-se, ainda, sem complemento. ◆ *Apenas ACOMODA-SE melhor e continua dormindo.* (TGG)

acônito

A sílaba tônica é a antepenúltima (Ô), e, por isso, a palavra leva acento (proparoxítona). O substantivo designa um gênero de ervas venenosas. ◆ *Por fim, uma bateria de recipientes que enchi de tinturas de beladona, ACÔNITO, amônia e quanto mais.* (PFV)

aconselhar, aconselhar-se

1. **Aconselhar** se usa com dois complementos, um sem preposição (objeto direto) e o outro iniciado pela preposição **a**. Um deles se refere a pessoa, havendo duas possibilidades de construção:

◇ a pessoa vem no complemento sem preposição. ◆ *Charlie Goodman, treinador de Rocky Marciano, percebendo a debilidade física do pupilo, ACONSELHOU-o a faltar à cerimônia.* (OLG)

◇ a pessoa vem no complemento iniciado pela preposição. ◆ *Para a aplicação dessas regras, ACONSELHOU ao experimentador o uso de três tábuas.* (HF) ◆ *Foi minha mãe quem ACONSELHOU ao marido dela não te dar uma surra, certa noite, num baile de São Pedro.* (BE)

2. **Aconselhar-se** usa-se com complemento iniciado pela preposição **com**. ◆ *Mas eu não desejo tomar remédio sem ME ACONSELHAR com o dr. Hélio.* (NOF)

acontecer ⇨ Ver haver ⇨ Ver suceder.

1. **Acontecer** não é verbo impessoal, isto é, tem sujeito e concorda com ele. ◆ *Nesse cruzamento ACONTECERAM dois acidentes, em dezembro passado, por causa do defeito do semáforo.* (OLI) ◆ *Para angústia geral, ACONTECERÃO as viagens de Geisel ao México e ao Uruguai.* (OL)

2. O verbo **acontecer** se usa com complemento iniciado pelas preposições **a** ou **com**. ◆ *É tão doloroso o que ACONTECEU a ela.* (VEJ) ◆ *O primeiro voto foi estudado, discutido e* dado com toda a segurança, o que realmente não ACONTECEU com o segundo. (OL)

acórdão

1. A sílaba tônica é a penúltima (CÓR), e, por isso, a palavra leva acento (paroxítona terminada em ÃO). A palavra designa decisão proferida em grau de recurso por um tribunal. ◆ *Augusto não se demorou, porque tinha que redigir um ACÓRDÃO complicado.* (VN)

2. O plural é **acórdãos**. ◆ *Quando querem divulgar exemplares de seus ACÓRDÃOS, os juízes pagam o xerox do próprio bolso.* (VEJ)

acordar

Significando "concordar", usa-se com complemento (geralmente oracional) iniciado pela preposição **em**. ◆ *As lideranças das três frentes (...) ACORDARAM em trocar a tradicional exibição diária de dois blocos compactos de meia hora por 48 anúncios de trinta segundos.* (VEJ)

acordo

O plural é **acordos**, com O fechado. ◆ *Os ACORDOS políticos são como as salsichas: nunca é bom sabermos como foram feitos.* (UQ)

Açores (arquipélago) [Oceano Atlântico]

O adjetivo pátrio é **açoriano**. ◆ *Mais tarde chegaram aqui os casais AÇORIANOS, muitos dos quais eram de origem flamenga.* (TV)

acostumar, acostumar-se ⇨ Ver costumar.

1. **Acostumar** significa "fazer tomar o costume de", "habituar". Usa-se com complemento sem preposição (objeto direto), podendo ocorrer, ainda, outro complemento iniciado pela preposição **a**. ◆ *ACOSTUMEI os olhos à penumbra e antes de avançar vi o rosto branco de Sílvia.* (MAR)

2. **Acostumar-se** significa "contrair o costume de", "habituar-se". Usa-se com complemento iniciado pelas preposições **a** ou **com**. ◆ *Aracy Balabanian ACOSTUMOU-SE*

acre

a ouvir elogios desde a sua estreia como atriz profissional. (MAN) ◆ *Precisamos NOS ACOSTUMAR com a ideia de que, nas grandes cidades, isto vai acontecer.* (FSP)

O complemento pode deixar de ocorrer. ◆ *Com o correr do tempo ME ACOSTUMEI.* (FE)

Costumar significa "ter o hábito de".

acre

O superlativo absoluto sintético é **acérrimo**. Significa "ácido", "azedo". ◆ *O Congresso Nacional Africano e o Partido Nacional foram os mais ACÉRRIMOS inimigos por 76 anos.* (FSP)

Nos manuais tradicionais, indica-se, também, **acríssimo**, que, entretanto, não ocorreu.

Acre ⇨ Ver **-ano.**

1. A sigla é **AC**. ◆ *O diretório do PT em Rio Branco (AC) foi arrombado e pichado na madrugada de ontem.* (FSP)

2. O adjetivo pátrio oficialmente indicado é **acreano**. ◆ *Cada um dos ACREANOS deve lutar para eliminar a morte violenta desse estado, pede D. Moacyr.* (JB)

A formação regular com o sufixo **-ano** é **acriano**, forma que também é usada, embora com muito menor frequência (3%). ◆ *O clube ACRIANO classificou-se para a competição ao vencer a Copa Norte.* (FSP)

acreditar

1. Usa-se com complemento iniciado pela preposição **em** quando significa:

◇ "ter fé ou crença". ◆ *Você acredita em Deus?* (HA)

◇ "confiar nas boas intenções de". ◆ *Ninguém ACREDITA em mim.* (ANB)

- "tomar por verdadeiro". ◆ *Sem dúvida, Stumpf é daqueles sujeitos capazes de ACREDITAR em miragens ou telefones.* (IS)

2. Usa-se com complemento sem preposição (objeto direto) quando significa:

◇ "ter por certo", "achar" (complemento oracional). ◆ *Betty, você não ACREDITA que*

se possa atender às puras vozes do sangue? (CCA)

◇ "credenciar". ◆ *O representante de um país ACREDITADO junto a qualquer Governo não tem mais a sua ação limitada a gastos rituais (...).* (JK-O)

acrescentar, acréscimo

Com **SC**. ◆ *A esses domínios podemos ACRESCENTAR muitos outros.* (BRO) ◆ *Mas levou de volta para casa a certeza de que no dia seguinte teria de produzir o restante, com o ACRÉSCIMO da praxe.* (SE)

acrimônia

A sílaba tônica é **MÔ**, com acento. O substantivo designa a qualidade daquilo que é acre, e, a partir daí, significa "aspereza", "severidade", "mordacidade". ◆ *Perfeito, sem ACRIMÔNIA. Somos uma espécie de feiticeiro.* (RET)

acro-

É elemento (grego) que se liga a um elemento seguinte. Significa "lugar alto", "extremidade superior". ◆ *Esta trama envolve policial que, por causa da ACROFOBIA – pavor de cair –, enfrenta problemas como a perda de pessoas amadas e o caminho para a loucura.* (FSP) ◆ *O excesso de hormônio implica gigantismo antes, e ACROMEGALIA depois da soldagem das cartilagens de conjugação.* (FOC)

Se o elemento seguinte começar por **R** ou **S**, é necessário duplicar essa letra (que ficará entre duas vogais, na escrita). ◆ *Ocorre fusão dos grânulos e formação do ACROSSOMO.* (BC)

acrobacia

A sílaba tônica é **CI**, sem acento. ◆ *Malthus executa uma curiosa espécie de ACROBACIA mental para rebater as ideias de Filangieri.* (DC)

acrobata, acróbata

Embora as duas formas sejam tradicionalmente indicadas, a palavra só ocorreu como paroxítona, sem acento (sílaba tônica: **BA**).

-ada

* *Para saltar em uma cama elástica, não é preciso ser nenhum ACROBATA.* (FSP)

acrópole

A sílaba tônica é a antepenúltima (**CRÓ**), e, por isso, a palavra leva acento (proparoxítona). O substantivo designa o local mais alto das antigas cidades gregas, o qual servia de cidadela. Como nome próprio, designa especificamente a acrópole de Atenas. * *Conforme o plano urbanístico concebido por Hipidroxérnus, no centro da cidade estava a ACRÓPOLE, donde partiam 12 raios dividindo a cidade em 12 partes iguais.* (FSP) * *Os mais expressivos exemplos da arquitetura grega encontram-se na ACRÓPOLE (literalmente "cidade alta", elevação no centro da cidade) de Atenas.* (HG)

-açu ⇨ Ver -guaçu.

É elemento de origem tupi que significa "grande" (o mesmo que **-guaçu**). Escreve-se com Ç. Junta-se com hífen ao elemento anterior quando este tem a última sílaba tônica. * *Jaca, abacate, manga, **cajá-AÇU**, cabeluda, araçá, grumixama, jatobá – quente.* (BAL) * ***Timbó-AÇU** agora é Timbó-Mirim. Está diminuindo, minguando.* (AM)

açucena

Com Ç. * *Tu, quem és tu, filho do ouro, com estes olhos azuis e esta pele de AÇUCENA?* (CHR)

acudir

1. O verbo **acudir** muda o U em O aberto, no presente do indicativo, quando é no radical que está a sílaba tônica (nas formas rizotônicas), exceto na primeira pessoa do singular, e, consequentemente, em todo o presente do subjuntivo. * *Afonso ACODE ao apelo, mas Lourenço o chama antes que chegue à cozinha.* (CHU) * *Ai, João Grilo, meu querido, me ACUDA que eu estou morrendo.* (AC)

2. Com o significado de "atender", o verbo **acudir** se usa com complemento iniciado pela preposição **a**. * *ACUDIU ao chamado um mulato baixo, pernas arqueadas, de macacão azul.* (ALE)

açular ⇨ Ver **assolar**.

Açular significa "incitar". * *E a imprensa sempre no papel de excitar e AÇULAR os descontentes.* (CRU)

Assolar significa "arrasar".

ad hoc

É expressão latina de valor adjetivo que significa "(especialmente) para estas determinadas circunstâncias", "(especialmente) para isto". * *A explicação, para não ser AD HOC, permite previsões.* (EC) * *Uma ideia interessante é criar um corpo de especialistas que forneceriam os pareceres "AD HOC", baseados exclusivamente em critérios técnicos e anonimamente.* (FSP)

ad majorem Dei gloriam

É expressão latina que significa "para a maior glória de Deus". É o lema da Ordem dos Jesuítas. As iniciais A.M.D.G. servem de epígrafe à maior parte dos livros produzidos pela Companhia. * *AD MAJOREM DEI GLORIAM espalharam-se pelo mundo, pregando, construindo missões, dirigindo pesquisas de interpretação da bíblia, investigações teológicas e científicas e buscando através da erudição a salvação da humanidade.* (BOI)

ad referendum

É expressão latina que significa "sob condição de ser submetido a". Vem seguida de complemento iniciado pela preposição **de**. * *A intervenção só será feita AD REFERENDUM do Senado Nacional.* (D)

ad valorem

É expressão latina. Diz-se dos direitos de alfândega, estabelecidos para os objetos importados, proporcionalmente ao valor desses objetos. * *Ao decretar-se a liberdade do comércio estabelecera, como vimos, uma pauta geral AD VALOREM de 24% sobre todas as importações.* (H)

-ada

É sufixo formador de substantivo coletivo, indicando abundância. * *O barulho da MOLE-*

adaga

CADA jogando aumenta cada vez mais. (ARI) ♦ *E, tocadas, fechando fila, algumas vacas leiteiras, pra alimentação da CRIANÇADA.* (GRO) ♦ *Porém, seu pai, devoto indianista, batizou a FILHARADA segundo os personagens de José Alencar.* (DE)

Frequentemente implica qualidade negativa, pejorativa. ♦ *Será que a GAUCHADA já perdeu a vergonha?* (ANB) ♦ *Era de se admirar, aquela MULHERADA, depois de trabalhar a semana inteirinha, chegar aos bandos.* (ID) ♦ *Ou segura as pontas firme, ou então a CANALHADA monta.* (DO)

adaga ⇨ Ver adega.

Adaga é substantivo que designa arma branca, mais larga e maior que o punhal. ♦ *Teles de Menezes gritou de dor e, desesperado, tentou atacar seu inimigo com uma ADAGA que retirou da cintura com a mão esquerda.* (BOI)

Adega é substantivo que designa cômodo especialmente preparado para se guardarem bebidas.

adágio

É a grafia portuguesa (com acento) do italiano *adagio*. A palavra designa andamento musical vagaroso. ♦ *Outro lindo ADÁGIO é "Un sourire", escrito para comemorar o bicentenário da morte de Mozart.* (FSP)

adaptar(-se)

1. É verbo regular. Em nenhuma das formas, existe **I** entre o **P** e o **T**: **adapto, adapta, adapte.**

2. **Adaptar** e **adaptar-se** usam-se com complemento iniciado pela preposição **a**. O verbo **adaptar** (não pronominal) tem, ainda, um complemento sem preposição (objeto direto). ♦ *Souberam ADAPTAR o estilo nascido nos Estados Unidos às referências culturais dos lugares em que foram implantados.* (VEJ) ♦ *O folclore europeu aqui se modificou para SE ADAPTAR às realidades brasileiras.* (FN)

adega ⇨ Ver adaga.

Adega é substantivo que designa cômodo especialmente preparado para se guardarem bebidas. ♦ *Ambicionava ter uma ADEGA preciosa, com vinhos selecionados.* (REP)

Adaga é substantivo que designa arma branca.

adentro ⇨ Ver afora ⇨ Ver fora.

Escreve-se em uma só palavra. É advérbio que significa "para o interior", "por toda a extensão, internamente". ♦ *Certa manhã, portão ADENTRO, apareceu Rocco Andretta munido de enorme serrote.* (ANA)

adequar(-se) ⇨ Ver -quar.

1. É tradicionalmente tido como verbo defectivo. No presente do indicativo e no imperativo afirmativo, só é indicado para as duas primeiras pessoas do plural. Consequentemente, não se abrigam na conjugação o presente do subjuntivo e o imperativo negativo. Em todas as demais formas, conjuga-se regularmente. ♦ *No Brasil, as ondas ao longo do litoral do Estado de São Paulo se ADEQUARIAM à instalação de patos oscilantes.* (UE) ♦ *Como Sophia, nem Lollo, nem Claudia foram excepcionais atrizes, simplesmente se ADEQUAVAM aos papéis.* (VIE)

Entretanto, as formas (rizotônicas) tradicionalmente consideradas inexistentes ocorrem, especialmente **adequa / adéqua**. Quanto à acentuação gráfica, como se preveem duas diferentes pronúncias para cada forma (com o U tônico ou com o U átono), preveem-se também dois modos de acentuação. ♦ *Se esses são os nossos conceitos gerais, como é que eles SE ADEQUAM a situações para as quais não foram originalmente desenvolvidos?* (EAS) ♦ *Como a situação SE ADÉQUA ao texto da lei, Arnaldo César Coelho acertou ao marcar o pênalti.* (FSP)

2. Modo de construção.

✧ O verbo **adequar** usa-se com um complemento sem preposição (objeto direto), podendo ocorrer outro complemento iniciado pela preposição **a**. *Uma vez melhorando, ADEQUANDO ou mesmo criando novas técnicas, o rendimento do trabalho se torna compensador.* (EG) ♦ *Em vez de combater a obesidade com uma dieta que procure ADEQUAR o hábito alimentar ao gasto de*

energia, muitos profissionais preferem reco-
mendar inibidores do apetite. (CAA)

◇ O verbo pronominal **adequar-se** usa-se
com complemento iniciado pela preposição **a**.
Antes precisamos concluir os procedimentos
de treinamento, ADEQUANDO-NOs às novas
normas americanas. (VIS)

aderir

1. De conjugação irregular, o verbo **aderir**
tem **I** na primeira pessoa do singular do presente do indicativo e, consequentemente, em
todo o presente do subjuntivo. Nas demais
formas o radical tem **E**, que é aberto quando
é tônico. ♦ *O método funciona impedindo*
que um óvulo já fecundado ADIRA à parede
do útero para que a gravidez prossiga. (FSP)
♦ *A poeira forma melaço, o barro ADERE às*
penas. (GD)

2. Em qualquer de suas acepções, o verbo
aderir se usa com complemento iniciado pela
preposição **a**. ♦ *Olga ADERIU ao balanço*
coletivo, que sacode todo o Engenho. (CH)
♦ *Outros cavam caminhos ramificados em*
cujas paredes deixam secreções que fazem as
folhas ADERIR uma às outras. (CRS)

adestrar ⇨ Ver **destra, destro.**

Com **S**, como **destro.**♦ *Há quatro séculos o*
brasileiro se ADESTRA para este arremesso
decisivo contra o vasto continente inexplo-
rado dos nossos sertões. (JK-O)

adivinhar ⇨ Ver **advir, advier; advinha.**

Tanto as formas do verbo **adivinhar** como
o substantivo **adivinho** têm **I** depois do **D**.
♦ *Algumas pessoas que andavam pela rua*
tentaram ADIVINHAR de onde vinham os
gritos. (CD) ♦ *Não sabes que os deuses falam*
pela boca dos ADIVINHOS? (TEG)

Advinha (sem **I** depois do **D**) é forma do pretérito imperfeito do verbo **advir**, formado de **vir**.

adjetivo [anteposição] ⇨ Ver substantivo [anteposição].

Alguns manuais consideram anglicismo sintático a anteposição do adjetivo ao substantivo, com valor meramente descritivo.

Entretanto, esse uso é comum, especialmente para designações. ♦ *Só é chamado*
de "SCOTCH" uísque o destilado que enve-
lhece pelo menos três anos. (FSP) ♦ *Angra*
até hoje não se recuperou daquele ré-
veillon, e o GRANDE Hotel ainda purga a
má fama de ter abrigado entre suas paredes
a insolência daquelas gravatas Hermès.
(VEJ)

admirar-se

Usa-se com complemento iniciado pelas preposições **de** ou **com**. ♦ *A patroa ADMIROU-SE*
da sabedoria da empregada mas não se deu
por vencida. (ANA) ♦ *Holmes ADMIROU-SE*
com *a magnitude da construção.* (XA)

admitir, admissão

1. Em algumas obras tradicionais, indica-se
como anglicismo o uso de **admitir** na acepção
de "julgar possível", "ter como provável",
"crer em".

Entretanto, é usual a construção. ♦ *É ruim*
ADMITIR o pior, Panta. Sou otimista até na
hora da morte. (AM)

2. **Admissão** é com **SS** como todo substantivo
ligado a verbo terminado em **-tir**. ♦ *Afinal,*
a atitude poderia significar ADMISSÃO de
culpa. (VEJ)

adolescência, adolescente

Com **SC**. ♦ *É que já não são capazes, como*
na ADOLESCÊNCIA, de seduzir por amor e
para amar. (ACM) ♦ *Mas esses julgamentos*
estapafúrdios são próprios dos ADOLESCEN-
TES e dos namorados. (OE)

adorno

O plural é **adornos**, com **O** fechado. O substantivo significa "enfeite". "ornamento". ♦ *A*
mulher do fidalgo andava com ADORNOS.
(BOI)

adrede

1. É advérbio que significa "de caso pensado". ♦ *A guerra no Vietnã não foi uma guerra*
de cinema, ADREDE glamourizada, mas uma
carnificina exposta todas as noites nos lares
americanos. (FSP)

advertir(-se)

2. Registra-se, tradicionalmente, que o E tônico é fechado.

A pronúncia, entretanto, varia.

advertir(-se)

1. De conjugação irregular, o verbo **advertir--se** tem **I** na primeira pessoa do singular do presente do indicativo e, consequentemente, em todo o presente do subjuntivo. Nas demais formas o radical tem **E**, que é aberto quando é tônico. ♦ *Rouca, quase senil, ADVERTE-me quanto à realidade concreta.* (PAO) ♦ *Ainda assim, há quem ADVIRTA para os riscos de um otimismo exagerado.* (FSP)

2. Modo de construção.

2.1. Advertir.

◇ Significando "fazer saber", "avisar", o verbo **advertir** usa-se com um complemento sem preposição (objeto direto, que pode ser oracional) e outro iniciado por preposição. Um deles se refere a pessoa, havendo duas possibilidades de construção:

- a pessoa vem no complemento sem preposição, e o outro complemento se inicia pelas preposições **de** ou **para**. ♦ *Fiquei só, sem parente que me ADVERTISSE das traições no caminho da jovem órfã.* (CE) ♦ *O auditor que presidia o tribunal (Osvaldo de Lima Rodrigues) ADVERTIU Figueiredo para o risco de burla de uma eventual absolvição.* (FSP)

- a pessoa vem no complemento iniciado pela preposição, que é **a**, e o outro complemento (oracional) é sem preposição. ♦ *O jornal informa que o FBI (polícia federal dos EUA) ADVERTIU em junho de 1996 a seis congressistas norte-americanos que a China doaria dinheiro ilegal para campanhas eleitorais por meio de empresas internacionais.* (FSP) ♦ *"Agora estou falando como repórter", ADVERTIU à assessoria do secretário, que respondeu prontamente.* (FSP) ♦ *Aí outro dia a Cristina me ADVERTIU: Pai, cuidado.* (BPN)

Qualquer um dos complementos pode deixar de ocorrer. ♦ *E o senhor não o ADVERTIU?* (SEM) ♦ *O primeiro-ministro Malan ADVERTIU que efetuará a ameaça se os Estados Unidos apoiarem a pretensão dos árabes de um inquérito sobre a segregação racial na África do Sul.* (CRU) ♦ *Mas não encontrarás lá nada que valha a pena ver – ADVERTIU, ácido.* (CEN)

◇ Significando "acautelar", "precaver", o verbo **advertir** é usado com dois complementos, um sem preposição (que se refere a pessoa) e outro iniciado pelas preposições **contra** ou **sobre**. ♦ *Quero aproveitar-me deste ensejo para vos ADVERTIR contra os que desejam combater a vossa liberdade.* (JK-O) ♦ *Decidiu morrer para nos ADVERTIR sobre o imenso perigo que rondava nossos destinos.* (CPO)

2.2. Advertir-se (pronominal), que significa "aperceber-se", usa-se com complemento (oracional ou não) iniciado pela preposição **de**. ♦ *(Mauro) acabou por SE ADVERTIR de que me não apresentara ainda a esposa.* (AV)

advir, advier; advinha ⇨ Ver **vir** ⇨ Ver **adivinha**.

1. O verbo **advir** ("vir de") conjuga-se como **vir**, de que se forma.

A forma **advir** é do infinitivo. ♦ *Em outros casos, porém, maligna, a paixão parece ADVIR de ventos logo convertidos em tormenta.* (PAO)

O futuro do subjuntivo é **advier**, porque o pretérito perfeito do indicativo (que é a forma primitiva) é **advim, advieste, advieram** etc. ♦ *Consequências bastante graves ADVIERAM desse processo de endividamento.* (FOR)

2. **Advinha** (sem **I** depois do **D**) é forma do pretérito imperfeito do verbo **advir**. ♦ *Para o rei português, o poder lhe ADVINHA de Deus e a Deus deveria prestar contas de seu exercício na terra.* (TGB)

Adivinha (com **I** depois do **D**) é forma do presente do verbo **adivinhar**.

Aedes (aegypti)

Escreve-se em itálico. *Aedes* (o gênero) é com inicial maiúscula, e *aegypti* (a espécie) é com inicial minúscula. ♦ *É absurdo que o mesmo país que conseguiu erradicar a po-*

*liomielite por meio da vacinação (...) possa ter retrocedido tanto no campo das doenças transmitidas pelo **AEDES**, animal que já foi considerado, por duas vezes, "erradicado" do território nacional.* (FSP) ♦ *Paranavaí tem um alto índice na presença do mosquito **AEDES aegypti** que, além de transmissor da dengue, é também da febre amarela.* (OEP)

aedo

A sílaba tônica é penúltima (**E**), que se escreve sem acento. O substantivo designa cantor da Grécia antiga que apresentava composições poéticas ao som da cítara. ♦ *Dando este toque de realidade ao inventado (maravilhoso), ao criado pelo povo, o autor torna-se um mero transmissor do que ouviu (um **AEDO**, um rapsodo grego), reescrevendo como lhe foi contado.* (LOB)

A indicação normativa é que o **E** se pronuncia aberto (porque a palavra veio pelo francês *aède*), mas a pronúncia varia.

aer(o)-

É elemento (grego e latino) que se liga a um elemento seguinte. Significa "ar", "atmosfera terrestre". ♦ *Pelo **AEROCLUBE** de Pernambuco passaram os maiores "ases" da aviação comercial do Brasil.* (DP) ♦ *O Centro Técnico **AEROESPACIAL** de São José dos Campos tem muitos projetos prontos para a decolagem.* (REA) ♦ *As lacunas **AERÍFERAS** são atravessadas por diafragmas permeáveis ao ar, do que resulta algo semelhante a andares sucessivos.* (TF)

Se o elemento seguinte começar por **R** ou **S**, é necessário duplicar essa letra (que ficará entre duas vogais, na escrita). ♦ *Outros componentes não gasosos podem aparecer no ar: são designados poeiras em suspensão ou **AEROSSÓIS**.* (PQ)

aeródromo

A sílaba tônica é a antepenúltima (**RÓ**), e, por isso, a palavra leva acento (proparoxítona). O substantivo designa área destinada a pouso e decolagem de aeronaves. ♦ *Todos os dias, um aviador, diretor do **AERÓDROMO** militar*

de Ambi, vai no seu helicóptero ao recanto alpino, saber se alguma coisa se faz necessária. (MAN)

aeroporto

O plural é **aeroportos**, com **O** aberto, como em **portos**. ♦ *Como se sabe, a linha amarela nos guichês dos **AEROPORTOS** protege a intimidade da gente.* (NBN)

aerossol

1. Com **SS**. ♦ *O gás foi espalhado por meio de uma lata de **AEROSSOL**, do tipo usado para defesa pessoal.* (FSP)

2. O plural é **aerossóis**. ♦ *Outros componentes não gasosos podem aparecer no ar: são designados poeiras em suspensão ou **AEROSSÓIS**.* (PQ)

afã

É substantivo masculino que significa "entusiasmo", "sofreguidão". ♦ *Em verdade, muitos cineastas do melhor nível, entre nós, têm medo de que o **AFÃ** de comunicação seja confundido com a caça incondicional ao sucesso de bilheteria.* (FIC)

afazer(es) ⇨ Ver quefazer(es).

É a forma portuguesa correspondente ao francês *affaire*. Significa "ocupação", "faina", "negócio". O substantivo é mais geralmente usado no plural. ♦ *A população brasileira voltou depressa a seu **AFAZER** nacional: tocar a vida com a inflação emperrada em mais de 40% ao mês.* (VEJ) ♦ *Descobriu que odeia **AFAZERES** domésticos.* (ELL)

É palavra condenada como galicismo pelos puristas, que recomendam o uso da forma **quefazer(es)**, que tem o mesmo significado, mas que é muito pouco usada (2%).

afear ⇨ Ver afiar ⇨ Ver -ear.

1. **Afear** significa "tornar feio", "ficar feio".

2. Os verbos em **-ear**, do mesmo modo que os substantivos e adjetivos correspondentes, recebem **I** nas formas rizotônicas, isto é, nas formas que têm a sílaba tônica no radical. ♦ *Se alguém atentar, exclusivamente, para o que*

afegão, afegane

elas apresentam de essencial – desprezando as disposições de legislação ordinária, que as sobrecarregam e AFEIAM – poderia ser levado a pensar que foram escritas para um país imaginário, idealizado pela fantasia de uma escola de teóricos. (D)

Afiar significa "avivar o corte de", "amolar".

afegão, afegane

1. São formas variantes para o adjetivo pátrio referente ao Afeganistão, mas a forma **afegane** é de uso raríssimo (2%). ♦ *Conforme o jornal, a União Soviética prestava fraternal ajuda ao povo AFEGÃO, enquanto os Estados Unidos tentavam sufocar os movimentos populares do Vietnã do Sul.* (RI) ♦ *O caboclo brasileiro, o maori neozelandês, o tadjique AFEGANE e o "snob" autor inglês Ian Flemming, supostamente bem-informados, todos descrevem a mesma irretocável cena.* (FSP)

2. O plural de **afegão** é **afegãos**. ♦ *Mais tarde, os combatentes AFEGÃOS espalharam-se pelo Egito, Argélia e até pela Bósnia conflagrada, devotados à Jihad fundamentalista.* (VEJ)

3. O feminino é **afegã**, com plural **afegãs**. ♦ *O sequestrador exige que os prisioneiros políticos sejam levados para a capital AFE-GÃ.* (JC) ♦ *Segundo fontes diplomáticas, o avião continua em uma pista do aeroporto de Cabul, rodeado por tropas AFEGÃS e soviéticas.* (JC)

afeminar, afeminado ⇨ Ver efeminar, efeminado.

Afeminar e **efeminar** são formas variantes, do mesmo modo que **afeminado** e **efeminado**. **Afeminar**, entretanto, não ocorreu. ♦ *Depois que montei tudo, ela quis colocar um irmão AFEMINADO com um passado horrível para trabalhar na loja.* (VEJ)

aferir

De conjugação irregular, o verbo **aferir** tem **I** na primeira pessoa do singular do presente do indicativo e, consequentemente, em todo o presente do subjuntivo. Nas demais formas

o radical tem **E**, que é aberto quando é tônico. As formas com **I** (**afiro, afira, afiram**) não ocorreram. ♦ *O terceiro indicador AFERE a renda.* (FSP)

afiar ⇨ Ver afear ⇨ Ver -iar.

Afiar significa "avivar o corte ou o fio de", "amolar". É verbo regular. ♦ *AFIANDO a navalha na cinta preta de couro olhava quieto pelo espelho.* (CE)

Afear significa "tornar feio", "ficar feio".

aficionado

Com um **C** apenas. A palavra provém do castelhano, e, por isso, seu uso é condenado por puristas (castelhanismo).

Entretanto, ela é bastante usual. ♦ *Uma guerra nuclear matou todo o mundo e só sobrou um sujeito AFICIONADO por livros.* (BL) ♦ *Os olhos negros do ator Omar Scharif, um AFICIONADO, brilharam.* (VEJ)

afim ⇨ Ver a fim de.

Afim é adjetivo que significa:

◇ "que tem afinidade", "semelhante". ♦ *Citologia, estudo da célula, é tema AFIM da histologia, motivo de investigações no plano morfológico, funcional, bioquímico e genético.* (OBS)

◇ "que tem parentesco originado em relações não sanguíneas" ♦ *Só vim a conhecê-la aí pelos cinquenta, em casa de minha prima AFIM Maria Eugênio Celso.* (CF)

A fim de equivale a **para**.

afinal

Escreve-se numa só palavra. ♦ *AFINAL, toda a cerveja do mundo existia apenas para festejar o amor e alegrar os que se amam.* (ACM)

afora ⇨ Ver fora ⇨ Ver em fora.

1. **Afora**, como advérbio, significa:

◇ "para o lado de fora". ♦ *Assustada, enfiou-se porta AFORA cacarejando impropérios pelo corredor.* (ACM)

◇ "por toda a extensão", "sempre além" (mesmo emprego de **fora** e de **em fora**):

ágata

- em relação a espaço. ◆ *Devem estar sem entender como é que eu, preso até bem pouco tempo, vou tão fagueiro pela rua AFORA.* (AM)

- em relação a tempo. ◆ *Tivera instrução, adquirira conhecimentos úteis pela vida AFORA.* (CR)

2. **Afora**, como preposição, significa:

✧ "além de". ◆ *Mas Laura, também na casa de Seu Pascoal, tinha boneca de abrir e fechar os olhos, de dizer mamãe, AFORA jogos de cozinha, piano, coisas de armar.* (BH)

✧ "exceto". ◆ *AFORA o Coronel Moreira, o finado Coronel Exupério e eu, ninguém se interessava por agricultura nestas matas.* (ALE)

Esse emprego é desaconselhado em alguns manuais normativos, mas não há justificativa.

África do Sul [África]

O adjetivo pátrio é **sul-africano**. ◆ *A visita – que foi a primeira visita oficial de um presidente SUL-AFRICANO a um bairro negro cenário de um massacre – durou apenas dez minutos.* (ESP)

afro, afro-

1. **Afro** pode ser adjetivo e substantivo, que se flexionam normalmente.

✧ adjetivo. ◆ *Mas então, por que usar o cabelo AFRO?* (CRE) ◆ *Depois, será realizada uma passeata e um ato público seguido de um show de grupos AFROS, no centro de Maceió (AL).* (FSP)

✧ substantivo. ◆ *No Soweto, o forte é a quinta do rap e R&B e o fim de semana com AFRO e hip hop.* (FSP) ◆ *AFROS e hispanos compartilham a queda da Splash Mountain.* (FSP)

2. **Afro-** é elemento de composição correspondente a **africano**.

✧ Liga-se por hífen ao elemento seguinte quando entra na constituição de adjetivo pátrio ou palavra ligada a esse tipo de expressão. ◆ *Enquanto os indicadores econômicos aproximam o Brasil dos níveis dos países industrializados na Europa, os indicadores sociais o aproximam dos níveis dos países mais atrasados do mundo AFRO-ASIÁTICO.* (OS-O)

Como é o primeiro elemento do composto, **afro-** não se flexiona. ◆ *De certo modo, a cultura AFRO-BRASILEIRA tem pontos de contato com a cultura japonesa no Brasil.* (FIC) ◆ *No Gamela's, os pratos podem ter sotaques AFRO-BAIANOS, como o acarajé, ou AFRO-MINEIROS, como o arroz verde feito com carne de sol e couve.* (FSP)

✧ Não há hífen na composição quando não há relação com adjetivo pátrio. ◆ *Ainda mais explosivo para alguém que vive na época em que o AFROCENTRISMO e o multiculturalismo se tornaram moda entre os negros dos EUA, ele rejeita ser chamado de "afro-americano".* (FSP)

afrouxa

Há ditongo (**OU**), que, na fala cuidada, é pronunciado. ◆ *No Brasil é precisamente o rigorismo do rito que se AFROUXA e se humaniza.* (RB)

agá

É o nome da letra **H**. ◆ *Na hora AGÁ você pula fora!* (E)

ágape

A sílaba tônica é a antepenúltima (**Á**), e, por isso, a palavra leva acento (proparoxítona). O substantivo designa refeição que os primitivos cristãos tomavam em comum. Designa também, modernamente, qualquer banquete de confraternização. É substantivo masculino. ◆ *Os ÁGAPES modernos, nos quais a comida é apenas um pretexto, se aproximam mais de uma solenidade antropofágica do que de uma orgia romana.* (CPO) ◆ *O ÁGAPE teve lugar em um dos três corpos da Fazenda Carvalho (...).* (EM)

ágata

A sílaba tônica é a antepenúltima (**Á**), e, por isso, a palavra leva acento (proparoxítona). É a designação de um mineral, uma pedra preciosa, e também de um tipo de ferro esmal-

-agem

tado. ✦ *Esculpidas em ÁGATA e pedra-sabão, as peças valem uma visita à loja só para conferir a criatividade e técnica do artista.* (FSP) ✦ *Quilombo colocava os pratos de ÁGATA sobre a mesa tosca.* (ARR)

-agem ⇨ Ver **personagem**.

Os substantivos formados com o sufixo **-agem** são femininos. ✦ *Acompanhou a CON-TAGEM discreta e sutil em seus dedos.* (ANA) ✦ *A GARIMPAGEM ficou mais cara com o aprofundamento das catas.* (VB) ✦ *Deve ter sido alguma FRIAGEM que apanhei.* (TV)

Personagem, entretanto, é masculino ou feminino.

agente

É masculino quando se refere a elemento do sexo masculino, e feminino quando se refere a elemento do sexo feminino (substantivo comum de dois). ✦ *Alguém disse que o tinha visto chegar em carro oficial, e, por isso, conjecturou-se de que ele seria um AGENTE secreto, um policial em missão desconhecida.* (PCO) ✦ *De que modo, então, as próprias benzedeiras e as pessoas da comunidade reconhecem na benzedeira uma AGENTE legítima ao exercício da sua profissão?* (BEM)

ágil

O superlativo absoluto sintético é **agilíssimo** ou **agílimo**, que, entretanto, é menos usual atualmente. ✦ *O fuzileiro naval não ia assim com dois arrancos, não. Era duro, AGILÍSSIMO.* (MRF) ✦ *Enquanto não o vencer e não lhe mostrar a força de meu braço, não poderei enfrentar o Outro, o Deus cornudo, AGÍLIMO e fascinante.* (VES)

agilizar

Com **z**, como todo verbo formado com o sufixo **-izar**. Significa "tornar mais ágil, mais rápido, mais desembaraçado". ✦ *Operar com o máximo de informação e AGILIZAR a realização de negócios é tudo que um banco deseja para o seu cliente.* (EX)

Agnus Dei

É expressão latina que significa "cordeiro de Deus". É nome de oração recitada ou cantada na missa, antecedendo a comunhão. ✦ *A essas lembranças associou-se o AGNUS DEI, que a organista ensaiava em surdina.* (FR)

-agogo

É elemento (grego) que se liga a um elemento anterior. Significa "(o) que conduz", "(o) que leva". ✦ *Realmente, se afigurava muito mais um PEDAGOGO do que um magistrado.* (ORM) ✦ *O cristão não pode ser DEMAGO-GO.* (LE-O)

agonizar

Com **z**, como todo verbo formado com o sufixo **-izar**. ✦ *Correu de novo ao quarto: sua mulher AGONIZAVA, com a vela na mão.* (VB)

agosto

O plural é **agostos**, com **o** fechado. ✦ *Sua caixa de peçonha andava de um lado a outro como o ventão dos AGOSTOS.* (CL)

agradar

Segundo as lições tradicionais, o verbo **agradar** constrói-se:

◇ com complemento sem preposição quando significa "fazer agrado em", "acariciar". ✦ *Vai AGRADAR teu homem.* (NC)

◇ com complemento iniciado pela preposição **a** quando significa "causar agrado, satisfação". ✦ *Ela deu um sorriso que AGRADOU a Valentim.* (RET)

Entretanto, é comum o uso de complemento sem preposição nesta última acepção. ✦ *O resultado AGRADOU o presidente da ABQM, Douglas Ferro.* (FSP)

agradável

O superlativo absoluto sintético é **agradabilíssimo**. ✦ *Passamos um dia AGRADABILÍSSIMO e voltamos à noite, enlevados, com o luar prateando as águas da baía.* (COT)

agradecer

Segundo as lições dos manuais tradicionais, constrói-se com dois complementos, um sem preposição (objeto direto) e outro, que se refere a pessoa, iniciado pela preposição **a**.

Qualquer um dos complementos pode deixar de ocorrer. ◆ *Carter AGRADECEU ao papa suas intervenções em favor dos cincoenta e três reféns da embaixada norte-americana em Teerã.* (CB) ◆ *O Alferes tornou a si e AGRADECEU ao médico.* (ALF) ◆ *AGRADECEU o interesse do major amigo.* (ARR)

Entretanto, são usuais construções dos seguintes tipos:

◇ com o complemento referente a pessoa não iniciado por preposição. ◆ *Niltinho AGRADECE o público animadamente e vai entrando de volta no cercado.* (ARA)

◇ com os dois complementos iniciados por preposição. ◆ *Durante a homilia, dom Ávila AGRADECEU ao governador Roriz pela sua dedicação ao povo.* (CB)

agradecido(a) ⇨ Ver obrigado(a).

Quando dito por mulher, para agradecer, usa-se no feminino. ◆ *AGRADECIDA, Pena. Você foi extremamente gentil.* (JM)

agravante ⇨ Ver atenuante.

Como substantivo, é tradicionalmente indicado como feminino, correspondendo a "circunstância que agrava". É termo da linguagem jurídica e também da linguagem comum. ◆ *Qualquer conversa seria uma discussão sobre dinheiro, seria futura AGRAVANTE aos olhos do juiz, seria um gasto inútil de palavras.* (CV) ◆ *As normas relativas ao cinema aplicam-se também à televisão, com a AGRAVANTE oriunda do caráter peculiar a esta nova arte.* (MA-O)

Entretanto, entendendo-se como "fator que agrava", ou como "tudo aquilo que agrava", usa-se, e mais frequentemente (56%), com o gênero masculino. ◆ *O AGRAVANTE é que o crime ocorreu com crianças tidas como protegidas por seus pais.* (RI)

O substantivo **atenuante** tem o significado oposto e o mesmo tipo de uso.

agredir

Como **progredir**, **regredir**, **transgredir**, o verbo **agredir** tem I na penúltima sílaba

quando ela é a tônica (nas formas rizotônicas). ◆ *Afonso perde a cabeça e AGRIDE Honório.* (CHU) ◆ *Lula disse que vai "atirar uma pétala de rosa" a todos os adversários que eventualmente o AGRIDAM na campanha eleitoral.* (FSP)

agreement, agrément

1. *Agreement* é forma inglesa usada na linguagem diplomática, com a acepção de "aprovação", "consentimento", "concordância", "autorização". ◆ *O Itamarati concedeu AGREEMENT ao novo Embaixador do México, Sr. Vicente Sanchez Gavito.* (JB)

2. *Agrément* é a forma correspondente francesa, menos recomendada e menos usual em português (25%). ◆ *Antes de nomear um embaixador, é necessário obter a aprovação da pessoa indicada pelo governo, que vai recebê-lo. Faz-se o pedido de AGRÉMENT, ou anuência.* (DIP)

agro; agr(i)-, agro-

1. O substantivo **agro** significa "terra cultivada", "campo". ◆ *A reforma agrária não se destina a aplacar o potencial de conflito embutido na atual conjuntura do AGRO, mas sim a desfazer a condição objetiva de exclusão e marginalização da maioria da população rural.* (FSP)

Esse substantivo pode empregar-se à direita de outro, atuando como classificador (como um adjetivo). ◆ *Agora que já conhece uma vaca ao vivo, José Serra vai aprofundar seus conhecimentos na área AGRO.* (FSP)

2. **Agr(i)-** e **agro-** são formas variantes de elemento (latino) que se ligam a um elemento seguinte. Significam "campo". Em princípio, **agr(i)-** é elemento latino e **agro-** é elemento grego. ◆ *Passou-se a exigir da produção AGRÍCOLA o mesmo que se exigia dos modelos de produção industrial.* (ADV) ◆ *A AGRICULTURA não foi subitamente "inventada", mas foi resultado de um processo gradual de acúmulo, por várias gerações de anos de conhecimentos AGRONÔMICOS.* (ATN) ◆ *A AGROINDÚSTRIA canavieira, era, assim, uma economia sem perspectivas.* (ND)

água

Com **agro-**, se o elemento seguinte começar por **R** ou **S**, é necessário duplicar essa letra (que ficará entre duas vogais, na escrita). ◆ *Pedro Miranda, coordenador de AGROS-SILVICULTURA do Poema, diz que o método permite ao pequeno agricultor obter uma variedade de safras no mesmo módulo agrícola.* (FSP)

água

Os adjetivos correspondentes são:

✧ **hídrico**, que significa "relativo à água", "que contém ou é constituído de água". ◆ *O Brasil é o país mais rico em energia alternativa no mundo: radiação solar, desnível HÍDRICO, especialmente os pequenos desníveis para aproveitamento local.* (GAI) ◆ *A região abriga um dos mais ricos enclaves de Mata Atlântica ainda não devastados e seu complexo HÍDRICO é de grande significado para a reprodução da vida marinha.* (VEJ)

✧ **aquático**, que significa "que se desenvolve, se pratica ou vive na água". ◆ *A passagem do ambiente AQUÁTICO para o ambiente terrestre apresenta sérios problemas para qualquer tipo de organismo.* (DST) ◆ *O caiaque polo é um jogo de polo AQUÁTICO praticado por jogadores a bordo de caiaques.* (FSP)

água-de-colônia

Com hifens. ◆ *Lílian sentiu primeiro, sem mover a cabeça, o cheiro de ÁGUA-DE-COLÔNIA.* (CON)

água-marinha

O plural é **águas-marinhas** (substantivo + adjetivo). ◆ *Essa a razão da pureza das ÁGUAS-MARINHAS brasileiras.* (PEP)

aguapé

É substantivo masculino que designa planta aquática. ◆ *O AGUAPÉ exige uma área relativamente extensa para poder agir.* (GL)

aguar ⇨ Ver **desaguar, enxaguar** ⇨ Ver -**guar.**

No caso das formas rizotônicas dos verbos em -**guar**, a ortografia oficial prevê duas diferentes pronúncias (com o **U** tônico ou com o **U** átono), e, desse modo, prevê também dois modos de acentuação: sem acento, se o **U** for tônico, e com acento na sílaba anterior, se o **U** for átono; por exemplo, *AGUE* ou *ÁGUE*; *AGUAM* ou *ÁGUAM*.

Nenhuma dessas formas rizotônicas, entretanto, ocorreu, apenas as formas do verbo **aguar** que têm a sílaba tônica fora do radical (na terminação). ◆ *No jardinzinho, viu Arnolfa AGUANDO as plantas.* (R) ◆ *Antes de sair AGUOU as árvores frutíferas.* (AGO)

agudeza

Com **Z**, como todo substantivo abstrato em -**eza** derivado de adjetivo. Significa "perspicácia", "argúcia". ◆ *Maquiavel é que ficou famoso, com razão, pela AGUDEZA de suas observações sobre a política, os homens e a arte de governá-los.* (OD)

agudo

As formas de superlativo absoluto sintético indicadas nos manuais tradicionais são **acutíssimo** e **agudíssimo**, mas só a segunda ocorreu. ◆ *Pardal põe os dois dedos na boca e dá um assobio AGUDÍSSIMO.* (VIU)

águia

1. É substantivo feminino, referindo-se ao macho e à fêmea do animal (substantivo epiceno). ◆ *Uma ÁGUIA estava voando por cima dos canteiros de nosso jardim.* (ANA)

No masculino, refere-se a pessoa, significando "espertalhão". ◆ *"Bancando o ÁGUIA"(...) foi a primeira obra-prima do cinema metalinguístico.* (FSP)

2. O adjetivo correspondente é **aquilino**. ◆ *Era um homem de dentes magníficos, nariz AQUILINO, olhos azuis, testa curta sobre a qual eriçava-se, leonina, sua juba de artista.* (BAL)

Aids, AIDS, aids ⇨ Ver **Sida.**

1. A palavra **AIDS** / **Aids** formou-se em inglês com as quatro primeiras letras da designação da doença: *Acquired Immune Deficiency Syndrome*.

2. Essa palavra é usual como designação da doença no português do Brasil.

2.1. A grafia mais comum (78%) é com tipo maiúsculo apenas na letra inicial, o que condiz com as demais siglas de quatro ou mais letras que não se pronunciam com as letras separadamente, e sim como uma palavra. ✦ *Hoje em dia, a maior parte das imunodeficiências deve-se à* **Aids***.* (FOC) ✦ *A renda da festa, com 6.000 convidados, vai para a campanha de combate à* **Aids***.* (FSP)

2.2. Registra-se, também (20%), em todos os tipos de texto, inclusive nos técnicos, a grafia com todas as letras em maiúsculas, a qual se explica, em princípio, por se tratar de sigla, embora seja uma sigla com quatro letras pronunciada como uma palavra (e não com as letras separadamente). ✦ *É o caso dramático da* **AIDS** *nos últimos anos.* (MOR) ✦ *Ela também protege contra pequenos bichos (vírus e bactérias) que causam várias doenças. A pior é a* **AIDS** *– doença muito grave que mata as pessoas.* (FSP)

2.3. A grafia com minúsculas, **aids**, que é muito pouco usual (2%), respeita a praxe referente aos nomes de doenças em português, isto é, já toma a palavra como um substantivo (comum) que designa a doença. ✦ *Excetuando os casos de homens que morrem vitimados pela* **aids** *transmitida sexualmente, a orientação sexual das mulheres que morrem em consequência da doença não é registrada nos atestados de óbito.* (CB)

As formas **Aids** / **AIDS** / **aids** (usadas em quase 100% dos casos) são o mesmo que **Sida**, sigla formada em português a partir da denominação portuguesa da doença: **síndrome de imunodeficiência adquirida**.

air bag, air-bag, airbag

Air bag é expressão inglesa que designa dispositivo de segurança que consiste em uma bolsa inflável acionada automaticamente em caso de colisão, para proteção do(s) ocupante(s) de um veículo. Além dessa forma (17%), encontram-se em uso as formas *air--bag* (6%) e *airbag*, a mais frequente (77%).

✦ *Mais de 30 crianças já morreram quando o* **AIR BAG** *dos carros em que estavam inflou--se após colisão.* (FSP) ✦ *O jogador não teve ferimentos mais graves porque seu carro tem "AIR-BAG" – uma bolsa de ar que infla no momento do impacto.* (FSP) ✦ *O motorista pode optar por itens de segurança, como* **AIRBAG** *(bolsa de ar que infla em caso de acidente).* (FSP)

ajoelhar(-se)

Usa-se indiferentemente a forma simples ou a forma pronominal do verbo. ✦ *AJOELHOU na hortelã-do-campo. Queria rezar.* (COB) ✦ *AJOELHOU-SE, os olhos tristes, segurou as mãos de Emílio.* (OS)

ajuda de custo(s)

1. A expressão se constrói com o substantivo **custo**, que designa o dinheiro que pagou alguma despesa. ✦ *Dou uma AJUDA DE CUSTO quando for realmente necessário.* (GA)

A expressão ocorre, ainda, com o plural do substantivo **custo: ajuda de custos.** ✦ *Ocorre que a maneira que eles encontraram para se beneficiar, por meio de um sistema extra de AJUDA DE CUSTOS e pagamentos por convocações extraordinárias, chocou a opinião pública.* (VEJ)

2. Indica-se o plural da expressão no primeiro elemento: **ajudas.** ✦ *O deputado comparou as AJUDAS DE CUSTO com o que ocorreria no futebol europeu.* (FSP) ✦ *Nesse período, viajava todas as semanas para o Rio Grande do Sul. Segundo ele, os únicos pagamentos se referiam a AJUDAS DE CUSTOS.* (FSP)

A construção **ajuda de custas** não se justifica, já que o substantivo plural **custas** se refere especificamente a despesas relativas a processo judicial.

ajudar, ajudar-se

1. O verbo **ajudar** se usa:

◇ com complemento sem preposição indicativo de quem recebe a ajuda, podendo ocorrer outro complemento, iniciado pelas preposições **a** (com infinitivo) ou **em**. ✦ *Que*

ajuizar

Deus AJUDE o nosso povo. (COL-O) ◆ *Tenho que passar, AJUDAR Jandira a arrumar a mudança.* (PL) ◆ *Dê esta chance a seu filho, AJUDE-o na remoção do obstáculo e finalmente na descoberta da solução.* (FSP)

◇ com complemento iniciado pela preposição **a** indicativo de quem recebe a ajuda. ◆ *Recebemos com tristeza a desfiliação de um militante que muito AJUDOU ao partido, mas a atitude dele no encontro foi desastrosa.* (FSP)

Nesse caso, pode também ocorrer outro complemento, iniciado pelas preposições **a** (com infinitivo) ou **em**. A construção com dois complementos preposicionados não é bem aceita em algumas obras normativas.

Entretanto, ela é usual e está registrada na maioria dos dicionários, inclusive nos especializados em regência verbal. ◆ *Ele sabia que também seu pai tinha estado ali, e essa concordância com o destino paterno AJUDOU-lhe a suportar o castigo* (VB) ◆ *Músico, ele estava familiarizado com coisas como ressonância, timbre e altura do som, o que lhe AJUDOU muito em seus estudos sobre percussão.* (APA)

2. **Ajudar-se**, que significa "valer-se", "socorrer-se", constrói-se com complemento iniciado pela preposição **de**. ◆ *Voltem a atenção, de modo particular, para as capelas rurais (...), com o fim de organizar nelas, AJUDANDO-SE de pessoas leigas piedosas e capazes, atos de piedade coletivos.* (MA-O)

ajuizar

Com **Z**, como **juízo**. ◆ *Catulo Mendes lia os jornais em primeira mão (...) e AJUIZAVA acerca de todos os assuntos impressos.* (PFV)

-al

É um sufixo formador de nomes de conjuntos (coletivos), referindo-se especialmente a:

◇ plantações ou conjuntos vegetais. ◆ *E a vida no ARROZAL prossegue, indiferente ao que o homem sente, pensa ou deseja!* (ATR) ◆ *Andamos por um caminho entre o CAFEZAL.* (DE)

◇ conjunto que forma massa (nomes não contáveis), geralmente com ideia de abundância. ◆ *O homem vinha caminhando no vasto AREAL.* (FAB) ◆ *Um violento temporal abateu-se sobre a região; a chuva que caía em bátegas pelo rio e a floresta transformou a terra num vasto LAMAÇAL.* (CEN)

Al. / al.

É a abreviatura de **alameda**. ◆ *Você encontra o Manual nas bancas 24 horas de São Paulo ou no balcão de Anúncios da Folha, na AL. Barão de Limeira, 425.* (P) ◆ *O evento acontece às 19h30 no auditório da Folha (al. Barão de Limeira, 425, 9° andar, Campos Elíseos, São Paulo).* (FSP)

al(o)- ⇨ Ver **homeo-**.

É elemento (grego) que se liga a um elemento seguinte. Significa "outro", "um outro". ◆ *Frequentemente ocorre que minerais ALOCROMÁTICOS, além dessa estrutura zonada, apresentam coloração distribuída irregularmente, em mosaico ou em manchas.* (PEP)

Se o elemento seguinte começar por **R** ou **S**, é necessário duplicar essa letra (que ficará entre duas vogais, na escrita). ◆ *Por outro lado, os ALOSSAUROS tinham a bacia como a dos lagartos, com o osso púbico projetado para a frente.* (FSP)

álacre

A sílaba tônica é a antepenúltima (Á), e, por isso, a palavra leva acento (proparoxítona). O adjetivo significa "alegre", "animado", "entusiasmado". ◆ *Sua ÁLACRE vivacidade, sempre pronta a deflagrar-se, mudando de um assunto para outro, encantava.* (CJ)

Alagoas

1. A sigla é **AL**. ◆ *A temperatura do verão em Maceió (AL) promete subir de grau entre os próximos dias 14 e 17 de dezembro no Maceió Fest.* (FSP)

2. Os adjetivos pátrios correspondentes são **alagoano** e **alagoense**, mas esta última forma é de uso muito raro (0,2%). ◆ *A Ematur, empresa oficial do turismo ALAGOANO, está*

restaurando dois monumentos em Marechal Deodoro. (CRU) ◆ *Ocupa quanto quer de espaço na mídia, hábil tanto quanto nosso ALAGOENSE-mor, seu ídolo, na versão de fatos.* (FSP)

álamo

A sílaba tônica é a antepenúltima (**Á**), e, por isso, a palavra leva acento (proparoxítona). É outra designação para **choupo**. ◆ *Entre o céu e a terra, sob a copa de um ÁLAMO, balança o corpo de Frei Tito, dependurado numa corda.* (FSP)

alano

A sílaba tônica é a penúltima (**LA**). A palavra não leva acento (paroxítona terminada em **O**). É a designação de um povo bárbaro da Sarmácia. ◆ *Com o declínio de Roma, a cidade foi dominada por ALANOS e visigodos e, mais tarde, em 716, pelos mouros.* (FSP)

alarma, alarme

1. **Alarma** é a forma portuguesa correspondente ao francês *alarme*. ◆ *Um policial tirou o apito e deu o ALARMA.* (GI)

2. A forma que mantém a original francesa também é oficialmente registrada, e é a usada com maior frequência (88%). ◆ *O grito de ALARME parte duma esquina. É a polícia que vem.* (MRF)

Alasca [Estados Unidos]

O adjetivo pátrio é **alasquiano**. ◆ *Dan encarnava a imagem que tínhamos de um guia ALASQUIANO: taciturno, despretensioso e conhecedor íntimo do extremo norte.* (FSP)

alazão

1. O plural é **alazães** ou **alazões**. ◆ *O paraíso neste mundo se encontra no dorso dos ALAZÃES.* (REL) ◆ *Em poucos minutos estavam arreados dois ALAZÕES inquietos.* (MCH-TR)

2. O feminino é **alazã**. ◆ *Detesto administradores terroristas, que ficam à nossa espera na porteira da fazenda, pelo prazer de informar em primeira mão que a égua ALAZÃ morreu.* (AGF)

albatroz

É substantivo masculino, referindo-se ao macho e à fêmea do animal (substantivo epiceno). ◆ *Coleridge usa a imagem do voo solitário do ALBATROZ como metáfora da vida.* (FOC)

albúmen, albume

São formas variantes, ambas oficialmente registradas, mas **albume** não ocorreu.

O substantivo refere-se à clara do ovo e também a tecido rico em substâncias nutritivas que envolve o embrião nas sementes.

Em **albúmen**, a sílaba tônica é a penúltima (**BÚ**), e a palavra leva acento porque é paroxítona terminada em **N**. ◆ *A Embrapa (Empresa Brasileira de Pesquisa Agropecuária) desenvolveu um aparelho que mede, por meio de um sensor eletrônico, a altura do ALBÚMEN (clara) despejado em uma superfície de vidro, após o ovo ser quebrado.* (FSP) ◆ *O fruto quase maduro cede boa cópia de um líquido adocicado, que é uma parte do endosperma (ou ALBÚMEN): a "água de coco".* (BEB)

alcácer

A sílaba tônica é a penúltima (**CÁ**), e, por isso, a palavra leva acento (paroxítona terminada em **R**). O substantivo designa palácio fortificado de origem moura. ◆ *Ajoelhou-se, persignou-se e foi de joelhos que continuou a história trágico-epopeia dos últimos arrancos da Batalha de ALCÁCER-Quibir.* (PR)

alcaçuz

Com **Z** final. O substantivo designa xarope extraído de planta (do mesmo nome), usado em confeitaria, na produção de cerveja preta e na indústria farmacêutica. ◆ *Os olhinhos cor de ALCAÇUZ, úmidos, tremelicavam.* (CD)

alcançar, alcance

Com **Ç / C**. ◆ *Edmundo Vasconcelos sorriu, sem ALCANÇAR bem a curiosa resposta de Pantaleão.* (AM) ◆ *É impossível permanecer na sacada, ao ALCANCE da claridade excessiva.* (CH)

alcateia

É substantivo coletivo para:

◇ lobos ou outros animais ferozes. ✦ *A própria TV passou a exibir, há algum tempo, filmes e programas sobre a vida silvestre, mostrando antigos "monstros" em situações que desmentem sua fama, por exemplo, uma leoa com seus filhotes ou uma ninhada de lobos sendo cuidada pela ALCATEIA.* (PEV)

◇ pessoas que cometem ferocidades. ✦ *Em sua autobiografia, Nabokov também sublinha a repugnância que sentia ao ouvir ulular a seu lado a ALCATEIA de fascistas que queria eliminar os negros, os judeus, os católicos, os homossexuais (...).* (VEJ)

álcool

O plural é **álcoois**. A palavra leva acento porque é proparoxítona. ✦ *E aí se criaram os vinhos especiais, os ÁLCOOIS.* (FAB)

alcoolizar

Com **Z**, como todo verbo formado com o sufixo **-izar**. ✦ *Ismael quando não está ALCOOLIZADO demonstra sua sapiência.* (QDE)

Alcorão ⇨ Ver Corão.

Alcorão e **Corão** são formas variantes para designar o livro santo do islamismo. Em **Alcorão** está incorporado o artigo *al* árabe. ✦ *Os profetas, vindo depois, reafirmaram a mensagem, deformada pelos textos, desincumbindo-se o ALCORÃO de reconstituir a palavra divina.* (ISL)

Corão é a forma mais usual (57%).

alcova

Segundo as indicações tradicionais, o **O** é fechado, no singular e no plural. O substantivo designa quarto de dormir. ✦ *As duas ALCOVAS ligavam-se por uma porta que só abria pelo lado dele.* (RET)

alcunha

É substantivo feminino. Designa um qualificativo especial pelo qual a pessoa é conhecida, um cognome, muitas vezes depreciativo.

✦ *Ele sempre admitia a ALCUNHA de "Budião", mas não o significado dela.* (CR)

aldeão

1. Os plurais indicados são **aldeões**, **aldeães** e **aldeãos**. ✦ São pouco usadas as formas **aldeães** (14%) e **aldeãos** (7%). ✦ *Seria impossível falar-se, entretanto, das liberdades individuais, no último século, dos negros americanos, ou mesmo dos mineiros ingleses ou dos ALDEÕES franceses.* (NEP) ✦ *A situação dos cidadãos, ALDEÃES e servos confunde-se através de muitas fases.* (HIR) ✦ *Nosso herói frequenta prostíbulos e tabernas mais ou menos sofisticados, ouve ALDEÃOS e soldados, perde dinheiro em jogos, bajula condes e príncipes.* (FSP)

2. O feminino é **aldeã**. ✦ *Para piorar, uma ALDEÃ se apaixona pelo android.* (FSP)

Alea jacta est.

É frase latina que significa "a sorte está lançada". É atribuída a César (Suetônio, *Caesar*, 32), dita por ele quando se preparava para passar o Rubicão. Emprega-se para referência a uma tomada de decisão enérgica e grave, depois de grande hesitação. ✦ *Como diria Júlio César, o antepassado de Calígula: ALEA JACTA EST, a sorte do telespectador brasileiro está lançada.* (VEJ)

aleia

É substantivo coletivo para árvores ou arbustos, em fileira. A sílaba tônica tem um ditongo aberto, que não leva acento. ✦ *Bárbara, Jaci e Naé começaram, ao cruzar a ALEIA central, a positivamente correr.* (CON)

aleija, aleijar, aleijão

Há ditongo (**EI**), não simplesmente a vogal **E**. ✦ *Xinga-te o negro, o branco te pragueja, e a ti nada te ALEIJA.* (BOI) ✦ *Durante anos procurei esconder o ALEIJÃO, tendo mulheres bonitas, e nesse tempo, numa ânsia louca de afirmação, insisti nas mulheres bonitas.* (FA)

além-

É elemento que se liga com hífen ao elemento seguinte. ✦ *Condenava a fraude como o* maior dos pecados e temia o inferno como tribunal impiedoso de ALÉM-TÚMULO. (VID) ♦ Já não se trata de mim, mas de semear a intranquilidade em ALÉM-MAR. (CHR)

alemão

1. É o adjetivo pátrio correspondente à Alemanha (Europa). ♦ Por amor à arte, Felisbina estudava piano desde os cinco anos de idade com um professor ALEMÃO. (ACT)

2. O plural é alemães e o feminino é alemã, com plural alemãs. ♦ Tem os cabelos muito louros, é filha de ALEMÃES. (BB) ♦ D. Frida, ALEMÃ, com três filhas louríssimas e vários hóspedes alemães, era a dona da pensão. (ALF) ♦ A família entoava canções ALEMÃS. (ASA)

3. Nos compostos alemão-ocidental e alemão-oriental, flexionam-se os dois elementos. ♦ No dia 27 de junho, dois terroristas ALEMÃES-OCIDENTAIS e dois palestinos sequestraram um avião da Air France. (FSP) ♦ Eles têm direito à cidadania ALEMÃ-OCIDENTAL. (FSP) Os juízes levaram ao banco dos réus Erich Mielke, o chefão da polícia secreta ALEMÃ-ORIENTAL, a Stasi. (VEJ) ♦ A decisão das autoridades ALEMÃS-ORIENTAIS não significa que as duas Alemanhas estejam reunificadas. (FSP)

Alentejo (região) [Portugal]

O adjetivo pátrio é alentejano. ♦ Sobre esse nível, constrói-se, com tijolo, uma espécie de zimbório de mesquita, circular, oco, com boca embaixo e, por cima, um respiradouro que tem forma de chaminé ALENTEJANA. (BAL)

alerta

1. É invariável:

◇ quando interjeição. ♦ ALERTA, ALERTA, rapaziada. Acorda agora e lava o rosto na calçada. (US) ♦ Bruxinhas, ALERTA! (BR)

◇ quando advérbio. ♦ Parava, sentidos ALERTA, esperando perto da porta. (CF) ♦ Incêndio agora lhe põe os sentidos ALERTA. (PRO)

2. Flexiona-se no plural:

◇ quando adjetivo. ♦ Como é da prática local, os dois homens se enfrentaram num duelo de varapaus (...), sob os olhos ALERTAS das duas comunidades ali reunidas, mantendo o duelo sob controle. (SOC) ♦ O comunismo não vencerá. Estamos ALERTAS para arrancá-lo do seio desta Nação, que é democrática e livre. (DE)

◇ quando substantivo. ♦ Em lugar de Somoza, veio uma carta de renúncia carregada de ALERTAS anticomunistas. (VEJ)

alertar

O verbo alertar se usa com dois complementos, um sem preposição (que se refere a pessoa) e o outro iniciado pelas preposições contra, de, sobre ou para. ♦ O Padre Felix começou a ALERTAR o povo contra o absurdo extremo da cobrança dos impostos. (VB) ♦ Como ALERTAR a tribo do iminente ataque da onça com a hiperbólica linguagem dos profetas bíblicos? (CEN) ♦ Como todo governante, devo muito à oposição; não raro me ALERTOU ela sobre aspectos delicados de problemas que por vezes me escapavam. (JK) ♦ são os principais sintomas a ALERTAREM o pediatra para a necessidade de consulta especializada. (GLA)

Alexandria [Egito]

O adjetivo pátrio é alexandrino. ♦ Em poucos anos, boa parte dos territórios do antigo império ALEXANDRINO passou para o domínio de Roma, que se tornava dona de quase toda a bacia do Mediterrâneo. (HG)

alfa ⇨ Ver ômega.

É a designação da primeira letra do alfabeto grego, e, a partir daí, refere-se ao extremo inicial de um conjunto ou de uma série. ♦ [A palavra corrupção] aparece na tragédia que atingiu o país e roubou a vida de um de seus filhos mais destacados, como ALFA e ômega de um período de decadência igual ao que suportam todos os povos. (GLO)

Ômega é a designação da última letra do alfabeto grego, e, a partir daí, refere-se ao extremo final de um conjunto ou de uma série.

alface

É substantivo feminino. ✦ *As folhas verdes da couve ou da ALFACE possuem mais caroteno do que as esbranquiçadas e de um verde-pálido.* (NFN)

alfaiate

O feminino é **alfaiata**. ✦ *Era ALFAIATA exímia e fazia os ternos do marido e dos filhos.* (BAL)

alfanje

Com **J**. Designa instrumento cortante com lâmina larga e convexa. ✦ *Um conspirador, com um golpe de ALFANJE, decepou a mão direita do alcaide.* (BOI)

alfazema

É substantivo feminino. É a designação de planta que fornece óleo usado em perfumaria, em medicina e na fabricação de vernizes de pintura. ✦ *Gostava dos serões do casarão, que cheiravam a açúcar queimado e defumação de ALFAZEMA.* (TV)

alforje

Com **J**. É a designação de um saco com o formato de bolsa dupla, destinado a carregar provisões ou bagagem. ✦ *Desatou o pano da cintura e o depositou ao lado do ALFORJE, da faca e da escopeta.* (TJ)

alg(o)-, algesi-; -algia, algia

1. **Alg(o)**, **algesi-** e **-algia** são elementos (gregos) que significam "dor". Os dois primeiros se ligam a um elemento seguinte, e o terceiro se liga a um elemento anterior. ✦ *ALGOMENORREIA (...) caracteriza-se por dor pélvica predominante.* (DDH) ✦ *A morfina é o principal alcaloide do ópio e foi muito usada como ANALGÉSICO para aliviar as dores.* (DRO) ✦ *Amanheci com uma NEVRALGIA.* (SA) ✦ *As MIALGIAS mais frequentes são as localizadas nas costas, no ombro, no tórax e que se exacerbam com os movimentos (...).* (TC)

2. **Algia** é substantivo que significa "dor". ✦ *Pacientes portadoras de artrite reuma-*toide, *de febre reumática ou ainda de outras "ALGIAS reumáticas", tinham acentuada melhora quando grávidas, sobretudo após o 4° mês.* (OBS)

algaravia

A sílaba tônica é **VI**, e, por isso, a palavra não leva acento (paroxítona terminada em **A**). Designa fala ou escrita árabe, e, a partir daí, significa "linguagem confusa, difícil de entender". ✦ *Na sua ALGARAVIA tentava balbuciar a palavra avião.* (ARR)

algazarra

Com **Z**. O substantivo designa a grita dos mouros quando iniciavam o combate, e, a partir daí, significa "vozerio", "grande alarido". ✦ *Colocam-se vidros grossos nas janelas esperando que a ALGAZARRA do recreio fique minimizada.* (EMB)

algema

É substantivo feminino, de origem árabe. ✦ *Mattos nunca havia usado **aquelas ALGEMAS** e havia perdido a sua chave.* (AGO)

algibeira

Com **G**. O substantivo designa pequeno bolso pregado à roupa, perto da cintura. ✦ *Germano puxou o relógio da ALGIBEIRA, consultou-o de testa franzida.* (ED)

algo (de) + adjetivo ⇨ Ver alguma coisa, nenhuma coisa, qualquer coisa ⇨ Ver nada, tudo.

O adjetivo construído com **algo** não varia, haja ou não a preposição **de** antes dele. ✦ *Será que há ALGO errado comigo?* (CH) ✦ *Parece haver ALGO DE autobiográfico nessas linhas.* (ACM)

algoz

1. É substantivo masculino, referindo-se indiferentemente a elemento do sexo masculino ou do sexo feminino (é um substantivo sobrecomum). Significa "executor de penas", "carrasco". ✦ *Sorrir para um tirano, para o ALGOZ que a arrebatara de sua terra, de sua gente?* (CEN) ✦ *A horrenda morte da ama-*

zona, amada e ALGOZ a um tempo, não lhe provoca desespero, ou alívio, ou desespero e alívio – nada. (CEN)

2. A pronúncia recomendada em obras normativas é com O fechado, mas prevalece a pronúncia com O aberto, aparentemente por analogia com as demais palavras terminadas em -oz, como **albatroz, feroz, veloz.**

algum / alguns de / dentre + substantivo / pronome no plural
⇨ Ver **muitos de, poucos de, vários de, quantos de, uns de** ⇨ Ver **nenhum de** ⇨ Ver **qual / quais de, qualquer / quaisquer de, um / uns de.**

Concordância:

1. Nessa construção, se o indefinido **algum** estiver no singular, o verbo concorda com ele (terceira pessoa do singular). ◆ *Se ALGUM DE vocês for ao Brasil, terei muito prazer em recebê-los em minha casa.* (RO) ◆ *Tinha uma sensibilidade incomum para perceber quando ALGUM DE nós estava preocupado ou deprimido.* (ACM)

2. Se o indefinido **algum** estiver no plural, a indicação normativa mais forte é que o verbo concorde em pessoa e número com a palavra ou expressão que se seguir à preposição **de** (expressão partitiva). ◆ *ALGUNS DE nós tínhamos muitos problemas.* (FSP)

Entretanto, é comum, e também é aceita em manuais normativos, a concordância com o indefinido **alguns** (na terceira pessoa do plural) ◆ *Somos todos exageradamente tradicionalistas e conservadores – embora alguns de nós SEJAM muito avançados no que respeita às transformações exteriores, como as sociais, políticas e administrativas.* (OV)

alguma coisa (de) + adjetivo ⇨ Ver nenhuma coisa, qualquer coisa ⇨ Ver algo, nada, tudo.

Concordância:

1. Se não houver a preposição antes do adjetivo, ele vai para o feminino, concordando com **coisa.** ◆ *ALGUMA COISA pouco clara,*

inconsciente, me avisava que eu tinha entrado por caminho perigoso. (ACM) ◆ *Eu pensei que essa guarda civil fosse ALGUMA COISA heroica.* (BAL)

2. Se houver a preposição antes do adjetivo, ele não varia. ◆ *ALGUMA COISA DE magnífico passara a ressublimá-lo.* (DE) ◆ *Foi então que ALGUMA COISA DE muito estranho aconteceu comigo.* (ID)

algures
É advérbio de lugar de significado indeterminado: "em alguma parte", "em algum lugar". ◆ *"Se ALGURES na Terra existe o Paraíso, não pode estar longe daqui", proclamou Américo Vespúcio.* (FSP)

alhear-se, alheado, alheamento
⇨ Ver **-ear.**

1. Os verbos em **-ear**, do mesmo modo que os substantivos e adjetivos correspondentes, recebem I apenas nas formas rizotônicas, isto é, nas formas que têm a sílaba tônica no radical (**alheia, alheiam, alheio** etc.). ◆ *Os chamados "representantes do povo", uma vez sentados em suas cadeiras parlamentares, olvidam as razões superiores pelas quais foram eleitos e SE ALHEIAM dos autênticos interesses do povo.* (D) ◆ *Mas no empalmar o ALHEIO não tem medida nem escrúpulo.* (SE) ◆ *Vivia pela mão do filho, ALHEIO inteiramente ao que passava em derredor.* (TER) ◆ *Fraca, com esquisita moleza nas pernas, ALHEADA, esquecera de acender o candeeiro da sala de jantar.* (OS) ◆ *Fiz como se de nada soubesse e ele estranhou meu ALHEAMENTO.* (A)

2. O verbo **alhear-se** usa-se com complemento iniciado pela preposição **de.** ◆ *Por conseguinte, a lei, embora possa referir-se a particulares, não o faz, em geral, e pode ALHEAR-SE, mais ou menos, de imposições temporais, abrangendo um número irrestrito de casos.* (EC)

O complemento pode não ocorrer. ◆ *Estirava-me, às vezes ME ALHEAVA em modorra agoniada.* (MEC)

alhures

alhures

É advérbio de lugar de significado indeterminado: "em outro lugar", "noutra parte". ◆ *As populações regionais não indígenas da Amazônia e ALHURES aprenderam com os índios as técnicas de coivara.* (SOC)

aliá ⇨ Ver elefante.

É designação usada com baixa frequência (13%) para a fêmea do **elefante**. ◆ *O cantor sertanejo Christian disse que a fêmea do elefante é chamada de "eloá". Para quem não sabe, o correto é ALIÁ.* (FSP)

O feminino regular de **elefante** é **elefanta**.

álibi

1. É a forma portuguesa correspondente ao latim *alibi* ("em outro lugar"). A sílaba tônica é a antepenúltima (Á), e, por isso, a palavra leva acento em português (proparoxítona). ◆ *Depois de tomar o uísque calmamente, daria prosseguimento ao plano de fazer um ÁLIBI.* (MAD)

2. O plural é **álibis**. ◆ *Todos os outros detidos – inclusive o marido da amante do cineasta – apresentaram bons ÁLIBIS e foram inocentados.* (FA)

alimária

A sílaba tônica é MÁ (acentuada). Significa "animal". ◆ *A tropa sanitária tomou aquela fazenda como centro da rosa dos ventos de oito pontas de que cada uma pedia dia de viagem em sela de ALIMÁRIA.* (GAT)

alimentar, alimentar-se

1. O verbo **alimentar** (não pronominal) se usa com um complemento sem preposição (objeto direto), podendo ocorrer outro complemento iniciado pelas preposições **com** ou **de**. ◆ *Fui eu quem o ALIMENTOU.* (SO) ◆ *Todo dia ele pegava o pequeno exemplar equitiológico e o ALIMENTAVA com Papaveas Rhoeas e Cosmos Bipinatus.* (FAB) ◆ *O Zeca, coitado, não aguentou. Caiu no chão, deu um urro, e foi preciso cuidar dele, e ALIMENTÁ-lo só de soro, durante mais de quinze dias.* (VI)

2. **Alimentar-se** (pronominal) se usa com complemento iniciado pelas preposições **com** ou **de**. ◆ *Agora você não precisa mais disso, você vai-SE ALIMENTAR com comida.* (FAV) ◆ *Sua amizade com a matriarca dos Campolargos ALIMENTAVA-SE desses insultos.* (INC)

O complemento pode deixar de ocorrer. ◆ *Não para, caminhando pelo navio inteiro, não descansa, não dorme, não SE ALIMENTA, como sombra andando pelo navio.* (DM)

alisar, alizar

1. O verbo **alisar** escreve-se com S, como **liso**. ◆ *A mulher demorou para responder enquanto ALISAVA os cabelos diante do espelho do vestíbulo.* (CP)

2. **Alizar**, com Z, é substantivo que designa peça, geralmente de madeira, que guarnece ombreiras de portas e janelas. ◆ *Foi até a porta apoiando-se a um dos ALIZARES, sem ânimo de entrar.* (MIR).

alísio, alíseo

Com S. A indicação geral é que se escreva com I após o S, mas as duas formas são registradas oficialmente. É a designação de um tipo de vento. ◆ *Os ventos ALÍSIOS soprando nas proximidades do Equador contribuem para formar a corrente equatorial dirigida no sentido oeste.* (OMA) ◆ *Era também a mais protegida de dezembro a março, quando os ALÍSEOS do norte destroçavam telhados.* (ATC)

aljôfar

A sílaba tônica é a penúltima (JÔ), e, por isso, a palavra leva acento (paroxítona terminada em R). Significa "pérola" e também "gota". ◆ *No fundo do gavetão, envolvidos em papel grosso, estavam os paramentos do próprio Senhor Morto, o rico manto de cetim roxo bordado a ouro e ALJÔFAR, a alfaia mais preciosa do Senhor Bom Jesus do Matozinhos.* (MC)

all right

É expressão inglesa que significa "tudo bem", "tudo vai bem". ◆ *Se vocês querem Lula no poder, ALL RIGHT.* (VEJ)

allegro, allegretto, alegro, alegreto

Allegro e *allegretto* são palavras italianas indicativas de movimento vivo e alegre. ◆ *Da mesa dos músicos, Juliana fez um gesto ALLEGRO em minha direção.* (BU)

Como substantivo, usam-se especialmente em referência a andamento musical. ◆ *No "ALLEGRO" inicial, por exemplo, durante o confronto entre Oistrakh e Richter, quem sai ganhando é a orquestra.* (FSP) ◆ *Foi aqui, também, que Nelson Freire, depois de se aquecer no "ALLEGRETTO", encontrou-se com o piano e consigo mesmo.* (FSP)

As formas aportuguesadas, oficialmente registradas, são **alegro** e **alegreto**. **Alegro** ocorreu em 30% dos casos, e **alegreto** não ocorreu. ◆ *Vencido o ALEGRO, começa a fuga.* (RIR)

alm.

É a abreviatura de **almirante**. ◆ *Devise (av. ALM. Tamandaré, 343, tel. 72-1385).* (FSP)

alma

O adjetivo correspondente é **anímico**. ◆ *Ao integrar a condição ANÍMICA do homem, a paixão exalta o espetáculo da morte e da vida.* (PAO)

almaço

Com Ç. ◆ *A mulher abandonara-o, certa noite, com um adeus patético atirado nervosamente em larga folha de papel ALMAÇO.* (LA)

almejar; almeja, almejo

1. O verbo **almejar** se usa:

◇ com complemento sem preposição (objeto direto, oracional ou não), podendo ocorrer, também, outro complemento, iniciado pelas preposições **a** ou **para**, indicando o beneficiário. ◆ *Profissionais tradicionalmente ALMEJAVAM posições em grandes organizações ou no governo.* (FSP) ◆ *ALMEJAVA que aprendesse todas as artimanhas das rinhas.* (CL) ◆ *Assim, não é estranho que a população mais pobre, habitante da periferia ou da zona rural, ALMEJE para si "os brinquedos dos filhos de doutor".* (BRI)

◇ com complemento iniciado pela preposição **por**. ◆ *A Revolução de 1930, por outro lado, aparentemente provocada pela eleição de Júlio Prestes, pela morte de João Pessoa e pela formação da Aliança Liberal, ALMEJAVA, no fundo, por um ponto final nos vícios e nos "carcomidos" do regime anterior.* (FI)

2. Em **almeja** e em **almejo**, o E é fechado (antes de J). ◆ *É tudo quanto ALMEJA Cúrio, que, dessa forma, terá seu esforço completamente recompensado.* (PRO) ◆ *ALMEJO a continuidade administrativa como princípio (...).* (ME-O)

almoço

O plural é **almoços**, com O fechado. ◆ *Os ALMOÇOS de domingo continuam em casa de Frau Wolf: cada vez menos comensais à mesa.* (ASA)

alocução ⇨ Ver elocução.

O substantivo **alocução** designa um discurso com algum grau de solenidade, mas breve. ◆ *Acrescentemos que os filmes contemplados nesta ALOCUÇÃO por Pio XII são, de longe, a grande maioria.* (MA-O)

O substantivo **elocução** designa a enunciação, o modo de expressão.

alopata ⇨ Ver *Contraria contrariis curentur/curantur.*

A sílaba tônica é PA, e, por isso, a palavra não leva acento (paroxítona terminada em A). Refere-se à medicina que emprega remédios que, no organismo, provocam efeitos contrários aos que a doença causa (alopatia, em oposição a homeopatia). ◆ *Médico anestesista – ALOPATA –, ele aderiu à medicina alternativa sem medo.* (FSP)

alpargata, alpercata

São formas variantes, ambas usuais, embora os usos de **alpercata** (28%) se concentrem nos textos literários. ◆ *Controlo a altura na ALPARGATA, e o coitadito pensa que melhorou.* (AVL) ◆ *Calçou a ALPERCATA com força num adjutório.* (J)

Alpes [Europa Ocidental]

O adjetivo pátrio é **alpino**. ◆ *Quando chegamos à cabana de Cadlino, no maravilhoso cenário ALPINO, ele e seu pai estavam ausentes.* (MAN)

Alsácia [França]

O adjetivo pátrio é **alsaciano**. ✦ *Mas não há ALSACIANO que não se sinta francês e ainda menos um só bretão.* (ESP)

alter ego

É expressão latina usada para indicar pessoa muito próxima de outra, que tem tudo em comum com ela, e que pode fazer as vezes dela. ✦ *Artistas costumam ter ALTER EGO, como Madonna tem a sua ardente e insaciável Dita Parlo.* (VEJ)

alternar, alternar-se

1. **Alternar** usa-se com um complemento sem preposição (objeto direto) e outro complemento iniciado pela preposição **com**. ✦ *À noite ALTERNA períodos de sono com intervalos para pastagem e ruminação.* (CAA)

Esses dois complementos podem vir sem preposição (objetos diretos), coordenados entre si. ✦ *Agora eu lembrava, de Brasília, a confusão dos últimos três anos e o destino argentino de ALTERNAR civis populistas e caudilhos militares no poder.* (NBN)

2. **Alternar-se** usa-se com complemento iniciado pela preposição **com**. ✦ *A irmã mais velha de meu pai ALTERNAVA-SE ao piano com sua filha e tia Bibi às vezes acompanhava-as com seu violino.* (CF)

alteza ⇨ Ver Vossa Alteza, Vossa Excelência etc. ⇨ Ver Sua Alteza, Sua Excelência etc.

1. Com **Z**, como todo substantivo abstrato em **-eza** derivado de adjetivo. ✦ *Sugeriu então que ele fosse chamado de "sua benigna ALTEZA".* (VEJ)

2. O substantivo **Alteza** (com inicial maiúscula) entra na formação de pronomes de tratamento referentes a príncipe. Os pronomes de tratamento levam a concordância para a terceira pessoa. ✦ *Já começaram rebaixando d. Pedro 2º. Chamaram-no de VOSSA ALTEZA em vez de Vossa Majestade.* (FSP) ✦ *E chega aquele estrangeiro e diz, como o menino da fábula, que SUA ALTEZA nada tinha sobre a pele.* (OV)

altivez

Com **Z**, como todo substantivo abstrato em **-ez** derivado de adjetivo. O significado é "brio", "nobreza", "arrogância". ✦ *Robério fascina-me pela ALTIVEZ, pela coragem, pelo desprendimento.* (VP)

alto

O superlativo absoluto sintético é:

◇ **altíssimo**, que significa "de grande extensão vertical". ✦ *Porque, enquanto isso for verdade, estaremos pagando o ALTÍSSIMO preço do subdesenvolvimento e da baixa produtividade.* (ESP)

◇ **supremo**, que significa "ilustre", "superior". ✦ *Direi o mesmo de Eurípides, o SUPREMO mestre da natureza dos homens.* (ACM)

◇ **sumo**, que significa "grande", "muito importante", "relevante". ✦ *Mantendo-nos a alguma distância, numa visão de conjunto, numa operação rápida, colhemos elementos de SUMO valor.* (SMI)

alto e bom som

Alto e bom som, sem iniciar-se por preposição, é uma expressão adverbial que significa "em voz alta e clara, para ser bem ouvido". ✦ *Desfaçatez simpática, mas eficaz – acrescentava o diretor, ALTO E BOM SOM.* (PFV)

Por causa do significado da expressão, em geral se entende que ela deve ser iniciada por preposição (**em alto e bom som**): essa expressão com preposição é mais usual que a expressão sem preposição (64%). ✦ *Penso em tantas vezes bradando em ALTO E BOM SOM contra a "imoralidade" dos costumes.* (MOR)

alto-falante

1. O primeiro elemento é **alto**, e não **auto**. ✦ *Um táxi, com um enorme ALTO-FALANTE sobre a capota, colocou-se à frente da multidão, na avenida Rio Branco.* (AGO)

2. O plural é **alto-falantes**. **Alto** não vai para o plural porque é um advérbio. ✦ *Nem quero pensar como estão meus ALTO-FALANTES quadrafônicos.* (AVL)

alto-forno

O plural é **altos-fornos** (adjetivo + substantivo), com O aberto em **fornos**. ◆ *O carvão mineral passou a ser utilizado não só para alimentar os ALTOS-FORNOS e as locomotivas, mas também para movimentar máquinas a vapor da indústria em geral, e da têxtil em especial.* (UE)

alto-relevo

O plural é **altos-relevos** (adjetivo + substantivo). ◆ *Os ALTOS-RELEVOS das tumbas mostram nobres em suas armaduras e membros da Igreja.* (FSP)

alude ⇨ Ver **avalancha**.

É substantivo masculino, designando grande massa de neve que se desagrega da montanha, despencando encosta abaixo. Devido a esse significado, usa-se também como coletivo, com ideia de abundância. ◆ *Mas se V. Exa. me permite, nobre Senador, embora, em princípio, seja contrário a esse montante, a essa avalancha, a esse ALUDE de empréstimos, entendo que é necessário fazer uma diferenciação, uma discriminação, porque há empréstimos e empréstimos, não é?* (JL-O)

aludir, alusão

1. O verbo **aludir** usa-se com complemento iniciado pela preposição **a**. Significa "fazer alusão", "fazer referência". ◆ *Foi recebido por um cavalheiro amabilíssimo, que coçou o queixo, ALUDIU a fatores de ordem técnica.* (COT)

2. **Alusão** é com S, como todo substantivo ligado a verbo terminado em **-dir**. ◆ *Mamãe fez ALUSÃO ao conhecimento que tem de meu amor por Ismênia.* (NOF)

aluguel, aluguer

1. São formas variantes, mas a segunda tem uso muito restrito (0,1%) e só ocorreu no plural. ◆ *Tive uma lembrança idiota: há muito não pagava ALUGUEL.* (BL)

2. Os plurais são **aluguéis** e **alugueres**, respectivamente. ◆ *Em Pequim ou Xangai muitos ALUGUÉIS custam 4 dólares mensais.*

(EX) ◆ *Não obstante, não são poucos os locadores que, por desconhecimento da lei ou mera falta de atenção, continuam a receber ALUGUERES ínfimos (...).* (FSP)

alunissar, alunissagem; alunizar ⇨ Ver amerissar, amerissagem; amarar ⇨ Ver aterrissar, aterrissagem; aterrar; aterrizar ⇨ Ver -issar.

São as formas registradas oficialmente. As mais comumente apontadas são com SS, mas o verbo **alunissar** não ocorreu, apenas o substantivo derivado **alunissagem**. ◆ *Dois astronautas da Nasa contam como quase fracassou a ALUNISSAGEM do módulo lunar.* (FSP) ◆ *Somente uma (nave) não conseguiu ALUNIZAR, a Apolo 13.* (FSP)

aluno

1. O adjetivo correspondente é **discente**. ◆ *Entre os membros dessa aristocracia DISCENTE insinuavam-se sempre uns espertalhões, uns partistas e uns puxa-sacos.* (CF)

2. **Alunado** é forma coletiva específica. ◆ *Não só seu ALUNADO como também seu professorado são totalmente diferentes, exigindo formações e atenções especializadas.* (FSP)

aluvião

1. É substantivo usado como masculino ou feminino, indiferentemente. Designa depósito de cascalho, areia e argila proveniente de erosão. ◆ *Gente vinda do planalto araxano contava maravilhas da terra dos Araxás, exageradas pelo boato de que os índios se enfeitavam com pepitas de ouro da ALUVIÃO.* (VB) ◆ *O cacaueiro só prospera bem em solos de ALUVIÃO rico (virgens), medianamente profundos e permeáveis.* (FT)

2. Devido a esse significado, usa-se também como coletivo, com ideia de abundância. ◆ *Fala-se pouco por outro lado, no polo contrário da questão, o que diz respeito ao ALUVIÃO de informações que desaba todos os dias sobre nossas cabeças.* (OV)

alvará

É substantivo masculino. ◆ *Beja, que o salvara do escandaloso processo, ao saber da as-*

alvedrio

sinatura do ALVARÁ, humilde e pequenina – apenas chorou. (VB)

alvedrio

A sílaba tônica é **DRI**, e, por isso, a palavra não leva acento (paroxítona terminada em **O**). O substantivo significa "arbítrio", "livre vontade". ◆ *O tocólogo, sem embargo, de seu próprio e exclusivo ALVEDRIO não está capacitado a definir-se nesses casos.* (OBS)

alvíssaras

Com **SS**. A sílaba tônica é a antepenúltima (**VÍS**), e, por isso, a palavra leva acento (proparoxítona). É substantivo que só se usa no plural (*pluralia tantum*). Significa "boa--nova" e designa, também, agradecimento, prêmio ou recompensa que se concede a quem anuncia boas-novas. ◆ *Mas na semana em que surgem tais ALVÍSSARAS, aparecem ao mesmo tempo duas notícias alarmantes.* (SC) ◆ *Senhora Dona Josefina, primeiro que tudo quero lhe dar ALVÍSSARAS pela saúde do vosso filho.* (CA)

alvo

Usa-se à direita de outro substantivo, atuando como classificador ou como qualificador (como um adjetivo). ◆ *Pior é que nós, jornalistas, temos que entender e atingir o público ALVO.* (RI)

Mais frequentemente forma-se um substantivo composto, com a ligação dos dois elementos por hífen. ◆ *Alugue as Listas da Editora Abril e fale direto com seu público-ALVO.* (EX) ◆ *(...) tais programas, além disso, não atingiram satisfatoriamente a população--ALVO.* (OS-O) ◆ *Com as estruturas abaladas, o prédio-ALVO do atentado terrorista será demolido.* (VEJ) ◆ *O mais próximo dos que formam o grupo-ALVO do programa de geodésia está a 2 bilhões de anos-luz.* (FSP) ◆ *O leitor-ALVO, um estudante que pela primeira vez tem a oportunidade de refletir sobre esses fatos, com certeza fica sem saber onde Boris Fausto quer chegar.* (VEJ)

Correntemente, só o primeiro elemento varia, no plural. ◆ *(...) hormônios produzidos por essa parte da glândula, que estimulam glândulas-ALVO.* (FOC) ◆ *'Espião' localiza os prédios-ALVO.* (FSP) ◆ *Desta maneira, uma empresa que se dedica regularmente à oferta e transação de produtos, ou serviços, exerce uma função mercadológica tão indiscutível quanto, digamos, uma instituição beneficente voltada à busca ordenada de fontes para doações que ela encaminha a públicos-ALVO predefinidos.* (MK)

alvoroço

O plural é **alvoroços**, com **O** fechado. ◆ *Maria Negra entrou, toda molhada, no maior dos ALVOROÇOS.* (ANA)

-ama

É sufixo formador de substantivos coletivos femininos, com ideia de abundância. ◆ *Perdi uma DINHEIRAMA do meu patrão.* (CG)

âmago

A sílaba tônica é a antepenúltima (**Â**), e, por isso, a palavra leva acento (proparoxítona). Significa "íntimo". ◆ *Quando penso, fico isolada no ÂMAGO do próprio pensamento.* (CH)

amálgama, amalgama

1. **Amálgama** (forma proparoxítona, com acento) é substantivo masculino ou feminino, indiferentemente. Designa liga de metais, e, a partir daí, qualquer fusão. ◆ *Nas grandes telas, tudo se acumula para o centro, num verdadeiro AMÁLGAMA nuclear.* (MH) ◆ *No Brasil toda AMÁLGAMA é possível.* (CH)

2. A forma paroxítona **amalgama** (sem acento) é verbo. ◆ *Um choque que, ao mesmo tempo que provoca atrito e informação, AMALGAMA as partes conflitantes, transforma-as em uma trama.* (FSP)

amante

É adjetivo ou substantivo e tem a mesma forma para masculino e feminino (substantivo comum de dois). ◆ *Confessa que tens um AMANTE.* (BOI) ◆ *A esta hora está na casa da AMANTE!* (BO)

Amapá

1. A sigla é **AP**. ✦ *Sarney participará da prévia em Macapá (AP)*. (FSP)

2. O adjetivo pátrio é **amapaense**. ✦ *É preciso que AMAPAENSES, piauienses, pernambucanos parem de olhar para São Paulo com uma ponta de inveja*. (FSP)

amarelo-claro, amarelo-escuro, amarelo-avermelhado, amarelo--esverdeado etc.

Como se trata de adjetivo referente a cor composto de dois adjetivos, as flexões de gênero e número são, em geral, no último elemento. ✦ *Pensei naquela tua entrada na igreja, a blusinha AMARELO-DOURADA e na sacristia e no padre que não apareceu*. (CD) ✦ *Essa AMARELO-AVERMELHADA tem dicromato de potássio*. (Q) ✦ *Pinta-se com algum exagero, mas mesmo assim não consegue esconder a tez AMARELO-ESVERDEADA*. (PP) ✦ *O colorido daquele ar úmido resulta da travessia das folhas verdes pelos raios AMARELO-ESTRIDENTES do sol*. (GAT) ✦ *Como as madeiras amarelas ou AMARELO--PARDACENTAS, mostram-se manifestamente semelhantes quanto às propriedades e empregos*. (BEB) ✦ *As flores são pequenas, AMARELO-ROSADAS, pálidas*. (FT)

Como substantivo masculino, o plural se faz nos dois elementos. Um exemplo é: *os AMARELOS-CLAROS*. Entretanto, esses plurais do substantivo não são ocorrentes.

amarelo-ouro, amarelo-laranja, amarelo-mel, amarelo-ocre etc.

Como se trata de adjetivo referente a cor composto de um adjetivo seguido de um substantivo, o indicado, e mais comum, é que nenhum dos elementos varie nem em gênero nem em número. ✦ *As tetraciclinas tendem a acumular-se em certas células neoplásicas e a demonstrar brilhante fluorescência AMARELO-OURO quando expostas à luz ultravioleta*. (ANT) ✦ *As apatitas de Durango, México, apresentam cor AMARELO-MEL*. (PEP)

Entretanto, ocorre, raramente, flexão de feminino e de plural no primeiro elemento. ✦ *A esponjeira, já velha, floria em bolas*

AMARELAS-OURO, cheirosa como sempre. (VB)

Como substantivo masculino, o plural pode fazer-se nos dois elementos, ou apenas no primeiro. Um exemplo é: *os AMARELOS-OUROS* ou *os AMARELOS-OURO*. Entretanto, esses plurais do substantivo não são ocorrentes.

amargo

O superlativo absoluto sintético é **amarguíssimo** ou **amaríssimo**, que não é de grande uso atualmente. Também se indica, tradicionalmente, a forma **amaríssimo**, que, entretanto, não é usual atualmente. ✦ *O Congresso aprovou aquele pacote AMARGUÍSSIMO, na suposição de que não deveria apostar na ingovernabilidade do novo governo*. (FSP) ✦ *Tal oposição, é bem de ver, tinha de ser AMARÍSSIMA e duradoura nos círculos dos fazendeiros*. (FHB)

amarrar, amarrar-se

1. **Amarrar** significa "prender com amarra ou corda", "atar com nó", "ligar fortemente", e usa-se com complemento sem preposição (objeto direto), podendo ocorrer outro complemento iniciado pelas preposições **a** ou **em**. ✦ *AMARREI as mãos dele atrás das costas com uma corda que eu levava*. (CNT) ✦ *Ainda bem que o filho o seguiu de perto, preso à mesma corda que AMARRAVA um negro a outro, na longa fila submissa*. (TS) ✦ *Voltando a si, dona Angelina ordenou a um empregadinho da garagem que AMARRASSE o bode numa árvore do jardim*. (ANA)

2. **Amarrar-se**:

✧ significando "prender-se com amarra ou corda", "atar-se com nó", usa-se com complemento iniciado pelas preposições **a** ou **em**. ✦ *Existe uma determinada fórmula que exprime a expansão de uma mola em função do peso que a ela SE AMARRA*. (MTE) ✦ *Alguns detentos são obrigados a SE AMARRAR na grade da cela com lençóis na hora de dormir, pois não há espaço suficiente para todos se deitarem*. (FSP)

✧ significando "ligar-se fortemente", usa-se com complemento iniciado pela preposição **a**, podendo o complemento deixar de ser

amável

expresso. ◆ *AMARREI-ME a essa afirmação de desobediência, recusando todas as ofertas, todas as tentações com que mamãe pensava me seduzir.* (ANA) ◆ *Mulheres houvera muitas, mas ele fora suficientemente esperto para não SE deixar AMARRAR.* (PCO)

amável

O superlativo absoluto sintético é **amabilíssimo**. ◆ *Foi recebido por um cavalheiro AMABILÍSSIMO, que coçou o queixo, aludiu a fatores de ordem técnica.* (COT)

amazona ⇨ Ver cavaleiro, cavalheiro.

É a palavra feminina correspondente ao masculino **cavaleiro**. ◆ *Não obedeceria à ordem de Salomão, não procuraria mais a tal AMAZONA.* (CEN)

Amazonas ⇨ Ver Amazônia.

1. A sigla é **AM**. ◆ *A festa de fim de ano de Manaus (AM) já faz parte do roteiro de réveillons do Brasil.* (FSP)

2. O adjetivo pátrio é **amazonense**. ◆ *Eu podia dizer que ele estava realmente furioso com a recepção do governo AMAZONENSE, que enviara um funcionário subalterno da Secretaria de Justiça.* (GI)

Amazônia (região) ⇨ Ver Amazonas.

Os adjetivos correspondentes são:

◇ **amazônico**. ◆ *Para vender algo a algum Estado AMAZÔNICO, o procedimento é semelhante ao da exportação.* (VEJ)

◇ **amazônida** (adjetivo pátrio, referente a pessoa). ◆ *O romântico Juruna é celebérrimo pelas ruas que homenageiam as tribos indígenas que, no caminhar do tempo, serviram de matrizes para o nascimento da raça brasileira e AMAZÔNIDA.* (OLI)

âmbar

A sílaba tônica é a penúltima (**ÂM**), e a palavra leva acento porque é paroxítona terminada em **R**. É a designação de resina fóssil sólida, amarelo-pálida ou acastanhada, transparente ou opaca. ◆ *Entre as substâncias que resultam de atividade de interesse gemológico estão o ÂMBAR, o coral, a pérola e o azeviche.* (PEP) ◆ *Estão vendendo nos Estados Unidos falsos fósseis da época dos dinossauros. A*

contrafação mais oferecida é um pedaço de ÂMBAR, a resina mineralizada com algum inseto dentro. (VEJ)

ambi-

É prefixo de origem latina que significa "ambos". Corresponde, em parte, ao prefixo de origem grega **anfi-**. ◆ *Não havia intervenção cirúrgica que fizesse com a mão direita que não repetisse também com a esquerda. AMBIDESTRO.* (BAL) ◆ *O homem moderno tem uma personalidade AMBIVALENTE em relação ao mundo animal.* (ZO)

Se o elemento seguinte começar por **R** ou **S**, é necessário duplicar essa letra (que ficará entre duas vogais, na escrita). ◆ *[Trombetas amazônicas] constituídas de "tubos de palmeiras masculinas amarrados em cavernosos ressonadores em forma de útero, de modo a fazê-los expressar simbolicamente um conceito de AMBISSEXUALIDADE".* (EAS)

ambos os dois, ambos de dois

São expressões pleonásticas, já que **ambos** indica a mesma quantidade que o numeral **dois**. A forma **ambos de dois** praticamente não é usada atualmente, e a forma **ambos os dois** é pouco frequente. ◆ *Andam AMBOS OS DOIS de braços dados.* (EDP) ◆ *Nenhum não quis. Do mesmo jeito, AMBOS OS DOIS foram espancados.* (JCM) ◆ *Envio o Sargento-mor da ordenança e o Capitão de cavalos concorrendo AMBOS DE DOIS sem assistência dos coronéis.* (DH)

ambrosia, ambrósia

1. A silaba tônica é **SI** (sem acento), quando o substantivo designa o manjar dos deuses do Olimpo. ◆ *A cidade é Anitápolis, mas o que importa é a neve, AMBROSIA europeia.* (VEJ)

2. A sílaba tônica é **BRÓ** (com acento), quando o substantivo designa gênero de plantas. Essa palavra, porém, não ocorreu.

ameaçar

Usa-se:

◇ com um complemento sem preposição (objeto direto). ◆ *Desconfiada de que ele quisesse fugir-lhe, AMEAÇOU-o.* (TS)

◇ com um complemento representado por oração infinitiva iniciada ou não pela preposição **de**. ♦ *O senador também AMEAÇOU* **invadir** *a casa do ex-presidente do banco.* (FSP) ♦ *O Tonho AMEAÇAVA de lhe meter a mão.* (MMM)

ameixa

Com **X** (após ditongo) e com o ditongo **EI**. ♦ *O rosto de Macedinho, uma ilha cor de AMEIXA fresca num mar de flores tristes, insistia em ser recordado.* (SL)

amenizar

Com **Z**, como todo verbo formado com o sufixo **-izar**. ♦ *Felizmente era primavera e a primavera AMENIZA muito minha impaciência.* (T)

América, americano ⇨ Ver Estados Unidos (da América).

1. O adjetivo pátrio correspondente a **América** (o continente) é **americano**. ♦ *Na prática, a aliança atlântica começava a patentear um dualismo interno entre seu componente AMERICANO (os EUA e o Canadá) e seu componente europeu (os aliados da Europa Ocidental).* (GPO) ♦ *Não desconfiavam da existência, ao oeste, de um continente – o AMERICANO – nem do oceano Pacífico.* (GCS)

2. O adjetivo pátrio (e substantivo) **americano** também se refere a **Estados Unidos da América**. ♦ *O sistema AMERICANO não funciona. Os EUA são ingovernáveis.* (FSP) ♦ *O AMERICANO bebe café sem cafeína e toma cafeína retirada do café, inadvertidamente, na coca-cola.* (FF)

Para esta última referência também se usa **estadunidense**, **ianque** e **norte-americano**.

americanizar

Com **Z**, como todo verbo formado com o sufixo **-izar**. ♦ *Com o tempo, a USP e o meio acadêmico em geral se AMERICANIZARAM.* (VEJ)

amerissar, amerissagem; amarar
⇨ Ver **alunissar, alunissagem; alunizar**
⇨ Ver **aterrissar, aterrissagem; aterrar;** **aterrizar** ⇨ Ver **-issar**.

A forma **amerissar** ("pousar na água", referindo-se a aeronave) é considerada galicismo

em obras normativas, consignando-se **amarar** como a forma vernácula. Entretanto, esta última forma não ocorreu, com esse significado. ♦ *Em 1979 seu filho Philippe morreu ao AMERISSAR no rio Tejo, em Portugal.* (FSP) ♦ *É a AMERISSAGEM de um pato bravo, que deve ter vindo de longe.* (AS)

A forma **amarar(-se)** ocorre em textos não atuais, e com o significado de "afastar-se da terra em direção ao alto-mar", "pôr(-se) ao largo". ♦ *Que plenas velas AMARAR te possam.* (OM) ♦ *Seguindo a corrente do Sul, os portugueses, induzidos a AMARAR-SE à procura de ventos mais francos para dobrar o cabo, encontraram a zona dos alísios.* (CHC)

amígdala, amídala

São formas variantes, ambas em uso, o mesmo ocorrendo com as formas derivadas, mas a forma **amígdala** é de uso mais frequente (75%), especialmente em obras técnico-científicas. ♦ *As AMÍGDALAS são frequentemente acometidas por processos inflamatórios vários, entre eles as amigdalites agudas, purulentas, diftéricas e os abscessos amigdalianos.* (CLI) ♦ *As infecções, tão comuns, da garganta e do cavum (amidalite, adenoidite, rinofaringite) repercutem nos gânglios cervicais; a da AMÍDALA, especialmente no gânglio situado ao nível do ângulo do maxilar (gânglio amidaliano).* (SMI)

amigo

1. O aumentativo usual do substantivo **amigo** é **amigão** ♦ *"O Emil é um AMIGÃO",* agradece Marinho. (PLA)

A forma **amigalhão**, tradicionalmente indicada, não é usual atualmente. ♦ *Sem dúvida foi daquela cartinha daquele AMIGALHÃO da nossa pátria (...).* (FC) ♦ *(...) defendendo a opinião do seu AMIGALHÃO e confrade, Bernardo José da Gania.* (PL)

2. O superlativo absoluto sintético do adjetivo **amigo** é **amicíssimo**. ♦ *Os jurunas estavam pacificados e eram AMICÍSSIMOS dos Vilas Boas.* (ARR)

amoitar

Em qualquer forma do verbo, o ditongo **OI** (átono ou tônico) é sempre fechado. O verbo

amoral

significa "esconder", "ocultar". ✦ *Onde era que o Adelço se AMOITAVA, naquela hora?* (COB) ✦ *Engenheiros querem transformar suas descobertas em bens e por isso AMOITAM.* (FSP)

amoral ⇨ Ver **imoral.**

Amoral significa "que não é contrário a nem conforme a moral", "que não é suscetível de ser qualificado moralmente". ✦ *Costumava considerar-se um AMORAL e encarar as criaturas humanas com cinismo.* (TV)

Imoral significa "que é contrário à moral", "que viola os princípios da moral".

amor-perfeito

O plural é **amores-perfeitos** (substantivo + adjetivo). ✦ *Nesta primavera, magnólias, tulipas e AMORES-PERFEITOS enfeitam os parques.* (FSP)

amortizar

Com **Z**, como todo verbo formado com o sufixo **-izar**. Significa "pagar gradualmente", "resgatar parceladamente (uma dívida)". ✦ *Os tomadores de empréstimo terão carência de seis meses e 18 meses para AMORTIZAR a dívida.* (FSP)

ampère, ampere; ampere-

1. *Ampère* e **ampere** são formas variantes, oficialmente registradas, da palavra que designa a unidade de medida para a corrente elétrica. A forma com acento é a original francesa (com origem em nome próprio) e a sem acento é a forma gráfica portuguesa correspondente, que é registrada em dicionários mas que não ocorreu. ✦ *Naturalmente, o AMPÈRE é uma unidade extremamente grande para fins terapêuticos.* (ELE) ✦ *Os pesquisadores passaram uma corrente elétrica de cerca de 20 mil AMPÈRES por uma espiral de cobre (solenoide).* (FSP)

2. **Ampere-** é elemento que se liga a um elemento seguinte. ✦ *Eletricidade: resistores elétricos, estudo de energia e potência, circuitos elétricos com voltímetro e AMPERÍMETRO.* (FSP) ✦ *O melhor é somar a AMPERAGEM dos acessórios e comparar com a capacidade de carga da bateria.* (FSP)

ampersand

É palavra inglesa que designa o sinal de adição **&** (equivalente ao latim *et* e ao português **e**). Esse sinal gráfico é de uso comercial. A pronúncia aproximada é **émpersénd**. ✦ *A Rosemberg & Associados tem 25 funcionários.* (VEJ)

ampola, empola

A palavra **ampola** é indicada como variante de **empola**, mas esta última forma tem muito baixa ocorrência atualmente. ✦ *Segurando uma AMPOLA que continha óleo sacro, o padre curvou-se sobre o doente.* (RET) ✦ *Estas EMPOLAS, de fabricação Bruneau ou Darming, se encontram no comércio.* (SM)

Amsterdã [Holanda]

1. No Brasil, essa é a grafia portuguesa de *Amsterdam.* ✦ *A notícia da queda das ações do Ponto Frio na bolsa de valores de AMSTERDÃ também ajudara a me abalar.* (T)

2. O adjetivo pátrio é **amsterdamês**. ✦ *Solo definiu a arquitetura AMSTERDAMESA.*

ana-

É prefixo de origem grega que significa "de baixo para cima", "de novo" (*anacrônico*: "que reverte a cronologia"; *anagrama*: "inversão de direção de uma sequência de letras para formar outra palavra ou frase"; *anáfora*: "repetição de palavra ou grupo de palavras no início de frases sucessivas, para ênfase"; "processo pelo qual um termo gramatical retoma a referência de outro"). ✦ *A cena ficou um tanto ANACRÔNICA porque se passava num apartamento.* (EL) ✦ *Ele sempre gostou de fazer ANAGRAMAS com o seu nome e com o dos outros.* (VEJ)

Se o elemento seguinte começar por **R** ou **S**, é necessário duplicar essa letra (que ficará entre duas vogais, na escrita); por exemplo: *ANARREIA* ou *ANARROPIA* ("afluência de humores das partes inferiores do corpo às superiores"), formas que não ocorreram.

anais

É substantivo que só se usa no plural (*pluralia tantum*). Designa os registros escritos fiéis de um evento. ◆ *Segundo os ANAIS, Amaro era bom sapateiro, mas a história não costuma ser muito favorável aos profissionais desse ofício.* (ETR)

analisar, análise

Com **S**. **Análise** é substantivo feminino. ◆ *Serve de orientação para ANALISAR como ocorre empiricamente a conversação.* (ANC) ◆ *O parecer me pede uma ANÁLISE "genética" da ideia de psiquismo.* (ACM)

ananás

1. Com **S** final. ◆ *Na Superfresco, além de guaraná Antarctica são produzidas uma soda limonada, Royal Crown Cola – de origem norte-americana – e bebidas com sabor de laranja e ANANÁS.* (FSP)

2. O plural é **ananases**. ◆ *Saboreou ANANASES de palmo e meio e melancias crescidas à toa pelo campo.* (VB)

anão

1. O plural é **anões**. As gramáticas tradicionais também indicam **anãos**, forma que ocorre em textos mais antigos. ◆ *Transpôs a ciranda de ANÕES, sentou-se numa pedra e mergulhou os dedos no fio de água murmurante.* (CP) ◆ *Uma (nação) é de ANÃOS, de estatura tão pequena que parecem afronta dos homens.* (OB)

2. O feminino é **anã**, com plural **anãs**. ◆ *Uma ANÃ, com um grande laço de fita na cabeça, afirma: "Hoje eu vou aparecer".* (REA) ◆ *Duas ANÃS com roupas pretas, carregando ramos de flores, se aproximavam da casa.* (RET)

3. Usa-se à direita de outro substantivo, atuando como qualificador ou classificador (como um adjetivo). ◆ *Seu modelo de produzir filmes é uma imitação ANÃ do grande processo industrial.* (FSP) ◆ *Estava tão em baixa que até correu de superkart, categoria ANÃ para um bicampeão mundial.* (FSP)

Usa-se, ainda, como segundo elemento de substantivo composto (unido por hífen), especialmente para designação de espécie vegetal ou animal. ◆ *Outro destaque é a vencedora na categoria bonsai (uma espécie de "planta-ANÃ" de origem japonesa).* (FSP) ◆ *Hoje, as maiores culturas de coqueiro-ANÃO encontram-se nos Estados do Rio e de Alagoas.* (BEB) ◆ *O mamute-ANÃO, considerado extinto em quase todo o mundo há cerca de 10 mil anos, pode não ter sido estranho aos antigos egípcios, que viveram pelo menos 7 mil anos depois.* (FSP)

No plural, flexionam-se os dois elementos, o que revela que o elemento já é sentido como adjetivo. ◆ *[Ele já teve dois processos] porque se recusou a cumprir ordens de plantar mil coqueiros-ANÕES antes da visita de não sei que figurão.* (Q)

anarquizar

Com **Z**, como todo verbo formado com o sufixo **-izar**. Significa "pôr anarquia em", "desorganizar". ◆ *O Governo se ANARQUIZARA pelas próprias mãos, era a verdade patente em todas as peças do escandaloso inquérito.* (GLO)

anátema

A sílaba tônica é a antepenúltima (**NÁ**), e, por isso, a palavra leva acento (proparoxítona). É substantivo masculino. Designa sentença de expulsão de uma igreja, excomunhão. ◆ *Baixou a cabeça e falou como se um ANÁTEMA lhe queimasse os lábios.* (ORM)

-ância, -ancia ⇨ Ver -ência, -íncia, -úncio, -úncia ⇨ Ver ânsia.

Escrevem-se, em geral, com **C** os substantivos terminados

- em **-ância**:

✧ **circunstância**. ◆ *É considerada CIRCUNSTÂNCIA agravante pertencer o capoeira a alguma banda ou malta.* (CAP)

✧ **constância**. ◆ *O que, todavia, deve ficar assentado é a CONSTÂNCIA de tais fenômenos e mesmo a possibilidade de agravação.* (CLO)

✧ **distância**. ◆ *Os dois irmãos de Carlos se mantinham a DISTÂNCIA, de olhos baixos, como se não me tivessem visto.* (A) ancião

◇ **elegância.** ◆ *Um rapaz dançava com ELE-GÂNCIA, com os braços bem abertos e o paletó desabotoado.* (BL)

◇ **estância.** ◆ *A casa da ESTÂNCIA de gado do Sr. Vacariano é apenas um rancho maior que os outros da povoação.* (INC)

◇ **exuberância.** ◆ *Angela reúne, à obsessão da louca, uma alegria, uma EXUBERÂNCIA que nunca mostrara.* (CC)

◇ **fragrância.** ◆ *Das panelas saía uma FRA-GRÂNCIA deliciosa de comida.* (BU)

◇ **ignorância.** ◆ *O erro é sempre o fruto da IGNORÂNCIA.* (ORM)

◇ **infância.** ◆ *De repente, eu estava reviven-do minha INFÂNCIA.* (ACM)

◇ **vigilância.** ◆ *É melhor evitar qualquer prisão, agora. Ele está sob VIGILÂNCIA.* (AS)
- em -ancia:

◇ **melancia.** ◆ *Muita estrela no céu e um pedacinho de lua, pálido como MELANCIA branca.* (ARR)

◇ **mercancia.** ◆ *Basta essa distinção, para demonstrar a diferença de tratamento entre o usuário e aquele que vive da MERCANCIA de drogas.* (FSP)

Os substantivos abstratos com a terminação -ância correspondem a adjetivos (ou substantivos) terminados em -ante: **circunstante, constante, distante, elegante, exuberante, fragrante, infante, vigilante.**

O substantivo **ânsia**, que é ligado ao verbo **ansiar**, escreve-se com S. ◆ *Antônio movia os lábios, na ÂNSIA de emitir um som.* (BOC)

ancião

1. O plural é **anciãos, anciões** ou **anciães**. A forma mais usual é **anciãos** (76%) e a mais rara é **anciães** (2%). ◆ *A velha e vários velhos seriam conhecidos como a tribo dos ANCIÃOS sorridentes, morando no Centro Velho.* (BL) ◆ *Ele surpreende os ANCIÕES do Templo com sua sabedoria.* (CEN) ◆ *Nós não temos ANCIÃES tribais respeitáveis, nem segredos profundos.* (FSP)

2. O feminino é **anciã**, com plural **anciãs**. ◆ *Talvez me acolha uma ANCIÃ digna, com os traços aproximados de minha tia-avó.* (DM) ◆ *Em 1991, um cartaz publicitário mostrou a modelo ao lado de sete ANCIÃS do vilarejo de Savoca.* (FSP)

ancilóstomo, ancilostomose, ancilostomíase; anquilóstomo, anquilostomose, anquilostomíase

Essas formas, recomendadas na tradição, são as preferidas no uso. Também são oficialmente registradas as formas **anquilós-tomo, anquilostomose** e **anquilostomíase,** mas apenas esta ocorreu. ◆ *Por exemplo, organismos como a planária, a solitária, o esquistossomo, a lombriga, o oxiúro, o AN-CILÓSTOMO, a útil e inofensiva minhoca, as sanguessugas e milhares de outros que vivem no solo e nas águas são vermes.* (GAN) ◆ *As obras de saneamento impedem a habitação em local insalubre, onde reinam malária, a ANCILOSTOMOSE e outras endemias que constituem fatores de mortalidade.* (OBS) ◆ *A indicação primária do hidroxinaftoato de befênio é o tratamento da ANCILOSTOMÍASE humana.* (PTP) ◆ *O Jeca, afirmou o cientista, numa reunião da "Sociedade de Medicina", não passava de uma vítima da ANQUILOS-TOMÍASE.* (CMB)

Andaluzia (região) [Espanha]

O adjetivo pátrio é **andaluz**, com feminino **andaluza.** ◆ *De outra vez eu me encontrava num cemitério ANDALUZ – aonde fora levar um amigo morto de beribéri – e de repente senti que um sono invencível me possuía.* (AL)

andante

É palavra italiana que designa andamento musical moderado. ◆ *Seu célebre segundo movimento, um "ANDANTE" que se constitui como um diálogo entre o piano e as cordas, sugeriu a Schumann a cena de Orfeu domi-nando os animais com sua lira.* (FSP)

Andes

É substantivo próprio que só se usa no plural (*pluralia tantum*). ◆ *Os poucos rios de águas barrentas, provenientes dos ANDES, com grande quantidade de sedimentos em suspensão ricos em nutrientes, originam várzeas muito férteis.* (AMN)

Andorra [Europa]

Os adjetivos pátrios indicados são **andorrano** e **andorrense**, mas só a primeira forma ocorreu. ◆ *Logo na primeira página estamos em Paris, diante da partida decisiva, a 24ª, do Campeonato Mundial de Xadrez, entre Elias Tarsis, um inquieto ANDORRANO de pais espanhóis, e Marc Amary, o gélido.* (FSP)

andro-

É elemento (grego) que se liga a um elemento seguinte. Significa "homem (sexo masculino)". ◆ *Santana é ANDROLOGISTA, ou médico de homens.* (VEJ) ◆ *Você é apenas a confirmação natural do seu processo de decadência geriátrica, de sua ANDROPAUSA.* (E)

andrógeno, andrógino

1. **Andrógeno** é adjetivo relativo à estimulação de caracteres masculinos. ◆ *Algumas viragos teimam na desfeminilização da sua imagem alegórica para tornar-se teratologias monstruosas no corpo ANDRÓGENO.* (CRU)

Também é substantivo, designando substância de efeito androgênico. ◆ *As células intermediárias são encontradas nos ciclos normais, durante a gravidez e parto, nas lesões do epitélio vaginal normal e durante a administração de ANDRÓGENOS.* (DDH)

2. **Andrógino** significa "hermafrodito". ◆ *Para a Biologia, ANDRÓGINO é o ser que possui os dois sexos ao mesmo tempo e é capaz de reproduzir-se sozinho (não no caso dos humanos).* (SU)

anedotário

É o substantivo coletivo para anedotas. ◆ *D. Emília ouvia tudo por curiosidade, pelo pitoresco do ANEDOTÁRIO.* (DE)

anel, anelzinho

1. Os adjetivos correspondentes a **anel** são **anular** e **anelar**, menos usual. ◆ *Deus criou o dedão para libertar o homem, mas criou*

o ANULAR – o dedo do anel – para lembrar que a sua liberdade é limitada. (AVL) ◆ *O ator Pablo Uranga está com o dedo ANELAR fraturado.* (FSP)

2. O diminutivo de **anel** é **anelzinho**, que tem plural **aneizinhos**. ◆ *Estou tomando vitaminas, comendo mocotó, chá de sabugo, fazendo trezena, comprei pomadinha chinesa e uns ANEIZINHOS de borracha.* (GD)

anem(o)-

É elemento (grego) que se liga a um elemento seguinte. Significa "vento". ◆ *E o ANEMÔMETRO indica vento norte.* (MAN) ◆ *A dispersão de diásporos pelo vento chama-se ANEMOCORIA e ANEMOCÓRICAS as plantas em pauta.* (TF)

anêmona, anêmone

São formas variantes, ambas oficialmente registradas, mas **anêmone** não ocorreu. Designam uma erva de flores coloridas. A sílaba tônica é a antepenúltima (NÊ), e, por isso, as palavras levam acento (proparoxítonas). ◆ *Em maio, com as orquídeas, as ANÊMONAS e os lírios, nasceu Maria Angélica.* (CRU)

Anêmona-do-mar, ou, simplesmente, **anêmona**, é a designação comum de cnidários (actiniários) que habitam águas costeiras e que se apresentam sob a forma de pólipos (o mesmo que **actínia**). ◆ *As crianças podem passar a mão em estrelas-do-mar, ouriços, ANÊMONAS e pepinos-do-mar – seres que parecem plantas, mas são bichos.* (FSP) ◆ *O filo que passamos a estudar agora compreende formas de vida pluricelulares como as hidras, medusas ou águas-vivas, ANÊMONAS ou actínias, os corais etc.* (GAN)

aneurisma

É substantivo masculino, termo médico que designa dilatação anormal de um vaso sanguíneo. ◆ *Havelange bancou uma cirurgia no cérebro do funcionário em 93, quando um ANEURISMA quase o matou.* (RI)

anexado, anexo ⇨ Ver em anexo.

1. **Anexado** é particípio do verbo **anexar**, usado tanto com os auxiliares **ter** e **haver**

anfi-

como com os verbos **ser** e **estar**. ◆ *Ela não trabalha, vive de rendas e tinha ANEXADO escrituras de seus imóveis.* (FSP) ◆ *No final de agosto, o consulado foi fechado por ordem das autoridades soviéticas, que haviam ANEXADO a Lituânia.* (FSP) ◆ *Requerimento do Sr. Joaquim Coutinho Marques foi ANEXADO a outro, idêntico, que tramita nas Comissões da Câmara.* (CS) ◆ *A decisão do juiz de Araraquara foi muito bem fundamentada e estão ANEXADAS ao processo declarações de peritos no assunto.* (FSP)

2. **Anexo** é adjetivo, e, portanto, varia para fazer concordância com o substantivo a que se refere. ◆ *Mande sua resposta em três vias, datilografada com espaço duplo, assine um pseudônimo e se identifique num envelope ANEXO.* (CNT) ◆ *Ou seja, o adepto ao importado deve conhecer o sistema de consórcio, ler as regulamentações ANEXAS ao contrato e comparecer às assembleias.* (FSP)

Anexo também é substantivo. ◆ *No ANEXO há um esboço de um curso rápido para as escolas elementares.* (BIB)

anfi- ⇨ Ver **ambi-**.

É prefixo de origem grega que significa "de ambos os lados", "em volta". Também indica duplicidade, como o prefixo de origem latina **ambi-**. Liga-se sem hífen ao elemento seguinte a não ser que esse elemento se inicie por **H**, como em anfi-hexaedro. ◆ *Escrevia-se ali, no ANFITEATRO da Sorbonne, um importante capítulo na história do esporte.* (ATL) ◆ *Em seguida acontece a união dos núcleos masculino e feminino (ANFIMIXIA).* (GAN)

Se o elemento seguinte começar por **R** ou **S**, é necessário duplicar essa letra (que ficará entre duas vogais, na escrita); por exemplo, *ANFISSÁURIO* ou *ANFISSÁURIDA* (gênero de répteis fósseis), formas que não ocorreram.

anfitrião ⇨ Ver *host, hostess*.

1. O feminino é **anfitrioa** ou **anfitriã**, mas esta última forma é a que ocorre quase exclusivamente (mais de 99%). ◆ *Na inauguração da butique de Clarice Amaral, a ANFITRIOA ofertou uma lembrança aos presentes.* (RR) ◆

Aceitou o café, aceitou os biscoitos e aceitou a maçã que a mulata, agora excelente ANFITRIÃ, lhe trouxe numa bandeja. (VI)

2. Como plural, ocorre, em geral, **anfitriões**, e, muito raramente (0,8%), **anfitriãos** (forma de plural que condiz com o feminino em -ã). ◆ *Nessas ocasiões, visitantes e ANFITRIÕES engajam-se em jogos, danças, cantos, trocas de notícias e intercâmbio de objetos e alimentos.* (SOC) ◆ *Com essas informações, os ANFITRIÃOS podem se preparar para evitar situações constrangedoras ou mesmo solucionar problemas rápidos das festas de final de ano.* (FSP)

Host (com feminino *hostess*) é palavra inglesa que se usa aproximadamente no mesmo sentido em português, embora com muito menor frequência.

angelical

Com **G**. Significa "próprio de anjo", "puro". ◆ *Como tio Stefan deve amar essa juventude dourada, a um só tempo ANGELICAL e plena de sensualidade!* (ASA)

angi(o)-, -ângio

É elemento (grego) que se liga a um elemento seguinte ou a um anterior. Significa "vaso do corpo humano". ◆ *Os ANGIOMAS capilares traduzem-se por manchas mais ou menos extensas, cuja coloração varia do róseo ao vermelho purpúreo.* (SMI) ◆ *O problema da ANGIOSCLEROSE generalizada tem importância indireta na gênese desta forma de glaucoma secundário.* (GLA) ◆ *A reprodução do gametófito é feita por células chamadas gametas, formadas por mitose em GAMETÂNGIOS.* (GV) ◆ *Asco é um ESPORÂNGIO com o aspecto de bolsa, contendo um número variável de esporos.* (GV)

anglo- ⇨ Ver **Inglaterra**.

É elemento de composição correspondente a **inglês**.

◇ Liga-se por hífen ao elemento seguinte quando entra na constituição de adjetivo pátrio ou palavra ligada a esse tipo de expressão. ◆ *Smith, ao rejeitar o último plano*

ANGLO-americano, reduziu seu campo de manobras. (VEJ)

A flexão se faz apenas no segundo elemento. ◆ *O tratado de 1817, ratificado em 1826, previa a organização de comissões mistas* **ANGLO-portuguesas** *(agora* **ANGLO-brasileiras)** *de julgamento.* (H)

✧ Não há hífen na composição quando não há relação com adjetivo pátrio. ◆ *A minoria de língua francesa jamais fez as pazes com a maioria* **ANGLÓFONA** *e vive ameaçando se separar do Canadá.* (VEJ) ◆ *Foi no período de 1898 – em plena fase "Euro" – que ocorreu um grande retorno de* **ANGLOFILIA**, *ligado a uma reação e também ao expansionismo americano.* (FSP)

Angola [África]

O adjetivo pátrio é **angolano** ou **angolense**. ◆ *Os cubanos são empregados especialmente para enquadrar, disciplinar e dirigir as ações táticas das forças* **ANGOLANAS** *do regime.* (VIS) ◆ *Mal se haviam estabelecido no litoral* **ANGOLENSE**, *porém, os portugueses foram dali desalojados pelos holandeses.* (CAN)

anidrido

A sílaba tônica é **DRI**, e, por isso, a palavra não leva acento (paroxítona terminada em **O**). Designa produto químico derivado de um ácido pela eliminação de água. ◆ *Por este processo, que se acreditava universal, transitam somente o oxigênio e o* **ANIDRIDO** *carbônico.* (OBS)

anima, animus

São palavras latinas.

✧ *Anima* significa "alma", "sopro", "alento". Na teoria de Carl G. Jung (1875-1961), designa o componente feminino da personalidade dos seres humanos. É substantivo feminino. ◆ *Para Stahl, que se opunha ao materialismo de Hoffmann – os dois eram inimigos –, a energia vital era a* **ANIMA**, *vinda diretamente de Deus.* (APA) ◆ *A terceira etapa é o encontro com a* **ANIMA** *(a feminilidade inconsciente no homem) ou com o Animus (a masculinidade inconsciente na mulher), que*

devem tornar-se conscientes e integrados à personalidade. (PSC)

✧ *Animus* designa o princípio que preside a atividade de cada ser vivo. Na teoria de Carl G. Jung (1875-1961), designa o componente masculino da personalidade dos seres humanos. ◆ *O ANIMUS seria a correspondente parte masculina existente no psiquismo de cada mulher.* (TA)

aniquilar

Não se pronuncia o **U**. Significa "tornar nulo", "destruir". ◆ *Uma hiperinflação, descontrolada e mesmo estimulada,* **ANIQUILAVA**, *por sua vez, todos os padrões da economia.* (ME)

anis

Com **S**, sem acento, porque é oxítona terminada em -**is**. ◆ *Numa tigela com a pimenta, coloque o* **ANIS**, *regue com Grand Marnier e polvilhe com açúcar.* (FSP)

anjo

O adjetivo correspondente é **angelical**. ◆ *Muito passeio pelo campo, muito espairecer pelas redondezas e a paz* **ANGELICAL** *das noites fulgurantes de plenilúnio.* (JM)

-ano

1. Quando se acrescenta o sufixo -**ano** a nomes próprios de pessoas, para formar adjetivos, a junção se faz com a vogal **I**, o que dá o final -**iano** (e não -**eano**). ◆ *O que se perde, em comparação com o texto* **BORGIANO**, *é a ideia de mecanismo narrativo, a vertigem da velocidade (em Borges, certas frases são clarões que reiluminam todo o texto).* (FSP) ◆ *Na Literatura Brasileira um evento poético único chamado Grande Sertão Veredas estimulou uma coorte de imitadores, um maneirismo* **ROSIANO** *deslumbrado, que dá fastio.* (REF) ◆ *Van Sant ouviu previsões catastróficas de que um filme sobre prostituição homossexual, com diálogo* **SHAKESPEARIANO**, *certamente iria alienar o pequeno público que já conseguira conquistar.* (ESP)

2. Com nomes próprios de lugares, a indicação é a mesma, no geral. ◆ *Winter, porém, não tardou a declarar guerra à cidade* **AÇORIA-**

ano

NA. (TV) ✦ *Forças IRAQUIANAS voltaram a cruzar ontem, pelo quarto dia consecutivo, a fronteira até o Kuwait.* (OLI)

Há, porém, alguns poucos nomes ligados a designações de lugares (em geral com **E** tônico na última sílaba) que têm formação em **-eano**. ✦ *Nossa emissora é comunitária e presta serviço, sem interesse financeiro, ao povo TAUBATEANO.* (FSP) ✦ *Acho que nem é chinês, é COREANO.* (GD) ✦ *Não podíamos suspeitar, porém, que para ele havia concorrido Isidore Ducasse – o conde de Lautréamont, "o MONTEVIDEANO" –, muito àntes, em pleno romantismo.* (FSP)

A formação regular para **Acre** é **acriano**, mas a forma dada como oficial é **acreano** (não registrada oficialmente), que é muito mais usual (99%). ✦ *O clube ACRIANO classificou-se para a competição ao vencer a Copa Norte.* (FSP) ✦ *A expressão "mulher ACREANA" soa pejorativa em Rondônia.* (MEN)

ano

O adjetivo correspondente é **anual**. ✦ *Minha agência é candidata séria ao prêmio ANUAL de criatividade.* (SO)

anódino

A sílaba tônica é a antepenúltima (**NÓ**), e, por isso, a palavra leva acento (proparoxítona). Significa "paliativo", e também, "pouco importante". ✦ *Sua voz também era sempre titubeante, numa angustiosa busca do vocábulo mais ANÓDINO, aquele que traduzisse a ideia de modo mais vago e incapaz de ferir a susceptibilidade de quem quer que fosse.* (VER) ✦ *Argumenta-se que um shopping modernizaria o bairro, tornando-o menos ANÓDINO.* (FSP)

ânsia, ansiar, ansiedade, ansioso
⇨ Ver **-iar.**

1. Escrevem-se com **S**. ✦ *Todo mundo se atropelava, ao entrar no trem, na ÂNSIA de conseguir sentar.* (ANA) ✦ *Charles continuava a ANSIAR pelo afeto e apreço que seu pai – e sua mãe – pareciam não poder ou não querer lhe dar.* (VEJ) ✦ *Habacuc parecia por completo alheio à ANSIEDADE dos homens.*

(CEN) ✦ *Quem abriu a porta foi Clotilde, a filha, e atrás dela o marido sorria, ANSIOSO de abraçar o sogro.* (AM)

2. O verbo **ansiar** se usa:

◇ com complemento sem preposição representado por oração infinitiva. ✦ *Significa isto que a educação linguística ANSEIA hoje sair do antigo glotocentrismo.* (EGR)

◇ com complemento (oracional ou não) iniciado pela preposição **por**. ✦ *É que ANSIAVA por solidão.* (FR) ✦ *No íntimo Renato ANSIAVA por dar vazão aos seus sentimentos reais.* (PCO)

3. **Ansiar** é um dos cinco verbos em **-iar** que recebem **E** nas formas rizotônicas, isto é, que têm a sílaba tônica no radical. Nessas formas, eles se conjugam, pois, como se fossem verbos em **-ear**. ✦ *Coisa vaga, pouco clara na mente dos que ANSEIAM por ela.* (OV)

Os outros verbos do mesmo tipo são **incendiar, mediar, remediar, odiar.**

ant(o)-

É elemento (grego) que se liga a um elemento seguinte. Significa "flor". ✦ *Classe dos ANTOZOÁRIOS: Anthozoa – do grego anthos (flor) + zoon (animal).* (GAN) ✦ *Páginas infantis romanceadas há, em quantidade, em ANTOLOGIAS como subsídios às narrativas deste gênero.* (PE)

Antártida, Antártica, antártico

1. **Antártida** é a denominação tradicionalmente mais recomendada, em manuais normativos, para o continente Antártico. É também a mais usual (57%). ✦ *Outro Estado abordado no domingo é o Rio Grande do Norte, que possui o segundo ar mais puro do mundo, só perdendo para a ANTÁRTIDA.* (FSP) ✦ *Essa flora ocorre, também, na África, Austrália e ANTÁRTIDA.* (AVP)

2. Embora com menor frequência (43%), a denominação **Antártica** também é usual, tanto nos textos jornalísticos como nos literários. ✦ *Eles representam a América, a Europa, a África, a Oceania, a Austrália e a ANTÁRTICA.* (VEJ) ✦ *Durante a era secundária ocorre a fragmentação de Gondwana,*

começando pela separação da ANTÁRTICA, Austrália e Índia da América do Sul e África, que permanecem unidas. (DST)

3. **Antártico** é o adjetivo relativo a esse continente. ◆ *As primeiras incursões ao continente ANTÁRTICO e ao Polo Sul, de um modo geral, datam de 1501.* (OCE) ◆ *A solidão ANTÁRTICA foi outro adversário que Amyr levou a nocaute.* (EX)

ante-

É prefixo de origem latina que indica anterioridade. Liga-se ao elemento seguinte:

◇ com hífen, se o elemento começar por **H** ou por **E** (que é a mesma vogal em que o prefixo termina). ◆ *Sucede-lhe um tempo não mais etimológico, mas ainda ANTE-HISTÓRICO e mítico.* (FSP) ◆ *No ano seguinte, o compositor começou a retrabalhar e expandir a obra, que veio a ter uma ANTE-ESTREIA privada para um grupo de convidados.* (FSP)

◇ sem hífen, antes das outras consoantes e vogais. ◆ *O bíceps atua quando se puxa algo flexionando o ANTEBRAÇO sobre o braço.* (HH) ◆ *Para entrar em vigor, o ANTEPROJETO tem de ser aprovado pelos chefes dos poderes e pelo Congresso.* (GLO) ◆ *Essas encomendas chegaram ANTEONTEM e não deu tempo de fazer as entregas.* (OM)

Se o elemento seguinte começar por **R** ou **S**, é necessário duplicar essa letra (que ficará entre duas vogais, na escrita). ◆ *Ao seu lado, Leonardo parece um lacaio na ANTESSALA de um príncipe.* (PM)

antebraço ⇨ Ver ante-.

Com **E** (prefixo **ante-**). Sem hífen. ◆ *O contato é feito pelos dedos e não há nenhuma rotação do ANTEBRAÇO, nem quebra do punho.* (NOL)

antecâmara ⇨ Ver ante-.

Com **E** (prefixo **ante-**). Sem hífen. ◆ *Comecei a procurar os habitantes, como se estivesse num grande palácio cheio de ANTECÂMARAS.* (DEN)

anteceder

Significa "vir antes", "preceder", "antecipar-se". Usa-se:

◇ com complemento sem preposição (objeto direto). ◆ *O irracionalismo racista ANTECEDE e orienta a política de trabalho para os prisioneiros do regime.* (NAZ)

◇ com complemento iniciado pela preposição **a**. ◆ *No Brasil, a máquina estatal ANTECEDEU ao povo.* (DC)

antecipar(-se)

Usa-se com complemento iniciado pela preposição **a**, o qual, frequentemente, deixa de ocorrer. A forma não pronominal **antecipar** tem, ainda, um complemento sem preposição (objeto direto). ◆ *Alexina, contudo, não deixara iludir e, num conversa franca de mãe e filha, me ANTECIPOU o verdadeiro caráter de Evaristo (...).* (GRE) ◆ *Bem, mas não convém ANTECIPAR fatos nem ditos.* (INC) ◆ *Com o seu pronunciamento corajoso e sincero daquela noite, o dr. Alberto Carreiro ANTECIPOU-SE aos seus planos.* (ORM)

antediluviano ⇨ Ver ante-.

Com **E** (prefixo **ante-**). Sem hífen. ◆ *O dinossauro é um monstro ANTEDILUVIANO.* (FAN)

ante-estreia ⇨ Ver ante-.

Com **E** (prefixo **ante-**). Com hífen. ◆ *No ano seguinte, o compositor começou a retrabalhar e expandir a obra, que veio a ter uma ANTE-ESTREIA privada para um grupo de convidados.* (FSP)

antegozar, antegozado ⇨ Ver ante-.

Com **E** (prefixo **ante-**). Sem hífen. Significa "usufruir antecipadamente". ◆ *Tinham na boca o sabor da vitória ANTEGOZADA.* (FSP)

anteontem ⇨ Ver ante-.

Com **E** (prefixo **ante-**). Sem hífen. ◆ *Camilo esteve lá em casa ANTEONTEM, o tiroteio se deu hoje.* (ED)

antepor(-se) ⇨ Ver ante-.

1. Com **E** (prefixo **ante-**). Sem hífen.

2. Conjuga-se como **pôr**. ◆ *Tudo isso ANTEPUNHA uma barreira de retórica a qualquer ação pioneira no campo da luta contra o subdesenvolvimento.* (JK) ◆ *No último do-*

anteprojeto

mingo, uma batalha tenebrosa ANTEPÔS, em Brescia, norte da Itália, os torcedores da Roma visitante e a polícia da cidade. (FSP)

3. **Antepor** usa-se com um complemento sem preposição (objeto direto) e outro complemento iniciado pela preposição **a**. ◆ *Essa técnica de Eliot, de ANTEPOR o grandioso ao sórdido, chega à crueldade.* (ESS)

Os dois complementos podem vir coordenados ou somados em um complemento no plural, sem preposição (objeto direto). ◆ *E testemunhei a relação de ferro e fogo que ANTEPÕE a cartolagem e os jornalistas da Itália.* (FSP) ◆ *Os jogos desta quarta ANTEPÕEM equipes de destinos absolutamente opostos.* (FSP)

Antepor-se usa-se com um complemento iniciado pela preposição **a**. ◆ *Sei das dificuldades que SE ANTEPÕEM a esse programa.* (AR)

anteprojeto ⇨ Ver ante-.

Com **E** (prefixo **ante-**). Sem hífen. ◆ *Para entrar em vigor, o ANTEPROJETO tem de ser aprovado pelos chefes dos poderes e pelo Congresso.* (GLO)

antero- ⇨ Ver ínfero-.

É elemento (latino) tônico que se liga a um elemento seguinte. Significa "que está antes", "anterior". ◆ *Frequentemente aí se ouve também, atrito pleural localizado, sobretudo nas zonas ANTEROLATERAIS.* (TPM-T) ◆ *Leucotomia límbica: efetua lesões dos quadrantes ANTEROINFERIORES dos lobos frontais.* (RBP-T)

antessala ⇨ Ver ante-.

Com **E** (prefixo **ante-**). Sem hífen e com **SS**. ◆ *Na ANTESSALA política, Jorge Amado e outros literatos políticos haviam postulado o seu nome como candidato do Brasil ao Prêmio Nobel.* (RBS-T)

antever ⇨ Ver ante-.

1. Com **E** (prefixo **ante-**). Sem hífen. ◆ *Só os seus olhos se moviam, tentando ANTEVER o que se ia passar.* (TS)

2. Conjuga-se como o verbo **ver**, de que se forma. ◆ *Outras vozes, igualmente apocalípticas, ANTEVEEM exércitos de canaviais ou lavouras de mandioca avançando e esmagando culturas tradicionais e necessárias à produção de alimentos.* (IS)

antevéspera ⇨ Ver ante-.

Com **E** (prefixo **ante-**). Sem hífen. ◆ *É sob essa expectativa que a Argentina chegou ontem à ANTEVÉSPERA das eleições presidenciais.* (FSP)

anti- ⇨ Ver contra-.

1. É prefixo de origem grega, que indica oposição, ação contrária (como o prefixo de origem latina **contra-**). Liga-se ao elemento seguinte:

◇ com hífen, se o elemento começar por **H** ou por **I** (que é a mesma vogal em que o prefixo termina). ◆ *O Palácio ficou cheio, houve heroicos e ANTI-HEROICOS, todos revelados pelos foguetes que pipocavam.* (ALF) ◆ *Era uma sociedade movida a tração humana e primitivamente ANTI-IGUALITÁRIA e ANTI-INDIVIDUALISTA.* (RBS)

◇ sem hífen, antes das outras consoantes e vogais. ◆ *Em suma, a grande aliança ANTI-PERSA havia-se transformado num império ateniense.* (HG) ◆ *O lobby ANTIABORTO consegue mais simpatia popular do que o pró-aborto.* (ESP) ◆ *Foi a sua brutal ANTIESPORTIVIDADE que decidiu a batalha.* (REA)

◇ com hífen, se o elemento seguinte for um nome próprio ("contra"). ◆ *Mas a face mais cruel da campanha ANTI-DÓRIS foi o seu amordaçamento como cantora.* (SS) ◆ *Mesmo através dos mitos e lendas célticas, vamos encontrar uma ANTI-EVA, chamada Lilith, que teria sido a fundadora ancestral dos atuais movimentos de liberação feminina.* (CRU)

Se o elemento seguinte começar por **R** ou **S**, é necessário duplicar essa letra (que ficará entre duas vogais, na escrita). ◆ *Sentia-se hidrófobo, importante e ao desembarcar no Rio para o tratamento ANTIRRÁBICO, não estranhou o movimento na estação.* (EM) ◆ *Nesta etapa foram utilizados ANTISSOROS polivalentes e monovalentes.* (PVB)

2. Como ocorre com todas as palavras formadas com prefixo, marca-se o plural no último

elemento. ◆ *A União Democrática Nacional, formada principalmente por elementos ANTI-GETULISTAS, havia decidido adotar oficialmente a candidatura do Brigadeiro.* (INC) ◆ *Após a explosão, judeus irritados com o incidente gritaram lemas ANTIÁRABES.* (ZH)

Entretanto, se a palavra é formada com o prefixo **anti-** e um substantivo, e é usada à direita de outro substantivo, atuando como classificador ou qualificador (como um adjetivo), em geral ela não se flexiona no plural. ◆ *Os shampoos ANTICASPA podem apresentar, além dos citados, sulfeto de selênio, derivados do alcatrão e sais de zinco, dentre outros.* (QUI) ◆ *Há muitos democratas conservadores ANTIABORTO.* (ESP)

antidoping

É palavra inglesa referente a procedimento que tem em vista verificar a ocorrência de *doping* ou que se opõe à prática do *doping* nos esportes. É substantivo masculino. ◆ *Se você pingar um colírio nos olhos, isso vai sair no exame ANTIDOPING.* (INT)

antídoto ⇨ Ver contraveneno.

A sílaba tônica é a antepenúltima (**TÍ**), e, por isso, a palavra leva acento (proparoxítona). O substantivo designa remédio contra veneno (o mesmo que **contraveneno**). ◆ *Essas dissertações de Tio Ramiro fazem qualquer um adoecer, sem um ANTÍDOTO.* (Q)

Em 99% dos casos se usa **antídoto**.

antigo

As formas indicadas de superlativo absoluto sintético são **antiquíssimo** ou **antiguíssimo**. ◆ *Este mesmo Bituca é também o meu genial parceiro, um ANTIQUÍSSIMO vulcão.* (FSP) ◆ *E as hipóteses mais recentes sobre as origens da linguagem (...) envolvem justamente as ANTIQUÍSSIMAS aventuras daquele mamífero comedor de insetos.* (SU) ◆ *Ele é ANTIGUÍSSIMO, está todo amarelado e amassado.* (FSP)

antiguidade

Há duas variantes prosódicas, com pronúncia ou não do **U**, sem diferença de grafia. ◆ *O*

número de musas variou muito, na ANTIGUIDADE. (ACM)

Antilhas [América Central]

O adjetivo pátrio é **antilhano**. ◆ *O cantor argelino de rai (música pop árabe) Cheb Mami e o grupo ANTILHANO Kali também são nomes com boas chances.* (FSP)

Antioquia [Turquia]

1. A sílaba tônica é a penúltima (**QUI**), e, por isso, a palavra não leva acento (paroxítona terminada em **A**). ◆ *O presidente Ernesto Samper foi a ANTIOQUIA, onde no fim de semana 32 pessoas morreram.* (FSP)

2. Os adjetivos pátrios indicados são **antioquense** ou **antioquiense**, mas as formas não ocorreram.

antipatizar ⇨ Ver simpatizar.

Com **Z**. Não é verbo pronominal. ◆ *Laure, no primeiro contato com a novata, ANTIPATIZOU com ela.* (REL)

Entretanto, não é raro ocorrer o uso pronominal, condenado nas lições tradicionais. ◆ *Ela SE ANTIPATIZOU com o professor no seu primeiro dia de aula.* (FSP)

antiquar, antiquado

O verbo **antiquar** ("cair em desuso") não ocorreu. Apenas é de uso frequente o adjetivo participial **antiquado**. ◆ *O problema fundamental da ANTIQUADA Convenção 107 era que ela promovia a integração dos povos indígenas às sociedades dominantes.* (ATN)

antolhos

Nesse plural, assim como no das outras palavras compostas cujo último elemento é **olhos** (**abrolhos**, **sobrolhos**), o **O** é aberto. **Antolhos** significa "resguardo de olhos", "impedimento da visão". ◆ *Mercadante e Conceição Tavares estavam comprometidos com o pior dos ANTOLHOS: a campanha.* (FSP)

antologia ⇨ Ver seleta.

É substantivo coletivo para trechos escritos em prosa ou em verso ◆ *A maioria dos clas-*

*sificados teve dois ou três poemas escolhidos para a **ANTOLOGIA**.* (OP)

São sinônimos: **florilégio** e **seleta**.

antrac(i/o)-

É elemento (latino e grego) que significa "carvão", "carbúnculo". ◆ *Seus cabelos também não eram aproximáveis da noite mas das negruras azuladas que faíscam como as pernas do pombo marinho, da graúna, da clivagem romboidal do **ANTRACITO** (...).* (CF) ◆ *É o caso, por exemplo, de algumas doenças do feijão, como a **ANTRACNOSE** e a ferrugem.* (FSP)

antrop(o)-, -antropo

É elemento (grego) que se liga a um elemento seguinte ou a um anterior. Refere-se a homem ("ser humano"). ◆ *Esse **ANTROPOCENTRISMO**, oposto ao teocentrismo medieval, caracteriza o Renascimento.* (PER) ◆ *Novamente a **ANTROPOFAGIA**, praticada em situação de extrema penúria, acontece plenamente justificada pelas circunstâncias.* (FA) ◆ *Vale a pena ser **FILANTROPO**? Detesto a sociedade, coletivamente.* (PRE) ◆ *Augusto escapou por pouco de ser um **MISANTROPO**, como seu tio Acácio, o irmão mais novo de dona Córdula.* (UQ)

anuir

Usa-se com complemento iniciado pelas preposições **a** (complemento não oracional) ou **em** (com infinitivo). Significa "dar aprovação", "consentir". ◆ *O Brasil **ANUIU** a esse consenso reiterando o compromisso de reconhecer os direitos reprodutivos como direitos humanos básicos.* (FSP) ◆ *Tia Marta, entre contrafeita e apiedada, **ANUIU em** acabar de criar Carmencita.* (LA)

Usa-se, ainda, para introduzir fala, marcando concordância. ◆ *De fato – **ANUIU** Matilde – parece uma coisa abandonada.* (PV)

-ão:

1. É um sufixo formador:

✧ de substantivos, com ideia de abundância de elementos na classe (coletivo). ◆ *Alguns*

*estenderam seus panos ordinários no chão, onde um **MUNDÃO** de quinquilharias se amontoam.* (MPB)

✧ de adjetivos, com ideia de abundância de propriedade. ◆ *Era a namorada chorona do garoto **CHORÃO**.* (BL)

2. O feminino é em **-ona**. ◆ *Vai lá, **BOBONA**.* (NC)

3. O plural é em **-ões**. ◆ *Nas **CONCENTRAÇÕES** era tímido e reservado, bem ao contrário da grande maioria dos outros atletas, expansivos, **GRITALHÕES**, desafiantes permanentes dos times adversários.* (INC)

ao abrigo de

O uso dessa expressão, que significa "a salvo de", "protegido de", é apontado como galicismo por alguns puristas. ◆ *Ele não estava **AO ABRIGO DE** mandato algum e, além disso, era contra sua pessoa que mais provas se acumulavam.* (VEJ)

ao arrepio de

É expressão que significa "indo no sentido contrário a". ◆ *E, um século mais tarde, o Ceará inaugurou uma política de grande sucesso: a de declarar os índios extintos, **AO ARREPIO DE** todos os fatos, e liberar assim suas terras.* (FSP)

ao colo ⇨ Ver **no colo.**

Ao colo e **no colo** são formas variantes. A primeira é a mais recomendada nas lições normativas, mas é muito menos usual (7%). ◆ *Mãe Joana era a preta velha que me criara **AO COLO**.* (CHI)

ao deus-dará

Com um hífen. ◆ *Vão se criando ao **DEUS-DARÁ**, como filhos de pobre.* (LH)

ao encontro de ⇨ Ver **de encontro a.**

Ao encontro de significa:

✧ "na direção de" ◆ *Tapiri veio correndo **AO ENCONTRO DE** Caiá.* (ARR)

✧ "em favor de", "em auxílio de" ◆ *Não acompanharemos a sua exposição em detalhe, por não vir **AO ENCONTRO DE** nossos* *objetivos: assinalaremos, apenas, alguns temas principais.* (DC)

De encontro a significa "contra", "em choque com".

ao invés de ⇨ Ver em vez de ⇨ Ver invés.

A expressão **ao invés de** significa "ao revés de", "ao contrário de". **Invés** escreve-se com S. ♦ *Mário continuou atirando, mas, AO INVÉS DE se assustarem, os ratos ficavam mais neuróticos.* (BL)

Usa-se muitas vezes **ao invés de** com o significado de "em lugar de", o que é condenado nos manuais normativos e não vem abrigado, em geral, nos dicionários. ♦ *Riram-se, Dona Sebastiana AO INVÉS DE leite foi buscar um cafezinho.* (AM)

A expressão **em vez de** significa não apenas "ao invés de" mas ainda "em lugar de".

ao mesmo tempo que

Essa é a expressão, sem preposição antes do **que.** ♦ *Ela sente uma ponta de remorso, AO MESMO TEMPO QUE toma consciência que esteve tentando enganar a si mesma, esta, como as outras noites.* (CH) ♦ *Pode ser que chegue AO MESMO TEMPO QUE o marido.* (EST)

ao microfone, ao telefone

Recomendam os manuais normativos que se use a preposição **a** (e não **em**) em construções como **falar / dizer / conversar / afirmar / estar ao telefone / ao microfone.** ♦ *Ele fala AO MICROFONE.* (ARA) ♦ *Mangia-Tutto sorria e chegou a afirmar AO MICROFONE, para maior orgulho do Brasil, que nem em Nápoles comera macarrão tão saboroso.* (BH) ♦ *Sonhou que conversava AO TELEFONE e era a voz da mulher de há quinze anos.* (MP) ♦ *Zé Roberto esbraveja AO TELEFONE, com alguém da polícia.* (TB) ♦ *Um auxiliar está AO TELEFONE, tentando completar a ligação.* (HO)

Entretanto, também é usual, embora com frequência menor, a construção com a preposição **em.** ♦ *Quando falamos no microfone, existe uma membrana metálica, a qual*

será comprimida e descomprimida pela pressão do ar. (TEB) ♦ *A partir dali, Geisel ficou mais atento às perguntas no original, quando os jornalistas as liam no microfone.* (NBN) ♦ *O Júlio me disse no telefone: "Adivinha quem eu vi (...)?"* (NB) ♦ *Você estava no telefone?* (OMT)

ao par ⇨ Ver a par de.

Ao par é expressão relativa a câmbio e significa "em equivalência de valor". ♦ *Dos papéis emitidos no ano passado, o que teve rendimento positivo menor foi o bônus AO PAR.* (FSP)

A par de significa "ao lado de" ou "ao corrente de".

aonde ⇨ Ver onde.

Aonde é a combinação da preposição **a** com o advérbio ou pronome relativo **onde.** Em princípio, corresponde, pois, a **para onde,** indicando direção. ♦ *"AONDE você quer chegar?", perguntou Isabella, vislumbrando segundas intenções.* (ACM) ♦ *De outra vez eu me encontrava num cemitério andaluz – AONDE fora levar um amigo morto de beribéri.* (AL)

Essa é a recomendação de uso, atualmente, para a língua culta, embora seja generalizado o uso de **aonde** por **onde,** e vice-versa, uso que, aliás, também se verificava em escritores clássicos. ♦ *A senhora sabe AONDE eu posso encontrar esse pai de santo?* (AGO) ♦ *Ali AONDE?* (CD)

Onde é advérbio ou pronome relativo, indicando permanência.

ap.

É a abreviatura de **apartamento.** ♦ *Moysés contou a Warwar que foi em seu carro à casa do patrão, na rua Desembargador Alfredo Russel, 70, AP. 302, no Leblon.* (INT)

aparelha, aparelho

O **E** é fechado (antes de **LH**), seja verbo seja substantivo. ♦ *A psicanálise busca as causas e por isso APARELHA esse indivíduo a tratar melhor com o mundo.* (FSP) ♦ *Eu não queria usar um APARELHO nos dentes.* (AGO)

apartar, apartar-se

1. **Apartar** usa-se:

◊ com um complemento sem preposição (objeto direto) e outro complemento iniciado pela preposição **de**, significando "desviar", "afastar". ✦ *A gente precisa é de não APAR-TAR os olhos dos olhos deles.* (AS)

◊ com um complemento sem preposição (objeto direto), significando:

- "separar". ✦ *E todo mundo correu para APARTAR os dois que estavam se matando.* (CBC)

- "desfazer". ✦ *Depois, tenta APARTAR a briga e acaba caindo no chão com as peruas.* (OD)

2. **Apartar-se** significa "afastar-se" e usa-se com complemento iniciado pela preposição **de**. ✦ *Não posso ME APARTAR do que era a glória da minha vida.* (CHR) ✦ *O cálcio não SE APARTA deste princípio.* (TF)

aparte ⇨ Ver à parte.

Aparte é substantivo. Designa comentário que se faz interrompendo um orador. ✦ *Flores quis dar um APARTE, mas o coronel não deu vaza.* (VER)

À parte é expressão adjetiva ou adverbial.

apartheid

É palavra inglesa que designa o sistema oficial de segregação racial promovido na África do Sul pela minoria branca, e, a partir daí, designa qualquer tipo de segregação racial. É substantivo masculino. A pronúncia aproximada é **apartaid**. ✦ *Podemos, porém, denunciar o APARTHEID nos recintos de reuniões das Nações Unidas e as nações não alinhadas.* (MAN)

apascentar

Com **SC**. ✦ *De fato, quem lidou com sereias e foi personagem de Camões, não podia mais APASCENTAR ovelhas.* (CAR)

apaziguar

No caso das formas rizotônicas dos verbos em **-guar**, a ortografia oficial prevê duas diferentes pronúncias (com o U tônico ou com o U átono), e, desse modo, prevê também dois modos de acentuação: sem acento, se o U for tônico, e com acento na sílaba anterior, se o U for átono; por exemplo, *APAZIGUE* ou *APA-ZÍGUE*; *APAZIGUAM* ou *APAZÍGUAM*. Assim, na passagem de romance que vem a seguir (que é anterior à adoção das normas ortográficas atualmente vigentes), tanto podemos supor uma como outra pronúncia, e, por aí, podemos supor a possibilidade de duas grafias, pelas normas atuais. ✦ *Essa falta de "conhecidos" APAZIGUA-O / APAZÍGUA-O.* (RA)

apear(-se) ⇨ Ver ear.

1. **Apear** usa-se:

◊ com um complemento sem preposição (objeto direto) e outro complemento iniciado pela preposição **de**. Significa "demitir(-se)"; "exonerar(-se)"; "destituir(-se)". ✦ *Depois de sua morte, uma revolução APEOU Perón do poder.* (MAN)

◊ com complemento iniciado pela preposição **de** (complemento que pode deixar de ocorrer). Significa "fazer descer ou descer de montaria ou veículo"; "desmontar". ✦ *APEIA da moto, no que é imitado pelos dois coadjuvantes.* (EST) ✦ *Pacuera faz um último pelo-sinal e APEIA.* (R)

Com este último significado, e com o mesmo tipo de construção, usa-se também **apear-se**. ✦ *Ao APEAR-SE do táxi, o movimento era grande.* (JM) ✦ *APEEI-ME no galpão, arrumei as garras e soltei o pingo, que se rebolcou, com ganas.* (CG)

2. Os verbos em **-ear**, do mesmo modo que os substantivos e adjetivos correspondentes, recebem **I** apenas nas formas rizotônicas, isto é, nas formas que têm a sílaba tônica no radical (**apeia, apeiam** etc.). ✦ *Quando a gente APEIA, sente que diminuiu de tamanho.* (AM) ✦ *O embargo fora estabelecido a fim de pressionar o general Raul Cédras a APEAR do poder.* (FSP) ✦ *Ouvindo o tiro, eu ME APEEI do cavalo.* (MMM)

apedreja, apedrejo

O **E** é fechado (antes de **J**). ✦ *A mão que APEDREJA a rede hospitalar pública não a afaga.* (VEJ)

apegar-se

Usa-se com complemento iniciado pela preposição **a**. ◆ *E quando seu Ernesto admitiu que não o amava, APEGOU-SE a essa esperança com a maior alegria.* (FR)

apelar

1. Significando "recorrer", usa-se com complemento iniciado pelas preposições **para** ou **a**. O emprego desta última preposição não é recomendado em algumas obras normativas. ◆ *No seu desamparo, teve a tentação de APELAR para Deus.* (M) ◆ *Não se APELA aos covardes.* (P)

2. Na linguagem jurídica, com o significado de "interpor apelação judicial", usa-se com dois complementos preposicionados, um iniciado pela preposição **de** e outro pela preposição **para** ou **a**. Qualquer um dos dois complementos pode não ocorrer. ◆ *Félix defende Santos e APELOU ontem da sentença para o Tribunal de Justiça.* (FSP) ◆ *APELOU da decisão, mas a Uefa manteve a sentença.* (FSP) ◆ *A emissora APELOU para o Supremo Tribunal Federal, que deve julgar o processo daqui a quatro meses.* (VEJ) ◆ *Da Suíça, onde mora e trabalha como modelo, Roberta não desistiu: vai APELAR agora ao Supremo Tribunal Federal.* (VEJ)

apêndice, apendicite

1. **Apêndice** (com acento, porque é proparoxítona) é substantivo masculino. ◆ *A nota melancólica podia estar no APÊNDICE que nos colhia a todos na mesma rede.* (BPN)

2. **Apendicite** (sem acento) é substantivo feminino. Designa inflamação do apêndice. ◆ *A APENDICITE aguda pode ocasionar a formação de membrana inflamatória nas alças intestinais vizinhas.* (CLC)

aperceber, aperceber-se

1. Significando "perceber", o verbo **aperceber** se usa com complemento sem preposição (objeto direto) e com predicativo do objeto. ◆ *Se alguém saísse a contar em Tocaia Grande e pelo mundo afora que a APERCEBERA derramada em pranto, iria passar pelo maior dos mentirosos.* (TG)

No significado de "preparar", "acautelar", só se encontra a forma de particípio adjetivado **apercebido** (com complemento introduzido por **para**). ◆ *Não, evidentemente, o significado propriamente literário, que para tanto não estamos APERCEBIDOS.* (FSP)

2. O verbo **aperceber-se** significa "dar-se conta". É usado com complemento (oracional ou não) iniciado pela preposição **de**. ◆ *Como é que o secretário não SE APERCEBIA disso?* (FSP) ◆ *Muitos não SE APERCEBERAM de que a administração pública mudou.* (JL-O)

Como ocorre com outros verbos pronominais, o complemento oracional de **aperceber-se** é, por vezes, usado sem a preposição, o que não é recomendado nas lições normativas tradicionais. ◆ *O empresário amador sente-se autorizado a "queimar preços" para vencer ou acompanhar a concorrência, sem SE APERCEBER que isso é que lhe causa muitos de seus "apertos financeiros habituais".* (CTB)

apesar de (que)

Apesar escreve-se numa só palavra e com S. ◆ *APESAR DE chocado, Sílvio nada respondeu.* (A) ◆ *Tornei-me um aluno exemplar, APESAR DE QUE morria em quase todos os assaltos e emboscadas.* (CRE)

apetrecho(s) ⇨ Ver petrecho(s).

É substantivo raramente usado no singular (9%). ◆ *As perucas há muitas décadas deixaram de ser APETRECHO exclusivo do arsenal de sedução feminina e disfarçam muita calvície masculina envergonhada por esse globo afora.* (REA) ◆ *O cirurgião juntou seus APETRECHOS numa maleta de couro.* (RET)

Significa o mesmo que **petrecho(s)**, de que se formou por prótese do A, e que se usa muito mais raramente.

apfelstrudel

É palavra alemã que designa torta doce assada, preparada com massa folhada enrolada com maçã, canela e passas de uva. ◆ *Viena consome arte do mesmo jeito que consome "APFELSTRUDEL" – muito de uma vez.* (FSP)

api-

É elemento (latino) que se liga a um elemento seguinte. Significa "abelha". ✦ *A análise do pólen indica a origem floral, permitindo a caracterização APÍCOLA de determinada região geográfica.* (BRG) ✦ *Desembolsou outros 500.000 dólares, dessa vez como estímulo à APICULTURA no Estado.* (VEJ)

apiedar-se

1. Tradicionalmente se vem indicando que, nas formas rizotônicas (que têm o acento tônico no radical), o E do radical se muda em A: **apia-do-me, apiadam-se, apiade-me, apiade-se**.

Entretanto, são correntes as formas rizotônicas com E. ✦ *Não penseis que ME APIEDO de vós.* (B) ✦ *Orações, boas obras e sacrifícios nessa intenção, e também para que a misericórdia divina SE APIEDE da nação irmã.* (MA-O)

As formas rizotônicas com A, também usuais, na verdade correspondem ao antigo verbo **apiadar-se**, que persiste apenas nesse tipo de forma. ✦ *Ninguém se APIADE dela no seu grande dia de martírio.* (AF)

2. Usa-se com complemento iniciado pela preposição **de**. ✦ *A fuga demorou uma semana, auxiliada por garimpeiros que SE APIEDARAM dela.* (MEN)

aplicar, aplicar-se

Usam-se com complemento iniciado pelas preposições **a** ou **em**. O verbo **aplicar** (não pronominal) tem, ainda, um complemento sem preposição (objeto direto). ✦ *Em realidade, já Hipócrates recomendava APLICAR o ouvido ao tórax como parte do exame clínico.* (APA) ✦ *Seu Aderito, agora, vai esperar e perder a vez de fazer o velho APLICAR em mim a letra do regulamento.* (ALF) ✦ *Isso SE APLICA a veículos perigosamente velozes, como trólebus, bondes e ônibus.* (ACM) ✦ *Na análise do crescimento equilibrado e proporcional, APLICA-SE a lei do crescimento alométrico.* (GEM)

aplomb

É palavra inglesa que significa "desenvoltura", "segurança". ✦ *Estão convidados agri-cultores quebrados, pessoas físicas inadimplentes, empresas em processo de falência e concordata e trabalhadores desempregados desde que, britanicamente, conservem o "APLOMB".* (FSP)

apo-, af- ⇨ Ver ab-.

1. **Apo-** é prefixo de origem grega que indica afastamento, separação (como o prefixo de origem latina **ab-**). ✦ *Ao tempo do garimpo e do APOGEU cafeeiro, era um palacete a marcar época.* (ORM) ✦ *O editor de textos arcaicos deve considerar, antes de mais nada, a natureza de seu material: se se trata de um autógrafo ou APÓGRAFO.* (ESS)

2. Esse prefixo aparece na forma **af-** em palavras nas quais, em grego, ele era seguido de vogal com espírito rude (aspirada). ✦ *Depois corrigiria, indicando que os planetas não descreviam órbitas circulares, mas elípticas, ocorrendo em cada translação um momento em que os planetas se achavam mais próximos do Sol, o periélio, e outro em que se achavam mais afastados, o AFÉLIO.* (GCS)

apoderar-se

Usa-se com complemento iniciado pela preposição **de**. ✦ *Uma mão paraguaia APODEROU-SE do hastil, uma lançada no peito derrubou o Cabo Benevides.* (VPB)

apodo; ápodo, ápode

1. **Apodo** é substantivo que significa "alcunha". A sílaba tônica é a penúltima (**PO**), e, por isso, a palavra não leva acento (paroxítona terminada em **O**). ✦ *Os rapazes que o compõem passaram, como é preciso, por um período heroico em que não lhes faltaram APODOS e injúrias.* (FSP)

2. **Ápodo** e **ápode** são formas variantes para o adjetivo classificador que significa "sem pé". A sílaba tônica é a antepenúltima (**Á**), e, por isso, a palavra leva acento (proparoxítona). A forma **ápode** não ocorreu. ✦ *ÁPODOS (sem patas). Exemplo: cobra-cega.* (GAN)

apoiar-se

Usa-se com complemento iniciado pelas preposições **em** ou **a**. ✦ *Ao rir, toda solta,*

Luciana SE APOIOU em mim. (BE) ✦ *Camila SE APOIOU ao meu braço.* (DE)

aportar ⇨ Ver chegar.

Usa-se com complemento iniciado pelas preposições **a** ou **em**, embora, pelas lições normativas, só seja recomendada a preposição **a**, com verbos de movimento. ✦ *Quando a família real APORTOU ao Brasil, com seu numeroso séquito, aquele que iria iniciar a formação da classe dirigente na colônia encontrou, constituída, a consciência social.* (TGB) ✦ *A LiveBoard (ou lousa viva), que APORTOU no mercado americano há um mês, é um quadro-negro com a inteligência de um computador.* (VEJ)

apóstata

A sílaba tônica é a antepenúltima (**PÓS**), e, por isso, a palavra leva acento (proparoxítona). O substantivo designa quem abandonou a fé de uma Igreja ou quem desertou de um corpo constituído a que pertence. ✦ *O APÓSTATA pode despir a veste do sacerdócio; não se desvincula jamais de juramento feito, no dia da ordenação.* (NE)

apostema ⇨ Ver apótema.

Apostema é substantivo masculino que significa "abscesso". A sílaba tônica é a penúltima (**TE**), e, por isso, a palavra não leva acento (paroxítona termina em **A**). ✦ *A verdade é um APOSTEMA, um lúgubre ciclone, uma fêmea alucinante.* (UQ)

apostila ⇨ Ver postila.

Apostila e **postila** são formas variantes. **Apostila** é a forma quase exclusivamente usada (98%). ✦ *Quase todos pediam a APOSTILA, que virou folheto, folhete, folhetim, guia, catálogo, livreto.* (GL) ✦ *Quero ver se ele me empresta umas APOSTILAS de português.* (DEL)

aposto

O plural é **apostos**, com **O** aberto (como **postos**). ✦ *Mediante determinados caracteres APOSTOS ao envelope, era possível saber o estado de saúde e outros informes essenciais.* (FIL)

apóstrofe, apóstrofo

1. **Apóstrofe** é substantivo feminino designativo de figura de linguagem que consiste numa interpelação direta e inopinada. ✦ *Ó PÁTRIA DE ÉSQUILO, DE SÓFOCLES, DE EURÍPEDES, Ó MINHA PÁTRIA, ouvi!* (TEG)

O substantivo **apóstrofe** está nesta ocorrência: ✦ *Eu te conheço da tua voz trêmula como a de um mendigo, da tua retórica heroica, de tua APÓSTROFE profética, do teu olho rapace, da mão sem ossos que estendes para apertar mãos calejadas!* (TEG)

2. **Apóstrofo** é substantivo masculino que designa o sinal gráfico semelhante a uma vírgula ao alto: '. ✦ *Surgiram símbolos especiais para indicar ligações, interpolações e omissões (hífen, parênteses, APÓSTROFO).* (DEL)

O sinal está usado nesta frase: ✦ *E foi prolongando a permanência do peixe fora D'ÁGUA.* (FAB)

apótema ⇨ Ver apostema.

Apótema é substantivo masculino, termo de geometria. A sílaba tônica é a antepenúltima (**PÓ**), e, por isso, a palavra leva acento (proparoxítona). ✦ *APÓTEMA de um polígono é a linha que une o centro e o meio de um lado.* (ATT)

apoteose

O adjetivo correspondente é **apoteótico**. ✦ *O enterro foi APOTEÓTICO, representando a solidariedade do povo à vítima inocente de policiais sanhudos e facinorosos.* (GLO)

aprazer-se ⇨ Ver aprazível.

1. A conjugação é irregular.

✧ Não há o **E** final na 3ª pessoa do singular do presente do indicativo. ✦ *Tanto vive bem quem mora num palácio ou quem habita uma choupana desde que faça o que lhe APRAZ.* (JM)

✧ Na primeira pessoa do singular do pretérito perfeito do indicativo, a sílaba tônica é no radical (forma rizotônica). Há, portanto, radical específico nesse tempo verbal e nos seus derivados. ✦ *Pois que APROUVE ao dia*

aprazível

findar, aceito a noite. (FSP) ✦ *O donatário não dispunha das terras, como lhe APROU-VESSE, segundo as prescrições rígidas das Ordenações.* (TGB)

2. O verbo **aprazer** só é usado nas terceiras pessoas (do singular e do plural). Significa "ser aprazível", "deleitar", "agradar". Usa-se com complemento (geralmente nome humano) iniciado pela preposição **a.** ✦ *É contenção para impedir que amanhã, queiramos ou não, sejamos todos engolfados numa situação que não APRAZ e não interessa a ninguém.* (FSP) ✦ *Às crianças muito lhes APRAZ essas curiosas mágicas de pequena cabotagem.* (CRU)

Neste caso, assim como acontece com o verbo **agradar** (de significado próximo), ocorre também objeto direto, construção que não tem recomendação da gramática normativa. ✦ *FHC disse isso no dia em que passou mal com o chapéu usado na cerimônia da LSE (London School of Economics), quando recebeu mais um título honorífico, o que tanto o APRAZ.* (FSP)

3. **Aprazer-se** (pronominal) usa-se com complemento iniciado pelas preposições **em** ou **de.** ✦ *O arrazoado dos bandeirantes SE APRAZ em ressaltar seu mérito e valentia.* (FSP) ✦ *O ideal do embranquecimento (...) SE APRAZ não somente da miscigenação epidérmica.* (FSP)

aprazível ⇨ Ver aprazer.

Com **Z**, como o verbo **aprazer**, que tem o mesmo radical. Significa "que apraz", "agradável", "ameno". ✦ *Outro ponto bem APRAZÍVEL era no final da rua em que o Rio Caquende ainda hoje lhe corta em direção ao Rio Paraguaçu.* (ATA)

apreçar, apreçamento ⇨ Ver apressar.

Com **Ç**, como **preço. Apreçar** significa "atribuir preço a", "ajustar o preço de". ✦ *Ademais, as regras contábeis de APREÇAMENTO dos contratos não são uniformes (como APRE-ÇAR bem uma opção que vence dois anos à frente?).* (FSP)

Apressar significa "dar pressa a".

aprender

Usa-se:

✧ com complemento sem preposição (objeto direto) ou complemento iniciado pela preposição **a** (com infinitivo), indicando aquilo que se aprende. ✦ *Aí meu irmão APRENDEU piano de ouvido e foi tocar nos clubes.* (FA) ✦ *Karin sabe que não me atraso mais, ela APRENDEU a dominar essa pequena divergência cultural em torno da pontualidade.* (CRE)

✧ com complemento iniciado pela preposição **com**, indicando a fonte do aprendizado. ✦ *Bárbara APRENDEU muito com o episódio.* (CLA)

Pode não ocorrer nenhum dos complementos, assim como podem ocorrer ambos. ✦ *E não me venha com a conversa de que é burra, de que não APRENDE.* (ANA) ✦ *Diga-se que Neuza, além do picadinho, sabe fazer bacalhau com maxixe e uma galinha ao molho pardo que APRENDEU com a mãe dela.* (IS)

Après moi le déluge.

É expressão francesa que significa "depois de mim o dilúvio". É máxima – que reflete grande egoísmo – atribuída a Luís XV, da França, que previa a derrocada próxima da Monarquia, mas esperava que ela durasse pelo menos tanto quanto ele próprio. ✦ *A irresponsável mentalidade do "APRÈS MOI LE DÉLUGE" de muitas das autoridades brasileiras que costumam jactar-se das obras que autorizaram é uma das principais fontes de atraso do país.* (FSP)

apressar, apressar-se ⇨ Ver apreçar.

1. **Apressar(-se)** escreve-se com **SS**, como **pressa**, de que se forma. ✦ *Resolvi APRES-SAR a decisão e comecei a contar a minha história.* (ALF)

Apreçar significa "atribuir preço a".

2. **Apressar** se usa com complemento sem preposição (objeto direto), podendo ocorrer outro complemento, iniciado pela preposição **para.** ✦ *Uma emoção antiga e nova ao mesmo tempo apressou o coração subitamente remoçado.* (VIC) ✦ *O céu ainda coberto de*

nuvens *APRESSAVA a chegada da escuridão e o capitão, muito nervoso, APRESSOU seus oficiais para a organização do movimento de pinças*. (VPB)

3. **Apressar-se** usa-se com complemento iniciado pelas preposições **a**, **em** ou **para**. ◆ *O mestre APRESSOU-SE a dizer que ela sabia sempre o que ficava melhor, o que agradava mais*. (N) ◆ *Em casa APRESSOU-SE em preparar o jantar das crianças*. (PRE) ◆ *No dia 29, a empresa APRESSOU-SE para preencher os documentos finais*. (VEJ)

apropinquar(-se)

No caso das formas rizotônicas dos verbos em **-quar**, a ortografia oficial prevê duas diferentes pronúncias (com o U tônico ou com o U átono), e, desse modo, prevê também dois modos de acentuação: sem acento, se o U for tônico, e com acento na sílaba anterior, se o U for átono; por exemplo, *APROPINQUE* ou *APROPÍNQUE*; *APROPINQUAM* ou *APROPÍNQUAM*. Assim, na passagem de romance que vem a seguir (que é anterior à adoção das normas ortográficas atualmente vigentes), tanto podemos supor uma como outra pronúncia, e, por aí, podemos supor a possibilidade de duas grafias, pelas normas atuais. ◆ *Tal nos parece a terra quando ao longe / Fenece o dia, e a noite se APROPINQUA / APROPÍNQUA*. (FV)

apropriado, apropriar-se ⇨ Ver -iar.

Com **PR** e **PR**, como **próprio**. ◆ *Ora, do contrário, vão conhecê-lo no momento APROPRIADO, isto é, quando se casem*. (PV) ◆ *O que deseja é APROPRIAR-SE dos bens da nobreza*. (BN)

aproveitar, aproveitar-se

1. O verbo **aproveitar**:

1.1. significando "ser de proveito", usa-se com complemento iniciado pela preposição **a**. ◆ *Na prática, contudo, os avanços tecnológicos não APROVEITAM igualmente a toda a humanidade*. (JK-O)

1.2. significando "tirar proveito (de)", usa-se:

✧ com complemento sem preposição (objeto direto). ◆ *E me abraçava, vamos APRO-*

VEITAR nossa vida, tudo será maravilhoso. (ASA)

✧ com complemento iniciado pela preposição **para** (com infinitivo). ◆ *Enquanto espera, deve APROVEITAR para melhorar sua cultura*. (PP)

✧ com ambos os complementos. ◆ *Então vamos APROVEITAR o tempo para tirar o sossego do mundo*. (ACM)

2. O verbo **aproveitar-se** usa-se com complemento(s) iniciado(s) pelas preposições **de** e **para**, podendo qualquer um deles não ocorrer. ◆ *A família Daniel APROVEITOU-SE de uma linha de crédito especial para as minorias e abriu seu próprio negócio*. (VEJ) ◆ *APROVEITOU-SE para fazer a medida do hiato de luz e de calor que tem lugar simultaneamente no momento do eclipse*. (ELE) ◆ *Holmes APROVEITOU-SE do gesto para deixar o coco vazio nas mãos do dono da Viola d'Ouro*. (XA)

aproximadamente

É advérbio que indica aproximação de cálculo. Quando junto a numerais, indica arredondamento, e, por isso, não se liga a numerais muito especificados. ◆ *No livro II, Ovídio dedica APROXIMADAMENTE o mesmo número de versos para explicar a forma de reter o afeto conquistado*. (PO) ◆ *Um mármore permanece sem alteração APROXIMADAMENTE de cinquenta a cem anos*. (NB) ◆ *Antônio ficou num cubículo de APROXIMADAMENTE três por dois metros, com paredes de cimento*. (VEJ)

aproximar, aproximar-se

Usam-se com complemento iniciado pela preposição **de**. O verbo **aproximar** (não pronominal) tem, ainda, um complemento sem preposição (objeto direto). ◆ *Não basta governar para o povo, é preciso APROXIMAR o governo do povo, o poder da cidadania, o Estado da nação*. (COL-O) ◆ *Uma senhora da sociedade, esposa do fazendeiro Pimentel Brandão, homem rico e respeitável, APROXIMOU-SE de Pantaleão e pediu licença para lhe beijar a testa*. (AM)

apud

Se os dois complementos de **aproximar** se condensam em um só, eles constituem complemento sem preposição (objeto direto). ◆ *E quem os APROXIMOU foi o caipira.* (AGF)

apud

Palavra latina que significa "em", "junto a", usada em bibliografia para indicar a fonte de uma citação indireta. ◆ *O germoplasma, segundo o Instituto de Recursos Mundiais em Washington, pode ser o petróleo da Era da Informação (Elkington, 1986, APUD Kloppenburg e Vega, 1993).* (ATN)

aquele ano, aquele mês, aquela noite etc. ⇨ Ver naquele ano, naquele mês, naquela noite etc.

Com ou sem a preposição **em**, as expressões indicam localização no tempo. ◆ *Mas esse desastre não diminuíra o prestígio do Vasco, que voltaria a ser campeão carioca AQUELE ANO.* (ETR) ◆ *A perda das reservas em março equivale a cerca de US$ 4,2 bilhões (pela cotação do dólar em R$ 0,90 – valor utilizado na maior arte dos leilões de câmbio AQUELE MÊS).* (FSP) ◆ *Não deixaria de ir ao cinema AQUELA NOITE, de jeito nenhum.* (ANA)

aquém-

É elemento que se liga com hífen ao elemento seguinte. ◆ *Antes de mais nada, apresso-me em alertar o paciente leitor de que o faço menos para mangar da proverbial e doce ingenuidade lusitana, estigma que injustamente nós de AQUÉM-MAR imputamos aos sagazes e bravos descendentes de Camões, do que para diverti-lo um pouco com as desditas de um turista desavisado.* (FSP)

aqui-

É elemento (latino) que se liga a um elemento seguinte. Significa "água". Corresponde ao elemento grego **hidr(o)-**. ◆ *A segunda maior prioridade é para o cultivo do pescado (AQUICULTURA e piscicultura).* (CB) ◆ *Detectamos águas contaminadas em apenas 30% dos poços do AQUÍFERO Bauru.* (FSP)

aquiescer

Com **SC**. Significa "anuir", "consentir". Usa-se com complemento (oracional ou não) iniciado pelas preposições **a** ou **em**. ◆ *Ieltsin se recusou a AQUIESCER ao pedido de Clinton para que suspendesse a venda de reatores nucleares russos ao Irã.* (FSP) ◆ *O diretor AQUIESCEU em que eu me emendasse ao Doutor na seção médico-farmacêutica.* (PFV)

ar condicionado, ar-condicionado

1. **Ar condicionado** é um conjunto de substantivo e adjetivo: atribui-se ao ar a propriedade de condicionado. ◆ *Há clubes para o esporte da garotada, colônias de férias com diárias de brincadeira e adicionais de periculosidade para quem trabalha em escritório com AR CONDICIONADO.* (VEJ)

2. **Ar-condicionado** é um substantivo composto que designa o aparelho condicionador de ar. ◆ *As pessoas que vivem nos grandes centros urbanos têm que conviver, ainda, com a fumaça emitida pelos carros e indústrias e o AR-CONDICIONADO (nem sempre limpo) que domina os ambientes fechados.* (CLA)

O plural desse substantivo é **ares-condicionados** (substantivo + adjetivo). ◆ *Além da falta de ARES-CONDICIONADOS, as obras estão amontoadas em estantes inadequadas para servir como arquivo.* (FSP)

ar refrigerado, ar-refrigerado

1. **Ar refrigerado** é um conjunto de substantivo e adjetivo: atribui-se ao ar a propriedade de refrigerado. ◆ *Ninguém quer deixar o AR REFRIGERADO de seus gabinetes de poltronas fofas para cuidar do gado, arar a terra.* (AG)

2. **Ar-refrigerado** é um substantivo composto que designa o aparelho refrigerador de ar. ◆ *Chuveiro elétrico e AR-REFRIGERADO aumentam o consumo de energia.* (FSP)

O plural desse substantivo, **ares-refrigerados**, não ocorreu.

Arábia [Ásia]

Os adjetivos correspondentes são:

✧ **árabe**. ◆ *O sobrado do ÁRABE Mansur faiscava ao sol.* (CAS)

⋄ **arábico.** ✦ *Por fim, os conquistadores amoritas – povo de raça semita, originário do deserto ARÁBICO – fundiram-se com os sumérios dominados, transformando a Babilônia em seu centro político.* (HG)

Arábia Saudita [Ásia]

O adjetivo pátrio é **saudita.** ✦ *Para agravar a suspeita, o Fluminense recebeu um telex do clube SAUDITA, assinado pela nova diretoria do clube.* (MAN)

Aracaju [Sergipe]

O adjetivo pátrio correspondente é **aracajuano.** ✦ *Por terem acesso mais difícil, as praias do sul são utilizadas basicamente pela classe média ARACAJUANA, que invade suas areias nos finais de semana.* (FSP)

Também é indicada em dicionários a forma **aracajuense**, que, entretanto, não ocorreu.

aracn(i/o)-

É elemento (grego) que se liga a um elemento seguinte. Significa "aranha". ✦ *Danilo morre de medo de aranha, que ele mesmo classifica sofisticadamente de ARACNOFOBIA, inspirado no título de um filme.* (VEJ) ✦ *Ele não pertence ao pequeno grupo de ARACNÓLOGOS mundiais e sequer tem um único trabalho científico publicado.* (FSP)

Aragão (região) [Espanha]

O adjetivo pátrio é **aragonês**, com plural **aragoneses.** ✦ *Lembrei-me da cena didática do filme "Terra e Liberdade" na qual se discutia a implantação, em município ARAGONÊS, da coletivização ou não da exploração das terras.* (FSP) ✦ *Depois dos gregos, a cidade sofre dominações dos cartagineses, romanos, bizantinos, árabes, normandos, suevos, genoveses e ARAGONESES, entre outros.* (FSP)

aranha

1. É substantivo feminino, referindo-se ao macho e à fêmea do animal (substantivo epiceno). ✦ *Quando acordar de manhã, procure não olhar para a ARANHA.* (GD)

2. O substantivo **aranha** pode empregar-se à direita de outro, atuando como classificador ou como qualificador (como um adjetivo). ✦ *Badger já ilustrou personagens como o próprio Homem ARANHA e o Capitão América.* (FSP) ✦ *Essas soluções são fruto da inventividade de Rodolfo Sanchez, responsável pelas imagens de filmes como "O Beijo da Mulher ARANHA".* (VIE)

Chega a formar-se um substantivo composto, com a ligação dos dois elementos por hífen. É a forma mais usual. ✦ *Na plateia, raramente os espectadores demonstram suspense com essa nova aventura do Homem-ARANHA.* (JB) ✦ *Robô-ARANHA – Dante, um robô de 3 metros de altura e oito pernas, é um protótipo que a Nasa está desenvolvendo para explorar Marte na virada do século.* (VEJ)

Em geral o plural se faz apenas no primeiro elemento do composto. ✦ *Há tempos o Zoológico de São Paulo mantém em cativeiro sete macacos-ARANHA.* (VEJ)

araponga

É substantivo feminino, referindo-se ao macho e à fêmea do animal (substantivo epiceno). ✦ *Extrai de suas cordas sons que lembram o canto de pássaros, como o guaxo e a ARAPONGA.* (VEJ)

arbitrariedade

Com **E** antes do sufixo **-dade**, como em todo substantivo ligado a adjetivo terminado em **-ário** e **-ório.** ✦ *Se isso for uma ARBITRARIEDADE minha, eu lhe peço desde já desculpas.* (AGO)

arbor(i)- ⇨ Ver dendr(o)-.

É elemento (latino) que se liga a um elemento seguinte. Significa "árvore". Corresponde ao elemento grego **dendr(o)-.**✦ *Há o grupo da horticultura e da ARBORICULTURA, subdivididos no material e processos de horticultura e ARBORICULTURA.* (ACD) ✦ *Os camaleões são em larga medida ARBORÍCOLAS e raramente descem à terra, a não ser para o acasalamento e para a postura dos ovos.* (SU)

arborizar

Com **Z**, como todo verbo formado com o sufixo **-izar.** ✦ *É pena não se poder ARBORIZAR os corredores.* (MP)

-arca, -arquia

São formas de elemento (grego) que se liga a um elemento anterior. Significa "poder", "comando". ✦ *Sabia o nome de todos os personagens de cor, desde o PATRIARCA até o mais humilde cocheiro.* (AVL) ✦ *Existira alguma vez um MONARCA chamado Salomão?* (CEN) ✦ *Certo é que o toque real era um mecanismo de poder, conferindo prestígio e respeito à MONARQUIA.* (APA) ✦ *Depois, há a OLIGARQUIA, regime em que também alguns poucos governam, mas, não sendo os "melhores", igualmente dominam em função do interesse próprio, e não daquele da coletividade.* (CNS)

arcano

A sílaba tônica é a penúltima (CA), e, por isso, a palavra não leva acento (paroxítona terminada em O). Designa aquilo que é enigmático, que não pode ser desvendado. ✦ *Os personagens que representam os ARCANOS maiores já fazem parte de alguma história.* (FSP)

arcebispo

O adjetivo correspondente é **arquiepiscopal**. ✦ *Quem vai hoje ao palácio ARQUIEPISCOPAL do Rio de Janeiro pode cruzar com um senhor de 75 anos, tesoureiro do Banco da Providência.* (VEJ)

arcediago

A sílaba tônica é a penúltima (A), e, por isso, a palavra não leva acento (paroxítona terminada em O). O substantivo designa dignitário eclesiástico que é revestido pelo bispo de poderes na jurisdição de uma diocese. ✦ *O ARCEDIAGO oficiou soleníssimo (e complicadíssimo) pontifical.* (FSP)

arco-da-velha

Com hifens. ✦ *Sobre ela contavam-se coisas do ARCO-DA-VELHA, histórias mirabolantes!* (ANA)

arco-íris

1. É substantivo masculino. ✦ *O pavão é um ARCO-ÍRIS de plumas.* (AID)

2. Não varia no plural. ✦ *E os ARCO-ÍRIS são curvados porque as gotas que os formam são curvadas.* (FSP)

ardentia

A sílaba tônica é TI, e, por isso, a palavra não leva acento (paroxítona terminada em A). O substantivo designa luminescência marítima. ✦ *Já senti a ARDENTIA das areias desoladas do litoral.* (CG)

área ⇨ Ver ária.

Área é a medida de uma superfície ou a extensão de um terreno. ✦ *Depois de haverem varado por tanto tempo o matagal inóspito, a pequena ÁREA desbravada surgia como um desafogo.* (ALE)

O substantivo **ária** designa peça de música para uma só voz.

areal, areia ⇨ Ver -ear.

Existe um **I** entre o **E** e o **A** apenas nas formas que têm a sílaba tônica no radical (formas rizotônicas), como em **areia** (mas não em **areal**). ✦ *Foi necessário trazer terra para cá e misturá-la com a AREIA.* (IS) ✦ *Ipanema era um AREAL cheio de pitangueiras de camaleões.* (REA)

aréola, auréola

1. **Aréola** significa "pequena área". Designa área circular, e, especificamente a área circular mais escura em torno do mamilo. ✦ *A lesão primária da bouba é uma pápula rodeada de ARÉOLA vermelha.* (SMI) ✦ *Dias depois da operação (...), Viviane notou que as ARÉOLAS dos mamilos estavam assimétricas.* (VEJ)

2. **Auréola** significa "círculo dourado que circunda a cabeça de Jesus Cristo, da Virgem e dos santos nos quadros", "círculo luminoso ou colorido que circunda um astro", ou, simplesmente, "círculo luminoso circundante", "brilho que circunda". ✦ *A mentira, pois, concedia-lhe a AURÉOLA da verdade.* (PAO)

Areópago

O **E** está na segunda sílaba, não na terceira. O nome designa o Tribunal de Atenas, na

Grécia Antiga. ◆ *E um dia apareceu entre eles um forasteiro de barbas negras que lhes discursou em pleno AREÓPAGO.* (VES)

aresto ⇨ Ver **arresto**.

O substantivo **aresto** designa decisão de tribunal que serve de norma para o julgamento de casos análogos. ◆ *Um ARESTO do tribunal federal suíço examina a redução de pensão de mulher que passou a receber benefício previdenciário.* (FSP)

O substantivo **arresto** designa o ato de arrestar.

Argélia [África]

O adjetivo pátrio é **argelino**. ◆ *"Não há democratas na Argélia", declarou um ex-funcionário de alto escalão do governo ARGELINO.* (ESP)

argent(i/o)-

É elemento (latino) que se liga a um elemento seguinte. Significa "prata", "moeda". ◆ *Rosentoul descreveu modificações das fibras nervosas da pele, as quais apresentam no início intensa ARGENTOFILIA.* (CE)

Argentina [América do Sul]

O adjetivo pátrio é **argentino**. ◆ *Gaúcho é mistura doida de índio, alemão, italiano, ARGENTINO.* (GD)

Argos [Grécia antiga, Peloponeso]

O adjetivo pátrio é **argivo**. ◆ *É Heródoto quem conta que os ARGIVOS e os lacedemônios, estando em guerra por causa de um território, travaram-se duas batalhas.* (ATN)

argot

É palavra francesa que significa "gíria", "calão". A pronúncia é, aproximadamente, **argô**. ◆ *Interessou-lhe o "ARGOT" medieval, que François Villon tinha manejado.* (FSP)

arguir

1. A vogal U, seja tônica seja átona, sempre soa, em qualquer das formas desse verbo.

2. Acentuação.

2.1. Não se acentua o U tônico em nenhuma das formas do verbo. ◆ *Quase sempre me ARGUEM sobre como funciona o mercado das trocas.* (FSP) ◆ *O MPF ARGUI a suspeição do juiz.* (FSP)

2.2. Acentua-se o I tônico não nasal que se segue ao U átono, quando se formar um hiato, o que constitui uma regra geral de acentuação. ◆ *Senti-me dois, um que ARGUÍA, outro que se desculpava.* (RCV) ◆ *Quando ARGUÍDO sobre suas escolhas, P.S. respondeu:* (PUS)

3. Modo de construção.

✧ Significando "questionar", usa-se com discurso direto. ◆ *E então – ARGUIU seu acompanhante – não vai intervir?* (PCO)

✧ Com o significado de "examinar, propondo questões", e com o significado de "alegar como prova ou razão", usa-se com complemento sem preposição (objeto direto). ◆ *Não há, entretanto, um formulário normativo sobre as maneiras de ARGUIR a classe.* (PE) ◆ *Não há, pois, como ARGUIR a constitucionalidade do citado art. 45 da nossa Lei Magna.* (MIR-O)

✧ Significando "qualificar", usa-se com complemento sem preposição (objeto direto) e com predicativo do objeto iniciado por **de**. ◆ *Respeitou a Constituição de 1946, que o jurista Seabra Fagundes ARGUIU de malfeita.* (TGB)

ária ⇨ Ver **área**.

O substantivo **ária** designa peça de música para uma só voz. ◆ *A mágoa umedece-lhe os olhos e ela começa a trautear baixinho uma ÁRIA triste.* (PV)

Área é a medida de uma superfície ou a extensão de um terreno.

aridez

Com Z, como todo substantivo abstrato em **-ez** derivado de adjetivo. ◆ *A ARIDEZ do mundo lhe trouxe a tristeza e a tristeza lhe ensinou o pranto.* (OLA)

aríete

A sílaba tônica é a antepenúltima (**RÍ**), e, por isso, a palavra leva acento (proparoxítona). O

aristo-

substantivo designa antiga máquina de guerra usada para abater muralhas. ◆ *O tenente permitiu que o ARÍETE penetrasse no quarto, estilhaçando portadas.* (J)

aristo-

É elemento (grego) que se liga a um elemento seguinte. Significa "o melhor", "ótimo". ◆ *Minha avó sempre dizia que tinha antepassados ARISTOCRATAS.* (ASA) ◆ *A escola secundária não é mais uma prerrogativa da ARISTOCRACIA, tendo por único fim preparar estudantes para o ensino superior.* (BIB)

aristocrata

A sílaba tônica é a penúltima (CRA), e, por isso, a palavra não leva acento. ◆ *De toda forma o capitalismo selvagem nascente reproduzia a mesma relação existente no feudalismo entre o trabalho escravo e o ócio ARISTOCRATA.* (LAZ)

armada

É substantivo coletivo para navios, especialmente de guerra. ◆ *Contam que a ARMADA real está navegando até hoje.* (ANB)

Armênia [Ásia]

O adjetivo pátrio é **armênio**. ◆ *Na época, o cronista ARMÊNIO Sabeos atribuía a invasão árabe a uma conspiração dos judeus que queriam se vingar das afrontas que padeceram em Bizâncio.* (ISL)

arpão

Com A inicial. O substantivo designa instrumento dotado de seta e fixado a um cabo, destinado a pesca e a caça submarina. ◆ *O neto já era homem feito: rapagão forte, pescador de pescado grande, especialista em trabalho de ARPÃO.* (LOB)

arqu(e/i)-, arc(e/i)-

1. São formas variadas de elemento de origem grega que se ligam a um elemento seguinte. Seu significado se relaciona a "princípio", "origem", "primazia", "superioridade". ◆ *O ARQUÉTIPO seria um padrão de comportamento herdado que todo ser humano tem*

dentro de si, e que de alguma forma serve de estrutura à sua personalidade.* (TA) ◆ *A cartilha da ARQUIDIOCESE estava sendo vendida a sessenta cruzeiros nas paróquias.* (IS) ◆ *Padre Fagundes estava chegando de uma visita a Roma, aonde fora a mandado do ARCEBISPO d. Duarte Leopoldo, em missão a que se atribuía grande relevo.* (MAD) ◆ *A mesma coisa acontece com Giovanni, diante das gargalhadas do senhor ARCIPRESTE.* (FSP) ◆ *Marianinha, você mais do que anjo, é ARCANJO!* (JM)

2. A forma **arqui-** é usada como intensificador de adjetivos, em formações de valor superlativo. Liga-se ao elemento seguinte

◇ com hífen, se o elemento começar por H ou por I (que é a mesma vogal em que o prefixo termina). ◆ *Ele vinha desarmado, quando apareceu um ARQUI-INIMIGO.* (EC) ◆ *A força do liberalismo consiste no fato de ele representar a ARQUI-IDEOLOGIA da modernização.* (FSP)

◇ sem hífen, antes das outras consoantes e vogais. ◆ *Seu doce de coco e seus quindins eram falados, gabados, ARQUIBADALADOS.* (CF) ◆ *As salas do palácio ARQUIEPISCOPAL pareciam formigueiros.* (AMA)

Se o elemento seguinte começar por R ou S, é necessário duplicar essa letra (que ficará entre duas vogais, na escrita). ◆ *Marcelinho, por exemplo, é quase o campeão entre as ARQUIRRIVAIS palmeirenses.* (FSP) ◆ *É ARQUISSABIDO que o messianismo brota da desolação.* (VEJ)

arqueja

O E é fechado (antes de J). ◆ *Cris ARQUEJA a sua fala, às vezes um soluço, diz que não aguenta mais viver em estado emergencial.* (HAR)

arqueo-

É elemento (grego) que se liga a um elemento seguinte. O significado se relaciona a "primitivismo", "antiguidade". ◆ *Segundo um ponto de vista tradicional, o objeto de estudo da ARQUEOLOGIA seriam as coisas, em particular os objetos criados pelo traba-*

lho humano (artefatos), que constituiriam os "fatos" ARQUEOLÓGICOS reconstituíveis pelo trabalho de escavação e restauração por parte do ARQUEÓLOGO. (ARQ) ♦ Bruno costumava reunir a turma quando projetava suas "expedições ARQUEOGRÁFICAS" nas aldeias da região. (ACM)

arquétipo

A sílaba tônica é a antepenúltima (QUÉ), e, por isso, a palavra leva acento (proparoxítona). O substantivo designa um exemplar que constitui modelo para reprodução, um padrão. ♦ Ayrton Senna era o ARQUÉTIPO do povo brasileiro. (VEJ)

arquipélago

É substantivo coletivo para ilhas. ♦ Todo o ARQUIPÉLAGO não soma além de 26 quilômetros quadrados. (NOR)

arraigar-se, arraizar-se

São formas variantes de verbo para significar "criar raízes". A segunda forma, porém, não ocorreu. ♦ O apreço que o modernismo brasileiro manifestou pela chamada "arte popular" ARRAIGOU-SE ainda mais entre os artistas das gerações lançadas entre os anos 50 e 60. (VEJ)

arrancar

Usa-se com um complemento sem preposição (objeto direto) e outro complemento iniciado pela preposição de. ♦ É urgente tomar iniciativas para ARRANCAR essas crianças do trabalho embrutecedor. (VEJ)

arrátel

A sílaba tônica é a penúltima (RÁ), e, por isso, a palavra leva acento (paroxítona terminada em L). O substantivo designa antiga unidade de medida de peso, equivalente a 459 g, ou 16 onças. ♦ Peneirou meio ARRÁTEL de salitre de Índia e misturou os pós. (RET)

arrazoado

É substantivo coletivo para as razões expostas na defesa de uma ideia. ♦ Ao longo do extenso ARRAZOADO deverão encontrar-se os fundamentos jurídicos que embasam a ação. (ESP)

arrear ⇨ Ver **arriar** ⇨ Ver **-ear.**

1. **Arrear** é verbo ligado a **arreio**, significando "pôr arreios em". ♦ Para que perder tempo em ARREAR os animais nesta escuridão? (ALE)

2. Os verbos em **-ear**, do mesmo modo que os substantivos e adjetivos correspondentes, recebem I nas formas rizotônicas, isto é, nas formas que têm a sílaba tônica no radical. ♦ ARREIA este burro também, Francolim! (AS) ♦ Quando iam pegá-lo para ARREÁ-lo, baixava a cabeça, escapulia para o capãozinho. (JM) ♦ Entretanto, Ricardo transportava os ARREIOS para dentro do rancho, colocando-os ao lado do cepo. (ALE)

Arriar significa "fazer descer", "baixar".

arredores

É substantivo que só se usa no plural (pluralia tantum). ♦ Numa tarde de domingo, passeando pelos ARREDORES da cidade, Adriana descobriu uma raridade da cultura japonesa. (FH)

arreglo

É palavra castelhana usada em português. Essa é a forma, e não "arrego". Significa "acerto", "ajuste", "combinação". ♦ Agora não adianta pedir ARREGLO. (BA) ♦ A Bandeirantes, que demite jornalistas honestos e só pensa em comerciais e ARREGLOS com os Teixeira da vida, é nossa principal candidata. (RI)

arrepender-se

Usa-se com complemento iniciado pela preposição de. ♦ Ela ARREPENDEU-se da provocação ao vê-lo calado, as narinas dilatadas. (CP)

arrepio

Com E na segunda sílaba. ♦ Seu Chico sentia um ARREPIO, não tinha coragem de tocá-lo. (ED)

arrestar ⇨ Ver **arrostar.**

Arrestar significa "apreender judicialmente", "embargar", "confiscar". ♦ Oficiais de Justiça do Rio penhoraram e ARRESTARAM

arresto

ontem um apartamento, móveis e obras de arte pertencentes à família. (FSP)

Arrostar significa "encarar sem medo", "enfrentar".

arresto ⇨ Ver **aresto** ⇨ Ver **arrestar**.

O substantivo **arresto** designa o ato de arrestar, isto é, de apreender judicialmente um bem como garantia de pagamento de uma dívida cuja cobrança foi ou vai ser ajuizada. ✦ *A MP permitirá ao Tesouro fazer empréstimos à Marinha Mercante para quitar a dívida pendente e pôr um fim ao ARRESTO.* (AJ)

O substantivo **aresto** designa decisão de tribunal que serve de norma para o julgamento de casos análogos.

arrevesar, arrevesado

Com **S**, e não **Z**, porque são derivados de **revés**, e não de **vez**. **Arrevesar** significa "colocar ao revés", "dar sentido contrário a", "tornar confuso". ✦ *Preferi uma fórmula que juntasse a "sudação" ao "ofegar de cansaço", recobrando assim o aspecto pictural do hebraico, sem ARREVESAR o português.* (FSP) ✦ *Como dizia a senhora de Mesquita, fui feito com alma de pássaro, livre e ARREVESADO.* (RET)

arriar ⇨ Ver **arrear** ⇨ Ver **-iar**.

Arriar significa "fazer descer", "baixar". A conjugação é regular. ✦ *Boa tarde. Posso ARRIAR a carga?* (GCC) ✦ *Neste momento, o animal ARRIOU com o peso e morreu.* (FSP) ✦ *E ARRIA o pavilhão nacional às 6 da tarde.* (IS)

Arrear significa "pôr arreios em".

arribar

Usa-se com complemento iniciado pelas preposições **a** ou **em**, embora, pelas lições normativas, só seja recomendada a preposição **a** com verbos de movimento. Significa "alcançar a riba (margem, praia, costa, porto)". ✦ *Logo que Juvêncio ARRIBOU à cidade sentiu-se presa dos aliciadores do gênero.* (BS) ✦ *Ora, vai que certa vez ARRIBOU na cidade uma mariposa de um loiro excepcional, de voz cantante, cinturinha fina, um mimo de vitrina.* (S)

arrimar-se

Usa-se com complemento iniciado pela preposição **a**. Significa "amparar-se". ✦ *Esta última, vez por outra, pelo fim da tarde, ARRIMAVA-SE a uma bengala, para ajudar-se na descida dos batentes.* (TS)

arriscar-se

Usa-se com complemento iniciado pela preposição **a**. ✦ *Papai continuava irritado, não valia a pena mexer no jornal, ARRISCAR-SE a levar um carão.* (ANA)

arrochar ⇨ Ver **arroxar, arroxear**.

Arrochar significa "apertar com arrocho", "apertar muito". ✦ *Dá mais uma volta no barbante, Seu Valico, ARROCHA bem se não o senhor acaba não enxergando direito.* (CHA)

Arroxar, **arroxear** e **roxear** são variantes para significar "tornar roxo", "ficar roxo".

arrojo

O plural é **arrojos**, com **O** fechado. ✦ *A pista oscila de nível, a viagem sob o rio Pinheiros conhece ritmos e curvas, ARROJOS de surfista.* (FSP)

arrostar ⇨ Ver **arrestar**.

Arrostar significa "encarar sem medo", "enfrentar". ✦ *Sabia, desde o início, que ARROSTARIA muitas críticas, que iria contra interesses adquiridos, que irritaria os pouco imaginosos e os desconfiados.* (JK-O)

Arrestar significa "apreender judicialmente", "embargar", "confiscar".

arroto

O plural é **arrotos**, com **O** fechado. ✦ *A maioria dos livros continha um amontoado de sujeiras, ARROTOS e desbraguilhamentos.* (RET)

arroxar, arroxear ⇨ Ver **arrochar** ⇨ Ver **roxear** ⇨ Ver **-ear**.

Arroxar, **arroxear** e **roxear** são variantes para significar "tornar roxo", "ficar roxo". São todas formas pouco usuais, especialmente **arroxar** e **roxear**, que têm uso bastante restrito (cada uma com 14% do total). **Arroxear** é a mais frequente (72%). ✦ *As mãos suadas* *do cavaleiro amaciavam e faziam como que uma pegajosidade que untava as rédeas de couro cru e os dedos que as **ARROXAVAM**.* (GAT) ♦ *Naquele instante... naquele justo instante em que o relâmpago **ARROXEOU** os ares eu ouvi um soluço.* (FSP)

Na acepção de "ficar roxo" também se usa a forma pronominal **arroxear-se**. ♦ *Longe, a serra **SE ARROXEAVA**.* (MRF)

Arrochar significa "apertar com arrocho", "apertar muito".

arrozal ⇨ Ver -al.

Escreve-se com **Z**, como **arroz**. É substantivo coletivo para arroz ("plantação de arroz"). ♦ *O cultivo exige bastante cuidado para manter o **ARROZAL** sempre limpo.* (AZ)

arruaça

Com **U** e com **Ç**. O substantivo designa conflito que envolve várias pessoas, tumulto. ♦ *A **ARRUAÇA** devia ser alguma descarga do major Lorena no trabalho de levantar a capivara.* (CL)

arruinar

O **I** recebe acento agudo nas formas rizotônicas, isto é, nas formas que têm a sílaba tônica no radical: **arruíno**, **arruínas**, **arruína**, **arruínam** (diferente de **arruinamos**, **arruinais**). ♦ *Quando essas pedras caem sobre o pomar, deformam as maçãs, aleijam a árvore e **ARRUÍNAM** a colheita.* (VEJ)

ars gratia artis

É expressão latina que significa "a arte pela arte". ♦ *E ganhou sob a moldura uma erudita inscrição em latim: **ARS GRATIA ARTIS**, ou "a arte pela arte".* (VEJ)

arsenal

É substantivo coletivo para armamentos e munições. ♦ *"Sabemos que Viana possui imenso **ARSENAL** bélico em sua casa", disse Gabriel, em tom de conluio.* (RET)

art déco, art-decô

1. *Art déco* é expressão francesa que designa movimento artístico das décadas de 1920 e 1930. ♦ *ART DÉCO é uma abreviação de Exposition des Arts Décoratifs, evento realizado em Paris em 1925 para comemorar um novo estilo aplicado a artes, embalagens de produtos, moda, design de objetos e arquitetura.* (FSP) ♦ *O ART DÉCO teve como inspiração a geometria asteca e egípcia. (...) O estilo substituiu o art nouveau, que tinha formas curvas e femininas.* (FSP) ♦ *A arquitetura ART DÉCO se caracteriza pela simetria, pela distribuição regular dos elementos arquitetônicos, pelas janelas geminadas e pelos baixos relevos decorativos.* (FSP)

2. **Art-decô** é uma grafia (não registrada oficialmente) que aportuguesa o segundo elemento da palavra. É muito menos usual que a francesa (6%). ♦ *O designer suíço John Graz (1891-1980), por exemplo, presente na mostra com uma cadeira homônima, trabalha com influências ART-DECÔ em seus móveis, principalmente nas formas do alumínio polido, que molda os braços e o suporte do encosto do móvel.* (FSP) ♦ *O edifício ART-DECÔ Celina, em Higienópolis, vai ganhar moradora famosa.* (FSP)

art nouveau

É expressão francesa que designa estilo decorativo dos fins do século XIX e início do século XX. A pronúncia é, aproximadamente, **ar nuvô**. ♦ *O estilo arquitetônico dos imóveis é predominantemente o "ART NOUVEAU" (com ornamentos sinuosos, rebuscados).* (FSP) ♦ *No entanto, o máximo a que Seelinger chegou foi um misto de "ART NOUVEAU" (estilo decorativo e romântico que foi moda na Europa entre 1880 e 1925) e expressionismo.* (FSP) ♦ *O resultado desta mistura é um castelo encantado, colorido e alegre, inspirado na estética ART NOUVEAU radical do espanhol Antonio Gaudí.* (FSP)

arteri(o)-

É elemento (grego e latino) que se liga a um elemento seguinte. ♦ *A ausculta pode revelar a presença de ruídos ou sopros que se originam em hemangiomas, fístulas ARTERIOVENOSAS ou aneurismas intracranianos.* (CLI)

Quando o segundo elemento começa por **E**, esse **E** desaparece na composição. ♦ *Doutor*

arteriosclerose

Famalicão garante que estou com ARTERIOS-CLEROSE. (NI) ✦ *Embora até certo ponto o assunto seja controvertido, o diabético apresenta índice de lesões ARTERIOSCLE-RÓTICAS bem mais elevado.* (GLA)

arteriosclerose ⇨ Ver **aterosclerose.**

Arteriosclerose é substantivo que designa a esclerose (endurecimento) da parede arterial. ✦ *Dizem alguns médicos que o uísque pode ser tomado como preventivo da ARTE-RIOSCLEROSE, porque traria o benefício de uma vasodilatação do sistema arterial, que passaria a funcionar melhor.* (CRU)

Aterosclerose é substantivo que designa a arteriosclerose devida à formação de placas de ateroma (de gordura) na parede arterial.

artesão

1. O plural é **artesãos.** ✦ *Como o povo é muito pobre e os objetos de uso importados custam caro, os ARTESÃOS fabricam de tudo, usando a matéria-prima que têm ao alcance.* (CT)

2. O feminino é **artesã**, com plural **artesãs.** ✦ *O melhor desse trabalho é transformar o lixo em arte, conta a ARTESÃ.* (SU) ✦ *O resultado do trabalho das ARTESÃS está num bazar até o final da primeira quinzena de agosto no restaurante Ritz.* (FSP)

artigos ⇨ Ver **capítulos** ⇨ Ver **parágrafos.**

1. É norma que os artigos de lei se numerem com numerais ordinais, até 10, e com cardinais, a partir de 11 (em geral, com algarismos arábicos, mas também por extenso). ✦ *O portador de Aids/Sida tem direito a auxílio--doença ou aposentadoria (...). (Fund.: ART. 27, 2º, dec. 611/92, c/c lei 7.670/88, ART. 1º, inciso 1º, letra "e")* ✦ *ARTIGO terceiro: casamento de moça de mais de vinte anos, grátis.* (NOD) ✦ *A prisão em flagrante dos pais da vítima (...) foi homologada (...) com base no ARTIGO vinte e nove do código penal.* (CPO)

2. A abreviatura é **art., arts. Art., Arts.** ✦ *ART. 2. Todos são iguais perante a lei.* (D) ✦ *São motivos de nulidade os dos ARTS. 207 e 208 do Código Civil.* (FI)

artilharia

É substantivo coletivo para canhões. ✦ *Com o estrondo de sua ARTILHARIA pesada, a legalidade se fortalece por alguns momentos.* (JT)

artr(i/o)-

É elemento (grego) que se liga a um elemento seguinte. O significado se relaciona a "articulação". ✦ *Até o advento da ressonância magnética, os métodos de imagem, como a ARTROGRAFIA e a ARTROTOMOGRAFIA, se limitavam ao estudo do compartimento articular e das estruturas a ele relacionadas.* (RAD) ✦ *ARTRALGIA é a dor articular que se exacerba com o movimento.* (TC)

árvore

O adjetivo correspondente é **arbóreo.** ✦ *A linhagem evolutiva dos primatas se caracteriza pela conquista do ambiente ARBÓREO.* (DST)

ás

Com S e com acento. É substantivo. ✦ *O dois de paus ou de espadas não vale o mesmo que o ÁS.* (PEM)

às carreiras, às cegas, às claras, às escondidas, às escuras, às tontas, às vezes etc.

São expressões adverbiais iniciadas pela preposição **a** e com núcleo (substantivo) feminino plural acompanhado de artigo, o que resulta em **às** (craseado). ✦ *O delegado deixa a casa de Lourenço ÀS CARREIRAS, o blusão de Honório tapando-lhe o nariz.* (CHU) ✦ *Deve ter sido obra dum louco, pois a minha impressão é de que o assassino esfaqueou a vítima ÀS CEGAS.* (N) ✦ *Não foi preciso me dizer isto ÀS CLARAS, porque há coisas que não se dizem.* (BPN) ✦ *A pólvora fora comprada ÀS ESCONDIDAS por Isaac, ajudante de ordens, numa venda da estrada.* (JT) ✦ *O prédio estava ÀS ESCURAS e tudo parecia calmo.* (BOI) ✦ *Camões, homem que conhecia as coisas, um doutor, não ficou correndo ÀS TONTAS de lá para cá como os outros.* (NB) ✦ *Cláudio Aguiar mantivera-se calado, suspirando ÀS VEZES.* (AGO)

aspas [pontuação]

às pressas ⇨ Ver à pressa.

Às pressas é uma expressão adverbial iniciada pela preposição a e com núcleo (substantivo) feminino plural acompanhado de artigo, o que resulta em às (craseado). Em algumas obras normativas, ela é indicada como forma vulgar de à pressa, e criada à semelhança de expressões como às claras, às cegas, às tontas. Entretanto, a forma plural é muitíssimo mais encontrada que a singular. • *Numa dessas viagens do filho, Antero foi chamado ÀS PRESSAS.* (PCO)

asa

Com S. • *Se Santo Antônio ajudasse, podíamos criar ASA e sair daqui voando.* (PEM)

ascender, ascensão, ascensorista ⇨ Ver acender.

1. **Ascender** (com SC) significa "elevar-se", "subir". • *O nosso vozerio, curiosamente, vem das classes que ASCENDERAM socialmente sem o devido lastro de requinte interior.* (RI)

Acender significa "atear (fogo)", "fazer arder".

2. **Ascensão** e **ascensorista** são formas ligadas a esse verbo (também com SC). **Ascensão** tem S na sílaba final, como todo substantivo ou adjetivo correspondente a verbo terminado em **-der** (verbo **ascender**). • *Rejane é boa bailarina, está em ASCENSÃO, tem um futuro diante de si.* (BB) • *Jimmy, o ASCENSORISTA, sobe com o jantar do 907 às quatro da manhã.* (CV)

Acensão, que significa "acendimento", não ocorreu.

ascético ⇨ Ver acético ⇨ Ver asséptico.

Ascético é adjetivo que significa "devoto", "místico", "contemplativo". • *A poesia cavalheiresca opõe-se ao espírito ASCÉTICO da Igreja, e o poeta profano destrona o clero como produtor de poesia.* (PER)

Acético é adjetivo relativo a **vinagre**.

Asséptico é adjetivo relativo a **assepsia**.

Ásia

O adjetivo pátrio é **asiático**. • *Com os demais países do continente ASIÁTICO nosso comércio é diminuto, por diversas razões.* (GHB)

asno

O adjetivo correspondente é **asinino**. • *Depois da colheita, os rebanhos são conduzidos para as plantações, que são cercadas exatamente para protegê-las não só do gado bovino, mas também do caprino, do ovino e do ASININO, criados pelos sertanejos.* (NOR)

-aso, -asa ⇨ Ver vasa ⇨ Ver vaza.

Escrevem-se, em geral, com S as palavras portuguesas terminadas em -aso e -asa.

a) Substantivos:

✧ **asa**. • *Se os raios luminosos incidirem verticalmente sobre a superfície da ASA, a cor refletida será o azul.* (SU)

✧ **brasa**. • *Mais duas tragadas daquelas e a BRASA atingiria seus dedos.* (BB)

✧ **casa**. • *Vou-me embora dessa CASA.* (AF)

✧ **caso**. • *A Polícia ia ter de investigar cuidadosamente o CASO.* (ASS)

✧ **vasa** ("lama"). • *Os escuros peixes nadarão nas tuas ruas e a VASA fétida das marés cobrirá tua face.* (AID)

b) Adjetivos **raso** e **rasa**. • *O córrego era RASO e me permitiu o gesto.* (CHI) • *O sapo menor, na parte RASA, pula insistentemente, bate com as patas nas paredes, mas não vai atingir a borda nunca.* (EST)

Existe o substantivo **vaza**, que é com Z porque é de origem italiana.

aspas [pontuação]

1. Quando as aspas abrangem todo um período, ou uma expressão que termina por uma pontuação, elas se fecham após a pontuação. • *Ousei protestar: "Mas eu nada fiz contra seu marido!"* (A) • *Dizendo um: "Como não!" muito amável, Dona Teresa me abraçou com naturalidade.* (A)

• *"Pátio da escola, pátio ensolarado e singelo, Rodeado de casebres de paredes musgosas, Um álamo que eleva seus ramos ama-*

relos, Um corredor longo e um rosal feito rosa." (FSP)

2. Quando as aspas abrangem uma parte, apenas, do enunciado, elas se fecham antes da pontuação final. ◆ *Eu também poderia ter dito "BOA TARDE, obrigado pela praia" e fugido.* (CHI) ◆ *"O Juninho não estava numa BOA TARDE", analisou Muricy, que negou que existam problemas de entrosamento entre os dois.* (FSP)

aspereza

Com **Z**, como todo substantivo abstrato em **-eza** derivado de adjetivo. ◆ *O pai, esse só deixava visível a secura dos gestos e a AS-PEREZA do trato.* (TER)

aspergir

1. Verbo defectivo, não se conjuga nas formas em que ao radical se segue **A** ou **O**. Embora sejam tradicionalmente indicadas como existentes, não são usuais as formas com **I** no radical (a primeira pessoa do singular do presente do indicativo e todo o presente do subjuntivo: **aspirjo**, **aspirja**, **aspirjas** etc.). Ocorrem apenas as formas com **E** (que são as demais: **asperge**, **aspergimos**, **aspergem** etc.).

2. Significa "borrifar com líquido", "orvalhar". Usa-se:

◇ com complemento sem preposição (objeto direto), referente àquele ou àquilo que recebe a aspersão. ◆ *Maria volta com um balde d'água e se põe a molhá-los. Vai ASPERGIN-DO os cantores.* (IC)

◇ com dois complementos, um sem preposição (objeto direto), referente ao líquido que é aspergido, e outro, iniciado pela preposição **em**, referente àquele ou àquilo que recebe a aspersão. ◆ *Entre as cenas cômicas, "O Fotógrafo" utiliza um aparelho munido de uma seringa que ASPERGE água em seu cliente.* (FSP)

aspersão

Com **-são** final, como todo substantivo correspondente a verbo terminado em **-gir** (verbo **aspergir**). O substantivo designa a ação de aspergir. ◆ *Os abalos nos fundamentos da Fé resistem à ASPERSÃO; é preciso que, para*

sobreviver, a Igreja recuse a tese diabólica da relatividade da Moral. (EM)

áspide

1. A sílaba tônica é a antepenúltima (**ÁS**), e, por isso, a palavra leva acento (proparoxítona).

2. É substantivo masculino ou feminino, indiferentemente, nos dois casos referindo-se ao macho e à fêmea do animal (substantivo epiceno). Designa um tipo de serpente venenosa. ◆ *Tomai pois um sapo e prendei-o numa garrafa com víboras e ÁSPIDES.* (VB)

aspirar

1. Significando "inspirar", "sorver", "inalar", usa-se com complemento sem preposição (objeto direto). ◆ *O coração de Marcos batia forte quando ela se foi e ASPIROU gostosamente o seu perfume que ficou no ar.* (PCO) ◆ *Quando há quadro hemorrágico intra-abdominal, com frequência, o sangue é facilmente ASPIRADO.* (CLC)

2. Significando "ter aspiração", "pretender", recomendam as lições normativas que o verbo **aspirar** se use com complemento iniciado pela preposição **a** (sem possibilidade de uso do pronome oblíquo átono **lhe** nessa posição), especialmente se esse complemento não é oracional. ◆ *O Brasil poderá, então, ASPIRAR a uma vaga no time dos países de economia estável.* (VEJ) ◆ *Em outras circunstâncias teria comprado a vitrola que ASPIRAVA a ter fazia muito tempo.* (FSP)

Entretanto, ele ocorre (25%) com complemento sem preposição (objeto direto), talvez por sugestão da regência de verbos do mesmo significado (**almejar**, **pretender**). Ocorre, também, na voz passiva. ◆ *Embora preserve o regime comunista de partido único, o Vietnã ASPIRA hoje seu ingresso no clube dos "tigres asiáticos".* (FSP) ◆ *Liberdade ASPIRADA pelo catolicismo brasileiro e que, no fundo, transcendia os pruridos do sobrenaturalismo.* (EV)

assacar

Com **SS**. Significa "imputar (caluniosamente)", "fazer acusação (falsa)". Usa-se com um complemento sem preposição e outro complemento iniciado pela preposição **contra**. ✦ *Os mais hipócritas podem ASSACAR contra toda esta argumentação aquela outra de que a imprensa precisa de liberdade para trabalhar.* (FSP)

assalto ⇨ Ver *round*.

Assalto é uma forma portuguesa que traduz o inglês *round*. ✦ *Waldemar perdeu por nocaute no quinto ASSALTO.* (MU)

A forma inglesa *round*, entretanto, é muito usada em português (em 55% dos casos).

assassínio, assassinato

Assassínio é a forma recomendada pelos puristas, que consideram **assassinato** um galicismo (do francês *assassinat*). ✦ *No Rio, comovidas pelo ASSASSÍNIO da Candelária e, como se não bastasse, pelo de Vigário Geral, pulsam as grandes artérias do movimento.* (VEJ)

Entretanto, **assassinato** também é oficialmente registrada, e é a forma quase exclusivamente usada (99%). ✦ *É dentro dessa lógica que elas planejam e cometem o ASSASSINATO.* (VEJ)

assaz

Com **Z** final. É advérbio que significa "bastante", "suficientemente". ✦ *Meu tio também se mostrou ASSAZ generoso para com as duas.* (SA)

assembleia

É substantivo coletivo para pessoas reunidas em vista de um determinado fim. ✦ *E todos cantaram entusiasmados o Hino Nacional, dando por encerrada a ASSEMBLEIA.* (ACT)

assemelhar(-se), assemelha, assemelho

1. **Assemelhar** usa-se com um complemento sem preposição (objeto direto) e outro iniciado pelas preposições **a** ou **com**. ✦ *O que mais ASSEMELHA o futebol ao garimpo é a dificuldade de o cara ter cabeça para manter o dinheiro.* (FSP) ✦ *Nada, na geopolítica,*

ASSEMELHA-a com uma teoria desinteressada: ela é um guia para a ação. (GPO)

2. **Assemelhar-se** usa-se com um complemento iniciado pelas preposições **a** ou **com**. ✦ *O que SE ASSEMELHA a uma paz interior, fruto de extrema sabedoria, é apenas fatalidade.* (FOT) ✦ *Em termos de tecnologia, é o que mais SE ASSEMELHA com o primeiro jeans.* (FSP)

3. As formas **assemelha** e **assemelho** têm o **E** tônico fechado (antes de **LH**). ✦ *A raiz bifurcada ASSEMELHA-SE vagamente a um ser humano, e como tal é representada nas gravuras antigas.* (APA)

assenhorear-se ⇨ Ver **-ear**.

1. O verbo **assenhorear-se** significa "tornar-se senhor", "apossar-se". Usa-se com complemento iniciado pela preposição **de**. ✦ *Os comunistas poderiam SE ASSENHOREAR de um aparelho que lhes é bastante caro: o da cultura oficial.* (VEJ) ✦ *Diante desse desafio, é preciso encontrar novas alternativas, sob o risco de os barões da droga SE ASSENHOREAREM do mundo.* (FSP)

2. Os verbos em **-ear**, do mesmo modo que os substantivos e adjetivos correspondentes, recebem **I** nas formas rizotônicas, isto é, nas formas que têm a sílaba tônica no radical. ✦ *Dela SE ASSENHOREIA como o proprietário da terra e lavra-a como o trabalhador o campo.* (AM-O) ✦ *A gripe tinha-SE ASSENHOREADO de mim.* (FR)

assentado, assente

1. A forma **assentado** é usada com todos os verbos auxiliares: **ter, haver, ser** e **estar**. ✦ *Em 1960, teremos ASSENTADO 850 mil toneladas de trilhos e acessórios.* (JK-O) ✦ *O carreiro não sabia nada e nada se havia ASSENTADO com capitão.* (VER) ✦ *O acordo negociado por Malan foi ASSENTADO sobre uma proposta de Nicholas Brady, secretário do Tesouro no governo de George Bush.* (VEJ) ✦ *Mesmo assim, o entusiasmo com esse tipo de negócio está ASSENTADO em sólidas razões.* (VEJ)

assentir

2. A forma **assente** é usada com os verbos **ser** e **estar** e é também usada como adjetivo.
◆ *Desde Prufrock e as observações que suscitou o poema de Eliot, é geral e ASSENTE o conceito de que nenhum verso é "livre" para o artista desejoso de honrar o seu ofício e cumprir o seu mister.* (RC) ◆ *É um enfoque gradualista e pragmático, pois está ASSENTE naquilo que hoje presenciamos na região.* (FSP) ◆ *Ele aguarda de olho aberto uma explicação mais ASSENTE e minuciosa de sua viagem falhada.* (OSD)

assentir

Significa "anuir", "consentir". Usa-se:

◇ sem complemento. ◆ *O presidente ASSENTIU.* (FSP)

◇ com complemento oracional sem preposição (oração objetiva direta). ◆ *"Cessou a colaboração da sociedade civil", disse Zulauf, ASSENTINDO que os moradores já "podem se preocupar" com a desapropriação.* (FSP)

◇ com complemento iniciado pelas preposições **com** ou **em** (com infinitivo). ◆ *O delegado queria o imediato depoimento de Camargo, mas, diante da promessa de que "ele vai contar tudo", ASSENTIU com o adiamento.* (VEJ) ◆ *Talvez ASSENTISSE em receber uma quantia mensal para o pão dos pobres.* (MAR)

assento ⇨ Ver acento.

Assento significa "lugar em que alguém se senta". ◆ *Não havia na sala ASSENTO para todos.* (BPN)

Acento é um sinal gráfico.

asséptico ⇨ Ver ascético ⇨ Ver acético.

É adjetivo relativo a **assepsia**. Significa "isento de germes patogênicos". ◆ *Após o Ajax, a mesma cozinha transforma-se num ambiente ASSÉPTICO.* (IS)

Ascético é adjetivo que significa "devoto", "místico", "contemplativo".

Acético é adjetivo relativo a vinagre.

asserto ⇨ Ver acerto.

O substantivo **asserto** significa "asseveração". ◆ *Umas poucas cifras ilustrarão melhor o alcance e veracidade deste ASSERTO: nestes dois anos de Governo, foram assegurados recursos do exterior, sob forma de financiamento para projetos de desenvolvimento econômico.* (JK-O)

O substantivo **acerto** é correspondente ao verbo **acertar**.

assessor, assessoria ⇨ Ver acessório, accessório.

1. Com **ss** e **ss**. ◆ *Segundo o delegado, o ASSESSOR aparece nas gravações de telefonemas sobre os bingos.* (FSP) ◆ *O único funcionário capacitado para prestar algum tipo de ASSESSORIA econômica é um professor de contabilidade aposentado.* (VEJ)

2. **Assessor** é substantivo que designa auxiliar especializado. ◆ *Não é culpa sua, nem do ASSESSOR, nem da secretária.* (CH)

Acessório é adjetivo ou substantivo, cujo significado se relaciona com a noção de "não fundamental".

assistir

1. Significando "presenciar", recomendam as lições tradicionais que o verbo **assistir** se use com complemento iniciado pela preposição **a** (sem possibilidade de uso do pronome oblíquo átono **lhe** nessa posição). Essa foi, de fato, a construção mais frequente (cerca de 80%). ◆ *Oliveira, conhecido como Carlinhos, disse à Folha por telefone que apenas ASSISTIU ao crime.* (FSP) ◆ *Outro dia ASSISTI a um filme na televisão.* (GD)

Entretanto, esse verbo ocorre (20%) com complemento sem preposição (objeto direto), talvez por sugestão da regência de verbos do mesmo significado (**ver, presenciar**). Ele ocorre, também, na voz passiva. ◆ *Para matar o tempo, ASSISTI parte do filme.* (BB) ◆ *Começa aí o namoro e logo a seguir o noivado e o casamento, que É ASSISTIDO por seus pais e pelos pais da noiva.* (AG)

2. Significando "prestar assistência a", "socorrer", usa-se com complemento sem preposição (objeto direto). ◆ *O Introdutor Diplomático (...), um assessor direto do chanceler, que o ASSISTE na organização dos seus contatos.* (DIP) ◆ *Nas últimas horas, a equipe médica que ASSISTE o senhor presidente da República desenvolveu todos os esforços para conseguir, através de procedimentos terapêuticos, resolver o problema (...).* (FSP)

Os manuais tradicionais também apontam, com esse significado, o uso com complemento introduzido pela preposição **a**, mas a construção não ocorreu.

3. Significando "residir", usa-se com complemento de lugar iniciado pela preposição **em**. É construção pouco usada. ◆ *Por aquela época vinha ASSISTIR em Serras Azuis uma família americana, emigrada dos Estados Unidos, logo depois da Guerra Civil, lá do Sul deles.* (S)

4. Significando "caber", "competir", usa-se apenas na terceira pessoa do singular, com complemento iniciado pela preposição **a**. ◆ *Ao árbitro ASSISTE o direito de não assinalar a marcação de um tiro livre, se tal concessão beneficiar o infrator.* (FUT) ◆ *Chorar é o bem que me ASSISTE.* (GCC)

assoalho, assoalhar ⇨ Ver soalho, soalhar.

1. **Assoalho** é o mesmo que **soalho**, de que se formou por prótese do **A**. É a forma mais usual (65%). ◆ *De longe em longe, alguma galinha assustada fazia rumor debaixo do ASSOALHO.* (DE)

2. **Assoalhar** e **soalhar** também são variantes. Constroem-se com complemento sem preposição (objeto direto). Significam:

◇ "colocar (as)soalho em". ◆ *No trapiche, os homens foram separados em grupos e, sem tardança, empenhados na estiva de bordo e no carregamento de madeira grosseiramente aparelhada para ASSOALHAR um armazém de castanha.* (TER)

◇ "expor ao sol", "tornar público", "alardear". ◆ *No Brasil, até hoje, ASSOALHA-*

-se, por exemplo, como se fossem princípios sacrossantos e verdades eternas, que os partidos políticos canalizam a opinião pública. (D)

O verbo **soalhar**, entretanto, não ocorreu.

assoar ⇨ Ver assuar, assuada.

Significa "expelir secreção nasal". ◆ *Tapa uma narina para ASSOAR a outra, e conta que com ele só restaram as crianças.* (EST)

Assuar significa "vaiar".

assobiar, assoviar; assobio, assovio ⇨ Ver -iar.

São pares de formas variantes. As formas **assobiar** e **assobio** são muito mais usuais (76% e 80%, respectivamente). ◆ *À medida que o navio se punha lentamente em movimento, Pietro ASSOBIAVA do convés.* (VEJ) ◆ *Budião sabia pescar siri com isca de carne, ASSOVIAR chamando Moreia.* (CR) ◆ *Nos lábios dela o ASSOBIO era agora um soprozinho sem melodia.* (CP) ◆ *Benedito tira o quepe, dá um ASSOVIO e arreia.* (PEL)

assolar ⇨ Ver açular.

Assolar significa "arrasar". ◆ *Uma estranha epidemia parece ASSOLAR os palácios presidenciais da América Latina.* (VEJ)

Açular significa "incitar".

assuar, assuada ⇨ Ver assoar.

Assuar significa "vaiar" e **assuada** significa "vaia". O verbo não ocorreu. ◆ *Houve ASSUADA dos parceiros.* (J)

Assoar significa "expelir secreção nasal".

assumir

Em algumas obras tradicionais, indica-se como anglicismo o uso de **assumir** na acepção de "acreditar", "supor". Entretanto, a construção é usual. ◆ *Baseado especialmente, embora não unicamente, em H. S. Sullivan, o autor ASSUME que a organização, e, portanto, a sociedade organizacional, é um ambiente desagradável para os indivíduos dotados de personalidade idealista.* (BRO)

assustar(-se)

Usa-se com complemento iniciado pela preposição **com**. ◆ *Ao dar seus primeiros passos no mercado nacional, a Apple não quer ASSUS-TAR com suas altas cifras, mas atrair.* (VEJ) ◆ *O louro, na varanda, ASSUSTOU-SE com o vozeirão e esvoaçou para a cumeeira.* (GRO)

asteca

Com **S** na primeira sílaba. ◆ *Sabe que essa história de caixão de ouro parece coisa de um deus ASTECA, sei lá!* (BO)

asten(i/o)-

É elemento (grego) que se liga a um elemento seguinte. Significa "fraqueza". ◆ *Tanto as erupções quanto os terremotos se originam no movimento das placas tectônicas – gigantescos blocos de rocha rígida que se movimentam sobre a ASTENOSFERA, a camada não rígida do manto (...).* (SU)

asterisco

A forma é essa, e não **asterístico**. O substantivo designa o sinal *, usado, entre outras coisas, para assinalar itens, para substituir itens, para indicar remissões, e, à esquerda de uma palavra, para indicar origem hipotética ou agramaticalidade. ◆ *Os bens assinalados com ASTERISCO indicam propriedade parcial.* (VEJ) ◆ *Estou falando do ASTERISCO, aquele sinalzinho gráfico usado geralmente para substituir algo que não se quer mencionar.* (FSP) ◆ *Era a frase, puxada por um ASTERISCO lá em cima, sobre a inelegibilidade de outro candidato.* (FSP)

astro, astro-

1. Os adjetivos correspondentes a **astro** são:

◇ **astral**. ◆ *A influência ASTRAL era considerada até mesmo no momento de realização da obra pelo alquimista.* (ALQ)

◇ **sideral**. ◆ *Só depois da meia-noite, com a chegada do dia oito, é que as preocupações se voltaram para o espaço SIDERAL.* (MAN)

◇ **sidéreo**. ◆ *O velho Silvério permanecia imobilizado, com a mão engelhada grudada na chave e a olhar, abstrato, o panorama SIDÉREO.* (VID)

2. **Astro-** é um elemento (grego) que se liga a um elemento seguinte. ◆ *Os gregos introduziram o uso da geometria na ASTROLOGIA usando o ASTROLÁBIO, que era um instrumento utilizado para o cálculo das altitudes dos corpos celestes.* (AST) ◆ *Novas explosões intensas podem ocorrer entre este ano e o próximo, segundo o ASTROFÍSICO Pierre Kauffmann, da USP.* (ESP)

atarraxar

Com **X**, como **tarraxa**. Significa "apertar com tarraxa", "prender fortemente". ◆ *Nesse encontro, as potências pretendiam ATARRAXAR o governo japonês porque ele não facilita as importações.* (VEJ)

até, até a

Na indicação de direção, a preposição **até** pode seguir-se, ou não, da preposição **a**. ◆ *Na hora de ir embora, meu pai me carregava ATÉ o carro.* (AVI) ◆ *Canoá foi ATÉ Ao pote e trouxe uma caneca d'água.* (ARR)

atear ⇨ Ver -ear.

Os verbos em **-ear**, do mesmo modo que os substantivos e adjetivos correspondentes, recebem **I** nas formas rizotônicas, isto é, nas formas que têm a sílaba tônica no radical. ◆ *Diz que esfola e que mata. Que ATEIA fogo.* (SE) ◆ *Ele revistara as tendas, matara os homens válidos e ATEARA fogo ao acampamento.* (RET)

ateliê, *atelier*

1. **Ateliê** é a forma portuguesa, oficialmente registrada, correspondente ao francês *atelier*. O substantivo designa oficina de trabalho de artista ou artesão, estúdio. ◆ *Junto ao ATELIÊ, Burle Marx construiu um quarto para descansar entre as jornadas de pintura.* (VEJ)

2. A forma original francesa *atelier* também é usada, embora com menor frequência (20%). ◆ *O marido abriu uma alfaiataria e a esposa um ATELIER para senhoras.* (S)

atemorizar-se

Usa-se com complemento iniciado pela preposição **com**. ◆ *Os espíritos negativistas, que* *não confiam na pujança desta terra jovem e na capacidade de seu povo, se espantam e SE ATEMORIZAM com o vulto do programa de metas.* (JK-O)

Atenas [Grécia]

O adjetivo pátrio é **ateniense**. ◆ *Em suma, a grande aliança antipersa havia-se transformado num império ATENIENSE.* (HG)

atender

1. Significando "escutar com atenção", "acolher com atenção", "receber", "satisfazer", usa-se com complemento sem preposição (objeto direto). ◆ *Collor ATENDEU o comediante, mas não quis falar com a ex-ministra.* (VEJ) ◆ *A moça que o ATENDEU, brasileira, nada sabia de francês.* (JM)

2. Significando "responder à solicitação de", "tomar em consideração", usa-se com complemento sem preposição (objeto direto) ou com complemento iniciado pela preposição **a**. ◆ *As programações alternativas devem incluir o sistema pay-per-view, ou pagar para assistir, destinado a ATENDER o usuário em eventos especiais.* (VEJ) ◆ *Deus, na sua infinita sabedoria, resolveu ATENDER os pedidos daquela, então, pouco mais de uma menina.* (CRU) ◆ *O logotipo oval da Touchstone Pictures, subsidiária da Disney criada para ATENDER ao público adolescente, simboliza (...) a pedra filosofal dos alquimistas, com a qual imaginavam poder encontrar ouro.* (VEJ) ◆ *Entretanto, se o adulto come com o objetivo de ATENDER aos gastos da radiação calórica, o adolescente come para esses gastos e mais para ATENDER aos dispêndios com o crescimento.* (AE)

atentar¹

Atentar¹ significa:

◇ "prestar atenção", "reparar", com complemento iniciado pelas preposições **a**, **em** ou **para**. ◆ *ATENTAI bem ao que vos digo.* (AS) ◆ *Cuidou de si e ao voltar para a sala ATENTOU na mistura disparatada de objetos opulentos e de coisas pobres.* (GAT) ◆ *ATENTAI também para isso, senhores.* (ESP)

◇ "levar em conta", "observar", com complemento oracional. ◆ *Ainda, ao encarregado da coleta cabe ATENTAR se foram atendidos esses preceitos básicos da técnica (...).* (NP) ◆ *Apanhou o velho jarro de metal, e já ia despejar água à bacia quando ATENTOU que o ruído talvez pudesse acordar o velho Meirelles.* (G) ◆ *Basta ATENTAR como a hereditariedade materna pode modificar num sentido ou noutro a hereditariedade paterna (...).* (AE)

atentar²

Atentar² significa "cometer atentado" e usa-se com complemento iniciado pela preposição **contra**. ◆ *O jornalista é, no mínimo, suspeito de ATENTAR contra o bom senso.* (RI)

atenuante ⇨ Ver agravante.

Como substantivo, é tradicionalmente indicado como feminino, correspondendo a "circunstância que atenua". É termo da linguagem jurídica e também da linguagem comum. ◆ *O eventual pagamento do tributo por ele apropriado serviria tão somente, a critério do Juiz, quanto à ATENUANTE ou até mesmo a extinção da punibilidade (...).* (FOR-O) ◆ *Já que Martina não iria mesmo jogar para sempre, tê-la comentando os jogos pode ser uma ATENUANTE para a perda de uma tenista como ela.* (FSP)

Entretanto, entendendo-se como "fator que atenua", ou como "tudo aquilo que atenua", usa-se também, embora menos frequentemente (23%), com o gênero masculino. ◆ *O erro só tem um ATENUANTE.* (FSP)

O substantivo **agravante** tem o significado oposto e o mesmo tipo de uso.

aterosclerose ⇨ Ver arteriosclerose.

Aterosclerose é substantivo que designa a arteriosclerose devida à formação de placas de ateroma (de gordura) na parede arterial. ◆ *Nas obstruções parciais, nos aneurismas e na ATEROSCLEROSE das carótidas, sua palpação poderá demonstrar a presença de frêmito.* (CLI)

Arteriosclerose é substantivo que designa a esclerose (endurecimento) da parede arterial.

aterrissar, aterrissagem; aterrar; aterrizar ⇨ Ver alunissar, alunissagem; alunizar ⇨ Ver amerissar, amerissagem; amarar ⇨ Ver -issar.

1. A forma **aterrissar** ("pousar na terra") – bem como **aterrissagem** – é considerada galicismo em algumas obras tradicionais e dicionários.

Entretanto, é a forma mais usual (92%). ♦ *O helicóptero, pilotado por Green, ATER-RISSOU, enquanto dois "Baby-Zeppelins" da Polícia continuavam manobrando em torno do terraço.* (PRE) ♦ *Mas a operação de ATERRISSAGEM de emergência, sem o trem de pouso e em precárias condições de segurança, é sempre perigosa.* (ESP)

2. A forma **aterrar** é a que é consignada como vernácula. Entretanto, ela é de uso muito raro (1%). ♦ *Nessa primeira semana eu estava ainda como peixe fora d'água, ou como um paraquedista que se aproxima do solo e procura um bom lugar para ATERRAR.* (OL)

3. Está oficialmente registrada, ainda, e ocorre raramente (2%) a forma **aterrizar**, tradicionalmente menos recomendada do que **aterrissar**. ♦ *Segundo a Polícia Federal, os aviões ATERRIZAM em pistas clandestinas.* (FSP)

4. A grafia **aterrisar** não é abrigada na ortografia oficial, mas ainda assim ocorre em 5% dos usos do termo.

aterrorizar

Com **Z**, como todo verbo formado com o sufixo **-izar**. Significa "encher de terror". ♦ *A polícia só conseguiu pôr a mão em um dos três homens que ATERRORIZARAM a Nestlé.* (EX)

ater-se

1. Significa "prender-se", "cingir-se", "limitar-se". Usa-se com complemento iniciado pela preposição **a**. ♦ *Aqui vamos NOS ATER ao seu papel na sensibilidade somática.* (NEU)

2. Conjuga-se como **ter**. ♦ *Incapaz de escolher por mim mesmo, confio na escolha de* outrem e *ATENHO-ME às condições em que Deus me colocou (...).* (CET) ♦ *Entretanto, as razões que levaram os republicanos ao poder não SE ATINHAM apenas a problemas relativos à autonomia regional.* (CRO) ♦ *Convém lembrar que a exposição feita SE ATEVE a um momento determinado da evolução da República Velha.* (JM)

Como as formas de terceira pessoa (do singular e do plural) do presente do indicativo são oxítonas em **-em**, elas são acentuadas: com acento agudo no singular e com acento circunflexo no plural. ♦ *O papel social das organizações burocráticas também não SE ATÉM a reproduzir a mão de obra, ou força de trabalho (...).* (BRO) ♦ *Isto acontece porque juristas e diplomatas SE ATÊM quase sempre à definição formal do que seja ou não guerra.* (GUE)

ateu

O feminino é **ateia**. ♦ *Valores orgânicos e resistentes ao igualitarismo utópico da metafísica ATEIA.* (EV) ♦ *Eu sou uma ATEIA. Mas meu pai, minha mãe e irmãos são muçulmanos.* (FSP)

atilho

É substantivo coletivo com ideia de elementos arranjados em paralelo, em feixe. ♦ *Os cabelos desgrenhados lhes vinham aos ombros; alguns os tinham presos por ATILHOS à nuca.* (RET)

atinar

Usa-se com complemento iniciado pelas preposições **com, para**, e, mais raramente, **a**, ou com complemento (geralmente oracional) sem preposição (objeto direto). Significa "dar-se conta, pelo tino, de". ♦ *Albuquerque não podia ATINAR com o entendimento entre Vitorino e Valério.* (PFV) ♦ *O primeiro presidente daquela instituição ou a primeira autoridade da República, nestes últimos cinquenta anos, a ATINAR para a existência da nossa Associação.* (CRP) ♦ *Dorner nem ATINOU ao desespero do amigo.* (REL) ♦ *Trêmulo e com suores, babatei um pouco, por ali, sem*

atribuir

ATINAR o que fazer naquela estrada, nem para onde dirigir meus babatantes pés. (TR) ✦ *Mal ATINAVA que o piano e o violino, num lamento de aflição, eram como que a descrição musical de seu desespero.* (RIR) ✦ *O caso é que o Cel. Germano tinha de responder ao primeiro telegrama do governador – um longo telegrama de felicitações – e não ATINAVA como fazê-lo.* (CAS)

atirar

Usa-se:

✧ significando "arremessar", "lançar", com um complemento sem preposição e outro iniciado pelas preposições **a, em** ou **contra**; qualquer um deles pode não vir expresso. ✦ *Estimulada pelo exemplo, uma menina desgarrou-se da mãe, passou a mão numas xícaras e ATIROU ao chão.* (FE) ✦ *Andou pelo capinzal uns cem metros e resolveu ATIRAR a mala no rio.* (ASS) ✦ *Este, completando o erro do companheiro, quis atrasá-la para Bonelli, deixando-a nos pés de um adversário que ATIROU contra o arco desguarnecido.* (ESP)

✧ significando "disparar projétil", com complemento iniciado pelas preposições **em** ou **contra** ✦ *ATIREI nele com bala de festim.* (REI) ✦ *Aqui, a polícia nunca ATIROU contra ninguém.* (AR)

atlas

É um substantivo terminado em **s** e, por isso, é **invariável.** ✦ *Os ATLAS alemães de anatomia, desenhados durante a Segunda Guerra, ainda são considerados os melhores do mundo.* (FSP)

atm(o)-

É elemento (grego) que se liga a um elemento seguinte. Significa "vapor úmido". ✦ *A semelhança marcante entre o conteúdo gasoso do oceano e da ATMOSFERA mostra a presença da interação ar-mar.* (OCE)

ator

O feminino é **atriz.** ✦ *Você é de fato uma excelente ATRIZ.* (AFA)

atrás, atrasar, atraso ⇨ Ver **trás.**

Com **S,** como o advérbio **trás.** ✦ *Eu fui ATRÁS do menino para ajudá-lo a refazer o ninho e fechar as portas todas.* (ACM) ✦ *ATRASEI-me um pouco. Já começou o ensaio?* (BB) ✦ *Os fornecedores reclamam do ATRASO nos pagamentos.* (AVL)

através de

1. É essa a forma, e não, simplesmente, **através.** Essa locução significa:

✧ "de um para outro lado de" (= atravessando). ✦ *O norte da Itália, ATRAVÉS DE Veneza e Pádua, era o roteiro principal das iniciativas diplomáticas bizantinas.* (ACM)

✧ "por entre" (= na transparência de). ✦ *Olhando casualmente para a vitrine, vi, ATRAVÉS DE minha figura refletida no vidro, a de alguém lá fora, na rua.* (AFA)

2. O uso da expressão **através de** com o significado de "mediante", "por meio de" (em correspondência com o inglês *through*) é condenado nas lições normativas (anglicismo).

Entretanto, essa construção é bastante usual, em todos os tipos de texto. ✦ *É o caso, por exemplo, da negociação de salários entre empresas e trabalhadores, ATRAVÉS DE seus sindicatos.* (VEJ) ✦ *ATRAVÉS Do espiritualismo ou do materialismo pode-se cometer o mesmo erro: suprimir o mundo e os homens.* (ESS) ✦ *Outro produto interessante para comentarmos é aquele que se usa para higiene bucal ATRAVÉS Do bochecho.* (QUI)

atrever-se

Usa-se com complemento iniciado pela preposição **a.** ✦ *De que mal sofre ele, para ATREVER-SE a rir tão descaradamente de todos nós?* (OS-O)

atribuir

1. Na conjugação, há formas em que o **I** forma ditongo com o **U** (**UI**), e, nesse caso, pela regra geral de acentuação, não há acento. ✦ *O problema está no capitalismo burocrático, que lhes ATRIBUI funções estratégicas de acordo com sua lógica e suas necessidades.* (BRO)

Há formas em que o **I** é vogal tônica, formando hiato com o **U**, e, nesse caso, pela regra geral de acentuação:

101

atribulação, atribular, atribulado

- ele é acentuado quando fica sozinho na sílaba, ou apenas com um S. ◆ *Incorrido desde cedo na fama de pretensioso, a verdade é que jamais o fui no grau que me ATRIBUÍRAM.* (RC)

- ele não é acentuado se não fica sozinho na sílaba. ◆ *Talvez incomodados pela genialidade dele mais que pelo perigo moral que quiseram ATRIBUIR-lhe.* (ACM)

2. Usa-se com um complemento sem preposição (objeto direto) e outro complemento iniciado pela preposição **a.** ◆ *Como não era médico ATRIBUIU o fato à idade.* (TAF) ◆ *Só a um milagre poderia ATRIBUIR o que via.* (ORM)

atribulação, atribular, atribulado ⇨ Ver **tribulação.**

1. **Atribulação** e **tribulação** são formas variantes. A primeira forma é muito mais usual (75%). Significam "adversidade", "sofrimento". ◆ *Ao contrário, era um dia a dia repleto de ATRIBULAÇÕES e compromissos.* (T)

2. A forma do verbo é só uma, **atribular**, com particípio **atribulado** (também usado como adjetivo). ◆ *Formou-se no Ferrabrás, em torno de Jacobina, a facção que semeou a cizânia, a discórdia e o luto entre as colônias pacíficas e ATRIBULOU seriamente a vida do Estado.* (RIR) ◆ *Tal correria é sinônimo de um cotidiano ATRIBULADO.* (VEJ)

atroz

1. Com **Z.** A palavra significa "impiedoso", "cruel". ◆ *Ele estava radiante, mas sem dúvida vivendo ATROZ expectativa.* (JM)

2. O superlativo absoluto sintético indicado é **atrocíssimo,** mas a forma não ocorreu.

atuação, desempenho ⇨ Ver *performance.*

Atuação e **desempenho** são formas portuguesas que traduzem o inglês *performance.* ◆ *Borba Gato foi modesto quando lhe elogiaram o DESEMPENHO na refrega de Ponta do Morro.* (RET) ◆ *Com a boa ATUAÇÃO, você espera voltar à equipe principal?* (FSP)

A forma *performance,* entretanto, é muito usada em português.

aturdir

Verbo defectivo, não se conjuga na primeira pessoa do singular do presente do indicativo, e, consequentemente, em todo o presente do subjuntivo. A conjugação é regular. Significa "atordoar", "confundir". ◆ *Aquele matriarcado, aquela ronda de mulheres movediças à minha volta seduzia-me e ATURDIA-me, profundamente.* (DM)

audi(o)-

É elemento (latino) que se liga a um elemento seguinte. O significado se relaciona a "ouvir". ◆ *Por que ele não procura os nossos representantes para fazer um AUDIOGRAMA?* (CV)

Se o elemento seguinte começar por **R** ou **S,** é necessário duplicar essa letra (que ficará entre duas vogais, na escrita). ◆ *Na área AUDIOSSENSORIAL realiza-se a análise das sensações auditivas fundamentais.* (ACL)

auferir

O verbo **auferir** muda o **E** em **I** na primeira pessoa do singular do presente do indicativo (e, consequentemente, em todo o presente do subjuntivo). Significa "obter", "conseguir". ◆ *Algumas AUFEREM grandes lucros; outras, lucros diminutos.* (VIS) ◆ *Favoreceu os maiores de 70 anos de idade e os inválidos que não exerçam atividades remuneradas, não AUFIRAM rendimentos ou não tenham meios de prover o próprio sustento.* (FSP)

áugure

A sílaba tônica é a antepenúltima (ÁU), e, por isso, a palavra leva acento (proparoxítona). O substantivo designa sacerdote romano que pressagiava a partir do canto e do voo das aves. ◆ *Na tradição oriental e na do Ocidente, o místico se revela ao ÁUGURE e ao iluminado, ao adivinho e ao profeta, que veem além do espaço e do tempo.* (FSP)

aur(i)- ⇨ Ver **cris(o)-.**

É elemento (latino) que se liga a um elemento seguinte. Significa "ouro". ◆ *Esse acordo significou para Portugal renunciar a todo desenvolvimento manufatureiro e implicou transfir para a Inglaterra o impulso dinâmico criado pela produção AURÍFERA no Brasil.* (FEB) ♦ *Eu pensei que essa guarda civil fosse alguma coisa heroica e AURIFULGENTE como a Guarda Nacional de meu avô.* (BAL)

aurícula ➪ Ver orelha.

O adjetivo correspondente é **auricular.** ♦ *Nos casos de fibrilação AURICULAR houve cerca de 50% de óbitos fetais.* (OBS)

Auricular também é adjetivo referente a **orelha** e a **ouvido.**

ausentar-se

Usa-se com complemento de lugar iniciado pela preposição **de.** ♦ *O Presidente e o Vice-Presidente não SE poderão AUSENTAR do País, sem permissão da Câmara dos Deputados, sob pena de perda do cargo.* (D)

austero

A sílaba tônica é a penúltima (TE). O E é aberto. Significa "de costumes rígidos", "severo". ♦ *Pai Ambrósio encarou AUSTERO a mulher.* (ID)

austr(o)-[1]

É elemento que significa "sul". ♦ *Por que este pequeno país, de 18.900 km², de civilização AUSTRONÉSIA e (des)colonização portuguesa, chama, hoje, a atenção do mundo, menos a dos brasileiros?* (FSP)

austr(o)-[2]

É elemento de composição correspondente a **Áustria.** Usa-se na formação de adjetivos pátrios compostos, ligando-se com hífen ao elemento seguinte. ♦ *Arapati – Conhecida somente da floresta pluvial AUSTRO-baiana.* (BEB) ♦ *O Milan chegava à antiga capital do Império AUSTRO-húngaro.* (FSP)

Austrália [Oceânia]

O adjetivo pátrio é **australiano.** ♦ *Neste ano devem acontecer novas surpresas, senão o AUSTRALIANO não deixaria Nova Guiné.* (REA)

Áustria [Europa] ➪ Ver austr(o)-[2].

O adjetivo pátrio é **austríaco.** ♦ *Em consequência, Napoleão aproximou-se dos soberanos alemães e estabeleceu uma aliança com o imperador AUSTRÍACO.* (HG)

aut(o)-, auto-

1. **Aut(o)-** é um elemento (grego) que significa "ele / si próprio".

É especialmente em palavras que já vêm do grego formadas com esse elemento que não ocorre o **O** final. ♦ *Assim, viver segundo a razão será triunfar sobre as paixões, conseguindo a imperturbabilidade (apatia) e chegar a ser senhor de si mesmo (AUTARQUIA).* (HF) ♦ *O velho forno-lar, o verdadeiro, o genuíno, AUTÊNTICO – era AUTÔNOMO, não podia ficar dentro da cozinha, ou da casa.* (BAL) ♦ *Por isso o motor do AUTOMÓVEL é chamado de motor a explosão.* (QUI)

Formando palavras em português, **auto-** liga-se ao elemento seguinte:

✧ com hífen, se o elemento começar por vogal, **H** ou por **O** (que é a mesma vogal em que o prefixo termina). ♦ *Ora, a esperança deve basear-se na pura realidade e o otimismo deve fundar-se nos fatos – ou tudo não passará de AUTO-HIPNOSE.* (OV) ♦ *A Tabela 1 reúne alguns exemplos de estudos de AUTO-OXIDAÇÃO.* (QUN)

✧ sem hífen, antes das outras consoantes e vogais. ♦ *A personalidade da criança prejudicava-se, naturalmente, com a ausência de AUTODETERMINAÇÃO.* (BIB) ♦ *Quase mergulhei de novo na minha deprimente AUTOANÁLISE, mas o que Bruno dizia me interessava mais.* (ACM)

2. Do mesmo modo, **auto-** (redução da palavra **automóvel**) é um elemento que se liga ao elemento seguinte:

✧ com hífen, se o elemento começar por vogal, **H** ou por **O** (que é a mesma vogal em que o prefixo termina).

✧ sem hífen, antes das outras consoantes e vogais. ♦ *A janela do meu quarto dá para a varanda, e tenho a sensação de que adormeci*

autobiografia

num AUTÓDROMO. (EST) ✦ *A excelente AU-TOESTRADA que liga a cidade de Orlando ao mundo mágico de Disney está repleta de placas de indicação.* (DP)

3. No caso de ambas as formas (prefixo ou elemento de composição), se o elemento seguinte começar por **R** ou **S**, é necessário duplicar essa letra (que ficará entre duas vogais, na escrita). ✦ *O marcapasso deve ser avaliado em um amplo contexto relacionado com a circulação sistêmica e sua AUTOR-REGULAÇÃO.* (ABC) ✦ *A tal de vitória do "grupo dos amigos" não passou também duma AUTOSSUGESTÃO.* (FCA) ✦ *6ª Feira de Equipamentos e Produtos para AUTOS-SERVIÇOS.* (FSP)

autobiografia

Autobiografia significa "biografia de si próprio". ✦ *Eça faz AUTOBIOGRAFIA por meio de Fradique, transferindo para ele as dúvidas e as incertezas em relação à própria obra.* (FSP)

Por esse significado reflexivo, as lições normativas indicam como redundantes construções como as que se encontram nas seguintes ocorrências (com possessivos referentes à mesma pessoa do sujeito): ✦ *Pode-se aplicar a ele o que disse da filosofia Junqueira Freire, em sua AUTOBIOGRAFIA.* (RB) ✦ *Por isso mesmo é que tanto me agrada a importância que atribuís, em vossa AUTOBIOGRAFIA, à vossa infância.* (AM-O) ✦ *Para tudo resumir ao fim de uma hora de minha AUTOBIO-GRAFIA, ou de boa parte dela pelo menos, estamos mais amigos do que dois irmãos que nunca se separaram (...).* (AL)

Entretanto, na maior parte das vezes, a construção não se resolve bem sem o possessivo.

autocrata

A sílaba tônica é a penúltima (**CRA**), e, por isso, a palavra não leva acento. O substantivo designa soberano absoluto e independente. ✦ *Seus primeiros atos, após esmagar a aventura revanchista, foram típicos de um AUTO-CRATA.* (VEJ)

autóctone

A sílaba tônica é a antepenúltima (**TÓC**), e, por isso, a palavra leva acento (proparoxítona). O substantivo designa aquele ou aquilo que é natural do país ou da região que habita; o mesmo que **nativo**. ✦ *O desprezo pela cultura AUTÓCTONE foi geral em todos os países da América.* (LIP)

autolotação ⇨ Ver lotação.

Autolotação é substantivo masculino que designa veículo automotivo usado no transporte coletivo. A forma, porém, não ocorreu. É usual a forma reduzida, **lotação**, também masculina.

automatização, automação

O substantivo **automatização** designa o conjunto de processos que visam à utilização da máquina em substituição ao trabalho braçal e intelectual do homem. É palavra formada regularmente em português, a partir do verbo **automatizar**. ✦ *Hoje, a Telemecanique fabrica não apenas contatores, mas muitos outros produtos para AUTOMATIZAÇÃO industrial.* (EX)

Entretanto, é muito mais comum (90%), para esse significado, o uso da palavra **automação**, considerada, em lições normativas, como mal formada, por ser forma decalcada no inglês *automation*. Essa maior frequência de uso se explica pelo fato de a palavra **automação** estar inequivocamente marcada como termo técnico, enquanto **automatização** tem várias outras aplicações. ✦ *A AUTOMAÇÃO industrial nada mais é que a extensão desta autorregulação a complexos industriais.* (CIB)

autópsia, autopsia ⇨ Ver necropsia, necrópsia.

As duas pronúncias são registradas em dicionários, mas a segunda forma (**autopsia**), que mantém a pronúncia da forma original grega, é raramente usada (3%).

É termo considerado por alguns estudiosos como inadequado para o significado pretendido ("exame de cadáver"), por conter o elemento **auto-**, que significa "ele próprio", "si próprio". Para substituí-lo foi criado o termo técnico **necropsia**, ou **necrópsia**, que significa, exatamente, "exame de cadáver".

Entretanto, **autópsia** é termo largamente usado, especialmente na linguagem comum. ✦ *O resultado da AUTÓPSIA, ordenada pelas autoridades da Guiana, ainda não foi divulgado.* (MAN) ✦ *Tínhamos dados para levantar a legítima dúvida e pedir a AUTOPSIA.* (FSP)

autorizar

1. Com **Z**, como todo verbo formado com o sufixo **-izar**.

2. Usa-se com complemento sem preposição (objeto direto), podendo ocorrer outro complemento iniciado pela preposição **a**. ✦ *Ministro nega que vá AUTORIZAR queimadas.* (ESP) ✦ *O computador AUTORIZOU a patrulha a nos liberar, a mim, Vera, Hélio e Alfredo.* (CRE)

av(i)- ⇨ Ver ornit(o)-.

É elemento (latino) que se liga a um elemento seguinte. Significa "ave". Corresponde ao elemento grego **ornit(o)-**. ✦ *O outro belga, Jacques, também está aposentado e tem uma granja AVÍCOLA em Portugal.* (CG) ✦ *O AVICULTOR rejeitará, como reprodutoras, as aves que apresentem defeitos no bico.* (CGA)

Av. / av.

É a abreviatura de **avenida**. ✦ *O consultório dele ficava na AV. Nossa Senhora de Copacabana, perto do cinema Art Palácio.* (BU) ✦ *Outro projeto de Rino que só pode ser visto nos livros é o do edifício Columbus, na AV. Brig. Luiz Antônio (São Paulo).* (FSP)

aval

1. É substantivo masculino. Designa, especificamente, garantia plena aposta a um título de crédito, pela qual uma pessoa (o avalista) assume o compromisso de saldá-lo se a dívida não for honrada pelo devedor. Genericamente, significa "apoio incondicional". ✦ *Os médicos Anderson e Blease precisam do AVAL de sete órgãos administrativos norte-americanos.* (FOC)

2. Os plurais indicados em manuais e em dicionários são **avales** e **avais**, mas a primeira forma não ocorreu. ✦ *A concessão de AVAIS do Tesouro está suspensa desde junho de 94.* (FSP)

avalancha, avalanche ⇨ Ver alude.

1. **Avalancha** é a forma portuguesa correspondente ao substantivo francês *avalanche*. Entretanto, essa forma aportuguesada é pouco usada, predominando (90%) a forma terminada em **E**, já tida como palavra portuguesa, mas não registrada oficialmente. Trata-se de substantivo feminino que designa grande massa de neve que se desagrega da montanha, despencando encosta abaixo, e, por extensão, designa qualquer desmoronamento. ✦ *Daí se vê que, embora correndo novos riscos de morte (...) as pessoas, mal passa a hora aguda da tempestade e da AVALANCHA, tratam de voltar ao barraco ou ao apartamento, ao pedaço de chão, centro ou fulcro de sua vida.* (CT) ✦ *Seu acampamento foi atingido por uma AVALANCHE, e não há possibilidade de sobrevivência.* (VEJ)

2. Devido a esse significado, os substantivos usam-se também como coletivos, com ideia de abundância. ✦ *Todo o tempo de minha estada em Fortaleza fiquei matutando sobre aquela AVALANCHA de cartas, fazendo contas de quantas haveria quando chegasse.* (GL) ✦ *A AVALANCHA de dor precipitara-se sobre sua cabeça na desgraça irreparável.* (PCO) ✦ *Esse Lutércio é uma AVALANCHE de achados e indícios* (ACM)

avaliar ⇨ Ver -iar.

Usa-se com complemento sem preposição (objeto direto) ou com complemento iniciado pela preposição **de**. ✦ *João Abade AVALIOU a situação, outra vez resguardado atrás da baraúna.* (J) ✦ *Bem AVALIARA da real gravidade da situação.* (SEM)

avant la lettre

É expressão francesa que significa "antes de o termo existir". ✦ *Espécie de Madonna "AVANT LA LETTRE", Luz viveu de chamar atenção com performances escandalosas.* (FSP)

avant-première

avant-première ⇨ Ver **pré-estreia.**

É palavra francesa usada em português. ✦ *Um dos autores desta coluna esteve na "AVANT--PREMIÈRE" do D&D, junto ao World Trade Center de São Paulo.* (FSP)

A forma portuguesa correspondente, **pré--estreia**, é, entretanto, muito mais usual (95%).

avareza

Com **Z**, como todo substantivo abstrato em **-eza** derivado de adjetivo. ✦ *O prefeito persiste em sua AVAREZA.* (NOD)

avaro

A sílaba tônica é a penúltima (**VA**), e, por isso, a palavra não leva acento (paroxítona terminada em **O**). ✦ *O espírito desta nação é tão mercantil e os mercadores são AVAROS.* (REA)

ave-maria

O plural é **ave-marias** (palavra invariável + substantivo). ✦ *Soaram as AVE-MARIAS – é a hora da refeição.* (VI)

aventurar-se

Usa-se com complemento iniciado pela preposição **a.** ✦ *Se é que Evandro pode SE AVENTURAR a semelhante julgamento, apenas por um breve encontro.* (PRO)

averiguar

1. A vogal **U** sempre soa, em qualquer das formas desse verbo.

2. No caso das formas rizotônicas, a ortografia oficial prevê duas diferentes pronúncias (com o **U** tônico ou com o **U** átono), e, desse modo, prevê também dois modos de acentuação: sem acento, se o **U** for tônico, e com acento na sílaba anterior, se o **U** for átono; por exemplo, *AVERIGUE* ou *AVERÍGUE*; *AVERIGUAM* ou *AVERÍGUAM*. Assim, na passagem de romance que vem a seguir (que é anterior à adoção das normas ortográficas atualmente vigentes), tanto podemos supor uma como outra pronúncia, e, por aí, podemos supor a

possibilidade de duas grafias, pelas normas atuais. ✦ *E ali ficou por largo tempo a olhar, ora para os que dançavam, ora para o anúncio, que tinha desdobrado na mão, como quem AVERIGUA / AVERÍGUA e confronta os sinais.* (EI)

3. Usa-se com complemento sem preposição (objeto direto). ✦ *A constatação chegou a causar risos entre os próprios legistas destacados para AVERIGUAR o caso.* (OPV)

Quando oracional, esse complemento pode iniciar-se com as conjunções **que** ou **se.** ✦ *Pude AVERIGUAR que vocês citam duas listas de livros baseadas na opinião do escritor norte-americano Harold Bloom.* (FSP) ✦ *A Polícia está devidamente orientada para AVERIGUAR se a denúncia tem procedência.* (OG)

avermelha

O **E** tônico é fechado (antes de **LH**). ✦ *O Sol AVERMELHA toda a paisagem.* (GE)

avesso

O **E** é fechado, no singular e no plural. ✦ *Seu Tonho Inácio vai revirar pelo AVESSO a redondeza toda.* (CHA) ✦ *Quase todos os proprietários desses modelos são AVESSOS à ideia de aparecer em público ao lado de suas máquinas.* (FSP)

avestruz

É substantivo usado, em geral, no masculino, referindo-se ao macho e à fêmea do animal (substantivo epiceno). ✦ *Segundo paleontólogos, o "ovirraptor" era um dinossauro raro, semelhante a um AVESTRUZ.* (FSP)

Embora menos frequentemente, ocorre no feminino, e também como substantivo epiceno. ✦ *Não se esconder como uma AVESTRUZ para não ver o que se passa no exterior.* (FSP)

avidez

Com **Z**, como todo substantivo abstrato em **-ez** derivado de adjetivo. Significa "desejo ardente", "sofreguidão", "cobiça". ✦ *Com AVIDEZ colocou na boca quase o cacho inteiro.* (FAB)

avir-se ⇨ Ver **haver-se.**

Avir-se significa "entender-se", "pôr-se em concórdia". Conjuga-se pelo verbo **vir**. Usa-se com complemento iniciado pela preposição **com**. ✦ *De jeito nenhum ME AVENHO com sela quente*. (CJ)

Avir-se não significa "ajustar contas", como, por vezes, se entende.

avisar

1. Com **S**, como **aviso**.

2. O verbo **avisar** se usa com dois complementos, podendo qualquer um deles deixar de ocorrer.

◇ Significando "informar, prevenindo", usa-se:

- com um complemento sem preposição (nome abstrato ou oração) e outro complemento com a preposição **a** (nome humano). ✦ *Mas eu quero lhe AVISAR uma coisa*. (PEL) ✦ *No dia seguinte, telefonei a Hélène para lhe AVISAR que nunca mais faria amor com ela*. (VEJ) ✦ *O aeroclube já AVISOU que o avião está pronto para me levar*. (ORM)

- com um complemento sem preposição (objeto direto: nome humano) e outro com a preposição **de** (nome abstrato ou oração). ✦ *Bateu palmas e fez um som sibilante com a língua entre os dentes, AVISANDO de sua chegada*. (VEJ) ✦ *O Zé nos AVISOU de que os tropeiros já estavam dormindo*. (MMM)

Ocorre, também, sem a preposição no segundo complemento. ✦ *O velho resolveu carnear um porco, AVISOU-a que viesse lidar com o bicho*. (CE)

◇ Significando "advertir", usa-se com um complemento sem preposição (objeto direto: nome humano) e outro complemento (oracional) iniciado pela preposição **para**. ✦ *É preciso AVISAR Rinaldo para trancar as portas*. (ACM) ✦ *Levantou o cassetete e AVISOU para que eu deixasse de ser besta*. (SC)

avizinhar-se

1. Com **Z**, como **vizinho**.

2. O verbo avizinhar-se se usa com complemento iniciado pela preposição **de** ou sem

complemento. ✦ *Contudo, a nova edição se AVIZINHAVA do fim*. (CAR) ✦ *Em geral, quando isso acontece, já SE AVIZINHA a meia-noite*. (CAN)

avô, avó

1. O feminino de **avô** é **avó**, com plural **avós**. ✦ *Sua AVÓ pode não gostar*. (I) ✦ *A mãe, as tias, as AVÓS eram, em verdade, as condutoras*. (DM)

2. Os plurais indicados para **avô** são **avós** ou **avôs**, mas esta última forma é pouco usada como plural genérico, referente ao conjunto de masculino e feminino. ✦ *Ouvi dezenas de histórias sobre ele, de meus AVÓS e de meus tios*. (ACM) ✦ *Simpson talvez tenha de ir à Justiça para readquirir a custódia dos seus filhos, sob a guarda dos AVÔS maternos*. (FSP)

A forma **avôs** costuma ser reservada para o plural masculino. ✦ *"O primeiro", diz ele, "é que nós herdamos de nossos pais, mães, AVÔS e avós esse Japão de hoje"*. (VEJ) ✦ *[os jogadores sírios] "Parecem AVÔS dos atletas de outras seleções", segundo a agência de notícias "Efe"*. (FSP)

avocar

Usa-se com um complemento sem preposição (objeto direto), podendo ocorrer outro complemento iniciado pelas preposições **a** ou **para**. Significa "chamar (para si)", "arrogar-se". ✦ *Quando o marechal Deodoro caiu, já estava em vigência, fazia alguns meses, a Constituição de 1891, cuja paternidade Rui Barbosa sempre AVOCOU*. (TGV) ✦ *AVOCOU a si o direito de renacionalizar privatizações* (VEJ) ✦ *Afinal, Suplicy AVOCARA para si a função de investigador policial, quando sua profissão é outra, senador*. (VEJ)

axila

O adjetivo correspondente é **axilar**. ✦ *A temperatura AXILAR varia entre 36 e 37°C conforme a hora do dia, sendo mais baixa durante a madrugada e mais alta no fim da tarde*. (CLI)

axioma

A pronúncia é **aksioma**. A palavra designa a proposição que dispensa demonstração, que

azado

é evidente por si mesma. ◆ *Vem de longe o AXIOMA: a questão social é uma questão de polícia.* (BPN)

azado ⇨ Ver **azo.**

Com **Z**, como **azo**. Significa "propício", "oportuno". ◆ *Sei, Aglaia, que o momento não é AZADO, você hoje me parece fatigada.* (JM)

azáfama

Com **Z**. É substantivo feminino. A sílaba tônica é a antepenúltima (**ZÁ**), e, por isso, a palavra leva acento (proparoxítona). O substantivo significa "muita pressa", "grande afã". ◆ *Chegamos ao Ritz de Paris em meio a uma AZÁFAMA de antigos baús de madeira Vuitton.* (FSP)

azálea, azaleia

1. **Azálea** é a forma recomendada na tradição. ◆ *Há cerca de três anos, o então prefeito Jânio Quadros propôs que se tomasse a AZÁLEA como a flor símbolo de São Paulo.* (VIS)

2. Entretanto, é muito mais comum (75%) a forma **azaleia**. ◆ *Quase todos os vegetais lenhosos podem ser cultivados como bonsai – que é a técnica de miniaturizar árvores. "O mais tradicional é o pinheiro negro, mas usamos outras como a junípero e a AZALEIA."* (FSP)

3. A forma **azaléa**, também encontrada (20%), não tem formação dentro dos padrões do vernáculo: em português não se registram formações com hiato **ÉA**. ◆ *A flor que já foi "azálea" está virando "AZALÉA" e não se pode dizer que esteja errado o que todo o povo vem consagrando.* (VEJ)

azêmola

A sílaba tônica é a antepenúltima (**ZÊ**), e, por isso, a palavra leva acento (proparoxítona). O substantivo designa besta de carga. ◆ *Passava o dedo na boca aberta de outra AZÊMOLA.* (SA)

Azerbaijão [Ásia]

O adjetivo pátrio é **azerbaijano**. ◆ *A medida provocou protestos de outras comunidades caucasianas, como a georgiana e AZERBAIJANA.* (FSP)

azia

Com **Z**. ◆ *Mattos sentia o gosto ruim da AZIA na boca.* (AGO)

aziago

É palavra paroxítona, sem acento: a vogal tônica é o segundo **A**. Significa "de mau agouro", "infausto". ◆ *Agosto é AZIAGO desde o século I da era cristã.* (CB)

azimute

A sílaba tônica é a penúltima (**MU**). A palavra não leva acento porque é paroxítona terminada em **E**. É termo de astronomia. ◆ *Cada líder recebe uma bússola com um AZIMUTE (direção) a seguir.* (FSP)

azo ⇨ Ver **azado.**

Com **Z**. Significa "ocasião", "ensejo". ◆ *Fora da livraria escolhida de meu tio Antônio Sales, forro, dei AZO à maior capadoçagem intelectual possível.* (CF)

azucrinar

Com **Z**. Significa "importunar fortemente", "apoquentar". ◆ *Semler usou sua popularidade para AZUCRINAR velhos totens do empresariado brasileiro.* (VEJ)

azul-acinzentado, azul-claro, azul--escuro, azul-esverdeado etc. ⇨ Ver **azul-marinho** ⇨ Ver **azul-celeste.**

Como se trata de adjetivo referente a cor composto de dois adjetivos, as flexões são, em geral, no segundo elemento. ◆ *Com a necrose, a cor das alças passa de rósea a cianótica, azulada ou AZUL-ACINZENTADA, com regiões mais arroxeadas, cobertas ou não de placas de fibrina.* (CLC) ◆ *E foi abrindo, à conta própria, a larga janela donde pendia cortina AZUL-CLARA.* (VB) ◆ *Na forma leve (asfixia azul) a pele é de cor AZUL-ESCURA.* (TI) ◆ *O mar, melhor vê-lo da praia, com sua tonalidade AZUL-ESVERDEADA transmitida pelo horizonte.* (INQ) ◆ *As rendas imaculadas da colcha, e do cortinado, os panos de*

azul-marinho

crivo que cobriam os dois almofadões, os laçarotes de fita AZUL-CLAROS (...). (BAL) ♦ *Servia carteira e como um garçom de boa casa, nunca de limpar o bico do recipiente para que não caíssem pingos AZUL-PRETOS sobre as carteiras.* (CF)

Também é usual, porém, flexão nos dois adjetivos. ♦ *E em maio cresceram no seu corpo jitiranas trepadeiras, enroscando--se, com flores AZUIS-ARROXEADAS.* (SD) ♦ *Com armação e lentes AZUIS-CLARAS, eles custam cerca de US$ 245 e têm a marca Oliver Peoples.* (FSP) ♦ *Já alterações nos ângulos de incidência de luz provocarão variações de reflexos AZUIS-ESVERDEADOS, azuis-violeta e até mesmo algumas nuances de vermelho-púrpura.* (SU) ♦ *Absorvendo os anseios dos convidados, encerrou com luzes AZUIS-VERDES-AMARELAS e o ufanismo escapista de "Aquarela do Brasil" (Ary Barroso).* (FSP)

Como substantivo masculino, o plural se faz nos dois elementos. Um exemplo é: *os AZUIS-ESCUROS.* Entretanto, esses plurais do substantivo não são ocorrentes.

azul-anil, azul-ferrete, azul-pavão, azul-petróleo, azul-safira, azul-turquesa, azul-violeta etc.

Como se trata de adjetivo referente a cor composto de um adjetivo seguido de um substantivo, o indicado é que nenhum dos elementos varie. ♦ *O presidente Itamar Franco, 61 anos, vestiu sua calça jeans e seus sapatos AZUL-PAVÃO e saiu por aí, dando lições de marketing nos cervejeiros.* (VEJ)

Também é usual, porém, a variação no primeiro elemento (adjetivo). ♦ *Já alterações nos ângulos de incidência de luz provocarão variações de reflexos azuis-esverdeados, AZUIS-VIOLETA e até mesmo algumas nuances de vermelho-púrpura.* (SU) ♦ *O facho*

luminoso desce até o fundo de um lago de águas AZUIS-TURQUESA. (VEJ) ♦ *[contas] amarelas, brancas e AZUIS-PAVÃO provenientes do golfo de Cambaia.* (MAL)

Como substantivo masculino, o plural pode fazer-se nos dois elementos, ou apenas no primeiro. Um exemplo é: *os AZUIS-SEDAS* ou *os AZUIS-SEDA.* Entretanto, esses plurais do substantivo não são ocorrentes.

azul-celeste

É adjetivo indicado como invariável. ♦ *O copeiro passa um tipo de espátula na toalha AZUL-CELESTE.* (EST) ♦ *Com teu colete amarelo e tuas calças AZUL-CELESTE, estragaste tudo.* (LL)

Entretanto, também ocorre o plural nos dois elementos. ♦ *Um grupo de pinceladas AZUIS-CELESTES no alto do quadro* (FSP)

É invariável o adjetivo *CELESTE*, se equivalente a *AZUL-CELESTE.*

Como substantivo masculino, o plural se faz nos dois elementos: *os AZUIS-CELESTES.* Entretanto, esse plural do substantivo não é ocorrente.

azul-marinho ⇨ Ver **marinho.**

É adjetivo indicado como invariável. ♦ *(Edson Siqueira Graciano) vestia calça cinza e japona AZUL-MARINHO.* (REA) ♦ *Quando o trem cruzou o Tietê, ela atirou a* **caderneta** *AZUL-MARINHO.* (DE)

Entretanto, também ocorre o plural nos dois elementos do adjetivo. ♦ *Um velho, vestido com a roupa dos contínuos – calça e paletó AZUIS-MARINHOS.* (AGO)

É invariável o adjetivo **marinho**, quando equivale a **azul-marinho.**

Como substantivo masculino, o plural se faz nos dois elementos: *os AZUIS-MARINHOS.* Entretanto, esse plural do substantivo não é ocorrente.

b

b

O nome da letra é **bê**. Com acento circunflexo. ✦ *Porém, a fama dos três "BÊS" (balsas, buracos e borrachudos) persiste.* (FSP)

babaçu

Com ç. O substantivo designa uma espécie de palmeira da qual se extrai um óleo de grande emprego industrial e da qual praticamente todas as partes se aproveitam. ✦ *Das folhas da carnaúba é extraída uma cera e o coco do BABAÇU produz um óleo de excelente qualidade.* (NOR)

babador, babadouro

São formas dicionarizadas como variantes, mas no registro da ortografia oficial babador apenas consta como adjetivo. Algumas lições normativas dão **babador** como forma corrompida de **babadouro**, já que o sufixo **-douro** exprime ideia de lugar ("lugar onde a criança baba"), enquanto o sufixo **-dor** denota o agente da ação. ✦ *A camiseta da secretária (...), de tão decotada em cima, embaixo, atrás e dos lados, mais parecia um BABADOURO.* (OSC-R). ✦ *Mathias, rosto ensaboado, navalha na mão e bandeira rubro-verde servindo-lhe de BABADOR.* (C)

babaganuche

A palavra, que não é oficialmente registrada em português, é usada para designar prato da cozinha árabe feito de polpa de berinjela assada e misturada com tahine, alho e limão. A forma *baba-ghanuji* aparece em alguns dicionários, mas não ocorreu. ✦ *Mas há velhos conhecidos dos brasileiros, como o insuperável BABAGANUCHE.* (FSP)

babel

O substantivo comum **babel**, formado a partir do substantivo próprio **Babel** (na expressão **Torre de Babel**), é usado para designar grande confusão. É feminino. ✦ *Infinito é o número das histórias da minha BABEL telefônica.* (BPN)

baby-beef

É palavra inglesa que designa carne de novilho, geralmente macho, não castrado e engordado. A pronúncia aproximada é **beibibif**. ✦ *É da grelha de carvão, aliás, que sai uma especialidade diária – cortes de BABY-BEEF, picanha, bife de chouriço.* (FSP)

baby-doll

É palavra inglesa que designa traje feminino de dormir, em duas peças, com calças bem curtas. A pronúncia aproximada é **beibidól**. ✦ *Nesta última fala, a porta do quarto se abre e uma moça dos seus vinte anos, metida num BABY-DOLL, entra na sala na ponta dos pés.* (IC)

baby-sitter

É palavra inglesa que designa pessoa encarregada de cuidar de criança temporariamente, em especial na ausência dos pais. A pronúncia aproximada é **bêibi-síter**. ✦ *No ano passado, Mônica procurou trabalhar como BABY-SITTER.* (VEJ)

bacanal

1. É substantivo feminino. Designa, em particular, festa em honra de Baco (em grego, Dionísio), deus do vinho. Genericamente, designa festim licencioso, orgia. ✦ *Chris*

bacará

e Adriana acabaram numa BACANAL, no quarto de Izuo, com dois modelos belgas e um soldado americano de uns vinte e poucos anos estacionado numa base perto de Tóquio. (FH)

2. O plural é **bacanais**. ✦ *Hebe, jovem de beleza extraordinária, filha de Júpiter e Juno. Durante as BACANAIS era portadora da ânfora das libações, de onde derramava néctar na boca dos velhos deuses.* (E)

bacará

É a forma gráfica portuguesa correspondente ao francês *baccara*. O substantivo designa um tipo de jogo carteado. ✦ *E ainda joga a minha filha na mesa do BACARÁ!* (OM)

Bacen

É a sigla de **Banco Central do Brasil**. ✦ *Na realidade, o Bacen foi arquitetado, em 1964, como o banco central mais independente do mundo.* (FSP)

backbone

É palavra inglesa que designa a infraestrutura primária de alta velocidade de uma rede de computadores, que interliga outras redes menores. A pronúncia aproximada é **becboune** (com E aberto). ✦ *Segundo Rigotto, o Rural quer fazer um BACKBONE (tronco) nacional, e deverá ter em breve uma conexão própria com os EUA, operada pela Embratel em parceria com a empresa americana Sprint.* (FSP)

background

É palavra inglesa usada para significar "base", "cenário", "pano de fundo", "segundo plano". A pronúncia aproximada é **becgraund** (com E aberto). ✦ *Certamente, este BACKGROUND social e econômico, mais típico de Minas, viria dar força ao que era comum em todo o Brasil: a Câmara Municipal.* (DC)

backup, becape

Backup é palavra inglesa que designa cópia de segurança de um disco de computador. A pronúncia aproximada é **becáp** (com E aberto). ✦ *Se, ainda assim, você apagar um arquivo por acidente, sem ter feito um BACKUP, o utilitário Undelete é capaz de recuperá-lo*

mesmo que ele tenha sido excluído há muito tempo. (P)

Becape é forma portuguesa oficialmente registrada, mas não é usual.

baço

O adjetivo correspondente é **esplênico**. ✦ *A loja renal é exposta, após mobilização do ângulo hepático ou ESPLÊNICO do colo.* (CLC)

bacon

É palavra inglesa usada para designar toucinho defumado. A pronúncia aproximada é **bêicon**. ✦ *Não vale o macarrão com molho à bolonhesa, creme de leite ou BACON, ricos em gordura.* (VEJ)

bácoro

A sílaba tônica é a antepenúltima (**BÁ**), e, por isso, a palavra leva acento (proparoxítona). Significa "leitão". ✦ *Cinco meses depois Bilac foi posto na rua, "gordo como um BÁCORO e aborrecido como um peru".* (UQ)

badejo ⇨ Ver **abadejo**.

Badejo e **abadejo** são formas variantes (designação de uma variedade de peixe). A forma **badejo** é muito mais usual (96%). ✦ *Agora, para a moqueca, tem que ser o BADEJO.* (IS)

bafeja

O e é fechado (antes de **J**). ✦ *Muitas vezes sonho que o terrível espectro, com uma longa batina negra, empurra a porta mal fechada, caminha lentamente pelo quarto e me BAFEJA um hálito gelado e podre.* (INQ)

bafio

A sílaba tônica é a penúltima (**FI**), e, por isso, a palavra não leva acento. Significa "cheiro de bolor", "mau cheiro". ✦ *O deputado levantou-se irritado, como que para livrar-se do BAFIO de Aparício.* (ORM)

bagagem

É substantivo coletivo para:

✧ conjunto de objetos pessoais que os viajantes levam. ✦ *A sua BAGAGEM tinha ido para o aeroporto, onde ela deveria depor.* (BB)

◇ conjunto de obras ou realizações de um artista, um escritor, um cientista. ♦ *De versões mais eruditas a outras marcadamente jazzísticas, cada músico projetou no repertório jobiniano sua BAGAGEM musical.* (FSP)

Bahamas / Baamas (arquipélago) [Antilhas]

Os adjetivos pátrios indicados em dicionários são **bahamense, baamense, bahamiano** e **baamiano**. Entretanto, só a primeira forma ocorreu. ♦ *Em seguida, o brasileiro Fernando Meligeni pega o BAHAMENSE Mark Knowles.* (FSP)

Bahia ⇨ Ver baía.

1. Escreve-se com **H** o nome do estado brasileiro. ♦ *A caravela demorou cento e vinte dias para percorrer as águas que separavam a BAHIA de Lisboa.* (BOI)

Entretanto, não há o **H** nos derivados desse nome. ♦ *O caboclo BAIANO, realmente, é por índole brigador e valente.* (DEN)

A palavra também não se escreve com **H** em nenhuma outra acepção. ♦ *Sorvi largos haustos de ar marinho e fitei longamente as águas quietas da BAÍA.* (DEN)

2. A sigla para o estado da Bahia é **BA**. ♦ *O primeiro petróleo brasileiro jorrou no dia 21 de janeiro de 1939, na localidade de Lobato, a 30 km de Salvador (BA).* (UE)

3. Os adjetivos pátrios correspondentes são **baiano** e **baiense**, mas esta última forma é muito pouco usual (0,3%). ♦ *O caboclo BAIANO, realmente, é por índole brigador e valente.* (DEN) ♦ *Não era português, mas BAIENSE, e sua condição de religioso facilitaria as coisas, embora os paulistas fossem rebeldes mesmo à lei de Deus, ressalvou.* (RET)

baixada

Com **X** (depois de ditongo), como **baixo**. ♦ *Tinha bom espaço e João Rufo escolheu uma BAIXADA para fechar a cerca, onde dava uma beleza de capim panasco.* (MMM)

baixar ⇨ Ver abaixar.

O verbo **baixar** significa:

◇ "fazer descer". ♦ *Um passageiro se ergueu, pediu licença para BAIXAR a vidraça.* (BH)

◇ "descer". ♦ *O corpo BAIXOU à terra, mas a alma ele deixou... encarnada na senhora!* (PEM)

◇ "fazer diminuir". ♦ *Sem a queda da temperatura esperada, a Gregory BAIXOU ainda mais os preços na sexta-feira.* (ESP)

◇ "diminuir". ♦ *BAIXOU o preço do armamento.* (SPI)

◇ "mover para baixo". ♦ *Enfiou os olhos no teto, BAIXOU-os e me encarou.* (BPN)

◇ "expedir". ♦ *A Justiça Eleitoral desta cidade BAIXOU ontem uma portaria proibindo a boca de urna no dia da eleição.* (GAZ)

O verbo **abaixar** tem alguns desses significados, mas nem todos, e também tem outros.

baixela

Com **X** (depois de ditongo). É substantivo coletivo para utensílios de serviço de mesa, geralmente de metal. ♦ *Pode-se penhorar objetos como joias, relógios, BAIXELAS e até alguns instrumentos musicais.* (VEJ)

baixo ⇨ Ver a baixo ⇨ Ver abaixo ⇨ Ver debaixo ⇨ Ver embaixo.

O superlativo absoluto sintético de **baixo** é: ◇ **baixíssimo**. ♦ *Além disso, o custo do frete para transporte da ração é BAIXÍSSIMO.* (GU) ◇ **ínfimo** (que se refere mais especialmente a qualidades morais). ♦ *João estava esmagado, jamais se sentira tão ÍNFIMO.* (PCO)

Constituem uma só palavra os advérbios **abaixo (de), debaixo (de)** e **embaixo (de)**. Usa-se, separadamente, **a baixo**, quando se trata de preposição + substantivo ("para baixo").

baixo-relevo

O plural é **baixos-relevos** (adjetivo + substantivo). ♦ *Impregnado de disposição, debruçou-se sobre as reproduções de BAIXOS-RELEVOS trazidas do Egito pelo professor de Arquitetura Jean-Nicolas Hyot.* (SU)

balaço, balázio

São formas de aumentativo de **bala** (no sentido de "projétil"). Entretanto, **balázio** é de

Bálcãs, Balcãs (península, região)...

uso raro (5%). ✦ *Russo, que se chama Marco Antônio da Silva, levou um **BALAÇO** no olho direito e outro na coxa direita. (VEJ)* ✦ *Ninguém de lá podia sair assim a dois tirões... sem falar nos **BALÁZIOS** e nos lançaços.* (CG)

Bálcãs, Balcãs (península, região) [Europa]

1. São formas variantes, e a primeira (paroxítona, com acento) é a mais usual (83%). ✦ *Pela primeira vez na História dos **BÁLCÃS**, as etnias estão mais ou menos separadas geograficamente.* (VEJ) ✦ *Assuntos atuais como Bósnia, **BALCÃS** e Oriente Próximo estiveram em pauta.* (EM)

2. O adjetivo pátrio é **báltico**. ✦ *O cômputo inclui todas as 89 regiões russas, exceto o encrave **BÁLTICO** de Kaliningrado.* (FSP)

baleia

1. É substantivo feminino, referindo-se ao macho e à fêmea do animal (substantivo epiceno). ✦ *A pesca da **BALEIA** teve na colônia seus dias de grandeza.* (H)

2. Encontra-se também **caxaréu** para referência ao macho. ✦ *CAXARÉU – O macho da baleia quando adulto.* (CD)

Bali (ilha) [Indonésia]

O adjetivo pátrio é **balinês**. ✦ *Agora, para complementar as imbatíveis cangas **BALINESAS**, há cintos bordados de conchas e miçangas, lindos, e mochilas de rattan.* (VEJ)

baliza, balizar, balizador, balizamento

Baliza escreve-se com **z**, assim como os derivados (**balizar, balizador, balizamento**). ✦ *Cabia a Voldenir atirar a bola. Fez bonito, deixando apenas uma **BALIZA** de pé.* (JM) ✦ *Temos que andar numa certa direção e uma situação como essa vai-nos permitir **BALIZAR** uma parte desse caminho.* (POL) ✦ *A cautela no momento de agir e o zelo pela coisa pública e pelas instituições sempre foram os **BALIZADORES** da vida política desses dois grandes Governadores.* (MIR-O) ✦ *Foi quando percebi que o chamado processo revolucionário já tinha um **BALIZAMENTO** para acabar.* (NBN)

bálsamo

O adjetivo correspondente é **balsâmico**. ✦ *Ele tem paladar de fruta e especiaria junto ao toque **BALSÂMICO** e aos taninos fortes, típicos destes tintos do norte do Portugal.* (FSP) ✦ *O vinagre é **BALSÂMICO**, mas contundente.* (PAO)

Balzac

O adjetivo correspondente é **balzaquiano** ("de Balzac"). ✦ *Em cenas narradas com vigor **BALZAQUIANO**, Robb mostra seu biografado como uma curiosa mistura de racionalismo científico e misticismo supersticioso.* (FSP)

No feminino, a palavra pode adquirir o significado especial de "que já tem trinta anos", significado ligado ao romance de Balzac *A mulher de trinta anos*. ✦ *A **BALZAQUIANA** Barbie (faz 35 anos em março) está em crise existencial.* (VEJ)

bambino

É palavra italiana que significa "menino". ✦ *Era aqui que eu queria encerrar minha homenagem a esse anônimo companheiro, que, com sua seleção musical, me pegou pela mão, como um **BAMBINO** deslumbrado (...).* (ARI)

bambuzal, bambual, bamburral

São substantivos coletivos para bambus ("plantação de bambus"). A forma mais usada é **bambuzal** (53%) e a mais rara é **bamburral** (12%). ✦ *Isaac achou uma porção de retratinhos do telegrafista pregados no **BAMBUAL** onde tia Marina passava as tardes.* (JT) ✦ *(Seu Oscar) Fez um acaso, atravessando na frente da mulher, quando ela saía para procurar ninhos de galinha d'angola no **BAMBURRAL**.* (SA) ✦ *Vinham do **BAMBUZAL**, cada uma com uma vasilha na cabeça.* (ALE)

banana

1. É substantivo feminino, designando uma fruta. ✦ *No caso da **BANANA**, apesar de o Brasil ser o maior produtor mundial, apenas exportou de 2 a 3% de sua produção anual.* (DS)

2. Em linguagem popular, é adjetivo para os dois gêneros, significando "palerma". ◆ *A Milícia de Michigan, relacionada ao atentado de Oklahoma, está convencida de que o governo americano é, na melhor das hipóteses, muito BANANA.* (FSP)

Também designa homem assim qualificado, constituindo, então, um substantivo masculino. ◆ *Ernesto, você é um BANANA, mais culpado do que eu.* (CNT)

banana-prata

O plural é **bananas-prata** (substantivo + substantivo, o segundo fazendo uma determinação sobre o primeiro). ◆ *Corte as BANANAS-PRATA em rodelas e misture à calda.* (FSP)

bananal

É substantivo coletivo para bananeiras ("plantação de bananas"). ◆ *Climério passou dois dias escondido dentro do barraco no meio do BANANAL.* (AGO)

banda

É substantivo coletivo para músicos. ◆ *Estouraram os primeiros foguetes e a BANDA de música começou a tocar.* (AM)

band-aid

É palavra inglesa que designa pequeno curativo adesivo, com um centro de gaze, usado para cobrir ferimentos leves. A pronúncia é, aproximadamente, **bandeid.** ◆ *Ving Rhames, com seu porte de armário, careca, óculos escuros, um bonito BAND-AID na nuca, parece saído de uma história em quadrinhos.* (VEJ)

banca

É substantivo coletivo para examinadores. ◆ *A BANCA estava a postos atrás da mesa solene, coberta dum pano verde bordado de amarelo.* (CF)

bandeira

1. É substantivo feminino quando designa estandarte, pavilhão. ◆ *O carreiro, no extremo da vara, leva uma BANDEIRA negra.* (CBC)

É substantivo masculino quando (na linguagem do futebol) designa homem que faz sinal com bandeira, auxiliando a atuação do juiz.

◆ *Meu gol foi legítimo. Nem o BANDEIRA marcou o impedimento.* (FSP)

2. É substantivo coletivo para homens em expedição. Nesse caso, é feminino. ◆ *Na travessia do rio das Velhas uma febre assolou a BANDEIRA, matando e maltratando muitos dos homens.* (RET)

bando

É substantivo coletivo para animais (especialmente para aves) e para homens (geralmente depreciativo). ◆ *Como se entendessem o que eu tinha dito, um BANDO de pombas chegou de todas as partes se jogando umas contra as outras.* (BL) ◆ *Um aliado ideal, pensei, para um BANDO de fanáticos por história do conhecimento.* (ACM)

banguê

O U soa. O substantivo designa, entre outras coisas, engenho primitivo, e, também, padiola. ◆ *(É-bango-ê-bango) daria mais tarde origem à palavra BANGUÊ, o engenho primitivo em que os escravos gemiam no eito.* (CAL) ◆ *Entro no engenho. É dos de BANGUÊ, tocado a vapor.* (FCA)

bangue-bangue ⇨ Ver **faroeste** ⇨ Ver **western.**

1. É a forma aportuguesada do inglês *bang-bang*, onomatopeia referente ao barulho de tiros repetidos. Designa tiroteio, cena de tiroteio, e, especialmente, filme de faroeste. ◆ *Nada como um bom BANGUE-BANGUE para relaxar o espírito, depois de um dia de trabalho.* (FSP)

2. O plural é **bangue-bangues** (palavras repetidas). ◆ *Disputas entre criadores de vacas e ovelhas nunca seduziram os diretores de BANGUE-BANGUES.* (FSP)

banir

Verbo defectivo, conjuga-se apenas nas formas em que ao radical se segue **E** ou **I**. Não existe, pois, a primeira pessoa do singular do presente do indicativo, e, consequentemente, todo o presente do subjuntivo. Significa "afastar", "eliminar", "expulsar". ◆ *Sua eloquência, herdada de Deus e testada anteriormente pelos profetas, BANE a miséria e a injustiça* *do seu território moral.* (PAO) ◆ *Havia a vida dos embaixadores envolvida, e o governo os* **BANIU.** (SC)

banner

É palavra inglesa usada para designar peça em forma de bandeira, com inscrição publicitária, para exposição pública. A pronúncia aproximada é **bâner.** ◆ *Segundo ele, um* **BANNER** *médio (1 m por 70 cm) com foto sai por R$ 100, contra R$ 70 de um simples.* (FSP)

bar(o)-

É elemento (grego) que se liga a um elemento seguinte. Significa "peso", "pressão". ◆ *Nesse tempo, minha sensibilidade de menino era como um* **BARÔMETRO** *querendo medir a enchente.* (CHI) ◆ *A influência da pressão* **BAROMÉTRICA** *não é considerada na maioria dos fenômenos hidrológicos.* (HID)

baraço ⇨ Ver senhor de baraço e cutelo.

O substantivo **baraço** designa corda, especialmente em referência a corda de enforcamento. ◆ *Degredo por dois anos, foi a pena, tendo antes que andar por todo o Recife, com grilhão e* **BARAÇO,** *apontado à execração pública.* (OSA) ◆ *Eu estava no Recife e o vi passar, com o* **BARAÇO** *ao pescoço, tangido como um cão, entre insultos e pedradas de uma multidão que ria e incentivava a violência.* (OSA)

Usa-se na expressão **senhor de baraço e cutelo,** que designa senhor com domínio absoluto sobre seus vassalos ou subordinados, com poder de condená-los a qualquer tipo de pena, até à morte.

barão

O feminino é **baronesa.** ◆ *A* **BARONESA** *mal saía do quarto, firmada em pernas impróprias.* (COT)

barato

1. Como adjetivo, varia em gênero e número, concordando com o substantivo a que se refere. ◆ *Alarmes e dispositivos eletrônicos, custem o que custar, são* **BARATOS.** (OMT) ◆ *A* **comida** *é mais* **BARATA** *e é coisa que se pode vender.* (AC)

2. Como advérbio, é invariável. ◆ *Como consequência, aconselha-se ao trabalhador que nada compre, para depois comprar mais* **BARATO.** (EMB)

3. A rigor, diz-se que é barata uma mercadoria; dos preços ou dos custos diz-se que são **baixos, módicos, reduzidos.** ◆ *Elas não compartilham com as grandes redes de hipermercados a velha política de* **preços baixos.** (EX) ◆ *Eles são o adubo orgânico por excelência para as culturas extensivas que ocupam grandes áreas, pois podem ser produzidos a um* **custo baixo** *no próprio local de aplicação.* (ADV) ◆ *A empresa oferece o cardápio com as dez opções, a* **preços módicos,** *e os jornais compram o que bem entenderem.* (RI) ◆ *Criou-se a Fundação Nacional de Material Escolar, para ampliar a produção, venda e revenda de material escolar, a* **preço reduzido,** *em todo o Brasil.* (CPO) ◆ *Paralelamente, sentiu-se a necessidade de utilizar toda a infraestrutura, estimulando-se a produção de cereais nas terras do cerrado, com vistas à exportação a* **custo reduzido.** (ESP)

Entretanto, são usuais, especialmente na imprensa, construções como: ◆ *As montadoras têm conseguido manter suas vendas, entre outras coisas porque têm financiamento externo, fornecido por suas matrizes, a* **custo BARATO.** (FSP) ◆ *Uma forma de democratizar:* **preço barato.** (REA)

barbaria, barbárie

1. Em **barbaria,** a sílaba tônica é **RI,** e, por isso, a palavra não leva acento. Significa "ato próprio de bárbaros". ◆ *Na cafua que era a solitária ele talvez não permanecesse mais de um mês seguido, o que era já uma* **BARBARIA.** (IS)

2. Em **barbárie,** a sílaba tônica é **BÁ,** e, por isso, a palavra leva acento. Significa "estado próprio de bárbaros". ◆ *Éramos todos entusiastas de Rui Barbosa e considerávamos o velho Pinheiro como o símbolo do anacronismo, da* **BARBÁRIE** *e da ignorância.* (AM)

barbarismo

Em relação à linguagem, designa palavra ou construção que viola normas prescritivas, por exemplo: troca ou omissão de fonemas ou de letras; flexão de palavra que é invariável; falta de flexão para concordância; uso de infinitivo por futuro do subjuntivo; uso de palavra com significado inapropriado em um contexto. ✦ *O telefonista... Daqui a pouco, mais esse BARBARISMO será registrado nos léxicos.* (VPB)

barcaça

É aumentativo de **barca**. ✦ *E nisto um mulato forte, espadaúdo, com uma pistola na cintura, desamarrou-lhe as mãos, para que Julião se encarregasse de um dos remos, à proa da BARCAÇA.* (OTS)

Barcelona [Espanha]

O adjetivo pátrio é **barcelonês**. ✦ *O prefeito encarna o espírito desafiador do BARCELONÊS, o mais orgulhoso tipo catalão.* (VEJ)

barganha, berganha; barganhar, berganhar

1. São pares de formas variantes, mas as formas com **e** têm uso reduzidíssimo (cerca de 1%).

2. O substantivo designa troca, transação, especialmente a que envolve trapaça. ✦ *Coisa feita sem o senhor nem ninguém ter sabido da BARGANHA do animal.* (CHA) ✦ *E quando a gente volta, o freguês quer porque quer fazer outra BERGANHA, p'ra tirar a forra.* (SA)

3. O verbo significa "fazer barganha". ✦ *O coronel não BARGANHA seu galo de guerra por cem reses do Piauí.* (CL) ✦ *Então Cassiano trocou pela segunda vez de montada, comprando um alazão de crineira negrusca, (...) o cavalo baio-calçado que BERGANHARA pela mula douradilha (...).* (SA)

barregão

O feminino é **barregã** ("concubina"). ✦ *E acha virtuoso rubor de BARREGÃ nas faces?* (NOF)

bas-fonds

É palavra francesa (plural) usada para designar a escória social, a ralé, e, também, a zona em que se concentra esse tipo de gente. A pro

núncia é, aproximadamente, **bafon**. ✦ *É o arrebalde que abriga a fina flor da cafajestada. "BAS-FONDS".* (FAN) ✦ *Não é de estranhar, então, a paixão proibida que o cinema logo demonstrou pelos BAS-FONDS.* (FSP)

basquetebol, basquete

Basquetebol é a forma portuguesa correspondente ao inglês *basketball*. Essa forma, entretanto, é muito pouco usada (1%), preferindo-se quase sempre a forma reduzida **basquete**. ✦ *A equipe brasileira ficou em terceiro lugar no campeonato de BASQUETEBOL feminino.* (MAN) ✦ *A seleção de BASQUETE masculino também já está na Espanha.* (ATA)

bastante

1. Como pronome indefinido, varia em número, concordando com o substantivo a que se refere (anteposto ou posposto).

Significa:

◇ "que basta", "suficiente". ✦ *Pois numa economia socialista planificada, o plano elaborado pelos peritos ainda não é BASTANTE.* (HIR) ✦ *Ele não tem posses BASTANTES para ingressar na juventude transviada.* (AID)

◇ "muito", "numeroso". ✦ *Joguem BASTANTE água.* (CCI) ✦ *Porém li BASTANTES livros.* (BU) ✦ *E sua mãe já teve BASTANTES motivos de contrariedade, esses dias.* (A)

2. Como advérbio (referindo-se a verbo, adjetivo ou advérbio) é invariável. ✦ *Talvez sua dignidade, os restos de sua dignidade, sofressem BASTANTE.* (A) ✦ *Padre Cré era BASTANTE vistoso.* (CD) ✦ *Carlos parou de repente e falou BASTANTE explicitamente.* (A)

bastar

O verbo **bastar** concorda regularmente com o seu sujeito, que geralmente vem posposto. ✦ *BASTARIA uma ordem e ele puxaria rápido.* (SE) ✦ *BASTA que você nos aceite, como nós aceitamos você.* (A) ✦ *BASTAM-me as pequenas atenções do cotidiano.* (CNT)

batalhão

É substantivo coletivo para soldados de infantaria ou de cavalaria. ✦ *Às quinze horas,*

batavo

na Vila Militar, o primeiro BATALHÃO de Infantaria Motorizada – Escola (BATALHÃO Sampaio) comemora a tomada de Monte Castelo. (CNT)

Refere-se também, genericamente, a uma grande quantidade de pessoas que exercem um mesmo tipo de atividade. ◆ *Um BATA-LHÃO de repórteres, fotógrafos, cinegrafistas quase fez o que o húngaro Josef Csak não conseguiu: derrubar Rogério Sampaio, que teve de ser protegido pela polícia.* (CB) ◆ *A secretaria atende em média 200 pessoas/dia, que não têm para onde ir (...) e um BATALHÃO de pessoas que vêm do interior à procura do sonho de uma vida melhor, casa para morar e trabalho.* (EM) ◆ *Todos os anos, um BATALHÃO de demonstradoras dialoga, nos supermercados, com aproximadamente 15 milhões de consumidores.* (EX)

batavo ⇨ Ver Neerlândia ou Países Baixos [Europa] ⇨ Ver Holanda [Europa].

A sílaba tônica é **ta**, e, por isso, a palavra não leva acento (paroxítona terminada em **o**). É o adjetivo pátrio referente à Batávia, antigo nome dos Países Baixos. ◆ *Quando se encerrou a Trégua, e a Espanha renovou seus embargos e obstáculos à ida de navios holandeses a Lisboa, surgiu entre os comerciantes BATAVOS a ideia de conquistar o Brasil.* (HIB)

bateau-mouche

É palavra francesa que designa barco a motor que faz excursões fluviais de recreio, especificamente pelo Rio Sena, em Paris. A pronúncia é, aproximadamente, **batô muche**. ◆ *Já passear às margens do rio Sena ou tomar um "BATEAU-MOUCHE", partindo da ponte d'Alma, resulta em belas visões das pontes, palácios e jardins.* (FSP)

bate-boca

O plural é **bate-bocas** (verbo + substantivo). O primeiro elemento do composto não varia porque é verbo. ◆ *Não se ouviam os BATE--BOCAS, os palavrões, as ameaças, os desafios.* (REA)

bate-estaca

O plural é **bate-estacas** (verbo + substantivo). ◆ *Considera-se como marco zero da industrialização do petróleo o ano de 1859, quando Edwin Drake descobriu petróleo em Tutsville, (...) com a utilização de um equipamento semelhante a um BATE-ESTACA.* (UE) ◆ *Os BATE-ESTACAS, os tratores, a dinamite, afastaram para muito longe os ruídos naturais da vida silvestre.* (OV)

Ocorre também **bate-estacas** como singular. ◆ *Quase não havia opções ao BATE--ESTACAS.* (FSP)

bátega

A sílaba tônica é a antepenúltima (**BÁ**), e, por isso, a palavra leva acento (proparoxítona). O substantivo designa pancada (de chuva). ◆ *A chuva que caía em BÁTEGAS pelo rio e a floresta transformou a terra num vasto lamaçal.* (CEN)

bater, bater-se

1. O verbo **bater** é usado (entre outras construções):

a) com complemento sem preposição (objeto direto), significando:

◇ "movimentar rapidamente". ◆ *Por que o beija-flor consegue ficar suspenso no ar? Porque é capaz de BATER as asas muito mais rápido que as outras aves.* (TG)

◇ "remexer com força". ◆ *BATA muito bem os ovos com o açúcar.* (FSP)

◇ "soar". ◆ *Mas o sino BATEU foi à hora da Ave-Maria.* (J)

◇ "movimentar com ímpeto para fechar". ◆ *Quando passares, BATE a porta.* (TSL)

◇ "ultrapassar". ◆ *Recentemente, ele BATEU a marca de 9.921, que era de Magic Johnson.* (FSP)

b) com complemento iniciado pela preposição **em**, significando "chocar-se com". ◆ *Segundo testemunhas, o avião explodiu após BATER em montanha, a minutos do pouso.* (FSP)

c) com complemento iniciado pelas preposições **a** ou **em**, significando "dar pancadas".

E os dias foram seguindo assim até que numa tarde BATEU à porta da casa o Capitão Custódio. (CA) ◆ *Teles BATEU na porta e anunciou o magistrado.* (JM)

d) com um complemento sem preposição (objeto direto), e outro complemento iniciado pela preposição **em**, significando "derrotar", "vencer". ◆ *BATO esse candidato na urna que ele escolher.* (DDP)

2. Referindo-se a horas (ou fração), o verbo **bater** concorda com o número de horas (singular ou plural) que soam. ◆ *BATERAM sete horas.* (PRE)

Se houver, porém, um sujeito referente ao objeto que soa, o verbo concorda com ele. ◆ *O sino da matriz BATEU sete horas.* (PCO)

3. O verbo **bater-se** é usado com complemento iniciado pela preposição **por**, significando "lutar", "propugnar". ◆ *Os católicos BATIAM-SE pela reparação de certas injustiças, e mesmo pela punição dos culpados.* (MA-O)

bateria

É substantivo coletivo:

◇ para utensílios de cozinha. ◆ *Mas a mesa foi ele quem fez, o cabo das colheres foi ele quem moldou e até mesmo na BATERIA das panelas, nove em dez são obras suas.* (CV)

◇ para instrumentos de percussão. ◆ *O homem da BATERIA parecia um polvo a dar trabalho a todos os tentáculos.* (N)

◇ para componentes elétricos associados. ◆ *Ele disse que a BATERIA estava boa, o resto do carro é que tinha que ser trocado.* (ANB)

◇ para canhões. ◆ *E levou a carriola pra frente de uma BATERIA, instalou o saco na boca de um canhão, ateou o morrião pra canhoneá-lo.* (TR)

◇ para objetos em geral, e, nesse caso, geralmente se segue um especificador. ◆ *Por fim, uma BATERIA de recipientes que enchi de tinturas de beladona, acônito, amônia e quanto mais.* (PFV)

◇ para atos, processos, eventos, qualidades, e, nesse caso, geralmente se segue um especificador. ◆ *Botafogo, por exemplo, tinha um departamento médico capaz de submeter*

os jogadores a uma BATERIA de exames antes da contratação. (ETR) ◆ *O que há de mais imoral do que a BATERIA de valores abstratos de idolatria da pátria socada nos compêndios?* (MOR)

batizar

Com **Z**. ◆ *Pediu que ficasse até domingo para BATIZAR seu filho recém-nascido.* (ID)

batom, *baton*

1. **Batom** é a forma gráfica portuguesa correspondente ao francês *baton*. ◆ *A mãe de Juquinha tem cabelos brancos e não usa nem BATOM.* (CC)

2. Usa-se também, embora mais raramente (12%), e apenas na literatura, a forma gráfica original francesa. ◆ *Usava BATON rosa claro e tinha cabelos lisos e soltos.* (ATA)

bauxita

A sílaba **XI** pronuncia-se como **CHI** (chiante), embora na palavra original francesa o **x** soe **cs**. O substantivo designa um tipo de rocha, minério de alumínio. ◆ *No passado, fabricar alumínio era um excelente negócio e o país que tivesse depósitos de BAUXITA estava bem de vida.* (VEJ)

bávaro

A sílaba tônica é a antepenúltima (**BÁ**), e, por isso, a palavra leva acento (proparoxítona). O termo designa o natural da Baviera, região da Alemanha. ◆ *A palavra "humanismo" foi usada pela primeira vez, segundo parece, em 1808, pelo pedagogo BÁVARO Niethammer.* (HF)

bazuca

É a forma portuguesa correspondente ao inglês *bazooka*. O substantivo designa um tipo de arma constituída por um tubo de disparo por onde se lançam granadas. ◆ *As letras desconcertantes de Noel Rosa detonaram, com a força de um tiro de BAZUCA, a época romântica das modinhas imperiais.* (VEJ).

bêbado, bêbedo

São formas variantes: **bêbado** (97% de frequência) formou-se de **bêbedo**, por dissimilação vocálica (**e...e** > **e...a**). ✦ *Um BÊBADO foi preso por perturbar a paz pública.* (AGO) ✦ *Cai, não cai, o homem BÊBEDO vinha cantando.* (MRF)

bege

É a forma portuguesa correspondente ao francês *beige*. A pronúncia é com **E** aberto. ✦ *Aglaia surgiu na porta lindamente vestida, numa calça comprida de gabardine BEGE com botas altas de um vermelho vivo.* (JL)

beija-flor

O plural é **beija-flores** (verbo + substantivo). ✦ *Os 700 BEIJA-FLORES soltos na Chácara do Ipê tinham vidrinhos pendurados no beiral, com água, groselha e açúcar.* (CRU)

beisebol, *baseball*

1. **Beisebol** é a forma portuguesa correspondente ao inglês *baseball*. ✦ *E bem andou, desde que por pouco não comprou, em lugar do velocípede, uma luva de BEISEBOL.* (FE)

2. A forma gráfica original inglesa também é usada, mas com frequência bem menor (10%). ✦ *Mas, segundo o unânime comentário dos redatores esportivos, quase todos os grandes jogadores de BASEBALL correm muito no campo só para que o jogo termine mais depressa e eles possam acender seus cigarrinhos.* (REA)

bel.

É a abreviatura de **bacharel**. ✦ *Secretário das Sessões: BEL. João Baptista de Andrade Reis.* (JL-O)

bel canto, bel-canto

1. **Bel canto** é expressão italiana composta de adjetivo e substantivo. Designa canto lírico. ✦ *Passou a segundo plano a beleza das qualidades puramente vocais, apanágio do "BEL CANTO".* (ESP)

2. Encontra-se em uso, embora com menor frequência, a forma aportuguesada, como substantivo composto (com hífen), **bel-canto**, forma que não tem registro oficial. ✦ *Lando, pouco versado no BEL-CANTO, quis saber qual das duas cantava melhor.* (JM)

bel(i/o)-

É elemento (latino) que se liga a um elemento seguinte. Significa "guerra". ✦ *É um mundo BELICOSO demais para a ferocidade do animal.* (FAB) ✦ *Guerra econômica – como o nome diz – limita-se às ações contra a economia de um país BELIGERANTE.* (GUE) ✦ *Assim, dentro em breve, não apenas as armas, mas as nossas próprias BELONAVES, estarão saindo de estaleiros nacionais, construídos por técnicos brasileiros e com o aço forjado em nossas usinas siderúrgicas.* (JL)

belas-artes

É substantivo que só se usa no plural (*pluralia tantum*). É a designação dada às manifestações artísticas, especialmente as artes plásticas. ✦ *Se a escola tem um fim cultural, a biblioteca deve ser rica em literatura e BELAS-ARTES.* (BIB)

belas-letras

É substantivo que só se usa no plural (*pluralia tantum*). Designa, especificamente, conhecimentos culturais ligados à palavra, como a gramática, a eloquência, a poesia, a literatura, estudados pelo prazer estético. Genericamente, designa manifestações literárias vistas por suas qualidades estéticas. ✦ *Em matéria de BELAS-LETRAS, como expressão de cultura, de inteligência e de talento, o fraco é a oratória: quem falar bem está feito na vida.* (S)

belchior

A sílaba tônica é a última (**or**), e, por isso, a palavra não leva acento (oxítona terminada em **r**). A sílaba **CHI** pronuncia-se como **XI** (chiante). Significa "mercador de roupas velhas ou usadas". ✦ *O Labirinto de Espelhos é um curiosíssimo BELCHIOR de almas sovadas pela gula do dinheiro.* (COR)

beldroegas, beldroega

1. **Beldroegas**, como designação de pessoa tola, boçal, insignificante, é substantivo que, com forma aparentemente plural, designa apenas um elemento. Obviamente, a mesma forma também se refere a mais de um elemento.

bem, bem-, bene-

♦ *(...) e aconteceu que o BELDROEGAS Elias veio a ser primo em quarto grau do novo governador (...).* (SD) ♦ *Proibiram de fazer reclames nos muros, terminou um emprego nosso, agora essas vitrolas estão acabando com os bailes nos clubes, os BELDROEGAS agora fazem festinhas em casa mesmo.* (RC)
2. No singular, **beldroega** é a designação de uma erva. ♦ *Aí a BELDROEGA, em carreirinha indiscreta – ora-pro-nobis! ora pro-nobis! – apontou caules ruivos no baixo das cercas das hortas e, talo a talo, avançou.* (AS)

Belém [Pará]

O adjetivo pátrio é **belenense**. ♦ *Espero não defraudar a honrosa confiança em mim depositada, nem frustrar generosos anseios e as justas esperanças do povo BELENENSE.* (AP)

beleza

Com **z**, como todo substantivo abstrato formado com o sufixo **-eza**. ♦ *Beatrice Bonomi, a mais tranquila e entusiasta do grupo, tinha uma BELEZA toscana.* (ACM)

Bélgica [Europa]

O adjetivo pátrio é **belga**. ♦ *Como não conseguisse provar minha nacionalidade BELGA, cassaram-me o mandato arbitrariamente.* (AL)

Belgrado [Iugoslávia]

O adjetivo pátrio é **belgradino**. ♦ *O Conselho Municipal BELGRADINO, agora dominado pela oposição, elegeu Djindjic, 44, em sessão marcada por certa intranquilidade.* (FSP)

belle époque (la)

É expressão francesa que significa "(a) bela época". Refere-se à época inicial do século XX, considerada de vida agradável e fácil. ♦ *As cerimônias civil e religiosa tiveram lugar na casinha BELLE ÉPOQUE que eles tinham preparado para morar.* (BAL)

Belo Horizonte [Minas Gerais]

O adjetivo pátrio é **belo-horizontino**. ♦ *O BELO-HORIZONTINO lê e gosta muito de música.* (FSP)

bel-prazer

1. Com hífen. O substantivo significa "vontade própria", "arbítrio". ♦ *Em tese, a nova lei do setor elétrico não permite o aumento de preços ao BEL-PRAZER dos administradores das estatais.* (EX)
2. O plural indicado em manuais e dicionários é **bel-prazeres**.

Entretanto, a forma não ocorreu.

beltrano

Com **L** e com **TR**. Usado para referência a uma pessoa a quem não se nomeia, colocada em segundo lugar na série **fulano, beltrano, sicrano**. ♦ *BELTRANO deu sorte, levantou duzentos contos nos cavalos, arrumou-se na vida – hoje é dono disto e daquilo.* (MPB) ♦ *Se alguém lhe dissesse que fulano ou BELTRANO tinha possibilidades de vender discos, Terry ia ouvi-lo.* (SS)

belvedere, belvedere, belveder

Belvedere é palavra italiana que significa "mirante" e também é forma portuguesa oficialmente registrada. A forma aportuguesada **belveder** também é oficialmente registrada, mas é muito pouco usada. ♦ *Sabe o que os americanos querem construir lá em cima? Um BELVEDERE.* (SPI) ♦ *A dois passos ficava uma frondosa mangueira, em cujos galhos tinham fabricado uma espécie de BELVEDER ou caramanchão.* (PAG)

bem, bem-, bene- ⇨ Ver eu-.

1. **Bem** é advérbio:

♦ de modo (o oposto de **mal**). ♦ *A Argélia é outro problema. BEM ou mal está administrativamente integrada na nacionalidade francesa.* (ESP)

♦ de intensidade. ♦ *Aqui, aprendi que não se trai a Pátria somente através de atos que a despojam de bens materiais, mas que há uma traição BEM mais grave, BEM mais merecedora de repressão e castigo.* (ESP)

2. **Bem** (o oposto de **mal**) é substantivo. *Mas era ao mesmo tempo, então, um grande mal e um grande BEM? ...* (DES)

bem conceituado, bem-conceituado

3. **Bene-** e **bem-** são duas formas de prefixo de origem latina, correspondentes, em parte, ao prefixo de origem grega **eu-**. **Bene-** é a forma latina original e **bem-** é a forma portuguesa correspondente.

3.1. **Bene-** ocorre em palavras já formadas no latim. ◆ *Estava, entretanto, disposto a superar as próprias convicções em BENEFÍCIO do bem-estar geral.* (ACI)

3.2. O advérbio **bem** liga-se com hífen ao elemento seguinte quando os dois elementos formam uma unidade sintagmática e semântica e quando o segundo elemento começa por vogal ou **H**. ◆ *BEM-AVENTURADOS os que, na hora da partida internacional, conseguem ouvir a sonata de Albinoni.* (BOC) ◆ *As crianças BEM-EDUCADAS não perguntavam por que o pobre era pobre.* (BPN) ◆ *Papai andava BEM-HUMORADO, mas mesmo assim ninguém se atreveu a lhe contar o caso do velho.* (ANA)

Entretanto, **bem**, ao contrário de **mal**, pode não se aglutinar com palavras começadas por consoante. ◆ *Cavalheiros, sejam BEM-VINDOS, muito boa tarde para todos.* (ACM) ◆ *Nenhum de seus incompreensíveis casamentos foi BEM-SUCEDIDO.* (ANA) ◆ *Francisquinha achava graça do meu BEM-QUERER, fazia comparação de gente antiga.* (CL)

Em muitos compostos, **bem** aparece aglutinado com o segundo elemento, quer este tenha ou não vida à parte. ◆ *Isto é o BENDITO fruto do meu casamento com Max.* (OM) ◆ *O Rei é amado pelo povo que nele vê um BEN-FEITOR.* (BN) ◆ *Eu era muito BENQUISTO; tinha vários amigos.* (CEN) ◆ *Concorrendo para evitar tratantadas, pecados, desenganos, serviu ao comércio, à religião e à BENQUERENÇA das criaturas.* (TG) ◆ *Militais num esforço denodado e BENFAZEJO em prol de um entendimento geral.* (JK)

bem conceituado, bem-conceituado

1. **Bem conceituado** (sem hífen) é a sequência do advérbio **bem** e do particípio ou do adjetivo **conceituado**. ◆ *Meu pai, além do mais, era BEM CONCEITUADO e mantinha excelentes relações não só na colônia como nas cortes de Lisboa e Madri, onde viveu vários anos.* (VP)

2. **Bem-conceituado** (com hífen) é um adjetivo composto que significa "que goza de bom conceito", "respeitado". ◆ *BEM-CONCEITUADO, o novo Saab 900 sueco caiu por problemas na embreagem.* (FSP)

bem criado, bem-criado

1. **Bem criado** (sem hífen) é a sequência do advérbio **bem** e do particípio **criado**. ◆ *Só de boi em tempo de corte, tenho duas mil cabeças, não contando com as madeiras bem mamadas e BEM CRIADAS de minhas posses...* (NI)

2. **Bem-criado** (com hífen) é um adjetivo composto que significa "que tem boas maneiras", "bem-educado". ◆ *Enquanto o menino BEM-CRIADO de Manhattan aciona na Internet o centro de pesquisas de Harvard para fazer seu trabalho de escola, o do Bronx terá que se contentar com a biblioteca local.* (VEJ)

bem educado, bem-educado

1. **Bem educado** (sem hífen) é a sequência do advérbio **bem** e do particípio **educado**. ◆ *Mas apesar disso, apesar de os pais serem bem ordinários, diz que a filha saiu bem diferente e que foi muito BEM EDUCADA.* (OM)

2. **Bem-educado** (com hífen) é um adjetivo composto que significa "que tem boas maneiras". ◆ *Não sei se você é do tempo em que um pobre passava na porta de sua casa e, BEM-EDUCADO, tocava a campainha.* (BPN)

bem feito, bem-feito

1. **Bem feito** (sem hífen) é a sequência do advérbio **bem** e do particípio **feito**. ◆ *Dei volta, mas fiz o serviço BEM FEITO!* (CHA)

2. **Bem-feito** (com hífen) é um adjetivo composto que significa "caprichado", "de formas harmoniosas". ◆ *Ela sempre dá um jeito de sofisticar, de realçar seu corpo BEM-FEITO, com vestidos reveladores, brilhos, mil lacinhos.* (NOV)

bem posto, bem-posto

1. A expressão **bem posto** é a sequência do advérbio **bem** e do particípio do verbo **pôr**. ◆ *Ao vê-lo assim tão BEM POSTO, de terno,*

bênção, benção

*abotoado e elegante, os longos cabelos bri-
lhantes e bem penteados, a pele muito lisa e
corada, os colegas rodeavam-no em festas
e em chistes cordiais.* (ORM)

2. O adjetivo **bem-posto** significa "elegante",
"de boa posição". ♦ *Tinha muitos amigos e os
vizinhos consideravam-no homem ponderado
e distinto, sempre BEM-POSTO e educado.*
(PCO)

bem-acabado

Com hífen. Significa "executado com finura",
"perfeito". ♦ *Nela, fala de um jovem médico que compra um reluzente estetoscópio,
"muito BEM-ACABADO e polido, com tampa de marfim".* (APA) ♦ *O exemplo mais
BEM-ACABADO deste tipo de dominação é
a censura.* (JU)

bem-aventurado

Com hífen. Significa "que / quem, depois da
morte, desfruta da felicidade celestial e eterna", "santo", "feliz". ♦ *O BEM-AVENTURADO
fornecedor terá ganho correção monetária
ampla sobre aquilo que não mais lhe é devido.* (OS)

bem-comportado

Com hífen. Significa "que se comporta ou
procede bem". ♦ *BEM-COMPORTADO, o
pobre abrilhantava o escrínio de nossas
virtudes.* (BPN)

bem-estar

Com hífen. Significa "estado de perfeita satisfação física ou moral", "conforto". ♦ *Um
doce, inesperado BEM-ESTAR o defende da
guerra que oprime e queima o peito.* (MRF)

bem-falante

Com hífen. Significa "que / quem fala bem",
"eloquente". ♦ *Era oferecido, esperto e BEM-
-FALANTE.* (CJ)

bem-humorado

Com hífen. Significa "que / quem tem ou
está de bom humor". ♦ *Papai andava BEM-
-HUMORADO, mas mesmo assim ninguém se
atreveu a lhe contar o caso do velho.* (ANA)

bem-intencionado

Com hífen. Significa "que tem boas intenções". ♦ *Precisamos de um líder, não de um
caudilho, ou de um ditador BEM-INTENCIO-
NADO.* (FSP)

bem-nascido

Com hífen. Significa "que nasceu de família
de boa posição social". ♦ *Um homem BEM-
-NASCIDO, seguro de si, jamais se preocupa
com gorjetas, ainda que o dinheiro escasseie.*
(NB)

bem-querer ⇨ Ver benquerer, benquisto, benquerença.

Bem-querer e **benquerer** são formas variantes de substantivo registradas em dicionário,
mas só a forma com hífen ocorreu. ♦ *BEM-
-QUERER traz alegria.* (PEM)

bem-sucedido

Com hífen. ♦ *O padre faz um longo sermão,
fala sobre o mestre mais devotado, o BEM-
-SUCEDIDO diretor de grupo escolar, o honrado pai e marido.* (UQ)

bem-te-vi

1. Os três elementos se ligam por hífen. É
substantivo masculino, referindo-se ao macho
e à fêmea do animal (substantivo epiceno).
♦ *Eu vou dar a despedida, como deu o BEM-
-TE-VI.* (SA)

2. Só no último elemento se marca o plural.
♦ *E no vento que assobiava, como no canto
dos BEM-TE-VIS, sentia a surriada hostil que
vinha de novo torturá-lo.* (TS)

bem-vindo, Benvindo

1. No adjetivo **bem-vindo**, os dois elementos
se ligam por hífen. ♦ *BEM-VINDO ao passado, Brasil.* (EMB)

2. **Benvindo**, nome de homem, escreve-se
numa só palavra. ♦ *Que é que o senhor quer
na minha casa, coronel BENVINDO?* (BP)

bênção, benção

São formas variantes, mas a segunda (15% de
frequência) é de uso mais popular e regional.

Bendengó, Bendegó

1. **Bênção** leva acento porque é paroxítona terminada em **ÃO**. ◆ *Após o discurso do ministro Eliseu Resende, dos transportes, haverá a cerimônia de BÊNÇÃO e batismo dos navios.* (ESP)

O plural é **bênçãos**. ◆ *Atravessaram o terreiro observados pelos sentinelas do governador, que se curvaram recebendo suas BÊNÇÃOS.* (BOI).

2. **Benção** não leva acento porque é oxítona terminada em **ÃO**. ◆ *Apeei-me, vim me chegando e chamando – padrinho!... padrinho!... e tomei-lhe a BENÇÃO na mão, já fria.* (CG)

O plural é **benções**. ◆ *Chamou o tio, o arcebispo de Mariana, dom Luciano Mendes de Almeida, para dar suas BENÇÕES sexta-feira na loja, que fica no Tatuapé.* (FSP)

Bendengó, Bendegó

São formas variantes. Designam o nome de localidade da Bahia, mas são usadas também para designar o aerólito (tipo de meteorito) que nela caiu e que se encontra hoje no Museu Nacional do Rio de Janeiro. Nessa designação, a primeira forma é a mais usual (78%). ◆ *Às vezes íamos até lá para apreciar o meteorito do BENDENGÓ.* (NI) ◆ *Há mais de 200 anos tinha caído ali mesmo, perto daquela estrada batida por onde passávamos, o grande meteorito que se chamaria depois "meteorito de BENDEGÓ".* (FSP)

beneficência, beneficente

As formas são essas (sem **i** depois do **c**). ◆ *Ao sinal de qualquer debilidade no organismo, seguia para a BENEFICÊNCIA Espanhola.* (REP) ◆ *Verinha Nabuco estava em tempo de ficar doida com a organização da sua festa BENEFICENTE.* (AF)

Bengala (região) [Ásia]

Os adjetivos pátrios correspondentes são:

◇ **bengalês**. ◆ *Ao tomar conhecimento da oferta de asilo da União Europeia, o governo BENGALÊS saiu-se com uma pérola de cinismo: disse que, antes, ela teria de se apresentar e cumprir a pena de prisão.* (VEJ)

◇ **bengali**, em que a sílaba tônica é a última (**LI**), e que, por isso, não leva acento (oxítona terminada em **I**). ◆ *A escritora BENGALI Taslima Nasrin recebeu ontem o prêmio francês de direitos humanos.* (FSP)

Benin, Benim [África]

O adjetivo pátrio é **beninense**. ◆ *BENINENSE arruma bandeira suíça.* (FSP)

benquerer, benquisto, benquerença ⇨ Ver bem-querer.

1. **Benquerer** é forma gráfica de substantivo oficialmente registrada, assim como a forma tradicionalmente mais recomendada, **bem-querer**, que é a forma mais usual.

2. **Benquerer** ainda é forma registrada como verbo, significando "querer bem". Esse verbo também não ocorreu, apenas é usual a forma **benquisto**, ligada a ele (particípio), mas usada como adjetivo. ◆ *Eu era muito BENQUISTO; tinha vários amigos.* (CEN)

3. É usual a forma de substantivo **benquerença**, o mesmo que **bem-querer**. ◆ *Popó tinha-lhe uma fervorosa BENQUERENÇA, começada meses depois do fuzilamento falhado.* (PFV)

benzido, bento

1. A forma de particípio regular benzido é usada com todos os auxiliares. ◆ *Se o senhor tivesse BENZIDO o bichinho, a essas horas ele ainda estava vivo.* (AC) ◆ *Essa gaita foi BENZIDA por Padre Cícero, pouco antes de morrer.* (AC)

Benzido também se usa como adjetivo. ◆ *Logo ao sair da sala da bênção, os doentes são abordados por parentes de "Pato", que oferecem, entre outros itens, frasquinhos com "óleo BENZIDO" (R$ 4) e latas de "pomada BENZIDA" (R$ 5).* (FSP)

2. A forma **bento** é usual apenas como adjetivo. ◆ *Cachorro BENTO, cavalo BENTO, tudo isso eu já vi.* (AC) ◆ *A batina dava-lhe uma impressão tranquilizadora de homem domado, BENTO, espiritualizado.* (MC)

berbere

A sílaba tônica é a penúltima (**BE**), e, por isso, a palavra não leva acento (paroxítona terminada em **E**). O **e** tônico é aberto. O substantivo designa povo nômade do norte da África. ◆ *Os BERBERES foram os primeiros habitantes conhecidos do Marrocos.* (CLA)

bereba ⇨ Ver **pereba**.

São variantes para designar erupção cutânea imprecisa. ◆ *Colecionar berloque e BEREBA. Encher-se de bijuterias é perigoso: os derivados metálicos vão derretendo com o calor e às vezes causam graves dermatites de contato.* (FSP)

A forma **pereba**, mais próxima da original, é a forma quase exclusivamente usada (98%).

bergère

É palavra francesa que designa um tipo de poltrona estofada, larga e profunda, com encosto alto e com braços fechados lateralmente. A pronúncia é, aproximadamente, **berger** (com **é** tônico final aberto). ◆ *Dou tempo para ela se instalar de volta na BERGÈRE e ligo de novo.* (EST)

berimbau ⇨ Ver **marimbau**.

É forma variante de **marimbau** e é a forma quase exclusivamente usada (99%). A palavra designa instrumento de percussão de origem africana. ◆ *O feitor se aproximava e um som de BERIMBAU denunciava sua presença.* (CAP)

berinjela

Com **j**. ◆ *Coloque os pedaços de BERINJELA num prato refratário, regue com a metade do azeite e asse de 5 a 8 minutos em forno quente.* (ELL)

Berlim [Alemanha]

O adjetivo pátrio é **berlinense**. ◆ *A punk BERLINENSE faz lembrar o escafandrista num bar de Ipanema.* (BE)

bermuda, bermudas

A partir da expressão inglesa em que entra o nome próprio geográfico *Bermudas*, usa-se como substantivo, para designar *shorts* que vão até os joelhos, aproximadamente. Usa-se indiferentemente no singular ou no plu-

ral. ◆ *Uma delas, a menor, de camiseta e BERMUDA de malha coladas ao corpo, está deitada de bruços, com o queixo apoiado na mão direita.* (MEN) ◆ *Sou apresentado ao policial Dermes Lima, que, de BERMUDAS, está sentado numa cadeira do lado de fora, segurando um macaco.* (MEN)

Berna [Suíça]

O adjetivo pátrio é **bernês**. ◆ *Como relatado em "The Final Problem", Holmes havia sido seguido até o Oberland BERNÊS pelo "Napoleão do crime", o professor Moriarty.* (FSP)

berruga ⇨ Ver **verruga**.

Berruga e **verruga** são formas variantes, mas a primeira, considerada mais popular, é muito pouco usual (2%). ◆ *Mas é o melhor, disse Amaro, é assim que melhor se tira BERRUGAS, nem dói, só desconforta um pouquinho.* (SAR)

besouro

É substantivo masculino, referindo-se ao macho e à fêmea do animal (substantivo epiceno). ◆ *Dulce entretinha-se com um BESOURO que batia na vidraça.* (FR)

besta

1. **Besta**, com **e** fechado, é substantivo feminino que designa quadrúpede, animal de carga. ◆ *Arimateia não podia descuidar da BESTA – animal com pouco tempo de ensino, ainda espantadiço e estranhador.* (CHA)

Como ocorre com muitos nomes de animais, pode ser usado para adjetivar seres humanos, com significado depreciativo, especialmente em linguagem coloquial. ◆ *Vê se eu sou BESTA de sustentar homem.* (AB)

2. **Besta**, com **E** aberto, é nome de arma antiga, com que se disparavam setas. ◆ *Sabe que o criminoso usou arco, e não uma BESTA, aquela de Guilherme Tell.* (VEJ)

best-seller

É palavra inglesa que designa obra que constitui sucesso de venda. ◆ *Escrever BEST-SELLERS é uma atividade comparável hoje em dia a compor e cantar rocks numa banda de sucesso.* (VEJ)

besuntar

Com **s**. Significa "untar profusamente", "lambuzar". ◆ *Isadora queimou a córnea direita, depois de se BESUNTAR com um hidratante comprado no Uruguai.* (VEJ)

bexiga

1. Com **X**. ◆ *Alto, magro, o rosto marcado de BEXIGA, o retirante Silvério chegara ali num dia de feira.* (CAS)

2. Os adjetivos correspondentes são:

◇ **vesical**. ◆ *Areteu sabia como remover um cálculo VESICAL preso na uretra, usando uma sonda, ou intervindo cirurgicamente.* (APA)

◇ **cístico**. ◆ *Em alguns casos, podem ser encontradas glândulas dilatadas, de aspecto fusiforme ou CÍSTICO.* (DDH)

bi- ⇨ Ver di-.

É prefixo de origem latina que indica duplicidade (correspondendo ao prefixo de origem grega **di-**). Liga-se ao elemento seguinte:

◇ com hífen, se o elemento começar por **H** ou por **I**; por exemplo, em **bi-ilíaco, bi-iodeto, bi-harmônico, bi-hebdomadário**, formas oficialmente registradas. Entretanto, o **H** inicial do segundo elemento pode cair, na formação, e ficarem duas vogais em sequência, o que faz surgir variantes gráficas; por exemplo, **biarmônico** e **biebdomadário**, formas também oficialmente registradas.

◇ sem hífen, antes das outras consoantes e vogais. ◆ *Chega de ver e ser visto pela linha marcante dos BIFOCAIS.* (VIS) ◆ *O Dallas Cowboys, grande orgulho da cidade, é BICAMPEÃO de futebol americano.* (VEJ) ◆ *(...) linguagem e patologia estão numa relação BIUNÍVOCA de influências recíprocas.* (ACT)

Se o elemento seguinte começar por **R** ou **S**, é necessário duplicar essa letra (que ficará entre duas vogais, na escrita). ◆ *O BIRREATOR está em fase final de produção e a companhia já recebeu 147 encomendas de 16 países.* (FSP)

◆ *Adriana não tinha problemas com a BISSEXUALIDADE ocasional de Christopher.* (FH)

bibelô

É a forma portuguesa correspondente ao francês *bibelot*. ◆ *A monarquia tem uma aparência de BIBELÔ mas às vezes exerce uma influência de chumbo.* (VEJ)

bibli(o)-

É elemento (grego) que se liga a um elemento seguinte. Significa "livro". ◆ *Movidos a paixão, os BIBLIÓFILOS do país lutam contra o pó, os cupins e a falta de espaço para manter seus acervos.* (VEJ) ◆ *O assunto Astrologia compõe uma vastíssima BIBLIOGRAFIA.* (AST)

biblioteca

É substantivo coletivo para livros organizados para consulta, indicando também o lugar especializado para esse tipo de consulta. ◆ *Pesquisou desde obras fundamentais encontradas em grandes BIBLIOTECAS do país até fragmentos e citações apenas em poder de raros bibliófilos escondidos em seus mosteiros contemporâneos.* (INQ) ◆ *Trabalhar na tradução era como contemplar os vitrais de alabastro da BIBLIOTECA ao lado dela.* (ACM)

bíceps

A sílaba tônica é a penúltima (**BÍ**), e, por isso, a palavra leva acento (paroxítona terminada em **PS**). O substantivo designa alguns músculos do corpo (do antebraço, da perna, da coxa) que têm duas inserções na extremidade superior. ◆ *Loca dava pequenos murros no BÍCEPS do outro.* (DM)

bidê

É a forma gráfica portuguesa correspondente ao francês *bidet*. ◆ *Juca e Yara estranharam a falta de BIDÊ, que é considerado imoral.* (AMI)

big

É adjetivo inglês que significa "grande" e que é usado, em português (especialmente na linguagem oral), na mesma posição que tem no inglês, isto é, anteposto ao substantivo, posição que não é a que os adjetivos têm, em geral, no português. O uso é enfático. • *Odaléa Brando Barbosa, anfitriã de um BIG almoço com Jorge, recebeu o homenageado com uma faixa cheia de corações.* (OLI)

bijuteria

É a forma portuguesa correspondente ao francês *bijouterie.* • *Os tecidos mais adequados para a tarde são os foscos e as joias, só ouro, prata ou mesmo alguma BIJUTERIA fina.* (CUB)

bilboquê

É a forma gráfica portuguesa correspondente ao francês *bilboquet.* • *Havia também para os namorados de outrora a linguagem do BILBOQUÊ.* (BAL)

bile, bílis

São formas variantes.

1. A forma **bile** é a mais usual (83%), especialmente nos textos técnico-científicos. • *A BILE negra é fria e seca.* (APA)

2. **Bílis** tem acento porque é paroxítona terminada em **IS**. • *O papel parece que foi impresso, não com tinta, mas com BÍLIS.* (TS)

bilhão, bilião ⇨ Ver bilionésimo.

São formas variantes (oficialmente registradas) do numeral cardinal substantivo que representa o conjunto de mil milhões. A forma **bilião**, entretanto, é pouco usual, atualmente. • *A dívida da Paraíba está calculada em 1 BILHÃO e 200 milhões de dólares.* (CRP) • *Mais dez, mais cem, mais mil e mais um BILIÃO, / Uns cingidos de luz, outros ensanguentados...* (MA)

bilíngue ⇨ Ver poliglota, plurilíngue ⇨ Ver multilíngue.

Significa "que conhece ou fala duas línguas", "que se escreve em duas línguas", "em que se falam duas línguas". O **U** é pronunciado. • *Algumas edições dão-se inclusive ao luxo de texto BILÍNGUE.* (FSP)

bilionésimo ⇨ Ver bilhão, bilião.

Bilionésimo é a forma:

✧ do numeral ordinal correspondente a **bilhão / bilião.** • *Um jipe leva para Amboseli, ao encontro da BILIONÉSIMA cena de elefantes pastando na planície dourada, com o pico nevado do Kilimanjaro ao fundo.* (FSP)

✧ do numeral fracionário correspondente a **bilhão / bilião.** • *Um nanômetro é a BILIONÉSIMA parte de um metro.* (FSP)

bímano

A sílaba tônica é a antepenúltima (**BÍ**), e, por isso, a palavra leva acento (proparoxítona), como em **bípede**. Significa "que / quem tem duas mãos". • *O homem foi capaz de segurar objetos por ser BÍMANO e não bípede.* (VEJ)

bimensal, bimestral ⇨ Ver quinzenal.

1. **Bimensal** é o adjetivo que classifica o que ocorre ou circula duas vezes por mês. É o mesmo que **quinzenal.** • *Coluna de Jimmy Carter será BIMENSAL.* (FSP)

2. **Bimestral** é o adjetivo que classifica o que ocorre ou circula de dois em dois meses. • *Apesar da benevolência conhecida do nosso professor, às vésperas de ponto difícil, de sabatina mensal ou de concurso BIMESTRAL, éramos às vezes tomados de pânico e tremíamos pensando no dia seguinte.* (CF)

bio-, -bio

É elemento (grego) que se liga a um elemento seguinte ou a um anterior. Significa "vida". Se o elemento seguinte começar por **H**, essa letra é eliminada, nos compostos. • *As florestas tropicais constituem a área de maior BIODIVERSIDADE do mundo.* (ATN) • *A adoção do calendário pessoal BIOENERGÉTICO é o começo de um novo rumo para a história do ser humano.* (BIO) • *Trouxeram para o palanque um velho a quem cabia perfeitamente a feia designação de MACRÓBIO: constava ter participado da Guerra do Paraguai.* (FE) • *O MICRÓBIO, seja ele vírus, bactéria, protozoário ou fungos, é o responsável pelo quadro infeccioso.* (ANT)

biópsia, biopsia

Se o elemento seguinte começar por R ou S, é necessário duplicar essa letra (que ficará entre duas vogais, na escrita). ♦ *Em jogo de azar o BIORRITMO não tem influência.* (BIO) ♦ *O substitutivo de Arouca regulamenta a BIOSSEGURANÇA.* (FSP)

biópsia, biopsia

São formas variantes, mas **biópsia** é a forma mais usada (80%). ♦ *Bastou uma endoscopia, e uma primeira BIÓPSIA, para se comprovar a existência do tumor no intestino.* (VEJ) ♦ *O diagnóstico é feito pela decorrência dos pacientes e achado de parasita nas fezes ou na BIOPSIA de válvula retal, e o aspecto radiológico.* (CLI)

biótipo, biotipo

São formas variantes. A forma **biótipo** vem sendo recomendada na tradição, mas ambas as formas são igualmente usadas. O substantivo designa o tipo constitucional do indivíduo. ♦ *O craque africano tem um BIÓTIPO completamente diferente.* (VEJ) ♦ *Para corridas de fundo temos de colocar os nordestinos, que têm o BIOTIPO próprio para esse tipo de prova.* (VEJ)

Bird

É a sigla do **Banco Internacional de Reconstrução e Desenvolvimento**. ♦ *Segundo o Bird, pelo menos cinquenta países em vias de desenvolvimento dispõem de reservas confirmadas, mas só trinta já iniciaram a extração.* (AP)

Birmânia [Ásia]

O adjetivo pátrio é **birmanês** ou **birmane**, mas esta última forma não ocorreu. ♦ *Pagan, primeira capital do império BIRMANÊS, forma seguramente um dos conjuntos arqueológicos mais importantes do Sudeste Asiático.* (FSP)

bisar

Com **s**, como bis. ♦ *D. Querubina pediu ao gaiteiro que BISASSE a valsinha "Lágrimas de Virgem".* (CE)

bisavô, bisavó ⇨ Ver trisavô e tetravô.

1. **Bisavô** é como se designa o pai de um dos avós, e **bisavó** é a mãe de um dos avós. ♦ *Lembrava-me de meu BISAVÔ, degolado, como Zumbi, num Reino pedregoso e amuralhado.* (PR) ♦ *Minha BISAVÓ tinha sido astróloga.* (NOV)

2. Os plurais indicados para **bisavô** são **bisavós** ou **bisavôs**, mas esta última forma é raramente usada como plural genérico, referente ao conjunto de masculino e feminino. ♦ *E antes da gente moravam nossos pais e avós e BISAVÓS.* (GD) ♦ *Ele também tinha levado para o campo uma caixa de fotografias, a história da minha família, fotos da minha avó, dos meus BISAVÔS e de tios cuja imagem perdeu-se para sempre.* (AVI)

Trisavô é o pai de um dos bisavós.

Tetravô é o pai de um dos trisavós.

biscuit, biscuí

Biscuit é palavra francesa que designa porcelana branca e fosca, muito delicada. A forma aportuguesada oficialmente registrada é *biscuí*, pouco usada atualmente. ♦ *A Brinquedos Emília, da Prefeitura de Santos, abriu inscrições para os cursos de BISCUIT e teatro.* (FSP) ♦ *São José e a Virgem Maria, de papelão, ao passo que o Menino Jesus, sobre um feixe de palhinha, puro BISCUÍ, resto dum presepe de mamãe.* (TC)

bisneto ⇨ Ver trineto e tetraneto.

Bisneto é como se designa o filho do neto ou da neta. ♦ *Minha avó tinha 72 netos e BISNETOS e foi para lá tomar conta de mim.* (RI)

Trineto é o filho do bisneto ou da bisneta.

Tetraneto é o filho do trineto ou da trineta.

bispo

1. O feminino é **episcopisa**. ♦ *O príncipe Charles recebe saudação da EPISCOPISA Maria Jepsen, em Hamburgo (Alemanha).* (FSP)

2. Os adjetivos correspondentes são:

◇ **bispal**. ♦ *O Conselho BISPAL, composto por oito ou dez bispos, faz uma reunião* nacional e escolhe os candidatos de cada Estado. (FSP)

✧ **episcopal.** ◆ *Intimidados pela ira EPIS-COPAL, o Governador e a Câmara trataram de baixar a cabeça.* (TS)

bissexto

Com **ss** e com **x**. O adjetivo refere-se ao ano que (de quatro em quatro anos) tem 1 dia mais que os 365 dias regulares; como qualificador, bissexto refere-se ao poeta que se dedica excepcionalmente à literatura e que, portanto, tem produção escassa, pela raridade assemelhando-se ao ano bissexto. ◆ *Como resistir à tentação de citar, na íntegra, um poema também inesquecível da vossa preciosa inspiração de maior poeta BISSEXTO de nossas letras?* (AM)

bistrô

Bistrô é a grafia portuguesa do francês *bistrot*. Designa restaurante pequeno que oferece sensação de aconchego. ◆ *Tive vontade de gritar ao povo de Paris; mas fiquei em silêncio, comendo sozinho no fundo de um velho "BISTRÔ".* (B) ◆ *Quanto aos BISTRÔS da velha cozinha burguesa – outra vertente bem representada aqui –, eles são, pelo menos, locais especialmente acolhedores.* (FSP)

bit

É palavra inglesa (formada com o **BI** inicial de *binary* e o **T** final de *digit*) que, na informática, designa a menor unidade de quantidade de informação. ◆ *O BIT é o equivalente ao átomo para o computador, pois é a menor unidade de armazenamento e é indivisível.* (FSP)

black

É palavra inglesa usada para referência ao dólar comercializado no mercado paralelo, que também é chamado **câmbio negro**. ◆ *Nos últimos meses, a procura pelo BLACK andava tão baixa que seu preço não ultrapassava a cotação do dólar comercial.* (VEJ)

blasé

É adjetivo francês que significa "ostensivamente indiferente". A pronúncia é, aproximadamente, **blasê**. ◆ *Nessa cena, vê-se no* palco a Marina de ar *BLASÉ, que leva uma vida bem diferente daquela da maior parte das suas colegas cantoras.* (VEJ)

blasfemar

Usa-se:

✧ com complemento sem preposição (objeto direto), significando "insultar com blasfêmias". ◆ *Eles mancham a carne, desprezam o poder e BLASFEMAM a majestade.* (SIG)

✧ com complemento iniciado pela preposição **contra**, significando "lançar blasfêmias". ◆ *A escritora feminista Taslima Nasreen, acusada de BLASFEMAR contra o Islã, se apresentou ontem à Justiça em Bangladesh.* (FSP)

blasonar, blasonar-se

1. O verbo **blasonar** se usa:

✧ com complemento não iniciado por preposição (objeto direto) representado por oração, significando "dizer vangloriando-se". *Perderam os que BLASONAVAM que a "gauche chic" não faz mal para ninguém.* (FSP)

✧ com complemento iniciado pela preposição **de**, significando "vangloriar-se". ◆ *Renascia sem comiseração, BLASONANDO do seu remorso.* (OS)

2. Com esse último significado, e com a mesma construção, usa-se também a forma pronominal **blasonar-se**. ◆ *Se Napoleão Bonaparte não houvesse existido, que seria de seus filhos e netos e de todos os seus sósias e falsos sósias, que SE BLASONAM desses títulos como da coisa mais importante deste mundo?* (AL)

blazer, blêizer

1. *Blazer* é palavra inglesa que designa peça do vestuário masculino e feminino, um tipo de casaco curto. É usada como substantivo masculino. ◆ *O mais alto traja um BLAZER azul-marinho com botões dourados e usa gel nos cabelos grisalhos.* (EST)

Blazer é também nome próprio inglês (usado como substantivo feminino) que designa veículo automotivo, um tipo de perua. ◆ *Último lembrete sobre a BLAZER (a pronúncia*

blecaute, blackout

é blêizer): o ar-condicionado é mais do que recomendável. (FSP)

2. **Blêizer** é a forma registrada como correspondente gráfica portuguesa. Entretanto, essa forma não ocorreu.

blecaute, blackout

É a forma gráfica portuguesa correspondente ao inglês *blackout*, que designa interrupção (especialmente noturna) do fornecimento de energia, e, portanto, da iluminação. ✦ *Basta lembrar o histórico BLECAUTE de Nova Iorque!* (GAI) ✦ *A Eletrobrás calcula que, para evitar o BLECAUTE, será preciso investir 23 bilhões de dólares nos próximos quatro anos.* (VEJ)

A forma original inglesa *blackout* também ocorre, embora com frequência muito pequena (5%). ✦ *O litoral, desde o Leblon e Copacabana, se achava submetido a BLACKOUT.* (L)

blefe, blefar

1. **Blefe** é a forma portuguesa correspondente ao inglês *bluff*. ✦ *Ninguém viu essas balas, podia ser outro BLEFE.* (ED)

2. De **blefe** se forma o verbo **blefar**. ✦ *Pare ou eu atiro! BLEFOU o detetive, que tinha deixado seu revólver no hotel.* (XA)

blitz

1. O substantivo feminino **blitz** (primeiro elemento do alemão *blitzkrieg*, que significa "guerra-relâmpago"), designa:

◇ batida policial. ✦ *Na BLITZ de sexta-feira um cassino clandestino, localizado no subsolo do Conic, foi fechado.* (CB)

◇ incursão para investigação. ✦ *A reunião de chanceleres é o resultado de uma BLITZ diplomática liderada pelos EUA.* (FSP)

2. O plural é **blitze** (formado segundo o termo original alemão). ✦ *A Administração Regional tem feito BLITZE nos fins de semana.* (FSP)

blue chip

É expressão inglesa que, em economia, designa um tipo de ação considerada confiável e rentável. ✦ *A principal BLUE CHIP do mercado acionário brasileiro estará por trás dos movimentos dos "comprados".* (FSP)

blue jean, blue jeans ⇨ Ver jeans.

1. *Blue jean* é expressão inglesa que designa tecido forte azul-índigo geralmente usado em roupa esportiva. Essa forma não ocorreu.

2. *Blue jeans* é expressão inglesa que designa calças esportivas confeccionadas com esse tecido. Usa-se como masculino e como feminino, como singular e como plural. ✦ *Pode ser que você já tenha encontrado aquele BLUE JEANS que você não quer mais tirar do corpo.* (P) ✦ *(...) o uso de BLUE JEANS velhas e desbotadas – que se transformaram, graças à publicidade, em sinônimos de liberdade.* (IS)

Frequentemente é usada a forma reduzida *jeans* por *blue jeans*.

blues

É palavra inglesa que designa gênero de canção popular norte-americana, melancólica e de andamento lento. ✦ *A prova de que Billie nunca foi uma cantora de BLUES foi dada pelo seu próprio descobridor, John Hammond.* (SS)

blush

É palavra inglesa que designa cosmético em pó ou pasta usado para corar a face. ✦ *Tem uma bochecha verde, a outra com uma crosta de BLUSH marrom, e a boca borrada de batom parecendo um tomate.* (EST)

BNDES

É a sigla de **Banco Nacional de Desenvolvimento Econômico e Social**. ✦ *O secretário disse que o Governo do Estado continua mantendo entendimentos com os bancos credores, entre eles Banco do Brasil, Caixa Econômica Federal e BNDES.* (CRP)

boa noite, boa-noite; boa tarde, boa-tarde; bom dia, bom-dia; boas festas, boas-festas

1. As expressões **boa noite**, **boa tarde**, **bom dia** e **boas festas** (sem hífen) representam a sequência de um adjetivo e um substantivo.

boçal

E você, menino, vá dormir, que uma BOA NOITE de sono vai lhe aclarar as ideias. (PD) ◆ *"O Juninho não estava numa BOA TARDE", analisou Muricy, que negou que existam problemas de entrosamento entre os dois.* (FSP) ◆ *De qualquer forma será um BOM DIA, depois que acordei ouvindo sua voz.* (CH) ◆ *Ele me ligou para desejar BOAS FESTAS, bom Natal, bom Ano Novo.* (FSP)

Essas expressões podem constituir formas de cumprimento. ◆ *Com licença e BOA NOITE.* (AM) ◆ *Eu também poderia ter dito "BOA TARDE, obrigado pela praia" e fugido.* (CHI) ◆ *BOM DIA, Clodovil.* (REA)

2. **Boa-noite, boa-tarde, bom-dia** e **boas--festas** (com hífen) são substantivos compostos que constituem a designação dessas formas de cumprimento. ◆ *Cumprimenta os presentes com um BOA-NOITE geral e superior.* (MRF) ◆ *Um vulto, assim que entramos, se ergueu da cadeira onde estava, passou por nós, deu um "BOA-TARDE" rápido e seco e logo desapareceu pela porta entreaberta.* (A) ◆ *Os funcionários mal responderam ao seu BOM-DIA, mergulhados em papéis e documentos.* (BH) ◆ *Acho que foi por isso que não deu BOAS-FESTAS.* (PL)

boa vida, boa-vida

1. A expressão **boa vida** é a sequência de adjetivo e substantivo. ◆ *O jogador de futebol é um privilegiado, pois tem BOA VIDA, altos salários, assistência médica, boa comida e pouco trabalho.* (FSP)

2. **Boa-vida** é substantivo que significa:

◇ "vida folgada", "vagabundagem". ◆ *Elegantes, os saltos voltaram para aterrorizar as mulheres, já acostumadas à BOA-VIDA do tênis.* (FSP)

◇ "pessoa pouco afeita ao trabalho" (com a mesma forma para masculino e feminino: substantivo comum de dois). ◆ *Vejam em Jacob o que quiserem: um BOA-VIDA, um imbecil ou apenas um animal bonito.* (FI)

Boa Vista [Roraima]

O adjetivo pátrio é **boa-vistense**, mas a forma não ocorreu.

boa vontade

Sem hífen, embora as duas palavras em conjunto constituam uma unidade semântica. ◆ *Depende apenas de um pouco de BOA VONTADE.* (MO)

boate, boîte

1. **Boate** é a forma portuguesa correspondente ao francês *boîte*. É substantivo feminino que designa casa noturna. ◆ *Li no jornal que a juventude frequenta uma BOATE que dizem que é uma loucura.* (F)

2. Também se usa, embora raramente (4%), e quase exclusivamente na literatura, a forma francesa, mas sem o acento circunflexo no I: *boite*. ◆ *Ao contrário do que Sílvio esperava, Sérgio não procurou imediatamente o caminho da BOITE.* (A)

bobo

1. O plural é **bobos**, com o fechado. ◆ *Vera, a certa altura, disse-me que estávamos todos ficando BOBOS, dramatizando tudo.* (DE)

2. O aumentativo é **bobalhão**. ◆ *Não vou trocar minha carreira por um policialzinho BOBALHÃO.* (HO)

boca

Os adjetivos correspondentes são:

◇ **bucal**. ◆ *A formação da placa pode ser prevenida com os meios convencionais de higienização BUCAL.* (HB)

◇ **oral**. ◆ *A penicilina G é destruída pela acidez gástrica, o que impede sua utilização por via ORAL.* (ANT)

bocal ⇨ Ver bucal.

Bocal é substantivo e significa "embocadura". ◆ *Numa banca que vendia refrescos, pedi água de coco verde, que tomei sofregamente no BOCAL aberto no casco, enodoando minha camisa e molhando meu pescoço.* (CHI)

Bucal é adjetivo relativo a boca.

boçal

Com ç. Significa "rude", "grosseiro". ◆ *Junot, um grosseirão sem talento de guerra, um BOÇAL da laia de seu amo!* (VB)

bocarra, bocaça, boqueirão

As três formas são apontadas como aumentativo de **boca**. Entretanto, o termo **boqueirão** é usado com o significado de "abertura" apenas em referência espacial. ✦ *Zé Bexiga abriu a BOCARRA outra vez.* (MRF) ✦ *Paulinho está com ela, abre um BOQUEIRÃO na defesa rubro-negra.* (SO) ✦ *Sua face, com a BOCAÇA perversa, substituía a imagem de Rosália.* (ML)

boceja, bocejo

O **e** é fechado (antes de **J**). ✦ *Leleco senta-se na cama, coça o peito e BOCEJA com escândalo.* (BO) ✦ *Cerrou as pálpebras num BOCEJO de sono.* (OS)

bochecho, bochecha

O **E** tônico é fechado, seja verbo, seja substantivo (antes de **CH**). ✦ *Outro produto interessante para comentarmos é aquele que se usa para higiene bucal através do BOCHECHO.* (QUI) ✦ *BOCHECHA os ares cansado, assopra de papada chocalhando (...).* (OSD) ✦ *Bacanaço encheu as BOCHECHAS e soprou.* (MAL)

bochincho, bochinche, bochicho

São formas variantes. Significam:

✧ "divertimento popular". ✦ *Era um "BOCHINCHO", baile da arraia-miúda, e a prosa descambava para a grosseria, envolvendo histórias de chinas e safadezas.* (G) ✦ *Era um BOCHINCHE muito arrebentado, e o dono era um sujeito alarifaço, cá pra mim, desertor, meio espanhol meio gringo.* (CG) ✦ *O clube fica na atual rua do BOCHICHO em Santos, a Rua da Paz.* (FSP)

✧ "zunzum", "falatório". ✦ *Trata-se daquele jornalismo que procura destacar não a ideia central da fonte, mas a frase que possa dar mais BOCHINCHO.* (FSP) ✦ *Procure sentar-se perto da Mamãe Elaine, porque é lá que o BOCHICHO todo se concentra.* (FSP)

Em geral, **bochincho** é a forma mais recomendada e é a de uso mais frequente (53%). **Bochinche** é de uso raro (7%) e apenas com o primeiro dos significados.

bock

É forma reduzida do alemão *Bockbier*. Designa um tipo de cerveja escura. ✦ *As duas marcas chegam ao mercado com sua versão BOCK ainda esta semana.* (VEJ)

boda, bodas

O **o** é fechado, no singular e no plural. O substantivo (singular e plural) designa a festa com que se celebra o casamento; designa, também, o próprio casamento. A forma de plural é muito mais usual (90%). ✦ *As canções de BODA lembram os rituais do casamento.* (FSP) ✦ *E então, daí em diante, todo mundo botou reparo no noivo que ia para as BODAS num desalento que fazia dó!* (OSD)

Para designar determinadas comemorações de aniversário de casamento, usa-se apenas a forma de plural. ✦ *Dona Alda, que já fez BODAS de ouro, diz que o amor é principalmente paciência.* (CT)

bode, bode expiatório ⇨ Ver cabra.

1. **Bode** é substantivo masculino. ✦ *Coração apertado, dias depois, mamãe entregou seu BODE a tio Gígio, que lhe prometeu cuidar bem dele e jamais matá-lo.* (ANA)

Como ocorre com muitos nomes de animais, pode ser usado em referência a seres humanos, com significado depreciativo, especialmente em linguagem coloquial. ✦ *Bito chegara à maioridade, BODE feito.* (BB)

Bode usa-se, ainda, no registro coloquial, com o significado de "confusão", "encrenca". ✦ *Ele setenta e seis anos, ela sessenta e sete, a vida em comum acabou num tremendo BODE, apesar das afinidades na pesquisa sexológica.* (BPN)

2. A expressão **bode expiatório** refere-se a pessoa sobre a qual, independentemente de verificação, se faz recair toda a culpa sobre um fato. ✦ *Como saberia que eu iria me tornar um BODE expiatório de uma luta política?* (MAN)

3. O adjetivo correspondente é **hircino**, que ocorreu substantivado. ✦ *Um sátiro sem cornos nem pés de HIRCINO.* (MAB-T)

A fêmea do **bode** tem a designação de **cabra**.

bodega

Com **o**, e não com **u**. O substantivo designa pequeno armazém de secos e molhados, e, pejorativamente, refere-se a qualquer coisa que não presta, suja, ordinária. ◆ *Naquela noite, João Martins vinha rápido, pela beira do rio, torcendo para ainda encontrar aberta a porta da BODEGA.* (ASS)

boêmia, boemia

1. Ambas as formas designam vida noturna, vida alegre e despreocupada. A forma **boêmia**, porém, é mais erudita. ◆ *Na Lapa, cheia de encantos e de BOÊMIA airada, o barzinho estava repleto.* (JM) ◆ *Mariano, personagem central de "Memórias de um gigolô", foi meu amigo de BOEMIA.* (ROT)

2. A forma **boêmia** é, ainda, o feminino do adjetivo e do substantivo **boêmio**, que se refere a pessoa que tem esse modo de vida. ◆ *O estilo é simples, quase bobo, mas os fatos que narra e as opiniões que dá sobre a vida BOÊMIA ajudam a entender uma época.* (FSP)

3. O substantivo próprio geográfico tem apenas uma forma: **Boêmia**. ◆ *No salão de visitas o lustre da BOÊMIA pendia, faiscando cristais móveis.* (VB)

Bogotá [Colômbia]

O adjetivo pátrio é **bogotano**. ◆ *Promotores receberam um telefonema anônimo indicando que Velasquez e outros prisioneiros estariam na discoteca BOGOTANA.* (FSP)

boi ⇨ Ver vaca.

Os adjetivos correspondentes são:

◇ **bovino**. ◆ *Os rebanhos BOVINO e suíno não eram numerosos, ao contrário do caprino e sobretudo do ovino.* (HG)

◇ **vacum**. ◆ *Duas ovelhas, um pequeno rebanho de gado VACUM e alguns suínos são postos diante de uma rampa, por onde serão puxados para dentro dos vagões de carga.* (UQ)

O substantivo que designa a fêmea do boi é **vaca**.

boicote, boicotar

É a palavra portuguesa correspondente ao inglês *boycott* (forma ligada ao nome do antropólogo *Charles Boycott*). O substantivo significa "recusa de engajamento ou de cooperação em atividade", "impedimento de viabilização de produção". **Boicotar** é o verbo derivado. ◆ *Lelé temia um pesado BOICOTE de empreiteiras que terminariam por inviabilizar o projeto.* (IS) ◆ *Justamente prevendo a proliferação dessas cópias não autorizadas, os grandes produtores multinacionais de música tentaram em vão BOICOTAR o disco laser.* (SU)

bojo

O plural é **bojos**, com **o** fechado. O substantivo designa saliência abaulada. ◆ *Na hora do maiô, vá fundo nos modelos esportivos, com formas bem simples. Ou opte por estruturas disfarçadas com BOJOS escondidos.* (FSP)

bólide, bólido

1. São formas variantes para designar o mesmo objeto, um tipo de meteorito, que penetra na atmosfera terrestre em velocidade, deixando um rastro luminoso. A sílaba tônica é a antepenúltima (**BÓ**), e, por isso, as palavras levam acento (proparoxítonas).

2. O substantivo **bólide** é oficialmente indicado como dos dois gêneros, mas é usado raramente como femino (5%). ◆ *Vinha a nove pontos, era dotado de uma sereia lancinante, duma lanterna poderosa que nem farol de trem e que transformava aquele BÓLIDE num monstro ciclópico.* (CF) ◆ *Os penetráveis operam de forma semelhante às BÓLIDES, mas numa escala arquitetônica.* (FSP)

3. O substantivo **bólido** é masculino. ◆ *As estrelas cadentes e as que permanecem, BÓLIDOS, cometas que atravessam o espaço como répteis, grandes nebulosas, (...) tudo medido pela invisível balança, com pólen num prato, no outro as constelações, e que regula com a mesma certeza, a distância, a vertigem, o peso e os números.* (CBC)

Frequentemente, esse substantivo designa carro de corrida, pela sugestão de grande

Bolívar

velocidade de deslocamento. ◆ *Cada BÓLIDO era identificado por uma letra, que se referia ao fabricante, e um número de 1 a 3, que designava um dos três pilotos.* (FSP)

Designa, também, pessoa de grande energia. ◆ *Esse BÓLIDO se chama Daniela Mercury, tem 27 anos, nasceu em Salvador e seu segundo disco, O Canto da Cidade, chega às lojas esta semana.* (VEJ)

Bolívar

A sílaba tônica é a penúltima (**LÍ**) e, por isso, a palavra leva acento (paroxítona terminada em **R**). ◆ *Em Ciudad BOLÍVAR, o principal centro diamanteiro da Venezuela, brasileiros controlam 80% do comércio do minério.* (VEJ)

Bolívia

O adjetivo pátrio é **boliviano**. ◆ *O coração bateu aliviado quando avistamos as luzes de Cochabamba no limiar do altiplano BO-LIVIANO.* (RI)

bolo

O plural é **bolos**, com **O** fechado. ◆ *Tia Marta desistia de me ensinar receitas, meus BOLOS desabavam, meus pudins aguavam.* (ASA)

Bolonha [Itália]

O adjetivo pátrio é **bolonhês**. ◆ *Para a exposição "Morandi no Brasil", dedicada ao pintor BOLONHÊS e a artistas brasileiros influenciados por ele, foi montada uma sala climatizada, com custo de US$ 120 mil.* (FSP)

bolso

O plural é **bolsos**, com **O** fechado. ◆ *O homem levanta a gola do paletó, apalpa os BOLSOS.* (CNT)

bom

O superlativo absoluto sintético é:

◇ **ótimo**. ◆ *O plano é ÓTIMO, contudo, não estou acostumado a ser traído.* (PRE)

◇ **boníssimo**. ◆ *Experimentava uma grande paz interior, uma BONÍSSIMA mansidão espiritual.* (DEN) ◆ *Ela era uma pessoa BONÍSSIMA.* (FSP)

bom de ler ⇨ Ver infinitivo ⇨ Ver fácil de fazer ⇨ Ver difícil de fazer ⇨ Ver duro de roer.

Nessa construção, o infinitivo (**ler**) tem sentido passivo ("ser lido"), ou de sujeito indeterminado ("alguém ler"), sem necessidade de uso do pronome **se**. ◆ *De modo geral o livro é BOM DE LER.* (FSP) ◆ *Veem apenas o dinheiro fácil, abundante, BOM DE GASTAR.* (CRU)

Entretanto, ocorrem construções com o **se**. ◆ *É, menino, isto é muito BOM DE se DIZER, mas quem sofre é este velho.* (CA) ◆ *Há por aí tanto lugar BOM DE se PASSEAR! (DEN)*

bom êxito

Embora o substantivo **êxito** seja geralmente usado no sentido positivo ("bom resultado"), o significado originário da palavra é, simplesmente, o de "resultado", que pode ser bom ou mau. Daí a possibilidade da expressão **bom êxito**. ◆ *A atitude favorável desta para com o médico é imprescindível ao BOM ÊXITO do exame.* (SMI)

2. O plural é nos dois elementos (adjetivo + substantivo). ◆ *Cristo das iniciativas e dos BONS ÊXITOS, não nos oprima, não nos desalente na hora extrema o sentimento da nossa frustração.* (NE-O)

bom gosto

A grafia oficial é sem hífen, embora as duas palavras em conjunto constituam uma unidade semântica. ◆ *O senhor certamente tem BOM GOSTO.* (ACM)

bom-humor

A grafia oficial é com hífen. A palavra constitui uma unidade sintagmática e semântica, com elementos que mantêm sentido próprio. ◆ *Não podia fazer outra coisa senão assumir atitudes extravagantes para descarregar o seu BOM-HUMOR.* (CAS)

bom-senso

Com hífen. ◆ *Enfim, ao abordar um paciente com IVAS deve prevalecer o BOM-SENSO e a relação risco/benefício para tratar os casos duvidosos.* (ABC)

bombachas, bombacha

1. Do mesmo modo que **calças**, **bombachas** é um substantivo de forma plural que designa apenas um objeto. Obviamente, a mesma forma também pode referir-se a mais de um objeto. ✦ *Olhou para si próprio, num ar ainda mais desconsolado, passando as mãos pelas BOMBACHAS remendadas, a camisa gasta, o lenço de pescoço quase em trapos.* (G)

2. Do mesmo modo que ocorre com **calças**, a forma singular é igualmente usada para a mesma designação. ✦ *Qual a influência da BOMBACHA no machismo gaúcho?* (ANB)

bom-bocado

O plural indicado é **bons-bocados** (adjetivo + substantivo). ✦ *Os doces – quindins e BONS-BOCADOS – estavam em pratos de papel.* (ALF)

bon vivant

É expressão francesa que qualifica ou designa pessoa que sabe gozar a vida. ✦ *Perfeccionista, além de BON VIVANT, Kiko provou seu talento ao realizar obras surpreendentes.* (VEJ)

bona fide

É expressão latina (em ablativo) que significa "de boa fé". Desse modo, não é necessária a preposição **de** precedendo essa expressão, como se usou na única ocorrência encontrada. ✦ *E acrescentou, trocando o castelhano pelo latim: "Negociar de 'BONA FIDE' (boa-fé)".* (FSP)

bonachão, bonacheiro, bonacheirão

1. São formas variantes para significar "que / quem tem bondade natural e é simples e ingênuo", mas **bonacheiro** não ocorreu.

2. **Bonachão** é a forma mais usual (97%). ✦ *Não, só que ninguém pode mais ser amável, BONACHÃO, no atual mundo, cheio de rancor, desamor, desafeto, desestima.* (GA)

O feminino é **bonachona**. ✦ *Tibério soltou uma risada BONACHONA.* (INC)

O plural é **bonachões**, forma que, entretanto, não ocorreu.

3. **Bonacheirão**, que formalmente é o aumentativo de **bonacheiro**, tem uso muito raro (3%). ✦ *E a caracterização de Lima Duarte, que começou mal misturando Zeca Diabo com Sinhozinho, mas que foi aos poucos dando traços firmes ao diabólico e, ao mesmo tempo, BONACHEIRÃO Malta.* (VIS)

bonbonnière / bombonière, bomboneira

1. *Bonbonnière* é palavra francesa que designa recipiente apropriado para guardar bombons, e, também, estabelecimento que vende bombons, balas e outros produtos do gênero. ✦ *Pior que pipoca, só amendoim. Devia ser abolido das BONBONNIÈRES dos cinemas.* (VEJ)

É muito comum na primeira sílaba (56% dos casos) a adaptação parcial da forma gráfica ao português: **M** antes de **B** e apenas um **N**. ✦ *À esquerda, BOMBONIÈRE em porcelana Rosenthal, da designer Laura.* (FSP)

2. **Bomboneira** é a palavra portuguesa, formada em paralelo com a forma francesa, usada apenas como designação de recipiente para guardar bombons. ✦ *Oito deles são presentes de baixo valor unitário: uma BOMBONEIRA de R$ 2,80, outra de R$ 3,90, uma fruteira de R$ 8,90 e uma caneca decorada de R$ 1,00.* (FSP)

boné

É a forma gráfica portuguesa correspondente ao francês *bonnet*. ✦ *O pauzeiro, um negro bochechudo, de BONÉ, retirou o saco da carroceria.* (ALE)

bonsai

É a grafia portuguesa de palavra japonesa que designa miniatura de planta criada com técnica específica, também denominada **bonsai**, a qual preserva as características normais de proporção e de morfologia da planta. ✦ *Lá, os turistas podem conhecer uma das maiores coleções de BONSAI (árvores em miniatura) da América do Norte e ainda ver a tradicional cerimônia do chá.* (FSP) ✦ *Quase todos os vegetais lenhosos podem ser cultivados como*

boogie-woogie

BONSAI – que é a técnica de miniaturizar árvores. (FSP)

boogie-woogie

É palavra inglesa que designa espécie de *blues* com andamento rápido e variações melódicas improvisadas. É substantivo masculino. A pronúncia é, aproximadamente, **bugui úgui**. ✦ *Pelas ondas de rádios do sul dos EUA, os jamaicanos travam o primeiro contato com o R&B, jazz e BOOGIE-WOOGIE, ritmos totalmente desconhecidos dos jamaicanos.* (FSP)

book

É palavra inglesa que designa álbum de fotos, ou de imagens de vídeo, de modelo fotográfico ou manequim. ✦ *Antes eu mandava o meu BOOK para os clientes e ninguém me dava retorno.* (VEJ)

bookmaker

É palavra inglesa que, no turfe, designa pessoa que aceita apostas clandestinas nas corridas. Usa-se, também, para referência genérica a pessoa que faz negócios clandestinos. ✦ *Ele não quer a guerra e concorda que o BOOK-MAKER Bernie, um judeu gay que se vale de favores sexuais para saber o resultado de páreos arranjados, seja eliminado.* (ESP) ✦ *Os "BOOKMAKERS" do Planalto especularam com as ações do Orçamento e jogaram na estratosfera o índice de votos.* (FSP)

boom ⇨ Ver bum.

É palavra inglesa (forma onomatopaica) que designa uma expansão extraordinariamente rápida de atividade. ✦ *Os espanhóis talvez ainda não tenham absorvido bem o BOOM do turismo.* (SC)

borboleta

É substantivo feminino, referindo-se ao macho e à fêmea do animal (substantivo epiceno). ✦ *Uma imensa BORBOLETA amarela passava no seu voejar quebrado e sem som.* (BAL)

bordeaux, bordô ⇨ Ver Bordéus.

1. *Bordeaux* é palavra francesa que designa vinho francês, geralmente tinto, produzido na região em torno de Bordéus (em francês: Bordeaux). A pronúncia é, aproximadamente, **bordô**. ✦ *Meia garrafa diária de um bom BORDEAUX ajuda a diminuir o "mau colesterol".* (VEJ)

2. **Bordô** é a forma gráfica portuguesa correspondente, designação de uma cor semelhante à do vinho *bordeaux* (vermelho-escura). ✦ *Tinha lapelas retas e largas que desciam até à barra, com bordados discretíssimos de cor BORDÔ, que o artista retratara com toda minúcia.* (ACM)

borderline

É palavra inglesa referente a desvio de personalidade caracterizado por instabilidade de humor e de autoestima, distanciamento da realidade, crises de raiva e de irritação, atos compulsivos e automutilantes. ✦ *O "desvio de personalidade BORDERLINE" foi descrito pela primeira vez na psiquiatria em 1938.* (FSP)

borderô

É a forma aportuguesada do francês *borderau*. O substantivo designa, em economia, relação de títulos de crédito entregues a um banco para desconto ou cobrança; designa, em geral, mapa de movimentação financeira. ✦ *Como auxiliar de cobrança: protestava títulos em cartórios, cobrava clientes por via postal e por telefone, controlava títulos através de BORDERÔS bancários.* (FSP) ✦ *Só em fevereiro de 1992 é que sua federação iniciou uma compilação sumária, baseada na quantidade de ingressos padronizados e BORDERÔS (mapa diário da movimentação das salas) que distribuía.* (FSP)

Bordéus [França] ⇨ Ver bordeaux, bordô.

1. É a forma portuguesa de **Bordeaux**, cidade da França. ✦ *Como se duvidava da capacidade brasileira de chegar a uma conclusão pericial isenta, científica, as cartas viajaram até BORDÉUS.* (BPN)

2. O adjetivo pátrio é **bordelês**. ✦ *E contanto que seja da literatura francesa: ela é o elemento, no sentido de elemento de propagação*

mesmo, desse BORDELÊS nascido em 1936. (FSP)

bororo, bororó

São formas variantes. A primeira forma (com a penúltima sílaba tônica e com o O tônico fechado) é a mais recomendada nos manuais normativos e é também a mais usada (78%). O substantivo designa grupo indígena brasileiro. ◆ *Os etnólogos, por exemplo, escrevem os BORORO, os Yanomami.* (FSP) ◆ *É um índio BORORÓ.* (ETR)

Bósnia-Herzegóvina (da antiga Iugoslávia) [Europa]

O adjetivo pátrio é **bósnio**. ◆ *Os sérvios querem trocá-los por prisioneiros em poder do governo BÓSNIO.* (VEJ)

bosque

É substantivo coletivo para árvores. ◆ *A janela dava simplesmente para um BOSQUE cheio de árvores.* (FAV)

bossa nova, bossa-nova

1. A expressão **bossa nova** designa um movimento renovador da música brasileira criado no final da década de 1950. A partir daí, designa maneira moderna de agir. ◆ *Na música, uma verdadeira revolução: a BOSSA NOVA.* (VIS) ◆ *(...) nos inícios dos anos sessenta tinha participado da BOSSA NOVA paulista.* (GD)

Muito frequentemente usa-se também, para essa designação, o substantivo composto **bossa-nova** (com hífen), grafia oficializada. ◆ *Preparada, desde fins dos anos 40, no após-guerra, pela descontinuidade de acentuação rítmica muito usada pelos tocadores de contrabaixo de cordas dos conjuntos de dança, a partir do surgimento do pop no jazz norte-americano, A BOSSA-NOVA constituiu — como o próprio pop nos Estados Unidos — uma reação culta, partida de jovens da classe média branca das cidades, contra a ditadura do ritmo tradicional (no caso do Brasil representado pela obediência ao tempo forte do 2/4, estabelecida pela percussão dos negros).* (PHM)
2. O adjetivo correspondente é **bossa-nova** (com hífen), forma invariável. ◆ *Guga Stroeter*

adere ao clima BOSSA-NOVA que transbordou do novo palco no Itaim. (FSP) ◆ *BOSSA-NOVA, mesmo, pretendeu ser o senhor Fernando Collor.* (RI)

Boston [Estados Unidos]

O adjetivo pátrio é **bostoniano**. ◆ *O guitarrista BOSTONIANO Frank Black, ex-líder da seminal banda Pixies, tem contrato assinado para fazer seis shows no Brasil em setembro.* (FSP)

boteco

Com **o**, na primeira sílaba. ◆ *Já saí para comprar o jornal e tomei o café no BOTECO lá embaixo.* (RE)

botijão, bujão

São formas variantes para designar o recipiente usado para entrega de gás. A primeira é a mais usual (90%). ◆ *Os BOTIJÕES de 45 e 90 quilos devem se destinar, prioritariamente, ao uso comercial e industrial.* (POL) ◆ *A bomba era um artefato aparentemente rústico, mas eficaz, disfarçado em um pequeno BUJÃO de gás, desses usados em acampamentos.* (VEJ)

boudoir, budoar

É palavra francesa que designa cômodo que a mulher utiliza para receber pessoas íntimas, muito especialmente para encontros amorosos furtivos. A forma **budoar**, oficialmente registrada, não ocorreu. ◆ *E afastou-se com pés de quem saísse de um "BOUDOIR".* (MAD)

bouillabaisse

É palavra francesa que designa um tipo de sopa provençal, muito condimentada, preparada basicamente com peixes; o caldo fervente se derrama sobre fatias de pão. A pronúncia é, aproximadamente, **buiabesse** (com o E tônico aberto: BÉ). ◆ *Indignado, derramei uma tigela de "BOUILLABAISSE" em seu colo.* (FSP)

bourbon

É palavra francesa que designa uísque preparado a partir da destilação de uma mistura de boutade

milho, malte e cevada. A pronúncia é, aproximadamente, **burbon**. ✦ *Perguntou o que eu queria além do BOURBON e do sanduíche de Sam, que estava péssimo.* (AVL)

boutade

É palavra francesa que designa uma tirada espirituosa, um dito sutil e imprevisto, geralmente mentiroso. É substantivo feminino. A pronúncia é, aproximadamente, **butade**. ✦ *A BOUTADE é de Shakespeare, mas resume bem a posição do bispo argentino Dom Jerônimo Podestá.* (FA)

Bovespa

É a sigla de **Bolsa de Valores de São Paulo**. ✦ *Quem e o que punir – eis a questão que cabe ao conselho da Bovespa, além da hipótese da absolvição das duas corretoras.* (EX)

boxe, *box*

1. **Boxe**, o mesmo que **pugilismo**, é a forma portuguesa correspondente ao inglês *box*, que também se usa, em português, embora com muito menor frequência, em todos os tipos de texto. ✦ *Beniamino faz parte dos poucos que passaram pelo BOXE sem revelar os estigmas dos acidentes que rondam as atividades dos pugilistas.* (MU) ✦ *Servilio de Oliveira, 47, ex-pugilista, é o único brasileiro a ganhar uma medalha olímpica no BOX.* (FSP)

2. Também corresponde ao inglês *box* ("caixa"), o substantivo aportuguesado **boxe**, que designa:

◇ qualquer compartimento. ✦ *As galinhas são dispostas aos pares, em gaiolas, ocupando BOXES com iluminação artificial e regulável.* (GL)

◇ o compartimento que, nos banheiros, é destinado à colocação de chuveiro ou ducha. ✦ *Vou andando pelas cadeiras de descanso, pelos BOXES de duchas escocesas, olhando, fazendo tudo conforme foi combinado.* (REA)

◇ o espaço destinado pelas escuderias ao atendimento dos carros, durante os circuitos de corrida. ✦ *A Ferrari finalizava ontem a decoração dos seus BOXES.* (FSP)

Com o significado de "compartimento destinado a banhos", entretanto, apenas ocorreu, no singular, a forma original inglesa *box*. ✦ *Desligo o chuveiro, deixo desanuviar, e constato que o chão do BOX é uma poça de água preta.* (EST)

boy

É palavra inglesa (redução de *office boy*), que designa rapaz que, em uma firma, executa funções diversas, como as de contínuo e de mensageiro. ✦ *Dei cem dólares ao BOY que me chamava e fui ter ao gerente, que me esperava sorrindo.* (T)

A forma aportuguesada **bói**, registrada oficialmente, não ocorreu.

braçada

É substantivo coletivo para flores ou outras coisas que se abrangem com os braços para carregar. ✦ *Canoá entrou no rancho com uma BRAÇADA de lenha seca.* (ARR)

braço

Os adjetivos correspondentes são:

◇ **braquial**. ✦ *Bíceps BRAQUIAL: situa-se na parte anterior; é considerado o músculo flexor mais importante do braço.* (ENF)

◇ **braçal**. ✦ *Como era rapaz prático, de bom estômago, aceitou ser admitido na qualidade de trabalhador BRAÇAL.* (BB)

brâmane, brâmine

São formas variantes, mas **brâmine** não ocorreu. A sílaba tônica é a antepenúltima (**BRÂ**), e, por isso, as palavras levam acento (proparoxítonas). Designam, entre os hindus, o membro da mais alta das quatro castas, tradicionalmente votado ao sacerdócio e dedicado ao estudo e ao ensino dos vedas. ✦ *A história versa sobre a paixão de Nadir, um pescador de pérolas, por Leila, sacerdotisa BRÂMANE.* (FSP)

brandir

Verbo defectivo, conjuga-se apenas nas formas em que ao radical se segue **E** ou **I**. Não existe, pois, a primeira pessoa do singular do presente do indicativo e o presente do subjuntivo. Significa:

✧ "agitar repetidamente", "mexer de um lado para o outro", "acenar". ✦ *O garçom BRANDIU a mão, como se repelisse a pergunta.* (ATA) ✦ *Landes não se limita a BRANDIR argumentos, mas utiliza de forma magistral a evidência histórica acumulada.* (FSP)

✧ "erguer [arma] antes da arremetida ou do disparo". ✦ *BRANDIA o trabuco no ar como se fosse um brinquedo de criança.* (CJ) ✦ *Igual ao padre Sérgio, figura inesquecível de Tolstoi, Vladimir BRANDE o verbo de modo profético, veloz, sincopado.* (PAO)

branqueado, branquiado

1. **Branqueado** é adjetivo que significa "que se tornou branco". ✦ *Os cortes produzem um exsudato BRANQUEADO, um suco resinoso que, ao ser coletado na manhã seguinte, tem a cor marrom-café.* (DRO)

2. **Branquiado** é substantivo que designa o animal que tem brânquias, ou guelras. ✦ *Crustáceos ou BRANQUIADOS: camarões, siris, caranguejos, lagostas, pitus, tatuzinhos- -de-jardim, baratinhas de praia.* (GAN).

braqui-

É elemento (grego) que se liga a um elemento seguinte. Significa "breve", "curto". ✦ *No entanto, alguns grupos do norte, como já mostrou Ehrenreich, como os Caiapó, são BRAQUICÉFALOS.* (IA)

brasão

O adjetivo correspondente é **heráldico**. ✦ *Dom Sebastião, lutando como um HERÁLDICO leopardo ferido, cercado por cachorros negros, teve seu cavalo morto.* (PR)

braseiro

Com s, como brasa. ✦ *João dispõe no BRASEIRO o peixe embrulhado em folha de bananeira.* (CE)

Brasil ⇨ Ver Brasília.

Os adjetivos correspondentes são:

✧ **brasileiro**. ✦ *Nem todo BRASILEIRO tem a chance do equilíbrio.* (ACT)

✧ **brasiliense** (em desuso, atualmente, nessa acepção). ✦ *"Apesar de meus avançados anos, tesoureiro-mor da Fábrica da Catedral, é-me doloroso ter de levar à respeitável presença de Vossa Excelência que o Paço Episcopal está todo muito arruinado, e indecente para hospedar qualquer pessoa particular, quanto mais um Príncipe da Igreja BRASILIENSE (...)".* (TS)

✧ **brasílico**. ✦ *São vultos e rostos BRASÍLICOS: índios de Pedro Américo, barbas de José Bonifácio, galões de navegadores, lanças de dragões da Independência, rodas dentadas da indústria.* (TB)

Atualmente, a forma **brasiliense** é usada como adjetivo correspondente a Brasília.

Brasília [Distrito Federal] ⇨ Ver Brasil ⇨ Ver Distrito Federal.

O adjetivo pátrio é **brasiliense** (forma que já foi usada como adjetivo pátrio referente a Brasil). ✦ *A ideia básica é a de se envolver a comunidade BRASILIENSE e seus agentes culturais no espírito da iniciativa.* (CB)

Também é indicada oficialmente a forma **brasiliano**, raramente usada. ✦ *Para não se transmutar rapidamente em "ceariliense" – filho de ferrabrás cearense com amanuense BRASILIANO – (ele) deveria cuidar de falar menos e agir mais.* (FSP)

brasis

Como substantivo comum só usado no plural, designa:

✧ terras do Brasil. ✦ *O assunto é importante demais para ser focalizado apenas na tediosa emocionalidade antiamericana, que grassa, adolescentemente, por esses BRASIS.* (CPO)

✧ indígenas do Brasil. ✦ *Padre, será essa a verdadeira religião dos BRASIS?* (FSP)

brasserie

É palavra francesa que designa cervejaria. A pronúncia é, aproximadamente, **brasserri**. ✦ *Paul Wilson propõe pratos mais ecléticos do que qualquer BRASSERIE francesa ousaria oferecer.* (FSP)

braveza

braveza

Com **Z**, como todo substantivo abstrato formado com o sufixo **-eza**. ◆ *Se o fazendeiro ficar bravo, que fique, a BRAVEZA é por conta dele.* (ATR)

bravo, brabo

São variantes regionais e estilísticas, mas a forma **bravo** é a mais usada nos diversos tipos de textos (85%). O uso da forma **brabo** se restringe a uso literário (especialmente referente a linguagem regional e popular). ◆ *Este sertão BRABO, de pedra e de areia, outra vez recebia a visita da passagem luminosa dos meus Três Reis do Egito.* (CJ) ◆ *E bicho BRABO pra se tropear, esse!...* (CG)

bretão ⇨ Ver britânico ⇨ Ver Grã--Bretanha.

1. É adjetivo e substantivo pátrio referente a:

◇ Grã-Bretanha e Inglaterra. ◆ *Havia muitas pedras no gramado, o que tornava impossível a prática do esporte BRETÃO.* (SC)

◇ Bretanha (região da França). ◆ *Mas não há alsaciano que não se sinta francês e ainda menos um só BRETÃO.* (ESP)

2. Flexão:

◇ O feminino é **bretã**. ◆ *Mas a verdade do vinho em Portugal era inglesa; era, pois, BRETÃ, a nacionalidade de nossas idas e vinhas.* (CID)

◇ O plural é **bretões**. ◆ *As leis civis ou sociais que regulam para os BRETÕES e alsacianos são as mesmas que regulam para os parisienses.* (ESP)

brevê

É a forma portuguesa correspondente ao francês *brevet*. Designa diploma conferido aos que terminam o curso de piloto de aviação. ◆ *A punição, de acordo com a lei, prevê desde multas até a perda do BREVÊ para o piloto ou da licença da aeronave para o proprietário.* (AGF)

briefing

É palavra inglesa que designa o ato de dar instruções concisas e objetivas sobre missão a ser cumprida, ou designa as próprias instruções. É substantivo masculino. A pronúncia é, aproximadamente, **brífin**. ◆ *Aureliano foi trazido pelo coronel Camargo para a sala de BRIEFING, para uma entrevista com os jornalistas credenciados no palácio.* (NBN) ◆ *O chefe Héctor Menoni mostrou-me todos os despachos do dia e deu-me um BRIEFING sobre os antecedentes.* (NBN)

brig.

É a abreviatura de **brigadeiro**. ◆ *O autor autografa o livro amanhã, a partir das 19h, na livraria Siciliano do Shopping Iguatemi (av. BRIG. Faria Lima, 1.191, São Paulo).* (FSP)

brigada

É substantivo coletivo para militares ("corpo militar comumente composto de dois regimentos"). ◆ *Em pouco tempo, tornou-se ele o maior admirador da BRIGADA e esta passou a ser sua tropa de confiança para o cumprimento das missões mais difíceis.* (OL)

brigar

Usa-se com complemento iniciado pela preposição **com**. ◆ *Pádua, eu não quero BRIGAR com você.* (AGO)

britânico ⇨ Ver bretão ⇨ Ver Grã--Bretanha.

É adjetivo pátrio correspondente à Grã-Bretanha e à Inglaterra. ◆ *Um advogado com ar BRITÂNICO e cara de índio que não fazia poesia.* (GI)

broadcast, broadcasting

São palavras inglesas (termos de rádio e televisão) que designam a difusão ou transmissão de programas, notícias, mensagens. ◆ *Um dos pontos da discussão legal da Internet nos EUA é se a rede deve ser tratada como uma mídia impressa (que goza de grande proteção contra interferência governamental) ou uma mídia de "BROADCAST" (como a TV, sujeita a controle por parte do governo).* (FSP) ◆ *O "Memphis" destacou o serviço de BROAD-CASTING – difusão de notícias –, que entrega informações na tela do usuário.* (FSP)

brocha, brochar ⇨ Ver **broxa.**

A ortografia oficial registra com a mesma grafia dois substantivos de diferente etimologia:

1. O substantivo que designa prego curto de cabeça grande (substantivo feminino). ◆ *Os olhos sonolentos, o focinho luzidio, os queixais esmoíam os bolos que subiam, de tempo em tempo, pela goela dos bichos, forçando a BROCHA do canzil.* (VER)

2. O substantivo que designa pincel (substantivo feminino), e, por metáfora, designa homem impotente sexualmente (substantivo masculino). ◆ *Pronto o preparado, borrifa-se a árvore, usando pulverizador ou BROCHA de caição.* (GL) ◆ *Além do mais, BROCHA não reclama. Ele que vá cuidar da mulher dele.* (INQ)

Com essa segunda acepção, a palavra também é adjetivo. ◆ *Mas a mulher tem tamanhas qualidades que fiquei tímido, lasso, BROCHA, e despeitado.* (CDR)

O verbo correspondente é **brochar.** ◆ *Não é raro ele BROCHAR sob essa pressão.* (FSP)

brócolis, brócolos, brócoli, brócolo

Brócolis e **brócolos** são formas variantes de substantivo masculino plural, oficialmente registradas. Designam um tipo de couve, muito utilizada na alimentação, que se caracteriza por ter botões florais próximos uns aos outros. Também são oficialmente registradas, para a mesma designação, as formas de singular **brócoli** e **brócolo.** A forma **brócolis** é a mais usual (86%), **brócoli** e **brócolos** são pouco usadas (de 6% a 7%) e **brócolo** é de uso muito raro (1%). ◆ *Os BRÓCOLIS são das verduras que melhor se prestam ao congelamento, conservando sua textura e sabor inalterados por pelo menos seis meses.* (FSP) ◆ *Ponha os BRÓCOLOS cozidos no fundo de uma forma refratária, cubra com as fatias de presunto e junte a cebola e a farinha de trigo.* (MCA) ◆ *As verduras folhosas fornecem bastante cálcio: agrião, alface, BRÓCOLI, couve, couve-flor, couve-manteiga, couve-tronchuda, serralha.* (NFN) ◆ *Jantar: BRÓCOLO refogado; dobradinha com molho; purê de batata; doce de abóbora.* (NT)

A palavra **brócolis,** que é uma forma de plural (assim oficialmente registrada), é usada como singular em quase 10% dos casos. ◆ *Se os maridões vencerem, sairá do ostracismo uma verdura banida há quatro anos da Casa Branca – o BRÓCOLIS.* (VEJ)

brodo

É palavra italiana que significa "caldo". ◆ *Não existe aquecedor melhor no inverno do que um bom "BRODO" (caldo quente de carne).* (FSP)

bronco-

É elemento (grego) que se liga a um elemento seguinte. O significado liga-se a "brônquio". ◆ *Além disso, predispõe a criança a não suportar uma doença infecciosa, principalmente diarreia, BRONCOPNEUMONIA, sarampo, tuberculose.* (OP) ◆ *O tratamento consiste em sedativos da tosse, expectorantes, BRONCO-DILATADORES e antibióticos.* (OBS)

bronze

Os adjetivos correspondentes são **brônzeo** e **éneo,** mas este último não ocorreu. ◆ *Mapplethorpe fala desse corpo BRÔNZEO, assim como Canova.* (FSP)

broto

O plural é **brotos,** com o fechado. ◆ *Em verdade, Cauby Peixoto está cercado de BROTOS por todos os lados.* (RR)

brownie

É palavra inglesa que designa uma espécie de bolo de chocolate que se corta em pequenos quadrados. A pronúncia é, aproximadamente, **bráuni.** ◆ *Espere o BROWNIE esfriar completamente antes de cortar em quadradinhos.* (FSP)

browser

É palavra inglesa que, na linguagem da informática, significa "navegador", "leitor de hipertexto". A pronúncia é, aproximadamente, **bráuzer.** ◆ *Um BROWSER é um software*

broxa

que capacita as pessoas a passearem pelos mundos de informação na Internet. O da Microsoft se chama "Internet Explorer". (FSP)

broxa ⇨ Ver **brocha, brochar.**

Broxa, com **x**, designa:

◇ pincel. ◆ *Trabalha também com BROXAS, aqueles pincéis usados pelos pintores de parede.* (VEJ)

◇ homem impotente sexualmente. ◆ *Ludmila, você me chamou de BROXA?* (E)

Brocha, com **CH**, designa prego curto de cabeça grande.

brunch

É palavra inglesa que designa refeição de dias especiais, prolongada e substanciosa, que vale por café da manhã e almoço. ◆ *Aos domingos o bufê é um BRUNCH animado que vai até o final da tarde.* (FSP)

bucal ⇨ Ver **bocal.**

Bucal é adjetivo e significa "relativo à boca". ◆ *Secreções glandulares também contêm um pouco do antibiótico e a sua presença na saliva ocasiona gosto amargo, além das alterações na flora BUCAL.* (ANT)

Bocal é substantivo e significa "embocadura".

bucha

Com **CH**. ◆ *A BUCHA presta-se para trabalhos pequenos, como botões, argolas, bilros etc.* (MPM)

bucho ⇨ Ver **buxo.**

Bucho é uma designação para o estômago de animais. ◆ *O bicho está com o BUCHO cheio.* (BS)

Pejorativamente, o nome também é usado com relação a pessoas, sugerindo, especialmente, feiura. ◆ *Pois nunca, nesse curto período, encontrei uma viúva que fosse, ainda que remotamente, um BUCHO!* (VIU)

Buxo é um arbusto ornamental.

buço

Com **Ç**. O substantivo designa penugem na região acima do lábio superior, tanto em homens como em mulheres. ◆ *Ao fim de um desses alarmas, Julião chamou o filho, que já tinha quase a sua altura, com um BUÇO a escurecer-lhe mais a pele por cima da boca (...).* (TS) ◆ *A mulher tinha um nariz baixo e aparrado, BUÇO escuro sobre os lábios.* (RET)

budget

É palavra inglesa que significa "orçamento". ◆ *Como se sabe, essa indústria ocupa cada vez mais espaço no investimento e no BUDGET da indústria do entretenimento.* (FSP)

bueiro

Com **U**. ◆ *No dilúvio, o enxurro arrastou-o para o BUEIRO.* (BPN)

Buenos Aires

O adjetivo pátrio é **portenho**. ◆ *Uma orquestra tocava quando um grupo de argentinos, adeptos do tango PORTENHO, começou a dirigir gracejos aos músicos.* (PHM)

búfalo

Os adjetivos correspondentes são **bubalino** e **bufalino**, mas esta última forma não ocorreu. ◆ *O rebanho bovino e BUBALINO que o Departamento de Defesa Animal quer ver vacinado é estimado em 13,5 milhões de cabeças.* (FSP)

bufê

É a forma gráfica portuguesa correspondente ao francês *buffet*. O substantivo designa:

◇ móvel aparador. ◆ *Coloquei a câmera sobre o BUFÊ.* (RI)

◇ serviço de iguarias e bebidas em uma refeição ou em uma recepção; o conjunto dessas iguarias; o local do serviço. ◆ *Estava tudo preparado. A festa, os convites enviados, o BUFÊ contratado, os músicos, tudo.* (PCO) ◆ *No vagão-restaurante, os passageiros podem, por 3.000 cruzeiros reais, se fartar em um BUFÊ de saladas e pratos quentes.* (VEJ) ◆ *Além de descaracterizar o palácio, a tinta dá ao local a aparência de um BUFÊ de festas infantis.* (VEJ)

bug

É palavra inglesa que, na informática, designa falha de execução de programa. ◆ *O matemático norte-americano Grace Murray Hopper descobre um inseto nos circuitos da calculadora Mark-1 e cunha o termo BUG – inseto, para os norte-americanos – para designar tudo o que provoque panes no computador.* (FSP)

bugiganga

Com **G**, antes do **I**. O **I** não é nasal, e, por isso, não existe **N** depois dele, na grafia. ◆ *É que havia muita BUGIGANGA lá dentro.* (DES)

buldogue

É a forma portuguesa correspondente ao inglês *bulldog*. ◆ *No princípio tinha tamanho de um gato persa, depois o de um BULDOGUE, depois o de um "boxer".* (CI)

bulevar

É a forma gráfica portuguesa correspondente ao francês *boulevard*. Significa "rua larga, arborizada", "avenida". ◆ *Não conheço um BULEVAR sequer por sua denominação ou seus edifícios.* (VES)

Bulgária [Europa]

O adjetivo pátrio é **búlgaro**. ◆ *Deve ser um italiano do Sul, talvez um português ou panamenho; ou certamente é BÚLGARO.* (B)

A forma **bulgariano**, também indicada, não ocorreu. Apenas se usa o substantivo feminino **bulgariana**, designação de tecido ordinário, geralmente de estampa xadrez ou listada. ◆ *Vestia calça de algodão azulado e camisa de BULGARIANA listada.* (CJ) ◆ *Saudaram com entusiasmo e goles de branquinha o encontro das calças de brim. Despiram as de BULGARIANA, velhas, remendadas, enfiaram-se naquelas luxarias de pano caro.* (TG)

bulício

Com **C**. O substantivo designa agitação causada por movimento contínuo, rumor causado por agitação. ◆ *O táxi freou rápido em meio ao BULÍCIO da avenida.* (PCO)

bulir

O verbo **bulir** muda o **U** em **O** aberto, no presente do indicativo, quando é no radical que está a sílaba tônica (nas formas rizotônicas), exceto na primeira pessoa do singular (e, consequentemente, em todo o presente do subjuntivo). ◆ *É um ritmo que BOLE com a gente, não acha?* (F) ◆ *Eu cá sou assim: estou quieto, não BULO com ninguém.* (SA)

bum ⇨ Ver boom.

1. É forma onomatopaica que designa estampido, estrondo, batida. ◆ *A TV e o cinema seguram a onda por um tempo, até o próximo sair atirando, "BUM".* (FSP) ◆ *No último dia de festa, saiu atrás dos tambores (BUM! BUM! baticum!) do grupo Olodum.* (VEJ)

2. A palavra também é, ainda, dicionarizada como forma aportuguesada do inglês *boom* (também uma onomatopeia), que designa uma expansão extraordinariamente rápida de atividade. ◆ *Não será o sufoco econômico, nem o efeito estufa, nem o implacável calor ou o pior dos frios, mas o último BUM!, depois do primeiro Grande Boom!* (GLO)

bunker

É palavra inglesa que designa abrigo muito fortificado e protegido, parcial ou totalmente subterrâneo. É substantivo masculino. ◆ *Estávamos certos de que O BUNKER seria atingido pelo blecaute em questão de meses, ou semanas, ou dias.* (BL)

buquê ⇨ Ver ramalhete.

É a forma portuguesa correspondente ao francês *bouquet*.

Designa o aroma agradável do vinho. ◆ *Fácil é ficar discutindo BUQUÊ de vinho chileno!* (FSP)

É coletivo que significa "ramalhete". ◆ *Entregou a Wanda um BUQUÊ de angélicas.* (ANA)

burburinho

Manuais normativos recomendam o uso preferencial de **ramalhete**, considerando **buquê** um galicismo.

burburinho

Com **u** na primeira e na segunda sílabas. Significa "rumorejo", "murmúrio". ✦ *Há um grande BURBURINHO na frente da casa.* (ARI)

burguês, burguesa

1. Com final **ÊS** (como os adjetivos pátrios). ✦ *Estava ali apenas para dar ao BURGUÊS a impressão de que havia muitos elementos perniciosos e o capital corria perigo.* (MEC)

2. O plural é **burgueses**. ✦ *Ela tem razão, no fundo no fundo, nós ainda somos uns pobres BURGUESES, carregados de preconceito.* (MD)

3. O feminino é **burguesa**. ✦ *Vinha, então, a sala de jantar, igual a todas as salas de pensão BURGUESA, com suas mesinhas para a refeição dos hóspedes.* (OE) ✦ *Não cultivavam virtudes BURGUESAS.* (ALF)

buritizal

É o substantivo coletivo para buritis ("plantação de buritis"). ✦ *Eu vou ao BURITIZAL!* (COB)

burro ⇨ Ver mula.

1. É designação de animal quadrúpede de carga. ✦ *O BURRO e o cavalo nadavam ao lado da canoa, dentro dos marimbus.* (ALE)

O substantivo que designa a fêmea do burro é **mula**.

2. Como ocorre com muitos nomes de animais, pode ser usado para adjetivar seres humanos, com significado depreciativo, especialmente em linguagem coloquial. ✦ *O povo – que podia ser ignorante, mas evidentemente não era BURRO – ficou maravilhado.* (HIB) ✦ *Esta é a última vez que venho te salvar, seu besta, seu BURRO, seu idiota.* (ANA)

Burundi [África]

O adjetivo pátrio é **burundinês**. ✦ *Agora tenho uma marca melhor na minha carreira, desabafou o BURUNDINÊS.* (FSP)

busílis ⇨ Ver *quid*.

A sílaba tônica é a penúltima (**SÍ**), e, por isso, a palavra leva acento (paroxítona terminada em **IS**). O substantivo significa "cerne do problema", "ponto crucial", "dificuldade central". ✦ *Agora já sabe: Quem vê cara não vê coração. Aí é que está o BUSÍLIS.* (AGO)

Quid é palavra latina que tem o mesmo significado.

bússola

Com **o** na segunda sílaba, e não com **U**. ✦ *Um dia comprou uma BÚSSOLA e um cavalo e meteu-se pelo interior da Província.* (TV)

Butão [Ásia]

O adjetivo pátrio é **butanês**. ✦ *Detido no Nepal, em 1989, ele foi entregue às autoridades BUTANESAS.* (FSP)

butique, *boutique*

1. **Butique** é a forma gráfica portuguesa correspondente ao francês *boutique*. ✦ *Suzy era dona de uma BUTIQUE no Rio de Janeiro.* (BU)

2. Entretanto, usa-se também a forma gráfica francesa *boutique*, embora com menor frequência (28%). ✦ *A Vedete Lucy Lion não foi feliz com sua BOUTIQUE para cães.* (RR)

button

1. Essa (e não *botton*) é a forma da palavra inglesa que significa "botão", "broche semelhante a botão". ✦ *O eleitor pode sair de casa com uma camiseta ou BUTTON de seu candidato.* (VEJ)

2. O plural é **buttons**. ✦ *De todo modo, são identificados por "BUTTONS" presos à lapela.* (FSP)

buxo ⇨ Ver bucho.

Buxo é a designação de um arbusto ornamental. ✦ *Os BUXOS, de mais de doze pés, curvavam-se ao vento.* (RET)

Bucho é designação para o estômago de animais.

buzina, buzinar

Com **Z**. ✦ *Duda acionava a BUZINA e acelerava desesperadamente, tentando abrir* *caminho entre o povo.* (ORM) ◆ *Automóveis* **BUZINAM.** (JT)

bye-bye

É expressão inglesa que significa "adeus". ◆ *Mais um ano no gesso e **BYE-BYE**, Fred.* (SS) ◆ *Os 43 primeiros migrantes sem-teto a dizerem **BYE-BYE** Rio deixaram a cidade rumo ao Norte e Nordeste na sexta-feira, 7, em ônibus de carreira.* (IS)

by-pass

É expressão inglesa que significa "desvio", "contorno". ◆ *Temos que lutar contra a realidade e não fazer um '**BY-PASS**', uma safena*

transpolítica que nos salve, pela mobilização abstrata da cidadania. (FSP)

byte ⇨ Ver **bit** ⇨ Ver **kilobyte** ⇨ Ver **megabyte** ⇨ Ver **gigabyte** ⇨ Ver **RAM.**

É palavra inglesa que, na informática, designa unidade de quantidade de informação (8 *bits*). Mede-se em *BYTES* a capacidade de memória do computador (RAM) ou de um disco. ◆ *Bit – Menor unidade de informação na linguagem entendida pelos computadores. Oito bits formam um **BYTE**.* (FSP)

Os múltiplos de *byte* são *kilobyte*, *megabyte* e *gigabyte*.

C

c

O nome da letra é **cê**. Com acento circunflexo. ◆ *Não entendia, por exemplo, por que a letra CÊ junto ao e continuava sendo cé e junto ao a virava cá.* (ANA)

°C

É o símbolo de **grau Celsius**. ◆ *A temperatura na área era de 3°C e a visibilidade de cerca de 400 m.* (FSP)

caatingal

É coletivo para vegetais da caatinga. ◆ *(A soleira) ardia, canicular, em pleno CAATIN-GAL.* (CJ)

cabaré

É a forma portuguesa correspondente ao francês *cabaret*. ◆ *O homenzinho aproximou-se dos amigos, assobiando, e empurrou a porta do CABARÉ.* (N)

cabeça ⇨ Ver **cefal(o)-, -céfalo** ⇨ Ver **capit-**.

1. Como substantivo feminino designa parte do corpo. ◆ *Sem querer, pus a mão na CA-BEÇA.* (A)

Como substantivo masculino refere-se ao chefe, ao dirigente, ao líder, seja homem seja mulher (é substantivo sobrecomum). ◆ *Consta, também, que o CABEÇA de tudo é um sargento reformado.* (AP)

2. O adjetivo correspondente é **cefálico**, formado a partir do radical grego **cefal(o)-**. ◆ *O*

peso, a altura, o perímetro torácico e, nos três primeiros anos, o perímetro CEFÁLICO, são medidas de rotina, indispensáveis no exame clínico. (SMI)

O adjetivo **capital** se liga ao radical correspondente latino (**capit-**), de onde o significado de "principal", "fundamental". ◆ *Que eu me lembre, nada fiz ultimamente que merecesse um castigo tão CAPITAL (...).* (AL)

Cefal(o)- e **-céfalo** são elementos de composição referentes a **cabeça**.

cabeleireiro

A forma é ligada a **cabeleira**, e, portanto, com I depois do E, na terceira sílaba (LEI). ◆ *As pessoas se enfeitam no CABELEIREIRO, no costureiro, no massagista e só o espelho lhes dá, nas festas, a atenção que esperam.* (CNT)

cabelo

O adjetivo correspondente é **capilar**. ◆ *À medida que as pessoas envelhecem, o organismo produz menos pigmento da cor, desencadeando o processo de embranquecimento CAPILAR.* (AG)

cabide, cabido

1. **Cabide** é substantivo que designa peça destinada a se dependurarem roupas ou outros objetos. ◆ *Há duas toalhas no CABIDE do banheiro.* (EST)

2. **Cabido** é substantivo coletivo para cônegos de uma catedral. ◆ *Grande era a opressão de seus servos, pelo CABIDO de Notre-*

cabine, cabina

-Dame de Paris, no reinado de São Luís. (HIR).

cabine, cabina

Ambas as formas, ligadas ao francês *cabine*, são oficialmente registradas e usadas, mas a forma **cabina**, que sofreu adaptação ao português, é bem menos frequente (7%). ◆ *Jenner hesitou ante o homem que descera da CABINE do caminhão.* (ALE) ◆ *Subi a bordo, fui direto à CABINA de meu pai.* (CR)

Cabo Verde (arquipélago) [África]

O adjetivo pátrio é **cabo-verdiano**. ◆ *Mesmo longe, o CABO-VERDIANO sempre se lembra de seu país.* (VEJ)

cabra ⇨ Ver bode.

1. **Cabra** é a designação da fêmea do **bode**. ◆ *Fico desequilibrado, sozinho naquela mesa oval, olhando o mel, o queijo de CABRA, o chá de rosas, pensando na minha mãe.* (EST)

Como ocorre com muitos nomes de animais, pode ser usado em referência a seres humanos, com significado depreciativo, especialmente em linguagem coloquial. Usa-se em referência a mulher despudorada. ◆ *Um deles, o Pedrinho, arranjou uma CABRA para amásia. Mulher até bonita e cheia de fogo.* (CA)

2. Como substantivo masculino, usa-se, especialmente no Nordeste, para referência a indivíduo valente. ◆ *Severino do Aracaju que entrou na cidade com um CABRA e vem para cá, roubar a igreja.* (AC)

3. Em referência ao animal, o adjetivo correspondente é **caprino**. ◆ *O gado CAPRINO também é criado extensivamente.* (NOR)

caça, caçar ⇨ Ver cassa, cassar.

1. **Caça** é a designação:

◇ da ação de caçar. ◆ *Dois belos cães de CAÇA arranhavam as passadeiras com as unhas afiadas.* (GI)

◇ do animal que se caça. ◆ *Um dia é da CAÇA e outro, do caçador.* (FSP)

2. O adjetivo correspondente a **caça** é **venatório**. ◆ *Nesse empreendimento VENATÓRIO, coube-lhe a primazia do caçador a ver a caça, sem ser visto.* (PRO)

3. **Caçar** significa, basicamente, "perseguir animais para os aprisionar ou matar". ◆ *As crianças do mesmo grupo de idade formam uma turma: andam sempre juntos, vão ao rio, brincam e CAÇAM juntos.* (QI)

Cassa designa tecido transparente de algodão.

Cassar significa "fazer cessar", "revogar [direitos, prerrogativas]".

caça-dotes

É a forma para o singular e para o plural. O substantivo designa pessoa que procura casamento de conveniência. É masculino quando se refere a elemento do sexo masculino e feminino quando se refere a elemento do sexo feminino (substantivo comum de dois). ◆ *Melcher era um raro espécime de CAÇA-DOTES, o CAÇA-DOTES burro.* (SS) ◆ *A outra trama paralela – envolvendo uma CAÇA-DOTES interessada em pôr a mão na fortuna de funéreo – é mais fraca e, a rigor, só se aguenta graças aos atores.* (FSP)

caça-fantasma, caça-fantasmas

1. Ambas as formas são usadas para o singular. ◆ *"O CAÇA-FANTASMA do Desperdício – Como Encontrar na sua Empresa o Dinheiro que Falta para Investir" (Mário Donadio) e "Motivando Para Vencer 1" (Luis Marins Filho) são os novos lançamentos da Video Work/Business.* (FSP) ◆ *No ano passado, um "CAÇA-FANTASMAS" profissional foi chamado para investigar estranhos ruídos e visões presenciados por trabalhadores noturnos do Royal Albert Hall, casa de espetáculos em Londres.* (FSP)

2. O plural é **caça-fantasmas** (forma verbal + substantivo). O primeiro elemento não vai para o plural porque é verbo. ◆ *Esse desafio é vencido brilhantemente pelo diretor Ivan Reitman (Os CAÇA-FANTASMAS I e II e Um Tira no Jardim de Infância) e pelo roteirista Gary Ross (Big – Quero Ser Grande).* (VEJ)

caçamba

Com Ç. ◆ *Burros passavam, carregando CAÇAMBAS d'água.* (CHI)

cacareja

O E é fechado (antes de J). ◆ *Lá fora, uma galinha CACAREJA, como antigamente.* (AID)

caçarola

Com Ç. ◆ *Numa CAÇAROLA, refogue no mesmo azeite a cebola.* (ELL)

cachê

Cachê é a forma portuguesa correspondente ao francês *cachet*. O substantivo designa pagamento feito a um artista, pela sua apresentação. ◆ *A curto prazo, há a considerar o CACHÊ gordo e certo que lhes vale, só nos programas do Chacrinha, um salário de mais de dois mil cruzeiros mensais.* (CRU)

cachecol

É forma portuguesa, idêntica à francesa *cachecol*. É substantivo masculino. Designa manta longa e estreita para agasalhar o pescoço. ◆ *Peguei a bicicleta da Vera, pus meu CACHECOL e uns óculos escuros e fui pra casa dela.* (FAV)

cachenê

É a forma portuguesa, oficialmente registrada, correspondente ao francês *cachenez*. É substantivo masculino. Designa manta longa e estreita para agasalhar a parte inferior do rosto, até o nariz. ◆ *No chão, contorcida, os olhos esbugalhados de horror, as mãos imobilizadas na tentativa de libertar o pescoço, estava Jacquie, estrangulada por um CACHENÊ.* (MAD)

cachepô

É a forma gráfica portuguesa (não registrada oficialmente) do francês *cache-pot*, substantivo que designa vaso decorativo dentro do qual se esconde um vaso de planta de menor valor decorativo. ◆ *À esquerda, o arranjo montado em CACHEPÔ de lâmina de madeira*

tem rosas, minirrosas, piracanta, crista-de-galo e tomates-cereja. (FSP)

cachimbo, cachimbar

Com CH. ◆ *Iniciou a manobra para acender o CACHIMBO.* (ANA) ◆ *A velha Vitória CACHIMBAVA.* (CAS)

cacho

É coletivo para algumas frutas (bananas, uvas) e para flores. ◆ *A velhinha voltou para me dar um grande CACHO de uvas.* (B) ◆ *Uma roseira de CACHO.* (BP)

cachopa

O O é fechado, no singular e no plural. É substantivo usado em certas regiões de Portugal para designar moça, rapariga. ◆ *Será uma boa CACHOPA, lá do Trás-os-Montes.* (REP)

cachorro

1. O feminino é **cachorra**. ◆ *Era a CACHORRA Candeia, a pata na calçada, querendo subir e receando.* (ED)

O plural é **cachorros**, com O fechado. ◆ *A mulher cochila ao lado, os gatos e cachorros dormem.* (ATR)

2. Como ocorre com muitos nomes de animais, o substantivo pode ser usado em referência a seres humanos, com significado depreciativo, especialmente em linguagem coloquial. ◆ *Olhe, seu CACHORRO, quando o Cabo Rosinha voltar do Ceará, você me paga essa: vou exigir que você seja demitido!* (PEL)

cachorro-quente ⇨ Ver *hot dog*.

1. Designa sanduíche feito com pão pequeno e macio e salsicha quente. ◆ *Adiante um rapaz repartia com a namorada o CACHORRO-QUENTE.* (JM)

2. O plural é **cachorros-quentes** (substantivo + adjetivo). ◆ *Também já tinha náusea daquele leite maltado, dos CACHORROS-QUENTES, do bife hamburguês.* (CT)

É tradução da expressão inglesa *hot dog*, que também é usada, embora com muito menor frequência (20%).

caco-

É elemento (grego) que se liga a um elemento seguinte. Significa "mau". ✦ *Mesmo tendo eliminado o desagradável CACÓFATO ("heroico brado" soa "herói cobrado"), não fiquei satisfeito.* (VEJ) ✦ *Mas da CACOFONIA que machuca os ouvidos do pobre homem urbano fazem parte ainda outros sons que resultam simplesmente da falta de educação.* (SU)

cacto, cáctus

No uso, são formas variantes, e ambas dicionarizadas, mas apenas a primeira oficialmente abrigada na ortografia oficial.

1. A forma mais usual (72%) é **cacto** (plural: **cactos**). ✦ *E enquanto sorria docemente, ele pensou que o seu afeto por ela se assemelhava ao CACTO espinhento, que vinga no leito estorricado e incandescente do sertão.* (TER) ✦ *Há um número incomparavelmente maior de bromélias e CACTOS vivendo ao sol do que à sombra florestal.* (TF)

2. **Cáctus** tem a mesma forma para singular e plural. Tem acento porque é paroxítona terminada em **US**. ✦ *A vegetação do Taim ainda guarda resquícios da época que era seca e quente – o que testemunha muito bem o CÁCTUS encontrado por lá.* (FSP) ✦ *Sem nenhuma proteção, a plateia enfrenta à direita um abismo pedregoso, com o mar lá embaixo, e à esquerda uma fileira de CÁCTUS que deixam espinhos cravados nas pernas.* (VEJ)

cada

1. Manuais normativos condenam o emprego de **cada** sem ser seguido de substantivo, pronome ou numeral.

Desse modo, as gramáticas não recomendam usos ocorrentes do tipo de: ✦ *Faço pela metade do preço da Catunda, só 4 mil dólares CADA!* (INT)

2. Com a forma **cada** no sujeito, o verbo fica no singular. ✦ *CADA pessoa nasce com o destino que Deus dá.* (ALE) ✦ *CADA um de nós tem a sua vida, não?* (A)

cadafalso ⇨ Ver catafalco.

Cadafalso significa "patíbulo", "estrado onde se ergue a forca", "lugar de suplício". ✦ *O CADAFALSO ficava a uns trinta e poucos metros do Sobrado e erguia-se a mais de três do solo.* (TV)

Catafalco significa "estrado onde se coloca o caixão mortuário", "esquife".

cadê? ⇨ Ver que é de?, quede?, quedê?.

Cadê? (assim como **quede?** e **quedê?**) é forma aglutinada de **que é de?**, expressão interrogativa que significa "onde está?". Essas formas aglutinadas são de uso menos formal, mais popular. Todas elas, mas especialmente **cadê**, são muito mais usuais do que a forma plena primitiva **que é de?**. ✦ *CADÊ Miguel, minha filha?* (ALE) ✦ *CADÊ meu cavalo, CADÊ meu cavalo?* (BEM)

cadeado

Com **E**. ✦ *A fechadura do CADEADO estava gelada.* (ARR)

cadela ⇨ Ver cão.

É substantivo feminino correspondente ao masculino **cão**. ✦ *Rex foi visto pela última vez seguindo uma CADELA vira-lata, rua acima.* (ANB)

Como ocorre com muitos nomes de animais, pode ser usado em referência a seres humanos, com significado depreciativo, especialmente em linguagem coloquial. Usa-se para referência a mulher despudorada. ✦ *Fiz bem em mandar embora aquela CADELA. Se não mandasse, acabava tendo um filho com ela.* (TS)

cafajeste

Com **J**. ✦ *Esse leiteiro é um CAFAJESTE.* (NOD)

café-concerto

O plural é **cafés-concerto** (substantivo + substantivo, o segundo fazendo uma determinação sobre o primeiro). O substantivo designa casa de diversões com música e variedades. ✦ *(...) os conjuntos de casas de chope (os "chopes* *berrantes", por oposição aos **CAFÉS-CONCERTO**), as orquestras de sala de espera de cinema e, finalmente, o rádio.* (PHM)

cafezal

É coletivo para pés de café. ◆ *Andamos por um caminho entre o **CAFEZAL**.* (DE)

cáfila

É substantivo coletivo para camelos, pouco usual. É feminino. ◆ *Lá fora, no deserto, uma "**CÁFILA**" de camelos (enfim, usei a palavra escolar) me examina, ruminando estranhamente.* (FSP)

Em referência a pessoas, é coletivo depreciativo. ◆ *O voto de 441 deputados a favor do seu julgamento no Senado, dado em alto e bom som na memorável sessão de terça-feira passada, apeou a **CÁFILA** de salteadores que ocupou a Presidência.* (VEJ)

cafta ⇨ Ver **kafta**.

A grafia **cafta**, oficialmente registrada em português, corresponde a **kafta**, que designa, na cozinha árabe, espeto de carne moída com pimenta síria e hortelã. As duas formas ocorrem na mesma proporção. ◆ *Traga um quibe cru, uma esfiha, um pouco de homus e **CAFTA**.* (T)

cáften, caftina, cafetina

1. **Cáften** designa o homem que vive à custa de meretrizes. ◆ *O primeiro impulso do Desconhecido foi o de esbofetear o **CÁFTEN**.* (N)

2. **Caftina** e **cafetina** são formas variantes para o feminino de **cáften**. Designam a mulher que explora o comércio de meretrizes. A forma **cafetina** é mais usual (60%), especialmente na imprensa. ◆ *Inalterável na sua indiferença internacional, só a **CAFTINA**.* (JT) ◆ *Benedito defendia-a junto à **CAFETINA**, protegia-a dos clientes mais ardorosos.* (VI)

cafuzo

Com **Z**. A palavra refere-se ao mestiço de negro e índio. ◆ *Loiros, morenos, caboclos, mulatos, **CAFUZOS**, negros, alemães, polacos,*

teuto-brasileiros, luso-brasileiros, vinham todos numa perfeita comunhão. (RIR)

cãibra, câimbra

São variantes gráficas (são possíveis as duas grafias). A primeira forma (**cãibra**) é bem mais usual (85%). ◆ *Foi Joana que teve uma **CÃIBRA**.* (ALE) ◆ *Formigamento, **CÂIMBRA**, dor?* (BAL)

cair

Na conjugação, há formas em que o **I** forma ditongo com o **A** (**AI**), e, nesse caso, pela regra geral de acentuação, não há acento ◆ *O verdadeiro caipira acredita em Deus, sabe quanto custa um pãozinho francês e não **CAI** em armadilha.* (ACT)

Há formas em que o **I** é vogal tônica, formando hiato com o **A** (**AÍ**), e, nesse caso, pela regra geral de acentuação:

- ele é acentuado quando fica sozinho na sílaba, ou apenas com um **S**. ◆ *Jogamos as cartas para cima, as que **CAÍREM** viradas é que valem.* (DE) ◆ *Com raiva **CAÍMOS** em cima dos bichos, espantando eles com pedras, paus e tiros.* (CJ) ◆ *Rosa ia séria e pausada, com medo de que o bebê lhe **CAÍSSE** das mãos.* (BOC)

- ele não é acentuado se não fica sozinho na sílaba. ◆ *Anda um pouco, para com a perna dura, parece que vai **CAIR**.* (GL) ◆ *O homem afinal **CAIU** em si.* (CV)

Cairo [Egito]

O adjetivo pátrio é **cairota**. ◆ *Na condição de embaixadora honorária do Fundo de População das Nações Unidas, ela visitou um posto de saúde **CAIROTA** para "ver o planejamento familiar em ação".* (VEJ)

cais

É substantivo masculino. O plural tem a mesma forma do singular. ◆ *Saltei do bonde no **CAIS** do porto, ganhei o caminho de casa: Rocas da Frente.* (CR) ◆ *Sempre acontece alguma coisa nestes cafés da beira dos **CAIS**.* (N)

cáiser ⇨ Ver *Kaiser*.

Cáiser é a grafia aportuguesada, oficialmente registrada, para *Kaiser* (com maiúscula, como todos os substantivos em alemão), palavra alemã que designa o imperador na Alemanha, desde a unificação, no século XIX, até a instituição da República, no fim da Primeira Guerra Mundial. ◆ *Um pergaminho datado de 10 de maio de 1906 e assinado pelo último imperador alemão, CÁISER Guilherme 2°, foi descoberto em um castelo da Alsácia.* (FSP)

caixa

1. Com **X** (após ditongo).

2. É substantivo feminino quando designa:

◇ **recipiente.** ◆ *Num rápido gesto suicida Juliana abriu o embrulho, a CAIXA.* (AF)

◇ **seção, repartição ou órgão.** ◆ *A CAIXA teria quitado dívidas com a Funcef por meio de doação em pagamento de imóveis.* (FSP)

É masculino quando designa expediente de escrituração ou fundo em dinheiro. ◆ *Tenho que esperar uns fregueses e fechar o CAIXA.* (CHI) ◆ *O dinheiro obtido dos clientes nem passa pelas mãos da garota. Vai direto para o CAIXA.* (MEN)

Tem os dois gêneros quando designa pessoa, sendo masculino quando se refere a elemento do sexo masculino e feminino quando se refere a elemento do sexo feminino (é um substantivo comum de dois). ◆ *O brasileiro recebeu a mesma pena que o mentor do roubo, Michel Ferrari, e o CAIXA do banco que revelou os segredos dos cofres.* (GLO) ◆ *A CAIXA, menina de dezessete anos e cabelos ondulados, dizia à amiga: "Saio às onze e vou ficar esperando Pedro".* (DE)

Segundo alguns manuais normativos, entretanto, o gênero de **caixa**, para referência a pessoa, deveria ser sempre masculino (substantivo sobrecomum).

caixa de Pandora ⇨ Ver *Pandora*.

Caixa de Pandora é como se faz referência à caixa em que Zeus encerrou todos os males, ofertando-a a Pandora, a primeira mulher. Pandora desposou Epimeteu, o primeiro homem, que abriu a caixa e fez que os males se espalhassem pelo mundo, ficando no fundo da caixa apenas a esperança. O significado global da expressão é que aquilo que tem uma aparência de encanto e beleza pode ser fonte de males. Diz-se, também, muito mais raramente, **boceta de Pandora**. ◆ *Vez por outra, no entanto, tendo a concordar com os que veem neles uma CAIXA DE PANDORA, aquela da qual saíram todos os males do mundo.* (FSP) ◆ *Ela pede a ele que arraste uma sua caixa enorme e pesada, talvez representação do inconsciente e do corpo materno, talvez CAIXA DE PANDORA da qual só a esperança não escapou.* (FSP) ◆ *Abrimo-la e, acocorados, esvaziamo-la sobre o ladrilho da varanda, BOCETA DE PANDORA em que nenhuma esperança ficou no fundo.* (OES-R)

caixão, caixilho, caixote

Com **X** (após ditongo), como **caixa**. ◆ *Um rato passou correndo e entrou debaixo de um CAIXÃO.* (CAS) ◆ *A pedra batia no CAIXILHO ou ia aninhar-se lá dentro, para voltar com palavras iradas.* (COT) ◆ *Na porta da quitanda, sentadinho num CAIXOTE, passava o dia todo, um ar apalermado.* (ANA)

cajá

É substantivo masculino. É a designação de uma fruta brasileira. ◆ *Uma das características da Mata é a grande diversidade de frutas nativas com as quais se preparam deliciosos sucos e doces: o caju, a mangaba, a pitanga, o araçá, o CAJÁ.* (NOR)

cajueiral

É coletivo para pés de cajueiro. ◆ *No décimo ano do pomar mais denso, é recomendável a eliminação de alguns anões para dar espaço aos mais crescidos, prática que não reduz o rendimento do CAJUEIRAL.* (GU)

cal

É substantivo feminino. ◆ *O sangue escorreu num fio pela CAL da parede.* (CT)

cal(o/i)-

É elemento (grego) que se liga a um elemento seguinte. Significa "belo". ◆ *O CALÍGRAFO* precisa de um papel absorvente que lhe ofereça resistência ao pincel, borre e não permita o retoque, de modo que seu gesto seja irreparável. (MH) ♦ *Há um CALIDOSCÓPIO, milhões de cristais partidos e tanta beleza de cristalinidade.* (CRU) ♦ *A CALIPÍGIA Margaux Hemingway já provou o carnaval no tempo da lua de mel com o primeiro marido, um rei do hambúrguer.* (OG)

calabouço

Com Ç. O substantivo designa prisão subterrânea, cárcere. ♦ *Com a marca dum túmulo, feito expressamente para vivos: o CALABOUÇO.* (PRO)

Calábria (região) [Itália]

Os adjetivos pátrios são **cálabre** e **calabrês**, mas o primeiro não ocorreu. ♦ *Certa ocasião, um CALABRÊS do bairro veio consultar papai.* (ANA)

calças, calça

1. **Calças** é um substantivo de forma plural que designa apenas um objeto. ♦ *O inspetor mexeu-se no assento, com a mão direita procurou a carteira no bolso traseiro das CALÇAS.* (BB)

Obviamente, a mesma forma também pode referir-se a mais de um objeto. ♦ *Como identificar determinado rapaz ou moça na multidão de CALÇAS e saias azuis que enxameiam na cidade, em todas as cidades?* (BOC)

2. A forma singular é usada, e com maior frequência (70%), para a mesma designação, embora as lições normativas recomendem o uso da forma **calças**. ♦ *O meu tipo não desperta a atenção de ninguém: visto um blusão azul, CALÇA da mesma cor, ambos muito surrados.* (REA)

Caldeia [antiga Mesopotâmia]

O adjetivo pátrio é **caldeu**, com feminino **caldeia**. ♦ *Durante a missa, o papa cantou nos cinco idiomas empregados na liturgia do rito do Oriente: árabe, sírio, CALDEU, latim e grego.* (FSP) ♦ *Para as grandes previsões*

mundiais, utiliza-se uma astrologia hebreia ou CALDEIA, pois os primeiros a receberam dos segundos. (AST)

calendas ⇨ Ver idos² ⇨ Ver nonas.

É substantivo que só se usa no plural (*pluralia tantum*). Designa, no calendário romano, o primeiro dia de cada mês.

♦ *– Para quando então o lançamento?*

– Estamos nos idos. É certo ainda antes das CALENDAS de agosto. (PRO)

Ficar para as calendas gregas significa "não ocorrer nunca", porque os gregos não tinham calendas. ♦ *Ao retirá-lo, porque, de fato, o pouco prazo punha em risco a aprovação, também seria necessário que fossem dadas garantias de que a discussão não ficaria para as CALENDAS gregas.* (FSP)

calhamaço

Com Ç. O substantivo designa conjunto volumoso de folhas de papel. ♦ *Para o cinema, os grandes romances, CALHAMAÇOS, sempre dão péssimas adaptações devido à excessiva sintetização.* (ROT)

cálice, cálix

São formas variantes, mas **cálix** tem uso muito restrito (0,5%). ♦ *Sérgio bebeu de um gole só o CÁLICE de gim que tinha diante de si, chamou o garçom e pediu nova dose.* (A) ♦ *Corte-se, por mentirosa, essa suposição de que será possível fazer alianças com o diabo, deixar o plano naufragar agora e empunhar o CÁLIX bento, depois de eleito, e salvar o país.* (FSP)

calidoscópio, caleidoscópio

São formas variantes, mas a primeira é muito raramente usada (2%). ♦ *Há um CALIDOSCÓPIO, milhões de cristais partidos e tanta beleza de cristalinidade.* (CRU) ♦ *O mapa é uma espécie de CALEIDOSCÓPIO que a cada movimento mostra uma nova imagem.* (RI)

calor, caloria, calórico

1. O adjetivo correspondente ao substantivo **calor** é **térmico**. ♦ *O vidro TÉRMICO é im-*

Calvário, calvário

portante item de segurança de um veículo, apesar de sua tecnologia simples. (AP)

2. O adjetivo **calórico** pode referir-se não apenas a **calor** mas também a **caloria**:

◇ **calor**. ◆ *As cristas ampulares podem ser acionadas por estímulos mecânicos, rotatórios e CALÓRICOS.* (ACL)

◇ **caloria**. ◆ *Das bebidas alcoólicas, a menos CALÓRICA é champagne, seguido pelo vinho branco.* (ELL)

Calvário, calvário ⇨ Ver Gólgota.

1. **Calvário** é o nome da montanha onde Jesus foi crucificado, perto de Jerusalém. É o mesmo que **Gólgota**. ◆ *Antero não se abalava, pensamento nas palavras de Jesus no CALVÁRIO: "Pai, perdoa-lhes, porque não sabem o que fazem".* (DM)

2. Como nome comum, refere-se a grande sofrimento. ◆ *Tornei-me o rastro dos seus feitos, a maculada poeira do seu CALVÁRIO.* (CNT)

câmara ⇨ Ver câmera.

O substantivo **câmara** tem como variante a forma **câmera** quando designa aparelho para fotografar ou filmar. ◆ *O fotógrafo Vic Parisi, a bordo de um desses aviões, não conseguiu em certos momentos sequer levantar sua CÂMARA à altura do rosto.* (MAN)

Por essa razão, em relação a música, a expressão é **música de câmara**, e não **música de câmera**. ◆ *Antes da ascensão da burguesia, havia somente MÚSICA DE CÂMARA, em que quatro ou cinco instrumentistas executavam suas composições para uma pequena e seleta assistência.* (LIP)

Entretanto, ocorrem, especialmente na imprensa, construções desse tipo.

camarada

É masculino quando se refere a elemento do sexo masculino e feminino quando se refere a elemento do sexo feminino (substantivo comum de dois). ◆ *Tirou-me destas cogitações o CAMARADA que me acompanhava.* (DEN) ◆ *Fui ao seu Ministério combinar alguns detalhes de envio soviético e, por acaso, encontrei a CAMARADA Furtsova à porta.* (MH)

camarilha

É coletivo depreciativo para pessoas que cercam um chefe procurando influir em suas decisões. ◆ *Abaixo o governo da traição nacional de Vargas e sua CAMARILHA reacionária nos Estados.* (OS)

Camarões (República de) [África]

O adjetivo pátrio é **camaronês**. ◆ *O CAMARONÊS William Andem ainda não se recuperou de contusão.* (FSP)

cambada

É coletivo depreciativo para pessoas. ◆ *Na cidade, está bem, está certo, que aquilo tudo é uma CAMBADA de sem-vergonha.* (VI)

Camboja [Ásia]

Os adjetivos pátrios indicados em dicionários são **cambojano** e **cambojiano**, mas só a primeira forma ocorreu. ◆ *Sem querer, os CAMBOJANOS propiciaram ao presidente Gerald Ford um triunfo interno e externo.* (VIS)

camelô

É a forma gráfica portuguesa do francês *camelot*. ◆ *Os policiais que prenderam Roberto ontem contaram que receberam várias denúncias sobre a atuação do falso CAMELÔ.* (GLO)

camembert

É palavra francesa que designa tipo de queijo francês maturado, macio, pequeno e de formato redondo, revestido de uma crosta branca. ◆ *Diversos queijos, como CAMEMBERT e gorgonzola, são maturados por mofos que necessitam de um meio ácido para seu crescimento.* (ACQ)

câmera ⇨ Ver câmara.

O substantivo **câmera** é variante de **câmara** apenas quando esse substantivo designa aparelho para fotografar ou filmar. ◆ *A CÂMERA focaliza o caminhão pela parte traseira, portanto não vemos quem é o motorista.* (TGG)

Por essa razão, em relação a música, a expressão é **música de câmara**, e não **música de câmera**.

Entretanto, encontram-se, especialmente na imprensa, construções como: ♦ *A gente não quer mais sinfonias nem clarins – pede a penumbra da MÚSICA DE CÂMERA.* (BP) ♦ *O seu impulso criador aparece, aqui, com a potência característica de sua revolucionária MÚSICA DE CÂMERA.* (FSP)

cameraman

É palavra inglesa que designa homem que opera câmara de filmagem. ♦ *O CAMERAMAN Gilmar Lima Sobrinho, o Baiano, vê Daniela e Guilherme conversando.* (INT)

camicase, camicaze ⇨ Ver *kamikase*.

São grafias portuguesas, oficialmente registradas, de palavra japonesa que designa piloto componente de um corpo de voluntários que, no fim da Segunda Guerra Mundial, se dispunha a ataque suicida contra alvo inimigo. O termo tem os dois gêneros, sendo masculino quando se refere a elemento do sexo masculino, e feminino quando se refere a elemento do sexo feminino (substantivo comum de dois). A grafia **camicaze** não ocorreu. ♦ *O garoto do Barings era um CAMICASE.* (VEJ) ♦ *Como uma CAMICASE, ela deve redobrar os ataques ao marido.* (VEJ)

As grafias **kamikaze** e **kamikase**, bastante usuais, obviamente não têm abrigo na ortografia oficial.

camioneta, camionete, caminhoneta, caminhonete

São quatro formas variantes do mesmo substantivo, todas oficialmente registradas, correspondentes ao francês *camionnette*. **Camioneta** é a forma tradicionalmente considerada como mais de acordo com a formação vernácula. Entretanto, ela é pouco frequente (6%), já que as duas formas mais usuais são **camionete** (60%) e **caminhonete**, sugerida por **caminhão** (33%). A forma caminhoneta é a menos usual (1%). ♦ *Os assaltantes interromperam a passagem da CAMIONETA com seu próprio veículo e desarmaram rapidamente o motorista e o agente que escoltava o carro blindado.* (JB) ♦ *Ela se dispõe a acompanhar-nos na CAMIONETE para en-*

sinar o caminho. (MEN) ♦ *Tinham trazido uma piscina de fiberglass na carroceria de uma CAMINHONETE.* (GD)

Camões ⇨ Ver -iano ⇨ Ver -ano.

O adjetivo correspondente é **camoniano**. ♦ *O bairro era uma espécie de país CAMONIANO, povoado de cachorros cegos de um olho.* (CR)

campineiro, campinense

1. **Campineiro** é o adjetivo pátrio referente a Campinas (SP). ♦ *Como eu amei um orelhão de esquina que tinha perto da minha casa CAMPINEIRA.* (FAV)

2. **Campinense** é o adjetivo pátrio referente a Campina Grande (PB). ♦ *Durante um mês, 70% dos pedidos são atendidos por empresas CAMPINENSES e também pela classe média.* (RI)

campo

Os adjetivos correspondentes são **campestre** e **rural**. ♦ *Varela também verseja seu gosto pela vida CAMPESTRE a que se entrega, gozosamente, passeando de fazenda a fazenda para participar da vida RURAL festiva do antigo Rio de Janeiro.* (DDR-O)

Campo Grande [Mato Grosso do Sul]

O adjetivo pátrio é **campo-grandense**. ♦ *Um dos desafios do novo Diário da Serra e do próprio Correio e que tem nos anúncios classificados sua principal força é cultivar no CAMPO-GRANDENSE o hábito da leitura.* (RI)

camponês

Com S final e acento circunflexo no Ê. O feminino é **camponesa**. ♦ *A professora, com a ajuda de um coelhinho amigo, de uma árvore e de um CAMPONÊS, desembaraça os véus das fadas.* (AVL) ♦ *E, no diálogo que então foi estabelecido entre ambos, ele veio a saber, estarrecido, da existência de um pacto entre a CAMPONESA e o seu noivo.* (FIL)

campus, câmpus

1. *Campus* é palavra latina usada para designar o espaço físico de uma universidade.

camuflar, camuflagem

◆ *Depois de uma concentração no **CAMPUS** da UFRGS, os estudantes tentaram chegar ao consulado da Argentina, mas foram impedidos por tropas da Brigada Militar.* (EPA)

O plural da forma latina é **campi**. ◆ *Ainda um fato importante na caracterização desse quadro são as revoltas **nos CAMPI** universitários (...).* (CTR)

2. A forma aportuguesada é **câmpus** (com acento, porque se trata de paroxítona terminada em US). ◆ *No **CÂMPUS** da Universidade de Jerusalém, a estudante de linguística de 23 anos diz que está preocupada:* (REA)

Como palavra terminada em S, tem a mesma forma no singular e no plural. ◆ *Os revisionistas lançam livros, fazem palestras **nos CÂMPUS** universitários e são entrevistados nos programas de televisão nos Estados Unidos e na Europa.* (VEJ)

O uso da forma aportuguesada é muito menos frequente (2%).

camuflar, camuflagem

São as formas portuguesas correspondentes ao francês *camoufler* e *camouflage*, respectivamente. **Camuflar** significa "esconder com disfarce". ◆ *Embora menos eficaz que um bom sono reparador, qualquer destas máscaras é excelente recurso para **CAMUFLAR** os estragos feitos por uma noite mal dormida.* (CI) ◆ *As cores podem também ser da maior importância na **CAMUFLAGEM** natural dos animais.* (SU)

camundongo

Com U, na segunda sílaba. ◆ *Não há **CAMUNDONGO** que se deixe pegar por moça nervosa e de má pontaria.* (BOC)

camurça

Com Ç. ◆ *Larguei, refiz o laço no cordão de **CAMURÇA**, e coloquei de volta a bolsa com as joias na caixa.* (EST)

Canaã ou Cananeia (atual Palestina)

O adjetivo pátrio é **cananeu**. ◆ *A conclusão é baseada em diversas "camadas" arqueo-*

lógicas, que incluem material **CANANEU**, fenício, helênico, romano, bizantino e otomano. (FSP)

canalizar

Com **Z**, como todo verbo formado com o sufixo **-izar**. Significa "fazer escorrer por canais". ◆ *A prefeitura está anunciando em comerciais de televisão que pretende **CANALIZAR** esse córrego, só não sei quando.* (FSP)

canapé, canapê

Canapé e **canapê** são formas gráficas usadas em correspondência com o francês *canapé*.

Entretanto, só a forma **canapé** é abrigada na ortografia oficial brasileira. Tradicionalmente, essas duas formas são assim apresentadas:

1. **Canapé** (com E aberto) é tradicionalmente registrada como designação de uma espécie de sofá. ◆ *Foi tão inesperado que, embora dócil de caráter, sentei-me no **CANAPÉ**, petrificada.* (CE)

2. A forma **canapê** (que mantém a pronúncia francesa, com E fechado) é a forma que se encontra em alguns manuais normativos, e em alguns dicionários, como a designação de iguaria preparada com uma fatia de pão bem pequeno sobre a qual se põe alguma pasta alimentícia, pedaços de frios, ou outros ingredientes apropriados para ser servidos em festas. ◆ *Os garçons do Aracoara começaram a servir uísque White Horse, guaraná e Coca-Cola, com **CANAPÊS**, como cortesia do hotel.* (NBN)

Entretanto, com esse significado, é bem mais frequente a forma **canapé** (76%). ◆ *Servi os salgadinhos, uns **CANAPÉS**.* (RI) ◆ *Eram salgadinhos de toda sorte, delicados pastéis, empadinhas apimentadas, camarões recheados, **CANAPÉS** de salmão importado, caprichosas invenções do seu reconhecido gênio culinário.* (BH)

Canárias (arquipélago das) [Atlântico]

O adjetivo pátrio é **canarino**. ◆ *Tenerife é a maior ilha do arquipélago **CANARINO**.* (FSP)

Outras formas que têm sido indicadas não ocorreram: **canário, canará, canarês, canari**.

canário

É substantivo masculino, referindo-se ao macho e à fêmea do animal (substantivo epiceno). ✦ *Toda a casa era um corredor deserto, e até o CANÁRIO ficou mudo.* (CBC)

canavial

É coletivo para pés de cana-de-açúcar. ✦ *José de Arimateia guiou Camurça para os lados do CANAVIAL.* (CHA)

cancã

É a forma portuguesa correspondente ao francês *cancan*. O substantivo designa tipo de dança de palco de cabaré. ✦ *Ah, o CANCÃ! ... Isso me lembra o Moulin Rouge do Toulouse Lautrec...* (RAP)

cancioneiro

É coletivo para canções. ✦ *Saíam da noite os versos mais lindos do CANCIONEIRO mineiro.* (CF)

candeeiro

Com E antes do ditongo EI. ✦ *Passaram os três à sala contínua, onde os aguardava com um CANDEEIRO ao centro, a mesa já posta, num lavado reluzir de louças arrumadas.* (ALE)

canhoto

O O é fechado, no singular e no plural. ✦ *Rubinho jogava colado ao ponteiro CANHOTO adversário.* (TAF) ✦ *Quantos CANHOTOS existem por aí? Poucos.* (ARI)

Para o feminino **canhota**, recomenda-se a mesma pronúncia; no entanto, a pronúncia varia.

canjica

Com J. ✦ *Preparamos panelões de CANJICA e arroz-doce, mamãe não queria deixar ninguém em falta.* (ANA)

cânon, cânone

1. **Cânon** designa:

◇ regra, padrão (e, nesse caso, registra-se em dicionários a forma variante **cânone**). ✦ *Nada podia ser mais chocante para o público de Doris nos anos 50 – mas este, fiel ao CÂNON, torceu por ela contra James Cagney.* (SS) ✦ *Assim, para usar de um paradoxo tipicamente bloomiano, não somos nós que escolhemos o "CÂNON": o "CÂNON" é que escolhe alguns de nós, numa predestinação implacável.* (FSP)

◇ preceito de direito eclesiástico. ✦ *Na época, um CÂNON (espécie de regra geral para o Cristianismo) determinou que quem provocasse o aborto seria excomungado (excluído dos bens espirituais).* (FSP)

◇ forma de composição musical (e, nesse caso, registra-se em dicionários a forma variante **cânone**). ✦ *A "Paixão" está também repleta de significados simbólicos na composição: o CÂNON e a fuga representam a Lei e o Velho Testamento: e a polifonia espontânea, a graça libertadora do Novo Testamento.* (FSP)

2. **Cânone** é forma variante de **cânon** para designar regra, padrão, e para designar forma de composição musical. Com este último significado, porém, apenas a forma **cânon** ocorreu. ✦ *Cada grupo social, dividido vertical (classes sociais) e horizontalmente (idade, sexo, profissão), tem seu CÂNONE estético, ou seja, código de preceitos de arte, como um de seus traços mais característicos.* (PER)

3. O plural de ambas as formas é **cânones**. ✦ *A constituição das aldeias segue CÂNONES culturais estabelecidos.* (SOC)

canonizar

Com Z, como todo verbo formado com o sufixo **-izar**. Significa "inscrever no cânone dos santos, segundo as prescrições da Igreja", "reconhecer e declarar santo". ✦ *Além disso, ninguém nos garante que essa comissão não será formada de idiotas que acabarão CANONIZANDO o Boi.* (REB)

canoro

O O é aberto, no singular e no plural. O adjetivo refere-se a canto harmonioso e suave. ✦ *Na Grécia antiga o rouxinol era o pássaro CANORO que simbolizava por excelência a poesia.* (FSP) ✦ *Nascido no interior, aprendi*

cansado, cansar, canseira

a ser admirador das aves, particularmente dos pássaros CANOROS. (FSP)

cansado, cansar, canseira

Com **S**. ◆ *Mattos estava muito CANSADO para fazer outro discurso.* (AGO) ◆ *Ismael era vivido também, mas ia CANSAR.* (DE) ◆ *Cassiano sentiu, que, agora, ao menor esforço, nele montava a CANSEIRA.* (SA)

Cantão [China]

O adjetivo pátrio é **cantonense**. ◆ *Em compensação, os empresários do território inglês empregam atualmente 3 milhões de CANTONENSES.* (EX)

canyon, cânion

É palavra inglesa que designa garganta sinuosa e profunda cavada por um curso de água. A tradução da palavra em português é **canhão**, mas a forma não ocorreu nessa acepção. ◆ *Surge o intervalo de um "CANYON", de planície interrompida por montanhas abruptas, enfim, imagens que evocam o sentimento do sublime.* (FSP) A forma aportuguesada, **cânion**, oficialmente registrada, ocorre em 34% dos casos. ◆ *As Termas de Puritama ficam numa espécie de CÂNION muito seco.* (FSP)

A forma aportuguesada, **cânion**, oficialmente registrada, ocorre em 34% dos casos. ◆ *As Termas de Puritama ficam numa espécie de CÂNION muito seco.* (FSP)

cão ⇨ Ver cadela.

1. Os adjetivos correspondentes são:

◇ **canino**. ◆ *Juvenal agora picava fumo calmamente, sorrindo um sorriso CANINO que lhe expunha os dentes fortes e amarelos.* (TV)

◇ **cainho** (formado a partir de **canino**), forma de uso restrito. ◆ *Respectivo esse holandês, eu até que acho mesmo que é o mais sujo, trapaceiro, fedido, CAINHO e sumítico sujeito que veio lá das Europas.* (TR)

2. O feminino é **cadela**. ◆ *No momento a CADELA está correndo pelo pomar, o focinho rente ao chão.* (IS)

3. O plural é **cães**. ◆ *Eu tenho pavor de CÃES.* (ACM)

caolho

O plural é **caolhos**, com **O** fechado, embora **olhos** tenha o **O** aberto. ◆ *As mais brilhantes estrelas da sociedade e do empresariado nacional são apenas CAOLHOS em terra de cego.* (EMB)

cap.

É a abreviatura de **capítulo**. ◆ *Recordemos alguns dos temas discutidos no CAP. 3.* (EC)

capacho

Com **CH**. ◆ *Augusto apanhou no chão, em cima do CAPACHO da sala de espera, a Folha de São Paulo.* (VN)

Capadócia [antiga Ásia Menor], capadócio, capádoce, capadoçagem

1. O adjetivo pátrio referente a Capadócia é **capadócio**. ◆ *Foi um outro preconceito ateniense, desta vez contra os CAPADÓCIOS, povo da Ásia Menor reputado como um bando de velhacos.* (FSP)

2. A variante **capádoce**, dicionarizada, não ocorreu.

3. Usa-se o adjetivo **capadócio**, também, para referência a indivíduo trapaceiro, parlapatão. ◆ *Se o rei-filósofo é um primor de arbítrio ensandecido, seus súditos são CAPADÓCIOS modelares. Tudo o que fazem dá errado.* (VEJ)

4. Ligado a esse sentido, usa-se, ainda, o substantivo **capadoçagem**. ◆ *Fora da livraria escolhida de meu tio Antônio Sales, forro, dei azo à maior CAPADOÇAGEM intelectual possível.* (CF)

capcioso

Com **C**, depois do **P**. O final **-oso** de adjetivo é sempre com **S**. A palavra significa "ardiloso", "enganador". ◆ *As vozes se alternam no convite CAPCIOSO – uma, branda, cansada, a outra áspera e autoritária.* (MAR)

capelão

O plural é **capelães**. O substantivo designa padre encarregado de capela, ou de assistência espiritual em grupos militares, escolas, hospitais. ♦ *Os presos terão contato humano frequente com guardas, psicólogos e CAPE-LÃES.* (FSP)

capiau

Significa "caipira". O feminino é **capioa**. ♦ *Manuelzão era o que, no meio deles, às vezes se sentia mais CAPIAU.* (COB) ♦ *Era uma CAPIOA barranqueira, grossa.* (COB)

capit- ⇨ Ver cefal(o)-.

É elemento (latino) que se liga a um elemento seguinte. Significa "cabeça". Corresponde ao elemento grego **cefal(o)-**. ♦ *A burra é CAPITOSA, aberta por um governo no auge de seu prestígio.* (FSP) ♦ *Os artistas esculpiam CAPITÉIS e frisos para a Cripta.* (CPO)

capital

1. É substantivo masculino referindo-se a dinheiro. ♦ *O CAPITAL total significa a soma do CAPITAL de terceiros e do CAPITAL próprio.* (ANI)

2. É substantivo feminino referindo-se a cidade sede de governo. ♦ *Seu Ivo esteve na CAPITAL ultimamente.* (DES)

capitalizar

Com **Z**, como todo verbo formado com o sufixo **-izar**. Significa "transformar em capital", "juntar ao capital", "acumular capital". ♦ *É quando a autoimagem deseja CAPITALIZAR a beleza e a espontaneidade do amor que a tragédia começa.* (OV)

capitão

1. O feminino em uso é **capitã**. O feminino **capitoa**, indicado em alguns manuais, não ocorreu. ♦ *A CAPITÃ Sochaki disse também que os sérvios da Bósnia foram avisados sobre a ação.* (FSP)

2. O plural é **capitães**. ♦ *Lituari era considerado um dos maiores CAPITÃES do Xingu.* (ARR)

capítulos ⇨ Ver artigos
⇨ Ver parágrafos.

É norma que os capítulos se numerem:

◇ com numerais ordinais, até 10 (em geral, com algarismos arábicos, mas também por extenso). ♦ *Trata-se de cumprir o deliberado na Eco-Rio 1992, o documento chamado Agenda 21, que, em seu CAPÍTULO 4º, afirma:* (FSP) ♦ *O CAPÍTULO segundo do Decreto conciliar lembra aos fiéis a obrigação dupla que lhes incumbe, de combater os instrumentos de comunicação social nocivos, negando-lhes qualquer apoio, além de não usá-los.* (MA-O)

Entretanto, ocorre também cardinal para denominação até **décimo**. ♦ *O experimentador precisa estar atento a um ponto importante que, no CAPÍTULO 3, será definitivamente esclarecido.* (PEX) ♦ *Veja aí o Evangelho de São João, CAPÍTULO três.* (DM)

Ocorre, ainda, a representação por numerais romanos. ♦ *O CAPÍTULO VI, que trata do meio ambiente, é, seguramente, uma das inovações históricas de grande impacto em todo o novo texto constitucional.* (OS-O)

◇ com numerais cardinais, a partir de 11 (em geral, com algarismos arábicos, mas também por extenso). ♦ *Na semana passada, Monjardim dirigia as cenas externas do CAPÍTULO 27 numa fazendinha no norte fluminense.* (VEJ) ♦ *Isto está em Mateus, CAPÍTULO quinze, mais ou menos.* (NOD)

cappuccino, capucino

Cappuccino é palavra italiana que designa bebida servida quente, preparada com base em café e leite, aromatizada com canela em pó e recoberta com creme chantili. **Capucino**, forma aportuguesada, teve apenas 8% de frequência. ♦ *Minha mulher falou – estou com vontade de tomar CAPPUCCINO.* (FSP) ♦ *Acostumado a tomar um CAPUCINO antes de cada partida, o jogador foi proibido de manter seu ritual.* (FSP)

capta, capto

A sílaba tônica é **CAP** (separação silábica: **cap-ta**). ♦ *Como todo grande escritor, Machado CAPTA, nessa pequena mas admirável obra, o clima então reinante no país com*

caput

relação à doença mental. (APA) ♦ *CAPTO os momentos de prazer da vida à medida que vão acontecendo.* (VEJ)

caput

É palavra latina que designa o enunciado de capítulo de lei, artigo de lei etc. ♦ *Parágrafo 6°. O disposto no CAPUT deste artigo não se aplica aos débitos incluídos em parcelamento.* (FSP)

cara a cara ⇨ Ver frente a frente.

Em expressões como **cara a cara, frente a frente** etc., o **a** é apenas uma preposição, e, portanto, não leva acento. ♦ *Foi chegando perto até ficar tão CARA A CARA que os hálitos haviam de se confundir.* (GAT)

Caracas [Venezuela]

O adjetivo pátrio é **caraquenho.** ♦ *Os CARAQUENHOS costumam orgulhar-se de suas áreas verdes e do bom desempenho de suas beldades em concursos internacionais.* (FSP)

caractere, caracteres ⇨ Ver caráter.

1. **Caractere** é um singular formado a partir do plural **caracteres** para indicar um dígito numérico ou alfabético, ou um símbolo pertencente a um sistema específico de codificação. É termo usado especialmente na linguagem da informática. ♦ *Se um determinado CARACTERE não estiver ali, ele não poderá ser mostrado, a menos que um programa gráfico traduza essa necessidade e substitua o CARACTERE na exibição.* (FSP)

2. **Caracteres** é o plural:

◇ de **caráter.** ♦ *Tipos inconfundíveis, CARACTERES diferentes. Miguel Bezerra tinha um modo escorregadio de negar, de justificar-se.* (MEC)

◇ de **caractere.** ♦ *Os CARACTERES eram grandes, mas não tanto quanto seria de esperar em se tratando de escrita de um gigante.* (CEN)

caracterizar

Com **Z,** como todo verbo formado com o sufixo **-izar.** Significa "descrever o caráter de". ♦ *O oráculo e o mensageiro ajudam a CARACTERIZAR os cultos de origem africana.* (CAN)

caraíba

A sílaba tônica é o I e, por isso, a palavra leva acento (o **I** é a segunda vogal de hiato e fica sozinha na sílaba). ♦ *O meu amigo CARAÍBA está deitado na mesma rede.* (REA)

caramanchão

É com um **R** apenas. O substantivo designa pavilhão, geralmente com armação de madeira e com cobertura de plantas trepadeiras, usado para descanso ou recreação. ♦ *A casa de D. Mercedes tinha um CARAMANCHÃO florido à frente.* (GRO)

caranguejo

Com **E,** não com **EI.** ♦ *Depois do fim de tarde comendo patolas de CARANGUEJO e bebendo batida de maracujá preparada com segredos por Janaína a noite caiu.* (OLA)

caratê

É a forma portuguesa correspondente ao japonês *karate*. Designa método de ataque e de defesa pessoal de origem japonesa. ♦ *Somente no século XV é que houve divulgação do CARATÊ.* (MU)

caráter ⇨ Ver caractere.

O plural é **caracteres** (paroxítona, não acentuada). ♦ *Não há dúvida, porém, de que tudo isso serviu de ingredientes, de alimentos essenciais ao processo de formação de nossos CARACTERES.* (AV)

Caracteres é o plural de **caráter** e de **caractere.**

Caractere designa dígito numérico ou alfabético, ou símbolo pertencente a um sistema específico de codificação.

caravana

É coletivo para peregrinos, mercadores ou viajantes. ♦ *Ao tempo de rapaz, numa CARAVANA de estudantes, Teles viajara até o Pará.* (LA)

Caribe (mar do) [América Central]

carbonizar

Com **Z**, como todo verbo formado com o sufixo **-izar**. Significa "reduzir a carvão", "queimar". ♦ *Semana passada, empresários do Simpi e da Fiesp* **CARBONIZARAM** *uma pilha de livros fiscais em branco.* (FSP)

carcin(i/o)-

É elemento (grego) que se liga a um elemento seguinte. Significa "câncer", "tumor maligno". ♦ *A decisão foi anunciada depois de um período experimental em que se comprovou que não havia evidências de que o peróxido de hidrogênio seria* **CARCINOGÊNICO** *(...).* (ACQ) ♦ *No* **CARCINOMA**, *o sintoma mais precoce é caracterizado por pequenas perdas sanguíneas, provocadas por contato ou esforço.* (DDH)

cardápio ⇨ Ver **menu**.

É a forma portuguesa que traduz o francês **menu**. ♦ *O* **CARDÁPIO** *pode parecer hipercalórico à primeira vista.* (NT)

A forma francesa **menu** também é usada, embora com menor frequência (31%).

cardeal ⇨ Ver **cárdia, cardial**.

1. É substantivo que designa prelado. ♦ *Lutércio agora foi promovido a* **CARDEAL**. (ACM)

O adjetivo correspondente é **cardinalício**. ♦ *O Príncipe Fernando, filho de Felipe III de Espanha, vestia as calças curtas dos seus dez anos de idade, quando lhe impuseram o chapéu* **CARDINALÍCIO**. (COR)

2. É adjetivo que significa "principal". ♦ *O uso desse direito é, no entanto, alterado pela interferência de um outro princípio, o da generosidade, que constitui uma, senão a virtude* **CARDEAL** *krahô.* (QI)

Usa-se esse adjetivo, especialmente, junto do substantivo **ponto**, para designar as quatro direções da rosa dos ventos. ♦ *As equipes devem se posicionar em volta do tabuleiro de acordo com os pontos* **CARDEAIS**. (AVL)

Cardial é adjetivo relativo a cárdia.

cárdia, cardial ⇨ Ver **cardeal**.

1. **Cárdia** é substantivo feminino. Designa a porção do estômago que recebe a abertura da porção abdominal do esôfago. ♦ *Incisão diagonal epigástrica: vai do rebordo costal esquerdo até próximo à cicatriz umbilical, sendo usada para expor o estômago desde a* **CÁRDIA** *até o piloro.* (CLC)

2. **Cardial** é adjetivo relativo a **cárdia**. ♦ *Ter-se-á presente que a amenorreia, sinal* **CARDIAL** *da prenhez, as modificações de consistência do útero e a fenomenologia neurovegetativa estão comumente ausentes nos fibromiomas.* (OBS)

Cardeal é substantivo que designa prelado e adjetivo que significa "principal".

cardio-, -cardio ⇨ Ver **cord-**.

É elemento (grego) que se liga a um elemento seguinte ou a um anterior. Significa "coração". Corresponde ao elemento latino **cor(d)-**. ♦ *Foi Peter, ao que tudo indica, quem primeiro abordou o problema da* **CARDIOPATIA** *na gravidez (1871).* (OBS) ♦ *Os implantes osteointegrados estão para a odontologia moderna assim como a safena está para a* **CARDIOLOGIA**. (VEJ) ♦ *O uísque não pode ser considerado, como muitos afirmam, um vasodilatador, não tendo nenhuma ação sobre o infarto do* **MIOCÁRDIO**. (CRU) ♦ **TAQUICARDIA** *é o aumento da frequência dos batimentos cardíacos acima de 90 por minuto.* (TC)

Se o elemento seguinte começar por **R** ou **S**, é necessário duplicar essa letra (que ficará entre duas vogais, na escrita). ♦ *Ele dorme um sono cada vez mais profundo. O centro* **CARDIORRESPIRATÓRIO** *entra em falência.* (VEJ)

cardume

É coletivo para peixes. ♦ *Mesmo depois de ficar povoado por grande* **CARDUME de novos peixes**, *o aquário continuou pesando a mesma coisa.* (ATE)

carecer

Usa-se com complemento iniciado pela preposição **de**. ♦ *Para atingir esse estágio, o noviço* **CARECE de** *muita paciência, aplicação, humildade, modéstia.* (VIC)

Caribe (mar do) [América Central]

O adjetivo pátrio é **caribenho**. ♦ *Apesar do sotaque* **CARIBENHO** *dos arranjos, o resul-*

tado não é tão distante daquilo que seria um disco de Elba com repertório estruturado só em composições brasileiras. (VEJ)

carioca

É o adjetivo pátrio correspondente à cidade do Rio de Janeiro. ✦ *Em determinado momento, Fidel Castro começou a conversar macio com uma linda senhora da melhor sociedade CARIOCA.* (RI)

Carlos Magno

O adjetivo correspondente é **carolíngio**. ✦ *Ocupada pelos romanos nos primeiros 200 anos da era cristã, seu nome aparece pela primeira vez por volta de 793, durante o império CAROLÍNGIO. Frankfurt quer dizer "Passagem dos Francos".* (FSP)

carnegão, carnicão

Cita-se, tradicionalmente, **carnegão** como forma "popular" de **carnicão**, mas só **carnegão** ocorreu. Designa a parte central dos furúnculos, purulenta e dura. ✦ *Fiz do punho torniquete e espremi o cativo como quem espreme CARNEGÃO.* (CL)

carneiro ⇨ Ver **cordeiro.**

1. O feminino é **ovelha.** ✦ *Esperava um assado da paleta de OVELHA, que ele comeu com a tranquilidade dum justo.* (INC)

2. O adjetivo correspondente é **ovino.** ✦ *Ao gado bovino, o mais numeroso, seguia o suíno, o OVINO e o caprino.* (HG)

Também existe a forma de adjetivo **arietino**, que, entretanto, não ocorreu.

Cordeiro é a designação do filhote.

caro

1. Como adjetivo, varia em gênero e número, concordando com o substantivo a que se refere. ✦ *Serviços sociais, como educação e saúde, são CAROS e tendem a custar cada vez mais.* (VEJ)

2. Como advérbio, é invariável. ✦ *Uma companhia de seguros mostrou-se sincera quando pagou CARO uma limitada edição de álbuns duplos historiando o gênero.* (CHO)

3. Diz-se que a mercadoria é **cara**, não os preços ou os custos; destes se diz que são **elevados, exorbitantes, exagerados.** ✦ *O produto apresentou preços elevados desencorajando sua compra.* (DS) ✦ *Diariamente, há figurinhas que são vendidas e revendidas a preços exorbitantes, que chegam às vezes a atingir a casa dos Cr$ 200,00.* (ESP) ✦ *Mas, no Brasil, os preços são estratosféricos.* (VEJ)

Entretanto, são usuais construções como: ✦ *Nem o preço CARO nem as dificuldades do caminho impediam a frequência ao restaurante do Alto da Serra.* (ANA)

caroço

O plural é **caroços**, com O aberto. ✦ *Camila parou de atirar CAROÇOS de azeitonas no rapaz pouco a frente e se abanava com o cardápio.* (DE)

carpaccio

É palavra italiana que designa carne ou peixe servidos crus, em fatias muito finas e temperados com molho especial. ✦ *O CARPACCIO é fatiado na hora e precisa ser congelado.* (FSP)

Carpe diem.

É frase latina que significa "Aproveita o dia presente". Aparece em Horácio (*Odes*, I, 11, 8) e é usada para indicar que a vida é curta e deve ser gozada sem desperdício de tempo. ✦ *Não há que buscar o tempo no passado ou no futuro. CARPE DIEM.* (VES)

carpir

Verbo defectivo, não se conjuga na primeira pessoa do singular do presente do indicativo, e, consequentemente, em todo o presente do subjuntivo. ✦ *Na cabeceira do córrego, era Seu Gervásio quem CARPIA a cana plantada de pouco – e sozinho sem companheiro.* (CHA)

-carpo, carpo-

É elemento (grego) que se liga a um elemento anterior ou a um seguinte. Significa "fruto". ✦ *O MESOCARPO é a região fibrosa, reves-*

cartão de crédito, cartão de visitas

*tida por liso **EXOCARPO**.* (BEB) ♦ *A porção pétrea, ou **ENDOCARPO**, encontra emprego na fabricação doméstica de utensílios.* (BEB)

carrasco

É substantivo masculino (originário de nome próprio masculino), referindo-se indiferentemente a elemento do sexo masculino ou do sexo feminino (substantivo sobrecomum). ♦ *O CARRASCO amola o seu machado.* (CCI) ♦ *Vem devagar, imperiosa mas mansa, CARRASCO que tem qualquer coisa de enfermeira.* (L)

Entretanto, em linguagem mais informal, usa-se uma forma feminina, **carrasca**. ♦ *Olindona não se repetia, a CARRASCA.* (DE)

carro a álcool, carro a gasolina

Sem hífen. O **a** não é craseado, e, portanto, não leva acento (é uma simples preposição). ♦ *No caso do CARRO A ÁLCOOL, esta fatia é de 41 cruzeiros.* (EX) ♦ *É verdade que muitos clientes dão preferência ao CARRO A GASOLINA.* (FSP)

carroceria, carroçaria

São formas variantes, oficialmente registradas, correspondentes ao francês *carrosserie*. A segunda (**carroçaria**), porém, é muito pouco usada (4%). ♦ *O silêncio de Leo, lá dentro da CARROCERIA, é mais do que aprovativo.* (DES) ♦ *Verifique se as linhas da CARROÇARIA e do para-lama não estão amassadas.* (FSP)

carro-chefe

O plural tradicionalmente recomendado é **carros-chefe** (substantivo + substantivo, o segundo fazendo uma determinação sobre o primeiro), que é oficialmente registrado. O substantivo composto designa, especificamente, o principal carro alegórico de um desfile, e, genericamente, todo elemento que se destaca em um conjunto ou em um empreendimento. ♦ *Os cassinos, CARROS-CHEFE dos negócios locais, não têm janelas nem relógios.* (FSP)

Entretanto, mais frequentemente (86%), ocorre o plural **carros-chefes**, também

oficialmente registrado. ♦ *Clarins, cavalos fogosos e enfeitados, CARROS-CHEFES, alegorias, a abóbora mágica que se abria com a moça dentro, de meias vermelhas e pernas grossas.* (REA)

carrossel

1. É a forma portuguesa correspondente ao francês *carrousel*. Escreve-se com SS. ♦ *Arnaldo e meu primo se achavam na pracinha, já senhores dos trampolins e CARROSSEL.* (FR)

2. O plural é **carrosséis**. ♦ *Para começar, luz elétrica que este povo nunca conheceu, CARROSSÉIS, fotógrafo, teatro, velódromo e sei lá o que mais.* (VEJ)

carta

O adjetivo correspondente é **epistolar**. ♦ *As cartas, em um romance EPISTOLAR, precisam de um mínimo de densidade para assegurar a força de uma construção narrativa essencialmente estática.* (FSP)

Cartago (cidade antiga) [África]

Os adjetivos pátrios correspondentes são **púnico** e **cartaginês**. ♦ *A terceira Guerra PÚNICA foi resultado do receio romano diante da recuperação de Cartago.* (HG) ♦ *Foi entrando com seu exército pelo norte daquele continente que ele surpreendeu o CARTAGINÊS Aníbal, a quem venceu na batalha de Zama (202 a.C.).* (FSP)

cartão de crédito, cartão de visitas

1. Escrevem-se sem hífen. **Cartão de visita** é mais usual (70%) do que **cartão de visitas**. ♦ *O grande obstáculo será a segurança nas transações com CARTÃO DE CRÉDITO.* (VEJ) ♦ *Devia ter batido à porta, mandando o seu CARTÃO DE VISITA.* (FAN) ♦ *Só faltaram mandar CARTÃO DE VISITAS, dobrados no canto.* (ALF)

2. O plural se faz no primeiro elemento. ♦ *As casas aceitam todos OS CARTÕES DE CRÉDITO.* (CB) ♦ *Seus CARTÕES DE VISITA afinam-se com esta pompa.* (S)

cartão-postal

cartão-postal

1. Com hífen. ✦ *No mesmo dia em que o DC 8 da JAL explodiu, Janaína tinha recebido, à tarde, um CARTÃO-POSTAL de Leila.* (CAA)

2. O plural é **cartões-postais** (substantivo + adjetivo). ✦ *O Ipiranga ainda vai demorar um pouco para voltar a ser um dos CARTÕES-POSTAIS de cidade.* (ESP)

cartomancia

A sílaba tônica é **CI**, e, portanto, a palavra não leva acento. O substantivo designa a arte de predizer o futuro pelo exame de cartas de baralho. ✦ *Sabemos que constitui um dos mais populares baralhos usados no exercício da CARTOMANCIA.* (TA)

cartucho ⇨ Ver **cartuxo, cartuxa.**

Cartucho (com **CH**), que tem o significado original de "rolo ou invólucro oblongo, de papel ou cartão", designa carga de arma de fogo, de impressora, de máquina fotográfica. ✦ *Desapareceu um CARTUCHO de cinquenta mil réis da secretária do seu pai e eu não sei quem foi...* (US) ✦ *O corpo estava todo crivado de balins (estilhaços de chumbo de CARTUCHO de espingarda).* (FSP) ✦ *Verifique se o código do CARTUCHO é o mesmo exigido pela impressora.* (FSP) ✦ *Tudo o que você precisa fazer é colocar o CARTUCHO na máquina, fechar a tampa e pronto.* (REA)

Cartuxo e **cartuxa** designam ordem religiosa ou referem-se a essa ordem. O feminino **cartuxa** designa também o convento de cartuxos.

cartum, *cartoon*

1. **Cartum** é a forma portuguesa correspondente ao inglês *cartoon*. O substantivo designa desenho caricatural humorístico, com legendas ou não. ✦ *No final de cada CARTUM, é "carimbada" a assinatura de quem o desenhou.* (VEJ)

O plural é **cartuns**. ✦ *Por ser um desenhista nato, ele diz não conhecer qualquer escola que ensine a fazer quadrinhos ou CARTUNS.* (FSP)

Cartunista é a designação do autor de **cartuns**. ✦ *Eu me considero essencialmente* como caricaturista e ilustrador. *Não sou chargista nem CARTUNISTA. Minha preocupação é primordialmente plástica, antes de ser satírica ou crítica.* (RI)

2. A forma originária inglesa *cartoon* também é usada, embora com frequência bem menor (20%). ✦ *O sucesso foi tão grande que levou a editora a produzir, em 94, um novo CARTOON inspirado no Homem-Aranha.* (FSP)

cartuxo, cartuxa ⇨ Ver **cartucho.**

1. **Cartuxo** designa ordem religiosa ou refere-se a essa ordem. ✦ *E Saturnin torna-se Dom B..., porteiro dos CARTUXOS.* (FSP) ✦ *São tão perigosas as palavras – ai de mim! – que não sei, entre os homens, de vida tão perfeita como a dos monges CARTUXOS.* (VES)

2. O feminino **cartuxa** tanto se refere a ordem religiosa como designa o convento de cartuxos. ✦ *"A CARTUXA de Parma", romance de Stendhal (1783-1842), faz um afresco ideológico daquele período, tão análogo ao nosso, quando a Europa decidiu que tudo voltaria a ser como era antes da Revolução.* (FSP) ✦ *Vai dar a uma CARTUXA e, subitamente, tem uma visão da vida a ser levada, longe da agonia das paixões.* (FSP)

Cartucho, com o significado original de "rolo ou invólucro oblongo, de papel ou cartão", designa carga de arma de fogo, de impressora, de máquina fotográfica etc.

cãs

É substantivo que só se usa no plural (*pluralia tantum*). O substantivo designa cabelos brancos. ✦ *Sinto afinal nas minhas CÃS os ventos da profecia.* (FSP)

casa

1. O aumentativo é **casarão**. ✦ *O interior do CASARÃO surpreendia pela limpeza e pela claridade.* (ACM)

2. Uso do artigo definido com o substantivo **casa**:

✧ Em localizações adverbiais (com preposição), emprega-se o substantivo **casa** sem artigo quando, desacompanhado de especificação, se refere à residência, ao lar de alguém.

* *Ao chegar a CASA, Aglaia tocou a sineta.* (JM) * *Alice ao sair de CASA deixara uma carta para Lomagno.* (AGO) * *Eu já não vinha cedo para CASA.* (AFA)

◇ Com alguma especificação, usa-se o artigo, se for o caso. * *Às 6 da tarde, voltou à CASA da sogra.* (VEJ) * *Ele estava de férias em São Luís e saiu da CASA dos pais depois das 11 horas da manhã para surfar na Praia de São Marcos.* (VEJ)

◇ Também não se põe artigo na expressão interjetiva *ó de casa*: * *(Ouvem-se palmas do lado de fora e uma voz dizendo): ó de CASA!* (IC)

casamento

Os adjetivos correspondentes são:

◇ **conjugal.** * *Chegando no Rio, admirado com nossa felicidade CONJUGAL, o casal convidou-nos para passar o dia em sua casa na Gávea.* (FAV)

◇ **matrimonial.** * *É possível falar da morte com a superficialidade de um conselheiro MATRIMONIAL de revista feminina.* (OV)

casar(-se)

Com o significado de "unir-se por matrimônio", esse verbo pode ser pronominal ou não. * *Se eu fosse moço, não CASAVA mais depois da viuvez.* (VB) * *Quando o Dr. Joaquim SE CASOU com d. Emília realizou o seu quarto matrimônio.* (OE)

cash

É palavra inglesa que significa "em espécie", "em dinheiro". A pronúncia é, aproximadamente, **quéch**. * *Covas ainda observou que o pagamento CASH não ajudava o ministro em suas explicações.* (VEJ)

cashmere

É palavra inglesa que designa lã muito delicada e macia, de alto valor. A pronúncia é, aproximadamente, **quechmir** (com E aberto). * *Um par de luvas de CASHMERE sai por US$ 6, em média.* (FSP)

casimira

Com **I**, não com **E**, depois do **S** (forma ligada ao francês *casimir* e ao inglês *cassimere*). O substantivo designa tecido leve de lã, para vestuário. * *Quero um terno da mais fina CASIMIRA inglesa.* (NI)

caso ⇨ Ver acaso.

Caso é conjunção condicional, do mesmo modo que **se**, e, portanto, ambas não ocorrem juntas. * *CASO ele não venha, não fique triste.* (NOV)

Acaso é advérbio indicativo de possibilidade, podendo ocorrer após a conjunção condicional **se**.

cáspite

A sílaba tônica é a antepenúltima (**CÁS**), e, por isso, a palavra leva acento (proparoxítona). É interjeição com marca de admiração e, em geral, de ironia. * *Veja mandou a Itamar Franco o texto completo das mensagens de JK e Ulysses, ele leu mas nada comentou, nem mesmo "CÁSPITE!".* (VEJ)

cassa, cassar ⇨ Ver caça, caçar.

1. **Cassa** designa tecido transparente de algodão. * *Cândida passeava só, envolta num vaporoso vestido de CASSA rósea, o rosto, mais do que nos outros dias, velado de tristeza.* (DEN)

Caça é a designação do ato de caçar e do animal que se caça.

2. **Cassar** significa "fazer cessar", "revogar (direitos, prerrogativas)". * *A Ordem dos Advogados do Brasil já CASSOU neste ano nove registros de profissionais que cometeram atos ilícitos e doze no ano passado.* (OG)

Caçar significa "perseguir animais para os aprisionar ou matar".

cassete, fita cassete

Usam-se, indiferentemente, **cassete** e **fita cassete**. * *O presidente devia gravar alguns discursos e pronunciamentos em disco, CASSETE, CD e vídeo.* (FSP) * *O juiz entra no veículo, fecha todas as janelas e coloca uma FITA CASSETE ou um CD.* (VEJ)

cassetete

É a forma portuguesa correspondente ao francês *casse-tête*. O substantivo designa cacete de madeira ou de borracha, seguro por uma alça, usado em geral por policiais em ações repressivas. ✦ *Jack acenou-lhes de longe com o CASSETETE.* (CV)

cassoulet

É palavra francesa que designa prato preparado com feijão branco e carnes diversas. A pronúncia é, aproximadamente, **cassulê**. ✦ *O CASSOULET, conhecido como a feijoada dos franceses, é feito há 40 invernos no Freddy.* (FSP)

castanhal

É substantivo coletivo para pés de castanheiros. ✦ *Caminhamos meia hora pelo encharcado e bolorento CASTANHAL até avistarmos o barracão central do Versalhes.* (GI)

Castela [região, Península Ibérica]

O adjetivo pátrio é **castelhano**. ✦ *Antes que o cumprimentado falasse, o CASTELHANO intrometeu-se.* (CG)

Castelhano é, ainda, a designação da língua falada nessa região, e da língua espanhola em geral. ✦ *Falava CASTELHANO, misturado com palavras em português.* (ARR)

castelão

1. O substantivo refere-se a senhor feudal, dono de castelo, com jurisdição em determinada área. ✦ *Amável e hospitaleiro como um bom CASTELÃO medieval, tornava-se irascível quando lhe falavam em freiras, padres e conventos.* (MAD)

2. O feminino em uso é **castelã**. Os femininos **casteloa** e **castelona**, oficialmente registrados, não ocorreram. ✦ *Anemarie era uma CASTELÃ de tranças louras.* (ASA)

3. O plural em uso é **castelões**. O plural **castelãos**, também indicado em manuais, não ocorreu. ✦ *Quase todos têm a sorte de compartilhar de uma refeição, servida por garçons enluvados, com o casal de CASTELÕES que cuida da propriedade.* (FSP)

Castigat ridendo mores.

É frase latina que significa "Rindo, (ela) corrige os costumes". É a divisa da Comédia, que o arlequim Dominico mandou pintar no pano de boca do seu teatro. ✦ *Como tem dito em latim o velho Ulysses para definir sua epopeia, é preciso RIDENDO CASTIGAT. Ou: castigar rindo.* (VEJ)

casting

É palavra inglesa que designa a escalação de elenco para um espetáculo. A pronúncia aproximada é **quéstin**. ✦ *"Conheço nas pontas dos dedos o gênero da casa", diz Caroline Lebar, responsável pelo CASTING de modelos.* (VEJ)

cata-

É prefixo de origem grega que indica movimento de cima para baixo (como o prefixo de origem latina **de-**). Liga-se sem hífen ao elemento seguinte. ✦ *Era aquela CATADUPA prodigiosa, de afogar, tanto os fios d'água se entrecruzavam.* (CF) ✦ *Da porta da cozinha viu sob o pé de turco a terra revolvida em forma de CATACUMBAS.* (ED)

cataclismo, cataclisma

Segundo as indicações tradicionais e o registro ortográfico oficial, a forma é **cataclismo**, em conformidade com a origem da palavra (grego: *kataklysmós*). ✦ *O povo, de seu lado, confiava nas Forças Armadas, consciente de que elas não o abandonariam ao CATACLISMO devastador do totalitarismo comunista.* (ME-O)

Entretanto, a forma **cataclisma** (também masculina), ausente dos dicionários e considerada inexplicável e inadmissível pelos manuais normativos, é quase tão usual quanto **cataclismo** (45%). ✦ *Haveria, porém, a certeza de que o vizinho pensava nisso, esperava o CATACLISMA?* (MC) ✦ *Após o CATACLISMA do México, podia-se entender taxas dessa natureza, provisoriamente, para estancar a corrida contra o real.* (FSP)

catafalco ⇨ Ver **cadafalso**.

Catafalco significa "estrado onde se coloca o caixão mortuário", "esquife". ✦ *Do CATA-*

FALCO, Vitorino Lopes nada respondia e eu, Valério Lima, só via mortos, por dentro e por fora da matriz. (PFV)

Cadafalso significa "patíbulo", "estrado onde se ergue a forca", "lugar de suplício".

catalão

1. O feminino é **catalã**. ◆ *A terra CATALÃ é comedida, os sentimentos da natureza não sofrem ali desmedidos estremecimentos.* (PAO)

2. O plural é **catalães**. ◆ *CATALÃES retiram apoio a González e exigem eleições no começo de 96.* (FSP)

catálise, catalisar, catalisador

Com **S**, a partir de **Catálise**. O substantivo **catálise** designa modificação da velocidade de uma reação química, provocada por substância que não se altera no processo. O verbo significa, em referência a um processo, "desencadear pela própria presença ou existência", e, em acepção mais genérica, "estimular", "incentivar". ◆ *Acredita-se que o ácido ascórbico (vitamina C), naturalmente presente no leite, desenvolva um papel de cofator junto ao cobre, na CATÁLISE do processo de oxidação dos ácidos graxos insaturados.* (ACQ) ◆ *A Price acredita que a recuperação econômica brasileira deve CATALISAR o afluxo de recursos estrangeiros para os países sul-americanos.* (FSP) ◆ *O motor com disposição transversal dotado de injeção eletrônica e CATALISADOR ronca suave e as marchas engatam com precisão.* (VEJ)

cataplasma

O gênero tradicionalmente mais recomendado é o feminino, mas ambos os gêneros têm a mesma frequência. O substantivo designa pasta medicamentosa, geralmente feita de farináceo, que se aplica, isolada por pano, sobre alguma parte do corpo dolorida ou inflamada. ◆ *Têm-lhe feito **muita CATAPLASMA**, CATAPLASMA de farinha, principalmente quando Umbelino anda por longe.* (DES) ◆ *Em forma branda, a dolarização pôs **um CATAPLASMA** na inflamação polonesa.* (VEJ)

catchup ⇨ Ver **ketchup**.

Catchup é a forma aportuguesa em uso, correspondente ao inglês **ketchup**. Não é registrada oficialmente ◆ *No molho que ficou, junte um colher de CATCHUP, uns champinhons partidos ao meio e 3 ou 4 colheres de creme de leite.* (MCA)

A forma originária inglesa (**ketchup**) é bem mais usual (80%).

catecúmeno

A sílaba tônica é a antepenúltima, e, por isso, a palavra leva acento (proparoxítona). O substantivo designa, especificamente, quem se doutrina para ser admitido entre os fiéis na igreja primitiva, ou para receber o batismo; genericamente, designa quem acaba de ser admitido em alguma instituição. ◆ *Ela foi respondendo com a paciência e as palavras estudadas de CATECÚMENO.* (VIC) ◆ *Na reunião de outro dia, como neófilo e CATECÚMENO (...), vi e ouvi, com agradável assombro, que até hoje a Academia não sabe se se chama Academia Brasileira, simplesmente, ou Academia Brasileira de Letras.* (FSP)

catequese, catequizar

1. O substantivo **catequese** escreve-se com **S** (vem do grego *katéchesis*, pelo latim *catechese*). ◆ *Este estudo feito nas realidades vivas sobre as quais o catequista trabalha é de uma importância definitiva para o êxito da CATEQUESE.* (PE)

2. O verbo **catequizar** escreve-se com **Z** (vem do grego *katechízo*, pelo latim *catechizare*). ◆ *O padre José de Anchieta usava o teatro para CATEQUIZAR os indígenas.* (ESP)

catering

É palavra inglesa que designa o fornecimento de refeições para festas, restaurantes e demais formas de serviço de alimentação coletiva. A pronúncia aproximada é **quêiterin**. ◆ *Já fui aos circuitos por lazer ou a negócios, já que trabalhei algum tempo numa empresa de 'CATERING' (que fornece alimentação em eventos).* (FSP)

cateter

É palavra oxítona, isto é, a sílaba tônica é a última: cateTER. Não leva acento porque é uma palavra oxítona terminada em R. É termo de medicina que designa tubo de baixo calibre que se introduz no corpo, especialmente para finalidades diagnósticas ou terapêuticas. ◆ *Não se usará gaze na limpeza da boca, que será feita por aspiração suave com CATETER de borracha mole.* (OBS)

catorze ⇨ Ver quatorze.

São formas variantes, e **catorze** é de uso mais frequente (73%). ◆ *Ninguém resiste CATORZE dias sem dormir.* (DM)

caubói, *cowboy*

Cowboy é palavra inglesa que designa vaqueiro. A forma aportuguesada é **caubói** (com acento, porque a sílaba tônica tem um ditongo aberto, **ÓI**). Ambas as grafias são igualmente usadas (50%). ◆ *Se camelo é bom de sela por que CAUBÓI não monta em camelo?* (BP) ◆ *A ideia é fazer sensação nos rodeios e festivais do peão de boiadeiro, no mais tradicional estilo COWBOY.* (FSP)

caudal

É substantivo masculino ou feminino, indiferentemente. Designa torrente impetuosa. ◆ *As águas vinham do mar, a maré era de enchente, e, por isso, o CAUDAL estava menos barrento.* (OE) ◆ *Logo que o gaiola penetrou a CAUDAL verde daquele afluente do Madeira, lançou ferros e apitou.* (ASV)

causa mortis

É expressão latina, usada como termo técnico para significar "causa da morte". ◆ *A CAUSA MORTIS: equívocos durante a gestação e nascimento prematuro.* (EX)

cavaleiro, cavalheiro ⇨ Ver amazona ⇨ Ver dama.

1. **Cavaleiro** é substantivo que designa homem que anda a cavalo. ◆ *Olhe que sou mau CAVALEIRO.* (BH)

O feminino é **amazona**.

2. **Cavalheiro** é a forma portuguesa que traduz o inglês *gentleman*. Designa homem de educação esmerada, cortês. ◆ *Jamais pensei que um CAVALHEIRO pudesse agir assim.* (CNT)

O feminino é **dama**.

cavalhada

É substantivo coletivo para cavalos em movimento. ◆ *Atrás dele veio a CAVALHADA.* (LOB)

cavalo ⇨ Ver égua.

1. Os adjetivos correspondentes são:

◇ **equino** ("pertencente ou relativo ao cavalo"). ◆ *Winter conhecia ali homens que à força de lidar com cavalos começavam já a ter no rosto traços EQUINOS.* (TV)

◇ **hípico** ("relativo ao hipismo ou a cavalos"). ◆ *Construiu um belo, vistoso estádio de futebol, uma piscina olímpica, quadras para tênis, basquete, "volley", uma vila HÍPICA e uma porção de coisas mais.* (VIS)

Além disso, existe o adjetivo **cavalar**, que é usado para quantificar alguma coisa como muito grande. ◆ *Em conta-gotas as providências produzirão os mesmos efeitos sem as repercussões de uma dose CAVALAR.* (JB)

2. A fêmea do cavalo é denominada **égua**. ◆ *Pela primeira vez no país, segundo os organizadores, foi permitido ao público votar no cavalo ou na ÉGUA de sua preferência durante os julgamentos.* (FSP)

cavalo-vapor

O plural é **cavalos-vapor** (substantivo + substantivo, o segundo fazendo uma determinação sobre o primeiro). ◆ *Acomodados num carro, fazemos todos os percursos, os necessários e os outros, às custas dos CAVALOS-VAPOR da máquina.* (OV)

cavanhaque

É a forma portuguesa correspondente ao francês *cavaignac* (substantivo próprio tornado substantivo comum). O termo designa barba crescida, aparada em ponta, no centro.

• *A Velha República começou nas barbas do Deodoro e acabou no CAVANHAQUE do Washington Luís.* (BPN)

caxangá

Com **X**. É uma espécie de crustáceo. • *Aproximou-se do balaio, apenas confirmou: um monte desordenado de lulas pequenas, siris CAXANGÁS de má qualidade, vermelhinhos espinhentos.* (VPB)

caxinguelê

Com **X**. É o mesmo que **serelepe** ou **esquilo**. • *Arnolfa tinha um jeito inquieto de CAXINGUELÊ, sumido com o casamento.* (R)

caxumba

Com **X**. • *Uma CAXUMBA tinha jogado dona Bebé no resguardo do vento.* (CL)

-cção

Terminam em **-CÇÃO** os substantivos ligados a verbos que têm o particípio irregular em **-cto**.

◇ **convicto: convicção**. • *"Vou rezar pelo seu êxito", prometeu Lorenzo, com o calor e a CONVICÇÃO de um obelisco.* (ACM)

◇ **infecto: infecção**. • *O tecido célulo-adiposo é pouco resistente à INFECÇÃO e ao traumatismo.* (CLC)

O substantivo **dicção** se liga a **dicto**, forma em desuso do particípio **dito**. Também está em desuso o particípio **confecto**, a que se liga **confecção**. • *Luiz tinha uma voz limpa e uma DICÇÃO perfeita.* (ORM) • *Jadeíta tem sido usada para a CONFECÇÃO de pedras duplas e triplas.* (PEP)

CD-ROM

1. A pronúncia é **CD-ROM**, com som de **O**, e não de **U**. O termo se forma com as iniciais da expressão inglesa *Compact Disc – Read-Only Memory*. • *A substituição do papel pelo CD-ROM ou pela TV interativa foi o assunto que mais suscitou discussões.* (RI)

2. O plural é **CD-ROMs**. • *Dois novos CD-ROMS infantis chegam ao mercado.* (FSP)

cear ⇨ Ver -ear.

Os verbos em **-ear** recebem **I** nas formas rizotônicas, isto é, nas formas que têm a sílaba tônica no radical: **ele ceia, eles ceiam**. É o mesmo que ocorre no substantivo **ceia**. • *Um gole daqui outro dali, começamos a saborear a nossa CEIA, pois já era mais ou menos uma hora da manhã.* (PAN)

Ceará

1. A sigla é **CE**. • *O Water Park é o segundo parque aquático do Nordeste; o outro fica em Fortaleza (CE).* (FSP)

2. O adjetivo pátrio é **cearense**. • *O Cariri continuou a ser a região onde se confrontavam grupos armados do sertão CEARENSE.* (CRO)

cecear ⇨ Ver ciciar ⇨ Ver -ear.

O verbo **cecear** refere-se à pronúncia de sons fricativos alveolares. • *Como Venusta CECEAVA, a palavra negócio soou quase como negófio.* (INC)

O verbo **ciciar** refere-se a sons produzidos em cicio, isto é, como um murmúrio.

ceder

Usa-se com complemento iniciado pela preposição **a**. • *Pôs fim à vida, para não CEDER à pressão das forças armadas, que o obrigaram a renunciar.* (TGB)

cediço

Com **C** inicial. Significa "antigo", "estagnado". • *Indenização, como é CEDIÇO, constitui reparação de prejuízo ou dano causado a outrem, ao passo que remuneração significa retribuição de serviço prestado.* (FSP)

cédula ⇨ Ver sédula.

Cédula é um substantivo que designa papel impresso representativo de moeda em curso. • *Admirei a perícia do homem e entreguei-lhe uma CÉDULA de vinte mil-réis.* (MEC)

Sédula é o feminino do adjetivo **sédulo**, que significa "ativo", "cuidadoso", "diligente".

cefal(o)-, -céfalo

cefal(o)-, -céfalo ⇨ Ver capit-.

É elemento (grego) que se liga a um elemento seguinte ou a um anterior. Significa "cabeça". Corresponde ao elemento latino **capit-.** ✦ *O palpar bem conduzido dá até a impressão do aumento de volume CEFÁLICO, principalmente se a cabeça é suficientemente dura, para permitir a CEFALOMETRIA.* (CLO) ✦ *Parecia um espelho e repetia outra D. Ema de cabeça para baixo, ligada à verdadeira, ao jeito da figura BICÉFALA da dama de um baralho.* (BAL) ✦ *O mérito de Antônio Conselheiro se resumia na congregação inicial de um bando ACÉFALO que, sem dúvida, já era bando antes de se juntar sob sua bandeira (...).* (J)

Se o elemento seguinte começar por **R** ou **S**, é necessário duplicar essa letra (que ficará entre duas vogais, na escrita). ✦ *A droga difunde-se facilmente nos líquidos extravasculares, como o líquido CEFALORRAQUIDIANO.* (ANT) ✦ *Logo na entrada, um CEFALOSSAURO – aterrorizante espécie com uma couraça óssea enorme na cabeça – vira o pescoço, grita e revira os olhinhos na direção do visitante.* (FOC)

cegar ⇨ Ver segar.

O verbo **cegar** significa "tornar cego". ✦ *A fumaça maldita nos rodeava e CEGAVA.* (CG)

O verbo **segar** significa "cortar (com a sega)", "ceifar".

cegonha

É substantivo feminino, referindo-se tanto ao macho como à fêmea do animal (substantivo epiceno). ✦ *A CEGONHA atual tem cerca de setenta e cinco centímetros.* (VEJ)

Ceilão (atual Sri Lanka) [Ásia]

O adjetivo pátrio relativo à ilha de Ceilão é **cingalês.** ✦ *Por isso morrem por ano de dois a três milhões de hindus, bengalis, CINGALESES e malabares, a maioria crianças do sexo feminino.* (OP)

cel.

É a abreviatura de coronel. ✦ *Aliás ele está em negócio com a fazenda do finado CEL. Exupério.* (ALE)

cela ⇨ Ver sela.

O substantivo **cela** designa pequeno aposento, alcova, quarto de prisão. ✦ *Maria Berco ficou sozinha numa CELA.* (BOI)

Sela designa o assento colocado sobre uma cavalgadura e é também forma de presente do indicativo do verbo **selar.**

celebrar

O significado original do verbo é ligado a **celebração, solenidade,** podendo, pois, usar-se indiferentemente com complemento de valor positivo (eufórico), negativo (disfórico), ou neutro, embora o mais comum seja o uso do verbo com complemento de valor positivo e com o significado de "festejar". ✦ *São Paulo regurgitava de festas: CELEBRAVA-SE o Centenário da Independência do Brasil e a chegada dos intrépidos lusitanos.* (ANA) ✦ *Subimos para o grande palácio, sobre cujas ruínas de dois mil anos o Catolicismo, vingativo, plantou uma igrejinha branca para CELEBRAR sua vitória sobre esse espantoso mundo pagão.* (B) ✦ *Há que CELEBRAR os pecados do mundo.* (PAO) ✦ *Vinga-se dum malefício que lhe fizeste, só pelo fato de seres superior a ele. CELEBRA teu infortúnio, por ele preparado.* (PRO) ✦ *Assim, a política da sua vida é esquecer a própria vida para reivindicá-la melhor e soberana. Enquanto a minha é CELEBRAR a vida de modo a não esquecê-la.* (CNT)

Esse significado pode ser especializado para referência a "celebração ritual" (com complemento de valor positivo, negativo ou neutro). ✦ *Na parábola de hoje, um rei prepara uma grande festa e um suntuoso banquete para CELEBRAR o casamento de seu filho.* (EM) ✦ *À notícia da morte do Rei, CELEBRARAM-SE exéquias nas igrejas da cidade.* (OMU) ✦ *Distribuiu esmolas no asilo, mandou matar vacas para a pobreza, deu um cheque para o vigário CELEBRAR missas para as almas aflitas.* (S)

célebre

O superlativo absoluto sintético é **celebérrimo.** ✦ *Há um ano e meio, em Florença, um* maluco pôde se aproximar do *CELEBÉRRIMO Davi, de Michelangelo, e mutilar o pé da estátua de mármore com uma martelada*. (VEJ)

A forma **celebríssimo** também é indicada em alguns manuais, mas não ocorreu.

celerado ⇨ Ver acelerado.

Celerado é substantivo que significa "facínora", "criminoso". ◆ *– Saia daqui, CELERADO!* (MAR)

Acelerado é particípio passado do verbo **acelerar** e é também adjetivo.

Celtibéria (região) [Hispânia, Europa]

O adjetivo pátrio é **celtibero**. A sílaba tônica é a penúltima (**BE**), e, por isso, a palavra não leva acento (paroxítona terminada em **O**). O **E** é aberto. ◆ *Os romanos, durante suas conquistas, enfrentam sistematicamente grupos guerrilheiros, sobretudo entre os CELTIBEROS e lusitanos*. (NEP)

cem milésimos

É o numeral ordinal correspondente a 100.000, forma que, entretanto, não ocorreu.

cemento, cementar ⇨ Ver cimento, cimentar.

O substantivo **cemento** designa um material com propriedade adesiva, e **cementar** é o verbo correspondente. ◆ *CEMENTO: estrutura mineralizada que se localiza na parte externa da raiz do dente*. (HB) ◆ *Nunca se deve usar uma ponta qualquer no cabeçote móvel, a não ser ponta de centro de aço temperado ou CEMENTADO*. (MAT)

Cimento é uma substância em pó usada como aglutinante, ou usada, umedecida, em estado plástico, e **cimentar** é o verbo correspondente.

cenobita

A sílaba tônica é a penúltima (**BI**), e, por isso, a palavra não leva acento (paroxítona terminada em **A**). Designa monge, ou qualquer pessoa que leva vida retirada. É masculino quando se refere a elemento do sexo masculino e feminino quando se refere a elemento do sexo feminino (substantivo comum de dois).

◆ *Mais tarde a Igreja retomou a experiência, primeiro com indivíduos isolados, os anacoretas, depois com pequenas comunidades de eremitas, os CENOBITAS*. (SIG-O) ◆ *Em atos e aparência, está mais para uma CENOBITA da série "Hellraiser", de Clive Barker*. (FSP)

censo ⇨ Ver senso.

Censo é o mesmo que **recenseamento**. Com **C**. ◆ *O CENSO de 1880 demorou aproximadamente sete anos para ser apurado e processado*. (ISO)

Senso significa "juízo", "tino", "sentido".

censor, censório ⇨ Ver sensor, sensório.

1. **Censor** é a designação dada a quem aplica censura. ◆ *Quando cessou a censura sobre a revista "Veja", por exemplo, constatou-se que a única editoria a não sofrer nenhum veto do CENSOR havia sido a de Economia*. (FSP) ◆ *As cartas só foram abertas pelo censor da Penitenciária, mas lacradas de novo!* (PRE)

O substantivo **sensor** designa dispositivo que responde a estímulos físicos e transmite um impulso.

2. **Censório** significa "relativo ao censor ou à censura". ◆ *Pelos homens em crise, um traidor da causa – ele é também o fundador da liga Homens Contra a Pornografia, de caráter feminista e CENSÓRIO*. (FSP)

Sensório significa "relativo à sensibilidade".

centésimo

É numeral correspondente a 100:

◇ **ordinal**. ◆ *Um tombo do terceiro andar machuca tanto quanto um tombo do CENTÉSIMO andar*. (MRP)

◇ **fracionário**. ◆ *Então o número 2,05 vamos ler: dois inteiros, zero décimos e cinco CENTÉSIMOS*. (ATT)

centigrama ⇨ Ver grama.

É substantivo masculino, do mesmo modo que **grama**. ◆ *Está cientificamente provado que a absorção de 50 CENTIGRAMAS de aspirina dissolvidos em água faz cessar a enxaqueca*. (PH)

centralizar

Com **Z**, como todo verbo formado com o sufixo **-izar**. ◆ *Portugal tendia cada vez mais a CENTRALIZAR o governo e a administração pública.* (HIB)

centro-

O substantivo **centro** pode constituir elemento de composição.

◇ Liga-se por hífen a um elemento seguinte quando forma termo geográfico ou gentílico: ◆ *É fato inegável que a modernização da agricultura, em especial a do CENTRO-SUL do país, se acelerou nos últimos anos.* (AGR) ◆ *"Igreja é a força mais ativa de promoção de reformas sociais e proteção dos direitos humanos", comentou um seminarista CENTRO-AMERICANO.* (CPO)

◇ Em qualquer outro caso em que **centro-** entre com valor adjetivo (= **de centro; central**), não se usa hífen na composição. ◆ *O rapazinho Bruno elegeu como seu ídolo o CENTROAVANTE Reinaldo.* (PLA) A grafia oficial indica o uso de hífen nos compostos *CENTRO-DIREITA* e *CENTRO-ESQUERDA*, que são casos em que é o elemento a seguir que tem valor adjetivo sobre o elemento **centro-** (= **centro de / da direita, de / da esquerda**). ◆ *A aliança, então vista como de CENTRO-DIREITA, derrotou o candidato das esquerdas, capitaneadas pelo PT.* (RBS) ◆ *A tônica atual situa o epicentro ideológico do poder entre o CENTRO-DIREITA e o CENTRO--ESQUERDA.* (FSP)

cêntuplo

É o numeral multiplicativo (substantivo ou adjetivo) correspondente a 100. ◆ *Quem ia à casa da devota agradecer por S. Rev.ma o presente e dizer que S. Rev.ma enviava a sua benção para que Nosso Senhor lhe restituísse em CÊNTUPLO o que dera à Igreja?* (OMI)

CEP

É a sigla de **Código de Endereçamento Postal**. ◆ *Solicitamos o envio de currículo, com pretensão salarial, para a Caixa Postal 2292 – CEP 01060-970.* (FSP)

céptico, cético ⇨ Ver séptico.

Céptico e **cético** são formas variantes (adjetivo ou substantivo), mas a primeira (**céptico**) é de uso raríssimo (2%). O significado é "que / quem duvida de tudo", "descrente". ◆ *Não há duvida, e nenhum CÉPTICO será capaz de negá-lo, que o Brasil acelerou sua marcha.* (JK) ◆ *Quanto à profissionalização, o professor mostrou-se CÉTICO com relação ao segundo grau.* (ESP)

Séptico é adjetivo que significa "que provoca infecção", "que contém germes patogênicos".

cerat(o)-

É elemento (grego) que se liga a um elemento seguinte. Significa "corno", "córnea", "antena". ◆ *Nos últimos 50 dias foram realizadas, aqui, quatro CERATOPLASTIAS penetrantes (transplantes de córnea).* (FSP) ◆ *O diagnóstico foi CERATOCONE – deformidade progressiva da córnea que pode levar à cegueira.* (FSP)

cérbero

A sílaba tônica é a antepenúltima (**CÉR**), e, por isso, a palavra leva acento (proparoxítona). Designa, na mitologia grega, cão monstruoso que guarda a porta do inferno. ◆ *Um CÉRBERO vigilante não deixa, não um CÉRBERO com três cabeças, como o porteiro do inferno grego, mas vestido de branco.* (VEJ)

cerda

A indicação tradicional é que o **E** é fechado, no singular e no plural. Entretanto, a pronúncia varia. O substantivo designa pelo duro e espesso geralmente situado junto às cavidades naturais dos mamíferos. ◆ *Frei Simão, sorrindo, tirou sons desentoados de uma viola de sete cordas, usando um arquete de ferro e CERDA de cavalo.* (RET)

cerebr(o)-, cérebro-

É elemento (latino) que se liga sem hífen a um elemento seguinte. Mesmo em casos em que o primeiro elemento mantém visivelmente o acento de proparoxítono, os dois elementos se unem em uma só palavra, pela ortografia oficial. ◆ *São os tumores que mais matam os* homens idosos (15,83%) e as doenças **CERE-BROVASCULARES** (circulação sanguínea no cérebro), as mulheres idosas (13,85%). (FSP) ✦ A hidrocefalia é caracterizada por acúmulo anormal de líquido **CEREBROESPINAL** (LCE) dentro da cavidade craniana. (ANE)

Em algumas formações em que o segundo elemento começa por vogal, desaparece o **O** final do primeiro elemento. São neuropatas, sem dúvida, mas neuropatas de uma espécie particular, que se poderiam denominar bulbastênicos, por oposição aos **CEREBRASTÊNICOS** ou mielastênicos. (SM)

Se o elemento seguinte começar por **R** ou **S**, é necessário duplicar essa letra (que ficará entre duas vogais, na escrita); por exemplo, **CEREBRORRAQUIDIANO**, forma que não ocorreu.

cérebro

1. A forma é essa (com **R** na segunda sílaba). ✦ Durante dez anos ele foi o **CÉREBRO** do inferno de Getúlio. (AF)

2. Os adjetivos correspondentes são:

◇ **cerebral** ("do cérebro"). ✦ Aqueles caras tinham sido submetidos a uma perfeita lavagem CEREBRAL. (LC)

◇ **cerebrino** ("do cérebro", "intelectualizado"). ✦ Só uma leitura neorretórica **CEREBRINA** pode confundir a potência criadora de um poeta (...). (REF)

céreo, cério ⇨ Ver sério.

1. **Céreo** é adjetivo que significa "da cor de cera". ✦ O rubor da mucosa bucal contrasta com a palidez CÉREA da pele. (SMI)

2. **Cério** é substantivo, designando o elemento de número atômico 58, metálico, usado em ligas. ✦ A técnica consiste na mistura do elemento químico metálico CÉRIO ao combustível, combinada ao uso de filtros nos escapamentos. (FSP)

ceroulas, ceroula

1. Do mesmo modo que **calças**, **ceroulas** é um substantivo de forma plural que designa apenas um objeto. Obviamente, a mesma forma também pode referir-se a mais de um objeto.

✦ A única nota branca de seu vestuário, ele a mostrava quando arrepanhava as calças para sentar – as **CEROULAS** compridas de que se via a laçada cadarço prendendo as meias. (CF) ✦ Fotografias antigas, bordados, flores secas, **CEROULAS** de outrora e leques. (JT)

2. Do mesmo modo que ocorre com **calças**, a forma singular também é usada para a mesma designação, embora com menor frequência (40%). ✦ A calça de brim, muito justa nas pernas, deixa o fio da CEROULA aparecer. (RIR)

cerrar ⇨ Ver serrar.

Cerrar significa "fechar". ✦ A boca aberta obrigava-a a CERRAR os olhos, e ele, então, não podia evitar de reparar. (CHA)

Serrar significa "cortar com serra".

cerro ⇨ Ver serro.

O substantivo **cerro** significa "pequena colina", "outeiro". ✦ Então Blau Nunes desce do **CERRO** e começa a andar por uma linda várzea... (INC)

O substantivo **serro** significa "espinhaço".

certame, certâmen

São formas variantes, mas **certâmen**, que é a forma original, é de uso raro. O substantivo designa competição, contenda, luta. ✦ Artistas de diversos países concorreram a esse grandioso CERTAME de arte, expondo quadros valiosos! (HP) ✦ Concorreram ao CERTÂMEN, que foi anônimo e secreto, vinte pessoas. (PAR)

cervejada

É substantivo de valor coletivo que designa reunião festiva para se beber cerveja. ✦ A coisa chamou a atenção; um jornal publicou verrina a propósito daquela CERVEJADA. (CF)

cerviz ⇨ Ver colo.

1. Com **Z** final. O substantivo designa a parte posterior do pescoço, a nuca, e, por extensão, o pescoço, o colo. ✦ Para a população, que sofria os desmandos de chefetes locais, e que muitas vezes vira a própria justiça do-

brar-lhes a *CERVIZ, o Dr. Alberto Carreiro era um símbolo de ordem.* (ORM) ♦ *A revolta de Canudos leva-o, num primeiro momento, a envergonhar-se da República por ter ela curvado a CERVIZ ante "uma horda desordenada de fanáticos maltrapilhos".* (FSP)

2. O adjetivo correspondente é **cervical.** ♦ *A flexibilidade da coluna vertebral é maior na região CERVICAL e lombar.* (ENF)

Cervical também é adjetivo correspondente a **colo.**

cervo ⇨ Ver **servo.**

1. **Cervo** é substantivo, designando animal mamífero da mesma família do veado. ♦ *A onça preda o CERVO e, assim, controla o tamanho das populações desse animal.* (PEV)

2. O feminino é **cerva.** ♦ *O terceiro trabalho de Hércules era capturar viva a CERVA Cerinita, de pés de bronze e chifres de ouro, que vivia no monte Cerineu.* (CHA)

Servo é adjetivo ou substantivo, significando "criado".

cerzir

Como **agredir, progredir, regredir, transgredir** e similares, o verbo **cerzir** tem **I** na penúltima sílaba quando ela é a tônica (nas formas rizotônicas): **cirzo, cirzem, cirza** etc. Entretanto, essas formas não ocorreram.

cessão, cessionário, cessionária ⇨ Ver **seção, secção** ⇨ Ver **sessão.**

Cessão designa o ato de ceder. Tem **S** na sílaba final, como todo substantivo ou adjetivo correspondente a verbo terminado em **-der** (verbo **ceder**). Do mesmo modo se escrevem os derivados. ♦ *A CESSÃO do centro cirúrgico e do ambulatório à equipe médica encaminhada por Luiz Carlos Moreira foi tratada verbalmente com a direção do hospital.* (GAZ) ♦ *A cláusula nove diz que obriga-se a CESSIONÁRIA a fazer um seguro de vida e acidentes pessoais ao atleta, na prática do futebol e fora dele.* (FSP)

Seção e **secção** são formas variantes para significar "divisão".

Sessão significa "espaço de tempo de uma reunião", "duração de um evento", "espetáculo".

cesta ⇨ Ver **sesta** ⇨ Ver **sexta-feira, sexta.**

Designa utensílio próprio para guardar objetos diversos ou, no basquete, o aro de metal fixado à tabela. ♦ *Vocês têm uma CESTA ou sacola para levar os ovos?* (ACM) ♦ *Os cinco jogadores voltam para a quadra e, pimba, bola na CESTA!* (FSP)

cetim

Cetim escreve-se com **C** inicial. ♦ *Aglaia se sentava na sua poltrona de CETIM amarelo.* (JM)

céu

Os adjetivos correspondentes são:

◇ **celeste.** ♦ *A mancha que lhe adviera com o parto da filha dava lugar ao júbilo CELESTE do chorinho da neta.* (VB)

◇ **celestial.** ♦ *As conversas se iniciaram comentando a gala do Municipal em que Toscanini esteve divino e Bidu, CELESTIAL.* (JM)

cg

É o símbolo de **centigrama** (sem ponto e sem plural). Escreve-se com minúsculas. ♦ *O cachimbo comum contém cerca de 25 cg de ópio e é fumado por uma pessoa ou por um pequeno grupo.* (DRO)

CGC

É a sigla de **Cadastro Geral dos Contribuintes.** ♦ *Neste caso, verifique se consta o nome, endereço e número do CGC da loja.* (OD)

CGT

É a sigla de **Confederação Geral dos Trabalhadores.** ♦ *Outra reivindicação do presidente da CGT foi o fim do contingenciamento dos recursos do FGTS.* (GLO)

chá ⇨ Ver **xá.**

Chá é nome de planta e de bebida que se faz com suas folhas. ♦ *Servirei CHÁ com uma* *torta de camadas, que faço com perfeição.* (ASA)

Xá é título de soberano da antiga Pérsia (Irã).

chácara ⇨ Ver xácara.

Chácara é pequena propriedade campestre, em geral próxima de cidade. Com **CH**. ♦ *Estêvão tinha uma CHÁCARA do outro lado do rio, atrás do morro de Santa Bárbara.* (CBC)

Xácara é narrativa popular em verso.

chacota

Com **CH**. A palavra significa "zombaria". ♦ *Os acionistas eram motivo de CHACOTA em outros países e percebiam que tinham sido engabelados.* (EMB)

Chade [África]

O adjetivo pátrio é **chadiano**. ♦ *Um bebê americano médio representa duas vezes o dano ambiental de uma criança sueca (...) e 280 de uma CHADIANA ou haitiana, porque sua exigência de consumo será, a vida toda, muito maior.* (VEJ)

chaise longue

É expressão francesa que designa cadeira de braços, geralmente de abrir e fechar, que permite que se recline o corpo e se estendam as pernas. A pronúncia é, aproximadamente, **chése longue**. ♦ *"Quando isso acontecer, vai ser difícil me arrancarem daqui", diz, espreguiçado numa CHAISE LONGUE italiana debaixo de seu telhado.* (VEJ)

chamar, chamar-se

1. Chamar:

✧ Significando "fazer vir", usa-se com um complemento sem preposição (objeto direto), podendo ocorrer outro complemento iniciado pela preposição **a**. ♦ *CHAMEI o garçom, pedi a conta.* (LC) ♦ *Eu gritei para o CHAMAR à vida.* (T)

✧ Significando "dizer o nome de, esperando ser atendido", usa-se com um complemento sem preposição (objeto direto) ou com um complemento iniciado pela preposição **por**.

♦ *Ainda teima e reluta desconfiado da picada de tremura cerzindo as sílabas da voz que o CHAMOU.* (OSD) ♦ *Então ele CHAMA por mim?* (ASA)

✧ Significando "denominar", usa-se com um complemento sem preposição (objeto direto) ou um complemento iniciado pela preposição **a** (objeto indireto), e com predicativo do objeto sem preposição ou iniciado por **de** ou **por**. ♦ *A senhora disse que cria a menina desde 9 meses. E que a negrinha dorme com ela e que lhe CHAMA mãe.* (QDE) ♦ *Hoje em dia ninguém me CHAMA por João Francisco.* (DP) ♦ *A filha de seu Esidoro também é Maria, mas todos a CHAMAM de Do Carmo.* (ID)

2. Chamar-se, que significa "ter o nome de", usa-se com predicativo do sujeito. ♦ *O namorado CHAMAVA-SE José do Rosário Soares, filho de portugueses.* (ANA)

3. É usual a construção **chamar a atenção** (de alguém), que significa:

✧ "despertar o interesse". ♦ *Tremia violentamente, tão violentamente que CHAMOU a atenção de Naum.* (CEN)

✧ "fazer advertência a", "repreender". ♦ *Certa vez, em esconderijo no Rio, CHAMOU a atenção de um colega por se trancar no banheiro por muito tempo.* (FSP)

Como neste tipo de construção o substantivo **atenção** não vem precedido de preposição, não tem justificativa a formação de uma voz passiva ("ser chamado à atenção"), como está nesta ocorrência: ♦ *Para Senna, Mika deveria ser CHAMADO à atenção pela FIA.* (FSP)

chamariz, chamarisco

São formas variantes que designam tudo aquilo que chama, que atrai.

1. Chamariz é a forma vernácula do substantivo e é a forma quase exclusivamente usada (97%). ♦ *Compreendo, serei o CHAMARIZ para a Polícia.* (PRE)

2. Chamarisco é forma de uso popular, desprestigiada. ♦ *Talvez seja este o maior CHAMARISCO da partida.* (S)

chambre

chambre ⇨ Ver **robe de chambre.**

É forma francesa que significa "quarto", mas é usada com o mesmo significado da expressão *robe de chambre*, que, literalmente, corresponde, em português, a **traje de quarto**. O significado genérico é o de "roupão". É substantivo masculino e seu uso é mais frequente que o da expressão *robe de chambre* (70%). ♦ *Dulce vestiu um CHAMBRE de tricolina e atendeu-a.* (FR)

chaminé

É substantivo feminino. ♦ *Em vez da CHAMI-NÉ entupida achou a tribuna.* (ACM)

champanha, champanhe, *champagne*

1. **Champanha** é a forma portuguesa correspondente ao francês *champagne*. Essa forma é pouco usual (8%), especialmente na imprensa. Segundo o registro oficial, é substantivo masculino. ♦ *Quem abre o CHAMPANHA é sempre o homem.* (TRH)

Entretanto, também ocorre, nos diversos tipos de texto, como feminino. ♦ *Da calçada vejo os garçons servindo CHAMPANHA francesa.* (CNT)

2. Usa-se, também, e com maior frequência (66%), a forma aportuguesada **champanhe**, menos vernácula (simples adaptação gráfica da forma francesa), mas também oficialmente registrada, e com os dois gêneros. ♦ *Com certeza na doçura e no CHAMPANHE havia exagero.* (MEC) ♦ *Ao contrário do vinho, quanto mais nova, melhor a CHAMPANHE.* (FSP)

3. Ocorre, ainda, e com alguma frequência (26%), a forma original francesa *champagne*, tanto no masculino como no feminino ♦ *Das bebidas alcoólicas, a menos calórica é CHAMPAGNE. seguido pelo vinho branco.* (ELL) ♦ *Ele sai por alguns minutos e volta com uma CHAMPAGNE.* (FSP)

champinhom, *champignon*

1. **Champinhom** é a forma gráfica portuguesa registrada como correspondente do francês **champignon**. Só ocorre raramente (3%) e no plural. ♦ *No molho que ficou, junte uma colher de catchup, uns CHAMPINHONS partidos ao meio e 3 ou 4 colheres de creme de leite.* (MCA)

2. A forma original francesa, entretanto, é muito mais usual (97%). ♦ *A lula recusa até a ideia de CHAMPIGNON ou aspargo.* (ACM)

chancliche

Designa queijo árabe de consistência semelhante à da ricota, geralmente apresentado em bolas envolvidas em ervas. O termo não é registrado oficialmente em português. ♦ *No cardápio de pizzas como a de CHANCLICHE – queijo de leite de cabra de origem síria.* (FSP)

chantagem

É a forma portuguesa correspondente ao francês *chantage*. É substantivo feminino. ♦ *Mamãe se sujeitava com grande prazer à CHANTAGEM da cunhadinha.* (ANA)

chantilly, chantili

1. *Chantilly* é palavra francesa que designa molho feito de creme de leite fresco batido. É o mesmo que **creme** *chantilly*. ♦ *As crianças estão com as roupas borradas de estrogonofe e têm CHANTILLY no cabelo.* (VEJ)

2. **Chantili** é a forma gráfica portuguesa correspondente, pouco usual (7%). ♦ *Café irlandês – num recipiente coloca-se uma dose de café bem quente, uma dose de uísque, açúcar e deixa-se flutuar por cima uma colherada de creme de CHANTILI.* (EM)

chapéu

O aumentativo é **chapelão** (com plural **chapelões**), a forma mais usada (92%), ou **chapeirão**, forma de uso muito raro (4%). ♦ *No sonho colorido, viu-se num imenso gramado, com o mesmo vestido e o mesmo CHAPELÃO da moça da folhinha.* (CP) ♦ *Os homens vestem-se com macacões, as mulheres com vestidos estampados em padrões florais graúdos e CHAPELÕES.* (VEJ) ♦ *Mestre Lodegária – declamou, arrastando o CHAPEIRÃO nas pedras do calcamento em saudação aos peixes (...).* (VPB)

A forma regular de aumentativo, **chapeuzão**, não encontra abrigo nos dicionários e manuais, mas é encontrada em linguagem informal (4%). ✦ *A morte de Costa foi encomendada por Torres aos pistoleiros José Alves Ramalho (Zé Anchieta) e José Alves Silva (Zezinho do CHAPEUZÃO).* (FSP)

charada

Com **CH** inicial, o substantivo se refere a enigma. ✦ *E ninguém no Brasil, em sã consciência, será capaz de achar solução lógica para essa intrigante CHARADA.* (OL)

Xarada é substantivo que se refere a uma das estações do ano do calendário indiano, mas a forma não ocorreu.

charla

O uso desse substantivo (feminino) é considerado castelhanismo. Significa "conversa à-toa". ✦ *Pela CHARLA que diziam e pela manha com que vinham... Ali não havia dinheiro.* (MPB)

charlatão

1. Significa "embusteiro", "trapaceiro", "explorador". ✦ *Não raras vezes ele já foi chamado de CHARLATÃO. Na verdade, coloca-se como um marginal da medicina, apesar de haver-se diplomado legalmente, na Faculdade Nacional do Rio de Janeiro nos idos de trinta.* (MAN)

2. O feminino é **charlatã** ou **charlatona**, ambas as formas usadas com a mesma frequência, mas raras. ✦ *Os poderes de Clara, a personagem central de "A Casa dos Espíritos", parecem os de uma CHARLATÃ.* (FSP) ✦ *A adesão delirante à virtualidade busca uma cura CHARLATONA para os males da realidade.* (FSP)

3. O plural é **charlatães** ou **charlatões**. A primeira forma é muito mais frequente (80%). ✦ *Seriam todos artífices industriosos, CHARLATÃES e cabotinos?* (RIR) ✦ *Alguns desses CHARLATÕES chegam a colocar velas e incenso ao lado da carta ou escrita.* (GFO)

charleston

É palavra inglesa que designa uma espécie de dança de palco que surgiu na década de 1920.

✦ *Marta ensaia uns passos de "CHARLESTON", ao som da Brunswick.* (SM)

charme

É palavra de origem francesa já incorporada ao português. Significa "encanto". Tem uso condenado como galicismo pelos puristas. ✦ *Hoje, velha, aos 90 anos, a Rua Chile perdeu o CHARME.* (ATA)

charque

Com **CH**. O substantivo designa carne de vaca salgada e disposta em mantas. ✦ *Em 1718, outra vez os portugueses são atacados no Uruguai, onde trabalham com couro, graxa e CHARQUE.* (CID)

chassi, *chassis*

1. **Chassi** é a forma do singular (forma portuguesa correspondente ao francês *chassis*, cuja pronúncia é **chassi**). O substantivo designa, especificamente, estrutura sobre a qual se montam os componentes de um circuito eletrônico ou sobre a qual se monta a carroçaria de veículo motorizado; genericamente, designa qualquer base ou estrado. ✦ *O ônibus urbano "convencional" é uma carroceria de má qualidade montada em cima de um CHASSI de caminhão.* (TT)

O plural é **chassis**. ✦ *Na oficina, os mesmos carros, motos, motores, CHASSIS, mais o furgão zero-quilômetro pintado de azul-piscina.* (EST)

2. Ocorre também, embora com menor frequência, a forma não adaptada ao português, *chassis*, para o singular. ✦ *Olhe que CHASSIS batuta eu consegui lá!* (ORM)

chat

É palavra inglesa que, na informática, designa interação *online*, bate-papo, conversação por meio de mensagens eletrônicas. ✦ *Na seção de CHAT, você pode conversar com os jornalistas e editores da página.* (FSP)

chave

Usa-se à direita de outro substantivo, atuando como qualificador ou classificador (como um adjetivo). ✦ *É interessante observar que*

chávena

o conceito CHAVE em matéria de formação de professores, (...) é a profissionalização do trabalho docente. (ESO) ✦ *Os catálogos organizados por distribuidoras de CDs em todo o mundo são* **peça CHAVE** *para o comprador habitual de importados.* (FSP) *Esse é um* **ponto CHAVE** *da análise apresentada no livro.* (RBS)

Mais frequentemente, forma-se um substantivo composto, com a ligação dos dois elementos por hífen. Alguns desses compostos vêm registrados na ortografia oficial, como **palavra-CHAVE** e **posto-CHAVE**. ✦ *A palavra--CHAVE é integrar.* (CIN-T) ✦ *Aliás, não é necessário que o indivíduo no* **posto-CHAVE** *roube para que tenha vantagem, basta que aumente seu poder.* (GAI)

Em qualquer dos casos, o segundo elemento geralmente não varia no plural, mas, menos frequentemente, ele também assume a forma de plural. ✦ *Vimos que as duas* **palavras--CHAVE**, *definidoras do positivismo e do jurisnaturalismo, são, para o primeiro, ordem, e, para o segundo, justiça.* (DIR) ✦ *É que, na secretaria do partido, soube selecionar os homens para os* **postos-CHAVE**. (CRU) ✦ *O "ouro" era uma* **palavra-CHAVE** *de sua poética, que é tão exata e precisa em* **palavras--CHAVES**. (FI) ✦ *Jogava com o seu prestígio pessoal, suas boas relações com indivíduos colocados em* **postos-CHAVES** *na engrenagem governamental.* (INC) ✦ *Parte de dois* **conceitos CHAVE**: *comunidade discursiva e gênero textual.* (DEL) ✦ *Segurança, reprodução social etc. podem continuar sendo valores, mas não são mais as* **peças CHAVES**. (FSP) ✦ *Um dos* **pontos CHAVES** *da reforma é atrair para a legalidade a economia informal, onde se ganha dinheiro mas não se paga imposto.* (ATA)

chávena

É palavra proparoxítona, e, por isso, leva acento. É o mesmo que **xícara**. ✦ *Mota lhe ensinava a tomar uma CHÁVENA de caldo de ossos ferventados durante a noite.* (VB)

checar, checagem

1. O verbo **checar** é considerado anglicismo, com uso condenado em lições normativas, já

que o português tem outros verbos com significado correspondente, que podem ser usados: **conferir, verificar, confrontar, comparar**. Entretanto, a forma é usual. ✦ *É possível CHECAR tais argumentos.* (SU)

2. O mesmo vale para o substantivo **checagem**. ✦ *O Serpro está sem dinheiro e faz só uma digitação dos dados, sem CHECAGEM.* (VEJ)

check-in

É palavra inglesa que designa procedimento de registro:

◇ da apresentação e da entrada de hóspede em hotel. ✦ *O CHECK-IN começa às 15h, embora o check-out seja, religiosamente, às 12h.* (FSP)

◇ da apresentação e da inclusão de passageiro na lista dos que embarcam em um voo, no aeroporto. ✦ *A United Airlines permite que o passageiro faça parte do CHECK-IN por telefone, ganhando tempo no aeroporto.* (VEJ)

check-list

É expressão inglesa que designa lista de itens a serem verificados em conjunto de procedimento (montagem de evento, de dispositivo de segurança etc.). ✦ *O relatório reforça ainda a obrigatoriedade de os pilotos checarem equipamentos antes de cada voo – seguir o chamado CHECK-LIST.* (FSP)

check-out

É palavra inglesa que designa procedimento de registro da saída de hóspede em hotel. ✦ *É nada menos o proprietário quem acompanha o hóspede do "check-in" (entrada) ao "CHECK-OUT" (saída).* (FSP)

check-up, checape

Check-up é palavra inglesa que designa exame geral para verificação do estado de saúde de uma pessoa ou do funcionamento de uma máquina. **Checape**, forma aportuguesada, registrada oficialmente, teve apenas 3% de frequência. ✦ *Quintana, que deverá ficar um mês com uma sonda preventiva, aproveitou para fazer um CHECK-UP.* (VEJ) ✦ *Várias oficinas oferecem serviço de CHECAPE gratuito.* (FSP)

chegar, chegada, chegar-se

checo, checoslovaco, checo-eslovaco ⇨ **tcheco, tchecoslovaco; tchecoeslovaco, tcheco-eslovaco** ⇨ Ver **República Checa, ou Tcheca.**

Todas essas formas são oficialmente registradas na língua portuguesa.

1. **Checo** é adjetivo pátrio correspondente à República Checa (ou Tcheca). ◆ *Na capital CHECA a movimentação começa às 21h.* (FSP)

2. **Checoslovaco** e **checo-eslovaco** (de uso mais raro) são formas variantes do adjetivo pátrio correspondente à antiga Checoslováquia (ou Tchecoslováquia), que se dividiu em República Checa (ou República Tcheca) e República Eslovaca (ou Eslováquia). ◆ *O divórcio CHECOSLOVACO já vinha se esboçando desde o primeiro dia após a queda do comunismo.* (VEJ) ◆ *Cada vez que entre em qualquer livraria e lhe apeteça comprar um livro estrangeiro – búlgaro, jugoslavo, CHECO-ESLOVACO, chim, abexim, ou seja o que for –, não vá (...) disposto a adorar a brochura sacrossanta.* (LM-T)

3. **Tcheco, tchecoslovaco, tchecoeslovaco** e **tcheco-eslovaco** são as formas de adjetivo pátrio correspondentes à denominação Tchecoslováquia, menos recomendadas nas lições tradicionais. **Tcheco** é de uso mais frequente que **checo** (80%), mas **checoslovaco** é mais usual que **tchecoslovaco** (70%).

cheddar

É palavra inglesa que designa tipo de queijo não cozido, de pasta dura. ◆ *Os cientistas notaram que certos queijos, especialmente os tipos suíços e CHEDDAR, aumentam a quantidade de cálcio na saliva de 100 ppm (partes por milhão) para 1.000 ppm.* (SU)

chef, chefe (de cozinha)

Chef é palavra francesa que designa cozinheiro especializado, encarregado da direção da cozinha de um estabelecimento em que se servem refeições de qualidade. ◆ *Paul Bocuse, o CHEF do século, exalta a cozinha tradicional e espalha delícias em passagem pelo Brasil.* (VEJ)

A forma portuguesa correspondente é **chefe**, que vem geralmente seguida da expressão **de cozinha**. ◆ *Nina (...) começou a trabalhar como CHEFE de cozinha.* (VEJ) ◆ *Mudamos o menu em função do que há de novo no mercado. Por isso, tão fundamental quanto um CHEFE é a busca de matérias-primas que só você tenha.* (FSP)

chefe

É masculino quando se refere a elemento do sexo masculino e feminino quando se refere a elemento do sexo feminino (substantivo comum de dois). ◆ *Mamãe e as meninas esperavam pacientemente que o CHEFE da família concluísse sua leitura.* (ANA) ◆ *A CHEFE delas me disse: "Vou te dar a receita de beleza".* (GD)

chegar, chegada, chegar-se

1. Segundo as lições tradicionais, o complemento (de lugar) do verbo **chegar** deve iniciar-se pela preposição **a** (e não pela preposição **em**), por tratar-se de um verbo de movimento. ◆ *Germano deixou Dona Rosa de manhã e quando CHEGOU a Dourado encontrou a família inteira do Quinzinho.* (ID)

2. A lição é a mesma para o substantivo **chegada.** ◆ *A partir da CHEGADA ao terraço, Lila, rememorando, começava a rodar a película a partir de Basílio.* (CON)

Entretanto, em ambos os casos, ocorrem (20%) construções com a preposição **em**, e, na verdade, pode-se indicar uma especificidade de sentido que cada uma das duas preposições confere: a preposição **a** marca o ponto de chegada (com destaque para o movimento), enquanto a preposição **em** marca o lugar de estada, decorrente da chegada (com destaque para a permanência). ◆ *Ontem, Hélio CHEGOU em casa pouco depois de eu ter terminado de escrever.* (A) ◆ *Depois vem a CHEGADA em São Paulo.* (BP)

3. O verbo pronominal **chegar-se** usa-se com complemento (referente a pessoa) iniciado pela preposição **a**. ◆ *Por volta de meio-dia, mamãe CHEGOU-SE à Vera, perguntou-lhe à queima-roupa.* (ANA)

cheio

cheio

O superlativo absoluto sintético recomendado, em geral, nos manuais normativos é **cheíssimo**, mas só ocorreu a forma **cheíssimo**. ◆ *Foi legal aquele festival aqui. CHEÍSSIMO!* (GD)

cheirar

Com o significado de "exalar cheiro", usa--se com complemento sem preposição (objeto direto) ou (mais frequentemente) com complemento iniciado pela preposição **a**. ◆ *O quarto CHEIRAVA lavanda.* (DM) ◆ *Homem deve CHEIRAR a sabonete.* (CRU)

cheque ⇨ Ver xeque.

Cheque é substantivo que designa documento representativo de valor, usado no giro comercial ou bancário. ◆ *Talões de CHEQUE, cartões de crédito, eu nunca tinha segurado um cartão de crédito nas minhas mãos.* (OMT)

Com a forma **xeque** há dois substantivos, um que designa lance com o rei, no jogo de xadrez (e que, a partir daí, significa "risco", "situação difícil"), e outro que designa chefe de tribo ou soberano árabe.

cherry

É palavra inglesa que designa licor de cerejas. ◆ *É lá que ele está agora, cochilando com um livro sobre o peito, um copo de CHERRY do lado, sorrindo antes do jantar.* (AVL)

chez

É palavra francesa que significa "em casa de". A pronúncia é, aproximadamente, **chê**. ◆ *Os declarantes eram dois, mas "CHEZ" Cardoso as bocas eram cinco.* (FSP)

chiffon

É palavra francesa que designa uma espécie de tecido muito leve e transparente, de seda, náilon ou raiom. ◆ *Os tecidos também são clássicos: cetim, jérsei e CHIFFON.* (FSP)

chile, chili

São palavras do espanhol, formas variantes que designam pimenta mexicana muito ardida e o molho feito dessa pimenta. ◆ *Escolhi demoradamente o meu prato, os olhos no cardápio um longo tempo, pedi CHILE com carne.* (BH) ◆ *A ruína econômica do México ainda possui um tempero político mais picante que CHILI com carne.* (VEJ)

Chile [América do Sul]

O adjetivo pátrio é **chileno**. ◆ *Os alemães interessados na luta cubana e agora no processo CHILENO tinham aprendido o idioma.* (CRE)

chimpanzé, chipanzé

São formas variantes, ambas dicionarizadas, mas a segunda é muito pouco usada (5%). ◆ *No fim do século passado, a divulgação das ideias darwinistas tornou o CHIMPANZÉ uma figura controvertida.* (DST) ◆ *O trato piramidal aparece tardiamente na escala filogenética; surge nos mamíferos e aumenta nitidamente de tamanho se compararmos mamíferos inferiores, macacos, CHIPANZÉ e homem.* (NEU)

China [Ásia]

O adjetivo pátrio é **chinês**. ◆ *O CHINÊS largou três golpes baixos.* (DE)

chip, chipe

Chip é termo inglês (abreviatura de *microchip*) que, em eletrônica, designa circuito integrado. ◆ *Até o final de janeiro, várias empresas no Brasil estarão oferecendo máquinas com o novo CHIP, entre elas a Itautec.* (FSP) ◆ *No mausoléu foram enterradas as cinzas, devidamente acondicionadas em um CHIPE, com o registro de seu DNA.* (FSP)

chippendale

É nome inglês de estilo de mobiliário. Originariamente, é o nome do marceneiro inglês cujas obras inauguraram o estilo. A pronúncia aproximada é **tchipendeil**. ◆ *Para os decoradores que lá exibem as suas obras, é suficiente angustiar as formas de um móvel, aplicar--lhe molduras serpenteadas nas portas e colocar-lhe pés em forma de cachimbo para que, automaticamente, ele ganhe o apelido de "CHIPPENDALE"!* (VID)

Chipre (ilha de) [Mediterrâneo]

O adjetivo pátrio é **cipriota**. ✦ *Com produção CIPRIOTA, Vukovar trata da divisão de um casal por causa da guerra na ex-Iugoslávia.* (FSP)

chique

É a forma portuguesa correspondente ao francês *chic*. Embora alguns puristas considerem que o adjetivo **elegante** traduz o francês *chic* e que é desnecessário o uso da forma aportuguesada *chique*, essa forma é bastante usual, e tem especificidade de sentido ("de gosto apurado"). ✦ *Larissa trajava um vestido CHIQUE, um sapato de festa, meias de náilon.* (LC)

chistoso ⇨ Ver xisto, xistoso.

Chistoso significa "que tem chiste", "engraçado". ✦ *Tomado por este hábito patusco, eram poucas as coisas que nos seus lábios não se transformavam em conto faceto ou dito CHISTOSO.* (DEN)

Xistoso significa "em que há xisto".

chofer

É a forma portuguesa correspondente ao francês *chauffer*, "motorista". O substantivo é pouco usual (apenas 7% dos casos, se comparado com o português **motorista**). ✦ *Necessitavam de CHOFER competente.* (ANA) ✦ *Tinha um Alfa Romeo com CHOFER, picape, haras.* (EX)

chope

1. É a forma portuguesa correspondente ao alemão *Schoppen* e ao francês *chope*. ✦ *O bar estava cheio, fazia calor e todo mundo bebia cerveja e CHOPE.* (DE)

2. O plural é **chopes**. ✦ *Vieram os CHOPES.* (MRF)

choro

O **O** é fechado, no singular e no plural. ✦ *Por toda a parte, gritos e CHOROS, sem que os negros pudessem disparar um só tiro.* (TS)

chouriço

Com **CH**. ✦ *De um fio na parede pendiam bananas, CHOURIÇOS, uma réstia de cebola.* (RET)

chuchu

Essa é a grafia, com **CH** e **CH**. ✦ *Plantei uma área só de CHUCHU.* (GL)

chumbo

O adjetivo correspondente é **plúmbeo**. ✦ *A praia – e não o cais, como eu supunha – ainda está deserta a esta hora matutina, e apenas algumas gaivotas voam placidamente sobre as nossas cabeças, contra o céu PLÚMBEO e ameaçador.* (AL)

chuva, chuveiro

1. O adjetivo correspondente a chuva é **pluvial**. ✦ *A grande variação vertical de ambientes na floresta PLUVIAL é de fundamental importância para os diversos organismos que a compõem.* (AMN)

2. O substantivo **chuva** (assim como **chuveiro**) é usado como coletivo, referindo-se a coisas que caem em abundância. ✦ *Derramava sobre nós, irado e congesto, uma CHUVA de injúrias e afrontas.* (DEN) ✦ *Batia nos arbustos, um CHUVEIRO se desprendia, gotas se dependuravam nas farpas do arame de cerca; pingos caíam das árvores.* (DE)

Cia.

É a abreviatura de companhia. ✦ *Chegou num Buick novo, dirigido por um motorista uniformizado da Lomagno & CIA.* (AGO)

ciao ⇨ Ver tchau.

Ciao é palavra de saudação e de despedida em italiano. É usada em português apenas como despedida ("até logo", "até a vista"). A grafia usual em português, oficialmente registrada, é **tchau**, que ocorre com muito mais frequência (96%). ✦ *(...) despediu-se com um CIAO e foi-se embora para nunca mais aparecer.* (AID)

CIC

É a sigla de **Cartão de Identificação do Contribuinte**. ✦ *Outros detalhes – nome, estado civil, CIC – são desconhecidos.* (AVL)

cicatriz

Com **Z**. ✦ *Espiro ficou considerando se convinha sair e me deixar sozinho com o homem da CICATRIZ.* (LC)

cicerone

É forma vinda do italiano, oficialmente registrada em português. Designa pessoa que guia visitantes ou turistas em alguma região, fazendo explanações informativas. ♦ *Lúcia serviu de CICERONE a Diana em suas andanças pelo País.* (CCA)

ciciar ⇨ Ver cecear ⇨ Ver -iar.

O verbo **ciciar** refere-se a sons produzidos em cicio, isto é, como um murmúrio. ♦ *"Errado. Conduta errada" – CICIA-lhe uma voz dentro da cabeça.* (DES) ♦ *Era uma noite sem lua, que CICIAVA em árvores e murmurava em águas humildes.* (ATI)

O verbo **cecear** refere-se à pronúncia de sons fricativos alveolares.

Cíclades

A sílaba tônica é a antepenúltima (**CÍ**), e, por isso, a palavra leva acento (proparoxítona). ♦ *CÍCLADES é o arquipélago de maior apelo turístico.* (FSP)

ciclope

A sílaba tônica é a penúltima (**CLO**). Designa, na mitologia, gigante com um olho só na testa. ♦ *Monstros, reais ou imaginários (centauros, CICLOPES), foram descritos já na Antiguidade, inclusive por Hipócrates, Plínio, Aristóteles e Galeno. (APA)*

-cid(a)

É elemento (latino) que se liga a um elemento anterior. Significa "que deita abaixo", "que mata". ♦ *Os INSETICIDAS e FUNGICIDAS que podem ser empregados no tratamento de sementes são regulados por portarias ministeriais.* (AZ) ♦ *Jurista quer criação de delegacia de HOMICÍDIO.* (ATA)

cidadão

1. O feminino é **cidadã**. ♦ *E ela é mulher inocente, boa CIDADÃ.* (GD)

2. O plural é **cidadãos**. ♦ *Dois CIDADÃOS pacíficos, porém barbados, já foram mortos por engano.* (EL)

cidade

Os adjetivos correspondentes são:

✧ **citadino**. ♦ *O fazendeiro de café, entregando-se, embora, às atividades agrícolas, já não é mais o senhor de engenho: seu espírito é CITADINO, ele trabalha na agricultura para viver na cidade.* (ESS)

✧ **urbano**. ♦ *E isso porque todo homem URBANO que compra fazenda começa a sua profissão rural pela reforma da casa.* (BS)

cidra ⇨ Ver sidra.

Cidra é a designação de uma fruta. ♦ *Veio depois um trivial encerrado por doce de CIDRA, queijo do reino e cafezinho.* (GAT)

Sidra é uma bebida fermentada de maçãs.

cilha

Cilha significa "faixa ou cinto forte, para animais de carga ou sela". ♦ *Natário desmontara, afrouxava a CILHA da mula.* (TG)

Silha, que significa "pedra em que se assenta o cortiço das abelhas", não ocorreu.

cilício ⇨ Ver silício.

Cilício designa cinto para penitência. ♦ *Quando lhe atacavam pensamentos lúbricos, recorria ao CILÍCIO – instrumento composto de argolas de arame farpado que, pressionado contra os braços ou as coxas, substitui atrozmente pela dor as tentações do prazer.* (VEJ)

Silício é a designação de um metaloide.

cima ⇨ Ver a cima, acima.

É substantivo que se usa precedido de diversas preposições: **a cima, de cima, em cima, por cima, para cima**. ♦ *Só que já deram a largada lá de CIMA.* (VEJ) ♦ *Vale até um cestão do Nordeste com mármore em CIMA servindo de tampo.* (CAA) ♦ *Em seguida, e para conservar a umidade, que é o estado ideal da massa para modelar, cobre-se esta com um pano molhado, pondo, por CIMA, um plástico.* (CCE) ♦ *Andava para CIMA e para baixo, tomando providências.* (ANA)

cingir, cingir-se

cimento, cimentar ⇨ Ver **cemento, cementar.**

Cimento é a designação de substância em pó usada como aglutinante, ou usada, umedecida, em estado plástico. ◆ *E os milhões assegurados pelo negócio do CIMENTO lhe abriam horizontes fabulosos.* (BH) ◆ *Estão CIMENTANDO os buracos.* (CCI)

Cemento é a designação de um material com propriedade adesiva.

cin(o)-

É elemento (grego) que se liga a um elemento seguinte. Significa "cão". ◆ *Segundo a Confederação Brasileira de CINOFILIA, no primeiro semestre deste ano foram registrados 40.000 novos cães com pedigree.* (VEJ) ◆ *No Brasil, o responsável pela implantação da modalidade é o CINÓFILO Gelson Leite.* (FSP)

cinco-estrelas ⇨ Ver **estrelas.**

Escrevem-se com hífen os compostos formados com numeral cardinal (até cinco) e o substantivo **estrela(s)**, usados para qualificar hotéis. ◆ *Hotel Saint Regis, um CINCO-ESTRELAS com diária de 400 dólares.* (VEJ)

cine-, cinesi-; cine, cinema, cinematógrafo

1. **Cine-** e **cinesi-** são elementos (gregos) que se ligam a um elemento seguinte. Significam "movimento". ◆ *Putnam e Ringel (1976), utilizando registros CINERRADIOGRÁFICOS, técnica que permite cuidadosa observação dos movimentos articulatórios, estudaram o comportamento de lábios, língua e mandíbula (...).* (NEU) ◆ *Mas, inegavelmente, foi durante a era helênica, que os exercícios corporais e os jogos olímpicos marcaram definitivamente a história da CINESITERAPIA.* (ELE)

2. **Cine** é forma abreviada do substantivo **cinema** (que já é a redução de **cinematógrafo**). **Cine** só se emprega seguida da denominação do estabelecimento. ◆ *Segundo ele, no local em que existia o CINE Rex está sendo construído um posto de gasolina.* (CB) ◆ *No CINEMATÓGRAFO havia uma correspondência*

exata com o tempo cronológico real. No CINEMA há um tempo novo reconstituído. (ESS)

cinemascope, cinemascópio, cinemascópico

1. **Cinemascope** é palavra inglesa que designa processo de filmagem com lentes especiais que reproduzem as imagens em grandes dimensões, transmitindo ilusão de relevos. ◆ *O filme também será o primeiro a ser realizado em CINEMASCOPE desde "A Bela Adormecida", da Disney.* (FSP)

2. **Cinemascópio** é a forma oficialmente aportuguesada. ◆ *Mas, se preferir, você pode começar a viagem pelo século passado, quando o físico francês Henri Chréthien criou o cinemascópio e os irmãos Lumiére inventaram o cinema.* (FSP)

3. É usual o adjetivo correspondente, **cinemascópico**. ◆ *O próprio Negulesco dirigiria outra CINEMASCÓPICA comédia, "A Fonte dos Desejos".* (FSP)

cinemateca

É coletivo para filmes, indicando também o local onde se conservam filmes. ◆ *A organização de uma verdadeira CINEMATECA é um empreendimento de grande vulto, impossível de realizar-se sem o auxílio decidido dos poderes públicos.* (ESS) ◆ *Confortável CINEMATECA para projeção de passagens saudosas da vida dos entes queridos.* (SO)

Cingapura [Ásia]

O adjetivo pátrio é **cingapuriano**. ◆ *A sociedade CINGAPURIANA está de acordo com as restrições impostas pelo Estado CINGAPURIANO.* (FSP)

cingir, cingir-se

1. **Cingir** usa-se com dois complementos, um sem preposição (objeto direto) e outro iniciado pela preposição **a**. Significa "cercar", "limitar". ◆ *Tentarei CINGIR o meu pronunciamento a essas aligeiradas considerações.* (DMB-O)

2. **Cingir-se** usa-se com complemento iniciado pela preposição **a**. ◆ *Ambos, junto com*

cinquenta, cinquentenário, cinquentão

seus advogados, acreditam que, se o Supremo SE CINGIR aos autos, aos aspectos jurídicos, serão inocentados. (VEJ)

cinquenta, cinquentenário, cinquentão

1. **Cinquenta** é a forma do numeral cardinal correspondente a 50. ✦ *A fila da direita era pequena, umas CINQUENTA pessoas.* (ACT)

2. A indicação de grafia é a mesma para os derivados. ✦ *Outro gravíssimo indício de CINQUENTENÁRIO é o crescente desamor pela velocidade.* (BP) ✦ *O tira olhou Otávio CINQUENTÃO, forte, cabelos grisalhos, autoritário.* (Q)

A forma **cincoenta** não tem explicação quanto ao modo de formação, não é abrigada na ortografia oficial e é condenada em manuais, mas, assim mesmo, ocorreu em 10% dos casos.

Cintra ⇨ Ver Sintra.

Cintra (com C) é sobrenome. ✦ *A casa de Juca CINTRA ainda tem a mesma pintura, de barra azul.* (SA)

Sintra (com S) é o nome de uma serra e de uma sede de concelho de Portugal.

cinza

1. Como substantivo feminino refere-se a pó ou resíduo de combustão. ✦ *Entrei na galeria do cinema, me desviando de barras de sustentação caídas; vidros estilhaçados por todos os lados e muita CINZA.* (BL)

2. Como substantivo masculino denomina cor. É o mesmo que **cinzento**. ✦ *Sentira muitas vezes que o CINZA pertencia a substâncias porosas ou ásperas ou duras.* (BH)

cipoal

É coletivo para cipós. ✦ *As árvores escolhidas para seus ninhos estão sempre localizadas em altos morros, em meio a denso bambuzal, CIPOAL e caraguatazeiro.* (PAN)

circuito

É palavra paroxítona e não leva acento. A sílaba tônica é **CUI**. ✦ *O CIRCUITO e a longa duração da prova exigem muito da máquina e do piloto.* (FA)

circum-

É prefixo de origem latina que significa "em torno de", "em volta de" (como o prefixo de origem grega **peri-**). Liga-se ao elemento seguinte:

✧ com hífen, se o elemento começar por vogal, **H**, **M** ou **N**. ✦ *O fantasma incaico, como sabemos, tem sido uma constante no mundo andino e CIRCUM-ANDINO.* (EAS) ✦ *Na primeira viagem de CIRCUNAVEGAÇÃO, um Duarte Barbosa comandou uma das naus.* (ME)

✧ sem hífen, antes das outras consoantes. ✦ *De acordo com o glaciologista Jo Jacka, icebergs que se separam da Antártida ficam à deriva ao redor do próprio continente devido às correntes CIRCUMPOLARES (ao redor dos polos).* (FSP) ✦ *CIRCUNVAGANDO o olhar observa o quarto.* (TGG)

circunscrever, circunscrever-se

1. **Circunscrever** usa-se com dois complementos, um sem preposição (objeto direto) e outro iniciado pela preposição **a**. Significa "traçar uma linha em torno de", "limitar", "restringir". ✦ *CIRCUNSCREVEMOS a nossa análise inicialmente à região açucareira nordestina.* (ND)

2. **Circunscrever-se** usa-se com complemento iniciado pela preposição **a**. ✦ *O esforço dos pensadores não deve CIRCUNSCREVER-SE às meditações puramente abstratas e desinteressadas; deve, antes, atender às aplicações da natureza prática.* (TA-O)

círio ⇨ Ver sírio.

Círio é a designação de uma vela grande de cera. ✦ *Sobre a pasta cerosa e escura firmou o pé do CÍRIO.* (FR)

Sírio é adjetivo relativo à Síria.

cirurgião

1. O feminino é **cirurgiã**. ✦ *Formada pela Universidade Federal, trabalhou durante sete anos como CIRURGIÃ geral.* (EM)

2. O plural em uso é **cirurgiões**. O plural **cirurgiães**, também indicado em gramáticas e dicionários, não ocorreu. ✦ *Os CIRURGIÕES tiveram muito trabalho.* (APA)

cis-

É um prefixo de origem latina que significa "aquém", "da parte de cá" (o oposto de **trans-**). Liga-se sem hífen ao elemento seguinte. ✦ *Eu sou palestino da antiga CISJORDÂNIA e vivo num campo de Gaza.* (REA) ✦ *O Brasil CISPLATINO – Onde vivem e o que produzem os 2.000 brasileiros proprietários de terras no Uruguai.* (VEJ)

Cisjordânia [Ásia]

O adjetivo pátrio é **cisjordaniano**. ✦ *Os CISJORDANIANOS – isto é, os habitantes daquela faixa de terra que hoje é administrada por Israel, geograficamente localizada entre a Jordânia e Israel – manteriam a cidadania jordaniana.* (REA)

cisma

1. É substantivo feminino quando designa o ato de cismar. ✦ *Secretário ergueu os olhos para Luiz, despertando da CISMA.* (ORM)

2. É substantivo masculino quando significa "separação", "dissidência". ✦ *O papa Pio VI resistiu à Constituição, consumando um CISMA: parte do clero jurou a constituição; parte foi refratária, reforçando os ideais contrarrevolucionários.* (HG)

cissura ⇨ Ver fissura.

Com **C** no início, e com **SS**. É o mesmo que **fissura**, na acepção de "fenda", "rachadura". É de uso muito raro (1%). ✦ *Haveríamos de expor a CISSURA e aplicar o pó inscrito bem no olho da ferida.* (JU)

cist(i/o)-

É elemento (grego) que se liga a um elemento seguinte. Significa "bexiga". ✦ *Caso ocorra pielonefrite acompanhada, ou não, de septicemia devemos agir agressivamente após cateterização, CISTOSCOPIA ou cirurgia.* (ANT) ✦ *Os exames radiológicos optativos se referem principalmente à uretrografia, CISTOGRAFIA e à urografia excretora.* (CLC) ✦ *Mais tarde sobrevém infecção por contaminação, estabelecendo-se processo inflamatório grave até que a bexiga seja drenada por CISTOSTOMIA.* (CLC)

Cister (mosteiro de)

A sílaba tônica é a última (**TER**), e, por isso, a palavra não leva acento (oxítona terminada em **R**). O **E** é aberto. O adjetivo correspondente é **cisterciense**. ✦ *Ontem eu encontrei o único irmão CISTERCIENSE (monge do mosteiro de CISTER, na França) sobrevivente do massacre.* (FSP)

cisticerco, cisticercose

Com **I** depois do **T**. **Cisticerco** é a designação comum às formas larvares dos animais platelmintos cestóideos, causadoras da **cisticercose**. ✦ *As larvas (CISTICERCOS), que infestam os tecidos, causam CISTICERCOSE.* (GAN)

cisto ⇨ Ver quisto.

É forma variante de **quisto**, usada particularmente em obras especializadas. Os dois substantivos têm empregos técnicos específicos. ✦ *A rigidez muscular no caso de CISTO de ovário torcido pode abranger todo o abdome se bem que a doença não tenha, na maioria das vezes, maior gravidade.* (CLC)

cit(o)-, -cito

É elemento (grego) que se liga a um elemento seguinte ou a um anterior. Significa "célula". ✦ *As deformações, descobertas em geral pela prática da CITOSCOPIA, têm aspectos variáveis, sendo o achatamento o mais frequente.* (CLO) ✦ *Devido ao fenômeno da respiração, o CITOPLASMA do animal é mais rico em gás carbônico que o meio externo.* (BC) ✦ *O conjunto dos dois centríolos é chamado por alguns CITOLOGISTAS de diplossomo.* (BC) ✦ *O conceito de que o LEUCÓCITO é o elemento mais importante na remoção das bactérias da cavidade peritoneal não é aceito universalmente.* (CLC) ✦ *Se o antígeno é particulado, ele é FAGOCITADO e destruído mais rapidamente do que quando em solução, se bem que a degradação do antígeno dependa de sua natureza e do tipo de FAGÓCITO.* (CLI)

cível, civil

1. **Cível** é adjetivo referente ao direito civil. É palavra paroxítona terminada em **L**, e por isso é acentuada. ✦ *Segundo Ferreira, a ins-*

civilizar

tauração de ação CÍVEL pública depende do entendimento de Dal Pozzo. (GLO)

2. **Civil** é adjetivo que diz respeito às relações dos cidadãos entre si, dentro da sociedade. É palavra oxítona terminada em **L**, e por isso não é acentuada. ✦ *Vargas teria dito que considerava a situação grave e acrescentou que renunciaria, se necessário, para evitar uma guerra CIVIL no país.* (AGO)

civilizar

Com **Z**, como todo verbo formado com o sufixo **-izar**. ✦ *As excursões à Europa na segunda metade dos anos 50 foram decisivas para CIVILIZAR muitos jogadores brasileiros.* (ETR)

cizânia

Com **Z**. A palavra é acentuada na sua sílaba tônica, que é **ZÂ**. O substantivo designa planta nociva, e, também, desarmonia, discórdia. ✦ *A força de Floriano foi, na realidade, usada para impedir o retorno da monarquia, a independência de alguns estados e a CIZÂNIA dentro do exército.* (CRO)

cl

É o símbolo de **centilitro** (sem ponto e sem plural). Escreve-se com minúsculas. ✦ *12,5 cl de vinagre de vinho branco.* (FSP)

clã

1. É substantivo masculino. Designa unidade social formada por indivíduos ligados a um ancestral comum. ✦ *Só se casam dentro do CLÃ: primo com prima, até tio com sobrinha.* (S)

2. O plural é **clãs**. ✦ *Quando entrou o ano de 1879, os dois grandes CLÃS de Antares tinham à sua frente novos chefes.* (INC)

clamar

Usa-se com complemento iniciado pela preposição **por**. Significa "bradar", "gritar", "implorar", "rogar". ✦ *Seus restos, devorados por abutres ou putrefatos pela mutação do tempo, CLAMAM por vingança.* (PAN)

clâmide

A sílaba tônica é a antepenúltima (**CLÂ**), e, por isso, a palavra leva acento (proparoxítona). É substantivo feminino. Designa manto dos antigos gregos. ✦ *Entra correndo Diana, de CLÂMIDE curta, arco e flecha na mão.* (TEG)

claque

É coletivo para pessoas contratadas para aplaudir. É substantivo feminino. ✦ *Ganhou o contrato coletivo de trabalho que chega desfilando em passarela freneticamente iluminada, com mais CLAQUE do que plateia.* (EM)

clareza

Com **Z**, como todo substantivo abstrato formado de adjetivo com o sufixo **-eza**. ✦ *As palavras soavam com CLAREZA, cheias de emoção.* (BOI)

clarineta, clarinete

São formas variantes. **Clarineta** (60% de frequência) é substantivo feminino, e **clarinete** é masculino. ✦ *Pois bem, onde está agora o som dos sinos, dos tambores, das cornetas, das CLARINETAS, das liras?* (TV) ✦ *CLARINETE tem esta vantagem: dá o recado sem precisar de orquestra.* (BOC)

clean

É palavra inglesa que significa "despojado", "sem excessos", especialmente em referência a estilo de apresentação pessoal ou de decoração. A pronúncia aproximada é **clin**. ✦ *"Cabelos longos significam mais calor e eu já suo demais", diz Lula, que parece satisfeito com sua imagem CLEAN.* (VEJ) ✦ *O vestido é simples, CLEAN e sensual como toda a estética dos anos 80.* (VEJ)

Cleópatra

É palavra proparoxítona, e, por isso, leva acento. ✦ *A única coisa séria é a visão de Madame CLEÓPATRA, famosa vidente.* (DP)

clept(o)-

É elemento (grego) que se liga a um elemento seguinte. Significa "roubar". ✦ *A CLEPTOCRACIA russa pode continuar e perdurar por muito tempo.* (FSP) ♦ *Porque ela não é ladra. Ela sofre duma doença incurável chamada* **CLEPTOMANIA.** (OM)

clero

É coletivo para toda a classe de sacerdotes. ♦ *Quem tinha inimigos na nobreza os teria, por consequência, no* **CLERO.** (ACM)

clichê

É a forma portuguesa correspondente ao francês *clichet.* ♦ *No Brasil, o humor na tevê é feito de protótipos,* **CLICHÊS** *na maioria oriundos do rádio, que continuam a surtir efeito.* (ROT)

cliente

É masculino quando se refere a elemento do sexo masculino e feminino quando se refere a elemento do sexo feminino (substantivo comum de dois). ♦ *Ela se lembra da primeira vez que foi para a cama com* **um CLIENTE.** (MEN) ♦ *Filava a boia na casa* **da CLIENTE.** (ANA)

climático, climatérico

1. **Climático** refere-se a clima, a condições de tempo. ♦ *Do ponto de vista* **CLIMÁTICO,** *o território seco do Nordeste é considerado tropical semiárido.* (NOR)

2. **Climatérico** refere-se a **climatério,** época da vida considerada crítica. ♦ *(Opsomenorréa) Geralmente surge logo após a menarca, no período pré-***CLIMATÉRICO** *ou precedendo as fases de amenorreia funcional.* (DDH)

clímax

A sílaba tônica é a penúltima (**CLÍ**), e, por isso, a palavra leva acento (paroxítona terminada em **X**). O substantivo designa ponto culminante, grau máximo. ♦ *Quando a hostilidade atingiu o* **CLÍMAX,** *ela declarou que pedia as suas contas.* (ESS)

clina ⇨ Ver crina.

São variantes, mas a forma **clina** é rarissimamente usada (1%). ♦ *O sangue escorria e se empastava nas* **CLINAS.** (CG)

clipe, *clip* ⇨ Ver videoclipe.

1. **Clipe** é a forma portuguesa correspondente ao inglês *clip,* no sentido de pequena peça para prender papéis. ♦ *Em alguns testes, foram usadas amostras que não pesavam mais do que um* **CLIPE** *de papel.* (FSP)

A forma **clipes** é de plural. ♦ *Aqui são contabilizados os gastos com blocos, canetas,* **CLIPES,** *pastas etc.* (VEJ)

2. **Clipe** é também a forma reduzida de **videoclipe** (correspondente do inglês *video clip*). Designa vídeo de grande apelo visual editado para a apresentação de música. ♦ *Assim é o novo* **CLIPE** *do U2, que já pode ser visto na MTV britânica.* (FSP)

Com este significado, usa-se também a forma original inglesa, *clip.* ♦ *Com o CLIP embaixo do braço, bateram de porta em porta em busca de patrocínio para a "grande ideia".* (FSP)

clipping, clipagem

1. *Clipping* é palavra inglesa que designa, em jornalismo, tanto a atividade profissional como o produto de recorte ou de resumo da matéria de um periódico. ♦ *Não espera nem o* **CLIPPING** *com os recortes das principais notícias do dia.* (AP)

2. O substantivo adaptado ao português, **clipagem,** não ocorreu. Há o substantivo homônimo **clipagem,** referente a procedimento cirúrgico de ligadura feita por meio de clipes. ♦ *O acesso proporcionou maior campo de trabalho, menor profundidade e maiores possibilidades de angulação do microscópio, permitindo a* **CLIPAGEM** *satisfatória dos aneurismas.* (ANE)

clister

A sílaba tônica é a última (**TER**), e, por isso, a palavra não leva acento (oxítona terminada em **R**). O **E** é aberto. ♦ *Há registro (James Corbett) de suicídio com* **CLISTER** *de álcool metílico.* (TC)

clitóris, clítoris

São variantes prosódicas, e a primeira forma é muito mais usual (95%). **Clitóris** leva acento porque é paroxítona terminada em **IS**, e **clíto-ris** leva acento porque é proparoxítona. ✦ *A prática, bastante difundida em países mu-çulmanos, consiste em cortar o CLITÓRIS de meninas pouco antes da adolescência.* (FSP) ✦ *Nesse lugar, era costume tradicional, até alguns anos atrás, "retirar cerca de 3 mm do CLÍTORIS de todas as meninas de seis anos de idade".* (FSP)

cloisonné

É palavra francesa que designa uma técnica de esmaltar em que um filete metálico separa as cores e os tons que formam o desenho. A pronúncia é, aproximadamente, **cloasonê**. ✦ *CLOISONNÉ: Na esmaltação deste tipo, as cores eram separadas umas das outras por arames de metal e, usualmente, ouro e prata.* (CEC)

clor(o)-

É elemento (grego) que se liga a um elemento seguinte. Significa "verde-pálido", "verde-claro". ✦ *O magnésio e o ferro são indispensáveis à formação da CLOROFILA, o verde da planta que capta a energia solar.* (PQ) ✦ *Muito comum era a CLOROSE em adolescentes no século dezenove, hoje desaparecida. Consequência da deficiência de ferro.* (NFN)

close, close-up

São formas inglesas com o mesmo significado. Na linguagem da fotografia, cinema ou televisão, designam tomada que destaca um primeiro plano reduzido. O **O** é fechado. ✦ *CLOSE de Laio, que recorda as palavras de Jocasta.* (MD) ✦ *Uma de suas fotos mais conhecidas traz um CLOSE-UP em preto e branco de uma modelo tingindo os lábios de vermelho.* (VEJ)

closet

É palavra inglesa que designa compartimento (geralmente contíguo ao quarto) destinado a guardar especialmente peças de vestuário e acessórios. O **O** é aberto. ✦ *Ao passar do CLOSET para o quarto, sou paralisado por um "olá" de mulher.* (EST)

clown

É palavra inglesa que significa "palhaço", "truão". A pronúncia é, aproximadamente, **claun**. ✦ *Daí nasceu, se não me engano, a minha vocação de CLOWN (...) que um dia explodirá de mim como fogos de artifício, pasmando incrédulos e iluminando os céus.* (AL)

clube

É a forma portuguesa correspondente ao inglês *club*. ✦ *Samuel era um homem quase gordo e de pouco cabelo, tinha seu CLUBE, sua roda, seu cavalo de corrida.* (COT)

cm

É o símbolo de **centímetro** (sem ponto e sem plural). Escreve-se com minúsculas. ✦ *A terra se movia 90 cm na horizontal e 40 cm na vertical.* (FSP)

cm^2

É o símbolo de **centímetro quadrado** (sem ponto e sem plural). Escreve-se com minúsculas. ✦ *Pelas contas de Gonçalves, cada um dos 111 presos tem a desfrutar não mais que 31 cm^2.* (FSP)

cm^3

É o símbolo de **centímetro cúbico** (sem ponto e sem plural). Escreve-se com minúsculas. ✦ *Inicialmente a dose aplicada era de 100 mg por 5 cm^3.* (REA)

CNA

É a sigla de **Confederação Nacional da Agricultura**. ✦ *A CNA (Confederação Nacional da Agricultura) decidiu ontem formar um grupo de trabalho para preparar produtores rurais para enfrentar invasões de suas terras.* (FSP)

CNBB

É a sigla de **Conferência Nacional dos Bispos do Brasil**. ✦ *O mínimo que se pode dizer do Texto-Base da Campanha da CNBB é que se trata de um documento corajoso.* (OP)

CNI

É a sigla de **Confederação Nacional da Indústria**. ✦ *Reuniram-se rapidamente na Confederação Nacional da Indústria, CNI.* (VEJ)

Cobal

CNPq

É a sigla de **Conselho Nacional de Desenvolvimento Científico e Tecnológico**. ✦ *Para realizar esta pesquisa contamos com o mais decisivo apoio do CNPq.* (ND)

co-, com-

São formas variantes de prefixo de origem latina que indica copresença, correspondendo, em parte, ao prefixo de origem grega **si(n)-**.

1. O prefixo **co-** se liga com hífen ao elemento seguinte quando o elemento começar por **H**, como em **co-herdeiro**, forma que não ocorreu.

Nos demais casos, ou seja, antes de qualquer consoante ou de qualquer vogal (inclusive antes de o, que é a mesma vogal em que termina o prefixo) a formação se escreve numa só palavra (sem hífen). ✦ *O beijo no Japão não tem a CONOTAÇÃO ocidental.* (FH) ✦ *Eleita a assembleia constituinte, instalou-se a 3 de maio de 1823 e aí começa a demonstração material de quanto vos afirmei, em relação à COPARTICIPAÇÃO de Pedro I na Independência do Brasil.* (DC) ✦ *Eis as palavras e os votos que vos trago, caros COESTADUANOS.* (JK-O) ✦ *Todos esses fatores, entretanto, podem COEXISTIR em um olho traumatizado sem determinar aumento de tensão.* (GLA) ✦ *O disposto nos artigos anteriores é aplicável aos contratos de arrendamento mercantil, às letras hipotecárias e aos demais títulos de emissão ou COOBRIGAÇÃO de instituições financeiras.* (FSP)

Se o elemento seguinte começar por **R** ou **S**, é necessário duplicar essa letra (que ficará entre duas vogais, na escrita). ✦ *Nós pensamos na senhora para hospedá-lo, pois como viúva de um CORRELIGIONÁRIO nosso iria compreender a situação.* (DZ) ✦ *Constatou-se que o emprego de COSSOLVENTE na extração aumentou a eficiência para 65,3% para o óleo de soja.* (CTA)

2. **Com-/con-** liga-se sem hífen ao elemento seguinte. ✦ *Como se vê, não será problema COMPOR um visual monocromático.* (VEJ) ✦ *Na primeira, a dieta CONTINHA apenas zeína (proteína de milho).* (NFN)

coalizão, coalizar(-se) ⇨ Ver colisão.

Escrevem-se com **Z** (**coalizão** liga-se ao francês *coalition*). Significa "coligação", "aliança". ✦ *Austríacos e suecos aderiram à COALIZÃO e a França foi definitivamente isolada.* (HG) ✦ *No multipartidarismo o centro se constitui nas e pelas alianças, dada a alternativa assinalada por Duverger de centro-direita e centro-esquerda COALIZAREM-SE com os radicais correligionários ou os moderados da outra tendência.* (FSP)

Colisão escreve-se com S. Significa "batida", "choque".

coar, coado, coo, coa, coe; coa (com a)

1. O verbo **coar**, em todas as suas formas, escreve-se com **O** depois do **C**. ✦ *Seu cérebro, confuso, parecia COAR as ideias, roubando-lhes a clareza que traziam.* (TER) ✦ *A Dona Marta, além de me emprestar o pó, me deu um pouco de café já COADO.* (DEL)

2. Os verbos em **-oar** têm **-e** final na terceira pessoa do singular do presente do indicativo. ✦ *COE o molho que ficou na panela.* (MCA)

3. O **o** tônico dos verbos em **-oar** não leva acento circunflexo em nenhuma forma: **coo, coa(s), coe(s)**.

4. **Coa** também é substantivo que designa a ação ou o processo de **coar**. Não ocorreu.

5. Existe a grafia idêntica **coa(s)**, que é forma átona (pronunciada **qua** / **quas**), de linguagem informal, que resulta da contração de duas formas átonas: a preposição **com** e o artigo definido **a** ou **as**. ✦ *Vem tomá umas COA gente.* (DE)

coaxar

Com **X**. É verbo e substantivo que se refere à voz do sapo ou da rã. ✦ *Alguns sapos COAXAM, pedindo chuva.* (RIR) ✦ *Em redor do rancho, de mistura com o ruído da chuva e do vento, o COAXAR dos sapos e das rãs nos charcos dos arredores.* (TS)

Cobal

É a sigla de **Companhia Brasileira de Alimentação**. ✦ *Afirma que a área desse tipo de*

cobra

*lazer era do lado do prédio antigo da **Cobal** e tinha um bom tratamento.* (CB)

cobra ⇨ Ver **ofídio** ⇨ Ver **serpente** ⇨ Ver **víbora.**

1. É substantivo feminino, referindo-se ao macho e à fêmea do animal (substantivo epiceno). ♦ *A COBRA desapareceu com um rumor de folhas secas.* (MRF)

2. Os adjetivos correspondentes são:

◇ **ofídio.** ♦ *Por razões óbvias, os médicos hindus eram hábeis no tratamento de acidentes OFÍDIOS; usavam para isso torniquete e incisões, juntamente com preces rituais.* (APA)

◇ **ofídico.** ♦ *Mostram também as características do envenenamento OFÍDICO, o procedimento em caso de acidente, o que é o soro e como encontrá-lo.* (GL)

◇ **viperino.** ♦ *O alcaide Francisco de Teles de Menezes, após comprar o cargo, começou a prevaricar e a atacar importantes cidadãos que estranhavam seus excessos, com sua língua VIPERINA.* (BOI)

cobrar

1. Usa-se com um complemento sem preposição (objeto direto), indicando o que é requerido, e outro complemento iniciado pelas preposições **de** ou **a**, indicando pessoa. Qualquer um desses dois complementos pode deixar de ocorrer. ♦ *Além disso, eu fazendo tudo posso **COBRAR muito mais qualidade de** mim mesmo.* (FSP) ♦ *Feiffer recusou o pagamento e trabalhou de graça até poder COBRAR o que achava justo.* (VEJ) ♦ *Cantílio ainda empina o espinhaço e trasteja num arremedo de recusa, que não é sujeito escurecido pra COBRAR a um amigo.* (OSD) ♦ *Vai COBRAR como?* (VEJ)

2. Especialmente se houver alguma indicação sobre o montante cobrado, usa-se, também, com complemento iniciado pela preposição **por**, indicando a origem da dívida, podendo ocorrer, ainda, um complemento, referente a pessoa, não iniciado por preposição (objeto direto). ♦ *Apesar do taxímetro, que indicava 10,4 UT (Cr$ 3.588), o motorista Celso*

COBROU pela corrida Cr$ 5 mil. (OD) ♦ *Em 1988, ele teria usado prontuários de pacientes que fizeram partos em um hospital particular não credenciado pelo SUS para COBRAR pelos partos.* (FSP)

cobre

Os adjetivos correspondentes são:

◇ **cúpreo.** ♦ *Olhos amendoados, cabelos escorridos e pele CÚPREA sugerem-na resultado da miscigenação entre os colonizadores brancos e os nativos indígenas.* (FSP)

◇ **cúprico.** ♦ *Um fungicida muito usado é a calda CÚPRICA.* (FT)

cobrir

De conjugação irregular, o verbo **cobrir** tem **U** na primeira pessoa do singular do presente do indicativo e, consequentemente, em todo o presente do subjuntivo. Nas demais formas o radical tem **O**, que é aberto quando é tônico. ♦ *Pede-me D. Iraíde que CUBRA o esquife com o guarda-chuva.* (CE) ♦ *Ao mesmo tempo que vai esfriando, o céu se COBRE de nuvens, nuvens da cor do chumbo.* (DES)

cochichar

Com **CH** e **CH**. ♦ *Bixin Pavuna principiava a COCHICHAR com a mãe da Nina.* (S)

cochilar, cochilo

Com **CH**. ♦ *O resto da noite passei a COCHILAR nos degraus da escada da delegacia.* (DEN) ♦ *Não tardou a dar um COCHILO.* (TS)

cocho ⇨ Ver **coxo.**

Cocho é a designação de um recipiente que serve de comedouro ou bebedouro para animal. ♦ *Cavalo magro descansava perto do COCHO de ração dos animais.* (CA)

Coxo é quem coxeia, manca.

cociente ⇨ Ver **quociente.**

É forma variante, menos usual, de **quociente**. Ambas são oficialmente registradas. ♦ *O eleitor fazia uma primeira escolha, independente e categórica, pelo partido, da qual* *resultava estritamente o COCIENTE partidário.* (RCS-T)

coco

O plural é **cocos**, com O fechado. ✦ *A balsa está repleta como sempre de COCOS, pequenos animais e aves e seus donos.* (ATR)

cócoras

A sílaba tônica é a antepenúltima (**CÓ**), e, por isso, a palavra leva acento (proparoxítona). ✦ *O velho sobe a rampa de joelhos e vai de CÓCORAS atrás do sapo menor.* (EST)

cocuruto

Com **U**, e não **O**, na segunda sílaba. Designa o alto da cabeça. ✦ *O felino caíra sobre o onceiro e estrebuchava, com o COCURUTO sangrando.* (FR)

codaque

É a forma portuguesa correspondente a **Kodak**, nome comercial de uma máquina fotográfica. ✦ *Andrade toma suas economias, compra roupas de viajante chique, supre-se de filmes para a CODAQUE, pois está no auge de sua experiência de fotógrafo moderno.* (FSP)

coelho

1. O adjetivo correspondente é **cunicular**, forma que não ocorreu.

2. São substantivos correspondentes **cunicultura** e **cunicultor**. ✦ *Um trabalho apresentado pela granja Selecta, no Congresso Latino-americano de CUNICULTURA, em 1977, recomenda introduzir essa ração aos poucos, a partir dos quarenta e cinco dias de idade.* (GL) ✦ *Os CUNICULTORES (criadores de coelhos) mais experientes recomendam que o empreendedor inicie com uma pequena criação, para facilitar sua adaptação.* (FSP)

coevo

Tradicionalmente se indica que o **E** é aberto, mas a pronúncia varia. Refere-se àquele ou àquilo que é da mesma idade ou da mesma época; o mesmo que **coetâneo**. ✦ *O serrazu-*

lense genuíno, COEVO daqueles tempos (...), é hoje um tipo raro. (S)

coexistir

Usa-se com complemento iniciado pela preposição **com**. Significa "existir ao mesmo tempo". ✦ *O efeito depressor analgésico dos narcóticos, pode mesmo COEXISTIR com um efeito estimulante sobre o sistema nervoso central.* (FF)

Cogito, ergo sum.

É frase latina que significa "Penso, logo existo.". É silogismo de Descartes (*Discurso do método*). ✦ *Eu penso, logo existo. (COGITO, ERGO SUM). É o princípio fundamental de Descartes, com o qual ele construiu a filosofia moderna.* (HF)

cogumelo

O **E** é aberto, no singular e no plural. ✦ *Reconhecer se um COGUMELO é comestível ou venenoso é mais difícil do que se pode imaginar.* (SU) ✦ *Descobriram COGUMELOS que proporcionavam-lhes visões fantásticas, nas quais deuses apareciam e lhes falavam.* (CEN)

Coimbra (Portugal)

1. Os adjetivos correspondentes são **coimbrão** e **conimbricense**, mas essa última forma tem aplicação mais limitada. ✦ *O debate COIMBRÃO e, sobretudo, as concordâncias implícitas de FH contrastam com a pobreza das nossas interrogações sobre o partido do presidente.* (FSP) ✦ *Os CONIMBRICENSES – (...) e mais tarde a Congregação geral de 1593, obrigou os jesuítas a escreverem um grande comentário à obra de Aristóteles, conhecido como Curso Conimbricensium.* (HF)

2. O feminino de **coimbrão** é **coimbrã**. ✦ *Passando ao largo da "Questão COIMBRÃ", Eça girava em órbita própria.* (FSP)

3. O plural é **coimbrãos**. ✦ *Pisoteando as togas dos estudantes COIMBRÃOS, nosso imperador viveu a realidade das tradições da Universidade de Coimbra retroagindo seu discurso à Idade Média.* (FSP)

coincidir

coincidir

Usa-se com complemento iniciado pela preposição **com**. ◆ *A aproximação dos repórteres com o chefe do Gabinete Militar COINCIDIU com uma greve na Universidade de Brasília.* (NBN)

coisa ⇨ Ver cousa.

Coisa e **cousa** são formas variantes, mas a segunda é muito raramente usada (0,5%). ◆ *Não podia fazer outra COISA no momento pelo dono da casa.* (ALE)

-cola

É elemento (latino) que se liga a um elemento anterior. Significa "que cultiva", "que habita".

Os substantivos que terminam com esse elemento têm a mesma forma para masculino e feminino (substantivos comuns de dois). ◆ *O hábito de viverem desprezados e esquecidos fez do SILVÍCOLA, do FLUVÍCOLA e do sertanejo seres desconfiados de qualquer generosidade gratuita.* (MAN) ◆ *Tamanha veneração perfeita para uma criatura que era, afinal, primitiva; uma SILVÍCOLA, ainda que em miniatura, ainda que linda.* (CEN)

colarinho-branco

1. É substantivo composto que traduz o inglês *white-collar*. Refere-se, basicamente, a profissionais que usam trajes sociais, como terno e gravata. ◆ *COLARINHO-BRANCO é o executivo, outro anglicismo.* (BPN)

O termo se usa muito comumente para referência depreciativa a quem comete crime de corrupção. ◆ *A reportagem mostrava que os criminosos do COLARINHO-BRANCO vivem melhor que os presos comuns.* (FSP)

2. O plural é **colarinhos-brancos** (substantivo + adjetivo). ◆ *A mais recente onda econômica estimula a insegurança entre os trabalhadores de posição mais elevada nas empresas – os chamados "COLARINHOS--BRANCOS".* (FSP)

colcha

Com **CH**. ◆ *Dirce pula da cama, se enrola na COLCHA e corre para perto da janela.* (CH)

colchão ⇨ Ver coxão mole, coxão duro.

Com **CH**. ◆ *O frio penetra pela extremidade do lençol que soltou do COLCHÃO.* (A)

Coxão é como se denomina um determinado corte de carne animal (**coxão mole**, **coxão duro**).

colégio

É coletivo para colegas, pessoas da mesma categoria. ◆ *Para se ter uma ideia, no primeiro semestre não houve sequer uma reunião do COLÉGIO de Líderes, que deve ser convocado mensalmente pelo presidente da Casa.* (CB)

cólera

1. É feminino quando designa impulso, sentimento. ◆ *Despejou sua CÓLERA sem constrangimento e sem cerimônia.* (ANA)

2. É masculino ou feminino quando designa doença. ◆ *Para ele, o CÓLERA era consequência dos vapores da água "turva e estagnada".* (APA) ◆ *As diversas associações e clubes de serviços pressionam o prefeito para que inicie o mais rápido possível os serviços de saneamento, para que a cidade possa se livrar da ameaça da CÓLERA.* (ATA)

coletânea

É coletivo para excertos seletos de obras. ◆ *Por alguma razão achei melhor não incluir esse conto na COLETÂNEA intitulada Fantoches.* (FAN)

coligar, coligar-se

1. **Coligar** usa-se:

◇ com um complemento sem preposição (objeto direto) e outro complemento iniciado pelas preposições **a** ou **com**. ◆ *Vale a pena perder tempo com alianças que COLIGAM os Estados Unidos à Espanha ou à Itália e a União Soviética à Bulgária ou à Tchecoslováquia?* (GPB) ◆ *Nada impede, diz o mesmo porta-voz, que amanhã ou depois o PTB de Alacid esteja COLIGADO com o PDS de Passarinho.* (OG)

◇ com complemento sem preposição (objeto direto) que reúne em si, coordenados por **e**,

com

os elementos dos dois tipos de complemento indicados no item anterior. ✦ *Foi bem recebida no governo a proposta de Pedro Simon de COLIGAR PMDB, PSDB, PTB e PDT para a Presidência.* (FSP)

2. O verbo pronominal **coligar-se** usa-se com complemento iniciado pelas preposições **a** ou **com**. ✦ *Primeiro, COLIGOU-SE a partidos (PFL e PTB) cuja imagem está ligada ao fisiologismo.* (FSP) ✦ *O candidato e o seu partido, o PSDB, foram duramente criticados por SE COLIGAREM com políticos que participaram dos governos militares.* (GAZ)

colisão ⇨ Ver coalizão.

Colisão escreve-se com **S** (vem do latim *collisione*), como todo substantivo ligado a verbo terminado em **-dir** (**colidir**). Significa "batida", "choque". ✦ *Após a COLISÃO uma gigantesca nuvem de poeira teria coberto a atmosfera e bloqueado a luz solar.* (FOC)

Coalizão escreve-se com **Z**. Significa "coligação", "aliança".

colmeia

É um coletivo para abelhas, e também designa cortiço das abelhas. ✦ *O microclima da COLMEIA é assim muito mais estável que o clima exterior.* (ECG)

A pronúncia recomendada é com **E** fechado, mas ela não é a mais usual, o que se representava, até a vigência do novo Acordo Ortográfico, pela grafia com acento agudo nesse **E** (**ÉI**) em 90% dos casos.

colo ⇨ Ver cerviz.

O adjetivo correspondente é **cervical**, com relação a:

✧ **colo** como parte do corpo humano que liga a cabeça ao tronco. ✦ *A flexibilidade da coluna vertebral é maior na região CERVICAL e lombar.* (ENF)

✧ **colo do útero**. ✦ *Considerando que a cavidade do colo, embora parte da cavidade do útero, não é cavidade do corpo, há tendência para estudar a prenhez CERVICAL em conjunto com as demais gestações ectópicas.* (OBS)

✧ **colo do dente**. ✦ *A cárie de colo, também chamada de cárie CERVICAL, é encontrada*

em todos os dentes, sem predileção por regiões específicas da boca. (HB)

Cervical também é adjetivo correspondente a **cerviz**.

Colômbia [América do Sul]

O adjetivo pátrio é **colombiano**. ✦ *O governo COLOMBIANO lamentou publicamente a indelicadeza do diplomata e pediu explicações ao governo austríaco.* (MAN)

colônia

É coletivo para pessoas que se estabelecem em um país estrangeiro. ✦ *A COLÔNIA portuguesa apostava em Rodrigues, o Bruto. Italianos apostavam em Mangia-Tutto, o príncipe da Calábria.* (BH)

colonizar

Com **Z**, como todo verbo formado com o sufixo **-izar**. ✦ *Tomada a decisão de COLONIZAR o Brasil, o passo seguinte foi a escolha do produto em que se basearia a colonização.* (HIB)

colorir

Verbo defectivo, conjuga-se apenas nas formas em que ao **R** se segue **E** ou **I**. Não existe, pois, a primeira pessoa do presente do indicativo, e, consequentemente, o presente do subjuntivo. ✦ *Seus assistentes COLORIAM folhas de cartolina.* (VEJ) ✦ *Palette, a maravilhosa espuma que – sem tingir – lava e COLORE seu cabelo, na discrição de sua casa!* (P)

Alguns manuais só registram a existência das formas com desinência iniciada por **I**.

com

São indicadas como anglicismos sintáticos (imitações do inglês) construções em que, em vez de o nome regido pela preposição **com** vir logo depois dela, ele só vem depois da preposição **sem**, com a qual o **com** se coordena (as duas preposições regem o mesmo nome).

Entretanto, essa construção é muito usual. ✦ *Em duas versões – COM e sem cogumelos secos –, o Sapori foge da regra dos molhos nacionais.* (VEJ).

com mim, com nós etc.

Recomendam as lições normativas que se use **com mim** (singular) e **com nós** (plural), e não **comigo** e **conosco**, quando o pronome pessoal vier especificado ou reforçado logo a seguir. De fato, isso é o que é usual no caso do plural. ♦ *Este cavalo pisado que estou montando não vai poder COM NÓS dois.* (MMM) ♦ *Se não soltarem ele, a gente vai voltar e vão ter de acabar COM NÓS todos.* (TG) ♦ *Temos que ser mais sinceros com nossos companheiros e COM NÓS mesmos.* (FSP)

No singular, entretanto, o que ocorre é o pronome combinado com a preposição (**comigo**) nesse tipo de expressão. ♦ *Ouvi então estalidos de gravetos, disse COMIGO mesmo: ela se arrasta, engatinha, pronta para dar o bote.* (AM) ♦ *E pensava COMIGO próprio que era preciso restituir aos portugueses o orgulho de serem portugueses.* (OMU)

com quanto ⇨ Ver conquanto.

É a sequência da preposição **com** e do pronome **quanto**. ♦ *Você lembra COM QUANTO amor eu preparava as coisinhas?* (SOR)

Conquanto é conjunção concessiva.

com tanto ⇨ Ver contanto que.

É a sequência da preposição **com** e do pronome indefinido **tanto**. ♦ *Marieta encarou-o COM TANTO ódio que ele insensivelmente voltou atrás, encostando-se à parede úmida.* (FR)

Contanto que é locução conjuntiva condicional.

com tudo ⇨ Ver contudo.

É a sequência da preposição **com** e do pronome indefinido **tudo**. ♦ *Geraldinho deve estar deslumbrado COM TUDO o que o dinheiro pode comprar.* (CHU)

Contudo é advérbio de valor adversativo.

com vista a, com vistas a ⇨ Ver vista.

As expressões terminam com a preposição **a**. Haverá crase (e acento grave) se à preposição **a** se seguir o artigo definido feminino **a**

(**a** + **a** = **à**). ♦ *Os fundos nem sempre utilizam seu capital COM VISTA A atingir metas de rentabilidade.* (EX) ♦ *Mas o movimento trabalhista sabe que esta é apenas a primeira de várias medidas desagradáveis planejadas pelo governo COM VISTA À União Europeia.* (ESP) ♦ *Por um lado e ainda por influência do pensamento de esquerda as reflexões éticas passaram a analisar os discursos COM VISTAS A uma crítica da ideologia.* (ET) ♦ *Também na serra de Triunfo em Pernambuco os canaviais ocupam as áreas mais ricas das encostas e vales, COM VISTAS À produção de rapadura para o mercado sertanejo.* (ND)

A expressão **com vistas a** é muito mais frequente (90%).

coma

1. É substantivo feminino para designar cabeleira abundante e crescida. ♦ *Tinha cabelos dum castanho-avermelhado, casca de pinhão, cacheados naturalmente e arranjados qual COMA esculpida das bonecas.* (BAL)

2. Usa-se como masculino (95%) e como feminino (5%) para referir-se a estado de inconsciência, insensibilidade. ♦ *Em determinados casos é o uso da morfina, da anestesia ou de insulina que provocam o COMA.* (OBS) ♦ *A COMA é uma síndrome caracterizada pela inconsciência, insensibilidade e imobilidade.* (TC)

comadre ⇨ Ver compadre.

Comadre é a palavra feminina correspondente ao masculino **compadre**. ♦ *Minha COMADRE era uma mulher sensata.* (CHU)

Usa-se o substantivo, também, na designação de utensílio para recolher urina de pessoas acamadas, especialmente de mulheres. ♦ *O aquecimento da COMADRE reduz o desconforto ao paciente.* (ESC)

combalir(-se)

1. Verbo defectivo, conjuga-se apenas nas formas em que ao **L** se segue **E** ou **I**. Não existe, pois, a primeira pessoa do presente do indicativo, e, consequentemente, o presente do subjuntivo. Algumas obras tradicionais e

dicionários, entretanto, só registram a existência das formas que têm **I** na desinência.

2. Combalir significa "fazer enfraquecer", "debilitar". ✦ *Viver também é morrer um pouco. (...). Enfraquece a cabeça, COMBALE o organismo e ataca o coração.* (FE) ✦ *O turismo é uma das maiores fontes de divisas externas da COMBALIDA economia egípcia.* (FSP)

Combalir-se significa "enfraquecer-se", "debilitar-se". ✦ *Sílvia COMBALIU-SE com a morte do pai, olheiras profundas marcaram-lhe os olhos pisados de choro.* (MAR)

combater

Usa-se com complementos iniciados por preposição:

◇ pela preposição **contra** (o complemento refere-se àquilo que é combatido). ✦ *Santa não se sabe, mas se sabe que teve somente um grande amor, por um alto oficial do Exército que nunca quis COMBATER contra o povo.* (VPB)

◇ pela preposição **por** (o complemento refere-se àquilo que é defendido). ✦ *Sei que não é fácil COMBATER pela justiça – em meio às contradições do nosso próprio julgamento –, mas sei que nada há que frutifique sem a semente da Justiça.* (JK)

combinar

Usa-se com um complemento sem preposição (objeto direto) e outro iniciado pela preposição **com**. ✦ *O mestre COMBINOU com Bentinho um jeito de segurar a velha em casa.* (CA)

comboio

É coletivo para meios de transporte em movimento. ✦ *Na sexta-feira, quando passou pelo município de Pitanga, no Estado do Paraná, o COMBOIO já era formado por 256 caminhões.* (VEJ) ✦ *O agora tenente-coronel Leônidas Cardoso tinha como uma de suas atribuições supervisionar a partida dos navios que, em COMBOIO, seguiam para o norte do país.* (VEJ)

começar

Usa-se com as preposições **a** ou **por** seguidas de infinitivo. ✦ *Sílvio COMEÇOU a temer pela continuação da conversa.* (A) ✦ *Pittigrilli COMEÇOU por fazer perguntas, referindo-se a acontecimentos passados em Sing Sing.* (PRE)

comemorar

O significado original é ligado a **memorar** ("recordar"). Entretanto, usa-se comumente com complemento de valor considerado positivo, eufórico, significando "fazer uma comemoração", "festejar". ✦ *A 28 de janeiro de 1958 vamos COMEMORAR os 150 anos da abertura dos portos brasileiros ao comércio internacional.* (JK-O) ✦ *Vale COMEMORAR a conquista de um turno do campeonato como se fosse o próprio título?* (PLA)

comentar, comentário

1. O verbo **comentar** usa-se com um complemento sem preposição (objeto direto). ✦ *Ninguém COMENTOU seu mutismo.* (CH)

2. O substantivo **comentário** usa-se com complemento iniciado pela preposição **sobre**. ✦ *O depoimento do analista começa com um COMENTÁRIO sobre a sua fama de grosso.* (AVL)

comichão

É substantivo feminino. ✦ *Tive vontade de repelir a ousadia do doutor e a custo sofreei essa COMICHÃO.* (CL)

comitê

É a forma gráfica portuguesa correspondente ao francês *comité*. O substantivo designa reunião íntima, particular. ✦ *Marighela escreve ao COMITÊ Central de seu Partido, desligando-se dele e anunciando sua luta armada.* (NEP)

comme il faut

É expressão francesa que significa "como deve ser". A pronúncia é, aproximadamente, **com'ilfô** (com o primeiro O aberto). ✦ *O mais novo sexagenário da praça é o cardiologista*

commodity, commodities

José Feldmann, que teve sua entrada nos sessentões comemorada COMME IL FAUT. (OLI)

commodity, commodities

É palavra inglesa que designa produto primário de participação relevante no comércio internacional. O termo é usado quase exclusivamente no plural (98%). É substantivo feminino. ◆ *A citricultura paulista é, sem sombra de dúvida, o setor mais dinâmico da agroindústria nacional e o suco cítrico tem sido certamente nossa melhor "COMMODITY".* (FSP) ◆ *Na véspera da mudança da moeda, projetava-se para as COMMODITIES um rendimento de até 6,8% no mês de julho.* (VEJ)

Commonwealth

É palavra inglesa que designa a comunidade britânica de nações, associação da Grã-Bretanha com outros países, em geral ex-colônias. O substantivo, que é neutro em inglês, é dicionarizado em português como masculino, mas ocorre também, e com frequência semelhante, no feminino, obviamente por sugestão da tradução portuguesa, **comunidade**. ◆ *Há algumas facilidades para os membros do COMMONWEALTH, associação de estados independentes que reúne ex-colônias britânicas.* (FSP) ◆ *Outra particularidade de nomenclatura ocorre nos países-membros da COMMONWEALTH, a Comunidade Britânica, que trocam entre si altos comissários, em lugar de embaixadores.* (DIP)

compadecer-se

Usa-se com complemento iniciado pela preposição **de**. ◆ *"Quem SE COMPADECE do pobre, ao Senhor empresta", escreveu Salomão.* (LE)

compadre ⇨ Ver comadre.

A palavra feminina correspondente a esse masculino é **comadre**. ◆ *Minha COMADRE era uma mulher sensata.* (CHU)

comparar

Usa-se com um complemento sem preposição (objeto direto) e um segundo complemento introduzido pelas preposições **a** ou **com**. ◆ *Du Terrail COMPAROU a mulher branca à ne-*gra africana. (RET) ◆ *Métraux COMPAROU a versão colhida por Nimuendajú com os textos antigos e modernos de outras tribos Tupi.* (IA)

comparecer

Usa-se com complemento (de lugar) introduzido pelas preposições **em** ou **a** (em geral, mais recomendada). ◆ *A maioria dos professores só COMPARECE à universidade no dia e no horário de dar aulas.* (VEJ) ◆ *Meu pai deveria COMPARECER na Aeronáutica para prestar depoimento.* (FAV)

compartilhar, compartir ⇨ Ver partilhar.

São formas variantes, mas **compartir** só é usada em 2% dos casos.

1. No sentido de "repartir", **compartilhar** e **compartir** se usam com dois complementos, um sem preposição (objeto direto) e o outro iniciado pela preposição **com**. O primeiro se refere àquilo que é repartido, e o segundo se refere à pessoa (instituição etc.) com quem isso é repartido. Qualquer um dos complementos pode não vir expresso. ◆ *COMPARTILHAVAM com o povo a grande vitória.* (FSP) ◆ *Se não se tem muita chance de COMPARTILHAR emoções e ideias, menos ainda o silêncio.* (CH) ◆ *O duro na vida é não ter com quem trocar, COMPARTILHAR – você faz ping e o outro não faz pong.* (CAA) ◆ *Os governos estaduais, com recursos depauperados, tentam COMPARTIR com os empresários as decisões de investimento.* (FSP) ◆ *Os intelectuais no poder em Brasília COMPARTEM suas propostas e o senhor acha que são bons operadores políticos?* (VEJ)

2. No sentido de "comparticipar", usam-se com complemento iniciado pela preposição **de**. ◆ *Não posso nem sequer convidá-lo a COMPARTILHAR do meu leito.* (EL) ◆ *Ele embarcara calouro e voltava médico – mais do que quando colara seu grau: COMPARTIRA de dor alheia (...).* (GAT)

compatriota

É masculino quando se refere a elemento do sexo masculino e feminino quando se refere a elemento do sexo feminino (substantivo comum de dois). ◆ *Um COMPATRIOTA lhe pedia para recuperar a bolsa, esquecida com alguns objetos sem importância, um caderninho útil ou um vidro de perfume.* (DIP) ◆ *Na chegada a Londres, simulando um mero ato de cavalheirismo com **uma COMPATRIOTA** desacompanhada, ele ofereceria à TV uma carona até a cidade.* (AVL)

compelir

1. De conjugação irregular, o verbo **compelir** tem I na primeira pessoa do singular do presente do indicativo e, consequentemente, em todo o presente do subjuntivo. Nas demais formas o radical tem E, que é aberto quando é tônico. ◆ *No momento, o capital oligopolista automatizado COMPELE o Estado a garantir--se um grau de autonomia sem precedentes.* (FSP)

Nenhuma das formas com I ocorreu.

2. **Compelir** significa "forçar", "coagir". Usa-se com um complemento sem preposição (objeto direto) e um segundo complemento introduzido pela preposição **a**. ◆ *Compete-lhe COMPELIR a sociedade a ser, na realidade, o que ela confusamente quer ser.* (D)

competir

1. De conjugação irregular, o verbo **competir** tem I na primeira pessoa do singular do presente do indicativo e, consequentemente, em todo o presente do subjuntivo. Nas demais formas o radical tem E, que é aberto quando é tônico. ◆ *A ideia é permitir que a escola COMPITA com o mercado, porque em famílias muito pobres a renda das crianças é importante.* (VEJ) ◆ *A galera que COMPETE adora ir para lá.* (FSP)

2. Modo de construção:

✧ Significando "pertencer por direito ou por dever", "caber", usa-se com complemento iniciado pela preposição **a**. ◆ *O poder executivo COMPETIRIA ao presidente do Conselho (...).* (TGB) ◆ *Entretanto, quase sempre não COMPETE ao queijeiro fiscalizar o leite.* (ACQ)

✧ Significando "disputar", "concorrer", usa--se com complemento iniciado pela preposição **com**. ◆ *O maior problema era COMPETIR com os gatos por um lugar à mesa.* (BL)

complô

Complô é a forma gráfica portuguesa do francês *complot*, que designa conspiração política. É substantivo masculino. Leva acento, porque é palavra oxítona terminada em O. ◆ *O Grande Terror foi criado com espírito punitivo, contra um possível COMPLÔ aristocrático contrarrevolucionário.* (HG)

compor(-se)

1. Conjuga-se como **pôr**. ◆ *Sento-me com dificuldade, COMPONHO a roupa, consigo puxar-me para cima da cama.* (ASA) ◆ *A foto COMPUNHA uma entrevista até hoje inédita, porque o JB não publicou.* (NBN) ◆ *Se o ministro da Fazenda souber agradar às classes produtoras, se com elas SE COMPUSER, quem sabe...* (JM)

2. **Compor-se** usa-se com complemento iniciado por preposição:

✧ preposição **de**, quando significa "constituir--se". ◆ *O serrazulismo é um mal contagioso e COMPÕE-SE de dois elementos: saudade e tradição.* (S)

✧ preposição **com**, quando significa "harmonizar-se", "conciliar-se". ◆ *Minas Gerais, sendo o Estado mais populoso do Brasil e possuindo a maior bancada no Legislativo Federal, precisava COMPOR-SE com os cafeicultores paulistas.* (CRO)

comprazer(-se)

1. É verbo com o mesmo radical de **prazer**, **aprazer** e **desaprazer**, o que indica que todos têm a mesma conjugação, baseada no primitivo (**prazer**). Para o verbo **comprazer**, em particular, a tradição atribui, também, uma conjugação regular nas formas do perfeito e derivadas: **comprazeu, comprazesse** etc. Nessas formas, entretanto, o verbo não ocorreu, nem com essa conjugação regular nem com conjugação baseada em **prazer** (**comprouve, comprouvesse** etc.).

compreensão

2. **Comprazer** significa "fazer o gosto de", "satisfazer", "agradar". Usa-se como complemento sem preposição (objeto direto). ◆ *Não é uma coleção de imagens para COMPRAZER o olhar curioso ou compor uma catalogação.* (FSP)

A forma pronominal **comprazer-se** usa-se com complemento introduzido pelas preposições **em** ou **com**. Significa "deleitar-se", "regozijar-se". ◆ *Marta COMPRAZIA-SE em reunir os parentes ali na sala de jantar, nas noites de suas insônias.* (LA) ◆ *O risco do exagero, entretanto, surge quando o governo SE COMPRAZ não com a estabilidade, mas com a valorização do real.* (FSP)

compreensão

Com **-são** final, como todo substantivo ligado a verbo terminado em **-der** (**compreender**). ◆ *O exército veio violento e tratou logo de impor a COMPREENSÃO do sabre e do tiro de canhão.* (CJ)

compressa

Com **SS**, como todo substantivo correspondente a verbo terminado em **-imir** (**comprimir**). ◆ *O saquinho do chá de camomila é um veículo inofensivo para uma COMPRESSA para os olhos.* (FSP)

comprimento ⇨ Ver cumprimento.

Comprimento, com **O**, designa extensão, medida. ◆ *As duas diagonais do retângulo têm o mesmo COMPRIMENTO.* (ATT)

Cumprimento, com **U**, designa a ação de cumprir e a ação de cumprimentar.

comprometer-se

Usa-se com complemento iniciado pelas preposições **a** ou **em**, indicando qual o compromisso. ◆ *Carlão é dedicado a comidas exóticas e SE COMPROMETEU a fazer uma sopa de tartaruga.* (GP) ◆ *O fiscal já se COMPROMETEU em passar a casa.* (RIR)

Pode ocorrer, ainda, complemento iniciado pela preposição **com**, indicando a pessoa com a qual se assume o compromisso. ◆ *COMPROMETI-ME com ela a tomar conta do seu filho e por isso trouxe-o para cá.* (PCO)

cômputo

A sílaba tônica é a antepenúltima (**CÔM**), e, por isso, a palavra leva acento (proparoxítona). Significa "contagem", "cálculo". ◆ *O candidato para ser eleito precisava ter o CÔMPUTO dos seus votos reconhecido em várias instâncias, dependendo do cargo pretendido.* (CRO)

Comte (Augusto), comtista ⇨ Ver -iano ⇨ Ver contista.

1. O adjetivo correspondente a Augusto Comte – filósofo francês, criador do positivismo (1798-1857) – é **comtiano**. ◆ *Para o desenvolvimento da sociologia do conhecimento, é também importante a crítica que Scheler faz do positivismo COMTIANO.* (FS)

2. **Comtista** é o seguidor da filosofia de Comte. ◆ *Vargas era um COMTISTA de segunda mão, herdara de Júlio de Castilho a admiração por Comte.* (FSP)

Contista é a pessoa que compõe contos.

comum

O superlativo absoluto sintético é **comuníssimo**. ◆ *Pouca gente tem consciência deste COMUNÍSSIMO fato.* (BEB)

comum de dois

Diz-se de substantivo que é masculino quando se refere a elemento do sexo masculino, e feminino quando se refere a elemento do sexo feminino, sem que a forma se altere. ◆ *Confessa que tens um AMANTE.* (BOI) ◆ *A esta hora está na casa da AMANTE!* (BO)

comungar

No sentido de "partilhar", "participar", usa-se com complemento iniciado pelas preposições **com**, **de** ou **em**. ◆ *Naquela noite de 12 de outubro os televisores das famílias que COMUNGARAM com a intenção da campanha mantiveram-se desligados.* (PO) ◆ *Quem quiser COMUNGAR dessa fé deve seguir as regras por ela firmadas.* (FSP) ◆ *COMUNGANDO nos ideais da Revolução de março, jamais o povo recusou apoio a essa filosofia.* (ME-O)

comunicar, comunicar-se

1. O verbo **comunicar** usa-se:

✧ com um complemento sem preposição (objeto direto, oracional ou não), indicando o que é comunicado, e outro complemento iniciado pela preposição **a**, indicando o destinatário, podendo, tanto um como o outro, deixar de ocorrer. ✦ *O dono do cinema, que o comprou do velho dono, não soube informar nada, apenas COMUNICOU às autoridades o seu achado.* (AF) ✦ *Se um operário fosse casar a filha, bastava COMUNICAR ao gerente.* (ETR) ✦ *Ao final da conversa, COMUNICOU que estava pedindo passagem para a reserva.* (VEJ)

✧ com um complemento sem preposição (objeto direto), indicando o destinatário, e outro complemento iniciado pela preposição **sobre**, indicando o que é comunicado, podendo, tanto um como o outro, deixar de ocorrer. ✦ *COMUNICAR a entidade patronal da categoria ou cada uma das empresas da base sobre a existência do novo sindicato.* (FSP)

2. **Comunicar-se** usa-se com complemento iniciado pela preposição **com**. ✦ *Pode COMUNICAR-SE com uma impressora sem a utilização de cabos.* (FSP) ✦ *Todo Governo tem a obrigação de COMUNICAR-SE com o seu povo.* (JL)

comunidade

É coletivo para pessoas que se unem por algo em comum. ✦ *A posição das populações indígenas dependerá de suas próprias escolhas, de políticas gerais do Brasil e até da COMUNIDADE internacional.* (ATN)

comutar, comutar-se

1. **Comutar** usa-se com dois complementos, um sem preposição (objeto direto) e outro iniciado pelas preposições **para** ou **em**. Significa "permutar". ✦ *A Corte Suprema COMUTOU a sentença para prisão perpétua.* (FSP) ✦ *COMUTE-lhe a pena em exílio.* (L)

2. **Comutar-se** usa-se com complemento iniciado pela preposição **em**. Significa "transformar-se". ✦ *Os adjetivos "silken" (sedoso) e*

"skilled" (hábil, sutil) SE COMUTAM ou quase anagramatizam em células sincopadas. (FSP)

concelho ⇨ Ver **conselho**.

O substantivo **concelho** designa circunscrição administrativa imediatamente inferior ao distrito. ✦ *O reverendo Padre Alexandrino Brochado, natural do CONCELHO de Paços de Ferreira, legou a sua biblioteca particular à Biblioteca Municipal.* (OMU)

O substantivo **conselho** significa "opinião" e, também, designa um corpo coletivo que opina.

concentrar, concentrar-se

1. **Concentrar** usa-se:

✧ com um complemento sem preposição (objeto direto) e outro complemento iniciado pela preposição **em**; significa "agrupar em um ponto". ✦ *Os banqueiros sabem que CONCENTRAR tanto dinheiro num único cliente, qualquer que seja ele, é um risco demasiadamente alto.* (VEJ)

✧ com um complemento sem preposição (objeto direto); significa "reunir em si". ✦ *Nos extremos do ímã soldam-se duas peças polares de ferro fundido para CONCENTRAR o fluxo magnético.* (TEB) ✦ *Com ele, o ministério poderia voltar a CONCENTRAR a articulação política.* (FSP)

2. **Concentrar-se** usa-se com complemento (oracional ou não) iniciado pela preposição **em**. ✦ *Todos os sentidos pareciam CONCENTRAR-SE-lhe na audição.* (ALE) ✦ *CONCENTROU-SE em querer chegar ao sítio do Cancela, mais nada.* (ASS)

concernir

De conjugação irregular, o verbo **concernir**, segundo as lições tradicionais, tem **I** na primeira pessoa do singular do presente do indicativo e, consequentemente, em todo o presente do subjuntivo. Nas demais formas o radical tem **E**, que é aberto quando é tônico.

Entretanto, pelo significado do verbo ("dizer respeito"), só são usuais as formas de terceira pessoa, do singular e do plural. ✦ *Havia uma passagem que CONCERNIA ao Limbo?* (FSP)

concertar, concerto

♦ *A Geopolítica, entretanto, não CONCERNE unicamente à soberania dos Estados.* (GPO) ♦ *Todas as tarefas correspondentes a estes níveis inferiores CONCERNEM ao Estado Nacional de uma forma ou de outra, seja qual for o nível de sua dependência externa.* (PGN)

concertar, concerto ⇨ Ver consertar, conserto.

1. **Concertar** (com C) significa "combinar", "harmonizar". ♦ *Promovemos diversas iniciativas para CONCERTAR posições sobre temas internacionais.* (II)

2. O substantivo **concerto** (com C) significa:
◇ "acordo", "harmonia". ♦ *É assim a obra histórica de O'Leary, essencialmente, a obra de um patriota e de um idealista, ansioso por ver o Paraguai assumir o seu devido lugar no CONCERTO das nações.* (FI)

◇ "espetáculo musical". ♦ *Os Rolling Stones resolveram oferecer um CONCERTO de graça aos fãs da Califórnia.* (CTR)

Consertar (com S) significa "reparar", "restaurar" e o substantivo **conserto** significa "reparo", "restauração".

concessão, concessionário, concessionária

Concessão tem S na sílaba final, como todo substantivo ou adjetivo correspondente a verbo terminado em **-der** (verbo **conceder**). Do mesmo modo se escrevem os derivados. ♦ *Arnaldo não fizera a mais leve CONCESSÃO.* (SEN) ♦ *As empresas seriam CONCESSIONÁRIAS para explorar serviços públicos, como estradas, em troca de investimentos.* (FSP)

concílio

É coletivo para prelados reunidos a fim de tratar assuntos dogmáticos, doutrinários ou disciplinares. ♦ *A Igreja Católica, depois do CONCÍLIO Vaticano, tornou-se madrinha de movimentos de oposição.* (VEJ)

conclave

É coletivo para cardeais. ♦ *Foram os inacianos que realizaram a difícil tarefa política de orientar o CONCLAVE.* (HF)

concluído, concluso

1. A forma **concluído** é usada com os verbos **ter, haver, ser** e **estar**. ♦ *A telefonista me garantiu que, dentro de poucos minutos, teremos CONCLUÍDO a ligação.* (VPB) ♦ *Até ontem, o IML não havia CONCLUÍDO os laudos cadavéricos, que deverão ser divulgados na segunda.* (FSP) ♦ *O carregamento dos batelões foi CONCLUÍDO na manhã seguinte, por volta das nove horas.* (ASV) ♦ *O Templo estava quase CONCLUÍDO.* (CEN)

2. A forma **concluso** é usada com os verbos **ser** e **estar**, mas com menor frequência do que **concluído**. ♦ *Os trabalhos só foram CONCLUSOS no dia 02/out.* (FSP) ♦ *Quando tudo estiver CONCLUSO, aí iniciaremos nosso relatório e entraremos no mérito.* (FSP)

Essa forma é usada especialmente como adjetivo. ♦ *A CEI (Comissão Especial de Investigação) entregou ontem um "relatório final" – mas ainda não CONCLUSO – sobre as irregularidades na administração federal.* (FSP)

concordância verbal

1. Concordância em geral:

1.1. O verbo concorda com o seu sujeito:

◇ Sujeito singular: verbo no singular. ♦ *O GOVERNO ESTUDA um alongamento dos prazos do crédito ao consumidor.* (ESP) ♦ *No dia seguinte SAIU A NOSSA FOTOGRAFIA no jornal.* (MU)

◇ Sujeito plural: verbo no plural. ♦ *OS PLÁSTICOS COMPREENDEM um grande número de substâncias produzidas artificialmente.* (PEP) ♦ *PERDOEM-me OS CULTORES DO ECONOMÊS.* (ESP)

1.2. Em qualquer caso de concordância, se houver verbo auxiliar, é nele que ela é marcada. ♦ *O HOMEM PODE DIZER que é homem, A MULHER não PODE DIZER que é mulher?* (VPB) ♦ *TODOS ESSES ASPECTOS PODEM e DEVEM, numa boa educação física, SER CONDUZIDOS na direção do grupo.* (AE)

1.3. O coletivo é, na forma, um singular. Assim, em princípio, com sujeito que tem como núcleo um substantivo coletivo, o verbo fica no singular. ✦ *O POVO só ACREDITA em garimpo e em diamante.* (ALE) ✦ *ESSE PESSOAL ANDA muito relapso.* (BPN)

Entretanto, havendo um fator que crie uma separação entre a forma do sujeito e a do predicado (por exemplo, uma ligação não direta ou alguma distância entre eles), o verbo pode concordar com o sentido que o coletivo tem (plural), e não com a forma (singular). ✦ *A nova GERAÇÃO de jovens de nível universitário da década de 1950 ACREDITOU que a canção tradicional tinha esgotado as suas possibilidades e PARTIRAM para a reformulação de inspiração jazística do samba, que se chamaria bossa-nova.* (PHM) ✦ *Manuelzão instava o POVO para REZAREM o terço, a mando do padre.* (COB)

2. Concordância com sujeito composto:

2.1. Em geral, o sujeito composto leva o verbo para o plural (a soma é um plural). ✦ *Enquanto SALVIANO E JÚLIO SENTAVAM-SE à mesa de sempre, João aproximava-se do Zeca taverneiro.* (ASS)

◇ Entretanto, se o verbo vier antes do sujeito, ele pode concordar:

- com o conjunto (plural). ✦ *APARECEM SENTADOS na sala ARMANDO, SUZANA E O PAI DE SUZANA.* (DEL) ✦ *Outras pesquisas realizadas com crianças pequenas criadas em orfanatos mostraram que, embora bem cuidadas e alimentadas, tinham atrasado em muito o seu desenvolvimento motor (...), porque lhes FALTAVAM CARINHO, AFETO, GRATIFICAÇÃO EMOCIONAL.* (PSC)

- com o elemento do sujeito composto que estiver mais próximo. ✦ *RUIU O COMUNISMO e a União Soviética.* (VEJ) ✦ *FALTAVA A CARNE, o milho, a farinha e a aguardente.* (OLA) ✦ *Se não FOSSE ELE e a turma dele, aquela pouca vergonha com os descontos dos atrasos não tinha acabado...* (AS)

◇ No caso de sujeito composto de elementos referentes a diferentes pessoas do discurso (1ª, 2ª, 3ª), a soma é da pessoa que tiver precedência:

- 1ª do plural, se houver uma 1ª pessoa. ✦ *E, se EU E ELE PENSAMOS igual e só eu posso falar, eu falo por dois.* (SO)

- 2ª do plural, se houver uma 2ª pessoa e não houver 1ª. ✦ *TU E ANFITRIÃO me EXPULSASTES daqui com Sósia.* (TEG)

Neste último caso, entretanto, é comum, especialmente na linguagem coloquial, usar-se a 3ª pessoa do plural, isso porque o tratamento na 2ª pessoa do plural (**vós**) está em desuso. ✦ *Que é que TU E A CÉLIA PENSAM?* (AB)

- 3ª do plural, se só houver elementos de 3ª pessoa. ✦ *RAPAZES E MOÇAS DEIXAM a escola apressados, livros e cadernos sob o braço.* (TGG)

2.2. Concordância segundo o modo de ligação dos elementos de um sujeito composto:

2.2.1. Elementos ligados por **e** (podendo, no caso de mais de um elemento coordenado, ocorrer vírgula, e não **e**, antes do último elemento).

◇ Quando há simplesmente uma adição (que é o que geralmente ocorre), o verbo vai para o plural. ✦ *O HOMEM E A MULHER GRITAM, ACENAM, ACENAM.* (DM) ✦ *O RAPAZ E A PROSTITUTA SAEM da cabine e deparam com os três.* (UC)

◇ Se os elementos do sujeito forem interpretados como sinônimos, ou como constituindo um todo, o verbo pode ficar no singular. Os sintagmas coordenados podem vir todos precedidos de artigo, ou apenas o primeiro. ✦ *O CHORO E O BARULHO DAS CRIANÇAS CHEGA até ele, que fica olhando com simpatia.* (FEL) ✦ *A LASSIDÃO, O VALE-TUDO, A FALTA DE AUTORIDADE PROFESSORAL DESESTIMULA a própria rebeldia do estudante.* (FSP) ✦ *O ENSINO E A APRENDIZAGEM DO XADREZ nas escolas canadenses LEVOU a Liga de Xadrez de Montreal à produção de um audiovisual para auxiliar nesse trabalho pedagógico.* (X) ✦ *O REGIME E VIDA DO ADOLESCENTE INFLUI também decisivamente sobre sua saúde.* (AE)

Entretanto, o verbo também ocorre no plural. ✦ *A CONQUISTA E MANUTENÇÃO do império ultramarino ABSORVIAM parte considerável dos lucros comerciais.* (HIB)

◇ Com a expressão **um e outro** como sujeito, o verbo vem no singular ou no plural, sendo a

concordância verbal (cont.)

concordância no plural a mais recomendada tradicionalmente. ✦ *Respirando esta indigência, UM E OUTRO ESTÃO ENVERGONHADOS.* (OSD) ✦ *UM E OUTRO VEM da mesma ninhada.* (RB)

2.2.2. Elementos na série **nem... nem...**

◇ O verbo vai geralmente para o plural, ficando acentuada a ideia de adição ("todos", negativamente) ✦ *Se NEM SUA MÃE, NEM SUA IRMÃ LEVAREM você, Verinha, um de nós vai fazer isso.* (OAQ) ✦ *De um modo geral, NEM A FAMÍLIA NEM A ESCOLA APRENDERAM a importância da expressão manual.* (BRI) ✦ *NEM EU NEM VALENTE ESTÁVAMOS interessados no troco.* (BH)

Se os sujeitos não forem da mesma pessoa, a soma se refere à pessoa que for precedente na ordem: primeira, segunda, terceira. ✦ *NEM eu NEM Valente estávamos interessados no troco.* (BH)

◇ O verbo vai para o singular, ficando acentuada a ideia de exclusão ("nenhum deles"). ✦ *E NEM EU NEM NINGUÉM PODE EVITAR que o Governo dê prestígio a ele.* (V) ✦ *Mas não é NEM O PRINCÍPIO NEM O FIM que IMPORTA, mas a vida que se perde entre eles.* (SPI) ✦ *NEM MAR, NEM RIO nos LEVARIA até suas cidades petrificadas.* (CID)

◇ Do mesmo modo, com a expressão **nem um nem outro**, o verbo:

- vai para o plural (com ideia de adição dos elementos negativos). ✦ *NEM UM NEM OUTRO FIZERAM questão do aprimoramento do produto.* (GU)

- fica no singular (com ideia de exclusão dos elementos negativos). ✦ *E NEM UM NEM OUTRO IA PERDER essa oportunidade de se ver livre dele.* (REB)

Entretanto, quando a indicação é de reciprocidade, o verbo tem de ir para o plural. ✦ *Mas como formas de argumentação NEM UM NEM OUTRO SE REPELEM mutuamente.* (TE)

2.2.3. Elementos ligados por **ou**: a concordância depende do que se quer indicar.

◇ O verbo vai, em geral, para o plural se a predicação é para o conjunto do sujeito,

para a totalidade ("ambos", "todos"). ✦ *Se aparecer alguém do hospital, O VALTER OU A VERINHA PODEM AVISAR.* (OAQ) ✦ *E já que só O DELEGADO OU A MULHER DELE PODEM FALAR sobre o caso...* (PD) ✦ *RIO OU LAGOA também CONTÊM seus encantamentos.* (LOB)

◇ O verbo concorda com o elemento mais próximo:

- se os elementos se excluem (ou um ou outro). ✦ *Vamos silenciar e ver se ELA OU ALGUÉM SE DENUNCIA.* (US) ✦ *Portanto, A BONDADE OU A MALDADE DEPENDE muito da maneira de se encarar as coisas, entende?* (RAP)

- se os dois elementos são sinônimos ou quase sinônimos. ✦ *Na Ética a Eudemo, O OBJETIVO OU A FINALIDADE da vida humana É o culto e a contemplação do divino.* (ET) ✦ *Por conseguinte, A PARADA OU RETARDAMENTO nessa evolução em qualquer parte do eixo cerebroespinhal, durante a infância, ACARRETARÁ prejuízos funcionais mais ou menos graves.* (BAP)

- se se faz identificação de um elemento com outro, e, então, o que se coordena são dois nomes do mesmo objeto. ✦ *A PROTUBERÂNCIA ANULAR OU PONTE DE VARÓLI APRESENTA-SE CONSTITUÍDA em grande parte por substância branca (...).* (BAP) ✦ *FORTALEZA OU VALOR (andreia) É A que faz com que as paixões mais nobres predominem e que o prazer se subordine ao dever.* (ET)

Entretanto, a coordenação alternativa com esse valor, em posição de sujeito, pode levar o verbo para o plural. ✦ *A psicanálise tenta introduzir muitos de seus termos como diposicionais. Assim, "HOSTILIDADE INCONSCIENTE", OU "DEPENDÊNCIA", SERIAM PARECIDOS com o nosso mencionado "magnético".* (EC)

- se simplesmente se quer indicar que o predicado se refere a cada um dos núcleos do sujeito composto, separadamente. ✦ *Uma vez dormira lado a lado com uma sucuri, sem que ELA OU ELE SE DESSE CONTA.* (AVL) (= ela se desse conta e ele, por sua vez, se desse conta)

concordância verbal (cont.)

◇ Com a expressão **um ou outro** como sujeito, o verbo vem no singular. ✦ *Lá UM OU OUTRO trazia o seu frasquinho de ouro em pó, ou as suas pepitas escondidas com ciúmes.* (MMM)

3. Concordância com sujeitos quantificados:

3.1. Com expressões como **a grande maioria, a maior parte, grande número, grande parte, parte, metade, o restante/resto, uma porção** etc. + **de** + substantivo/pronome no plural.

◇ Se o verbo vem posposto:

- ele fica no singular (o que ocorre muito mais frequentemente). ✦ *A MAIORIA ESMAGADORA dessas obras SE LIMITA a seis idiomas.* (ESS) ✦ *Apesar do inegável crescimento econômico do Nordeste (...), A GRANDE MAIORIA dos nordestinos EMPOBRECEU ainda mais nas duas últimas décadas.* (NOR) ✦ *Mais competitiva, a Seikan conseguiu crescer em 1991, justamente quando A MAIOR PARTE dos negócios ENCOLHEU no país.* (EX) ✦ *Desde então GRANDE NÚMERO DE transplantes hepáticos tem sido realizado com sobrevida de até sete anos.* (CLC) ✦ *A mortalidade era elevada e GRANDE PARTE dos sobreviventes EXIBIA sérias lesões neurológicas.* (TI) ✦ *O falso médico foi tão convincente e os tratamentos tão arrepiantes que, na próxima madrugada, BOA PARTE dos pacientes HAVIA FUGIDO.* (LIP) ✦ *PARTE das faces SOME na azulescência das barbas.* (NOF) ✦ *Hoje, já se sabe exatamente onde estão essas áreas sedimentares: METADE delas ESTÁ no Piauí, enquanto a metade restante distribui-se em pequenos bolsões pelos demais estados.* (NOR) ✦ *O RESTO das caras NÃO TINHA nome.* (BAL) ✦ *Um lampião fora aceso a um canto e UMA PORÇÃO de índios SE AMONTOAVA em sua volta.* (ARR)

Obviamente o verbo se usa no singular em casos em que apenas o núcleo singular fica próximo do verbo. ✦ *Dos que fizeram opção, até o final da tarde de ontem, A GRANDE MAIORIA OPTOU pelo regime estatutário.* (GAZ)

- ele vai para o plural. ✦ *Muito tem que ser feito pela grafologia em nosso país, e A MAIO-RIA dos grafólogos brasileiros SE EMPENHAM de maneira séria, trabalhando para que a grafologia seja divulgada de maneira correta e sem mistérios.* (GFO) ✦ *Hitler não era um cristão, e A MAIOR PARTE dos membros do seu movimento ERAM abertamente ANTICRISTÃOS.* (IS) ✦ *Quanto à composição do Tribunal de Contas, avançou-se no sentido de torná-la mais consentânea com as finalidades do controle externo, já que PARTE dos seus membros SÃO ESCOLHIDOS livremente pelo Congresso Nacional.* (OS-O) ✦ *Há também GRANDE NÚMERO DE bibliotecas nos Estados Unidos QUE se servem das fichas impressas pela Biblioteca do Congresso.* (BIB) ✦ *O próximo Senado será muito forte, pois GRANDE PARTE Das lideranças políticas se elegeram.* (RI) ✦ *Dois terços dos homens haviam morrido e METADE das mulheres TINHAM SIDO VIOLADAS.* (SPI) ✦ *Tudo como se O RESTO das 10 provas do Mundial ESTIVESSEM PROGRAMADAS para SEREM DISPUTADAS sob chuva.* (JB) ✦ *UMA PORÇÃO de índios ABOLETAVAM-SE em volta deles enquanto ESPERAVAM chegar sua vez.* (ARR) ✦ *Alguns estenderam seus panos ordinários no chão, onde UM MUNDÃO de quinquilharias SE AMONTOAM.* (MPB)

◇ Se o verbo vem anteposto, fica no singular, concordando com o núcleo da expressão que é sujeito (**maioria, parte, metade, porção**). ✦ *A guerra tinha acabado havia dois anos e ESTAVA no ar UMA PORÇÃO de teorias novas e inovadoras que era preciso tirar a limpo.* (BPN) ✦ *Existe GRANDE NÚMERO DE tipos de reator (...).* (ENE) ✦ *As psicoterapias têm, pois, uma dimensão teórica e uma dimensão prática, sendo a partir desta última, ou seja, da prática clínica, que se constrói GRANDE PARTE DE suas teorias.* (PSC)

3.2. Com um elemento indefinido + **de/dentre** + substantivo/pronome no plural.

◇ Se o indefinido estiver no singular, o verbo concorda com ele (terceira pessoa do singular). ✦ *Se ALGUM de vocês FOR ao Brasil, terei muito prazer em recebê-los em minha casa.* (RO) ✦ *NENHUM de seus traços SE MEXIA.* (ARR) ✦ *NENHUM de nós a TINHA*

concordância verbal (cont.)

VISTO antes. (ACM) ♦ *QUALQUER de nós, ao viajar pelo exterior, PODERÁ verificar que os serviços elétricos fornecidos nas residências, nas casas comerciais, não são superiores aos nossos.* (POL) ♦ *Vê QUAL de nós duas É realmente a mais bela.* (BN)

◇ Se o indefinido estiver no plural, a recomendação tradicional é que o verbo deve concordar em pessoa e número com a palavra ou expressão que se seguir à preposição **de** (expressão partitiva). ♦ *ALGUNS DE NÓS TÍNHAMOS muitos problemas.* (FSP) ♦ *Assim que o trem parou em Marcelino, MUITOS DE NÓS, quase todos, PRECIPITAMO-NOS vagão abaixo.* (CPO)

Entretanto, é mais comum a concordância com o indefinido (na terceira pessoa do plural) ♦ *Somos todos exageradamente tradicionalistas e conservadores – embora ALGUNS DE NÓS SEJAM muito avançados no que respeita às transformações exteriores, como as sociais, políticas e administrativas.* (OV) ♦ *MUITOS DE NÓS PODERIAM tentar negar ou ignorar esta crise ambiental.* (SU)

◇ Com **cada um**, o verbo fica no singular (trata-se de apenas **um**). ♦ *CADA UM DOS SETE DESFRUTAVA um poder de milhares sobre outros milhares.* (PFV) ♦ *É preferível que CADA UM DE NÓS MORE na sua própria casa.* (LC)

3.3. Com a expressão **um dos** (substantivo plural) **que**... o verbo concorda:

- com o elemento **um** (singular). ♦ *Tinha vindo das guerras do outro tempo; foi UM DOS QUE PELEOU na batalha de Ituzaingo; foi do esquadrão do general José de Abreu.* (CG) ♦ *Jacques Mendonça, um negro corpulento, pançudo, de voz pesada, É UM DOS fazendeiros QUE AFIRMA ser o dono das terras onde nasceu a cidadezinha.* (IS)

- com a totalidade (plural), o que é mais comum. ♦ *O produto é UM DOS QUE PESAM em nossas exportações.* (GHB) ♦ *Se você acha que o autor do crime FOI UM DOS homens QUE RECEBERAM as fotos...* (PD)

3.4. Com a expressão **mais de um**, seguida ou não de substantivo, o verbo fica, em geral, no singular. ♦ *Já passei por esse caminho sobre minha cabeça, quando ia por ele MAIS DE UMA ÁRVORE DEIXOU cair flores.* (ATI) ♦ *MAIS DE UM PAR de garças roçou o meu abrigo em voo demoroso.* (CL)

Entretanto, quando a indicação é de reciprocidade, o verbo vai para o plural. ♦ *Nas obras, porém, nem sempre é possível efetuar tal exclusão, havendo aquelas em que CONVIVEM MAIS DE UM ESTILO.* (PER)

3.5. Com expressões indicativas de porcentagem, a concordância se faz com o numeral. ♦ *Dos outros, QUASE 100% ADOECERAM com sarampo.* (APA)

Se à indicação de porcentagem se seguir uma expressão com **de** + substantivo, a concordância se faz, em geral, com esse substantivo (singular ou plural). ♦ *33,33% DOS RATOS submetidos ao experimento FORAM CURADOS pela droga-teste, e 33,33% DA POPULAÇÃO PERMANECEU no estado inicial.* (ETT)

4. Concordância com título ou outros nomes próprios no plural:

◇ Se houver artigo antes do nome, geralmente o verbo vai para o plural. ♦ *De lá para cá, OS ESTADOS UNIDOS jamais DEIXARAM de "combater piratas".* (ESP)

Em manchetes na imprensa, frequentemente se usa o verbo no plural sem que ocorra artigo com esse tipo de nome no sujeito. ♦ *EUA PROÍBEM a venda de cigarros a menores.* (VEJ)

◇ Se não houver artigo antes do nome, em geral o verbo fica no singular, pois o plural, em geral, é aparente. ♦ *SERRAS AZUIS FICOU alerta.* (S)

5. Concordância com os pronomes relativos:

◇ Sujeito **que**:

- o verbo concorda com o antecedente do **que**, respeitando-se todas as indicações de precedência de pessoa que se fazem para a concordância em geral (primeira, segunda, terceira, pela ordem). ♦ *Na fábrica, estão certos de que fui eu QUE DELATEI...* (AS) ♦ *Anda, confessa que foste tu QUE lhe ENFIASTE a faca.* (TS) ♦ *Estamos tentando*

concordância verbal (cont.)

*abolir a Relação, afinal, fomos **nós QUE** a **ESTABELECEMOS** em 1652.* (BOI) ◆ *Sois* ***vós QUE OFENDEIS** a Deus.* (SE) ◆ *Viva a gente, leitor, como **você** e **eu**, **QUE** só **TEMOS** uma ideia vaga daquilo que nos ocorre nas entranhas.* (CT)

- quando o antecedente do **que** é um vocativo, o verbo vai para a segunda pessoa. ◆ *Oh, Júpiter, sereno e severo, bravo e bom, **QUE CASTIGAS** e **QUE RECOMPENSAS**, **QUE ÉS** doce ao nosso coração.* (TEG)

- quando o **que** vem precedido do demonstrativo **o(s)**, que é de terceira pessoa, o verbo vai para a terceira pessoa. ◆ *Não quero polemizar com **os QUE DEBATERÃO** o assunto.* (ESP) Entretanto, se esse demonstrativo se refere a um pronome pessoal (que geralmente o antecede), a concordância se faz, usualmente, com a pessoa desse pronome antecedente. ◆ *Ontem recebemos notícia triste, das mais tristes para seus amigos, **nós os QUE VIVEMOS** no Rio.* (CPO)

◇ Sujeito **quem**: o verbo vai para a 3ª pessoa do singular. ◆ *Ganha mal **QUEM TRABALHA** bem.* (REA)

Mesmo que o **quem** se refira a um pronome pessoal antecedente que seja de outra pessoa do discurso, a recomendação tradicional é que o verbo fique na terceira pessoa do singular (concordando com o **quem**). ◆ *Esse livro é uma Bíblia e fui **eu QUEM** lhe **DEU** de presente.* (OSA) ◆ *Não fui **eu QUEM** o **RETIROU**.* (PCO)

Entretanto, também é usual que o verbo concorde com esse antecedente do pronome relativo **quem** (a 1ª pessoa, na maior parte das vezes), especialmente em linguagem sem formalidade. Com essa concordância, o falante acentua a sua participação no evento. ◆ *Agora **SOU EU QUEM** não **QUERO**.* (LC) ◆ *FUI EU QUEM MATEI a Dana de Tefé e sei onde estão seus ossos!* (FSP)

6. Concordância dos verbos que se referem à manifestação de horas do relógio. Os verbos **dar** e **bater** concordam com o número de horas (singular ou plural). ◆ *DERAM as dez horas no carrilhão da sala.* (JM). ◆ *BATERAM sete horas.* (PRE)

Se houver um sujeito referente ao objeto de onde partem as batidas, o verbo concorda com ele. ◆ *O RELÓGIO DE PESO DÁ seis horas.* (S) ◆ *O SINO DA MATRIZ BATEU sete horas.* (PCO)

7. Verbos que não fazem concordância, por não terem sujeito (verbos impessoais):

7.1. Verbo **haver**, quando indica existência. ◆ *Ainda HAVERIA louça por destruir, espelho, vaso intato?* (COT) ◆ *Se aspectos notáveis de uma doença fossem evidência de ação divina, HAVERIA **muitas outras enfermidades sagradas**.* (APA) ◆ *A primeira delas era a total ausência de hierarquia entre os pesquisadores: não HAVIA **assistentes, mestres, doutores, ou catedráticos**.* (ACM)

Esse não é o comportamento do verbo **existir**, que, segundo as lições normativas, tem sujeito e concorda com ele. ◆ *EXISTE UMA COZINHA BRASILEIRA, ou EXISTEM COZINHAS REGIONAIS BRASILEIRAS?* (IS)

7.2. Verbos indicadores de horário ou de condições de tempo:

◇ **Fazer**, quando indica:

- tempo decorrido, ou seja, tempo passado a partir do momento atual (sinônimo de **haver**). ◆ *FAZ trinta anos que deixei minha pequena cidade do interior.* (BH) ◆ *ESTÁ FAZENDO cinco meses desde que os outros morreram.* (TER) ◆ *Se Deus é mesmo brasileiro, DEVE FAZER séculos que não se diverte tanto.* (EMB)

- temperatura ou condições de tempo. ◆ *Já àquela hora da manhã FAZIA calor.* (ORM)

◇ **Haver**, quando indica tempo decorrido, ou seja, tempo passado a partir do momento atual (sinônimo de **fazer**). ◆ *Estou sem trabalho HÁ nove meses.* (EX) ◆ *Carmem se suicidou HÁ cinco anos atrás, exatamente na data de hoje.* (AFA)

◇ **Chover, nevar, relampejar** etc. ◆ *CHOVEU a semana toda e AMANHECEU um dia tão feio quanto os precedentes.* (VPB) ◆ *No verão, ajuntavam nuvens pretas e depois RELAMPEJAVA e TROVOAVA e CHOVIA com estrondo uma chuva grossa que acabava meia hora antes da hora de o sol descer.* (AID)

concordar

Quando não se trata de fenômenos da natureza, esses mesmos verbos constroem-se com sujeito e com ele concordam. ◆ *CHOVEM SOCOS E BENGALADAS sobre o imprudente.* (FAN)

8. Concordância do verbo **ser**:

8.1. O verbo concorda:

◇ Com o sujeito (havendo concordância, também, do adjetivo predicativo com o sujeito). ◆ *O CHOPE É ótimo.* (A) ◆ *ESSES PSICOPATAS SÃO profundamente vaidosos, exibicionistas, autodidatas (no sentido psiquiátrico), mitomaníacos e fabulistas.* (IS) ◆ *O RESTO É psicologia de ginásio e receita de milagreiros que nem sequer sabem do que é feita a alma do homem.* (AL)

◇ Com o predicativo (desde que o sujeito não seja representado por nome animado):

- Se o sujeito for um pronome interrogativo. ◆ *– QUEM ÉS TU?* (VES) ◆ *E QUEM ERAM JUDEUS?* (ASA) ◆ *O QUE SÃO EMOÇÕES NOVELESCAS?* (VEJ) ◆ *O RESTO ERAM PESSOAS que passavam na Rua João Teodoro com muita pressa.* (MPB)

- Se o sujeito for um pronome como **isto, isso, aquilo, tudo, nada,** ou outra forma neutra quanto ao gênero (referência nem masculina nem feminina, embora a forma possa ser masculina). ◆ *TUDO ISSO SÃO CONHECIMENTOS relativamente RECENTES.* (CEN) ◆ *Que nada, ISSO aí SÃO MODELOS.* (SL) ◆ *O RESTO ERAM BALAS.* (SD) ◆ *O PIOR SÃO ESSES AMIGOS MAL ENCARADOS do Agileu.* (AS)

- Se o predicativo for um pronome pessoal. ◆ *ESTA SOU EU, ESTE É ELE.* (VN) ◆ *Mas O MOCINHO SOU EU, minha senhora!* (AS)

- Se a oração for impessoal (sem sujeito), o que ocorre nas indicações de:

• horas. ◆ *Aí ele me ligou, ERAM TRÊS HORAS DA MANHÃ, e me fez essa pergunta:* (FSP) ◆ *SERIAM DEZ HORAS DA MANHÃ quando cheguei à agência do Cosmopolita.* (ASV)

• distância. ◆ *Mas daqui até o porto SÃO 20 QUILÔMETROS – disse o pai medroso.* (ATR)

- Se o verbo **ser** tiver o significado de:

• "ser constituído por". ◆ *O RESULTADO SÃO CRIANÇAS ATERRORIZADAS diante do olhar perscrutador do tiranossauro.* (FOC)

• "constituir". ◆ *VINTE ANOS NÃO É BRINCADEIRA!* (OAQ) ◆ *TRÊS SEMANAS É POUCO,* Stragos. (SPI)

8.2. No uso de expressões como **ser necessário, ser preciso, ser proibido**, há duas construções possíveis:

◇ No caso de sujeito posposto, podem ficar invariáveis o verbo e o adjetivo (predicativo) quando o sujeito é tomado genericamente e se quer acentuar o caráter genérico da referência do sujeito. ◆ *Como em tudo na vida, no amor também É PRECISO MODERAÇÃO.* (AVL) ◆ *Não É PROIBIDO VISITAS para pessoas que não são da família?* (SAM) ◆ *É NECESSÁRIO muita FRIEZA para a arte da esgrima.* (BOI)

Entretanto, mesmo com sujeito de referência genérica posposto, o mais comum é que o verbo e o predicativo concordem com ele. ◆ *Não É NECESSÁRIA MUITA PERSPICÁCIA para constatar que, no Brasil pelo menos, as regras acima são sobejamente desrespeitadas.* (ANQ) ◆ *Não SÃO NECESSÁRIOS ADJETIVOS OU PALAVRAS TÉCNICAS para convencer V. sobre a durabilidade do Salto Amazonas.* (MAN) ◆ *E é por esse motivo que SÃO PROIBIDOS DESCONTOS nos estandes da feira.* (FSP)

◇ Faz-se normalmente a concordância do verbo e do predicativo (em gênero e número) quando o sujeito, mesmo posposto, é de algum modo particularizado. ◆ *No Japão É PROIBIDA A CIRCULAÇÃO DE QUALQUER TIPO DE PUBLICAÇÃO exibindo nu frontal.* (FH) ◆ *No caso da Terra, também SÃO NECESSÁRIOS DOIS NÚMEROS para que você possa dizer onde você está. Esses dois números chamam-se Latitude e Longitude.* (ATE) ◆ *Além disso, É NECESSÁRIA A FORMAÇÃO de alguns produtos do metabolismo de outros micro-organismos do fermento.* (ACQ)

concordar

1. Com o significado de "entrar em acordo" usa-se com complemento (referente a pessoa)

iniciado pela preposição **com**. ✦ *O único filho de Rainier, o Príncipe Albert, também não teve dificuldades em CONCORDAR com sua nova companheira.* (MAN)

2. Com o significado de "entrar em acordo a respeito de" usa-se com complemento iniciado pelas preposições:

- **com**. ✦ *Não sei onde estava com a cabeça quando CONCORDEI com essa reunião de amanhã com Cândido Alegria.* (PD)

- **em** (complemento oracional ou não). ✦ *No céu todas as tonalidades de cor foram desfilando enquanto o sol se movia e, pela primeira e única vez em toda existência, os dois CONCORDARAM em um tom de azul como o mais belo entre todos.* (OLA) ✦ *Os estivadores da Codesa CONCORDARAM em trabalhar 24 horas por dia, incluindo finais de semana e feriados.* (AG) ✦ *Os amigos hão de CONCORDAR em que os tempos estão mudando.* (INC)

Quando o complemento oracional não é de infinitivo (isto é, inicia-se por **que**), ele mais geralmente se constrói sem preposição (objeto direto). ✦ *João Rufo CONCORDOU que se lembrava muito bem, tal e qual Sinhazinha dizia.* (MMM) ✦ *O delegado olhou-o e CONCORDOU que sua cara era, em verdade, um perigo público.* (FAB)

concorrer

Usa-se:

◇ com complemento iniciado pela preposição **com**. ✦ *Os colonos do norte se prevaleciam desses baixos preços para CONCORRER vantajosamente com as próprias Antilhas inglesas nesse negócio altamente lucrativo.* (FEB)

◇ com complemento iniciado pela preposição **a**. ✦ *Artistas de diversos países CONCORRERAM a esse grandioso certame de arte, expondo quadros valiosos!* (HP)

concretizar(-se)

Com **z**, como todo verbo formado com o sufixo **-izar**. Significa "tornar(-se) concreto", "realizar(-se)". ✦ *Por várias razões, Antunes,*

Nando e Edu não conseguiram CONCRETIZAR o sonho. (FA)

conde

O feminino é **condessa**. ✦ *Eu e a CONDESSA, tia de Dom Attilio, nascemos no mesmo mês, de 1895.* (ACM)

condenar

Usa-se com complemento sem preposição (objeto direto), podendo ocorrer outro complemento iniciado pela preposição **a**, indicando a pena. ✦ *O Concílio de Granges, em trezentos e cinquenta, CONDENOU essa atitude.* (REA) ✦ *O Tribunal Revolucionário CONDENOU à pena de morte inúmeros suspeitos, entre os quais Maria Antonieta, guilhotinada em 16 de outubro de 1793.* (HG)

Condephaat

É a sigla do **Conselho de Defesa do Patrimônio Histórico, Artístico, Arquitetônico e Turístico do Estado de São Paulo**. ✦ *Enquanto espera a resposta do Condephaat, a administração Regional do bairro começa a incluir as principais ruas no cronograma de recapeamento e limpeza de bueiros.* (ESP)

condescender

Usa-se com complemento iniciado pelas preposições **com** (complemento não oracional) ou **em** (complemento oracional ou não). Significa "ser condescendente", "ceder complacentemente". ✦ *E não se sabia de alguém que ousasse, já não se diz contrariá-la, mas apenas deixar de CONDESCENDER com ela.* (MAD) ✦ *A atualização dessa ideia por Ferrara CONDESCENDE, por um lado, com a necessidade de tornar tudo mais explícito e espetacular no cinema de hoje.* (FSP) ✦ *Tia Marta, enrugada e encanecida, CONDESCENDERA afinal em que eles a visitassem.* (LA) ✦ *Amparada pelas amigas, CONDESCENDEU em sentar-se à mesa e servir-se de uma coxinha do peru.* (SD)

Usa-se também sem expressão de complemento. ✦ *CONDESCENDER será um mal.* (HP) ✦ *Não sabe relevar, fugir do perigo, CONDESCENDER.* (DEN)

condoer-se

Usa-se com complemento (oracional ou não) iniciado pelas preposições **de** ou **por** (mais raramente). Significa "ter dó", "compadecer--se". ◆ *O delegado CONDOEU-SE da minha sorte justamente quando eu menos esperava que SE CONDOESSE.* (AL) ◆ *E, no entanto, sua memória estava povoada de lembranças amargas. Desde o primeiro dia em que botou os pés no casarão da família, levado pelo padrinho, que SE CONDOERA de vê-lo órfão recente e ainda criança.* (TER) ◆ *É Salô a SE CONDOER no quarto pelo abandono do amante.* (FIC)

condolências

É substantivo que só se usa no plural (*pluralia tantum*). É o mesmo que **pêsames**. ◆ *Logo que soube do massacre, Rabin telefonou a Arafat para apresentar CONDOLÊNCIAS e desvincular seu governo da matança.* (VEJ)

condômino

A sílaba tônica é a antepenúltima (**DÔ**), e, por isso, a palavra leva acento (proparoxítona). ◆ *Vê quando é essa reunião dos CONDÔMI-NOS e se ele vai mesmo ao distrito armar um flagrante.* (IC)

condor

É substantivo masculino, referindo-se ao macho e à fêmea do animal (substantivo epiceno). É palavra oxítona, isto é, a sílaba tônica é a última (**DOR**). Não leva acento porque é uma palavra oxítona terminada em **R**. ◆ *A rua é dos carros como o céu é do CONDOR.* (OV)

condottiere

É palavra italiana que significa "condutor", "capitão". Designa, particularmente, chefe de mercenários. ◆ *Nestas ocasiões, o italiano lançava sobre ele um olhar a furto, cheio de malícia e ironia; depois continuava a assobiar entredentes uma cançoneta de CONDOT-TIERE, de quem ele apresentava o verdadeiro tipo.* (GUA-R) ◆ *Que o CONDOTTIERE da livre escolha do salário seja ninguém menos que o presidente do Supremo Tribunal Federal é justo e compreensível.* (FSP)

conexão

Com **X**, que soa **KS**. ◆ *Chegando a Frankfurt, peguei CONEXÃO da Panam para Berlim.* (VA)

confabular

Usa-se com complemento iniciado pela preposição **com**. ◆ *Noeca CONFABULOU com os homens.* (GRO)

conferenciar ⇨ Ver -iar.

1. A conjugação é regular.

2. Usa-se com complemento iniciado pela preposição **com**. ◆ *Benjamin Vargas CON-FERENCIAVA logo a seguir com o sr. Getúlio Vargas.* (GLO)

confessar, confessar-se

1. **Confessar** usa-se com um complemento sem preposição (objeto direto, oracional ou não), podendo ocorrer outro complemento iniciado pela preposição **a**. ◆ *O homem CONFESSOU tudo.* (AFA) ◆ *E sou obrigado a CONFESSAR que assim foi durante muito tempo.* (CCA) ◆ *Ela me CONFESSOU que tinha grandes expectativas para o Acre.* (GI)

2. **Confessar-se** usa-se:

◇ com complemento iniciado pela preposição **a**. ◆ *Antes, eu ME CONFESSAVA aos padres e não sentia alívio algum.* (FA)

◇ com predicativo do sujeito. ◆ *Também Fidel Castro SE CONFESSOU marxista apenas quando já tinha o poder nas mãos.* (JT)

confete

1. É a palavra portuguesa correspondente ao italiano *confetti* (plural de *confetto*). ◆ *Sussuca vai pelo braço do namorado, espremida, ouvindo graças, comendo CONFETE.* (MRF)

2. O plural português é **confetes**. ◆ *Milhões de CONFETES e serpentinas cruzando o ar...* (JT)

confiar ⇨ Ver -iar.

1. A conjugação é regular.

2. Modo de construção:

◇ Significando "ter confiança", usa-se com complemento iniciado pela preposição **em**.

♦ *CONFIAMOS na capacidade de reação e recuperação moral do povo brasileiro.* (ESP)

◇ Significando "entregar em confiança aos cuidados de", usa-se com dois complementos, um sem preposição (objeto direto) e outro (objeto indireto de pessoa) iniciado pela preposição **a**. ♦ *Parecia querer CONFIAR a nós a missão de reconstruir o passado de esplendor da mansão.* (ACM)

confinar

1. Significando "ter como limite", usa-se com complemento iniciado pela preposição **com**. ♦ *Os fundos do quintal da casa do carpinteiro CONFINAM com o terreno da macumbeira.* (AP)

2. Significando "encerrar nos limites de", usa-se com complemento sem preposição (objeto direto) e com indicação locativa iniciada pelas preposições **em** ou **a**. ♦ *Na manhã da despedida, em Beirute, ela se desgarrou dos irmãos e CONFINOU-se no convento de Ebrin, do qual sua mãe já lhe havia falado.* (REL) ♦ *A época vitoriana, por exemplo, com seus exagerados ideais de pudor, CONFINOU o prazer à alcova dos pais, que, legítimo casal, deveria observar apenas e tão somente a finalidade de procriar.* (PO)

confins

É substantivo que só se usa no plural (*pluralia tantum*). O substantivo designa lugar muito distante. ♦ *A capital não fica nos CONFINS do mundo.* (AM)

confiteor

É palavra latina que significa "eu me confesso". É fórmula de confissão constante da liturgia católica. Também significa "confissão" (o sacramento). ♦ *Ter aversão a todas as formas de confissão e ser membro de duas instituições que acreditavam na essencialidade do CONFITEOR talvez explicasse o raciocínio tortuoso do tira, que estou tentando, com equanimidade, elucidar.* (BU)

conformar-se

1. Significando "tornar-se conforme", "amoldar-se", usa-se com complemento introduzido pelas preposições **a** ou **com**. ♦ *O caráter nacional, as práticas sociais, o jeitinho, a praia, o Carnaval etc. têm que SE CONFORMAR a essa visão exótica de um gozo idílico.* (FSP) ♦ *Obediência é a disposição da vontade de CONFORMAR-SE com ordens de legítima autoridade.* (LE)

2. Significando "resignar-se", usa-se sem complemento ou com complemento iniciado pela preposição **em**. ♦ *O doutor Onisvaldo, não tendo outro jeito, CONFORMOU-SE.* (GTT) ♦ *CONFORMOU-SE em dizer que o destino dos filhos já não lhe interessava.* (REL)

conforto

O plural é **confortos**, com **O** fechado. ♦ *Senna tinha o suficiente para desfrutar todos os CONFORTOS de milionário até a velhice.* (VEJ)

confrade, confreire

O feminino de ambas as formas é **confreira**. O substantivo designa membro de confraria, ou, mais genericamente, companheiro, camarada. Esse feminino só ocorreu para indicação normativa de uso linguístico. ♦ *Usemos, pois, o nosso "CONFREIRA" como feminino de "CONFREIRE" e também de seu sinônimo "CONFRADE" (...).* (VID)

confraria

É coletivo para confrades, associação de pessoas da mesma categoria, particularmente com fins religiosos. ♦ *Vovó ainda não era da CONFRARIA.* (VIC)

confraternizar, confraternizar-se

A forma **confraternizar** (não pronominal) é, em geral, a registrada e recomendada em manuais normativos e em dicionários. É, também, a mais usual (65%). Usa-se sem complemento ou com complemento iniciado pela preposição **com**. ♦ *Rompe com Joe constantemente durante a noite; pela manhã, CONFRATERNIZA.* (CV) ♦ *Benjamim Campolargo, que assistia à festa da sacada de sua residência, desceu para a praça e CONFRATERNIZOU com o povo.* (INC)

confrontar, confrontar-se

Entretanto, está dicionarizada e é usual, embora com menor frequência (35%), a forma pronominal (**confraternizar-se**). ◆ *Um Presidente da República já não pode conservar aquelas insígnias majestosas de um imperador, tem de CONFRATERNIZAR-SE com o povo.* (JK-O)

Também com indicação de reciprocidade ocorrem as duas formas, a não pronominal e a pronominal. ◆ *Conversas, risadas, tinir de copos, barulho dos mergulhos CONFRATERNIZAM em torno deste banheirão comum.* (CH) ◆ *Eles se abraçam e se beijam, enquanto todos SE CONFRATERNIZAM.* (REI)

confrontar, confrontar-se

1. **Confrontar** usa-se com um complemento sem preposição (objeto direto) e outro iniciado pela preposição **com**. ◆ *À medida que se iam aproximando da fazenda, Damião só fazia CONFRONTAR o que via com o que tinha na lembrança.* (TS)

2. **Confrontar-se** usa-se com complemento iniciado pela preposição **com**. ◆ *Nascida em uma família de meeiros no sul dos Estados Unidos, ela CONFRONTOU-SE com racismo, ignorância e ódio.* (FSP)

Congo [África]

Os adjetivos pátrios são **conguês** e **congolês**. ◆ *O caráter hierático da dança ritual dos nagôs se modificou, no Brasil, primeiro, pela sua aceitação por elementos angolenses e CONGUESES, na Bahia.* (CAN) ◆ *Soldado CONGOLÊS olha manifestantes que se concentram para passeata.* (FSP) ◆ *O porco iniciático dos CONGOLESES e sacrificial dos egípcios – grato à Lua e a Osíris.* (BAL)

congratular, congratular-se

1. **Congratular** usa-se com complemento sem preposição, referente a nome humano. Significa "dirigir cumprimento a, por algum motivo que deva ser festejado". ◆ *Devemos CONGRATULAR Madeleine Albright, que fez pressão no governo israelense para mudar a política em relação aos palestinos.* (FSP)

2. **Congratular-se** usa-se com complemento iniciado pela preposição **com**. Significa "par-

tilhar de alegria, dirigindo cumprimento". ◆ *Vinham CONGRATULAR-SE com os soldados da liberdade, oferecer seus serviços.* (JT)

congregação

É coletivo para:

◇ religiosos. ◆ *Há entre eles um único judeu ortodoxo, que não tem uma CONGREGAÇÃO com a qual possa rezar.* (IS)

◇ professores universitários investidos de representatividade. ◆ *O professor estava sossegado (...) quando os agentes do DOPS, delicadamente, interromperam sua preleção, algemaram-no diante de seus discípulos e o levaram para a sala da CONGREGAÇÃO, improvisada como tribunal de inquirição.* (ACT)

congresso

É coletivo para pessoas congregadas para algum fim ou alguma tarefa. ◆ *Há mulheres participando de decisões no CONGRESSO, nas empresas e em outras profissões.* (VEJ) ◆ *Eu apresentei esta tese num CONGRESSO no México e fui vaiado, mas sustento.* (ANB)

conhaque

É a forma portuguesa correspondente ao francês *cognac*. ◆ *Num andar de autômato, foi até a bandeja e serviu-se de CONHAQUE.* (CP)

conimbricense ⇨ Ver **Coimbra**.

É adjetivo correspondente à cidade de Coimbra (Portugal), assim como **coimbrão**. ◆ *Os CONIMBRICENSES – (...) e mais tarde a Congregação geral de 1593 obrigou os jesuítas a escreverem um grande comentário à obra de Aristóteles, conhecido como Curso Conimbricensium.* (HF)

conjectura, conjetura; conjecturar, conjeturar ⇨ Ver **conjuntura**.

1. **Conjectura** e **conjetura** são formas variantes. A primeira, **conjectura**, é mais usual (67%). Significam "suposição", "hipótese". ◆ *Um tratado de paz de tanta transcendência exige uma incursão na história e uma ousada CONJECTURA metafísica teológica.* (IS) ◆ *Bento percebia uma inimizade por parte de*

Viana, pressentia seus olhos rondando-o como a fazer CONJETURAS e suposições. (RET)

2. Do mesmo modo, **conjecturar** e **conjeturar** são formas variantes, e também neste caso a primeira, **conjecturar**, é a mais usual (63%). ✦ *Assim CONJECTURAVA quando notei que Ribamar vinha até mim, caminhando para a sala, com uma vela acesa na mão.* (CHI) ✦ *Quando finalmente se noticiou que ele ia se casar, houve uma comoção geral, e o assunto único foi CONJETURAR quem seria a feliz eleita.* (CCA)

Conjuntura significa "situação", "conjunto de circunstâncias".

cônjuge

O substantivo **cônjuge** é masculino, referindo-se indiferentemente a elemento do sexo masculino ou do sexo feminino (substantivo sobrecomum). ✦ *Por acaso é proibido um CÔNJUGE procurar o outro, mesmo desquitados, principalmente se tratando de visita a uma doente?* (VN)

conjunto

É coletivo de composição não indicada, como **grupo**. ✦ *E então, as duas grandes cantoneiras entalhadas, que pareciam sustentar o CONJUNTO do dossel, eram falsas.* (ACM)

Usa-se especialmente para músicos. ✦ *Quando, porém, a fábrica americana Victor reúne um CONJUNTO de músicos sob o nome de Turuna Caipira Victor, a partir de outubro de 1929, a música da área rural de São Paulo se transforma realmente em música popular urbana.* (PHM) ✦ *Embora estabeleça uma rígida separação entre homens e mulheres nos cultos, o CONJUNTO musical é uma exceção.* (PEN)

conjuntura ⇨ Ver conjectura, conjetura.

O substantivo **conjuntura** significa "situação", "conjunto de circunstâncias". ✦ *Num átimo Benjamim examinou mentalmente a difícil CONJUNTURA.* (INC)

Conjectura, ou **conjetura**, significa "suposição", "hipótese".

conquanto ⇨ Ver com quanto.

É conjunção concessiva. ✦ *Os seus sentimentos em relação a Maria não haviam mudado, CONQUANTO ela já não fosse a mocinha que ele outrora namorara.* (ALE)

consagrar-se

Usa-se com complemento iniciado pela preposição **a**. ✦ *Nomeado bispo de Ratisbona, renunciou ao cargo para CONSAGRAR-se ao ensino em Colônia, onde morreu.* (HF)

consciência, consciente

Com **SC**. ✦ *Minha CONSCIÊNCIA foi mais forte que qualquer outro sentimento.* (A) ✦ *Poucas empresas brasileiras praticam uma política adequada e CONSCIENTE de qualidade no atendimento.* (ESP)

conscientizar(-se)

1. Com **Z**, como todo verbo formado com o sufixo **-izar**. Significa "tomar consciência".

2. Usa-se com complemento iniciado pela preposição **de**. A forma não pronominal, **conscientizar**, tem, ainda, um complemento sem preposição (objeto direto). ✦ *A primeira delas é a formação de uma mentalidade de turismo no País, CONSCIENTIZANDO o povo brasileiro das vantagens do turismo interno.* (LS-O) ✦ *Os últimos anos têm feito o Brasil SE CONSCIENTIZAR mais de sua inserção na América Latina.* (OS)

conseguir

De conjugação irregular, o verbo **conseguir** tem **I** na primeira pessoa do singular do presente do indicativo, e, consequentemente, em todo o presente do subjuntivo. Nas demais formas o radical tem **E**, que é aberto quando é tônico. ✦ *Se o paciente procurar o psicanalista, é possível que CONSIGA superar os traumas psicológicos.* (REA) ✦ *O gerente do hotel tenta interferir mas não CONSEGUE apartá-los.* (AVL)

conselho ⇨ Ver concelho.

O substantivo **conselho** significa:

✧ "parecer", "recomendação". ✦ *Muitas cartas chegavam com plantas para identificar, dinheiro, pedidos de CONSELHO.* (GL)

consentir

◇ "corpo coletivo que opina", "assembleia".
• *Politicamente, os fenícios encontravam-se divididos em cidades-Estado, cada uma governada por um rei e um CONSELHO de anciães, magistrados e sacerdotes.* (HG)

O substantivo **concelho** designa circunscrição administrativa imediatamente inferior ao distrito.

consentir

Significa "permitir", "anuir". Usa-se com:
◇ complemento sem preposição (objeto direto, oracional ou não), podendo ocorrer outro complemento iniciado pela preposição **a**, indicando a pessoa a quem é dado o consentimento. • *Quando o governo não CONSENTIR a petição às câmaras, CONSENTE implicitamente a revolta do povo.* (FI) • *Aos espíritos que se empenham em suscitar as lutas destruidoras, que Deus lhes CONSINTA meditarem sobre o valor simbólico desta solenidade.* (JK-O)
◇ complemento iniciado pela preposição **em**. • *Beja, avisada de que o marido de D. Emerenciana lhe trouxera um presente, CONSENTIU em recebê-lo.* (VB)

consertar, conserto ⇨ Ver concertar, concerto.

1. **Consertar** (com **S**) significa "reparar", "restaurar". • *Egeu dá um salto, percebendo que Jasão CONSERTOU o rádio.* (GA)
2. O substantivo **conserto** (com **S**) significa "reparo", "restauração". • *Trinta minutos é o prazo máximo, a partir de agora, para o CONSERTO de estradas de concreto e pistas de aeroportos.* (REA)

Concertar significa "combinar", "harmonizar". O substantivo **concerto** significa "acordo", "harmonia" e designa, também, espetáculo musical.

consigna, consigno

1. A sílaba tônica é **SIG** (separação silábica: **con-sig-na / con-sig-no**).
2. O verbo **consignar** significa "afirmar", "declarar", "estabelecer". Usa-se com complemento (oracional ou não) sem preposição (objeto direto). • *Na encíclica, por seu lado,*

Pio XI CONSIGNA que o ideal a que visam os esforços dos marxistas é exacerbar a luta de classes. (MA-O)

consistir

Segundo as lições tradicionais, constrói-se com complemento iniciado pela preposição **em**. • *Nossa arte CONSISTE em cuidar do doente, não da doença.* (APA) • *A maioria delas CONSISTE em erupções cutâneas benignas.* (ANT)

Entretanto, na acepção de "compor-se", "ser constituído", é comum o uso da preposição **de**, talvez por sugestão das construções com esses verbos de significado semelhante. • *O dêuteron – que CONSISTE de um próton e um nêutron ligados pela força forte – é o primeiro núcleo a se formar.* (FOC)

Nessa acepção, ocorre, no seguinte trecho de linguagem técnico-científica, uma construção com a preposição **em**, seguida de outra com a preposição **de**. • *Estas inclusões são de dois tipos: o primeiro CONSISTE em longos cristais de rutílio, retilíneos e aciculares, arranjados em três conjuntos paralelos que se entrecruzam com ângulos de sessenta graus. O outro tipo de seda CONSISTE de cristais negativos longos, estreitos e ocos, com arranjos semelhantes ao que acima foi referido.* (PEP)

consistório

É coletivo para cardeais, reunidos em assembleia sob presidência do papa. • *O papa João Paulo 2º abre no Vaticano um CONSISTÓRIO (reunião de cardeais) extraordinário convocado para preparar a Igreja Católica para o ano 2000.* (FSP)

consolar-se

Usa-se com complemento iniciado pela preposição **com**. • *Costner terá de SE CONSOLAR com as duvidosas láureas da instituição Framboesa de Ouro, que premia os piores do ano, um dia antes do Oscar.* (VEJ)

consolo

O plural é **consolos**, com **O** fechado. • *Em troca, renunciando aos míseros CONSOLOS* *da solidão, poderia abrir-lhe as portas do paraíso.* (CE)

conspirar

1. Significando "contribuir para um mesmo fim", "concorrer", usa-se com complemento iniciado pela preposição **a**. ✦ *Tudo àquela hora CONSPIRAVA à confidência e ao perdão.* (CJ)

2. Significando "maquinar em comunidade", "tramar", usa-se com complemento iniciado pela preposição **para**. ✦ *Os banqueiros judeus e judeus comunistas CONSPIRAVAM para eliminar os povos arianos.* (NAZ)

3. Significando "maquinar em comunidade coisa contrária aos interesses de outrem", "entrar em uma conspiração", usa-se com complemento iniciado pela preposição **contra**. ✦ *Dois coronéis da Polícia presos na semana passada acusados de CONSPIRAR contra o General Peguon foram nomeados cônsules na Jamaica.* (JB)

constar

1. Usa-se com complemento iniciado pela preposição **de**, significando:

◇ "fazer parte". ✦ *Pelo menos 15 pessoas CONSTAM da relação.* (ESP) ✦ *A coleta limita-se à transcrição de dados, e os resultados refletirão apenas o que CONSTAR dos registros.* (NP)

◇ "consistir", "constituir-se". ✦ *O rancho propriamente CONSTA de dois lances, mais a cozinha.* (DES)

2. Usa-se com complemento iniciado pela preposição **em** (complemento de lugar), significando "estar registrado". ✦ *CONSTA nos autos, nas bulas, nos mapas. Está nas pesquisas.* (REI)

constatar

O uso de **constatar** (do francês *constater*) é considerado pelos puristas um galicismo, por haver verbos portugueses com o mesmo significado: **verificar, notar, comprovar**. Entretanto, esse uso é corrente, nos diversos tipos textuais. ✦ *É impossível deixar de CONSTATAR, porém, que a classe média está sufocada por*

impostos e por uma realidade cada vez mais violenta. (VEJ)

constelação

É coletivo para estrelas. ✦ *Havia um diálogo entre a fumaça das fornalhas e as estrelas da CONSTELAÇÃO.* (UQ)

constituir

1. Na conjugação, há formas em que o I forma ditongo com o U (**UI**), e, nesse caso, pela regra geral de acentuação, não há acento. ✦ *Porém, o meu respeito pela intimidade dos outros CONSTITUI freio salutar e necessário.* (CH)

Há formas em que o I é vogal tônica, formando hiato com o U (**UI**), e, nesse caso, pela regra geral de acentuação:

◇ ele é acentuado quando fica sozinho na sílaba, ou apenas com um S. ✦ *De tão grande, já CONSTITUÍA agora quase um bairro.* (CAS) ✦ *Como se a morte CONSTITUÍSSE, em si, um despojo, disputado valentemente por aqueles dois jovens.* (OE)

◇ ele não é acentuado se não fica sozinho na sílaba. ✦ *Uma espécie de clareira parecia CONSTITUIR uma interrupção daquele mundo sombrio.* (REL)

2. Modo de construção de **constituir-se**:

◇ Significando "passar a ser", usa-se com complemento iniciado pela preposição **em**. ✦ *A conclusão final de Presthus é que os papéis organizacionais precisam CONSTITUIR-SE em um meio auxiliar de estímulo à criatividade individual.* (BRO)

◇ Significando "ser composto", usa-se com complemento iniciado pela preposição **de**. ✦ *O universo criado por ele do nada CONSTITUI-SE de dois elementos básicos: o espírito e a matéria.* (ESI)

construir ⇨ Ver **destruir**.

De conjugação irregular, o verbo **construir** (como **destruir**) tem U apenas na primeira pessoa do singular do presente do indicativo (e, consequentemente, em todo o presente do subjuntivo). Nas demais formas o radical tem O, que é aberto quando é tônico, e que forma ditongo aberto com a semivogal I.

cônsul, consulesa

♦ *Em primeiro lugar CONSTRUA o seu ideal dentro dos limites das suas possibilidades.* (FSP) ♦ *A realidade só é real para quem a CONSTRÓI.* (REP)

A forma **constroem** (terceira pessoa do plural do presente do indicativo) não leva acento. ♦ *As frentes de trabalho movimentam a região, mas não CONSTROEM nada de duradouro.* (VEJ)

cônsul, consulesa

Consulesa é feminino de **cônsul**, designando tanto a esposa do cônsul como a titular de um consulado. Só com este último significado, entretanto, a palavra ocorreu. ♦ *É nas ilhas Seychelles o novo posto da CONSULESA Marie Françoise Viaux.* (FSP)

Entretanto, há instruções como a que segue: ♦ *Segundo o Itamaraty, a nomenclatura convencional da diplomacia estabelece diferença entre os termos "CÔNSUL" e "CONSULESA". Machiko, de acordo com a convenção, deveria ser tratada por CÔNSUL, pois era representante oficial do governo japonês no Brasil. A denominação "CONSULESA" é usada somente para esposas de cônsules.* (FSP)

Desse uso é exemplo: ♦ *A situação foi resolvida depois de negociação entre os ambulantes, o inspetor da Receita Federal, Juarez Bassan, e a CÔNSUL da Bolívia em Corumbá, Lene Sotto.* (FSP)

Consummatum est.

É frase latina que significa "Tudo está consumado". São as últimas palavras de Cristo na cruz, segundo a tradução latina do Evangelho na *Vulgata* (São João, XIX, 30). É usada para indicar que alguma coisa de grande gravidade está consumada, decidida. ♦ *Mas não houve greves, noites de vigília, nem manifestos dos intelectuais da esquerda escocesa. CONSUMMATUM EST.* (MAN)

contagiante, contagioso

1. **Contagiante** significa "que se propaga (como) por contágio". ♦ *Há sempre uma alegria CONTAGIANTE na travessia, que assim o tempo passa rapidamente.* (ATR)

2. **Contagioso** significa "que se propaga por contágio", referindo-se, especialmente, a contágio por agente patogênico, e, portanto, a moléstias. ♦ *Esse tipo de micose, também CONTAGIOSO mas de baixa incidência, é combatido com um antibiótico à base de iodo.* (GL) ♦ *O serrazulismo é um mal CONTAGIOSO e compõe-se de dois elementos: saudade e tradição.* (S)

contagiar, contagiar-se ⇨ Ver -iar.

1. **Contagiar** usa-se com complemento sem preposição (objeto direto), podendo ocorrer outro complemento iniciado pela preposição **com**. ♦ *Pouco importa que o ceticismo de alguns tente CONTAGIAR-nos com o cansaço de seus desalentos e a preguiça e suas descrenças.* (JK-O)

2. A forma pronominal **contagiar-se** usa-se com complemento iniciado pelas preposições **com** ou **por**. ♦ *O Sr. Juscelino não deve CONTAGIAR-SE, por qualquer meio ou forma, com o petebismo, principalmente com o janguismo.* (CRU) ♦ *Todos garantem CONTAGIAR-SE pelo mesmo ideal que encontra no brasileiro Frans Krajcberg um símbolo perfeito.* (VEJ)

container, contêiner

1. *Container* é palavra inglesa que designa caixa de grandes dimensões apropriada para acondicionamento e transporte de carga. ♦ *Importações de até US$ 40 mil não enchem um CONTAINER.* (FSP)

2. A forma aportuguesada, oficialmente registrada, é **contêiner**, que se usa com muito mais frequência (84%), embora a grafia *container* também ocorra. A forma portuguesa leva acento porque se trata de paroxítona terminada em **R**. ♦ *É impossível a checagem CONTÊINER a CONTÊINER na alfândega.* (FSP)

O plural português é **contêineres**. ♦ *No porto paulista de Santos, há registros cada vez mais numerosos e alguns deles apontam até para o desaparecimento de CONTÊINERES inteiros.* (IS)

contaminar, contaminar-se

1. **Contaminar** usa-se com complemento sem preposição (objeto direto), podendo ocorrer

214

outro complemento iniciado pela preposição **com**. ◆ *Um dos presos aidéticos cortou o braço e ameaçou CONTAMINAR com o sangue quem se aproximasse, caso seus pedidos não fossem atendidos.* (FSP)

2. **Contaminar-se** usa-se com complemento iniciado pelas preposições **com** ou **de**. ◆ *Oliveira CONTAMINOU-SE da compaixão, que dominava a mulher.* (TER) ◆ *(...) toma um avião para o Zaire, CONTAMINA-SE com o vírus Ebola.* (VEJ)

contanto que ⇨ Ver com tanto.

É a locução conjuntiva condicional (= **se e somente se**). ◆ *Todos eram doidinhos por disparar fuzis, CONTANTO QUE não matassem cristão nenhum.* (PFV)

contatar, contactar

1. São formas variantes, mas a forma **contatar** é muito mais frequente (78%).

2. O uso desse verbo é considerado por puristas um anglicismo.

Entretanto, o uso é frequente. ◆ *Quando empreitamos uma obra é o empreiteiro quem CONTATA empregados e se responsabiliza pelas obrigações previdenciárias.* (CH) ◆ *As editoras vão CONTACTAR as entidades que representam os escritores para que se incorporem ao movimento.* (FSP)

contato, contacto

São formas variantes, mas a forma **contacto** é muito raramente usada (2%). ◆ *Os doentes necessitam de que alguém os toque, e parte de seu sofrimento é a ausência de CONTATO humano.* (APA) ◆ *Sua mente enferma perdeu totalmente CONTACTO com a realidade.* (CH)

contemporizar

1. Com **Z**, como todo verbo formado com o sufixo **-izar**.

2. Modo de construção:

◇ No sentido de "acomodar", usa-se com complemento sem preposição (objeto direto). ◆ *A elite ilustrada norte-americana buscara caminhos que CONTEMPORIZASSEM os interesses dos diferentes grupos sociais.* (CRO)

◇ No sentido de "chegar a acordo", "transigir", "condescender", usa-se com complemento iniciado pela preposição **com**. ◆ *A linha dura CONTEMPORIZAVA com Castello, mas se preparava para a revanche com Costa e Silva.* (REA)

contentar-se

Usa-se com complemento iniciado pelas preposições **com**, **de** ou **em**. ◆ *O assassino-intelectual já deixou claro que não vai CONTENTAR-SE com os quinze minutos de fama a que, segundo o artista plástico Andy Warhol, todos nós temos direito.* (VEJ) ◆ *Precisava, só, de um argumento para salvar Jovelinda e tranquilizar Ananias e, na falta de assentimento que procurara obter, CONTENTOU-SE de ouvir de Valério.* (PFV) ◆ *No fim, para seu desconsolo, Itamar teve de SE CONTENTAR em ficar mesmo no lugar que lhe cabia de acordo com o manual diplomático.* (VEJ)

conter

Conjuga-se como o verbo **ter**. ◆ *Amleto CONTEVE a custo uma exclamação.* (VPB) ◆ *Ela mal CONTINHA o entusiasmo.* (ACM) ◆ *Se a água CONTIVER algum pigmento, este é transportado para o interior das fissuras (...).* (PEP)

Como as formas de terceira pessoa (do singular e do plural) do presente do indicativo são oxítonas em **-em**, elas são acentuadas: com acento agudo no singular e com acento circunflexo no plural. ◆ *O livro CONTÉM uma devastadora crítica da "Teologia da Libertação".* (CB) ◆ *Tenho curiosidade de saber o que CONTÊM os tais caixões.* (ROM)

contestar

Tem o significado de "contradizer", "negar direito ou legitimidade a". ◆ *Nenhum dos presentes CONTESTOU estas palavras.* (INC) ◆ *O funcionário da Nuclen não CONTESTOU estas consequências de suas próprias extrapolações.* (GAI)

No sentido genérico de "responder" é considerado castelhanismo por puristas.

◆ *– Não seria por causa daquela nossa conversa sobre Absalão? – interrompi.*

continuum, contínuo

– Não sei dizer – CONTESTOU, impassível. (AV)

continuum, contínuo

1. **Continuum** é palavra latina que designa um conjunto contínuo. ♦ *É a crença em seu poder de resolução que nos permite alinhar num mesmo CONTINUUM esses "agentes aliviadores da alma humana".* (PSC)

2. Muito pouco usada (5%) é a forma aportuguesada **contínuo**. ♦ *As respostas dadas, ao longo deste período, podem ser dispostas em um CONTÍNUO.* (FSP)

contista ⇨ Ver comtista.

Contista é a pessoa que compõe contos. ♦ *Um dos escritores chegou a argumentar que é um profissional, não um "CONTISTA mineiro".* (JB)

Comtista é o seguidor da filosofia de Augusto Comte.

contorno

O plural é **contornos**, com **O** fechado. ♦ *Os pintores do teatro respeitaram a tribuna e ajustaram o desenho da ramaria aos CONTORNOS dela.* (ACM)

contra, contra-

1. **Contra**:

1.1. É preposição. ♦ *A luta sindical é uma luta CONTRA os efeitos do capitalismo e não CONTRA as suas causas.* (SIN)

É tradicionalmente considerado **galicismo** sintático o emprego da preposição **contra** em construções do tipo de **pagar contra recibo** (com a preposição **contra** indicando meio, instrumento).

Entretanto, é construção usual. ♦ *Só faça o pagamento CONTRA recibo.* (FSP)

São tradicionalmente consideradas **anglicismos** sintáticos construções em que a preposição **contra** não vem seguida do elemento regido (fica no fim da oração).

Entretanto, são construções muito usadas. ♦ *Quem não está a favor da gente está CONTRA.* (IC)

1.2. É substantivo que significa:

✧ "fator desfavorável", "empecilho" (geralmente usado no plural, o oposto do substantivo **pró**). ♦ */P: Bem, Dr. Cândido, o senhor me falou sobre os prós e eu gostaria de ouvi-lo sobre os CONTRAS. /Dr. C: Há prós e CONTRAS, mas não tanto do ponto de vista científico.* (FIG)

✧ "resposta negativa", "objeção". ♦ *Para ter uma saída, já que ele era meu hóspede, amaciei o CONTRA que lhe dei.* (TS)

2. **Contra-** é prefixo de origem latina que indica oposição, ação contrária (como o prefixo de origem grega **anti-**). Liga-se ao elemento seguinte:

✧ com hífen, se o elemento começar por **H**, como em **contra-habitual**, ou por **A** (que é a mesma vogal em que o prefixo termina). ♦ *Eu esperei o CONTRA-ataque de Anna.* (ACM)

✧ sem hífen, antes das outras consoantes e vogais. ♦ *Depois da CONTRADANÇA vai haver um sucesso!* (REA) ♦ *O CONTRAGOLPE não se faz esperar.* (H) ♦ *Havendo obstrução do delgado, o uso de bário por via oral é CONTRAINDICADO.* (GAC) ♦ *Nenhum funcionário da CIA foi demitido ou rebaixado por causa das falhas de segurança que permitiram a Aldrich Ames CONTRAESPIONAR para a URSS durante oito anos.* (FSP)

Se o elemento seguinte começar por **R** ou **S**, é necessário duplicar essa letra (que ficará entre duas vogais, na escrita). ♦ *O senhor não considera um CONTRASSENSO negar recursos através de um aumento do ICMS e aprovar emendas que concedem isenções fiscais?* (JCP)

contracheque ⇨ Ver holerite.

É forma vernácula que pode ter o mesmo significado de **holerite** (que corresponde ao inglês *hollerith*). As duas palavras se alternam, com preferências regionais. ♦ *A escola dos filhos é a de todos: aquela em que o professor também é servidor, municipal ou estadual, e ganha um CONTRACHEQUE de sobrevivência.* (VEJ)

contribuir

contralto

1. O substantivo **contralto** é tradicionalmente indicado como masculino, para referência, indiferentemente, a elemento do sexo masculino ou do sexo feminino (substantivo sobrecomum). ◆ *Os jornais informam que abreviaram o início da temporada e depois de amanhã um grande CONTRALTO canta a Carmen.* (JM)

2. Entretanto, quando a referência é a pessoa do sexo feminino – o que ocorre na quase totalidade dos casos –, indica-se o feminino por meio do adjunto que acompanha o substantivo, e, portanto, **contralto** funciona como substantivo comum de dois. ◆ *A peça exigia no mínimo uma soprano e uma CONTRALTO, um contratenor, um tenor e um baixo.* (FSP)

contrapé

É substantivo masculino. Usa-se na expressão **no contrapé**, que significa "no sentido oposto ao esperado", "de surpresa". ◆ *A decisão do STF afeta a vida de mais de 2,5 milhões de famílias e pegou a equipe econômica no CONTRAPÉ.* (VEJ)

contrapor(-se)

1. Conjuga-se como **pôr**. ◆ *É uma espécie de álgebra política, em que muitos fatores SE CONTRAPÕEM, e se afetam mutuamente, para chegar a um resultado médio.* (DIP) ◆ *O governo parece disposto a lançar iniciativas que SE CONTRAPONHAM às pressões inflacionárias.* (FSP) ◆ *Eu então CONTRAPUS uma proposta, para que ele mandasse cobrar de todo mundo que devia.* (FSP)

2. Modo de construção:

◇ **Contrapor** usa-se com dois complementos, um sem preposição (objeto direto) e outro iniciado pela preposição **a**. ◆ *Que ninguém venha CONTRAPOR a esses dados estimativas de câmbio real baseadas em índices de preços no atacado.* (FSP)

Os dois complementos podem coordenar-se, na posição de objeto direto. ◆ *Tal posição, frequentemente, CONTRAPÕE ciência e humanismo e espera das pessoas uma opção em termos de valores.* (BRO) [= **contrapõe** ciência **a** humanismo]

◇ **Contrapor-se** usa-se com complemento iniciado pela preposição **a**. ◆ *Sem CONTRAPOR-SE ao Neoclassicismo e ao Iluminismo, o Arcadismo acrescenta-se a essas tendências.* (PER)

Contraria contrariis curentur/curantur. ⇨ Ver *Similia similibus curentur/curantur.*

É frase latina que constitui o princípio básico da medicina clássica (alopatia), em oposição ao da homeopatia (*Similia similibus curentur/curantur*). Com duas variantes (verbo no subjuntivo ou verbo no indicativo), significa "Os contrários sejam curados pelos contrários" e "Os contrários são curados pelos contrários", respectivamente. A forma no subjuntivo não ocorreu. ◆ *CONTRARIA CONTRARIIS CURANTUR, os contrários são curados pelos contrários, base da terapêutica medicamentosa galênica (origem da atual alopatia).* (HOM)

contraveneno ⇨ Ver **antídoto**.

Sem hífen. O substantivo designa droga contra veneno (o mesmo que **antídoto**). ◆ *Explicou o fenômeno pela presença de um veneno do nervo no endosperma do arroz polido, para o qual haveria um CONTRAVENENO na casca do arroz integral.* (NFN)

Em 99% dos casos se usa **antídoto**.

contribuir

1. Na conjugação, há formas em que o I forma ditongo com o U (UI), e, nesse caso, pela regra geral de acentuação, não há acento. ◆ *A posição geográfica CONTRIBUI de maneira decisiva para essas atitudes dos ibéricos.* (OMA)

Há formas em que o I é vogal tônica, formando hiato com o U (UI), e, nesse caso, pela regra geral de acentuação:

- ele é acentuado quando fica sozinho na sílaba, ou apenas com um S. ◆ *A inexistência de dotes CONTRIBUÍA para igualar as fortunas.* (REA) ◆ *Mas a solidariedade externa teria um valor inestimável se CONTRIBUÍSSE*

controle

também para a resolução prática dos nossos problemas de pobreza. (FSP)

- ele não é acentuado se não fica sozinho na sílaba. ✦ *Os livros didáticos costumam CON-TRIBUIR para a divulgação dessa falsa ideia, ou seja, a do índio genérico.* (QI)

2. Usa-se com complementos iniciados por preposição:

◇ pela preposição **com** (o complemento refere-se àquilo que é oferecido na contribuição). ✦ *Os pais que não estavam em condições de CONTRIBUIR com dinheiro deram trabalho em troca.* (CLA)

◇ pela preposição **para** (o complemento refere-se àquilo que é beneficiado na contribuição). ✦ *Exu decidiu também CONTRIBUIR para aquela criação.* (OLA)

Podem ocorrer ambos os complementos. ✦ ***Para** aquela restauração naval portuguesa, a colônia americana devia CONTRIBUIR com suas madeiras.* (H)

controle

O **O** é fechado, no singular e no plural. ✦ *O sangue está sob CONTROLE do coração.* (APA) ✦ *Em muitas das localidades, os CONTROLES fizeram estacionar o problema?* (ATA)

contudo ⇨ Ver **com tudo.**

É advérbio de valor adversativo, em fase de gramaticalização como conjunção adversativa. ✦ *Quis saber, CONTUDO, se era o mesmo Ricardo que fora vaqueiro do coronel Moreira.* (ALE) ✦ *As cortinas cor de vinho estavam descerradas. CONTUDO, embora o dia estivesse luminoso, a luz que chegava até a mesa era tímida e frouxa.* (CP)

contumaz

Com **Z** (sem acento porque é palavra oxítona terminada em **Z**). Significa "obstinado", "pertinaz". ✦ *O arrastar de pés era notável e CONTUMAZ.* (OE)

contusão

Com **S**, como todo substantivo ligado a verbo terminado em **-dir** (**contundir**). ✦ *O tra-*

tamento da CONTUSÃO abdominal grave resume-se inicialmente no tratamento do choque. (CLC)

convalescer, convalescença

Com **SC**.

1. **Convalescer** usa-se com complemento (indicando o mal) iniciado pela preposição **de**. ✦ *Na manhã seguinte, enquanto Porto Alegre começava a CONVALESCER do pesadelo, o governador seguiu imerso em fantasias.* (RI)

2. Em **convalescença**, a sílaba final é com **Ç**. ✦ *Foi durante a longa CONVALESCENÇA que Amyr arquitetou sua travessia a remo do Atlântico Sul.* (EX)

convencer, convencer-se

1. **Convencer** usa-se com um complemento sem preposição (objeto direto), podendo ocorrer outro complemento (geralmente oracional) iniciado pelas preposições **a** ou **de**. ✦ *Então ele que me ajude a CONVENCER o vigário a abrir a porta.* (PP) ✦ *Andei tentando CONVENCER Fonseca de que a gente devia entrar forte no comércio de compra.* (CL)

2. **Convencer-se** usa-se com complemento iniciado pela preposição **de**. ✦ *Quando Sandro CONVENCEU-SE de que Garrincha deveria ter mesmo aquele apelido, foi o primeiro a enxergar nele uma alma de passarinho.* (ETR)

convergir

1. O verbo **convergir** muda o **E** em **I** na primeira pessoa do singular do presente do indicativo (e, consequentemente, em todo o presente do subjuntivo). As formas com **I**, entretanto, não ocorreram. ✦ *De fato, cada época possui seu herói guerreiro, símbolo para onde CONVERGEM os sentimentos das gerações.* (GUE)

2. Em qualquer de suas acepções, o verbo **convergir** se usa com complemento iniciado pela preposição **para**. ✦ *Todos os olhares CONVERGIRAM para ele, durante um segundo.* (AFA) ✦ *O corpo mole CONVERGIA para o centro da rede, encolhido de inutilidade.* (ARR)

conversão

Com **-são** final, como todo substantivo correspondente a verbo terminado em **-gir** (verbo **convergir**). ◆ *Outra forma para se obter recursos é a CONVERSÃO da dívida externa em preservação ambiental.* (CB)

conversar

Usa-se com complemento iniciado pela preposição **com**. ◆ *Durante um longo tempo Mariana CONVERSOU com Aurora sobre o catecismo, enquanto penteava seus cabelos.* (RET)

converter, converter-se

1. Converter:

◇ com o significado de "mudar", "transformar", usa-se com dois complementos, um sem preposição (objeto direto) e outro iniciado pela preposição **em**. ◆ *A Alemanha Ocidental já tem colaborado bastante com os EUA não apenas nessa parte, mas também em não CONVERTER em ouro suas imensas reservas de dólares.* (EM)

◇ com o significado de "fazer adotar (outra) convicção", usa-se com um complemento sem preposição (objeto direto), podendo ocorrer outro complemento iniciado pela preposição **a**. ◆ *Esperavas CONVERTER Vitellius?* (SE) ◆ *Incapaz de CONVERTER a Justiça aos ideais e à doutrina revolucionária, suspendeu-se, em alguns casos, o direito ao habeas corpus.* (NEP)

2. Converter-se:

◇ com o significado de "transformar-se", usa-se com complemento iniciado pela preposição **em**. ◆ *O vento engrossa o voo, as árvores beijam o chão e a terra SE CONVERTE em lama.* (ML)

◇ com o significado de "mudar de convicção", usa-se com complemento iniciado pela preposição **a**. ◆ *Desnecessário dizer que todos os parentes SE CONVERTERAM à doutrina, até o filho foi ordenado monge, ainda criança.* (BUD)

convicto, convencido ⇨ Ver -cto.

1. **Convicto**, com final **-cto**, é forma de particípio irregular do verbo **convencer**, usada

como adjetivo. ◆ *Tranquilo e CONVICTO, Jenner sorveu o último gole do café.* (ALE)

2. **Convencido** é:

◇ forma de particípio regular do verbo **convencer**, usada com todos os auxiliares. ◆ *Já estava ele todo mergulhado na sua tese, e daí por diante não silenciaria até que julgasse ter CONVENCIDO o interlocutor.* (MAD) ◆ *(...) examinou-me furtivamente, para ver se eu me havia CONVENCIDO com suas palavras.* (CCA) ◆ *Convenceu à sua mulher, ou foi CONVENCIDO por ela?* (FIG) ◆ *Estou CONVENCIDO de que ela não se suicidou.* (AFA)

◇ adjetivo que significa "presunçoso". ◆ *Mas Seu Persilva não se mostrava muito CONVENCIDO.* (CHA)

convidar

Usa-se com complemento sem preposição (objeto direto), podendo ocorrer, também, um complemento iniciado pelas preposições **para** ou **a**. ◆ *CONVIDOU o deputado, e não o empresário.* (VEJ) ◆ *Um engraxate batuca na caixa, me CONVIDA para limpar os sapatos.* (MPB) ◆ *Um outro vizinho, que trabalhava numa loja de decorações, CONVIDOU-o a uma festa.* (BB)

convir

1. **Convir** conjuga-se como o verbo **vir**. ◆ *Para um rapazinho de sua idade não CONVÉM a companhia única de mulheres.* (DM) ◆ *Com a fama de poderoso que ostentava na vizinhança, não CONVINHA que a história se espalhasse.* (ED) ◆ *Limita-se a considerá-lo um camarada desigual, ora afetivo, ora brusco, com quem talvez CONVIESSE tomar mais cuidado.* (RIR)

2. **Convir** usa-se especialmente na terceira pessoa do singular, frequentemente com sujeito oracional e sem complemento, ou com complemento iniciado pelas preposições **a** ou **em**. ◆ *Oh Júpiter, como este nome CONVÉM à tua divindade!* (ACM) ◆ *Temos as nossas razões, D. Barbosinha há de CONVIR em que todos temos as nossas razões.* (MAR)

convocar

Usa-se com complemento sem preposição (objeto direto), podendo ocorrer, também, um

cooperar

complemento iniciado pelas preposições **para** ou **a**. ✦ *O júri que a Globo CONVOCA para julgar as escolas pode não ter nenhum valor oficial, mas serve para orientar o telespectador.* (AMI) ✦ *Um dia, CONVOCOU-nos ao seu gabinete para dizer que o casamento era página virada de sua vida.* (DP)

cooperar

Usa-se com complemento iniciado pelas preposições **com** ou **para**. ✦ *Espera-se que as federações hospitalares e associações médicas COOPEREM com o Ministro Hélio Beltrão.* (JL) ✦ *Querem os udenistas que o partido seja preservado de lutas supérfluas, que somente COOPERAM para o seu enfraquecimento.* (CRU)

copas

Como nome de naipe do baralho, é substantivo que só se usa no plural. ✦ *Sorriu e me exibiu o rei de COPAS.* (DE)

copázio

Com **Z**. É aumentativo de **copo**. ✦ *E leva aos lábios o COPÁZIO de cerveja, com uma calma épica.* (RIR)

copidesque, *copy-desk*, copidescar

1. **Copidesque** é a forma portuguesa oficialmente registrada, correspondente ao inglês *copy-desk*. O substantivo designa a revisão final de texto para publicação, com eliminação de inadequações formais e gramaticais e de incorreções ortográficas; designa, também, o profissional com essa especialidade. ✦ *A tecla "delete" fará o COPIDESQUE final dos textos: o que não for vantagem e eficiência dança.* (FSP) ✦ *O que Nelson Rodrigues, que entrou em guerra contra o COPIDESQUE do Jornal do Brasil, diria se lesse o que temos lido?* (RI)

2. A forma original inglesa *copy-desk* também é usada, mas com frequência bem menor (13%). ✦ *De acordo com a versão de Mônica, ela seria apenas a revisora, ou "COPY--DESK", como consta no livro.* (FSP)

3. O verbo correspondente formado em português é **copidescar**. ✦ *Para mim você pode continuar falando à vontade, se você quer COPIDESCAR depois, problema seu.* (RE)

copyright, copirraite

1. *Copyright* é palavra inglesa que designa direito exclusivo sobre obra literária, científica ou artística. ✦ *A legislação prevê punições para quem desrespeitar o direito autoral, "COPYRIGHT" e reprodução de matéria proibida.* (FSP)

2. **Copirraite**, a forma aportuguesada indicada em alguns dicionários, mas não oficialmente registrada, é usada apenas esporadicamente (menos de 1%). ✦ *Delfim Netto faz denúncias, mas não paga COPIRRAITE pro PT!* (FSP)

coq au vin

É expressão francesa que designa prato feito com frango ou galinha flambados em conhaque e cozidos em vinho tinto, obtendo-se um molho encorpado. A pronúncia é, aproximadamente, **cocovan** (com o primeiro **O**, átono, aberto e a última sílaba tônica). ✦ *Enquanto isso, o L'Arnaque, que no passado mostrava mais gosto pela experimentação, dedica-se hoje a receitas mais tradicionais, como o "COQ AU VIN" feito com galinha caipira.* (FSP)

coqueiral

É coletivo para coqueiros. ✦ *Ele conduz o carro entre o COQUEIRAL.* (CH)

coquetel, *cocktail*

Coquetel é a forma aportuguesada, oficialmente registrada, correspondente ao inglês *cocktail*. ✦ *Ah, Professor, prepare um pouco daquele COQUETEL que você inventou e ponha na garrafa térmica.* (TRH)

Também é usual, embora com menor frequência (30%), a forma original inglesa. ✦ *Luxuoso COCKTAIL na casa da sogra do muambeiro.* (OM)

cor

Os adjetivos correspondentes são:

◇ **colorido**. ✦ *As veias e capilares riscavam sua pele de azul, como os rios num mapa COLORIDO.* (AVL)

cordeiro

◇ **cromático.** ♦ *Em algumas espécies a visão CROMÁTICA é ainda considerada duvidosa.* (SU)

coração

Os adjetivos correspondentes são:

◇ **cardíaco.** ♦ *O eletrocardiograma, feito na hora, comprovou o problema CARDÍACO.* (OG)

◇ **cordial** (só ocorrente em sentido metafórico: "que revela disposição favorável em relação a outra pessoa"). ♦ *O brasileiro é descrito como "homem CORDIAL", que prefere buscar as soluções de consenso, as barganhas, a jocosidade.* (ATN)

coradouro, corar ⇨ Ver quarador, quaradouro, quarar.

1. O sufixo **-ouro** indica lugar. **Coradouro** é o lugar onde se põe roupa para corar. ♦ *A cidade era um CORADOURO imenso, com a lua estendendo lençóis nos oitões caiados.* (CAS)

A variante **coradoiro**, também oficialmente registrada, não ocorreu.

A forma considerada mais popular, **quarador**, é menos usual (11%), ao lado de **quaradouro** (3%), todas oficialmente registradas.

2. O verbo **corar** pode ter a acepção de "branquear, por exposição ao sol", mas, com essa acepção, a forma não ocorreu.

Corão ⇨ Ver Alcorão.

Corão e **Alcorão** são formas variantes para designar o livro santo do islamismo. **Corão** é a forma mais usual (57%). Em **Alcorão** está incorporado o artigo *al* árabe. ♦ *Dizer-se "o CORÃO" é preciosismo, senão teríamos que dizer: a giberia, a fandega, o faiate, omitindo o "al" artigo.* (ISL)

corbelha, corbeille ⇨ Ver ramalhete.

1. **Corbelha** é a forma portuguesa correspondente ao francês *corbeille*. O substantivo designa ramalhete de flores arranjado em cesto decorativo. ♦ *Justine andava recebendo CORBELHAS de flores, bebidas caras e joias.* (GI)

2. A forma original francesa é mais usada que **corbelha** (64%). ♦ *Uma vez chegou uma CORBEILLE enorme e todo mundo queria saber para quem era.* (REA)

O termo **ramalhete** é preferido pelos puristas.

corço, corça

Corço é a designação de animal mamífero de pequeno porte da mesma família do cervo e do veado. Esse masculino é de uso raro. ♦ *E há as que, abandonados os filhos, crias de CORÇO ou de lobo, levantam nos braços e os peitos lhes oferecem, túmidos de leite nível de sua maternidade recente.* (B)

O feminino **corça** é usado como designação da fêmea do veado e do cervo. ♦ *CORÇA, no Brasil, é a fêmea do veado.* (VEJ) ♦ *Seu olhar de CORÇA acuada, pressentindo a morte, se gravou definitivamente nas retinas de Gutemberg.* (S)

corcova

O **O** é aberto, no singular e no plural. ♦ *Lá vem o zebu, branco-cinza, de orelhas moles, tombadas, batendo a barbela pregueada e balançando a CORCOVA a cada movimento.* (SA) ♦ *O Esperança III vinha rompendo as CORCOVAS de água macia.* (CR)

cord- ⇨ Ver cardio-.

É elemento (latino) que se liga a um elemento seguinte. Significa "coração". Corresponde ao elemento grego **cardi(o)-**. ♦ *Depreende-se de muitos textos ser a placenta "normal", circular ou ovoide, mas são triviais e sem significado patológico, formas as mais variadas: triangular, quadrangular, CORDIFORME (...).* (OBS)

cordame

É coletivo para cordas. ♦ *O barqueiro parou com os arranjos que dava no CORDAME da barca.* (ATR)

cordeiro ⇨ Ver carneiro ⇨ Ver ovelha.

Cordeiro é a designação do filhote da **ovelha**. ♦ *O dragão esverdeado que São Jorge esmaga pode ficar às vezes tão branco como um CORDEIRO.* (CP)

cor-de-rosa

Esse nome é usado em referência a seres humanos, para caracterizar grande mansidão. ◆ *Ao contrário, fazem-se inocentes CORDEIROS e anjinhos.* (CT)

cor-de-rosa

É adjetivo que não varia. Com hífen. ◆ *De meu barco vejo, com preguiça, pequenas casas COR-DE-ROSA com janelas azuis.* (B)

cordilheira

É coletivo para montanhas que se dispõem em fileiras. ◆ *A colossal CORDILHEIRA andina divide nitidamente o continente nas suas vertentes pacífica e atlântica.* (GPO)

cordon-bleu

É expressão francesa que designa cozinheiro excelente. ◆ *O CORDON-BLEU executa receitas com maestria, o que pensa usa a imaginação e a memória gastronômica familiar.* (VEJ)

Coreia [Ásia]

O adjetivo pátrio é **coreano**. ◆ *Acho que nem é chinês, é COREANO.* (GD)

cores (em cores, a cores)

A expressão adjetiva recomendada na tradição é **em cores**, e não **a cores** (expressão considerada galicismo), para uso junto de nomes, indicando a existência de várias cores. É também a expressão mais usada. ◆ *A sala tinha uma TV EM CORES, um jogo de sofá de plástico imitando couro e um enorme pôster do Palmeiras na parede.* (BL) ◆ *Uma foto ampliada, EM CORES, mostrava Ludomiro e Silvana, fantasiados de Adão e Eva.* (GD)

Entretanto, também é usual, embora com frequência bem menor (16%), a construção com a preposição **a**, considerada pelos puristas, e sem fundamento, como galicismo. ◆ *Havia uma televisão A CORES mostrando cenas de um desfile de escola de samba, sem som.* (VA)

Corinto [Grécia antiga]

O adjetivo pátrio é **coríntio**. ◆ *O discípulo Paulo, pregando aos CORÍNTIOS, havia dito que o homem e a mulher podiam se casar para fugirem da impureza.* (RET)

coriza

Com **Z**. O substantivo designa corrimento de secreção nasal. ◆ *Ao segundo dia meu propósito robusteceu – eu tinha vencido: em breve estaria respirando melhor, sem CORIZAS e pigarros.* (FE)

corja ⇨ Ver **súcia**.

É coletivo para pessoas desprezíveis, de mau comportamento. ◆ *Mandei a CORJA toda embora.* (DE)

córner ⇨ Ver **escanteio**.

É a forma gráfica portuguesa (acentuada) da palavra inglesa *corner*. ◆ *O gol de Vinícius, que empatara o jogo, saíra de um CÓRNER cobrado por ele.* (ETR)

Escanteio é a palavra portuguesa que traduz o inglês *corner* e que se usa com maior frequência (86%).

corneta

1. Como substantivo feminino, designa o instrumento. ◆ *Eu fico triste quando vai escurecendo e a CORNETA toca no quartel.* (EL)

2. Como substantivo masculino, designa o músico que toca o instrumento. ◆ *Deixo ao CORNETA Peixoto / Que é grande nesta terra, / Lá por debaixo da serra, / Um burro velho de chouto.* (ALF)

corno

O plural é **cornos**, com **O** aberto. ◆ *Sem pejo, deixei que Caetano de Melo jogasse nos CORNOS da lua o valentão de sua rinha.* (CL)

cornucópia

Cornucópia designa corno mitológico, atributo da abundância, e símbolo da agricultura e do comércio. A partir daí, designa vaso em forma de corno que se representa cheio de flores e frutos. ◆ *Devo ter tomado a expressão de um famoso astrólogo, que falou na Era de Aquário como a Era da Plenitude, uma CORNUCÓPIA transbordando com coisas boas.* (MAN)

A partir daí é, também, substantivo coletivo, indicando abundância. ◆ *Sobre mim se derramou, como uma chuva, aquela CORNUCÓPIA de gentilezas.* (CT)

coro

1. É coletivo para vozes em conjunto, e, especialmente, para pessoas que cantam em conjunto, em apresentações. ◆ *Cantavam, num CORO de vozes roufenhas, a tirana conhecida.* (ALE) ◆ *O leiteiro passou puxando a vaca e parou para ver o CORO de padres.* (BOI)

2. O plural é **coros**, com O aberto. ◆ *Gemidos e COROS de moradores servem de fundo ao sermão do frei.* (C)

coroar, coroado

1. Com O depois do R. ◆ *A História Natural COROAVA os exames de Física e Química.* (CF) ◆ *Daí terem feito vir de Madrid um bode como aquele, COROADO de medalhas.* (REP)

2. Os verbos em **-oar** têm **-e** final na terceira pessoa do singular do presente do indicativo. ◆ *Já o meia Marcelinho diz que o importante é fazer uma apresentação que COROE a campanha do time.* (ALE)

3. O o tônico dos verbos em **-oar** não leva acento circunflexo em nenhuma forma: **coroo, coroa(s), coroe(s).**

coronel

O feminino é **coronela.** ◆ *Era CORONELA do Exército da Salvação.* (GI)

corpo

1. O plural é **corpos**, com O aberto. ◆ *Viu os dois CORPOS estendidos.* (AVI)

2. O aumentativo é **corpanzil.** ◆ *O intruso estorceu-se numa gargalhada fina, histérica, contrastante com o seu opulento CORPANZIL.* (MRF)

3. Os adjetivos correspondentes são:

✧ **corporal.** ◆ *Morton não levava em consideração o tamanho CORPORAL dos indivíduos cujos crânios media, e nem o sexo.* (APA)

✧ **corpóreo.** ◆ *Todo real é CORPÓREO e a realidade CORPÓREA se compõe de quatro elementos: fogo, ar, água e terra.* (HF)

✧ **somático.** ◆ *O meu amor é um amor integral, SOMÁTICO.* (TRH)

4. **Corpo** é coletivo para pessoas que trabalham juntas, consideradas como uma unidade. ◆ *A Justiça mineira está quase que impossibilitada de escolher mulheres para figurar no CORPO de jurados.* (CRU)

corpo a corpo

Sempre sem hífen:

✧ seja a expressão adjetiva ou adverbial, que indica um modo de luta. ◆ *Entre os Sanumá, por exemplo, tirar algo da roça de alguém sem permissão pode ser motivo de confrontos CORPO A CORPO.* (SOC) ◆ *Destruídos pelos pés dos combatentes desesperados, em lutas de baioneta, CORPO A CORPO.* (VEM-TR)

✧ seja a expressão substantiva, que designa a própria luta (expressão que não varia no plural). ◆ *Na batalha antiga há quase desde o primeiro momento um CORPO A CORPO.* (JC-TR) ◆ *Winter não podia deixar de fazer paralelos entre os duelos acadêmicos de Heidelberg e os ferozes CORPO A CORPO.* (TV)

corpo mamário ➭ Ver **mama.**

Corpo mamário e **mama** são, na linguagem científica, as denominações oficiais atuais para **seios.** ◆ *Mama ou CORPO MAMÁRIO é a designação oficial dos seios.* (FSP)

corpus, córpus

1. *Corpus* é palavra latina que significa "corpo", usada para designar um corpo de dados e informações sobre uma determinada matéria. ◆ *O pensamento de Eurípides, por exemplo, não foi integrado ao CORPUS doutrinário tradicional da filosofia.* (ACM)

2. A forma aportuguesada é **córpus** (com acento, porque se trata de paroxítona terminada em US), que não ocorreu.

Corpus Christi

É expressão latina que designa a festa do corpo de Cristo, celebrada na quinta-feira seguinte ao domingo da Santíssima Trindade. ◆ *No dia da procissão de CORPUS CHRISTI, quando tudo devia predispor à concórdia, os dois encontraram o pretexto para se desentender.* (TS)

corre-corre

O plural tradicionalmente indicado é **corre-corres** (verbo + verbo), havendo manuais e dicionários que também indicam **corres-corres**. Entretanto, essa última forma não ocorreu. ◆ *Os CORRE-CORRES e elipses típicos de Zappa estão presentes nesse disco labiríntico.* (FSP)

correição

1. Designa a função de corregedor, fiscalização. ◆ *Ele afirmou não temer uma CORREIÇÃO (investigação administrativa da Justiça).* (FSP)

2. É também coletivo para formigas movimentando-se em fila. ◆ *Então eu achei, esquecida num canto, a folhona grande de taioba, a CORREIÇÃO de formiguinha amarelinha.* (CHA)

correio

O adjetivo correspondente é **postal**. ◆ *Em fins do século XIX, Antares gozava já dos benefícios e facilidades do telégrafos, isso para não falar no serviço POSTAL.* (INC)

correio eletrônico ⇨ Ver e-mail.

É a expressão vernácula correspondente ao inglês *e-mail*, mais usada que esta (60%). ◆ *A maioria das empresas dos Estados Unidos proíbe o uso do CORREIO ELETRÔNICO para mensagens pessoais.* (FSP)

correspondência

É coletivo para mensagens (cartas, ofícios, folhetos etc.), especialmente as remetidas por correio. ◆ *Era uma das empregadas da loja, trazendo a CORRESPONDÊNCIA.* (CEN)

corresponder, corresponder-se

1. **Corresponder** usa-se com complemento iniciado pela preposição **a**. ◆ *Geraldo tornou a segurar a mão de Lore, que CORRESPONDEU à pressão da sua, morna, confiante, amiga.* (RIR)

2. **Corresponder-se** usa-se com complemento iniciado pela preposição **com**. ◆ *A descoberta despertou enorme interesse, inclusive por parte do imperador dom Pedro, com quem Pasteur SE CORRESPONDIA.* (APA)

corrigido, correto

1. A forma de particípio **corrigido** é usada com os verbos **ter, haver, ser** e **estar**. ◆ *Espero que tenha CORRIGIDO o problema.* (RI) ◆ *Às vezes, alguém se enganava de interruptor, uma luz indiscreta e inútil brilhava, mas o erro era CORRIGIDO às pressas.* (FP)

2. **Correto**, que constitui originariamente a forma reduzida do particípio passado do verbo **corrigir**, é usada apenas como adjetivo. ◆ *O raciocínio da imprevisibilidade, dentro do previsível, é CORRETO.* (CH)

corrigir-se

Usa-se com complemento iniciado pela preposição **de**. ◆ *Precisa CORRIGIR-SE dos ímpetos de fúria.* (CC)

corrimão

O plural é **corrimãos** (mais recomendado e mais usado: 64%) ou **corrimões**. ◆ *Das pilastras ao piso, do teto aos CORRIMÃOS, tudo é original.* (FSP) ◆ *A redação mais parece um museu, onde todo o tempo dois funcionários passam flanela nos CORRIMÕES dourados nas escadas.* (FSP)

corriola

Com **O**, e não com **U**, na primeira sílaba. É coletivo depreciativo para pessoas. ◆ *Uma CORRIOLA de gente safada agora se renova a gracejar que, com Corisco na pisada, não tenho coragem pra tornar ao Aribé!* (OSD)

corroborar

Usa-se com complemento sem preposição (objeto direto). Significa "confirmar", "comprovar". ◆ *Os dados disponíveis não CORROBORAM integralmente a tese da insuficiência de recursos.* (OS)

corrupio

Com **U** depois do **R**. ◆ *(...) e Jésu agarrado na corda mestra, a do pescoço, para não ser* *enforcado, subindo aos céus em CORRUPIO, sistema parafuso.* (SD)

Córsega (ilha) [Mediterrâneo] ⇨ Ver corso.

O adjetivo pátrio é **corso**. ♦ *Em 1863, o comerciante CORSO Angelo Mariani teve a engenhosa ideia de desenvolver um licor, doces, balas e chá – tudo à base de coca.* (VEJ)

corso ⇨ Ver Córsega.

É a palavra italiana, já incorporada ao português, que significa "cortejo", "desfile", e emprega-se especialmente para referência a festividades carnavalescas. O **O** tônico é fechado no singular e no plural. ♦ *E o CORSO movimentava-se vagarosamente com estampidos de motores.* (MRF) ♦ *Quando os alto-falantes dos CORSOS da rua paravam, os dois se deitavam no minúsculo quarto (...).* (OLG)

Corso também é o adjetivo referente à Córsega.

corteja, cortejo

1. O **E** é fechado (antes de **J**), em qualquer das formas. ♦ *Quando um rei hostiliza a própria nobreza e CORTEJA o povo não está com boas intenções.* (BN)

2. O substantivo **cortejo** é coletivo, designando comitiva pomposa. ♦ *Caminha até a guarita, enquanto passa o CORTEJO.* (ALF)

cortês, cortesia ⇨ Ver descortês, descortesia.

Com **S**. ♦ *Afável, CORTÊS, mas impessoal e distante.* (ACM) ♦ *Nunca ninguém a havia tratado assim, antes, com CORTESIA tamanha.* (ANA)

cortesão

1. Com **S**.

2. A palavra refere-se, especificamente, a pessoa da corte, e, genericamente, a pessoa bajuladora. ♦ *Desdemona seria ou não a amante de Cassio, um outro CORTESÃO?* (FSP) ♦ *Mas tudo cabe no estilo CORTESÃO czarista. Até tango e samba.* (FSP)

3. O feminino é **cortesã**. No feminino, a palavra tem também o significado especial de "mulher libertina", "prostituta". ♦ *Uma outra CORTESÃ de rara beleza foi Laís que, segundo Ateneu, era tão linda que todos os pintores do país vinham vê-la.* (PO)

4. O plural é **cortesãos** (mais recomendado e muito mais usado: 93%) ou **cortesões**. ♦ *O arraial, ainda chamado muitas vezes de Belo Monte, era um corte com seus CORTESÃOS civis e militares.* (J) ♦ *Toda a cultura não latina era comum tanto a dominantes – nobres e CORTESÕES – como ao povo propriamente dito.* (LIP)

córtex

A sílaba tônica é a penúltima (**CÓR**), e, por isso, a palavra leva acento (paroxítona terminada em **X**). O substantivo designa a camada externa dos órgãos animais ou vegetais. ♦ *O pé é formado em grande parte pela via piramidal, que, do CÓRTEX cerebral, desce para a medula.* (BAP)

corvo

O plural é **corvos**, com **O** aberto. ♦ *CORVOS voavam contra o azul desbotado e luminoso do céu.* (TV)

cós

Com **S**, forma de singular e de plural. ♦ *No CÓS da saia prendia o molho de chaves da despensa e das cômodas.* (BS) ♦ *Nos CÓS das calças do que se chamava Zé Pedro, estava mesmo o cinturão do dinheiro.* (MMM)

cosseno

Escreve-se em uma só palavra. ♦ *O "Lotus 1-2-3" contém muitas funções que simplificam operações matemáticas, tais como calcular raízes quadradas ou o COSSENO de um ângulo.* (FSP)

coser, cosido ⇨ Ver cozer, cozido.

Coser significa "costurar", e **cosido** é o particípio desse verbo. ♦ *Certo dia, pregaram-lhe pilhéria de suma selvageria: COSERAM-lhe a rede em que dormia.* (ASV) ♦ *O encéfalo*

costa, costas

posto dentro do crânio, o couro cabeludo puxado para trás e COSIDO também. (FSP)

Cozer significa "cozinhar".

costa, costas

1. O substantivo **costa** designa porção de terra próxima ao mar, litoral. ♦ *O coronel não deliberava mais. Nem sentia o barulho do mar, nem o vento da COSTA.* (CL)

O adjetivo correspondente é **costeiro**. ♦ *E este ramerrão de correr agora os pequenos povoados COSTEIROS, catando um níquel cada mais pingado e incerto.* (CR)

2. **Costas** (forma plural) é a designação da parte posterior do tronco humano, o mesmo que **dorso**. ♦ *Até as COSTAS doíam pelo esforço do machado na roça.* (ARR)

Os adjetivos correspondentes são:

◇ **costal**. ♦ *O secretário disse que 1.438 vigilantes de saúde fazem o trabalho casa a casa, e outros 140 o de borrifação COSTAL (com equipamento colocado nas costas).* (FSP)

◇ **dorsal**. ♦ *Ao pé do monumento, em decúbito DORSAL, vê-se o corpo do Desconhecido sobre uma poça de sangue.* (FAN)

Costa Rica [América Central]

Os adjetivos pátrios são **costarriquenho** e **costarriquense**. ♦ *Um COSTARRIQUENHO e um argentino teriam tomado outro avião na Guatemala.* (FSP) ♦ *A COSTARRIQUENSE Cláudia Poll, o melhor tempo das eliminatórias, acabou em terceiro.* (FSP)

costear ⇨ Ver custear ⇨ Ver -ear.

1. **Costear** significa "navegar junto à costa". ♦ *EUA navegam necessariamente COSTEANDO o Nordeste.* (JB)

Custear significa "pagar o custo de".

2. Os verbos em **-ear**, do mesmo modo que os substantivos correspondentes, recebem **I** apenas nas formas rizotônicas, isto é, nas formas que têm a sílaba tônica no radical. ♦ *O mar Amarelo e o do Japão, que COSTEIAM todo o país, são particularmente pródigos em peixes e frutos do mar.* (FSP)

costumar ⇨ Ver acostumar, acostumar-se.

Costumar significa "ter o hábito de". ♦ *Não COSTUMAMOS faltar com a palavra.* (ES)

Acostumar(-se) significa "habituar(-se)".

costume

Os adjetivos correspondentes são:

◇ **costumeiro**. ♦ *Não havia o barulho COSTUMEIRO que provocavam as comédias, apenas algumas gargalhadas.* (ANA)

◇ **consuetudinário** (especialmente ligado aos costumes de um povo). ♦ *Modificar práticas jurídicas ou CONSUETUDINÁRIAS que respaldem a persistência e a tolerância da violência contra a mulher é outro compromisso que o Brasil também assumiu.* (FSP)

cota ⇨ Ver quota.

São formas variantes. **Cota** é a forma mais recomendada e mais usada (76%). ♦ *Rivelino diz que, quando fuma, não ultrapassa a COTA de dez cigarros diários.* (REA)

cotejar; coteja, cotejo

1. O verbo **cotejar** significa "confrontar", "comparar". Usa-se com um complemento sem preposição (objeto direto) e um segundo complemento introduzido pela preposição **com**. ♦ *Alberto franziu a testa, buscando entender o mistério da pequenina criatura ali à sua frente, ao mesmo tempo que, consigo, COTEJAVA o número de anos de ausência da mulher com a idade presumível da criança.* (LA)

2. Em **coteja** e **cotejo** (verbo ou substantivo), o **E** é fechado (antes de **J**). ♦ *A autora COTEJA aí as atitudes pedagógicas dos mestres notáveis da Segunda Missão Francesa.* (VEJ) ♦ *Em COTEJO com a natureza, as cidades são lugares geralmente muito feios.* (OV)

cotidiano ⇨ Ver quotidiano.

São formas variantes. **Cotidiano** é a forma mais recomendada em manuais e é a forma quase exclusivamente usada (99,9%). A palavra significa "de todos os dias", "diário".

♦ *Tornara-se imperativo controlar a vida e o* *COTIDIANO de cada um.* (NAZ)

cotilédone

É substantivo masculino. É termo de botânica que designa folha embrionária que em geral tem a função de nutrir a planta nas primeiras fases de seu crescimento. ♦ *Uma membrana coriácea e avermelhada forra o espaço ocupado pela amêndoa, que apresenta dois COTILÉDONES carnosos, ricos em óleo.* (FT)

cotista ⇨ Ver quotista.

São formas variantes. **Cotista** é a forma mais recomendada e mais usada (91%). A palavra significa "que ou quem tem cotas". ♦ *O resgate da cota é uma irracionalidade dos COTISTAS.* (VIS)

cotizar(-se) ⇨ Ver quotizar(-se).

1. Com **Z**, como todo verbo formado com o sufixo **-izar**.

2. **Cotizar** significa "dividir ou distribuir por cota", e **cotizar-se** (sempre em relação a um plural) significa "contribuir individualmente com cota". ♦ *O custo do aluguel é de R$ 47 mil e vai ser COTIZADO entre os empresários que participam da caravana.* (FSP) ♦ *E, mesmo, todos SE COTIZAVAM para pagar a carne e a cerveja.* (AVL)

Quotizar(-se) é forma variante, menos recomendada e menos usada (3%).

couché

É palavra francesa que designa papel recoberto por camada de caulim, para reprodução de ilustrações. A pronúncia é, aproximadamente, **cuchê**. ♦ *Apesar de tudo isso, o país ainda importa papel, notadamente os tipos especiais, como sejam o COUCHÉ, vegetal, linha d'água e de jornal, por não atender, a indústria nacional, à demanda qualificada.* (BEB)

country ⇨ Ver western.

É palavra inglesa usada para referência a usos e costumes dos vaqueiros do Oeste americano. A pronúncia é, aproximadamente, **cáun-**

tri. ♦ *Pelas churrascarias, bares do parque e também pelas barracas que os quartistas costumam montar para abrigar a família, conjuntos andarilhos de música COUNTRY darão o tom da festa.* (AGF)

couro

O adjetivo correspondente é **coriáceo**. ♦ *A castanha de caju, bastante valorizada no exterior, tem uma casca CORIÁCEA, cinzenta, com mesocarpo espesso, alveolado, cheio de óleo viscoso, vermelho, cáustico e inflamável.* (FT)

cousa ⇨ Ver coisa.

Cousa e **coisa** são formas variantes, mas a primeira é muito raramente usada (0,5%). ♦ *Sentindo que alguma COUSA lhe roçava as botas, Raul assustou-se.* (FR)

couvert

É palavra francesa de uso comum em português. A pronúncia aproximada é **cuver** (com **E** aberto). O substantivo designa o conjunto de petiscos servidos em restaurante, antes da refeição propriamente dita. ♦ *Com a carteira mais magra, o consumidor não só dispensou o COUVERT como apurou o seu paladar.* (VEJ)

covarde, cobarde; covardia, cobardia

São dois pares de formas variantes, mas a forma **cobarde** é de uso raro e a forma **cobardia** está praticamente em desuso atualmente. ♦ *Acho COVARDE o duelo desigual entre homem e peixe.* (AVI) ♦ *Todos contra mim, era uma COVARDIA, uma traição.* (CR) ♦ *Você é um COBARDE.* (DE) ♦ *A augusta COBARDIA do parlamento e do Governo deve a esta hora resfolegar serenamente.* (DHB-O)

cover girl

É expressão inglesa que designa mulher, em geral bonita, que aparece com destaque em publicações, especialmente em capa de revista. ♦ *Xuxa, eterna COVER GIRL da Arisco, estrela este ano a campanha da recém--comprada Visconti.* (FSP)

coxa, coxinha

Com **X**. ✦ *Ramiro deu uma triunfal palmada na própria COXA.* (Q) ✦ *Trocar num bar, por pastel, COXINHA, uma cerveja.* (GD)

coxão duro, coxão mole
⇨ Ver **colchão.**

Coxão duro e **coxão mole** são denominações de determinados cortes de carne animal (nomes ligados a **coxa**). ✦ *As carnes bovinas vieram a seguir, com aumentos de 5,84% (COXÃO DURO) a 10% (acém).* (FSP) ✦ *Pode ser patinho ou COXÃO MOLE.* (FSP)

A grafia com hífen entre os dois elementos ocorreu em 8% dos casos. ✦ *Para que o COXÃO-DURO ficasse bem macio eram necessárias muitas horas de cozimento.* (ANA) ✦ *O COXÃO-MOLE, por exemplo, está, esta semana, 2,46% mais barato, em URV, do que na semana anterior.* (FSP)

Colchão é o nome da peça estofada que, em geral, se coloca sobre o estrado das camas.

coxear ⇨ Ver **coxo** ⇨ Ver **-ear.**

Com **X**, como **coxo**. Significa "mancar". ✦ *Mancava fortemente, mas, quando me viu, parou de COXEAR.* (LC)

coxia

Com **X**. No teatro, designa parte situada atrás do palco, não visível ao público, onde ficam os atores antes de entrar em cena. ✦ *Seguindo o grito, um coro começa a cantar o samba na COXIA.* (GA)

coxinilho

Com **X**. Designa manta que se põe sobre os arreios. ✦ *Filipe pendura no torno de pau o alvo COXINILHO.* (OSD)

coxo ⇨ Ver **cocho.**

Coxo é quem coxeia, manca. ✦ *Um negro COXO, deformado pela corcunda, juntava folhas no quintal.* (RET)

Cocho é uma espécie de vasilha, em geral de madeira, para se pôr comida de animal.

cozer, cozido ⇨ Ver **coser, cosido.**

Cozer significa "cozinhar" e **cozido** é o particípio desse verbo, e também, é substantivo. ✦ *É possível assar um churrasquinho e COZER um bolo, ao mesmo tempo, em compartimentos separados, mas sem gasto adicional de gás.* (REA) ✦ *Quando retornei do rio o feijão estava COZIDO.* (QDE) ✦ *Célebres na cidade eram esses nossos almoços, aos domingos, com cerca de trinta pessoas em derredor da mesa, comendo um COZIDO especial, regado a vinho.* (CHI)

Coser significa "costurar".

CPF

É a sigla de **Cadastro de Pessoa Física**. ✦ *Para isso, exige-se a apresentação de uma série de documentos como RG e CPF, no caso de pessoa física.* (FSP)

CPFL

É a sigla de **Companhia Paulista de Força e Luz**. ✦ *A única estatal paulista pronta para ser privatizada e capaz de interessar a empresários no curto prazo é a CPFL, de energia elétrica.* (VEJ)

CPI

É a sigla de **Comissão Parlamentar de Inquérito**. ✦ *A CPI, porém, não está exaurida e nem está acuada definitivamente.* (ATA)

crack, craque ⇨ Ver **crash.**

1. *Crack* é palavra inglesa que designa uma espécie de droga (mistura de pasta de cocaína com bicarbonato de sódio) que se apresenta em forma sólida. ✦ *O efeito do CRACK começa quinze segundos após a primeira aspiração.* (VEJ)

Crack também é forma onomatopaica referente ao ruído de algo que se quebra, usada em textos do português como substantivo (masculino) para designar quebra. ✦ *O termo faz referência ao "CRACK" (quebra) de 1929, quando o mercado nova-iorquino literalmente quebrou, arrastando outros países, Brasil incluído.* (FSP)

2. **Craque** é a forma onomatopaica de grafia portuguesa referente ao ruído de algo que se quebra (correspondendo ao inglês *crack*), usada para designar quebra. É substantivo masculino. ♦ *A crise nascida do CRAQUE da bolsa de Nova York e a guerra criaram novas condições.* (IS)

Craque também é forma portuguesa correspondente ao inglês *crack*, usada para referência a um jogador (ou outro profissional) hábil. ♦ *Baleia nem precisaria ter sido um CRAQUE para que o futebol lhe fosse grato.* (ETR)

A forma aportuguesada **craque** não ocorreu na designação de droga (correspondente ao inglês *crack*), embora esteja dicionarizada com essa acepção.

crânio, crani(o)-

1. Com I. ♦ *Foi transportado, com fraturas no CRÂNIO e costelas partidas, para o Pronto Socorro.* (BH)
2. O adjetivo correspondente a **crânio** é **craniano**. ♦ *Normalmente a moleira acha-se no mesmo nível dos ossos CRANIANOS vizinhos, apresenta leves pulsações e torna-se um pouco tensa durante o choro.* (SMI)
3. O elemento **cranio-** (sem acento) liga-se a um elemento seguinte. ♦ *A causa da morte do torcedor são-paulino de 16 anos foi traumatismo CRANIOENCEFÁLICO, ou seja, uma lesão no cérebro.* (FSP) ♦ *A criança foi submetida a CRANIECTOMIA.* (ANE)

crase ⇨ Ver à(s).

Chama-se **crase** à fusão de dois sons iguais, por exemplo: **a** (preposição) com **a(s)** (artigo ou pronome feminino) ou com **aquele(s) / aquela(s)**. ♦ *Acho melhor voltarmos À central e receber novas ordens.* (CCI) ♦ *Senti-me perdido, entregue ÀS minhas próprias forças.* (VES) ♦ *Estava dando mau costume ÀQUELES bichos.* (ARR)

crash ⇨ Ver crack, craque.

É palavra inglesa (forma onomatopaica) que designa choque ruidoso, colapso total, queda violenta. ♦ *O Hanna Barbera tem computadores para colorir os Jetsons, dar voz aos personagens e criar onomatopeias – bum, CRASH etc.* (FSP). ♦ *Nesse tipo de doença o paciente às vezes atinge um ponto de crise, a partir do qual pode entrar num choque terminal e irreversível. É o chamado "CRASH".* (FSP) ♦ *Batidas e pancadas podem gerar danos físicos, como "CRASH" das cabeças do disco rígido.* (FSP)

É usada, especificamente, para designar queda violenta de bolsa de valores. ♦ *Esse dia, uma segunda-feira, entrou para a história do mercado como o "CRASH" (queda brusca).* (FSP)

crasso

Com SS. É adjetivo que significa "grosso", "grosseiro", "rudimentar". ♦ *Os ilustres pensadores, então, reluzem a um CRASSO cretinismo.* (VEJ)

crawl

É palavra inglesa que designa tipo de nado (nado livre). A pronúncia aproximada é **cról**. ♦ *O primeiro estilo de natação que a criança aprende é o CRAWL de frente, um tanto desajeitado, é claro.* (PFI)

creem ⇨ Ver crer.

É a forma da terceira pessoa do plural do presente do indicativo do verbo **crer**. Forma-se com acréscimo de **-em** ao singular **crê**, dispensando acento, no plural. ♦ *Os fascistas CREEM só nas virtudes do óleo de rícino e do manganello.* (LC)

Do mesmo modo se conjugam os verbos derivados de **crer**, como, por exemplo, **descrer**.

As outras três formas verbais que terminam da mesma maneira são **leem**, **veem** e **deem**.

creiom, crayon

1. **Creiom** é a forma portuguesa correspondente ao francês *crayon*. É pouco usual (6%). ♦ *É apenas um traço vertical, minúsculo risco a CREIOM, na alvura vítrea do azulejo.* (FSP)
2. A forma mais usual é a original francesa (94%). ♦ *Gravuras, desenhos a CRAYON do rosto de Izabel e retrato de Ibsen, Dostoievski e Tchékhov.* (ES)

creolina

3. A palavra designa lápis de grafite macio usado em desenho e também o desenho feito com esse lápis.

creolina

A grafia da sílaba inicial é CRE, e não CRI. ◆ *Simples rebanho, apenas, rebanho gafento, na opinião dos nossos proprietários, necessitando CREOLINA.* (MEC)

crepom

É a forma gráfica portuguesa correspondente ao francês *crépon*. Refere-se a um tipo de papel ondulado como crepe. ◆ *Dona Otília fez nossos vestidos de papel CREPOM, o meu era cor-de-rosa, todo cheio de flores.* (CP)

crer

1. Usa-se com complemento iniciado pela preposição **em** quando significa:
- "ter fé ou crença". ◆ *Não CRÊ em Deus, é um herege, um blasfemo.* (RET)
- "confiar nas boas intenções de". ◆ *O brasileiro tende cada vez mais a CRER em salvadores da pátria.* (VEJ)
- "tomar por verdadeiro". ◆ *Basta saber que ele CRÊ em um mundo melhor.* (OAQ)
2. Usa-se com complemento sem preposição (objeto direto) oracional quando significa "ter por certo", "achar". ◆ *Mas pode CRER que ele está bem cuidado.* (AB)

Creta (ilha) [Mediterrâneo]

O adjetivo pátrio é **cretense**. ◆ *Estes, a partir de certo momento, foram submetidos politicamente e influenciados culturalmente por uma civilização bem mais desenvolvida: a CRETENSE.* (HG)

criança

Os adjetivos correspondentes são:

◇ **infantil.** ◆ *Os rapazes estavam bem conservados, mantendo uma fisionomia INFANTIL, sem bigodes.* (CHI)

◇ **pueril.** ◆ *Uma ideia PUERIL ocorre a Ternura: subir a ladeira espalhando cascas de banana pelo chão.* (JT)

criar, criação, criador, criatura

1. Com I. ◆ *Aquele homem não CRIAVA juízo mesmo.* (ANA) ◆ *Uma pintura balanceada não é necessariamente uma pintura de CRIAÇÃO.* (MH) ◆ *A diferença fundamental entre o budismo e as demais religiões é a inexistência de um deus CRIADOR.* (BUD)

2. O substantivo **criatura** é feminino, referindo-se indiferentemente a elemento do sexo masculino ou do sexo feminino (substantivo sobrecomum). ◆ *Pensou absurdamente no irmão, pacata CRIATURA que nunca tivera um simples bate-boca em toda a vida.* (BH) ◆ *O que importa é que, desde esse dia, ela mudou, tornou-se outra CRIATURA.* (A)

criminalizar, criminalização ⇨
Ver **descriminar, descriminação; descriminalizar, descriminalização.**

1. Com Z, como todo verbo formado com o sufixo **-izar.**

2. O verbo **criminalizar** significa "pôr a pecha de crime em", "considerar como crime", e **criminalização** é o substantivo correspondente. ◆ *CRIMINALIZAR as drogas lança o usuário nos subterrâneos da sociedade.* (VEJ) ◆ *A CRIMINALIZAÇÃO do armamento ilegal foi aprovada.* (FSP)

Os verbos **descriminar** e **descriminalizar** (variantes) significam "tirar a pecha de crime de", "tirar a culpa de". **Descriminação** e **descriminalização** (variantes) são os substantivos correspondentes, respectivamente.

crina ⇨ Ver **clina.**

São variantes, mas a forma **clina** é rarissimamente usada (1%). ◆ *O Major abriu o boxe do cavalo do Comandante, um alazão CRINA branca, lustroso do bom trato.* (ALF)

cript(o)-

É elemento (grego) que se liga sem hífen a um elemento seguinte. Significa "escondido", "oculto". ◆ *Todas as demais plantas do reino vegetal são CRIPTÓGAMAS (sem flores).* (GV) ◆ *Esse número viaja pela rede CRIPTOGRAFADO, ou seja, em código.* (VEJ) ◆ *Escolheu,*

crom(o)-, cromat(o)-, -cromo

utilizando sílabas de seu próprio nome, o estranho CRIPTÔNIMO de Tey de Louré. (FSP)

críquete

É forma portuguesa, oficialmente registrada, correspondente ao inglês *cricket*. O substantivo designa uma espécie de jogo de campo, muito popular na Inglaterra. ✦ *As bolas do CRÍQUETE eram e são maciças.* (FB)

cris(o)-

É elemento (grego) que se liga a um elemento seguinte. Significa "ouro". ✦ *CRISOFÍCEAS – algas douradas, onde estão incluídas as Diatomáceas.* (GV) ✦ *Os arranjos são tradicionais, e alguns CRISÂNTEMOS são vendidos em vasos.* (CB)

crisântemo

A sílaba tônica é a antepenúltima, e, por isso, a palavra é acentuada (proparoxítona). ✦ *O CRISÂNTEMO tem uma vantagem que talvez motive muita gente a comprá-lo: ele é de grande durabilidade.* (CB)

crisma

1. É substantivo feminino quando designa o sacramento. ✦ *O príncipe Charles e a princesa Diana, divorciados desde agosto último, se juntaram ontem para a CRISMA de seu filho mais velho, o príncipe William.* (FSP)

2. É substantivo masculino quando designa o óleo usado no ritual do sacramento. ✦ *Quanto ao sacramento da confirmação, para o qual se usa o óleo do CRISMA, só o bispo o deve dar.* (MAN)

cristalizar, cristalizar-se

Com **Z**, como todo verbo formado com o sufixo **-izar**.

1. **Cristalizar** usa-se com complemento sem preposição. Significa "transformar em cristal", "fazer permanecer em um mesmo estado", "fixar". ✦ *O selo CRISTALIZAVA todo um longo e penoso percurso, a própria marcha da civilização.* (FIL) ✦ *Maltratá-la significa CRISTALIZAR a injustiça em nosso país.* (FSP)

2. **Cristalizar-se** usa-se sem complemento ou com complemento iniciado pela preposição **em**. Significa "transformar-se em cristal", "permanecer em um mesmo estado", "fixar-se". ✦ *Como era de se esperar, na discussão a respeito, duas posições SE CRISTALIZARAM.* (AGR) ✦ *Acima de 2.000 atmosferas, a água SE CRISTALIZA em várias formas diferentes.* (FSP)

cristão

1. O feminino é **cristã**. ✦ *Que beleza de virtude CRISTÃ existia naquelas lágrimas vertidas com verdadeira amargura!* (DEN)

2. O plural é **cristãos**. ✦ *Combatamos o mal como CRISTÃOS verdadeiros.* (CRU)

3. O superlativo absoluto sintético é **cristianíssimo**. ✦ *A França, CRISTIANÍSSIMA, filha mais velha da Igreja, como se proclamava, manteve-se fiel a Roma.* (TGB)

Croácia (da antiga Iugoslávia) [Europa]

O adjetivo pátrio é **croata**. ✦ *Eles culpam o nacionalismo CROATA pela deflagração do conflito.* (JB)

crochê, croché

Ambas são formas portuguesas correspondentes ao francês *crochet*, mas a segunda é bem menos usual (15%). ✦ *Algumas crianças dormiam, aconchegadas a mães absortas, e uma velhinha suave fazia CROCHÊ.* (ORM) ✦ *As mulheres largaram o CROCHÉ, se precipitaram à janela para espiar.* (ANA)

croissant

É palavra francesa que designa pão de massa folhada com formato de lua em quarto crescente. A pronúncia é, aproximadamente, **cruassã**. ✦ *Os cafés são simpáticos, têm mesas na calçada e servem sempre um copo d'água e uma bolacha ou CROISSANT.* (FSP)

Embora esteja dicionarizada uma forma aportuguesada, **croassão**, essa forma não ocorreu.

crom(o)-, cromat(o)-, -cromo

É elemento (grego) que se liga a um elemento seguinte ou a um anterior. Significa "cor".

cromossomo

♦ *Algumas regiões de* **CROMATINA** *parecem mais "condensadas" ou concentradas do que o resto; são chamadas* **CROMOCENTROS**. (BC) ♦ *Não pode mais ser visceralmente branco porque árabe é moreno e japonês é amarelo, ambos ricos, e esta* **POLICROMIA** *liquida a alvura das pretensões hitlerianas.* (ISL) ♦ *O povo se reúne na praça, apinhando-se, e começa a batalha dos fogos de artifício numa fuzilaria* **POLICRÔMICA** *jorrada de todos os pontos sobre o bumba meu boi.* (COR-O)

cromossomo

Com **SS**. A sílaba tônica é a penúltima (**SO**). ♦ *As proteínas são substâncias fundamentais da cromatina do núcleo e do* **CROMOSSOMO**. (NFN)

cron(o)-, -cron(o)

É elemento (grego) que se liga a um elemento seguinte ou a um anterior. Significa "tempo". ♦ *Parecia até que* **CRONOMETRARA** *o ato de comer pela duração da viagem de ônibus.* (BOC) ♦ *Vivemos num mundo sem infância, em que a criança é um* **ANACRONISMO**. (CV)

crooner

É palavra inglesa que designa vocalista que se apresenta com orquestra ou conjunto. A pronúncia aproximada é **crúner**. ♦ *Seus dias e noites como* **CROONER** *haviam terminado.* (SS)

croquete

É a forma portuguesa correspondente ao francês *croquette*. ♦ *No balcão, porções de* **CROQUETE**, *queijo e batata frita para acompanhar os drinques.* (FSP)

croqui, *croquis*

1. **Croqui** é a forma do singular (forma portuguesa correspondente ao francês *croquis*, cuja pronúncia é **croqui**). O substantivo masculino designa esboço, feito à mão, de desenho, pintura ou projeto. ♦ *No bilhete havia* **um CROQUI** *mostrando como chegar ao bangalô de Suzy.* (BU)

O plural é **croquis**. ♦ *Depois que tenho uma ideia, faço* **os CROQUIS**. (FSP)

2. Usa-se, também, embora mais raramente (5%), a forma gráfica não adaptada ao português, *croquis*, para o singular. ♦ *Convém que se vá munido de uma planta de situação do lote (sem escala, apenas* **um CROQUIS**) *para maior facilidade de identificação nas plantas oficiais.* (PRT)

crosta

O **O** é fechado, no singular e no plural. ♦ *A maior parte da* **CROSTA** *terrestre está coberta por uma fina camada de água.* (ATE) ♦ *A labutar com sol, com chuva, os trapos cheios da lama que suando formam* **CROSTAS** *duras.* (ATR)

cru

O feminino é **crua**. ♦ *Veio uma resposta* **CRUA**. (PFV)

cruel

O superlativo absoluto sintético é **crudelíssimo**. ♦ *Explicação plausível, aliás, tomando-se em consideração a* **CRUDELÍSSIMA** *e deficiente terapêutica usada então.* (FI)

A forma **cruelíssimo**, também oficialmente registrada, está praticamente em desuso. ♦ *Já em Carthago umas (esposas) animando os homens, e administrando-lhes cordas fabricadas de seus cabelos, para que dos arcos não deixassem de sair contra seus inimigos as setas. Já outra, qual o grande David, fazendo exalar a vida com uma pedrada ao soberbo Abimelech,* **CRUELÍSSIMO** *tirano de Efrá.* (MB)

crueza

Com **Z**, como todo substantivo abstrato formado de adjetivo com o sufixo **-eza**. Significa "rudeza", "crueldade". ♦ *O calão da linguagem de seus personagens e a* **CRUEZA** *das situações que denuncia são tão chocantes quanto a realidade que elas espelham.* (AB)

-cto ⇨ Ver -cção.

Terminam em **-cto** os particípios irregulares dos verbos:

◇ **convencer: convicto.** ✦ *Tranquilo e CON-VICTO, Jenner sorveu o último gole do café.* (ALE)

◇ **infectar: infecto.** ✦ *Central de Polícia do Pará é o prédio mais INFECTO que já conheci.* (GI)

Os substantivos ligados a esses verbos terminam em **-cção: convicção, infecção.**

Cuba [América Central]

O adjetivo pátrio é **cubano.** ✦ *Demonstrou, porém, receio de sua equipe ser surpreendida pelo futebol CUBANO.* (ESP)

cuecas, cueca

1. Apenas a forma singular **cueca** tem abrigo na ortografia oficial brasileira. Entretanto, do mesmo modo que ocorre com **calças, cuecas** é um substantivo de forma plural que pode designar apenas um objeto (além de poder indicar mais de um objeto). ✦ *Quando me vejo de CUECAS no pátio, já não posso recuar com naturalidade.* (EST) ✦ *Comprei uma valise, algumas camisas, CUECAS.* (VA)

2. Do mesmo modo que ocorre com **calça,** a forma singular **cueca** é também usada para a mesma designação e com maior frequência (60%). ✦ *Dormir, dormia de CUECA, e nos hotéis ia para o banheiro de toalha amarrada na cintura.* (MC)

cui prodest

É expressão latina que significa "a quem aproveita", "a quem interessa". ✦ *Pelo andar da carruagem, não demora e a revolução volta à ordem do dia – "CUI PRODEST", a quem interessa?* (FSP)

Cuiabá [Mato Grosso]

O adjetivo pátrio é **cuiabano.** ✦ *E apelava para "lançarem um véu sobre o passado" e devolverem "a paz, a harmonia e a concórdia à família CUIABANA".* (ALF)

cuidar

1. Significando "ter cuidado com", "tratar", usa-se com complemento iniciado pela preposição **de.** ✦ *No fundo do quadro a mãe CUIDA de seus afazeres.* (HO)

2. Significando "pensar", usa-se com complemento iniciado pela preposição **em.** ✦ *Não CUIDA em procurar uma noiva, doutor?* (FP)

3. Significando "atentar", usa-se com complemento iniciado pela preposição **para.** ✦ *Outra exigência é CUIDAR para que os cascos sempre mantenham boa flexibilidade, para que não se quebrem muito facilmente.* (GL)

cujo, cuja

1. Não se usa artigo após o pronome relativo **cujo.** ✦ *Vou já correndo ao Hotel Modelo, CUJO dono é meu camarada.* (AM)

2. **Cujo** concorda com o substantivo que acompanha. ✦ *Era um rapaz alto, louro, olhos azuis, com acentuado sotaque espanhol, CUJA verdadeira identidade até hoje é um mistério para a polícia.* (VEJ) ✦ *Era um homem pequeno, quase um ágamo, CUJAS pernas não tocavam o chão, quando sentado.* (OE)

3. A palavra **cujo** vem antecedida de preposição quando o sintagma em que se encontra é preposicionado. ✦ *Adorei Monte Santo, lugar sagrado, de CUJA paz e sossego gozei uns dias.* (CJ)

culpar

Usa-se com um complemento sem preposição (objeto direto), podendo ocorrer um segundo complemento introduzido pelas preposições **de** ou **por** (oracional ou não), indicando a incriminação. ✦ *Tentam CULPAR Brasília de ser a causa daquilo que deve ser atribuído ao desequilíbrio natural de uma nação que cresce.* (JK) ✦ *Mamãe também chorou ao ver o desespero da pobre mulher que se CULPAVA pela morte da filha.* (ANA)

cult

É palavra inglesa que significa "cultuado nos meios intelectuais e artísticos", especialmente em referência a ideia, movimento, obra de arte ou artista. ✦ *Coupland, 33 anos, é autor do livro Generation X (Geração X), de 1991, romance que não foi traduzido no Brasil, apesar de ter virado CULT.* (VEJ)

cum grano salis

É expressão latina que significa "com um grão de sal" e que é usada em referência a coisas que devem ser vistas com muita parcimônia ou a discursos que não devem ser aceitos sem ponderação e crítica. ✦ *Além do mais, as estatísticas fiscais brasileiras, especialmente as que se referem ao setor público consolidado, devem ser vistas "CUM GRANO SALIS".* (FSP) ✦ *Procuro pensar no que nos ensinaram esses mestres como Décio e Antonio Candido: ensinaram-nos, sobretudo, as virtudes da boa educação (...), que eles encaram, sabiamente, como episódios a serem notados com respeito, mas "CUM GRANO SALIS".* (FSP) ✦ *(...) o estabelecimento de uma espécie de Tribunal da Razão Prática (a ser situado, digo "CUM GRANO SALIS", talvez em Haya, talvez em Genebra) (...).* (FSP)

cumeada

É coletivo, designando sequência de cumes de montanhas. ✦ *Necessário fugir às tentações, para tingir a CUMEADA da montanha.* (MAR)

cumeeira

Com E, antes do ditongo EI (EEI). Liga-se a cume, designando a parte mais alta do telhado. ✦ *Eu era a única menina na rua a morar numa casa com um cavalinho no topo da CUMEEIRA.* (ANA)

cumprido ⇨ Ver comprido.

Com U, quando é ligado ao verbo cumprir. ✦ *Como se houvesse CUMPRIDO sua missão, Nérsio voltou-lhe as costas e montou a cavalo.* (G)

cumprimento ⇨ Ver comprimento.

Cumprimento, com U, designa:

✧ a ação de cumprir. ✦ *Cesário foi ter com o aliciador, já postado na escada de desembarque, fiscalizando o CUMPRIMENTO de suas ordens.* (TER)

✧ a ação de cumprimentar ("saudação"). ✦ *Estende a mão a Benvindo, que não aceita o CUMPRIMENTO.* (SO)

Comprimento designa extensão, medida.

cumprir

1. Significando "executar", "desempenhar-se de", usa-se com complemento iniciado pela preposição com. ✦ *Roger Costa poderá permanecer detido, caso não CUMPRA com as suas obrigações familiares e pague as pensões alimentícias atrasadas.* (CB)

2. Significando "caber", "competir", usa-se com complemento iniciado pela preposição a. ✦ *CUMPRE à Presidência da República a moralização e o eficiente atendimento dos trabalhadores.* (CRU)

cupão ⇨ Ver cupom.

1. Cupão e cupom são formas variantes, ambas oficialmente registradas. ✦ *Exija também a nota fiscal preenchida corretamente, com todas as vias ou o CUPÃO da máquina registradora.* (OD)

2. O plural de cupão é cupões. ✦ *E até mesmo inservíveis e prosaicos CUPÕES de racionamento já foram aproveitados, tal como ocorreu na Rússia.* (FIL)

A forma cupom é mais recomendada e é a forma quase exclusivamente usada (99%).

cupê

É a forma portuguesa correspondente ao francês *coupé*. O substantivo designa um tipo de automóvel de passeio ou esportivo de duas portas. ✦ *O CUPÊ turbo é indicado para quem realmente gosta de correr, tem paixão pela esportividade, curvas radicais e altas velocidades.* (FSP)

Cupido, cúpido

1. Cupido (paroxítono, sem acento) é substantivo que designa a figura mitológica do deus alado do amor, e, também, cada um dos gênios alados que acompanham esse deus e Vênus. ✦ *No alto do chafariz, a estátua de um CUPIDO apontava uma flecha para o céu.* (BL)

2. Cúpido (proparoxítono, acentuado) é adjetivo que significa "ávido", "cobiçoso". ✦ *O judeu é abordado como um animal perigoso –*

mãos aduncas, rosto encarniçado, olhar sádico e CÚPIDO. (NAZ)

cupom ⇨ Ver cupão.

1. **Cupom** e **cupão** são formas variantes, ambas oficialmente registradas. A forma **cupom** é mais recomendada e mais usada. ✦ *O dinheiro da compra do CUPOM seria devolvido em dois anos.* (NBN)

2. O plural de **cupom** é **cupons**. ✦ *Famílias que têm renda mensal superior a dois salários mínimos vão deixar de ter direito aos CUPONS.* (FSP)

cura

1. Como substantivo masculino, é o mesmo que **vigário** ✦ *Após ter passado as primeiras horas na sentinela, ao lado do juiz, do CURA, do farmacêutico e de alguns vizinhos, ajudou a mãe nos últimos preparativos para o enterro.* (FR)

2. Como substantivo feminino, designa a ação e o efeito de curar. ✦ *A CURA pela simpatia baseia-se na busca de afinidades.* (APA)

curar, curar-se

1. **Curar** se usa:

✧ com complemento sem preposição indicando o mal (objeto direto). ✦ *Não existe nada melhor pra CURAR reumatismo.* (ALE)

✧ com complemento sem preposição (objeto direto) referindo-se ao doente, podendo ocorrer, também, um complemento iniciado pela preposição **de**, indicando o mal. ✦ *Segundo ele, Jesus, naquela ocasião, não satisfez a curiosidade dos discípulos, mas foi à prática: CUROU o cego.* (LE) ✦ *Em suas memórias o Sr. diz que Borges o "CUROU" de uma concepção da literatura como jorro subjetivo.* (FSP)

2. **Curar-se** usa-se com complemento iniciado pela preposição **de** indicando o mal. ✦ *O médico-paciente não apenas não SE CUROU da escabiose, como passou muito mal.* (APA)

curinga

Com **U**, e não com **O**, na primeira sílaba. ✦ *Armador arisco e bom de bola, ele garante*

que pode bancar o CURINGA em qualquer posição do ataque. (PLA)

curió

É substantivo masculino, referindo-se ao macho e à fêmea da ave (substantivo epiceno). ✦ *Peguei um CURIÓ!* (PEM)

Curitiba [Paraná]

O adjetivo pátrio é **curitibano**. ✦ *No ano passado, o consórcio CURITIBANO Garibaldi, um dos dez maiores do país, entrou em liquidação judicial.* (VEJ)

curriculum vitae, currículo

1. *Curriculum vitae* (literalmente: "carreira de vida") é expressão latina que designa a apresentação formal, regrada, dos dados pessoais e profissionais, elaborada para explicitar a qualificação de uma pessoa. ✦ *Aos interessados solicitamos enviar CURRICULUM VITAE para posteriores contatos.* (P)

2. Também se diz, em português, mais informalmente e mais genericamente, **currículo**. ✦ *Não se ignora que, há menos de 50 anos, de modo geral, o jornalismo era exercido por indivíduos sem CURRÍCULO apropriado.* (AP)

3. O substantivo português **currículo** também se refere à grade de disciplinas de um curso (**currículo escolar**). ✦ *Fundamentos da Enfermagem (FE) é a primeira disciplina profissionalizante do CURRÍCULO e que assume denominações e conceitos diferentes em várias escolas.* (CAA)

curta-metragem

1. Com hífen. É substantivo masculino que designa filme de curta metragem. ✦ *Um CURTA-METRAGEM de 1942, A conversa de Roosevelt, realiza uma mistura não muito clara de antissemitismo e anticapitalismo.* (NAZ)

Também se diz, simplesmente, **curta** (substantivo masculino). ✦ *Furtado estica um pouco seu CURTA, arrefecendo ao fim seu impacto.* (FSP) ✦ *Os CURTAS brasileiros são mais vistos fora do que aqui.* (VEJ)

2. O plural oficialmente registrado é **curtas-metragens** (adjetivo + substantivo). ✦ *Antes*

curto-circuito

mesmo da tomada do poder, aparecem os primeiros CURTAS-METRAGENS. (NAZ)

Entretanto, também ocorre, embora com muito menor frequência (8%), o plural **curta-metragens**, que não segue a norma de pluralização de substantivos compostos. ◆ *Nos anos 60, com o arrefecimento da febre neoconcretista, ela fez vários CURTA-METRAGENS.* (VEJ)

curto-circuito

O plural é **curtos-circuitos**. ◆ *Essas minúsculas peças evitam CURTOS-CIRCUITOS e raramente se estragam.* (MAN)

curtume

Com **U**, e não com **O**, na primeira sílaba (**CUR**). O substantivo designa o estabelecimento onde se curte couro. ◆ *Do CURTUME e das oficinas de couro vinha o som de marteladas contínuas.* (RET)

curul

É substantivo feminino, designando a cadeira ocupada por magistrados ou pessoas revestidas de alta dignidade. A sílaba tônica é a última, e, por isso, a palavra não leva acento (oxítona terminada em **L**). ◆ *O Corregedor, acastelado na sua CURUL de Juiz crente em mandingas, tremia.* (VB)

cuscuz

Com **S** na primeira sílaba e com **Z** na última. Com **U** nas duas sílabas. ◆ *Meteu a faca no CUSCUZ e embrulhou-o num pedaço de folha de bananeira.* (CAS)

cuspir

De conjugação irregular, o verbo **cuspir** tem **U** na primeira pessoa do singular do presente do indicativo e, consequentemente, em todo o presente do subjuntivo. Nas demais formas, porém, o radical tem **O**, que é aberto quando é tônico. ◆ *Hoje, quer apenas que o homem CUSPA o leão que o comeu nos tempos de Cristo.* (FSP) ◆ *Camila se debruça sobre a bacia, tosse repetidas vezes, COSPE.* (UQ)

custar

Segundo as lições dos manuais normativos, o verbo **custar**, na indicação de dificuldade ou custo de obtenção, deve construir-se na terceira pessoa do singular (construção do tipo denominado **unipessoal**), pois ele equivale a "ser custoso", "ser difícil", e seu sujeito é uma oração com verbo no infinitivo. Geralmente ocorre um objeto indireto, indicando a pessoa para quem alguma coisa é custosa ou difícil. ◆ *CUSTA-me acreditar no que dizes.* (HP)

Entretanto, é bastante usual – e não apenas na linguagem popular – a construção tradicionalmente condenada, que é a construção pessoal (em todas as pessoas), na qual o significado é o de "ter dificuldade em", "demorar para". Nessa construção, o infinitivo vem precedido da preposição **a**. ◆ *CUSTO a admiti-lo, mesmo porque soa estranha e diferente – mas é minha voz.* (CEN) ◆ *O valor está anotado nas contas, mas o dinheiro CUSTA a aparecer.* (VEJ) ◆ *É esse mundo novo, admirável ou não, que a Igreja Católica CUSTA a abordar.* (FSP)

Ocorre, ainda, uma terceira construção, mais restrita, porque ligada ao infinitivo de alguns verbos apenas (por exemplo, **crer**, **acreditar**, **entender**): o verbo **custar** é usado como unipessoal (só na terceira pessoa do singular), mas com a preposição **a** precedendo o infinitivo. Geralmente ocorre uma outra oração (com verbo em forma finita) funcionando como sujeito dos verbos **crer**, **acreditar**, **entender** etc. ◆ *CUSTA a crer que isso seja real e tão próximo de nós, tal a crueldade desse tipo de prisão.* (FSP)

Pode ocorrer, também, que, em vez dessa oração em forma finita ligada aos verbos **crer**, **acreditar**, **entender** etc., se use um complemento para esses verbos iniciado pela preposição **em**. ◆ *E também CUSTA a crer na audácia de Papillon (Steve McQueen) e seu amigo Deiga (Hoffman).* (FSP)

Pode acontecer, ainda, que, do mesmo modo que na construção unipessoal recomendada, se use nessas construções condenadas um objeto indireto de pessoa ◆ *O que me CUSTA a entender é quando alguém faz da experiência religiosa uma ruptura, um preconceito, uma muralha, uma barreira.* (FSP)

custear ⇨ Ver **costear** ⇨ Ver **-ear.**

1. **Custear** significa "pagar o custo de", "prover as despesas de". ♦ *Até um resto de fazenda o Honorato teve de vender para CUSTEAR as despesas.*

Costear significa "navegar junto à costa".

2. Os verbos em **-ear**, do mesmo modo que os substantivos correspondentes, recebem **I** apenas nas formas rizotônicas, isto é, nas formas que têm a sílaba tônica no radical. ♦ *Ninguém se lembra mais da origem do dinheiro com que se CUSTEIA o luxo dos poderosos.* (CRU)

CUT

É a sigla de **Central Única dos Trabalhadores.** ♦ *Nos encontros regionais da CUT sobre o tema, os relatos impressionam.* (ESP)

cutelo ⇨ Ver **senhor de baraço e cutelo.**

O substantivo **cutelo** designa instrumento com lâmina cortante. ♦ *Mata galinhas com o CUTELO?* (OSA) ♦ *Não sei se ele estaria beijando o CUTELO do verdugo que mata o indivíduo em benefício da coletividade.* (CRU)

Usa-se na expressão **senhor de baraço e cutelo**, que designa senhor com domínio absoluto sobre seus vassalos ou subordinados, com poder de condená-los a qualquer tipo de pena, até à morte.

cutia

Com **U**, e não com **O**, na primeira sílaba. É substantivo feminino, referindo-se ao macho e à fêmea do animal (substantivo epiceno). ♦ *Entre os que já estão em andamento, a reprodução em cativeiro de CUTIAS e serelepes – um tipo de esquilo brasileiro – é o mais avançado.* (VEJ)

cútis, cute

São formas variantes, mas a segunda não ocorreu. ♦ *Sua beleza depende de uma CÚTIS limpa, fresca e macia.* (P-CRU)

czar, czarismo, czarista ⇨ Ver **tzar.**

1 **Czar** e **tzar** são formas variantes, mas a forma **czar** é muito mais usual (94%). Trata-se da designação do título que se dava ao imperador na Rússia e a antigos soberanos sérvios e búlgaros. ♦ *A paz foi assinada em Tilsit em julho de 1807: Napoleão e o CZAR concluíram um tratado de aliança.* (HG)

2. O feminino de **czar** é **czarina**. ♦ *Com o tempo não só as prostitutas e as camponesas, mas as grandes senhoras da Corte, e, talvez a própria CZARINA, aderiram ao estranho evangelho do monge siberiano.* (FI)

3. O plural é **czares**. ♦ *Praticado pelos CZARES, por Lênin, Trotski, dentre outros, o xadrez foi também alvo do famoso cinema soviético.* (X)

4. São derivados **czarismo** e **czarista**. ♦ *Os bolchevistas que haviam destruído o sistema produtivo agrícola, vigente ao tempo do CZARISMO, foram forçados a um recuo.* (CRU) ♦ *Afinal, entre outras coisas, a URSS derrotou a Alemanha, algo que a Rússia CZARISTA notoriamente não conseguiu.* (FSP)

5. Czaréviche é o príncipe herdeiro, e czarevna é a princesa herdeira. Essas formas não ocorreram.

d

d

O nome da letra é **dê**. Com acento circunflexo. A forma não ocorreu.

D., d.

É a abreviatura tanto de **dom** como de **dona**, formas de tratamento masculina e feminina, respectivamente. ◆ *Homem querido do povo este **D**. Carlos Luís d'Amour.* (AVL). ◆ *"Foi uma agressão gravíssima", declarou **d.** Lucas Moreira Neves, presidente da CNBB.* (FSP) ◆ ***D**. Frida, alemã, com três filhas louríssimas e vários hóspedes alemães, era a dona da pensão.* (AFL)

d.C. ⇨ Ver **a.D.**

É a abreviatura de **depois de Cristo**. Ocorre em 9% dos casos. ◆ *As moedas vão de 200 a.C. a 1234 **d.C.*** (NU)

A abreviatura **a.D.** corresponde a **no ano do Senhor**, o mesmo que **depois de Cristo**.

d'água, de água ⇨ Ver **na água, n'água, nágua.**

Essa forma é empregada como segundo elemento de substantivos compostos. ◆ *A bem dizer, eram cor de **abóbora-D'ÁGUA** os seus olhos.* (SA) ◆ *Não se deve mexer na vegetação próxima a **olhos-D'ÁGUA**.* (GL) ◆ *Você precisa cuidar dessa **barriga-D'ÁGUA**.* (ALE) ◆ *Fulca, folga ou fuliz é o **frango--D'ÁGUA**.* (AVE)

A forma **d'água** também ocorre em outras expressões, refletindo a pronúncia (com elisão do E). ◆ *Ainda erecto, pedi um **copo D'ÁGUA** para ajudar a digestão e me levantei cheio de*

dignidade. (AL) ◆ *Quer dizer que ele dá nó até em **pingo D'ÁGUA**?* (BOC) ◆ *Olhem que figura – disse Otávio – parece manhã de **falta D'ÁGUA** no Rio.* (Q) ◆ *A bela mulata ficou com os olhos **rasos D'ÁGUA**.* (XA)

Entretanto, o indicado e o usual é que se escrevam separadamente a preposição **de** e o substantivo que vem a seguir. ◆ *Bebeu um **gole DE ÁGUA** e achou que estava um pouco melhor.* (XA) ◆ *Por alguma razão, a fonte continuava ligada, espirrando **jatos DE ÁGUA** azuis, vermelhos, amarelos.* (BL)

da capo

É expressão italiana usada na linguagem musical para significar "a partir do começo". ◆ *Agora, neste segundo trecho do percurso, no trem de aço, primeiro faço uma faxina nos compromissos, repondo em ordem a minha vida que parece ter chegado ao fim dum capítulo, o seguinte vindo a ser talvez um **DA CAPO**.* (L)

dáblio, dabliú, dábliu

As três grafias são registradas oficialmente para o nome da letra, mas a grafia **dabliú** não ocorreu. A grafia **dábliu** é estranha à língua portuguesa, que não grafa com final **u** o ditongo crescente. ◆ *Mas o **DÁBLIO** não passa de um EME de cabeça para baixo, explicou enquanto escrevia um grande W seguido de um M.* (MCP) ◆ *Os ingleses pronunciam o W como "**DÁBLIU**" e os alemães, "vê".* (FSP)

dama ⇨ Ver **cavaleiro, cavalheiro.**

É a palavra feminina correspondente ao masculino **cavalheiro**. ◆ *A atual herdeira é uma*

dança, dançar, dançarino

velha DAMA, alguns a chamam condessa. (ACM)

dança, dançar, dançarino

Com Ç. ✦ *Toca a campainha e o homem vai abrir a porta, não sem antes dar um passo de DANÇA.* (ANB) ✦ *Tirou a moça para DANÇAR um bolero.* (AGO) ✦ *Hoje Anton tem mais de cinquenta anos, o corpo pesado, mas ainda assim se revela melhor DANÇARINO que pintor.* (CV)

dancing

É palavra inglesa que designa estabelecimento público para se dançar, mediante pagamento. ✦ *Se fosse outro, tomaria o destino de um bar, de um DANCING, de uma boite.* (A)

dândi

É a forma portuguesa correspondente ao inglês *dandy*. Designa homem que se veste com apuro, janota, almofadinha. A palavra é acentuada porque é paroxítona terminada em **I**. ✦ *G então me aparece vestido como um DÂNDI, em roupas caríssimas e delicadas.* (MAN)

dantes, de antes

1. **Dantes**, numa só palavra, é advérbio de tempo que significa "antes", "anteriormente". ✦ *O Coronel Bem-te-vi, desde um tempo muito antigo de DANTES, era pertencido de cemitério.* (CL)

2. **De antes** é expressão constituída pela preposição **de** e pelo advérbio de tempo **antes**. ✦ *A multidão avança, num silêncio mais horrível que o murmúrio DE ANTES, tentando fechar o círculo em torno dos soldados que avançaram.* (R)

dar [horas] ⇨ Ver horas.

1. O verbo **dar** concorda com o número de horas. ✦ *DERAM as dez horas no carrilhão da sala.* (JM)

2. Se houver um sujeito referente ao objeto que marca as horas, o verbo **dar** concorda com ele. ✦ *O relógio de peso DÁ seis horas.* (S)

dar à luz

É essa a forma da expressão, e, se ocorrer um complemento, ele não vem com a preposi-ção **a**. ✦ *Quando a carta chegou, a princesa já estava para DAR À LUZ.* (VIS) ✦ *Biá começara a sentir fisgadas fortes, no alvoroço de DAR À LUZ o primeiro filho.* (TS) ✦ *Sandra está grávida e deve DAR À LUZ uma menina daqui a cerca de 15 dias.* (ESP)

Darf

É a sigla de **Documento de Arrecadação da Receita Federal**. ✦ *Banqueiros dizem que a Receita não está pagando, desde o início do ano, pelos serviços de arrecadação de imposto (Darf).* (FSP)

dar-se ao trabalho, ao luxo, ao desfrute, ao incômodo de

Significa "entregar-se ao trabalho, ao luxo, ao desfrute, ao incômodo", respectivamente. ✦ *Em tempos de Bienal, os dois também não precisam DAR-SE AO TRABALHO DE praticar cooper.* (INT) ✦ *Com boa penetração entre as classes mais abastadas, a Mangueira pode DAR-SE AO LUXO DE arrecadar dinheiro dessa maneira.* (VEJ) ✦ *DAVA-SE AO DESFRUTE DE estatelar-se sol a sol na prainha do remanso.* (SD) ✦ *Não SE DAVA AO INCÔMODO DE sair, recebia o fulano mesmo em casa.* (DE)

dar-se pressa em

Significa "apressar-se em". ✦ *Uma professora DEU-SE PRESSA EM servi-lo de café.* (ORM)

data venia

É expressão latina que significa "dada a permissão", "com a devida licença". Usa-se como mostra de respeito, no início de uma argumentação que contraria a opinião de outra pessoa. É como um pedido de licença prévio para emitir opinião contrária. ✦ *Um bacharel de direito não gosta de ser estereotipado como um sujeito de terno risca de giz, colete, guarda-chuva e que fala sempre "DATA VENIA".* (FSP) ✦ *Galvão começou pedindo um "DATA VENIA" ao relator, e por aí já se viu que ia discordar.* (VEJ)

data-base

O plural mais frequente é **datas-base** (substantivo + substantivo, o segundo fazendo uma determinação sobre o primeiro), mas também ocorre, especialmente na imprensa, o plural nos dois substantivos que formam o composto. O substantivo designa data fixada na qual entra em vigor alteração de salários de uma determinada categoria profissional. ◆ *As montadoras não aceitam ainda negociar a unificação de DATAS-BASE*. (GAZ) ◆ *Mutuários de outras DATAS-BASES não terão reajuste*. (FSP)

datil(o)- ⇨ Ver **digit-**.

É elemento (grego) que se liga a um elemento seguinte. Significa "dedo". ◆ *Ele chama o processo de "DATILOSCOPIA comparada".* (XA) ◆ *Mais tarde aprendeu DATILOGRAFIA e ganhava copiando e ensinando a escrever à máquina*. (BAL) ◆ *Luiz sempre fora um excelente DATILÓGRAFO e redigia com grande facilidade, dificilmente fazendo rascunhos do que escrevia*. (ORM)

Digit- é o elemento latino correspondente.

DDD

É a sigla de **Discagem Direta a Distância**. ◆ *Quando o assinante chama direto o número desejado, independente da telefonista, a operação chama-se DDD (Discagem Direta a Distância)*. (TEB)

DDI

É a sigla de **Discagem Direta Internacional**. ◆ *Quem faz a ligação não precisa discar o código DDI e nem mesmo saber onde o destinatário se encontra*. (VEJ)

de ⇨ Ver **feito de**.

É tradicionalmente considerado galicismo o uso da preposição **em** para indicar matéria. Nesse sentido, as lições normativas recomendam o uso da preposição **de**. ◆ *Eles são ousados, como o quixote que sai de sua casa, viaja até o meio do oceano e, sozinho num barco DE borracha, tenta deter um gigantesco baleeiro*. (VEJ) ◆ *O homem estava acordado e segurava uma garrafa DE metal*. (BOI)

de- ⇨ Ver **cata-**.

É prefixo de origem latina que indica:

◇ movimento de cima para baixo (como o prefixo de origem grega **cata-**). ◆ *Dino começou bem, DECAINDO em seguida*. (REF)

◇ separação, afastamento. ◆ *Consegui DEPENAR o sabiá ontem*. (CD)

◇ negação, privação. ◆ *Comédia era o poema ideal porque nele cada contemplado ocupa um lugar definido na base dos próprios méritos ou DEMÉRITOS*. (IS)

Se o elemento seguinte começar por **R** ou **S**, é necessário duplicar essa letra (que ficará entre duas vogais, na escrita). ◆ *Socó é um gênero de pássaro, que compreende várias castas: o branco é do tamanho dum grande capão, DERRABADO*. (CB) ◆ *O material devidamente DESSALGADO ou, quando fresco, apenas branqueado, é acondicionado em vidros*. (CTA)

de baixo ⇨ Ver **debaixo**.

Usa-se, separadamente, **de baixo** (preposição e substantivo), quando se indica origem: "a partir de baixo". ◆ *Lá DE BAIXO subia o rumor de uma torrente*. (ACM)

Debaixo é advérbio que significa "em posição ou em situação inferior".

de cor

É expressão adverbial de modo que significa "de memória". O **O** é aberto. ◆ *Não pode haver tanto envolvimento entre entrevistador e entrevistada, sabe DE COR qualquer editor*. (RI)

de cujus

É expressão latina que significa "aquele / aquela de cujo / de cuja ...". São as primeiras palavras da locução jurídica latina *de cujus successione agitur* ("aquele / aquela de cuja sucessão se trata"). ◆ *Os bens recebidos por herança devem ser relacionados na declaração de bens do beneficiário, de forma destacada e pormenorizada, com indicação da espécie, nome, CPF e endereço do "DE CUJUS"*. (FSP)

de encontro a ⇨ Ver **ao encontro de**.

De encontro a significa "contra", "em choque com". ◆ *Leopoldo, distraído, quase ia DE ENCONTRO A uma carroça*. (OE) *de facto*

Ao encontro de significa "na direção de" e "em favor de".

de facto

É expressão latina usada na linguagem jurídica para significar "de acordo com a realidade", "de fato". ◆ *Nesta fase de Revolução, o comunismo ataca toda propriedade, mesmo "DE FACTO".* (SIG-O)

de forma que, de maneira que, de modo que, de sorte que

1. Segundo a norma prescritiva, nessas expressões, o substantivo fica no singular. ◆ *Naquele pequeno povoado onde morava não existia nenhum outro ateu igual a ele, DE FORMA QUE o coitado vivia em grande isolamento.* (BP) ◆ *Da primeira vez houve música, DE MANEIRA QUE eles não precisaram falar.* (TRH) ◆ *Foi o senhor quem inventou a confusão toda, DE MODO QUE deve ser julgado primeiro!* (PEL) ◆ *Comumente estes vegetais xerófilos colocam as folhas em posição vertical, DE SORTE QUE não oferecem as faces ao sol inclemente, mas os bordos.* (TF)

Entretanto, há registros de expressões desse tipo com o substantivo no plural (exceto no caso de **de sorte que**). ◆ *Não faz mal, meu filho, miséria pouca é bobagem. DE FORMAS QUE tanto faz.* (BO) ◆ *Estamos procedendo a um levantamento, DE MANEIRAS QUE se cuidem outros valdevinos, aqueles que fizeram e desfizeram e estão a salvo.* (GD) ◆ *(...) faz curvas de baixo para cima, DE MODOS QUE não existe posição para se entrar naquela roda que ele desenha com o punhal que mais parece uma baioneta (...).* (SAR)

2. As lições normativas também condenam o uso de expressões como **de forma a, de maneira a** etc., expressões que se constroem com infinitivo.

Entretanto, elas são bastante usuais, e nos diversos registros, talvez pela maior leveza da construção. ◆ *Agasalhei-me DE FORMA A evitar contatos e enleios.* (ASV) ◆ *Os papéis também revelam triangulações cuidadosas, DE MODO A evitar que os dois*

nomes frequentassem juntos os mesmos negócios. (VEJ) ◆ *Muitos países, por exemplo, indexaram seus bens de capital, DE MANEIRA A criar compensações em torno da inflação.* (VIS) ◆ *Cortamos a inflação que estava tornando o país inviável, DE SORTE A permitir que o empresariado volte a investir, além do próprio Estado.* (FSP)

de mais ⇨ Ver **demais**.

De mais (o oposto de **de menos**) é expressão constituída por:

◇ preposição e pronome indefinido. ◆ *O doutor Renato precisa DE MAIS auxiliares.* (BB)

◇ preposição e advérbio. ◆ *Os senhores representam o que há DE MAIS vivo, arrojado e empreendedor no espírito humano.* (AVL)

Demais, numa só palavra, é advérbio de intensidade ("em excesso").

de moto próprio ⇨ Ver *motu proprio* ⇨ Ver **por moto próprio**.

É expressão equivalente à expressão latina *motu proprio* (em ablativo, por isso correspondendo a uma tradução portuguesa com preposição). Significa "por seu próprio movimento", "por iniciativa própria", "por vontade própria". ◆ *E parte deste trabalho será para compensar o apoio irrestrito que foi oferecido DE MOTO PRÓPRIO ao candidato.* (FSP)

Outra expressão portuguesa equivalente é **por moto próprio**, menos usual (25%).

de o, de este, de ele etc.

Segundo as lições normativas, separam-se a preposição **de** e o artigo (ou outro adjunto do substantivo) quando a expressão que vier depois da preposição tiver a função de sujeito, já que o sujeito é, por princípio, um termo não regido por preposição. ◆ *Não havia jeito DE O homem embarcar.* (APA) ◆ *Só em Botafogo me ocorreu que podia repugnar-lhe a ideia DE A espiga passar por duas bocas.* (BOC) ◆ *Eu sou flamenguista e sinceramente acho que o fato DE AQUELE timinho ter sido bicampeão foi mera sorte.* (FSP) ◆ *Não vejo muita novidade, exceto a hipótese DE ELE ter sido um acusador arrependido.* (ACM)

debaixo

Entretanto, usam-se comumente, nos diversos níveis de linguagem, construções em que se faz contração da preposição **de** com a vogal inicial da palavra usada como adjunto do substantivo (**o, este** etc.) ou com a vogal inicial do pronome (**ele** etc.). ◆ *Mas apesar disso, **apesar DOS pais serem bem ordinários**, diz que a filha saiu bem diferente e que foi muito bem educada.* (OM) ◆ *Mas **apesar DESTE método ser seguro**, a mudança de personalidade pós-operatória e a epilepsia ocorriam frequentemente (...).* (DRO) ◆ *(...) diariamente têm surgido CDs importados usados em suas lojas, **apesar DELES também comercializarem os CDs novos**, a preços que se equiparam aos das lojas de discos novos.* (CB)

O que ocorre é que a preposição **de** rege a oração infinitiva inteira, não apenas o sujeito. Além disso, é muito mais natural a sequência fonética obtida com as contrações da preposição **de** com a vogal inicial do adjunto (**do, da, deste, dele**) do que sequências como **de o, de a, de este, de ele**.

de pé ⇨ Ver em pé.

De pé e **em pé** são locuções que têm a mesma acepção, indicando posição. **De pé** é mais usual (65%). ◆ *Naum pôs-se DE PÉ, num salto.* (CEN)

de per si

De per si é expressão equivalente a **por si**. ◆ *E isso de Siá Gorgota vir com eles – apesar do intrometimento e da desbocação da sogra – ela, DE PER SI, já valia por um farturão.* (CH)

de repente

É expressão adverbial que significa "de súbito", "repentinamente". São duas palavras. ◆ *DE REPENTE, paramos de falar, como se não tivéssemos mais nada a nos dizer.* (A)

de trás ⇨ Ver detrás.

De trás é expressão constituída por preposição e advérbio de lugar ("de atrás"). ◆ *O trabalhador tirou DE TRÁS da orelha a bagana do cigarro de palha.* (ALE)

Detrás, numa só palavra, é advérbio de lugar ("atrás").

de(s)-, di(s)-

É prefixo de origem latina que indica:

◇ negação, ação contrária (correspondendo ao prefixo de origem grega **a(n)-**). ◆ *O governador é um DESUMANO que negou perdão ao próprio enteado.* (PRE) ◆ *Ocorreu, então, a expansão das áreas de plantio, em visível DISCORDÂNCIA com a ideia inicial de melhoria de produtividade.* (DS)

◇ separação, afastamento. ◆ *Só os norte-americanos DESEMBOLSAM meio bilhão de dólares anuais em sedativos e tranquilizantes.* (NOV) ◆ *O episódio, menos estridente do que outros, explorou particularmente a DISJUNÇÃO entre imagem e diálogo.* (FSP)

deadline

É palavra inglesa que designa o prazo limite para conclusão de um empreendimento. A pronúncia é, aproximadamente, **dedlaine** (com o primeiro **E** aberto). ◆ *O trabalho vai forçá-lo a fazer hora extra já que o DEADLINE (prazo para entrega) é no dia seguinte.* (FSP)

deão

São tradicionalmente indicados os plurais **deões, deães** e **deãos**, formas que, entretanto, não ocorreram. O substantivo designa dignitário eclesiástico. ◆ *Pastor James Parks Morton, DEÃO da catedral de São João Divino de Nova York.* (SU)

debacle, débâcle

1. **Debacle**, palavra feminina, é a forma gráfica portuguesa, oficialmente registrada, correspondente ao francês *débâcle*, que significa "derrocada". ◆ *Uma coisa é certa: existem coisas que sem dúvida alguma patrocinam certas DEBACLES.* (REA)

2. A forma gráfica francesa aparece mais (83%), especialmente na imprensa. ◆ *Ainda assim, muitos analistas antecipam uma DÉBÂCLE da economia japonesa, arrastando o resto do mundo.* (FSP)

debaixo ⇨ Ver de baixo ⇨ Ver baixo.

Debaixo é advérbio. Significa "em posição inferior a", "em situação inferior a". ◆ *E lá*

debalde

fui eu, nariz empinado, desenhos DEBAIXO do braço, e muita curiosidade. (NOV)

De baixo significa "a partir de baixo".

debalde

Escreve-se numa só palavra. É advérbio de modo que significa "em vão". ◆ *O tempo foi passando e DEBALDE ele tentou conquistar o amor daquela mulher.* (PCO)

debênture, debenturista

1. **Debênture** é a forma portuguesa correspondente ao inglês *debenture*. A palavra leva acento, em português, porque é proparoxítona. ◆ *DEBÊNTURE é um título emitido por empresas. Paga juros mais inflação.* (FSP)

2. **Debenturista** é forma derivada de **debênture**. ◆ *Os DEBENTURISTAS ficam de posse da propriedade e bens, dando uma quota aos acionistas e criam a Sociedade Anônima Estrada de Ferro e Minas de S. Jerônimo.* (RM)

deboche

É a forma portuguesa correspondente ao francês *débauche*. Significa "zombaria, "caçoada". ◆ *Rizoleta, entusiasmada, conta vantagem do seu homem em outros alcouces, entre o DEBOCHE das raparigas: homem não presta!* (MRF)

début, debute, debutar, debutante

1. *Début* é palavra francesa que designa o primeiro lance de um jogo, e, mais genericamente, o começo de uma atividade. A palavra é usada especificamente para designar a solenidade de introdução de uma jovem (oficialmente, aos 15 anos) na vida social, e, mais genericamente, para designar qualquer estreia. Na grafia mantém-se ou não o acento agudo da forma francesa, o qual não marca que a sílaba seja tônica (trata-se de palavra oxítona). ◆ *Claro que não se deve descuidar da pele: em poucos dias ela pode estar totalmente preparada para receber raios solares com riscos bem menores ou – por que não? – fazer seu DÉBUT no verão já devidamente bronzeada.* (ELL) ◆ *Sob os olhos influentes de todo o mundo da moda, esta russinha de olhos azuis fez seu verdadeiro DEBUT.* (FSP)

2. **Debute** é a forma aportuguesada, oficialmente registrada, mas pouco usual (17%). ◆ *Cheryl Miller faz bonito em Phoenix no seu DEBUTE como treinadora.* (FSP)

3. **Debutar** é o verbo correspondente (do francês: *débuter*). ◆ *Um dos senhores fica especialmente temeroso por causa da filha que insistira em acompanhá-lo ao debate: moça de família, que acabou de DEBUTAR na sociedade e pode chocar-se com as declarações desses rapazes de má índole.* (PO)

4. **Debutante** é a designação da pessoa que debuta. É substantivo masculino quando se refere a elemento do sexo masculino e feminino quando se refere a elemento do sexo feminino (substantivo comum de dois). ◆ *Além dos dois estreantes, outro DEBUTANTE, o sérvio Predrag Danilovic, que atuava na Europa, foi destaque do Miami.* (FSP) ◆ *Não, hoje não chegou aqui nenhuma DEBUTANTE.* (OM)

debuxar

Com X, como **buxo**. Significa "delinear", "esboçar". ◆ *Cândida era o vivo original que a minha fantasia de moço DEBUXARA.* (DEN)

dec., Dec.

É a abreviatura de **decreto**. ◆ *É vedado ao segurado casado realizar a inscrição de companheira. (Fund.: art. 19, 1º, b e parágrafo 4º do RBPS – DEC. nº 611/92).* (FSP) ◆ *Em 1922, o DEC. n. 3531, de 22 de novembro, regulamentou de vez a útil instituição, nacionalizando-a e livrando-a do exotismo inadaptável ao nosso meio.* (PE)

deca-

1. É elemento (grego) correspondente a **dez**. Liga-se ao elemento seguinte:

◇ com hífen, se o elemento começar por **H**: por exemplo, **deca-hidratar** e **deca-hidratante**, formas oficialmente registradas, mas que não ocorreram. Entretanto, o **H** inicial do segundo elemento pode cair na formação, e ficarem duas vogais em sequência, o que faz surgir variantes gráficas; por exemplo, **decaidratar** e **decaidratante**, também oficialmente registradas, mas sem ocorrência.

◇ sem hífen, antes das outras consoantes e vogais. ◆ *O Glasgow tenta ser DECACAM-PEÃO nacional.* (FSP) ◆ *Os DECADRACMAS (10 dracmas) de Siracusa, na Sicília, são algumas das mais famosas moedas gregas de prata assinadas por esses artistas.* (NU)

Se o elemento seguinte começar por **R** ou **S**, é necessário duplicar essa letra (que ficará entre duas vogais, na escrita). ◆ *Vale tudo nas rimas espalhadas por sextilhas, motes em sete sílabas e DECASSÍLABOS.* (VEJ)

2. Nos símbolos, que não têm plural, usa-se **da** (minúsculo), não havendo ponto de abreviatura: **dam**, **dal**, **dag**. ◆ *Garcia encontrou valores entre 0,67 e 0,92 DAG kg⁻¹, e Delistoianov 0,78 DAG kg⁻¹.* (PAG)

decair ⇨ Ver **cair**.

Conjuga-se como **cair**. Há formas em que o **I** forma ditongo com o **A** (**AI**), e, nesse caso, pela regra geral de acentuação, não há acento. ◆ *É por demais conhecido que o poder aquisitivo do salário mínimo DECAI continuamente no Brasil.* (BF)

Há formas em que o **I** é vogal tônica, formando hiato com o **A** (**AI**), e, nesse caso, pela regra geral de acentuação, ele é acentuado:

- ele é acentuado quando fica sozinho na sílaba, ou apenas com um **S**. ◆ *Com a recessão econômica apertando os cintos do país, nos primeiros seis meses de 1992 o bar DECAÍRA muito, a começar pela iluminação.* (FH)

- ele não é acentuado se não fica sozinho na sílaba. ◆ *Mas o interesse pela utilização da água DECAIU sobretudo no período compreendido entre a queda do Império Romano e a Renascença.* (ELE)

decano

A sílaba tônica é a penúltima (**CA**). O substantivo designa o mais antigo dos membros de uma instituição ou corporação. ◆ *O DECANO dos repórteres policiais, Rudolph Wimpole, mais conhecido pelo apelido de "Sábado", acabava de entrar.* (PRE)

decerto

É uma palavra só, advérbio de afirmação, às vezes marcando opinião. ◆ *Obstáculos vários e graves DECERTO haverá, uma vez que o problema é por sua própria natureza muito complexo.* (CRU)

decisão

Com **S**, como todo substantivo ligado a verbo terminado em **-dir** (**decidir**). ◆ *A não ser que você tomasse a DECISÃO de ficar de vez e esperasse pela volta dele, amanhã.* (A)

declinar

1. Significando "recusar", usa-se com complemento iniciado pela preposição **de**. ◆ *O Papa DECLINOU do convite que lhe dirigiu a Junta de Governo.* (JB)

2. Significando "dizer", "revelar", usa-se com complemento sem preposição (objeto direto). Alguns gramáticos mais puristas consideram galicismo esse emprego. ◆ *Nunca mais me procuraram e DECLINEI o nome desse amigo à polícia.* (ESP)

decolagem

É a forma portuguesa correspondente ao francês *décollage*. ◆ *O barulho a bordo começou logo na DECOLAGEM.* (NBN)

decompor(-se)

Conjuga-se como **pôr**. ◆ *Bactérias e fungos DECOMPÕEM os restos existentes de todos os demais componentes da comunidade.* (ECO) ◆ *Durante a noite chegaram outros parentes, a família SE DECOMPUNHA e multiplicava (...).* (ASA) ◆ *Em alto grau de abstração, ele reconstituiu toda a evolução histórica do Velho Mundo, desde as invasões bárbaras que DECOMPUSERAM o Império Romano.* (GPO)

décor

É palavra francesa que significa "arranjo ornamental", "decoração", "cenário decorado". A pronúncia é, aproximadamente, **decór**. ◆ *Onipresente, a bandeira nazista executa no DÉCOR um papel particularmente poderoso.* (NAZ) ◆ *O empresário Paulo Malzoni aposta alto no DÉCOR de Natal de seus shoppings West Plaza, Plaza Sul e Paulista.* (FSP)

decreto-lei

O plural é **decretos-leis** (substantivo + substantivo) ou **decretos-lei** (substantivo + substan-

décuplo

tivo, o segundo fazendo uma determinação sobre o primeiro). A segunda forma é pouco usada (7%). ♦ *Quanto ao aspecto específico do Processo Legislativo, extinguem--se os **DECRETOS-LEIS**.* (OS-O) ♦ *Isso é um vício do tempo da ditadura, quando se governava por **DECRETOS-LEI**, aprovados por decurso de prazo.* (FSP)

décuplo

É o numeral multiplicativo (substantivo ou adjetivo) correspondente a 10. ♦ *O "Guinness" relata, sem detalhes, que em 22 de abril de 1946 teria sido registrado no Brasil o nascimento de **DÉCUPLOS** – dois meninos e oito meninas.* (FSP)

dedo

O adjetivo correspondente é **digital**. ♦ *Como a impressão **DIGITAL**, a escrita é única, inimitável.* (GFO)

deem

É a forma da terceira pessoa do plural do presente do subjuntivo do verbo **dar**. Forma-se com acréscimo de **-em** ao singular **dê** dispensando acento, no plural. ♦ *Os promotores pedem aos jurados **que DEEM** a Nichols a mesma pena dada a McVeigh.* (FSP)

As outras três formas verbais que terminam da mesma maneira (mas no indicativo) são **creem, leem** e **veem**.

defectivo

Defectivo é o verbo que não tem conjugação completa, faltando-lhe tempo(s) ou pessoa(s): **abolir, banir, reaver** etc. ♦ *E nem todos os verbos são regulares e integrais; há os **DEFECTIVOS**, de que faltam várias formas.* (FSP)

defendido ⇨ Ver defeso, defesso.

A forma de particípio **defendido** é usada com os verbos **ter, haver** e **ser**. ♦ *A Odete revoltou-se comigo por **ter DEFENDIDO** o Alcino.* (QDE) ♦ *Havia me **DEFENDIDO** bem do guerrilheiro.* (NBN) ♦ *O plano **foi DEFENDIDO** em 1968 pelo brigadeiro João Paulo Penido Burnier.* (VEJ)

deferência ⇨ Ver diferença.

O substantivo **deferência** significa "consideração", "reverência", "atenção". ♦ *Posso assegurar-lhe que a polícia trata a todos com respeito e **DEFERÊNCIA**.* (XA)

O substantivo **diferença** designa a propriedade daquilo que é diferente.

deferir, deferimento, deferente ⇨ Ver diferir, diferimento, diferente.

1. O verbo **deferir** significa "despachar favoravelmente", "atender". ♦ *Não posso **DEFERIR** nem negar seu pedido!* (VB)

O verbo **diferir** significa "ser diferente".

De conjugação irregular, o verbo **deferir** tem **I** na primeira pessoa do singular do presente do indicativo, e, consequentemente, em todo o presente do subjuntivo. Nas demais formas o radical tem **E**, que é aberto quando é tônico. ♦ ***DEFIRO** parcialmente: construam-se as lombadas.* (FSP) ♦ *"Se a pessoa entrar com recurso, a gente **DEFERE**", afirmou.* (FSP)

2. O substantivo **deferimento** (correspondente ao verbo **deferir**) significa "aprovação". ♦ *Reparação por perdas e danos: o juiz considerou justa e concedeu **DEFERIMENTO**.* (CV)

Diferimento (correspondente ao verbo **diferir**) significa "adiamento", "procrastinação".

O adjetivo **deferente** também se aplica ao ducto de excreção do esperma. Como substantivo, designa esse ducto. ♦ *Investigar os efeitos da tela sintética sobre o testículo, epidídimo e ducto **DEFERENTE** de cães.* (ACB) ♦ *Cuidados especiais devem ser tomados com o **DEFERENTE** e os vasos do cordão espermático.* (CLC)

defesa

Com **S**, como todo substantivo ligado a verbo terminado em **-der** (**defender**). ♦ *Os mecanismos de **DEFESA** são de diversos tipos.* (PSC)

defeso, defesso ⇨ Ver defendido.

1. A forma **defeso**, do particípio irregular de **defender** (que primitivamente teve o significado de "proibir"), é usada como adjetivo,

significando "proibido". ◆ *Os enfermos não são examinados e às pejadas e parturientes era DEFESO palpá-las ou tocá-las, por imodesto e pouco decoroso.* (OBS) ◆ *É sobre o Estado que vem recair a responsabilidade pela execução de papéis que, segundo o liberalismo clássico, lhe estavam DEFESOS.* (OS-O)

2. **Defesso** é adjetivo que significa "cansado". A forma não ocorreu.

Defendido é o particípio regular de defender.

deficit, déficit ⇨ Ver **superávit**.

1. *Deficit* é palavra latina. **Déficit** é a forma gráfica aportuguesada do latim *déficit*, comumente usada (com acento para marcar a condição de proparoxítona), mas não abrigada na ortografia oficial. Significa "diferença a menos entre receita e despesa", "saldo negativo". É substantivo masculino. ◆ *O Brasil viverá um DÉFICIT orçamentário forçoso e permanente.* (H)

2. O plural é **déficits**. ◆ *Durante o governo de Nassau os DÉFICITS foram constantes.* (HIB)

defronte (de, a)

1. **Defronte** escreve-se numa só palavra. É advérbio de lugar que significa "em frente". ◆ *Nasci numa casa DEFRONTE, bem perto do jardim.* (CJ)

2. Usa-se seguido das preposições **de** ou **a**. Embora alguns manuais normativos censurem o uso da preposição **a** com **defronte**, essa é a expressão mais usada (60%) e nos diversos níveis de linguagem. ◆ *Ficamos ali, parados na estrada, DEFRONTE de uma ruína de casa.* (MMM) ◆ *DEFRONTE a ele não há nenhum outro quarto.* (NB) ◆ *Como resta claro, ambos moram DEFRONTE a um entroncamento viário.* (FSP)

degradar, degradado; degredar, degredado

1. **Degradar** significa "privar de grau ou dignidade", "rebaixar", "aviltar", e **degradado** é o particípio do verbo, ou o adjetivo correspondente. ◆ *Na França, prevê-se multa de 500 a 50.000 francos ou até dois anos de* cadeia para quem *DEGRADAR a bandeira.* (VEJ) ◆ *Os vendedores de ópio pertencem às classes mais DEGRADADAS da população.* (FF)

2. **Degredar** significa "impor a pena de degredo", "desterrar", "exilar", e **degredado** é o particípio do verbo, ou o adjetivo correspondente. ◆ *Ao rábula que lavrou e entortou a minuta da tal reclamação, servindo como inspirador dos traquineiros malfeitores, DEGREDEI para Mazagrã e Leiria.* (CID) ◆ *Se não me engano, entre os primeiros DEGREDADOS que para cá vieram, havia um Fagundes no meio.* (CNT)

degradê, *dégradé*

Dégradé é a forma francesa de adjetivo que se refere a uma distribuição gradual de nuanças de cor, de luminosidade, de intensidade, de tamanho. A forma aportuguesada **degradê**, não registrada oficialmente, é a mais usual (60%). ◆ *A Mulher por dentro: salão repleto de vestidos em cabides, dispostos na ordem DÉGRADÉ de cores, preto, azul, vinho, vermelho, laranja, amarelo.* (GD) ◆ *Comprei um Escort com vidros verdes e para-brisa DEGRADÊ.* (FSP)

deixar

Com **X** (depois de ditongo). ◆ *Não posso DEIXAR de dar a ele a chefia da minha assessoria.* (AGO)

deixar alguém fazer algo ⇨ Ver **fazer alguém fazer algo** ⇨ Ver **mandar alguém fazer algo**.

É lição de gramáticas normativas que, nesse tipo de construção, o infinitivo não vá para o plural. É também o que se encontra comumente no uso. ◆ *DEIXARAM as coisas continuar como estavam.* (ESP)

Entretanto, são também usadas construções com o infinitivo no plural. ◆ *Agora o padre vai DEIXAR os urubus comerem o cachorrinho.* (AC)

Quando o sujeito do segundo verbo é representado por um pronome pessoal átono, esse verbo (no infinitivo) fica sempre invariável,

déjà-vu

mesmo que seu sujeito seja plural. ◆ *Por que não DEIXÁ-los divertir-se um pouco?* (PRE) ◆ *As inúmeras árvores florestais que produzem diásporos pesados não têm outro recurso senão DEIXÁ-los cair à sua volta, por ação da gravidade.* (TF) ◆ *Não nos atiramos, com a Operação Pan-Americana, numa fantasia, nem procuramos DEIXAR-nos conduzir por palavras.* (JK-O)

No caso de sujeito representado por pronome átono, ocorre, também, de ele preceder os dois verbos. ◆ *Não vai nos DEIXAR escapar assim.* (BOI)

déjà-vu

É expressão francesa que significa "já visto". Usa-se para referência a um evento que se tem a impressão de já ter sido visto ou vivido. ◆ *Quando abrimos as portas tivemos um choque do literalmente DÉJÀ-VU.* (FSP)

dekassegui, decasségui

De origem japonesa, a palavra está oficialmente registrada na sua forma aportuguesada, **decasségui** (com C e com acento, por tratar-se de paroxítona terminada em I).

Entretanto, a única forma gráfica que ocorreu foi *dekassegui*. O substantivo designa trabalhador que vai para o Japão em busca de melhores oportunidades, como trabalhador temporário. ◆ *Outros aventuraram-se no Japão a partir de 1988 como DEKASSEGUI, o trabalhador que deixa seu país em busca de melhores oportunidades.* (FSP) ◆ *Os DEKASSEGUIS não são emigrantes no sentido tradicional, pois deixam suas famílias no Brasil e regressam depois de dois ou três anos de labuta no Japão.* (VEJ)

delação ⇨ Ver dilação.

O substantivo **delação** (correspondente ao verbo **delatar**) significa "denúncia". ◆ *Houve uma denúncia contra você, uma DELAÇÃO!* (DM)

O substantivo **dilação** significa "dilatação (de prazo)", "prorrogação".

delatar ⇨ Ver dilatar.

Delatar significa "denunciar". ◆ *Ames está sendo acusado de DELATAR dez cidadãos soviéticos que trabalhavam para os EUA.* (VEJ) **Dilatar** significa "estender", "ampliar".

Delenda Carthago.

É frase latina que significa "Destrua-se Cartago". Era a sentença com que Márcio Pórcio Catão terminava suas intervenções no Senado romano. Em sentido genérico, constitui indicação de que devem ser tomadas medidas drásticas. ◆ *Cipião armou uma esquadra e atacou Cartago, destruindo-a e dando razão a Catão, que há muito vivia dizendo aquilo que até hoje é repetido por aí: "DELENDA CARTHAGO!".* (FSP)

deletar ⇨ Ver delir, deleção.

É verbo formado em correspondência com o inglês *to delete* ("apagar"). Usa-se especificamente em referência a caracteres digitalizados (informática). ◆ *Na semana passada, o senador republicano Charles Grassley apresentou um projeto de lei que pretende DELETAR para sempre dos monitores de crianças e adolescentes as cenas consideradas obscenas.* (VEJ)

Delfos

O adjetivo correspondente a **Delfos** (nome de cidade da Grécia antiga e de seu oráculo) é **délfico**. ◆ *É no curso ou por meio desse mergulho nas "histórias" que se cumpre o mandato DÉLFICO de conhecer a si mesmo.* (FSP)

delicatessen

É a forma gráfica portuguesa do substantivo plural alemão *Delikatessen*, que designa loja de bom nível que vende frios, biscoitos, pães, conservas, bebidas etc. ◆ *Dono duma loja de DELICATESSEN, o filho do Burgomestre era gordo, corado, de uma beleza sólida e estúpida.* (TV)

delinquir

Verbo defectivo, conjuga-se apenas nas formas em que ao radical se segue I. Não existe, pois, a primeira pessoa do singular do presente do indicativo, e, consequentemente, todo o presente do subjuntivo. Significa "cometer delito". ◆ *A imunidade parlamentar foi usada enquanto ardil corporativo, impedindo a punição de parlamentares que DELINQUIRAM.* (FSP)

delir, deleção ⇨ Ver deletar.

1. **Delir** é verbo defectivo, conjugando-se apenas nas formas em que ao radical se segue I ou E: (ele) **dele** (com o E tônico aberto), (nós) **delimos** etc., todas formas não usuais. Significa "apagar", "esvaecer".

Em compensação, é usual o verbo **deletar**, que se formou pelo inglês *to delete* ("apagar"), verbo correspondente, pois, ao português **delir**. **Deletar** usa-se especificamente em referência a caracteres digitalizados (informática).

2. **Deleção** é o substantivo correspondente ao verbo **delir**, significando "apagamento". É usual, especialmente em linguagem técnica. ◆ *Partia da ideia de que a DELEÇÃO de genes permitiria que o vírus se replicasse um pouquinho, provocando reação imune sem desencadear a doença.* (FSP)

delirium tremens

É expressão latina que designa perturbação provocada por alcoolismo, caracterizada por tremores, suores, agitação e alucinações. ◆ *De acordo com os psiquiatras, o álcool leva, primeiro, a uma fase oculta ou pré-alcoólica, para depois vir a lacuna de memória, a perda de controle, tremor matinal e, finalmente, o DELIRIUM TREMENS.* (CRU)

delivery

É palavra inglesa que designa sistema de entrega em domicílio. ◆ *O grupo Pão de Açúcar põe para funcionar – até 3 de março – seu sistema DELIVERY entre o Guarujá e Maresias.* (FSP)

demais ⇨ Ver de mais.

Demais, numa só palavra, é advérbio de intensidade ("em excesso"). ◆ *A ideia de Bruno era boa, mas havia papéis DEMAIS.* (ACM)

De mais (o oposto de **de menos**) é expressão constituída por preposição e pronome indefinido ou por preposição e advérbio.

demarche, *démarche*

Démarche é a forma francesa de substantivo feminino que significa "diligência", "providência". A forma aportuguesada, **demarche**, não é registrada oficialmente, mas ambas as formas gráficas se usam, apesar de haver termos portugueses que traduzem o francês, por exemplo, **diligência**. ◆ *Deflagrada a greve, iniciamos as DEMARCHES para o seu encerramento.* (AR) ◆ *Uma tal "DÉMARCHE" consiste em dizer do que constava a autonomia da atividade econômica e o indispensável controle social da economia.* (FSP)

demo- ⇨ Ver popul-.

É elemento (grego) que se liga a um elemento seguinte. Significa "povo". Corresponde ao elemento latino **popul-**. ◆ *Hoje, o país já tem constituição DEMOCRÁTICA.* (CB) ◆ *O Uruguai tem uma DEMOGRAFIA de país desenvolvido, com baixas taxas de natalidade e expectativa de vida mais longa.* (VEJ)

democrata-cristão ⇨ Ver social--democrata.

Segundo lições normativas, só o segundo elemento recebe a marca de plural. Trata-se de adjetivo (frequentemente substantivado) composto de dois adjetivos. ◆ *Teve o apoio de 150 deputados DEMOCRATA-CRISTÃOS e socialistas, os partidos mais atingidos pelo escândalo de corrupção.* (FSP) ◆ *Ao contrário dos ex-comunistas, os DEMOCRATA--CRISTÃOS italianos não têm esqueletos no seu armário ideológico.* (VEJ)

Entretanto, como adjetivo ou como substantivo, usa-se mais frequentemente a forma pluralizada nos dois elementos. ◆ *Horas depois o governo Pinochet, que na terça--feira passada ordenara feroz repressão a militantes DEMOCRATAS-CRISTÃOS que saíam de uma missa em memória do ex-presidente Eduardo Frei, reagia anunciando o primeiro passo: o fim do toque de recolher em Santiago, a capital.* (VEJ) ◆ *O que não impede que dentro dela existam operários*

democratizar

de várias tendências, como comunistas, socialistas, DEMOCRATAS-CRISTÃOS, reformistas. (SIN)

democratizar

Com **Z**, como todo verbo derivado com o sufixo **-izar**. ◆ *A República era o único meio de DEMOCRATIZAR o Estado.* (CRO)

démodé

É palavra francesa que significa "fora de moda". ◆ *Até nos trajes o repórter não poderia ser mais DÉMODÉ.* (VEJ)

demolir

Verbo defectivo, só se conjuga nas formas em que há **E** ou **I** depois do **L**. A conjugação é regular. ◆ *Esperava a qualquer momento um revide, algum tipo de vingança, um ruído arrasador de quem DEMOLE um muro espesso e sólido.* (REL) ◆ *Enquanto a Globo DEMOLIA o Governo, na Caixa tudo fluía em tempo recorde.* (JB)

dendr(o)- ⇨ Ver **arbor(i)-.**

É elemento (grego) que se liga a um elemento seguinte. Significa "árvore". Corresponde ao elemento latino **arbor(i)-**. ◆ *A explanação supraexarada engloba 97 madeiras, as quais correspondem a 170 espécies da flora DENDROLÓGICA nativa.* (BEB) ◆ *Um pesquisador francês publicou uma extensa pesquisa sobre substâncias encontradas na pele de um tipo de sapo DENDROBATA (que vive nas árvores).* (FSP)

dengue

1. É substantivo feminino quando designa a doença. ◆ *A próxima grande campanha de saúde pública do governo vai tentar erradicar a DENGUE no Brasil.* (FSP)

2. É substantivo (abstrato) masculino quando significa "dengo", "faceirice". ◆ *O cabo e sua patroa estavam em viagem de lua de mel, muito agarradinhos, num DENGUE medonho, só se vendo.* (PN)

dentista

Tem os dois gêneros quando designa pessoa: é masculino quando se refere a elemento do sexo masculino e feminino quando se refere a elemento do sexo feminino (é um substantivo comum de dois). ◆ *Trabalhei para um DENTISTA, casado com uma DENTISTA.* (FSP)

dentuça

Com **Ç**. ◆ *Eleanor era feia, DENTUÇA, altamente intelectualizada e humana.* (VEJ) ◆ *O homem do cravo vermelho observava a cena cofiando o bigode, a DENTUÇA arreganhada.* (N)

Deo gratias

É expressão latina que significa "graças a Deus", constituindo fórmula que frequentemente se repete nas rezas litúrgicas. Na linguagem comum, usa-se para exprimir satisfação quando se consegue superar um problema. ◆ *Para mostrar sua plenitude digestiva deu um sonoro arroto. "DEO GRATIAS", disse ele.* (RET)

depor

Conjuga-se como **pôr**. ◆ *Isso DEPÕE contra nós, habitantes desta cidade.* (AM) ◆ *Enquanto DEPUNHA, lia um livro.* (FSP) ◆ *Nós induzimos testemunhas para que DEPUSESSEM falsamente contra ti.* (NE-O)

depressão

Com **SS**, como todo substantivo correspondente a verbo terminado em **-imir** (**deprimir**). ◆ *Finalmente, numa funda DEPRESSÃO do terreno, surgiu um rancho, entre plantações de milho e de mandioca.* (ALE) ◆ *Os problemas com os quais tinha de tratar só faziam aumentar sua DEPRESSÃO.* (CRE)

derby, dérbi

Derby é palavra inglesa que, originária do turfe (como nome próprio), designa, no futebol, uma partida entre duas equipes da mesma cidade. **Dérbi**, forma aportuguesada, teve apenas 10% de frequência. ◆ *Os torcedores de Campinas estão ansiosos por quebrar um jejum de dois anos e assistir a um "DERBY" (partida entre dois times de uma mesma cidade) de Ponte Preta e Guarani no próximo Brasileiro.* (FSP) ◆ *O craque foi expulso no DÉRBI campineiro.* (FSP)

desaguar

derm(o)-, -derm(o); dermat(o)-

São elementos (gregos) cujo significado se relaciona a "pele", e que se ligam sem hífen: ◇ ao elemento anterior ou ao seguinte (**-derm(o)**, **derm(o)-**). ♦ *Outra forma de* **EQUINODERMO** *relativamente comum foi Encrinaster.* (AVP) ♦ *A propósito, convém separar as* **DERMOPATIAS** *propriamente gravídicas que surgem com a gravidez e desaparecem após o parto das outras que aparecem independente do estado gravídico (...).* (CLO) ◇ ao elemento seguinte (**dermat(o)-**). ♦ *A* **DERMATOFILOSE** *é contagiosa, mas não muito comum.* (GL)

derme, derma ⇨ Ver epiderme ⇨ Ver hipoderme.

Derme (substantivo feminino) e **derma** (substantivo masculino) são variantes, mas a segunda forma tem uso mais restrito (16%). Designam a camada da pele que se situa abaixo da epiderme. ♦ *Os raios UVA bronzeiam rapidamente sem queimar, mas têm maior capacidade de penetração – chegam à* **DERME** *–, enquanto os UVB não ultrapassam a epiderme.* (ELL) ♦ *(...) os tubérculos, pequenas tuberosidades do* **DERMA** *consistentes e que diferem dos nódulos pelo fato de a pele não deslizar sobre eles.* (CLI)

derrapagem

É a forma portuguesa correspondente ao francês *dérapage*. É substantivo feminino. ♦ *Assim, por obra dessas* **DERRAPAGENS**, *os jogadores pouco se arriscam a sair de casa sem a presença de um guia.* (PLA)

derredor

Derredor, numa só palavra, é substantivo que significa "arredores". ♦ *E correndo melancolicamente os olhos pelos juazeiros carregados de fruta – nem uma oiticica naquele* **DERREDOR**! (CT) ♦ *O povinho de Lorena tinha arrepiado pé na frente de um trovão recaído de mau jeito no* **DERREDOR** *da casa.* (CL)

derrubar, derribar

São variantes. A segunda forma (**derribar**) é mais literária e regional (0,3%). ♦ *Minha avó*

resolvera **DERRUBAR** *a casa velha e dividir seu terreno em dois lotes.* (BAL) ♦ *Dois desses fumadores já tinham caído,* **DERRIBADOS** *pela fumaça que os envolvia.* (TS) ♦ *E o mulungu rei* **DERRIBAVA** *flores suas na relva, como se atiram fichas ao feltro numa mesa de jogo. Paz.* (SA)

desaforo

O plural é **desaforos**, com O fechado. ♦ *Bilac passou a viver na redação de O Combate, escrevendo* **DESAFOROS** *vermelhos, bárbaros.* (UQ)

desagradar

Usa-se:

1. Com um complemento, referente a pessoa, sem preposição (objeto direto) ou iniciado pela preposição **a**. ♦ *Ele* **DESAGRADOU** *um dos dois grupos, ou os dois.* (ACM) ♦ *Ao apresentar-se ao Major Teotônio para lhe falar sobre a garimpagem, Zé de Peixoto notou que ele hesitava em lhe dar permissão para tal coisa, receando* **DESAGRADAR** *ao coronel.* (CAS)

2. Com um complemento referente a pessoa, iniciado pela preposição **a**, e outro complemento referente a coisa, sem preposição (objeto direto, que pode ser oracional). ♦ **DESAGRADAVA***-lhe a perspectiva de alterar o roteiro da viagem para voltar ali no dia seguinte.* (ALE) ♦ *Sempre me* **DESAGRADOU** **indagar** *a importância das despesas.* (VES)

desaguar ⇨ Ver aguar ⇨ Ver -guar.

Como no caso de **aguar**, no caso das formas rizotônicas a ortografia oficial prevê duas diferentes pronúncias (com o U tônico ou com o U átono) e, desse modo, prevê também dois modos de acentuação: sem acento, se o U for tônico, e com acento na sílaba anterior, se o U for átono; por exemplo, *DESAGUAM* ou *DESÁGUAM*; *DESAGUE* ou *DESÁGUE*. ♦ *O problema reside nessa ambiguidade, que* **DESAGUA** *numa ética sem ética.* (ESP) ♦ *De acordo com os dicionários, rio é uma corrente contínua de água, mais ou menos caudalosa, que* **DESÁGUA** *noutra, no mar ou lago.* (GEO) ♦ *O governo teme que demons-*

desapercebido

trações de pesar DESAGUEM em manifestações políticas. (FSP) ✦ *São Bernardo tem projeto de construir os famosos "piscinões" ao longo do ribeirão dos Meninos e reverter o seu curso, para que DESÁGUE na represa Billings.* (FSP)

desapercebido ⇨ Ver **despercebido.**

Desapercebido significa "desprevenido", "desacautelado", mas nessa acepção o termo não é ocorrente, atualmente. ✦ *O comandante-chefe, sem carretas para o transporte de munições, DESAPERCEBIDO dos mais elementares recursos quedava-se, sem deliberar, diante da tropa acampada.* (SER)

O termo ocorre frequentemente confundido com **despercebido,** que significa "que não é ou não foi percebido", "não notado". Trata-se de emprego que não tem aceitação. ✦ *O primeiro deles ocorreu perto das onze horas no sábado e passou quase DESAPERCEBIDO.* (JB)

desaprazer

1. Como **aprazer,** o verbo **desaprazer** só é usado nas terceiras pessoas (do singular e do plural). Significa "não aprazer", "desagradar". É muito pouco usado.

2. Conjuga-se como **aprazer:**

◇ Não tem o **E** final na 3ª pessoa do singular do presente do indicativo. ✦ *(...) Manuelzão, como chefe, como dono, é que ia ter mãezice de tolerar os casos, coisa que a todos DESA-PRAZ?* (COB)

◇ Tem a sílaba tônica no radical (forma rizotônica) na primeira pessoa do singular do pretérito perfeito do indicativo. Tem, portanto, radical específico nesse tempo verbal e nos seus derivados: **desaprouve, desaprouver.** Essas formas não ocorreram.

desarmonizar

Com **Z,** como todo verbo formado com o sufixo **-izar.** ✦ *A reforma pontual (ou ponto a ponto) do Código Penal tende a DESAR-MONIZAR o sistema penal.* (FSP)

desavir-se

Conjuga-se como o verbo **vir.** Significa "indispor-se". ✦ *As duas senhoras SE DESA-*

VIERAM, discutindo meia hora, sem chegar a nenhum entendimento. (CV)

descaracterizar

Com **Z,** como todo verbo formado com o sufixo **-izar.** Significa "tirar o que é característico de". ✦ *Os erros quanto ao objeto ou sujeito serão acidentais e não DESCARACTERIZAM a natureza do fenômeno.* (NEP)

descarrilar, descarrilado, descarrilamento

Escrevem-se com **L,** e não com **LH** (a formação liga-se a **des + carril). Descarrilar** significa "sair dos carris, dos trilhos". ✦ *Seis trens DESCARRILARAM.* (VEJ) ✦ *Passemos por alto essa viagem de quatrocentos e tantos quilômetros no trem superlotado, atrasado, DESCARRILADO.* (BP) ✦ *Um caminhão perdeu o freio e atingiu uma locomotiva, provocando o DESCARRILAMENTO de duas outras locomotivas e um vagão.* (FSP)

descender

Com **SC.** ✦ *Vê-se que DESCENDE de índios.* (VP)

descentralizar

Com **S** e, a seguir, com **C** (formado de **des- + centralizar).** Significa "afastar do centro". ✦ *A ideia é DESCENTRALIZAR a definição dos programas.* (FSP)

descoberta, descobrimento

1. O substantivo masculino **descobrimento** designa genericamente o ato de descobrir, no sentido de "encontrar pela primeira vez", "tornar patente o que estava velado". Usa-se particularmente em relação às viagens marítimas da época das grandes navegações. ✦ *Trata-se de homens com o pensamento voltado para o DESCOBRIMENTO de riquezas nacionais.* (OS-O) ✦ *Os séculos quinze e dezesseis presenciariam a intensificação das grande navegações, com o DESCOBRIMENTO do caminho marítimo para as Índias, o DES-COBRIMENTO e a conquista da América e o início da navegação no Pacífico, que seria intensamente explorado no século dezoito.* (HIB)

Usa-se, também, embora restritamente, na acepção mais específica de "criação (pelo conhecimento ou pela ciência)", "invenção", acepção que tradicionalmente é atribuída ao substantivo **descoberta**. ♦ *O DESCOBRIMEN-TO dessas drogas se deve à observação de um efeito calmante de certas substâncias usadas como relaxantes musculares.* (DRO) ♦ *Tal era o atraso em que se achava a fabricação de tornos que, na altura do DESCOBRIMEN-TO das máquinas a vapor, as de Watt não tinham os cilindros torneados interiormente.* (MAT)

2. Ao substantivo feminino **descoberta**, que é de uso muito mais frequente que **descobrimento**, tradicionalmente se atribuem os significados de:

◇ "criação (pelo conhecimento ou pela ciência)", "invenção". ♦ *A DESCOBERTA de novas drogas esvaziou os hospícios em todo o mundo.* (APA) ♦ *As injeções de opiáceos se iniciaram com o avanço da tecnologia e a DESCOBERTA da agulha hipodérmica em 1840.* (DRO)

◇ "achado". ♦ *A DESCOBERTA de um bilhetinho da Flora, escondido entre os mantimentos (...), e tantos outros pequenos acontecimentos foram motivos de grande alegria.* (CDI) ♦ *Devemos inscrever como um dos fatos mais significativos do último ano a DESCOBERTA de petróleo em Alagoas.* (KK-O)

Entretanto, **descoberta** também é bastante usual com a acepção genérica de "ato de descobrir", no sentido de "encontrar pela primeira vez", "tornar patente o que estava velado", acepção tradicionalmente mais ligada ao substantivo **descobrimento**. ♦ *A DESCOBERTA do Caminho Marítimo para as Índias.* (GCS)

descompor

Conjuga-se como **pôr**. ♦ *E no chorrilho do meu desconchavo DESCOMPUS e ainda DESCOMPONHO aquela gente fanática e inimiga da República, que graças a Deus se acabou.* (CJ) ♦ *Ele não mete o pé em ninguém, não DESCOMPÕE ninguém, não faz mais do que pode fazer normalmente.* (FSP)

desconcertar(-se), desconsertar ⇨ Ver concertar ⇨ Ver consertar.

1. **Desconcertar** significa "desarmonizar". ♦ *Acentuar por demais a letra e não a música também significa "DESCONCERTAR" essa unidade perfeita.* (TE) ♦ *Deparando-se com o Diretor e o Secretário, ali sozinhos e silenciosos, DESCONCERTOU-SE, no primeiro instante.* (ORM)

2. **Desconsertar** significa "desarranjar". ♦ *Os consertos estão DESCONSERTADOS, os buracos mal tapados tornaram-se crateras, calçadas e meios-fios novamente abriram feridas na carne das ruas.* (FSP)

descontrole

O **O** é fechado, no singular e no plural. ♦ *A década de 80 foi marcada pelo DESCONTROLE das despesas do Governo e pela presença constante de déficit público.* (FOR) ♦ *DESCONTROLES no trabalho.* (BH)

descortês, descortesia ⇨ Ver cortês, cortesia.

Com **S**, como **cortês** e **cortesia**. ♦ *Filomena, DESCORTÊS, não esperou a visita.* (ACM) ♦ *Os cardeais submetiam-se à DESCORTESIA papal.* (PAO)

descortino

Com **E**. Ligado ao verbo **descortinar**, esse substantivo termina com a sílaba **NO**, e não com **NIO**. Significa "percepção aguda", "perspicácia". ♦ *A função exige um DESCORTINO que não chegou ainda a ser incorporado pelo futebol de Marques.* (FSP)

descrer, descreem

1. **Descrer** conjuga-se como **crer**. **Descreem** é a forma da terceira pessoa do plural do presente do indicativo. Forma-se com acréscimo de **-em** ao singular **descrê**, dispensando o acento, no plural. ♦ *Pressionado por setores do PTB que DESCREEM de sua candidatura e por tucanos próximos a FHC, Andrade Vieira decidiu esperar a próxima pesquisa Datafolha.* (FSP)

2. O verbo **descrer** usa-se com complemento iniciado pela preposição **de**. ♦ *Como ia con-*

descrição

tando, também apesar de tantas misérias, a gente não deve DESCRER de tudo, não. (ATR)

descrição ⇨ Ver **discrição.**

O substantivo **descrição** designa o ato de descrever. ✦ *Clara estende-se longamente na DESCRIÇÃO da mata.* (CEN)

O substantivo **discrição** designa a qualidade ou ato de pessoa discreta, reservada.

descriminar, descriminação; descriminalizar, descriminalização ⇨ Ver **discriminar, discriminação** ⇨ Ver **criminalizar.**

1. O verbo **descriminar** significa "tirar a pecha de crime de", "tirar a culpa de". ✦ *Se você DESCRIMINA a maconha, seu uso será desenfreado.* (FSP)

O substantivo **descriminação** designa a ação ou o processo de descriminar. ✦ *Seria um engano pensar que todos os problemas seriam resolvidos com a DESCRIMINAÇÃO das drogas.* (FSP)

2. Igualmente usuais, embora tradicionalmente menos recomendadas, são as formas variantes **descriminalizar** e **descriminalização**, respectivamente. ✦ *Nós temos é que DESCRIMINALIZAR o aborto.* (FSP) ✦ *A liberação dos costumes que tem marcado o mundo a partir dos anos sessenta ergue a bandeira da DESCRIMINALIZAÇÃO do abortamento, isso é, quer a retirada dessa figura do Código Penal.* (CPO)

O verbo **discriminar** significa "distinguir", "discernir" e o substantivo **discriminação** designa a faculdade ou o ato de discriminar.

desde que

É locução conjuntiva com diversos valores:

✧ temporal. ✦ *E o que é que você tem feito DESDE QUE saiu daqui?* (ALE)

✧ causal ("já que", "uma vez que"). ✦ *DESDE QUE ele está sujeito a ser consultado sobre todo e qualquer assunto, deve ter uma base sólida de conhecimentos em geral.* (BIB)

✧ condicional (com verbo no subjuntivo). ✦ *Na verdade nós adoramos as mulheres,*

DESDE QUE sejam belas, inteligentes e... inseguras. (ACM)

desertar

Significa "desistir (de)", "renunciar a". Usa-se:

✧ sem complemento. ✦ *DESERTAR ele não DESERTOU, isto nunca.* (US)

✧ com complemento sem preposição (objeto direto). ✦ *O senhor também estudou Direito e nem por isso DESERTOU o jogo.* (VEJ)

✧ com complemento iniciado pela preposição **de.** ✦ *Meu anjo DESERTOU das fileiras da guarda, encontra-se de preferência pelas tabernas e nos mercados, vendendo, por qualquer preço, sua seráfica túnica.* (VES)

deserto ⇨ Ver **diserto.**

Deserto é substantivo que designa região árida. ✦ *Isso aqui é o DESERTO, Alexandre, e o DESERTO sempre recruta os que fogem.* (ML)

Diserto é adjetivo que significa "eloquente".

desestabilizar

Com **Z**, como todo verbo formado com o sufixo **-izar.** ✦ *Souto adverte ser muito grave a responsabilidade pela deflagração desse processo, pois se corre o risco de DESESTABILIZAR a economia do País.* (CB)

desfaçatez

Com **Z** (do italiano *sfacciatezza*). A palavra significa "falta de vergonha", "descaramento". ✦ *Jamais pensara que a sonsa da Isabel tivesse tanta DESFAÇATEZ.* (PCO)

desfazer

Conjuga-se como **fazer.** ✦ *Não DESFAÇO dessas crendices em se tratando de futebol.* (FSP) ✦ *Tanto que nem DESFIZERA as malas.* (CCA) ✦ *DESFIZEMOS, depois, a fogueira e reencetamos a caminhada, à luz das estrelas.* (TR)

desfecha, desfecho

A pronúncia tradicionalmente indicada é com o **E** fechado (antes de **CH**). Entretanto, há variações regionais, especialmente no caso de o CH se seguir de A. ✦ *Ela DESFECHA com desdém seu nome completo, que, para meu pasmo, vem a ser exatamente o mesmo da minha mulher.* (FE) ✦ *Os mitos da narrativa resistem ao DESFECHO que a história cobra dos personagens.* (PAO)

desfolhar ➪ Ver esfolhar.

Desfolhar e **esfolhar** são formas variantes. Significam "tirar as folhas", "despetalar". ✦ *Arrancava aqui um ramo seco, DESFOLHAVA ali, sacudia mais adiante, colhia e ia pondo o que apanhava na saia de cima, dobrada como embornal.* (BAL)

Esfolhar é de uso raro (4%).

desfrutar

Significa "fruir", "usufruir". A construção tradicionalmente recomendada é com complemento sem preposição (objeto direto). ✦ *Resolvido a DESFRUTAR melhores dias, ver-se livre da estafante clínica roceira, deliberou mudar-se para o Rio.* (DEN) ✦ *Na verdade, aos 22 anos eu queria apenas DESFRUTAR as coisas boas da vida.* (MAN)

A construção com complemento iniciado pela preposição **de** é desaconselhada em algumas lições normativas.

Entretanto, ela é bastante usual (44%). ✦ *Como DESFRUTAR dos dois a um só tempo, com um só império?* (CID) ✦ *O homem atual DESFRUTA de privilégios que os antigos seriam incapazes de imaginar.* (BIO)

desgosto

O **O** tônico é fechado, no singular e no plural. ✦ *Sua mulher adoeceu gravemente, ralada de DESGOSTOS por causa dos filhos que adorava.* (PCO)

desídia

A sílaba tônica é **SÍ** (com som de **ZÍ**). A palavra é acentuada porque é paroxítona terminada em ditongo crescente. É substantivo que significa "negligência", "incúria". ✦ *Os engenheiros que foram enviados pela Secretaria dos Transportes não devolveriam*

a vida das vítimas da DESÍDIA da repartição responsável pela sua conservação. (ATA)

design, designer

São palavras inglesas.

1. **Design** designa a concepção de um modelo ou projeto, ou o próprio produto concebido. A pronúncia aproximada é **disáin**. ✦ *O preço baixo, aliado a um DESIGN original e criativo, é a principal característica dos relógios de plástico.* (VEJ) ✦ *A tecnologia é obsoleta, não há DESIGN nacional e a exportação está em queda contínua.* (BEM)

2. **Designer** (com plural *designers*) designa pessoa que concebe um modelo ou projeto. ✦ *O "DESIGNER" de joias Sérgio Pimentel (...) está desenvolvendo coleções de bijuterias inusitadas.* (EM) ✦ *Nossos móveis foram criados por alguns dos DESIGNERS mais famosos do mundo.* (REA)

designa, designo

A sílaba tônica é **SIG** (separação silábica: **de-sig-no**). ✦ *Cada vocábulo do primeiro grupo se refere a algo, DESIGNA alguma coisa.* (EC) ✦ *Hoje, DESIGNO-as como "as mulheres cor de requeijão fresco".* (DM)

desinquieto

É forma reforçada de **inquieto**. ✦ *Aguinaldo, DESINQUIETO como sempre, andava dum lado para outro na sala.* (TV)

desjejum, dejejum

São formas variantes para designar a primeira refeição do dia, mas **dejejum** é muito pouco usual (3%). ✦ *De modo geral, os brasileiros realizam três refeições principais por dia: DESJEJUM, refeição matinal, café da manhã (...); almoço e jantar.* (NT) ✦ *(...) era assim que ela ficava depois de concluir o austero DEJEJUM (...).* (U)

deslizar, deslizamento, deslize

Com **Z**. ✦ *A canoa continuava a DESLIZAR sobre as águas.* (ALE) ✦ *O DESLIZAMENTO de terra soterrou cerca de 40 casas.* (FSP) ✦ *Seu Boboco faria vista grossa a qualquer DESLIZE do garoto, desde que este jogasse no seu time.* (ETR)

desmistificar, desmitificar

desmistificar, desmitificar

1. **Desmistificar** significa "tirar o caráter místico de", "desmascarar". ◆ *Pretendíamos DESMISTIFICAR a crença segundo a qual as mulheres são as únicas aptas a tomar conta das crianças e que esse é nosso espaço privilegiado.* (CLA)

2. **Desmitificar** significa "tirar o caráter de mito de". ◆ *Desejando "DESMITIFICAR" o poeta chileno Pablo Neruda, o escritor chileno Bernardo Reyes escreveu "Neruda, Retrato de Família 1904-1920".* (FSP)

desmoralizar

Com **Z**, como todo verbo derivado com o sufixo **-izar**. ◆ *Para os deputados, as acusações fazem parte de um plano para DESMORALIZAR a CPI.* (FSP)

desobedecer

Segundo as lições normativas, usa-se com complemento iniciado pela preposição **a**. ◆ *Era difícil DESOBEDECER a Frau Wolf.* (ASA) ◆ *Se o governo ceder à greve, amanhã todos poderão DESOBEDECER às decisões judiciais.* (FSP)

Entretanto, são comuns as ocorrências de complemento sem preposição (objeto direto), e alguns manuais gramaticais consideram admissível essa construção no caso de o complemento não ser pessoa. ◆ *Em greve, eles se dispõem a DESOBEDECER Romão e prender presidente do BB e o próprio diretor da P.F.* (FSP) ◆ *A educadora continua, todos continuam, mas na mesma distribuição, ninguém se atreve a DESOBEDECER a ordem da marcha.* (PAN)

A voz passiva (que corresponde a uma construção com complemento sem preposição) não é condenada nas gramáticas tradicionais. ◆ *Esta regra foi DESOBEDECIDA pela Usiminas e por todas as demais empresas.* (FSP)

O verbo **obedecer** usa-se, ainda, sem o complemento. ◆ *Quem DESOBEDECER paga caro.* (MMM)

despedir(-se)

O verbo **despedir**, como **pedir** (de que não é derivado), tem a 1ª pessoa do singular do presente do indicativo irregular (**despeço**), e, consequentemente, tem todo o presente do subjuntivo irregular (**despeça, despeças** etc.) ◆ *Converso um pouco com o pescador de bigodes brancos e ME DESPEÇO.* (ATI) ◆ *DESPEÇAM-SE dessa boa paz.* (Q)

despeja, despejo

O **E** é fechado (antes de **J**). ◆ *Na Agência, abre a sacola, e o carteiro DESPEJA dentro as cartas e os jornais.* (R) ◆ *A ordem de DESPEJO já foi assinada pelo juiz.* (IN) ◆ *Quando eu evoco a chuva, por exemplo, através de um ritual em que DESPEJO água sobre o solo, viso fazer desaparecer a seca.* (MAG)

despender, despensa ⇨ Ver dispensa.

1. Com **E** na primeira sílaba.

2. **Despender** significa "fazer despesa", "gastar". ◆ *As forças armadas DESPENDEM uma verba considerável no treinamento físico dos seus soldados.* (GM)

3. O substantivo **despensa** designa cômodo anexo à cozinha onde se guardam mantimentos. Com **S**, como todo substantivo correspondente a verbo terminado em **-der** (**despender**, "fazer despesa"). ◆ *Nossas salas eram antigos aposentos de serviço: cozinha, DESPENSA, oficinas ou lavanderia dos antigos monges.* (ACM)

Dispensa é substantivo ligado ao verbo **dispensar** e também é forma desse verbo.

despercebido ⇨ Ver desapercebido.

Despercebido significa "que não é ou não foi percebido", "não notado". ◆ *O relançamento do vosso romance passou praticamente DESPERCEBIDO.* (CAR)

Desapercebido significa "desprevenido", "desacautelado".

despesa

Com **S**, como todo substantivo ligado a verbo terminado em **-der** (**despender**). ◆ *Mas hoje quem pode fazer essa DESPESA?* (OG)

despir(-se)

De conjugação irregular, o verbo **despir(-se)**, do mesmo modo que o verbo **vestir(-se)**, tem **I** na primeira pessoa do singular do presente do indicativo e, consequentemente, em todo o presente do subjuntivo. Nas demais formas o radical tem E, que é aberto quando é tônico. ◆ *Eu ME DISPO aqui, com toda minha fragilidade, com toda minha condição de mortal, de minha humildade.* (FSP) ◆ *DISPA-SE no meio da rua e exiba a sua nudez bem tratada de seu corpo até que a polícia o prenda.* (CV) ◆ *Zé do Burro DESPE um lado do paletó, abre a camisa e mostra o ombro.* (PP)

despojo

O plural é **despojos**, com o O tônico aberto. O substantivo designa aquilo que servia de revestimento ou de adorno e que foi retirado ou arrancado. ◆ *Ercília venceu o antigo desejo de penetrar em sua casa, tocar nos objetos que ele usava, ver os DESPOJOS de sua intimidade.* (ED)

desporto, desporte

1. São formas variantes que designam o mesmo que **esporte**. **Desporte** é muito pouco usual (6%), especialmente no singular (1,6%). ◆ *Não será permitido ao atleta o uso de qualquer objeto, julgado pelo árbitro, perigoso para a prática do DESPORTO.* (FUT) ◆ *Foi um gigante do DESPORTE universal, quando ele lutava o país inteiro ficava paralisado.* (FSP)

2. O plural de **desporto** é **desportos**, com o O tônico aberto. ◆ *A corrida é empregada na quase totalidade dos jogos e DESPORTOS, uma vez que a maioria necessita de movimentação e velocidade física.* (ATL)

despretensioso

Com S, como **pretensioso**. Significa "que não tem grandes pretensões", "modesto". ◆ *Mas esta é uma outra história, para ser contada em páginas futuras deste DESPRETENSIOSO livro.* (TAF)

despropositado, despropositadamente, despropositral, despropositalmente
⇨ Ver **propositado, propositadamente, proposital, propositalmente.**

As formas **despropositado** e **despropositadamente** são tradicionalmente recomendadas como preferíveis às formas **desproposital** e **despropositalmente**, consideradas como mal formadas. ◆ *Os quadros são todos uma mistura*

DESPROPOSITADA de cores, em composições pretensamente abstratas. (CV) ◆ *Devemos evitar porém que, no futuro, a dívida externa cresça DESPROPOSITADAMENTE às nossas exportações.* (ME-O)

Com efeito (e diferentemente do que ocorre com **proposital**), a forma **desproposital** é pouco usual (7%) e a forma **despropositalmente** não ocorreu. ◆ *Parecerá, à primeira vista, DESPROPOSITAL esse tipo de paralelo.* (FSP)

dessecar(-se) ⇨ Ver **dissecar.**

Dessecar(-se) significa "secar completamente". ◆ *A parte usada é a flor, DESSECADA e reduzida a pó, ou extraída com solventes.* (BEB) ◆ *Nestes casos, ao entrar o período seco, os subarbustos e arbustos DESSECAM-SE, voltando a brotar no período chuvoso seguinte.* (TF)

Dissecar significa "separar, com instrumento cirúrgico, as partes do corpo ou de um órgão de animal morto, para estudo anatômico".

destelha

O E é fechado (antes de LH). ◆ *Vendaval DESTELHA casas em Rio Branco.* (FSP)

destilar, destilado, destilação

Com E na primeira sílaba. ◆ *Irlanda e Escócia brigam para ver quem começou a DESTILAR uísque.* (FSP) ◆ *Só é chamado de "scotch" uísque o DESTILADO que envelhece pelo menos três anos.* (FSP) ◆ *Por último cabe mencionar a instalação de uma importante indústria derivada de cana: a DESTILAÇÃO de bebidas alcoólicas.* (FEB)

destinto ⇨ Ver **distinto.**

Destinto é particípio de "destingir" ("descorar", "perder a cor"), mas a forma não ocorreu.

Distinto é adjetivo que significa "que se distingue de outra pessoa", "eminente".

destituir

Na conjugação, há formas em que o I forma ditongo com o U (UI), e, nesse caso, pela regra geral de acentuação, não há acento. ◆ *Se um governo vai mal, DESTITUI-se o governo, não o regime.* (VEJ)

destorcer, distorcer

Há formas em que o **I** é vogal tônica, formando hiato com o **U** (**UI**), e, nesse caso, pela regra geral de acentuação:

- ele é acentuado quando fica sozinho na sílaba, ou apenas com um **S**. ◆ *Ele troca os passos como um boneco DESTITUÍDO de vontade própria.* (CH)

- ele não é acentuado se não fica sozinho na sílaba. ◆ *DESTITUIU os governadores e os conselhos regionais que não ficaram do seu lado.* (VEJ)

destorcer, distorcer

1. **Destorcer** significa "desfazer a torcedura". ◆ *Mamãe, ajudada por Totoca, DESTORCEU um arame que prendia o portão e foi aquele avança.* (PL)

2. **Distorcer** significa "causar distorção", "desvirtuar". ◆ *Mas o risco de DISTORCER o pensamento começa pela escolha das palavras.* (ACM)

destra, destro, destreza ⇨ Ver dextro- ⇨ Ver adestrar.

1. Essas palavras escrevem-se com **S** e não com **X** na primeira sílaba.

2. Para **destra** e **destro** a indicação tradicional é de **E** tônico fechado, mas a pronúncia varia. ◆ *Estava mudo, a garrafa na canhota e o chicote na DESTRA, bem quieto.* (CE) ◆ *Talvez você seja mais DESTRO com arma branca do que com arma de fogo.* (N)

3. **Destreza** é com **Z**, como todo substantivo terminado em **-eza** derivado de adjetivo. Designa a qualidade de quem é destro, tem grande agilidade de movimentos. ◆ *Os segundos tinham tal habilidade, tal DESTREZA, que suas prestidigitações pareciam verdadeiros milagres.* (INC)

Entretanto, as palavras compostas diretamente com o elemento latino **dextro**, que significa "lado direito", mantêm o **X**.

destrato ⇨ Ver distrato.

Destrato, substantivo ligado a **destratar**, significa "descompostura". ◆ *Vejam o DESTRATO que se dá a um tamanqueiro.* (OSD)

Distrato significa "anulação de contrato".

destrinçar, destrinchar

São formas variantes. A primeira, que é a que vem recomendada nas lições normativas, é pouco usual (8%). ◆ *Coube ao advogado José Luiz de Bulhões Pedreira DESTRINÇAR a parte jurídica do programa de privatização.* (FSP) ◆ *Esperava-se o sangue escorrer até a última gota, para então cortar, esquartejar e DESTRINCHAR o animal.* (REL) ◆ *Nos Estados Unidos, há procuradores especializados, capazes de DESTRINCHAR os meandros das operações financeiras mais complexas.* (FSP)

destroço

O plural é **destroços**, com **OI** aberto. ◆ *Laio e Creonte, mais um segurança, olham os DESTROÇOS deixados pelos homens de Carrato.* (MD)

destroier

É a forma portuguesa correspondente ao inglês *destroyer*. O ditongo **OI** é aberto, e sem acento. O substantivo designa navio destinado a combater torpedeiros. ◆ *O marinheiro ferido foi atendido no DESTROIER Wasp.* (FSP)

destruir ⇨ Ver construir.

De conjugação irregular, o verbo **destruir** (como **construir**) tem **U** apenas na primeira pessoa do singular do presente do indicativo (e, consequentemente, em todo o presente do subjuntivo). Nas demais formas o radical tem **O**, que é aberto quando é tônico. ◆ *A melhoria dos solos faz com que o agricultor não DESTRUA novas áreas da floresta.* (FSP) ◆ *O fogo DESTRÓI sem que haja o derramamento de sangue.* (BN)

A forma **destroem** (terceira pessoa do plural do presente do indicativo) não leva acento. ◆ *Os pesticidas, em geral, DESTROEM cegamente, matando os insetos visados e os outros.* (OV)

desuso, desusado

Com **S** e **S**. ◆ *Talvez fosse um hábito francês que caiu em DESUSO.* (ANB) ◆ *Um movimento DESUSADO alastrou-se pelos três ranchos que abrigavam os ualapetis.* (FSP)

desvalido

A sílaba tônica é a penúltima (LI), e, por isso, a palavra não leva acento (paroxítona terminada em O). Significa "que não tem valia ou apoio", "desamparado", não havendo nenhuma ligação com a palavra **válido** ("que tem validade"). ✦ *Moçambique é de fato o país mais DESVALIDO entre todos.* (FSP) ✦ *Quem finge falar pelos DESVALIDOS no Rio é o crime organizado.* (VEJ)

desvão

O plural é **desvãos**. Significa "espaço entre o forro e o telhado", "espaço debaixo de uma escada", "recanto escondido". ✦ *Vasculharam a casa de ponta a ponta, de DESVÃO a DESVÃO.* (TG) ✦ *Armados, postaram-se em todas as janelas, DESVÃOS, telhados, em torno da casa de Viana e nas cercanias.* (RET)

desvario

A sílaba tônica é **RI**, e, por isso, a palavra não leva acento ✦ *O padre perdoou o DESVARIO do pobre enfermo e, cumprindo à revelia sua tarefa, retirou-se.* (PCO)

detalhe

É palavra vinda do francês (*détail*). Como há termos correspondentes em português, como **pormenor** e **particularidade**, seu uso é condenado como galicismo em lições normativas. Entretanto, a palavra é mais usual (90%) que suas correspondentes portuguesas, nos diversos tipos de texto. ✦ *O pé-direito alto, pedra de toque do estilo paraqueira, não é apenas um DETALHE estético.* (VEJ) ✦ *São, serão sempre DETALHES, pequenas insignificâncias.* (SEN)

détente

É palavra francesa que designa afrouxamento de tensão nas relações entre nações. A pronúncia é, aproximadamente, **detante**. ✦ *A acusação é que pagamos as ditaduras comunistas para que elas nos poupassem e continuamos fazendo isto através da conciliação que resolvemos chamar de "DÉTENTE".* (IS)

deter(-se)

Conjuga-se como o verbo **ter**. ✦ *No fim da Alameda Ibiruna, Sérgio se DETEVE, resoluto.* (A) ✦ *DETENHO-me no caso dos sitiantes, que me parece mais amplamente explorado.* (FSP) ✦ *Sarita passeava o olhar pela saleta vazia e se DETINHA no pedaço de chão há quase trinta anos ocupado pelo piano.* (MP)

Como as formas de terceira pessoa (do singular e do plural) do presente do indicativo são oxítonas em **-em**, elas são acentuadas: com acento agudo no singular e com acento circunflexo no plural. ✦ *Armando DETÉM-SE impaciente, para ouvir a consulta.* (RIR) ✦ *A precipitação é tanta que dezenas de corpos SE DETÊM, numa aglomeração irresoluta, ante o único lugar vago, que pela mão de Deus já me haviam destinado.* (CV)

detrás ⇨ Ver de trás.

Detrás, numa só palavra, é advérbio de lugar ("atrás"). É com S final. ✦ *Esconde-se DETRÁS de uma árvore.* (CC)

De trás é a sequência da preposição **de** e o advérbio de lugar **trás** ("de atrás").

Deus

O pronome pessoal ou o possessivo usado para referência a Deus escreve-se com maiúscula inicial. ✦ *Falei em DEUS? Pois, como no samba imortal do Morengueira, em que Ele enfrenta o próprio Satanás num carteado de fogo, booom!* (FSP)

Deus ex machina

É expressão latina que significa "um Deus [que desce] por meio de uma máquina". Designa o modo de intervenção, numa peça de teatro, de um ente sobrenatural, que, por meio de um maquinismo, baixa sobre a cena. Aplica-se, também, a pessoa cuja influência é decisiva num empreendimento. ✦ *A teofania ou o DEUS EX MACHINA é um artifício para transportar o espectador, após o impacto patético das emoções mais cruas, de volta ao plano das ideias.* (ACM)

devagar, de vagar ⇨ Ver divagar

1. **Devagar**, numa só palavra, é advérbio de modo que significa "sem pressa". ✦ *Yvonne chega, fala DEVAGAR.* (ELL)

dever

Divagar é verbo que significa "vaguear", "devanear".

2. **De vagar** é a sequência de preposição e verbo. ✦ *É como se eles mesmos estivessem se plantando no chão, depois DE VAGAR por muitos edifícios.* (B)

dever

Construído com infinitivo, pode seguir-se da preposição **de** quando indica possibilidade. ✦ *Germano DEVE de estar com o bando de Aparício, lá para as funduras da Bahia.* (CA) ✦ *Se não acabou, já DEVE de estar no finzinho...* (CHA)

Entretanto, a construção mais usual é sem a preposição. Também é a construção considerada mais formal. ✦ *A senhora DEVE estar mal informada... ou sonhando!* (A) ✦ *A temperatura da água DEVE estar por volta dos 37°C.* (ELL)

devido a

Alguns manuais normativos condenam o uso dessa expressão para significar "por causa de", "em razão de", "em virtude de".

Entretanto, trata-se de construção muito usual, em todos os registros. ✦ *DEVIDO A seus cortiços famosos, a Rua Caetano Pinto, no Brás, afastava de suas calçadas moradores de outras ruas.* (ANA) ✦ *Ultimamente ocorre uma alarmante desertificação nos países tropicais do mundo, DEVIDO A práticas agropecuárias irresponsáveis.* (TG)

O que não encontra explicação é o uso de **devido**, nesse sentido, sem a preposição **a**, como em: ✦ *Esse negócio de peão parece fácil, DEVIDO o homem ser livre, mas não é brincadeira não.* (ID)

dextro- ⇨ Ver **destra, destro, destreza.**

É um elemento (latino) que se liga sem hífen a um elemento seguinte. Significa "lado direito". ✦ *O professor Campos só acredita nas formas DEXTROGIRAS (da direita), embora seja obrigado a reconhecer que os aminoácidos que formam as proteínas, essência da vida, se orientem sempre para a esquer-*da. (FSP) ✦ *Em 80% dos casos está a matriz desviada para o lado direito e torcida no mesmo sentido (DEXTRODESVIO e DEXTROTORÇÃO).* (OBS)

dezesseis, dezessete, dezoito, dezenove

Com **Z**, porque são compostos com o elemento **dez-**. ✦ *Eu era mocinha, tinha DEZESSEIS anos, e cuidei de Regina.* (CC) ✦ *A proporção era de DEZESSETE índios para cada português.* (CID) ✦ *Ele editou, em grego, DEZOITO tragédias.* (ACM) ✦ *Garrincha completaria DEZENOVE anos dali a oito dias.* (ETR)

di- ⇨ Ver **bi-**.

É prefixo de origem grega que indica duplicidade (correspondendo ao prefixo de origem latina **bi-**). Liga-se ao elemento seguinte:

◇ com hífen, se o elemento começar por **H** ou por **I** (que é a mesma vogal em que o prefixo termina). ✦ *Utilizaram-se doses de cálcio (0, 0,5, 1,0 e 1,5%) na forma de cloreto de cálcio DI-HIDRATADO.* (PAG-T)

◇ sem hífen, antes das outras consoantes e vogais. ✦ *Um inseto tem no mínimo um par de asas (os DÍPTEROS moscas e mosquitos) e no máximo dois pares.* (GAN) ✦ *O que era para ser uma lição sobre o uso do DÍGRAFO "ch" transforma-se em piada.* (FSP)

Se o elemento seguinte começar por **R** ou **S**, é necessário duplicar essa letra (que ficará entre duas vogais, na escrita). ✦ *Uma ela usava quando falava sueco ou alemão, uma voz um pouco aguda, com uma curiosa interjeição DISSILÁBICA que usava para dar ênfase: "Aie-ii!"* (FSP)

dia

O adjetivo correspondente é **diurno**. ✦ *As variações de teor do ar em gás carbônico podem ser importantes, com um máximo noturno e um mínimo DIURNO.* (ECG)

dia-

É prefixo de origem grega que significa "através de". ✦ *A importância do DIAGNÓSTICO,*

diamante

a fundamentação objetiva das técnicas, isso varia. (ACM) ♦ *Julgo que não sou capaz de repetir, palavra por palavra, o DIÁLOGO que mantivemos.* (A)

Se o elemento seguinte começar por **R** ou **S**, é necessário duplicar essa letra (que ficará entre duas vogais, na escrita). ♦ *Por outro lado, haverá "liberdade" quando se entender que uma língua histórica não é um sistema homogêneo e unitário, mas um DIASSISTEMA, que abarca diversas realidades.* (EGR)

dia 2 ⇨ Ver no dia 2.

Sem preposição ou com a preposição **em** (**em o** = **no**), as expressões indicam tempo. ♦ *Tratado de União Europeia, assinado em Maastricht em dezembro passado, num plebiscito realizado DIA 2 de junho.* (ESP)

dia a dia

Escreve-se sem hífen, seja a expressão adverbial, que significa "dia por dia", "cada dia", "todos os dias", seja o substantivo que designa o viver cotidiano, o trabalho diário. ♦ *A principal preocupação do momento é com a família, que no seu DIA A DIA vive bem.* (PTE) ♦ *As tropas holandesas começavam a sofrer com a falta de víveres, e o abastecimento ficava DIA A DIA mais difícil.* (HIB)

dia primeiro, dia um

São dois os modos de referência ao primeiro dia do mês. A forma com o numeral ordinal é a forma quase exclusivamente usada (98%). ♦ *Até o DIA PRIMEIRO de outubro, turistas curiosos poderão realizar o sonho da ficção: conviver com os dinossauros.* (FOC) ♦ *E como pagamento atrasado, se a primeira coisa que faço no DIA UM de janeiro é pagar todas as contas do ano a seguir?* (T)

diabete, diabetes

São formas variantes (singular), do gênero masculino ou feminino, sendo, porém, o gênero masculino o mais usual (67%), especialmente nas obras técnicas. A forma **diabetes** é mais frequente que **diabete** (88%), especialmente na imprensa. ♦ *O DIABETE*

melito é responsável por uma série de complicações oculares. (GLA) ♦ *Melhorou da DIABETE?* (BH) ♦ *O DIABETES, que não a incomodava tanto, passou a ser uma ameaça.* (REA) ♦ *Cecília teria morrido porque, seguindo orientação da Universal, deixara de usar medicamentos para controlar sua DIABETES e hipertensão arterial.* (FSP)

diácono

O feminino é **diaconisa**. **Diácono** é o segundo grau das ordens maiores, imediatamente inferior ao padre. ♦ *As mulheres já podem ser DIACONISAS (grau imediatamente inferior a padre) há dois anos.* (FSP)

diadema

É substantivo masculino. Designa ornamento com que os soberanos cingem a cabeça. ♦ *Tibéria era uma rainha, com seu vestido de cauda, um DIADEMA nos cabelos.* (PN)

diafragma

O adjetivo correspondente é **frênico**. ♦ *Sinais abdominais: presença de pneumoperitônio subdiaframático, integridade das cúpulas FRÊNICAS, sombras de maior densidade, principalmente nas lojas FRÊNICAS.* (CLC)

diálise

Com **S**, como **análise**. ♦ *A DIÁLISE peritoneal, pela sua simplicidade, pode ser aplicada mesmo em hospitais de poucos recursos.* (CLI)

diamante

Os adjetivos correspondentes são:

✧ **adamantino** ("que tem as características do diamante"). ♦ *Ele admirou o líquido ADAMANTINO no cálice.* (RET)

✧ **diamantino** ("de diamante", "relativo a diamante"). ♦ *Se nada houvesse provado, o denunciado perdia por lei todas as terras de sesmarias e as demarcações de terrenos auríferos ou DIAMANTINOS!* (VB) ♦ *Várias cidades, todas ligadas ao ciclo DIAMANTINO, integram a chapada.* (FSP)

diatribe

diatribe

A sílaba tônica é a penúltima (**TRI**). O substantivo designa "crítica severa e mordaz", "discurso crítico". ✦ *O povo, embora politizado, não aderira ao seu manifesto, nem concordava com as DIATRIBES, urdidas pela propaganda, que se desferiam contra a pessoa do imperador.* (TGB)

dies irae

É expressão latina que significa "dia da ira", designando o dia do juízo final. ✦ *Estando o moribundo naquele último suor da agonia, tão bem descrito no DIES IRAE, chega a hora de o ajudar a morrer.* (CRU)

diesel, díesel

1. O nome comum *diesel*, a partir do nome do inventor alemão Rudolf Diesel, refere-se a um tipo de motor de combustão interna e ao óleo usado na combustão. A pronúncia da palavra é, aproximadamente, **dísel**. ✦ *Estiveram ontem entre as quatro praças e juntos levaram um caminhão DIESEL.* (CCI) ✦ *A Venezuela tem a oferecer óleo DIESEL vinte vezes mais barato e fertilizante pela metade do preço.* (VEJ)

2. Aportuguesada, a forma leva acento (paroxítona terminada em **L**). ✦ *Carros a DÍESEL também sofrem restrição.* (FSP)

diet

É palavra inglesa que significa "dietético". A pronúncia aproximada é **dáiet**. ✦ *Estamos vendendo lancheiras para a Arábia Saudita e balas DIET para o Líbano.* (FSP)

difamar

Com **I**. ✦ *Aqueles que DIFAMAM Euclides deveriam tentar explicar como teriam os agrimensores realizado o seu trabalho sem esse auxílio.* (TEM)

diferença ⇨ Ver deferência.

O substantivo **diferença** designa a propriedade daquilo que é diferente. ✦ *Qual é a DIFERENÇA entre novidade e genialidade de uma receita?* (ACM)

O substantivo **deferência** significa "consideração", "reverência", "atenção".

diferenciar, diferençar ⇨ Ver -iar.

São formas variantes, e a primeira tem uso um pouco mais frequente (53%). O significado é "estabelecer diferença", "distinguir". ✦ *Se um dia o padre Domingos desse mesmo para missionário, aprenderia a DIFERENCIAR as coisas.* (ARR) ✦ *Movendo-me a custo, examinando, ouvindo, perguntando, consegui DIFERENÇAR e nomear várias peças da carga viva, contrabando humano.* (MEC)

diferir, diferimento ⇨ Ver deferir, deferimento.

1. O verbo **diferir** significa "ser diferente". ✦ *Este risco pode ser definido pela possibilidade de o retorno efetivo DIFERIR do retorno esperado.* (ANI)

O verbo **deferir** significa "despachar favoravelmente", "atender".

De conjugação irregular, o verbo **diferir** tem **I** na primeira pessoa do singular do presente do indicativo e, consequentemente, em todo o presente do subjuntivo. Nas demais formas o radical tem **E**, que é aberto quando é tônico. ✦ *Seu princípio ativo, a harmina, embora DIFIRA quimicamente do LSD, droga proibida, tem exatamente o mesmo efeito desse psicotrópico.* (FSP) ✦ *A noção de honra, para os gentios, DIFERE da nossa.* (VP)

2. O substantivo **diferimento** (correspondente ao verbo **diferir**) significa "adiamento", "procrastinação". ✦ *Tecnicamente, isso é chamado de DIFERIMENTO do imposto. Abate agora e paga o IR depois.* (FSP*)*

O substantivo **deferimento** (correspondente ao verbo **deferir**) significa "aprovação".

difícil

O superlativo absoluto sintético é **dificílimo**. ✦ *O mês de julho fora DIFICÍLIMO na Argentina.* (NBN)

difícil de fazer ⇨ Ver infinitivo ⇨ Ver fácil de fazer ⇨ Ver bom de ler ⇨ Ver duro de roer.

Nessa construção, o infinitivo (**fazer**) tem sentido passivo ("ser feito"), ou de sujeito indeterminado ("alguém fazer"), sem necessidade de uso do pronome **se**. ✦ *É a coisa mais **DIFÍCIL DE FAZER**, o simples e bonito.* (VEJ) ✦ *Isso é **DIFÍCIL DE LIDAR** para quem gostaria que eu fosse o mesmo.* (VEJ)

Entretanto, ocorrem construções com o **se**. ✦ *É um problema **DIFÍCIL DE se RESOLVER**.* (EL) ✦ *Essas cabeças que santos e amantes, sob o impulso da desabalada corrida da paixão – sempre tão **DIFÍCIL DE se VIVER** –, deixam cair ao chão bem merecem ser dispensadas, quando a serviço da fé e do amor.* (PAO)

digerir

De conjugação irregular, o verbo **digerir** tem **I** no lugar do **E** na primeira pessoa do singular do presente do indicativo e, consequentemente, em todo o presente do subjuntivo. Nas demais formas o radical continua com **E**, que é aberto quando tônico. ✦ ***DIGIRA** primeiro a minha falta de educação e depois responda.* (SPI) ✦ *Por isso é especialmente indicado para quem não **DIGERE** bem o leite comum.* (VEJ)

digit- ⇨ Ver datil(o)-.

É elemento (latino) que se liga a um elemento seguinte. Significa "dedo". ✦ *Por um erro de **DIGITAÇÃO**, a coluna Sulinas da edição 84 trouxe uma informação imprecisa.* (RI) ✦ *Um **DIGITADOR** usa o computador de forma diferente de um arquiteto.* (FSP) ✦ *E acompanhei-a, namorando-lhe os tornozelos e o donairoso andar de **DIGITÍGRADO**.* (SA) **Datil-** é o elemento grego correspondente.

dígito

A sílaba tônica é a antepenúltima (**DÍ**), e, por isso, a palavra leva acento (proparoxítona). Significa, literalmente, "dedo" e designa cada sinal numérico. ✦ *Para impedir que a inflação passe dos dois **DÍGITOS**, tabelam-se os preços na época da colheita.* (AGF)

digladiar ⇨ Ver -iar.

Com **I** na primeira sílaba, e não com **E**. Significa "bater-se a gládio (espada)", "esgrimir". ✦ *Três partidos políticos se **DIGLADIAVAM**, procurando o domínio: o Republicano, o Monarquista e o Português.* (VB)

dignitário

Com **I** na segunda sílaba, e não com **A**. O substantivo designa pessoa que ocupa posição de grande honra. ✦ *No dia seguinte um dos **DIGNITÁRIOS** da corte, um homem velho, de barbas brancas, veio procurá-lo nos aposentos que compartilhava com vários outros irmãos.* (CEN)

digno, digna

A sílaba tônica é **DIG** (separação silábica: **dig-na**, **dig-no**), seja verbo seja adjetivo. ✦ *Achou-o seco, formal mas **DIGNO**.* (INC) ✦ *Esse "Anfitrião" concede beneplácito ao Rei Sol, que se **DIGNA** abandonar a confortável morada do Olimpo para aquecer os leitos terrenos.* (ESS)

dilação ⇨ Ver delação.

O substantivo **dilação** significa "dilatação (de prazo)", "prorrogação". ✦ *Sabia que não tinha sido possível a **DILAÇÃO** do prazo da hipoteca que gravava a Fazenda do Pinhão.* (SE)

O substantivo **delação** (correspondente ao verbo **delatar**) significa "denúncia".

dilacerar ⇨ Ver lacerar.

Dilacerar e **lacerar** são formas variantes, mas é pouco usada (7%). Significam "despedaçar", "destruir". ✦ *A mão, levantando-se, **DILACERAVA** a trama, que contudo logo se recompunha, e tão constante no seu dom de irritar que, se por acaso cessasse um momento, o silêncio feria por sua vez, inesperado.* (COT) ✦ *Cumpre com precisão a tarefa de **DILACERAR** o meu sonho.* (PA)

dilapidar

Com **I** na primeira sílaba, e não **E**. Significa "dissipar [um patrimônio]", "esbanjar". ✦ *Antes que Pedro Moreno se ponha em campo para **DILAPIDAR** o que resta dos bens do casal, os Soares devem, têm de agir!* (A)

dilatar ⇨ Ver delatar.

Dilatar significa "estender", "ampliar". ✦ *Beladona vem de uma prática romana: as mulheres pingavam extrato da planta nos olhos*

dinam(o)-

para DILATAR as pupilas e as deixar supostamente mais belas. (FSP)

Delatar significa "denunciar".

dinam(o)-

É elemento (grego) que se liga a um elemento seguinte. Significa "força", "potência". ♦ *Os vizinhos tratavam-na com a circunspecção e as cautelas de quem mora ao lado de fábrica de DINAMITE dirigida por um mentecapto.* (BAL) ♦ *Minha vantagem é justamente esta: o meu DINAMISMO.* (FP) ♦ *A VW alemã tem motores EA 111 em testes de DINAMÔMETRO, aparelho especial para determinar a potência fornecida.* (FSP)

Dinamarca [Europa]

O adjetivo pátrio é **dinamarquês.** ♦ *Esse espetacular projeto está à espera da aprovação do governo DINAMARQUÊS, que tem jurisdição sobre aquelas terras.* (CRU)

dinamite

É substantivo feminino. ♦ *A DINAMITE foi posta de lado.* (CS)

dinheirama

É coletivo para dinheiro, indicando abundância. É substantivo feminino. ♦ *Perdi uma DINHEIRAMA do meu patrão.* (CG)

dinheiro

O adjetivo correspondente é **pecuniário.** ♦ *Não há donos ou acionistas a serem beneficiados, e não há consideração de lucro PECUNIÁRIO.* (HIR)

dinossauro

Com **SS.** ♦ *Mais de sessenta milhões de anos separam o último DINOSSAURO do primeiro hominídeo.* (FOC)

díptero

A sílaba tônica é a antepenúltima (**DÍP**), e, por isso, a palavra leva acento (proparoxítona). Significa "que tem duas asas". ♦ *Um inseto tem no mínimo um par de asas (os DÍPTEROS moscas e mosquitos) e no máximo dois pares.* (GAN)

dis-

É prefixo de origem grega que indica dificuldade, mau estado. ♦ *Dá uma falta de ar nele, menino, uma DISPNEIA que parece que vai estourar.* (MC) ♦ *A moça sofria de DISLEXIA, distúrbio comum do processo de leitura, mas desconhecido na época.* (VEJ)

discente ⇨ Ver docente.

Discente significa "que / quem aprende", "aluno". ♦ *O vestibular das Faculdades Metropolitanas Unidas tem sido elaborado com o propósito supremo de acolher em seu corpo DISCENTE acadêmicos – jovens e adultos – que demonstrem possuir conhecimento cultural e geral.* (FSP)

Docente significa "que / quem ensina", "professor".

discernir

1. De conjugação irregular, o verbo **discernir** tem **I** na primeira pessoa do singular do presente do indicativo e, consequentemente, em todo o presente do subjuntivo. Nas demais formas o radical tem **E**, que é aberto quando é tônico. Entretanto, as formas com **I** não ocorreram. ♦ *Na Bósnia mal se DISCERNE por que se luta.* (VEJ)

2. Modo de construção:

◇ Significando "perceber distintamente", usa-se com complemento sem preposição (objeto direto). ♦ *Do meio da barafunda de gestos e lances pessoais, Valério DISCERNIU bem a voz escutada e guardou-a para sempre.* (PFV)

◇ Significando "distinguir", usa-se com dois complementos, um sem preposição (objeto direto) e outro iniciado pela preposição **de.** ♦ *Sentiu-se nivelado àqueles cabras e talvez mais ordinário do que todos, pois DISCERNIA o bem do mal e não se aventurava a tomar o partido mais difícil.* (FP)

disco rígido ⇨ Ver *hard disk* ⇨ Ver *winchester.*

É a forma portuguesa que traduz o inglês *hard disk* (*HD*). Designa disco magnético fixo para armazenamento de dados no computador. O mesmo que **winchester**. ✦ *Os vírus são programas, geralmente simples e pequeninos, que causam danos ao sistema operacional do microcomputador – e muitas vezes destroem o DISCO RÍGIDO*. (FSP)

A expressão **disco rígido** é a usada na grande maioria dos casos (90%), em todos os tipos textuais. A forma inglesa **hard disk** é muito pouco usual (2%), bem como a designação pelas iniciais HD (5%) e a designação **winchester** (3%).

discoteca

É coletivo para discos, indicando também lugar especializado para guardar ou tocar discos. ✦ *Visite um revendedor Toshiba e nunca mais deixe o professor na classe ou a DISCOTECA trancada em casa.* (REA) ✦ *Tive um sonho esquisito, sonhei que estava numa DISCOTECA, dançando, eu e a Cledir.* (OMT)

discrição ⇨ Ver descrição.

O substantivo **discrição** designa a qualidade ou o ato de pessoa discreta, reservada. ✦ *Não há como lhe pedir DISCRIÇÃO, mesmo porque há testemunhas no encontro.* (MEN)

O substantivo **descrição** designa o ato de descrever.

discriminar, discriminação ⇨ Ver descriminar, descriminação.

1. O verbo **discriminar** significa "distinguir", "discernir". ✦ *Hoje o nosso povo não pode DISCRIMINAR o trigo nacional.* (ZH)

2. O substantivo **discriminação** designa o ato ou a faculdade de discriminar. ✦ *Os problemas de DISCRIMINAÇÃO do brinquedo artesanal não se esgotam na esfera socioeconômica.* (BRI)

O verbo **descriminar** significa "tirar a culpa de", "inocentar" e o substantivo **descriminação** designa o ato de descriminar.

discussão

Com **-são** final, como todo substantivo correspondente a verbo terminado em **-tir** (**discutir**). ✦ *E quando se envolvia numa DISCUSSÃO lembrava, não sei por que, uma pantera.* (ACM)

disenteria

Com **I** na primeira sílaba e com **E** na segunda (prefixo **dis-**, que indica dificuldade + elemento **enter(o)**, "intestino"). ✦ *Seu Juquinha, já meio surdo e necessitando trocar as lentes, atendeu uma cliente que lhe pediu um remédio para DISENTERIA.* (ACT)

diserto ⇨ Ver deserto.

Diserto é adjetivo que significa "eloquente". ✦ *Fernando Henrique é cortês, lhano, DISERTO, espirituoso.* (FSP)

Deserto é substantivo que designa região árida.

díspar

A sílaba tônica é a penúltima (**DÍS**), e, por isso, a palavra leva acento (paroxítona terminada em **R**). Significa "desigual", "diferente". ✦ *O que pretende é demonstrar a sua existência num meio geralmente considerado DÍSPAR.* (OLI)

dispêndio

Com **I** na primeira sílaba. O substantivo significa "gasto", "consumo", "despesa". ✦ *A fadiga nervosa, pelo DISPÊNDIO físico, duplica o cansaço.* (AE)

dispensa ⇨ Ver despender, despensa.

Dispensa é substantivo ligado ao verbo **dispensar** e também é forma desse verbo. ✦ *Como era dia de DISPENSA, eu tinha ficado em casa.* (CNT) ✦ *Vovó Maroquinhas na cadeira de lona não DISPENSA o amplo guarda-sol de praia.* (NB)

O substantivo **despensa** designa cômodo anexo à cozinha onde se guardam mantimentos.

dispersão

Com **-são** final. O verbo correspondente é **dispersar**. ✦ *No caso do Brasil, a DISPERSÃO da população representaria um benefício porque permitiria a ocupação total e harmônica de todo o território nacional.* (ATN)

display

É palavra inglesa que designa estrutura apropriada para exposição de um determinado

dispor(-se)

produto. A pronúncia aproximada é **displei**.
♦ *O DISPLAY numérico geralmente indicava zero.* (FSP) ♦ *O Confidant possui alarme musical e DISPLAY para mostrar mensagens numéricas de doze dígitos.* (P)

Corresponde, geralmente, ao termo português **mostruário** (que, entretanto, tem significado mais amplo).

dispor(-se)

Conjuga-se como **pôr**. ♦ *DISPÕE-SE a prender-te, se não for atendido.* (VP) ♦ *Quando quiser, DISPONHA.* (MD) ♦ *Mãos à obra: comprei tintas, telas e ME DISPUS a brilhar no cenário artístico do país.* (NOV)

dissecar, dissecação ⇨ Ver dessecar.

Dissecar significa "fazer dissecação". **Dissecação** é a separação, com instrumento cirúrgico, das partes do corpo ou de um órgão de animal morto, para estudo anatômico. ♦ *Essa fragmentação da arte de curar introduziu em nossas escolas a prática segundo a qual uma pessoa deve DISSECAR o cadáver, enquanto outra ensina.* (APA)

Dessecar significa "secar completamente".

dissensão

Com **SS** e com **-são** final, como todo substantivo correspondente a verbo terminado em **-tir** (**dissentir**). Significa "divergência", "desinteligência". ♦ *O pior, porém, é que a desgraçada DISSENSÃO (...) não se contentara em entravar somente o progresso político, literário e filosófico do Sertão (...).* (PR)

dissídio

Com **SS**. O substantivo designa conflito de interesses ou opiniões. ♦ *Por ordem das Suas Majestades do Planalto, tenta-se fazer com que todas as categorias do país tenham DISSÍDIO ao mesmo tempo.* (EMB)

dissuadir, dissuasão

1. O verbo **dissuadir** é usado com um complemento sem preposição (objeto direto) referente a pessoa, podendo ocorrer outro complemento (oracional ou não) iniciado pela preposição **de**. Significa "fazer desistir de um propósito". ♦ *Sabia das loucuras do marido e, apesar de tentar DISSUADI-lo, não pensava em deixar o lar.* (PCO) ♦ *Mas foi Pedrão, na época de maior prestígio, que DISSUADIU o chefe de permanecer em Cumbe.* (J)

2. **Dissuasão** escreve-se com **-são** final, como todo substantivo correspondente a verbo terminado em **-dir** (**disuadir**). ♦ *A essa capacidade denomina-se "poder de DISSUASÃO nuclear".* (GPO)

distensão

Com **S** na sílaba final, como todo substantivo correspondente a verbo terminado em **-der** (**distender**). ♦ *O abdome está abaulado em consequência da DISTENSÃO das alças intestinais e do líquido existente na cavidade.* (CLC)

distinguir(-se)

1. O **U** do grupo **GU** não é pronunciado. ♦ *Um chinês bêbado é muito difícil de DISTINGUIR-se de um chinês sóbrio.* (AL) ♦ *Puxou a taramela da porta e, da varanda, sob o céu ainda sem estrelas, DISTINGUIU um pequeno vulto na estrada.* (OS)

2. No presente do subjuntivo (desinência **-a**), não existe **U** depois do **G**. ♦ *O marido porém pede que ela DISTINGA bem: a campanha de Evandro foi em defesa dos pobres, não da pobreza.* (PRO)

distinto ⇨ Ver destinto.

Distinto é adjetivo que significa "que se distingue de outra pessoa", "eminente". ♦ *Mister era um freguês muito DISTINTO, dono de um "Peugeot".* (ANA)

Destinto é particípio de **destingir** ("descorar", "perder a cor").

distrato ⇨ Ver destrato.

Distrato significa "anulação de contrato". ♦ *O acervo da empresa foi distribuído proporcionalmente aos sócios, de acordo com o DISTRATO social.* (FSP)

Destrato significa "descompostura".

Distrito Federal [Brasil] ⇨ Ver **Brasília.**

1. A sigla é **DF**. ◆ *Oscar Niemeyer, 86, é arquiteto, criador de Brasília (DF).* (FSP)

2. O adjetivo pátrio é **brasiliense**. ◆ *O Sidarte se destina a criar estímulo de artesanato do Distrito Federal, incluindo a oferta do artesanato BRASILIENSE na programação turística local.* (CB)

A forma **brasiliense** já foi usada como adjetivo pátrio referente a Brasil.

ditame

A sílaba tônica é a penúltima (**TA**), e, por isso, a palavra não leva acento. Significa "ditado", "regra". ◆ *Transparece, na tela, o DITAME fascista "o indivíduo é nada, o Estado é tudo".* (FSP)

divagar ⇨ Ver **devagar.**

Divagar é verbo que significa "vaguear", "devanear". ◆ *Cansado, seu pensamento DI-VAGAVA e não sentia nem a brisa suave dos galhos nem a frescura amena que graças a ela desfrutava.* (PCO)

Devagar é advérbio que significa "sem pressa".

divergir

De conjugação irregular, o verbo **divergir** tem **I** na primeira pessoa do singular do presente do indicativo, e, consequentemente, em todo o presente do subjuntivo. Nas demais formas o radical tem **E**, que é aberto quando é tônico. Significa "discordar". ◆ *Nossas histórias pessoais são bastante parecidas, embora a gente DIVIRJA em muitas coisas.* (FSP) ◆ *Há anos em que o horário local "de verão" DIVERGE do horário sideral ou astronômico.* (AST)

divertir(-se)

De conjugação irregular, o verbo **divertir** tem **I** na primeira pessoa do singular do presente do indicativo e, consequentemente, em todo o presente do subjuntivo. Nas demais formas o radical tem **E**, que é aberto quando é tônico. ◆ *Quero tanto que você SE DIVIRTA às sextas-feiras, minha querida.* (CRE) ◆ *Eu sou a menor, a mais tímida, as outras DIVERTEM--SE à minha custa.* (ASA)

dizer ⇨ Ver **falar.**

O verbo **dizer** significa "exprimir linguisticamente", "enunciar", "declarar" e se usa com complemento sem preposição (oracional ou não), podendo ocorrer outro complemento, referente a pessoa, iniciado pela preposição **a**. ◆ *Passo a passo, a Alameda Ibiruna foi transposta e nenhum dos dois DISSE palavra alguma.* (A) ◆ *Marcello Alencar DISSE que a PM tem problemas de contingente.* (GLO) ◆ *Não hesitei e DISSE: "Vou ficar, Eliodora."* (A) ◆ *Conforme eu DISSE ao senhor, hoje de tarde vou armar uma arataca pra ver se pego ela.* (ALE) ◆ *É muito mais eficiente DIZER à criança o que fazer para melhorar.* (VEJ)

Em princípio, **dizer** não é sinônimo de **falar**, que se refere simplesmente ao ato de fala, significando "usar a palavra", "articular palavras".

Entretanto, é comum, e não apenas na linguagem coloquial, usar-se **falar** por **dizer**.

dl

É o símbolo de **decilitro** (sem ponto e sem plural). Escreve-se com minúsculas. ◆ *O ideal é que a quantidade de colesterol total no sangue tenha valores inferiores a 200 mg/dl.* (FSP)

dm

É o símbolo de **decímetro** (sem ponto e sem plural). Escreve-se com minúsculas. ◆ *Por que meio contestar a notável ampliação da nossa malha viária, quando, de 117 mil dm de rodovias, passamos para mais de 206 mil km de estradas para citar apenas as rodovias pavimentadas?* (JL-O)

dm²

É o símbolo de **decímetro quadrado** (sem ponto e sem plural). Escreve-se com minúsculas. ◆ *Submúltiplos a partir do metro quadrado. Unidades Valor Abreviação (...) Decímetro quadrado 0,01 m²: dm².* (ATT)

dm³

É o símbolo de **decímetro cúbico** (sem ponto e sem plural). Escreve-se com minúsculas. ◆ *É confortável para 5 pessoas e tem um amplo porta-malas de 459 dm³.* (P-REA)

DNAEE

É a sigla de **Departamento Nacional de Águas e Energia Elétrica.** ◆ *Vejo pessoas do DNAEE, também pessoas do setor de petróleo que possam trazer alguma informação.* (POL-O)

DNER

É a sigla de **Departamento Nacional de Estradas de Rodagem.** ◆ *O DNER recomenda aos motoristas atenção redobrada principalmente no percurso do desvio.* (EM)

dó

É substantivo masculino, em qualquer acepção. ◆ *Eu tenho tanto DÓ dos meus filhos.* (QDE) ◆ *Gostava de música e suas filhas todas tinham sido instruídas no DÓ-ré-mi-fá-sol pelo alemão Gustavo Reich.* (BAL)

do ponto de vista

Para alguns manuais normativos essa é a expressão recomendada, sendo reprovado o uso de **sob o ponto de vista.** E essa é, também, a construção mais usual (91%). ◆ *Ele está subordinado DO PONTO DE VISTA organizacional, mas ainda pouco subordinado DO PONTO DE VISTA técnico.* (BRO)

doar

Os verbos em **-oar** têm a primeira pessoa do singular do presente do indicativo em **-oo**, sem acento. ◆ *Não DOO de jeito nenhum.* (FSP)

Esses verbos têm **-e** final na terceira pessoa do singular do presente do indicativo. ◆ *Os parlamentares sugerem que o governo DOE à população todo o estoque de alimentos que está nos seus armazéns.* (EM)

dobro, duplo, dúplice

São formas de numeral multiplicativo correspondente a 2.

1. A forma **dobro** é sempre substantivo. ◆ *Demorava na barba o DOBRO do que demorava no banho, na ginástica e no lanche.* (BB)

O plural de **dobro** é **dobros**, com **O** fechado. ◆ *Pior que Capitão Benedito em três DOBROS.* (VER)

2. A forma **duplo** é substantivo ou adjetivo. ◆ *Isto pode ser facilmente obtido utilizando um eletródio passivo que tenha o DUPLO do tamanho do eletródio ativo.* (ELE) ◆ *A tradução das Bacchae implicava um risco DUPLO: o texto latino e o original grego.* (ACM)

3. **Dúplice** é adjetivo. ◆ *Esse discurso prévio tinha, assim, uma função DÚPLICE: informar e motivar.* (ACM)

doce

O superlativo absoluto sintético é **dulcíssimo**. ◆ *Cândida moveu os dedos sobre as teclas e cantou com voz DULCÍSSIMA.* (DEN)

docente ⇨ Ver **discente**.

Docente significa "que / quem ensina", "professor". ◆ *O corpo DOCENTE da Coppe é composto de mais de 200 doutores em diversas áreas.* (VEJ)

Discente significa "que / quem aprende", "aluno".

doença de Chagas

Sem hífen. **Chagas** é com inicial maiúscula porque se trata de nome próprio (de Carlos Chagas, cientista brasileiro). ◆ *O enfrentamento realista da DOENÇA DE CHAGAS – incidente em mais de 5 milhões de pessoas – demandaria a alocação anual de 35 milhões de dólares no Programa de Combate à DOENÇA DE CHAGAS, por um período de seis anos.* (OS-O)

doente

Como substantivo, tem os dois gêneros: é masculino quando se refere a elemento do sexo masculino e feminino quando se refere a elemento do sexo feminino (substantivo comum de dois). ◆ *Genésio olhou para o DOENTE, voltado para a parede, capa boia-*

deira cobrindo-lhe o corpo até o pescoço. (GRO) ♦ *Ouvindo a minha voz, **a DOENTE** tornou a se agitar, urrando de um lado para outro da cama.* (A)

doer

Conjugação:

1. Na primeira pessoa do singular do presente do indicativo, o **o** tônico não leva acento circunflexo. A forma **doo**, porém, não ocorreu. Pelo seu significado, o verbo **doer** praticamente só é usado na terceira pessoa.

2. A forma da terceira pessoa do singular do presente do indicativo é com o ditongo aberto **ÓI**. ♦ *O moço deve bem avaliar como **DÓI** ser chamado de traidor.* (CJ)

3. Nas demais formas, o verbo é regular. ♦ *Ao sair do escritório de Lomagno, o estômago de Mattos **DOÍA** fortemente.* (AGO) ♦ *Sentada, o dedo **DOENDO**, ela sacudia o braço, soprava o ponto ferido.* (COT)

dois pontos, dois-pontos

1. **Dois pontos** (sem hífen) é a reunião do numeral cardinal **dois** com o substantivo **pontos**. ♦ *A distância mais curta entre **DOIS PONTOS** pode ser a linha reta, mas é nos caminhos curvos que se encontram as melhores coisas da vida.* (CP) ♦ *Em geometria chamamos distância entre **DOIS PONTOS** o comprimento da reta que os liga.* (ATT)

2. **Dois-pontos** (com hífen) é substantivo, designando um sinal de pontuação. ♦ *O item está bom, mas o candidato volta a misturar pontuação. Em alguns itens coloca **DOIS--PONTOS** e, em outros, ponto final.* (FSP)

Usa-se o sinal de pontuação dois-pontos, mais geralmente, para introduzir:

◇ enumeração ou explicitação. ♦ *Há uma verdadeira histeria neste país em torno de duas coisas: subversão e segurança nacional.* (CH) ♦ *Significa que chegou a hora de apostar na qualidade jornalística que a TV já não pode oferecer: densidade, esmero, rigor, intensidade, envolvimento.* (RI)

◇ explicação ou esclarecimento. ♦ *O animal que é incorporado ao trabalho contribui para*

que a distância-tempo se modifique: um outro ritmo se impõe à vida de todos e o grupo se acha, daí por diante, na posse de uma nova medida do tempo. (PGN) ♦ *Quarto – o lado econômico da Filatelia: essas séries confeccionadas com o esmero e beleza do colorido são ansiosamente procuradas.* (VID) ♦ *Explica-se: no ataque jogam os homens mais hábeis do esporte e isto não é por acaso.* (FB)

◇ exemplificação. ♦ *São rápidos e econômicos: senão, (em, no) caso contrário, do contrário, nesse caso, assim, de outro modo, sem isso, sem + substantivo etc.* (PH)

◇ fala de personagem (discurso direto), muito frequentemente após verbos de elocução (**dizer**, **perguntar**, **responder** etc.).

♦ *Dessa vez, consegui detê-la: "Mas, Dona Leonor, quando foi que eu não quis ser uma Soares?".* (A)

♦ *Osório não gostou daquelas palavras e **retrucou:***

– Ela era moça orgulhosa e interesseira. (PCO)

dólar

1. É a forma portuguesa correspondente ao inglês *dollar*. Com acento, porque é paroxítona terminada em **R**. ♦ *É o **DÓLAR** agora, e não mais a libra esterlina, a moeda padrão das trocas e o aferidor dos valores financeiros do comércio mundial.* (OMA)

2. O plural é **dólares**. ♦ *Um almoço num restaurante modesto não saía por menos de seis **DÓLARES**.* (GI)

dolby

É palavra inglesa que, a partir do nome próprio *Dolby*, designa um sistema de gravação e de reprodução em áudio (em fitas magnéticas) que permite redução de ruídos. ♦ *Uma molecagem dos deuses da gravação em **DOLBY** quase fez esta reportagem ir pelos ares.* (FS)

dolce far niente

É expressão italiana que significa "doce ociosidade". Exprime o ideal dos preguiçosos.

dólmã, dólmen

◆ *O lazer é sempre um fazer-alguma-coisa. Contudo como fica essa ação de não se fazer absolutamente nada, que a cultura italiana tão saborosamente designou de DOLCE FAR NIENTE?* (LAZ)

dólmã, dólmen

1. **Dólmã** é substantivo que designa casaco militar. Leva acento porque é paroxítona terminada na vogal Ã. ◆ *O capitão deixou a malinha a um canto, sacou fora o DÓLMÃ, arregaçou as mangas da camisa.* (BH)

2. O substantivo **dólmen**, que designa monumento druídico de pedra, não ocorreu.

dolo

Indica-se tradicionalmente o **O** tônico como aberto, no singular e no plural. A pronúncia, porém, varia. O substantivo designa, genericamente, procedimento fraudulento. ◆ *Do DOLO e da culpa vive o advogado, como do pecado vive o padre.* (BS)

dom

1. É título honorífico dado a reis e nobres e a dignitários da Igreja Católica. Vem sempre seguida do nome da pessoa. ◆ *Eu e a condessa, tia de DOM Attilio, nascemos no mesmo mês, de 1895.* (ACM)

2. O feminino é **dona**. No feminino, a forma de tratamento simplesmente indica respeito. ◆ *DONA Leopoldina era sua bisavó, Pedro I, seu tataravô.* (EM)

doméstico (voo)

Indica-se como anglicismo o uso do adjetivo **doméstico** (por **nacional**) junto do substantivo **voo**.

Entretanto, a expressão é muito usual. ◆ *Um Boeing 707 que fazia um voo DOMÉSTICO no Irã foi sequestrado por um comissário de bordo e desviado para Israel.* (FSP) ◆ *Do Aeroparque só saem voos DOMÉSTICOS e a ponte aérea para Montevidéu.* (NBN)

domicílio (em / a)

Em domicílio é a expressão recomendada nos manuais tradicionais para indicar local de utilização ou de entrega de produtos ou serviços. ◆ *Novas empresas de São Paulo estão priorizando o conforto dos clientes e apostando nos serviços de entrega EM DOMICÍLIO.* (FSP)

Entretanto, são comuns construções com a preposição **a**. O fato de a preposição **a** ser muito usada para indicar movimento "em direção a" pode ser a explicação para o uso nessas construções, já que, muitas vezes, nelas existe alguma sugestão de movimento. ◆ *Os Correios retiram e entregam sua encomenda A DOMICÍLIO, no mesmo dia.* (EX)

Fora desses casos, dificilmente tais construções poderiam explicar-se: ◆ *Era atendido A DOMICÍLIO.* (VEJ)

dominicano

É adjetivo ou substantivo referente a:

◇ República Dominicana (América Central). ◆ *Casado há quinze anos com uma DOMINICANA, secretária bilingue em Wall Street, ele guarda boa lembrança de um turista brasileiro que transportou.* (FA)

◇ ordem religiosa de São Domingos. ◆ *Quem deixou bem anotadas essas informações, e muitas outras, foi o frade DOMINICANO Bartolomeu de las Casas, que acompanhou de perto os primeiros anos da colonização.* (SU)

Don Juán, dom-joão, dom-juanesco

1. *Don Juán* é denominação castelhana (nome próprio) que se refere a homem sedutor de mulheres. ◆ *Um livro escrito há exatos 25 anos continua imbatível como best-seller na área de dicas sobre como virar um DON JUÁN bem-sucedido.* (FSP)

2. A forma portuguesa correspondente oficialmente registrada, é **dom-joão** (com hífen), mas a forma que ocorre com o mesmo sentido é **Dom João** (nome próprio). ◆ *Eu estou longe de ser um DOM JOÃO. E você sabe disso.* (BB)

3. O adjetivo correspondente é **dom-juanesco**. ◆ *Com sua farda, seus botões, perneiras etc., fazia um belo efeito DOM-JUANESCO.* (EG)

dona de casa

Escreve-se sem hífen, porque se trata de uma locução, não de um substantivo composto. ◆ *Uma boa DONA DE CASA, para saber mandar, tem de saber fazer.* (ASA)

donaire

É palavra castelhana usada em português. Significa "elegância", "graça". ◆ *Ela e Vaslav, enquanto aguardavam os outros, que afinal acabaram não indo, comandavam seus cavalos com grande DONAIRE.* (BU)

donde

Combinação da preposição **de** com o advérbio **onde**. Indica origem, procedência, e, a partir daí, dedução, conclusão. ◆ *A mãe é como a terra DONDE tudo vem e para onde tudo volta.* (NOF) ◆ *O látex, que cede abundantemente, é cáustico, DONDE o nome vulgar.* (BEB)

doping

É palavra inglesa que designa a administração ilegal de droga estimulante a um competidor (pessoa ou animal). ◆ *Comitê chinês reconhece uso de DOPING no país.* (VEJ) ◆ *Denúncia afirma que houve nove DOPINGS.* (FSP)

dormir

De conjugação irregular, o verbo **dormir** tem **U** na primeira pessoa do singular do presente do indicativo e, consequentemente, em todo o presente do subjuntivo. Nas demais formas o radical tem **O**, que é aberto quando é tônico. ◆ *Hoje é plantão do Antônio e não tem importância que DURMA ali.* (OAQ) ◆ *D. Iraíde vai para casa e não DORME.* (CE)

dorso, dors(i/o)-

1. O plural é **dorsos**, com **O** fechado. ◆ *A chita dos vestidos destacava-lhes os DORSOS móveis e dispersos, em meio à plantação, num colorido entremostrar de manchas.* (ALE)

2. **Dorso-** é elemento (latino) que se liga a um elemento seguinte. Significa "costas". ◆ *Os equinodermos em geral têm as suas vísceras*

contidas numa sorte de caixa formada por plaquetas calcárias; no caso dos heterosteleados essa caixa apresentava contorno oval, mas se distinguia pelo seu forte achatamento DORSOVENTRAL.* (AVP) ◆ *Os platelmintos têm o corpo alongado e achatado DORSIVENTRALMENTE.* (GAN)

dossiê

É a forma portuguesa correspondente ao francês *dossier*. O substantivo designa conjunto de documentos que retratam a vida de um indivíduo, um país, uma instituição. ◆ *O sr. Bonifácio Andrada já se revelou interessado em conhecer o tal DOSSIÊ, mas, até agora, ninguém se dignou mostrar-lhe o que existe.* (EM)

dotar

Usa-se com um complemento sem preposição (objeto direto) e outro complemento iniciado pelas preposições **com** ou **de**. ◆ *A meta é DOTAR 6 milhões de residências com ligação de água e esgoto até 1999, beneficiando um universo de cerca de 30 milhões de pessoas.* (FSP) ◆ *Em Itatiaia, o engenheiro agrônomo espera recuperar o abrigo das Macieiras e DOTAR de maior conforto o Rebouças.* (MAN)

doublé, dublê

Doublé é palavra francesa que significa "duplo", aportuguesada como **dublê**, grafia oficialmente registrada. Designa pessoa que faz as vezes de outra numa empreitada. ◆ *Na entrevista, ele revelava um fato desconhecido pela História do Brasil: ele havia sido DOUBLÉ de Getúlio durante a Revolução de 1930.* (NBN) ◆ *Ele teria morrido em um acidente automobilístico em novembro de 1966 e fora substituído por um DUBLÊ.* (SU)

double face

É expressão inglesa (pronúncia aproximada: **dabolfeici**) e francesa (pronúncia aproximada: **dubleface**) que significa "dupla face", "de dupla face". Designa tecido ou peça de roupa que não tem direito ou avesso, podendo

doutor

ser usado de ambos os lados. ✦ *Arrematando o ambiente, telas de Vellasco e de Olivier Mourão, além de cortinas sem reposteiro presas por botões dourados, no gênero DOU-BLE FACE, no mesmo tom dos sofás.* (OM)

doutor

O feminino é **doutora**. ✦ *Se é esta a dificuldade, por que não procurar uma DOUTORA?* (VD)

download ⇨ Ver *upload*.

É palavra inglesa que, em informática, designa o processo de obtenção de cópia, em uma máquina, de arquivo originado de máquina remota. A pronúncia é, aproximadamente, **daunloud**.✦ *Três canais deverão ser usados para transmissão de dados, como operações de DOWNLOAD na Internet.* (FSP)

D.r, D.ra; Dr(s)., Dra(s).; dr(s)., dra(s)

As abreviaturas abrigadas na ortografia oficial são **D.r** e **D.ra**, mas elas não ocorreram. Estão em uso as outras formas indicadas. ✦ ***Dr.** Sanches, residente na capital do Estado, rareando suas idas à fazenda, vendera--a, por fim, ao Padre Coelho.* (ALE) ✦ *A **Dra**. Ma Thida tem como única fonte de iluminação em sua cela a luz do dia.* (FSP) ✦ *Os **Drs**. Adjuntos da Ouvidoria e o Procurador do Conselho cumprimentaram primeiro o Ouvidor.* (VB) ✦ *Não faça isso, **dr**. Mário.* (IC) ✦ *Ele me recomendou falar com a **dra**. Nilza, promotora de Corumbá.* (ESP)

drag queen

É expressão inglesa que designa homem que se fantasia de mulher, especialmente para espetáculos. A pronúncia é, aproximadamente, **drég-quim**. ✦ *Seu melhor amigo, o negro Mercúcio, se veste de DRAG QUEEN e usa cabelo rastafari.* (FSP)

drágea

Com **E** depois do **G**. ✦ *Acendeu um cigarro, consumiu-o, depois foi é tomar uma DRÁGEA antidistônica, das quais, de tempos para cá, abusava.* (DM)

drama

O aumentativo (com valor depreciativo) é **dramalhão**. ✦ *O filme era uma droga, DRAMALHÃO psicológico com assassinos e adúlteras.* (BB)

drinque, *drink*

1. É a forma portuguesa, oficialmente registrada, correspondente ao inglês *drink*. ✦ *Tomamos um DRINQUE e depois saímos para jantar.* (UNM)

2. Encontra-se, também (30%), especialmente na imprensa, a forma original inglesa *drink*. ✦ *Ofereceu-lhe um DRINK, ela aceitou.* (CV)

drive

É palavra inglesa que, em informática, designa unidade periférica de computador acionadora de disco ou fita para armazenar ou ler informações. A pronúncia é, aproximadamente, **dráivi**. ✦ *Daqui a pouco seu equipamento de CD-ROM embutido poderá comportar mais de um DRIVE.* (FSP)

drive-in

É expressão inglesa que designa cinema, geralmente ao ar livre, em que o(s) usuário(s) assiste(m) ao filme dentro de seu próprio carro. ✦ *Um DRIVE-IN, uma casa de prostituição e cinco bares foram interditados.* (FSP)

-dromo

É elemento (grego) que se liga a um elemento anterior. Significa "corrida". ✦ *Quando se compara o volume de apostas dos dois HI-PÓDROMOS, as diferenças ficam ainda mais claras.* (AGF) ✦ *No segundo dia, sexta-feira, Nigel chegou cedo ao AUTÓDROMO.* (JB)

druida

1. A sílaba tônica é **DRUI** (palavra paroxítona com o ditongo **UI**), e, por isso, a palavra não leva acento. O substantivo designa antigo sacerdote da Gália e da Britânia. ✦ *Os antigos sacerdotes DRUIDAS (no velho idioma céltico, aqueles que conhecem o segredo do carvalho), que habitaram a região da Inglaterra há 23 séculos, também cultuavam a floresta, oferecendo-lhe sacrifícios humanos.* (SU)

272

duro de roer

2. O feminino é **druidesa**. ✦ *Samba da DRUI-DESA doida.* (VEJ)

duas-estrelas ⇨ Ver estrelas.

Escrevem-se com hífen os compostos formados com numeral cardinal (até cinco) e o substantivo **estrela(s)**, usados para qualificar hotéis que recebem classificação. ✦ *Vários hotéis DUAS-ESTRELAS ficam no centro dessa cidade de 65 mil habitantes, situada ao longo de uma baía.* (FSP)

Dublin [Irlanda]

O adjetivo pátrio é **dublinense**. ✦ *The James Joyce Centre Dublin traz informações sobre a vida e o trabalho do escritor DUBLINENSE.* (FSP)

ducentésimo

É o numeral ordinal e fracionário correspondente a 200. A forma não ocorreu.

dueto

É a forma portuguesa correspondente ao italiano *duetto*. ✦ *O estadista de Serras Azuis matuta um pouco e logo percebe que Paiva e Roldão fazem um DUETO prejudicial à sua política.* (S)

dumping

É palavra inglesa usada em economia para designar processo de venda por preço inferior ao custo ou ao preço vigente no mercado, como estratégia para conquista de mercado. A pronúncia é, aproximadamente, **dâmpin**. ✦ *Veladamente, acusação de DUMPING, o Japão também tomou a sua, quando inundou os Estados Unidos de eletrodomésticos a preço baixo.* (CB)

duodécuplo

É o numeral multiplicativo (substantivo ou adjetivo) correspondente a 12. A forma não ocorreu.

dúplex, duplex

Tradicionalmente se registra a penúltima sílaba (**DÚ**) como tônica, e, desse modo, escreve-se a palavra com acento no **U** (paroxítona terminada em **X**). ✦ *Eu tinha um DÚPLEX na avenida Atlântica, a única coisa que sobrou do patrimônio que tinha acumulado.* (CAA)

Entretanto, a pronúncia mais em uso dessa palavra é como oxítona, e, portanto, a grafia mais comum (52%) é sem acento (sílaba tônica **PLEX**), seguindo a maioria das palavras portuguesas terminadas em **X**. ✦ *Reformado e transformado em DUPLEX, o imóvel hoje está à venda por 500.000 dólares, segundo o jornal O Estado de S. Paulo.* (FSP)

Como toda palavra terminada em **X**, não varia no plural. ✦ *Entre os pedidos que têm pipocado na prancheta dos decoradores encontram-se ainda escadas rolantes para apartamentos DÚPLEX.* (VEJ)

duque

O feminino é **duquesa**. ✦ *Gelou-me o sangue nas veias, a última DUQUESA diante do patíbulo.* (CE)

Dura lex, sed lex.

É frase latina que significa "a lei é dura, mas é a lei". Usa-se para referência a uma regra ou proibição muito severa, mas que tem de ser acatada. ✦ *Os eventuais matadores dessas vítimas deverão gozar da mesma redução penal? "DURA LEX SED LEX".* (FSP) ✦ *Pros pobres, é DURA LEX SED LEX: a lei é dura, mas é lei. Pros ricos, dura lex sed látex: a lei é dura, mas estica.* (FE)

dureza

Com **Z**, como todo substantivo abstrato em **-eza** derivado de adjetivo. ✦ *Meteu a mão na cintura e sentiu a DUREZA do anel.* (BOI)

duro de roer ⇨ Ver infinitivo ⇨ Ver fácil de fazer ⇨ Ver difícil de fazer ⇨ Ver bom de ler.

Nessa construção, o infinitivo (**roer**) tem sentido passivo ("ser roído"), ou de sujeito indeterminado ("alguém roer"), sem necessidade de uso do pronome **se**. ✦ *Sou um sertanejo DURO DE ROER.* (CJ) ✦ *O tempo, nesse ano, ia ser bem DURO DE AGUENTAR...* (ARR)

duty-free (shop)

Entretanto, ocorrem construções com o **se**. ◆ *O juiz Godoi, que o próprio Ivens Mendes chamou de "unha de cavalo" – eufemismo para o que é DURO DE se DOBRAR – é que foi depor no Tribunal.* (FSP)

duty-free (shop)

É expressão inglesa que significa "(loja) livre de taxa". Designa loja que, em aeroportos, vende aos viajantes de voos internacionais produtos importados, sem cobrança de taxa de importação. A pronúncia aproximada é **duti-fri**. ◆ *"DUTY-FREE SHOP" – Lojas onde não é cobrado o imposto governamental e, portanto, os importados são mais baratos.* (FSP)

duvidar

Usa-se com complemento (oracional ou não) iniciado pela preposição **de**. ◆ *Normalmente, dizemos que uma pessoa é cética quando ela é muito descrente ou quando DUVIDA de tudo.* (CET) ◆ *Mas ninguém DUVIDA de que o maior policiamento inibiu a delinquência.* (FSP)

O complemento oracional também é usado sem a preposição **de**. ◆ *Se você DUVIDA que as chapas onduladas Sano são as mais resistentes que existem, faça o teste do karatê.* (REA) ◆ *Em minha casa, a sete chaves, possuo o vídeo do GP de Mônaco, que pouca gente viu e todo mundo DUVIDA ter mesmo acontecido.* (FSP)

O complemento oracional iniciado pela conjunção **se** nunca se inicia por preposição. Com esse complemento fica indicada uma hipótese, uma alternativa. ◆ *A PF, no entanto, DUVIDA se as armas poderiam ter entrado no país e se o destino delas seria de fato a ABCA.* (FSP)

e

O nome da letra é **é**. Com acento. ✦ *Manda--se a criança abrir largamente a boca, pôr a língua bem para fora e pronunciar demoradamente a letra É, em frente a um foco luminoso intenso (janela ou lâmpada).* (SMI)

-e

1. Os adjetivos e substantivos terminados em -e têm, em geral, a mesma forma para masculino e feminino. ✦ *Ela vai achar o plano formidável, é uma mulher INTELIGENTE.* (ASS) ✦ *Você é o único INTELIGENTE daquela padaria.* (ACM)

2. Há, entretanto, substantivos em -e que:

✧ têm o feminino em **A**. ✦ *Porque tia Regina, como várias senhoras de Juiz de Fora, era ALFAIATA exímia e fazia os ternos do marido e dos filhos.* (BAL) ✦ *Ovelhas, ELEFANTAS e gatas desconhecem a menopausa porque morrem antes dela.* (VEJ) ✦ *Não sou MONJA hindu.* (SEG)

✧ usam-se como substantivos comuns de dois, mas também se usam com o feminino em **A**. ✦ *Entra Natália, a GOVERNANTE, mulher robusta, sadia, em pleno vigor dos seus 30 anos.* (FIG) ✦ *Sentada defronte, eficiente, grave, a GOVERNANTA tamborilando com os dedos espalmados nos braços da poltrona.* (CP) ✦ *Uma PARENTE da noiva faz também um discurso, após o que o noivo passa a viver na sua nova residência matrilocal.* (IA) ✦ *É meio PARENTA do governador.* (COR) ✦ *Sou a PRESIDENTE do Clube Municipal.* (NOD) ✦ *A PRESIDENTA convidou-a a correr o Palácio, que é uma beleza.* (JM)

✧ têm o feminino formado com o acréscimo de um sufixo. ✦ *Quase todos haviam saído para cobrir as atividades da CONDESSA, que viera para a festa do Centenário da Casa Masson.* (NB) ✦ *Dizei-me, SACERDOTISA de Apolo, se há alguém mais sábio que Sócrates!* (TEG)

E (este / leste) ⇨ Ver leste.

O símbolo de **este** (o mesmo que **leste**) é **E** ou **L**, mas a forma **L** não ocorreu, preferindo-se a indicação pelo **E**. ✦ *A Longitude pode ser contada para Leste (E) ou para Oeste (W).* (ATE)

é necessário, é preciso, é proibido etc.

1. No caso de sujeito posposto, podem ficar invariáveis o verbo e o adjetivo (predicativo) quando o sujeito é tomado genericamente e se quer acentuar o caráter genérico da referência do sujeito. ✦ *Dali por diante É NECESSÁRIO prudência.* (DES) ✦ *É NECESSÁRIO muita frieza para a arte da esgrima.* (BOI) ✦ *Como em tudo na vida, no amor também É PRECISO moderação.* (AVL) ✦ *Não É PROIBIDO visitas para pessoas que não são da família?* (SAM)

Entretanto, mesmo com sujeito de referência genérica posposto, o mais comum é que o verbo e o predicativo concordem com ele. ✦ *Não É NECESSÁRIA muita perspicácia para constatar que, no Brasil pelo menos, as regras acima são sobejamente desrespeitadas.* (ANQ) ✦ *Não SÃO NECESSÁRIOS adjetivos ou palavras técnicas para convencer V. sobre a durabilidade do Salto Amazonas.* (MAN) ♦ *E é por esse motivo que SÃO PROIBIDOS descontos nos estandes da feira.* (FSP)

2. Faz-se normalmente a concordância do verbo e do predicativo (em gênero e número) quando o sujeito, mesmo posposto, é de algum modo particularizado. ♦ *No caso da Terra, também SÃO NECESSÁRIOS dois números para que você possa dizer onde você está. Esses dois números chamam-se Latitude e Longitude.* (ATE) ♦ *Além disso, É NECESSÁRIA a formação de alguns produtos do metabolismo de outros micro-organismos do fermento.* (ACQ) ♦ *Para se ter animais silvestres em casa SÃO PRECISOS documentos do Ibama.* (FSP) ♦ *No Japão É PROIBIDA a circulação de qualquer tipo de publicação exibindo nu frontal.* (FH)

e nem

O uso da sequência **e nem** é condenado em manuais normativos, invocando-se o fato de a conjunção **nem** já ter o significado de "e não".

Entretanto, nessa sequência, o que se está usando é o advérbio **nem**, e não a conjunção aditiva **nem**, que é a que tem valor aditivo (de **e**), além do valor negativo. A rigor, a um falante não é dado usar duas conjunções coordenativas para iniciar a mesma oração ou o mesmo termo da oração. ♦ *Era um acordo tácito, ao qual só Beatrice não aderira E NEM era obrigada a ajustar-se.* (ACM) ♦ *Tem qualquer coisa errada nisso, E NEM quero pensar, Deus me livre.* (AF) ♦ *Então resolvi fazer a minha simpatia, sem dizer nada, nem a ela E NEM à Idinha e à Ema. Deus me livre!* (ANA) ♦ *Saí daquele Brejo para viver com o meu povo no esquisito danado E NEM assim me deixam em sossego.* (CA) ♦ *Eles passavam por Caiá E NEM sequer se detinham para cumprimentar o moço.* (ARR)

é que

1. A expressão **é que** (e flexões de tempo: **foi que, era que**) é frequentemente usada para alavancar uma outra palavra ou expressão

que se quer destacar, colocando-a como foco de interesse. A palavra ou expressão que é destacada pode vir:

◇ entre o **é** (**foi, era** etc.) e o **que**. ♦ *Falando na danada, É ela QUE aparece agora.* (FAV) ♦ *Medo, só senti uma vez, quando gostei de um homem, FOI ele QUE me ensinou a ler.* (TG) ♦ *ERA ela QUE vinha todo dia, depois?* (ED)

◇ antes do **é que**. ♦ *O senhor fala com o tabelião e pergunta se a escritura que ele passou é falsa. Ele É QUE fez tudo.* (FP) ♦ *Depois eu É QUE sou doido...* (AVL) ♦ *Eu FUI QUE corri o perigo de ficar falado.* (AC)

2. Quanto à concordância em número:

◇ quando a palavra alavancada (ou clivada) está entre a forma do verbo **ser** (**é, foi, era** etc.) e o **que**, há concordância do verbo **ser** com a palavra ou expressão que é focalizada. ♦ *E SÃO eles QUE falam mais alto em mim – também sei.* (A) ♦ *Mas FORAM elas QUE me provocaram...* (DEL) ♦ *O serviço está bom... FOMOS nós QUE fizemos.* (SO)

◇ quando a palavra alavancada está antes do **é que**, não se faz concordância. ♦ *Eles É QUE têm razão.* (BEM)

e(n)-

É prefixo de origem grega que indica posição interior. Corresponde, em parte, ao prefixo de origem latina **i(n)-**[1]. ♦ *Faltou apenas um estilhaço que se alojou no ENCÉFALO.* (REI) ♦ *A ELIPSE não se prende a exigências do período hipotético.* (PH) ♦ *Era o EMBLEMA dos prostíbulos.* (VES)

-ear

1. Os verbos em **-ear** recebem **I** nas formas rizotônicas, isto é, nas formas que têm a sílaba tônica no radical. ♦ *PASSEIA em silêncio e a pé durante a tarde e, principalmente, à noite.* (MAN) ♦ *Evidenciam empiricamente a existência de um espaço distinto dos outros que o RODEIAM.* (GPO)

2. O mesmo ocorre com os substantivos correspondentes. ♦ *É uma delícia de PASSEIO!* (QI) ♦ *Sem RODEIO e sem mistério?* (GA)

edredão, edredom, *edredon*

ebola

A sílaba tônica é a penúltima (**BO**, com **O** aberto), e, por isso, a palavra não leva acento. É substantivo masculino. ✦ *Geneticamente, o EBOLA é muito parecido com o vírus da caxumba e com o que provoca a raiva.* (VEJ)

Ecce homo.

É expressão latina que se traduz como **Eis** *o* **homem**. São as palavras de Pilatos aos judeus (S. João, XIX, 5), quando lhes mostrou Jesus Cristo coroado de espinhos. Emprega--se, no sentido genérico, quando se anuncia ou se apresenta alguém, com algum efeito. ✦ *A face do Mártir era tão diferente da dos outros judeus que Pilatos, apresentando-o, soube apenas dizer: "ECCE HOMO!".* (VES)

eclipse

É substantivo masculino. Sem acento. ✦ *Quando a Lua passa bem na frente do Sol ocorre* **um ECLIPSE** *do Sol.* (ATE)

eco-

É elemento (grego) que se liga a um elemento seguinte. Significa "casa". ✦ *Eu já não elogiava tanto a ECOLOGIA amazônica.* (GI) ✦ *Em uma ECONOMIA de mercado, com que o Brasil pretende conviver, não é admissível tanto controle da produção.* (AGF)

ecstasy

É palavra inglesa que designa um tipo de droga sintética. ✦ *No segundo semestre de 1983, foi "redescoberta" nos Estados Unidos e passou a ser fabricada e vendida clandestinamente na Califórnia, com o nome de fantasia ECSTASY, uma antiga droga, despertando as atenções do público e das autoridades de saúde.* (DRO)

ECT

É a sigla de **Empresa Brasileira de Correios e Telégrafos**. ✦ *O cheque deverá ser nominal, podendo ser enviado em envelope comum e descontado em qualquer agência da ECT.* (OLI)

eczema

É substantivo masculino. ✦ *Sabia-se que ratos recebendo uma ração rica em clara de ovo crua apresentavam* **um ECZEMA** *semelhante à dermatite.* (NFN)

edema

É substantivo masculino. Significa "acúmulo anormal de líquido nos tecidos", "inchaço". ✦ *Naquele mesmo dia teve* **um EDEMA** *agudo de pulmão e faleceu ao anoitecer.* (INC)

Éden

O adjetivo correspondente é **edênico**. ✦ *Muitos cartógrafos e cronistas, incluindo Pero Vaz de Caminha, costumavam usar imagens EDÊNICAS para descrever a América e o Brasil.* (FSP)

edição *princeps* ⇨ Ver *princeps*.

Significa "primeira edição". ✦ *É o século das primeiras EDIÇÕES PRINCEPS de Eurípides.* (ACM)

edito, édito

1. O substantivo **edito**, com a penúltima sílaba tônica (**DI**, sem acento), designa parte de lei, decreto. ✦ *O governo chinês, através de um EDITO imperial, proibiu progressivamente o cultivo da dormideira e o consumo do ópio.* (DRO)

2. O substantivo **édito**, com a antepenúltima sílaba tônica (**É**, com acento), designa ordem judicial. ✦ *Mas passa a haver uma contradição quando Gilberto defende o ÉDITO oficial que bane a propaganda de cigarros.* (FSP)

edredão, edredom, *edredon*

1. **Edredão** e **edredom** são as formas portuguesas correspondentes ao francês *édredon*, oficialmente registradas. **Edredão** tem uso pouco frequente (2%). ✦ *Para fazer do quarto um lugar mais quentinho, que tal um EDREDOM novinho em folha?* (FSP) ✦ *Finalmente ele se aproximou às escondidas, até ficar deitado de bruços em cima da pele de urso, macia como um EDREDÃO.* (THU)

-edro

2. A forma **edredon**, que é a mais usual (72%), conserva a grafia francesa (com **N** final), embora sem o acento. ◆ *O avião é uma coisa aturdida, insistindo em investir por sobre um EDREDON de nuvem acolchoada e una que o reduz a inseto em cima de flocos de creme Chantilly.* (L)

-edro

É elemento (grego) que se liga a um elemento anterior. Significa "face plana". ◆ *Comumente tais inclusões possuem formas OCTAÉDRICAS e TETRAÉDRICAS.* (PEP)

efe

É o nome da letra **F**. O primeiro **E** (tônico) é aberto (**É**), mas a palavra não leva acento. ◆ *Dizem que o EFE Agá vai sair de social-democrata.* (FSP)

efebo

A palavra **efebo** tem a penúltima sílaba tônica (**FE**), e, por isso, não leva acento. A pronúncia tradicionalmente indicada é com o **E** tônico fechado (**Ê**). O substantivo designa rapaz que atingiu a puberdade. ◆ *O EFEBO trouxe a cítara, que passou das mãos de Galéria às de Nero.* (SE)

efeito

A esse substantivo pode seguir-se outro substantivo (justaposto), especificando um subtipo. ◆ *Gelo do polo Sul deve amenizar enchente criada por EFEITO estufa.* (FSP) ◆ *Gostaria que houvesse alguma ponderação em relação ao EFEITO cascata de transformar o cheque em moeda circulante.* (MIR) ◆ *O EFEITO dominó da crise mexicana mostrou como os capitais são voláteis.* (RI) ◆ *É de se lamentar que não tenha aqui ocorrido o conhecido EFEITO Orloff.* (GLO)

efeméride, efemérides

É substantivo feminino.

1. No singular, designa data relevante. ◆ *Os negros também reivindicaram a negritude de Machado de Assis e de Mário de Andrade exatamente quando se lembrava alguma EFEMÉRIDE desses ilustres mestiços.* (VEJ)

2. No plural, designa registros de acontecimentos de uma data. ◆ *As primeiras EFEMÉ-*

RIDES que conhecemos foram publicadas por ordem de Dom Afonso X. (AST)

efeminar, efeminado ⇨ Ver **afeminar, afeminado.**

Efeminar e **afeminar** são formas variantes, do mesmo modo que **efeminado** e **afeminado**. ◆ *A coeducação tem por efeito EFEMINAR o homem e faz a mulher perder as graças e encantos de seu sexo.* (PE) ◆ *O transexual masculino é feminino e não EFEMINADO, como acontece com os homossexuais.* (FSP)

eficaz

O superlativo absoluto sintético é **eficacíssimo**. ◆ *Entre outras plantas medicinais nota-se a que tem sido reconhecida por um remédio EFICACÍSSIMO contra a picada de qualquer cobra.* (CB) ◆ *Este plano, EFICACÍSSIMO embora e apto para diminuir o sacrifício das vidas, tem o inconveniente de prolongar a campanha por muito tempo.* (DEX)

eg(o)-

É elemento (latino e grego) que se liga a um elemento seguinte. Significa "eu". ◆ *Naquele prolongado delírio EGOCÊNTRICO ela era incapaz de saber onde começava ou acabaria a interpretação.* (AF) ◆ *Para piorar, o apresentador tenta ser humilde quando se refere a si próprio, quando o que transparece é o exercício da EGOLATRIA.* (ATA)

égide

A sílaba tônica é a antepenúltima (**É**), e, por isso, a palavra leva acento (proparoxítona). É substantivo feminino que significa "defesa", "proteção". ◆ *É Urano, senhor de Aquário, que rege os céus e a astrologia, que sob sua ÉGIDE voltou a florescer.* (AST)

Egito [África]

O adjetivo pátrio é **egípcio**. ◆ *O calendário EGÍPCIO já era de 12 meses de 30 dias e 5 dias suplementares.* (AST)

égloga, écloga

São formas variantes, pouco usuais. A sílaba tônica é a antepenúltima (**É**), e, por isso, as palavras levam acento (proparoxítonas).

Os substantivos designam poesia pastoril. ◆ *Tão numeroso que um dia foi infiltrado por um sujeito de péssimas entranhas, bom em Salústio e em fazer **ÉGLOGAS** a Virgílio, mas ruim de bola e de caráter.* (FSP) ◆ *De fato, no Seminário, eu me exercitara na composição obrigatória de odes, elegias, **ÉCLOGAS**, sonetos e outros gêneros recomendados pelas Postilas de Gramática e Retórica do Doutor Amorim Carvalho.* (PR)

Écloga é a forma de uso mais frequente (75%).

egrégio

Com **G** na última sílaba (final **-égio**). Significa "muito distinto", "nobre", "ilustre". ◆ *Amado deixou de discursar na abertura de uma conferência, em Genebra, porque estava no hotel com uma italiana a quem chamava de ser **EGRÉGIO**.* (VEJ)

égua ⇨ Ver cavalo.

Égua é a designação da fêmea do cavalo. ◆ *Ao cabo, arreou a **ÉGUA**, montou e botou-se para Itaoca como se nada houvera acontecido.* (PH)

Como ocorre com muitos nomes de animais, o substantivo pode ser usado em referência a seres humanos, com significado depreciativo, especialmente em linguagem coloquial. ◆ *Maldito! Maldito filho de uma **ÉGUA**!* (ID)

éi ⇨ Ver éu ⇨ Ver ói.

Acentuação gráfica do ditongo tônico aberto "**éi**":

1. Leva acento agudo quando está na última sílaba (palavras oxítonas) ou na única sílaba (monossílabos). ◆ *Andava no ar um cheiro de frituras que vinha das tendas onde se faziam **PASTÉIS**, churros e pipocas.* (N) ◆ *O real era no Brasil uma moeda de conta, conhecida pelos seus múltiplos, os **RÉIS**.* (NU)

2. Não leva acento agudo quando está na penúltima sílaba (palavras paroxítonas). ◆ *Desde o início combatemos essa **IDEIA**.* (ESP)

Há casos de posição paroxítona desse ditongo em que é possível que o timbre seja aberto ou que ele seja fechado, e também nesses casos

não há acento gráfico. ◆ *Há uma tendência de aumento de conteúdo **PROTEICO** durante os estádios de desenvolvimento.* (ABB)

Valem as mesmas regras para o ditongo tônico aberto "**ói**".

O ditongo tônico aberto "**éu**" ocorre apenas nos contextos em que há acento gráfico.

Eiffel

A última sílaba é tônica. ◆ *Paris subia nas pernas da Torre **EIFFEL** e Santos Dumont arranhava o céu com suas maravilhosas máquinas voadoras.* (CAR)

eira

Designa a área ou terreiro onde se secam, debulham e limpam cereais e legumes. ◆ *Este arranchamento era paraíso: o arvoredo todo crescido e dando; lavouras, criação miúda, de tudo era uma fartura; havia galpões, **EIRA**, currais, tafona.* (CG)

É muito usada na expressão **sem eira nem beira**, que significa "sem nenhum recurso", "muito pobre". ◆ *Não ia ser mais um andejo **sem EIRA nem beira**.* (G)

eis, eis que, eis senão quando

1. **Eis** é palavra que aponta para adiante no texto, constituindo marca introdutora de informação. Significa, aproximadamente, "aqui apresento", "adiante está". ◆ ***EIS** a minha história.* (TV)

Quando se segue um pronome pessoal, a forma do pronome é a oblíqua átona, e ligada por hífen, como sempre se faz no caso de ênclise de forma átona. ◆ ***EIS-me** de coração pesando milhares de mortos.* (PFV) ◆ ***EI-la** jovem, mas presente.* (JK-O)

2. Quando se segue uma oração, forma-se a expressão **eis que**. ◆ *E **EIS QUE** as chuvas se intensificaram.* (AVL)

3. A expressão **eis senão quando**, também marca introdutora de informação, tem valor temporal, indicando subitaneidade. ◆ *Procura que procura, **EIS SENÃO QUANDO**, numa volta da floresta, depara nada mais nada menos que com um urso.* (FAB)

eixo

eixo

1. Com **X** (som de **ch** após ditongo). ◆ *Ele girava sobre um EIXO imaginário, numa combinação perfeita com o ritmo da música.* (BL)

2. Os adjetivos correspondentes são **axial** e **axiforme** (som de **ks**), mas só a primeira forma ocorreu. ◆ *A planta crescida em areia grossa (de praia) exibe sistema AXIAL fino.* (TF) ◆ *A morte era o tema AXIAL de sua primeira obra a merecer divulgação.* (FSP)

ejetar(-se) ⇨ Ver injetar.

Ejetar(-se) significa "projetar(-se) para fora". ◆ *Mais tarde, os vulcões EJETARAM grande volume de gás carbônico.* (SU) ◆ *Seu companheiro de voo EJETOU-SE e foi resgatado ileso.* (FSP)

Injetar significa "lançar dentro", "introduzir [líquido]", "aplicar".

el

El é forma arcaica do artigo definido **O**, só usada na expressão **el-rei**. ◆ *Quando EL-rei chegar com sua espada mágica e bater na pedra, o bando de Lampeão sai de lá dentro a galope.* (FO)

El Salvador / San Salvador [América Central]

O adjetivo pátrio é **salvadorenho**. ◆ *Segundo autoridades locais, foi um protesto de um SALVADORENHO contra o governo de seu país.* (FSP)

elã, élan

Elã é a forma gráfica portuguesa correspondente ao francês *élan*. Significa "arrebatamento", "entusiasmo". ◆ *Toda esta gente, cheia de defeitos, se liga pelo ardor partidário: a fidelidade tico-tical, o ELÃ sectarista, o entusiasmo pela causa, tantas vezes posto à prova.* (S)

Também a forma original *élan* é usual, e com frequência maior (56%). ◆ *Ele acredita que o governo FHC poderá dar novo "ÉLAN" à cultura no país.* (FSP)

ele

É o nome da letra **L**. O primeiro **E** (tônico) é aberto (**É**), mas a palavra não leva acento.

◆ *O País era realmente colorido – mas com um ELE só – e vivia o que se acostumou chamar de seus "anos dourados".* (IS)

electr(i/o)- ⇨ Ver eletr(i/o)-.

É elemento (grego) que se liga a um elemento seguinte. ◆ *Exame cardiológico: ELECTROCARDIOGRAMA, tomada de tensão arterial, pulsação, telerradiografia do coração, vasos de base e pulmões.* (NOL)

Eletr(i/o)- é forma variante, mais usada.

elefante ⇨ Ver aliá.

1. O feminino é **elefanta**. ◆ *Contava as aventuras de garotos hindus pobres que percorriam o país natal sobre o lombo de uma ELEFANTA – a Maya.* (FSP)

A designação **aliá**, para a fêmea do elefante, é muito pouco usual (13%). A forma **elefoa** é indevidamente registrada em algumas gramáticas como feminino de **elefante**.

2. O coletivo é **manada**.

◆ *– O que houve com a casa dela?*

– Você não soube? Foi arrasada por uma MANADA de elefantes. (ANB)

elegido, eleito

1. A forma **elegido** é usada com os auxiliares **ter** e **haver**. ◆ *A União Soviética parece ter ELEGIDO o poderio militar e a tecnologia espacial.* (FSP) ◆ *Ney Braga, no Paraná, e eu, no Pará, havíamos ELEGIDO nossos candidatos a governador, por larga margem de votos.* (FSP)

2. A forma **eleito** é mais usada com os verbos **ser** e **estar**. ◆ *Fui ELEITO presidente do Centro de Engenharia Agrícola, o que me surpreendeu.* (FAV) ◆ *Do partido B estão ELEITOS os catorze mais votados e do partido C os nove.* (VEJ)

Entretanto, também se usa com **ter** e **haver**. ◆ *Os senadores foram surpreendidos ontem com a revelação de que tinham ELEITO uma pessoa suspeita de envolvimento com o narcotráfico.* (FSP) ◆ *PPR e PFL romperam em maio, em Santa Catarina, a aliança que havia ELEITO o governador Vilson Kleinubing.* (FSP)

A forma **eleito** é, ainda, a que se emprega como:

◇ **adjetivo.** ✦ *Era o presidente ELEITO e pretendia desempenhar o seu mandato até o fim, nem mais um minuto.* (AGO)

◇ **substantivo.** ✦ *Parece que ele via logo os que tinham a bossa, dedicava-se a essa minoria de ELEITOS e o resto que ficasse atolado nos vácuos do a quo.* (CF)

elenco, elencar

1. **Elenco** é coletivo para atores. ✦ *Arnaldo recusara os artigos que ele escrevera para o programa e refizera a tradução de um ensaio sobre Brecht que o ELENCO devia estudar.* (DE)

2. Formado a partir do substantivo **elenco**, o verbo **elencar** é indicado, em lições normativas, como um neologismo desnecessário, já que há verbos da mesma acepção, como **listar, arrolar**.

Entretanto, é uma forma usual, especialmente em textos jornalísticos e técnico--científicos. ✦ *Escuso-me de ELENCAR os jornalistas, magistrados, políticos, comerciantes, homens do povo, operários, funcionários e outros.* (FSP) ✦ *Não pretendemos aqui ELENCAR uma série de medidas ou receitas específicas e apresentá-las como soluções.* (PQ)

eletr(i/o)- ⇨ Ver electr(i/o)-.

É um elemento (grego) que se liga a um elemento seguinte. Se o elemento seguinte começar por outra consoante ou por qualquer vogal, ele não sofre nenhuma alteração. Se o elemento seguinte começar por H, essa letra é eliminada, nos compostos. ✦ *O ELETRO-CARDIOGRAMA, feito na hora, comprovou o problema cardíaco.* (OG) ✦ *O Galvanismo é a forma mais velha de ELETROTERAPIA.* (ELE) ✦ *Seu armamento inclui torpedos de alta velocidade para ataques a navios de superfície, como também ELETROACÚSTICOS para atacar outros submarinos.* (CRU) ✦ *A linha obtida num exame de ELETROENCEFALOGRAMA é reta e contínua.* (VEJ)

Se o elemento seguinte começar por R ou S, é necessário duplicar essa letra (que, então, ficará entre duas vogais, na escrita). ✦ *Do monopólio da ELETROSSAURO, resultou termos 19 projetos hidrelétricos parados.* (FSP)

Electr(i/o)- é forma variante, menos usada.

eletrizar

Com **Z**, como todo verbo formado com o sufixo **-izar**. ✦ *Voldenir, nervoso, estugou o passo, num turbilhão de emoções, dentro de uma sensação que o ELETRIZAVA.* (JM)

elétrodo, eletrodo

São variantes prosódicas. A forma **elétrodo** (proparoxítona) é a tradicionalmente recomendada, mas seu uso é raro (8%). ✦ *Solda elétrica por arco protegido (com adição de metal do ELÉTRODO).* (TU) ✦ *A inovação estava em usar um ELETRODO de paládio, que atrairia átomos de deutério.* (FOC)

eletrólise

Com **S**, como **análise**. ✦ *O método que Pons e Fleischmann empregaram para obter a fusão nuclear em temperatura ambiente é uma ELETRÓLISE, ou seja, quebra de moléculas de água por uma corrente elétrica.* (FOC)

elipse

É substantivo feminino. Sem acento. ✦ *Enquanto a Terra percorre a ELIPSE do seu movimento de translação, influencia também a amplitude das marés.* (OMA)

Elísio, Elísios

Pela etimologia (grego: *elýsios*), essa é a forma, com **I** após o **S**, na terceira sílaba. O nome **Elísio** designa, na mitologia, a morada dos heróis e dos justos, após a morte. ✦ *Esse fato o associava ao mundo subterrâneo onde, segundo o poeta Homero, habitavam os espíritos dos mortos, o ELÍSIO.* (FSP) ✦ *Os interventores começavam a ocupar o Palácio dos Campos ELÍSIOS.* (DM)

Entretanto, também se grafa, comumente, **Campos Elíseos**. ✦ *Na Stop & Shop da Avenida Rio Branco, nos Campos ELÍSEOS, em*

elocução

São Paulo, o movimento maior acontece na hora do almoço, entre 12 e 14 horas. (EX)

elocução ⇨ Ver **alocução.**

O substantivo **elocução** designa a enunciação, o modo de expressão. ✦ *A força pulmonar, a clareza de ELOCUÇÃO, a capacidade de projetar a voz contavam naquela época.* (FSP)

O substantivo **alocução** designa um discurso com algum grau de solenidade, mas breve.

elucubrar, elucubração
⇨ Ver **lucubrar, lucubração.**

Escrevem-se com **U**, após o **L**, e não com **O**. O verbo significa "pensar com empenho", "meditar". ✦ *Procuro encontrar uma ponte com a realidade das pessoas, em vez de ficar trancado num quarto ELUCUBRANDO sobre a religião.* (VEJ) ✦ *Nada de ELUCUBRAÇÕES metafísicas.* (ELL)

Lucubrar e **lucubração** são formas variantes correspondentes, menos usuais (17% e 25%, respectivamente).

eludir ⇨ Ver **iludir.**

Eludir significa "evitar com destreza". ✦ *Esta penetração na mucosa manteria latente a infestação, ao ELUDIR a ação medicamentosa.* (PTP)

Iludir significa "enganar".

em

1. O uso da preposição **em** para indicar matéria de que algum objeto é feito é condenada, em algumas lições normativas, como galicismo.

Entretanto, o uso é bastante comum. ✦ *De sua casa, EM madeira que mais parecia âncora de navio, Gaspar cachimbava o tempo.* (NI) ✦ *Em troca de merchandising, a Acesita construiu um grande relógio EM aço inoxidável com oito metros de diâmetro, que aparece no sonho do Menino Maluquinho.* (FSP) ✦ *O centro de terapia intensiva, cujo teto desabou num temporal de 1991, está com as paredes e o chão EM cimento cru.* (VEJ) ✦ *A carroceria, EM fibra de vidro, é colocada sobre chassi*

próprio, em tubos de aço. (FSP) ✦ *Museu Pérgamo tem um templo EM mármore de 1.250 metros de área construída, com altos-relevos e colunas originais.* (VEJ)

Nesse sentido, a norma recomenda o uso da preposição **de**. ✦ *Quem imaginar por trás do cargo um usineiro de terno DE linho branco e chapéu panamá levará um susto.* (VEJ)

2. O uso da preposição **em** antes de numeral cardinal, em expressões como **somos em cinco**, **estávamos em cinco**, é imitação de construção italiana, condenada como italianismo.

Entretanto, popularmente ocorrem construções como: ✦ *"Somos EM 13 pessoas, sendo que quatro são da família."* (FSP) ✦ *"Nós éramos EM 6."* (FSP)

A construção vernácula, e, portanto, prestigiada, é sem a preposição. ✦ *Nós somos quatro e somos um só.* (NOF) ✦ *Em setembro de 1973, (...) estávamos 300 pessoas fechadas na Embaixada da Argentina.* (CRE)

em anexo ⇨ Ver **anexado, anexo.**

Alguns manuais normativos condenam o uso da expressão **em anexo**, como está em: ✦ *O comprovante do pagamento está EM ANEXO.* (FSP)

A recomendação é que se use simplesmente o adjetivo **anexo**, que fará concordância com o substantivo a que se refere. ✦ *O comprovante está ANEXO, a nota está ANEXA.*

em baixo ⇨ Ver **embaixo (de)**
⇨ Ver **baixo** ⇨ Ver **em cima.**

Em baixo é a sequência da preposição **em** e do adjetivo **baixo**. ✦ *Ivan Marinho, do Fronteira, coloca um CD com canto gregoriano, EM BAIXO volume, quando percebe que um hóspede está falando alto demais.* (VEJ)

em cima (de) ⇨ Ver **encimar, encimado.**

Em cima escreve-se sempre em duas palavras. ✦ *Ela se chama Filomena e mora lá EM CIMA, dentro da tribuna.* (ACM) ✦ *A Amazônia está EM CIMA de um mar de petróleo, mas ninguém pode dizer nada.* (AVL)

Observe-se, entretanto, o verbo **encimar**.

em mão, em mãos

em cores ⇨ Ver a cores.

É a expressão mais recomendada em manuais tradicionais para uso junto de nomes, indicando a existência de várias cores. É também a mais usada. ♦ *Uma foto ampliada, EM CORES, mostrava Ludomiro e Silvana, fantasiados de Adão e Eva, no carnaval de Antofagasta.* (GD) ♦ *Numa das paredes estava pendurada uma **gravura** EM CORES que representava uma mestiça deitada.* (OE) ♦ *Em 1972, pressentiu que a **televisão** EM CORES se transformaria no principal sonho de consumo do brasileiro.* (VEJ)

Entretanto, também é usual, embora com frequência bem menor (16%), a construção com a preposição **a**, considerada pelos puristas, sem fundamento, como galicismo.

em criança, em solteiro

São expressões de valor temporal: "quando era criança", "quando era solteiro". ♦ *EM CRIANÇA, ouvira muitas histórias contadas por seu pai, a respeito de mulas sem cabeça por ali.* (ETR) ♦ *A gravidez quase em seguida do primeiro filho e os afazeres domésticos, sua indisposição, os cuidados com o bebê, tudo isso a tinha transformado em uma mulher muito diferente do que ela fora EM SOLTEIRA.* (PCO)

em domicílio

É a expressão recomendada nos manuais tradicionais para indicar local de utilização ou de entrega de produtos ou serviços. ♦ *Novas empresas de São Paulo estão priorizando o conforto dos clientes e apostando nos serviços de entrega EM DOMICÍLIO.* (FSP)

Entretanto, são comuns construções com a preposição **a**. O fato de a preposição **a** ser muito usada para indicar movimento "em direção a" pode ser a explicação para o uso em algumas dessas construções, já que, muitas vezes, nelas existe alguma sugestão de movimento. ♦ *Os Correios retiram e entregam sua encomenda A DOMICÍLIO, no mesmo dia.* (EX)

em face de ⇨ Ver face a, face a face

É a expressão vernácula tradicionalmente recomendada para significar "diante de",

"perante", condenando-se a expressão **face a**. ♦ *Uma sanção é sempre a recompensa ou o castigo EM FACE DE um pedido, uma advertência ou uma lei.* (MOR)

Entretanto, **face a** também é usual, e não apenas na linguagem popular.

em fim, enfim

1. **Em fim** é expressão constituída por preposição e substantivo. ♦ *Já se falava EM FIM do mundo.* (TS)

2. **Enfim**, numa só palavra, é advérbio que significa "afinal". ♦ *Coerentino titubeou, pigarreou, gaguejou, ENFIM encontrou nos arquivos da memória o discurso persuasivo.* (ACT)

em fora ⇨ Ver fora ⇨ Ver afora.

Na construção **em fora** existe a preposição **em** seguida do advérbio **fora**. A expressão significa "por toda a extensão", "sempre além". ♦ *E terá filhos que levarão pela vida EM FORA o nome Schmidt Lupi.* (FAN)

No mesmo tipo de construção usa-se também **fora** e **afora**.

em frente a, em frente de

A expressão **em frente** vem seguida pela preposição **a** ou pela preposição **de**. ♦ *Jorge é iluminado de costas, EM FRENTE A uma das portas, olhando o céu.* (UC) ♦ *Ele passava EM FRENTE DE nossa casa, na rua das Mangueiras, onde havia um enorme areião.* (CHI)

em julgado

As expressões **passar em julgado** e **transitar em julgado** referem-se a uma sentença judicial irrecorrível. ♦ *Está em jogo uma das garantias fundamentais do cidadão, cuja inocência a Constituição manda presumir até que **passe** EM JULGADO a sentença que o condene.* (FSP) ♦ *Para que a cassação de Lucena seja efetivada, é preciso que a sentença contra ele **transite** EM JULGADO – ou seja, que se esgotem todas as possibilidades de recursos judiciais.* (VEJ)

em mão, em mãos

São formas variantes para significar "diretamente", "sem intermediários". A segunda

em meio a, em meio de

forma, no plural, é muito mais usual (80%). ♦ *Dá um jeito de selar o escrito, e passa-o ao jovem, com a recomendação de ir entregá-lo EM MÃO, nos Castra Peregrina.* (PRO) ♦ *No dia seguinte, (...) Albagli teria sua resposta – o próprio relatório mencionado por Portella, entregue EM MÃOS.* (VEJ)

em meio a, em meio de

São expressões de significado análogo. **Em meio a** é muito mais usual (96%) e ocorre em contextos menos restritos. **Em meio de**, em geral, vem seguida de expressão no plural e faz referência concreta. ♦ *Eles e uma irmã de Dom Attilio, já falecida, cresceram juntos EM MEIO A vinhas, nevascas e bombardeios.* (ACM) ♦ *Tentou distinguir alguns vultos brancos que se movimentavam EM MEIO A uma espécie de neblina.* (ACT) ♦ *E a partida começou EM MEIO DE risos e zombarias dos jogadores.* (CP)

Além disso, **em meio de** concorre com **no meio de**, que tem basicamente o mesmo significado e que é de uso muito mais frequente (95%).

em pé ⇨ Ver de pé.

Em pé e **de pé** são locuções que têm a mesma acepção, indicando posição. **Em pé** é menos usual (35%). ♦ *Valente estava em PÉ no corredor.* (AGO)

em princípio ⇨ Ver a princípio ⇨ Ver por princípio.

Em princípio é expressão delimitadora que significa "como ponto de partida". ♦ *Usado sobre o papel ou pergaminho a escrita é, EM PRINCÍPIO, parcamente visível.* (CRS)

A princípio é expressão de valor temporal, que significa "no início".

Por princípio é expressão de valor causal que significa "por preceito", "por convicção".

em quanto, enquanto

1. **Em quanto** é a sequência de preposição e pronome indefinido. ♦ *Como podemos saber com certeza EM QUANTO tempo se recom-*

porá algo que levou bilhões de anos para se formar? (DST)

2. **Enquanto**, numa só palavra, é conjunção temporal. ♦ *Leonor não descansaria ENQUANTO não pusesse Carlos a par da minha "rebeldia" ou "ousadia", como ela também disse.* (A)

em que pese a (alguém), em que pese(m) o(s)

1. A construção **em que pese a**, seguida de referência a pessoa, significa "por mais que desagrade a [alguém]". Nessa construção, a forma verbal **pese** fica invariável. ♦ *Esta experiência é belíssima. EM QUE PESE ao estigma supersticioso, tem base positiva, e é aceitável.* (SER) ♦ *EM QUE PESE às boas intenções do delegado-geral da Polícia Civil (...), o fato é que se não ocorrerem remanejamentos em delegacias especializadas, pouca coisa será avançada.* (GAZ)

2. É frequente a construção **em que pese(m) o(s)**, que significa "apesar do peso de", "apesar de". O verbo concorda com o sujeito, que vem sempre posposto. Algumas lições normativas não abrigam esse tipo de construção, apenas o primeiro tipo (com a preposição **a**).

Entretanto, ela é bastante usual. ♦ *Livre das pressões, EM QUE PESE a reclamação daquele torcedor mato-grossense, Jorginho voltou a ser o craque de sempre.* (PLA) ♦ *EM QUE PESEM o desequilíbrio e as susceptibilidades entre os parceiros, nos últimos dez anos conseguiu-se reverter a natureza do relacionamento com a Argentina.* (FSP)

em rigor ⇨ Ver a rigor.

Em rigor e **a rigor** são formas variantes para significar "rigorosamente falando", "a bem dizer". ♦ *Quase tudo que eles postulam, EM RIGOR, já está na Constituição.* (FSP)

A forma **a rigor** é muito mais usada (98%).

em se + gerúndio

A construção **em se + gerúndio** de verbo equivale, genericamente, a uma construção feita simplesmente com o gerúndio pronominal, isto é, ambas fazem a mesma indicação temporal e condicional. ◆ *É claro que, EM SE tratando de reis, o efeito do toque era ainda maior.* (APA) [= *tratando-se de reis*].

em suspenso, em suspense ⇨ Ver suspense ⇨ Ver em anexo ⇨ Ver anexo.

A expressão **em suspenso** significa:

◇ "não concluído", "sem desfecho" (o mesmo que **suspenso**); a escolha de **em suspenso** por **suspenso** representa a substituição de uma expressão do tipo adjetivo por uma expressão do tipo adverbial (o mesmo que ocorre na troca de **em anexo** por **anexo**). ◆ *A questão fica EM SUSPENSO, até segunda ordem.* (BOC)

◇ "em estado de tensão forte, de grande expectativa" (significado que é ligado, especificamente, a **suspense**, empréstimo tomado do inglês). ◆ *Falavam pouco, sim, mas nos intervalos de silêncio ninguém esperava, EM SUSPENSO, o grito que poderia vir de um dos quartos.* (CP)

Nesse sentido também se usa, e com mais frequência, a expressão **em suspense**, embora o uso seja desaconselhado em lições normativas (*suspense* é palavra inglesa). ◆ *Adamastor fica lá, EM SUSPENSE, esperando... e então se ouve o segundo grito, ainda mais terrível que o primeiro.* (PD) ◆ *Com um rombo desconhecido, mas que pode passar de US$ 200 milhões, o IRB está paralisado, sem condições de entrar na modernidade e mantido EM SUSPENSE pelos interesses mais desencontrados possíveis.* (FSP)

em termos de

Alguns manuais tradicionais criticam o uso dessa expressão com o significado de "relativamente a", "no que se refere a".

Entretanto, são comuns enunciados do tipo de: ◆ *Estas duas preferências combinadas nos obrigam a pensar muito mais EM TERMOS DE contexto do que EM TERMOS DE causa.* (PGN)

em toda parte, em toda a parte ⇨ Ver **todo.**

São formas variantes para significar "em qualquer parte". **Em toda parte** (sem o artigo definido) é a forma mais de acordo com as recomendações normativas de uso de **todo**, e é, também, a mais usual (85%). ◆ *Havia no hospital, como EM TODA PARTE, uma caixinha de médicos, enfermeiras, atendentes, o chefe da farmácia.* (GD) ◆ *Os policiais, perdidos na multidão, veem bombas EM TODA A PARTE.* (CV)

em todo caso, em todo o caso ⇨ Ver **todo.**

São formas variantes para significar "em qualquer caso". **Em todo caso** (sem o artigo definido) é a forma mais de acordo com as recomendações normativas de uso de **todo**, e é, também, a mais usual (72%). ◆ *EM TODO CASO, seria pelo menos uma experiência.* (JM) ◆ *EM TODO O CASO, ainda sou homem para enfrentar a autoridade do Rei.* (VP)

em vez de ⇨ Ver **ao invés de.**

A expressão **em vez de** significa:

◇ "em lugar de". ◆ *EM VEZ DE quatrocentos oficiais, como na reunião do dia 6, havia mais de dois mil, de todas as Armas.* (AGO)

◇ "ao invés de", "ao contrário de". ◆ *Sua atitude de salvar livros EM VEZ DE queimá-los foi respeitada.* (ACM)

em via de ⇨ Ver **via.**

A expressão **em via de** significa "a caminho de", "prestes a". Tradicionalmente se recomenda a manutenção do substantivo **via** no singular para essa indicação. ◆ *O grupo de PC teria desalojado a elite corrupta tradicional e por isso estaria EM VIA DE ser colocado para fora do governo.* (VEJ)

Entretanto, **em vias de** também é usual, e não apenas na linguagem popular. ◆ *A história da literatura (...) está hoje, graças sobretudo aos alemães e norte-americanos, EM VIAS DE deixar de ser, duma vez para sempre, uma seriação de autores e épocas segmentados artificialmente (...).* (ESP)

em vista de ⇨ Ver **vista** ⇨ Ver **à vista de.**

Em vista de é uma expressão iniciada pela preposição **em** e com núcleo (substantivo) feminino singular sem artigo. ✦ *EM VISTA DE seu bom comportamento na prisão, a pena foi reduzida pela metade.* (VEJ)

e-mail ⇨ Ver **correio eletrônico.**

É expressão inglesa (abreviatura de *electronic mail*) que significa "correio eletrônico". Designa, particularmente, o endereço eletrônico. A pronúncia é, aproximadamente, **imêil**. ✦ *Todas as empresas cubanas têm E-MAIL, enquanto pouquíssimas empresas brasileiras estão plugadas.* (VEJ)

A expressão vernácula **correio eletrônico** ocorreu mais que **e-mail** (60%).

emanar

O verbo **emanar** significa "desprender-se", "sair". Usa-se com complemento iniciado pela preposição **de.** ✦ *Sua amizade, portanto, ajudou-me a intensificar minha fé nos valores que EMANAM da obra literária.* (PAO)

embaixador, embaixadora; embaixatriz

1. A forma **embaixadora** designa:

✧ mulher que exerce o cargo de embaixador de um país em outro. ✦ *Na realidade, até o início da semana, só os guerrilheiros tinham feito concessões: libertaram quase todos os reféns não diplomatas e todas as mulheres (entre as quais a EMBAIXADORA da Costa Rica, Elena Monge).* (MAN)

✧ mulher que atua como representante ou porta-voz de uma instituição ou de uma causa em outra comunidade. ✦ *Na qualidade de EMBAIXADORA da Unicef, ela desembarcou no miserável país do Caribe para cumprir o ritual típico da caridade hollywoodiana.* (VEJ)

✧ instituição do gênero feminino que representa outra em uma comunidade do exterior. ✦ *Assim como o futebol, a dança pode ser a EMBAIXADORA do Brasil no exterior.* (VEJ)

2. A palavra **embaixatriz** é usada para designar:

✧ a mulher de um embaixador. ✦ *O mês de maio assinalou o transcurso dos aniversários de dois grandes amigos do Brasil: o da EMBAIXATRIZ Nina e o do seu marido, Embaixador Rubem Vela, que chefiam atualmente a Representação Diplomática da Argentina na Alemanha Oriental.* (CB) ✦ *No caso do homem diplomata, ter uma EMBAIXATRIZ (como é chamada a mulher do embaixador) que acompanhe a carreira dele é quase uma exigência no currículo.* (FSP)

✧ mulher que atua como representante ou porta-voz de uma instituição ou de uma causa em outra comunidade. ✦ *Nos últimos tempos, EMBAIXATRIZ da Unicef na Itália, certamente gostava menos e se indignava com a maneira que o país tratava as suas crianças.* (FSP) ✦ *A apresentadora de TV Xuxa Meneghel será a "EMBAIXATRIZ" da campanha contra o câncer da mama na Argentina, Chile e Uruguai.* (FSP)

embaixo (de) ⇨ Ver **em baixo** ⇨ Ver **baixo** ⇨ Ver **em cima.**

O advérbio **embaixo** ("na parte inferior") escreve-se numa só palavra. ✦ *Pronto, eu pensei, desta vez a greta é mais EMBAIXO.* (FE) ✦ *Um cachorro late, EMBAIXO de uma cadeira.* (REA)

embalsamamento, embalsamento

São formas variantes para designar a ação ou efeito de embalsamar. A segunda forma é de uso bem menos frequente (34%). ✦ *Os egípcios utilizavam o petróleo como um dos elementos para o EMBALSAMAMENTO de seus mortos, além de empregarem o betume na união dos gigantescos blocos de rocha das pirâmides.* (UE) ✦ *Nada mais natural que vá trabalhar numa casa funerária, aprendendo o ofício do EMBALSAMENTO de cadáveres.* (FSP)

embelezar

Com **Z**, como **beleza.** ✦ *Nesses locais muito frios, no entanto, o pau-brasil alcança um porte menor, sendo muito utilizado para EMBELEZAR jardins e praças.* (GL)

êmbolo

A sílaba tônica é a antepenúltima (ÊM), e, por isso, a palavra leva acento (proparoxítona). Designa disco ou cilindro móvel de seringas ou de bombas, que é pressionado no funcionamento. ◆ *Os dedos concentraram-se sobre o ÊMBOLO e o líquido penetrou.* (ARR)

embora

É conjunção concessiva que se usa com verbo no subjuntivo. ◆ *A Constituição não é contestada, EMBORA haja divergências em relação a muitos dos seus aspectos.* (JB) ◆ *O banho muito quente enfraquece, EMBORA faça acalmar os nervos e dissipar a fadiga.* (HH) ◆ *Campos Sales, aliás, jamais arrefeceu em seu ponto de vista da soberania dos Estados, EMBORA fizesse, circunstancialmente, concessões a respeito.* (FI)

Tratando-se de uma conjunção subordinativa, em princípio ela não se construiria com uma forma nominal.

Entretanto, por se tratar de forma de origem adverbial que entrou num processo de gramaticalização como conjunção, usa-se também com gerúndio, construção que sofre restrições de alguns normativistas. ◆ *Mas hoje acontece que, EMBORA fazendo pouco, é o governo o único que faz alguma coisa pelo Nordeste.* (PV)

Embrapa

É a sigla de **Empresa Brasileira de Pesquisa Agropecuária.** ◆ *Nas pesquisas de Pacajus a Embrapa já chegou a rendimentos de setecentos quilos de castanha por hectare de cajueiro-anão.* (GU)

eme

É o nome da letra M. ◆ *"Awulaba" quer dizer mulher com "EME maiúsculo", ou se poderia dizer "a feminilidade em todo seu esplendor".* (FSP)

emergido, emerso ⇨ Ver imergido, imerso.

1. A forma de particípio **emergido** é usada com os auxiliares **ter** e **haver.** ◆ *Isabelita parecia ter EMERGIDO de alguma corte europeia do século passado.* (NBN) ◆ *A figura de Borges parecia haver EMERGIDO da Antiguidade.* (PAO)

2. A forma **emerso** é usada geralmente como adjetivo. Escreve-se com **S**, como todo particípio irregular de verbo terminado em **-gir** (**emergir**). Significa "que emergiu", "que está na superfície". ◆ *A área das plataformas em todo o mundo equivale a 18 por cento de toda a área EMERSA da Terra.* (OMA) ◆ *Seu rosto, alheio ao mundo contemporâneo, parece EMERSO do século XVII.* (PAO)

Imergido e **imerso** significam "submerso", "mergulhado".

emergir, emersão ⇨ Ver imergir(-se), imersão ⇨ Ver emergido, emerso.

1. **Emergir** significa "sair de onde se estava mergulhado", "aparecer". ◆ *A Casa EMERGE das sombras, que a lua já se desvencilhou das nuvens.* (R) ◆ *O monstro da tevê EMERGIU das profundezas, apavorando os produtores de Hollywood.* (VIE)

2. **Emersão** é o substantivo correspondente ao verbo **emergir**. Com **S** na última sílaba, como **emerso**. ◆ *Sua EMERSÃO à superfície para respirar prestava-se admiravelmente à técnica de pescaria com arpão.* (ATN)

Imergir(-se) significa "fazer submergir", "penetrar", "embrenhar-se", e **imersão** é o substantivo correspondente.

emérito ⇨ Ver imérito.

Emérito significa "grande especialista em uma ciência ou em um conhecimento", "ilustre". ◆ *É um EMÉRITO caçador que, paradoxalmente, ama as aves.* (L-LR)

Imérito significa "imerecido".

EMFA

É a sigla de **Estado-Maior das Forças Armadas.** ◆ *Como chefe do EMFA ele despachava semanalmente com o presidente, além de presidir as reuniões do Conselho de Chefes de Estado-Maior das três Forças.* (AGO)

emigrar, emigração, emigrado, emigrante

emigrar, emigração, emigrado, emigrante ⇨ Ver **imigrar, imigração, imigrado, imigrante.**

1. **Emigrar** significa "deixar um país para estabelecer-se em outro", "mudar de região". ◆ *A economia cai, as pessoas EMIGRAM em quantidades recordes, as empresas mudam suas sedes para os EUA ou Portugal para não serem reconhecidas como brasileiras.* (EMB) ◆ *Quando os pardais chegam em bando, os pássaros do canto têm de EMIGRAR.* (RIR)

Imigrar significa "entrar num país estranho para nele viver e trabalhar".

2. **Emigração** significa "ação de emigrar", "mudança de um país, ou uma região, para outro, ou outra". ◆ *Uma população pode ser alterada numericamente pelo nascimento de novos indivíduos, pela morte e pela migração (EMIGRAÇÃO = saída de indivíduos e imigração = chegada de indivíduos).* (ECO)

Imigração significa "ação de imigrar, de entrar num país estranho para nele viver e trabalhar".

3. **Emigrado** significa "que/quem emigrou". ◆ *Aí inundou-se a fronteira da província de espanhóis e gringos EMIGRADOS.* (CG)

Imigrado significa "que/quem imigrou".

4. **Emigrante** significa "que/quem emigra, ou emigrou". ◆ *Correia de Jesus quer acelerar passaportes de EMIGRANTES.* (OMU)

Imigrante significa "que/quem imigra ou imigrou".

eminência, eminente ⇨ Ver **iminência, iminente** ⇨ Ver **Vossa Alteza, Vossa Excelência, Vossa Eminência etc.** ⇨ Ver **Sua Alteza, Sua Excelência, Sua Eminência etc.**

1. **Eminência** significa:

◇ "elevação". ◆ *Junto ao altar de São José há leve EMINÊNCIA mais aglomerada; só pode ser o Arraial do Bom Jesus.* (PFV)

◇ "superioridade". ◆ *A unidade nacional, com sua força integradora, apropria todos os imigrantes, os quais ocupam posições nas esferas econômicas, políticas, intelectuais,* não raro com brilho e EMINÊNCIA, sobretudo nos descendentes. (TGB)

A expressão **eminência parda** denomina pessoa que exerce influência muito grande, mas negativa, num governo ou numa instituição. ◆ *Mas surgiu alguém, uma EMINÊNCIA parda qualquer, que achou excessivo dar 500 mil cruzeiros de mão beijada a um só autor.* (ESS) ◆ *Korjakov é a EMINÊNCIA mais do que parda.* (VEJ)

O substantivo **Eminência** (com inicial maiúscula) entra na formação de pronomes de tratamento referentes a cardeal. ◆ *De qualquer forma, com a permissão de Vossa EMINÊNCIA e pedindo indulgência para as minhas palavras, eu creio sinceramente que uma estocada seria mais humano de que a fogueira.* (BN) ◆ *Talvez isso explique como Sua EMINÊNCIA conseguia seus manuscritos.* (ACM)

Iminência significa "propriedade daquilo que é iminente, esperado a todo momento".

2. **Eminente** significa:

◇ "alto", "elevado". ◆ *Daí resultará o desenvolvimento em grau EMINENTE da habilidade exploratório-militar.* (FEB)

◇ "ilustre". ◆ *Presenciei os antecedentes diretos da morte do EMINENTE homem público.* (FI)

Iminente significa "que está prestes a acontecer", "que está em via de efetivação imediata".

emissão ⇨ Ver **imissão, imitir.**

Emissão designa a ação de **emitir** ("expedir"). Com -são final, como todo substantivo correspondente a verbo terminado em -tir. ◆ *Uma das formas pelas quais as empresas se expandem é, portanto, a EMISSÃO de ações.* (BRO)

Imissão designa a ação de **imitir** ("fazer entrar").

empecilho

Com **E** na primeira sílaba e na segunda. ◆ *Ora, as montadoras viveram sem qualquer EMPECILHO trinta anos de cartel, cobrando os preços que quiseram.* (EMB)

-êncio, ência

empossar, empossado ⇨ Ver **empoçar, empoçado.**

Empossar significa "dar posse a" e **empossado** significa "investido em posse". ◆ *O Congresso, no momento, está reunido para EMPOSSAR o novo presidente.* (EL) ◆ *Aqui em São Paulo, não sei quantas vezes já estive, depois de EMPOSSADO Presidente da República.* (JK-O)

Empoçar significa "formar poça", e **empoçado** significa "que formou poça".

empresa

Com **S**, como todo substantivo ligado a verbo terminado em **-der** (**empreender**). ◆ *Bernardo Ravasco havia esperado Maria Berco com o resultado da arriscada EMPRESA mas a dama de companhia não aparecera.* (BOI)

emprestar ⇨ Ver pedir emprestado ⇨ Ver tomar emprestado.

Significa "ceder por empréstimo". Usa-se com um complemento sem preposição (objeto direto) e outro complemento iniciado pelas preposições **a** ou **para**. ◆ *Outros 3 bilhões de dólares o banco EMPRESTOU a empresas privadas.* (VEJ) ◆ *Pararam, peremptoriamente, de EMPRESTAR dinheiro para nós.* (BEM)

A gramática normativa não aceita o emprego desse verbo com o significado de "tomar emprestado" ou de "pedir emprestado".

Entretanto, é comum, e não apenas na linguagem descuidada, o uso da construção condenada. ◆ *Baschera EMPRESTOU de seus amigos donos de antiquários vários exemplares raros e legítimos, forrou-os com tecidos dissonantes ao estilo de cada um e se deu bem.* (FSP)

en passant

É expressão francesa que significa "de passagem", "sem aprofundamento". ◆ *Freddy, EN PASSANT, lança-lhe um olhar.* (C)

encapuzar, encapuzado

Com **Z**, como **capuz**. ◆ *Antônio de Brito, ENCAPUZADO, abriu as cortinas da liteira.* (BOI)

encarregar, encarregar-se

1. **Encarregar** usa-se com dois complementos, um sem preposição (objeto direto, referente a pessoa) e outro iniciado pela preposição **de**. ◆ *Os Governos Provinciais podem ENCARREGAR funcionários nacionais da execução de leis e serviços provinciais.* (D)

2. **Encarregar-se** usa-se com complemento iniciado pela preposição **de**. ◆ *Beatrice ENCARREGOU-se de combinar a viagem com Isabella.* (ACM)

encharcar

Com **CH**, apesar de a sílaba inicial ser **EN**. Forma-se de **charco**. ◆ *Quando o sangue do santo boi ENCHARCAR a terra, vai virar fogo!* (REB)

encher

Com **CH**, apesar de a sílaba inicial ser **EN**. Liga-se a **cheio**. ◆ *O avião só decolava quando ENCHIA de gente.* (VEJ)

encimar, encimado ⇨ Ver em cima.

Embora ligada a **em cima** (duas palavras), a forma do verbo é **encimar**. ◆ *A cruz de ferro fundido, que ENCIMAVA a torre, jazia torcida sobre o entulho.* (TS) ◆ *Pequenas pápulas, rodeadas de orla vermelha e muitas vezes ENCIMADAS por uma vesícula, aparecem em vários pontos do corpo.* (SMI)

-êncio, ência ⇨ Ver -ância, ancia; -íncia; -úncio, úncia ⇨ Ver hortênsia.

1. Escrevem-se, em geral, com **C** os substantivos terminados em **-ência** e **-êncio**:

◇ **agência**. ◆ *Um carro de porte médio está estacionado diante da AGÊNCIA dos correios.* (ROT)

◇ **aparência**. ◆ *O sorvete de frutas naturais e o sorvete sintético terão idêntico sabor e APARÊNCIA.* (BOC)

◇ **assistência**. ◆ *Dona Jandira vigiava a ASSISTÊNCIA.* (MRF)

◇ **ausência**. ◆ *Não serei eu a lastimar sua AUSÊNCIA.* (A)

◇ **ciência**. ◆ *A verdade é uma CIÊNCIA solitária.* (CCA)

encolerizar

◇ **decência.** ♦ *A população me acompanha com relativa DECÊNCIA.* (MP)

◇ **essência.** ♦ *O adultério, em ESSÊNCIA, é mais fraqueza do que maldade.* (NOD)

◇ **experiência.** ♦ *A EXPERIÊNCIA lhe havia ensinado que o óbvio não prestava para palpites.* (ANA)

◇ **inocência.** ♦ *José não pôde provar sua INOCÊNCIA.* (PCO)

◇ **obediência.** ♦ *O hábito hereditário da OBEDIÊNCIA se esvai num minuto.* (R)

◇ **paciência.** ♦ *Com jeito e PACIÊNCIA, Cláudio normalizava a situação.* (ARR)

◇ **silêncio.** ♦ *O SILÊNCIO envolveu o corredor.* (A)

Em geral os substantivos abstratos com essa terminação correspondem a adjetivos (ou substantivos) terminados em **-ente: assistente, ausente, ciente, decente, experiente, inocente, obediente, paciente, silente.**

2. Também se escrevem com **C** os verbos ligados a esses substantivos. ♦ *AGENCIA cantores para circos e teatros de interior, promove shows em cinemas.* (GD) ♦ *Quem SILENCIA, compactua.* (LE)

O substantivo **hortênsia** (que provém do nome próprio francês *Hortense*) escreve-se com S.

encolerizar

Com **Z**, como todo verbo formado com o sufixo **-izar**. ♦ *Larissa se ENCOLERIZAVA cada vez mais, à medida que falava.* (LP)

encontrar, encontrar-se

1. **Encontrar** usa-se com complemento sem preposição, com os significados de:

- "chegar diante de", "deparar com". ♦ *ENCONTREI-a muitos anos depois.* (BAL)

- "descobrir". ♦ *Solução, o senhor já ENCONTROU uma solução.* (AVI)

- "achar, procurando". ♦ *Resolveu ir até a esquina, à procura de um guarda. Evidentemente não ENCONTROU, e, ao voltar, também não ENCONTROU mais o carro.* (FE)

- "achar por acaso", e, nesse caso, pode seguir-se um predicativo. ♦ *Foi até a mesa. ENCONTROU um bilhete e uma carta.* (AF) ♦ *Em certo momento, quando voltávamos, ENCONTRAMOS o rapaz caído.* (FSP)

- "conseguir ter". ♦ *Para ele, o projeto (...) ENCONTRA amparo no Código Tributário Nacional.* (ACM)

2. **Encontrar** e **encontrar-se** usam-se com complemento iniciado pela preposição **com**, com o significado de:

◇ "estabelecer encontro". ♦ *Estou só vendo o movimento e depois vou ENCONTRAR com minha pequena, na pensão da Malvina Lícia.* (GAT) ♦ *Assim que ele der o primeiro toque, você sai da delegacia e SE ENCONTRA com ele aqui.* (PEL)

◇ "deparar", "defrontar". ♦ *ENCONTREI com a dona Maria José Bento e começamos a falar sobre o custo de vida.* (QDE) ♦ *E pôs-se a falar, apressadamente, com a animação fictícia de alguém que SE ENCONTRA com amigos ausentes de muitos anos.* (ROM)

Nesses casos o sujeito e o complemento podem coordenar-se, constituindo o sujeito (com o verbo na forma pronominal plural). ♦ *O porteiro tinha dito que Zacarias, Juarez e o moço louro SE ENCONTRARAM certa vez no apartamento.* (FA) ♦ *E aí no dia seguinte vocês dois se despediram e nunca mais SE ENCONTRARAM.* (HA)

3. **Encontrar-se** usa-se:

◇ com complemento iniciado pela preposição **com**, com o significado de "reunir-se". ♦ *Houve determinado momento em que Médici ENCONTROU-SE com todo o seu Ministério reunido em uma sala do Palácio do Planalto.* (OL)

◇ com predicativo, com o significado de "estar", "apresentar-se". ♦ *Frank havia disputado uma reeleição para o Senado e SE ENCONTRAVA exausto.* (SPI) ♦ *Canoa também SE ENCONTRAVA de pé e se aproximava do fogo.* (ARR)

◇ com complemento de lugar, com o significado de "estar", "localizar-se". ♦ *Diógenes não SE ENCONTRAVA em casa.* (PRO)

endo-

encontro ⇨ Ver **torneio** ⇨ Ver *meeting*.

Encontro e **torneio** são formas portuguesas que traduzem o inglês *meeting*. ✦ *É o novo recorde mundial de salto triplo em ginásio coberto, batido pela atleta russa Ina Lasovska no ENCONTRO de atletismo de Lievin, na França.* (FSP)

Entretanto a forma inglesa *meeting* é bastante usada, especialmente na imprensa.

encostar, encostar-se

1. **Encostar** usa-se:

◇ com complemento sem preposição, podendo ocorrer outro complemento iniciado pelas preposições **a** ou **em**. ✦ *Retirou do fogo uma brasa com a concha da colher, ENCOSTOU-a ao cigarro.* (CR) ✦ *Descansa. ENCOSTA a cabeça em mim.* (AS)

◇ com complemento iniciado pela preposição **em**. ✦ *Não dava nem para ENCOSTAR neles.* (EX)

2. **Encostar-se** usa-se com complemento iniciado pelas preposições **a** ou **em**. ✦ *ENCOSTOU-SE a um pé de oiticica e ficou esperando.* (ASS) ✦ *Rio na escuridão da noite, mãe-d'água chegou, SE ENCOSTOU no barranco.* (JT)

Para qualquer desses casos, alguns manuais dão preferência às construções com a preposição **a**, por serem mais clássicas.

Entretanto, a preposição **em** é a mais usada.

encosto

O **O** é fechado, no singular e no plural do substantivo. ✦ *O país carrega um conjunto de ENCOSTOS ruins perto da alma.* (VEJ)

endemia ⇨ Ver epidemia, epizootia.

O substantivo **endemia** refere-se a doença existente constantemente em um lugar. ✦ *Todas as drogas contra leishmaniose, malária e outras ENDEMIAS têm rótulos de laboratórios estrangeiros.* (VEJ)

O substantivo **epidemia** refere-se à propagação rápida de doença que surge num lugar, acometendo grande número de pessoas e o substantivo **epizootia** refere-se ao acometimento de muitos animais por uma doença, numa mesma época e num mesmo lugar.

endemoniar, endemoninhar; endemoniado, endemoninhado.

São pares de formas variantes. O verbo significa "pôr o demônio no corpo de", e o adjetivo significa "que tem o demônio no corpo". A única forma de verbo que ocorreu foi **endemoninhar**, mas a forma de adjetivo mais usual (70%) é **endemoniado**. ✦ *Não vamos também começar a ENDEMONINHAR tudo.* (FSP) ✦ *Não, não estou ENDEMONIADO.* (OE) ✦ *No entanto, as Sagradas Escrituras estão cheias de casos de possessos e ENDEMONINHADOS.* (N)

endeusa

O ditongo é **EU**, fechado. ✦ *O ministro, que já cometeu a imprudência de não acreditar em Deus, agora faz outra, ENDEUSA a si próprio.* (FSP) ✦ *Trata-se de uma ideologia conservadora que não só encoraja a visão do feminismo e masculino como polos antagônicos mas também ENDEUSA o modelo familiar heterossexual, o único a ser considerado natural.* (CLA)

endo-

É prefixo de origem grega que indica posição interior, movimento para dentro (correspondendo, em parte, ao prefixo de origem latina **intra-**). ✦ *A via de eleição é a intramuscular, reservando-se a ENDOVENOSA para casos excepcionais.* (ANT) ✦ *A expansão do sistema era, aí, um processo ENDÓGENO, resultante do aumento vegetativo da população animal.* (FEB) ✦ *Estes e outros estudos mostram a relação existente entre nutrição e ENDOCRINOLOGIA.* (NFN)

Se o elemento seguinte começar por **R** ou **S**, é necessário dobrar essa letra (que, então ficará entre duas vogais), na escrita. ✦ *(aparelho) utilizado para refrigerar a fonte de emissão de ultrassom, e uma outra tubulação usada para conduzir a solução irrigadora ao canal radicular, através das limas ENDOSSÔNICAS.* (ED)

endoenças

É substantivo que só se usa no plural (*pluralia tantum*). Designa cerimônias religiosas que se realizam na quinta-feira da Semana Santa. ✦ *No ofício de ENDOENÇAS, a maioria dos presentes recebeu a comunhão da mão do bispo.* (RB)

endoidar, endoida

Em qualquer forma do verbo, o ditongo OI (átono ou tônico) é sempre fechado. ✦ *Confesso que eu ENDOIDARIA se fosse obrigado a viver naquele marasmo.* (CP) ✦ *O que eu faço não ENDOIDA.* (PEM)

endosso

O O é fechado, no singular e no plural do substantivo. Designa declaração que transfere propriedade de um título. ✦ *Recebeu como resposta o aval e o ENDOSSO presidenciais a todos os atos até agora praticados pelos Srs. Roberto Campos, Otávio Bulhões e Mário Thibau.* (MAN) ✦ *Isto é, cabe ao corretor de seguros aconselhar ao segurado as alterações necessárias, que são feitas através de documentos específicos – os ENDOSSOS – para permitir que o risco continue coberto mesmo depois de modificado.* (FSP)

ene

É o nome da letra N. ✦ *Em vez de acupuntura, com um só e solitário ENE, muita gente diz, mais do que escreve, erradamente "acupuntura", com dois poderosos ENES.* (FSP)

enea-

É elemento (grego) relativo ao numeral **nove**. ✦ *Parece que até aos melhores entre os paulistas tornou-se constrangedora essa opção desvairada de nomear nove ministros da mesma paróquia. (...) O Brasil, o Brasil profundo, existe também para lá da avenida Paulista, de onde o sociólogo sorteou o surpreendente ENEAGRAMA de seu "paulistério".* (FSP)

energúmeno

A sílaba tônica é a antepenúltima (**GÚ**), e, por isso, a palavra leva acento (proparoxítona). É adjetivo ou substantivo, significando "ende-moninhado", "possesso". ✦ *De repente surge um ENERGÚMENO atrabiliário, malquisto em toda a região, que tem patente policial de inspetor de quarteirão.* (MAN)

enervar ⇨ Ver inervar.

Enervar significa:

✧ "indispor os nervos de", "irritar". ✦ *Confesso, toda aquela conversa me ENERVAVA, sobretudo porque eu não acreditava no que ele me dizia.* (CCA)

✧ "comunicar atividade motriz a". ✦ *Conforme ele se globaliza, o repertório revolucionário, romântico e europeu paulatinamente vai perdendo esses dois últimos atributos para deixar nua a ambiguidade que ao mesmo tempo alimentou e ENERVOU a ideia de revolução.* (FSP)

Inervar significa "suprir com nervos".

enfant gâté, enfant gaté

É expressão francesa que designa pessoa que é alvo de grande predileção e indulgência. A pronúncia é, aproximadamente, **anfã gatê**.

Frequentemente se deixa de registrar o circunflexo sobre o **a**, por tratar-se de grafia estranha à lingua portuguesa. ✦ *O ator é assim, quer ser sempre o centro das atenções; é, como dizem os franceses, o "ENFANT GÂTÉ", o menino mimado.* (FSP) ✦ *O próprio México, que até há pouco era o "ENFANT GATÉ" (criança mimada) da comunidade financeira internacional, adotou medidas bastante drásticas em relação ao dumping.* (FSP)

enfant terrible

É expressão francesa que designa pessoa que costumeiramente causa problemas ou escandaliza. ✦ *Steven é considerado o "ENFANT TERRIBLE" dos Rockefeller.* (CRU)

enfarte, enfarto ⇨ Ver infarto.

Enfarte, **enfarto** e **infarto** são formas variantes. A forma **enfarto** é muito pouco usada (2%). ✦ *Quando menos esperam, vem o ENFARTE, ou o derrame.* (CH) ✦ *Entre a força comunista e um ENFARTO do miocárdio, não há como fugir.* (N)

Infarto é a variante mais usada (65%).

enjeitar

enfear ⇨ Ver **enfiar** ⇨ Ver **-ear.**

1. **Enfear** significa "tornar feio". ✦ *Proibir a colocação de roupas para secar nas janelas, porque poderia ENFEAR os prédios, foi uma decisão da prefeitura que vem sendo cumprida pelos moradores.* (FSP)

2. Os verbos em **-ear** recebem **I** nas formas rizotônicas, isto é, nas formas que têm a sílaba tônica no radical. ✦ *O pintor olha seu toldo, que rapidamente se mancha e ENFEIA.* (B)

Enfiar significa "colocar [um fio] num orifício".

enfestar ⇨ Ver **infestar.**

Enfestar significa "dobrar", "aumentar". ✦ *Quem era César Augusto? – pensou ele em perguntar, quando nada para ENFESTAR mais um pouco a conversinha.* (DM)

Infestar significa "assolar", "invadir".

enfezar, enfezado

Com **Z**. ✦ *Estava danado da vida por causa da notícia do jornal, talvez se ENFEZASSE ainda mais se eu cometesse outra besteira.* (SE) ✦ *Das leituras das cartas de V. B. induzi que Emir estava ENFEZADO com Emilie desde a simulação do suicídio no convento.* (REL)

enfiada

É substantivo coletivo para objetos em linha, com ideia de abundância; o mesmo que "fieira". ✦ *Você nasceu mesmo para casar cedo, ter uma ENFIADA de filhos.* (CC)

enfiar ⇨ Ver **enfear** ⇨ Ver **-iar.**

Enfiar significa "colocar [um fio] num orifício". ✦ *Não posso mais costurar direito, ENFIAR agulha nem se fala.* (INQ)

Enfear significa "tornar feio".

enfisema

Com **S**. É substantivo masculino. ✦ *ENFISEMA pulmonar é a dilatação alveolar e bronquiolar durável de algumas áreas ou de todo o órgão.* (TC)

enformar ⇨ Ver **informar.**

Enformar significa "colocar em forma". ✦ *Uma visão inteligente e sensível do tema ENFORMA um trabalho notável por mais de* um título, a *"História social da literatura e da arte", de Arnold Hauser, já traduzida para a nossa língua.* (REF)

Informar significa "dar informação".

engambelar, engabelar

São formas variantes. Significam "induzir a engano", "iludir". A forma **engambelar** é um pouco mais frequente (54%). ✦ *Além do chefe político do distrito, Major Anacleto era homem de princípios austeros, intolerante e difícil de se deixar ENGAMBELAR.* (SA) ✦ *Os acionistas eram motivo de chacota em outros países e percebiam que tinham sido ENGABELADOS.* (EMB)

engodo

O **O** é fechado, no singular e no plural do substantivo. Designa, em especial, isca com que se apanha peixe ou outro animal, e, genericamente, qualquer artifício com que se engana alguém. ✦ *Os colonos eram atraídos com propaganda e ENGODOS.* (FEB)

engolir

Com **E** inicial. De conjugação irregular, o verbo **engolir** tem **U** na primeira pessoa do singular do presente do indicativo e, consequentemente, em todo o presente do subjuntivo. Nas demais formas o radical tem **O**, que é aberto quando é tônico. ✦ *A mãe só aconselhava: não ENGULA o bagaço!* (MRF) ✦ *Lindauro ENGOLE em seco, prende o palavrão nos lábios, recebe as mudas e as vai pondo maquinalmente em cada cova.* (ATR)

engomador

O feminino é **engomadeira**. ✦ *Então me arranje um trabalho (...) que não seja de costureira, nem muito menos de lavadeira e ENGOMADEIRA.* (VPB)

engraxar

Com **X**, como **graxa**. ✦ *Serginho só então descobriu a minha caixinha de ENGRAXAR, onde me sentara.* (PL)

enjeitar

Com **J**, como **rejeitar**. Significa "não aceitar", "rejeitar", "recusar". ✦ *É mesmo raça de índia: não ENJEITA homem.* (MMM)

enquanto, enquanto que

1. O significado básico de **enquanto**, conjunção temporal, é "ao mesmo tempo que" ou "durante o tempo em que". ✦ *Ensaiou um sorriso ENQUANTO levava o copo à boca.* (ACM)

A ideia de simultaneidade favorece o enfraquecimento do valor temporal e a aquisição de um valor de cotejo ou contraste. ✦ *Ao se aproximar das costas do Brasil, essa corrente se bifurca, infletindo um dos ramos para o norte ENQUANTO o outro toma a direção sul, sob o nome de corrente do Brasil.* (OMA)

2. A indicação de contraste fica mais evidente na expressão **enquanto que**, cujo uso é condenado em algumas lições normativas.

Entretanto, para indicar contraste, cotejo, essa expressão é muito mais usual do que a conjunção **enquanto**, em todos os níveis de linguagem. ✦ *E a placidez do ambiente lhe ia adoçando a alma, ENQUANTO QUE a cara ficava cada vez mais inchada (...).* (SA)

enquete, *enquête*

1. **Enquete** é a forma aportuguesada do francês *enquête*, que designa pesquisa metódica que colhe opiniões sobre um determinado tema. O **E** tônico é aberto (**QUÉ**). ✦ *Fora discreta demais, na véspera, não quisera massacrar o infeliz com perguntas, adiara a ENQUETE para o dia seguinte.* (FSP) ✦ *Nas ENQUETES de opinião, o nome de Pasteur era mais lembrado que o de Napoleão e Carlos Magno.* (APA)

2. A forma francesa (com acento circunflexo) também é usada, embora raramente (2%). A pronúncia aproximada é **anquéte**. ✦ *Os surrealistas realizaram nos anos 20 uma ENQUÊTE célebre – o suicídio é uma solução?* (FSP)

O uso dessas formas é tradicionalmente considerado galicismo, já que há palavras portuguesas que podem ser usadas com o mesmo significado, como **pesquisa**, ou **pesquisa de opinião**.

enrabichar(-se), enrabichado

Com **CH**, como **rabicho**. O verbo significa "apaixonar(-se)", "enamorar(-se)". ✦ *Tinha também o fraco de SE ENRABICHAR por toda mulher bonita que conhecia, principalmente as casadas.* (ACT) ✦ *ENRABICHADA, consumida, terminava sempre por arriar as armas no auge da porfia.* (TG)

enraizar

1. Com **Z**, como **raiz**. É o mesmo que **arraigar**. ✦ *O catolicismo estava ENRAIZADO dentro de mim.* (MAN)

2. Nas formas em que o **I** do radical é tônico, como em **enraíza** (formas rizotônicas), ele fica sozinho numa sílaba, e, por isso, leva acento. ✦ *O coração da cidade é cimento, é vazio, nele não ENRAÍZA relva nem canção.* (CCI)

enseja, ensejo

O **E** tônico é fechado (antes de **J**). O verbo **ensejar** significa "apresentar oportunidade para", "possibilitar". ✦ *Enfim, um modelo desenvolvimentista que ENSEJA tão crescente e perversa concentração de renda regional e social.* (MIR-O) ✦ *D. Rosa, contudo, não perdia ENSEJO de castigá-la.* (DEN)

ensemble

É palavra francesa que corresponde a **conjunto**, e seu uso é considerado galicismo. A pronúncia é, aproximadamente, **ansamble**. O substantivo designa:

◇ qualquer tipo de conjunto de peças ou de subsistemas. ✦ *O ENSEMBLE foi de dez bailarinas em ambos; e seis e dez figurantes masculinos, tendo à frente Marika Gidal e Décio Otero em suas equipes.* (CPO)

◇ vestuário de senhora composto de peças que formam um conjunto. ✦ *Ao subir o pano, Conceição, vestida com elegantíssimo ENSEMBLE, próprio para as senhoras em estado interessante, está sentada.* (FIG)

ensimesmar-se

O verbo é apontado por puristas como castelhanismo. Significa "voltar-se para dentro de si". ✦ *Ele cortou do repertório do CD a produção da década de 70 e início de 80, durante as quais SE ENSIMESMOU entre a carolice e o tédio.* (FSP)

ensinar

O verbo **ensinar** usa-se:

⬦ com um complemento sem preposição (objeto direto), podendo ocorrer outro complemento iniciado pela preposição **a**. Um deles se refere a pessoa ou animal, havendo duas possibilidades de construção:

- a pessoa ou animal vem no complemento iniciado pela preposição **a** (que pode não vir expresso), e o complemento sem preposição pode ser oracional. ◆ *ENSINEI isso tudo a vocês, a minha vida toda.* (LC) ◆ *Sempre ENSINEI aos meus alunos que a água é um composto encontrado naturalmente no estado líquido, incolor, inodoro e insípido.* (QUI) ◆ *Eu ENSINEI uma simpatia que é tiro e queda.* (EN)

- a pessoa ou animal vem no complemento sem preposição (objeto direto) e o complemento iniciado pela preposição **a** é uma oração infinitiva. ◆ *Ainda vou ENSINAR-te a ler.* (BOI)

⬦ com dois complementos iniciados pela preposição **a**. ◆ *Asmodeu, príncipe dos demônios, ENSINOU-lhe a quebrar a pedra pelo exclusivo poder da vontade.* (CRN)

Recomendam os manuais normativos que antes de infinitivo não se deixe de usar a preposição **a**, não sendo, pois, recomendadas construções do tipo de: ◆ *Jamais tivera alunos ou filhos e, não obstante, pretendera ENSINAR dar conselhos.* (PV)

ente

O substantivo **ente** é masculino (**o ente**), referindo-se indiferentemente a elemento do sexo masculino ou do sexo feminino (substantivo sobrecomum). ◆ *Um assassino pode ser um valente e mesmo um herói, já que um ladrão é um ENTE desprezível, um vilão.* (CJ) ◆ *Dona Heloísa é um ENTE delicado.* (GCC)

entente, entente cordiale

1. *Entente* é palavra francesa que designa entendimento internacional, acordo entre nações. A pronúncia é, aproximadamente, **antante**. ◆ *Quando da queda do Muro de Berlim, Mrs. Thatcher queria uma "ENTENTE" anglo-francesa visando retardar a reunificação da Alemanha.* (FSP)

2. *Entente cordiale* é expressão francesa que designa, especificamente, acordo político entre a França e a Inglaterra no começo do século XX e, mais genericamente, qualquer entendimento amigável entre nações a respeito de política internacional. ◆ *Ele convidou a Folha para uma conversa "de meia hora", respeitada com a pontualidade britânica, na sede londrina do consórcio anglo-francês, onde funcionários, sinais e publicações são bilíngues, um exemplo da "ENTENTE CORDIALE" desse final de século.* (FSP)

enter(o)-, -enter(o)

É elemento (grego) que se liga a um elemento seguinte ou a um anterior. Significa "elemento interior", "intestino". ◆ *A indicação fundamental da furazolidona é no tratamento da giardíase, assim como no das ENTERITES e DISENTERIAS bacterianas.* (PTP)

entoação, entonação

1. **Entoação** significa:

⬦ "ato de entoar (canto)". ◆ *O toque, a ENTOAÇÃO de mantras (cantos) e a observação do pulso são os instrumentos que ele usa para o diagnóstico da doença.* (FSP)

⬦ "modulação, inflexão, tom de voz". ◆ *Assim, o modelo proposto teria de dar conta da grande variação alofônica constatada nos vários contextos fonéticos e nas mudanças de ritmo e ENTOAÇÃO da fala.* (NEU)

2. **Entonação** significa o mesmo que **entoação** na segunda acepção. ◆ *Se quis dar à voz ENTONAÇÃO de ralho e de advertência, não conseguiu.* (TG)

entorse

É substantivo feminino que designa lesão de ligamentos devida a torção. É empréstimo do francês (*entorse*). ◆ *Os focos infecciosos causavam-lhes problemas circulatórios e musculares, facilitando as ENTORSES e distensões.* (ETR)

entourage

É palavra francesa que designa grupo de pessoas que formam a roda habitual de alguém, especialmente de pessoa de alta posição social ou política. A pronúncia é, aproximadamente, **anturrage**. ◆ *A ENTOURAGE dividiu--se em duas limusines com mais portas que passageiros para usá-las.* (FH)

entra e sai

1. Sem hífen. ◆ *Na legislatura 1991/1995, especificamente, o "ENTRA E SAI" na bancada foi intenso.* (RCS)

2. É invariável no plural, mas a forma não ocorreu.

entre

1. Para as construções em que à preposição **entre** se segue um pronome de primeira ou de segunda pessoa do singular, há a recomendação da gramática normativa de que não se usem os pronomes do caso reto **eu** e **tu**, e sim os pronomes do caso oblíquo **mim** e **ti**, porque são estes que podem ser regidos de preposição. Alguns manuais restringem a recomendação aos casos em que o pronome pessoal de primeira ou de segunda pessoa vem em primeiro lugar. ◆ *Não há nada ENTRE mim e ela, Armando.* (RIR) ◆ *Sei o que se passou ENTRE ti e Branca de Neve.* (BN)

Entretanto, ocorrem também pronomes do caso reto após a preposição **entre**, e não apenas como segundo elemento. ◆ *Diga só no meu ouvido, só ENTRE você e eu.* (FSP) ◆ *As relações ENTRE eu e meu marido só a mim diziam respeito.* (P)

2. **Entre si** é uma construção (de referência plural) que indica reciprocidade: o sujeito e o complemento são a mesma pessoa. ◆ *Suas moléculas acham-se interligadas ENTRE si, como uma grade metálica onde os encontros dos fios são soldados.* (QUI) (= uma molécula interligada à outra)

Quando não há reciprocidade, usa-se a construção **entre eles/elas**. ◆ *Havia ENTRE eles áreas de atrito, prontas a eclodir, caso dispensassem cautelas.* (REP)

entre- ⇨ Ver inter-.

É prefixo vernáculo, de origem latina. Liga-se ao elemento seguinte:

◇ com hífen, se o elemento começar por **H** ou por **E** (que é a mesma vogal em que o prefixo termina); por exemplo: **entre-hostil**, **entre-eixo**, formas que não ocorreram.

◇ sem hífen, antes das outras consoantes e vogais. ◆ *Como ENTREPOSTO comercial, o Brasil não pode dar certo.* (RI) ◆ *Nenhum de nós conseguia dizer nada, Beatrice apontava para o vão ENTREABERTO, engasgada, pálida.* (ACM)

Se o elemento seguinte começar por **R** ou **S**, é necessário dobrar essa letra (que, então ficará entre duas vogais), na escrita. ◆ *Não havendo cacau a transportar, o movimento de tropas e tropeiros decrescia na ENTRESSAFRA.* (TG)

entreato ⇨ Ver *intermezzo*.

Em referência a teatro, o substantivo designa intervalo entre dois atos. Genericamente, significa, simplesmente, "intervalo". ◆ *O primeiro ENTREATO é refletido e distante, sem deixar de ser íntimo e passional.* (E) ◆ *Nesse ENTREATO, enquanto os deputados e senadores voltassem às suas bases, o projeto da reforma alfandegária seria sancionado.* (CNT)

Intermezzo é palavra italiana, em uso no português, que tem o mesmo significado.

Ambas as palavras, a italiana e a portuguesa, são usuais, tanto no sentido específico ligado a teatro, como no sentido genérico. A forma original italiana, porém, é mais frequente (58%).

entregado, entregue

1. A forma **entregado** é mais usada com os auxiliares **ter** e **haver**. ◆ *A primeira providência dele foi contactar um advogado em Tóquio, que, por sua vez, chamou a polícia e contou de novo tudo o que o Vince já tinha ENTREGADO.* (FH) ◆ *Antes do discurso de Arafat em Gaza, os seguranças haviam ENTREGADO a pistola às autoridades palestinas.* (FSP)

2. A forma **entregue** é mais usada com os verbos **ser** e **estar**. ◆ *Teu habeas corpus acabou de ser ENTREGUE.* (AGO) ◆ *O pai disse que o filho estava ENTREGUE, e desapareceu.* (JT)

Entretanto, também se usa **entregue** com **ter** e **haver**. ◆ *Não devíamos ter ENTREGUE o menino, que, apesar da nossa pobreza, era feliz.* (CHI) ◆ *Lembrava-se, no entanto, que lhe haviam ENTREGUE, escrito num pedacinho de papel, o nome da menina, para garantir-lhe grafia certa.* (ANA)

entretanto

É advérbio de valor adversativo, em fase de gramaticalização como conjunção adversativa. ◆ *A grande fonte de produção do município, ENTRETANTO, continua a ser o diamante.* (ALE) ◆ *ENTRETANTO, a fome conseguia afastar o espantalho da doença.* (ARR)

entretenimento, entretimento

O substantivo **entretenimento** é apontado, em manuais normativos, como castelhanismo. Significa "diversão". ◆ *A imprensa caminha para um perigoso relacionamento com a indústria do ENTRETENIMENTO.* (RI)

Entretanto, ele é muito mais usado (99,6%) do que o termo português **entretimento**, que tem a mesma acepção. ◆ *Voldenir passeou com ela, mostrando-lhe as barraquinhas com diversos modos de ENTRETIMENTO.* (JM)

entreter(-se)

1. Conjuga-se como o verbo **ter**. ◆ *Paraná deixava que o menino SE ENTRETIVESSE com ele.* (MPB) ◆ *O grosso da produção desses países é exportado para que os demais povos SE ENTRETENHAM e se esqueçam de estudar.* (FSP)

2. Modo de construção:

◇ **Entreter** usa-se com complemento sem preposição (objeto direto), podendo ocorrer outro complemento iniciado pela preposição **com**. ◆ *Ele, Donaldson, argumenta que é convidado para ENTRETER a audiência.* (RI) ◆ *Sara logrou armazenar os peripatéticos diálogos que Deus, como se homem fora, ENTRETEVE com seu servidor Abraão.* (PAO)

◇ A forma pronominal **entreter-se** usa-se sem complemento ou com complemento iniciado pelas preposições **com** ou **em**. ◆ *Na volta dos comícios pelo interior, os dois SE ENTRETINHAM contando histórias que ajudavam a passar o tempo.* (FSP) ◆ *Para os adultos, brincar significa ENTRETER-SE com coisas amenas.* (BRI) ◆ *(...) pela primeira vez, acreditei que entendesse alguma coisa além daquilo em que NOS ENTRETIVÉRAMOS há tão pouco.* (ALF)

entrever

Conjuga-se como **ver**. ◆ *ENTREVEJO sua trajetória da televisão ao colchonete rodeando a cama, me rodeando, parando, voltando para apanhar um elástico, e contra a luz é uma adolescente que oscila nas minhas pestanas.* (EST) ◆ *Zé Luís e Sena divisaram uma clareira onde a luz ainda se derramava e em pouco ENTREVIAM a cabana, montada em paliçada, cinco palmos acima da terra.* (TER) ◆ *Andamos mais um pouco, até que pude ver o que já ENTREVIRA à distância.* (MMM)

entronizar

Com **E**, e não com **I** inicial. Significa "levar ao trono", "elevar a uma dignidade". ◆ *E por pouco não ENTRONIZEI o retrato na cabeceira de minha cama, como lembrança daquela sem a qual eu simplesmente não sabia viver.* (FE)

entufar ⇨ Ver **estufar.**

Entufar significa "(fazer) aumentar de volume", "(fazer) inchar", "encher(-se) de ar". ◆ *Daí o inchaço da esperança, forte como o vento a favor que ENTUFA os panos da caravela.* (VEJ)

Estufar significa "pôr em estufa", "aquecer em estufa" e também significa o mesmo que **entufar.**

entupir

De conjugação irregular, o verbo **entupir** tem **U** na primeira pessoa do singular do presente do indicativo, e, consequentemente, em todo o presente do subjuntivo. Nas demais formas

enumerável

o radical tem **O**, que é aberto quando é tônico. ♦ *Baixar o colesterol não somente impede que as artérias se ENTUPAM, mas permite que elas se livrem em parte dos entupimentos existentes.* (VEJ) ♦ *Quando chove ENTOPE, alaga e falta água nas torneiras.* (CH)

enumerável ⇨ Ver **inumerável.**

Enumerável significa "que pode ser enumerado". ♦ *Existem duas classes de conjuntos infinitos: a dos ENUMERÁVEIS e a dos não ENUMERÁVEIS.* (MTE)

Inumerável significa "que não pode ser contado".

envasar, envasilhar

Com **S**, como **vaso** e como **vasilha**. Significam "colocar em vasilhas". ♦ *A filial mexicana utiliza vidros para ENVASAR seus perfumes procedentes da França e do Brasil.* (FSP) ♦ *O Instituto Butantan inaugurou ontem de manhã, em São Paulo, um centro para ENVASILHAR vacinas em frascos e ampolas.* (FSP)

envernizar

Com **Z**, como **verniz**. ♦ *Vê-se que, perante elas, delicado e atencioso, se despetala em ENVERNIZAR as aparências.* (OSD)

enviesar, enviesado

Com **S**, como **viés**. ♦ *Espiro ENVIESOU os olhos para cima, olhou com cara de mártir para o desconhecido.* (LC) ♦ *O computador fica numa prancheta, com o teclado ENVIESADO.* (FSP)

envolvido, envolto

1. A forma **envolvido** é usada com todos os auxiliares. ♦ *Quase pedi desculpas a Eurípides e Lutércio por tê-los ENVOLVIDO em encrencas alheias.* (ACM) ♦ *Francisco de Melo Franco já se havia ENVOLVIDO com o Tribunal do Santo Ofício em 1779.* (FSP) ♦ *E, como a desgraça, quando acontece, vem aos cachos, menos de um ano depois Terry foi ENVOLVIDO na história do assassino Charles Manson.* (SS) ♦ *O Gregório está ENVOLVIDO na morte do major Vaz.* (AGO)

2. A forma **envolto** é usada com os verbos **ser** e **estar**. ♦ *O rosto liso como o marfim era ENVOLTO pelos cabelos ondulados, e por detrás da orelha brotava a flor de jambo.* (REL) ♦ *O consumo excessivo de vitaminas, especialmente A e E, ainda está ENVOLTO em dúvidas.* (VEJ)

enxada, enxó

Com **X** (depois de sílaba inicial **EN**). ♦ *Lindauro movimenta a ENXADA, enquanto conversa.* (ATR) ♦ *Poderei, quem sabe, plantar ao pé de seus outeiros, em rústica madeira talhada a ENXÓ, a cruz de Cristo, que os fitará como eu, silenciosa e inexplicável.* (ID)

enxadrista

Com **X**, como **xadrez**. ♦ *O alemão Lothar Schmidt comparou o raciocínio do ENXADRISTA ao do advogado.* (X)

enxaguar ⇨ Ver **aguar** ⇨ Ver **-guar.**

1. Com **X** (depois de sílaba inicial **EN**).

2. No caso das formas rizotônicas dos verbos em **-guar**, a ortografia oficial prevê duas diferentes pronúncias (com o **U** tônico ou com o **U** átono), e, desse modo, prevê também dois modos de acentuação: sem acento, se o **U** for tônico, e com acento na sílaba anterior, se o **U** for átono; por exemplo, *ENXAGUE* ou *ENXÁGUE*; *ENXAGUAM* ou *ENXÁGUAM*. ♦ *Brastemp agita, lava, ENXÁGUA e torce.* (P) ♦ *A dona de casa compra um produto que bate a roupa – em alguns casos até ENXAGUA.* (FSP) ♦ *Agora, ensaboe o resto do corpo e o ENXÁGUE abundantemente.* (PFI) ♦ *Se deslizar, ENXAGUE mais.* (FSP)

3. O substantivo é **enxágue**. ♦ *Duplo ENXÁGUE já programado.* (VEJ)

enxame ⇨ Ver **colmeia.**

É coletivo para abelhas em movimento, com ideia de abundância. Com **X** (depois de sílaba inicial **EN**). ♦ *Os grandes problemas do mundo tumultuam dentro do meu cérebro como um ENXAME de abelhas.* (AL)

enxaqueca

Com **X** (depois de sílaba inicial **EN**). ♦ *O senador repousava no quarto de dormir, com ENXAQUECA.* (COT)

enxerga, enxergar

1. Com **X** (depois de sílaba inicial **EN**). Na forma verbal (**ele**) **enxerga**, o **E** tônico é aberto; no substantivo, o **E** tônico é fechado.

2. O verbo **enxergar** significa "perceber pela visão", "distinguir". ◆ *No seu instrumento, Hooke conseguiu ENXERGAR uma coisinha minúscula a que deu o nome de célula.* (REA) ◆ *A foto jornalística mostra o que o fotógrafo ENXERGA.* (VEJ)

O substantivo significa "leito miserável", "catre". ◆ *No barraco havia apenas uma ENXERGA velha, mas lá ele estava seguro, pois ninguém o encontraria.* (AGO)

enxerir(-se)

1. Com **X** (depois de sílaba inicial **EN**).

2. De conjugação irregular, o verbo **enxerir** tem **I** na primeira pessoa do singular do presente do indicativo, e, consequentemente, em todo o presente do subjuntivo. Nas demais formas o radical tem **E**, que é aberto quando é tônico. **Enxerir-se** significa "meter-se em assuntos alheios". ◆ *Iman al Fayed, ou Dodi, como era conhecido pelos amigos, o paparicado, puro e intocado herdeiro de Mohammed al Fayed, um comerciante egípcio que conseguiu SE ENXERIR na elite inglesa, tinha o temperamento de Diana.* (FSP) ◆ *Não SE ENXIRA, Amaro.* (SAR)

A forma não pronominal, com acepção próxima e com regência de objeto direto, tem ocorrência em Guimarães Rosa. ◆ *Ao que Zé Bebelo elogiou a lei, deu viva ao governo, para perto futuro prometeu muita coisa republicana. Depois, ENXERIU que eu falasse discurso também.* (GSV-R)

enxertar, enxerto

Com **X** (depois de sílaba inicial **EN**). ◆ *Na esquina do quarteirão, para os lados da floresta, ficava a chácara onde Seu Raul Mendes cultivava e ENXERTAVA umas nas outras as mangueiras da cidade.* (CF) ◆ *A técnica do ENXERTO ósseo foi criada na década de 40 e chegou ao Brasil em 1960.* (FSP)

enxofre

1. Com **X** (depois de sílaba inicial **EN**). ◆ *As lâmpadas sujas punham uns reflexos cor de ENXOFRE em uma roupa branca.* (FP)

2. Os adjetivos correspondentes são:

◇ **sulfúrico**. ◆ *Ramiro tirou do armário um litro branco de cintilante éter SULFÚRICO e um frasco pardacento de clorofórmio.* (Q)

◇ **sulfuroso**. ◆ *O enxofre queimado produz gás SULFUROSO, que incomoda e danifica a saúde dos operadores e passageiros de trens e dos paquetes.* (RM)

enxotar

Com **X** (depois de sílaba inicial **EN**). ◆ *D. Lorena era dessas pessoas que têm medo até de ENXOTAR galinha.* (CBC)

enxoval

Com **X** (depois de sílaba inicial **EN**). É coletivo de roupas. ◆ *O Jango Jorge saiu na madrugada seguinte, para ir buscar o tal ENXOVAL da filha.* (CG)

enxovia

Com **X** (depois de sílaba inicial **EN**). A sílaba tônica é **VI**, e, por isso, a palavra não leva acento. O substantivo designa cárcere escuro, úmido e sujo. ◆ *Ao entrar, a gente não olha para ENXOVIA.* (CP)

enxugar, enxugado, enxuto

1. Com **X** (depois de sílaba inicial **EN**).

2. A forma **enxugado** é usada com os verbos **ter, haver** e **ser**. ◆ *Deveria ter ENXUGADO melhor o cabelo, a água escorria pela nuca, molhava a gola da minha camisa.* (OMT) ◆ *Para quem pensa que é fácil, imagine-se uma cena de Chatô em que dona Branquinha, a primeira mulher dele, reclama depois da noite de núpcias que o marido havia se ENXUGADO na toalha dela e que isso daí para a frente estava proibido.* (VEJ) ◆ *Uma lágrima furtiva foi carinhosamente ENXUGADA por Jaime.* (VEJ)

3. A forma **enxuto** é bastante usual como adjetivo. ◆ *O cardápio é ENXUTO – cachorro--quente, cerveja e sorvete.* (VEJ) ◆ *No seu*

enxurrada

rosto de bronze, ENXUTO de carnes, os olhos fuzilavam. (ASS)

Como particípio irregular, **enxuto** se encontra construído com o verbo **estar**, guardando alguma noção de processo verbal concluído, mas já sugerindo fortemente uma acepção adjetiva. ◆ *Estava ENXUTO o cantil.* (CRU) ◆ *Ao final da reforma, o banco deverá estar ENXUTO como uma instituição financeira privada.* (VEJ)

enxurrada

Com **X** (depois de sílaba inicial **EN**). ◆ *A ENXURRADA carregara tudo: bois e cercas.* (LOB)

eólio¹, eólico¹ ⇨ Ver **vento.**

São formas variantes de adjetivo referente a vento. ◆ *Encontrar uma harmonia entre elas é roçar-lhes o sentido "que só pode ser tocado pela brisa da língua, como o vento tangia a harpa EÓLIA".* (FSP) ◆ *A baixa velocidade dos ventos no Brasil limita o aproveitamento da energia EÓLICA a apenas algumas regiões.* (UE) ◆ *Alguns secadores são movidos a energia solar e EÓLICA (produzida pelo vento).* (FSP)

eólio², eólico²

São formas variantes de adjetivo ou substantivo referente à Eólia, região da Grécia. Só a forma **eólio** ocorreu. ◆ *A linguagem do poema, composto para ser recitado ou cantado, é uma mistura de dialetos jônio e EÓLIO.* (FSP) ◆ *Mais tarde, novas vagas invasoras apareceram: os aqueus e EÓLIOS (1580 a.C.).* (HG)

Éolo, éolo

A sílaba tônica é **É**. Trata-se de:

◇ substantivo próprio, nomeando o deus dos ventos da mitologia grega. ◆ *Em visita a ÉOLO, o deus do vento, este lhe oferece alguns odres de vinho com a expressa recomendação de não os abrir de imediato.* (PAO)

◇ substantivo comum, para designar um vento forte. ◆ *Vento forte, por exemplo, leva a dezenove verbetes. Os esperados, como*

borrasca, rajada e tufão. Outros com sotaque de marinheiro, como lestada e o clássico ÉOLO. (FSP)

epi-

É prefixo de origem grega que indica posição superior (correspondendo, em parte, aos prefixos de origem latina **super-** e **supra-**). ◆ *A cor da pele normal está na dependência da quantidade de pigmentos existentes na EPIDERME, variando de acordo com a raça do indivíduo.* (CLI) ◆ *É do EPITÁFIO que Heloísa escreveu para o túmulo de Abelardo.* (ACM)

Se o elemento seguinte começar por **R** ou **S**, é necessário dobrar essa letra (que, então, ficará entre duas vogais), na escrita; por exemplo, **epissilogismo, epissépalo**, formas que não ocorreram.

epiceno ⇨ Ver **fêmea, fêmeo** ⇨ Ver **macho, macha.**

1. Dá-se o nome de **epiceno** (do grego *epikoinós*, que significa "sobrecomum") ao substantivo que apresenta um único gênero para designar animais de ambos os sexos. ◆ *E agora lhe pergunto: você já matou alguma vez um BOTO?* (LOB) ◆ *Toda a casa era um corredor deserto, e até o CANÁRIO ficou mudo.* (CBC) ◆ *Uma enorme COBRA estava adormecida entre os juncos.* ◆ *Jenner indagou se ele estava caçando a ONÇA sozinho.* (ALE)

2. Esses nomes também ocorrem seguidos pelos adjetivos:

◇ **macho** e **fêmea** (formas invariáveis, usadas junto de substantivo masculino ou feminino, indiferentemente), para especificação do sexo do animal. ◆ *Os dados experimentais reconhecidos até agora assinalam o SAPO macho como animal reativo útil às gonadotropinas.* (CLO) ◆ *O MOSQUITO fêmea não ferroa de dia; está dormindo, com a tromba repleta de maldades.* (AS)

◇ **macho** e **fêmeo** (com os femininos **macha** e **fêmea**, respectivamente, concordando com o substantivo que designa o animal); tradicionalmente, essas formas são as mais recomendadas, mas não são as mais usadas. • *Epicenos são nomes que indicam com uma só forma ambos os gêneros. Então, BALEIA macha, COBRA macha, flores machas, palmeira macha, PULGA macha, SARDINHA macha, ZEBRA macha.* (FSP) • *Os dados experimentais reconhecidos até agora assinalam o SAPO macho como animal reativo útil às gonadotropinas (...).* (CLO) • *E os epicenos do gênero gramatical masculino – TUBARÃO, JACARÉ, PERNILONGO, SAPO – são precedidos pelo artigo "o", claro, e também recebem a ajuda dos adjetivos macho e fêmeo quando necessário: JACARÉ fêmeo, PERNILONGO fêmeo, SAPO fêmeo, TUBARÃO fêmeo.* (FSP)

Como se observa, também a vegetais pode-se apor indicação de **macho** ou de **fêmeo**, mas os nomes desses vegetais não são tradicionalmente denominados **epicenos**.

3. Também é comum usarem-se as expressões **o macho da** (nome do animal), **a fêmea do** (nome do animal). • *Você sabia que o macho da MARIPOSA imperador é capaz de detectar a substância sexual produzida pela fêmea virgem a 11 quilômetros de distância?* (FSP) • *Um deles passava os dias à margem de um igarapé, tentando capturar a fêmea do BOTO.* (CEN)

Epicuro

A sílaba tônica desse substantivo próprio (nome de filósofo grego) é a penúltima, e, por isso, a palavra não leva acento. • *Até agora os grandes achados na vila foram obras do filósofo grego EPICURO.* (FSP)

epidemia, epizootia ⇨ Ver endemia ⇨ Ver pandemia ⇨ Ver surto.

1. O substantivo **epidemia** refere-se à propagação rápida de doença que surge num lugar, acometendo grande número de pessoas. • *Uma EPIDEMIA destrói os habitantes.* (DM)

2. O substantivo **epizootia** refere-se ao acometimento de muitos animais por uma doença, numa mesma época e num mesmo lugar. • *Diante de uma EPIZOOTIA que ameaçava dizimar os rebanhos, ele pôs-se a campo, preconizando medidas de isolamento e quarentena.* (APA)

Endemia refere-se à existência constante de uma doença em um lugar.

Pandemia refere-se a uma epidemia amplamente disseminada.

Surto significa "aparecimento repentino", "irrupção". Também pode referir-se a doença.

epiderme ⇨ Ver derme, derma ⇨ Ver hipoderme.

Epiderme (substantivo feminino) é a designação da camada mais externa da pele (exterior à derme). • *No albinismo há redução acentuada ou ausência de pigmentação da EPIDERME, cabelo e íris.* (SMI)

epifania, Epifânia

1. A sílaba tônica do substantivo comum é **NI** (sem acento). Ele significa "manifestação divina". • *Garrincha teve para ele a luminosidade de uma EPIFANIA.* (CP)

2. A sílaba tônica do substantivo próprio é **FÂ** (diferentemente da palavra original grega). • *EPIFÂNIA alteara o busto para ver melhor.* (CP)

epígrafe

É substantivo feminino. Designa inscrição, título ou frase colocada no início de um texto, resumindo o seu tema. A sílaba tônica é a antepenúltima (**PÍ**) e, por isso, a palavra leva acento (proparoxítona). • *Deram aos seus planejamentos a vibrátil EPÍGRAFE de "Fábrica Voadora de Ideias".* (CPO)

epíteto

A sílaba tônica é **PÍ**. É palavra proparoxítona, e, por isso, leva acento. Designa palavra ou expressão com a qual se resume a qualificação de uma pessoa ou coisa. • *A Roosevelt caberia um EPÍTETO criado por Alexander Hamilton: era um "monarca de eleição".* (VEJ)

epítome

É substantivo masculino. A sílaba tônica é a antepenúltima (**PÍ**) e, por isso, a palavra leva acento (proparoxítona). Significa "resumo", épsilo, épsilon, epsilão

"síntese". ✦ *Ele já se tornara* ***o EPÍTOME*** *da elegância, o favorito da nostalgia e outros clichês que nem sempre foram clichês.* (SS)

épsilo, épsilon, epsilão ⇨ Ver ípsilon, ipsilone.

São variantes para designar a letra **Y**. Apenas a variante **épsilon** (que mantém a forma grega original) ocorreu. ✦ *Avaliou-se a resposta de antitoxinas beta e* ***ÉPSILON*** *de Clostridium perfringens em bovinos vacinados contra clostridioses.* (AMV)

equ-

É elemento de composição (latino) que se liga sem hífen a um elemento seguinte. Refere-se a igualdade. ✦ *Em outras palavras, Londres é a* ***EQUIVALENTE*** *coletiva do Jó bíblico.* (APA) ✦ *Isso é prova – disse o presidente – de que estou realmente* ***EQUIDISTANTE*** *das duas correntes.* (CRU)

equ(i)- ⇨ Ver hipo-[1].

É elemento de composição (latino) que se liga sem hífen a um elemento seguinte. Significa "cavalo". Corresponde ao elemento grego **hipo-**. ✦ *O esterco* ***EQUINO*** *mantém a temperatura adequada.* (CEN)

Equador [América do Sul]

O adjetivo pátrio é **equatoriano**. ✦ *O Exército* ***EQUATORIANO*** *levou jornalistas ao local.* (VEJ)

equestre

O **U** é pronunciado. ✦ *A equipe campeã do evento foi a da Federação* ***EQUESTRE*** *do Rio de Janeiro, com cento e sessenta vírgula vinte e dois pontos.* (JB) ✦ *E assim prossegue até a passagem final, onde o efeito das imagens cresce com as metáforas marinhas e* ***EQUES-TRES***. (PO)

equidade

O **U** é pronunciado. O substantivo designa o respeito à igualdade de direitos de cada uma das pessoas. ✦ *A democracia era uma conversa interessante, e a falta de* ***EQUIDADE*** *que impera*

hoje demonstra que também aí nada mudou. (EMB)

equilátero; equidistante; equivaler

Nessas palavras, o **U** do grupo **QU** é pronunciado ou não, e exatamente com a mesma grafia; ou seja, a grafia não dá indicação sobre a pronúncia, ou não, desse **U**. ✦ *Portanto, o triângulo ABD é* ***EQUILÁTERO***. (MTE) ✦ *A princípio, até medir bem as forças dos dois contendores (...), manteve-se* ***EQUIDISTANTE***, *afastado de tudo.* (S) ✦ *Algumas pessoas tentam resolver o problema com a expressão "socialismo de Estado"; isto* ***EQUIVALE*** *a falar em roda quadrada.* (BRO)

equimose

Com **QUI**, e não com **C**, na segunda sílaba. Designa mancha de natureza hemorrágica na pele. ✦ *Essa* ***EQUIMOSE***, *às vezes verdadeiros hematomas, dificulta muitas vezes a delimitação entre o tecido normal e o lesado.* (CLC)

equino

O **U** é pronunciado. É substantivo ou adjetivo relativo a cavalo. ✦ *O exame clínico de um* ***EQUINO*** *indicou que o animal apresentava abscesso cerebral.* (PVB) ✦ *O esterco* ***EQUI-NO*** *mantém a temperatura adequada.* (CEN)

equipagem

1. É a forma aportuguesada do francês *équipage*. O **U** não é pronunciado.

2. É coletivo para:

✧ equipamentos. ✦ *Outra irregularidade constatada foi a* ***EQUIPAGEM*** *da cozinha da carceragem com forno de micro-ondas e freezer.* (FSP)

✧ funcionários, especialmente de bordo. ✦ *A* ***EQUIPAGEM*** *do Júpiter propôs ao Capitão Márquez, que arriasse a bandeira espanhola e içasse a inglesa.* (CB) ✦ *A* ***EQUIPAGEM*** *foi recrutada entre os marinheiros das cidades costeiras.* (JC)

equívoco

O **U** não é pronunciado. A palavra significa "engano". ✦ *O* ***EQUÍVOCO*** *de Mattos deu-lhe coragem para observar sem rebuços, pela* *primeira vez, o policial que o interrogava.* (AGO)

era ⇨ Ver **hera.**

O substantivo **era** designa época. ◆ *O difícil é saber com certeza quando será o início da nova ERA.* (AST)

O substantivo **hera** designa planta.

éramos seis ⇨ Ver **ser (+ em + numeral)** ⇨ Ver **estar (+ em + numeral).**

O uso da preposição **em** antes de numeral cardinal, após o verbo **ser** ou o verbo **estar**, é imitação de construção italiana, condenada como italianismo em manuais normativos do português. A construção recomendada é sem a preposição. ◆ *A 23ª edição de "ÉRAMOS SEIS", de Maria José Dupré, está saindo pelo Círculo do Livro.* (FSP) ◆ *É que ÉRA-MOS QUATRO divisões administrativas no colégio.* (CF)

Popularmente, ocorre o uso da preposição. ◆ *Nós ÉRAMOS em 6; a Itália, 11.* (FSP)

eriçar, erriçar

Com Ç. São formas variantes de verbo que significa "tornar hirtos [pelos]", "arrepiar". A segunda forma, entretanto, não ocorre. ◆ *Os pelos dos braços ERIÇARAM-se de tal maneira que lhe doíam na carne.* (ED)

erigido, ereto

1. A forma **erigido** constrói-se com os diversos auxiliares. ◆ *Mesmo que se tivesse inspirado em uma peça ou outra de Camille, ele não conseguiria ter ERIGIDO toda a sua imensa obra em cima de uma fraude.* (VEJ) ◆ *(...) projetos inverossímeis vieram à luz: um monumento do partido, com 225 metros de altura, a ser ERIGIDO em Berlim.* (NAZ)

2. A forma **ereto** é usada, em geral, como adjetivo. ◆ *Quando o corpo está ERETO, volta-se até a barra tocar o solo, isto é, para baixo, resistindo ao peso.* (HH) ◆ *Por isso, se você não está em boa forma, não consegue manter-se ERETA e mover-se com elegância, suas costas não vão bem.* (NOV)

Eritreia [África]

O adjetivo pátrio é **eritreu**, com feminino **eritreia**. ◆ *Muito embora o governo etíope tenha negado a construção de campos de concentração para os ERITREUS próximo a Adis-Abeba, diversas famílias ERITREIAS residentes na cidade foram detidas.* (CRU)

ermitão

1. O substantivo designa aquele que cuida de uma ermida. O mesmo que **eremita.**

2. O feminino é **ermitã** ou **ermitoa**, mas esta última forma não ocorreu. ◆ *Afinal de contas, a quem aproveita a tua vida ERMITÃ e que te lucram os andrajos e o jejum?* (VES)

3. O plural é **ermitões** ou **ermitãos**. ◆ *A Folha selecionou roteiros com alternativas tanto para foliões quanto para ERMITÕES.* (FSP) ◆ *ERMITÃOS, anacoretas, monges e religiosas se autoflagelavam com grande frequência.* (PO)

A forma **ermitães** tem ocorrência em Gregório de Matos. ◆ *O Ilustríssimo Isidoro, / e o valeroso Carvalho / parecem padres de ermo, / ou ERMITÃES do Busaco.* (GMA-P)

erre

É o nome da letra **R**. O primeiro **E** (tônico) é aberto (**É**), mas a palavra não leva acento. ◆ *Pronunciava este nome com um excesso de ERRES.* (TV)

erudito

A sílaba tônica é a penúltima (**DI**), e, por isso, a palavra não leva acento. Significa "que / quem tem grande instrução", "que / quem sabe muito". ◆ *O Padre, ERUDITO e versado, atribuía aquela alta à lei da oferta e da procura.* (SS) ◆ *O ERUDITO que se dedica aos assuntos históricos não deve ser mero acusador ou defensor, mas um crítico que busca serenamente a verdade (...).* (FI)

erva

Os adjetivos correspondentes são:

◇ **herbóreo.** ◆ *A tradição prescreve a transmissão dos conhecimentos HERBÓREOS apenas para a ala masculina da família.* (FSP)

◇ **herbáceo.** ✦ *A produção global do Nordeste foi de trezentos e cinquenta e cinco mil toneladas de algodão HERBÁCEO e cento e duas mil toneladas do tipo arbóreo, em pluma.* (AGF)

erval

É coletivo para ervas. ✦ *Junto à fronteira paraguaia encontram-se os ERVAIS, em que se explora a erva-mate.* (GHB)

-ês, -esa ⇨ Ver -ez, -eza.

1. Escrevem-se com S os substantivos e adjetivos pátrios terminados em **-ês.** ✦ *O químico FRANCÊS Michaud desenvolveu nova técnica para produzir rubis reconstituídos.* (PEP)

O plural é com acréscimo de es (-eses). ✦ *Os CHINESES gostavam de ricos bordados e esses sempre tinham um significado particular, de natureza filosófica ou religiosa.* (CUB)

O feminino desses substantivos e adjetivos também se escreve com S (-esa). ✦ *A colônia PORTUGUESA apostava em Rodrigues, o Bruto.* (BH) ✦ *As colônias INGLESAS da América tinham motivos especiais para lutar por uma revolução.* (EFD)

2. Escrevem-se com S os substantivos e adjetivos que constituem forma feminina em **-esa** de certos substantivos e adjetivos referentes a pessoas:

◇ **barão: baronesa.** ✦ *Havia quem dissesse que a própria BARONESA descia as escadas à noite e dava corda aos relógios para durante o dia fazê-los parar.* (ASA)

◇ **camponês: camponesa.** ✦ *Em coro, as CAMPONESAS exaltam os laranjais, os pássaros, as flores.* (EM)

◇ **cônsul: consulesa.** ✦ *É nas ilhas Seychelles o novo posto da CONSULESA Marie Françoise Viaux.* (FSP)

◇ **duque: duquesa.** ✦ *Ainda não se sabe se Sarah Ferguson irá perder, desta vez, o título de DUQUESA.* (VEJ)

◇ **príncipe: princesa.** ✦ *Já se foi o tempo em que o poeta popular se referia a PRINCESAS e cavaleiros andantes.* (LIP)

◇ **prior: prioresa.** Não tem ocorrência em textos contemporâneos. ✦ *Mandavam seus prelados à santa que fosse ser PRIORESA do Convento da Encarnação de Ávila, e ela, como tão humilde, escusava-se.* (VOL)

3. Têm final -esa, com S, alguns substantivos correspondentes a verbos terminados em **-der:**

◇ **despender: despesa.** ✦ *Depois de várias rodadas, Joca declarou que pagaria toda a DESPESA.* (B)

◇ **empreender: empresa.** ✦ *Como democrata, como defensor da livre EMPRESA, que é a base do capitalismo, eu não aceito!* (REI)

◇ **defender: defesa.** ✦ *Tive um gesto brusco, quase de DEFESA física.* (A)

◇ **prender: presa.** ✦ *Quando um animal é morto, o direito de propriedade sobre a PRESA é de quem a viu primeiro, e não de quem matou.* (CTB)

◇ **surpreender: surpresa** ✦ *Na realidade, não há idades para as SURPRESAS.* (BS)

4. Escrevem-se com S os substantivos primitivos terminados em -esa. ✦ *Augusto morava em uma pensão modesta, com um jardim na frente e um amplo quintal onde se podiam colher FRAMBOESAS.* (UQ)

esbaforido ⇨ Ver espavorido.

O adjetivo **esbaforido** significa "ofegante pelo cansaço ou pela pressa". ✦ *Octaviano entrou na sala meio ESBAFORIDO, os cabelos desgrenhados, a casaca torta como se acabasse de ter sido recolocada no corpo às pressas.* (VPB)

O adjetivo **espavorido** significa "apavorado", "aterrado".

esbelteza

Com Z, como todo substantivo abstrato em **-eza** derivado de adjetivo. ✦ *O que era magreza virou ESBELTEZA.* (CT)

esboço

O O é fechado, no singular e no plural do substantivo. ✦ *O bispo levava, enrolados,*

ESBOÇOS da villa e Lorenzo carregava a galinha de Rinaldo. (ACM)

esbraveja, esbravejo

O E é fechado (antes de J). ✦ *Zé Roberto ESBRAVEJA ao telefone com alguém da polícia.* (TB)

escâncaras

Usa-se na expressão adverbial **às escâncaras**, que significa "escancaradamente". A sílaba tônica é a antepenúltima (CÂN), e, por isso, a palavra leva acento (proparoxítona). ✦ *Collin se utiliza às ESCÂNCARAS da ironia e consegue, com isso, efeitos surpreendentes.* (FSP)

Escandinávia (península) [Europa]

O adjetivo pátrio é **escandinavo**. ✦ *Seu argumento era de que a companhia americana servia um sanduíche tido como miserável pelos passageiros ESCANDINAVOS.* (VEJ)

escanear ⇨ Ver *scanner* ⇨ Ver -ear.

Escanear é verbo criado a partir do substantivo inglês *scanner*. Significa "fazer cópia com *scanner*". É forma dicionarizada. ✦ *O que importa é que foi feito um trabalho de criação, e não apenas pegar uma tesoura, ESCANEAR e copiar.* (FSP)

escaninho ⇨ Ver **escarninho**.

Escaninho é substantivo que significa "pequeno compartimento ou nicho", "recanto escondido". ✦ *Tem muito ESCANINHO da União lotado de papéis comprometedores.* (FSP) ✦ *Guardando a mão com o lenço, revistou todos os ESCANINHOS do móvel.* (MAD)

Escarninho é adjetivo que significa "em que há escárnio", "escarnecedor".

escanteio ⇨ Ver **córner**.

É a palavra portuguesa que traduz o inglês *corner*. ✦ *Um chute a gol certeiro, uma bela defesa para ESCANTEIO.* (INQ)

Córner é a forma gráfica portuguesa (acentuada) da palavra inglesa *corner*, usada com muito menor frequência (14%) do que **escanteio**.

escápula, escapula ⇨ Ver **omoplata**.

1. **Escápula** é substantivo feminino que constitui a denominação oficial atual para **omoplata**. ✦ *A ESCÁPULA possui um formato triangular; localiza-se na parte dorsal do tórax.* (ENF)

Também designa prego de cabeça dobrada em ângulo reto para suspensão de um objeto. ✦ *Os sons crepitantes da ESCÁPULA incomodavam Zé Luís, deitado na rede, olhando o tabique sujo e velho da hospedaria.* (TER)

2. **Escapula** é substantivo feminino ligado ao verbo **escapulir**. Significa "escape", "escapatória". ✦ *De novo rumei para a estrebaria, dar ESCAPULA a Valentim.* (MMM)

escapulir

De conjugação irregular, o verbo **escapulir** tem U na primeira pessoa do singular do presente do indicativo, e, consequentemente, em todo o presente do subjuntivo. Essas formas, entretanto, não ocorreram.

Nas demais formas o radical tem O, que é aberto quando é tônico. ✦ *Quando ele entrar, eu deixo a porta aberta e você ESCAPOLE.* (F)

escaravelho

Indica-se tradicionalmente que o E da sílaba tônica é fechado, mas a pronúncia varia. O substantivo designa os diversos tipos de besouro. ✦ *Reparei também no ESCARAVELHO de madrepérola, enganchado na gola de sua blusa de organdi.* (REL)

escarninho ⇨ Ver **escaninho**.

Escarninho é adjetivo que significa "em que há escárnio", "escarnecedor". ✦ *Fugirá, por uns dias, da chacota dos moleques, das mãos do patrão, do riso ESCARNINHO e das perguntas cínicas.* (VI)

Escaninho é substantivo que significa "pequeno compartimento ou recanto".

escasso, escassez

Ambas as palavras escrevem-se com SS na última sílaba. **Escassez** é com Z final, como todo substantivo abstrato em **-ez** derivado de adjetivo. **Escasso** significa "parco", "raro".

escler(o)-

◆ *O grau de estima entre os dois devia ser* **ESCASSO**. (CHI) ◆ *Comerciantes acharam que os preços iam se elevar pela* **ESCASSEZ** *da moeda.* (BOI)

escler(o)-

É elemento (grego) que se liga a um elemento seguinte. Significa "duro". ◆ *Segundo cientistas do Colégio Americano de Reumatologia, os estudos não encontraram nenhuma relação entre o silicone e as doenças, que incluem a artrite reumatoide e a* **ESCLERODERMIA** *(que causa lesões na pele).* (FSP) ◆ *Em conexão com isto, pensa haver explicado por que folhas* **ESCLEROSADAS** *surgem tanto em habitats secos quanto úmidos.* (TF)

Escócia [Europa]

O adjetivo pátrio é **escocês**. ◆ *O* **ESCOCÊS** *radicado na América, Alexander Graham Bell, devia ser um sujeito capaz de acreditar em miragens.* (IS)

escola-modelo

Os plurais oficialmente registrados são **escolas-modelo** (substantivo + substantivo, o segundo fazendo uma determinação sobre o primeiro) ou **escolas-modelos** (sequência de dois substantivos). ◆ *A denúncia foi veiculada por todos os jornais em setembro: uma professora aliciava menininhas de uma dessas* **ESCOLAS-MODELO** *para fotos pornográficas.* (VEJ) ◆ *Noutros países, as* **ESCOLAS--MODELOS** *têm arrochado as suas paredes, achando-se mais satisfeitas assim.* (REP)

escolho

O plural é **escolhos**, com **O** aberto. O substantivo designa, especificamente, abrolho, e, genericamente, qualquer obstáculo. ◆ *Que caminhos ásperos, quantos obstáculos em cima de obstáculos, quantos* **ESCOLHOS** *insuspeitados!* (VPB)

escolta

O **O** é aberto, no singular e no plural do substantivo. É coletivo para pessoas ou veículos que acompanham pessoas ou coisas, a fim de dar proteção. ◆ *Encontrado afinal por uma* **ESCOLTA** *embalada, Climério entregou-se sem oferecer resistência.* (GLO) ◆ *Para não se deixar apanhar vivo, segundo o testemunho dos componentes das* **ESCOLTAS**, *o negro, refugiando-se nas capoeiras, defendia-se com um estranho jogo de braços, pernas, tronco e cabeça.* (MU)

esconder

Usa-se com um complemento sem preposição (objeto direto, que pode ser oracional) e outro iniciado pelas preposições **a** ou **de**. ◆ *A estrela Dalva de Oliveira não* **ESCONDEU** *à reportagem da Revista do Rádio* **que era inteiramente contra o assunto**. (RR) ◆ *É uma grande história, mas é também uma grande mentira* **que** *eu nunca* **ESCONDI de** *ninguém.* (EN)

O complemento preposicionado pode vir representado, na terceira pessoa, pelo pronome **lhe(s)**. ◆ *Tentam* **ESCONDER-lhe as notícias**, *mas ele sabe de tudo.* (VPB)

escore ⇨ Ver *score*.

É a forma portuguesa correspondente ao inglês *score*. O substantivo designa o resultado de uma partida, expresso em números; o mesmo que **placar**. ◆ *Os números obtidos pelos jogadores são conhecidos em um* **ESCORE** *entregue no final da brincadeira.* (FSP)

A forma original inglesa *score* é igualmente usada (50%).

escravista, escravocrata, escravagista

Escravista, **escravocrata** e **escravagista** são formas variantes para significar "que / quem é partidário da escravatura (ou do **escravismo**, ou do **escravagismo**)". **Escravista** é a forma mais usada, seguida de **escravocrata**. ◆ *O latifúndio* **ESCRAVISTA** *produzia para exportar, essa era a sua finalidade básica.* (AGR) ◆ *Ninguém levou a sério o que a reação* **ESCRAVOCRATA** *pretendia apresentar como uma larga e generosa concessão.* (H)

Escravagista e **escravagismo** são palavras de origem francesa (de *esclavagiste* e *escla-*

vagisme, respectivamente). Segundo a lição de alguns puristas, seu uso deve ser evitado (galicismo), exatamente porque a língua portuguesa dispõe de formas com o mesmo significado.

Entretanto, essas palavras também são usuais, embora com menor frequência do que as palavras vernáculas correspondentes. ✦ *As antigas formas de escravatura pelo menos eram honestas, o ESCRAVAGISTA não negava sua condição de ESCRAVAGISTA.* (GAI) ✦ *Custa a crer (...) que todos nós possamos conviver, e há tantos anos, com o ESCRAVAGISMO em pleno capitalismo do final do século 20.* (FSP)

escravizar

Com Z, como todo verbo formado com o sufixo **-izar**. ✦ *Ele quer te ESCRAVIZAR!* (PEM)

escrivão

1. O feminino é **escrivã**. ✦ *O delegado disse que a ESCRIVÃ ainda não prestou depoimento.* (FSP)

2. O plural é **escrivães**. ✦ *A Polícia Civil local conta com apenas nove ESCRIVÃES, cinco dos quais chefes de cartórios.* (ATA)

escroque

É a forma portuguesa correspondente ao francês *escroc*. O substantivo designa indivíduo que se apossa fraudulentamente de bens alheios. ✦ *Senhores, senhoras, políticos, turistas, diplomatas e ESCROQUES internacionais acorriam para este fantástico encontro noturno, onde resolviam-se negócios e prazeres.* (PO)

escuma, escumar ⇨ Ver espuma, espumar.

São formas variantes de **espuma** e **espumar**, respectivamente. As formas **escuma** e **escumar** têm uso mais literário e bastante raro (2% e 7%, respectivamente). ✦ *Sei que a ESCUMA passa e o que fica é o valor literário da obra, que o tempo bateia e sedimenta.* (JB) ✦ *Que fez o primo a Jordão Tibiriçá que o homem ESCUMA vingança?* (CL)

escusar(-se), escusa, escuso

1. **Escusar**, **escusa** e **escuso** escrevem-se com S, tanto na primeira como na última sílaba. ✦ *ESCUSAVA de mexer no dinheiro de prata que ia comigo.* (MMM) ✦ *Frida fez um gesto delicado de ESCUSA.* (MRF) ✦ *Embora tal expediente possa parecer ESCUSO para os leigos, aos olhos dos especialistas ele é plenamente regular.* (VEJ)

2. Modo de construção:

2.1. O verbo **escusar** usa-se:

✧ significando "encontrar justificativa ou desculpa para", com complemento sem preposição (objeto direto referente a coisa), sem ocorrência em textos contemporâneos. ✦ *Se não tens com que ESCUSAR a tua culpa, por que a não confessas?* (VOL) ✦ *Com o fim de iludir porém a vigilância dos assassinos e ESCUSAR as suas suspeitas, mandou notificar as praças do contingente.* (OCA) ✦ *Com efeito, o sentimento era tão amigo que eu podia ESCUSAR o extraordinário da aventura.* (DC)

✧ significando "desculpar", com dois complementos.

- um complemento sem preposição (objeto direto referente a pessoa) e outro (que pode ser omitido) iniciado pelas preposições **de** ou **por**, sem ocorrência em textos contemporâneos. ✦ *Nem vejo razão para ESCUSAR os tais confessores com pretexto de ignorância.* (NJ)

- um complemento (referente a coisa) sem preposição (objeto direto) e outro (referente a pessoa) iniciado pela preposição **a**. ✦ *ESCUSEM-me, no entanto, por motivos bem sabidos, a liberdade de uma escolha heterodoxa: a de celebrar a memória dos antigos presidentes da Casa com a lembrança de alguém que não o pôde ser.* (FSP)

✧ significando "isentar", "desobrigar", com dois complementos, um sem preposição (objeto direto referente a pessoa), e outro iniciado pela preposição **de**). A ocorrência é antiga. ✦ *Não é porém da nossa intenção o ESCUSAR as cortes daquela parte da responsabilidade que lhe compete.* (CB)

escutar

◇ significando "não ter necessidade", "dispensar-se", com complemento oracional de infinitivo iniciado pela preposição **de**. ◆ *É, sobretudo, uma consciência da vida que se espelha, e, em vez de confissões pessoais, que o leitor ESCUSA de procurar.* (ESP) ◆ *E ESCUSE de fazer esta cara de ironia.* (MRF)

◇ na terceira pessoa do singular, significando "não ser necessário", com oração infinitiva, que pode vir precedida por **de**. ◆ *ESCUSAVA estar aí de barriga, sem saber quem é o pai da criança.* (TG) ◆ *ESCUSAVA de mexer no dinheiro de prata que ia comigo.* (MMM)

2.2. O verbo pronominal **escusar-se** usa-se com complemento oracional de infinitivo iniciado pela preposição **de**. Significa:

◇ "desculpar-se". ◆ *Terei de ESCUSAR-ME logo de início perante os senhores acadêmicos de não me ocupar detidamente do chamado "movimento modernista".* (AM-O)

◇ "dispensar-se". ◆ *O deputado Ronivon Santiago ESCUSOU-SE de prestar declarações à comissão sem antes ouvir a gravação cuja voz lhe é atribuída.* (FSP)

Na primeira acepção, pode construir-se com complemento (de pessoa) introduzido pela preposição **com**. A ocorrência é de Vieira. ◆ *O escravo ESCUSAR-SE-Á com o seu senhor; mas o senhor, com quem SE há de ESCUSAR?* (VOL)

escutar ⇨ Ver ouvir.

Escutar significa "aplicar o ouvido para perceber vozes, sons, ruídos", "pôr-se em estado de atenção para ouvir". Em princípio, o verbo tem, pois, um significado mais específico do que o de **ouvir**. ◆ *A Revolução de 1789 valorizava no trabalho médico a prática, não a teoria; para apreender os fatos era necessário olhar, palpar, ESCUTAR, cheirar.* (APA) ◆ *É pessoa capaz de ESCUTAR atrás de portas?* (A)

Entretanto, usa-se comumente com o significado mais geral de "ouvir", que, em princípio, diz respeito, simplesmente, à percepção pelo sentido da audição. ◆ *Teve a impressão de ESCUTAR ainda o vivo entrebater dos bil-*

ros. (ALE) ◆ *Queria tapar os ouvidos para não ESCUTAR a praga, mas era inútil.* (ARR)

Escutar também se usa (tanto quanto **ouvir**) na acepção mais abstrata de "atender a", "levar em consideração". ◆ *ESCUTAVA o pai, compreendia o seu desespero (...).* (INQ) ◆ *Deste modo, decidi ESCUTAR apenas a opinião dos mortais espectadores.* (IS)

esdrúxulo

Com **S** na primeira sílaba e com **X** na terceira. Significa "esquisito", "excêntrico". ◆ *É ESDRÚXULO considerar um farsa a posição do Governo com relação às eleições.* (JL)

esfiha, esfirra

Esfiha designa, na cozinha árabe, espécie de pastel de forno feito de massa de trigo com recheio de carne, queijo ou verdura, com condimentos. A forma **esfirra**, oficialmente registrada em português, não ocorreu. ◆ *Hindié arrumava o vaso de jasmim na mesa e tirava do forno os folheados e as ESFIHAS.* (REL)

esfíncter

1. A sílaba tônica é a penúltima (**FÍNC**), e, por isso, a palavra leva acento (paroxítona terminada em **R**). É substantivo que designa músculo anular que, ao contrair-se, fecha um orifício natural do corpo (como o do ânus ou o da uretra). ◆ *Outro problema com as gorduras é que elas diminuem a pressão do ESFÍNCTER inferior do esôfago.* (FSP)

2. São duas as formas de plural, **esFÍNCteres** (proparoxítona, com acento), e **esfincTEres** (paroxítona, sem acento), ambas igualmente usuais. ◆ *Como o processo é ordinariamente lombo-sagrado, os sintomas se manifestam nos membros inferiores, nos ESFÍNCTERES ou nos órgãos da pequena bacia.* (BAP) ◆ *Verifica-se a existência de paralisia dos ESFINCTERES do ânus.* (CLC)

esfinge

O adjetivo correspondente é **esfíngico**, que significa "misterioso", "enigmático". ◆ *Outro poema que me agrada muito, do mesmo ciclo caribenho, é "Imperator Victus", que,* *através do seu **ESFÍNGICO** minimalismo, me parece uma sutil elegia às civilizações indígenas e pré-colombianas da América, que fascinavam Hart Crane.* (FSP)

esfolhar ⇨ Ver desfolhar.

Esfolhar e **desfolhar** são formas variantes. Significam "tirar as folhas", "despetalar". **Esfolhar** é de uso raro (4%). ✦ *Agora voltava com um livro pela Cia das Letras, "As Horas de Katharina", um metalivro de horas, um diário de imaginária freira poetisa que se **ESFOLHA** num buquê de sentimentos.* (FSP)

esforçar-se

Usa-se com complemento iniciado pelas preposições **para, por** ou **em**. ✦ *Renato não **SE ESFORÇAVA** muito **para** isso, não estudava, tal sua facilidade para aprender.* (PCO) ✦ ***ESFORCEI-ME por** animá-la.* (CEN) ✦ *Referindo-se ao perigo nuclear, o presidente norte-americano assegurou que seu governo **SE ESFORÇAVA em** evitá-lo por todos os meios.* (JB)

esforço

O plural é **esforços**, com O aberto. ✦ *Eliodora foi a barreira junto à qual fracassaram todos os **ESFORÇOS** de padre Luís.* (A)

esfuziante

Com **Z**. Significa:

◇ "que esfuzia", "sibilante". ✦ *Havia relampejado menos que nas noites anteriores; a chuva chegara a parar de cair, só ficando o vento **ESFUZIANTE**, que parecia não ter fim.* (TS)

◇ "muito alegre e comunicativo", "vivaz". ✦ *Zé Luís, ao ver os amigos, precipitou-se ao encontro deles, com alegria **ESFUZIANTE**, que se traduzia em risos, explosões de júbilo e abraços.* (TER)

esfuziar, esfuzilar ⇨ Ver -iar.

São formas variantes. **Esfuzilar** é a forma diretamente ligada com o étimo, pois o verbo significa "zunir ou sibilar como projéteis de fuzilaria". Entretanto, só é usual **esfuziar**, forma reduzida (sincopada) de **esfuzilar**. ✦ *O*

*vento **ESFUZIAVA** por esta qual redemoinho, assobiando e trazendo sons indistintos, mistos de gemedeiras e gargalhadas.* (FR)

esgoto

O **O** é fechado, no singular e no plural do substantivo. ✦ *Os **ESGOTOS** correm livremente, a descoberto.* (JO)

eslaide ⇨ Ver *slide*.

Eslaide é a forma aportuguesada do inglês *slide*, que designa cromo de 35 mm emoldurado para projeção como diapositivo. Essa forma está dicionarizada, mas é muito raramente usada (1%). ✦ *É como se vários **ESLAIDES** fossem projetados rapidamente, um depois do outro.* (FSP)

Eslováquia / República Eslovaca [Europa] ⇨ Ver checo, checoslovaco, checo-eslovaco ⇨ Ver tcheco, tchecoslovaco, tcheco-eslovaco.

O adjetivo pátrio é **eslovaco**. ✦ *Mas ninguém sabe o destino dos 300.000 **ESLOVACOS** que residem em território checo, e dos 50.000 checos do lado **ESLOVACO**.* (VEJ)

Checo (ou **tcheco**) é adjetivo pátrio correspondente à República Checa (ou Tcheca).

Checoslovaco (ou **tchecoslovaco**) é adjetivo pátrio correspondente à antiga Checoslováquia (ou Tchecoslováquia), que se dividiu em República Checa (ou República Tcheca) e Eslováquia (ou República Eslovaca).

Eslovênia (da antiga Iugoslávia) [Europa]

O adjetivo pátrio é **esloveno**. ✦ *Depois do conflito, o marechal Josip Broz Tito, filho de um **ESLOVENO** com uma croata, manteve no cabresto, durante mais de trinta anos, as seis repúblicas, cinco povos, quatro línguas e três religiões que compunham a Iugoslávia.* (VEJ)

esmero

No substantivo, o **E** tônico é fechado. O substantivo designa cuidado muito grande em uma tarefa. ✦ *Significa que chegou a hora de*

esmoler

apostar na qualidade jornalística que a TV já não pode oferecer: densidade, ESMERO, rigor, intensidade, envolvimento. (RI)

esmoler

A sílaba tônica é a última, e, por isso, a palavra não leva acento (oxítona terminada em **R**). Significa "que / quem dá muita esmola", "caridoso". ◆ *Dizem que a sua organizadora foi a rainha ESMOLER Santa Isabel, esposa de Dom Dinis, o Lavrador – rei que plantou os pinheirais de Portugal.* (FN) ◆ *Vivem guardando tostão feito ESMOLER, sem ir pra diante, e quando chegam aqui estão contando história.* (CAS)

esnobe, esnobar, esnobada, esnobismo ⇨ Ver *snob.*

1. É a forma portuguesa correspondente ao inglês *snob.* Usa-se para referência a pessoa que dá importância exagerada à posição social. ◆ *Ellison é um ESNOBE que tem um jardim japonês em casa e adora malhar.* (FSP)

É baixa a frequência de uso da forma original inglesa (15%).

2. São derivados: **esnobar, esnobação, esnobismo.** ◆ *Nos Estados Unidos, a comunidade acadêmica, ESNOBADA pela administração republicana, coloca em dúvida a realização de tais objetivos.* (OG) ◆ *Não foi ESNOBAÇÃO: ela prestigiou o que pôde os brios da nação, gravou Carlinhos Lyra.* (FSP) ◆ *De qualquer forma, convenhamos que comprar uma lente no Exterior já é excesso de ESNOBISMO.* (IS)

esôfago

Os adjetivos correspondentes são **esofagiano** e **esofágico.** ◆ *Os sintomas dispépticos podem ser confundidos com os dependentes da esofagite, com ou sem hérnia do hiato ESO-FAGIANO.* (OBS) ◆ *A destruição do esfíncter ESOFÁGICO inferior e das fibras oblíquas do estômago são vistas, atualmente, como as principais causas do refluxo gastroeso-fágico.* (AMB)

Esopo

O **O** é fechado. ◆ *Queres mesmo ser livre, ESOPO? Aproveita agora: foge.* (TEG)

esotérico, exotérico

1. O adjetivo **esotérico** refere-se a ensinamentos reservados a discípulo já iniciado, e ministrados em caráter fechado. ◆ *Tema ainda ESOTÉRICO para os brasileiros dos outros Estados, o Mercosul virou assunto de mesa de bar em Porto Alegre.* (VEJ)

2. O adjetivo **exotérico** refere-se a ensinamentos dedicados ao público em geral, de forma aberta. ◆ *As demais obras de Aristóteles, em forma de diálogos, hoje perdidas, destinadas ao público, constituíram a parte "EXOTÉRICA".* (HF)

espadas

Como nome de naipe do baralho, é substantivo que só se usa no plural. ◆ *A australiana Elle Mcpherson ilustra um poderoso ás de ESPADAS.* (FSP)

espaguete

É a forma portuguesa correspondente ao italiano *spaghetti.* ◆ *Empresa produz ESPA-GUETE diet no sertão.* (VEJ)

Espanha [Europa] ⇨ Ver **hispano-.**

Os adjetivos pátrios são:

✧ **espanhol.** ◆ *Naquela noite Habacuc lembrou uma conversa que tivera, quarenta e cinco anos antes, com um navegador ESPA-NHOL chamado Francisco Orellana.* (CEN)

✧ **hispânico.** ◆ *Na redação onde estou agora há muito mais pessoas de cor, pessoas de background HISPÂNICO, chinês ou asiático.* (RI)

O feminino de espanhol é **espanhola.** ◆ *As humilhações impostas por Napoleão à família real ESPANHOLA despertaram o sentimento nacional.* (HG)

O elemento de composição correspondente para formação de adjetivos pátrios é **hispano-.**

espargir; espargido, esparso ⇨ Ver **esparzir.**

1. O verbo **espargir** usa-se apenas nas formas em que ao radical se segue **E** ou **I**. Significa

espectativa, espectador

"derramar em gotículas", "borrifar", "espalhar". ✦ *Luz radiosa ESPARGE de sua figura adormecida e suave sentimento de amor envolve-me a alma ao fitá-la.* (PCO) ✦ *Sobre o papiro se ESPARGIA óleo de cedro.* (CRS)

Esparzir é variante de **espargir**, que tem uso mais frequente (73%).

2. A forma de particípio **espargido** é tradicionalmente indicada para ser usada com os auxiliares **ter** e **haver**. Entretanto, não ocorreu com esses verbos, só com o verbo **ser**, ou junto de substantivo. ✦ *As cinzas de Ness foram ESPARGIDAS em lagoa do cemitério de Lake View, em Cleveland, Ohio, Meio-Oeste do país, graças à iniciativa de uma entidade de policiais.* (FSP) ✦ *O BNDES está-se desfazendo também de sua carteira de ações – 1 bilhão de dólares ESPARGIDOS por 600 empresas privadas.* (FSP)

A forma de particípio irregular **esparso** é usada, em geral, como adjetivo. ✦ *O conhecimento das profundezas silenciosas dos mares foi bastante ESPARSO até fins do século XVIII.* (OCE) ✦ *Já quase não chove, apenas um ou outro pingo ESPARSO lhe molha o rosto.* (CC)

Esparta [Grécia antiga]

O adjetivo pátrio é **espartano**. ✦ *Para retardar o avanço inimigo, os gregos decidiram enviar um exército ESPARTANO ao desfiladeiro das Termópilas.* (HG)

Pelas rígidas condições de vida dos cidadãos de Esparta, o adjetivo **espartano** adquiriu o significado qualificativo de "de educação do tipo espartano", "severo", "austero", "sóbrio". ✦ *Submetidos a um regime ESPARTANO, os meninos usavam calças curtas e tomavam banho gelado todas as manhãs.* (VEJ) ✦ *Eu não conheço um sujeito mais inflexível, mais ESPARTANO, mais disciplinado e puritano que você!* (RE)

esparzir ⇨ Ver **espargir**.

O verbo **esparzir** é usado apenas nas formas em que ao radical se segue E ou I. Significa "derramar em gotículas", "borrifar", "espalhar". ✦ *Se houver repuxo, não deixe de levar em conta o vento, o que ESPARZIRÁ*

água pelas áreas adjacentes. ✦ *Os satélites de comunicação não são deuses nem astros, mas lá de cima ESPARZIRÃO luzes de sabedoria.* (FSP)

Espargir é variante de **esparzir**, que tem uso menos frequente (27%).

espavorido ⇨ Ver **esbaforido**.

O adjetivo **espavorido** significa "apavorado", "aterrado". ✦ *Paulino Duarte recuou, ESPAVORIDO, vendo na mão aberta de Emílio, naquela mão estendida e solta no espaço, uma figura informe, abjeta.* (OS)

O adjetivo **esbaforido** significa "ofegante pelo cansaço ou pela pressa".

espécime, espécimen

1. São formas variantes. São substantivos masculinos que significam "representante de uma espécie (animal ou vegetal)", "exemplar". Ambas as formas levam acento porque são proparoxítonas. ✦ *Um puro ESPÉCIME do pedigree nacional.* (CCI) ✦ *Eu diria, ESPÉCIMEN do futuro, perdido no presente.* (CH)

A segunda forma, cujo uso sofre restrições em algumas obras normativas, tem frequência muito baixa (3%).

2. O plural de **espécime** é **espécimes**. ✦ *Pequenos ESPÉCIMES de peixes de cerca de 4 centímetros de comprimento ocorrem no mesmo folhelho.* (AVP)

O plural de **espécimen** é **espécimens** ou **especímenes**, mas esta última forma é de uso muito raro. ✦ *Romanesco, vassalo distante do Senhor Dom Quixote, um dos últimos ESPÉCIMENS da velha Cavalaria, embarca em navio inglês, a nau Warspite no dia seguinte (...).* (TGB) ✦ *Nas equipes desportivas das universidades encontram-se hoje ESPECÍMENES verdadeiramente magníficos de seres humanos.* (HD-T)

espectativa, espectador ⇨ Ver **expectativa.**

1. O substantivo **espectativa** designa o processo de ver ou testemunhar alguma coisa, assistir a alguma coisa. ✦ *Uma ESPECTATIVA armada permitirá intervir, em meio menos*

espelha, espelho

infectado e num útero de paredes mais resistentes. (OBS)

2. **Espectador** refere-se a quem assiste. ◆ *É impossível ao ESPECTADOR identificar o cenário.* (IN)

O substantivo **expectativa** significa "esperança fundada em probabilidades".

espelha, espelho

1. Seja verbo seja substantivo, o E é fechado (antes de LH). ◆ *A aliança entre criador e criatura ESPELHA-se no refrão bíblico: "Teus ossos e tua carne."* (PAO) ◆ *Eu me ESPELHO nele, no fato de que ele sobreviveu tanto tempo.* (FSP) ◆ *O ESPELHO mostra alguém com intenso brilho no olhar.* (CH)

2. O adjetivo correspondente ao substantivo **espelho** é **especular**. ◆ *Passei cinco ou seis anos exercitando esse jogo ESPECULAR entre pronúncia e ortografia.* (REL)

esperar

Usa-se:

◇ significando "sofrer adiamento", sem complemento. ◆ *Nessa reunião, Figueiredo decidiu que as medidas de emergência não podiam ESPERAR.* (VEJ)

◇ significando "estar ou ficar à espera de", "aguardar a chegada de", com complemento sem preposição (objeto direto) ou com complemento iniciado pela preposição **por**. ◆ *Eu ESPERO a morte.* (CHR) ◆ *Uma manhã ES-PEROU-a, como de costume, junto à muralha, mas ela não apareceu.* (CEN) ◆ *ESPEREI por um outro miado que não veio.* (BL)

◇ significando "ter expectativa de", com um complemento sem preposição (objeto direto) oracional. ◆ *Como você ESPERAVA casar comigo?* (I) ◆ *ESPERO que a senhora me honre com novas visitas.* (ACM)

◇ significando "ter expectativa de obter", com um complemento sem preposição (objeto direto), podendo ocorrer outro complemento (referente a pessoa) iniciado pela preposição **de**. ◆ *Pedia-lhe planos, definições, era como se dissesse, não ESPERE nada de mim.* (CP) ◆ *(...) os flagelados ESPERAVAM uma solução e um destino.* (TER)

espertalhão

O feminino é **espertalhona**. ◆ *Precisando muito mesmo desta gente ESPERTALHONA, como é que eu podia ter ficado no remanso da Taiçoca, carecendo do tal caixote atufado de dinheiro?* (OSD)

esperto, esperteza ⇨ Ver experto.

1. O adjetivo **esperto** significa "inteligente", "arguto", "finório". ◆ *Quer dizer: na minha visão do mundo, eu via competição, eu via essa coisa de você ter que ser mais ESPERTO do que o outro.* (REA)

O adjetivo **experto** significa "experimentado", "perito".

2. **Esperteza** escreve-se com **Z**, como todo substantivo abstrato em **-eza** derivado de adjetivo. ◆ *ESPERTEZA quer dizer também safadeza.* (VEJ)

espezinhar

Com **Z**. Significa "calcar sob os pés", "pisotear", "humilhar". ◆ *Com o dinheiro da loteca nós sempre podemos ESPEZINHAR o próximo.* (IS)

espia, espião

1. **Espia** tem a mesma forma para masculino e feminino (é substantivo comum de dois). Significa "espião". ◆ *Inicialmente a cavalhada contava com um total de vinte e cinco cavaleiros, sendo doze cristãos, doze mouros e um ESPIA.* (JB) ◆ *A CIA monta uma equipe de sedutoras ESPIAS femininas.* (FSP)

Outro substantivo **espia** designa, na linguagem da marinha, cabo de prender navio. Esse substantivo não é usual atualmente. ◆ *Não poderá navio algum que estiver fundeado recusar aceitar uma ESPIA, que lhe for dada por algum dos escaleres do Arsenal; pois sendo este trabalho sempre feito por pessoas inteligentes, jamais lhe será dada a tal ESPIA em ocasião imprópria, e de que possa seguir-se prejuízo ao mesmo navio.* (CB)

2. O feminino de **espião** é **espiã**, com plural **espiãs**. ◆ *Senhor, eu não sou uma ESPIÃ, e sim uma escrava.* (TEG) ◆ *Hede Massing e Elizabeth Bentley eram ESPIÃS soviéticas confessas.* (FSP)

esporte

O plural é **espiões**. ♦ *Os cubanos achavam também que os sequestros eram o método mais eficaz de introduzir ESPIÕES no país.* (CRE)

espiar ⇨ Ver expiar ⇨ Ver -iar.

O verbo **espiar** significa "observar", "olhar", "espreitar". ♦ *Onofre ESPIOU de longe, meio ressabiado.* (CE)

O verbo **expiar** significa "remir (uma culpa), cumprindo pena".

espinha (de peixe)

Essa é a forma (feminino), e não **espinho** (que é de planta). ♦ *Cozinhe as postas de peixe numa panela com água suficiente para cobrir. Retire a ESPINHA e passe pela máquina de moer.* (ELL)

espirar ⇨ Ver expirar.

Espirar significa "soprar", "exalar". ♦ *Os móveis e as coisas ainda ESPIRAVAM a presença de corpos e mãos.* (ACI)

Expirar significa "expelir o ar", "morrer".

Espírito Santo

1. A sigla é **ES**. ♦ *Os petroleiros da área de produção e exploração de petróleo de Vitória (ES) decidiram voltar ao trabalho.* (FSP)

2. O adjetivo pátrio é **espírito-santense** ou **capixaba**. ♦ *Ela confirmou presença em contato com o presidente da Federação ESPÍRITO-SANTENSE de Ciclismo, Artur Oliveira Neves.* (GAZ) ♦ *A moqueca CAPIXABA não leva leite de coco, nem azeite de dendê, nem pimenta.* (IS)

esplêndido, esplendor, esplendoroso

Escrevem-se com **s** depois do **E** na primeira sílaba. ♦ *O dia desponta ESPLÊNDIDO.* (PAO) ♦ *Eu considerei a glória de um pavão ostentando o ESPLENDOR de suas cores; é um luxo imperial.* (AID) ♦ *Acordaram com o sol brilhando, ESPLENDOROSO.* (CEN)

esplim ⇨ Ver *spleen*.

É a forma aportuguesada do inglês *spleen*, bem menos usual que a original (9%). Significa "tédio", "melancolia". ♦ *A lhama: sobre uma cordilheira de ESPLIM, desalonga-se a cuspidora andina.* (AVE)

espocar, espoucar

São formas variantes, mas a segunda, de uso frequente, não é recomendada por alguns manuais normativos. Significam "pipocar", "estourar". ♦ *Faziam-se pilhérias, risadas ESPOCAVAM, tudo em meio a muita amizade, quase uma família.* (PN) ♦ *ESPOUCAM foguetes e bombas.* (REB)

esponsais

É substantivo que só se usa no plural (*pluralia tantum*). Designa cerimônias de casamento. ♦ *Altas horas da madrugada, o tempo – como se, na véspera, só tivesse aberto suas nuvens para descortinar o dossel de estrelas de um leito de ESPONSAIS – repôs no céu, em rápidos e atarefados trovões, as nuvens e chuvas do dia anterior.* (CON)

espontâneo, espontaneidade

Com **s** depois do **E**, na primeira sílaba. **Espontaneidade** tem o ditongo **EI**. ♦ *Luiz abraçou-a, num gesto ESPONTÂNEO, atraído por aquela figura encantadora e pela naturalidade com que o acolhia.* (ORM) ♦ *Azeredo não sacrificou a ESPONTANEIDADE e a sinceridade em prol das conveniências dos protocolos.* (FI)

esporte

Usa-se à direita de outro substantivo, atuando como qualificador ou classificador (como um adjetivo). ♦ *Era o único de roupa ESPORTE e calçava mocassins de excelente qualidade.* (IS) ♦ *É um carro ESPORTE, pensei em levar Cledir para passear nele.* (OMT)

Menos frequentemente, formam-se substantivos compostos, com hífen, formas em geral não abrigadas na ortografia oficial. ♦ *Vista uma camisa-ESPORTE Van-Tan Ramenzoni e dê as antigas para alguém que precisa.* (REA) ♦ *Uma das [perucas] americanas (...) fora deixada de lado, a não ser para um eventual uso diurno, ao ar livre, uma peruca-ESPORTE, por assim dizer.* (SL)

esposo

Em qualquer um dos casos, só o primeiro elemento varia, no plural. ◆ *Os carros ESPORTE do Grupo 5 correspondem à classe C.* (CRU) ◆ *Jacques Heim exporá, no dia 27, a sua coleção 1965, com muitos vestidos transparentes, saias curtas e **calças-ESPORTE** mais curtas ainda.* (JB)

esposo

O **o** é fechado, no singular e no plural do substantivo. ◆ *Existe amor aos pais, aos filhos, familiares, dos **ESPOSOS**, dos noivos.* (EM)

espuma, espumar ⇨ Ver escuma, escumar.

O mesmo que **escuma** e **escumar**, respectivamente. ◆ *Parou um instante, tomou um gole de cerveja, limpando a **ESPUMA** dos lábios.* (CV) ◆ *Os frutos encerram boa quota de saponina hemolítica, razão por que **ESPUMAM** fortemente na água.* (BEB)

As formas **espuma** e **espumar** são muito mais usuais, e as formas **escuma** e **escumar** têm uso mais literário.

esquadra

É coletivo para navios de guerra. ◆ *Edward Fenton atacou Santos em 1583, sendo combatido pela **ESQUADRA** de Diogo Flores Valdez e retirando-se para a Inglaterra.* (HIB)

esquadrilha

É coletivo para aeronaves. ◆ *O ex-general já comandou uma **ESQUADRILHA** de **bombardeiros** estratégicos no Báltico.* (VEJ)

esquarteja, esquartejo

O **E** é fechado (antes de **J**). ◆ *A agonia oriunda do ouro **ESQUARTEJA** as ilusões.* (PAO)

esquecer, esquecer-se

1. O verbo **esquecer:**

◇ Significando "perder a lembrança de", "não recordar", "deixar de lado", usa-se, segundo as lições tradicionais, com complemento sem preposição (objeto direto). ◆ *Carlos sorriu e **ESQUECEU** o problema recente da missa.* (A) ◆ *Vamos **ESQUECER** tudo isso.* (A)

Entretanto, no registro informal, ocorrem comumente, com essa acepção, construções com complemento iniciado pela preposição **de**. ◆ *Parece que o cronometrista **ESQUECEU** do tempo.* (DP)

O complemento pode não vir expresso. ◆ *A janela estava aberta: era jogar fora e **ESQUECER**.* (BB)

◇ Tradicionalmente se indica o uso de **esquecer** significando "sair da lembrança", "cair no esquecimento", construído com a coisa esquecida expressa no sujeito, e com a pessoa que esquece expressa por um complemento iniciado pela preposição **a** (geralmente na forma de pronome oblíquo átono). Esse tipo de construção é raro atualmente. ◆ *Seixas ao retirar-se fê-lo com tanta precipitação, que **ESQUECEU-LHE** o objeto fechado em sua mão; só deu por ele no toucador, ao cair-lhe no chão.* (SEN)

2. Segundo a norma prescritiva, **esquecer-se** usa-se com complemento iniciado pela preposição **de**. ◆ *Com raiva, Padre João SE **ESQUECE** do medo e sai rapidamente, mas o Sacristão fica.* (AC) ◆ *Você SE **ESQUECE**, Conceição, **de que** eu, pela minha especialização, disponho de laboratórios.* (FIG)

Entretanto, quando o complemento é oracional, iniciado por conjunção, é comum a construção sem preposição. ◆ *Você SE **ESQUECE**, Otávia, **que nossa mãe perdeu o céu por causa dele**.* (CP)

esquete ⇨ Ver sketch.

É a forma portuguesa correspondente ao inglês *sketch*. O substantivo designa pequena cena de revista teatral, ou de programa de rádio e de televisão, quase sempre de caráter cômico. É masculino. ◆ *Em um **ESQUETE**, o casal apresenta a composição do corpo humano como uma receita de bolo.* (FSP)

A forma original inglesa também é usada, embora com menor frequência (23%).

esqui, esquiar, esquiador ⇨ Ver ski ⇨ Ver -iar.

1. **Esqui** é a forma portuguesa correspondente ao norueguês (e também inglês) *ski*. ◆ *Para*

estada, estadia, estalia

os filhos pequenos, existe ainda o jardim de neve, onde eles se divertem aprendendo tudo sobre neve e ESQUI. (P)

A forma original inglesa também é usada, mas com muito menor frequência (29%).

2. De **esqui** formam-se **esquiar, esquiador** etc. ◆ *Provavelmente jogavam bem futebol, nadavam melhor ainda, ESQUIAVAM na neve, no mar, voavam de paraquedas, de asa-delta, surfavam.* (BL) ◆ *Então era você a ESQUIA-DORA mascarada!* (AVL)

Ésquilo, esquilo

1. Em **Ésquilo**, nome próprio (autor de tragédias gregas), a sílaba tônica é a antepenúltima (**ÉS**), e, por isso, a palavra leva acento (proparoxítona). ◆ *O coro tinha nas obras de ÉSQUILO uma importante participação na ação dramática.* (ACM)

2. Em **esquilo**, nome comum (animal), a sílaba tônica é a penúltima (**QUI**), e, por isso, a palavra não leva acento (paroxítona terminada em **O**). ◆ *E os olhinhos do ESQUILO pulam também.* (AVE)

esquimó

Adjetivo ou substantivo, tem a mesma forma para masculino e para feminino (é um substantivo comum de dois). ◆ *Conta uma lenda ESQUIMÓ que, na aurora do mundo, não havia qualquer diferença entre homens e animais.* (FSP) ◆ *O ESQUIMÓ fedia um pouco a peixe, mas tudo bem.* (BPN) ◆ *A ESQUIMÓ é isolada sem fogo nem alimento, muitas vezes destinada à morte.* (ER)

esquisito, esquisitice

Com **I**, e não com **E**, na segunda sílaba (**QUI**). **Esquisito** significa "não usual", "fora do comum", "estranho". ◆ *A casa parecia suspensa na luz trêmula, e tudo afastava de si, em ES-QUISITO encantamento.* (ROM) ◆ *O senhor assustou-se um pouco com a ESQUISITICE dela e morreu do susto.* (PEL)

esquivar-se

Usa-se com complemento iniciado pelas preposições **a** ou **de**. Significa "fugir", "evitar". ◆ *ESQUIVOU-SE à caridade, mas ponde-*

rou que na cidade havia um doutor médico. (VER) ◆ *Desviava os assuntos inconvenientes, ESQUIVAVA-ME de falar no estado do coronel.* (DEN)

essa

O substantivo **essa** escreve-se com SS. Designa o estrado em que se coloca um cadáver. ◆ *Lá está no meio da estepe: uma ESSA, um defunto, uma vela imensa ardente e ereta latejante.* (N)

esse

É o nome da letra **S**, com o **E** tônico aberto. ◆ *Escuta, senhor gerente, meu nome é efe-é--erre-ene-a-ene-de-ó-ESSE-a-be-i-ene-ó.* (CV)

estabilizar(-se)

Com **Z**, como todo verbo formado com o sufixo **-izar**. Significa "tornar(-se) estável", "firmar(-se)". ◆ *A escrita feminina tende a SE ESTABILIZAR de modo mais rápido do que a masculina.* (GFO)

estação de trabalho ⇨ Ver *workstation.*

É a expressão portuguesa equivalente ao inglês *workstation*, usada na informática com muito maior frequência (80%) do que o termo original inglês. ◆ *A denominação workstation – ESTAÇÃO DE TRABALHO ou ESTAÇÃO DE TRABALHO gráfica – designa computadores de mesa com alta capacidade e características apropriadas para processamento gráfico.* (FSP)

estada, estadia, estalia

1. O substantivo **estada** designa o período de permanência de alguém em algum lugar. ◆ *Durante toda a minha ESTADA, não avistei sequer Dona Leonor.* (A) ◆ *Aproveite a ESTADA do senhor juiz na capital e veja a oportunidade.* (S)

2. Os substantivos **estadia** e **estalia** designam o prazo concedido a navio ancorado no porto, para carga e descarga, ou o tempo durante o qual um veículo tem direito de estar em algum lugar, mediante pagamento. ◆ *ESTADIA – Prazo concedido para carga e descarga de*

estádio, estágio

navio ancorado em um porto; ESTALIA. (FSP)

♦ *Para retirar o carro o dono precisa pagar taxas de remoção e ESTADIA do veículo no pátio.* (FSP)

O substantivo **estadia** vem sendo muito usado no sentido de **estada**, mas esse emprego é condenado pelos puristas. ♦ *O juiz esteve ciente da ESTADIA do teu irmão Domício aqui na Roqueira.* (CA)

estádio, estágio

1. **Estádio** designa:

◇ antiga medida de distância grega (125 pés geométricos, ou 206,25 metros), termo em desuso; é de Vieira a ocorrência. ♦ *Mediu-os um anjo com uma cana de ouro, e achou que tinham por cada lado doze mil ESTÁDIOS de comprimento.* (AV-S)

◇ campo com instalações para a realização de competições esportivas (especialmente as futebolísticas). ♦ *Quarenta mil pessoas se comprimiam no ESTÁDIO.* (BH)

◇ fase, etapa, período. ♦ *Muitas vezes são encontrados carcinomas em ESTÁDIOS muito avançados por haverem sido interpretadas imprudentemente estas hemorragias como retorno das menstruações.* (DDH)

2. **Estágio** designa:

◇ período de aprendizado prático para o exercício de uma atividade profissional. ♦ *Mineiro tinha feito ESTÁGIO de um ano em Luxemburgo.* (FAV)

◇ fase, etapa, período (o mesmo que estádio). ♦ *O primeiro ESTÁGIO pode terminar com a cura ou a doença evolui e entra no segundo ESTÁGIO, que dura de 12 horas a três dias.* (CLC)

Alguns manuais normativos condenam o uso de **estágio** na mesma acepção de **estádio**.

Entretanto, o uso é frequente, mesmo na linguagem médica.

Estados Unidos (da América) ⇨ Ver América, americano.

1. A sigla é **EUA**. ♦ *Os EUA e a França não permitem o emprego de nitratos na fabricação de queijos.* (ACQ)

2. Os adjetivos pátrios são:

◈ **americano**. ♦ *Um detalhe interessante é que o anúncio foi feito em um programa de rádio AMERICANO: o "Quiz Kids".* (QUI)

◈ **norte-americano**. ♦ *Nesse mesmo ano o governo NORTE-AMERICANO proibiu a distribuição e a venda da droga para uso não médico.* (DRO)

◈ **estadunidense**. ♦ *Efetuado à luz do dia o primeiro ataque de aviões ESTADUNIDENSES à capital alemã.* (FSP)

◈ **ianque**. ♦ *Sem contar, evidentemente, o desfalque real de dez a treze por cento, por conta da inflação IANQUE no período.* (OG)

O adjetivo pátrio (e substantivo) **americano** também se refere a **América** (continente).

3. A referência se faz sempre com artigo definido, e a concordância se faz no plural. ♦ *A União Soviética invadira o Afeganistão, e os ESTADOS UNIDOS afirmavam que iriam revidar.* (FAV)

estafilococo

O **O** tônico é aberto. ♦ *Apesar de obscura a natureza da doença de Ritter, considera-se como uma infecção pelo ESTAFILOCOCO ou pelo estreptococo, uma forma intensa do pênfigo neonatal.* (SMI)

estagna

A sílaba tônica dessa forma do verbo **estagnar** é TAG (separação silábica: **es-tag-na**). ♦ *Quando uma cultura se fecha ao contato com o mundo, a música se ESTAGNA.* (FSP)

estalar ⇨ Ver estralar.

É variante de **estralar**, usada em 90% dos casos.

◇ Sem complemento, significa "produzir estalido". ♦ *O calor aumenta, o firmamento ESTALA.* (JT)

◇ Com complemento sem preposição (objeto direto), significa "fazer produzir estalido". ♦ *Finalmente minha ex-mulher ESTALA a língua e diz que sente muito, mas não vê por onde me ajudar.* (EST)

este

estalido

A sílaba tônica é a penúltima (LI), e, por isso, a palavra não leva acento. O substantivo designa estalo de pequena intensidade.
♦ *Nem um único ESTALIDO de madeira fere o silêncio da loja.* (CP)

estampido

A sílaba tônica é a penúltima (PI), e, por isso, a palavra não leva acento. O substantivo designa som forte, súbito, seco e explosivo.
♦ *O ESTAMPIDO não assustou as famílias, o baile continuou na mais completa ordem até as duas da manhã.* (CE)

estande ⇨ Ver *stand*.

Estande é forma aportuguesada, já registrada em dicionários, do inglês *stand*. Designa:
◇ espaço reservado a cada participante de uma exposição ou local fechado. ♦ *A Ecco Emergências Médicas está com um ESTANDE permanente no Shopping Mueller.* (GP)
◇ local fechado, para a prática do tiro ao alvo. ♦ *Com uma eficiência surpreendente, o capitão Cerqueira demonstrou ontem no ESTANDE de tiros do Batalhão de Choque do que é capaz.* (CB)
A forma original inglesa *stand* também ocorre, embora raramente (5%).

estar (+ em) + numeral ⇨ Ver ser (+ em) + numeral.

O uso da preposição **em** antes de numeral cardinal, após o verbo **ser** ou o verbo **estar**, é imitação de construção italiana, condenada como italianismo nas lições normativas. A construção recomendada é sem a preposição.
♦ *Em setembro de 1973, (...) ESTÁVAMOS 300 pessoas fechadas na Embaixada da Argentina.* (CRE)
Entretanto, ocorre a construção com preposição. ♦ *ESTÁVAMOS em seis pessoas, três homens e três mulheres.* (FSP)

estar a par de ⇨ Ver a par de ⇨ Ver ao par.

Estar a par de significa "estar ao corrente de". ♦ *Lembre-se de que eu sou a sua noiva*

e portanto devo ESTAR A PAR DE tudo o que você fizer, ou você prefere que eu fique dando um fora atrás do outro? (DEL)
A expressão **a par de** ainda significa "ao lado de", "junto de", mas nessa acepção não ocorreu.
A expressão **ao par** é relativa a câmbio, e significa "em equivalência de valor".

estase ⇨ Ver êxtase.

A sílaba tônica é a penúltima (TA), e, por isso, a palavra não leva acento (paroxítona terminada em E). O substantivo designa, em patologia, a estagnação do sangue ou dos humores no organismo; designa, também, estado de impotência para agir. ♦ *Esta situação é aliviada com a posição de cócoras, que, diminuindo o retorno venoso, melhora a ESTASE pulmonar.* (CLI) ♦ *Em consequência do processo inflamatório do peritônio, estabelece-se, na maioria das vezes, paralisia intestinal, com ESTASE de gases e líquidos dentro do tubo gastrintestinal.* (CLC)
Êxtase (palavra proparoxítona) significa "arrebatamento", "enlevo".

estático ⇨ Ver extático.

O adjetivo **estático** (com S) significa "imóvel como estátua", "parado", "hirto". ♦ *Primo Afonso está ESTÁTICO.* (NB)
O adjetivo **extático** (com X) significa "posto em êxtase", "absorto", "enlevado".

este ⇨ Ver leste ⇨ Ver E (este / leste).

1. O símbolo de **este** (o mesmo que **leste**) é **E** ou **L**, mas a forma **L** não ocorreu, preferindo-se sempre a indicação pelo **E**. Quanto ao uso do substantivo, ocorre o contrário: a forma **este** é de uso raríssimo.
2. **Este** grafa-se:
◇ com inicial minúscula quando designa o ponto cardeal que se opõe a **oeste**. ♦ *Nos primórdios do século XIV, o homem, a partir do Mediterrâneo, aventurou-se para o sul, mais uma vez, e finalmente foi em direção oeste. O grande objetivo era alcançar o ESTE da Índia e da China pelo mar.* (OCE)

este ano, este mês, esta noite etc.

◇ com inicial maiúscula quando se refere a região. ✦ *Ele comprou os dois exemplares da Folha na praça Charles Muller (Pacaembu, zona ESTE de São Paulo).* (FSP)

3. O adjetivo correspondente é **oriental**. ✦ *Os castelhanos desta vertente ORIENTAL dos Andes abasteciam-se por esta via das manufaturas europeias, que lhes chegavam mais facilmente pelo grande rio que pelas rotas ordinárias do comércio espanhol.* (H)

este ano, este mês, esta noite etc.
⇨ Ver **neste ano / neste mês / nesta noite** etc.

Com ou sem a preposição **em**, as expressões indicam localização no tempo. ✦ *E a colheita vai ser boa ESTE ANO.* (ATR) ✦ *ESTE MÊS não veio marmelada.* (MPB) ✦ *O que você pretendia fazer ESTA NOITE era uma nova indecência.* (BH)

esten(o)-
É elemento (grego) que se liga a um elemento seguinte. Significa "estreito", "curto", "abreviado". ✦ *Eu estava ali para conversar, e a ESTENOGRAFIA ainda não havia sido inventada.* (T) ✦ *Os usuários desses programas ainda têm a sensação de estar ditando frases para uma ESTENÓGRAFA desatenta e relapsa.* (VEJ)

estêncil ⇨ Ver **stencil**.
É a forma portuguesa correspondente ao inglês *stencil*, nome comercial. Leva acento, em português, porque é paroxítona terminada em **L**. ✦ *As empresas, juntas, passam a dominar de 60% a 70% do mercado de papel carbono e ESTÊNCIL (usado em mimeógrafos).* (FSP)

A forma original inglesa também é bastante usual (43%).

estender ⇨ Ver **extenso, extensão, extensivo**.
Com **S** depois do **E** na primeira sílaba. ✦ *A Igreja Romana via nas Cruzadas a oportunidade de ESTENDER seu poderio.* (HIR)

Diferentemente, o adjetivo **extenso** escreve-se com **X** depois do **E** na primeira sílaba.

estepe
1. Como substantivo feminino, designa um tipo de vegetação. ✦ *Nas partes mais altas, mais frias e secas, há **uma ESTEPE** de gramíneas.* (TF)

2. Como substantivo masculino, designa o pneu sobressalente disponível em um veículo. ✦ *Basta encher **o ESTEPE** com o dobro de libras que usa normalmente.* (ESP)

estereo-
É elemento (grego) que se liga a um elemento seguinte. Significa "sólido". ✦ *Depois a evolução tecnológica fez surgirem os discos ESTEREOFÔNICOS.* (REA)

esterilizar
Com **I** na sílaba **RI**, porque o verbo é formado a partir do adjetivo **estéril**. Com **Z**, como todo verbo formado com o sufixo **-izar**. Significa "tornar estéril", "livrar de germes". ✦ *Para ESTERILIZAR as mamadeiras, já existem preparados comerciais usados com segurança e muito menos trabalho.* (PFI)

esterno ⇨ Ver **externo**.
O substantivo **esterno** (com **S**) designa o osso central do peito. ✦ *O ESTERNO e as costelas são estruturas importantes no mecanismo da respiração.* (ENF)

O adjetivo **externo** significa "que está do lado de fora".

esteta, esteticista
Ambas as palavras têm a mesma forma para masculino e feminino (são substantivos comuns de dois).

1. **Esteta** é designação para a pessoa que cultiva o sentimento do belo, que é versada em estética. ✦ *Toda ela será o meu sonho de ESTETA, a minha ambição de artista.* (HP) ✦ *Passo uns dias na Itália, a pátria espiritual de todos OS ESTETAS.* (ESP)

2. **Esteticista** é designação para a pessoa especializada em embelezamento da aparência. ✦ *A ESTETICISTA recomenda escolher cores próximas ao tom da pele e passar uma levíssima pincelada de blush nas pálpebras*

estômago

e uma finíssima camada de base no pescoço, para criar uma harmonia com o rosto. (VEJ)
♦ *Recomendado por médicos e ESTETICIS-TAS em todo o mundo, baseia-se em novo processo chamado Projeção Ritmada de Ar Condicionado.* (REA)

estigma

É substantivo masculino. Designa:
◇ parte do órgão reprodutor feminino dos vegetais. ♦ *Chama-se polinização o transporte do pólen da antera para o interior do ESTIGMA.* (FOC)
◇ marca, especialmente negativa; pecha. ♦ *A divergência social é um ESTIGMA, uma marca que o indivíduo carrega consigo.* (BRO)

estigmatizar

Com **Z**, como todo verbo formado com o sufixo **-izar**. Usa-se com complemento sem preposição (objeto direto) e significa:
◇ "marcar com ferro em brasa". ♦ *O prodígio, que assinalava o castigo divino, era a tisna deixada pelo fogo sagrado, a ESTIG-MATIZAR a face de Ascalon.* (PRO)
◇ "acusar de ação ignóbil", "condenar duramente". ♦ *Ele crê ser mais importante ESTIGMATIZAR o usuário dos produtos de animais silvestres e lutar para substituir esses materiais.* (AGF)
◇ "tachar ignominiosamente de" (com predicativo do objeto). ♦ *O cristianismo, ao ESTIGMATIZAR nossa sexualidade como pecadora, termina por expulsar o erotismo das esferas do sagrado e por destituí-lo de seu caráter abrangente, totalizador.* (ER)

estipe, estípite

São formas variantes, mas a segunda é muito pouco usual. É substantivo masculino que designa caule sem ramificações, como o da palmeira. ♦ *Uma das palmeiras jazia por terra, golpeada por um raio, que lhe deixara apenas a metade do ESTIPE.* (TS)
♦ *(O matuto) derruba os ESTÍPITES dos ouricuris e rala-os, amassa-os, cozinha-os, fazendo um pão sinistro, o bró, que incha os ventres.* (SER)

estofar, estofado ⇨ Ver **estufar** ⇨ Ver **entufar.**

Estofar significa "guarnecer de estofo", e **estofado** (adjetivo e particípio passado de **estofar**) significa "guarnecido com estofo". ♦ *Não sei o que fizeram da minha poltrona. Ficaram de ESTOFÁ-la de novo, faz duas semanas, e até hoje nada.* (BOC) ♦ *Um caixão ESTOFADO em azul ou vermelho, cetim, forte e amplo.* (FO)

Alguns manuais normativos condenam o uso de **estofar** com a acepção (dicionarizada) de "(fazer) aumentar de volume", "(fazer) inchar", "encher(-se) de ar" (o mesmo que **entufar**).

Entretanto, tanto o verbo como o adjetivo (e especialmente este) são usuais nessa acepção. ♦ *Dá depressa um jeito no cabelo, ESTOFA os seios.* (JT) ♦ *Não podia deixar de vê-lo sem certa admiração: ali estava, gordo, o peito ESTOFADO, as lantejoulas rebrilhando na obscuridade.* (CCA)

estojo

O **O** é fechado, no singular e no plural do substantivo. ♦ *Havia marcas de correria: sapatos perdidos, restos de granadas de gás lacrimogêneo e até ESTOJOS de arma automática.* (NBN)

estom(at)-, -stoma

É elemento (grego) que se liga a um elemento seguinte ou a um anterior. Significa "boca", "orifício". ♦ *A caracterização do fenômeno se fundamenta na desidratação: pele e mucosas secas, lábios fendidos, língua áspera, ESTOMATITE, olhos fundos.* (OBS) ♦ *O que se fazia, convencionalmente, para se tratar esse tumor era a COLOSTOMIA.* (SI) ♦ *Quando não é possível o cateterismo simples, deve-se praticar a CISTOSTOMIA (...).* (CLC)

estômago

Os adjetivos correspondentes são:
◇ **estomacal.** ♦ *Sentiu ligeira acidez ESTO-MACAL.* (BH)

319

Estônia [Europa]

◇ **gástrico**. ◆ *O resfriamento GÁSTRICO para tratamento da úlcera GÁSTRICA e duodenal, introduzido em 1958 por Wangensteen, teve vida efêmera.* (CLC)

Estônia [Europa]

O adjetivo pátrio é **estoniano**. ◆ *O naufrágio do navio Estonia, que causou a morte de mais de 900 pessoas em 28 de setembro, pode ter sido causado por um atentado, disse o semanário ESTONIANO.* (FSP)

estoque

É a forma portuguesa correspondente à forma de francês antigo *stoc*. ◆ *Um pesquisador europeu descobriu no meio do ESTOQUE de uma "farmácia" um molar tipicamente humano.* (DST)

estória ⇨ Ver história.

Com inspiração no inglês, tem-se proposto o termo **estória** (forma aportuguesada do inglês *story*) para referência a peça de ficção, folclórica, reservando-se **história** (forma correspondente ao inglês *history*) para designar história real. ◆ *Os irmãos ouvem tudo aquilo como se fosse uma ESTÓRIA, algo que nunca poderiam imaginar nas suas cabecinhas.* (ATR)

Entretanto, o substantivo **história** é o usual (99%), tanto para ficção quanto para fatos reais.

estorno

O **O** é fechado, no singular e no plural do substantivo. O substantivo designa devolução de importância indevidamente debitada. ◆ *Os ESTORNOS foram devidamente efetuados e o cliente ficou satisfeito com a solução.* (FSP)

estourar, estoura, estouro

O ditongo **OU** (fechado) se mantém em todas as formas. ◆ *Há certas coisas da infância que já não cabem na adolescência e começam a ESTOURAR.* (AVI) ◆ *Paco aponta a cara de Tonho e ESTOURA de tanto rir.* (DO) ◆ *Ouvia-se um ESTOURO abafado, e num instante a casa era uma fogueira.* (CBC)

estralar ⇨ Ver estalar.

É variante de **estalar**, usada em 10% dos casos.

◇ Sem complemento, significa "produzir estalido". ◆ *O bambu ESTRALAVA que nem taboca no fogo.* (V)

◇ Com complemento sem preposição (objeto direto), significa "fazer produzir estalido". ◆ *Ela já está vendo a cara dele toda feliz, ESTRALANDO a língua quando provar a farinha de amendoim.* (PV)

estrangeiro

Com **S** depois do **E** na primeira sílaba e com **G** na terceira sílaba. ◆ *Fizeram entrar um homem gordo, de óculos, ar de ESTRANGEIRO, que me olhava meio ressabiado.* (AFA)

estranho, estranheza

Com **S** depois do **E**, na primeira sílaba. **Estranheza** é com **Z** na sílaba final, como todo substantivo abstrato em **-eza** derivado de adjetivo. ◆ *E este homem, ESTRANHO e misterioso, era que estava diante de mim, no casebre de mãe Joana.* (CHI) ◆ *A princípio, o fato causou ESTRANHEZA e admiração.* (DEN)

estratagema

É substantivo masculino. ◆ *Era o melhor ESTRATAGEMA que conhecia para aprisionar o sono.* (TV)

estratégia

A sílaba tônica é **TÉ** (com acento). ◆ *Não existe uma ESTRATÉGIA segura para ganhar dinheiro.* (VEJ)

estratego

A sílaba tônica é a penúltima (**TE**), e, por isso, a palavra não leva acento (paroxítona terminada em **O**). O substantivo designa o general do exército da antiga Atenas (Grécia), eleito magistrado anualmente. ◆ *As instituições democráticas também atingiram nível altamente expressivo, já que foram aperfeiçoadas por Péricles, ESTRATEGO de 443 a 429 a.C.* (HG)

estrogonofe

estrato, estratificar ⇨ Ver extrato.

1. O substantivo **estrato** (com **S**) significa "camada" e também designa nuvem que se apresenta como uma camada (horizontal). ◆ *O ESTRATO superior tem maiores amplitudes de temperatura e um clima que lembra o existente fora da floresta.* (ECG) ◆ *A classe média branca pernambucana (média e alta) é o ESTRATO mais reacionário que já se pôde formar na sociedade brasileira.* (FSP) ◆ *Olhava das janelas de Delgado de Carvalho, a luz morrendo para os lados da Tijuca e os ESTRATOS calmos que se estendiam como lençóis de cinza e púrpura em direção ao norte.* (CF)

O substantivo **extrato** significa "aquilo que foi extraído".

2. **Estratificar** (com **S**) é verbo ligado a **estrato**. O significado é "dispor em camadas ou estratos". ◆ *Os países em desenvolvimento dificilmente poderão importar apenas o produto final dessas experiências, sobretudo porque neles elas serviriam apenas para ESTRATIFICAR injustiças sociais inaceitáveis.* (NEP)

estrear, estreia ⇨ Ver -ear.

1. Os verbos em **-ear** recebem **I** nas formas rizotônicas, isto é, nas formas que têm a sílaba tônica no radical. No verbo **estrear**, além disso, o **E** se torna aberto, nessas formas (**EI**), sem que haja nenhuma acentuação, na grafia. ◆ *No ano 411 a.C. ESTREIA na Grécia a comédia Lisístrata, cujo tema é abertamente sexual.* (PO) ◆ *(...) é possível que ele não ESTREIE.* (JC)

2. O substantivo **estreia** também é uma forma rizotônica, isto é, uma forma que tem a sílaba tônica no radical, por isso tem o **I**. E como ocorre nas formas rizotônicas do verbo, o **E** se torna aberto (**EI**), também sem nenhum acento gráfico. ◆ *A Noite dos Campeões conseguiu o seu melhor resultado real desde a ESTREIA, em oitenta e cinco.* (AGF)

estrebuchar

Com **CH**, como **bucho** ("estômago de certos animais"). Significa "agitar-se convulsiva-mente", "debater-se". ◆ *Leonídia ESTREBU-CHOU na calçada e Cavalcanti desertou.* (J)

estrela

O adjetivo correspondente é **estelar**. ◆ *Na imensidão ESTELAR, os corpos celestes se entrechocam a todo momento, produzindo jatos descomunais de energia.* (VEJ)

estrelado

Usa-se esse adjetivo junto do substantivo **ovo**, para referência a ovo que é frito sem ser mexido. ◆ *A refeição era a mais modesta: cuscuz de milho, ovos ESTRELADOS e café.* (ALE)

estrelas ⇨ Ver duas-estrelas ⇨ Ver três-estrelas ⇨ Ver quatro--estrelas ⇨ Ver cinco-estrelas.

Escrevem-se com hífen os compostos com numeral cardinal (até cinco) e o substantivo **estrela(s)**, usados para qualificar hotéis que recebem classificação. ◆ *Em Paris, ficaram hospedados no hotel Saint Regis, um cinco--ESTRELAS com diária de 400 dólares.* (VEJ)

estreptococo

O **O** tônico é aberto. ◆ *Koch incriminou o ESTREPTOCOCO como principal responsável pela febre puerperal.* (OBS)

estresse ⇨ Ver *stress*.

Estresse é a forma portuguesa correspondente ao inglês *stress*, mais usual que a original (63%). ◆ *Muita gente deixava os ônibus revoltada e optava por caminhar para apressar a viagem ou atenuar o ESTRESSE.* (ATA)

estrogonofe ⇨ Ver *strogonoff*.

É a forma portuguesa correspondente a *strogonoff*, palavra formada em inglês a partir de nome próprio russo. Ambas as formas são usuais, mas a forma aportuguesada é bem mais frequente (70%). Designam prato feito com carne em pequenos pedaços, molho, creme de leite, cogumelos e condimentos, aromatizado com conhaque. ◆ *A influência dos europeus criou uma série de pratos à base de iogurte e creme, que lembram um pouco o tradicional ESTROGONOFE.* (FSP)

estroina

A sílaba tônica é **TROI** (um ditongo aberto e sem acento). Significa "leviano", "irresponsável", "desajuizado". ✦ *O pai era um* ***ESTROINA****, alcoólatra incorrigível.* (TER)

estropiar, estropear ⇨ Ver -iar ⇨ Ver -ear.

1. **Estropiar** significa "mutilar", "aleijar". ✦ *Se o Congresso não* ***ESTROPIAR*** *a lógica do plano com alterações descabidas na MP 434.* (FSP) ✦ *(...) o chão ficou estivado de gente* ***ESTROPIADA****, espirrando a sangueira naquele reduto.* (CG)

2. **Estropear** significa "fazer tropel", mas esse verbo é muito pouco usado. ✦ *Os monteiros passaram com as trelas de cães e, logo em seguida, a cavalgada dos senhores* ***ESTROPEOU*** *na ponte.* (IM)

estudante

Adjetivo ou substantivo, tem a mesma forma para masculino e para feminino (é um substantivo comum de dois). ✦ *O* ***ESTUDANTE*** *Carlos, líder da primeira parte da revolta dos retirantes, era um dos convidados.* (AF) ✦ *As primeiras mudas quem trouxe foi* ***uma*** ***ESTUDANTE*** *de Minas, colhidas no quintal da avó.* (GL) ✦ *Isso o* ***ESTUDANTE*** *de alquimia deverá descobrir* ***sozinho****, lendo, meditando e orando.* (ALQ)

estufar, estufado ⇨ Ver estofar ⇨ Ver entufar.

1. **Estufar** significa "pôr em estufa", "aquecer em estufa", mas nessa acepção o verbo não ocorreu.

2. Alguns manuais normativos condenam o uso de **estufar** com a acepção (dicionarizada) de "(fazer) aumentar de volume", "(fazer) inchar", "encher(-se) de ar" (o mesmo que **entufar**).

Entretanto, esse uso é frequente, assim como é frequente o uso de **estufado** (adjetivo e particípio passado de **estufar**) com o significado de "inflado". ✦ *Foi observado ainda que queijos maturados desde o início em*

filmes plásticos impermeáveis têm maior tendência a ***ESTUFAR*** *(...).* (ACQ) ✦ *Hoje, embora existam desertos humanos imensos, as vilas e cidadezinhas de beira de estrada* ***ESTUFAM****, incham, a cada dia.* (IS)

estupidez

Com **Z**, como todo substantivo abstrato em **-ez** derivado de adjetivo. ✦ *Eu já ia perdendo a paciência com a* ***ESTUPIDEZ*** *daquele meu irmão.* (MMM)

estuprar, estupro

Há **R** depois do **P** (não depois do **T**). Essas palavras são formadas a partir do verbo **estuporar** (perdendo-se, por síncope, a vogal átona **O** que vem antes do **R**). ✦ *Teve que me magoar, me jogar no chão e me* ***ESTUPRAR****, sim senhor, aquilo foi um* ***ESTUPRO****, coito forçado.* (OMT)

esturjão

Essa é a forma, e não com o **R** antes do **U**. O substantivo designa o peixe de cuja ova se faz o caviar. ✦ *Pois tenho que declarar que jamais provei essa famosa iguaria, as caríssimas ovas do peixe* ***ESTURJÃO****.* (AM)

esvair(-se)

1. Significa "dissipar(-se)", "desvanecer(-se)", "desaparecer".

2. Conjuga-se como **cair**:

◇ Nas formas em que o **I** forma ditongo com o **A**, não há acento. ✦ *Em risos* ***ESVAI-SE*** *o tempo, como já advertiram os rosa-cruzes, aquela antiga seita.* (CEN)

◇ Nas formas em que o **I** é vogal tônica, ele forma hiato com o **A** e é acentuado. ✦ *Tudo o que era eterno* ***SE ESVAÍRA*** *e morrera: a segurança da mãe, a doçura da avó, aquela moleza característica do pai.* (ESS) ✦ *Toda uma manhã* ***SE ESVAÍA*** *nesse tênue contato: o encontro do olhar com a mão.* (REL)

esvaziar ⇨ Ver -iar.

Com **Z**, como **vazio**. ✦ *O desabafo não deu para* ***ESVAZIAR*** *quase nada da minha fúria.* (MMM)

et alii, et al.

Et alii é expressão latina que significa "e outros", e *et al.* é a abreviatura dessa expressão. Usam-se, ambas, em referências bibliográficas, após a citação do primeiro autor, para indicar que há outros autores (geralmente mais de três). ✦ *Os dados obtidos e analisados neste estudo assemelham-se aos encontrados por Watanabe ET ALII, em pesquisa realizada em 19 escolas de enfermagem do Estado de São Paulo.* (CAA) ✦ *McAllister ET AL. (1979), citados por Lubker (1981), fizeram observações semelhantes na língua sueca.* (NEU)

et cetera, etc.

1. *Et cetera* é expressão latina que significa "e outras coisas". Usa-se encerrando enumeração para indicar que não se trata de lista fechada. ✦ *O resto você já sabe, Delfina voltou antes, apareceu morta ET CETERA.* (BU)

2. Usa-se mais frequentemente a abreviatura: **etc.** (que se diz **et cetera**).

2.1. Segundo o *Formulário Ortográfico*, usa-se vírgula antes de **etc.** O fato de a expressão latina da qual se origina **etc.** (*et cetera*) conter a conjunção coordenativa *et* (português: **e**) não obsta o uso da vírgula. ✦ *A maioria de nós já tinha sua história de lutas, desilusões e frustrações políticas, amorosas, ETC.* (ACM)

2.2. Ainda segundo o *Formulário Ortográfico*, quando há uma enumeração cujos segmentos se vão separando por ponto e vírgula, e o **etc.** constitui o último dos segmentos enumerados, ele também vem antecedido por ponto e vírgula. ✦ *Xangó, o raio, o trovão; Iansã, os ventos e a tempestade; Iemanjá, a água do mar; Ossaé ou Ossanha, as folhas e plantas; Oxumaré, o arco-íris; Oxum, rios e cascatas; ETC.* (UM)

Obviamente, não há ponto e vírgula se o **etc.** estiver interno a um desses segmentos enumerados. ✦ *São duas ciências independentes, mas que apresentam às vezes o objeto material comum: a existência de Deus; a essência da alma, ETC.* (HF)

2.3. Quando há uma sequência de frases encerradas por um sinal de pontuação, e o **etc.** é o equivalente de uma frase, também ocorre antes dele o mesmo sinal de pontuação. ✦ *Paz e Amor. Desrepressão. Revolução Individual. You Are What You Eat. Aqui e Agora. É Proibido Proibir. A Imaginação Está Tomando o Poder. ETC. ETC.* (CTR)

2.4. Quando o **etc.** encerra o enunciado, usa-se apenas um ponto: não se registra o ponto de abreviatura seguido do ponto final. ✦ *O tempo não para – é uma roda de moinho – semear, mudar, colher, limpar, semear, ETC.* (ATR)

étagère, etagere

É palavra francesa que designa pequeno móvel com prateleiras, um tipo de aparador. É substantivo masculino. A pronúncia aproximada é **etagér**. A grafia portuguesa (sem os acentos) é oficialmente registrada, mas não ocorre. ✦ *Tão silencioso é o gato que salta do "ÉTAGÈRE" para a mesa sem quebrar as duas horrorosas mas necessárias estatuetas em barro do Gordo e do Magro.* (B)

étamine, etamine, etamina

1. *Étamine* (com acento num E que não é tônico) é palavra francesa que designa um tipo de tecido transparente, de algodão, usado especialmente para cortinas. ✦ *Revejo a escrivaninha toda feita no lavor paciente de Damasco, a luz entrando pela janela, atravessando a brise-brise de ÉTAMINE cor de chá.* (DM)

2. A adaptação gráfica portuguesa em uso limita-se à eliminação desse acento. ✦ *Utilizando a fita métrica, marque com um alfinete o meio da barra de ETAMINE para o bordado ficar centralizado.* (FSP)

3. Entretanto, a forma abrigada na ortografia oficial brasileira é **etamina**, que não ocorreu.

O termo é muito pouco usual, porque esse tipo de tecido tem pouca presença, atualmente.

éter

1. O plural é **éteres**. ✦ *Nos EUA, por exemplo, a partir de combustíveis fósseis, tais como*

ethos

metano e etano, são produzidos ÉTERES para misturar à gasolina. (FSP)

2. O adjetivo correspondente é **etéreo**, que significa "próprio do éter", "da natureza do éter", "elevado", "sublime". ♦ *A vegetação dos morros majestosos, à luz ETÉREA que flutuava, recortava-se em linhas vivas no proscênio do horizonte.* (VID)

ethos

É palavra latina que designa o conjunto dos costumes e hábitos que dirigem o comportamento e a cultura; também designa a parte da retórica clássica voltada para o estudo dos costumes sociais. ♦ *Os patrulheiros esquerdistas fornecem o "ETHOS" para indecisos, preguiçosos e oportunistas pelo Brasil afora.* (FSP)

ético ⇨ Ver hético.

É adjetivo que significa "relativo à ética", "moral". ♦ *O comportamento ÉTICO de seus habitantes e tudo o que diz respeito à identidade e ao convívio entre brancos, caboclos e índios eram seus temas prediletos.* (REL)

Hético é adjetivo e substantivo, significando "tísico", "tuberculoso".

etimo-, étimo, etimologia

1. Com **I** depois do **T**.

2. **Etimo-** é elemento (grego) que se liga a um elemento seguinte. Significa "verdade". ♦ *Do ponto de vista ETIMOLÓGICO, a palavra "selvagem" associa-se à ausência de leis e de regras.* (FSP)

3. A palavra grega correspondente ao substantivo **étimo** significava "verdade". Usa-se o termo para referência à forma de origem de uma palavra. ♦ *Reflexão e reflexo compartilham o mesmo ÉTIMO.* (FSP)

4. **Etimologia** é a designação do estudo da origem das palavras. ♦ *A ETIMOLOGIA da palavra "barroco" é controvertida.* (PER)

etio-

É elemento (grego) que se liga a um elemento seguinte. Significa "causa". ♦ *Devemos considerar na ETIOLOGIA das hérnias inguinais*

as causas predisponentes e as desencadeantes. (CLC) ♦ *Sem entrar na análise das teorias sobre a ETIOPATOGENIA do glaucoma, assim é necessário lembrar que os fatores locais não bastam para explicar sintomas e evolução (...).* (GLA)

etíope

É adjetivo e substantivo referente à Etiópia (África). A sílaba tônica é **TÍ**, e, por isso, a palavra leva acento (proparoxítona). ♦ *Muito embora o governo ETÍOPE tenha negado a construção de campos de concentração para os eritreus próximo a Adis-Abeba, diversas famílias eritreias residentes na cidade foram detidas.* (CRU) ♦ *Dize a Melita que mostre ao ETÍOPE onde ele deve ficar.* (TEG)

etn(o)-

É elemento de composição (grego) que significa "raça", "povo", "nação". Liga-se ao elemento seguinte:

◇ em geral, sem hífen. ♦ *O ETNOCENTRISMO, portanto, não seria privilégio dos povos que se consideram herdeiros da civilização ocidental.* (QI) ♦ *Esta bacia constitui uma das áreas mais importantes para a ETNOGRAFIA brasileira, pois ali vivem lado a lado tribos Aruak, Caribe, Tucano e outras.* (IA)

◇ com hífen, se o elemento começar por **H**. ♦ *(um cego de nascença) Pode trabalhar – e bem – em ETNO-HISTÓRIA, por exemplo, socorrendo-se de leitores para ajudá-lo.* (RAN)

etrusco

É adjetivo e substantivo referente à Etrúria, ou Tirrênia (antiga Itália). ♦ *É o amor vocábulo ETRUSCO e ele traduz um embriagamento sensório-espiritual, com predominâncias alternativas.* (FI)

-eu

Os adjetivos e substantivos terminados em **-eu** fazem o feminino em **-eia** (com **E** aberto, mas sem acento). ♦ *Cícero conclui combatendo a teoria de Epicuro por ser ATEIA.* (HF) ♦ *Para as grandes previsões mundiais, utiliza-se uma astrologia HEBREIA ou CAL-*

DEIA, pois os primeiros a receberam dos segundos. (AST) ✦ *Outra disputa entre uma chinesa e uma EUROPEIA deve ocorrer nos 100 m nado livre.* (FSP) ✦ *Rei se casou com PLEBEIA teuto-brasileira.* (FSP)

Judeu, entretanto, faz o feminino **judia.**

eu- ⇨ Ver bem, bem-, bene-.

É prefixo de origem grega que significa "bom", "bem" (correspondendo, em parte, aos prefixos de origem latina **bene-** e **bem-**). Liga-se sem hífen ao elemento seguinte. ✦ *Foi todo feito num clima de EUFORIA, temperado com canções de amor.* (ANA) ✦ *Também de moça não se trata: temos que recorrer àquele horrível EUFEMISMO – a senhora de meia-idade.* (CT)

Se o elemento seguinte começar por **R** ou **S**, é necessário dobrar essa letra (que, então ficará entre duas vogais), na escrita. ✦ *O que realmente denuncia a presença do idealismo utópico num sisarma constitucional é a disparidade que há entre a grandeza e a impressionante EURRITMIA da sua estrutura teórica e insignificância do seu rendimento efetivo.* (IPB)

éu ⇨ Ver éi, ói.

Esse ditongo tônico aberto ocorre em sílaba final (palavras oxítonas) ou em sílaba única (monossílabos), e sempre é grafado com acento (agudo). ✦ *A beleza do MAUSOLÉU me tinha comovido profundamente.* (ACM) ✦ *Todos os RÉUS foram absolvidos.* (CRO)

Os ditongos tônicos abertos **éi, ói** ocorrem em um número maior de contextos, e nem sempre são graficamente acentuados.

eufemismo

É a designação do uso de uma palavra ou expressão mais suave, agradável ou polida no lugar de outra. ✦ *Otávio, estudante de Direito, idade entre 24 e 26 anos, com gestos suaves e femininos, veste-se não muito discretamente.* (DEL)

Nestes trechos, há referência direta a esse tipo de uso. ✦ *Convencidos de que sequer teriam a oportunidade de debater as "outras saídas" (EUFEMISMO para a palavra-tabu: renúncia) com o presidente, os dois ministros esperaram Collor terminar o discurso sobre a "modernização" e se retiraram sem tocar no assunto.* (FSP) ✦ *Muitos leitores (homens) escrevem cartas, furiosos, com a falta de... romantismo... EUFEMISMO... com que abordo os temas-tabu da fantasia falocêntrica.* (FSP)

eugenia, Eugênia

1. A sílaba tônica do substantivo comum **eugenia** é **NI**. Ele designa a ciência que estuda as condições mais propícias à reprodução e melhoramento da espécie humana. ✦ *Não podemos, no entanto, nos deixar levar pela tentação da EUGENIA.* (VEJ)

2. A sílaba tônica do substantivo próprio é **GÊ** (com acento circunflexo). ✦ *Maria EUGÊNIA empalideceu.* (ACM)

Eureka!

É exclamação grega (forma do perfeito do verbo *heurísco*), que significa "Achei!". Dita por Arquimedes ao descobrir, no banho, a lei do peso específico dos corpos. ✦ *O ângulo dos excluídos nos permite uma luz nova sobre o mundo! EUREKA!* (FSP)

euro-, euro

1. **Euro-** é elemento de composição correspondente a **europeu.**

◇ Liga-se por hífen ao elemento seguinte quando entra na constituição de adjetivo pátrio. ✦ *Tudo se deve à disputa EURO-AMERICANA pela paternidade do cinema.* (FSP)

Como primeiro elemento do composto, permanece sempre invariável. ✦ *Os novos donos do palácio querem devolver à Rússia o antigo status de superpotência EURO-asiática.* (VEJ) ✦ *Dramaturgos EURO-americanos estudaram formas não ocidentais de teatro.* (FSP)

◇ Não há hífen na composição quando não se trata de adjetivo pátrio. ✦ *Um sólido bolchevique diria que é tudo culpa do EUROCOMUNISMO.* (IS) ✦ *Um relatório da firma de consultoria alemã Roland Berger indica* *sinais do desperdício da **EUROBUROCRACIA**.* (FSP) ♦ *Os construtores do **EUROTÚNEL** tiveram uma preocupação especial em reduzir a **EUROFOBIA** dos britânicos.* (FSP) ♦ *No início deste mês, a Vale lançou 150 milhões de dólares em **EUROBÔNUS**, com prazo de resgate de três anos.* (EX)

2. **Euro** é a designação da moeda única dos países da União Europeia. ♦ *A crise social, que fragiliza a legitimidade dos Estados, é hoje o maior obstáculo à criação do **EURO**.* (FSP) ♦ *Como as moedas, as notas em **EURO** também começarão a ser usadas em 2002.* (FSP)

Europa ⇨ Ver **euro-, euro.**

O adjetivo pátrio correspondente é **europeu**, com feminino **europeia**. ♦ *Para eles, eu sou o velho avô **EUROPEU**.* (SPI) ♦ *Mas o que se importava, na etapa inicial, eram os equipamentos e a mão de obra **EUROPEIA** especializada.* (FEB)

O elemento de composição correspondente para formação de adjetivos pátrios é **euro-**.

evangelizar

Com **Z**, como todo verbo formado com o sufixo **-izar**. Significa "converter pregando a palavra do evangelho". ♦ *Escândalo por escândalo, mil vezes a Sagan, que pelo menos não finge **EVANGELIZAR** ninguém, é boba e amoral, mas gratuita.* (CRU)

evitar

Usa-se com complemento sem preposição (objeto direto). ♦ *Elisa o temia, **EVITAVA-o**.* (OS)

Usa-se também com infinitivo. ♦ *Muito discreto, **EVITAVA conversar** sobre a guerra.* (JM)

Pode ocorrer antes dele a preposição **de**, construção que lições normativas não recomendam. ♦ *A boca aberta obrigava-a a cerrar os olhos, e ele, então, não podia **EVITAR de reparar**.* (CHA)

ex-, es-, e-; ex

1. A pronúncia de **ex-** ou de **ex** é sempre **EZ**, com **E** fechado.

2. **Ex-** é um prefixo de origem latina:

2.1. Liga-se sem hífen ao elemento seguinte quando significa, genericamente, "movimento para fora" (como o prefixo de origem grega **ex(o)-**). ♦ *Os **EXPROPRIADORES** são **EXPROPRIADOS**.* (HIR) ♦ *Ainda falam da minha vida em Paris como se eu fosse um bêbado, que se **EXPATRIOU** depois de ter vivido como um burguês em Nova Iorque.* (MAN) ♦ *A medida vai beneficiar a Fiat, que **EXPORTA** o Uno.* (OG)

Com esse significado, são variantes as formas **es-** e **e-**. ♦ *Os garimpos haveriam de se **ESGOTAR** um dia.* (ALE) ♦ *Chegavam a **EMIGRAR** para o Brasil não raro até enfermos e velhos inválidos.* (H)

2.2. Liga-se com hífen ao elemento seguinte, quando indica estado anterior ou cessamento. ♦ *O carioca, **EX-oficial** da marinha americana, passou pela guerra do Vietnã a bordo de um destroier.* (VEJ) ♦ *Potter me conduzia ao **EX-cassino** dos oficiais americanos.* (BH)

O plural é só no segundo elemento. ♦ *Dois influentes **EX-DIRETORES** da Petrobrás garantem que, se não fosse pela politização do movimento, os grevistas estariam cobertos de razão.* (VEJ)

3. Com esse último significado, **ex** ocorre também como substantivo, subentendendo-se um substantivo à direita (especialmente: **ex-esposo(a)**, **ex-namorado(a)** etc.), sempre ficando indicado um estado anterior. ♦ *O extraordinário é que nenhuma das **EX** se queixa dele, todas que conheço continuaram suas amigas.* (BOC)

ex abrupto

É expressão latina que significa "subitamente", "sem preparação". ♦ *Homens que conheçam efetivamente a realidade nacional e que não se valham da incontinência de linguagem nem de portarias **EX ABRUPTO**.* (FSP)

ex cathedra

É expressão latina que significa "do alto da cadeira", "de cadeira". A cadeira a que a expressão alude é a de São Pedro: diz-se que o

excelência, Excelência

Papa fala *ex cathedra* quando ele fala como chefe da Igreja Universal. Por extensão, a expressão significa "em tom doutoral". ◆ *Não é de estranhar, portanto, que algumas vezes se ouçam arrogantes explicações "EX CATHEDRA", como se fossem do próprio papa falando da cadeira de São Pedro que o faz infalível!* (FSP)

Também se diz, em português, **falar de cadeira**. ◆ *Falo de cadeira, esclarecendo desde logo que não tenho nenhum mandato do Itamaraty para fazê-lo.* (VEJ)

ex officio

É expressão latina que significa "por dever do ofício", "por imposição da lei". Usa-se em referência a um ato oficial que se realiza sem intervenção das partes. ◆ *O rei seria um chefe de Estado, carismático EX OFFICIO, sem necessitar de apoio de qualquer máfia, alagoana, paulista, carioca ou baiana.* (CB)

ex vi legis

É expressão latina que significa "por força da lei". ◆ *Foi o Banco Central que, recebendo os recursos na qualidade de depositário "EX VI LEGIS", os remunerou e os devolveu, na forma da lei.* (FSP)

ex(o)-

É prefixo de origem grega que indica movimento para fora, situação ou posição externa (como o prefixo de origem latina **ex-**). Liga-se sem hífen ao elemento seguinte. ◆ *Como circulador refresca o ambiente, como EXAUSTOR renova o ar.* (MAN) ◆ *Não há EXOGAMIA; podem se casar dentro do mesmo grupo.* (IA) ◆ *Quanto à produção de EXOENZIMAS, pelas leveduras isoladas de lesão bucal, observamos que 58,8% apresentavam atividade fosfolipásica e proteolítica.* (RMT)

exangue

O X representa som de Z. O U não se pronuncia. A sílaba tônica é a penúltima (XAN), sem acento. O adjetivo significa "sem sangue". ◆ *A colher força a boca EXANGUE para o caldo triste no triste prato de alumínio.* (MRF)

exaurir

Verbo defectivo, não possui a primeira pessoa do singular do presente do indicativo, e, consequentemente, todo o presente do subjuntivo. Significa "esgotar completamente". ◆ *O pão de cada dia EXAURE as nossas forças.* (F)

exceção, excepcional ⇨ Ver exceto, excetuar.

Com **X** antes do **C**. **Exceção** tem **Ç** na última sílaba, assim como **excepcional** tem **C**. São palavras que têm o mesmo radical. ◆ *Para os habitantes do vale, com EXCEÇÃO de Jerônimo, a verdade se tornou difícil.* (ML) ◆ *Abandonou por momentos o conforto EXCEPCIONAL daquela poltrona e dirigiu-se de novo ao rádio.* (BH)

exceder ⇨ Ver excesso, excessivo.

1. Com **XC**.

2. Significando "ir além de", "ultrapassar", o verbo **exceder** usa-se com complemento sem preposição (objeto direto), ou, o que é mais raro, com complemento iniciado pela preposição **a**. ◆ *O antibiótico não deve ser administrado por um período maior que dez dias e a dose total máxima não deve EXCEDER quinze gramas.* (ANT) ◆ *Não se deve EXCEDER à tolerância do doente durante a aplicação.* (ELE)

excelência, Excelência ⇨ Ver Vossa Alteza, Vossa Excelência etc.
⇨ Ver Sua Alteza, Sua Excelência etc.

1. Com **X** antes do **C**. ◆ *E João Camilo reentrou a falar de EXCELÊNCIA das terras da região.* (ALE)

2. O substantivo **Excelência** (com inicial maiúscula) entra na formação de pronomes de tratamento referentes a pessoa que ocupa cargo de grande dignidade. ◆ *Vossa EXCELÊNCIA terá oportunidade de conhecer uma das mais bonitas capelas do interior maranhense, mandada fazer por meu pai, ainda no tempo da Colônia.* (TS) ◆ *E como o Bispo estivesse a rir, riu também, mas sem exagero, apenas para acompanhar Sua EXCELÊNCIA Reverendíssima.* (TS)

excelso

Com **XC**, e com **S** na última sílaba. Significa "alto", "elevado", "sublime". ✦ *Bom dia EXCELSO e nobre pescador!* (ACT)

excêntrico, excentricidade

Com **XC**. **Excêntrico** significa "que se afasta do centro", "extravagante". ✦ *As conchas desses EXCÊNTRICOS braquiópodes caracterizam-se pela presença de espinhos de vários tamanhos.* (AVP) ✦ *EXCENTRICIDADES à parte, ocorre sempre o bom senso, e os selos que formam a grande maioria são mesmo os retangulares e quadrados.* (FIL)

excerto

Com **XC**. Significa "trecho", "fragmento", "extrato". ✦ *Este EXCERTO de 16 segundos diz mais sobre a política dos anos 60 do que uma pilha de livros.* (FSP)

excesso, excessivo ⇨ Ver **exceder**.

Com **X** antes do **C**, como **exceder**. Com **S** na sílaba seguinte, por serem palavras ligadas a verbo em **-der** (**exceder**). ✦ *Esquecimento, claro. EXCESSO de trabalho.* (BH) ✦ *O EXCESSIVO poder que poucos usufruíram repousou, sem dúvida, na fraqueza da estrutura administrativa do Estado.* (CRO)

exceto, excetuado, excetuar ⇨ Ver exceção, excepcional.

Com **XC**. **Exceto** é, na origem, particípio passado irregular do verbo **excetuar**, e **excetuado** é o particípio regular. ✦ *O consenso era que todos nós, EXCETO Beatrice, éramos introvertidos.* (ACM) ✦ *Porque, EXCETUADO o garoto da esquina, jamais ouvíramos referência ou qualquer alusão a desgraça que caíra sobre a nossa casa.* (BH) ✦ *Não há, pois, como EXCETUAR nosso chefe de governo ou qualquer outro.* (FSP)

excitar, excitante, excitação

Com **XC**. ✦ *E a imprensa sempre no papel de EXCITAR e açular os descontentes.* (CRU) ✦ *De todo modo, trocando em miúdos, conviver com um homem assim seria muito EXCI-TANTE, mas inseguro.* (ACM) ✦ *Fique calma, mamãe. EXCITAÇÃO faz mal para você.* (NOF)

exclusive ⇨ Ver **inclusive**.

Indica exclusão ("com exclusão de"). É o antônimo de **inclusive**. ✦ *A maior parte dos trinta e cinco produtos estudados manteve sua disponibilidade interna per capita para o consumo humano (EXCLUSIVE, portanto, exportações, consumo animal e industrial), sem importantes modificações.* (DS)

excursão, excursionar

Com **X** antes do **C** e com **S** na sílaba seguinte. ✦ *Carl Winter decidiu fazer uma EXCURSÃO às missões.* (TV) ✦ *Autran EXCURSIONAVA pelo país com a peça "Liberdade Liberdade".* (RI)

exegese, exegeta

1. **Exegese** tem **X** na segunda sílaba e **S** na última. A letra **X** corresponde ao som de **Z**. Nas duas palavras a sílaba tônica é a penúltima (**GE**, com **E** aberto, sem acento).

2. **Exegese** é substantivo feminino que designa interpretação de uma obra literária ou artística. ✦ *É evidente que o Livro não é código que se leia sem trabalhosa preparação espiritual e **profunda** EXEGESE cultural.* (FI)

3. **Exegeta** é a designação dada a quem faz **exegese**. ✦ *Assim não entendeu o EXEGETA Dionísio Busy (...).* (NE-O)

exéquias

É substantivo que só se usa no plural (*pluralia tantum*). O substantivo designa cerimônias ou honras fúnebres. ✦ *Celebraram-se EXÉQUIAS nas igrejas da cidade.* (OMU)

exequível

Com **X** no início da segunda sílaba. O **U** é pronunciado e é átono. A sílaba tônica é a penúltima (**QUÍ**), e, por isso, a palavra leva acento (paroxítona terminada em **L**). A palavra significa "que se pode executar", "factível", "possível". ✦ *O esquema, além de perfeitamente EXEQUÍVEL, se concretizaria sob condições financeiras bastante favoráveis.* (EM)

expelir

existir ⇨ Ver **haver**.

Existir não é verbo impessoal, como o seu sinônimo **haver**, isto é, tem sujeito e concorda com ele. ✦ *Acho que o nosso problema é que EXISTEM criminosos demais na rua.* (AGO) ✦ *Sempre EXISTIRAM pássaros assim ou nós os ouvimos de maneira nova?* (SOR)

êxito

1. Com **X** que representa o som de **Z**. A sílaba tônica é a antepenúltima (**Ê**), e, por isso, a palavra leva acento (proparoxítona).

2. Embora o substantivo **êxito** seja geralmente usado no sentido positivo ("bom resultado"), o significado originário da palavra é, simplesmente, o de "resultado", que pode ser bom ou mau. Daí a possibilidade, ao menos teórica, das expressões **bom êxito** e **mau êxito**. ✦ *Eu não resisti a essa cara insegura, quase assustada, que você faz diante de qualquer ÊXITO ou qualquer vitória.* (ACM) ✦ *A atitude favorável desta para com o médico é imprescindível ao **bom** ÊXITO do exame.* (SMI) ✦ *Se o **mau** ÊXITO cênico do Primo Basílio nada prova contra o livro e o autor do drama, é positivo também que nada prova contra a escola realista e seus sectários.* (NS)

O substantivo **êxito** não tem nenhuma relação com o verbo **hesitar**.

êxodo

Com **X**, no início da segunda sílaba. O **X** representa som de **Z**. A sílaba tônica é a antepenúltima (**E**), e, por isso, a palavra leva acento (proparoxítona). O substantivo significa "saída", "emigração". ✦ *O rendimento da agricultura começou a cair e fez ampliar o ÊXODO rural para as cidades.* (NAZ)

exorcizar, exorcismar

São formas variantes, mas **exorcismar** é muito raramente usada (menos de 1%). Significam "expulsar do corpo de alguém maus espíritos ou demônios", "bradar como quem esconjura". ✦ *Pretendia-se assim EXORCI-ZAR os fantasmas dos "restos semifeudais" escondidos nos latifúndios que atormentavam a vida dos trabalhadores rurais.* (AGR)

✦ *Além da morte de Jones, Mick Jagger e banda estavam ainda tentando EXORCISMAR o fantasma de Altamont, show em 69 que vitimou um fã durante a execução da música "Under my Thumb".* (FSP)

expandir(-se), expansão, expansivo

Com **X** depois do **E**. **Expansão** e **expansivo** são com **S** na sílaba que corresponde à final do verbo **expandir** (como todo substantivo ou adjetivo ligado a verbo em **-dir**). ✦ *Era no setor de bens de produção que o suprimento local encontrava maior espaço para EXPAN-DIR-SE.* (FEB) ✦ *Crescera enormemente para todos os lados, numa evidente EXPANSÃO urbana.* (CHI) ✦ *Não sei por que, mas na época do colégio ele me parecia mais EXPANSIVO do que você.* (AV)

expectativa ⇨ Ver **espectativa, espectador**.

O substantivo **expectativa** significa "esperança fundada em probabilidades". ✦ *Havia EXPECTATIVA pelo segundo ato.* (BB)

O substantivo **espectativa** designa o ato de ver ou testemunhar alguma coisa, assistir a alguma coisa.

expedir

O verbo **expedir**, como **pedir** (de que não é derivado), tem a 1ª pessoa do singular do presente do indicativo irregular (**expeço**), e, consequentemente, tem todo o presente do subjuntivo irregular (**expeça, expeças** etc.). O verbo significa "remeter", "enviar". ✦ *EXPEÇAM-se os respectivos mandados de prisão.* (FSP)

expelir

De conjugação irregular, o verbo **expelir** tem **I** na primeira pessoa do singular do presente do indicativo e, consequentemente, em todo o presente do subjuntivo. Nas demais formas o radical tem **E**, que é aberto quando é tônico. Formas com **I**, entretanto, não ocorreram. O verbo significa "lançar fora violentamente", "expulsar". ✦ *O vulcão Popcatepetl, a 88,5 km da Cidade do México, EXPELE cinzas e*

expensas

vapor. (FSP) ◆ *Meus olhos EXPELIAM fogo, a língua era seca e pastosa.* (ASV)

expensas

É substantivo só usado no plural e apenas na locução **a / às expensas de,** que significa "à custa / às custas de", "por conta de". ◆ *Os bens do produtor foram desenvolvidos a EXPENSAS dos bens do consumidor.* (HIR) ◆ *É duro não ter pai, nem mãe, nem bens e viver às EXPENSAS de parente.* (GCC)

experto, *expert* ⇨ Ver esperto.

1. O adjetivo **experto** significa "que domina determinado saber ou fazer humano", "experimentado", "perito". ◆ *Médico sou, para servi-lo, EXPERTO na arte de vigiar o puerpério, aplicar pensos, induzir à parição, dirimir sufocos e desfazer angústias.* (TR)

O adjetivo **esperto** significa "inteligente", "arguto", "finório".

2. *Expert* é palavra inglesa que tem o mesmo significado de **experto** e que é muito mais usual (97%) que a forma portuguesa. ◆ *Era um craque com o anzol, EXPERT em vários tipos de iscas.* (ETR)

expiar ⇨ Ver espiar ⇨ Ver -iar.

Expiar significa "remir (uma culpa), cumprindo pena". ◆ *Não podemos EXPIAR uma culpa que não temos e um pecado que não cometemos por nossa vontade livre.* (FAN)

Espiar significa "observar", "olhar", "espreitar".

expirar ⇨ Ver espirar.

Expirar significa "expelir o ar" e também "morrer". ◆ *Podia poupar-se de suspirar; não de inspirar e EXPIRAR.* (CEN)

Espirar significa "soprar".

explodir

Tradicionalmente se indica como verbo defectivo que só se conjuga nas formas em que, depois do **D**, há **E** ou **I**, o que significa que não existem formas como **explodo** ou **exploda**. ◆ *Na escuridão total as balas EXPLODEM nas paredes da casa, faiscando.* (HO) ◆ *O baru-*

lho das bombas era tão raro que às vezes, quando EXPLODIA uma, sobressaltavam-se. (CRU)

Entretanto, encontram-se usos dessas formas não registradas nas lições tradicionais. ◆ *Mesmo que uma revolução EXPLODA em circunstâncias que não parecem tão complicadas, a revolução em si, em seu desenvolvimento, dá origem a circunstâncias excepcionalmente complicadas.* (HIR) ◆ *E o futuro e o país que EXPLODAM.* (FSP)

expor(-se)

Conjuga-se como **pôr**. ◆ *Não a adube, não a irrigue em demasia, não a EXPONHA à luz solar direta e nem a correntes de ar.* (JP) ◆ *Na fase do confronto o indivíduo SE EXPÕE às reações da organização.* (BRO) ◆ *Mas outro dia EXPUS a ideia a um dirigente esportivo carioca e ele caiu na gargalhada.* (FA)

exprimido, expresso

1. A forma **exprimido** constrói-se com os auxiliares **ter** e **haver**. ◆ *Quando acredita ter EXPRIMIDO seus pensamentos "corretamente", ele se alegra.* (FSP)

2. A forma **expresso** é mais usada com os verbos **ser** e **estar,** mas também ocorre com **ter**. ◆ *Sua posição sempre foi clara e chegou a ser EXPRESSA numa nota oficial.* (JB) ◆ *Todavia, no olhar que o velho pai lhe lançara, estava bem claramente EXPRESSO que a conversa não ficaria naquilo.* (SEM) ◆ *Seria mais correto o Econômico ter EXPRESSO o valor de mercado do papéis da dívida.* (FSP)

exprobrar, exprobar

São formas variantes, ambas com **R** depois do **P**. Usam-se com frequência semelhante. Significam "censurar", "criticar". **Exprobar** se forma a partir de **exprobrar:** o **R** após o **B** se perde, por dissimilação. ◆ *O subdiretor EXPROBRA-lhes a fragilidade.* (COT) ◆ *O padre concordava muito com o amigo, EXPROBRAVA também os ricos, os poderosos, os que dão as costas à caridade.* (AM) ◆ *Beatrix EXPROBAVA seu egoísmo.* (L) ◆ *(...) assim o atiçava Maria Melona, EXPROBANDO a sua covardia.* (OSD)

expulsar, expulsão, expulsado, expulso

1. Com S na terceira sílaba. ◆ *Os paulistas tinham que desistir de querer EXPULSAR os forasteiros das Minas.* (RET) ◆ *Nas áreas em que a lavoura é substituída pelos pastos, a EXPULSÃO direta do homem do campo é inevitável.* (BF)

2. A forma **expulsado** é usada com os auxiliares **ter** e **haver**. ◆ *E agradeça ao Dr. Ouvidor ter te EXPULSADO da audiência.* (VB) ◆ *Saddam havia EXPULSADO os curdos para o topo das montanhas.* (FSP)

A forma **expulso** é usada principalmente com os verbos **ser** e **estar**, mas também com **ter** e **haver**. ◆ *Um atleta será EXPULSO da partida, sem prévia advertência.* (FUT) ◆ *Você está EXPULSO!* (TB) ◆ *Rosa me falou muito bem do senhor, embora dissesse que o senhor a tinha EXPULSO de casa.* (EL) ◆ *O árbitro Nurredín Terji morreu ontem durante uma partida na Argélia, ao ser agredido por Mohamed Korti, a quem havia EXPULSO por reclamações e ofensas.* (FSP)

êxtase ⇨ Ver estase.

Com X depois do E, na primeira sílaba, e com S na última sílaba. A sílaba tônica é a antepenúltima (ÊX), e, por isso, a palavra leva acento (proparoxítona). É substantivo masculino. Significa "arrebatamento", "enlevo". ◆ *Foi Beatrice quem primeiro saiu do ÊXTASE.* (ACM) ◆ *Eram vinte e sete mil e quatrocentas mulheres agora que o contemplavam em ÊXTASE.* (BH)

O substantivo **estase** (palavra paroxítona) designa, em patologia, a estagnação do sangue ou dos humores no organismo; designa, também, estado de impotência para agir.

extático ⇨ Ver estático.

O adjetivo **extático** (com X) significa "posto em êxtase", "absorto", "enlevado". ◆ *Jaci nem pensou em conseguir tal coisa, na sua EXTÁTICA devoção à ideia de passear.* (CON)

O adjetivo **estático** (com S) significa "imóvel como estátua", "parado", "hirto".

extenso, extensão, extensivo ⇨ Ver estender.

Com X depois do E, na primeira sílaba, e com S na terceira sílaba. ◆ *Atravessei um EXTENSO gramado: talvez um campo de futebol.* (BL) ◆ *Abaixo delas, toda a EXTENSÃO da parede é tomada por bancos de pedra, sete em cada lado, um diante de cada arco.* (ACM) ◆ *A possibilidade de crescimento EXTENSIVO exclui qualquer preocupação de melhora de rendimentos.* (FEB)

Diferentemente, o verbo **estender** escreve-se com S depois do E, na primeira sílaba.

exterior

O substantivo **exterior**, mesmo referindo-se a nações estrangeiras, escreve-se com inicial minúscula. ◆ *Os empréstimos no EXTERIOR estão difíceis.* (AVL)

externo ⇨ Ver esterno.

O adjetivo **externo** (com X) significa "que está do lado de fora". ◆ *Os artrópodes apresentam patas articuladas e esqueleto EXTERNO.* (GAN)

O substantivo **esterno** designa osso do peito.

extinguir, extinguido, extinto

1. O U do grupo GU não é pronunciado. **Extinguir** significa "apagar", "eliminar". ◆ *A morte, por ser universal, EXTINGUE as malquerenças, a todos irmanando.* (FR)

No presente do subjuntivo (desinência -a), não existe U depois do G. ◆ *É provável que a medida EXTINGA a classe dos guardas rodoviários.* (FSP)

2. A forma de particípio **extinguido** é usada com os auxiliares **ter** e **haver**. ◆ *A candeia em cima do forro talvez se tenha EXTINGUIDO.* (SE)

A forma **extinto** é usada com os verbos **ser**, **estar** e **ficar**. ◆ *É EXTINTO o cargo de intendente de polícia e criado o de chefe de polícia, exercido apenas por juiz de direito.* (CAP) ◆ *A tribo estava EXTINTA.* (VB) ◆ *Por esse projeto, fica EXTINTO o monopólio dos sindicatos na contratação da mão de obra.* (VEJ)

extorquir

1. O U não é pronunciado. ✦ *Atreveu-se a defender os cidadãos ingleses dos quais Papa Doc EXTORQUIA dinheiro para fazer Duvalierville, uma cidade que jamais foi construída.* (REA)

2. Verbo defectivo, conjuga-se apenas nas formas em que ao radical se segue E ou I. Não existe, pois, a primeira pessoa do singular do presente do indicativo, e, consequentemente, o presente do subjuntivo. ✦ *Os pistoleiros EXTORQUEM dinheiro de funcionários de organizações humanitárias, atacam comboios e roubam comida.* (VEJ) ✦ *EXTORQUI a aposentadoria de Peixotinho a poder de cacetadas.* (NI) ✦ *Afrânio Lemos dentro do Clube Caiçaras lhe EXTORQUIA joias e dinheiro.* (CRU)

3. Usa-se:

✧ com um complemento sem preposição (objeto direto, referente à coisa extorquida), podendo ocorrer outro complemento iniciado pela preposição de (referente a pessoa). ✦ *Novirov mantém o pelotão armado para dissuadir bandidos avulsos que tentam EXTORQUIR dinheiro vendendo proteção.* (VEJ) ✦ *Não visamos a uma ação comum imediata para EXTORQUIR ajuda dos nossos irmãos mais afortunados.* (JL)

✧ com um complemento sem preposição (objeto direto) referente a pessoa. ✦ *Convencidos de que eles estavam no local para EXTORQUIR criminosos, os moradores incendiaram dois ônibus em sinal de protesto.* (VEJ)

extorsão

Com X depois do E, e com S na última sílaba. O substantivo designa a ação de extorquir. ✦ *O Sr. Manuel Lucas foi no início considerado como sendo uma das vítimas de tentativa de EXTORSÃO.* (CS)

extra, extra-

1. **Extra**, como forma reduzida de **extraordinário**, emprega-se como adjetivo e como substantivo (masculino). ✦ *Cada atividade EXTRA era uma sensação.* (FAV) ✦ *O encontro de Lott-Marlene não estava programado. Mas foi um EXTRA muito agradável para o Marechal e a "estrela".* (CRU)

Em qualquer dos casos, flexiona-se no plural. ✦ *Profissionais cumprem longuíssimas jornadas EXTRAS sem receber e sem reclamar.* (RI) ✦ *Os visitantes são os EXTRAS neste filme hipotético.* (FSP)

Lições normativas indicam que o E tônico é fechado, mas a pronúncia varia.

2. **Extra-** é prefixo de origem latina que indica exterioridade ou superioridade. Liga-se ao elemento seguinte:

✧ com hífen, se o elemento começar por H ou por A (que é a mesma vogal em que o prefixo termina). ✦ *Seu olhar interior, de uma lucidez EXTRA-humana, penetra a existência em toda a sua profundidade, latitude e altura.* (NE) ✦ *Sintomas digestivos decorrentes de doenças de órgãos EXTRA-ABDOMINAIS.* (GAC)

✧ sem hífen, antes das outras consoantes e vogais. ✦ *Para as radiografias EXTRABUCAIS panorâmicas, foi utilizado aparelho PANEX-E.* (ROU) ✦ *Os membros do gênero Aeromonas vêm sendo reconhecidos como importantes patógenos intestinais e EXTRAINTESTINAIS de humanos.* (RMT)

Se o elemento seguinte começar por R ou S, é necessário duplicar essa letra (que ficará entre duas vogais, na escrita). ✦ *O amoníaco urinário altera suas cifras normais, por causas imputáveis aos rins ou por mecanismos EXTRARRENAIS.* (MEL) ✦ *Ao eletrocardiograma, notava-se a presença de EXTRASSÍSTOLES ventriculares frequentes.* (CCV)

3. Flexão das palavras formadas com o prefixo **extra-**:

✧ Os adjetivos formados de adjetivos são variáveis. ✦ *No início da administração Faria Lima ocorreram desapropriações EXTRAJUDICIAIS que deram muito o que falar.* (ESP) ✦ *Temos fotos, filmes, documentando suas relações EXTRAMATRIMONAIS e inclusive fita gravada com conversas no apartamento da sua companheira.* (PCO)

✧ Os adjetivos formados de substantivos são invariáveis (em indicação singular ou em indicação plural). ✦ *A diretoria do Corinthians está preocupada com fatores EXTRACAMPO.*

-ez

(FSP) ✦ *Os interessados se inscrevem em projetos* **EXTRACLASSE**. (FSP) ✦ *Aí, uma guarita com um posto da Polícia Federal, a "portaria" para a CVRD e a "barreira" para a população* **EXTRAMUROS**, *controla pessoas e mercadorias*. (AMN)

extrato ⇨ Ver **estrato.**

O substantivo **extrato** (com X) significa "aquilo que foi extraído". ✦ *Essa substância, um* **EXTRATO** *da cultura de bacilo, era a tuberculina*. (APA)

O substantivo **estrato** significa "camada", designando, também, nuvem que se apresenta como uma camada horizontal

extravasar

Escreve-se com X depois do E e com S na última sílaba. Liga-se ao substantivo **vaso**, e não ao verbo **vazar** ou ao adjetivo **vazio**. Significa "fazer transbordar", "derramar". ✦ *O homem do aço confessa* **EXTRAVASAR** *seus sentimentos no convívio com os cavalos.* (CAA)

extremo, extremidade

Com X depois do E. ✦ *A concordata é um recurso* **EXTREMO** *que traz prejuízos pesados aos credores e abala a imagem da empresa.* (VEJ) ✦ *Celeste está sentada numa* **EXTREMIDADE** *da cama.* (BO)

-ez ⇨ Ver **-ês** ⇨ Ver **-eza.**

Escrevem-se com Z os substantivos derivados de adjetivos por meio do sufixo **-ez**. Esses substantivos são, pois, nomes de qualidades:

✧ **ácido: acidez.** ✦ *A ACIDEZ intestinal favorece a absorção do fósforo.* (NFN)

✧ **altivo: altivez.** ✦ *Robério fascina-me pela ALTIVEZ, pela coragem, pelo desprendimento.* (VP)

✧ **árido: aridez.** ✦ *Sabemos que as terras existem e que sua ARIDEZ dá firmeza e sustento aos nossos pés.* (INQ)

✧ **ávido: avidez.** ✦ *Com AVIDEZ colocou na boca quase o cacho inteiro.* (FAB)

✧ **escasso: escassez.** ✦ *O que caracterizava a economia antilhana era sua extrema ESCASSEZ de terras.* (FEB)

✧ **estúpido: estupidez.** ✦ *Eu já ia perdendo a paciência com a ESTUPIDEZ daquele meu irmão.* (MMM)

✧ **fétido: fetidez.** ✦ *A FETIDEZ nasal é a condição patológica que faz exalar um odor desagradável das fossas nasais.* (TC)

✧ **fluido: fluidez.** ✦ *Na verdade, pensava eu, se essa parte de sua vida se lhe devolvia em FLUIDEZ, Angela responderia por ela e a sufocava.* (AV)

✧ **frígido: frigidez.** ✦ *Tinha problemas na educação dos filhos e FRIGIDEZ em relação ao marido.* (REA)

✧ **hediondo: hediondez.** ✦ *Não era certamente a cruz do Cristo, bela na sua ignomínia, e imensamente adorável na sua HEDIONDEZ.* (NE)

✧ **honrado: honradez.** ✦ *Afinal, sempre fora um homem de fé e nessa crença colocara o dever, a HONRADEZ, o trabalho como meta prioritária de suas obrigações.* (PCO)

✧ **insípido: insipidez.** ✦ *O filme ("Crime no Circo") só não ganhava em INSIPIDEZ dos seriados com o agente secreto X-9.* (FSP)

✧ **intrépido: intrepidez.** ✦ *A INTREPIDEZ e o heroísmo do Major Martinez constituem exemplo para as gerações futuras.* (OL)

✧ **inválido: invalidez.** ✦ *Inclinou rápido a cabeça, a vista a percorrer o corpo, como se me quisesse indicar os sinais patentes da INVALIDEZ irremediável, da coragem arruinada.* (AV)

✧ **lânguido: languidez.** ✦ *Chegou ao ginásio do Coliseu da cidade de Portland com a LANGUIDEZ de quem se considera de férias.* (VEJ)

✧ **límpido: limpidez.** ✦ *A campina toda transluzia, na LIMPIDEZ de uma manhã de dezembro.* (G)

✧ **macio: maciez.** ✦ *Ante a extensão e MACIEZ dos tapetes, viera-lhe novamente o desejo de dar uns saltos.* (JT)

✧ **malvado: malvadez.** ✦ *Aparício entrou na cidade e foi, de casa em casa, deixando a marca de sua MALVADEZ.* (CA)

✧ **mórbido: morbidez.** ✦ *O trauma provocado pela morte da mãe levou-o, patologi-*

-eza

camente, a uma fixação na tia, que atingiu o máximo da **MORBIDEZ**. (CRU)

◇ **mudo: mudez.** ◆ *Angela, em impenetrável MUDEZ, não ousou contrariar as reflexões de Mauro.* (AV)

◇ **nítido: nitidez.** ◆ *Angela vê com NITIDEZ o doce perfil da avó, ouve-lhe a voz branda.* (CC)

◇ **nu: nudez.** ◆ *As moças vão lá exibir a sua NUDEZ.* (BPN)

◇ **pálido: palidez.** ◆ *A PALIDEZ e a magreza da menina contrastam com a aparência saudável da irmã.* (VEJ)

◇ **pequeno: pequenez.** ◆ *Desesperado pela PEQUENEZ do meio, deixara a fazenda onde o pai vivia de favor, resto de família poderosa, diluída pelo tempo.* (BH)

◇ **plácido: placidez.** ◆ *Os olhos eram plácidos, mas havia qualquer coisa de terrível sob aquela PLACIDEZ.* (CP)

◇ **polido: polidez.** ◆ *A POLIDEZ implica uma presença contínua e soberana do indivíduo.* (RB)

◇ **prenhe: prenhez.** ◆ *Em resumo, o diagnóstico da PRENHEZ traz, algumas vezes, certas dificuldades.* (CLO)

◇ **rígido: rigidez.** ◆ *Havia RIGIDEZ e segurança nos propósitos daquela mulher aparentemente frágil e abandonada.* (INQ)

◇ **ríspido: rispidez.** ◆ *Apesar da RISPIDEZ com que era tratada, Carmencita, no rolar do tempo, foi-se tornando alegre e bonita.* (LA)

◇ **robusto: robustez.** ◆ *Jipes misturam sofisticação e ROBUSTEZ.* (FSP)

◇ **sensato: sensatez.** ◆ *O boato fere e mata muito mais do que o fato, pois nasce dele a desordem, inimiga da SENSATEZ, com a ilusão posta acima da verdade.* (CB)

◇ **sólido: solidez.** ◆ *Aquele carinho, aquela atenção me deram SOLIDEZ para o resto da vida.* (RI)

◇ **surdo: surdez.** ◆ *Hipoacusia e SURDEZ são graus de mesmo sintoma: incapacidade parcial ou total de perceber o som.* (TC)

◇ **tépido: tepidez.** ◆ *Às 6 da manhã havia uma determinada TEPIDEZ no ar quase imó-*

vel e duas cigarras começaram a cantar em estilo vertical. (ACI)

◇ **tímido: timidez.** ◆ *Se esse for o seu caso, deixe a TIMIDEZ de lado e ... mergulhe fundo!* (ELL)

◇ **vetusto: vetustez.** ◆ *O principal exemplo da VETUSTEZ do debate é a questão do crescimento econômico.* (FSP)

◇ **viúvo: viuvez.** ◆ *Se eu fosse moço, não casava mais depois da viuvez.* (VB)

-eza ⇨ Ver **-ez.**

Escrevem-se com **Z** os substantivos derivados de adjetivos qualificativos por meio do sufixo **-eza**. Esses substantivos são, pois, nomes de qualidades:

◇ **agudo: agudeza.** ◆ *Na AGUDEZA de seu olhar, aparece constantemente a capacidade de observação.* (REA)

◇ **alto: alteza.** ◆ *Sugeriu então que ele fosse chamado de "sua benigna ALTEZA".* (VEJ)

◇ **áspero: aspereza.** ◆ *O pai, esse só deixava visível a secura dos gestos e a ASPEREZA do trato.* (TER)

◇ **avaro: avareza.** ◆ *O prefeito persiste em sua AVAREZA.* (NOD)

◇ **belo: beleza.** ◆ *Beatrice Bonomi, a mais tranquila e entusiasta do grupo, tinha uma BELEZA toscana.* (ACM)

◇ **bravo: braveza.** ◆ *Se o fazendeiro ficar bravo, que fique, a BRAVEZA é por conta dele.* (ATR)

◇ **certo: certeza.** ◆ *Carregava um pequeno embrulho, o que me trouxe logo a CERTEZA de que andara a fazer compras.* (AV)

◇ **claro: clareza.** ◆ *Voldenir entendeu com CLAREZA que a presença da mãe naquele momento no seu quarto era uma censura, uma advertência.* (JM)

◇ **cru: crueza.** ◆ *A culpa não é do decreto real, e sim da CRUEZA dos homens que aqui habitam.* (RET)

◇ **destro: destreza.** ◆ *Os segundos tinham tal habilidade, tal DESTREZA, que suas prestidigitações pareciam verdadeiros milagres.* (INC)

-eza (cont.)

◇ **duro: dureza.** ◆ *Joana Xaviel demostrava uma DUREZA por dentro, uma inclinação brava.* (COB)

◇ **esbelto: esbelteza.** ◆ *O que era magreza virou ESBELTEZA.* (CT)

◇ **esperto: esperteza.** ◆ *ESPERTEZA quer dizer também safadeza.* (VEJ)

◇ **estranho: estranheza.** ◆ *A princípio, o fato causou ESTRANHEZA e admiração.* (DEN)

◇ **fino: fineza.** ◆ *Achei que ele teria a FINEZA de não mencionar meus sentimentos por Anna.* (ACM)

◇ **frio: frieza.** ◆ *Ante a FRIEZA de Adroaldo e Estela, Jocasta se sente um pouco constrangida.* (MD)

◇ **gentil: gentileza.** ◆ *Lindauro sente-se acanhado com tanta GENTILEZA, agradece, desculpando-se.* (ATR)

◇ **grande: grandeza.** ◆ *No seu esforço indigno de denegrir a obra e a memória de Eurípides, faltou a Aristófanes um mínimo de GRANDEZA de ânimo.* (ACM)

◇ **firme: firmeza.** ◆ *Nada parecia abalar a FIRMEZA com que Pedro conduzia a vida familiar.* (GRE)

◇ **fraco: fraqueza.** ◆ *Pranto é FRAQUEZA, coisa de mulher.* (MRF)

◇ **inteiro: inteireza.** ◆ *Porém, mais certamente, fomos buscar na também recente Constituição portuguesa a expressão em sua INTEIREZA.* (OS)

◇ **impuro: impureza.** ◆ *O discípulo Paulo, pregando aos coríntios, havia dito que o homem e a mulher podiam se casar para fugirem da IMPUREZA.* (RET)

◇ **ligeiro: ligeireza.** ◆ *A memória tem a densidade e a LIGEIREZA de uma bailarina.* (PAO)

◇ **lindo: lindeza.** ◆ *A mais velha teria seus doze anos, LINDEZA de menina-moça.* (PN)

◇ **largo: largueza.** ◆ *A LARGUEZA de verbas escandalizou o país e criou um movimento de protesto.* (VEJ)

◇ **lhano: lhaneza.** ◆ *Apesar da LHANEZA de todos, a demissão propriamente dita foi confusa e violenta.* (VEJ)

◇ **macio: macieza.** ◆ *Dasdores passa os dedos, com ternura, pelos camelinhos; sente neles a MACIEZA da mão de Abelardo.* (COT)

◇ **magro: magreza.** ◆ *O corpo de Avinarrai apresentava uma MAGREZA horrível.* (ARR)

◇ **malvado: malvadeza.** ◆ *Talvez influenciado pelas histórias recentes, senti que seu olhar era de MALVADEZA.* (ID)

◇ **mole: moleza.** ◆ *Hanna sentiu uma MOLEZA no corpo.* (BH)

◇ **nobre: nobreza.** ◆ *Aceito e compreendo a NOBREZA de seu gesto, mas ele me choca.* (OSA)

◇ **pobre: pobreza.** ◆ *Vivinho era um garoto muito esperto, cuja POBREZA não impedia sua espirituosidade e bom humor.* (ACT)

◇ **presto: presteza.** ◆ *Nunca vi tamanha PRESTEZA de fiscais da Receita.* (VEJ)

◇ **puro: pureza.** ◆ *A PUREZA de Garrincha era uma das características que haviam encantado de saída o pessoal do Botafogo.* (ETR)

◇ **rico: riqueza.** ◆ *Joaquim dos Santos é um raro homem rico que não ostenta a RIQUEZA.* (AM)

◇ **rijo: rijeza.** ◆ *Tal coisa compreende principalmente o preparo do aparelho de sucção, dando-se conformação e RIJEZA suficiente ao mamilo.* (CLO)

◇ **rude: rudeza.** ◆ *Uma certa RUDEZA no comportamento dos gregos para com turistas é normal.* (FSP)

◇ **singelo: singeleza.** ◆ *O primeiro templo, dedicado à Senhora de Fátima, eleva-se na sua SINGELEZA.* (JK-O)

◇ **tíbio: tibieza.** ◆ *Semelhante tolerância, que é senão uma TIBIEZA no ódio com que devemos perseguir o pecado?* (MA)

◇ **torpe: torpeza.** ◆ *O caráter do morto não diminui a TORPEZA do crime!* (PD)

◇ **triste: tristeza.** ◆ *Subitamente, Anna Maria sentiu uma TRISTEZA enorme.* (DE)

◇ **vilão: vileza.** ◆ *Também a pequena obra-prima de Fields é um exemplo de VILEZA sublime.* (FSP)

◇ **vivo: viveza.** ◆ *A criança terá os olhos brilhantes e alegres, refletindo a VIVEZA DO ESPÍRITO E DO CORAÇÃO.* (BIB)

f

O nome da letra é **efe**. O primeiro E (tônico) é aberto, mas a palavra não leva acento. ◆ *Dizem que o EFE Agá vai sair de social-democrata.* (FSP)

fábrica

O adjetivo correspondente é **fabril**. ◆ *De forma análoga ao surgimento do sistema FABRIL, e em função dele, outros setores experimentam também profundas alterações.* (ISO)

face

O adjetivo correspondente é **facial**. ◆ *Sua máscara FACIAL é rígida e inexpressiva, como a da maioria dos animais.* (FOT)

face a, face a face ⇨ Ver **em face de**.

1. As lições tradicionais não recomendam a expressão **face a** ("em face de", "ante").

Entretanto, ela é de uso corrente, e não apenas na linguagem popular. ◆ *FACE A tais prioridades é o próprio governo que passa a viabilizar e subsidiar a ocupação de terras à frente da expansão pioneira.* (AMN) ◆ *FACE À precariedade de sua rede, o Governo tornou-se o maior comprador de Saúde.* (GAZ)

2. Em expressões como **face a face, cara a cara** etc. o **a** é apenas uma preposição, e, portanto, não leva acento. ◆ *Um dia, encontrou-se FACE A FACE com ele, e, como era a primeira vez que isto acontecia, sentiu tal pavor que quase morreu.* (TEG)

facho

Com **CH**. Significa "archote", "clarão", "luzeiro". ◆ *O FACHO de luz é projetado apenas na área sob o poste, iluminando a rua, sem chegar à praia.* (VEJ)

fácies

1. É a forma gráfica portuguesa (com acento) correspondente ao latim *facies*. É substantivo feminino e significa "aspecto". ◆ *A FÁCIES da colônia iria modificar-se fundamentalmente.* (FEB)

2. Em medicina significa "alteração da fisionomia causada por certas enfermidades". ◆ *Daí a importância de reconhecer, até mesmo na expressão do doente, os sinais premonitórios da morte – a FÁCIES hipocrática.* (APA)

fácil

O superlativo absoluto sintético é **facílimo**. ◆ *O tampo bandeja impede a queda de gordura, fuligem, leite derramado, para dentro do fogão e é FACÍLIMO de limpar.* (REA)

fácil de fazer ⇨ Ver **infinitivo** ⇨ Ver **difícil de fazer** ⇨ Ver **bom de ler** ⇨ Ver **duro de roer**.

Nessa construção, o infinitivo (**fazer**) tem sentido passivo ("ser feito"), ou de sujeito indeterminado ("alguém fazer"), sem necessidade de uso do pronome **se**. ◆ *No papel podem conseguir-se efeitos gráficos muito bonitos e interessantes, FÁCEIS DE FAZER até por crianças pequenas.* (CCE) ◆ *Mas sempre uma coincidência, talvez até FÁCIL DE EXAGERAR.* (SL)

facínora

Entretanto, ocorrem construções com o **se**.
- *Isso é MUITO FÁCIL DE se DIZER*. (SM)
- *Marcos disse mentira: mentira é FÁCIL DE se PEGAR*. (DE)

facínora

Com C. A palavra refere-se a criminoso cruel e perverso. ◆ *Com os olhos destilando raios funéreos, o FACÍNORA deu uma gargalhada sentenciosa e agoureira*. (S)

fã-clube

1. É a forma portuguesa correspondente à expressão inglesa *fan club*. ◆ *Sílvio Santos também é membro do FÃ-CLUBE de "Jornada nas Estrelas"*. (VIE)

2. O plural é **fã-clubes**, feito segundo o modo de formação de plural do inglês. ◆ *Criam-se FÃ-CLUBES de adolescentes para cultuar Mickey e Mallory*. (FSP)

fac-símile, fac-similar

1. Escrevem-se com hífen.

2. O substantivo **fac-símile** (adaptação gráfica portuguesa (com hífen) da expressão latina *fac simile*, que significa "faça do mesmo modo"), é masculino. Designa reprodução exata de um material gráfico mediante processo fotomecânico. ◆ *A informação na empresa pode se apresentar na forma de voz, texto, dados, FAC-SÍMILE e vídeo*. (P-INF)

O plural é **fac-símiles**. ◆ *As casas-escritórios serão equipadas com recursos de última geração, com videofones, computadores pessoais e FAC-SÍMILES*. (FSP)

3. **Fac-similar** é o adjetivo correspondente. ◆ *Na semana passada chegou às livrarias a edição FAC-SIMILAR do Almanaque 1955*. (VEJ)

factoring, fomento comercial, fomento mercantil

1. Factoring é palavra inglesa que designa serviço prestado por uma empresa especializada (*factor*), que oferece crédito imediato a empresas por meio da compra de créditos a receber (cheques pré-datados), com deságio, para cobrir os encargos operacionais e de financiamento. A pronúncia aproximada é **féctorin**. ◆ *O CMN permitiu que os bancos voltem a fazer operações de descontos de cheques pré-datados como as empresas de FACTORING*. (FSP)

2. A tradução portuguesa é **fomento comercial**, ou **fomento mercantil**, expressões muito menos usuais (6% e 1%, respectivamente) que o termo original inglês (93%). ◆ *O prejuízo dos bancos equivale aos ativos das empresas de FACTORING (FOMENTO COMERCIAL)*. (FSP) ◆ *A afirmação do texto de que finalmente se confere tratamento de instituição financeira às chamadas FACTO-RINGS (empresas que negociam cheques pré-datados) – contém um equívoco conceitual quanto à natureza da verdadeira atividade de FOMENTO MERCANTIL (FACTORING)*. (FSP)

factótum

É a forma gráfica portuguesa correspondente ao latim *fac totum*. O substantivo designa pessoa capaz de se encarregar de desempenhar todo tipo de tarefas. ◆ *Longe da devida assimilação, as noções se misturam e transformam quase todo homem num FACTÓTUM, que tudo resolve e tudo sabe, embora na verdade pouco saiba e nada resolva de modo consistente*. (OV)

facundo ⇨ Ver **fecundo**.

Facundo é adjetivo que significa "eloquente", "falador". ◆ *Nem é tão mau, mas sempre que se fala de um orador expressivo, ruidoso, contundente, entusiasmado, eletrizante, FACUNDO, exaltado, excitado (no bom sentido), (...) sacam da algibeira "eloquente" ou "inflamado"*. (FSP)

Fecundo é adjetivo que significa "fértil".

fago-, -fago

É elemento (grego) que se liga a um elemento seguinte ou a um anterior. O significado liga-se a "comer". ◆ *O processo pelo qual os leucócitos defendem o organismo é a FAGOCITOSE, isto é, ingestão e digestão do agente agressivo*. (CLC) ◆ *É mesmo um pouco ANTROPÓFAGO, porque devora qualquer pedacinho de pele da mão da gente que descobre*. (AID)

fagócito

A sílaba tônica é a antepenúltima (**GÓ**), e, por isso, a palavra leva acento (proparoxítona). • *Se o antígeno é particulado, ele é fagocitado e destruído mais rapidamente do que quando em solução, se bem que a degradação do antígeno dependa de sua natureza e do tipo de FAGÓCITO.* (CP)

Fahrenheit

É palavra que, a partir de nome próprio alemão, designa escala de medida de temperatura. • *Na parede, o termômetro marca 5 graus FAHRENHEIT, algo em torno de menos 15 graus Celsius.* (FSP)

fair-play

É expressão inglesa que significa "jogo limpo". A pronúncia aproximada é **fér-plêi**. • *"O 'FAIR-PLAY' (jogo limpo) durou apenas três partidas."* (FSP)

faisão

1. Os femininos tradicionalmente indicados são **faisoa** e **faisã**, mas a segunda forma não ocorreu. • *A FAISOA ao pé do fausto do macho, ainda assim chega a parecer-se, nostalgicamente, mais bonita.* (AVE)

2. Os plurais tradicionalmente indicados são **faisões** e **faisães**, mas a segunda forma não ocorreu. • *Havia um toque de graça não esperado, sobre um dos FAISÕES.* (ACM)

faixa ⇨ Ver pista.

1. Com **X** (após ditongo). • *Olhando toda a FAIXA do horizonte, dava para perceber o dia empurrando a noite.* (BL)

2. Numa rodovia, **faixa** é cada uma das divisões paralelas, demarcadas por listas, em uma **pista**. • *Ele aproveita o intervalo e corta a segunda FAIXA da avenida.* (CH)

Pista é cada uma das partes da rodovia, num determinado sentido, para rolamento de veículos.

falador

O feminino é **faladeira**. • *A FALADEIRA quer saber se a rosa é bonita.* (BPN)

falange

É coletivo:

◇ para soldados. • *Apoiado pela FALANGE Socialista Boliviana (direita), por parte do MNR e das Forças Armadas, o então coronel Hugo Banzer tomou o poder em 1971.* (FSP)

◇ para anjos. • *Glorioso Ogum, em nome de Oxalá, em nome da FALANGE do divino Espírito Santo, estenda-me o seu escudo e as suas poderosas armas.* (CHU)

falar ⇨ Ver dizer.

1. O verbo **falar** refere-se simplesmente ao ato de fala, significando:

◇ "usar a palavra", "articular palavras". • *A seguir, FALOU o professor Milton Campos.* (ESP) • *Nunca mais Pablo me FALOU em Marta nem perguntei por ela.* (BH)

◇ "conversar". • *Edu Chaves FALAVA com seu Ernesto, os dois de pé no meio da oficina.* (ANA)

Desse modo, **falar**, em princípio, não é sinônimo de **dizer**, que significa "exprimir linguisticamente", "enunciar", "declarar" e que se constrói com um complemento sem preposição (oracional ou não), podendo ocorrer outro complemento (referente a pessoa), iniciado pela preposição **a**.

Entretanto, é comum, e não apenas na linguagem coloquial, usar-se **falar** por **dizer**. • *O produtor me FALOU que ia haver uma matinê.* (ESP) • *Ele FALOU isso e alguma coisa se quebrou dentro de mim.* (OMT) • *Depois de outro silêncio Olavo FALOU: – Só mesmo uma revolução.* (Q)

2. Recomendam os manuais normativos que se use a preposição **a** (e não **em**) em construções como **falar ao telefone, falar ao microfone**. • *Era receio até de FALAR ao telefone?* (DE) • *Não quero parar agora e, se for possível, quero morrer FALANDO ao microfone.* (AMI)

falaz

Com **Z** final. Significa "enganoso", "quimérico". • *A glória dos acadêmicos, sua "imortalidade", pode ser FALAZ, mas a ideia de a consagrar não é.* (RC)

falir

Verbo defectivo, só se conjuga nas formas em que ao **L** se segue **I**. No presente do indicativo só existem, pois, a primeira e a segunda pessoa do plural. Consequentemente, não há todo o presente do subjuntivo. A conjugação é regular. ◆ *Mas a produtora FALIU 15 dias antes do início das filmagens.* (OLI) ◆ *As demais capitanias ou FALIRAM, ou sequer foram ocupadas por seus donatários.* (HIB)

faltar

1. É muito comum o sujeito vir posposto ao verbo, haja ou não complemento expresso, e obviamente o verbo concorda com seu sujeito. ◆ *Não FALTAM médicos em suas obras.* (APA)

2. Usa-se:

◇ com complemento iniciado pela preposição **a**. ◆ *E muitas mais estão sendo projetadas, para que jamais FALTE ao Brasil a energia elétrica indispensável ao seu desenvolvimento.* (P-REA) ◆ *Só FALTEI à aula uma vez na vida, quando minha avó morreu.* (VEJ)

◇ com sujeito oracional (com verbo no infinitivo) e sem complemento; nesse caso, o verbo **faltar** fica na terceira pessoa do singular, como ocorre com todos os outros verbos que têm sujeito oracional. ◆ *FALTAVA ainda examinar quinze tabelas, e Valdemar suspirou, de cansado.* (COT) ◆ *Só FALTAVA ele ler o roteiro para ver se estava a fim.* (FIC)

Entretanto, em linguagem coloquial, são usuais construções em que a oração infinitiva vem como complemento (objeto direto), e o verbo concorda com um sujeito do tipo humano. ◆ *Só FALTEI indicar alguns endereços, fruto do meu espírito de cooperação nesta hora difícil para todos.* (BPN)

faltar (dias, meses, anos etc.)

Nessas expressões, dias, meses e anos são sujeito do verbo, que, então, vai para o plural se se tratar de mais de um, fazendo-se a concordância. ◆ *Meus amigos, FALTAM menos de dois meses para a eleição.* (AGO) ◆ *FALTAVAM vinte e três dias para o casamento.* (BE)

faltar com o respeito, faltar ao respeito

São expressões equivalentes, e a primeira é a mais usual (86%). ◆ *Correndo o risco de FALTAR COM O RESPEITO, insisti, querendo saber mais detalhes.* (CEN) ◆ *Nunca me FALTOU AO RESPEITO.* (MRF)

famigerado

Significa "que / quem tem fama", "célebre". ◆ *Uma obra divina, foi o que disse o FAMIGERADO artista Bé P. Lima quando viu o tiquinho de nada que restou.* (VIC)

Há uma errada crença de que **famigerado** tem conotação negativa, significando "tristemente famoso", "celerado", "bandido".

fantasma

1. O substantivo **fantasma** pode empregar-se à direita de outro, atuando como classificador ou como qualificador (como um adjetivo), com o significado de "não existente", "falso", "fictício", "enganoso". ◆ *Até hoje os navegantes contam histórias da nave FANTASMA e seu brumoso capitão, ali entre as Canárias e São Nicolau.* (AVL) ◆ *O governo FANTASMA instalado por Denikin, de duração efêmera, foi logo reconhecido pelas potências ocidentais.* (GPO) ◆ *A terceira classe é a dos agregados: gente que pega carona no modismo e monta um escritório FANTASMA na cidade e aparece lá de vez em quando.* (VEJ) ◆ *Não podia saber se o dinheiro vinha de uma conta FANTASMA.* (VEJ)

O plural geralmente vem marcado nos dois elementos. ◆ *Cirurgias FANTASMAS, chapas inexistentes, atendimentos de mortos.* (GD) ◆ *Referia-se a firmas comerciais FANTASMAS (...).* (GRE) ◆ *Ela abriga jatinhos executivos, carros esporte, cheques FANTASMAS e uma chuva intermitente de dólares de origem duvidosa.* (VEJ)

A ligação entre os dois elementos pode chegar à formação de substantivos compostos, com hífen, formas em geral não abrigadas na ortografia oficial. ◆ *Não viram meu nome em nenhuma relação de empreiteiras, nenhum*

farinha

recebimento de **cheque-FANTASMA**. (FSP)
♦ *Vasconcellos gosta tanto de sombra que virou* **funcionário-FANTASMA**. (VEJ)

Mantém-se a tendência de marcar o plural nos dois elementos, mas também ocorre a marca apenas no primeiro elemento. ♦ *O recadastramento foi realizado para coibir as* **contas-FANTASMAS** *– de clientes inexistentes.* (FSP) ♦ *Restavam apenas as chamadas* **gravadoras-FANTASMAS**, *aquelas que surgem só no carnaval.* (REA) ♦ *Segue o planalto do rio Colorado e passa pelo Grand Canyon, num roteiro cheio de reservas indígenas e* **cidades-FANTASMA**. (FSP)

2. Os adjetivos correspondentes a **fantasma** são:

◇ **fantasmal**. ♦ *(...) só se ouvia a sua risada de deboche ao mesmo tempo que FANTASMAL (...)*. (SD)

◇ **fantasmático**. ♦ *Enquanto os dois discutem, Juarez conversa com o terceiro personagem FANTASMÁTICO que povoa seus sonhos brasílicos*. (TB)

◇ **fantasmagórico**. ♦ *O contorno dos objetos mal divisados lhes dá um aspecto FANTASMAGÓRICO*. (CH)

◇ **espectral**. ♦ *Isso contribui para o aspecto ESPECTRAL, vago, fantasmático do filme.* (FSP)

fanzine

É palavra inglesa, já registrada oficialmente em português, que designa publicação alternativa, não convencional, dedicada a assuntos de música popular. ♦ *O serviço permite ainda que o usuário inclua seu FANZINE no catálogo ou forneça o endereço de sua banda para correspondência.* (FSP)

FAO

É a sigla de *Food and Agricultural Organization* (Organização das Nações Unidas para Alimentação e Agricultura). ♦ *Em 1958, uma comissão de peritos da FAO se reuniu na Suíça para debates sobre o uso do PH como conservador no leite.* (ACQ)

Fapesp

É a sigla de **Fundação de Amparo à Pesquisa do Estado de São Paulo**. ♦ *A experiência da* **Fapesp** *(Fundação de Amparo à Pesquisa do Estado de São Paulo) nesse campo é bastante interessante.* (FSP)

farândola

A sílaba tônica é a antepenúltima (**RÂN**), e, por isso, a palavra leva acento (proparoxítona). O substantivo designa dança provençal. ♦ *Mas a dança em ti é* **FARÂNDOLA**. (CP)

faraó

O adjetivo correspondente é **faraônico**, que significa "monumental", "grandioso". ♦ *Há um ano, anunciaram um programa FARAÔNICO de 20 bilhões de dólares até o ano 2000.* (VEJ)

fareja, farejam etc.

O **E** é fechado (antes de **J**). ♦ *O subdiretor FAREJA cachaça no ar, dá ordens ríspidas.* (COT)

faring(o)-

É elemento (grego) que se liga a um elemento seguinte. Significa "faringe". ♦ *Nas condições normais, o orifício inferior ou FARÍNGEO da tuba auditiva permanece fechado.* (ACL) ♦ *E alguém morre de FARINGITE?* (FSP)

faringe

1. É substantivo feminino. ♦ *Na FARINGE há mandíbulas.* (GAN)

2. O adjetivo correspondente é **faríngeo**. ♦ *Enfim ao fazer a inspeção geral o técnico não esquecerá de verificar a temperatura da paciente, que pode revelar um foco bucal, FARÍNGEO, intestinal, hepático ou vesicular, ou mesmo urinário.* (CLO)

farinha

O adjetivo correspondente é **farináceo**. ♦ *Não podia comer arroz, FARINÁCEOS e beber vinho ou cerveja.* (REA)

farmaco-

É elemento (grego) que se liga a um elemento seguinte. Significa "medicamento", "remédio". ✦ *O tratamento do FARMACODE-PENDENTE deve ser hospitalar e consiste fundamentalmente em ir diminuindo as doses e medindo a intensidade da síndrome.* (DRO) ✦ *Ultimamente, o descobrimento de novas drogas de síntese permitiu à FARMACOLOGIA clínica contar com novas drogas de mais rápida e efetiva atividade terapêutica.* (PTP)

far-niente

É expressão italiana que significa "não fazer nada" e que, como substantivo (não abrigado na ortografia oficial), designa ócio, modorra. ✦ *Não se trata de ócio ou preguiça, mas um FAR-NIENTE cotidiano, sem estresse, quase leve.* (FSP)

faroeste ⇨ Ver bangue-bangue
⇨ Ver *western*.

É a forma aportuguesada do inglês *Far West*, denominação norte-americana da região do Extremo Oeste. Usa-se para designar região em que há violência e desordens. ✦ *Manson vivia num velho cenário de FAROESTE que algum estúdio abandonara no deserto.* (SS)

fás ⇨ Ver por fás ou (por) nefas.

É a grafia portuguesa (com acento) da palavra latina que significa "o que é permitido por Deus", "o que é lícito". Entra na expressão **(ou) por fás ou (por) nefas,** que significa "justa ou injustamente", "por bem ou por mal". ✦ *Por FÁS ou nefas, a democracia está em crise.* (FSP)

fascículo

Com SC. O substantivo designa cada caderno ou folheto de uma publicação, especialmente de publicação periódica. ✦ *Isabella começou a conversa, perguntando sobre um FASCÍCU-LO desconjuntado, com várias manchas, e que devia ser parte de um livro maior.* (ACM)

fascismo, fascista

Com SC. **Fascismo** é a designação de sistema político liderado por Benito Mussolini na Itália, caracterizado por diretrizes nacionalistas, imperialistas e antiliberais. O termo **fascista** refere-se a partidário ou simpatizante do fascismo. ✦ *Quando Reich declarou terem as massas desejado o FASCISMO, foi como mexer num vespeiro.* (NAZ) ✦ *Viver perigosamente é um slogan FASCISTA.* (E)

-fasia

É elemento (grego) que se liga a um elemento anterior. Significa "fala". ✦ *Para Marie a AFASIA de Wernicke era a verdadeira, que consistia numa perturbação global da linguagem.* (ACL) ✦ *É o que os médicos chamam de DISFASIA mista.* (VEJ)

fast-food

É expressão inglesa que significa "comida rápida". Designa um tipo de alimentação padronizada fornecida com rápido atendimento em estabelecimentos específicos. A pronúncia aproximada é **fést-fud.** ✦ *São contumazes consumidores, adoram comida FAST-FOOD pré-histórica e passam boa parte do tempo se divertindo apenas diante da TV.* (VEJ)

fastos ⇨ Ver fausto.

É substantivo que só se usa no plural (*pluralia tantum*). Significa "anais", "registros públicos de fatos ou obras memoráveis". ✦ *Da luta com os elementos da natureza tropical, compuseram uma gesta de trabalho indômito, repetindo os FASTOS de heroísmo, que inscreveram, em nossa história, os bandeirantes do século XVIII.* (JK-O)

Fausto significa "luxo", "pompa", "ostentação".

fata morgana

É expressão que contém o nome próprio italiano Morgana (a **fada Morgana** da lenda do rei Artur), designando miragem que apresenta imagens invertidas de objetos invisíveis ao observador. ✦ *Tudo isso não será, afinal, uma fantasia especulativa, uma "FATA MOR-GANA", o efeito de "miragem" da operação tradutória?* (FSP)

fatigar, fadigar

São formas variantes. **Fadigar** é de uso muito raro (4%). Significam "levar ao estado de fadiga". ♦ *Quero apenas dar um ou dois exemplos, para não FATIGAR esta seleta assistência.* (JK-O) ♦ *Os chimpanzés têm pé chato e se FADIGAM rapidamente quando andam sem o apoio das mãos.* (DST)

fauce, fauces

É substantivo feminino.

1. **Fauce** é a designação da parte superior da garganta, entre a boca e a faringe. É pouco frequente o uso no singular (17%). ♦ *Sorrio para a FAUCE que rosna pela última vez.* (FSP)

2. A forma plural **fauces** faz a mesma designação do singular. ♦ *Abria as FAUCES nojentas, fétidas de camiceira, a mostrar as carniceiras bigúmeas, o smilodonte.* (VB)

Especialmente em uso literário, tem o significado ampliado de "grande abertura em forma de boca". ♦ *Pai João se encaminhou para o abismo de FAUCES hiantes e de mais de cem metros de profundidade.* (VID) ♦ *E à margem da voragem é preciso ter-se espírito forte para não se precipitar, porque elas estão sempre de FAUCES escancaradas aos incautos ou aos mais atrevidos.* (HP)

fauna

É coletivo para os animais de uma região. ♦ *Além disso, grande parte da FAUNA avícola vive à beira-rio.* (ATN)

fausto ⇨ Ver fastos.

Fausto significa "luxo", "pompa", "ostentação". ♦ *O móvel reluzia seu nácar, na penumbra, com um FAUSTO emocionante e prestigioso.* (DM)

Fastos significa "anais", "registros públicos de fatos ou obras memoráveis".

fautor

Fautor significa "que / quem auxilia ou favorece". Não tem relação com **fator**. ♦ *Os FAUTORES da Revolução realizaram esta proeza de enfeitarem o socialismo com o rótulo de cristão.* (SIG)

fax

1. É forma emprestada do inglês (abreviatura de *fac simile transmission*), já registrada oficialmente em português. Designa aparelho para reprodução de cópia por via telefônica, ou a própria cópia. ♦ *Primeiro, enviou o FAX.* (SI-O)

2. Em português, como palavra terminada com **X**, não varia no plural, mas também o plural faxes, feito pelo inglês, é registrado oficialmente. ♦ *Os FAX recebidos podem ser vistos na tela, impressos ou gravados no disco rígido.* (FSP) ♦ *O Ministério da Justiça recebeu 75 FAXES, a maioria do exterior, protestando contra o assassinato há dias de um índio no Maranhão.* (FSP)

faxina

Com **X**. ♦ *Expandiu suas atividades e ficou sendo também o responsável pela FAXINA das ruas de Pau Grande.* (ETR)

fazer [verbo vicário]

Usa-se **fazer** como verbo vicário ("que faz as vezes de outro"), para evitar a repetição de outro verbo expresso anteriormente. O complemento também não se repete literalmente e vem retomado pelo pronome o. ♦ *O canoeiro sentou-se pesadamente, como se o FIZESSE para sempre.* (ALE) ♦ *O Clementino, tocador de flauta, quer mudar-se para o Rio, mas só o FARÁ quando a velha fechar os olhos.* (COR-O)

fazer [indicando tempo] ⇨ Ver haver.

Fazer é verbo impessoal, isto é, não tem sujeito, e, portanto, fica no singular, na terceira pessoa, quando indica:

◇ tempo decorrido, ou seja, tempo passado a partir de um determinado momento (sinônimo de **haver**). ♦ *FAZ trinta anos que deixei minha pequena cidade do interior.* (BH) ♦ *FAZIA mais de quinze dias que Voldenir não subia ao Morro da Aleluia.* (JM)

◇ temperatura ou condições de tempo. ♦ *Já àquela hora da manhã FAZIA calor.* (ORM)

Se houver um verbo auxiliar (como **estar, ter, poder, dever** etc.) junto do verbo **fa-**

fazer alguém fazer algo

zer usado nessas acepções, esse auxiliar faz parte da construção impessoal, e, portanto, também fica na terceira pessoa do singular. ◆ *Está FAZENDO cinco meses desde que os outros morreram.* (TER) ◆ *Se Deus é mesmo brasileiro, deve FAZER séculos que não se diverte tanto.* (EMB)

fazer alguém fazer algo ⇨ Ver deixar alguém fazer algo ⇨ Ver mandar alguém fazer algo.

É lição de gramáticas normativas que, nesse tipo de construção, o infinitivo que segue **fazer** não vá para o plural. Nessas construções, porém, há que considerar dois tipos:

◇ aquelas em que o segundo verbo (sempre no infinitivo) vem logo após o verbo **fazer**, e, então, o sujeito desse segundo verbo vem posposto a ele; nesse caso, o comum é que o segundo verbo fique invariável, mesmo que seu sujeito seja plural. ◆ *Um astronauta dedicou ontem várias horas para usar ondas sonoras em uma câmara para FAZER vibrar e girar gotas de um líquido viscoso.* (EM) ◆ *Já é tempo de os deuses FAZEREM cessar as desgraças.* (TEG)

◇ aquelas em que o sujeito do segundo verbo vem anteposto a ele, ficando, pois, intercalado entre o verbo **fazer**, que o precede, e esse segundo verbo; nesse caso:

- quando esse sujeito tem como núcleo um substantivo, o segundo verbo:

• fica invariável. ◆ *Isso deveria FAZER os homens meditar (...).* (IS)

• concorda com o seu sujeito (isto é, vai para o plural, se o sujeito é plural). ◆ *FAZIA os jogadores tomarem banhos de arruda.* (ETR) ◆ *Não estava fácil FAZER as pessoas saírem de casa para protestar.* (EMB)

- quando esse sujeito é representado por um pronome pessoal átono, o segundo verbo (no infinitivo) fica sempre invariável, mesmo que seu sujeito seja plural. ◆ *Uma das maldades era FAZÊ-los engraxar as chuteiras dos titulares.* (ETR) ◆ *Um pouco adiante FAZ-nos entrar num edifício de tijolos enegrecidos.* (CV)

Neste último caso ocorre, também, de o pronome pessoal átono preceder os dois verbos. ◆ *A senhora nos FEZ perder muitos dias de investigação.* (AGO)

Ocorre, ainda, de o pronome oblíquo de terceira pessoa ser **lhe**, e não **o**, desde que o verbo no infinitivo que está a seguir venha com objeto direto. ◆ *Indiferente à sofreguidão do oficial, Margarida FEZ-lhe ver que por devoção religiosa não seria sua mulher.* (PAO) ◆ *Em resposta, FEZ-lhe ver Caxias ser impossível qualquer acordo.* (TA-O)

fazer que, fazer com que

1. **Fazer que** usa-se com os significados de:

◇ "causar que", "conseguir, por empenho, que". ◆ *A notícia de que o Bispo tinha partido de São Luís, com destino a Turiaçu, FEZ QUE o alvoroço crescesse na Bela Vista.* (TS)

◇ "fingir / simular que". ◆ *Ele FEZ QUE não me ouviu.* (ID)

◇ "sinalizar que". ◆ *Ela FEZ QUE sim com a cabeça.* (FSP)

2. **Fazer com que** usa-se com o significado de "causar que", "conseguir, por empenho, que". ◆ *O nascimento de Edenir em setembro FEZ COM QUE a casa do sogro ficasse pequena para eles.* (ETR)

Em alguns manuais normativos, não é construção prestigiada.

fazer(-se) de ⇨ Ver fingir(-se) de.

Usa-se **fazer de** ou **fazer-se de** (+ adjetivo) com o significado de "fingir(-se) de". ◆ *Naldo, não FAÇA DE cínico só para me impressionar!* (SEN) ◆ *Ele FEZ-SE DE desentendido.* (JM)

febre

O adjetivo correspondente é **febril**. ◆ *Estava FEBRIL e histérica, com os olhos abrasados, as mãos torcendo a varanda da rede.* (FR)

fecha, fecho

A pronúncia tradicionalmente indicada é com o **E** fechado (antes de **CH**), o que sempre se observa, efetivamente, no caso do substantivo **fecho**. ✦ *Major Pires subiu o FECHO do blusão.* (ARR)

Entretanto, a pronúncia varia regionalmente nas formas do verbo (com E fechado e com E aberto). ✦ *O sapo não FECHA os olhos: guarda-os, reentrando-os na caixa da cabeça.* (AVE) ✦ *FECHO a janela e aumento o som da televisão.* (OD)

fecho ecler, fecho *éclair* ⇨ Ver **zíper.**

Fecho ecler e **fecho éclair** são expressões que designam um tipo de fecho de processamento rápido usado em vestuário, o mesmo que **zíper**. **Ecler** é a forma aportuguesada (oficialmente registrada) do francês *éclair*, que significa "relâmpago". ✦ *De FECHO ECLER na boca ele é ótimo.* (FSP) ✦ *Coloque um FECHO ÉCLAIR nas suas esperanças.* (NI)

As duas formas são usadas com frequência aproximada, mas são muito menos usuais que **zíper** (93%).

fecundo ⇨ Ver **facundo.**

Fecundo é adjetivo que significa "fértil". ✦ *É o período mais FECUNDO de sua vida de estudos e de meditações.* (HF)

Facundo é adjetivo que significa "eloquente", "falador".

feedback

É palavra inglesa que significa "retroalimentação". Usa-se para referência à obtenção de apoio em algum elemento anteriormente presente. A pronúncia aproximada é **fidbéc**. ✦ *A leitura será um teste de FEEDBACK do público e de possibilidades para os atores.* (FSP)

feeling

É palavra inglesa que designa o modo ou a capacidade de perceber sensivelmente uma situação. A pronúncia é, aproximadamente, **filin**. É substantivo masculino. ✦ *E para acertar o FEELING do autor, em muitos pontos vou precisar também de você, Tulio.* (ACM)

feijoal

É coletivo para pés de feijão. ✦ *No final do FEIJOAL, a variante se bifurca; tomo o corredor da direita.* (SA)

feio

O superlativo absoluto sintético recomendado nos manuais tradicionais é **feiíssimo**, mas ocorre igualmente a forma **feíssimo**. ✦ *Quando se casou com Onassis, milionário grego FEIÍSSIMO, a sensação geral foi a de que Jackie estava se prostituindo.* (FSP) ✦ *A escrachada e FEÍSSIMA Marijo se torna uma dama respeitável e de suave elegância.* (VEJ)

feito

O particípio de **fazer** é forma verbal gramaticalizada, na linguagem coloquial, como conjunção comparativa ("como"). ✦ *Deixou a gente largada no mundo, FEITO cachorro sem sono, casou e foi morar na roça da sogra dele.* (ALE)

feito de, feito em ⇨ Ver **em.**

A construção **feito em** é tradicionalmente indicada como galicismo, recomendando-se, para indicação de matéria, o uso da preposição **de**. E essa é, realmente, a construção mais usual. ✦ *Cobrem o corpo com um lençol especial, FEITO de tecido ultrafino.* (VEJ)

Entretanto, também ocorre **feito em**. ✦ *Sistema hidráulico de transferência de água entre os lastros e as bombas dos porões, todo FEITO em nylon e polipropileno, com inversor de fluxo para todos os tanques.* (CDI)

feixe

Com **X** (após ditongo). É coletivo com ideia de elementos arranjados em paralelo. ✦ *Canoá vinha chegando em direção ao rancho, trazendo um FEIXE grande de lenha.* (ARR)

Félix

A pronúncia tradicionalmente recomendada é com som de **Z** final. ✦ *Padre FÉLIX parecia observador autorizado da santa Inquisição.* (VB)

feliz

O superlativo absoluto sintético é **felicíssimo**. ✦ *E se deixar de gostar, que vá embora e seja feliz, FELICÍSSIMA!* (FA)

felonia

felonia

A sílaba tônica é **NI**, e, por isso, a palavra não leva acento (paroxítona terminada em **A**). O substantivo designa rebelião de vassalo contra o senhor, traição, perfídia. ◆ *Jânio Quadros, a "virtuose da FELONIA", foi seu candidato à Presidência da República em 1960.* (VEJ)

fêmea, fêmeo ⇨ Ver macho, macha ⇨ Ver epiceno.

1. Se um animal é designado pela mesma forma no masculino e no feminino (substantivo epiceno), é possível a indicação do gênero pelo acréscimo das palavras:

◇ **macho** e **fêmea** (formas invariáveis, usadas junto de substantivo masculino ou feminino, indiferentemente). ◆ *Na Floresta de Fontainebleau não há um leopardo FÊMEA.* (CI)

◇ **macho** e **fêmeo** (com os femininos **macha** e **fêmea**, respectivamente, concordando com o substantivo que designa o animal); tradicionalmente, essas formas são as mais recomendadas, mas não são as mais usadas, tendo ocorrido apenas em texto de lição gramatical como este: ◆ *Epicenos são nomes que indicam com uma só forma ambos os gêneros. Então, baleia macha, cobra macha, flores machas, palmeira macha, pulga macha, sardinha macha, zebra macha. Ou baleia FÊMEA, zebra FÊMEA e assim por diante. Todos esses nomes pertencem ao gênero gramatical feminino, portanto são precedidos pelo artigo "a". E os epicenos do gênero gramatical masculino – tubarão, jacaré, pernilongo, sapo – são precedidos pelo artigo "o", claro, e também recebem a ajuda dos adjetivos macho e FÊMEO quando necessário: jacaré FÊMEO, pernilongo FÊMEO, sapo FÊMEO, tubarão FÊMEO.* (FSP)

2. É comum, também, usarem-se as expressões **o macho da** (nome do animal), **a fêmea do** (nome do animal). ◆ *Um deles passava os dias à margem de um igarapé, tentando capturar a FÊMEA do boto.* (CEN)

fêmur

O adjetivo correspondente é **femoral**, e não **femural** (porque a forma se liga ao genitivo latino *femoris* e não ao nominativo *femur*). ◆ *Dentre os vários movimentos possíveis na articulação FEMORAL, um deles é a rotação externa do fêmur na fossa do acetábulo.* (BAE)

Fenícia (região, antiga) [Ásia]

O adjetivo pátrio é **fenício**. ◆ *Você sem dúvida já ouviu falar em Cartago, um império fundado pelos FENÍCIOS há milhares de anos.* (AGO)

fênix

A pronúncia tradicionalmente recomendada é **fênis**. É substantivo feminino. Designa, segundo lendas antigas, ave fabulosa que ardia em um braseiro e renascia das cinzas. ◆ *A FÊNIX renascerá de suas próprias cinzas.* (DM) ◆ *É uma FÊNIX, está sempre ressurgindo.* (FSP)

fenótipo ⇨ Ver genótipo.

A sílaba tônica é a antepenúltima (**NÓ**), e, por isso, a palavra leva acento (proparoxítona). O substantivo designa a manifestação visível de um genótipo. ◆ *Cada gene dominante causa um acréscimo ao FENÓTIPO.* (GEN)

fera

Os adjetivos (e substantivos) correspondentes são **ferino** e **beluíno**. ◆ *O risinho FERINO do Padre passou para os lábios de Beja.* (VB) ◆ *O BELUÍNO descaiu sobre o traseiro e, aprumando a cabeça, encarou-o serenamente.* (IM)

feraz ⇨ Ver feroz.

1. **Feraz** é adjetivo que significa "fértil", "fecundo". ◆ *Entre as suas sérias responsabilidades, está também a de prover o sustento de um número de descendentes considerado grande, mesmo para terra de mulheres tão FERAZES quanto a ilha.* (VPB)

2. O superlativo absoluto sintético indicado é **feracíssimo**. ◆ *O amor nascia aí, como nasce semente fecunda em solo FERACÍSSIMO.* (OSA).

Feroz significa "que tem natureza ou índole de fera", "selvagem", "bravio".

féretro

O substantivo **féretro** designa o caixão mortuário. ♦ *O FÉRETRO posto numa primeira Eça de seis tocheiros foi encomendado pelo Clero da Misericórdia.* (CRU)

Há uma errada crença de que **féretro** designa o funeral.

féria, férias

1. A forma singular **féria** designa o dinheiro das vendas realizadas num determinado período. ♦ *Os cambistas fizeram a FÉRIA para muitos meses.* (INQ)

2. A forma plural **férias** designa o período destinado ao descanso de trabalhadores ou de estudantes após um determinado período de atividades. ♦ *Com isso, não têm direitos trabalhistas, como FÉRIAS ou 13º salário.* (FSP) ♦ *Sua situação financeira começará a se equilibrar e você poderá começar a planejar suas FÉRIAS com mais segurança.* (NOV)

Existem duas expressões com o mesmo sentido: **em férias** (mais recomendada tradicionalmente, mas menos frequente: 25%) e **de férias** (75%). ♦ *Se o Senado Nacional estiver em FÉRIAS, será imediatamente convocado para essa deliberação.* (D) ♦ *O médico da Seção está de FÉRIAS.* (OAQ)

ferir

De conjugação irregular, o verbo **ferir** tem **I** na primeira pessoa do singular do presente do indicativo e, consequentemente, em todo o presente do subjuntivo. Nas demais formas o radical tem **E**, que é aberto quando é tônico. ♦ *Precisamos pensar num modo que a FIRA menos.* (CP) ♦ *A luminosidade despudorada e sem disfarce de um dia perfeito os FERE como arma de fogo.* (NB)

-fero

É elemento (latino) átono que se liga a um elemento anterior. Significa "levar", "trazer", "produzir". ♦ *A chave do problema CARBONÍFERO em Santa Catarina depende de dois*

fatores: o beneficiamento e o transporte. (RF) ♦ *Conquanto houvesse decaído bastante nos últimos anos, a produção DIAMANTÍFERA persistia grande.* (ALE)

feroz ⇨ Ver feraz.

1. **Feroz** é adjetivo que significa "que tem natureza ou índole de fera", "selvagem", "bravio". ♦ *De repente o Capitão Jagunço foi tomado por um FEROZ sentimento de indignação.* (CJ)

2. O superlativo absoluto sintético é **ferocíssimo**. ♦ *Nem um FEROCÍSSIMO tupinambá para contar como eles próprios haviam dizimado e também comido os caetés.* (ETR)

Feraz é adjetivo que significa "fértil", "fecundo".

ferro

Os adjetivos correspondentes são:

◇ férreo. ♦ *Outras centenas de vagões estão parados nas linhas FÉRREAS do Rio Grande.* (CPO)

◇ sidérico. ♦ *As jazidas SIDÉRICAS de Minas representam lentes encaixadas entre camadas de rochas sedimentares metarmorfizadas que receberam de Derby o nome de Série de Minas.* (RM)

ferro a vapor

Sem hífen. O **a** não é craseado (é uma simples preposição). ♦ *A Electrolux apresenta na UD vários aparelhos importados: dois modelos de FERRO A VAPOR (entre R$ 24 e R$ 32), sanduicheira (R$ 40) e espremedor de frutas (R$ 25).* (FSP)

ferrolho

O plural é **ferrolhos**, com **O** fechado. ♦ *Enquanto Bruno me explicava FERROLHOS e cremalheiras, dirigia devagar.* (ACM)

ferro-velho

O plural é **ferros-velhos** (substantivo + adjetivo). ♦ *Alguns depósitos de material de demolição, no Rio e em São Paulo, ou os FERROS-VELHOS, são as principais fontes de obtenção desses velhos elementos que a moda tornou novos.* (REA)

ferrugem

É substantivo feminino. ♦ *A FERRUGEM do céu parecia ter marcado a sua pele e ensombrecido os seus olhos.* (ML)

ferry-boat

É expressão inglesa que designa barco que faz transporte regular de passageiros e veículos, ou designa o próprio sistema de transporte. A pronúncia aproximada é **féri-bout**. ♦ *Há ofertas especiais em passagens aéreas, "FERRY-BOATS", metrôs, ônibus e trens.* (FSP)

fértil

O superlativo absoluto sintético é **fertilíssimo**. ♦ *Os canais de irrigação – e para fins de irrigação se levantava a barragem – iriam produzir uma agricultura perene em todo o vale FERTILÍSSIMO do rio.* (CT)

fertilizar

Com **Z**, como todo verbo formado com o sufixo **-izar**. Significa "tornar fértil". ♦ *Uma abelha que pouse sobre elas levará pólen para FERTILIZAR dezenas de outras flores.* (SU)

férula

A sílaba tônica é a antepenúltima (**FÉ**), e, por isso, a palavra leva acento (proparoxítona). É o mesmo que **palmatória**. ♦ *Sorria em público e afrouxou bastante sua FÉRULA de inquisidor do povo, entregue à prepotência das Ordenações Filipinas.* (VB)

fervido, férvido

1. **Fervido** (com a penúltima sílaba tônica) é:

◇ particípio passado de **ferver**, e, consequentemente, adjetivo. ♦ *Elisa pediu uma xícara de leite FERVIDO.* (OS)

◇ substantivo que designa um cozido. ♦ *Outro fogão, também com churrasco, uma chaleira aquentado e uma panela cozinhando algum FERVIDO.* (CG)

2. **Férvido** (com a antepenúltima tônica sílaba e com acento) é adjetivo que significa "muito quente". ♦ *Realizou o seu sonho constante, o seu único desejo, o objeto das mais FÉRVIDAS promessas.* (MRF)

festeja, festejam etc.

O **E** é fechado (antes de **J**). ♦ *Até agora, Salvador FESTEJA a passagem da seleção por lá.* (FSP)

fetichismo, feiticismo; fetiche.

1. **Fetichismo** e **feiticismo** são formas variantes. A primeira é a forma aportuguesada do francês *fétichisme*, e a segunda é forma vernácula (derivada de **feitiço**), de uso raríssimo. O significado genérico é "culto de objetos considerados sobrenaturais e mágicos". ♦ *O FETICHISMO das mercadorias está estreitamente ligado à análise marxista do valor, que distingue o valor de uso do valor de troca.* (MER) ♦ *(...) além do FEITICISMO dos nossos indígenas, dos provenientes da Ásia e Europa, recebeu o nosso povo essa triste herança provinda também da África, por via dos antigos escravos negros.* (UM)

Pelo fato de haver o substantivo português que faz a mesma designação, **fetichismo** é forma condenada em algumas obras normativas como galicismo. ♦ *Importa aqui é a palavra FETICHISMO, que o Dr. Egas condenou por ser galicismo e preferiu FEITICISMO.* (FSP)

Entretanto, essa é a forma quase exclusivamente em uso (96%).

2. **Fetiche** é grafia adaptada do francês *fétiche* ("amuleto", "sortilégio"). Designa objeto a que se atribui poder sobrenatural e que, por isso, é cultuado, objeto mágico. É palavra condenada como galicismo em algumas obras normativas.

Entretanto, a forma é usual, mesmo porque a forma correspondente portuguesa, **feitiço**, não cobre o mesmo campo de significação. ♦ *Eu estou desconfiada, querido, que não queres confessar o teu FETICHE...* (TRH) ♦ *E porque escolheu o Olímpia? Este teatro é um FETICHE da canção francesa?* (VEJ)

fetidez

Com **Z**, como todo substantivo abstrato em **-ez** derivado de adjetivo. Designa a qualidade daquilo que é fétido, mau cheiro. ♦ *A FETIDEZ nasal é a condição patológica que* *faz exalar um odor desagradável das fossas nasais.* (TC)

fezes

É substantivo que só se usa no plural (*pluralia tantum*). ◆ *Mas o Dr. Macedo disse também que as FEZES líquidas são ácidas, irritantes.* (NB)

FGTS

É a sigla de **Fundo de Garantia do Tempo de Serviço.** ◆ *A indenização por tempo de serviço só é devida ao empregado não optante pelo regime do FGTS.* (GU)

fiado

1. Como adjetivo, varia em gênero e número. Significa "não pago no momento do consumo ou da compra", "vendido a crédito". ◆ *Pior ainda, o Café Brasileiro tinha cortado seu crédito, portanto ele não ia poder tomar mais cafezinhos FIADOS até ter escrito o slogan daquela semana, a ser apresentado ao simpático cliente Coke.* (FSP)

Esse é o adjetivo usado na expressão **conversa fiada**, que significa "fala em que não se pode confiar". ◆ *O ministro afirmou que é "conversa FIADA" atribuir importância à expectativa inflacionária dos agentes econômicos na formação dos índices de preços.* (FSP)

2. Como advérbio, não varia. Significa "a crédito". ◆ *Segundo a deputada, funcionários do hospital têm de comprar alimentos FIADO para poderem alimentar os pacientes.* (FSP)

Fiat lux.

É frase latina que significa "faça-se a luz". Usa-se para referência a alguma coisa que constitui abertura para uma solução. É uma alusão ao texto do *Gênese* (I, 3): "Deus disse: Faça-se a luz, e a luz fez-se". ◆ *Se asfaltou uma rua, se doou uma bola de futebol ao clube do bairro, se inaugurou um poste – essas realizações são alçadas a um "FIAT LUX", um fato gerador do progresso humano, um ponto de não retorno na vida dos povos.* (FSP)

fibroma

É substantivo masculino. Designa, na patologia, tumor benigno formado de tecido fibroso. ◆ *Em geral, é muito mais fácil o diagnóstico quando o FIBROMA é saliente na superfície externa do útero.* (CLO)

fíbula ⇨ Ver perônio.

A sílaba tônica é a antepenúltima (**FÍ**), e, por isso, a palavra leva acento (proparoxítona). Quanto ao significado:

◇ designa um tipo de alfinete de segurança. ◆ *FÍBULA era o nome do alfinete que fechava uma roupa chamada "toga", dos romanos.* (FSP)

◇ é a denominação oficial atual para **perônio**, o osso situado na perna ao lado da tíbia. ◆ *O perônio passou a ter o nome "FÍBULA" porque liga as extremidades do osso tíbia, do mesmo modo que o alfinete ligava as pontas da toga.* (FSP)

ficar de pé, ficar em pé ⇨ Ver de pé ⇨ Ver em pé.

As duas construções têm o mesmo valor básico, indicando posição. ◆ *Bernardo FICOU DE PÉ, olhando para fora.* (FP) ◆ *A mulher sentou-se, pôs o menino no colo, e o soldado FICOU EM PÉ.* (AM)

ficar para as calendas gregas ⇨ Ver calendas.

Significa "não ocorrer nunca", porque os gregos não tinham calendas. ◆ *Ao retirá-lo, porque, de fato, o pouco prazo punha em risco a aprovação, também seria necessário que fossem dadas garantias de que a discussão não FICARIA PARA AS CALENDAS GREGAS.* (FSP)

Calendas, substantivo que só se usa no plural (*pluralia tantum*), designa, no calendário romano (mas não no grego), o primeiro dia de cada mês.

ficha ⇨ Ver fixa.

Ficha (som chiante), com CH, é substantivo ou é forma do verbo **fichar** ("fazer ficha de"). ◆ *O homem olhava o rosto do aluno,*

-fico

confrontava com a fotografia da FICHA e ainda pedia a cédula de identidade. (REA)

Fixa (som **ks**), com **X**, é o feminino do adjetivo **fixo** ou é forma do verbo **fixar** ("tornar fixo").

-fico

É elemento (latino) átono que se liga a um elemento anterior. O significado se liga a "fazer". ◆ *E o que agora se impõe, e com urgência, é um exame detido das falhas, num esforço BENÉFICO de corrigi-las.* (JL-O) ◆ *Relaxou os músculos tensos, e afastou, do cérebro atormentado, as visões TERRÍFICAS do inimigo traiçoeiro e assassino.* (FER)

fide-

É elemento (latino) que se liga a um elemento seguinte. Significa "fé". ◆ *Seria preciso escolher entre ser cético ou ser FIDEÍSTA.* (CET) ◆ *Sei de fonte FIDEDIGNA que é tudo manobra dos americanos.* (AVL)

fieira

É coletivo para objetos em linha, com ideia de abundância. ◆ *O cometa consistia numa FIEIRA de 21 fragmentos envoltos em nuvem gasosa.* (FSP)

fiel

O superlativo absoluto sintético é **fidelíssimo**. ◆ *FIDELÍSSIMO, o público do Legião cantou sem titubear o refrão "eu gosto de meninos e meninas".* (FSP)

fígado

Os adjetivos correspondentes são:

◇ **hepático**, que significa, neutramente, "relativo ao fígado". ◆ *Por sua vez, nota-se aumento do glicogeno HEPÁTICO.* (CLO)

◇ **figadal**, que significa "profundo", "entranhado". ◆ *Penn é inimigo FIGADAL do tabagismo.* (FOT) ◆ *Não se trata mais de uma questão de xenofobia, de rejeição FIGADAL ao capital externo, supostamente predador.* (FSP)

Existe a errada crença de que a forma é **fidagal** ou **fidalgal** (ligada a **fidalgo**).

fila

O substantivo **fila**, quando designa um tipo de cão, é masculino. ◆ *O cachorro Ringo, um FILA brasileiro, teoricamente guardava a privacidade do candidato.* (CAA)

filantropo ⇨ Ver **misantropo**.

A sílaba tônica é a penúltima (**TRO**), e, por isso, a palavra não leva acento (paroxítona terminada em **O**). Significa "que ama a humanidade", "humanitário". ◆ *Vale a pena ser FILANTROPO?* (PRE)

filé, *filet*; filé mignon, filé minhão, filé-mignon ⇨ Ver *mignon*.

1. **Filé** é a forma portuguesa correspondente ao francês *filet*. A forma original francesa aparece em 5% dos casos. ◆ *Aceito a sugestão do maître, Dan prefere um tipo de FILÉ.* (CH) ◆ *Um prato mais simples, como o FILET com fritas, está custando Cr$ 27 mil.* (CB)

2. **Filé mignon** e **filé minhão** são expressões (substantivo + adjetivo) e **filé-mignon** é um substantivo composto. O substantivo composto (com hífen) é registrado oficialmente em português, mas ele tem uso raríssimo (2%), e apenas na imprensa. A forma **minhão** é registrada oficialmente, mas a expressão **filé minhão** também é de uso raríssimo. O que se usa, em geral, é a expressão **filé mignon**, na qual o substantivo **filé** representa a forma aportuguesada do francês *filet*, e o adjetivo *mignon* conserva a forma francesa do adjetivo (com **GN**, que se pronuncia como **NH**).

Todas as formas designam um corte nobre de carne, especialmente bovina. Em sentido ampliado, referem-se àquilo que se considera ser a melhor parte de uma coisa, ou a melhor coisa. ◆ *O FILÉ MIGNON custa mais do que a carne de pescoço em qualquer país do mundo.* (FSP) ◆ *Nos EUA, a prática tem sido a de juntar, ou comprar um grupo de empresas, e depois vender pedaços para ficar com o FILÉ MIGNON.* (EMB) ◆ *Sanduíche: Beirute Fifties (com FILÉ-MIGNON, presunto, queijo, alface, tomate, ovo e maionese).* (FSP) ◆ *Não se acredita que a nova banda cambial seja suficiente para modificar esse quadro de* dificuldades em que até usinas de açúcar de São Paulo, consideradas o "FILÉ-MIG-NON" da agroindústria brasileira, estão pedindo concordata. (FSP) ◆ Não descomia dinheiro pelo que ele não aguentava os gastos, que não eram poucos, a gata só queria FILÉ MINHÃO. (SD)

A indicação para plural é que os dois elementos se flexionem (tendo ou não o hífen), o que se justifica pelo fato de tratar-se de substantivo + adjetivo. ◆ Outro caso envolve um grupo de empresários interessados em vender um edifício na Avenida Paulista, um dos FILÉS MIGNONS imobiliários de São Paulo, para um fundo de pensão, o Previ. (VEJ)

> Entretanto, é comum que apenas o primeiro elemento receba a marca de plural. ◆ Para a carne: quatro FILÉS MIGNON redondos, de 250 gramas, amarrados com barbante com quatro fatias finas de bacon. (FSP) ◆ Energia elétrica e estradas são os chamados "FILÉS MIGNON" das concessões. (FSP)

fileira

É coletivo, indicando posição em fila. Significa "alinhamento". ◆ De volta ao quarto, abriu o armário e, atônito, deu com uma FILEIRA de vestidos e ternos dependurados, sapatos de mulher e de homem. (FE)

filho

O adjetivo correspondente é filial. ◆ Quem sabe seu coração amargurado precisasse do conforto de um novo amor FILIAL. (G)

fili-¹

É elemento (latino) que se liga a um elemento seguinte. Significa "filho". ◆ FILICIDA não é louca, diz juiz. (FSP) ◆ Era o primeiro a abraçá-la, beijando-a na face gorda, FILIAL-MENTE. (PN)

fili-²

É elemento (latino) que se liga a um elemento seguinte. Significa "fio". ◆ Topamos com um corguinho amável – um ribeiro FILIFORME, de corrida cantada, entre marulho e arrulho,

e água muito branca. (SA) ◆ O luar entrava, doce e sereno, pelas janelas esguias e ia tecer FILIGRANAS de prata nos ouropéis do altar, que rebrilhavam. (FAN)

Filipinas [Ásia]

O adjetivo pátrio é filipino. ◆ O presidente FILIPINO mais fácil de citar é Ferdinand Marcos, em boa parte por causa de Imelda. (VEJ)

filme

É a forma portuguesa correspondente ao inglês film. ◆ Mamãe sabia tudo sobre o FILME, estreado nos grandes cinemas havia muito tempo. (ANA)

filmoteca

É coletivo para filmes, indicando também lugar especializado para guardar filmes. ◆ Localizado em uma antiga cidade cenográfica, o hotel tem um museu e FILMOTECA. (FSP)

fil(o)-¹, -fil(o)¹

É elemento (grego) que se liga a um elemento seguinte ou a um anterior. Indica amor, amizade. Quando esse elemento é o segundo da palavra, ele é sempre átono, diferentemente dos outros dois elementos -filo pospositivos (-filo² e -filo³). ◆ Mas, de repente, lembrou-se das obras de FILANTROPIA. (FAB) ◆ Entre as cruzes se encontra um pequeno estrado onde será supliciado o PEDÓFILO. (CCI) ◆ Entre 1921 e 1931, viveu nos EUA, tornando-se um apaixonado "AMERICANÓFILO". (FSP) ◆ Para Armando Brando, o inusitado e fatal ataque do Cão Pastor à anciã reflete a falta de estrutura em alguns setores da CINOFILIA brasileira. (MAN)

Se o elemento seguinte começar por R ou S, é necessário duplicar essa letra (que ficará entre duas vogais, na escrita). ◆ Acrescentavam-se os boatos, correntes já havia algum tempo, de que aquele jovem diplomata seria um enrustido FILOSSOVIÉTICO. (VEJ)

filo-², -filo²; filo

1. Filo- / -filo é elemento (grego) que se liga a um elemento seguinte ou a um anterior. Signi-

filo-³, -filo³

fica "raça", "tribo". ✦ *O fundador da embriologia moderna, K. E. von Baer (1792-1876), já notou um paralelismo entre a crescente complexidade no desenvolvimento de um embrião (a ontogenia) e a crescente complexidade estrutural na história progressiva das espécies adultas (a FILOGENIA). (ZO)* ✦ *Os sistemas FILOGENÉTICOS, psicológicos e socioculturais se caracterizam principalmente pelas suas propriedades morfogênicas.* (CIB)

2. **Filo** é substantivo que designa categoria taxonômica que constitui subdivisão dos reinos. Sua subdivisão é o **subfilo**. ✦ *O que é o ser humano? FILO cordado, SUBFILO vertebrado, classe dos mamíferos, ordem dos primatas, família dos hominídeos, gênero Homo, espécie sapiens sapiens.* (SL)

filo-³, -filo³

É elemento (grego) que se liga a um elemento seguinte ou a um anterior. Significa "folha". ✦ *No final daquele ano, a FILOXERA – praga que destruiu grandes e importantes vinhedos em toda a Europa – chegou à ilha.* (FSP) ✦ *Palavras terminadas por -FILO. Quando esta raiz grega tem o sentido de folha (phyllum), é longa e o acento cai no i: MICROFILO, MACROFILO, ESCLEROFILO, ESPOROFILO etc., formando substantivos e adjetivos.* (TF)

filoxera

É substantivo feminino. A sílaba tônica é a penúltima (**XE**), e, por isso, a palavra não leva acento. O som do **X** é de **KS**. O substantivo designa um gênero de insetos. ✦ *No fim do século 19, a FILOXERA (um pulgão que ataca as raízes das videiras acabando por matá-las) desbasta os vinhedos de Bordeaux.* (FSP)

fim de semana ⇨ Ver *weekend* / *week-end*.

É a expressão portuguesa que traduz o inglês *weekend* (ou *week-end*) e que se usa com mais frequência (97%) do que as formas inglesas. Sem hífen. ✦ *É quase certo que Figueiredo passe o FIM DE SEMANA no Rio de Janeiro.* (ESP)

finalizar

Com **Z**, como todo verbo formado com o sufixo **-izar**. ✦ *O meu desejo era gritar injúrias pesadas, FINALIZAR por qualquer meio a sórdida exposição.* (MEC)

finanças

É substantivo que só se usa no plural (*pluralia tantum*). ✦ *No calor da sala, os vereadores tentam reerguer as FINANÇAS públicas.* (COT)

findado, findo

1. A forma **findado** é usada com os auxiliares **ter** e **haver**. ✦ *O embargado tinha FINDADO o termo da sua jurisdição.* (CB) ✦ *Clara percebera também que alguma coisa havia FINDADO na sua existência.* (DP)

Usa-se como adjetivo em construções deste tipo: ✦ *Como reconhecimento por sua atuação destacada na direção da recém-FINDADA "Fera Ferida", o diretor Carlos Araújo está assumindo a direção-geral de "Tropicaliente", novela das seis.* (FSP)

2. A forma **findo** se constrói com os verbos **ser** e **estar**, mas essas construções não são correntes atualmente. ✦ *Mas Jesus está só e tudo é FINDO.* (FV) ✦ *Como na luz captar o que está FINDO?* (CN)

Usa-se especialmente como adjetivo. ✦ *O despertar dos árabes para exploração secular não ocorreu no ano FINDO.* (ZH)

Finep

É a sigla de **Financiadora de Estudos e Projetos**. ✦ *Anexo proposta à Finep (Financiadora de Estudos e Projetos) sobre o assunto, que poderá esclarecê-lo com maiores detalhes.* (JL-O)

finesa, fineza ⇨ Ver **Finlândia**.

1. **Finesa** (com **S**) é o feminino de **finês** ("finlandês"). Essa forma feminina não ocorreu, apenas a masculina.

2. O substantivo **fineza** escreve-se com **Z**, como todo substantivo abstrato formado com o sufixo **-eza** derivado de adjetivo. ✦ *Peço-*

-*lhe a FINEZA de entregar isto ao seu marido.* (FIG)

finesse

É palavra francesa que significa "sutileza", "finura de maneiras", "elegância de procedimento". É substantivo feminino. ◆ *A nobreza sempre soube cultivar em cada detalhe a FINESSE e o requinte.* (P)

fingir(-se) de ⇨ Ver fazer(-se) de.

Usa-se **fingir de** ou **fingir-se de** (+ adjetivo) com o significado de "fazer(-se) de". ◆ *FINGIU DE dorminhoco para que Sofia se distraísse.* (CE) ◆ *Exagera a dor e FINGE-SE DE contundido.* (TGG)

Finlândia [Europa]

O adjetivo pátrio é **finlandês** ou **finês**. ◆ *O regime mais antigo é o FINLANDÊS.* (SI) ◆ *Enquanto que, na Finlândia, o presidente FINÊS e, na França, o presidente francês só podem pedir uma nova análise daquilo que a Câmara dos Deputados votou, não têm o direito de veto.* (SI-O)

Fipe

É a sigla de **Fundação Instituto de Pesquisas Econômicas**. ◆ *De acordo com a Fipe, os sapateiros deram-se um aumento real de 28% e as oficinas de conserto de eletrodomésticos elevaram a tabela em 30%.* (VEJ)

firmeza

Com **Z**, como todo substantivo abstrato em **-eza** derivado de adjetivo. ◆ *A mão branca e fina riscava o papel com FIRMEZA.* (CP)

fiscalizar

Com **Z**, como todo verbo formado com o sufixo **-izar**. ◆ *O órgão que FISCALIZA as cooperativas é o INCRA.* (JL)

fisi(o)-

É elemento (grego) que se liga a um elemento seguinte. Significa "natureza", "maneira de ser". ◆ *A FISIOGNOMIA é a expressão da natureza universal.* (APA) ◆ *A FISIOTERAPIA havia melhorado um pouco meus braços, mas não o suficiente para coçar a cabeça.* (FAV)

fissão

Com **SS**, como todo substantivo correspondente a verbo terminado em **-der** (**fender**). ◆ *Mas os elementos radioativos não aparecem somente como resultado do processo de FISSÃO.* (GAI)

fissura ⇨ Ver cissura.

Com **SS**. O substantivo significa:

1. "fenda pequena", "rachadura", e, metaforicamente, "cisão". ◆ *A FISSURA anal, já sem o efeito do remédio, lateja um pouco.* (NB) ◆ *Os missionários foram cavando, passo a passo, o aprofundamento da FISSURA entre as gerações.* (EAS)

2. "loucura", "fixação". ◆ *Os 20 pacientes escolhidos para o estudo afirmavam que a maconha diminuía a FISSURA do crack.* (FSP)

Na primeira acepção, é sinônimo de **cissura**, muito pouco frequente (1%).

fito-, -fito

É elemento (grego) que se liga a um elemento seguinte ou a um anterior. Significa "vegetal", "árvore", "planta". Se o elemento seguinte começar por **H**, essa letra é eliminada, nos compostos. ◆ *Kage foi vítima dos FITOPARASITAS nos anos sessenta, numa fazenda em Miguelópolis.* (AGF) ◆ *Isto diz respeito primariamente às coníferas, habitantes sobretudo das elevadas latitudes e das florestas pluviais densas e úmidas, e às árvores e EPÍFITOS das florestas pluviais.* (TF)

Se o elemento seguinte começar por **R** ou **S**, é necessário duplicar essa letra (que ficará entre duas vogais, na escrita). ◆ *O congresso deve proporcionar uma injeção de ânimo ao atual quadro da pesquisa FITOSSANITÁRIA no Brasil, que enfrenta uma situação preocupante.* (AGF)

fixa ⇨ Ver ficha.

Fixa (som **KS**), com **X**, é o feminino do adjetivo **fixo** ou é forma do verbo **fixar** ("tornar fixo"). ◆ *Pensava o senhor que aquela história das gravuras fosse ainda um resíduo patológico, uma ideia FIXA?* (VN) ◆ *A perna se FIXA.* (PV)

flagrante

Ficha (som chiante), com **CH**, é substantivo ou é forma do verbo **fichar** ("fazer ficha de").

flagrante ⇨ Ver **fragrante, fragrância**.

Flagrante é:

◇ substantivo que designa ato ou fato que se observa ou se comprova no mesmo momento em que ocorre. ✦ *O juiz alega que o FLA-GRANTE foi forjado pelos fraudadores das últimas eleições ou até mesmo pela polícia carioca.* (VEJ)

◇ adjetivo que significa:

- "evidente", "patente". ✦ *Mas então a casa, que antes parecia tão bonita, ficou tão bem mobiliada que se estabeleceu uma desarmonia FLAGRANTE entre casa e móveis.* (FAB)

- "observado no momento em que ocorre". ✦ *Ninguém será preso senão em FLAGRANTE delito ou, nos casos expressos em lei, por ordem escrita da autoridade competente.* (D)

Fragrante é adjetivo que significa "com fragrância", "perfumado".

flagrar

Com **L** depois do **F** (**FLA**) e com **R** depois do **G** (**GRA**). ✦ *Entrou uma noite de supetão e FLAGROU a preta às gargalhadas com uma piada do Chico Anísio.* (FE)

flamboaiã, flambuaiã, *flamboyant*

Flamboaiã e **flambuaiã** são as formas gráficas portuguesas (oficialmente registradas) correspondentes ao francês *flamboyant*, designação de uma árvore ornamental de grande porte que dá flores vermelhas ou cor de laranja. A forma gráfica original francesa é bastante mais usual (77%), e a forma gráfica **fambluaiã** não é usual. ✦ *Outros exemplos de árvores "importadas" são o FLAMBOAIÃ, que veio da África, o pinus, da América do Norte, e o eucalipto, da Austrália.* (FSP) ✦ *Ela passou entre os ramos de acácia e de uma árvore sem folhas, talvez um "FLAMBOYANT".* (B)

flan, flã

1. *Flan* é palavra francesa que designa pudim cremoso feito com leite e ovos, servido com calda de caramelo. ✦ *Sirva o FLAN desenformado sobre as fatias de torrada em prato fundo.* (FSP)

2. **Flã** é a forma gráfica portuguesa correspondente, menos usual (33%). ✦ *A sobremesa foi uma versão muito respeitável do onipresente pudim FLÃ, um creme de caramelo, só que maior e melhor.* (FSP)

Flandres (região) [Europa]

O adjetivo pátrio é **flamengo**. ✦ *A contribuição dos FLAMENGOS – particularmente dos holandeses – para a grande expansão do mercado do açúcar, na segunda metade do século XVI, constitui um fator fundamental do êxito da colonização do Brasil.* (FEB)

flashback

É palavra inglesa que, na literatura ou no cinema, designa o registro de fato anterior ao do curso da narrativa. A pronúncia aproximada é **fléchbéc**. ✦ *Os acontecimentos do dia 9 de outubro foram rememorados, num FLASHBACK macabro.* (VEJ)

flat

É palavra inglesa que designa apartamento com serviço de hotelaria. A pronúncia aproximada é **flét**. ✦ *Um mês depois de nos conhecermos, deu na minha mão a chave do FLAT.* (RI)

flauta ⇨ Ver **frauta**.

Flauta e **frauta** são formas variantes para designar o mesmo objeto (instrumento musical), mas a forma **frauta** tem uso raríssimo (menos de 1%) e apenas literário. ✦ *Se eu tivesse a minha FLAUTA, me mandava agora mesmo.* (DO)

fleb(o)-

É elemento (grego) que se liga a um elemento seguinte. Significa "vaso sanguíneo". ✦ *A injeção intramuscular é menos dolorosa e a intravenosa causa menos FLEBITE que a cefalotina.* (ANT) ✦ *É possível observar-se o pulso venoso das jugulares, que é constituído por três pequenas ondas que se sucedem – ondas a, c e v do FLEBOGRAMA.* (CLI)

flébil

A sílaba tônica é a penúltima (FLÉ), e, por isso, a palavra leva acento (paroxítona terminada em L). É adjetivo que significa "choroso", "fraco". ◆ *Aí as palavras do contador-geral foram o fósforo humilde que acendeu a FLÉBIL candeia do entendimento naquele cérebro refratário a certas realidades.* (DM)

flecha ⇨ Ver frecha.

Flecha e frecha (sempre com CH) são formas variantes para designar o mesmo objeto, mas frecha é de uso raríssimo (menos de 1%) e apenas literário. ◆ *No alto do chafariz, a estátua de um Cupido apontava uma FLECHA para o céu.* (BL)

flegma, flegmático; fleuma ⇨ Ver fleuma, fleima, freima, fleugma.

1. O substantivo feminino **flegma** designa um dos quatro humores do organismo. O E é fechado. ◆ *Como o ar, o sangue é quente e úmido; como a água, a FLEGMA é fria e úmida; como o fogo, a bile amarela é quente e seca; como a terra, a bile negra é fria e seca.* (APA)

2. **Flegmático** é o adjetivo correspondente a **flegma**. ◆ *Em termos de tratamento, o importante era obter o equilíbrio entre os quatro humores, sangue, flegma, bile amarela e bile negra, correspondentes aos quatro temperamentos, sanguíneo, FLEGMÁTICO, colérico e melancólico, e aos quatro elementos, ar, água, fogo e terra.* (APA)

3. A forma **fleuma**, que tem a mesma origem de **flegma**, também pode ter esse significado, com uso raro. ◆ *Sua crença (dos médicos islâmicos) persistente no equilíbrio entre os humores galênicos – sangue, FLEUMA, bílis amarela e bílis negra – pode parecer anacrônica ao leitor moderno.* (FSP)

flertar, flerte

1. São as formas portuguesas correspondentes ao verbo e ao substantivo inglês *flirt*. Significam "namoricar" e "namorico", respectivamente. ◆ *E, aliás, deve ter sido um FLERTE, apenas um FLERTE, de minha avó com Joaquim Nabuco.* (BO)

2. O verbo **flertar** usa-se sem complemento ou com complemento iniciado pela preposição **com**. ◆ *Dançar, beber, FLERTAR – tudo muito simples, com muita sinceridade.* (REA) ◆ *Até o final do século passado as moças casadoiras costumavam se debruçar nas janelas para FLERTAR com os pretendentes.* (VEJ) ◆ *Ao mesmo tempo, posicionam-se de forma corporativista, quando FLERTAM com classes específicas, como os produtores rurais.* (GAZ)

fleuma, fleima, freima; fleugma ⇨ Ver flegma, flegmático, fleuma.

1. **Fleuma, fleima** e **freima** são três variantes (oficialmente registradas) para significar "impassibilidade", "grande paciência", "pachorra", mas apenas a primeira das três formas ocorreu. ◆ *Apesar de manter a FLEUMA, a Ferrari vive uma séria crise de títulos, que já completa 18 anos.* (FSP)

2. Derivam de **fleuma** as formas **fleumático** e **fleumaticamente**. ◆ *Diz que ele era um homem de temperamento contraditório, às vezes FLEUMÁTICO, às vezes explosivo.* (VIS) ◆ *Insensível aos compromissos pessoais, (...) agiu, FLEUMATICAMENTE, maquiavelicamente, num único sentido, o do seu próprio interesse.* (TGB)

3. Também ocorre, com baixa frequência (14%, em relação a **fleuma**), a forma **fleugma**, oficialmente registrada, que não segue os padrões normais de formação: como as semivogais (o U de **fleuma** e o I de **fleima**) resultam da vocalização da consoante G do vocábulo de origem (grego *phlégma*, pelo latino *phlegma*), não se justifica a manutenção dessa consoante junto da semivogal U. ◆ *Parreira, o alvo dessa discussão, reage com FLEUGMA.* (FSP) ◆ *Resta uma indagação: como pôde um homem tão apaixonado ser descrito tantas vezes como um FLEUGMÁTICO?* (FSP)

O substantivo **fleuma** também designa um dos quatro humores do organismo, segundo a medicina antiga.

flibusteiro

Essa é a forma, sem I depois do F (do francês *flibustier*). Significa "pirata", "aventureiro", "ladrão". ◆ *É uma hipótese, como tudo o que me rodeia, e eu mesmo fui talvez sequestrado pelos FLIBUSTEIROS.* (VES)

float

É palavra inglesa que, em economia, designa o dinheiro que circula nos bancos e que pode ser aplicado lucrativamente por eles. A pronúncia aproximada é **flout**. ◆ *A somatória dos ganhos com o "FLOAT" era muito maior do que os 2% de comissão que recebiam.* (FSP)

floco, froco

São formas registradas como variantes, mas a grafia **froco** é pouco usada, atualmente. ◆ *Mamãe o batizou com o nome de Flox certamente por ser felpudo e branco como um FLOCO de algodão.* (ANA) ◆ *O tênue sopro da brisa carmeava, como FROCOS de algodão, os compridos e raros cabelos brancos.* (IRA-R)

flora

É coletivo genérico para os vegetais de uma região. ◆ *Jamais vira uma natureza tão bela e selvagem, com sua FLORA típica.* (CJ)

Florença [Itália]

O adjetivo pátrio é **florentino**. ◆ *Nesse clima FLORENTINO, os economistas do governo parecem ganhar ainda mais adrenalina.* (VEJ)

florescente ⇨ Ver **fluorescente, fluorescência** ⇨ Ver **fosforescente, fosforescência.**

A palavra **florescente** (ligada a **flor**) significa "que floresce", "que está em desenvolvimento", "notável". ◆ *Está ali a semente de uma futura FLORESCENTE favela.* (CT)

As palavras **fluorescente** e **fluorescência** (ligadas a **flúor**) referem-se a um tipo particular de emissão de luz.

As palavras **fosforescente** e **fosforescência** (ligadas a **fósforo**) referem-se a luminosidade, à propriedade de brilhar na obscuridade.

Florianópolis [Santa Catarina]

O adjetivo pátrio é **florianopolitano**. ◆ *Acho que fazer a cidade crescer é um dos objetivos de todo FLORIANOPOLITANO.* (FSP)

florilégio ⇨ Ver **seleta.**

É substantivo coletivo para trechos em prosa ou em verso. ◆ *Só dá FLORILÉGIO universal de grandes autores.* (FSP)

São sinônimos: **antologia** e **seleta**.

florir

Verbo defectivo, conjuga-se apenas nas formas em que ao radical se segue I. Além disso, pelo seu significado, dificilmente se refere à primeira e à segunda pessoa. A conjugação é regular. ◆ *A esponjeira, já velha, FLORIA em bolas amarelas-ouro, cheirosa como sempre.* (VB) ◆ *Adoro camélias, sobretudo amarelas. O senhor FLORIU-me toda.* (JM)

flotilha

É coletivo para navios ou, genericamente, outros meios de transporte. ◆ *A FLOTILHA será liderada pelo iate real Britannia (...).* (FS)

flou

É palavra francesa que significa "esbatido", "esfumado", "pouco nítido". A pronúncia é, aproximadamente, **flu**. ◆ *Ela você pode reconstituir melhor... ela não lhe parece tão FLOU, não é verdade?* (NOF)

fluidez

Com **Z**, como todo substantivo abstrato em **-ez** derivado de adjetivo. ◆ *O selante, por sua vez, é uma solução resinosa de alta FLUIDEZ, capaz de penetrar no esmalte condicionado pelo ácido ortofosfórico.* (HB)

fluir, fluído, fluido ⇨ Ver **fruir, fruído.**

1. **Fluir** é verbo que significa "manar", "correr com abundância". ◆ *As informações só FLUEM porque nossa guia é a freira Dineva Vanuzzi.* (MEN)

2. **Fluído** (com acento no I) é o particípio do verbo **fluir**. ◆ *A vida me tem FLUÍDO leve, até gozosa.* (DDR)

3. **Fluido** (com U tônico, e sem acento) é:

◇ adjetivo que significa "que corre ou se expande como um líquido ou um gás", "pouco espesso", "frouxo". ◆ *Se o mercado de leite FLUIDO está mudando, se não houver fábricas de leite longa vida em São Paulo, como o produtor de leite irá vender sua produção?* (FSP) ◆ *Ela usava um vestido preto leve, muito FLUIDO, como se fosse de seda acetinada.* (BU) ◆ *O trabalho tem o mérito de mostrar o caráter FLUIDO, heterogêneo e não substantivo das representações sobre as ciências e os cientistas sociais.* (FSP)

◇ substantivo que designa corpo que flui e que, por isso, toma a forma do recipiente em que está colocado. ◆ *Verifique o nível de FLUIDO do freio; o funcionamento dos ajustes das peneiras, ventilador, sacapalhas e cilindro.* (MAQ)

fluminense ⇨ Ver **Rio de Janeiro.**

É o adjetivo pátrio correspondente ao Estado do Rio de Janeiro. ◆ *Finalmente, foi escolhida a Praia de Itaorna, localizada nas proximidades da cidade FLUMINENSE de Angra dos Reis.* (ENE)

fluorescente, fluorescência ⇨ Ver **florescente** ⇨ Ver **fosforescente, fosforescência.**

As palavras **fluorescente** e **fluorescência** (ligadas a **flúor**) referem-se a um tipo particular de emissão de luz. ◆ *Uma lâmpada FLUORESCENTE, mais eficiente, está virando na faixa de nove a dez mil horas de vida útil.* (POL-O) ◆ *Os coríndons sintéticos usualmente exibem FLUORESCÊNCIA mais intensa do que os naturais.* (PEP)

A palavra **florescente** (ligada a **flor**) significa "que floresce", "que está em desenvolvimento", "notável".

As palavras **fosforescente** e **fosforescência** (ligadas a **fósforo**) referem-se a luminosidade, à propriedade de brilhar na obscuridade.

flûte

É palavra francesa que designa copo de pé, longo e estreito, destinado especialmente a servir champanha. ◆ *Kir e kir Royal – Servi-*

dos no copo FLÛTE (champanhe), refrescado. (FSP)

fluvi(o)- ⇨ Ver **potam(o)-.**

É elemento (latino) que se liga a um elemento seguinte. Significa "rio". Corresponde ao elemento grego **potam(o)-.** ◆ *O hábito de viverem desprezados e esquecidos fez do silvícola, do FLUVÍCOLA e do sertanejo seres desconfiados de qualquer generosidade gratuita.* (MAN) ◆ *O estabelecimento de postos pluviométricos ou FLUVIOMÉTRICOS e a sua manutenção ininterrupta ao longo do tempo são condições absolutamente necessárias ao estudo hidrológico.* (HID)

FMI

É a sigla de **Fundo Monetário Internacional.** ◆ *O FMI já está mandando, o povo já está sofrendo, pagando tudo mais caro, pelo dobro!* (HO)

fob(o)-, -fobo ⇨ Ver **fobia, -fobia.**

É elemento (grego) que se liga a um elemento seguinte ou a um anterior. Significa "que tem medo, horror, aversão a". ◆ *Assim, tornam-se fobias inespecíficas, muito gerais, diferentes das da neurose FÓBICA, em que o objeto FÓBICO tem um valor simbólico pessoal e inconsciente.* (NE) ◆ *A ala XENÓFOBA considera-o demasiado generoso com as multinacionais.* (EX)

fobia, -fobia ⇨ Ver **fob(o)-, -fobo.**

1. **Fobia** é substantivo que significa "medo mórbido", "aversão irreprimível". ◆ *Até Platão tinha a FOBIA das transformações, porém Aristóteles admitia o movimento cíclico das coisas.* (EM)

Muitas vezes esse nome tem sido indevidamente usado com o significado de seu antônimo, **mania.**

2. O elemento (grego) **-fobia** (fob+ia) liga-se a um elemento anterior. Significa "medo", "horror", "aversão". ◆ *Outras fobias comuns da neurose de angústia são AGORAFOBIA, ligada, às vezes, a anteriores ataques de vertigens, e o medo da loucura e da morte.* (NE) ◆ *É que o fino primo Vaz ia-se consumindo pouco a pouco, ao fogo lento da tísica e a*

fofo

irmã de minha Mãe padecia de NOSOFOBIA e nosomania. (BAL) ♦ *Nova Iorque é o paraíso dos estrangeiros e é mesmo de espantar a completa ausência de XENOFOBIA por parte de seus habitantes.* (CV)

fofo

O plural é **fofos**, com **O** fechado. ♦ *Deglutindo os FOFOS biscoitos, Sir Henry me ofereceu suas teses reveladoras.* (GI)

fog

É palavra inglesa que designa nevoeiro espesso, semelhante a uma nuvem.♦ *O FOG engoliu minha voz, sem eco.* (BPN)

fogão a gás, fogão a lenha, forno a lenha

Sem hífen. O **a** não é craseado (é uma simples preposição). ♦ *Em dois dos casos, em que se registrou a existência do FOGÃO A GÁS, a comida era feita no quintal, em cima de tijolos, por falta de dinheiro para o gás.* (BF) ♦ *A comida é caseira, feita em FOGÃO A LENHA.* (FSP) ♦ *Anda no ar um cheiro de pão fresco, a anunciar que do grande FORNO A LENHA mais uma fornada se vai retirar.* (CV)

fogo

1. O plural é **fogos**, com **O** aberto. ♦ *Os policiais vieram com FOGOS de artifício e bombas de efeito moral.* (FSP)

2. O aumentativo é **fogaréu**. ♦ *O sol descambava, afogado num FOGARÉU.* (VER)

3. O adjetivo correspondente é **ígneo.** ♦ *Descomunais rachaduras da crosta terrestre permitiram a precipitação das águas do mar pela rocha adentro, até entrar na região ÍGNEA da terra.* (VB)

fogo-fátuo

O plural é **fogos-fátuos** (substantivo + adjetivo). O substantivo designa, especificamente, combustão espontânea de gases emanados de terrenos pantanosos e de sepulturas; genericamente, significa "brilho efêmero". ♦ *E as figuras em roda aumentavam, diminuíam, aproximavam-se, afastavam-se, fundiam-se, desagregavam-se, numa dança de FOGOS-FÁTUOS, isentas de significação.* (MEC)

foguetes espaciais ⇨ Ver naves espaciais ⇨ Ver satélites espaciais.

Os nomes dos foguetes espaciais são masculinos. ♦ *As empresas lutam para oferecer cada vez uma qualidade industrial maior, mesmo sem retorno financeiro imediato, diz Jaime Buscov, cinquenta e dois anos, engenheiro que fez o SONDA IV.* (VEJ)

Os nomes das naves espaciais são femininos e os nomes dos foguetes espaciais são masculinos.

folder, fôlder

1. **Folder** é palavra inglesa que designa impresso promocional constituído de uma única folha, com dobras. ♦ *O planejamento das rotas inclui inventário do que existe, treinamento de guias, sinalização e produção de FOLDER.* (FSP)

2. A forma gráfica portuguesa, oficialmente registrada, é **fôlder** (com acento, por tratar-se de paroxítona terminada em **R**). ♦ *Outro ponto alto do evento será a distribuição de FOLDERES educativos.* (DIN)

folgazão

1. Significa "que gosta de folgar, de divertir-se", "brincalhão".

2. O feminino tradicionalmente indicado é **folgazã** ou **folgazona**. ♦ *Pra ele a branquidão FOLGAZÃ desses bichinhos é inútil.* (DE) ♦ *A rapariga mostrava-se alegre e FOLGAZONA, e sem dúvida ria-se do velho, quando escutava os segredos do moço.* (LM-R)

3. O plural é **folgazões**. ♦ *Já se havia difundido o crepúsculo, e bandos FOLGAZÕES de quero-queros saudavam os últimos raios do Sol.* (INO)

foli-¹

É elemento (latino) que se liga a um elemento seguinte. Significa "folha". ♦ *Outros aplicam as folhas ou FOLÍOLOS uns contra outros, de maneira a proteger a maior parte da superfície FOLIAR contra a luz.* (TF)

foli-²

É elemento (latino) que se liga a um elemento seguinte. Significa "bolsa", "fole". ♦ *Existem, na base dos FOLÍCULOS pilosos do cabelo, células especializadas na produção de pigmento.* (FSP) ♦ *A Sarna FOLICULAR também é causada por parasitas que penetram fundo na pele, através do canal FOLICULAR.* (VID)

folião

1. O feminino é **foliona**. ♦ *O enredo deste ano é uma homenagem à jornalista, escritora e FOLIONA querida Eneida.* (REA)

2. O plural é **foliões**. ♦ *A avenida é o mar dos FOLIÕES.* (MRF)

follow-up

É expressão inglesa que designa o acompanhamento de uma ação anterior, para avaliá-la ou melhorá-la. A pronúncia aproximada é **fólou-ap**. ♦ *O FOLLOW-UP para glaucoma pode ser dividido em três fases: confirmação dos casos suspeitados nas triagens; FOLLOW-UP dos casos positivos; e o FOLLOW-UP do tratamento.* (GLA)

fondue

É palavra feminina (forma francesa). A pronúncia é, aproximadamente, **fondy**. ♦ *Uma FONDUE de queijo, para duas pessoas, custa R$ 33,48.* (FSP)

Entretanto, ocorre igualmente no masculino. ♦ *Outro segredo é esquentar o vinho branco antes de começar a preparar o FONDUE no fogareiro.* (FSP)

fone-, fono-, -fone, -fono

São elementos (gregos) que se ligam a um elemento seguinte ou a um anterior. Significam "voz", "som". ♦ *Vemos assim que a produção de um dado FONEMA se dá em muitos contextos diferentes.* (NEU) ♦ *GRAMOFONE, vitrola, eletrola, para não se falar no FONÓGRAFO, foram se tornando, ao longo do tempo, designações arcaicas, hoje refugiadas nos dicionários.* (FE) ♦ *Evidentemente, não podia discutir pelo TELEFONE os motivos que tinha para não vir a casa dos Soares.* (A) ♦ *Não pode ter gripe, ficar rouco, AFÔNICO.* (GD)

fonema

É substantivo masculino. Designa unidade distintiva mínima do sistema fonológico de uma língua. ♦ *A produção de um dado FONEMA se dá em muitos contextos diferentes.* (NEU)

fora ⇨ Ver afora ⇨ Ver em fora.

1. Flexão:

◇ Como advérbio, é invariável. ♦ *O temporal lá FORA é cada vez mais forte.* (AL)

◇ Como substantivo, tem plural. ♦ *O tradutor deu muitos FORAS.* (FSP)

2. Usa-se como **afora** (com o significado de "por toda a extensão", "sempre além"). É tradicionalmente mais indicado, mas é menos usual. ♦ *A mulher também profere uns sons que o bobo entende e ela igualmente está irada, retreme e gesticula, até que o bobo desabala pela rua FORA numa corrida dura.* (VER)

No mesmo tipo de construção usa-se também **afora** e **em fora**.

fora da lei

1. Como substantivo, tem a mesma forma para masculino e feminino (substantivo comum de dois). ♦ *Um FORA DA LEI não põe os pés nesta casa!* (OM) ♦ *Todo mundo me olhava como se eu fosse uma FORA DA LEI.* (FSP)

2. Como adjetivo e como substantivo, é invariável no plural. ♦ *Um deles, o uruguaio Fernando Clavijo, passou pelo calvário dos imigrantes FORA DA LEI.* (FSP) ♦ *É um velho processo dos FORA DA LEI.* (CRU)

fora de si, fora de mim

Nessas expressões o pronome reflexivo (**si, mim**) usa-se numa ou noutra pessoa do discurso (primeira, segunda ou terceira), conforme a referência que faz. ♦ *E tanto fiz, reconheço, que acabei pondo Hélio FORA DE SI.* (A) ♦ *Perdoe, que eu estou FORA DE MIM!* (MMM)

fórceps, fórcipe

São formas variantes, mas **fórcipe** ocorre apenas em obras técnicas. A sílaba tônica é a antepenúltima (**FÓR**) e, por isso, as palavras levam acento (paroxítona terminada em **PS** e proparoxítona, respectivamente). ◆ *Por outro lado, o uso hábil e judicioso do FÓRCEPS modera grandemente as consequências dos partos laboriosos.* (TI) ◆ *As aplicações de FÓRCIPE e as extrações podais são frequentes fatores causais.* (OBS)

forfait

1. É palavra francesa que provém da linguagem do turfe, significando "declaração de ausência de cavalo inscrito num páreo". Nessa acepção, o termo não ocorreu. A pronúncia é, aproximadamente, **forfé**.

2. Genericamente, refere-se à quebra de compromisso por parte de elementos contratados para alguma função ou apresentação. ◆ *Quanto ao "FORFAIT" dos Yellow Jackets, segundo a produção do festival, seus organizadores vão acionar o grupo pela quebra do contrato.* (FSP)

3. Outro sentido especializado é do vocabulário do turismo: ◆ *"FORFAIT" – Pacote individual montado por uma agência exclusivamente para um passageiro ou um grupo pequeno.* (FSP)

forma ⇨ Ver **de forma que, de maneira que, de modo que, de sorte que.**

1. Na expressão **de forma que** o substantivo fica no singular. ◆ *Du Terrail murmurou, mas de FORMA que ouvissem, embora soubesse que não podiam compreender.* (RET)

2. As lições normativas tradicionais condenam o uso da expressão **de forma a**.

Entretanto, ela é usual, nos diversos registros. ◆ *Malan preferiu socorrê-lo de FORMA a não interferir nas eleições para o governo de São Paulo e para o Palácio do Planalto.* (VEJ)

formalizar

Com **Z**, como todo verbo formado com o sufixo **-izar**. Significa "tornar formal". ◆ *Ele ainda não FORMALIZOU publicamente o namoro (...).* (CAA)

-forme ⇨ Ver **morf(o)-, -morfo.**

É elemento (latino) que se liga a um elemento anterior. O significado liga-se a "forma".

Corresponde ao elemento grego **-morf(o)**. ◆ *Avançava o sol, a andadura do burro era UNIFORME e suave.* (FP) ◆ *Aí temos, ao invés de sementes aladas, endocarpos ALIFORMES e destacáveis.* (TF)

formicida

É substantivo masculino. ◆ *Sim, o FORMICIDA produz um gás, bem tóxico e mais pesado que o ar.* (GT)

formiga

1. É substantivo feminino, referindo-se ao macho e à fêmea do animal (substantivo epiceno). ◆ *Com essa cintura fina a Luzia parece uma FORMIGA, uma saúva grande.* (TV)

2. O adjetivo correspondente é **formicular**, mas a forma não ocorreu.

fornada

É coletivo para pães, biscoitos etc. que se assam ao mesmo tempo. ◆ *Anda no ar um cheiro de pão fresco, a anunciar que, do grande forno a lenha, mais uma FORNADA se vai retirar.* (CV)

forno

1. O aumentativo é **fornalha**. ◆ *O museu se transforma, em dias de calor, numa FORNALHA inabitável.* (VEJ)

2. O plural é **fornos**, com **O** aberto. ◆ *A caboclada aposentou os teares, os FORNOS caíram.* (GD) ◆ *A fundição produzida pelos altos FORNOS é uma liga de ferro com alto teor de carbono, duro, frágil e não maleável.* (EFE)

-foro

É elemento (grego) que se liga a um elemento anterior. Significa "que leva", "que traz". ◆ *No primeiro SEMÁFORO crianças maltrapilhas vêm vender rosas, pastilhas ou frutas.* (MOR) ◆ *Foram assim observadas células descamadas do tubo digestivo, das vias AERÓFORAS, do trato urinário, das cavidades peritoneal e pleural, do aparelho genital.* (OBS)

foro ⇨ Ver **fórum**.

Foro é substantivo que significa:

◇ "lugar onde funcionam os órgãos do poder judiciário" (o mesmo que **fórum**). ♦ *Aí foi construída uma réplica exata do FORO Romano, tal qual existia no século II, da Era Cristã.* (MAN) ♦ *Três da tarde, no edifício do FORO, segundo andar, sala de audiências.* (MP)

◇ "qualquer espaço de discussão de problemas, especialmente com vista a chegar a um resultado justo" (o mesmo que **fórum**). ♦ *A Organização das Nações Unidas é o mais importante FORO da diplomacia multilateral.* (DIP) ♦ *Pede, em todo caso, a criação de um FORO de diálogo permanente entre os países.* (FSP)

◇ "tribunal". ♦ *Já está mais do que evidente que a expectativa de impunidade assegurada pelo FORO especial da Justiça das polícias militares para os crimes comuns deve passar para a Justiça civil.* (REG) ♦ *Não há FORO privilegiado, nem juízes e tribunais de exceção.* (D)

◇ "jurisdição", "alçada". ♦ *Vê-se o quanto há uma certa especificidade que tem que ser respeitada, na distinção que se faz entre o FORO civil e o FORO militar.* (FSP) ♦ *É claro, assim, o significado dessa interpenetração de FOROS e áreas de atuação externa.* (II-O)

A expressão **foro íntimo** designa o juízo da própria consciência. ♦ *A felicidade e a infelicidade são duas formas de energia que procedem do FORO íntimo do universo de cada indivíduo.* (BIO) ♦ *O tempo, em lugar de assunto público e oficial, passará a ser considerado assunto de FORO íntimo.* (CT)

◇ "prerrogativa", "direito", "privilégio", "estatuto". ♦ *Apenas alertou para o fato de que, em ambientes de extremo passionalismo – como o que estava sendo criado pela CPI –, qualquer acusação ganha FORO de verdade.* (FSP) ♦ *(...) a poesia parnasiana só conseguia FOROS de honestidade com o gorjeio do rouxinol.* (BS)

forro

O plural é **forros**, com **O** fechado. ♦ *Os pisos de madeira exigiam a existência de porões no pavimento térreo e de FORROS de gesso ou madeira nos dois andares.* (ARU)

Fortaleza [Ceará]

O adjetivo pátrio é **fortalezense**. ♦ *Mas a revelação da noite FORTALEZENSE não passa nem perto dos ritmos do Nordeste brasileiro.* (FSP)

fortuito

A sílaba tônica é **TUI**, e, por isso, a palavra não leva acento (paroxítona terminada em **O**). Significa "casual", "acidental". ♦ *O Sr. Cordeiro de Farias, nos últimos meses, só teve um encontro FORTUITO com o general Teixeira Lott.* (ESP)

fortuna

Significa, em princípio, "fado", "sorte". Mais comumente emprega-se, entretanto, para designar a boa fortuna, ou seja, o êxito, o sucesso, e, especialmente, a riqueza. ♦ *O marquês Gilbert de La Fayette (1757-1834) é o "Herói dos Dois Mundos", o aristocrata francês a quem os céus concederam a FORTUNA de destacar-se nos dois eventos capitais da sua época, as revoluções Americana e Francesa.* (VEJ) ♦ *Seduzido por essas notícias, encheu-se de esperanças, e, seguindo o exemplo de outros sertanejos, também se decidira a tentar FORTUNA em Andaraí.* (CAS) ♦ *Calcula-se que as reservas caiapós abriguem ainda uma FORTUNA de 120 milhões de dólares em mogno.* (VEJ)

fórum ⇨ Ver **foro**.

1. **Fórum** é a forma gráfica portuguesa (com acento) correspondente ao latim *forum*, nome que era dado, nas cidades antigas romanas, à praça pública onde se realizavam as assembleias populares e onde os magistrados julgavam as causas. É forma variante de **foro** e mais usual que esta, com os seguintes significados:

◇ "lugar onde funcionam os órgãos do poder judiciário". ♦ *A notícia do incêndio no 11º andar do FÓRUM do Rio (...) impressionou muito mais as internas do que a explosão em Oklahoma.* (VEJ) ♦ *Ele foi remetido do*

fosforescente, fosforescência

FÓRUM da Lapa para o Tribunal do Júri de Pinheiros, que, por sua vez, voltou a devolvê-lo ao FÓRUM da Lapa. (FSP)

◇ "qualquer espaço de discussão de problemas, especialmente com vista a chegar a um resultado justo". ◆ *Manilha não é mais um FÓRUM de debates, virou tribuna de política, um foguetório e um comício.* (CB) ◆ *A Rio-92 é o maior FÓRUM já realizado sobre ecologia.* (GLO)

2. O plural português é **fóruns**. ◆ *Zamith começou a participar de diversos FÓRUNS de debate do Ibase.* (VEJ)

fosforescente, fosforescência
⇨ Ver **florescente** ⇨ Ver **fluorescente, fluorescência.**

As palavras **fosforescente** e **fosforescência** (ligadas a **fósforo**) referem-se a luminosidade, à propriedade de brilhar na obscuridade. ◆ *Os vaga-lumes cortavam o ar, indo e vindo, como um pálio FOSFORESCENTE cobrindo o brejo em festa, com sapos coaxando e grilos cricrilando: tudo, uma sinfonia.* (S) ◆ *Pouco antes da entrada na Guanabara já o espetáculo se ofereceu, imenso e bizarro, misterioso e deslumbrante, não como paisagem, e sim como profusão de treva recamada por FOSFORESCÊNCIAS.* (L)

A palavra **florescente** (ligada a **flor**) significa "que floresce", "que está em desenvolvimento", "notável".

As palavras **fluorescente** e **fluorescência** (ligadas a **flúor**) referem-se a um tipo particular de emissão de luz.

fosso

Segundo as indicações tradicionais, o plural é **fossos**, com O aberto, mas a pronúncia varia. O substantivo designa cavidade ou escavação no solo. ◆ *Canais levavam água do rio até uns FOSSOS com fundo inclinado, que terminavam em bicas de taquara.* (RET)

foto-, foto

1. **Foto-** é elemento (grego) que se liga a um elemento seguinte. Significa "luz", e, por aí, se liga à noção de fotografia. ◆ *A energia usa-*

da em todas as atividades será tirada da luz solar através de grandes painéis de células **FOTOELÉTRICAS**. (JB) ◆ *A radiação ultravioleta tem a capacidade de FOTOATIVAR o ergosterol da pele, transformando-o em vitamina "D".* (ELE) ◆ *O FOTOJORNALISMO começou modestamente, mais para romper a monotonia gráfica das páginas cheias de texto do que para informar alguma coisa.* (LIJ)

Se o elemento seguinte começar por **R** ou **S**, é necessário duplicar essa letra (que ficará entre duas vogais, na escrita). ◆ *Produz nos bovinos congestão das mucosas, FOTOSSENSIBILIZAÇÃO e perturbação gastrointestinal.* (BEB) ◆ *A iluminação nesta parte é suficiente para permitir a FOTOSSÍNTESE normal.* (ECG)

2. **Foto** é a forma reduzida de **fotografia**, palavra formada com o elemento **foto-**. ◆ *No jornal havia uma FOTO do coronel Paulo Torres, novo chefe de polícia.* (AGO)

foulard

É palavra francesa que designa lenço de tecido leve usado em torno do pescoço ou à cabeça. A forma **fular**, dicionarizada, não ocorreu. ◆ *Um FOULARD branco e uma rosa vermelha concluem os detalhes.* (MAN)

foxtrote

É a forma portuguesa correspondente ao inglês *foxtrot*. ◆ *Aí eu iria escrever valsas, mazurcas, escrever FOXTROTE, talvez eu estivesse escrevendo heavy metal.* (FSP)

foyer

É palavra francesa que designa sala em que os espectadores ou visitantes aguardam o início de uma sessão ou permanecem durante os intervalos dela. Pronuncia-se, aproximadamente, **fuaiê**. ◆ *Gustavo Rezende mostra esculturas no novo espaço dentro do museu de arte moderna de São Paulo, o FOYER.* (FSP) ◆ *Camarotes, frisas e FOYER deram adeus às operetas, peças e balés para se tornarem testemunhas de filmes e shows pornográficos.* (FSP)

foz

Com **Z**. É o mesmo que **embocadura**. ◆ *A FOZ comum dos três rios, no estuário da*

Prata, demarca o vértice do enorme triângulo. (GPO)

fraco

O superlativo absoluto sintético é **fraquíssimo**. ♦ *Maltratara-o de tal modo mesmo que, fraco de caráter, FRAQUÍSSIMO, não resistira.* (A)

frade ⇨ Ver **frei**.

1. **Frade** é substantivo. ♦ *Um FRADE de clausura leva vida mais amena, porque FRADE pelo menos não levanta peso, só reza.* (CT)

2. A palavra feminina correspondente a esse masculino é **freira**. ♦ *A menina tinha os olhos inchados de tanto chorar e a FREIRA a consolava.* (CP)

A forma **freire**, com o mesmo significado, aproximadamente, não ocorreu.

Frei é forma de tratamento, que só se usa antes do nome da pessoa.

frágil

O superlativo absoluto sintético é **fragílimo** ou **fragilíssimo**. ♦ *Era um ativista, o presidente Kubitschek, e, abalando o valor da moeda, abalou, consequentemente, a FRAGÍLIMA poupança brasileira.* (TGB) ♦ *O roteiro escrito pelo produtor Lionel Siegel é um pretexto forçado, uma trama FRAGILÍSSIMA para levar o personagem a Hong-Kong.* (JB)

fragrante, fragrância ⇨ Ver **flagrante**.

1. Com **FR** e **GR**.

2. **Fragrante** é adjetivo que significa "com fragrância", "perfumado". ♦ *O narciso é um gênero de planta bulbosa, muitas vezes FRAGRANTE e ornamental, da família das Amarilidáceas, consistindo em cerca de 40 espécies.* (FSP)

3. **Fragrância** é o substantivo correspondente ("perfume"). ♦ *Das panelas saía uma FRAGRÂNCIA deliciosa de comida.* (BU)

Flagrante é substantivo que designa ato ou fato que se observa ou se comprova no mesmo momento em que ocorre e é adjetivo que significa "evidente", "patente", ou "observado no momento em que ocorre".

França [Europa] ⇨ Ver **franco-**.

Os adjetivos pátrios são:

✧ **francês**. ♦ *Talvez fosse um hábito FRANCÊS que caiu em desuso.* (ANB)

✧ **galicano**. ♦ *Esse sacerdote GALICANO, íntimo de aristocratas franceses, (...) veio para o Ceará ser professor do Colégio Estadual e foi, depois, para o Maranhão como Bispo de São Luís.* (CF)

✧ **gálico**. ♦ *Quando o afrancesamento chegava ao apogeu de galiqueira adquirida em fêmea GÁLICA, saíamos para a Poção de Chopart, para o xarope de copaíba de Puche, para a injeção de sândalo e resorcina de Bretonneau.* (Q)

O único bastante usual é o primeiro.

O elemento de composição correspondente para formação de adjetivos pátrios é **franco-**.

franchise, franchising ⇨ Ver **franquia**.

1. *Franchising* é palavra inglesa que designa sistema que autoriza a comercialização de bens ou serviços a um distribuidor ou vendedor, o qual obtém o direito do uso de uma marca em uma determinada área mediante o pagamento de uma soma e o compromisso de preservação das características dessa marca. A pronúncia aproximada é **frentcháizin** (com E aberto). ♦ *Nos Estados Unidos, a pátria do FRANCHISING, há mais de meio milhão de lojas franqueadas, por onde passa 1 em cada 3 dólares que circulam pelo comércio varejista.* (VEJ)

2. O processo designa-se também por *franchise* (pronúncia: **fréntchaiz**), mas essa palavra é muito menos usual (10%) que *franchising* (90%). ♦ *O FRANCHISE é a oportunidade de abrir um negócio sem ter de reinventar a roda.* (VEJ)

A palavra portuguesa que traduz *franchise* e *franchising* é **franquia**. Essa forma se usa com maior frequência (72%), comparativamente às formas inglesas (28% ambas juntas).

franco-¹

É elemento de composição correspondente a **francês**.

franco-²

◇ Liga-se por hífen ao elemento seguinte quando entra na constituição de adjetivo pátrio ou palavra ligada a esse tipo de expressão. Não varia (o feminino e o plural se marcam apenas no segundo elemento). ◆ *A frota FRANCO-espanhola foi destruída por Nélson, que assim assegurou a integralidade da Inglaterra.* (HG)

◇ Não há hífen na composição quando não há relação com adjetivo pátrio. ◆ *Sua afetação FRANCÓFILA acabou-se durante um jantar de gala no palácio dos Campos Elíseos.* (VEJ) ◆ *Parece evidente a superioridade do cinema africano FRANCÓFONO, especialmente do Mali e de Burkina Fasso.* (FSP)

franco-²

É elemento que se liga a um elemento seguinte. Significa "livre". ◆ *Um FRANCO-atirador matou um soldado americano e feriu 18 durante um treinamento militar na base de Fort Bragg.* (FSP)

frankenstein

A partir do nome próprio inglês *Frankenstein*, designa indivíduo de características monstruosas, e também indivíduo ou coisa que se constitui de partes em desarmonia. ◆ *É a figura de Fausto Silva que dá unidade a esse FRANKENSTEIN televisivo que é o Domingão.* (VEJ)

Com alguma frequência ocorre a forma deturpada **frankstein**.

franquia ⇨ Ver *franchise, franchising*.

Franquia é a palavra portuguesa que traduz *franchise* e *franchising*. Ela é muito mais usual do que as formas originais inglesas e dela se formam derivados como **franquear, franqueador, franqueamento**. ◆ *A Farmais é uma FRANQUIA de conversão que já atraiu 350 farmácias independentes em dois anos de atuação.* (FSP) ◆ *Em julho, resolveu FRANQUEAR a fórmula da Dry Car.* (VEJ) ◆ *As 78 lojas da Eureka, maior FRANQUEADORA de lavanderias do país, fazem de tudo um pouco.* (VEJ) ◆ *A empresa iniciou seu processo de FRANQUEAMENTO em 1988 e conta hoje com sete unidades FRANQUEADAS.* (FSP)

fraqueja, fraquejam etc.

O **E** é fechado (antes de **J**). ◆ *Nakao sabe imediatamente quem FRAQUEJA.* (VEJ)

fraqueza

Com **Z**, como todo substantivo abstrato em **-eza** derivado de adjetivo. ◆ *Pranto é FRAQUEZA, coisa de mulher.* (MRF)

frater-, fratr-

São elementos (latinos) que se ligam a um elemento seguinte. Significam "irmão". ◆ *Para bem cumprir a ordem de César, o povo de Deus se fazia FRATERNO e cordial naquela fria noite de dezembro.* (VES) ◆ *O meio de romper esse círculo vicioso, sem que se dessangre o organismo nacional em lutas FRATRICIDAS, não pode ser outro senão o da reforma agrária.* (AR)

fratricida

Há **R** não apenas depois do **F** (**FRA**) mas também depois do **T** (**TRI**). É adjetivo invariável (uma só forma para masculino e feminino). Significa "matador do irmão ou da irmã". ◆ *Mas ele temia que isso se transformasse numa luta FRATRICIDA.* (FSP) ◆ *O meio de romper esse círculo vicioso, sem que se dessangre o organismo nacional em lutas FRATRICIDAS, não pode ser outro senão o da reforma agrária.* (AR)

fraude, fraudar, fraudulento

Com o ditongo **AU** (**FRAU**). ◆ *A FRAUDE foi descoberta.* (PCO) ◆ *Nunca antes o Governo Federal foi tão acusado de usar seu poder para FRAUDAR as eleições.* (OL) ◆ *O objetivo é reduzir os desnecessários e, principalmente, os FRAUDULENTOS.* (JL-O)

frauta ⇨ Ver **flauta**.

Frauta e **flauta** são formas variantes para designar o mesmo objeto (instrumento musical), mas a forma **frauta** tem uso raríssimo (menos de 1%) e apenas literário. ◆ *Uma FRAUTA suspirava velhíssimas modinhas sob o luar enfumaçado, próprio para alumiar almas do outro mundo.* (VER)

frear, freada, freio ⇨ Ver **-ear.**

1. **Frear** significa "deter ou diminuir um movimento pisando no freio".

Os verbos em **-ear** recebem **I** nas formas rizotônicas, isto é, nas formas cuja sílaba tônica pertence ao radical. ◆ *O motorista é atencioso e FREIA a três metros da entrada, poupando-me do banho de lama.* (EST) ◆ *Ou FREAVA ou atropelaria a mulher.* (PCO)

2. O mesmo ocorre com os substantivos correspondentes. ◆ *Verifique o nível de fluido do FREIO.* (MAQ) ◆ *No momento da FREADA, mesmo que o pedal seja fortemente pressionado, os freios atuam com a máxima eficiência, sem travar as rodas.* (P-AUT)

frecha ⇨ Ver **flecha.**

Frecha e **flecha** são formas variantes para designar o mesmo objeto, mas **frecha** é de uso raríssimo (menos de 1%) e apenas literário. ◆ *As cortinas de correr, de lona amarela, descidas, aumentam o peso da luz do sol mas lhe retiram as arestas, as pontas de aço, as FRECHAS cruéis de uma claridade sem gradação.* (NB)

free shop ⇨ Ver **duty-free shop.**

É expressão inglesa que significa "loja livre [de taxa]". É redução da expressão *duty-free shop.* Designa loja que, em aeroportos, vende aos viajantes de voos internacionais produtos importados, sem cobrança de taxa de importação. A pronúncia aproximada é **fri-chóp.** ◆ *O que antes era privilégio de FREE-SHOP se consome na padaria da esquina.* (FSP)

freelance, freelancer

São palavras inglesas. *Freelance* designa trabalho avulso realizado por profissional autônomo e designa também o profissional que realiza esse tipo de trabalho. Na segunda acepção, usam-se indiferentemente as duas formas, *freelance* e *freelancer.* ◆ *Nós também fazíamos FREELANCE juntos.* (FSP) ◆ *Garçom do restaurante Mezzaluna, modelo fotográfico FREELANCE, aspirante a ator.* (FSP) ◆ *Dominique Isserman, 38, é fotógrafa FREELANCER de moda da "The New York Times Magazine".* (FSP)

freezer, frízer

Freezer é palavra inglesa que significa "móvel congelador". ◆ *Peter pega o peixe no FREEZER e cuida da comercialização – o que o obrigou a aprender algumas artes.* (GL)

freguês

O feminino é **freguesa.** ◆ *A FREGUESA tinha pressa.* (BH)

frei ⇨ Ver **frade** ⇨ Ver **sóror.**

Frei (redução de **freire**) é forma de tratamento, que só se usa antes do nome da pessoa e sempre sem artigo. ◆ *FREI Francisco não acreditara que o motivo daquela viagem fosse apenas a doença do pai da moça.* (RET)

A palavra feminina correspondente a esse masculino é **sóror.**

Como substantivo, usa-se **frade. Freire** não ocorreu.

fremir

Verbo defectivo, conjuga-se apenas nas formas em que ao radical se segue **E** ou **I**. Não existe, pois, a primeira pessoa do singular do presente do indicativo, e, consequentemente, o presente do subjuntivo. Significa "tremer", "estremecer", "bramir". ◆ *Enquanto um mundo cheio de vida e denso de ideias-força se agita e FREME atrás da cortina de ferro, para aquém da cortina de ferro, o que existe é o vácuo.* (D) ◆ *Os estudantes, nas torrinhas, FREMINDO de entusiasmo, a plateia de pé ovacionando.* (RIR)

frenesi, frenesim

São formas variantes, mas só a primeira ocorreu. Significam "arrebatamento de sentimentos", "delírio". A sílaba tônica é a última (SI), e, por isso, a palavra não leva acento em nenhuma das duas formas. ◆ *E com FRENESI atiram sobre o meu corpo uma chuva de pétalas.* (MP)

frente a, frente a frente ⇨ Ver **cara a cara.**

1. A expressão **frente a,** com o significado de "em face de", "ante", "perante", é considerada um castelhanismo por puristas.

frequentador (assíduo)

Entretanto, ela é de uso corrente. ◆ *FRENTE A isto, a ciência política, pasma, não consegue encontrar explicações.* (FSP)

2. Em expressões como **frente a frente**, **cara a cara** etc. o **a** é apenas uma preposição, e, portanto, não leva acento. ◆ *Seguros pelas mãos, FRENTE A FRENTE, olhavam-se, medindo a precisão dos movimentos que iam desencadear.* (CF)

frequentador (assíduo) ⇨ Ver *habitué*.

É a forma portuguesa que traduz o francês *habitué* e que tem a mesma frequência de uso que o termo francês. ◆ *Garnero é FREQUENTADOR assíduo dos gabinetes ministeriais de Brasília.* (CB)

fresco

O superlativo absoluto sintético é **fresquíssimo**. ◆ *O pescado de primeira, FRESQUÍSSIMO, assado, cozido ou frito, com tempos corretos ao fogo, tem grandes chances de gerar um prato memorável, qualquer que seja a receita predileta do cozinheiro.* (FSP)

friagem

Com **G**. É substantivo feminino. ◆ *Deve ter sido alguma FRIAGEM que apanhei.* (TV)

frieza

Com **Z**, como todo substantivo abstrato em **-eza** derivado de adjetivo. Designa a propriedade do que é frio. ◆ *Ante a FRIEZA de Adroaldo e Estela, Jocasta se sente um pouco constrangida.* (MD)

frigi-, frigori-

São elementos (latinos) que se ligam a um elemento seguinte ou a um anterior. Significam "frio". ◆ *O que parece fora de dúvida é a grande influência de fatores sociais e culturais na produção da FRIGIDEZ, reforçando possíveis repressões.* (NE) ◆ *As principais limitações à produção nacional de sementes são a murcha bacteriana, as viroses e a armazenagem FRIGORÍFICA.* (DS)

frigidez

Com **Z**, como todo substantivo abstrato em **-ez** derivado de adjetivo. Designa a proprie-

dade do que é frígido. ◆ *Tinha problemas na educação dos filhos e FRIGIDEZ em relação ao marido.* (REA)

frigir

1. De conjugação irregular, o verbo **frigir** tem **I** na primeira pessoa do singular do presente do indicativo e, consequentemente, em todo o presente do subjuntivo. Nas demais formas o radical tem **E**, que é aberto quando é tônico. Significa "fritar". ◆ *Mexida, a mucosa massa se aquece, FREGE (...).* (AVE)

2. Para representar-se adequadamente a pronúncia, o verbo **frigir** escreve-se com **J**, e não com **G**, nas formas em que a desinência começa por **O** ou **A** (**frijo**, **frija**, **frijamos**), mas essas formas não ocorreram.

frio

As formas de superlativo absoluto sintético tradicionalmente indicadas são **frigidíssimo** (forma erudita) e **friíssimo**, mas a primeira forma é pouco usual, atualmente. ◆ *E, no brejo – FRIÍSSIMO e em festa – os sapos continuavam a exultar.* (SA) ◆ *Atingindo o inverno, a impressão de um clima europeu é precisa: sopra o SO FRIGIDÍSSIMO sacudindo chuvisqueiros finos e esgarçando garoas.* (SER)

friorento

Essa é a forma (com **R** antes do **E**). ◆ *Interrogando, ele descobre que ela é bastante FRIORENTA.* (HOM)

frisar¹

Com **S**, como **friso**. Significa "pôr friso em", "salientar". ◆ *Felipe, que nada sofreu com o acidente, fez questão de FRISAR que não estava alcoolizado.* (VEJ)

frisar²

Com **S**, como **frisa**, designação de tecido de lã grosseiro, encrespado. Significa "franzir", "encrespar". Daí o adjetivo **frisado** ("encrespado"). ◆ *O Dr. Lustosa (...) só olhava para o altar, de cabeça tesa, o bigode FRISADO, o cabelo repartido ao meio.* (TS)

frisson

É palavra francesa que significa "frêmito", "arrepio". É substantivo masculino. ◆ *Genial-*

mente, o escultor torna visível o FRISSON que percorre os dois corpos na hora em que seus lábios se encontram. (VEJ)

fritado, frito

1. A forma **fritado** é usada com os verbos **ter, haver** e **ser**. ◆ *Você acusa a CUT de ter FRITADO seu irmão.* (FSP) ◆ *Krause foi FRITADO sem cheiro.* (VEJ)

Usa-se, também, como adjetivo, com o significado de "desprestigiado". ◆ *O presidente FHC deu sinais de que não quer ver o ministro Pedro Malan FRITADO.* (VEJ)

2. A forma **frito** é usada com os verbos **ser** e **estar**. ◆ *A batata é FRITA na hora, leva cinquenta segundos para ficar pronta e vem quente.* (VEJ) ◆ *Quando o óleo Primor põe os olhos numa batatinha, ela está FRITA.* (P)

Usa-se também, como adjetivo, com o significado de "em má situação". ◆ *Se descobrirem que andei atendendo você, estou FRITO.* (FSP)

front

Front é palavra inglesa que designa frente de batalha, aportuguesada como **fronte**, que teve apenas 10% de frequência e quase só na imprensa. ◆ *Apesar das dificuldades no FRONT fiscal, tudo indica que há espaço para manter vivo o Plano Real à base de artifícios.* (FSP) ◆ *O restante não traz nada de novo ao FRONTE crítico.* (FSP)

frontispício

Com **I**, e não com **E**, na segunda sílaba (**TIS**). O substantivo designa:

◇ fachada principal de construção. ◆ *(Os batentes) eram esculpidos com bom gosto e sustentavam um FRONTISPÍCIO com dois brasões de família.* (ACM)

◇ portada, folha de rosto gravada. ◆ *O primeiro livro com FRONTISPÍCIO foi o Calendarium, de 1476, editado em Veneza.* (ACM)

Esse último uso não é bem aceito pelos especialistas em bibliografia.

frota

É coletivo para meios de transporte. ◆ *O estabelecimento trabalha com uma FROTA de carros.* (NI)

frouxo

Com **X** (após ditongo). ◆ *A reação das Cortes deixou entrever quanto era FROUXO o laço que parecia prendê-las.* (DC)

frufru

É a forma portuguesa correspondente ao francês *froufrou*. É palavra onomatopaica referente ao rumor do roçar de tecidos, especialmente os de seda. ◆ *O tinir de uma fivela e o FRUFRU de uma saia caindo fizeram-na enrubescer, gelando-lhe o estômago.* (FR)

fruir, fruído ⇨ Ver fluir, fluído, fluido.

1. **Fruir** é verbo que significa "desfrutar", "tirar proveito de". ◆ *A falta de assistência do povo faz com que todos os poderes sejam absorvidos pelas classes privilegiadas que, assim, FRUEM, exclusivamente, os benefícios da situação.* (FI)

2. **Fruído** (com acento no **I**) é o particípio do verbo **fruir**. ◆ *O cinema puro e antiliterário de Powell é para ser FRUÍDO exclusivamente durante a projeção.* (FSP)

frustrar(-se), frustração, frustrado

A forma é essa, com **R** depois do **F** e também depois do **T**. ◆ *Pela segunda vez, a Lei de Patentes FRUSTRA os planos do presidente.* (FSP) ◆ *A FRUSTRAÇÃO é uma forma de julgamento tão boa como qualquer outra.* (FAB) ◆ *Para esses setores, o modelo chamado brasileiro tornou-se FRUSTRADO e não atingiu os objetivos desejáveis.* (GA-O)

fruta-pão

1. É substantivo feminino. ◆ *O de-comer sobre a mesa (...): FRUTA-PÃO cozida, carne-seca chamuscada, farinha, inhame, jaca mole e mangas coração-de-boi.* (TG)

2. O plural é **frutas-pão** (substantivo + substantivo, o segundo fazendo uma determinação sobre o primeiro). ◆ *Olhava a paisagem em torno e como que flutuava sobre tudo que via: os verdes quintais marginais, as bananeiras, as casinhas de barro batido, os coqueiros que abraçavam o vento, a terra vermelha, os pés de FRUTAS-PÃO, os cacaueiros envelhecidos.* (CHI)

fugaz

Com **Z**. Significa "que passa rápido", "efêmero". ✦ *Tudo lhe parece FUGAZ, menos a morte.* (PAO)

fugir

1. Para ficar representada adequadamente a pronúncia, o verbo **fugir** escreve-se com **J**, e não com **G**, nas formas em que a desinência começa por **O** ou **A**. ✦ *FUJO dos números como o diabo da cruz.* (FSP)

2. Usa-se:

◇ sem complemento. ✦ *De um modo ou de outro, sempre alguma coisa surge, fazendo com que o sono FUJA.* (A)

◇ com complemento iniciado pela preposição **de**. ✦ *Nem que fosse para FUGIR de casa e ir sozinha.* (ANA)

◇ com complemento iniciado pela preposição **a**, com o significado de "evitar", sobretudo quando o complemento é um substantivo abstrato. ✦ *Foi a forma que adotou para FUGIR a uma verdade maior que a capacidade de enfrentá-la.* (CH)

-fugo¹

É elemento (latino) átono que se liga a um elemento anterior. Significa "que foge". ✦ *Entre outros traços que manifestam, em um mundo surpreendentemente CENTRÍFUGO, nossa tendência a confluir podem ser mencionados.* (II) ✦ *Todos estiveram de acordo que eles se tornassem PRÓFUGOS.* (FSP)

-fugo²

É elemento (latino) átono que se liga a um elemento anterior. Significa "que afugenta", "que repele". ✦ *Desde a antiguidade, o homem observou o efeito VERMÍFUGO que possuíam certos produtos de origem vegetal.* (PTP)

fuligem

Com **G**. É substantivo feminino. Designa substância preta que a fumaça de lenha queimada deposita nos canos das chaminés e nas paredes e tetos das cozinhas. ✦ *A poeira e a graxa formaram uma camada de FULIGEM grossa.* (BB)

full time

É expressão inglesa que significa "(em) tempo integral". A pronúncia aproximada é **ful--táimi**. ✦ *Estamos trabalhando FULL TIME – disse a Manchete um servidor da Justiça.* (L)

Funai

É a sigla de **Fundação Nacional do Índio**. ✦ *Funcionários da Funai, consultados, disseram que existe possibilidade de ser uma urna mortuária dos índios guaranis, do século 17.* (ESP)

Funarte

É a sigla de **Fundação Nacional das Artes**. ✦ *Ela estava num cofre em um depósito da Funarte.* (VEJ)

funeral, funerais

No singular ou no plural, designa conjunto das cerimônias de sepultamento. ✦ *Curioso hábito da época, garantia numeroso comparecimento de crianças no FUNERAL, chovesse ou fizesse sol.* (ANA) ✦ *Deixara severas instruções com a empregada: hinos e sermões, nos FUNERAIS, só em alemão.* (ASA)

funk

É palavra inglesa que designa gênero de música popular dançante, de origem norte--americana, ligada ao *soul*. ✦ *Eu nunca tinha ido num baile FUNK, não imaginava que fosse tão divertido.* (OM)

furta-cor

É adjetivo composto que não se flexiona. ✦ *O calor lhe devolvia a plumária FURTA-COR e o jeito sobranceiro.* (REL) ✦ *Ficam verdes, amarelos, roxos, FURTA-COR.* (BAL)

fuseau, fusô

1. *Fuseau* é palavra francesa que designa calça justa, em geral de malha, de onde partem alças que se prendem sob os pés. ✦ *Numa das mãos, ela contava quatro peças: um agasalho para o filho de um ano, um FUSEAU de lã,*

uma malha e uma blusa de lã Clock House para o marido. (ESP)

2. **Fusô** é a forma gráfica portuguesa correspondente, não registrada oficialmente, e pouco usual (2%). ✦ *O pior traje possível, na opinião de Herchcovitch, é "FUSÔ com alcinha no pé, sapatilha de camurça azul--marinho, meia fina branca, camisa jeans e cru sem manga".* (FSP)

fusível ⇨ Ver **fuzil.**

Fusível escreve-se com **S**. É palavra ligada a **fundir** e a **fusão**. É:

◇ adjetivo que significa "capaz de fundir-se". ✦ *Os maiores defeitos do carvão nacional são o elevado teor de enxofre e de cinzas, bem como sua natureza FUSÍVEL.* (RM)

◇ substantivo que designa um componente utilizado em eletricidade. ✦ *Você não sabe nem mudar um FUSÍVEL, embora você saiba ganhar mais dinheiro do que eu.* (B)

Existe a errada crença de que esse componente utilizado em eletricidade tem o nome de **fuzil** ou **fusil.**

futebol

É a forma portuguesa correspondente ao inglês *football*. ✦ *Fernando, sem FUTEBOL no domingo, era uma pessoa intratável na segunda-feira.* (AF)

fuzil, fuzilar ⇨ Ver **fusível.**

Com **Z**. **Fuzil** é substantivo que designa uma arma militar, e **fuzilar** é o verbo correspondente. ✦ *Ao abrir a porta, a luz caiu em cheio sobre um homem de chapéu de couro, com um FUZIL Mauser na mão.* (CAS) ✦ *Os comunistas chineses FUZILARAM talvez quinze milhões de homens, ao tomarem o poder.* (SIG-O)

Fusível é adjetivo e substantivo ligados ao verbo **fundir** e ao substantivo **fusão**.

fuzzy

É palavra inglesa que significa "indistinto", "difuso". A pronúncia aproximada é **fâzi**. ✦ *A edição de 16 de abril traz um artigo sobre a lógica "FUZZY", teoria matemática onde elementos podem pertencer apenas parcialmente a conjuntos.* (FSP)

g

g

O nome da letra **G** é **gê**. Com acento circunflexo. ◆ *GÊ? GÊ de Geralda? Não conheço nenhuma Geralda.* (OM)

g

É o símbolo de **grama**. Como símbolo, não leva ponto de abreviatura e não tem plural. Com minúscula. ◆ *Entre os destaques da exposição, ovos de beija-flor (com apenas 11 milímetros de diâmetro e pesando menos de 1g).* (FSP)

Gabão [África]

O adjetivo correspondente é **gabonense** (masculino e feminino) ou **gabonês**, com feminino **gabonesa**. ◆ *O marroquino Hassan 2º e o GABONENSE Omar Bongo forneciam o dinheiro.* (FSP) ◆ *Só dois dos 55 árbitros pré-selecionados para a Copa não passaram nos testes a que foram submetidos em Dallas: o belga Guy Goethals e o GABONÊS Jean Fidèle Diramba.* (FSP) ◆ *A acusação foi feita por Yekini em uma entrevista a uma rádio GABONESA anteontem.* (FSP)

gabardina, *gabardine*

1. **Gabardina** é a forma portuguesa correspondente ao francês *gabardine*. É a designação de tecido em diagonal, de lã, algodão ou fibra sintética, usado para confecções. ◆ *Qual é a moça que quer impressionar dentro de uma velha saia de GABARDINA cor de azeitona e uma blusa mal talhada?* (CP)

2. A forma originária francesa *gabardine*, também oficialmente registrada em português, é muito mais usada (75%). ◆ *Já que é preciso enfrentar o verão com as pernas cobertas, os tecidos leves como algodão, linho, crepe ou GABARDINE dominam as vitrines.* (VEJ)

gado

1. É coletivo para reses. ◆ *Coronel Moreira mandou soltar o GADO na roça de Sinhá Andresa hoje de madrugada.* (ALE)

2. Os adjetivos correspondentes são **pecuário** e **armentário**, mas esta última forma não ocorreu. ◆ *Sendo a oferta de alimentos pouco elástica na região litorânea, o crescimento da população teria sido muito menor não fora essa articulação com o sistema PECUÁRIO.* (FEB)

gafe

É a forma portuguesa correspondente ao francês *gaffe*. O substantivo designa ato ou palavra desastrada, deslize, mancada. ◆ *Eusébio cometeu a GAFE de gelar o vinho tinto.* (VN)

gagueja

O **E** é fechado (antes de **J**). ◆ *GAGUEJA tomado pela raiva.* (SPI)

gaijin

É palavra de origem japonesa que significa "estrangeiro". ◆ *O "GAIJIN" (estrangeiro) dos Tintoreros é o baterista, Pablo Barbieri.* (FSP)

gaivota

É substantivo feminino, referindo-se tanto ao macho como à fêmea do animal (substantivo

galact(o)-

epiceno). • *O poder da GAIVOTA é sua pontaria para atingir o peixe.* (DE)

galact(o)- ⇨ Ver lact-.

É elemento (grego) que se liga a um elemento seguinte. Significa "leite". Corresponde ao elemento latino lact-. • *Muitas crianças e adultos podem apresentar intolerância ao leite por deficiência na produção orgânica da enzima lactase, que desdobra no organismo o açúcar lactose em glicose e GALACTOSE.* (FSP) • *Atualmente, acredita-se que eles aconteciam apenas de 52 em 52 anos, periodicidade em que, para os astecas, havia uma renovação GALÁCTICA.* (FSP)

galeria

É coletivo para quadros, esculturas, ou outras obras de arte, organizadas para mostra. Designa, ainda, o local da exposição. • *Leda Catunda pendura quatro babados vermelhos na parede de uma GALERIA.* (INT) • *Mas era uma grande GALERIA de arte cheia de fotografias.* (BL)

galerista ⇨ Ver *marchand*, marchante.

É a palavra vernácula usada para designar proprietário de galeria de arte, ou negociante de objetos de arte. • *A venda do quadro "Abaporu" dividiu a opinião de GALERISTAS de São Paulo.* (FSP)

É muito usada (70%) a palavra francesa *marchand*, que possui aproximadamente o mesmo significado.

Gales (País de) [Europa] ⇨ Ver Grã-Bretanha.

O adjetivo pátrio é galês. • *Não foi fácil convencer o GALÊS Hopkins a interpretar Nixon.* (FSP)

Gália (região) [Europa]

O adjetivo pátrio é gaulês. • *(...) e nem o poder sindical ou econômico devem integrar o poder político, na visão do estadista GAULÊS.* (FSP)

galicismo

Dá-se o nome de galicismo ao uso de um termo ou uma construção francesa quando a referência a esse uso é crítica, isto é, quando com ela se quer indicar que esse uso não deveria ser feito e que a forma vernácula é que deveria ser usada. • *Importa aqui é a palavra fetichismo, que o Dr. Egas condenou por ser GALICISMO e preferiu feiticismo.* (FSP)

Galiza (região) [Espanha]

O adjetivo pátrio é galego. • *Confirmou o nome do GALEGO Manuel.* (BH)

galo, galinha

1. A fêmea do galo é designada galinha. • *Vendeu a primeira GALINHA para comprar milho para as outras.* (CAS)

2. O adjetivo correspondente é galináceo. • *Para comer frango é preciso que se tenha dentadura, porque senão não podemos mastigar, nem sentir o prazer gustativo das coxas e das asas GALINÁCEAS.* (FSP)

gambá

É substantivo indicado como masculino ou feminino, referindo-se, em ambos os casos, tanto ao macho como à fêmea do animal (substantivo epiceno). O uso como feminino, entretanto, é raro (6%). • *Que jardim é esse com um GAMBÁ no meio?* (NI) • *Lá, é possível ver de perto uma GAMBÁ com os filhotes em sua bolsa marsupial.* (FSP)

Gâmbia [África Ocidental]

O adjetivo pátrio é gambiano. • *Em 1981, o presidente GAMBIANO assistia ao casamento do príncipe Charles e da princesa Diana.* (FSP)

gamo-, -gam(o)

É elemento (grego) que se liga a um elemento seguinte ou a um anterior. Significa "casamento", "união". • *Sendo de família diversa (rubiáceas), difere desde logo pelas enormes folhas simples, opostas e estipuladas, além das flores GAMOPÉTALAS e isostêmones, e dos frutos capsulares pequenos.* (BEB) • *Eles acreditam fortemente na MONOGAMIA e a praticam.* (CLA)

Gana (República de) [África]

O adjetivo pátrio é **ganense**. ♦ *Visivelmente forçado, o soldado GANENSE condena os bombardeios aéreos como crimes contra a humanidade.* (VEJ)

gângster

É a forma portuguesa (com acento) correspondente ao inglês *gangster*. ♦ *Seu tirânico protetor, um empresário coxo e de segunda linha (na realidade, um GÂNGSTER), transformou-a numa estrela da canção.* (SS)

O plural é feito segundo as regras da língua portuguesa, isto é, com **-es** depois do **R** final, formando-se uma palavra proparoxítona, que, por isso, é acentuada. ♦ *Nada mais fora de contexto do que GÂNGSTERES numa floresta.* (ESP)

gangue, *gang*

Gangue é a forma portuguesa correspondente ao inglês *gang*, designação de bando de malfeitores mancomunados. Ambas as formas estão em uso em português, mas a grafia aportuguesada é muito mais frequente (86%). ♦ *Junto com a repressão, cresceu a violência entre GANGUES.* (FSP) ♦ *O deputado Antoninho é que é chefe de GANG, protetor de prefeitos que tem contas a prestar perante a Justiça.* (CPO)

ganhado, ganho

1. A forma **ganhado** é pouco usada e apenas com os auxiliares **ter** e **haver**. ♦ *Poderíamos ter esperado e surgido só agora e, claro, teríamos GANHADO mais dinheiro.* (ESP) ♦ *A Cultura já havia GANHADO ouro em NY, com "Rá-Tim-Bum", em 90.* (FSP)

2. A forma **ganho** é a mais usual e é usada com todos os auxiliares. ♦ *Eu tinha GANHO esta garrafa de presente de uma mulher do povo.* (MD) ♦ *Então seu filho milionário não lhe dera nada do que havia GANHO?* (FE) ♦ *O grande campeonato da Expoagro foi GANHO pela vaca importada Arnel Blackstar Dandy.* (FSP) ♦ *No entanto, ele está convicto de que a causa juridicamente está GANHA, manifestada principalmente pela segurança dos advogados que a levam em frente.* (JB)

ganir

Refere-se à voz gemida do cão (ou semelhante). ♦ *O cachorro GANIU comprido.* (CD) ♦ *Por trás dele, encolhida na cama, repuxando o lençol, tia Helga GANIA baixinho como um bicho ferido.* (ASS)

ganso

O adjetivo correspondente é **anserino**. ♦ *(...) faz que ajoelha mas não ajoelha, ou ainda na andadura ANSERINA, – assim torto, pé de pato, tropeçante.* (SA)

gap

É palavra inglesa que designa uma quebra indesejável de continuidade. A pronúncia é, aproximadamente, **guép**. ♦ *Busca de fato uma modernidade, mas ainda há um GAP entre o desfile e a cliente.* (FSP)

garagem

É a forma portuguesa correspondente ao francês *garage*. ♦ *Abubakir parara em frente da improvisada GARAGEM.* (ALE)

garça

É substantivo feminino, referindo-se tanto ao macho como à fêmea do animal (substantivo epiceno). ♦ *Uma GARÇA branca, assustada, cortou os céus da vila.* (J)

garçom, garção

1. **Garçom** e **garção** são formas portuguesas correspondentes ao francês *garçon*. Entretanto, a forma **garção** é usada rarissimamente (1%). ♦ *O GARÇOM acaba de servir um drinque.* (MD) ♦ *O GARÇÃO acaba de nos servir e Glorinha é a primeira a provar.* (SE)

2. Ocorre, ainda (também raramente: 5%), a forma gráfica francesa, o que contraria as normas ortográficas, já que na ortografia portuguesa não se registram palavras oxítonas terminadas em **N**. ♦ *Filho de um imigrante espanhol que trabalhou como GARÇON num restaurante da capital baiana, Suarez foi educado por uma tia, que ganhava a vida vendendo doces e salgadinhos.* (VEJ)

3. O plural é **garçons** e **garções**, respectivamente. ♦ *Dois GARÇONS chegam com*

os pratos e começam a servir. (MD) ◆ *São quilômetros e quilômetros de botecos, todos parecidos, todos com cadeira servidos na calçada e, lá dentro, balcão e mesas de madeira servidos por GARÇÃOS lerdos e gordos.* (RO)

4. O feminino é **garçonete**, correspondente ao feminino francês. ◆ *A grande lareira da sala de jantar está acesa e a jovem GARÇONETE canta ao arrumar os talheres.* (ELL)

garçonnière

É palavra francesa que designa casa ou apartamento usado para encontros amorosos clandestinos. ◆ *Você chegou bêbado de madrugada na sua GARÇONNIÈRE de Copacabana com um amigo, e num arroubo de paixão, dentro do elevador, ajoelhou-se para venerar Priapo.* (AGO)

garganta

O adjetivo correspondente é **gutural**. ◆ *A voz da velha é estranha, GUTURAL, sai aos arrancos, como um latido de cachorro.* (CC)

gargareja

O **E** é fechado (antes de **J**). ◆ *O próprio Santo Padre GARGAREJA o vinho mosto com que rega as coxas de faisão de sua ceia.* (VES)

garoto

O plural é **garotos**, com **O** fechado. ◆ *Os GAROTOS olham o moço com seus olhinhos vivos e risonhos, sem timidez.* (ATR)

garoto-propaganda

1. Designa pessoa que faz publicidade de uma determinada marca de produtos nos meios de comunicação. ◆ *O Pica-Pau é o GAROTO--PROPAGANDA da nova campanha da Aspirina.* (FSP)

2. Pela natureza da composição (substantivo + substantivo, o segundo fazendo uma determinação sobre o primeiro), a flexão se faz apenas no primeiro elemento:

◇ o feminino é **garota-propaganda**. ◆ *Dona de uma cinturinha de zepelim, Etta não seria a GAROTA-PROPAGANDA ideal para animar anúncios "calóricos".* (VEJ)

◇ o plural é **garotos-propaganda**. ◆ *Os primeiros colocados nestes concursos tornaram--se GAROTOS-PROPAGANDA do cursinho.* (REA)

◇ o plural feminino é **garotas-propaganda**. ◆ *Era uma das melhores GAROTAS-PROPAGANDA da época.* (FSP)

garrido

A sílaba tônica é a penúltima (**RI**), e, por isso, a palavra não leva acento. Significa "chamativo". ◆ *Nos tronos, "tribunais", os enfeites de papel de seda de variadas cores dão um aspecto GARRIDO.* (NF)

gárrulo

A sílaba tônica é a antepenúltima, e, por isso, a palavra leva acento (proparoxítona). Significa "tagarela". ◆ *Adiante, num dos pontos de parada, invadiu o carro da frente um bando GÁRRULO de crianças que iam para o colégio!* (DEN)

gás, gasoduto, gasolina, gasômetro

Com **S**. **Gás** leva acento por se tratar de monossílabo tônico terminado em **-ÁS**. ◆ *O senhor Mendel Bulock morreu num acidente provocado por um vazamento de GÁS.* (AVI) ◆ *Conforme a secretaria, a implantação do GASODUTO na zona Sul depende da viabilidade econômica do empreendimento.* (CPO) ◆ *Latas vazias de GASOLINA reluziam ao sol.* (ALE) ◆ *A principal ação imaginada por Burnier, hoje com 83 anos, era explodir o GASÔMETRO do Rio de Janeiro.* (VEJ)

Gasconha (região) [França]

O adjetivo pátrio é **gascão**. ◆ *Um registro inédito, que não evita nem a língua vulgar, dialetal (o dialeto GASCÃO), nem temas do repertório baixo, que a lei aristotélica da separação dos gêneros teria descartado.* (FSP)

gastado, gasto

1. A forma **gasto** é a mais usual e é usada com todos os auxiliares. ◆ *A prefeitura diz ter GASTO cerca de R$ 110 milhões na realização da obra.* (FSP) ◆ *Vejo-o muito velho para seus vinte e poucos anos, como alguém que*

houvesse GASTO energia sem proveito. (CH) ◆ *O período decorrido entre 1627 e 1630 foi GASTO pela companhia das Índias Ocidentais na preparação de um novo ataque ao Brasil.* (HIB) ◆ *Por outro lado, é bonito quando está GASTO, quando tem limo ou quando tem uma marca da velhice das edificações.* (FSP)

Gasto também é adjetivo. ◆ *O corpo está GASTO, doente, cansado.* (VI)

2. A forma **gastado** é pouco usada e apenas com os auxiliares **ter** e **haver**. ◆ *Não quero que no fim tenhamos GASTADO apenas gasolina e tempo com estas crianças, inutilmente.* (CCI) ◆ *Eu havia GASTADO todo o dinheiro do Dr. Carvalho e teria que inventar uma mentira para ele também.* (OMT)

gastr(o)-

1. É elemento (grego) que se liga a um elemento seguinte. Seu significado é relacionado a "estômago". ◆ *O infarto do miocárdio, a úlcera GASTRODUODENAL são mais frequentes no homem.* (CLI) ◆ *O 2º Simpósio de Atualização em GASTROENTEROLOGIA começou ontem e vai até amanhã, em Porto Alegre.* (FSP) ◆ *Recuperado de uma GASTROENTERITE, o atacante Jamelli treinou ontem e foi confirmado pelo técnico Joãozinho.* (FSP) ◆ *O LSD é absorvido pela mucosa GASTROINTESTINAL e pelo sangue.* (FSP)

2. Na formação com um segundo elemento iniciado por **E** ou **I**, pode desaparecer o **O**. Entretanto, antes de **I**, é mais frequente que o **O** desapareça (72%) e antes de **E**, é menos frequente que o **O** desapareça (33%). ◆ *Essas bactérias são encontradas nas peritonites cuja causa é uma doença do aparelho GASTRINTESTINAL.* (CLC) ◆ *Com isto, formam-se no produto bactérias do tipo Salmonela, que causam GASTRENTERITE.* (OG)

gateway

É palavra inglesa que, em informática, designa dispositivo que, compatibilizando redes de computadores, sistemas e bases de dados que antes não se comunicavam, permite a transferência de informação entre eles. A pronúncia aproximada é **guêituei**. ◆ *O conceito de "GATEWAY", portanto, é resultado* da enorme expansão dos serviços de apoio ao comércio, ao transporte e às finanças. (FSP)

gato

O adjetivo correspondente é **felino**. ◆ *Cica dá um salto FELINO para trás, evitando ao mesmo tempo Deolindo e João e ameaçando com a navalha.* (UC)

gauche

É palavra francesa que significa "esquerdo", "inepto". A pronúncia é, aproximadamente, **gôche**. ◆ *Vladimir, com quem ele se dá muito bem pessoalmente, largou tudo e foi ser GAUCHE na vida.* (VEJ)

gauss

É palavra que tem origem no nome próprio Gauss (Karl Friedrich Gauss, físico e matemático alemão). Na física, designa a unidade de medida de indução magnética. ◆ *Em lycra, tem 12 ímãs de 700 GAUSS (unidade de medida de indução magnética) que pressionam pontos do do-in.* (FSP)

gavião

É substantivo masculino, referindo-se ao macho e à fêmea do animal (substantivo epiceno). ◆ *Tibúrcio pensa com prazer nesse GAVIÃO imaginário que tantos anos voou sereno sobre a cabeça do Major.* (SE)

gay

É palavra inglesa que significa "gaio", "alegre", "homossexual". É usada para designar homossexual. A forma **guei** é dicionarizada como a forma portuguesa correspondente, mas não é usada. ◆ *Até há pouco, ecologia era "coisa de GAY desocupado", diziam os empresários.* (EMB)

gaze

Com **Z**. É palavra feminina. ◆ *Quando começava a desenrolar a GAZE do rosto dos pacientes, seus dedos tateavam para reconhecer a textura do rosto do irmão.* (AVI)

gazela

Com **Z**. ◆ *GAZELA é um bichinho de pernas compridas e olhos graúdos assim como os seus.* (CP)

gazetear, gazear, gazeio

gazetear, gazear, gazeio ⇨ Ver **-ear.**

1. Com **Z**. São variantes para significar "deixar de comparecer [a aulas, ou a outros compromissos]". Usa-se com complemento sem preposição (objeto direto). ◆ *Recentemente adquirira uma moto, o que lhe valera certo trânsito entre uma parte da juventude, aquela que podia comprar motos e podia por isso (...) GAZEAR aulas e, principalmente, não trabalhar.* (CNT) ◆ *Sem-vergonhice tanto pode ser o rapazola GAZETEAR uma aula como o velho professor cheirar o pescoço de uma aluna elegante.* (NOD)

2. **Gazear** é, ainda, a forma de um verbo onomatopaico e também de substantivo, referindo-se à voz de pássaros, ou semelhante. ◆ *Seu lábio GAZEOU um canto.* (IRA) ◆ *Ouvir o GAZEAR dos pássaros na mata.* (IC)

3. O substantivo deverbal correspondente é **gazeio.** ◆ *Se já não se fala num enterro, neste o silêncio era quase visível, pontuado pelo chapinhar de pés no caminho alagado e quebrado de vez em quando pelo GAZEIO de uma garça ou outra.* (VPB)

gazua

Com **Z**. A sílaba tônica é a penúltima (**ZU**), e, por isso, a palavra não leva acento (paroxítona terminada em **A**). O substantivo designa ferro curvo usado para abrir fechaduras, na falta de chave. ◆ *Alta noite, ele arrombou a porta com GAZUA e levou minha mãe, como quem rouba dinheiro.* (GCC)

gear ⇨ Ver -ear.

É verbo unipessoal (relativo a fenômeno da natureza), e, portanto, usa-se apenas na terceira pessoa do singular. Só possui as formas da terceira pessoa do singular: **geia, geava, geou, geara, geará, gearia, geie, geasse, (se) gear.** ◆ *Uma vez, no auge de um inverno tão rigoroso que até GEARA de madrugada, ia indo para a escola e entregando carne pelo caminho, como fazia sempre, quando deu uma topada do pé descalço contra uma placa de gelo.* (VEJ) ◆ *GEOU em quase todo o Estado, inclusive em algumas áreas mais baixas do litoral.* (FSP)

Os verbos em **-ear**, do mesmo modo que os substantivos correspondentes, recebem **I** nas formas rizotônicas, isto é, nas formas que têm a sílaba tônica no radical. ◆ *Eh frio! Lá GEIA até em costas de boi, até nos telhados das casas.* (GSV) ◆ *Escuta, menino, aqui GEIA?* (JU)

gêiser

1. **Gêiser** é a forma gráfica portuguesa (com acento) correspondente ao islandês e ao francês *geyser*. A palavra designa fonte termal com erupções periódicas. ◆ *A diária mínima é de 149 dólares, mas dá direito a recreação num bosque de pinheiros e numa piscina com água quente que nasce de um GÊISER.* (VEJ)

2. O plural é feito segundo as regras da língua portuguesa, isto é, com **-ES** depois do **R** final, formando uma palavra proparoxítona, que, por isso, é acentuada: **gêiseres.** ◆ *A utilização direta das fontes hidrotérmicas, GÊISERES ou minas de água quente pelo homem é muito antiga.* (UE)

gelo

O adjetivo correspondente é **glacial.** ◆ *Embora poupada pelo frio GLACIAL, Los Angeles terá de conviver com os efeitos do terremoto por mais tempo.* (VEJ)

gelosia

A sílaba tônica é a penúltima (**SI**), e, por isso, a palavra não leva acento (paroxítona terminada em **A**). O substantivo designa grade de ripas cruzadas que ocupa o vão de uma janela. ◆ *A janela é sem GELOSIA – nem desconfiança.* (GA)

gêmeo

O adjetivo correspondente é **gemelar.** ◆ *Além disso não se nota tensão do ventre, como acontece nos casos de hidramnios e de prenhez GEMELAR.* (CLO)

gen-, -gen(o)

É elemento (grego) que se liga a um elemento seguinte ou a um anterior. Significa "que gera",

gentil-homem, gentil-dona

"que produz". ◆ *Estávamos curiosos para testar, na história de uma receita de faisão, nossas ideias de GENÉTICA, GENEALOGIA e genialidade como determinantes do conhecimento.* (ACM) ◆ *O LSD foi sintetizado em 1938, reconhecido como ALUCINÓGENO em 1943 e popularizado em 1963.* (DRO) ◆ *Não tem sentido falar de dose admissível de radiação ionizante, de substância CANCERÍGENA, TERATOGÊNICA, MUTAGÊNICA.* (GAI)

Genebra [Suíça]

O adjetivo pátrio é **genebrino.** ◆ *O menu GENEBRINO inclui peixes do lago, salsicha com nabo gratinado, cozido de porco com repolho e mousse de frutas com licor de pera.* (FSP)

generalizar

Com **Z**, como todo verbo formado com o sufixo **-izar.** ◆ *Foi o bastante para GENERALIZAR-se a confusão.* (CV)

generoso

O feminino (**generosa**) e o plural (**generosos**) têm o **O** tônico aberto. ◆ *A terra sergipana fora GENEROSA e rica.* (AM-O) ◆ *Este ano é das atitudes nobres, dos gestos GENEROSOS, das coisas grandes.* (JO)

-gênese

É elemento (grego) que se liga a um elemento anterior. Seu significado é relacionado a "origem", "início". ◆ *Na OSTEOGÊNESE imperfeita congênita o crânio exibe largas zonas de amolecimento e às vezes tem, em toda a sua extensão, uma espessura extremamente reduzida.* (SMI)

Os adjetivos correspondentes terminam em **-genético.** ◆ *A Igreja não condena a utilização da BIOGENÉTICA, desde que sejam discutidos os conceitos éticos da ciência.* (EM)

gênese, Gênese

1. O substantivo feminino **gênese** significa "geração", "formação", "origem" (substantivo comum, com inicial minúscula). ◆ *A Renascença herdou da Antiguidade uma série de crenças sobre a GÊNESE dos monstros.* (APA)

2. O substantivo próprio masculino **Gênese** designa o primeiro livro do Pentateuco (e da Bíblia). ◆ *Rotativismo de leitura: ao chegar ao Apocalipse, voltava-se ao GÊNESE; ao chegar ao GÊNESE, ia-se ao Apocalipse.* (SIG-O)

Existe a forma paralela **Gênesis.** ◆ *No GÊNESIS, desponta a figura de Abraão.* (CRU)

gengibre

É substantivo masculino. ◆ *Misture as pimentas malaguetas moídas com os camarões, as cebolas, o GENGIBRE, sal e o alho.* (MCA)

genitor ⇨ Ver **progenitor.**

1. O substantivo designa aquele que gera, ou gerou, o pai. ◆ *É uma situação difícil para a criança, pois desenvolve sentimentos contraditórios em relação ao GENITOR com quem rivaliza.* (PSC)
2. O feminino é **genitora.** ◆ *Faz considerações pouco edificantes a respeito da GENITORA do presidente das corridas.* (SC)

Progenitor significa "aquele que procria antes do pai".

genótipo ⇨ Ver **fenótipo.**

A sílaba tônica é a antepenúltima (**NÓ**), e, por isso, a palavra leva acento (proparoxítona). ◆ *GENÓTIPO é a carga genética de um indivíduo, herdada dos pais.* (FSP)

genro ⇨ Ver **nora.**

A palavra feminina correspondente a esse masculino é **nora.** ◆ *A família dela detesta o genro e a dele despreza a NORA.* (VIS)

gentileza

Com **Z**, como todo substantivo abstrato em **-eza** derivado de adjetivo. ◆ *Lindauro sente-se acanhado com tanta GENTILEZA, agradece, desculpando-se.* (ATR)

gentil-homem, gentil-dona

O plural é, respectivamente, **gentis-homens** e **gentis-donas** (adjetivo + substantivo). Os substantivos designam, respectivamente,

gentleman

homem e mulher nobre, fidalgo e fidalga. ✦ *Tenho a impressão de estar vendo as ilustrações dos contos de Maupassant (...) em que gravitam GENTIS-HOMENS e GENTIS--DONAS...* (BAL)

gentleman

É palavra inglesa que significa "homem de boas maneiras", "cavalheiro". ✦ *Acheson, que se considerava um perfeito GENTLEMAN inglês, enfureceu-se.* (VEJ)

genuíno

Com G. A sílaba tônica é Í. Leva acento porque o I, formando hiato com a vogal anterior, fica sozinho na sílaba. Significa "legítimo", "autêntico". ✦ *O ator e lutador Jackie Chan encarna o último GENUÍNO herói de ação do cinema mundial.* (FSP)

geo-

É elemento (grego) que se liga a um elemento seguinte. Significa "terra", "país", "região". ✦ *Estamos em pleno ano GEOFÍSICO internacional.* (MAN) ✦ *A manifesta decisão do Governador Lamaison de praticar, com atos concretos, uma política de integração GEOECONÔMICA de Brasília só pode receber elogios.* (CB)

Geórgia (República da) [Europa]

O adjetivo pátrio é **georgiano**. ✦ *A presença de tropas russas lembra o passado, quando havia tropas soviéticas em território GEOR-GIANO.* (FSP)

ger(o)-, geronto-

São elementos (gregos) que se ligam a um elemento seguinte. Significam "velho". ✦ *Como faço GERIATRIA preventiva, estou indo contra os interesses dos laboratórios.* (SU) ✦ *Ao morrer, Chevreul usava o próprio corpo para estudar o que hoje chamamos de GERONTOLOGIA (ciência da velhice).* (QUI)

geratriz, geradora

Geratriz escreve-se com **Z** final. **Geratriz** e **geradora** são formas femininas de **gerador** ("que / o que gera"). ✦ *Parece-me bastante possível sustentar que a função da literatura como força GERATRIZ digna de prêmio consiste precisamente em incitar a humanidade a continuar a viver.* (FSP) ✦ *A medida significa que agora cada estatal do setor, GERADORA ou distribuidora, irá fixar seu preço da maneira que lhe convier.* (EX)

gerente

Usa-se o substantivo com a mesma forma para masculino e para feminino (substantivo comum de dois). ✦ *O GERENTE de uma padaria na rua Santa Clara disse que se lembrava dos moradores da casa da avenida Atlântica.* (AGO) ✦ *"Com essa crise toda ninguém paga mais nada à vista", constatava a GERENTE.* (ESP)

geringonça

Com **G** inicial. ✦ *O carroceiro, de pé sobre a sua GERINGONÇA, tomava as rédeas com uma mão e com a outra empunhava uma vela protegida contra o vento por um papel grosso.* (OE)

gerir

Segundo as indicações tradicionais, o verbo **gerir** tem, como **ferir**, **I** na primeira pessoa do singular do presente do indicativo e, consequentemente, em todo o presente do subjuntivo: **giro, giras, giramos**. Entretanto, essas formas não ocorreram. Nas demais formas o radical tem **E**, que é aberto quando é tônico. Significa "administrar", "gerenciar". ✦ *Decidida, é ela quem negocia pessoalmente seus contratos e GERE seus negócios.* (CAA)

germano- ⇨ Ver teuto- ⇨ Ver primo germano.

É elemento de composição correspondente a **alemão**.

◇ Liga-se por hífen ao elemento seguinte quando entra na constituição de adjetivo pátrio ou palavra ligada a esse tipo de expressão. ✦ *Em termos etílicos e morais, ela é bem mais comportada que a Oktoberfest de Blumenau, a mais tradicional festa GERMANO-catari-nense.* (FSP)

A flexão se faz apenas no segundo elemento. ◆ *É assim que, na literatura GERMANO--escandinava, os guerreiros que ascendem à realeza são patrocinados por Odin-Wotan ou descendem dele.* (RBH)

◇ Não há hífen na composição quando não há relação com adjetivo pátrio. ◆ *O sueco GERMANÓFILO Rudolf Kjéllen, professor de Ciência Política na Universidade de Upsala, foi o primeiro a utilizar o termo Geopolítica.* (GPO)

-gero

É elemento (latino) átono que se liga a um elemento anterior. Significa "que gera", "que contém", "que traz". ◆ *Porque maiores, necessitam de muito pasto, de preferência exclusivo, já que os LANÍGEROS, alegam os vaqueiros, são animais daninhos, que destroem todas as ervas ao alcance de seus focinhos.* (FSP)

gesta

É substantivo feminino. Tem significado plural (origem em um plural neutro latino): "feitos guerreiros", "façanhas". ◆ *A palavra descobrimento (...) foi utilizada para assinalar a GESTA dos navegadores ibéricos.* (OMV)

gestação, gestão

1. **Gestação** é substantivo que designa o desenvolvimento do produto da fecundação no útero e também o período desse desenvolvimento. ◆ *A área de percussão cardíaca cresce no decurso da GESTAÇÃO.* (CLO)

2. **Gestão** é substantivo que significa "ato de gerir", "administração", "gerência". ◆ *O êxito da GESTÃO Rio Branco granjeou de modo duradouro a admiração e a confiança da opinião pública.* (DIP)

Gestalt

É substantivo tomado do alemão. Designa teoria que considera os fenômenos psicoló-gicos como configurações, isto é, como totalidades indivisíveis e organizadas. ◆ *Através desse tipo de prática, o estudante assimila o modo de ver global do seu grupo profissional, sua GESTALT.* (FS)

Gestapo

É palavra alemã, formada com as sílabas iniciais dos elementos de composição do substantivo *Geheime Staatspolizei*, que significa "Polícia Secreta do Estado". Designa a polícia secreta alemã do tempo do nazismo. O **G** representa som oclusivo (como em **gue**). ◆ *A GESTAPO dominicana não dormia em serviço.* (ACM)

Getsêmani

O **G** representa som oclusivo (como em **gue**). A sílaba tônica é a antepenúltima (**SÊ**, com som de **ZÊ**), e, por isso, a palavra leva acento (proparoxítona). Designa aldeia perto de Jerusalém, onde estava o Jardim das Oliveiras. ◆ *Toda a casa se tornara um GETSÊMANI de inquietações e remorsos.* (ROM)

ghost-painter

É palavra composta inglesa formada de *ghost*, "fantasma", e *painter*, "pintor". O substantivo designa pessoa que pinta uma obra mediante encomenda da pessoa que vai constar como autora dessa obra. A pronúncia aproximada é **goust-péinter**. ◆ *Paulino nega que tenha contratado um GHOST-PAINTER, mas admite que recebeu uma ajudazinha: "Um velho amigo, professor de pintura, me deu algumas sugestões".* (VEJ)

ghost-writer

É palavra composta inglesa formada de *ghost*, "fantasma", e *writer*, "escritor". O substantivo designa pessoa que escreve uma obra mediante encomenda da pessoa que vai constar como autora dessa obra. A pronúncia aproximada é **goust-ráiter** ◆ *Entendo que o silêncio é dever do GHOST-WRITER.* (BPN)

Gibraltar (ilha) [mar Mediterrâneo]

1. A sílaba tônica é a última (**TAR**), e, por isso, a palavra não leva acento (oxítona terminada em **R**). Designa estreito entre Espanha e Áfri-

ca, bem como cidade europeia aí localizada.

♦ *GIBRALTAR deve se transformar no mais novo buraco quente para europeus abastados.* (FSP)

2. O adjetivo pátrio correspondente é **gibraltarino**. ♦ *Diferentemente dos britânicos, que dão cidadania plena apenas a GIBRALTARINOS e malvinenses, os franceses de ultramar são cidadãos e enviam representantes para as duas casas do Legislativo, em Paris.* (FSP)

giclê

É a forma portuguesa correspondente ao francês *gicleur* (peça do carburador que regula a passagem da gasolina). ♦ *É preciso enriquecer o GICLÊ de combustível do primeiro e do segundo corpo em dez pontos.* (FSP)

gigabyte, giga, GB ⇨ Ver byte ⇨ Ver kilobyte ⇨ Ver megabyte, mega.

1. *Gigabyte* é múltiplo de *byte* (1.000 *megabytes*). A forma gráfica abrigada na ortografia oficial brasileira é **gigabaite**, mas essa grafia não é usual. ♦ *Qualquer filme de 70 milímetros ocupa 10 GIGABYTES (10 bilhões de bytes).* (VEJ)

2. Também é usada a forma *Gbyte*, não oficializada, e o símbolo é **GB**. ♦ *Abreviaturas de Gigabyte (GBYTE ou GB) e Megabyte (Mbyte ou MB), unidades usadas para medir tamanhos de arquivos de computador (textos, imagens) ou a capacidade de arquivar dados.* (FSP)

3. Diz-se, ainda, simplesmente, **giga** (com plural **gigas**). ♦ *Prepare os ouvidos para frases do gênero "16 Megas de RAM", "2 GIGAS de winchester".* (FSP)

gigante

1. Usa-se à direita de outro substantivo, atuando como qualificador ou classificador (como um adjetivo). Flexiona-se no plural, concordando com o substantivo à esquerda. ♦ *Inventarão uma vassoura GIGANTE para a limpeza do mundo.* (MAR) ♦ *Museu Britânico ressuscita os répteis GIGANTES.* (FOC)

A ligação entre os dois elementos pode chegar à formação de substantivos compostos, com hífen, formas em geral não abrigadas na orto-

grafia oficial. ♦ *E mais: o Guia tem um mapa-GIGANTE do Brasil e mapas verticais com todas as estradas.* (REA) ♦ *Betim e Filó ainda catucaram tudo com bambu-GIGANTE.* (R)

No plural, flexionam-se os dois elementos, o que revela que o elemento já é sentido como adjetivo. ♦ *Eles aparecem na forma de robôs-GIGANTES, que se transformam, dependendo da necessidade.* (FSP)

É oficialmente registrado o substantivo composto **roda-gigante**, que faz a designação de um objeto específico, e não simplesmente se refere a uma roda que tem tamanho considerável, como um gigante. ♦ *Venturelli disse ainda que há problemas de estrutura nas rodas-GIGANTES.* (FSP)

2. O feminino é **giganta**. ♦ *Perto da GIGANTA Zeng Haixia, uma muralha debaixo da cesta, Hortência e Paula pareciam menininhas.* (VEJ)

gim

É a forma gráfica portuguesa correspondente ao inglês *gin*. ♦ *Sérgio bebeu de um gole só o cálice de GIM que tinha diante de si, chamou o garçom e pediu nova dose.* (A)

gimno-

É elemento (grego) que se liga a um elemento seguinte. Significa "nu", "desprovido". ♦ *As sementes de GIMNOSPERMAS são expostas, ou seja, não envolvidas por frutos, daí o nome do grupo (GIMNO = nua; sperma = semente).* (FSP)

gine-, gineco-

São elementos (gregos) que se ligam a um elemento seguinte. Significam "mulher". ♦ *E assim é comum, entre as mulheres da minha idade, mostrar grande desprezo por esses símbolos da escravidão feminina, do GINECEU, do harém, da clausura dos conventos.* (CT) ♦ *No terceiro ano de residência, ela se especializou em GINECOLOGIA e obstetrícia.* (MAN)

ginete

O **E** é fechado, no singular e no plural. O substantivo designa cavalo de boa raça e adestrado e designa também o bom cavaleiro. ◆ *Seu vigário deteve o GINETE, fechou o livro e explicou que o Antero das Pedras de Fogo estava passando mal.* (VER) ◆ *Na paleatada, dois GINETES montados prendem lado a lado um novilho durante certo tempo.* (FSP)

ginseng

É palavra de origem chinesa que designa certa raiz aromática. ◆ *No Brasil, a única coisa parecida com a milagrosa bebida americana mistura pó de guaraná, GINSENG e vitamina E com beterraba, cenoura e suco de laranja.* (VEJ)

gips(i/o)-

É elemento (grego) que se liga a um elemento seguinte. Significa "gesso". ◆ *A presença de impurezas, que naturalmente ocorre na GIPSITA original, diminui muito a velocidade de endurecimento.* (MCO) ◆ *Ele sugere os arranjos de rosas nos três tons misturados, sem GIPSÓFILAS ("mosquitinhos").* (FSP)

girândola

A sílaba tônica é a antepenúltima (RÂN), e, por isso, a palavra leva acento (proparoxítona). É coletivo para fogos de artifício. ◆ *E os últimos foguetes tinham sido completamente soltados – em GIRÂNDOLA – pelo menos uma hora antes.* (LOB)

girl

É palavra inglesa que significa "moça" e que é usada em português para referência a corista de teatro ou cinema. A pronúncia aproximada é **guérl**. O plural é *girls*. ◆ *Um grande pôster exibe retratos das GIRLS de revista chinfrim.* (CHU)

giz

1. Escreve-se com **Z** no final. ◆ *As coisas pioraram quando veio o quadro-negro com GIZ.* (CNT)

2. O plural é **gizes**. ◆ *Máquinas para fabricar velas e GIZES são os lançamentos preparados pela Mecânica Roberdon.* (FSP)

glace, glacê

1. O substantivo feminino **glace** (do francês *glace*) é registrado nos dicionários como designação de cobertura de bolo. ◆ *A fala a nível do sertanejo engana: / as palavras dele vêm, como rebuçadas / (palavras confeito, pílula), na GLACE / de uma entonação lisa, de adocicada.* (JCM)

2. **Glacê** (do particípio francês *glacé*) é a forma portuguesa do substantivo masculino usado nesse sentido (com acento circunflexo, para registrar o som fechado do **Ê**). ◆ *De sobremesa, sorvete de frutas brasileiras e, no final, um bolo de aniversário com GLACÊ imitando as ondas do mar.* (VEJ)

glamour

É palavra inglesa que significa "encanto pessoal", "charme". ◆ *O cinema, sempre visto no Brasil como uma arte menor, exalava entre a alta burguesia uma fragrância de GLAMOUR.* (VIE)

glasnost ⇨ Ver *perestroika*.

É a forma portuguesa de palavra russa que significa "transparência" e que é usada para designar o processo de abertura política iniciado na União Soviética em 1985, sob a presidência de Mikhail Gorbachev. ◆ *Viardo conseguiu seu visto de saída e transformou-se em embaixador da GLASNOST e da perestroika.* (VEJ)

glic(i/o)-

É elemento (grego) que se liga a um elemento seguinte. Significa "doce", "açúcar". ◆ *Mas, ao contrário destas, acumulam muito menos GLICÍDIOS, sendo, pois, mais pobres em açúcares solúveis, amido e material parietal.* (TF) ◆ *A GLICOSE, por exemplo, é transformada em amido nas células vegetais e em GLICOGÊNIO (animais).* (BC)

-glif(o)

É elemento (grego) que se liga a um elemento anterior. Seu significado é relacionado a "esculpir", "gravar". ◆ *Muitas vezes, os egípcios formavam uma palavra juntando*

globalizar

*seus **HIERÓGLIFOS** fonéticos e, a seguir, colocavam o **HIERÓGLIFO** visual, para não haver dúvidas.* (HG)

globalizar

Com **Z**, como todo verbo formado com o sufixo **-izar**. ✦ *É bom lembrar que a economia já se **GLOBALIZOU** e que os brasileiros também investem nos Estados Unidos, e com bons lucros.* (VEJ)

globe-trotter

É expressão inglesa que designa pessoa que viaja costumeiramente por todo o mundo. A pronúncia aproximada é **gloub-tróter**. ✦ *Acostumado a carregar nos ombros, praticamente sozinho, o prestígio da literatura brasileira no exterior, o **GLOBE-TROTTER** Jorge foi deixando que se formasse uma couraça de ironia diante de tanta teoria.* (VEJ)

globo

O plural é **globos**, com **O** fechado. ✦ *Pelo quadro da janela do carro passavam, rápidos, os **GLOBOS** iluminados dos combustores.* (N)

glosa ⇨ Ver grosa.

Glosa é substantivo que significa "nota explicativa de um texto", "comentário". ✦ *A gente tinha pensado numa modinha antes, mas depois resolveu fazer **GLOSA** da história dos dois caixões do Joca.* (FO)

Grosa é substantivo coletivo correspondente a 12 dúzias e é também substantivo que designa lima grossa.

gloss(o)-, glot(o)-, -gloss(o), -glota

São elementos (gregos) que se ligam a um elemento seguinte ou a um anterior. Significam "língua", "linguagem". ✦ *Associado à lavoura, figura no **GLOSSÁRIO** de termos geológicos, de Backeuser, como exploração de minas.* (JB) ✦ *Significa isto que a educação linguística anseia hoje sair do antigo **GLOTOCENTRISMO**, para extrair todos os recursos de uma organização pronta para "poder significar".* (EGR) ✦ *A compressão exercida pelo fórcipe sobre o atlas acarreta propulsão de seu arco anterior, com para-*

*lisia do **HIPOGLOSSO** (XII° par de nervos cranianos), além das lesões faciais, extensas e graves.* (OBS) ✦ ***POLIGLOTA**, lia e falava francês e inglês com fluência, o que fazia dele um simpático internacional.* (RI)

glutão

O feminino é **glutona** e o plural é **glutões**. Significa "que come muito e avidamente". ✦ *O Papa e eu somos **GLUTÕES**.* (PAO) ✦ *Para sua íntima surpresa, compreendeu que ela podia transformar-se em **GLUTONA** se gostava muito de um prato.* (LA)

gnato-, -gnat(o)

É elemento (grego) que se liga a um elemento seguinte ou a um anterior. Significa "queixo", "maxilar". Não houve nenhuma ocorrência com o elemento **gnato-** anteposto (do tipo de **gnatoplastia, gnatoplegia**). ✦ *Num **PROGNATISMO** acentuado chega-se ao extremo de não haver mais pontos de contato entre as duas arcadas.* (REA)

gnos(e)-, -gnose

É elemento (grego) que se liga a um elemento seguinte ou a um anterior. Significa "conhecimento". ✦ *Este é o objeto da Crítica do conhecimento (outros autores chamam-na Epistemologia ou **GNOSIOLOGIA**).* (HF) ✦ *Vindo o médico, constatou-se a manifestação de singulares sintomas de **DIAGNOSE** difícil.* (PCO)

gobelin, gobelim, gobelino

1. *Gobelin* é palavra francesa que designa, especificamente, tapeçaria que, em ricos tecidos, ilustra composições, da Manufacture Nationale des Gobelins (França); genericamente, designa tapeçaria com ilustrações que imitam as originais. ✦ *Na poltrona de **GOBELIN** avermelhado de sua espaçosa cobertura no centro de São Paulo (...), Khouri confessa ter redescoberto cenas memoráveis de filmes.* (FSP)

2. **Gobelim** é forma aportuguesada (com adaptação da letra final da grafia), oficialmente registrada. ✦ *Por cima do sofá, na parede, havia um **GOBELIM**: o Grito do Ipiranga.* (LSO)

gono-

3. O plural de ambas as formas é **gobelins**. ♦ *GOBELINS preciosos, tapeçaria persa, a pinacoteca com Debret e outros mais.* (JM)

4. A forma mais caracteristicamente portuguesa correspondente a *gobelin* é **gobelino**, também oficialmente registrada, mas de uso pouco frequente (9%). ♦ *A bolsa em GOBE-LINO (R$ 94) da Cia de Linho é tudo.* (FSP)

Goiânia [Goiás]

O adjetivo pátrio é **goianiense**. ♦ *A intenção do Axé-Goiânia é assegurar o GOIANIENSE na Cidade durante as férias e atrair turistas de outras localidades.* (OP)

Goiás

1. A sigla é **GO**. ♦ *Sempre que vou a Pirenópolis (GO), onde tenho uma casa, levo a bicicleta.* (FSP)

2. O adjetivo pátrio é **goiano**. ♦ *O Lauro era GOIANO e parecia alemão.* (BH)

gol, golo

1. São as formas portuguesas correspondentes ao inglês *goal*, mas a forma quase exclusivamente usada é **gol** (99,9%). ♦ *O GOL de Vinícius, que empatara o jogo, saíra de um córner cobrado por ele.* (ETR) ♦ *Do outro lado, Gasperin e sua detestável média de um GOLO por partida.* (CPO)

2. O plural de **gol** feito pelas regras de pluralização seria **gois**, mas essa forma não é usual.

O plural oficialmente registrado, e usual, é **gols**, plural formado à maneira do inglês a partir da palavra aportuguesada **gol**, o que é criticado em algumas lições normativas. ♦ *A equipe alviverde terminou o campeonato com um saldo de 28 GOLS.* (VEJ) ♦ *Ele próprio, Garrincha, fez apenas oito GOLS em 28 jogos.* (ETR)

O plural de **golo, golos**, do mesmo modo que o singular, praticamente não é usado no Brasil, atualmente. ♦ *Correu com desenvoltura, driblou e marcou três GOLOS.* (CPO)

golfo

O plural é **golfos**, com **O** fechado. ♦ *Sobre eles se abriam, em placas vermelhas, as folhas novas dos GOLFOS.* (ALE)

Gólgota ⇨ Ver **Calvário**.

A sílaba tônica é a antepenúltima (**GÓL**), e, por isso, a palavra leva acento (proparoxítona). O nome designa montanha próxima de Jerusalém, onde Jesus foi crucificado (o mesmo que **Calvário**). ♦ *Erguida num morro próximo à cidade, que desde os tempos de Davi chamavam de GÓLGOTA, e que os romanos, supersticiosos, chamavam de Calvário (olhando de certo modo, parecia um crânio sinistro e calvo), aquela cruz iniciaria sua trajetória mansamente.* (FSP)

golpe de vista

A expressão é tradicionalmente considerada como galicismo por alguns puristas (francês: *coup d'oeil*).

Entretanto, ela é de uso generalizado em todos os níveis de linguagem. ♦ *Agora, de certos ângulos, com um GOLPE DE VISTA, podia-se atravessar todo o edifício: nenhum tijolo, cimento, cal: só vidro e aço.* (CNT)

gonio-, -gono

São elementos (gregos) que se ligam a um elemento seguinte ou a um anterior, respectivamente. Significam "ângulo", "canto". ♦ *O instrumento que se usa, para medir ou verificar ângulos, é um GONIÔMETRO ou Transferidor.* (FRE) ♦ *O POLÍGONO é uma figura plana limitada por um conjunto de retas.* (ATT)

gono-

É elemento (grego) que se liga a um elemento seguinte. Seu significado liga-se a "geração", "procriação", "esperma", "órgãos da geração". ♦ *Margareth Boswell parece ter escapado do GONOCOCO porque o marido se abstinha de ter relações com ela quando estava com uretrite.* (APA)

Se o elemento seguinte começar por **R** ou **S**, é necessário duplicar essa letra (que ficará entre duas vogais, na escrita). ♦ *À época discutia-se se sífilis e GONORREIA eram duas doenças ou manifestações diferentes de uma mesma doença.* (APA)

gordo

O plural é **gordos**, com O fechado. ◆ *Em frente ao cinema dois pipoqueiros GORDOS enchiam pacotes com uma pipoca branquinha.* (DE)

górgona, górgone

São formas variantes, e a primeira é usada em quase 70% dos casos. Designam entidades da mitologia grega (três), com serpentes no lugar de cabelos, cujo olhar petrificava quem as encarava. ◆ *O jovem chegou voando e rapidamente cortou a cabeça da primeira GÓRGONA.* (FSP) ◆ *Dela, ele recebeu o milagroso sangue da Medusa, uma das três GÓRGONES, capaz de reviver mortos.* (FSP)

gorgonzola

É palavra italiana que designa tipo de queijo italiano, macio, de gosto forte e picante, cuja massa apresenta um bolor característico. É semelhante ao *roquefort* francês. ◆ *Diversos queijos, como camembert e GORGONZOLA, são maturados por mofos que necessitam de um meio ácido para seu crescimento.* (ACQ)

gorjear, gorjeio ⇨ Ver -ear.

1. Com **J**. ◆ *O bichinho começava a GORJEAR, embora, estranhamente, mantivesse o bico fechado.* (VEJ)

2. Os verbos em **-ear** recebem **I** nas formas rizotônicas, isto é, nas formas que têm a sílaba tônica no radical. Do mesmo modo os substantivos correspondentes, como **gorjeio**. ◆ *Seria um exagero acreditar que há vinte anos a elite dirigente americana era corrupta como a brasileira, mas é absurdo supor que as aves que aqui GORJEIAM não GORJEIAM como lá.* (VEJ) ◆ *Há, de repente, o GORJEIO de um bicudo.* (SA)

gorjeta

Com **J**. ◆ *O recepcionista agradece a GORJETA e se retira.* (NB)

gorro

O plural é **gorros**, com O fechado. ◆ *Cada um procura se esquentar com o que tem e é a hora de tirarmos das mochilas luvas, GORROS e meias.* (MAN)

gostar

1. Usa-se com complemento iniciado pela preposição **de**. ◆ *Tenho essa moto porque GOSTO dela.* (REA) ◆ *Os pintores do século XV GOSTAVAM de retratar, com os personagens, muitos objetos e indícios de seu status, funções, privilégios e gostos.* (ACM) ◆ *Não GOSTO de que me segurem.* (SE)

Quando o complemento é oracional, porém, é muito frequente que ele não venha com preposição. ◆ *Não GOSTO que você fale mal dela.* (AGO) ◆ *Até GOSTO que fique.* (CE) ◆ *Qual o seu defeito que não GOSTA que os outros adivinhem?* (REA)

O uso de complemento com preposição é indicado nos manuais normativos inclusive para os casos em que o verbo **gostar** se encontra em oração adjetiva (e seu complemento é, pois, o pronome relativo **que**). ◆ *Para obter essa vida que eu conheço, de que GOSTO, que eu amo e de que, portanto, preciso, corro qualquer perigo, embora o perigo implique em ameaça à continuação da minha importante vida.* (CT) ◆ *Quanto à comida e à bebida, isto de que GOSTAVA muito, deixava ao acaso como tudo o mundo.* (MC)

Entretanto, são muito comuns construções sem a preposição **de**, nestes casos. ◆ *O lugar que GOSTO fica longe e estou sem carro.* (CH) ◆ *Mas para derrubar um cara, o golpe que GOSTO mesmo é um cruzado de esquerda.* (IS)

Especialmente quando o antecedente do **que** é o pronome **o**, não ocorre a preposição **de**. ◆ *Médico na expressão mais ampla da palavra, livre para fazer o que GOSTO e como gosto, para tratar de gente que precisa de tratamento.* (SL)

Nas orações adjetivas, quando o verbo **gostar** se segue de infinitivo, obviamente a preposição **de** não vem antes do pronome relativo **que** (objeto direto), mas antes do infinitivo (isto é, vem depois do verbo **gostar**, iniciando o seu complemento preposicionado). ◆ *Já* *vi várias vezes, é um dos poucos filmes que GOSTO de rever.* (FSP)

2. Com o verbo na forma pronominal no plural (sem preposição), a indicação é de reciprocidade. ◆ *Os dois se GOSTAVAM muito.* (FAN)

gosto

O plural do substantivo é **gostos**, com **O** fechado. ◆ *A plebe por nós liberta haveria de impor seus GOSTOS, seu estilo, seus modos de ver.* (CID)

goteja

O **E** é fechado (antes de **J**). ◆ *Enquanto o vapor de água se esfria quando toca a grama, se transforma em líquido e GOTEJA.* (FSP)

gouda

É palavra de origem holandesa que designa um tipo de queijo amarelo sem buracos. ◆ *Estudando-se o uso do nitrato na fabricação do queijo GOUDA foram obtidos resultados interessantes.* (ACQ)

gourmand, gourmet

São palavras francesas.

1. O substantivo *gourmand* designa pessoa muito dada a comidas apetitosas. A pronúncia aproximada é **gurmã**. ◆ *A confraria vai reunir aqueles que não carregam caixas toráxicas perfeitas e ainda exibem uma barriguinha qualquer, aqueles sinais particulares de típicos bebedores de cerveja e GOURMANDS de botecos.* (FSP)

2. O substantivo *gourmet* designa pessoa conhecedora e apreciadora de pratos finos. A pronúncia aproximada é **gurmê**. ◆ *Sérgio Arno (GOURMET do Vecchia Cuccina, restaurante badalado de São Paulo).* (RI)

governante

O feminino é **governanta**. Esse feminino, entretanto, só é usual no sentido específico (originado do francês *gouvernante*) de mulher que profissionalmente administra casa de outra pessoa. ◆ *Tinha certeza de que a GOVERNANTA o notara também.* (CP)

gozar, gozado, gozo, gozoso

1. Com **Z** no início da segunda sílaba. ◆ *A garimpeirada reunida GOZOU a pilhéria com uma boa gargalhada.* (CAS) ◆ *É GOZADO que, na época, o pessoal no Brasil ainda não conhecia a Indy.* (FSP) ◆ *Se pudesse escolher, viveria para sempre, desde que fosse como hoje, no GOZO de todas as minhas faculdades.* (CH)

2. Indica-se tradicionalmente que o **O** tônico de **gozo** é fechado, no plural, mas a pronúncia varia. ◆ *Para eles, era o final de uma vida descuidadosa, cheia de prazeres fáceis e GOZOS desfrutados.* (DEN)

3. **Gozoso** tem **S** no sufixo (**-oso**). ◆ *A palmatória de cabiúna que vivia de nossa casa para a de tia Regina, que, entre um mistério GOZOSO e um mistério doloroso do seu rosário, também aplicava bolo nas suas crioulinhas.* (BAL)

Grã-Bretanha [Europa] ⇨ Ver bretão ⇨ Ver britânico.

O adjetivo pátrio referente à Grã-Bretanha (Inglaterra, Escócia e País de Gales) é **bretão** ou **britânico**. ◆ *Como foi que um esporte inventado longe, pelos louros ingleses – o esporte BRETÃO, como se dizia a sério, e hoje se repete com ironia, fazendo uso de um sinônimo de "BRITÂNICO", só encontrável nessa expressão –, foi-se aclimatar tão bem a estas tropicais paragens?* (VEJ)

graças a

Pela origem da palavra **graça** (do latim *gratia*), a expressão significa "em débito a", "com recurso a", "com a ajuda de", o que implica um complemento de valor positivo (eufórico), em construção em que se faz referência a uma obtenção afortunada. ◆ *Contudo, não posso deixar de reconhecer que, GRAÇAS A esses sucessos, a "tensão" em relação a mim diminuiu muito.* (A) ◆ *Somente assim elas podiam ficar a par das coisas, GRAÇAS À solicitude da boa dona Angelina.* (ANA)

Entretanto, a expressão também tem o significado mais genérico de "por causa de", "devido a", usando-se, portanto, também com complemento de valor negativo (dis-fórico), ou neutro. ✦ *Assim, GRAÇAS À sua desimportância estratégica e à sua maldição, a villa se conservou, com seus tesouros de arte.* (ACM) ✦ *E assim fiquei sem saber exatamente o que tenho, ou mesmo se tenho, GRAÇAS À enciclopédica ignorância do doutorzinho que me atendeu (...).* (AL) ✦ *O nosso é que, GRAÇAS Ao critério dele, o pensamento de Eurípides, por exemplo, não foi integrado ao corpus doutrinário tradicional da filosofia.* (ACM)

grácil

1. A sílaba tônica é a penúltima (**GRÁ**), e, por isso, a palavra leva acento (paroxítona terminada em **L**). Significa "delicado", "gracioso". ✦ *Para uma senhorita se diz: – GRÁCIL ornamento do nosso buquê humano.* (S)

2. O plural é **gráceis**, como ocorre com todos os paroxítonos em **IL**. ✦ *Os ossos, os músculos e a pele são GRÁCEIS, delgados, magros.* (THV-T)

-grado

É elemento (latino) que se liga a um elemento anterior. O significado relaciona-se a "passo", "andar". ✦ *E acompanhei-a, namorando-lhe os tornozelos e o donairoso andar de DIGITÍGRADO.* (AS) ✦ *O paternalismo RETRÓGRADO do trabalhismo brasileiro parece enraizado.* (EMB)

grado¹

Palavra que significa "vontade", "gosto", é usual apenas nas expressões **de bom grado** ("de boa vontade", "prazerosamente") e **de mau grado** ("de má vontade", "a contragosto"). ✦ *Desafio, aliás, que de bom GRADO aceito.* (CEN) ✦ *Tatiana levou-a para sua sala, uma sala que ela, de mau GRADO, dividia com os coreógrafos-assistentes.* (BB)

grado²

É adjetivo, de uso raro, que significa "desenvolvido", "importante", "notável". ✦ *Velado em esplendor na nave da Matriz, seu amplo cadáver (...) foi visitado por uma romaria serpenteada e contrita, dos negros aos homens GRADOS, dos mais altos ao mais humildes (...).* (VPB)

graf(o)-, -grafo

É elemento (grego) que se liga a um elemento seguinte ou a um anterior. Seu significado é relacionado a "escrever", "escrita". ✦ *A GRAFOLOGIA pode ser definida como o método ou fórmula que define a personalidade através da letra.* (GFO) ✦ *Ele foi, sem dúvida, um grande POLÍGRAFO.* (TA-O) ✦ *Talvez a CALIGRAFIA esteja decadente, não se desenhe com a perícia passada.* (MAR)

grã-fino, grã-finismo, grã-finagem ⇨ Ver grão.

1. A forma reduzida **grã-** se liga por hífen a um segundo elemento, para referir-se depreciativamente a indivíduo rico (**grã-fino**) ou a seus hábitos requintados (**grã-finismo, grã-finagem**). Formam-se indiferentemente palavras masculinas ou femininas (**grã-** não é o feminino de **grão-**). ✦ *O marido dela era porteiro de um clube de GRÃ-FINO.* (EN) ✦ *A patroa, enfim, desceu do alto do seu GRÃ-FINISMO.* (RO) ✦ *Collor olha da Jerusalém da GRÃ-FINAGEM para este pobre Brasil.* (FSP)

2. No feminino e no plural, apenas o segundo elemento do composto varia (**grã-fina, grã-finos, grã-finas**). ✦ *Uma GRÃ-FINA de Nova York (Merle Oberon) sofre de inexplicáveis acessos de soluço.* (FSP) ✦ *Não adianta só viver de glórias, cantando só para GRÃ-FINOS.* (FA) ✦ *Que vinham fazer ali tantas GRÃ-FINAS?* (JT)

3. Deve-se registrar que se encontra também, especialmente na literatura, a grafia **granfino**, que não é dicionarizada mas que é perfeitamente condizente com o sistema gráfico português. ✦ *Meus melhores homens perderam a pista do GRANFINO que se meteu com essa gente e terminou por trocar a nossa causa pela deles.* (GRE) ✦ *E toda aquela gente GRANFINA que não perdia o boxe.* (DE)

Há uma forma reduzida, **granfo** (com feminino **granfa**), de uso popular, que só ocorre com essa grafia (**GRAN**). ✦ *O "Boca de Ouro"* *andou aí com uma GRANFA, uma cara da alta, que tinha cavalos de corrida.* (BO) ✦ *As madames GRANFAS tão todas de roupa nova (...).* (CNT)

grama

1. É masculino quando designa unidade de medida de massa. ✦ *A Academia de Ciências da França estabelece definições para o GRAMA e o metro.* (APA)

O símbolo é **g** (sem ponto). ✦ *Portar até 500 g da droga não é crime, diz novo Código Penal.* (FSP)

2. É feminino quando designa planta gramínea. ✦ *Vi em um filme que a GRAMA cobriu os trilhos que levavam a Auschwitz.* (AVI)

-grama

É elemento (grego) que se liga a um elemento anterior. Significa "sinal de escrita", "registro". ✦ *Vou mostrar ao senhor, em segredo, a cópia do TELEGRAMA ao prefeito.* (AM) ✦ *Caso não haja melhora sensível nos primeiros dias de tratamento, devemos interromper o medicamento e nos guiar pelo ANTIBIOGRAMA.* (ANT)

gran(i/u)-

É elemento (latino) que se liga a um elemento seguinte. Significa "grão". ✦ *Nos silos, onde o cereal é estocado a granel, a presença de insetos GRANÍVOROS pode aumentar a temperatura de 250 acima da temperatura ambiente.* (ECG) ✦ *A explicação do microscópio ao estudo da patologia mostrou, então, que esses "nódulos específicos" tinham estrutura semelhante ao tecido de GRANULAÇÃO e daí o nome de GRANULOMAS que se lhes deu, indicando "tumores constituídos por tecido de GRANULAÇÃO".* (BAP)

Granada [Espanha]

O adjetivo pátrio é **granadino**. ✦ *18 mortos e 116 feridos norte-americanos, 45 mortos e 337 feridos GRANADINOS e 25 mortos e 59 feridos cubanos.* (FSP)

grand monde

É expressão francesa que significa "alta sociedade". ✦ *Ao retratar o GRAND MONDE o*

escritor era igualmente impiedoso, como se pode aferir pelos dois lançamentos. (VEJ)

grande

1. O comparativo sintético é **maior**. ✦ *O expoente MAIOR dessa nova tendência era Corvisart.* (APA)

2. O superlativo sintético tem duas formas, com diferentes acepções:

◈ **grandíssimo** ("muito grande"). ✦ *Ao dizer isso, "viram todos um grande resplendor no meio da GRANDÍSSIMA escuridão, e Deus foi servido de aplacar a tempestade".* (PR)

◈ **máximo** ("o maior de todos"). ✦ *Argumento MÁXIMO, a amiga asseverou que a história era verdadeira.* (COT)

A forma **grandessíssimo** é um superlativo reforçado, construída fora dos padrões de formação de superlativo em português. É usada popularmente para reforçar insultos e desaforos. ✦ *— Olha menino! o que o Antônio Carlos não passa é dum GRANDESSÍSSIMO cínico (sic).* (GAT) ✦ *— Seu GRANDESSÍSSIMO farsante!* (NB)

grande número de, grande parte de

Com essas expressões (+ substantivo ou pronome no plural) como sujeito, o verbo:

◈ se posposto:

- fica no singular (o que ocorre muito mais frequentemente). ✦ *Desde então GRANDE NÚMERO DE transplantes hepáticos tem sido realizado com sobrevida de até sete anos.* (CLC) ✦ *GRANDE PARTE Das estórias trata da sedução de mulheres casadas por seus amantes.* (PO)

- vai para o plural. ✦ *Há também GRANDE NÚMERO DE bibliotecas nos Estados Unidos que se servem das fichas impressas pela Biblioteca do Congresso.* (BIB) ✦ *O próximo Senado será muito forte, pois GRANDE PARTE Das lideranças políticas se elegeram.* (RI)

◈ se anteposto, fica no singular, concordando com o substantivo núcleo da expressão que é sujeito (**número, parte**). ✦ *Existe GRANDE NÚMERO DE tipos de reator (...).* (ENE) ✦ *As psicoterapias têm, pois, uma dimensão teó-*

grandeza

rica e uma dimensão prática, sendo a partir desta última, ou seja, da prática clínica, que **se constrói GRANDE PARTE DE suas teorias.** (PSC)

grandeza

Com **Z**, como todo substantivo abstrato em **-eza** derivado de adjetivo. ✦ *No seu esforço indigno de denegrir a obra e a memória de Eurípides faltou a Aristófanes um mínimo de GRANDEZA de ânimo.* (ACM)

granizo

Com **Z**. Significa "saraiva", "chuva de pedrinhas de gelo". ✦ *Ouço daqui a chuva de GRANIZO batendo na vidraça e penso que o desventurado tem razão de sobra para amaldiçoar a mulher.* (CV)

granjear ⇨ Ver -ear.

1. Com **J**, como **granja**. Significa "amanhar", "obter com esforço". ✦ *GRANJEAR a confiança do velho era a maior preocupação de Jenner.* (ALE)

2. Os verbos em **-ear** recebem **I** nas formas rizotônicas, isto é, nas formas cuja sílaba tônica pertence ao radical. ✦ *Conduzido em comitiva à casa do chefe político local, ele logo GRANJEIA simpatias generalizadas.* (IS)

grão-, grã- ⇨ Ver grã-fino, grã-finismo, grã-finagem.

1. **Grão** e **grã** são formas reduzidas (por apócope) do adjetivo **grande**. Elas se usam como elemento de composição de substantivos e de adjetivos, ligando-se por hífen a um segundo elemento. Essas formas se ligam especialmente a nome de título de nobreza ou dignidade (masculino ou feminino, respectivamente), formando, em princípio, palavra masculina e palavra feminina, respectivamente. ✦ *O futuro GRÃO-sacerdote do culto de Rafael se havia deixado seduzir pelos pré-rafaelitas.* (MH) ✦ *Um programa de rádio, para mais de 100 emissoras, está programado para 1994, bem como a chegada triunfal do GRÃO-mestre da neurolinguística ao Maracanã, numa apresentação para 50.000 pessoas.* (VEJ) ✦ *A avó de um dos pre-*

tendentes ao trono, **a GRÃ-duquesa** *Leonida Georguievna, que mora na Espanha, afirmou que a família visitará o país em junho.* (FSP) ✦ *Setenta anos é lindo, mormente quando o homem usa sua idade como uma faixa de* **GRÃ-cruz** *no peito.* (CT)

Entretanto, qualquer um desses dois elementos pode formar palavras masculinas e femininas, já que **grã-** não é o feminino de **grão-**. ✦ *O GRÃO-rabino israelense Israel Meir Lau (à esquerda), durante a entrevista que concedeu à Folha em hotel de São Paulo.* (FSP) ✦ *Assuntos principais: Meir Lau; GRÃ-rabino; Perfil; Israel; Atentado; Yitzhak Rabin.* (FSP) ✦ *Lá me recebo pouco depois, como um GRÃ-senhor.* (B)

2. No plural, só o segundo elemento do composto varia. ✦ *GRÃO-duques da indústria da comunicação queimaram milhares de litros de querosene voando em seus jatinhos.* (VEJ)

grapefruit ⇨ Ver toranja, toronja.

É palavra inglesa que designa um tipo de fruta cítrica. É substantivo masculino. A pronúncia aproximada é **greipfrut**. ✦ *Outra sugestão é a metade de* **um GRAPEFRUIT,** *que – ácida e diurética – é a fruta ideal para regimes.* (PFI)

Toranja e **toronja** são as designações correspondentes em português.

grassar

Significa "alastrar-se", "propagar-se". Pelo seu significado, esse verbo só é usado na terceira pessoa. ✦ *GRASSAVA o tifo, favorecido pela promiscuidade e pela imundície em que chafurdavam milhares de pessoas.* (TER) ✦ *Os textos recomendavam abandonar áreas onde GRASSAVAM tais doenças, bem como cuidar com alimentos e água.* (APA)

grátis, gratuito

1. **Grátis** é:

◇ adjetivo que significa "gratuito". ✦ *A entrada é GRÁTIS e a frequência, variada.* (VEJ)

◇ advérbio de modo que significa "gratuitamente". ✦ *Ao comprar Castrol GTX para seu carro, você ganha inteiramente GRÁTIS: tranquilidade.* (P)

grisalho

2. **Gratuito** é adjetivo que significa "feito ou dado de graça". A sílaba tônica é TUI, e a palavra não leva acento (se o I fosse vogal tônica, ela seria acentuada). ◆ *Eu não perdia o espetáculo fascinante e GRATUITO.* (ANA) ◆ *O ensino primário oficial é GRATUITO para todos.* (D)

graxa

Com X. ◆ *Os meninos gostavam de passar GRAXA no cano para ver as pessoas caindo.* (GD)

Grécia [Europa], greco-

1. Os adjetivos pátrios são:

◇ **grego**. ◆ *E como está com título latino, é a tradução manuscrita do manuscrito GREGO.* (ACM)

◇ **helênico**. ◆ *Ainda que se possa considerar nativa na Grécia, a filosofia HELÊNICA primitiva sofreu algumas influências.* (HF)

2. O elemento de composição correspondente para formação de adjetivos é **greco-**.

2.1. Liga-se por hífen ao elemento seguinte quando entra na constituição de adjetivo pátrio. ◆ *Durante o período GRECO-romano, o ópio foi um remédio valioso.* (DRO) ◆ *A sabedoria técnica de Krabbe Iconógenus, pintor GRECO-alemão, agiu alexandrinamente, cortando o nó górdio.* (ALF)

Como é o primeiro elemento do composto, **greco-** permanece invariável. ◆ *Este boné tem sua origem na civilização GRECO-romana: ele era usado pelos escravos quando conquistavam a liberdade.* (NU) ◆ *Os imperadores GRECO-bizantinos costumavam cegar, em massa, os soldados dos exércitos eslavos vencidos.* (FSP)

2.2. Não há hífen na composição quando o elemento de composição **greco-** não forma adjetivos pátrios: **grecocentrismo, grecomania, grecolatria.** Formas desse tipo não ocorreram.

grená

É a forma gráfica correspondente ao francês *grenat*, "da cor da granada", palavra ligada a *grenade*, "granada" e "romã". Refere-se à cor vermelho-púrpura da granada e da parte interna da romã. É palavra tradicionalmente considerada como galicismo por alguns puristas. ◆ *Mota sentou-se na poltrona de veludo GRENÁ que ali estava para visitas, as visitas que ele mandava fazer.* (VB)

É indicação de manuais tradicionais e de dicionários que o adjetivo é invariável, o que representaria a conservação da forma francesa. Entretanto, o usual é a indicação da forma do plural, formada segundo a flexão em língua portuguesa. ◆ *Camisa, calção e meias GRENÁS.* (FSP) ◆ *Óculos de aros GRENÁS (...), Luísa é uma das muitas presas que não se deixam fotografar.* (VEJ)

greve ⇨ Ver *lockout*, locaute.

Greve é a designação que se dá à paralisação das atividades de uma empresa por parte dos funcionários. ◆ *João Magno baixou o volume dos receptores: a GREVE dos desempregados ainda não chegara aos meios de comunicação.* (GRE)

Locaute é a designação que se dá à paralisação das atividades de uma empresa por parte dos patrões.

grid

É palavra inglesa que, no automobilismo, designa a disposição dos carros na largada de uma corrida. ◆ *Há um videogame parado na televisão, carros de fórmula 1 no GRID de largada.* (EST)

griffe, grife

Griffe é palavra francesa que designa marca comercial de produtos finos referenciada pelo nome de alguma pessoa famosa. **Grife** é a forma aportuguesada. Ambas as grafias são igualmente usuais. ◆ *A GRIFFE é um sucesso de vendas.* (VEJ) ◆ *(...) a GRIFE só fez crescer ao longo desses mais de vinte anos.* (EM)

grisalho

Com S. ◆ *O bigode, meio GRISALHO, derramava-se numas pontas salientes.* (CJ)

grita, gritaria

São coletivos para gritos, indicando abundância. ◆ *A GRITA que eles faziam, por hora e meia se ouviu.* (COB) ◆ *Que GRITARIA é essa?* (ANA)

Groenlândia [América do Norte]

O adjetivo pátrio é **groenlandês**. ◆ *Grande parte do encanto do romance vem da caracterização de sua protagonista, a obstinada Smilla Jaspersen, filha de uma caçadora GROENLANDESA com um renomado médico de Copenhague.* (FSP)

grosa ⇨ Ver glosa.

1. **Grosa** é coletivo correspondente a 12 dúzias. ◆ *Vi durante muito tempo o Dulles sentado ali, com uma GROSA de lápis na mão.* (VEJ)

2. É também substantivo que designa lima grossa. ◆ *Em seguida, lixa-se [o casco] com uma GROSA.* (GR)

Glosa é substantivo que significa "nota explicativa de um texto", "comentário".

grosso

O plural é **grossos**, com O aberto. ◆ *Os tubos de aço saem dessa primeira operação curtos e GROSSOS.* (TU)

grosso modo

É expressão adverbial latina que significa "de modo grosseiro", "imprecisamente", "aproximadamente". Não há a preposição **a** antes da expressão, que já tem as duas palavras no ablativo latino (forma adverbial). ◆ *GROSSO MODO, pode-se dizer, toda organização social existe a fim de obter a realização da justiça.* (JU)

grou

O feminino é **grua**. É a designação de uma ave pernalta. ◆ *Mas eu imaginei um meio de prepará-los, macerando-os junto com línguas de flamingos, de rouxinóis, de porfirione e das longas GRUAS.* (SE)

grumete

O E é fechado, no singular e no plural. O substantivo designa marinheiro que está iniciando a carreira na armada. ◆ *Benedita conheceu o GRUMETE Aloisius Hinz numa tarde em que ele e seus amigos foram beber na venda do pai dela.* (VEJ) ◆ *A certa altura da viagem, Gaspar Ferreira registrou em seu diário que eram tantos os doentes que não havia marinheiros nem GRUMETES com ânimo para trabalhar.* (VEJ)

grupo

É coletivo de composição não indicada, o mesmo que **conjunto**. ◆ *Éramos um GRUPO de jovens idealistas e velhos assanhados e teimosos.* (ACT)

gruyère, gruiere

Gruyère é palavra francesa que designa um tipo de queijo, o queijo de Gruyère (Suíça), chamado **queijo suíço**. A pronúncia é, aproximadamente, **gryiér**. ◆ *O Le Chef Rouge lança quatro opções, como o creme de tomates com queijo GRUYÈRE.* (FSP)

A forma **gruiere**, oficialmente registrada em português, não ocorreu.

guache ⇨ Ver guaxe.

O substantivo **guache** designa preparação para pintura que se faz com substâncias corantes diluídas em água; designa também a pintura feita com essa mistura. ◆ *Tarciso desenha um pouco e pinta o rosto com GUACHE.* (OAQ) ◆ *Inspirado num GUACHE de Vieira da Silva que hoje pertence à coleção de Gilberto Chateaubriand, o poema multiplica seus mistérios e desafia qualquer interpretação.* (FSP)

O substantivo **guaxe** designa um pássaro.

-guaçu ⇨ Ver -açu.

Com Ç. É elemento (tupi) que se liga por hífen a um elemento seguinte. Significa "grande" (o mesmo que **-açu**). ◆ *Atribuiu, então, o barulho a algum preá esquivo a sair para as primeiras corridas da manhã ou aos passos cautelosos de algum nambu-GUAÇU, buscando alimento.* (GRO) ◆ *Nos três municípios da zona dos Confins criados havia pouco – Vila dos Confins, Ipê-GUAÇU e São Benevenuto – a medida vinha sendo adiada.* (V)

-guar ⇨ Ver **-uar.**

Os verbos em **-guar** (**aguar, apaziguar, averiguar** etc.), assim como os verbos em **-quar**, seguem as seguintes diretrizes, quanto à pronúncia e quanto à acentuação:

a) O **U** sempre soa, em qualquer das formas.

b) No caso das formas rizotônicas, a ortografia oficial prevê duas diferentes pronúncias (com o **U** tônico ou com o **U** átono), e, desse modo, prevê também dois modos de acentuação: sem acento, se o **U** for tônico, na pronúncia, e com acento na sílaba anterior, se o **U** for átono, na pronúncia. ◆ *É o que venho fazendo, Zé, diariamente AVERIGUO o nível de água dessa minha existência.* (CNT) ◆ *Desejo que AVERÍGUEM se a gota se mantém em bom estado e se reduz sua rotação.* (EM)

guaraná

É substantivo masculino. ◆ *Olguinha tinha uma sede insaciável. Apetecia-lhe, então, um GUARANÁ bem gelado.* (MRF)

guarda

1. Como substantivo feminino designa:

✧ a ação de guardar. ◆ *Ela não prestou conta de um dinheiro público que estava sob sua GUARDA.* (DZ)

✧ corporação de vigilantes (coletivo). ◆ *Foram para a cantina do prédio da GUARDA pessoal.* (AGO)

2. Como substantivo masculino significa "sentinela". ◆ *Tenho de subornar um GUARDA, para que liberte o ratinho branco da jaula da cascavel.* (AVE)

guarda-chuva, guarda-roupa, guarda-sol

Só o segundo elemento recebe marca de plural (verbo + substantivo). ◆ *Sob ponchos e GUARDA-CHUVAS os antarenses liam essas notícias e depois iam para os cafés comentá-las, beber e em muitos casos brigar.* (INC) ◆ *Acho que ela não se incomodaria se eu deixasse a mala por uns tempos num daqueles GUARDA-ROUPAS.* (EST) ◆ *Em hemiciclo em torno do caixão caminham homens, raparigas e rapazes, protegidos por sombrinhas e GUARDA-SÓIS.* (RIR)

guarda-civil, guarda-noturno

Ambos os elementos recebem marca de plural (substantivo + adjetivo). ◆ *O investigador e os dois GUARDAS-CIVIS entraram no gabinete.* (AGO) ◆ *Os GUARDAS-NOTURNOS apitavam sem parar.* (MRF)

guarda-marinha

São três os plurais oficialmente registrados: **guardas-marinhas, guardas-marinha** e **guarda-marinhas.** ◆ *É o que sentimos quando se estraçalhavam jovens GUARDAS-MARINHAS integralistas – e eu não era integralista.* (MAN) ◆ *O presidente comparecera à cerimônia de formatura de GUARDAS-MA-RINHA como se nada de anormal houvesse acontecido à noite.* (FSP) ◆ *Não nos davam muita atenção essas moças; seus pequenos corações fremiam perante os cadetes e os GUARDA-MARINHAS, mais guapos e belos em seus uniformes resplendentes, com seus espadins brilhantes.* (B)

guarda-mor

É a designação de antigo posto do oficialato. ◆ *O GUARDA-MOR esperou que Brant desaparecesse na curva da ponte.* (RET)

O plural indicado é **guardas-mores.** ◆ *Posso sentir o cheiro de suor dos GUARDAS-MORES, o perfume-Paris das fazendeiras no domingo de missa.* (CDA-P)

guardião

1. O feminino é **guardiã.** ◆ *Sara tornara-se GUARDIÃ da sua própria experiência.* (PAO)

2. O plural é **guardiães** ou **guardiões**, sendo mais usual a forma guardiães (57%). ◆ *Dois maravilhosos GUARDIÃES, o casal Castelli, há oito anos são zeladores da cabana.* (MAN) ◆ *Não somos apenas GUARDIÕES de um espólio, mas somos semeadores do futuro.* (OMU)

guarida, guarita

1. **Guarida** é substantivo que significa "covil de feras", "abrigo", "asilo". ◆ *Cangaceiro também não dá GUARIDA a ninguém.* (CA)

Guatemala [América Central]

2. **Guarita** é substantivo que designa torre de sentinela ou vigia. ◆ *O vigia na GUARITA fortificada é novo no serviço.* (EST)

Guatemala [América Central]

O adjetivo pátrio é **guatemalteco**. ◆ *Acharam os direitistas GUATEMALTECOS que ele não era suficientemente "duro" e o mandaram passear.* (MAN)

guaxe ⇨ Ver guache.

O substantivo **guaxe** designa um pássaro. ◆ *Eu entrava no mato, e lá passava o dia inteiro, só para (...) namorar o namoro dos GUAXES, pousados nos ramos compridos da aroeira (...).* (SA)

O substantivo **guache** designa preparação para pintura que se faz com substâncias corantes diluídas em água; designa também a pintura feita com essa mistura.

gueixa

É palavra de origem japonesa. No Japão, designa jovem treinada nas artes do canto e da dança. Com **X** (após ditongo). ◆ *Ao ficar viúvo, Yoshida, sem nenhum constrangimento, escolheu uma GEIXA como segunda mulher.* (FH)

guerra

Os adjetivos correspondentes são:

✧ **bélico**. ◆ *A Engesa é uma firma brasileira, produto da iniciativa privada, e a maior exportadora de material BÉLICO do Brasil.* (OL)

✧ **guerreiro**. ◆ *Matuiú ficou de fora, por decisão e prevenção do chefe GUERREIRO.* (LOB)

guia

1. Como substantivo feminino designa:

✧ documento que acompanha solicitações, ou pagamento de importâncias devidas. ◆ *Em seguida, solicita-se a GUIA de importação em uma agência do Banco do Brasil.* (ESP)

✧ meio-fio. ◆ *O Volks entrou num lamaçal e caiu numa GUIA afundada do calçamento.* (CNT)

2. Com a mesma forma para os dois gêneros (substantivo comum de dois), designa pessoa que guia, conduz, orienta. ◆ *Antigamente o eleitor era cego, acompanhava os passos do GUIA, que era qualquer político esperto.* (AM) ◆ *– Por que aqui? – gritou a GUIA, sem saber o que dizer para as velhinhas.* (ANB)

Guianas [América do Sul]

O adjetivo pátrio é **guianense**. ◆ *Matava os GUIANENSES que punham um pé do lado de cá.* (VEJ)

guichê, guiché ⇨ Ver postigo.

Guichê e **guiché** são formas portuguesas correspondentes ao francês *guichet*, mas a grafia com acento agudo não ocorreu. ◆ *Renato encaminhou-se como um sonâmbulo para o GUICHÊ.* (BH)

Obras tradicionalistas têm recomendado o uso do vernáculo **postigo** para evitar-se **guichê**.

Entretanto, o termo **postigo** tem uso geral ("abertura quadrangular em porta ou janela"), enquanto **guichê** tem uso especializado, referindo-se a situações de atendimento ao público, como em repartições públicas, em escritórios, em bancos, em casas de espetáculos. ◆ *Foi reclamar num GUICHÊ qualquer.* (JT)

guidão, guidom

1. **Guidão** e **guidom** são as formas aportuguesadas do francês *guidon*. A primeira forma é muito mais usual (88%), nos diversos registros. ◆ *Bastava ele soltar o GUIDÃO e a moto girava sozinha.* (GD) ◆ *Todo o vocabulário vinha imantado pelo sortilégio que só a poesia tem: GUIDOM, quadro, pedal, corrente, catraca.* (BPN)

2. Ocorre, ainda (muito raramente), a forma gráfica original francesa, o que contraria as normas ortográficas, já que na ortografia portuguesa não há palavras oxítonas terminadas em **N**. ◆ *Que sensação quando pela primeira vez me vi sozinho ao GUIDON! (Não se usava ainda dizer volante.)* (DE)

Guiné [África]

O adjetivo pátrio é **guineano**. ◆ *Se nos anos 80 cantores como Salif Keifa ou o GUINEANO*

Mory Kante alcançaram sonoros êxitos nas paradas de sucessos ocidentais, a década dos 90 também tem trazido gratas surpresas aos ouvintes curiosos. (FSP)

Guiné-Bissau [África]

O adjetivo pátrio é **guineense.** ✦ *Só em Lisboa moram 35.000 GUINEENSES, o equivalente a 3,5% de toda a população da Guiné-Bissau, 1 milhão de habitantes.* (VEJ)

guipure

É palavra francesa que designa um tipo de renda. A forma **guipura**, dicionarizada, não ocorreu. ✦ *O desfecho veio (...) com um vestido de organza bordado com grandes flores e uma gola tipo clown em GUIPURE cor-de-laranja.* (FSP)

guisa

Com **S**. Significa "maneira", "modo". É palavra usada especialmente na expressão **à guisa de.** ✦ *(...) a esse tempo agia a pintura sobre trasgo, fazendo-lhe arder o couro, e desta GUISA não consentia ele se lhe tocasse no mais mínimo lugar.* (TR) ✦ *Pensei em aproximar-me, dizer-lhe algumas banalidades à GUISA de introdução.* (COT)

guisar, guisado

Com **S**. O verbo **guisar** significa "refogar", e **guisado** é a designação do prato que se obtém por esse processo. ✦ *No dia seguinte a Sá-Menina GUISAVA todas aquelas carnes e dava-as ao almoço e ao jantar.* (GAT) ✦ *Ela deixou que eu lhe desse um beijo e me deu prato de GUISADO de galinha.* (GI)

guizo

Com **Z**. Designa pequena esfera de metal, oca e furada, que contém pecinhas de metal que, agitadas, produzem som. ✦ *Som mais esquisito aquele! Flutuante, metálico, parecia o tilintar de um GUIZO.* (ANA)

gulag

É palavra russa que designa sistema penal institucional da antiga União Soviética, composto por uma rede de campos de trabalhos forçados. ✦ *Depois, sumiram por quase dez anos no GULAG, sem que o mundo tivesse detalhe algum das investigações feitas pelos soviéticos.* (VEJ)

guloseima

Com **S**. ✦ *Sempre esperando com alguma GULOSEIMA, afagando seus cabelos no sofá, cuidando de sua saúde com bondade e carinho.* (PCO)

guri

O feminino é **guria**. ✦ *O senhor achou a GURIA simpática?* (TGG)

gutur-

É elemento (latino) que se liga a um elemento seguinte. Significa "garganta". ✦ *Tentei gritar, abri os olhos e ouvi sons GUTURAIS saindo da minha garganta.* (PCO) ✦ *Como contraponto ao canto onomatopaico e violento dos rappers americanos, o IAM explora bem a GUTURALIDADE feroz da língua francesa.* (FSP)

h

h

O nome da letra é **agá**. ✦ *Na hora AGÁ você pula fora!* (E)

há, havia [indicando tempo], há cerca de ⇨ Ver **a [indicando tempo]** ⇨ Ver **haver.**

1. A indicação é de tempo decorrido, ou seja, de tempo passado a partir do momento atual (**há** é o mesmo que **faz**, **havia** é o mesmo que **fazia**). ✦ *Estou sem trabalho HÁ nove meses*. (EX) ✦ *Este bilhete, aliás, ao voltar, ainda HÁ pouco, encontrei-o ainda intocado.* (A) ✦ *Poole estava casado e libertara-se da heroína HAVIA um ano*. (SS)

Quando a indicação de tempo decorrido se liga a uma ocorrência do passado, há maior precisão usando-se **havia** ("fazia"), do que **há** ("faz"). ✦ *Com seus 406 quilos, esparramava--se HAVIA dois meses em cima de uma cama, imobilizada.* (VEJ) ✦ *O pijama azul provocara, HAVIA tempo, um conflito entre os dois irmãos.* (ANA)

2. É comum, na indicação de tempo, a sequência **há cerca de**, em que, ao verbo **haver**, se segue a expressão **cerca de**, que significa "aproximadamente". ✦ *HÁ CERCA DE 40 mil anos aparece na Terra o protótipo do que chamamos de Homo sapiens.* (MOR) ✦ *Ficou para trás relendo e dando os últimos retoques em sua célebre "Carta aos Ingleses", que terminara HAVIA CERCA DE um mês.* (FSP)

habeas corpus, habeas-corpus

1. *Habeas corpus* é expressão latina que significa "que tenhas o corpo" [subentendendo-

-se *ad subjiciendum*: para o apresentar ao tribunal)". Designa, particularmente, uma lei célebre da Inglaterra que garante a liberdade individual aos cidadãos, dando-lhes o direito de ser imediatamente julgados ou de aguardar o julgamento em liberdade, mediante fiança. Genericamente refere-se a garantia constitucional concedida a um impetrante que se julga vítima ou ameaçado de coação ou cerceamento ilegal de liberdade. ✦ *O pedido de HABEAS CORPUS foi julgado pelas Câmaras Criminais Conjuntas do Tribunal de Alçada de São Paulo.* (REA)

2. **Habeas-corpus**, em que o hífen configura a formação de um substantivo composto, não é abrigada na ortografia oficial. ✦ *Não tarda a chegar aí um advogado com um HABEAS-CORPUS.* (GRE) ✦ *Foi detido, levado para a delegacia e depois para o presídio Ponto Zero, em Benfica, de onde saiu um mês depois por força de HABEAS-CORPUS.* (VEJ)

A referência a um "instituto" legal leva à possibilidade do emprego de maiúsculas iniciais. ✦ *No campo do Direito Penal surge Alencar, ainda, como autor, em 1868, do primeiro HABEAS-CORPUS preventivo, em favor do sogro, instituto só incorporado em nossos ordenamentos em 1871.* (FI)

3. Ambas as formas estão igualmente em uso, para as mesmas indicações. Cada órgão de imprensa se decide por uma delas e, em geral, uniformiza o emprego naquele veículo.

habeas data

É expressão latina que significa "que tenhas os dados". Designa direito constitucional,

habillé

assegurado a um impetrante, de conhecer e de retificar dados relativos à sua pessoa, constantes de registros em entidades governamentais, ou de caráter público. ◆ *Os processos de HABEAS DATA, de acordo com a proposta, serão gratuitos e terão prioridade sobre os demais, exceto habeas corpus e mandado de segurança.* (FSP)

habillé

É palavra francesa que significa "vestido". Designa traje social de luxo. A pronúncia é, aproximadamente, **abiiê**. ◆ *O brechó mais organizado da cidade, montado numa casa em estilo espanhol, tem um ambiente só para HABILLÉ, outro com moda esportiva, sala de couros, de jeans e setor privê.* (FSP)

habitar

Usa-se com complemento (de lugar) iniciado pela preposição **em**. ◆ *Eles também apreciam HABITAR em casas com tijolos furados.* (SU)

habitat, hábitat

1. *Habitat* é palavra latina que significa "(ele) habita". Constitui substantivo que designa o lugar em que vive naturalmente um organismo. ◆ *O HABITAT ideal dos golfinhos inclui comida fácil e águas calmas.* (VEJ)

2. **Hábitat** (com acento) é a adaptação gráfica portuguesa, dicionarizada, mas não oficialmente registrada, e pouco usada (12%). ◆ *Em pouco tempo a área estava transformada em refúgio para aves e animais banidos do seu HÁBITAT pela destruição das matas próximas.* (ESP)

O plural aportuguesado é **hábitats**. ◆ *A existência de uma única massa continental diminuiu muito as regiões costeiras e, consequentemente, reduziu a disponibilidade de HÁBITATS para as espécies marinhas.* (DST)

habitué ⇨ Ver **frequentador**.

É palavra francesa que significa "habituado" e que corresponde, em português a "frequentador (assíduo)". Ambas as formas têm a mesma frequência de uso (50%). ◆ *Gérson diz que seu medo de avião passou a diminuir*

depois que se tornou HABITUÉ nos voos da TAM. (FSP)

habitus

É palavra latina que significa "hábito", "caráter". A sílaba tônica é **HA** (a antepenúltima), mas a forma não leva acento porque é latina. Na antropologia social, o substantivo designa o conjunto de padrões adquiridos (comportamento, atitudes, gostos etc.), nas duas contrapartes, as estruturas sociais abstratas e a prática social concreta. ◆ *Nem mesmo o refulgente prestígio de Rui Barbosa quebrou a hegemonia da classe política, e o HABITUS político de se escolher um candidato e impô--lo ao corpo político.* (TGB)

hacker

É palavra inglesa que designa pessoa que vence os mecanismos de segurança de sistemas de computação e, sem autorização, a partir de uma conexão remota, consegue acesso aos dados. A pronúncia é, aproximadamente, **háquer** (inicial aspirada). ◆ *Bezerra quer ser HACKER, aquele sujeito que insiste em invadir o computador alheio para roubar dados e causar transtornos.* (VEJ)

haddock, hadoque

Haddock é palavra inglesa que designa espécie de peixe muito apreciado como alimento, encontrado no Atlântico Norte. Não se conserva, no uso em português, o som aspirado de origem. ◆ *Um belo HADDOCK pode virar uma salmoura sem a sua supervisão.* (VEJ)

Hadoque é a forma portuguesa, oficialmente registrada. ◆ *É mais fácil encontrar um peixe semelhante – o HADOQUE – ou o salmão, titular absoluto da maioria dos cardápios.* (FSP)

hagio-

É elemento (grego) que se liga a um elemento seguinte. Significa "santo". ◆ *De HAGIOGRAFIA eu estava cheio.* (BU)

haicai, *haikai*

Haicai é a forma portuguesa correspondente à palavra de origem japonesa *haikai*, que designa um tipo particular de poema de três versos.

A forma gráfica **haicai** é a que ocorre com maior frequência (78%). ◆ *Quase metade do tempo de apresentação é dedicado a oito pequenos números coreografados, definidos por seus autores como HAICAIS, numa justa alusão à estrutura dos poemas japoneses criados a partir de três versos curtos (de cinco, sete e cinco sílabas).* (VEJ) ◆ *A autora interpreta a prática do HAIKAI como a busca de um caminho novo, mais sensorial, diante da crise da metafísica ocidental.* (FSP)

Haiti [América Central]

O adjetivo pátrio é **haitiano**. ◆ *Lembro-me que os HAITIANOS dançavam na carroceria do caminhão e se aproveitavam do próprio balanço do veículo para se mexerem um pouco.* (CRE)

haja vista ⇨ Ver **vista**.

A indicação tradicional é que essa locução não varia, mesmo que se siga expressão no plural, e, de fato, a concordância no plural não ocorreu. ◆ *Policiais e delegados recebem a notícia com surpresa, HAJA VISTA que um policial com esta experiência poderia prestar serviços por mais 10 anos.* (ATA) ◆ *Ninguém é insubstituível – já diziam Pelé e Garrincha – coisa sobejamente provada – HAJA VISTA casos de Nunes e Waldomiro.* (T)

Halloween

É palavra inglesa que designa o "dia das bruxas", festa que se realiza no último dia de outubro, e na qual as pessoas se divertem fantasiadas de bruxas e feiticeiros. A pronúncia é, aproximadamente, **helouin** (com o **E** aberto, embora átono, e com aspirada inicial). ◆ *No HALLOWEEN, o dia das bruxas, alugaram um trailer, equipado com banheiro, sala e cozinha, e saltitaram alegremente de festa em festa.* (VEJ)

halo

Com **H** inicial. O substantivo designa uma grande variedade de meteoros luminosos constituídos de círculos ou arcos brilhantes. ◆ *O HALO branco emergia das nuvens em*

progressão vagarosa e, de repente, abria-se numa explosão de espumas. (PV)

Mais genericamente, significa "auréola", "brilho". ◆ *Mas, à medida que o Anjo falava, pouco a pouco se apagava a luz, o HALO que envolvia o rosto de Seabra Fontes.* (BH)

haltere

É a forma singular de **halteres**. O substantivo designa instrumento ginástico que serve como peso e que geralmente é usado aos pares, feito de ferro e constituído por uma haste grossa e curta com uma bola em cada extremidade. ◆ *Chicão pegou um HALTERE em cada mão e começou a abrir e fechar os braços esticados, exibindo sua força.* (AGO) ◆ *Durante o exercício os HALTERES são elevados perpendicularmente; o tronco também é mantido perpendicularmente.* (HH)

Hamburgo [Alemanha]

O adjetivo pátrio é **hamburguês**. ◆ *Em fevereiro fez o mesmo com o grupúsculo HAMBURGUÊS (Lista Nacional).* (FSP)

hambúrguer

Hambúrguer é a forma gráfica portuguesa correspondente ao inglês *hamburger* (em que **HAM** é a sílaba tônica). Em português a sílaba tônica é a penúltima (**BÚR**), acentuada porque a palavra é paroxítona terminada em **R**. ◆ *É fantástico, da idade da pedra ao homem de plástico, o show da vida, enquanto preparamos nosso HAMBÚRGUER na cozinha.* (MOR)

O plural é feito segundo as regras da língua portuguesa, isto é, com -ES depois do **R** final, formando uma palavra proparoxítona, que, por isso, é acentuada: **hambúrgueres**. ◆ *Nas barracas, fumaça das grelhas que passam HAMBÚRGUERES.* (GD)

hamster

É palavra alemã e inglesa que designa pequeno mamífero roedor de cauda curta. A inicial é aspirada. ◆ *Em casa ele cria um esquilo, um HAMSTER e tem um aquário cheio de peixes.* (VEJ)

handebol, *handball*

1. **Handebol** é a forma portuguesa correspondente ao substantivo inglês *handball*, que designa um jogo de bola semelhante ao basquete praticado em quadra artificial. Conserva-se o som aspirado de origem.

2. A forma aportuguesada **handebol** é muito mais usual (90%). Conserva-se o som aspirado de origem. ◆ *Nas quadras, vôlei, basquete, tênis, squash, paddle, HANDBALL, futebol de campo e de salão.* (VEJ) ◆ *Esportes renegados no Corinthians, como boxe, vôlei e HANDEBOL, devem ter maior apoio.* (FSP)

handicap

É palavra inglesa que designa a vantagem que algum concorrente dá a outro, a fim de obter maior nivelação das possibilidades de vitória. Designa, genericamente, qualquer desvantagem. A inicial é aspirada. ◆ *Difícil é concorrer com o passo das suas muletas, eu com o HANDICAP da mala que agora carrego nas costas.* (EST)

hangar

A sílaba tônica é a última (**GAR**), e, por isso, a palavra não leva acento (oxítona terminada em **R**). ◆ *O cachorro dos alemães gania longe, para os lados do HANGAR da Condor.* (CR)

hapl(o)-

É elemento (grego) que se liga a um elemento seguinte. Significa "simples". ◆ *Unindo-se esses dois eventos, obtém-se uma linha que separa estruturas HAPLOIDES de um lado e estruturas diploides do outro, determinando a HAPLOFASE e a diplofase, respectivamente.* (GV)

happening

É palavra inglesa que significa "acontecimento", "evento". Designa manifestação artística variada aberta à participação do público. A pronúncia aproximada é **hépenin** (com aspirada inicial). ◆ *A posse, desta vez, será quase que um HAPPENING nacional.* (VEJ)

happy end, *happy ending*

São expressões inglesas que designam "final feliz". A segunda é raramente usada (4%). A pronúncia aproximada é **hépi-énd(in)** (inicial aspirada). ◆ *Afinal, nada melhor do que um HAPPY END, no estilo dos filmes em que o vilão é vítima de sua própria maldade e os oprimidos encontram a felicidade.* (MEN) ◆ *Não há um "HAPPY ENDING" para esta história.* (FSP)

happy few

É expressão inglesa que significa "poucos felizes" e que designa a elite intelectual. ◆ *A Bienal não será para os 'HAPPY FEW', não será para a elite, mas para o povo.* (FSP)

happy hour, *happy-hour*

É expressão inglesa que significa "hora feliz". Designa parte do dia, geralmente no fim da tarde, em que pessoas se reúnem, para relaxar, em estabelecimentos que oferecem consumo mais abundante de bebida por um preço mais reduzido. A grafia em duas palavras é usada na quase totalidade dos casos (98%). Pela origem (literalmente: "hora feliz"), a expressão tem o gênero feminino, mas é mais frequente seu uso como masculina (62%), talvez pelo entendimento de que se trata de **um** "encontro", **um** "evento", ou simplesmente porque o masculino é o gênero não marcado, e o significado de origem não é evidente. A pronúncia aproximada é **hépi áuer** (com som aspirado inicial). ◆ *A Executiva manda a secretária embora e, ao ficar sozinha na sala, convida um colega para a HAPPY HOUR.* (VEJ) ◆ *A dupla Zeco e Ari Beraldin comanda um HAPPY-HOUR natalino hoje em seus domínios na Gabriel Monteiro Silva.* (FSP)

haraquiri

É a forma portuguesa correspondente ao japonês *hari-quiri*. A sílaba tônica é a última, e, por isso, a palavra não leva acento (oxítona terminada em **I**). O substantivo designa modalidade ritual de suicídio japonesa, que consiste em rasgar o ventre a faca ou a sabre.

♦ *HARAQUIRI é o suicídio japonês através da dilaceração do ventre com um punhal.* (FSP)

hard disk / HD ⇨ Ver *winchester* ⇨ Ver **disco rígido.**

É expressão inglesa que designa disco magnético fixo para armazenamento de dados no computador. A expressão, muito pouco usual (2%), significa "disco rígido", e assim é traduzida. Também é referida pelo nome *winchester*, igualmente pouco registrado (3%), e pelas iniciais (*HD*), forma também pouco usual (5%). A inicial é aspirada. ♦ *HARD DISK, HD ou winchester. Palavras muito usadas por vendedores para designar disco rígido.* (FSP)

A expressão **disco rígido** é a usada na grande maioria dos casos (90%), em todos os tipos textuais.

hard rock ⇨ Ver *rock*, roque.

É expressão inglesa traduzida em português como **roque pesado**, ou *rock* **pesado.** ♦ *A trilha "original" preenche o vácuo da ação com o mais ensurdecedor HARD ROCK.* (FSP)

hardware ⇨ Ver *software.*

É palavra inglesa que, na informática, designa o conjunto de componentes físicos de um computador e seus periféricos. A pronúncia aproximada é **hárduer** (**E** aberto e inicial aspirada). ♦ *Nos anos 40, quando começou a se desenvolver como um ramo distinto do HARDWARE (os computadores em si e os aparelhos que trabalham ligados a ele), o software era escrito com a ajuda de um léxico pobre e numa gramática primitiva.* (FSP)

hare krishna

É um vocativo de origem hindi que significa "ó Senhor Krishna". Designa seita hinduísta baseada na adoração do deus Krishna, cujos princípios incluem vegetarianismo, abstenção de sexo fora do casamento e completa abstinência de drogas e jogos de azar. ♦ *Larry Spencer, que renegou os compromissos assumidos com a seita HARE KRISHNA em San Diego, narrou à Time como foi programado.* (MAN)

harmonizar

Com **Z**, como todo verbo formado com o sufixo **-izar**. Significa "pôr em harmonia", "conciliar". ♦ *A guerra surgiria para HARMONIZAR a distribuição de recursos e bens.* (GUE)

harpia

A sílaba tônica é **PI**, e, por isso, a palavra não leva acento (paroxítona terminada em **A**). É a designação de um gênero de aves falconiformes. Na mitologia, designa monstro com cabeça de mulher, corpo de pássaro e garras muito afiadas e, a partir daí, designa mulher que avidamente se apodera das coisas. ♦ *A um canto, na sua gaiola de varas, a grande HARPIA melancólica que dá plumas à tribo.* (Q) ♦ *Jamais odiei ninguém como a essa HARPIA que vinha, depois da Diomar Halfeld, para atormentar a minha infância.* (BAL) ♦ *Lembrou-se de Freitas, no restaurante A Minhota, chamando Luciana de HARPIA ninfomaníaca.* (AGO)

hastil

1. A sílaba tônica é a última, e, por isso, a palavra não leva acento (oxítona terminada em **L**). O substantivo designa cabo de lança, haste. ♦ *Uma mão paraguaia apoderou-se do HASTIL, uma lançada no peito derrubou o Cabo Benevides.* (VPB)

2. O plural é **hastis** (como ocorre com todos os oxítonos em **IL**), forma rara. ♦ *Do uso os coroa tonsa rama: trazem / Dous HASTIS de corniso em férreas choupas.* (OM)

haurir

Verbo defectivo, conjuga-se apenas nas formas em que ao radical se segue **E** ou **I**. Não existe, pois, a primeira pessoa do singular do presente do indicativo, e, consequentemente, todo o presente do subjuntivo. A conjugação é regular. Significa "retirar da profundeza", "extrair", "sorver". ♦ *Há uma felicidade do rebanho, que é acrítica, e uma felicidade mais forte, da pessoa que em si mesma HAURE energias para se realizar.* (FSP) ♦ *Ela se fundava e HAURIA suas forças precisamente naquilo que constituía sua fraqueza orgânica,*

Havaí (arquipélago) [Oceânia]

a grande lavoura produtora de gêneros de exportação. (H)

Havaí (arquipélago) [Oceânia]

O adjetivo pátrio é **havaiano**. ✦ *Clinton adota sanções contra HAVAIANOS ricos.* (RI)

havana, Havana [Cuba]

1. Como substantivo comum, designa charuto cubano. É masculino. ✦ *O filme traz (...) gente charmosa, que dança rumba bebendo dry martini e declara seu amor tragando* **um** *HAVANA.* (VEJ)

2. O adjetivo pátrio referente a **Havana** é **havanês**. ✦ *Este capricho linguístico contrasta com a límpida simplicidade dos personagens e seus cenários HAVANESES, numa combinação que soa natural e despretensiosa.* (FSP)

haver(-se) ⇨ Ver existir, suceder, acontecer e fazer ⇨ Ver há, havia.

1. **Haver** é verbo impessoal, isto é, não tem sujeito e, portanto, fica no singular, na terceira pessoa, quando é sinônimo de:

◇ existir, estar. ✦ *HÁ coisas que os homens desconhecem mas são segredos que fazem a felicidade.* (BOI) ✦ *Com os cruzeiros no bolso, desci até a Praça Castro Alves, onde HAVIA várias barracas de artigos de candomblé.* (VEJ)

◇ suceder, acontecer. ✦ *Em nenhuma região da Itália HOUVE mais movimentos heréticos do que no Piemonte.* (ACM) ✦ *É óbvio que, mesmo com o auxílio das pesquisas astrológicas, ainda HAVERÁ divórcios, perda de empregos e assim por diante.* (AST)

◇ fazer (indicando tempo passado). ✦ *HÁ quinze dias que ando de um lado pra outro, me oferecendo pra qualquer emprego.* (IN) ✦ *HAVIA três meses que a remessa da revista (com os poemas dentro) cessara.* (L)

Se houver um verbo auxiliar (como **estar**, **ter, poder, dever** etc.) junto do verbo **haver** usado nessas acepções, esse auxiliar faz parte da construção impessoal e, portanto, também fica na terceira pessoa do singular. ✦ *Pois só naquela fronteira* **devia** *HAVER* **uns trinta** **lugares** *com o nome de Sarandi.* (G) ✦ **Pode**

HAVER duas ou mais travas combinadas. (ACM) ✦ **Está** *HAVENDO* **badernas, depredações e brigas de rua.** (DZ)

2. **Haver** tem sujeito e, portanto, concorda com ele quando forma tempos compostos ou perífrases verbais (sinônimo de **ter**). ✦ *Todos HAVIAM descido para a festa do santo, nos Italianos.* (DE) ✦ *As coisas HAVERIAM de melhorar.* (VEJ)

3. **Haver-se**, verbo pronominal, também tem sujeito, e com ele concorda. Significa:

◇ "proceder", "comportar-se". ✦ *HOUVE-SE, portanto, o Presidente da República, com grave omissão.* (FSP)

◇ "entender-se", "avir-se". ✦ *No palco, finalmente, os artistas tiveram de HAVER-SE com a canícula.* (IS)

Haver-se não significa "ajustar contas".

haxixe

Com **X** e com **X**. O substantivo designa droga entorpecente preparada com resina extraída do cânhamo (*cannabis sativa*). ✦ *Ribeiro deu uma baforada e agradeceu naquela atmosfera simpática de HAXIXE.* (GI)

head hunter

É expressão inglesa que, literalmente, significa "caçador de cabeças". Designa indivíduo responsável pela seleção de executivos muito qualificados para contratação por grandes empresas. A pronúncia aproximada é **héd-hânter** (com aspirada inicial nos dois elementos). ✦ *Feita pela empresa de "HEAD HUNTER" (...), a pesquisa será exposta hoje por David Ivy.* (FSP)

heavy metal

É expressão inglesa que significa "metal pesado". Refere-se a um tipo de roque (*rock*) com poucos acordes, som distorcido, batida forte, tocado em instrumento cujo som é muito amplificado e em que o vocalista explora sons guturais. A pronúncia aproximada é **hévi-métal** (com aspirada inicial). ✦ *Aos vinte e pouquinhos anos ela era a rainha de duas bandas HEAVY METAL na verdadeira acepção do termo.* (SS)

hebreu

O feminino é **hebreia** (com ditongo aberto, mas sem acento). ◆ *Para as grandes previsões mundiais, utiliza-se uma astrologia HEBREIA ou caldeia.* (AST)

hecatombe, hecatomba

São variantes indicadas, mas a segunda forma não ocorreu. O substantivo designava, originariamente, sacrifício de cem bois; genericamente, designa massacre, carnificina. ◆ *A tragédia de Bengala vai tomando contornos de HECATOMBE.* (MAN)

hect(o)-

1. É elemento (grego) que se liga a um elemento seguinte. Significa "cem". ◆ *Assim o decâmetro contém 10 metros, o HECTÔMETRO vale 10 decâmetros e o quilômetro corresponde a 10 HECTÔMETROS.* (ATT)

2. No símbolo, que não tem plural, usa-se **h** (minúsculo), não havendo ponto de abreviatura. ◆ *3,0048 hm²: Três hectômetros e quarenta e oito metros quadrados (não há dezenas de decâmetros).* (ATT)

hedge

É palavra inglesa que, em economia, designa expediente adotado por empresas para se resguardarem de flutuações de preços. A pronúncia aproximada é **hédge** (com aspirada inicial). ◆ *Os recursos tendem a diminuir com a proibição de operações de "HEDGE" (garantia) por parte de investidores estrangeiros nos mercados futuros e de opções (em negócios de renda fixa).* (FSP)

hediondez

Com **Z**, como todo substantivo abstrato em **-ez** derivado de adjetivo. ◆ *Não era certamente a cruz do Cristo, bela na sua ignomínia, e imensamente adorável na sua HEDIONDEZ.* (NE)

hégira

A sílaba tônica é a antepenúltima (**HÉ**), e, por isso, a palavra leva acento (proparoxítona). O substantivo designa era maometana que tem como ponto de partida a fuga de Maomé de Meca para Medina (ano 622 de nossa era). ◆ *Este segundo exílio (Mohammad não participou do primeiro) chama-se a HÉGIRA e marca o início do calendário islâmico (622).* (ISL)

Hélade

A sílaba tônica é a antepenúltima (**HÉ**), e, por isso, a palavra leva acento (proparoxítona). É o nome primitivo da Grécia. ◆ *Eram mortos os faunos que as esperavam nas noites dos bosques da HÉLADE.* (VES)

hélas

É interjeição francesa que expressa queixa, dor, saudade. A sílaba tônica é a última. A pronúncia aproximada é **eláss**. ◆ *Os miseráveis não são humanistas, como os ricos, "HÉLAS!".* (FSP)

heli(o)-, -élio

É elemento (grego) que se liga a um elemento seguinte ou a um anterior. Significa "Sol". ◆ *Podemos citar astrônomos como Copérnico e Galileu, que se dedicavam à Astrologia. Estes foram perseguidos pela Inquisição devido à teoria do HELIOCENTRISMO.* (AST) ◆ *Depois corrigiria, indicando que os planetas não descreviam órbitas circulares, mas elípticas, ocorrendo em cada translação um momento em que os planetas se achavam mais próximos do Sol, o PERIÉLIO, e outro em que se achavam mais afastados, o AFÉLIO.* (GCS)

hélice

É substantivo masculino ou feminino, mas usa-se quase exclusivamente no feminino (99%). ◆ *O indicador subia como uma HÉLICE no ar.* (MRF) ◆ *Se a temperatura do líquido ainda estiver alta, entra em ação um interruptor térmico que aciona a ventoinha, um HÉLICE que aumenta o fluxo de ar ainda mais.* (FSP)

heliporto, heliponto

1. **Heliporto** é o substantivo que designa o local que, destinado a pouso e partida de

helmint(o)-

helicópteros, abriga as instalações necessárias ao exercício dessa atividade. ◆ *Vendeu helicópteros importados, é piloto privado e construiu um dos primeiros HELIPORTOS sobre prédios do país.* (VEJ)

2. É bastante usual, também, o termo **heliponto** (não dicionarizado), que significa "ponto de helicóptero". ◆ *A prefeitura baixou portaria em janeiro recomendando que os síndicos de edifícios regularizem os HELIPONTOS.* (FSP)

helmint(o)-

É elemento (grego) que se liga sem hífen a um elemento seguinte. O significado liga-se a "verme intestinal". ◆ *Esta HELMINTÍASE é relativamente rebelde à terapêutica.* (PTP)

hem(o)-, hemato-

São elementos (gregos) que se ligam sem hífen a um elemento seguinte. Significam "sangue". ◆ *Nos vertebrados, o pigmento vermelho que transporta o oxigênio é a HEMOGLOBINA contida nas HEMÁCIAS.* (FIA) ◆ *Imaginei-me jogado da passarela, com um HEMATOMA no rosto.* (MEN)

hemácia, hematia

São formas variantes.

1. **Hemácia** é a forma mais frequente (94%). ◆ *Nos vertebrados, o pigmento vermelho que transporta o oxigênio é a hemoglobina contida nas HEMÁCIAS.* (FIA)

2. **Hematia** é a forma primitiva (do francês *hématie*), de baixa frequência (6%) e de uso exclusivamente técnico. ◆ *A taxa de hemoglobina também cai, acompanhando a das HEMATIAS, nos primeiros meses, mas no final a queda é menos intensa.* (CLO)

hemer(o)-, -êmero; hemeroteca

1. **Hemero-/-êmero** é elemento (grego) que se liga a um elemento seguinte ou a um anterior. Significa "duração de um dia". ◆ *(...) moléstia extravagante completa sua desdita (do sertanejo), a "HEMERALOPIA".* (AE) ◆ *O homem afinal é tão EFÊMERO como a folhagem de árvore, frágil e perecível, com vida por uma estação apenas.* (CT)

2. **Hemeroteca** é substantivo coletivo para publicações de tiragem periódica, como jornais e revistas, indicando também o lugar especializado para consulta desse tipo de publicação. ◆ *O acervo da HEMEROTECA está localizado no Pavilhão B-9, sala 12, da ECA-USP.* (RI) ◆ *O novo museu terá uma área de exposição de 1,2 mil metros quadrados (...), biblioteca, HEMEROTECA e auditório para 200 pessoas.* (FSP)

hemi-

É prefixo de origem grega que se liga sem hífen a um elemento seguinte. Significa "meio", "pela metade" (como o prefixo de origem latina **semi-**). ◆ *A Terra tem sempre iluminada a face, ou HEMISFÉRIO, que está voltada para o Sol.* (ATE) ◆ *É uma cefaleia intensa, HEMICRÂNICA, geralmente acompanhada por perturbações sensoriais e motoras e caracterizada por fase vasoconstritora.* (DDH)

Se o elemento seguinte começar por **R** ou **S**, é necessário duplicar essa letra (que ficará entre duas vogais, na escrita). ◆ *Uma área plana, em esmalte, na superfície vestibular de cada HEMISSECÇÃO, foi então obtida.* (ROU)

hemorroida, hemorroide

São variantes. Ocorrem indiferentemente no singular ou no plural, mas a segunda forma, que é muito menos usual (15%), ocorreu apenas no plural. O ditongo tônico é aberto, sem acento gráfico. ◆ *O médico e o tabelião foram vítimas de um só frasco, justamente na casa do tabelião, aonde fora o esculápio chamado às pressas para uma crise de HEMORROIDA.* (CAS) ◆ *HEMORROIDAS podem atingir jovens e até mesmo mulheres grávidas.* (FSP) ◆ *O volume do útero não influi no aparecimento das HEMORROIDES externas, senão indiretamente.* (OBS)

hepat(o)-

É elemento (grego) que se liga a um elemento seguinte. Significa "fígado". ◆ *A HEPATITE é uma reação inflamatória do fígado a agentes físicos, químicos e biológicos.* (TC) ◆ *A forma adquirida (...) é mais comum e há tempos conhecida em associação com HEPATOPATIAS graves e hemopatias.* (OBS)

herói

hepta-

É elemento (grego) relativo ao numeral **sete**.
♦ *Ele é HEPTACAMPEÃO brasileiro e tetra-campeão sul-americano.* (FSP) ♦ *De acordo com o número destas ligações podem classificar-se em tri, penta, hexa e HEPTAÊNICOS.* (ANT)

Se o elemento seguinte começar por **R** ou **S**, é necessário duplicar essa letra (que ficará entre duas vogais, na escrita). ♦ *Os versos do poema são pentassílabos (redondilhos menores), HEPTASSÍLABOS (redondilhos maiores), decassílabos, dodecassílabos (alexandrinos) etc.* (REF)

hera ⇨ Ver era.

O substantivo **hera** (com **H**) designa planta. ♦ *As paredes aveludavam-se de musgos, os quais coexistiam com a HERA.* (FR)

O substantivo **era** designa época.

herança

O adjetivo correspondente é **hereditário**. ♦ *O canto era talento HEREDITÁRIO naquela família.* (CF)

herb(i)-

É elemento (latino) que se liga a um elemento seguinte. Significa "erva". ♦ *Qualquer que seja o HERBICIDA adotado, não espere soluções definitivas.* (GU) ♦ *Os fazendeiros mataram os leões, leopardos e outros carnívoros predadores, mas nada fizeram aos antílopes, gazelas e outros HERBÍVOROS.* (DST)

herbário

É substantivo coletivo para plantas dessecadas e organizadas em coleção, especialmente para pesquisas. ♦ *A instituição contém o maior acervo da flora tropical do mundo na coleção de 30.000 espécies vivas e 6 milhões de plantas secas que formam seu HERBÁRIO, uma espécie de biblioteca vegetal.* (SU)

A forma **ervário** também é dicionarizada, mas não ocorreu.

Hércules

O adjetivo correspondente é **hercúleo**, que significa:

◇ "próprio de Hércules". ♦ *Os músculos HERCÚLEOS de Arnold vão entrar num vestido em seu novo filme, sobre um cientista – homem – que engravida.* (FSP) ♦ *Ele era magro, alto, anguloso, cabelos no meio, a risca partindo do seu bico de viúva e dotado de uma força HERCÚLEA.* (CF)

◇ "que exige a força de Hércules", "difícil", "árduo". ♦ *As tarefas do cotidiano são HERCÚLEAS.* (VEJ)

◇ "que tem as qualidades de Hércules", "que tem força extraordinária". ♦ *Dom Xisto, que os sobrinhos chamavam reverentemente de "Tio-Bispo", era um homem alto, HERCÚLEO.* (CF)

herege, heresia

1. **Herege** escreve-se com **G**. Refere-se àquele que professa doutrina contrária ao que foi estabelecido pela igreja como sendo matéria de fé; pessoa ímpia. Tem a mesma forma para masculino e para feminino (substantivo comum de dois). ♦ *Eram sacerdotes de uma fé a condenar um HEREGE.* (ACM) ♦ *Vão dizer que sou uma HEREGE e que estou possuída pelo demônio.* (OSA)

2. **Heresia** escreve-se com **S**. O substantivo designa, especificamente, doutrina que contraria o que foi estabelecido pela Igreja como sendo matéria de fé ("impiedade"). ♦ *É, portanto, justíssimo que a pena de morte seja aplicada aos que, propagando a HERESIA com obstinação, perdem o bem mais precioso do povo cristão, que é a fé, e, por divisões profundas, semeiam nele graves desordens.* (OSA)

Genericamente, significa "contrassenso". ♦ *Que HERESIA! Não há termo de comparação... – replica Raul Machado, com ar de mofa. Por que prefere Goethe, pode-se saber?* (RIR)

herói

1. Com acento, porque se trata de ditongo aberto (**ÓI**). ♦ *Bancário que tentou salvar estudante de assaltantes é tratado como HERÓI.* (ESP)

2. O feminino é **heroína** (com acento, porque o **Í**, tônico, fica sozinho na sílaba). ♦ *Angela*

403

herpes

Davis era apresentada como uma HEROÍNA na ilha. (CRE)

herpes

É substantivo masculino, com a mesma forma no singular e no plural. Designa uma variedade de dermatoses inflamatórias e, genericamente, significa "podridão", "devastação". ◆ *O HERPES simples evidencia-se por pequenas vesículas, com base eritematosa, que surgem subitamente em torno de orifícios (boca, órbitas, órgãos genitais), não tardam a romper-se e cobrir-se de pequenas crostas e desaparecem ao termo de uma semana.* (SMI) ◆ *Gengivas que sangram, HERPES que cantam, e um filete de escarro encontra seu caminho, amém.* (FSP)

Por vezes o substantivo é usado como feminino, mas apenas na imprensa. ◆ *Outra doença causada por vírus: a HERPES genital.* (FSP)

hertz

É substantivo originado em nome próprio alemão. Designa, em física, unidade de medida de frequência (por segundo) de um fenômeno periódico. ◆ *Homem ouve melhor os sons médios, entre 200 e 2.000 HERTZ.* (SU)

hesitar

Com H no início e S na segunda sílaba. Significa "ficar indeciso", "vacilar". ◆ *Crianças de 5 anos passam por meu consultório e não HESITO em prescrever-lhes antidepressivos.* (VEJ)

O verbo **hesitar** não tem nenhuma relação com o substantivo **êxito**.

hetaira, hetera

São formas variantes portuguesas de substantivo que designava cortesã da antiga Grécia. A sílaba tônica é a penúltima (TAI e TE, respectivamente), e, por isso, as palavras não levam acento (paroxítonas terminadas em A). Em **hetera**, o E tônico representa a forma fônica do ditongo grego AI. Genericamente, significam "mulher dissoluta". A forma **hetaira** é a que tem uso mais frequente (67%). ◆ *Prostituta, amásia, amante, vagabunda, meretriz, HETAIRA, encontrou o destino que merecia!* (MPF) ◆ *O nome Hetaera foi dado por causa das cores e da transparência da*

borboleta, que de alguma maneira evocava uma cortesã (HETERA) grega. (FSP)

hetero-, hétero ⇨ Ver homo-, homo.

1. **Hetero-** é elemento (grego) que se liga a um elemento seguinte. Se o elemento seguinte começar por H, essa letra é eliminada, nos compostos. O significado é "outro", "diferente". ◆ *Dois HETEROZIGOTOS cruzados produzirão nove indivíduos coloridos para cada sete brancos.* (GEN) ◆ *É essa a única eventualidade em que se pode indicar a inseminação, ou melhor, a HETEROINSEMINAÇÃO.* (FIG)

Se o elemento seguinte começar por R ou S, é necessário duplicar essa letra (que ficará entre duas vogais, na escrita). ◆ *E como desenvolver uma nova ética para as novas formas de relacionamento HETEROSSEXUAL?* (ET) ◆ *E achava que Chris, apesar das demonstrações flagrantes de sua HETEROSSEXUALIDADE, se incluía na categoria.* (FH)

2. A forma **hétero** (acentuada) vem sendo usada como substantivo e como adjetivo, valendo por **heterossexual**. ◆ *Eu já havia ido para a cama com algumas mulheres homossexuais e não via diferenças fundamentais entre uma homo e uma HÉTERO.* (BU) ◆ *Mas Ben-Hur, sob o impacto do sol feroz da Palestina e de seu deus ciumento, havia se tornado o mais HÉTERO dos HÉTEROS.* (FSP)

hético ⇨ Ver ético.

É adjetivo e substantivo que significa "tísico", "tuberculoso". ◆ *Aprendera aquilo decerto com a esposa sofredora de Nazário, o HÉTICO.* (VB)

Ético é adjetivo que significa "relativo à ética", "moral".

heureca

Escreve-se com H no início e com C no meio; assim, a forma gráfica não é **eureca** nem **eureka**. Corresponde à forma verbal grega *heúreka* (com aspiração no início, representada pela letra H, e com o ditongo EU na sílaba tônica), tempo perfeito do verbo *heurísko*, que significa "descobrir". Essa forma grega *heúreka* (literalmente: **Descobri!**) é exclamação atribuída a Arquimedes, ao descobrir,

hidrelétrica, hidroelétrica

no banho, o princípio do peso específico dos corpos. ◆ *É a alegria pura da descoberta, que pode suceder a buscas intensas ou sobrevir num repente de inspiração: HEURECA.* (REF)

hexa-, hexa

1. **Hexa-** é elemento de composição (grego) relativo ao numeral **seis**. Liga-se ao elemento seguinte:

◇ com hífen, se o elemento começar por **H**; por exemplo, **hexa-hidrato** e **hexa-hidrita**, formas oficialmente registradas, mas que não ocorreram. Entretanto, o **H** inicial do segundo elemento pode cair na formação, e ficarem duas vogais em sequência, o que faz surgir variantes gráficas; por exemplo, **hexa-hidrato** e **hexa-hidrita**, também oficialmente registradas, mas sem ocorrência.

◇ também com hífen, se o elemento começar por **A**. ◆ *A estrutura do manitol ainda foi confirmada por CG, por meio de seu HEXA--ACETATO.* (EQU)

◇ sem hífen, antes das outras consoantes e vogais. ◆ *A equipe luta para ser HEXACAMPEÃ, no próximo dia 3, na Guatemala.* (GAL) ◆ *O elemento HEXAÉDRICO foi o mesmo utilizado anteriormente.* (CTA)

Se o elemento seguinte começar por **R** ou **S**, é necessário duplicar essa letra (que ficará entre duas vogais, na escrita); por exemplo, **hexassépalo** e **hexassílabo**.

2. **Hexa** usa-se como substantivo, equivalendo a **hexacampeonato**. ◆ *"Mas depois veio o bi, o tri e o tetra, e eu sempre estive lá. Enquanto tiver saúde, vou continuar. Depois do penta, o HEXA e assim por diante", afirmou (Zagalo).* (FSP)

hibernar, hibernação, hibernal

Com **H** inicial. As palavras têm significado relacionado a "inverno".

Hibernação é substantivo que designa estado de letargia de certos animais durante o inverno, com diminuição do metabolismo. ◆ *Um exemplo, entre outros, de ultraestabilidade é a HIBERNAÇÃO de mamíferos como os esquilos, que consiste num estado de sonolência* em que a temperatura é mantida num nível bem mais baixo do que o habitual. (CIB)

Hibernar significa "estar ou cair em hibernação". ◆ *Animais que HIBERNAM no inverno economizam suas energias durante um tempo em que a comida é rara.* (FSP)

Hibernal é o adjetivo relativo a **inverno**. ◆ *No sul do Brasil, pode-se ver como toda a vegetação volta a crescer, a intensificar a cor quando as chuvas de setembro vêm pôr fim à seca HIBERNAL.* (JP)

hidr(o)- ⇨ Ver **hidrelétrica, hidroelétrica** ⇨ Ver **aqui-.**

É elemento (grego) que se liga a um elemento seguinte. Significa "água". Corresponde ao elemento latino **aqui-.** ◆ *A existência de postos HIDROMÉTRICOS reflete, de certa maneira, a extensão do aproveitamento dos recursos HIDRÁULICOS de um país.* (HID) ◆ *Novas e profundas pesquisas clínicas criaram um sistema de cuidado com a pele que vai muito além do simples "limpar e HIDRATAR".* (P-VEJ)

Se o elemento seguinte começar por **R** ou **S**, é necessário duplicar essa letra (que ficará entre duas vogais, na escrita). ◆ *Questão muito versada no passado era a possibilidade do escoamento líquido – HIDRORREIA – não dever-se, com exclusividade, à rotura das membranas ovulares.* (OBS) ◆ *O álcool etílico devido a sua HIDROSSOLUBILIDADE é retido em todos os tecidos.* (TC)

Quando se segue outro radical, o **O** final de **hidro-** é mantido, mesmo que o segundo elemento comece por vogal. ◆ *O Spruce Goose (Ganso Elegante), HIDROAVIÃO criado na década de 40 pelo milionário americano Howard Hughes, está fazendo sua última viagem.* (VEJ)

A palavra **hidrelétrica**, porém, que já está consagrada, é muito mais usual do que **hidroelétrica**.

hidrelétrica, hidroelétrica ⇨ Ver **hidr(o)-.**

São formas variantes. A primeira é muito mais usual (92%), embora, em geral, o **O** final

hidrolisar

de **hidro-** seja mantido quando o segundo elemento começa por vogal. ✦ *Quem foi que perguntou a você se você precisava de uma usina HIDRELÉTRICA de 20 bilhões de dólares?* (RI) ✦ *Abriu o caminho da técnica, o que inclui não só a usina HIDROELÉTRICA, como também os mísseis intercontinentais.* (ALQ)

hidrolisar

Com **S**, como **hidrólise**. ✦ *As lipases das bactérias psicrotróficas podem HIDROLISAR a gordura do leite e do queijo.* (ACQ)

hier(o)-; hieróglifo, hieroglifo

1. **Hiero-** é elemento (grego) que se liga a um elemento seguinte. Significa "sagrado". ✦ *O HIEROFANTE dirigia-se aos crentes antes de uma cerimônia importante e, além de explicar o ritual que se iria cumprir, tentava criar uma atmosfera emotiva adequada às exigências da divindade que seria cultuada ou, então, ao mistério que seria celebrado.* (ACM)

2. **Hieróglifo** e **hieroglifo** são variantes prosódicas. A sílaba tônica pode ser, pois, a antepenúltima (**RÓ**, com acento) ou a penúltima (**GLI**, sem acento). A primeira forma ocorre com frequência muito maior (91%). ✦ *Muitas vezes, os egípcios formavam uma palavra juntando seus HIERÓGLIFOS fonéticos e, a seguir, colocavam o HIERÓGLIFO visual, para não haver dúvidas.* (HG) ✦ *A pedra foi achada por um oficial francês, Pierre Bouchard. Ela tem o mesmo texto escrito em grego e em egípcio, tanto em HIEROGLIFOS como em demótico, a outra escrita do Egito antigo.* (FSP)

hífen, hifens

A sílaba tônica é a penúltima (**HÍ**), e, por isso, a palavra leva acento no singular (paroxítona terminada em **N**), mas não no plural (paroxítona terminada em **-ENS**). ✦ *O HÍFEN entre duas palavras, muito usado por Neruda e, entre nós, por Guimarães Rosa, encontra um dos precursores em Plínio, quando este se refere a um "dormitório treva-sanguíneo", ou à "montanha-dromedário".* (FI) ✦ *Na verdade, trata-se de umas poucas mudanças que não chegam a atingir 1% das palavras, limitando-se a eliminar alguns acentos e HIFENS.* (FSP)

high profile, high-profile ⇨ Ver *low profile, low-profile.*

High profile é expressão inglesa que significa "que é muito notado", "muito chamativo". A pronúncia é, aproximadamente, **hai-profail** (com aspirada inicial). Em português, a expressão está dicionarizada e é usada como substantivo composto (com os elementos unidos por hífen), mas essa forma não tem abrigo oficial. ✦ *Diferentemente de seu primeiro casamento, "HIGH-PROFILE", o atual casamento de Irving com o cineasta brasileiro Bruno Barreto mal consegue marcar um ponto na escala de fofocas de Hollywood.* (FSP)

Nos textos em português, ocorre, com a mesma frequência (50%), a expressão sem hífen. ✦ *Depois de uma liquidação daquelas, a estilista fechou seu endereço HIGH PROFILE na La Brea Avenue.* (FSP)

high-tech, high tech

High tech é expressão inglesa (abreviatura de *high-technology* ou *high technology*), que designa tecnologia de ponta, podendo ser aplicada a estilo, elemento decorativo ou arquitetônico etc. Usa-se especialmente na imprensa. Em português, está oficialmente registrada com hífen, e essa é a forma mais frequente (58%). ✦ *Com a fábrica italiana Carraro fez uma mountain bike na linha HIGH TECH, a 4.000 dólares cada uma.* (VEJ) ✦ *Tem vários tipos de acabamento e pode compor um ambiente desde o country até um moderno 'HIGH-TECH'.* (FSP)

higr(o)-

É elemento (grego) que se liga a um elemento seguinte. Significa "úmido". ✦ *Há técnicas sofisticadas para saber se a planta está precisando ou não de rega. Uma delas é a de fincar no solo um HIGRÔMETRO (medidor de umidade) e ler o que diz o mostrador.* (JP) ✦ *HIGRÓFITO devia ser a planta que vive no ambiente sempre úmido da mata, com água superficial, sombra forte etc.* (TF)

hílare, hilário, hilaridade

1. **Hílare** e **hilário** são formas variantes. O significado é "alegre", "folgazão". A forma **hílare** é de uso literário e raríssimo (menos

hipoderme

de 1%). Nela, a sílaba tônica é a antepenúltima (**HÍ**, com acento). ◆ *Ficava, assim, parecidíssima com o Conselheiro Rodrigues Alves, cujo ar carrancudo na testa e HÍLARE do nariz para baixo eu estava acostumado a apreciar nos selos postais de quatrocentos réis.* (BAL) ◆ *Mais HILÁRIO que a dupla de turrões é Burgess Meredith, que faz o pai de John Gustafson.* (VEJ)

2. **Hilaridade** é o substantivo correspondente. A terceira sílaba tem apenas **I** (e não **IE**) depois do **R**, porque a palavra tem correspondência com **hílare**, e não com **hilário**. ◆ *Tia Margarida e mamãe riam de se acabar de suas conversas e seus trocadilhos e os repetiam sempre, causando HILARIDADE.* (ANA)

hindu, hinduísta ⇨ Ver indiano.

Hindu designa o adepto do hinduísmo, tal como **hinduísta**. ◆ *Toda a educação HINDU, mesmo a educação do Kama, é feita com base na disciplina, no exercício de determinadas práticas e na severa interdição de outras.* (ER) ◆ *É um sistema filosófico-religioso cujos principais elementos são a concepção HINDUÍSTA do carma – a crença na reencarnação – e a possibilidade de comunicação entre o mundo dos mortos e o dos vivos.* (UM)

Indiano é o adjetivo pátrio relativo à Índia.

hiper-

É prefixo de origem grega que indica posição superior, superioridade, excesso (como o prefixo de origem latina **super-**). Liga-se ao elemento seguinte:

◇ com hífen, se o elemento começar por **R** ◆ *As crianças são HIPER-REATIVAS aos entorpecentes e hormônios.* (TC)

◇ sem hífen, em todos os outros casos. ◆ *As crianças que tendem a apresentar cólicas são HIPERATIVAS, de sono breve, mais assustadiças que a média dos bebês.* (PFI) ◆ *Em peles morenas, o TCA pode provocar HIPERPIGMENTAÇÃO.* (ELL) ◆ *Certas drogas tais como as sulfas podem tornar o doente HIPERSENSÍVEL.* (ELE)

hipn(o)-

É elemento (grego) que se liga a um elemento seguinte. Significa "sono". ◆ *O reflexo está ausente nos comas profundos e nos estados de HIPNOSE por sugestão HIPNÓTICA.* (CLI)

hipo-¹

É elemento (grego) que se liga sem hífen a um elemento seguinte. Significa "cavalo". Corresponde ao elemento latino **equ(i)-**. ◆ *Nos Estados Unidos existem cerca de 12 HIPÓDROMOS oficiais de corridas de trote.* (AGF) ◆ *Algumas espécies chegaram ao tamanho de um HIPOPÓTAMO, e sua importância nas cadeias alimentares terrestres foi grande.* (DST)

hipo-²

É prefixo de origem grega que significa "abaixo de" (como as formas de prefixo de origem latina **sub-, sob-** e **so-**).

Liga-se ao elemento seguinte:

◇ com hífen, se o elemento começar por **O** (que é a mesma vogal em que o prefixo termina); por exemplo, **hipo-ovariano** e **hipo-osmótico**, formas que não ocorreram.

◇ sem hífen, antes de consoantes e das outras vogais. ◆ *A palpação do abdome revela a presença de dor e rigidez muscular no abdome inferior especialmente no HIPOGÁSTRICO.* (CLC) ◆ *Quando o exame químico do suco gástrico revela uma acidez total inferior à normal, há HIPOACIDEZ, há HIPOCLORIDRIA.* (SM)

Se o elemento seguinte começar por **R** ou **S**, é necessário duplicar essa letra (que ficará entre duas vogais, na escrita). ◆ *Nessas situações, a consequência é uma coleção de sinais resultantes da diminuição do número de UM em atividades, a saber: perda de força muscular ou paresia, hipotonia e HIPORREFLEXIA.* (NEU) ◆ *A intenção do legislador constituinte esbarrou em uma Lei de Imprensa anacrônica, (...) HIPOSSUFICIENTE para dirimir os conflitos resultantes da liberdade de expressão jornalística.* (FSP)

hipoderme ⇨ Ver derme, derma ⇨ Ver epiderme.

É a designação da camada mais interna da pele. ◆ *Escara: é uma lesão provocada pela pressão exercida contra os tecidos, podendo*

hipódromo

*comprometer a epiderme, a derme, a **HIPODERME**, o tecido muscular e as aponevroses.* (ESC)

hipódromo

A sílaba tônica é a antepenúltima (**PÓ**), e, por isso, a palavra leva acento (proparoxítona). O substantivo designa o local onde se realizam corridas de cavalos. ✦ *Dona D mantinha ainda sua indumentária de desfile carnavalesco ou, melhor comparando, seu uniforme de **HIPÓDROMO** da Gávea aos domingos.* (PAN)

hipóstase

A sílaba tônica é a antepenúltima (**PÓS**), e, por isso, a palavra leva acento (proparoxítona). É termo da filosofia, da teologia e da medicina. ✦ *Nem quando imagina estar entrando em comunhão mística com as essências, pois ainda neste caso nada mais fará do que intuir diretamente uma realidade que não passa da **HIPÓSTASE** de tempo e de espaço.* (FSP)

hippie

É palavra inglesa que designa membro de um grupo caracterizado pelo rompimento com os hábitos tradicionalistas, tanto na aparência e no modo de vestir como na filosofia de vida, marcada por ideais extremados de paz e amor. ✦ *Existe a escolha de uma vida alternativa como a que os **HIPPIES** seguiram nos anos 60?* (VEJ)

O termo também se refere aos costumes dessas pessoas. ✦ *Juliana, vestida à moda **HIPPIE**, aparece carregada nos ombros do Povo.* (RV)

hirsuto

Com **S**. O adjetivo significa "que tem pelos longos, duros e espessos". ✦ *Na Polônia, frases feitas, rosto **HIRSUTO**, vastos charutos e fala oca com laivos de sabedoria não iludem mais.* (FSP)

hispano-

É elemento de composição correspondente a **espanhol**.

◇ Liga-se por hífen ao elemento seguinte quando entra na constituição de adjetivo pátrio ou palavra ligada a esse tipo de expres-

são. ✦ *Menos que um reformador, Vargas foi essencialmente um caudilho o mais próximo que tivemos, em nível nacional, dos tradicionais caudilhos **HISPANO-americanos**.* (NEP)

◇ Não há hífen na composição quando não há relação com adjetivo pátrio. ✦ *Com algum esforço e boa vontade, a comunicação entre brasileiros e **HISPANÓFONOS** já é possível tanto oralmente como pela escrita.* (FSP)

hissope, hissopo

1. Nas duas palavras a sílaba tônica é a penúltima.

2. **Hissopo** designa planta aromática, de uso especialmente ornamental e medicinal. ✦ *Outros produtos, como o **HISSOPO** (para temperar carnes fortes, como a de búfalo) e a pimpinela (para saladas e molhos frios), ainda não são bem aceitos.* (FSP)

3. **Hissope** provém de **hissopo**. Designa aspersório, ramo de **hissopo** com que se aspergia água benta, para dar bênção. ✦ *Chegada a procissão em frente ao castelo de Santo Ângelo, o papa, com seus cardeais, apareceu na varanda a recebê-la; e o elefante, molhando a tromba, como **HISSOPE**, numa bacia de água perfumada, aspergiu, por três vezes, primeiro o papa, depois o povo.* (FSP)

história, História ⇨ Ver **estória**.

1. Com inicial minúscula, refere-se a qualquer tipo de narração, seja de fatos reais seja de ficção. ✦ *A metamorfose seguinte que nos espera na **HISTÓRIA** do cinema é a do tempo, pela sua compreensão e dilatação.* (ESP) ✦ *Dimas Cordeiro, repórter e detetive da Secretaria de Segurança, atendeu ao telefone e Índio inventou uma **HISTÓRIA**.* (INT)

Com base na diferença existente, em inglês, entre *history* e *story*, defendeu-se, em português, durante algum tempo, que se fizesse uma distinção entre **história** (para designar narrativa de fatos reais, especialmente os documentados) e **estória** (para designar narrativa de ficção, folclórica, ou, pelo menos, não comprometida com a realidade), mas essa diferenciação não foi totalmente assimilada. A frequência de uso comprovada de **estória** é muito baixa (em relação a **história**, tomada em qualquer acepção, apenas 1%).

2. Quando o que se designa é a ciência, pode ocorrer inicial maiúscula. ✦ *É possível que você já tenha estudado a Reforma e a Contrarreforma nas aulas de HISTÓRIA; mas, agora, você vai ver esse capítulo de nossa história do ponto de vista filosófico.* (CET)

hit

É palavra inglesa que designa o que está na moda, o que faz sucesso numa determinada época. ✦ *Dentro da imensa obra gonzagueana – incluídas também as músicas de outros autores – não há apenas HITS, a diferença é essa.* (GON)

hobby

Hobby é palavra inglesa usada em português, apesar de haver o termo equivalente **passatempo**. Especialmente na imprensa, a forma portuguesa é bem menos usada que *hobby*. Designa atividade de recreio ou de descanso praticada como lazer. ✦ *Martina abandonou as transmissões e inventou outro HOBBY: a fotografia.* (BL)

O plural, formado pelo inglês, é *hobbies*. ✦ *Quero aproveitar para olhar ao meu redor, descobrir, enfim, o mundo, e cultivar os meus HOBBIES.* (FA)

hodierno

Com **H** inicial. Ligado ao latim *hodie* ("hoje"), o adjetivo significa "atual", "moderno". ✦ *A lista de desaparecidos inclui diversos astros bem conhecidos, a começar por Sirius, a mais reluzente estrela do céu HODIERNO.* (SU)

hodo-, -odo; hodômetro.

1. **Hodo-** é elemento (grego) que se liga a um elemento seguinte; **-odo** é a forma que o elemento toma quando se liga a elemento anterior. Significa "caminho", "via". ✦ *Condição de sua raça era aquele periódico emigrar, num ÊXODO repetido pelos séculos, necessidade constante de se adaptar a novas terras e novas línguas.* (BH)

2. **Hodômetro** escreve-se, pois, com **H** inicial. A sílaba tônica é a antepenúltima (**DÔ**), e, por isso, a palavra leva acento (proparoxítona). O substantivo designa instrumento que mede distância percorrida. ✦ *Velocímetro e*

HODÔMETRO (instrumento que mede a distância percorrida) são agora digitais. (FSP)
✦ *O HODÔMETRO de uma das unidades vistas na fábrica marcava 143.000 km.* (FSP)

Holanda [Europa] ⇨ Ver Neerlândia ou Países Baixos [Europa].

Os adjetivos pátrios são:

❖ **holandês.** ✦ *Van Beer tinha uma remota descendência HOLANDESA.* (OLA)

❖ **neerlandês.** ✦ *O Estado NEERLANDÊS procura ajudar essas pessoas a abandonar o vício.* (VEJ)

❖ **batavo.** ✦ *É Cornélio Jol, outro almirante BATAVO, com legenda: recebera dos Estados Gerais ordem de "banhar" seiscentos espanhóis sobreviventes de um navio corsário capturado.* (PFV)

holding

É palavra inglesa que se refere a empresa que tem o controle acionário de outras empresas (subsidiárias). A pronúncia aproximada é **hôuldin** (inicial aspirada). ✦ *Transformada em empresa HOLDING, tendo sob seu controle dezesseis laboratórios oficiais, a Ceme poderá também centralizar as aquisições dos medicamentos que não fabricará.* (MIR-O) ✦ *Cingapura abriga uma infinidade de bancos, HOLDINGS e empresas de comércio internacional.* (VEJ)

holerite, hollerith ⇨ Ver contracheque.

Holerite é a forma aportuguesada da palavra inglesa *hollerith*, também ocorrente. ✦ *O presidente do Banco do Brasil, Alcir Calliari, concedeu a si próprio horas extras no HOLERITE.* (VEJ) ✦ *Penou sete anos, por uns poucos dólares a mais no HOLLERITH.* (VEJ) São o mesmo que **contracheque**, forma mais usual (66%). A forma aportuguesada **holerite** tem uso muito mais frequente (32%) que *hollerith* (menos de 1%).

hombridade

Escreve-se com **H** inicial, ligando-se ao castelhano *hombre* (**homem**). Significa "nobreza de caráter", "dignidade". ✦ *Esperava que Carlos tivesse a suficiente HOMBRIDADE*

home banking

para dar-me uma explicação sem que eu a pedisse. (RR)

home banking

É expressão inglesa que designa sistema que permite que o cliente acesse serviços bancários informatizados em sua própria residência. A pronúncia aproximada é **houm bénkin** (inicial aspirada). ◆ *Agora todas as telas disponíveis no Rural HOME BANKING podem ser impressas em qualquer fax, de qualquer lugar!* (P)

homem ⇨ Ver **mulher.**

1. Os adjetivos correspondentes a **homem** são:

◇ **humano** (em referência a **homem** no sentido de "ser humano"). ◆ *O avanço do saber HUMANO mostra que Anaxágoras estava certo.* (ACM)

◇ **viril** (em referência a **homem** no sentido de "ser humano do sexo masculino"; a partir daí, assume o significado qualitativo de "vigoroso"). ◆ *Entre os romanos, aos quatorze anos, o moço punha a toga VIRIL.* (AE) ◆ *Na verdade, o seu rosto tinha se perdido no tempo, mas esperava-o mais volumoso e VIRIL, fazendo parte de uma estatura mais enérgica.* (CHI)

2. O aumentativo de **homem** é **homenzarrão.** ◆ *Estudou no Caraça e é um HOMENZAR-RÃO.* (S)

3. A palavra usada como feminino de **homem** é **mulher.** ◆ *Em primeiro lugar, temos de superar a guerra dos sexos, do HOMEM contra a mulher, e dar uma boa olhada na situação geral da sociedade.* (VEJ)

Mulher é também a palavra feminina correspondente ao masculino **marido.**

homenagear ⇨ Ver **-ear.**

Com **E** depois do **G.** ◆ *Fazia questão de HO-MENAGEAR o esposo na própria casa onde tinham vivido durante tantos anos.* (PCO)

homeo- ⇨ Ver **al(o)-.**

É elemento (grego) que se liga a um elemento seguinte. Significa "semelhante". ◆ *Todos os organismos vivos mantêm, internamente, um estado de equilíbrio dinâmico, chamado*

HOMEOSTASE. (FIA) ◆ *O trabalho do HO-MEOPATA, pois, ao interpretar um sintoma ou sinal, é muito maior do que o do médico não HOMEOPATA.* (HOM)

homessa!

É interjeição que exprime surpresa ou irritação, equivalendo a "ora essa!, essa agora!" ◆ *– Ora, seu Laio, não queira me fazer de bobo, HOMESSA! ...* (SA)

homicida

Tem a mesma forma para masculino e para feminino (substantivo comum de dois). ◆ *Menino ainda, Vargas já era um HOMICI-DA.* (AGO) ◆ *Banhistas que estavam na praia e testemunharam o fato tentaram linchar o pai da HOMICIDA.* (FSP)

homilia

A sílaba tônica é a penúltima (**LI**), e, por isso, a palavra não leva acento. O substantivo designa pregação em estilo simples sobre tema do evangelho. ◆ *Os fiéis acompanharam uma HOMILIA de João Paulo 2º transmitida ao vivo por rádio e TV.* (FSP)

homizio

É palavra da mesma origem de **homicídio**, de onde a grafia com **Z** (correspondente ao **C**). A sílaba tônica é **ZI**, e, por isso, a palavra não leva acento (paroxítona terminada em **O**). **Homizio** significa "ocultação de criminoso", "guarida", "esconderijo". ◆ *Deve valer alguma coisa o pardo escravo, pois o comendador promete 300 mil-réis a quem o prender, e ameaça a quem lhe tenha dado HOMIZIO e escápula.* (ATI)

Homo ⇨ Ver **Homo sapiens.**

É nome latino que constitui a designação do gênero de primatas a que pertence o homem. ◆ *A edição de 16 de novembro da revista traz descoberta de fóssil de uma forma primitiva de hominídeo do gênero HOMO na China.* (FSP)

Seguido de adjetivos latinos que exprimem características (que se alteram com o tempo), esse nome faz a designação de espécies do gênero: *Homo habilis, Homo erectus, Homo sapiens.* ✦ *Além da maior capacidade craniana, outro argumento para se afirmar ser o HOMO habilis o primeiro Homo é que, nas mesmas camadas que contêm seus restos, foram encontradas as mais antigas ferramentas do documentário paleontológico.* (DST) ✦ *É a partir do HOMO erectus, de que trataremos a seguir, que Europa e Ásia começam a ser colonizadas e apenas o HOMO sapiens chega até a América.* (DST) ✦ *Há cerca de 40 mil anos apareceu na Terra o protótipo do que chamamos de HOMO sapiens.* (MOR)

homo-, homo ⇨ Ver hetero-, hétero.

1. **Homo-** é elemento (grego) que se liga a um elemento seguinte. Se o elemento seguinte começar por **H**, essa letra é eliminada, nos compostos. O significado é "semelhante". ✦ *HOMOCROMIA: é uma situação na qual o ser vivo (animal ou vegetal) possui a cor do meio em que vive.* (ECO) ✦ *Os países subdesenvolvidos não constituem um grupo HOMOGÊNEO, e sim formam uma mistura complexa.* (EG)

Se o elemento seguinte começar por **R** ou **S**, é necessário duplicar essa letra (que ficará entre duas vogais, na escrita). ✦ *Na época o HOMOSSEXUALISMO imperava no Japão e por toda parte havia motéis para encontros de gente do mesmo sexo.* (FH) ✦ *Cientista defende gene da HOMOSSEXUALIDADE.* (FSP)

2. A forma **homo** vem sendo usada como substantivo e como adjetivo, valendo por **homossexual**. ✦ *Eu já havia ido para a cama com algumas mulheres homossexuais e não via diferenças fundamentais entre uma HOMO e uma hétero.* (BU) ✦ *Conhecido pela atitude HOMO explícita, o grupo de bailarinos de Stephen Petronio leva o lema ao pé da letra também fora dos palcos.* (FSP)

Homo sum: humani nihil a me alienum puto.

É frase latina que significa "Sou homem e nada do que é humano reputo alheio a mim". É verso de Terêncio, geralmente citado para exprimir o sentimento de solidariedade humana. ✦ *Nada que toca o humano pode ser alheio ao homem de fé: "HOMO SUM: HUMANI NIHIL A ME ALIENUM PUTO".* (FSP)

homogeneizar(-se)

Com **Z**, como todo verbo formado com o sufixo **-izar**. Significa "tornar(-se) homogêneo", "igualar(-se)". A penúltima sílaba é com o ditongo **EI** (correspondendo ao **-eo** do adjetivo **homogêneo**). ✦ *A TV HOMOGENEIZOU os costumes.* (FSP)

homus

Designa, na cozinha árabe, pasta de grão de bico com óleo de gergelim e condimentos. Não há forma correspondente portuguesa oficialmente registrada. ✦ *O HOMUS reincorpora seu tempero tradicional, o tahine.* (VEJ)

Honduras [América Central]

O adjetivo pátrio é **hondurenho**. ✦ *O ultimato partiu do chanceler HONDURENHO, Carlos López Contreras.* (FSP)

honorários

O substantivo **honorários** refere-se à remuneração de profissional liberal (médico, advogado etc.) ✦ *E os remédios, os HONORÁRIOS do veterinário?* (GTT) ✦ *Dona Genebra Ferraz, **parteira** diplomada que atendeu a filha do Quinzote nas dores do primeiro parto sem receber HONORÁRIOS.* (BS)

honoris causa

É expressão latina que significa "por causa da honra", "por honraria". Diz-se dos títulos universitários conferidos como homenagem, sem que haja nenhum exame ou concurso. ✦ *Hoje, eleito deputado federal, Montoro é sempre um HONORIS CAUSA a ser consultado em situações mais graves.* (VEJ)

honradez

Com **Z**, como todo substantivo abstrato em **-ez** derivado de adjetivo. ✦ *Afinal, sempre fora um homem de fé e nessa crença colocara o dever, a HONRADEZ, o trabalho como meta prioritária de suas obrigações.* (PCO)

hooligan

É palavra inglesa que designa torcedor arruaceiro, vândalo. A pronúncia é, aproximadamente, **húligan** (inicial aspirada). ✦ *Então como ele explica o apelido de "HOOLIGAN"*

hoplita

(nome dado aos violentos e desordeiros fãs de futebol ingleses)? (FSP)

hoplita

A sílaba tônica é a penúltima (**PLI**), e, por isso, a palavra não leva acento. O substantivo designava, na Grécia antiga, soldado de infantaria protegido com armadura completa. ◆ *O cidadão, mero ser biológico sem valor, existe apenas como HOPLITA, soldado que por uma decisão lúcida da vontade coloca a felicidade na liberdade, a liberdade na valentia e a valentia na morte gloriosa na qual a liberdade de Atenas é defendida.* (FSP)

hora ⇨ Ver ora.

1. **Hora** é substantivo que designa o período de tempo de sessenta minutos (a vigésima quarta parte do dia). ◆ *Eram quase cinco HORAS da tarde.* (AF)

2. O símbolo é **h** (sem ponto e invariável), que se usa em seguida ao numeral, na indicação de horário. ◆ *Reuniões de oração todas as manhãs das 6 H às 8 H e nas terças e sextas às 20 H.* (CB)

Ora é palavra com várias funções.

hora extra

1. Escreve-se sem hífen. ◆ *Se necessário, oferece gratificação, faz HORA EXTRA!* (AS)

2. O plural indicado é **horas extras** (com **extra**, como adjetivo, concordando com o substantivo), mas também é usual **horas extra**. ◆ *Depois, é só fazer umas HORAS EXTRAS à tarde que a plantação não sairá perdendo.* (ATR) ◆ *O tribunal havia determinado aumento de 16% nos salários, 100% de aumento nas HORAS EXTRA.* (FSP)

horas ⇨ Ver há, havia [indicando tempo], há cerca de ⇨ Ver fazer [indicando tempo].

1. Concordância:

1.1. Concordam com o número de horas os verbos:

◇ **dar** e sinônimos, como **bater** e **soar**. ◆ *DERAM as dez horas no carrilhão da sala.* (JM) ◆ *BATERAM sete horas.* (PRE) ◆ *SOARAM 9 horas.* (ANA)

◇ **faltar** e **restar**. ◆ *Nas poucas horas que FALTAM, podes ainda ser surpreendido aqui.* (TEG) ◆ *Não lhe RESTAM senão poucas horas para optar.* (INC)

◇ **ser**. ◆ *O tempo corre, já SÃO duas horas, na feira o movimento vai diminuindo.* (ATR) ◆ *– DEVEM SER sete horas – comentou Joyce – que diz de partirmos agora, Marvin?* (PRE)

1.2. Não variam os verbos **haver** e **fazer** usados para indicar tempo decorrido. ◆ *O dr. Meira também está lá no porão. Chegou junto com a Rosa. Ela está depondo FAZ duas horas.* (NB) ◆ *HÁ duas horas que tento compreender... mas estou tonto.* (OSA)

2. Na indicação de horas iniciada por preposição, usa-se artigo definido antes do numeral. Desse modo, se a preposição usada é **a**, na expressão de indicação de horas existe crase, e, portanto, acento grave (**à**, **às**). ◆ *Hoje, DAS quatorze ÀS dezoito horas, a Kombi estará estacionada no rodo de São Gonçalo, voltando à praça Arariboia ÀS dezenove horas.* (OG) ◆ *Ataíde saiu de casa ÀS sete horas da manhã e preocupava-se com a demora do ônibus.* (AF) ◆ *Cheguei adiantado, ÀS dez para as oito, para que ela não ficasse esperando.* (ACM) ◆ *A Câmara só abre À uma hora da tarde.* (IN)

horda

É coletivo para humanos que incorpora ideia do modo de ação de um grupo (indisciplina, violência). ◆ *Como uma HORDA imensa que súbito tivesse se abatido sobre uma aldeia, vila, vilota indefesa e tomado conta, como se fossem seus donos, únicos possuidores.* (DE) ◆ *Nada mais chocante, sem dúvida, do que a cena de gritos e vaias daquela HORDA de selvagens.* (OPV)

horóscopo

A sílaba tônica é a antepenúltima (**RÓS**), e, por isso, a palavra leva acento (proparoxítona). ◆ *Sisto IV foi o primeiro papa, ao que sabemos, a fazer e interpretar um HORÓSCOPO.* (AST)

horrível

O superlativo absoluto sintético é **horribilíssimo**. ◆ *Dizia dos numerosíssimos e HOR-*

RIBILÍSSIMOS poetas românticos que eram "sabiás sem palmeiras". (FSP)

horror

Usa-se o substantivo **horror** com complemento iniciado pelas preposições:

◇ **a.** ◆ *Tenho HORROR a aranha.* (GD)

◇ **de.** ◆ *Tenho HORROR de pescoços longos.* (CD)

◇ **por** (construção que é condenada em lições tradicionais e que é muito pouco usual). ◆ *Sentia HORROR por uma sociedade que criava estado policial para controlar o desejo de fumar um cigarro no trabalho, bar e restaurante.* (FSP)

hors-concours

É expressão francesa que significa "fora de concurso". Refere-se a alguma pessoa ou coisa apresentada em exposição ou concurso, porém sem concorrer a prêmios, ou por não se enquadrar nas regras ou por apresentar nítida superioridade em relação aos demais concorrentes e, portanto, dispensar comparação. A pronúncia é, aproximadamente, **ór concur.** ◆ *Quanto a isso a Rússia, sem dúvida, é "HORS-CONCOURS".* (FSP)

hortelão

1. O substantivo designa quem trata de horta. ◆ *Jamais vi jardineiro, HORTELÃO ou capineiro cuidando de suas plantas.* (BAL)

2. O feminino é **horteloa**, forma que não ocorreu.

3. O plural tradicionalmente indicado é **hortelões** ou **hortelãos**, mas esta última forma não ocorreu. ◆ *Chapéus na mão, rostos duros, mãos ásperas, roupas de brim, alpercatas de couro, nós, HORTELÕES, feireiros, marchantes.* (CBC)

hortênsia

Com **S**. Designa flor e também se refere à cor arroxeada de uma das variedades dessa flor. ◆ *Nas pontas dos galhos, sobre as HORTÊNSIAS, na copa das palmeiras, equilibram-se estrelinhas pisca-piscas.* (NB) ◆ *Arrematam o ambiente uma mesa vestida em tecido azul, bege e HORTÊNSIA, da TDS, um quadro de Passos e as cortinas em xale no mesmo tecido floral.* (EM)

horto

O plural é **hortos**, com **O** fechado. ◆ *O Jardim Botânico é um dos maiores HORTOS florestais da América tropical.* (FSP)

hóspede

Para o feminino são indicadas as possibilidades de uso tanto de **(a) hóspede** como de **hóspeda**, forma pouco usada. ◆ *Sabe que vamos ter uma nova HÓSPEDE?* (OE) ◆ *Sou sua HÓSPEDA, é verdade.* (OSA)

host, hostess ⇨ Ver anfitrião.

São palavras inglesas (masculino e feminino, respectivamente) em uso no português, apesar de haver o substantivo **anfitrião**, que tem aproximadamente o mesmo significado. A forma feminina *hostess* é mais usual (74%) que a masculina *host*, mas ambas são muito menos frequentes que a forma portuguesa correspondente e são usadas em tipos especiais de publicações. ◆ *O Comandante Hodges agiu como um "HOST" de alta classe.* (CRU) ◆ *Antes de tornar-se HOSTESS, Kyoko até que experimentou as convenções japonesas e chegou a casar uma vez em 1978, aos 21 anos.* (FH)

hoste

É coletivo para humanos que incorpora ideia do modo de ação de um grupo (combate, luta). ◆ *Nasceram as autênticas HOSTES de mercenários, de alto a baixo.* (BEM) ◆ *Freitas tinha também seus espiões nas HOSTES lacerdistas.* (AGO)

hostiário ⇨ Ver ostiário.

Designa o lugar onde se guardam as hóstias. ◆ *Agastado com o Bispo, Padre Gonçalves (...) havia passado a chave na arca dos paramentos, na estante dos missais, no HOSTIÁRIO e no armário onde estavam guardados os cálices e as garrafas de vinho.* (TS)

O substantivo **ostiário** designa quem cuida da porta do templo.

hostil

1. A sílaba tônica é a última e, por isso, a palavra não leva acento (oxítona terminada em **L**).

hot dog

Significa "adverso". ✦ *A tensa relação entre os dois era cerimoniosa, mas HOSTIL.* (AGO)

2. O plural é **hostis**, como ocorre com todos os oxítonos em **IL**. ✦ *Da cozinha à sala, tudo e todos eram HOSTIS a João Ternura.* (JT)

hot dog ⇨ Ver cachorro-quente.

É expressão inglesa que significa "cachorro quente" e que designa sanduíche feito com pão geralmente pequeno e macio e salsicha quente. A expressão encontra-se em uso no português, apesar de haver o substantivo correspondente **cachorro-quente**. ✦ *O tradicional HOT DOG também faz fortuna na França, mas adaptado ao gosto local: na baguete e com queijo derretido sobre a salsicha.* (FSP)

A forma portuguesa **cachorro-quente**, entretanto, é usada com muito maior frequência (80%).

hot money

É expressão inglesa usada na área de economia para referência a empréstimos bancários de curto prazo. A pronúncia aproximada é **hót mâni** (inicial aspirada) ✦ *O HOT MONEY não é necessariamente um mal. Nem sequer um mal necessário.* (VEJ)

hula-hula

É a denominação de uma dança havaiana caracterizada por meneios do corpo e dos braços. ✦ *Ao batuque do tambor, saracoteava descalça uma imitação de HULA-HULA, entre as piadinhas cruéis da canalha.* (CE)

humilde

O superlativo absoluto sintético tradicionalmente indicado é **humílimo** ou **humildíssimo**. ✦ *O que feria a vista, naquele aspecto HUMÍLIMO, sem aparatos e sem ouro, era a luz divina das Alturas.* (DEN) ✦ *À noite papai, HUMILDÍSSIMO, embarcou para La Paz.* (THU-R)

humo, húmus

São formas variantes, mas **humo** é bem menos usual (25%). **Húmus** é acentuada porque é paroxítona terminada em **US**. Designam o produto da decomposição parcial dos restos vegetais que se acumulam em solo florestal. ✦ *O HUMO desempenha o papel de regulador térmico e a temperatura nele é mais elevada de noite e mais baixa de dia do que no ar ambiente.* (ECG) ✦ *No chão há uma camada fofa de detritos: HÚMUS, mato apodrecido.* (R)

humour

É palavra inglesa, usada em português, apesar de a palavra portuguesa **humor** poder cobrir o mesmo significado: "capacidade de perceber, apreciar ou expressar o cômico, o divertido". A pronúncia é, aproximadamente, **híumor** (inicial aspirada). ✦ *Pelo menos ele os realizava com uma nota pessoal, um HUMOUR selvagem que era sua contribuição própria para a renovação dos gestos padronizados da espécie.* (COT)

Hungria [Europa]

1. A sílaba tônica é a penúltima (**GRI**) e, por isso, a palavra não leva acento (paroxítona terminada em **A**). ✦ *A economia mineira já é maior do que a da HUNGRIA, de Porto Rico e do Peru, além de uma centena de outros pequenos países.* (VEJ)

2. O adjetivo pátrio é **húngaro**. ✦ *No fim daquele jogo, o Zezé Moreira agrediu um ministro HÚNGARO e eu também entrei na brincadeira.* (FA)

huno ⇨ Ver uno.

É adjetivo e substantivo que se refere a povo bárbaro da Ásia Central. ✦ *Zamith é um fascista assumido, situando-se no espectro político à direita de Átila, o rei dos HUNOS.* (VEJ)

O adjetivo **uno** significa "singular", "indiviso".

hurra! ⇨ Ver urra.

Hurra é forma de:

✧ interjeição. ✦ *Hip-hip-HURRA!* (FSP)

✧ substantivo (a partir da interjeição). ✦ *O pessoal deu um HURRA!* (DE)

Urra é forma do verbo **urrar** (presente do indicativo).

i

i

O nome da letra é **i**. ◆ *Se, por acaso, encontrar-se uma letra I sem pingo, isso não significa falta de atenção, mas temos que procurar no texto outros detalhes que confirmem a particularidade.* (GFO)

i(n)-[1]

I(n)- é prefixo de origem latina que indica movimento para dentro. Corresponde, em parte, ao prefixo de origem grega **e(n)-**. Liga-se sem hífen ao elemento seguinte. ◆ *E o que fará para INGRESSAR numa cadeia?* (NOD) ◆ *Dessa forma, quanto menos favoráveis fossem as condições da economia açucareira, maior seria a tendência IMIGRATÓRIA para o interior.* (FEB)

Se o elemento seguinte começar por **R** ou **S**, é necessário duplicar essa letra (que ficará entre duas vogais, na escrita). ◆ *Subitamente, pareceu IRROMPER na consciência dos homens uma vasta tendência para a comoção.* (AV)

i(n)-[2]

É prefixo de origem latina que se liga sem hífen ao elemento seguinte. Indica negação, privação (correspondendo, em parte, ao prefixo de origem grega **a(n)-**). ◆ *Eram seres calmos que vadiavam de cabeça baixa e que talvez sofressem do tédio do preguiçar descuidado e INATIVO.* (BS) ◆ *Ele então balançou a cabeça, como quem desiste de converter um IMPENITENTE, e me deu um sorriso de psiquiatra.* (ACM) ◆ *Nenhum tribunal poderá declará-la ILEGAL.* (GRE)

Se o elemento seguinte começar por **R** ou **S**, é necessário duplicar essa letra (que ficará entre duas vogais, na escrita). ◆ *No entanto, pela primeira vez, o apoio interno à Europa unida deu a impressão de não ser mais IR-RESTRITO.* (ESP)

-iano ⇨ Ver -ano.

Quando se acrescenta o sufixo **-ano** a nomes próprios de pessoas, para formar adjetivos, a junção se faz com a vogal **I**, o que dá o final **-iano** (e não **-eano**). ◆ *Na Literatura Brasileira um evento poético único chamado "Grande Sertão: Veredas" estimulou uma coorte de imitadores, um maneirismo ROSIANO deslumbrado, que dá fastio.* (REF) ◆ *De versões mais eruditas a outras marcadamente jazzísticas, cada músico projetou no repertório JOBINIANO sua bagagem musical.* (FSP) ◆ *Já se quis identificar no estilo sincopado, MARINETIANO, e rápido de Plínio, influência MACHADIANA (...).* (FI)

-iar

Os verbos em **-iar**, em geral, têm conjugação regular. ◆ *O som distante de um carrilhão PRINCIPIA a bater.* (CH) ◆ *As companhias aéreas PREMIAM seus passageiros fiéis com viagens de graça e outras vantagens.* (VEJ)

Apenas cinco verbos (e seus compostos) recebem **E** nas formas rizotônicas, isto é, nas formas que têm a sílaba tônica no radical. Nessas formas, eles se conjugam, pois, como se fossem verbos em **-ear**. São eles: **ansiar**, **incendiar**, **mediar** (**intermediar**), **odiar**, **remediar**. ◆ *Sofista, como fartamente já lhe chamaram, ANSEIA pelo debate.* (PRO) ◆ *A dimensão do anel colorido variará com* iate

a distância que *MEDEIA* entre a placa de vidro e a fonte luminosa. (GLA) ◆ *As pessoas que INTERMEDEIAM as doações para estrangeiros são tratadas como traficantes, porque recebem por seus serviços.* (MAN) ◆ *ODEIO este degredo onde o meu homem definha.* (CHR) ◆ *Mesmo assim não convém desanimar, muito ao contrário, insistir e perseverar, na convicção de que mais benefício se faz quando se previne do que quando se REMEDEIA.* (CLO)

iate

É a forma portuguesa correspondente ao inglês *yatch*. ◆ *Era belo, o IATE de meu pai!* (CR)

iatro-, -iatr(a, o)

É elemento (grego) que se liga a um elemento seguinte ou a um anterior. Significa "médico", "tratamento médico". ◆ *A IATROQUÍMICA era uma alternativa para o mecanicismo cartesiano (que acabou predominando) e a precursora da moderna química orgânica.* (APA) ◆ *O PEDIATRA da minha filha já mudou quinze vezes em dois anos.* (RE) ◆ *Para mim, PSIQUIATRIA é uma especialidade técnica, terapêutica e não uma área do saber teórico.* (ACM)

Ibama

É a sigla de **Instituto Brasileiro do Meio Ambiente e dos Recursos Naturais Renováveis.** ◆ *Enquanto isso, o que o Ibama pode fazer é se dedicar ao plano ambiental na área de pesca, ordenando-a de maneira sustentável.* (CB)

ibérico, ibero, ibero-

1. **Ibérico e ibero** são variantes que se referem a habitante da Ibéria, mas **ibero** apenas ocorreu como elemento de composição (**ibero-**). ◆ *Os portugueses IBÉRICOS vieram há 300 anos.* (FSP)

2. A palavra **ibero** não leva acento porque a sílaba tônica é a penúltima (**BE**). A pronúncia é a mesma quando se trata do elemento de composição **ibero-**, que, ocupando o primeiro lugar nos compostos, conserva-se sempre invariável. ◆ *Três presidentes não puderam ir à conferência de cúpula IBERO-AMERICANA em Madri.* (CB) ◆ *Jovens IBERO-AMERICANOS visitam reservas guaranis em trilha histórica.* (FSP)

IBGE

É a sigla de **Fundação Instituto Brasileiro de Geografia e Estatística.** ◆ *Segundo dados do Instituto Brasileiro de Geografia e Estatística (IBGE) existem no Brasil cerca de 21 milhões de portadores de algum tipo de deficiência.* (ETT)

ibidem ⇨ Ver idem.

1. É palavra latina que significa "aí mesmo", "no mesmo lugar"; "na mesma obra, capítulo ou página". Usa-se, especialmente, em referências bibliográficas, para indicar que alguma porção de texto se encontra em um lugar (obra, capítulo, página) já citado. ◆ *Os investimentos tecnológicos objetivam aumentar a produtividade, melhorar a qualidade dos serviços prestados à população e gerar lucros para os bancos (IBIDEM).* (FSP)

2. É usual a sequência *idem ibidem* ("o mesmo autor, no mesmo lugar", ou, em sentido comum, "a mesma coisa, no mesmo lugar"). ◆ *Idem, IBIDEM, 1951, vol. 21, pág. 39.* (FSP) ◆ *No Brasil, idem IBIDEM, principalmente entre os grupos mais novos.* (FSP)

Ibope

É a sigla de **Instituto Brasileiro de Opinião Pública e Estatística**. ◆ *O Ibope tinha informado que as suas pesquisas seriam divulgadas de qualquer maneira no final do Jornal Nacional.* (GAZ)

iceberg

É palavra inglesa que designa grande massa de gelo flutuante que, deslocada de glaciar ou de plataforma de gelo continental, se encontra (parte imersa, parte emersa) nos mares glaciais. A pronúncia aproximada é **áiceberg**. ◆ *A nação tem muito para se preocupar, porque na superfície está apenas a ponta do ICEBERG.* (EMB)

idólatra

ICMS

É a sigla de **Imposto sobre Circulação de Mercadorias e Serviços**. ◆ *O ministro da Indústria disse que vai negociar diretamente com os governadores a redução da alíquota do ICMS.* (AG)

icon(o)-

É elemento (grego) que se liga a um elemento seguinte. Significa "imagem". ◆ *Mesmo as cento e vinte e três páginas de ICONOGRAFIA incluídas no livro, apesar de empobrecidas pela impressão em preto e branco, contêm informações valiosas.* (VEJ) ◆ *Essa relação, que se estabelece por uma similaridade ICÔNICA, esconde dois princípios fundamentais que importa distinguir.* (MAG)

icti(o)-

É elemento (grego) que se liga a um elemento seguinte. Significa "peixe". ◆ *Hoje, o imperador, que é especialista em ICTIOLOGIA (ramo da zoologia que estuda os peixes) fará um passeio de barco pela orla fluvial de Belém.* (FSP) ◆ *Dotado de uma sólida formação científica, dedicou-se com grande proveito, durante sua permanência inicial de poucos anos, ao estudo da vegetação e da ICTIOFAUNA da Província do Rio de Janeiro.* (AVP)

Se o elemento seguinte começar por **R** ou **S**, é necessário duplicar essa letra (que ficará entre duas vogais, na escrita). ◆ *O mais bem-sucedido dos projetos de adaptação à vida nos mares ficou sob a responsabilidade dos ICTIOSSAUROS.* (AVP)

id est

É expressão latina que significa "isto é". ◆ *(...) houveram por bem os animais determinar-se a fazer, dali por diante, como viram sempre fazer aos homens, ID EST: ou falar para mentir, ou falar para esconder o que pensam e sentem, que um é simular e outro dissimular, e nenhum dizer verdades.* (TR)

A abreviatura é *i.e.* ◆ *Passado o vendaval da crise mexicana, os capitais voltaram em grande escala (I.E. US$ 8 bilhões líquidos nos últimos dois meses).* (FSP)

idade

O adjetivo correspondente é **etário**. ◆ *A faixa ETÁRIA das meninas que caem na prostituição está baixando.* (MEN)

Idade Média

O adjetivo correspondente é **medieval**. ◆ *A Bíblia, durante todo o período MEDIEVAL, era tomada como fonte absoluta da verdade.* (ATN)

idealizar

Com **Z**, como todo verbo formado com o sufixo **-izar**. ◆ *Sempre foi comum IDEALIZAR-se o passado, atribuindo aos "bons tempos" os valores almejados no presente.* (CRO)

idem ⇨ Ver *ibidem*.

1. É palavra latina que significa "a mesma coisa". Além do uso corrente nesse sentido, usa-se *idem* em referências bibliográficas, para citar um mesmo autor já citado. ◆ *O macaco: homem desregulado. O homem: vice-versa; ou IDEM.* (AVE) ◆ *Não há decoro separado da honestidade, pois o que é decente é honesto e vice-versa (IDEM, I, 93).* (FSP).

2. É usual a sequência *idem ibidem* ("o mesmo autor, no mesmo lugar", ou, em sentido comum, "a mesma coisa, no mesmo lugar"). ◆ *IDEM, ibidem, 1951, vol. 21, pág. 39.* (FSP) ◆ *No Brasil, IDEM ibidem, principalmente entre os grupos mais novos.* (FSP)

idi(o)-

É elemento (grego) que se liga a um elemento seguinte. Significa "próprio", "peculiar". ◆ *Para participar da seleção, o candidato precisa falar o IDIOMA do país para o qual pretende ir.* (FSP*)*

Se o elemento seguinte começar por **R** ou **S**, é necessário duplicar essa letra (que ficará entre duas vogais, na escrita). ◆ *Orion retrucou que esta minha IDIOSSINCRASIA devia ter uma explicação freudiana.* (BU)

idólatra

A sílaba tônica é a antepenúltima (**DÓ**), e, por isso, a palavra leva acento (proparoxítona). A palavra significa "que adora ídolos".

idos

♦ *Acho-o execrável, um comerciante IDÓLA-TRA que devia ter ficado nas estrebarias que construiu.* (RET)

idos ⇨ Ver **calendas** ⇨ Ver **nonas.**

1. **Idos** é substantivo que só ocorre no plural (*pluralia tantum*). Designava, no calendário romano, o dia 15 de março, maio, julho e outubro, e o dia 13 dos outros meses. ♦ *Quinto dia antes dos IDOS de agosto. Ano de Roma 821.* (PRO)

2. **Idos** também é substantivo que só ocorre no plural (*pluralia tantum*). Forma-se do particípio do verbo **ir** e designa, genericamente, uma época já vivida. ♦ *Como de outra voz de comando, três quartos de século depois, resultava a salvação da ordem pública e social brasileira, numa hora de mortal perigo, nos IDOS de março de 1964.* (CPO) ♦ *Naqueles IDOS, pneumonia matava muito.* (BH)

Iêmen [Oriente Médio]

O adjetivo pátrio é **iemenita.** ♦ *O governo norte-IEMENITA recusou mediação internacional.* (FSP)

ign(i)- ⇨ Ver piro-.

É elemento (latino) que se liga a um elemento seguinte. Significa "fogo". Corresponde ao elemento grego **piro-.** ♦ *Tudo leva a crer (todo cientista adora esta expressão) que o problema está no sistema elétrico de IGNIÇÃO.* (ALQ) ♦ *Agora é dia claro, embora tudo continue escuro como dantes, apesar de meus novos pensamentos que me fazem fosforescente e ÍGNEO.* (AL)

ignomínia

A sílaba tônica é **MÍ**, e, por isso, a palavra leva acento. O substantivo significa "grande desonra", "opróbrio". ♦ *Exausto, caíra talvez no chão, ainda vivo, mas incapaz de chorar e sofrer a IGNOMÍNIA das pústulas.* (ML)

IGPM

É a sigla de **Índice Geral de Preços do Mercado.** ♦ *O dinheiro da Vale foi equiparado em dezembro do ano passado aos dólares e, desde então, passou a ser corrigido com base no IGPM.* (EX)

igreja, Igreja

1. Representação gráfica:

Escreve-se com inicial minúscula quando designa o templo. ♦ *Lorenzo consultava o pároco, muito magro, a respeito dos vitrais da IGREJA.* (ACM) ♦ *A porta principal da IGREJA estava fechada.* (BL)

Escreve-se com inicial maiúscula quando designa a instituição. ♦ *A IGREJA é uma coisa, a Cúria Romana é outra.* (ACM) ♦ *Ainda hoje o discurso da IGREJA Católica é ambíguo na questão indígena.* (CID)

Escreve-se também com inicial maiúscula quando, referindo-se ao templo, acompanha-se da sua denominação. ♦ *Na praça deserta, ali perto da IGREJA de Nossa Senhora da Paz, não havia e nem passou carro nenhum.* (L) ♦ *O sino da IGREJA de São Pantaleão reboava lentamente as horas.* (LA)

2. O adjetivo correspondente é **eclesiástico.** ♦ *O Padre delira: para ele só a borracha é que resolve: e o coronel tem fascinação por aquele talento ECLESIÁSTICO, pela sua cultura, pelo seu verbo de fogo.* (S)

ileso

1. A sílaba tônica é a penúltima (**LE**), e, por isso, a palavra não leva acento (paroxítona terminada em **O**). Significa "que não está leso", "que está são e salvo". ♦ *Mas, embora saísse ILESO do ataque, Powers não completou sua missão.* (MAN)

2. Nos dicionários recomenda-se pronúncia com **E** aberto. Entretanto, mais frequentemente se ouve com **E** fechado.

ilha, ilhéu

1. Os adjetivos correspondentes a **ilha** são:

◇ **insular** ou **insulano** (quando a referência não é a humano). ♦ *Genebra é rica e tranquila, mas também INSULAR e tediosa.* (FSP) ♦ *A diversidade biológica alcança seu pico nas florestas tropicais, recifes de corais e ecossistemas INSULANOS.* (ATN)

◇ **ilhéu** (quando a referência é a pessoa). ♦ *E o soldado Mariano, por valente e discreto, merece o respeito ILHÉU.* (DE)

2. **Ilhéu** é adjetivo ou substantivo referente a habitante de ilha. ♦ *Ninguém esperava que*

um ILHÉU como Scott (...) tivesse algum carinho especial com uma conquista tão latino-católica como foi a do novo mundo. (VEJ)

O feminino é **ilhoa**. ✦ *Tentaram a Ponta das Baleias, foram massacrados pela marujada ILHOA.* (VPB)

iludir ⇨ Ver **eludir**.

Iludir significa "enganar". ✦ *O tempo dos mágicos já passou: os raros que ainda insistem em ILUDIR nosso povo apenas fazem rir aos poucos crédulos que os assistem.* (AR)

Eludir significa "evitar com destreza".

imã, ímã

1. **Imã** (oxítona, sem acento no **I**) é substantivo que designa dirigente religioso muçulmano. ✦ *Algumas páginas adiante, um IMÃ muçulmano assegura que, se os soldados turcos pouparem a vida de umas mulheres, o céu irá protegê-los.* (VEJ)

2. **Ímã** (paroxítona, com acento no **I**) é substantivo masculino que designa objeto imantado, magneto. ✦ *A novidade é o ÍMÃ em forma de triângulo que funciona como porta-facas.* (FSP)

imarcescível

Com **CE** e com **SCÍ**. Significa "que não pode murchar" (o contrário de **marcescível**, que não ocorreu). ✦ *Melhor que nada sobrasse e que restasse a essência de uma recordação IMARCESCÍVEL dourando a esteira comprida de uma recordação.* (JM)

imbróglio

Imbróglio é a forma oficialmente registrada como portuguesa correspondendo ao substantivo italiano *imbroglio*, que significa "grande confusão", "trapalhada". É uma forma graficamente irregular, porque se registra o acento agudo, mas mantém-se **GL** como grafia do som **LH**, o que não constitui representação gráfica própria do sistema português. ✦ *Não há como ignorar esse IMBRÓGLIO de Lutércio.* (ACM)

imbuia

Com **I** inicial. O substantivo designa madeira nobre. ✦ *Gabinete de marfim, caviúna ou*

IMBUIA, bonito e arrojado como nenhum outro! (CRU)

imergido, imerso ⇨ Ver **emergido, emerso**.

1. A forma de particípio **imergido** é tradicionalmente indicada para uso com os auxiliares **ter** e **haver**, entretanto apenas ocorreu com o verbo **ser** (em voz passiva). ✦ *O sistema radicular das plantas foi IMERGIDO nas suspensões bacterianas durante dez minutos.* (PAG) ✦ *A cauda foi cortada com tesoura fina e IMERGIDA em pequeno vaso com solução isotônica de citrato.* (DPF)

Contrariando as indicações tradicionais, usa-se frequentemente como adjetivo. ✦ *A casa está em sombras IMERGIDA.* (JL) ✦ *As feições contraíram-se e logo por interno esforço distenderam e ficaram IMERGIDAS num véu de funda melancolia.* (OVA)

2. A forma **imerso** é usada com os verbos **ser** e **estar**. Escreve-se com **S**, como todo particípio irregular de verbo terminado em **-gir** (**emergir**). ✦ *Um dos fragmentos foi IMERSO em formalina neutra e tamponada a 10%.* (AMV) ✦ *Crespel estava IMERSO numa espécie de êxtase.* (MCA)

Usa-se frequentemente como adjetivo. Significa "que imergiu", "mergulhado", "submerso". ✦ *Não tardei muito em me achar num quarto imerso em sombra.* (CCA) ✦ *Voltou para o hotel IMERSO em pensamentos.* (CG)

imergir(-se), imersão ⇨ Ver **emergir, emersão** ⇨ Ver **imergido, imerso**.

1. **Imergir** significa "fazer submergir", "penetrar", e **imergir-se** significa "embrenhar-se". ✦ *IMERGE-SE o tecido, amarrado, na solução de tinta (...).* (CCE) ✦ *A placa de Seu Camilo IMERGE nas sombras da tarde.* (MAR) ✦ *IMERGIA-SE no quinto espaço intercostal, penetrava em profundidade através da pleura e do pulmão.* (NE)

2. **Imersão** é o substantivo correspondente a **imergir**. Com **S** na última sílaba, como **imerso**. ✦ *A consecutiva IMERSÃO de detritos nucleares no mar, pelas operações irresponsáveis das empresas, da Organização Europeia da Euratom e dos EUA, prossegue.* (IS)

imérito

Emergir significa "sair de onde se estava mergulhado", "aparecer", e **emersão** é o substantivo correspondente.

imérito ⇨ Ver emérito.

Imérito significa "imerecido". ◆ *Agradeceu meu amo, mas só pela intenção que ali se demonstrava de lhe render IMÉRITA homenagem (...).* (TR)

Emérito significa "grande especialista em uma ciência ou em um conhecimento", "ilustre".

imigrar, imigração, imigrado, imigrante ⇨ Ver emigrar, emigração, emigrado, emigrante.

1. **Imigrar** significa "estabelecer-se em um país, vindo de outro". ◆ *As nações mais ricas devem acolher o estrangeiro que IMIGRA em busca de segurança e de recursos vitais que ele não pode obter em seu país de origem.* (VEJ)

Emigrar significa "deixar um país para estabelecer-se em outro", "mudar de região".

2. **Imigração** significa "ação de imigrar, de entrar num país estranho para nele viver e trabalhar". ◆ *A IMIGRAÇÃO árabe introduziu duas inovações: o islamismo e o ortodoxismo.* (S) ◆ *Uma população pode ser alterada numericamente pelo nascimento de novos indivíduos, pela morte e pela migração (emigração = saída de indivíduos e IMIGRAÇÃO = chegada de indivíduos).* (ECO)

Emigração significa "ação de emigrar", "mudança de um país, ou uma região, para outro, ou outra".

3. **Imigrado** significa "que/quem imigrou". ◆ *A administração decidiu privilegiar os familiares dos IMIGRADOS.* (FSP)

Emigrado significa "que/quem emigrou".

4. **Imigrante** significa "que/quem imigra ou imigrou". ◆ *José Leal fez uma reportagem na ilha das Flores, onde ficam os IMIGRANTES logo que chegam.* (B)

Emigrante significa "que /quem emigra, ou emigrou".

iminência, iminente ⇨ Ver eminência, eminente.

1. **Iminência** significa "propriedade daquilo que é iminente". ◆ *O grupo Paes Mendonça está na IMINÊNCIA de perder sua loja da Barra, no Rio.* (VEJ)

Eminência significa "elevação" e, também, "superioridade".

2. **Iminente** significa "que está prestes a acontecer", "que está em via de efetivação imediata". ◆ *Eliodora respirava forte e dificilmente, como alguém ameaçado de uma IMINENTE asfixia.* (A)

Eminente significa "alto", "elevado" e, também, "ilustre".

imissão, imitir ⇨ Ver emissão.

Imissão designa a ação de **imitir** ("fazer entrar (em)"). A expressão **imissão de posse** designa concessão judicial da posse de um bem. ◆ *Enquanto não sai a IMISSÃO de posse, não há segurança de que vamos ter acesso à terra. Por isso, não basta desapropriar, tem de IMITIR a posse.* (FSP)

Emissão designa a ação de **emitir** ("expedir").

IML

É a sigla de **Instituto Médico Legal**. ◆ *Em qualquer caso de envenenamento ou suspeita, legalmente, só ao IML cabe proceder ao exame necroscópico.* (TC)

imoral ⇨ Ver amoral.

Imoral significa "que é contrário à moral", "que viola os princípios da moral". ◆ *O que é mais IMORAL do que a Humanidade investir na agricultura cerca de 10% do que investe em armamentos?* (MOR)

Amoral significa "que não é contrário nem conforme à moral", "que não tem senso de moral".

impar, ímpar

1. **Impar** é verbo que significa "respirar com dificuldade" e também significa "não caber em si". ◆ *Bernarda IMPAVA de contente.* (TG)

2. **Ímpar** (com acento no I) é adjetivo que significa:

◇ "que não é par", "que não é múltiplo de 2". ✦ *Seu partido, o PPB, só não rachou ao meio porque o número de deputados era* ÍMPAR, *87.* (FSP)

◇ "que não tem par", "único". ✦ *Assim, cometeu absurdos com uma competência* ÍMPAR. (BEM)

impeachment, impedimento
⇨ Ver **offside**.

1. **Impeachment** é palavra inglesa que, no regime presidencialista, designa o ato pelo qual se destitui, mediante deliberação do legislativo, o ocupante de cargo governamental que pratica crime de responsabilidade. O significado básico é "cassação de mandato". A pronúncia aproximada é **impíchment**. ✦ *Em função do* IMPEACHMENT, *outras atividades do Congresso foram relegadas a segundo plano.* (CRP)

2. **Impedimento** é a forma portuguesa que traduz o inglês *offside*, termo usado no futebol. A forma quase exclusivamente usada é a portuguesa (98%). ✦ *Em caso de IMPE-DIMENTO, se não tiver absoluta certeza da infração, o árbitro deve deixar o jogo seguir em frente.* (VEJ)

Impedimento também é o termo português que traduz *impeachment*, mas, com essa acepção, a palavra é muito pouco usual (4%), preferindo-se amplamente (96%) o termo inglês *impeachment*. ✦ *O IMPEDIMENTO de Collor, as CPIs do Congresso, o movimento Ética na Política, o iníquo quadro social brasileiro exigindo mudanças imediatas, tudo isto deságua na necessidade de um governo moderno.* (EM)

impedir

1. Conjugação:

O verbo **impedir**, como **pedir** (de que não é derivado), tem a 1ª pessoa do singular do presente do indicativo irregular (**impeço**), e, consequentemente, tem todo o presente do subjuntivo irregular (**impeça, impeças** etc.). ✦ *Seja lá o que for, ele o fará, a menos que eu IMPEÇA.* (CH)

2. Modo de construção:

O verbo **impedir** usa-se com um complemento sem preposição (objeto direto), significando "evitar", "bloquear". ✦ *Vou ver se IMPEÇO este sacrilégio.* (GCC) ✦ *Nada disso IMPEDE que você se case com ele.* (JM)

Pode ocorrer outro complemento iniciado com preposição:

◇ com a preposição **a** ("tolher", "embaraçar"). ✦ *O meio-termo em que Minghella se estabelece IMPEDE ao filme se impor, seja pela grandiosidade, seja pelos caráteres que descreve.* (FSP) ✦ *Mas o custo dos gêneros alimentícios nos IMPEDE a realização dos nossos desejos.* (QDE) [nos = a nós]

◇ com a preposição **de** ("impossibilitar", "embaraçar"), geralmente seguida de infinitivo. ✦ *Nada tem que a preocupe, nem que a IMPEÇA de chegar no horário.* (PCO) ✦ *A pressa me IMPEDIU de suborná-los.* (CNT)

O cruzamento dessas duas regências leva a usos com dois complementos iniciados por preposição (**a** e **de**). ✦ *A fé religiosa talvez IMPEÇA aos cristãos de reconhecerem como pornográficas algumas das passagens bíblicas.* (PO) ✦ *(...) não obstante a impossibilidade metafísica que IMPEDE ao singular de ser universal.* (SE) ✦ *Uma zoeira nos ouvidos lhe impede de pensar claro.* (SE)

impelir

De conjugação irregular, o verbo **impelir** tem **I** na primeira pessoa do singular do presente do indicativo e, consequentemente, em todo o presente do subjuntivo. Nas demais formas o radical tem **E**, que é aberto quando é tônico. ✦ *Na realidade, não exprime mesmo nenhum estado de alma ou perturbação sentimental contingente que IMPILA o criador a dar-lhe forma.* (MH) ✦ *A constatação do injusto nos IMPELE a reivindicar o que nos parece justo.* (JU)

imperador

O feminino é **imperatriz**. ✦ *Na Áustria, a IMPERATRIZ Maria Teresa havia abolido a servidão, o que desencadeara a reação dos proprietários rurais e revoltas camponesas.* (APA)

impigem, impingem

1. **Impigem** e **impingem** são formas variantes para designar uma dermatose, mas a primeira forma (**impigem**), que é a original e a recomendada em lições normativas, não ocorre atualmente. ◆ *É que eles já tinham IMPINGEM (dermatose) nas nádegas.* (FSP) ◆ *É que eles já tinham IMPINGEM (dermatose) nas nádegas.* (FSP) ◆ *Mas depois de seus testemunhos públicos de estudo e aplicação, dizer que ele não é capaz de curar uma IMPIGEM é uma calúnia ao indivíduo.* (CB)

2. **Impingem** é, ainda, forma de terceira pessoa do plural do presente do indicativo do verbo **impingir**, que significa "obrigar a aceitar independentemente de concordância", "impor". ◆ *Nem mesmo os mais perversos e enjoativos dos filmes que nos IMPINGEM hoje em dia já se ocuparam, que eu saiba, desta novíssima modalidade de terror.* (FSP)

ímpio, impio

1. **Ímpio** (com acento no primeiro **I**) significa "que / quem não tem fé", "incrédulo", "herege". ◆ *Os ÍMPIOS erguer-se-iam contra os eleitos e estes seriam obrigados a se defender.* (RIR)

2. **Impio**, sem acento (com a sílaba tônica **PI**), significa "que não é pio", "cruel"; não ocorre atualmente. ◆ *Amam os brutos IMPIOS, / A serpente venenosa, a onça, o tigre, o leão.* (TAG)

implicar

1. Significando "comprometer", "envolver", usa-se com um complemento sem preposição (objeto direto), podendo ocorrer, ainda, outro complemento iniciado pela preposição **em**. ◆ *Na fita, o ex-juiz IMPLICOU também o árbitro Dionísio Roberto Domingos, mas de outro modo.* (FSP) ◆ *O tribunal também IMPLICOU nos assassinatos o chefe do serviço iraniano de inteligência, Ali Falahian, contra quem promotores alemães emitiram ordem de prisão.* (FSP)

2. Significando "agir com impaciência ou má-vontade", "mostrar-se irritado", usa-se com complemento iniciado pela preposição **com**.

◆ *Há dois anos, algumas figuras públicas da cidade de Araraquara, no interior paulista, IMPLICARAM com a apresentação de um espetáculo teatral dirigido por José Celso Martinez Corrêa.* (FSP)

3. Significando "ter como implicação", "ter como consequência", "acarretar", recomendam as lições tradicionais que o verbo **implicar** se construa com complemento sem preposição (objeto direto). ◆ *Um manual introdutório sobre a Arqueologia IMPLICA uma grande responsabilidade por parte do autor.* (ARQ) ◆ *Em outras palavras, o déficit em conta-corrente IMPLICA um aumento no endividamento externo do país.* (FSP)

Entretanto, ele ocorre também com complemento iniciado pela preposição **em**, talvez por sugestão da regência do verbo **resultar**, que tem significado semelhante. ◆ *O simples fato de ser gente IMPLICA em certa dose de solidariedade.* (CH) ◆ *Esta tecnologia IMPLICA em excessivo poder para uma republiqueta de banana.* (FSP)

impor

Conjuga-se como **pôr**. ◆ *Se ele quiser voltar, IMPONHA condições.* (ANB) ◆ *Mesmo assim algumas renúncias IMPÕEM-se.* (CH) ◆ *De qualquer modo, e dentro da regra de conduta que me IMPUSERA, decidi explorar o local.* (CEN)

importar, importar-se

1. Concordância:

Com o significado de "ter importância", é muito comum o sujeito (oracional ou não) vir posposto ao verbo **importar**, que, obviamente, concorda com ele. ◆ *Pouco IMPORTA que nos julguem nocivos e nos conservem no isolamento.* (MEC) ◆ *Não IMPORTAM meus sentimentos, minha dor, meu ciúme, meu desespero.* (PCO)

2. Modo de construção:

2.1. Importar:

◇ Sem complemento, usa-se com o significado de "ter importância". ◆ *Não IMPORTA o nome.* (AVL) ◆ *Nem IMPORTA morrer.* (DM)

Nesse tipo de construção, frequentemente o sujeito é posposto, mas ele não pode, por isso, ser tomado como objeto direto e deixar-se de fazer a concordância do verbo com ele. Se o sujeito for plural, o verbo vai para o plural, seja o sujeito anteposto seja posposto. ✦ *Tem unidades que não IMPORTAM aqui, pois o que interessa são os números relativos.* (POL-O) ✦ *Não IMPORTAM meus sentimentos, minha dor, meu ciúme, meu desespero.* (PCO)

◇ Com complemento sem preposição (objeto direto), usa-se com o significado de "fazer vir de outro país ou região". ✦ *O Brasil, com população cinquenta vezes maior, IMPORTA um terço desse valor.* (VEJ)

◇ Com complemento iniciado pela preposição **em**, usa-se:

- com o significado de "resultar". ✦ *Ser ministro do governo não IMPORTA em nenhuma responsabilidade, nem dá trabalho!* (JM)

- com o significado de "atingir o custo de", "montar". ✦ *Essa tonelagem IMPORTOU em 10 bilhões e 400 milhões de cruzeiros.* (CRU)

2.2. Importar-se usa-se com complemento iniciado pela preposição **com**, ou pelas preposições **em** ou **de**, se o complemento for oracional (com infinitivo). Significa "dar importância", "fazer caso". ✦ *Luís pouco SE IMPORTAVA com a situação.* (FR) ✦ *Romi perguntou se o homem SE IMPORTAVA em dormir no beliche de cima.* (FAB) ✦ *Agora não me IMPORTO de contar.* (SA)

impossível ⇨ Ver **possível**
⇨ Ver **improvável**.

Impossível significa "que não tem possibilidade de ser". ✦ *Psicanálise sem palavras é virtualmente IMPOSSÍVEL.* (APA) ✦ *Insistir nisso poderia tornar definitivamente IMPOSSÍVEL o que já é improvável.* (VIS)

Impossibilidade é algo absoluto, daí não existirem usos de superlativo, como **muito impossível**.

imposto

O plural é **impostos**, com **O** aberto. ✦ *Sinhozinho tirou garrucha contra um cobrador de IMPOSTOS, protegido de Jordão Tibiriçá.* (CL)

impregnar, impregna

É verbo regular. Em nenhuma das formas existe **I** entre o **P** e o **N**. A separação silábica é sempre entre o **G** e o **N**. ✦ *Era um rumor surdo, que fazia mal, que se IMPREGNAVA nas coisas como um grito de piedade.* (OS) ✦ *Um cheiro de café torrado IMPREGNA o ar.* (UQ)

imprescindível

Com **SC**. ✦ *Diante disso, pode-se inferir que a preservação de membros da fauna é IMPRESCINDÍVEL para a preservação dos ecossistemas a que pertencem.* (PEV)

impressão

Com **SS**, como todo substantivo ligado a verbo terminado em **-mir** (**imprimir**). ✦ *Mas é que me sinto assim, com a IMPRESSÃO permanente de estar sendo "vigiada".* (A)

imprimatur

É forma verbal latina que significa "imprima-se" (voz passiva). Constitui fórmula de permissão para imprimir, especialmente tratando-se de publicações eclesiásticas ou religiosas. A partir daí, usa-se como substantivo. ✦ *Nos países civilizados, alguns biógrafos submetem seu trabalho ao julgamento das partes interessadas, que podem condicionar seu IMPRIMATUR à supressão de trechos ou capítulos inteiros, resultando da aceitação dos cortes o que chamam de biografia autorizada.* (FSP)

imprimido, impresso

1. A forma **imprimido** é usada especialmente com os auxiliares **ter** e **haver**. ✦ *Lucena teve o mandato cassado pelo Tribunal Superior Eleitoral por ter IMPRIMIDO calendários na gráfica do Senado.* (FSP) ✦ *Enfrentando três partidas por semana, a equipe havia IMPRIMIDO um ritmo rápido até aqui.* (FSP)

Entretanto, especialmente em sentido mais abstrato, o particípio regular **imprimido** é usado na voz passiva, com **ser**. ✦ *O que se deseja e espera é que a venda da Escelsa marque o reinício do PND e que a ele seja IMPRIMIDO ritmo regular, necessário ao restabelecimento e manutenção de sua credibilidade.* (FSP)

ímprobo

2. A forma **impresso** é usada com os verbos **ser** e **estar**. ◆ *CorelDRAW é o mais completo programa de criação de quase tudo que precisa ser IMPRESSO em sua empresa.* (EX) ◆ *O sofrimento está IMPRESSO em tudo.* (OS)

É, também, a forma que tem emprego:

◇ como adjetivo. ◆ *O catálogo IMPRESSO tem a vantagem de permitir aos leitores levarem-no para casa a fim de consultá-lo.* (BIB)

◇ como substantivo. ◆ *Antes que ele desaparecesse, sempre a enfiar o IMPRESSO por baixo das portas, Damião mudou de calçada, ainda ouvindo o batecum dos tambores.* (TS)

ímprobo

A sílaba tônica é a antepenúltima (**ÍM**), e, por isso, a palavra leva acento (proparoxítona). É o antônimo de **probo**, significando "desonesto". ◆ *Eu trocaria o "há quem pense que os regimes fortes são necessariamente honrados" por "há de se ter em mente que os regimes fortes são necessariamente ÍMPROBOS".* (VEJ)

improvável ⇨ Ver provável ⇨ Ver impossível.

Improvável significa "que não tem probabilidade (possibilidade presumida) de ser". ◆ *A permanência dos dois no clube, entretanto, é IMPROVÁVEL.* (FSP) ◆ *Insistir nisso poderia tornar definitivamente impossível o que já é IMPROVÁVEL.* (VIS)

Improbabilidade não é algo absoluto, daí ser usual um superlativo como **muito improvável**, ou uma quantificação como **mais improvável**. ◆ *É muito IMPROVÁVEL que alguém consiga acertar com precisão o placar final da votação da reeleição.* (FSP) ◆ *Valia a versão do delegado, por mais IMPROVÁVEL que fosse.* (RI)

improvisar

Com **S**, como **improviso**. ◆ *Santa trata de IMPROVISAR um berço no caixote que Justino lhe deu.* (IN)

impudico ⇨ Ver pudico, pudicícia.

A sílaba tônica é a penúltima (**DI**), e, por isso, a palavra não leva acento (paroxítona termi-

nada em **O**). Significa "sem pudor", "sem recato". ◆ *Ele tentou um risinho IMPUDICO, sem resultado.* (DM)

impugnar, impugna

É verbo regular. Em nenhuma das formas existe **I** entre o **P** e o **N**. A separação silábica é sempre entre o **G** e o **N**. ◆ *Ninguém IMPUGNOU a correção do pleito nem o programa do candidato vitorioso.* (ESP) ◆ *O banco IMPUGNA a estimativa do valor da condenação.* (FSP)

impureza

Com **Z**, como todo substantivo abstrato em **-eza** derivado de adjetivo. ◆ *O discípulo Paulo, pregando aos coríntios, havia dito que o homem e a mulher podiam se casar para fugirem da IMPUREZA.* (RET)

imundície, imundícia, imundice

São indicadas como formas variantes, mas são pouco usadas **imundice** (12%) e, especialmente, **imundícia** (2%). ◆ *Tenho vontade é de ir aos jornais, denunciar essa IMUNDÍCIE toda.* (BB) ◆ *Não houve nenhuma reunião para chegarmos a um acordo, mas a ele chegamos, cada qual por seus próprios caminhos: nada de vexames, IMUNDÍCIAS da carne, patifarias maiores.* (FSP) ◆ *Serão toneladas e toneladas de escória e IMUNDICE atiradas aos cuidados da municipalidade, para que ela dê sumiço.* (CV)

in

É preposição latina usada, em bibliografia, antes de título de obra que serve de fonte a uma citação. Traduz-se por **em**. ◆ *Querem também que o governo lhes entregue a administração dos fundos de pensões das estatais brasileiras, como a Cassi e a Petros (IN: "Seminário Nacional de Previdência Complementar", I, 1994, São Paulo).* (FSP)

in absentia

É expressão latina que significa "na ausência". ◆ *A questão da antiarte aparece, com clareza, nas séries que intitulei "IN ABSENTIA", onde eu trabalho com a ideia de coleções de arte ausentes.* (FSP)

in vitro, in vivo

in aeternum

É expressão latina que significa "para a eternidade", "para sempre". ♦ *Um professor de natação, por exemplo, obviamente sabe nadar, mas não é repetindo "IN AETERNUM" que ele sabe nadar que ensinará seu pupilo a fazer o mesmo.* (FSP)

in albis

É expressão latina que significa "em branco". ♦ *Porém, não poderia deixar passar 'IN ALBIS', quero elogiar o belíssimo, o ousadíssimo e corajoso artigo de Arnaldo Jabor (22/02).* (FSP)

in dubio pro reo

É expressão latina que significa "na dúvida, a favor do réu". ♦ *O preceito antigo "IN DUBIO PRO REO" (o réu é favorecido, na dúvida) é substituído pela garantia do ameaçado, em cujo favor o interesse social prepondera.* (FSP)

in extremis

É expressão latina que significa "no momento derradeiro". ♦ *(...) a razão só se alia ao sentimento "IN EXTREMIS", isto é, quando as situações se tornam escandalosas e insuportáveis para determinados grupos.* (EM) ♦ *A hemodiálise é um tratamento 'IN EXTREMIS' e no nosso país deveria ser transitória (até o transplante).* (FSP)

in limine

É expressão latina que significa "no limiar", "no princípio". ♦ *Ao chegar à sua forma absoluta de violência nuclear por parte do Estado, a violência deve ser condenada "IN LIMINE", sem discussão.* (FSP)

in loco ⇨ Ver in situ.

In loco e *in situ* são expressões latinas que significam "no lugar". ♦ *Quem quiser conferir "IN LOCO" o repertório do provável sexto disco do sexteto é só ir hoje ao parque Ibirapuera.* (FSP)

in medio virtus

É expressão latina que significa "no meio (está) a virtude". ♦ *Tudo isso parece mais fácil de enunciar, como a regra "IN MEDIO VIRTUS" (a virtude está no meio, longe dos extremos), e quase impossível de realizar.* (FSP)

in memoriam

É expressão latina que significa "em lembrança de". Usa-se, em referência a uma pessoa morta, para incluí-la em uma homenagem. ♦ *Manoel Barcelos e Nanci Vieira (IN MEMORIAM) Rudy Maurer (Ida), convidam para o casamento de seus filhos Carla e Roberto.* (CB)

in natura

É expressão latina que significa "em estado natural". ♦ *Em primeiro lugar, a partir de 1962 ocorreu substituição do produto IN NATURA pelo produto industrializado (...).* (DS)

in situ ⇨ Ver in loco.

In situ e *in loco* são expressões latinas que significam "no lugar". ♦ *Esse exame detecta o "câncer IN SITU", isto é, focos de câncer dentro dos dutos mamários, que transportam o leite materno, não detectáveis por meio do toque.* (FSP)

in totum

É expressão latina que significa "no todo", "totalmente". ♦ *Não endosso IN TOTUM o conceito, mas o menciono com prazer.* (AM)

in vino veritas

É expressão latina que significa "no vinho a verdade". Usa-se para dizer que, tendo bebido, o homem não controla completamente o que diz, e a verdade escapa de sua boca, mesmo que ele não queira. ♦ *Deu um beliscão afetuoso na bochecha de Beatrice: "IN VINO VERITAS, minha querida".* (ACM)

in vitro, in vivo

São duas expressões latinas que se contrapõem.

◇ *In vitro* significa literalmente "no vidro". Usa-se para referência a reação fisiológica que se opera fora do organismo (em tubos, provetas etc.). ♦ *O casal procurou um centro*

inadimplemento, inadimplência

médico na Austrália, para fazer fecundação IN VITRO. (VEJ)

✧ *In vivo* significa "no ser vivo". Usa-se para referência a reação fisiológica que se opera no organismo. ✦ *A transferência, IN VIVO, de bactéria para bactéria é provavelmente rara e limitada a bactérias da mesma espécie.* (ANT)

inadimplemento, inadimplência

São formas variantes, ambas ligadas ao verbo **inadimplir**, que significa "deixar de cumprir [contrato]", mas que não ocorreu. Os substantivos significam "falta de cumprimento de uma obrigação".

1. **Inadimplemento** é termo de uso especialmente técnico, referindo-se mais especificamente a descumprimento de obrigações com órgãos oficiais. ✦ *Não há prisão por dívida, nem por multa ou custas, salvo caso de depositário infiel e de INADIMPLEMENTO de obrigação alimentar.* (D) ✦ *As importantes modificações introduzidas no direito penal tributário, desde 1990, agravaram seriamente as consequências do INADIMPLEMENTO dos deveres do contribuinte.* (FSP)

2. **Inadimplência** tem uso bastante generalizado, referindo-se a qualquer tipo de falta de pagamento. ✦ *A pesquisa mostra também que os lojistas não temem aumento acentuado na INADIMPLÊNCIA.* (VEJ) ✦ *E os problemas de INADIMPLÊNCIA que afetaram a indústria, o comércio e os bancos estão ainda longe de resolvidos.* (FSP)

3. O adjetivo correspondente a esses substantivos e ao verbo **inadimplir** é **inadimplente**. ✦ *Exemplos de inquilinos INADIMPLENTES não faltam.* (VEJ)

inapto ⇨ Ver inepto.

Inapto significa "sem aptidão", "incapaz". ✦ *Há vinte e cinco anos, um jogador foi dado como INAPTO pela Medicina porque tinha o coração dilatado.* (FB)

Inepto significa "sem inteligência", "tolo".

inaudito

A sílaba tônica é a penúltima (**DI**), e, por isso, a palavra não leva acento (paroxítona terminada em **O**). O adjetivo significa "que nunca se ouviu dizer", "extraordinário". ✦ *A missão que se atribuíra o imperador tinha dimensões INAUDITAS.* (TGB)

incendiar ⇨ Ver -iar.

É um dos cinco verbos em **-iar** que recebem **E** nas formas rizotônicas, isto é, nas formas cuja sílaba tônica pertence ao radical. Nessas formas, eles se conjugam, pois, como se fossem verbos em **-ear**. ✦ *Grupo INCENDEIA barraco e mata mendigo em São Paulo.* (FSP)

Os outros verbos do mesmo tipo são **ansiar**, **mediar**, **odiar**, **remediar**.

incerto ⇨ Ver inserto.

Incerto significa "impreciso", "duvidoso", "sujeito a mudança". ✦ *O vento soprava rasteiro e INCERTO, mudando sempre de rumo.* (VER)

Inserto é do verbo **inserir**, que significa "juntar", "incluir".

incesto

A sílaba tônica é a penúltima (**CES**), e o **E** é aberto. O substantivo designa união sexual entre parentes de um determinado grau condenada na lei, na moral ou na religião. ✦ *Horroriza-me a ideia de que um dia, quando adultas, essas criaturas venham, sem o saber, a cometer INCESTO.* (INC)

-íncia ⇨ Ver -ância, -ancia; -êncio, -ência; -úncio, -úncia.

Escrevem-se com **C** os substantivos terminados em **-íncia**. ✦ *Quando cheguei, o presidente da PROVÍNCIA era o Dr. Antônio Herculano de Sousa Bandeira.* (ALF)

incidente ⇨ Ver acidente.

O substantivo **incidente** designa uma circunstância casual, episódica, uma peripécia, um atrito. ✦ *A segurança do presidente Fernando Henrique Cardoso quase provocou um INCIDENTE diplomático no último dia do ano.* (FSP) ✦ *Francesco desculpou-se pelo INCIDENTE com os cães.* (ACM)

Acidente designa um acontecimento imprevisto ou infeliz, um desastre.

incipiente, insipiente

1. **Incipiente** significa "que se inicia". ♦ *Marianinha lhe dissera a palavra certa – ela deveria colaborar consigo mesma na INCIPIENTE intimidade que vinha tentando com Pena Lima.* (JM)

2. **Insipiente** significa "ignorante". ♦ *Para o professor de direito penal da USP, Miguel Reale Jr., a responsabilização criminal da pessoa jurídica é "desnecessária, INSIPIENTE e incompatível com o direito penal contemporâneo adotado em vários países – inclusive pelo Brasil".* (FSP)

ínclito

A sílaba tônica é a antepenúltima (ÍN), e, por isso, a palavra leva acento (proparoxítona). O adjetivo significa "insigne", "ilustre". ♦ *Cabe indagar como ficaria a saúde do ÍNCLITO ministro se dependesse das verbas da CPMF.* (FSP)

incluído, incluso

1. A forma **incluído** é usada como particípio com todos os auxiliares. ♦ *Alguns poderão estranhar que eu não tenha INCLUÍDO na definição inicial da numismática a coleção de moedas ou medalhas.* (NU) ♦ *E também não havia INCLUÍDO nenhuma empresa nova nesse programa.* (FSP) ♦ *Comprei-o com suas máquinas e seus homens e o senhor mesmo há de ter sido INCLUÍDO na transação.* (VES) ♦ *Em seguida, tomava café da manhã na companhia de outros hóspedes (o preço estava INCLUÍDO).* (BL)

2. A forma **incluso** é adjetivo que significa "incluído". Varia em gênero e número, concordando com o substantivo a que se refere. ♦ *Carrinho para bebês tipo luxo (...) sai por US$ 132 (com taxas e frete INCLUSOS).* (FSP) ♦ *O poder do Estado não é nem a soma, nem a mera multiplicação das forças particulares INCLUSAS.* (TGB)

incluir

Na conjugação, há formas em que o I forma ditongo com o U (UI), e, nesse caso, pela regra geral de acentuação, não há acento.

♦ *Deve-se lembrar que a noção de temporário INCLUI, na verdade, dois tipos de trabalhadores.* (AGR)

Há formas em que o I é vogal tônica, formando hiato com o U, e, nesse caso, pela regra geral de acentuação:

- ele é acentuado quando fica sozinho na sílaba, ou apenas com um S. ♦ *As primeiras inovações INCLUÍRAM o pagamento de contas de água e luz e a venda de fichas telefônicas, além de cartelas de prêmios.* (OLI)

- ele não é acentuado se não fica sozinho na sílaba. ♦ *Pede que envie uma jurisprudência de que falamos, para INCLUIR na nova edição de seu livro.* (CH)

inclusive ⇒ Ver exclusive.

Indica inclusão com incorporação de outros elementos ("com inclusão de"). É o antônimo de **exclusive**. ♦ *Foi perguntar à dona Arautina, vizinha da frente, que conhecia todos os moradores do bairro, INCLUSIVE os novatos.* (ACT) ♦ *O modelo da tarifa padrão é adotado em poucos países, INCLUSIVE o Chile.* (FSP)

É condenado, em lições normativas, o emprego de **inclusive** como sinônimo de **até**, **até mesmo**, **ainda**, **além disso**, como nestas ocorrências que seguem: ♦ *O governo suspeita, INCLUSIVE, que seus executivos chegaram a dilapidar bens da empresa para engordar o patrimônio pessoal.* (VEJ) ♦ *Agradou os credores internacionais não só pagando pontualmente parcelas da dívida externa, mas INCLUSIVE antecipando parcelas a vencer, como aconteceu em outubro.* (FSP)

incolor

Incolor não varia no feminino (adjetivo uniforme). ♦ *A mesma casca branquinha, a clara INCOLOR, a gema amarela, até o mesmo cheiro e tamanho.* (GL)

inconsútil

A sílaba tônica é a penúltima (SÚ), e, por isso, a palavra leva acento (paroxítona terminada

incontestável, inconteste

em **L**). O adjetivo significa "sem costura". ◆ *Como uma túnica INCONSÚTIL, ela me foi envolvendo suavemente.* (VEJ)

incontestável, inconteste

1. **Incontestável** significa "que não pode sofrer contestação". ◆ *No conjunto das Américas o Brasil ocupa posição de INCONTESTÁVEL realce, por diversos motivos.* (GHB)

2. **Inconteste** significa, especificamente, "que não é conteste", "que está em desacordo com outros depoimentos" e, genericamente, "que não se põe em dúvida ou em questão", "incontestado". ◆ *Parece-nos, porém, INCONTESTE a responsabilidade paterna nestas mortes ovulares.* (OBS)

incontinente, incontinênti

1. **Incontinente** é adjetivo que significa "que não se contém", "imoderado". ◆ *O pecado maior é um banco central imprimir dinheiro para tapar os rombos de um Tesouro financeiramente INCONTINENTE.* (FSP)

2. **Incontinênti** (adaptação portuguesa do latim *in continenti*) é advérbio que significa "sem demora", "imediatamente". ◆ *Ludovina pediu uma graça e a recebeu INCONTINÊNTI.* (S)

incorrido, incurso

1. A forma **incorrido** é usada com os auxiliares **ter** e **haver**. ◆ *A política de prevenção à doença nos Estados Unidos, concluíram os pesquisadores, tem INCORRIDO num monumental equívoco.* (VEJ)

2. A forma **incurso** é usada com os verbos **ser** e **estar**. ◆ *Guilherme e Paula foram INCURSOS nos artigos 121, parágrafo 2º incisos I e IV.* (INT) ◆ *Encontrar o rico e subir na escala social pelo milagre do amor, eis o que, sociologicamente está INCURSO no mito da Cinderela.* (AMI)

Incra

É a sigla **Instituto Nacional de Colonização e Reforma Agrária**. ◆ *Dados extraídos das Declarações obtidas pelo Incra permitem concluir sobre o acima exposto.* (BF)

incrível

O superlativo absoluto sintético indicado é **incredibilíssimo**, mas a forma não ocorreu.

incrustado

Sem **R** depois do **T**. ◆ *Um conjunto de tubos de aço foi INCRUSTADO ao longo da espinha dos animais.* (SU)

íncubo ⇨ Ver súcubo.

A sílaba tônica é a antepenúltima (**ÍN**), e, por isso, a palavra leva acento (proparoxítona). Significa "que se deita ou se coloca por cima". Designa demônio masculino, referindo-se, também, a indivíduo de personalidade mais forte que o usual. ◆ *E descreve fantasias similares de outras eras – as visitas noturnas de súcubos (demônios femininos que copulam com os homens durante o sono e causam pesadelos) e ÍNCUBOS (a versão masculina dos súcubos).* (FSP) ◆ *Casanova foi mais tangível que D. Juan. Não era belo e na conquista amorosa representava um princípio ativo e de ÍNCUBO.* (FI)

incursão, incursionar

Com **S**. ◆ *Eu mesmo preparei a petição, foi minha primeira INCURSÃO "como advogado".* (RI) ◆ *Finalmente, a quinta subcomissão INCURSIONA pela atividade principal do tesoureiro do presidente, o tráfico de influência.* (VEJ)

indagar

O significado básico é "inquirir". Usa-se:

1. Com um complemento sem preposição (objeto direto). ◆ *Através de uma carta, INDAGUEI o motivo pelo qual foram bloqueados meus vencimentos.* (OLI)

Pode ocorrer um outro complemento, referente a pessoa, preposicionado:

◇ iniciado pela preposição **de**, quando o verbo equivale a **procurar saber**. ◆ *Dom Inocêncio não apreciava a política, INDAGOU de Lando o assunto versado na sua tese.* (JM)

◇ iniciado pela preposição **a**, quando o verbo equivale a **perguntar**; nesse caso, o complemento sem preposição geralmente é uma

indígena

oração (interrogação indireta). ◆ *INDAGOU o declarante a Soares se o seu destino era a cidade.* (GLO). ◆ *Leitor, quando INDAGAMOS a uma benzedeira como começou a benzer, ela vai nos contar uma longa e detalhada história.* (BEM)

2. Com um complemento iniciado pelas preposições **de** ou **sobre** (não referente a pessoa). ◆ *Não INDAGUEI de sua escolaridade, mas poucas vezes encontrei cabeça mais leve e informada.* (FSP) ◆ *A população INDAGOU sobre o que tinha havido, que coincidência tão grande era aquela.* (SI-O)

indefeso, indefenso, indefesso

Indefeso e **indefenso** são variantes, mas esta última forma não é usual atualmente. Significam "sem defesa", "desarmado", "fraco". ◆ *O menino INDEFESO correu e ficou perto da parede de braços abertos gritando pelo tio.* (CHI) ◆ *Naquela suposição, evidentemente falsa, é indisputável que os nossos desejos seriam tão estéreis, como todos os de um povo INDEFENSO.* (RE)

Indefesso significa "infatigável", "laborioso". Também essa forma não é usual atualmente. ◆ *Nós, os de agora, lhe somos gratos pelo seu esforço INDEFESSO de meio século em favor da Bondade, da Justiça e da Paz.* (OCI)

indene, indemne

São variantes históricas, mas a segunda forma (mais erudita) é antiga. O adjetivo significa "que não sofreu dano ou prejuízo". A sílaba tônica é a penúltima (**DE**), e, por isso, não há acento (paroxítona terminada em **E**). ◆ *O couro cabeludo permanece habitualmente INDENE.* (SME) ◆ *Sem ideia preconcebida, foi cultivando um celibato, operoso porque Lhe deixava o tempo livre, para uma atividade nem sempre INDEMNE a perigos.* (PRO)

indenizar

Com **Z**, como todo verbo formado com o sufixo **-izar**. Significa "tornar indene, livre de prejuízo", "ressarcir". ◆ *Depois foi a vez da mulher: receberia indenização pelo chapéu, mas teria, por sua vez, de INDENIZAR o gordinho, pelos óculos quebrados.* (CV)

Índex, índex

1. A sílaba tônica é **ÍN**, e, por isso, a palavra leva acento (paroxítona terminada em **X**).

2. O substantivo próprio **Índex** designa lista oficial de obras cuja leitura é proibida pela Igreja Católica por serem elas consideradas nocivas à fé ou à moral. ◆ *O exemplo mais criativo é o site de livros banidos, que reúne obras que sofreram algum tipo de proibição desde sua publicação original ou constam no ÍNDEX de livros proibidos pela Igreja.* (FSP)

O substantivo ocorre mais frequentemente com inicial minúscula. ◆ *Não se via tanto rigor doutrinário de um papa desde que Pio X colocou no ÍNDEX os escritos dos primeiros teólogos modernistas do começo do século.* (VEJ)

3. O substantivo comum **índex** designa:

◇ o dedo indicador. ◆ *Esta se encheu de comestíveis leves, para serem ingeridos sine mensa, presos entre o ÍNDEX e o polegar.* (PRO)

◇ o mesmo que **índice**, mas, especialmente, quando se trata de uma relação de itens reprovados. ◆ *A seguir, o mesmo documento elabora um ÍNDEX do que as novelas não devem mostrar.* (VEJ) ◆ *A Divisão de Fiscalização Médica do Ministério da Saúde decide colocar a ayahuasca no ÍNDEX das substâncias proscritas do país, como maconha ou LSD.* (FSP)

indez

Com **I** inicial e com **Z** final, sem acento. O substantivo designa ovo que se deixa no ninho para atrair as galinhas. ◆ *Sem querer, chutou uma pedra, que caiu num ninho de pata e lhe quebrou o INDEZ.* (FR)

Índia [Ásia] ⇨ Ver hindu, hinduísta.

O adjetivo pátrio correspondente é **indiano**. ◆ *O símbolo do nada foi introduzido pelos INDIANOS.* (MTE)

Hindu designa o adepto do hinduísmo.

indígena

É masculino quando se refere a elemento do sexo masculino e feminino quando se refere

indigno, indigna

a elemento do sexo feminino (substantivo comum de dois). ✦ *Por outro lado, conforme já indicamos, o INDÍGENA se adaptava rapidamente às tarefas auxiliares da criação.* (FEB) ✦ *Sabes que é filho de uma INDÍGENA e nasceu na aldeia de Geru.* (VP)

indigno, indigna

Seja adjetivo seja verbo, a sílaba tônica é a penúltima (**DIG**), e, por isso, a palavra não leva acento (paroxítona terminada em **O**). Não existe vogal entre o **G** e o **N**. ✦ *Na verdade, vigiando-me sem cessar, livrava-me de exibir sentimentos INDIGNOS.* (MEC) ✦ *"Há pessoas que tratam o deficiente como se fosse um objeto", INDIGNA-se Baggio.* (ESP)

índigo ⇨ Ver *jeans* ⇨ Ver *blue jean, blue jeans*.

A sílaba tônica é a antepenúltima (**ÍN**), e, por isso, a palavra leva acento (proparoxítona). O substantivo designa corante azul e, também, tecido especialmente usado para confecção de *jeans*. ✦ *Uma pequena parte de ÍNDIGO – tecido das calças jeans, área em que o Brasil tem renome internacional – está vindo da Europa.* (VEJ)

indiscrição ⇨ Ver **discrição**.

Como **discrição**, escreve-se com **I**, e não com **E**, na penúltima sílaba (**CRI**). ✦ *Mãe e filha brigaram por conta dessa INDISCRIÇÃO.* (VEJ)

indispor(-se)

Conjuga-se como **pôr**. ✦ *Jovem tenente IN-DISPÕE-SE com oficial veterano ao investigar assassinato de soldado em base militar em Cuba.* (FSP) ✦ *Nos bastidores, o governo tenta encontrar uma saída que permita o cancelamento de contrato com a Raytheon sem que, com isso, SE INDISPONHA com os militares.* (FSP) ✦ *Conflitos religiosos já INDISPUSERAM os sauditas com vários muçulmanos, especialmente o Irã.* (FSP)

indochinês, indo-chinês

1. **Indochinês** é adjetivo pátrio referente à Indochina (Ásia). ✦ *Tudo aparece em rápidas e precisas pinceladas: o jovem INDOCHINÊS que vai estudar em Paris e volta a sua terra cheio de ideias de liberdade, igualdade e fraternidade.* (FSP)

2. **Indo-chinês** é adjetivo pátrio composto, referente ao mesmo tempo à Índia e à China. A forma não ocorreu.

indoor

É palavra inglesa usada para referência a modalidade esportiva praticada em ambiente fechado. A pronúncia aproximada é **indór**. ✦ *A versão de inverno dessa pequena ilha da fantasia é o SSAWS Skidome, a maior pista INDOOR de esqui do planeta, inaugurada há duas semanas nos arredores da capital japonesa.* (VEJ)

industrializar, industrializado; industriar, industriado

1. **Industrializar** escreve-se com **Z**, como todo verbo formado com o sufixo **-izar**. Significa "desenvolver industrialmente". **Industrializado** é o particípio e o adjetivo correspondente. ✦ *Não é necessário ser, sequer, ambicioso para desejar ardentemente que o Brasil se INDUSTRIALIZE, basta ser prudente e lúcido.* (JK-O) ✦ *O brinquedo artesanal, como se vê, não necessita ser contraposto ao brinquedo INDUSTRIALIZADO para se mostrar importante.* (BRI)

2. **Industriar** significa "instruir de antemão", "ensinar", e **industriado** é o particípio e o adjetivo correspondente. ✦ *Em boa parte, as missões religiosas cristãs americanas espalhadas pelo vasto território dos ianomâmis de hoje são a forma de INDUSTRIAR essa tribo a mais tarde pedir à ONU a sua separação do Brasil.* (FSP) ✦ *E não parou por aí a minha maldade: INDUSTRIADO por Zé Cabeção, rasguei o peitinho do beija-flor e engoli o seu pequeno coração.* (OP)

inepto ⇨ Ver **inapto**.

Inepto significa "sem inteligência", "tolo". ✦ *Filme sem heróis humanos reflete ineficácia americana no momento em que o país se sente mais INEPTO.* (FSP)

Inapto significa "sem aptidão", "incapaz".

infenso

inerme, inerte

1. **Inerme** significa "sem armas", "indefeso". ♦ *Os banqueiros ingleses, conluiados com os desonestos altos dignitários do Império, lançavam-se sem piedade sobre esta presa INERME que era a nação brasileira.* (H)

2. **Inerte** significa "sem ação", "imobilizado". ♦ *Permaneço INERTE, deixando que as horas corram.* (CH)

inervar ⇨ Ver enervar.

Inervar significa "prover com nervos". ♦ *Os neurônios motores mais longos são os que INERVAM músculos dos dedos do pé.* (FSP)

Enervar significa "indispor os nervos de", "irritar"; "comunicar atividade motriz a".

inexcedível

Com **XC**, como **exceder**. Significa "que não pode ser excedido". ♦ *Era uma criação bonita e nédia à qual eu dedicava zelos INEXCEDÍVEIS.* (CR)

inextinguível

O **U** do grupo **GU** não é pronunciado. ♦ *O homem, em sua forma atual, imagina um futuro INEXTINGUÍVEL para a espécie.* (VEJ)

infante

O feminino é **infanta**. ♦ *"Carlota Joaquina" é, em um nível, a história de uma INFANTA espanhola.* (FSP)

infantojuvenil

O plural é **infantojuvenis**. ♦ *As histórias INFANTOJUVENIS de maior sucesso mundial serão reproduzidas em Clássicos Walt Disney.* (P-REA)

infarto ⇨ Ver enfarte, enfarto.

Infarto, enfarte e **enfarto** são formas variantes. A forma **infarto** é a mais frequente (65%) e a forma **enfarto** é muito pouco usada (2%). ♦ *O uísque não pode ser considerado, como muitos afirmam, um vasodilatador, não tendo nenhuma ação sobre o INFARTO do miocárdio.* (CRU)

infecção, infeção; infeccioso, infecioso

São pares de formas variantes, mas as formas que não têm **CC** ou **CÇ** são de uso raríssimo (cerca de 1%, nos dois casos) e apenas na linguagem técnica. ♦ *Não houve INFECÇÃO.* (APA) ♦ *Apesar disso, alguns parteiros procuram restringi-lo, por favorecer a disseminação da INFEÇÃO puerperal.* (CLO) ♦ *As aderências temporárias formam-se com o objetivo de limitar o processo INFECCIOSO.* (CLC) ♦ *Há vestígios do ataque INFECIOSO, determinantes de estados mórbidos permanentes do aparelho genital.* (CLO)

infecto, infectado ⇨ Ver -cto.

1. **Infecto**, com final **-cto**, é a forma de particípio irregular do verbo **infectar**, usada como adjetivo. ♦ *Central de Polícia do Pará é o prédio mais INFECTO que já conheci.* (GI)

2. **Infectado** é:

◇ a forma de particípio regular do verbo **infectar**, usada com os auxiliares **ter, haver** e **ser**. ♦ *Um técnico russo tinha INFECTADO o computador da usina com um vírus.* (VEJ) ♦ *O vírus que havia INFECTADO os sete pacientes tinha perdido "parte" do material genético.* (FSP) ♦ *Raramente o peritônio pode ser INFECTADO por via hematogênica ou linfática.* (CLC)

◇ adjetivo que significa "que se infectou", "contaminado". ♦ *Um caramujo INFECTADO é capaz de liberar três mil larvas, que serão responsáveis pela contaminação do ambiente e, por tabela, das pessoas que entrarem em contato com a água.* (DP) ♦ *O sujeito que sabe que está INFECTADO não oferece risco.* (VEJ)

infenso

É adjetivo que significa "contrário", "hostil". ♦ *Sou de natureza morigerada, INFENSO a aventuras e intemperanças.* (MAR) ♦ *Era preciso congregar os partidos INFENSOS ao candidato do PSD e escolher o mais rápido possível o nome que deverá enfrentá-lo nas urnas.* (ESP)

inferior

A palavra não significa "incólume", "invulnerável", como por vezes se tem entendido. ♦ *Registre-se apenas que as devassas na mídia nem sempre são INFENSAS a distorções.* (FSP)

inferior

Inferior significa "mais baixo", "menor", "de qualidade pior", por isso não precisa ser antecedido de palavra que marca comparação, como **mais**. ♦ *O pórtico, de fato, ocupava, na parte INFERIOR da fachada, o espaço das três janelas centrais.* (ACM) ♦ *O produto por habitante deveria ser substancialmente INFERIOR ao das colônias agrícolas de grandes plantações.* (FEB)

inferiorizar(-se)

Com **Z**, como todo verbo formado com o sufixo **-izar**. ♦ *A mulher INFERIORIZAVA-SE, estava relativamente excluída do circuito da produção e não servia para a guerra.* (ISL)

inferir

De conjugação irregular, o verbo **inferir** tem **I** na primeira pessoa do singular do presente do indicativo e, consequentemente, em todo o presente do subjuntivo. Nas demais formas o radical tem **E**, que é aberto quando é tônico. Significa "concluir", "deduzir". ♦ *Daí se INFERE uma oposição tradicional e histórica entre o mecanicismo e a teleologia.* (CIB)

ínfero-, ínferos ⇨ Ver **ântero-**.

1. **Ínfero-** é elemento de composição (com o significado de "inferior") que se liga a um elemento seguinte:

◇ com hífen, se o elemento começar por **H** ou por **O** (que é a mesma vogal em que o elemento termina); por exemplo, **ínfero--ovariado**, forma que não ocorreu;

◇ sem hífen, antes das outras consoantes e vogais. ♦ *Hirsch em 1909 utilizou uma via INFEROLATERAL.* (ANE) ♦ *A vesícula biliar, de um modo geral, encontra-se na porção INFEROANTERIOR do fígado.* (ACB)

Se o elemento seguinte começar por **R** ou **S**, é necessário duplicar essa letra (que ficará entre duas vogais, na escrita). ♦ *Para contornar esta última limitação era preciso inclinar o*

microscópio no sentido INFEROSSUPERIOR. (ANE-T)

2. **Ínferos**, substantivo, no plural, designa o inferno (os infernos). ♦ *E assim Tântalo pagou pelo seu desrespeito aos deuses, padecendo nos ÍNFEROS uma tortura tríplice e sem fim.* (FSP)

infestar, infestado ⇨ Ver **enfestar, enfestado.**

Infestar significa "assolar", "invadir". ♦ *Diversos tipos de parasitas animais podem INFESTAR o sistema nervoso, dos quais os mais importantes são o Cisticerco, o Equinococo e o Schistosomo.* (BAP) ♦ *Aquilo está INFESTADO de aproveitadores, gentinha louca pra ficar rica da noite para o dia.* (ES) **Enfestar** significa "dobrar", "aumentar".

infiel

O superlativo absoluto sintético é **infidelíssimo**. ♦ *Estamos vendo um filme de Abel Ferrara, claro. "Os Chefões", no caso. Título que começa por ser a tradução INFIDELÍSSIMA de "The Funeral" e só se justifica como tentativa desesperada de salvar um fracasso comercial previsível.* (FSP)

infinitivo [valor passivo]

O infinitivo que se usa como complemento de adjetivo dispensa o pronome **se** para ter valor passivo ou de indeterminação do sujeito. ♦ *De modo geral o livro é bom de LER.* (FSP) ♦ *E o charme, aquela coisa difícil de DEFINIR mas fácil de RECONHECER quando se encontra pela frente, onde entra?* (VEJ) ♦ *Plavinil é duro de RASGAR ou de ROMPER.* (MAN)

Entretanto, ocorrem construções com o **se**. ♦ *Coisa boa de se PENSAR e DISCUTIR.* (P) ♦ *Isto é fácil de se VERIFICAR (...).* (TL) ♦ *Na cidade, a vida é um jogo difícil de se JOGAR.* (PEN) ♦ *O juiz Godoi, que o próprio Ivens Mendes chamou de "unha de cavalo" – eufemismo para o que é DURO DE se DOBRAR – é que foi depor no Tribunal.* (FSP)

inflação ⇨ Ver **infração.**

É substantivo, especialmente termo de economia, que designa situação de desequilíbrio caracterizada por alta geral e continuada de preços e queda no valor da moeda e no poder aquisitivo, resultantes do aumento dos meios de pagamento em relação ao volume de bens disponíveis. ♦ *INFLAÇÃO é a queda do valor da moeda. O sintoma é o aumento insistente dos preços.* (VEJ) ♦ *A INFLAÇÃO é a subida de preços. Mas de uma infinidade de preços.* (VEJ)

Infração é substantivo que designa o ato de **infringir**.

infligir ⇨ Ver infringir.

1. **Infligir** significa "aplicar (pena, castigo, repreensão, derrota)". ♦ *É por isto que a Igreja deve possuir e possui o direito de INFLIGIR também penas temporais.* (OSA) ♦ *Apesar do sofrimento que ele lhe INFLIGIA, ela era mansa, submissa e fiel ao senhor seu marido.* (VIC)

2. Usa-se com um complemento sem preposição (objeto direto), podendo ocorrer outro complemento (referente a pessoa) iniciado pela preposição **a**. ♦ *Coube ao japonês Masahiko Harada INFLIGIR a primeira derrota ao brasileiro, arrebatando-lhe o título.* (MU) ♦ *Era um inferno terreno para o fanático bispo protestante, que, em nome de Deus, INFLIGIA ao enteado castigos cruéis.* (VEJ)

Infringir significa "violar", "desrespeitar".

influenza

É palavra italiana que designa moléstia do tipo da gripe. A origem do termo é a expressão italiana *influenza della stagione*, "influência da estação (fria)". ♦ *Joslin, o criado, sofrera, há dias, um ataque de INFLUENZA, da qual convalescia.* (PRE)

influir

1. Conjugação:

Na conjugação, há formas em que o **I** forma ditongo com o **U** (**UI**), e, nesse caso, pela regra geral de acentuação, não há acento. ♦ *Tudo isso INFLUI nas nossas determinações de momento.* (SM)

Há formas em que o **I** é vogal tônica, formando hiato com o **U** (**UI**), e, nesse caso, pela regra geral de acentuação:

- é acentuado quando fica sozinho na sílaba, ou apenas com um **S**. ♦ *As secas (...) INFLUÍRAM de maneira direta na diminuição da produção cafeeira.* (CRU)

- não é acentuado se não fica sozinho na sílaba. ♦ *O Nordeste foi a zona açucareira por excelência, o que decididamente INFLUIU na invasão dos holandeses.* (GHB)

2. Modo de construção:

◇ Significando "exercer influência", usa-se com complemento iniciado pelas preposições **em** (mais tradicional) ou **sobre**. O complemento pode deixar de ser expresso. ♦ *A música INFLUI grandemente em sua arte, assim como a literatura (principalmente Dostoievski).* (MAN) ♦ *O regime e vida do adolescente INFLUI também decisivamente sobre sua saúde.* (AE) ♦ *Os alunos serão aprovados por idade e o aproveitamento escolar não INFLUI.* (ESP)

◇ Significando "contribuir", "concorrer", usa-se com complemento iniciado pela preposição **para**. ♦ *Não se pode esquecer que o próprio Tiradentes era maçon e que isso, sem qualquer discussão, INFLUIU para que ele se achegasse aos demais revolucionários, entre os quais abundavam "irmãos" e pessoas de alta espiritualidade.* (FI)

informar(-se) ⇨ Ver enformar.

1. **Informar** significa "dar informação". ♦ *Heládio INFORMA ao vizinho que houve problema com a voltagem ali no subsolo.* (NB)

Enformar significa "colocar em forma".

2. Modo de construção:

2.1. O verbo **informar** usa-se com dois complementos, um sem preposição (objeto direto, que pode ser oracional) e o outro iniciado por preposição. Um deles se refere a pessoa (instituição etc.), havendo duas possibilidades de construção:

◇ a pessoa vem no complemento iniciado pela preposição **a** e o outro complemento é sem preposição. ♦ *Koch INFORMOU à Sociedade de Fisiologia de Berlim que tinha descoberto o bacilo causador da tuberculose.* (APA)

infra-

◇ a pessoa vem no complemento sem preposição (objeto direto) e o outro complemento se inicia pelas preposições **de** ou **sobre**. ◆ *Edu o INFORMARA de que a Confederação Nacional dos Desempregados estava mesmo preparando uma grande demonstração de força.* (GRE) ◆ *INFORMEI o JB sobre tudo o que estava acontecendo naquele mesmo dia.* (NBN)

Frequentemente o complemento referente a pessoa não vem expresso. ◆ *Barasnevicius não INFORMOU de qual doença ela sofre por "uma questão de ética".* (FSP) ◆ *Os jornais INFORMARAM sobre a poluição causada pela Usina Termelétrica de Candiota.* (QUI)

2.2. A forma pronominal (**informar-se**) usa-se com complemento iniciado pelas preposições **de**, **sobre** ou **a respeito de**. ◆ *INFORMANDO-SE da vida que seu algoz de ontem e sua futura vítima levava, consumiu-se ainda mais no desespero.* (PCO) ◆ *Maria Berco INFORMOU-SE sobre o que acontecia.* (BOI)

infra- ⇨ Ver **supra-**.

É prefixo de origem latina que indica posição inferior. Liga-se ao elemento seguinte:

◇ com hífen, se o elemento começar por vogal, **H** ou **A**. ◆ *A presença de microrganismos nos gametas e em ovos recentes foi observada em animais INFRA-HUMANOS.* (OBS) ◆ *Dizem os Cidadãos INFRA-ASSINADOS que (...).* (VOL)

◇ sem hífen, antes das outras consoantes e vogais. ◆ *As atribuições da Justiça do Trabalho são constitucionais e a MP tem valor INFRACONSTITUCIONAL.* (VEJ) ◆ *As súmulas, as sinopses, a seleção dos computadores, são recursos indispensáveis numa época que hipertrofiou seus conhecimentos muito depressa, sem a necessária INFRAESTRUTURA.* (OV)

Se o elemento seguinte começar por **R** ou **S**, é necessário duplicar essa letra (que ficará entre duas vogais, na escrita). ◆ *O tratamento consistiu de uma aneurismectomia da aorta abdominal INFRARRENAL.* (ACB)

infração ⇨ Ver **infringir** ⇨ Ver **inflação**.

É substantivo que designa o ato de **infringir**. ◆ *O pior era ter que lavrar autos de INFRAÇÃO.* (RIR)

Inflação é substantivo, especialmente termo de economia, que designa situação de desequilíbrio caracterizada por alta geral e continuada de preços e queda no valor da moeda e no poder aquisitivo, resultantes do aumento da circulação monetária em relação ao volume de bens disponíveis.

Infraero

É a sigla de **Empresa Brasileira de Infraestrutura Aeroportuária**. ◆ *A Empresa de Infraestrutura Aeroportuária (Infraero) manda representante ao I Seminário sobre Aeródromos, que se realizará no período de setembro a outubro, no Japão.* (CB)

infravermelho ⇨ Ver **infra-**.

1. Sem hífen. ◆ *O INFRAVERMELHO pode ser definido como uma radiação que, ao ser absorvida pela pele, é transformada em calor.* (ELE)

2. O plural é **infravermelhos**. ◆ *As fontes produtoras de raios INFRAVERMELHOS podem ser classificadas em fontes luminosas e não luminosas.* (ELE)

infrene

A sílaba tônica é a penúltima (**FRE**), e, por isso, a palavra não leva acento. É adjetivo que significa "desenfreado", "descomedido". ◆ *Já não são apenas os programas de linchamento das televisões, mas toda a imprensa brasileira, sem nenhuma exceção, na disputa INFRENE e a crítica pelo furo a qualquer preço.* (FSP)

infringir ⇨ Ver **infligir** ⇨ Ver **infração**.

Infringir significa "violar", "desrespeitar". ◆ *O piloto alemão INFRINGIU regulamento da F-1 ao ultrapassar na volta de apresentação do GP da Inglaterra.* (FSP)

Infligir significa "aplicar (pena, castigo, repreensão, derrota)".

ingerir

De conjugação irregular, o verbo **ingerir** tem **I** na primeira pessoa do singular do presente do indicativo, e, consequentemente, em todo o presente do subjuntivo. Nas demais formas o radical tem **E**, que é aberto quando é tônico. Significa "introduzir no estômago por ingestão", ou seja, "comer" ou "beber". ♦ *Para tanto basta que, como o porco, INGIRA alimentos com ovos embrionários.* (GAN) ♦ *Um homem respira cerca de vinte vezes por minuto e a cada vez INGERE um litro e meio de ar.* (OV)

Inglaterra [Europa] ⇨ Ver anglo-.

O adjetivo pátrio é **inglês**. ♦ *A conhecida pontualidade britânica não foi confirmada pelo grupo INGLÊS.* (AMI)

Anglo- é o elemento correspondente, usado na formação de adjetivos pátrios.

íngreme

A sílaba tônica é a antepenúltima (**ÍN**), e, por isso, a palavra leva acento (proparoxítona). Significa "que tem grande declive", "escarpado". ♦ *Os animais começaram a subir uma rampa tortuosa e ÍNGREME.* (ALE)

inigualável

Com **I** na segunda sílaba (como **igual**). ♦ *Encontrar alguém que nos escute e nos compreenda é um privilégio INIGUALÁVEL.* (REA)

iníquo

A sílaba tônica é **NÍ**, e, por isso, a palavra leva acento. Significa "sem equidade", "perverso". ♦ *O cardeal Richard Mahony, arcebispo católico do sul da Califórnia, resumiu o espírito INÍQUO da Lei Wilson.* (VEJ)

injetar ⇨ Ver ejetar.

Injetar significa "lançar dentro", "introduzir [líquido]", "aplicar". ♦ *Sua agressividade, tanto na sua postura pessoal quanto nas letras de suas músicas, INJETOU vitalidade no movimento feminino.* (FSP) ♦ *Ele se INJETOU uma vacina contra radiação que ele mesmo tinha inventado.* (BL)

Ejetar significa "projetar para fora", "expulsar".

Inmet

É a sigla de **Instituto Nacional de Meteorologia**. ♦ *Em Santana, onde fica a estação medidora do Inmet (Instituto Nacional de Meteorologia), a chuva chegou a 25 mm.* (FSP)

Inmetro

É a sigla de **Instituto Nacional de Metrologia, Normalização e Qualidade Industrial**. ♦ *Os relatórios encontram-se disponíveis no Inmetro a quem desejar conhecê-los.* (VEJ)

inocente

Adjetivo ou substantivo, tem a mesma forma para masculino e feminino (substantivo comum de dois). ♦ *Deus protege os INOCENTES.* (AM) ♦ *A INOCENTE colegial dos tempos de dantes ouvia falar veladamente nos abismos do mundo.* (CRU)

inodoro

A sílaba tônica é a penúltima (**DO**, com **O** aberto). Significa "sem odor". ♦ *Iria usar um líquido desinfetante, INODORO e incolor, e que já era usado em outros hospitais.* (ESC)

INPC

É a sigla de **Índice Nacional de Preços ao Consumidor**. ♦ *Assim que for divulgada a variação efetiva do INPC referente a maio, os salários serão revistos.* (ESP)

INPE

É a sigla de **Instituto Nacional de Pesquisas Espaciais**. ♦ *O Brasil depende de imagens repassadas pela NASA ao INPE (Instituto Nacional de Pesquisas Espaciais), subordinado ao Estado-Maior das Forças Armadas.* (GPO)

INPI

É a sigla de **Instituto Nacional de Propriedade Industrial**. ♦ *A marca L'Uomo no Brasil é de propriedade do Sr. José Alves de Araújo, cujo registro no INPI está sob o nº 811.493.059.* (RI)

INPS

É a sigla de **Instituto Nacional de Previdência Social**. ◆ *Antonio e D. Maria Emília estão na fila do INPS*. (VL)

input ⇨ Ver *output*.

1. É palavra inglesa que, na informática, se usa para designar a entrada de dados a ser processados. A pronúncia aproximada é **ínput**. ◆ *Basta acrescentar uma placa de I/O (sigla em inglês que significa INPUT and Output – entrada e saída) ao microcomputador.* (FSP) 2. Designa, também, em outros campos, a entrada de dados ou de matéria. ◆ *Um cientista inglês acha que até o ano 2020 a ciência terá encontrado o elo tão procurado entre a química cerebral e o "INPUT" cerebral externo/interno.* (FSP) ◆ *Mas há um ponto ainda crucial: a relação entre o "INPUT" (os recursos que são consumidos para fabricar algo) e o "output" (o resultado da fabricação).* (FSP) ◆ *Nessa sequência, a saída (output) de matéria ou energia de um subsistema torna-se a entrada (INPUT) para o subsistema de localização adjacente.* (GEM)

inquérito

A sílaba tônica é a antepenúltima (**QUÉ**), e, por isso, a palavra leva acento (proparoxítona). ◆ *As notas fiscais da Mundial, de acordo com o INQUÉRITO, eram falsas.* (FSP)

inquestionável

O **U** do grupo **QU** não é pronunciado. ◆ *É INQUESTIONÁVEL que o atual modelo de nosso Sistema Tributário não consegue ser instrumento eficaz de redistribuição de renda e da riqueza nacional.* (FOR-O)

inquirir, inquirição

O **U** do grupo **QU** não é pronunciado. O verbo **inquirir** significa "indagar", "investigar", e **inquirição** é o substantivo correspondente. ◆ *Viemos INQUIRIR sobre o paradeiro de três mulheres residentes nesta casa.* (NOF) ◆ *O processo de INQUIRIÇÃO foi tão longo e penoso que o homem está realmente perturbado.* (OAQ)

inserir, inserido ⇨ Ver inserto.

1. De conjugação irregular, o verbo **inserir** tem **I** na primeira pessoa do singular do presente do indicativo e, consequentemente, em todo o presente do subjuntivo. Nas demais formas o radical tem **E**, que é aberto quando é tônico. O verbo significa "introduzir(-se)", "intercalar(-se)", "incluir(-se)". ◆ *Como já se viu, é comum entre uma pergunta e uma resposta se INSIRAM ou encaixem sequências de perguntas e respostas.* (ANC) ◆ *Os dois curadores escolheram então nove artistas que retomam essa discussão do espaço onde a obra se INSERE.* (FSP)

2. A forma de particípio **inserido** é usada com todos os auxiliares. ◆ *O trabalho não se sustentaria se Monet não tivesse INSERIDO o evento repentino, e no fundo anedótico, da chegada do barco com as duas moças.* (FSP) ◆ *Através da computação gráfica, o personagem de Tom Hanks é INSERIDO em vários filmes antigos e cenas de TV.* (GAZ) ◆ *A escola guarda uma relação estreita com a sociedade em que ela está INSERIDA.* (ATE)

Usa-se também como adjunto de um substantivo. ◆ *A seguir, o sangue é bombeado de volta ao organismo, no qual penetra pela cânula INSERIDA na veia.* (CLI)

A forma **inserto** é usual apenas com o verbo **estar** ou como adjetivo.

inserto ⇨ Ver incerto ⇨ Ver inserir, inserido.

Inserto é o mesmo que **inserido**, mas tem uso bem menos frequente (2%). Além disso, usa-se apenas com o verbo **estar** ou como adjunto do substantivo. ◆ *Mas, Sr. Presidente, Srs. Senadores, lamentavelmente, a discussão sobre o tema das desigualdades regionais até agora não passou de especulação e retórica, (...) muito embora esteja INSERTA no texto da Constituição Federal a erradicação da pobreza, da marginalização e a redução das desigualdades sociais e regionais.* (MIR-O) ◆ *O objeto da norma INSERTA nos arts. 103 e 106 é evitar decisões contraditórias.* (FSP)

Incerto significa "não sabido", "ignorado".

insight

É palavra inglesa que significa "compreensão intuitiva rápida de uma situação, um problema, uma atitude, um comportamento". A pronúncia é, aproximadamente, **insait**. ◆ *Tempos depois ele teve seu terceiro "INSIGHT".* (BUD)

insipidez

Com **Z**, como todo substantivo abstrato em **-ez** derivado de adjetivo. ◆ *O filme ("Crime no Circo") só não ganhava em INSIPIDEZ dos seriados com o agente secreto X-9.* (FSP)

insistir

1. Significando "persistir", "teimar", "continuar insistentemente a", usa-se com complemento iniciado pela preposição **em**. ◆ *E o senhor INSISTE em pôr a culpa em mim.* (AFA) ◆ *Procurador INSISTE no bloqueio de bens.* (FSP)

2. Significando "reiterar atenção especial", usa-se com complemento iniciado pelas preposições **em** ou **sobre**. ◆ *Cavalgamos lado a lado, e Tio Emílio INSISTE no mesmo tema: que as coisas vão mal.* (SA) ◆ *Não vamos INSISTIR nisso... é uma ideia demasiadamente cruel.* (P-REA) ◆ *Marvin não INSISTIU sobre a falta da fotografia de Joyce.* (PRE)

3. Significando "dizer com insistência", "aconselhar com insistência", "instar", usa-se:

◇ com um complemento (referente a pessoa) iniciado pela preposição **com** e outro iniciado pela preposição **para**, podendo o primeiro deles deixar de ser expresso. ◆ *Outra hora INSISTIU com Habib para acompanhá-lo a Minas, do outro lado do rio.* (ID) ◆ *Entretanto, você INSISTIA para que eu fosse o herdeiro de sua submissão.* (CNT)

◇ com complemento iniciado pela preposição **em**; se o complemento for oracional, a preposição pode deixar de ocorrer. ◆ *Poderia eu INSISTIR em que, na escala estatística, há indicações de que a mortalidade infantil em alguns desses municípios chega a quase 200 por mil.* (JK-O) ◆ *Respondi que não tinha o menor indício de renúncia e ele INSISTIU*

que as agências já estavam dando a renúncia como decidida. (NBN)

insólito

Insólito significa "extraordinário", "invulgar". ◆ *Antes mesmo de chegar a Andaraí, Jenner ouvira falar do INSÓLITO procedimento do Padre Coelho.* (ALE)

insosso

Com **S** e com **SS**. A palavra significa "sem o sal necessário", "sem tempero", "sem graça". O mesmo que **insulso**. ◆ *O almoço e o jantar – arroz, feijão e angu INSOSSOS – vinham no prato esmaltado encardido.* (CNT) ◆ *O saber dos jesuítas era INSOSSO e atrelado a ideias religiosas e políticas.* (BOI)

INSS

É a sigla de **Instituto Nacional do Seguro Social**. ◆ *O INSS aguarda o resultado do julgamento para tentar reaver parte do dinheiro perdido com as fraudes.* (ESP)

instar

1. Significando "insistir junto a", "fazer gestões junto a", usa-se com um complemento (referente a pessoa) sem preposição e outro complemento (oracional ou não) iniciado pelas preposições **a** ou **para**. ◆ *INSTOU-os à greve.* (FSP) ◆ *O presidente Clinton chamou Arafat e Rabin para uma sala reservada e os INSTOU a solucionar a questão de imediato.* (FSP) ◆ *Manuelzão INSTAVA o povo para rezarem o terço, a mando do padre.* (COB)

2. Significando "insistir", usa-se:

◇ com um complemento (referente a pessoa) iniciado pela preposição **com** e outro, oracional, iniciado pela preposição **para**, podendo o primeiro deles deixar de ser expresso. ◆ *Nessa altura, o senador Pedro Simon, encantado com aquele talento de vate rústico, INSTOU com ele (...) para que deixasse a prosa.* (FSP) ◆ *Ele INSTOU para que repetísseis a palavra.* (B)

◇ com um complemento oracional iniciado pela preposição **em**. ◆ *INSTOU em me ceder o leito inferior.* (L)

instinto

3. Significando "pedir com insistência", "rogar", usa-se com discurso direto. ♦ *Fale, homem! – INSTOU o padre.* (ALE)

instinto

Os adjetivos correspondentes são:

◇ **instintivo**. ♦ *Seu gesto foi o reflexo INSTINTIVO de um jogador sob pressão.* (VEJ)

◇ **instintual**. ♦ *A fera que ruge e nos assusta seria uma representação de nossa parte animal e INSTINTUAL, que, quando desprezada, pode se voltar agressivamente contra nós mesmos e nos devorar completamente.* (TA)

instituir

Na conjugação, há formas em que o **I** forma ditongo com o **U** (**UI**), e, nesse caso, pela regra geral de acentuação, não há acento. ♦ *Pouco a pouco, INSTITUI-se uma nova divisão do trabalho doméstico.* (LAZ)

Há formas em que o **I** é vogal tônica, formando hiato com o **U** (**UI**), e, nesse caso, pela regra geral de acentuação:

- é acentuado quando fica sozinho na sílaba, ou apenas com um **S**. ♦ *A reforma judiciária baseou-se na lei de Ventoso, que INSTITUÍA vinte e nove cortes de apelo.* (HG)

- não é acentuado se não fica sozinho na sílaba. ♦ *Não poderia o ensino brasileiro ficar à margem do planejamento, que a Revolução INSTITUIU no Brasil em termos sérios e definitivos.* (CPO)

instruir(-se)

1. Conjugação:

Na conjugação, há formas em que o **I** forma ditongo com o **U** (**UI**), e, nesse caso, pela regra geral de acentuação, não há acento. ♦ *Com "Conhecer" você SE INSTRUI.* (REA)

Há formas em que o **I** é vogal tônica, formando hiato com o **U** (**UI**), e, nesse caso, pela regra geral de acentuação:

- é acentuado quando fica sozinho na sílaba, ou apenas com um **S**. ♦ *Às vezes acho que até é melhor uma pessoa não ser INSTRUÍDA, não saber ler.* (FSP)

- não é acentuado se não fica sozinho na sílaba. ♦ *O dever mais nobre do bibliotecário é ensinar a ler, para INSTRUIR.* (BIB)

2. Modo de construção:

2.1. **Instruir**:

◇ quando significa "transmitir instrução ou conhecimento a", usa-se com um complemento sem preposição (objeto direto, referente a pessoa) e outro complemento iniciado pela preposição **em**, podendo qualquer um deles deixar de ocorrer. ♦ *O amigo veterano INSTRUI o amigo mais novo no caminho da correta compreensão.* (BUD) ♦ *A mãe do garoto inutilmente procurava INSTRUÍ-lo com amor, expondo-lhe as razões sensatas e as vantagens de uma conduta honesta.* (PCO) ♦ *E nada mais se pode exigir de uma obra que satisfaz os três pontos capitais para uma ótima leitura: – distrai, INSTRUI e educa.* (VID)

◇ quando significa "transmitir instruções sobre como proceder", usa-se com um complemento sem preposição (objeto direto, referente a pessoa) e outro complemento iniciado pela preposição **sobre**, podendo qualquer um deles deixar de ocorrer. ♦ *Não será permitido aos técnicos ou treinadores INSTRUIR seus atletas quando das substituições dos mesmos.* (FUT) ♦ *Para evitar que atrasasse o desfile carioca, INSTRUÍ sobre a liberação das malas e a condução dos produtos importados para o depósito.* (CAA)

◇ quando significa "preparar para julgamento mediante juntada dos documentos necessários", usa-se com um complemento sem preposição (objeto direto não referente a pessoa). ♦ *Jamais poderemos confiar uns nos outros e INSTRUIR convenientemente as matérias que devem subir a julgamento final.* (JL-O)

2.2. **Instruir-se** usa-se sem complemento ou com complemento iniciado pela preposição **sobre**. ♦ *Assim, as pessoas vão SE INSTRUIR e poder consumir livros e discos, por exemplo.* (JK-O) ♦ *Deve INSTRUIR-SE sobre os métodos de trabalho e técnicas específicas.* (JL-O)

instrumental

É substantivo coletivo para instrumentos. ♦ *O INSTRUMENTAL de preparação utilizado vai desde o martelo e a talhadeira até as brocas rotativas e os aparelhos vibratórios.* (AVP)

inter-

instrutor

O feminino é **instrutora**. ◆ *[As bruxinhas] Tentam sair de cena atrás da INSTRUTORA, que também se arrasta.* (BR)

insurreto, insurrecto

São variantes. Significam "que / quem se insurgiu contra a ordem estabelecida", "sublevado". A primeira forma é bem mais usual (88%). ◆ *A colonização francesa do Haiti foi de tal modo brutal que os escravos INSUR-RETOS preferiram arrasar tudo a guardar quaisquer vestígios da presença do odiado colonizador.* (FSP) ◆ *Segundo ele, os russos estão em maior dificuldade, ajustando ainda sua equipe, desfalcada dos INSURRECTOS que preferiram a diáspora russa no Mediterrâneo do que servir sob o comando do treinador atual.* (FSP)

íntegro

O superlativo absoluto sintético (de uso raro) é **integérrimo**. O adjetivo significa "inteiro", "completo", "de conduta irrepreensível". ◆ *De vez em quando, apenas, vinha comentar qualquer coisa, fazendo o Major enrugar mais a testa e pronunciar um murmúrio de interjeições INTEGÉRRIMAS.* (SA)

inteireza

Com **Z**, como todo substantivo abstrato em **-eza** derivado de adjetivo. ◆ *Porém, mais certamente, fomos buscar na também recente Constituição portuguesa a expressão em sua INTEIREZA.* (OS)

intelligentzia, intelligentsia

São formas variantes, dicionarizadas e ocorrentes, de palavra de origem russa que designa o conjunto de intelectuais considerados como elite artística, social ou política. Usam-se frequentemente em referência irônica. A forma com **S**, indicada como preferível, é muito mais usual (87%). ◆ *Os dois integrantes da "INTELLIGENTZIA" carcerária paulista usam sapatos de couro, vestem calças de linho e camisas sociais.* (FSP) ◆ *O louvor vem do povo, a canalhice da INTELLIGEN-TSIA.* (VEJ)

intempestivo, intempestivamente, intempestividade ⇨ Ver tempestivo, tempestivamente; tempestuoso.

1. **Intempestivo** significa "que acontece em ocasião que não é propícia", "inoportuno", "súbito". ◆ *O INTEMPESTIVO anúncio não causou dano apenas à imagem da prefeitura.* (FSP)

Tempestivo tem o significado oposto.

2. **Intempestivamente** é o advérbio correspondente ("em ocasião que não é propícia", "subitamente"). ◆ *Dois homens ergueram-se INTEMPESTIVAMENTE, trocando insultos, derrubando cadeiras, copos e garrafas.* (N)

3. O substantivo correspondente é **intempestividade**. ◆ *E reaparecem os temas de "Kane", em outro diapasão: o contraste entre potência e impotência, o mundo que se quer e o que aí está, a INTEMPESTIVIDADE e a frustração, o paraíso e a queda.* (FSP)

intenção, intensão

1. **Intenção** significa "propósito", "intento". ◆ *Chicão parou na porta de um borracheiro com a INTENÇÃO de consertar o pneu furado.* (AGO)

2. **Intensão** significa "veemência", "intensidade". ◆ *A INTENSÃO morna atribuída ao retrato de família permanece.* (FSP)

inter- ⇨ Ver entre-.

É prefixo de origem latina que indica posição intermediária. Liga-se ao elemento seguinte:

◇ com hífen, se o elemento começar por **H** ou **R**. ◆ *Segundo Ferrier, Luciani e Munck as duas áreas corticais da audição seriam também ligadas por fibras comissurais IN-TER-hemisféricas.* (ACL) ◆ *Um ecossistema opera através da INTER-relação funcional de espécies.* (ATN)

◇ sem hífen, antes de vogal e das outras consoantes. ◆ *A central INTERURBANA faz a conexão entre assinantes de localidades diferentes.* (TEB) ◆ *Não faremos distinção entre gênese, motivações e objetivos do projeto INTERDISCIPLINAR.* (IP) ◆ *Uma comissão INTERSECRETARIAL foi supervisionar a implementação do plano.* (FSP)

inter vivos

Algumas palavras formadas por **inter-** seguido de elemento iniciado por **R** não se escrevem com hífen porque já vieram formadas do latim: **interrogar, interrogatório, interromper, interrupção** etc.

inter vivos

É expressão latina que significa "entre vivos", usada na linguagem jurídica em referência a uma transmissão ou uma doação. ◆ *Os empreendimentos hoteleiros estão isentos, por seis anos, de ICM e do imposto de transmissão "INTER VIVOS".* (VIS) ◆ *A doação INTER VIVOS estendeu-se a todos os graus de parentesco, primos até segundo grau inclusive, cunhados e entre cônjuges.* (FSP)

intercepção, interceptação, intercessão ⇨ Ver **interseção, intersecção.**

1. **Intercepção** é substantivo correspondente ao verbo **interceptar.** É o mesmo que **interceptação**, ocorrente em 30% dos casos. ◆ *A paralisia e a perda da capacidade de contração muscular voluntária, devido à INTERCEPÇÃO funcional ou orgânica da via motora.* (TC) ◆ *As novas regras para a INTERCEPTAÇÃO telefônica são a matéria de quatro artigos do decreto-lei ontem assinado pelo Conselho de Ministros da Itália.* (MS-O)

2. **Intercessão** é substantivo correspondente ao verbo **interceder.** Tem **S** na última sílaba, como todo substantivo ligado a verbo terminado em **-der.** ◆ *Sinhá Velha, sozinha na capela, de joelhos, suplicava a INTERCESSÃO da Virgem do Rosário.* (TS) ◆ *Um casal de alemães queria entregar a Schimidt uma carta pedindo a INTERCESSÃO dele para acabar com o depósito compulsório para as viagens ao exterior.* (SC)

Interseção, ou **intersecção**, é substantivo que significa "corte", "cruzamento".

interessar, interessar-se

1. **Interessar** usa-se:

◇ com complemento sem preposição (objeto direto), com o significado de "captar o interesse de". ◆ *Ia dar ordem de partida quando entreouviu uma conversa que pareceu INTERESSÁ-lo.* (N) ◆ *Marialva olhava ora para um ora para outro, aquele assunto INTERESSAVA-a particularmente.* (PN)

◇ com complemento iniciado pela preposição **a**, com o significado de "ser do interesse de", "dizer respeito"; o complemento pode não vir expresso. ◆ *Mas nada disso INTERESSOU ao crítico.* (OG) ◆ *Não me INTERESSA fazer arte brasileira.* (IS) ◆ *Não INTERESSA a quantidade, o que vale é a qualidade...* (ACT)

2. **Interessar-se** usa-se com complemento iniciado pelas preposições **por** ou **em.** Significa "ter interesse", "empenhar-se". ◆ *O homem não SE INTERESSA por uma vida eterna em que seria infinitamente feliz, nem tem medo do inferno, onde seria eternamente desgraçado.* (SIG-O) ◆ *Por que falava assim, se, pelo seu comportamento, era lícito supor que não SE INTERESSARIA em comparecer?* (VPB)

interesse

1. Como substantivo, tem o **E** tônico fechado. ◆ *Costumava olhar para Tulio Renzi de um modo indefinido, um misto de censura e INTERESSE.* (ACM)

2. Como forma verbal, tem o **E** tônico aberto. ◆ *Afinal, mesmo debaixo de confissão, não posso dizer nada que INTERESSE à Dona.* (MMM)

Em nenhum caso a forma leva acento.

interface

É a forma portuguesa correspondente ao inglês *interface* (pronúncia aproximada: **interfeis**). O significado é "ligação", "meio de interação". ◆ *Como é impossível literatura sem palavras. Na palavra, psicanálise e literatura encontram uma INTERFACE. Nessa INTERFACE há semelhanças, pontos comuns – e diferenças.* (APA)

ínterim

A sílaba tônica é a antepenúltima (**ÍN**), e, por isso, a palavra leva acento (proparoxítona). Significa "espaço de tempo intermediário". ◆ *Nesse ÍNTERIM a gente toma posse e ocupa o Limoeiro.* (MMM)

interseção, intersecção

intermediar ⇨ Ver **-iar.**

Conjuga-se como **mediar**, que é um dos cinco verbos em **-iar** que recebem E nas formas rizotônicas, isto é, nas formas que têm a sílaba tônica no radical. Nessas formas, eles se conjugam, pois, como se fossem verbos em **-ear**. ◆ *As pessoas que INTERMEDEIAM as doações para estrangeiros são tratadas como traficantes, porque recebem por seus serviços.* (MAN)

Os outros verbos do mesmo tipo são **ansiar, incendiar, odiar, remediar.**

intermezzo ⇨ Ver **entreato.**

É palavra italiana que significa o mesmo que **entreato**: em referência a teatro, o substantivo designa intervalo entre dois atos; genericamente, significa, simplesmente, "intervalo". ◆ *Para repouso de tanta violência, o lindo INTERMEZZO da ópera surge como um bálsamo.* (EM) ◆ *Depois do INTERMEZZO político, integra-se inteiramente no ensino da Administração.* (ATA)

Ambas as palavras, a italiana e a portuguesa, são usuais, tanto no sentido específico ligado a teatro como no sentido genérico. *Intermezzo*, porém, é mais frequente (58%).

internacionalizar(-se)

Com Z, como todo verbo formado com o sufixo **-izar**. Significa "tornar(-se) internacional". ◆ *Como ministro, ele participou da formulação do plano econômico do presidente Kim Young Sam, que desregulamentou e INTERNACIONALIZOU a economia coreana.* (FSP) ◆ *Hoje, o latifúndio se aburguesou e SE INTERNACIONALIZOU.* (AGR)

Internet, internet; internauta

1. **Internet / internet** é palavra inglesa que, em informática, designa conjunto de redes de computadores ligadas entre si, cujos principais serviços oferecidos são o correio eletrônico (*e-mail*), o bate-papo (*chat*) e a *Web*. ◆ *Muitos se apaixonaram pelo aprendizado via INTERNET – rede mundial de computadores.* (FSP) ◆ *Há cadernos, suplementos e seções para todos os gostos e idades: INTERNET,*

crianças, clubbers, turismo ecológico, esportes radicais, gastronomia, taras sexuais, teens... (FSP)

A palavra ocorreu com inicial maiúscula em mais de 99% dos casos.

A forma **internet** é oficialmente registrada como portuguesa.

2. **Internauta** é palavra que designa o usuário da rede **internet**. ◆ *O prazer do INTERNAUTA que consegue se conectar na rede deve ser semelhante ao do telegrafista que restabeleceu a ligação com Lisboa.* (FSP)

interpor(-se)

Conjuga-se como o verbo **pôr**. ◆ *Afaste-se de mim, nunca mais SE INTERPONHA em meu caminho, já que conseguiu me desgraçar para sempre.* (CCA) ◆ *Felipão SE INTERPÔS entre ela e mim.* (LC)

intérprete

É masculino quando se refere a elemento do sexo masculino, e feminino quando se refere a elemento do sexo feminino (substantivo comum de dois). ◆ *Sempre mastigando, ele chamou um INTÉRPRETE e pediu que lesse determinado item do regulamento.* (BH) ◆ *De dentro do escritório surgiu a INTÉRPRETE.* (JM)

interseção, intersecção
⇨ Ver **intercepção, interceptação, intercessão.**

Interseção, ou **intersecção**, é substantivo que significa "corte", "cruzamento" (formas igualmente usuais). ◆ *Se o ponto é definido como INTERSEÇÃO entre duas retas, e a douta Comissão deveria se limitar ao exame do ponto, não poderia sequer iniciar sua investigação.* (FSP) ◆ *Qualquer ponto de um plano pode ser indicado por duas coordenadas, isto é, estará na INTERSECÇÃO de duas retas.* (MTE)

Intercepção é substantivo correspondente ao verbo **interceptar**. É o mesmo que **interceptação**.

Intercessão é substantivo correspondente ao verbo **interceder**.

intervir, intervindo ⇨ Ver **vindo**.

1. **Intervir** conjuga-se como o verbo **vir**. ♦ *Primeiro, só observei, mas, depois, quando vi que eles batiam nela, INTERVIM e tirei a garota das mãos deles.* (VEJ) ♦ *A pessoa que INTERVEIO tem um aspecto inusitado.* (CH) ♦ *Não admitiria que INTERVIESSEM nisso.* (FSP)

2. **Intervindo** é forma tanto de gerúndio como de particípio do verbo **intervir**:

◇ **gerúndio.** ♦ *Segundo informou sua assessoria, Chirac diz que não está INTERVINDO na política argelina nem apoia o governo militar do país do norte da África.* (FSP)

◇ **particípio.** ♦ *Banco Central poderia, e talvez devesse, ter INTERVINDO antes.* (FSP)

Não tem justificativa, para o particípio, uma formação como **intervido**.

intestino

Os adjetivos correspondentes são:

◇ **intestinal.** ♦ *Lúcia chegou a admitir que seu filho tivera problema INTESTINAL durante um ano.* (VEJ)

◇ **entérico.** ♦ *A bile alcaliniza o meio **intestinal**, favorecendo a ação das enzimas dos sucos pancreático e ENTÉRICO.* (FIA)

intimorato, intemerato

1. **Intimorato** significa "destemido", "corajoso". ♦ *Lá está o Lênin épico, herói dos camponeses mortos de frio, a transmitir, INTIMORATO, o poder a um Stálin de aparência neutra, que é tudo o que ele não foi.* (FSP)

2. **Intemerato**, que significa "puro", "sem mácula", não é usual atualmente. ♦ *A Conceição INTEMERATA de Maria, que objeto!* (OPL)

intoxicar ⇨ Ver **tóxico, toxicômano.**

O X representa som de KS. ♦ *O mercúrio, porém, é um metal pesado capaz de INTOXICAR gravemente o organismo.* (APA)

intra-

É prefixo de origem latina que indica posição interior, movimento para dentro (correspondendo, em parte, ao prefixo de origem grega **endo-**). Liga-se ao elemento seguinte:

◇ com hífen, se o elemento começar por vogal, **H** ou **A**. ♦ *Quando há quadro hemorrágico INTRA-abdominal, com frequência, o sangue é facilmente aspirado.* (CLC) ♦ *O substrato histopatológico consiste em obstrução das vias biliares INTRA-hepáticas.* (OBS)

◇ sem hífen, antes das demais consoantes e vogais ♦ *A intervenção por via INTRABUCAL está perfeitamente enquadrada no campo de ação do dentista.* (REA) ♦ *Contratos INTRAEMPRESAS de longo prazo, que hoje são corroídos pela inflação, poderiam ser feitos com a URV.* (FSP) ♦ *Para estes autores, o diagnóstico INTRAOPERATÓRIO necessita de cirurgião com experiência em cirurgia hipofisária.* (ANE)

Se o elemento seguinte começar por **R** ou **S**, é necessário duplicar essa letra (que ficará entre duas vogais, na escrita). ♦ *Por sua vez, a política urbana cria condições para a circulação INTRARREGIONAL e a transformação social dos migrantes.* (AMN) ♦ *Essa consciência de caráter INTRASSUBJETIVO constitui-se experiência única, não passível de ser compartilhada, ainda quando relatada.* (PUS)

intrepidez

Com **Z**, como todo substantivo abstrato em **-ez** derivado de adjetivo. Designa a qualidade de intrépido (destemor, coragem, ousadia). ♦ *A INTREPIDEZ e o heroísmo do Major Martinez constituem exemplo para as gerações futuras.* (OL)

intricado, intrincado

São formas variantes. O significado é "emaranhado", "embaralhado". A forma **intricado** é a original, mas é a menos usual (14%). Em **intrincado**, a segunda vogal se tornou nasal por influência da primeira (assimilação). ♦ *Esse estranho emaranhado de siglas tende a tornar-se cada vez mais INTRICADO, à medida que se definirem questões regionais.* (FSP) ♦ *Surgia, então, na cabecinha do garoto um problema INTRINCADO e insolúvel.* (FAN)

intro-

É prefixo de origem latina que indica movimento para dentro. Liga-se sem hífen ao elemento seguinte. ◆ *Lomagno, que era um jovem taciturno e INTROVERTIDO, admirava o entusiasmo e a alegria de viver de Chicão.* (AGO) ◆ *Talvez queira dizer que, ao erigir pragmaticamente em sistema o sonho ou a INTROVISÃO mística, para colocá-lo ao alcance do vulgo, a religião poética o degrada.* (FSP)

intrujice

Com **J**, como **intrujar** e **intrujão**. A palavra significa "logro", "trapaça". ◆ *A maioria dos moradores dos sertões tinha vida de beduíno, morava em instalações provisórias; suas terras não haviam sido plantadas; viviam de burlas e INTRUJICES.* (RET)

intuir

Na conjugação, há formas em que o **I** forma ditongo com o **U** (**UI**), e, nesse caso, pela regra geral de acentuação, não há acento. ◆ *A primeira música, Bruno logo INTUI, é um testamento de Carter.* (VEJ)

Há formas em que o **I** é vogal tônica, formando hiato com o **U** (**UI**), e, nesse caso, pela regra geral de acentuação:

- ele é acentuado quando fica sozinho na sílaba, ou apenas com um **S**. ◆ *Houve casos em que INTUÍ ideias através dos gestos.* (REL)

- ele não é acentuado se não fica sozinho na sílaba. ◆ *Os dois se olham, cada um tentando INTUIR o que o outro pensa.* (MD)

intuito

A sílaba tônica é **TUI** (com ditongo). Escreve-se sem acento. O substantivo designa fim que se tem em vista, intento. ◆ *Podemos criar galinhas por simples prazer ou com INTUITO de lucro.* (CGA)

intumescer

Com **I** na primeira sílaba e com **SC**. Significa "aumentar de volume", "inchar". ◆ *Todo o corpanzil do padre se agitou no riso, o rosto ficou muito vermelho, as cordoveias do pescoço se INTUMESCERAM.* (VER)

inumerável ⇨ Ver enumerável.

Inumerável significa "cujo número não pode ser estabelecido", "que não pode ser contado". ◆ *INUMERÁVEIS animais foram eliminados pelos asiáticos na época da sua chegada na América através do estreito de Behring.* (IS)

Enumerável significa "que pode ser enumerado".

invalidez

Com **Z**, como todo substantivo abstrato em **-ez** derivado de adjetivo. ◆ *As principais causas de INVALIDEZ são: defeitos congênitos, doenças e traumatismos.* (ELE)

invencível ⇨ Ver invicto.

Invencível significa "que não pode ser vencido". ◆ *De repente, um sono INVENCÍVEL pareceu baixar sobre seus olhos.* (DM)

Invicto significa "que não foi vencido".

inverno

Os adjetivos correspondentes são:

◇ **invernal** (muito mais frequente: 80%). ◆ *O resto da história da Cinderela mineira continua nesta semana, sob o céu INVERNAL da América.* (VEJ)

◇ **hibernal.** ◆ *Emerge da névoa como um raio de luz, um nascer de sol HIBERNAL na planície polonesa.* (IS)

invés ⇨ Ver ao invés de ⇨ Ver em vez de.

Escreve-se com **S**. Usa-se **invés** na expressão **ao invés de**, que significa "ao revés de", "ao contrário de". ◆ *Ao INVÉS de contar as milhas que já cumprira, contaria as que faltavam.* (CDI)

investir

De conjugação irregular, o verbo **investir** tem **I** na primeira pessoa do singular do presente do indicativo e, consequentemente, em todo o presente do subjuntivo. Nas demais formas o radical tem **E**, que é aberto quando é tônico. ◆ *A tendência é de que também INVISTA nessa área dentro do Brasil.* (VEJ) ◆ *O gaúcho*

invicto

INVESTE de novo, tem a fúria do galo índio contra a calma do inimigo. (GD)

invicto ⇨ Ver invencível.

Invicto significa "que não foi vencido". ✦ *Gene Tunney foi o segundo a retirar-se INVICTO do ringue.* (MU)

Invencível significa "que não pode ser vencido".

ínvio

A sílaba tônica é **ÍN**, e, por isso, a palavra leva acento (paroxítona terminada em **O**). A palavra significa "intransitável". ✦ *O estudo-depoimento do sociólogo baiano "Avant-Garde na Bahia" oferece material novo para reflexões sobre os ÍNVIOS caminhos da produção cultural no Brasil nos últimos 40 anos.* (FSP)

invólucro

Com **I** inicial, e não com **E**. O substantivo designa aquilo que envolve, envoltório. ✦ *Durante algum tempo o bilhete e o INVÓLUCRO meio desfeito boiaram na onda, sacudiram-se, bateram no muro esverdeado.* (MEC)

iogurte

É a forma portuguesa correspondente ao turco *yoghurt.* ✦ *Os peixes oferecem proteínas e o IOGURTE é uma fonte de bactérias especializadas na degradação dos alimentos no aparelho digestivo.* (VEJ)

íon

O plural é **íons**. ✦ *Data de longo tempo o conhecimento de que a corrente galvânica possui a propriedade de deslocar os ÍONS.* (ELE)

Ipanema

O adjetivo correspondente é **ipanemense**. ✦ *Um IPANEMENSE – provavelmente intelectual, pois os intelectuais adoram definições – diria que para entender o seu território não é preciso ter andado no bonde treze.* (MAN)

Ipem

É a sigla de **Instituto de Pesos e Medidas**. ✦ *Os motoristas ainda irregulares devem pro-*
curar um dos quatro postos do Ipem (Instituto de Pesos e Medidas) para marcar a aferição de seus equipamentos. (FSP)

IPI

É a sigla de **Imposto sobre Produtos Industrializados**. ✦ *Hoje, diante da pressão exercida pelos empresários do setor, o IPI caiu para 10%.* (BRI)

ípsilon, ipsilone ⇨ Ver épsilo, épsilon, epsilão.

São os nomes da letra **Y**. A segunda forma, indicada como mais popular, é a de uso mais frequente (83%). ✦ *O vendedor chamava-se Leary. Era um irlandês. Ele, e, a, erre, ÍPSILON.* (VEJ) ✦ *"Yvonne" – assim mesmo, com IPSILONE e dois enes.* (FSP)

A letra **Y** também é designada como **hipsilo**, mas essa forma não ocorreu.

ipsis litteris ⇨ Ver verbatim.

É expressão latina que significa "com as mesmas letras", ou seja, "literalmente". ✦ *Segundo ele, a melodia de Rock das Aranhas reproduz, IPSIS LITTERIS, a música Killer Diller, do roqueiro inglês Jim Breedlove.* (VEJ)

ipsis verbis

É expressão latina que significa "com as mesmas palavras", ou seja, "literalmente". ✦ *Embora feitas há quase 40 anos, estas observações podem ser aplicadas "IPSIS VERBIS" à situação brasileira.* (FSP)

ipso facto

É expressão latina que significa "pelo próprio fato", "por isso mesmo". ✦ *Todas as mulheres que tomaram parte na arruaça tornaram-se, IPSO FACTO, fêmeas de fácil vida.* (CID)

IPTU

É a sigla de **Imposto Predial e Territorial Urbano**. ✦ *A partir de 1995, os que já tiverem se adequado, além de escapar de pagar multa, terão isenção do IPTU.* (EM)

ir

1. **Ir** é verbo de movimento, com complemento de direção. Por isso, em princípio,

Irlanda [Europa]

constrói-se com complemento iniciado pelas preposições **a** ou **para**, que são as preposições de direção em português. ◆ *À tarde tornei a sair, FUI ao jornal receber meu ordenado.* (AFA)

Entretanto, ocorre (10%) a construção com complemento iniciado pela preposição **em**, acentuando-se, com isso, a ideia de lugar (o lugar a que a direção leva), e não a ideia de direção. Essa construção é condenada em lições normativas tradicionais. ◆ *Almiro disse que IA em casa apanhar álcool canforado.* (DM) ◆ *Eu nunca tinha IDO num baile funk, não imaginava que fosse tão divertido.* (OM)

2. Em geral, usa-se **ir a** para indicar, simplesmente, o destino da ida, e **ir para** para marcar a ideia de permanência no lugar a que se vai. ◆ *FOI À sala de jantar e trouxe um lenço molhado com o qual envolveu a mão do companheiro.* (OE) ◆ *Como muitos outros médicos gregos de então, Galeno FOI PARA Roma.* (APA)

O resultado preciso do significado da construção, entretanto, só se define no contexto.

ir [+ infinitivo]

É muito frequente indicar-se tempo futuro (referente a um momento presente ou a um momento passado) com o verbo **ir** seguido de infinitivo. ◆ *A Berenice VAI sair de casa.* (AVL) ◆ *Não morrerá de fome, eu lhe garanto. IRÁ vender jornais, viver como os outros estão vivendo.* (DEN) ◆ *Marisa não aceitou, porque IA viajar para Cabo Frio.* (INT) ◆ *Caiá prometeu que IRIA fazer um mingau muito gostoso.* (ARR)

ir [indicando tempo] ⇨ Ver **haver, fazer.**

O verbo **ir** pode indicar tempo decorrido.

◇ Se se usa seguido de **para, por** ou **em**, é verbo impessoal, isto é, não tem sujeito, e, portanto, fica no singular, na terceira pessoa. ◆ *VAI para meio semestre que lhe cortei as roupas, Seu Tancredo.* (NI) ◆ *Blair nem completou dois meses de gestão, ao passo que FHC já VAI para dois anos e meio.* (FSP)

◇ Se se usa seguido da expressão de tempo, concorda com ela. ◆ *E ainda hoje me lembro que, certa noite, já lá VÃO muitos anos, ouvindo Ângela cantar o "tão longe, de mim distante", voltou-se para mim.* (BH)

Irã [Ásia]

O adjetivo pátrio é **iraniano**. ◆ *O diário IRANIANO informa que Teerã vai implementar a separação de sexos nos micro-ônibus.* (FSP)

Iraque [Ásia]

O adjetivo pátrio é **iraquiano**. ◆ *O ditador IRAQUIANO Saddam Hussein mandou usar um gás da mesma família, o tabun.* (VEJ)

irascível

Com um **R** apenas (adjetivo ligado a **irar**) e com **SC**. A palavra significa "que se ira facilmente", "irritável". ◆ *Na verdade, embora seja IRASCÍVEL muitas vezes, Salvador Allende não acredita nos efeitos políticos da violência.* (REA)

irisar

Com **S**, como **íris**. Significa "colorir com as cores do arco-íris". ◆ *O empenho expressivo é capaz de desentranhar do tema variações que IRISAM a atmosfera tonal dominante.* (REF)

irish coffee

É expressão inglesa que significa "café irlandês" e que designa a mistura de café com uísque e creme de leite. A pronúncia aproximada é **áirich cófi**. ◆ *Há ainda o famoso "IRISH COFFEE", feito com um terço de uísque, dois terços de café, açúcar e creme por cima.* (FSP)

Irlanda [Europa]

O adjetivo pátrio é **irlandês**. ◆ *Nem o plebiscito IRLANDÊS, que aprovou o tratado de Maastricht na última semana, teve força para alterar significativamente este quadro.* (ESP)

O feminino é **irlandesa**. ◆ *Seu terceiro trabalho no gênero, "O homem de Aran", de 1934, sobre uma comunidade IRLANDESA, mistura documentação e ficção neorrealista.* (LIJ)

irmão

irmão

1. Os adjetivos correspondentes são:

◇ **fraternal.** ◆ *A Casa Branca de Kennedy foi a última presidência que pôde manter um relacionamento quase FRATERNAL com a imprensa.* (FSP)

◇ **fraterno.** ◆ *Tiravanija considera que sua culinária dá um sentido FRATERNO à arte.* (VEJ)

2. O feminino é **irmã.** ◆ *A casa da minha IRMÃ é uma pirâmide de vidro, sem o vértice.* (EST)

3. O coletivo é **irmandade.** ◆ *Era a mais moça da IRMANDADE de nossa Mãe.* (BAL)

ironizar

Com **Z**, como todo verbo formado com o sufixo **-izar.** Significa "tratar com ironia", "manifestar-se ironicamente a respeito de". ◆ *Estamos lidando com repartições públicas, não dá para vender e dividir o dinheiro, IRONIZA um técnico.* (JB)

irrequieto

Escreve-se com **E** na segunda sílaba. Significa "que nunca está sossegado". ◆ *O menino se agita IRREQUIETO nos braços da mãe, querendo descobrir o mundo.* (CH)

irrisão

Com **RR** e com **S**. Significa "mofa", "escárnio", "zombaria". ◆ *Fundada em mentiras, a democracia brasileira é um manto de IRRISÃO.* (D)

írrito

Essa forma proparoxítona (com acento) é adjetivo que significa "não conforme com o direito". ◆ *Uma capciosa cláusula, ali inclusa, faz com que o sobredito edital seja nulo e ÍRRITO de pleno direito.* (FSP)

irrupção

Com **I** inicial. O substantivo designa o ato de irromper, aparecimento súbito. ◆ *As relações entre a falta de vitamina C e a IRRUPÇÃO de escorbuto são hoje largamente conhecidas.* (AE)

-isar ⇨ Ver -izar.

1. Os verbos com **-isar** são, na sua maioria, os que, com acréscimo do sufixo **-ar**, derivam de substantivo ou de adjetivo que já tem **S**:

◇ **análise: analisar.** ◆ *O Comissário Flávio ANALISOU longamente os papéis de Cesário.* (TER)

◇ **aviso: avisar.** ◆ *O Samuel aproximou-se para AVISAR que o táxi tinha chegado.* (COT)

◇ **bis: bisar.** ◆ *O time do Texas tem grandes chances de BISAR o feito da temporada passada.* (FSP)

◇ **catálise: catalisar.** ◆ *As lipases e proteases que CATALISAM essas reações complexas são liberadas pelos micro-organismos do fermento lático.* (ACQ)

◇ **friso: frisar.** ◆ *Tanto ele quanto Coutinho FRISARAM que as tarifas de importação devem estar relacionadas à política industrial de longo prazo.* (FSP)

◇ **hidrólise: hidrolisar.** ◆ *As lipases das bactérias psicrotróficas podem HIDROLISAR a gordura do leite e do queijo.* (ACQ)

◇ **improviso: improvisar.** ◆ *O bom cantor devia saber IMPROVISAR.* (IA)

◇ **íris: irisar.** ◆ *O empenho expressivo é capaz de desentranhar do tema variações que IRISAM a atmosfera tonal dominante.* (REF)

◇ **liso: alisar.** ◆ *O jagunço ALISOU com a mão a fita do chapéu.* (CAS)

◇ **pesquisa: pesquisar.** ◆ *Stefan não PESQUISOU a fisionomia de Mlotek.* (AVI)

◇ **piso: pisar.** ◆ *Talvez exagerassem, não sei, pois nunca tive a aventura de PISAR naquelas calçadas proibidas.* (ANA)

◇ **preciso: precisar.** ◆ *A polícia não PRECISOU o local do sequestro.* (FSP)

2. Outros verbos com **-isar** são do mesmo radical de substantivos com **S**, embora não sejam derivados deles:

◇ **visão: divisar.** ◆ *Apesar de não DIVISARMOS ainda o que era aquilo, sabíamos que não era animal de grande porte.* (PAN)

◇ **revisão: revisar.** ◆ *No cenário das negociações, a Varig terá de REVISAR nada menos* *que quarenta contratos, de arrendamentos a dívidas.* (VEJ)

islã, Islã, Islame, Islão

1. O substantivo **islã** designa a religião muçulmana, o islamismo. ◆ *O ISLÃ é minha religião, o árabe é a minha língua e a Algéria a minha pátria.* (ISL)

2. Também pode designar a terra muçulmana, o mundo islâmico, e nesta acepção é grafado com inicial maiúscula e tem as variantes **Islame** e **Islão**. ◆ *A capital espiritual do ISLÃ, Meca, fica na Arábia Saudita.* (FSP) ◆ *Quem sabe quantos grandes personagens do ISLAME (...) já conceberam essa mesma bela ilusão.* (FSP) ◆ *De todos os povos e culturas, os do ISLÃO, além dos judeus, foram talvez os únicos monoteístas a não permitir a representação de Deus, inteiramente para além da perceptibilidade (...).* (MH)

3. O adjetivo correspondente é **islâmico**. ◆ *O censor acompanha a reza dos imãs, à procura de menções a favor do Estado ISLÂMICO.* (VEJ) ◆ *É primordial na ideologia ISLÂMICA o monoteísmo.* (ISL)

ISO

É a sigla de *International Organization for Standardization* (**Organização Internacional para Padronização**). ◆ *Era o primeiro de uma série de dias roubados à praia em troca da conquista do certificado ISO 9002 para serviços prestados aos usuários.* (FSP)

iso-

É elemento (grego) que se liga a um elemento seguinte. Significa "igual". ◆ *ISOGAMIA: os gametas têm a mesma forma, mesmo tamanho e mesmo comportamento (ambos móveis).* (GV) ◆ *Quando esses desnivelamentos desaparecem e o segmento ST retorna à linha ISOELÉTRICA, dizemos que o infarto está cicatrizado.* (CLI)

Se o elemento seguinte começar por **R** ou **S**, é necessário duplicar essa letra (que ficará entre duas vogais, na escrita). ◆ *Tendo também como antepassados distantes as experiências contrapontísticas das missas e motetos*

ISORRÍTMICOS de Machaut e Dufay, Boulez propõe, em várias passagens, um princípio de composição. (FSP)

-iso, -isa

Escrevem-se com **S** os substantivos e adjetivos terminados em **-iso** e **-isa**.

1. Substantivos:

◇ **aviso**. ◆ *Ligando menos ao chamado que ao AVISO, Maria correu em alvoroço para a sala.* (ALE)

◇ **brisa**. ◆ *Quando retomamos a caminhada pelo claustro uma BRISA fresca tremulava as folhas das cerejeiras.* (ACM)

◇ **camisa**. ◆ *A ventania tornava as gotas incertas, e quando cheguei tinha a CAMISA toda molhada.* (FR)

◇ **divisa**. ◆ *A exatidão do comprimento de cada DIVISA também é bom que seja comprovada.* (ATT)

◇ **guiso**. ◆ *Há uma algazarra de GUISOS dentro da tarde de sol.* (FAN)

◇ **improviso**. ◆ *Foi um IMPROVISO a famosa frase que os comunistas sempre glosaram contra a minha reputação de homem público.* (JB)

◇ **paraíso**. ◆ *Salvador está longe de ser o PARAÍSO.* (CH)

◇ **pesquisa**. ◆ *O isolamento do 6-Apa possibilitou um importante progresso na PESQUISA das penicilinas.* (ANT)

◇ **piso**. ◆ *Rinaldo estava ajoelhado no PISO da tribuna, de tábuas grossas e largas.* (ACM)

◇ **riso**. ◆ *O RISO durou pouco tempo nos lábios de Sílvio.* (A)

◇ **sisa**. ◆ *Ainda por cima, pagaram a SISA.* (R)

◇ **siso**. ◆ *Quero ir dormir, sem jantar, sem conversa de sede e SISO.* (SA)

2. Adjetivos:

◇ **conciso, concisa**. ◆ *Quanto mais simples, CONCISO e objetivo, melhor é o título.* (NP) ◆ *Exuberante e CONCISA, a obra de Antonio Dias ganha sua primeira retrospectiva brasileira em São Paulo.* (VEJ)

israelense, israelita

Granizo, que tem origem espanhola, escreve-se com **Z**. ♦ *A um quilômetro da entrada a chuva densa, GRANIZO puro.* (GD)

3. Escreve-se com **S** a forma feminina em **-isa** de certos substantivos e adjetivos referentes a pessoas:

◇ **poetisa** (de **poeta**). ♦ *A mulher de Anton é POETISA e passou uns meses na Europa, em visita aos parentes.* (CV)

◇ **profetisa** (de **profeta**). ♦ *Nas laterais, alternou sete figuras de profetas e cinco de sibilas (PROFETISAS).* (FSP)

israelense, israelita

1. **Israelense** é adjetivo ou substantivo pátrio relativo a Israel. ♦ *O Exército ISRAELENSE proibiu o uso do telefone celular em serviço.* (VEJ) ♦ *Ocorreu o massacre de sete trabalhadores palestinos por um ISRAELENSE desequilibrado.* (ZH)

2. **Israelita** é adjetivo ou substantivo referente à religião judaica ou ao povo de Israel, especialmente no sentido bíblico. ♦ *Um muro em frente do cemitério ISRAELITA também foi pichado.* (VEJ) ♦ *As águas foram separadas e os ISRAELITAS atravessaram pelo mar em terra seca, enquanto as águas fizeram uma parede para eles à direita e à esquerda.* (FSP)

-issar ⇨ Ver amerissar, amerissagem; amarar ⇨ Ver alunissar, alunissagem; alunizar ⇨ Ver aterrissar, aterrissagem; aterrar; aterrizar.

Esse sufixo, e não **-isar**, é o que forma mais comumente verbos que indicam pouso de aeronave, embora a forma seja apontada como galicismo em algumas obras normativas. ♦ *Depois de dois voos rasantes de reconhecimento da pista, o aparelho ATERRISSOU.* (ESP) ♦ *Em 1979 seu filho (de Cousteau) Philippe morreu ao AMERISSAR no rio Tejo, em Portugal.* (FSP)

Da mesma forma se grafam os derivados. ♦ *O marechal Lott fez uma ATERRISSAGEM (imprevista) no Aeroporto do Galeão.* (CRU) ♦ *Dois astronautas da Nasa contam como quase fracassou a ALUNISSAGEM do módulo lunar.* (FSP)

issei, isei ⇨ Ver nissei, nisei ⇨ Ver sansei.

São formas variantes de palavra de origem japonesa que literalmente significa "primeira geração". Designa o japonês que deixa o Japão para viver na América. Alguns dicionários e manuais normativos só abrigam a primeira forma (com **SS**), que foi a única que ocorreu. Em qualquer uma delas, a sílaba tônica é a última, e a palavra não leva acento (oxítona terminada em ditongo). Usa-se a mesma forma para masculino e para feminino (substantivo comum de dois). ♦ *"ISSEI, Nissei, Sansei", Brasil, 1970, 10 min. Direção: Alfredo Sternheim. Produção: Estilo Produções Audiovisuais.* (FSP)

Nissei, ou **nisei**, é a denominação para a segunda geração (o filho), e **sansei** é a denominação para a terceira geração (o neto).

-ista

Os adjetivos e substantivos terminados em **-ista** têm a mesma forma para masculino e feminino (substantivos comuns de dois). ♦ *O DENTISTA botou um guardanapo de papel no meu pescoço.* (CNT) ♦ *Minha irmã é DENTISTA e também me repreende.* (FSP)

it

É palavra inglesa usada para designar magnetismo pessoal, encanto, charme. ♦ *Nenhuma Dona Nieta. E com todo o meu IT.* (MRF)

Itália [Europa], ítalo-

1. Os adjetivos pátrios são:

◇ **italiano**. ♦ *Precisamos de alguém versado em literatura ITALIANA da época.* (ACM)

◇ **itálico**. ♦ *Ao recebermos a herança da cultura latina, aprendemos a amar e admirar o gênio ITÁLICO.* (JK-O)

2. O elemento de composição correspondente é **ítalo-**, que se liga ao elemento seguinte:

◇ por hífen, quando forma adjetivo pátrio ou palavra ligada a esse tipo de expressão; o elemento é acentuado e não varia (o feminino e o plural se marcam apenas no segundo elemento). ♦ *Não sei se devo vituperar a Globo*

-izar

mais pelo erro de marketing ou pela falta de consideração à hegemônica comunidade, nem tanto italiana, mas ÍTALO-brasileira. (FSP) ✦ *Muitos rapazes ÍTALO-americanos surgiram no começo da década de 40.* (VEJ)

◇ sem hífen, quando não há relação com adjetivo pátrio; por exemplo, **italofilia, italofobia,** formas que não ocorreram.

Itaparica (ilha) [Bahia]

O adjetivo pátrio é **itaparicano.** ✦ *Marca este dia a vitória final dos ITAPARICANOS sobre a malta opressora.* (FSP)

Ite, missa est.

É expressão latina que significa "Ide, a missa terminou". Fórmula litúrgica que precede, na missa, a bênção final dada pelo celebrante. ✦ *Ah, uma missa cantada por monsenhor! O seu ITE, MISSA EST, entoado de olhos fechados!* (VER)

item, itens

Não levam acento (palavras paroxítonas terminadas em **-em** e em **-ens,** respectivamente). ✦ *No ITEM "Mercantilismo e colonização" vimos os conceitos mercantilistas fundamentais.* (HIB) ✦ *O projeto influi de forma preponderante nos ITENS a e b.* (PRT)

Iugoslávia [Europa]

O adjetivo pátrio é **iugoslavo.** ✦ *Em outubro de 1975, um navio IUGOSLAVO foi enviado ao local para inspecionar os destroços.* (IS)

-izar ⇨ Ver -isar.

1. Os verbos terminados em **-izar** são, na sua maioria, verbos que, com acréscimo do sufixo **-izar,** derivam de substantivos ou de adjetivos:

◇ **álcool: alcoolizar.** ✦ *O senhor Ismael, quando não está ALCOOLIZADO, demonstra sua sapiência.* (QDE)

◇ **ameno: amenizar.** ✦ *Gelo do polo Sul deve AMENIZAR enchente criada por efeito estufa.* (FSP)

◇ **americano: americanizar.** ✦ *Tom Jobim chegou a ser acusado de AMERICANIZAR a música brasileira.* (VEJ)

◇ **atual: atualizar.** ✦ *Uma das qualidades próprias do cinema é a de ATUALIZAR o passado.* (ESS)

◇ **autor: autorizar.** ✦ *O governo acaba de AUTORIZAR novas condições para o pagamento das dívidas dos produtores rurais.* (VEJ)

◇ **aval: avalizar.** ✦ *A Universidade oferecia quadros para AVALIZAR as práticas políticas mais espúrias.* (FSP)

◇ **banal: banalizar.** ✦ *BANALIZAR as manifestações é malversar um meio de expressão de opinião pública.* (VEJ)

◇ **canal: canalizar.** ✦ *Governos devem CANALIZAR verbas para promover acesso igual aos recursos.* (FSP)

◇ **cânone: canonizar.** ✦ *O filme de Robert Palmer e Toby Byron também tende a CANONIZAR seu protagonista.* (FSP)

◇ **capital: capitalizar.** ✦ *Os deputados souberam CAPITALIZAR a insatisfação popular com as reformas econômicas.* (VEJ)

◇ **central: centralizar.** ✦ *No dia seguinte, Itamar resolveu CENTRALIZAR de vez os preços.* (VEJ)

◇ **civil: civilizar.** ✦ *É ainda um selvagem, um primitivo, o filho de uma índia que nunca se CIVILIZOU.* (VP)

◇ **colono: colonizar.** ✦ *Os corais COLONIZARAM as regiões marginais a partir dos mares mais quentes, onde nunca deixaram de existir.* (GEO)

◇ **concreto: concretizar.** ✦ *O valor de uso é, nas sociedades capitalistas, o veículo para se realizar, se CONCRETIZAR, o valor da troca.* (MER)

◇ **cota: cotizar.** ✦ *Os jogadores se COTIZAVAM e as moças providenciavam o almoço, um piquenique sobre a grama.* (VEJ)

◇ **cristal: cristalizar.** ✦ *Todas essas expressões tinham o condão de CRISTALIZAR-me numa tristeza imediata e espessa.* (CF)

◇ **divino: divinizar.** ✦ *Para alguns, na origem da religião estava a tendência a personalizar e, em seguida, DIVINIZAR as forças da natureza.* (UM)

-izar (cont.)

◇ **escândalo: escandalizar.** ✦ *Linda, extrovertida, de uma autenticidade agressiva que ESCANDALIZAVA.* (JM)

◇ **escravo: escravizar.** ✦ *Outros vencedores, como o próprio Japão, acharam-se no direito de ESCRAVIZAR os conquistados.* (VEJ)

◇ **especial: especializar.** ✦ *A transição para o escravo africano só se realizou ali onde foi possível ESPECIALIZAR a agricultura num artigo exportável em grande escala.* (FEB)

◇ **estéril: esterilizar.** ✦ *Quem decide se alguém deve ou não se ESTERILIZAR é o médico.* (FSP)

◇ **eterno: eternizar.** ✦ *Preservar o corpo do faraó seria ETERNIZAR o Egito e seu povo.* (HG)

◇ **fértil: fertilizar.** ✦ *Uma abelha que pouse sobre elas levará pólen para FERTILIZAR dezenas de outras flores.* (SU)

◇ **final: finalizar.** ✦ *Ao FINALIZAR este capítulo devo uma explicação aos senhores arquitetos que o lerem.* (PRT)

◇ **fiscal: fiscalizar.** ✦ *Ao eleitor e aos juízes cabe FISCALIZAR se não houve golpe sujo pelo meio da disputa.* (VEJ)

◇ **formal: formalizar.** ✦ *Isto é o suficiente para se FORMALIZAR uma denúncia!* (DZ)

◇ **fraterno: confraternizar.** ✦ *É no Cabral que empresários solitários vão CONFRATERNIZAR com meninas bonitas.* (VEJ)

◇ **global: globalizar.** ✦ *É um erro querer GLOBALIZAR a ciência no Brasil, que tem geografia e condições econômicas diferentes dos outros países.* (VEJ)

◇ **homogêneo: homogeneizar.** ✦ *O presidente do BC diz ainda que a globalização é saudável para o Brasil porque tende a HOMOGENEIZAR o país.* (FSP)

◇ **ideal: idealizar.** ✦ *Sempre foi comum IDEALIZAR-se o passado, atribuindo aos "bons tempos" os valores almejados no presente.* (CRO)

◇ **imune: imunizar.** ✦ *A amostra do SIV assim obtida mostrou-se capaz de IMUNIZAR macacos adultos contra a injeção do vírus.* (FSP)

◇ **indene: indenizar.** ✦ *O dinheiro jamais vai INDENIZAR as carências afetivas de uma família de pais separados.* (VEJ)

◇ **inferior: inferiorizar.** ✦ *A mulher INFERIORIZAVA-se, estava relativamente excluída do circuito da produção e não servia para a guerra.* (ISL)

◇ **legal: legalizar.** ✦ *LEGALIZAR é contribuir para a degradação da sociedade.* (VEJ)

◇ **mártir: martirizar.** ✦ *Tornou a MARTIRIZAR-se com os pequenos problemas do seu mundo momentâneo.* (ARR)

◇ **monopólio: monopolizar.** ✦ *Os problemas sociais da Argentina devem MONOPOLIZAR as conversas.* (FSP)

◇ **moral: moralizar, desmoralizar.** ✦ *Não será à custa da humilhação dos formandos que o governo MORALIZARÁ o ensino superior.* (ACT) ✦ *Com um assassino à solta a DESMORALIZAR-lhe a paróquia, e com o Manuel Salviano, estava mesmo metido em camisa de onze varas.* (ASS)

◇ **morte: amortizar.** ✦ *A Varig quer dois anos pagando apenas os juros, sem AMORTIZAR o que deve.* (VEJ)

◇ **motor: motorizar.** ✦ *Fazendeiros mais adiantados tratam de MOTORIZAR os caititus, ou pelo menos substituir a força dos homens na roda por uma bolandeira.* (CT)

◇ **pena, penal: penalizar.** ✦ *PENALIZAR o usuário de droga não é pedagógico e incentiva a corrupção no meio policial.* (FSP)

◇ **popular: popularizar.** ✦ *Ninguém fez mais do que Fred Astair para POPULARIZAR a dança neste século.* (SS)

◇ **pródigo: prodigalizar.** ✦ *Ao contrário, reconhecê-la de público é atitude que lhe PRODIGALIZA simpatia.* (NP)

◇ **profeta: profetizar.** ✦ *Talvez não seja difícil PROFETIZAR a vitória do ousado Chistian.* (VID)

◇ **real: realizar.** ✦ *O mais importante, entretanto, é que todo dia REALIZAVA o grande sonho de sua vida: viajar.* (OA)

◇ **rival: rivalizar.** ✦ *O presidente Carlos Menem gosta de RIVALIZAR.* (VEJ)

-izar (cont.)

◇ **solene: solenizar.** ◆ *É impressionante como o senhor SOLENIZA o óbvio.* (FSP)

◇ **suave: suavizar.** ◆ *As árvores SUAVIZAM o rigor retilíneo da construção, dão intimidade e sombra.* (JP)

◇ **temor: atemorizar.** ◆ *Leo podia se ATEMORIZAR de início e turbar aquele julgamento sereno e imutável.* (DES)

◇ **tempo: contemporizar.** ◆ *Na situação nada boa, Bacanaço não trairia, aguentaria o repuxo, iria CONTEMPORIZAR.* (MPB)

◇ **terra: aterrizar.** ◆ *A questão é saber como a economia vai ATERRIZAR para os 5%.* (FSP)

◇ **tranquilo: tranquilizar.** ◆ *Donana procurou TRANQUILIZAR-me com um sorriso.* (ID)

◇ **uniforme: uniformizar.** ◆ *A arbitragem brasileira precisa se UNIFORMIZAR, porque, às vezes, apita de um jeito, às vezes, de outro.* (FSP)

◇ **útil: utilizar.** ◆ *Há tempos Boni sonhava em UTILIZAR o humor e o cartum para mexer com o símbolo.* (VEJ)

◇ **vulgar: vulgarizar.** ◆ *Os cientistas estão certos de que a tevê vai VULGARIZAR o uso da imagem, como o telefone VULGARIZOU o uso da voz a distância.* (REA)

Em alguns casos o radical do verbo e o do substantivo apresentam alguma diferença, geralmente por o primeiro ser latino, ou grego, e o segundo ser vernáculo:

◇ **arborizar** (árvore). ◆ *Segundo o vereador, o eucalipto não é adequado para ARBORIZAR a cidade.* (FSP)

◇ **caracterizar** (caráter). ◆ *O oráculo e o mensageiro ajudam a CARACTERIZAR os cultos de origem africana.* (CAN)

◇ **generalizar** (geral). ◆ *O brasileiro gosta de GENERALIZAR.* (VEJ)

◇ **sensibilizar** (sensível). ◆ *A constrangedora situação de Vera Fischer nos últimos dias SENSIBILIZOU muita gente.* (CAA)

◇ **catequizar** (catequese). ◆ *O padre José de Anchieta usava o teatro para CATEQUIZAR os indígenas.* (ESP)

◇ **evangelizar** (evangelho). ◆ *Para Papa, EVANGELIZAR negros e índios é desafio.* (FSP)

2. Muitos verbos em **-izar** correspondem a adjetivos terminados em **-ico** e/ou a substantivos terminados em **-ismo:**

◇ **agônico** (agonia): **agonizar.** ◆ *O galo do Ganhador tem jeito de AGONIZAR.* (GD)

◇ **anárquico** (anarquia): **anarquizar.** ◆ *É bem a posição da moçada essa de ANARQUIZAR.* (FSP).

◇ **antagônico** (antagonismo): **antagonizar.** ◆ *Sempre fora assim e até os que o ANTAGONIZAVAM sabiam disso.* (SL)

◇ **antipático** (antipatia): **antipatizar.** ◆ *Laure, no primeiro contato com a novata, ANTIPATIZOU com ela.* (REL)

◇ **batismo: batizar.** ◆ *BATIZAMOS – criamos nomes próprios.* (EC)

◇ **carbônico** (carbono): **carbonizar.** ◆ *Ela era uma chama a CARBONIZAR o verbo humano, que ia direto à sua memória.* (PAO)

◇ **colérico** (cólera): **encolerizar.** ◆ *Voltou-se para Natércio e viu que ele tinha contraído os lábios como fazia Bruna quando se ENCOLERIZAVA.* (CP)

◇ **democrático** (democracia): **democratizar.** ◆ *A reforma agrária deve DEMOCRATIZAR a propriedade da terra.* (FSP)

◇ **dinâmico** (dínamo): **dinamizar.** ◆ *É preciso DINAMIZAR a análise.* (AVL)

◇ **dramático** (drama): **dramatizar.** ◆ *De 1940 em diante, começou a DRAMATIZAR mais as letras – como Mabel – e, com isso, passou a achatar menos a melodia.* (SS)

◇ **econômico** (economia): **economizar.** ◆ *A Seikan ECONOMIZOU 600.000 dólares em capital de giro.* (EX)

◇ **elétrico: eletrizar.** ◆ *Voldenir, nervoso, estugou o passo, num turbilhão de emoções, dentro de uma sensação que o ELETRIZAVA.* (JM)

◇ **exorcismo: exorcizar.** ◆ *Darcy EXORCIZA-SE na queima daquela primeira derme, a capa índia do Pindorama.* (DCM)

-izar (cont.)

◇ **fanático** (fanatismo): **fanatizar.** ◆ *Um dos maiores erros históricos das esquerdas que se FANATIZARAM foi antagonizar socialismo e democracia.* (FSP)

◇ **galvânico** (galvanismo): **galvanizar.** ◆ *Ela o mobiliza por inteiro, ela o GALVANIZA por completo.* (CEN)

◇ **magnético** (magneto): **magnetizar.** ◆ *Que obra era essa, afinal, que diariamente conseguia MAGNETIZAR milhões de pessoas diante de um aparelho de TV?* (RI)

◇ **metódico** (método): **metodizar.** ◆ *Planejar é METODIZAR, procurando jamais improvisar, qualquer atividade.* (NP)

◇ **narcótico: narcotizar.** ◆ *Procurava NAR-COTIZAR-se com pensamentos até dormir.* (TV)

◇ **orgânico** (órgão): **organizar.** ◆ *No dia 10 de junho, um grupo de amigos eletrônicos da Internet vai ORGANIZAR uma festa no Rio de Janeiro.* (VEJ)

◇ **poético** (poeta): **poetizar.** ◆ *As máquinas não são realmente literárias ou poéticas, qualquer tentativa de POETIZAR as máquinas é tolice.* (FSP)

◇ **simpático** (simpatia): **simpatizar.** ◆ *Leopoldo, apesar de não SIMPATIZAR com a música de Carlos Gomes, achava o dia bem propício à música.* (OE)

◇ **sintético** (sintetismo): **sintetizar.** ◆ *Ao se tentar SINTETIZAR o retinol se obteve o ácido retinoico, que se caracteriza por não ter atividade visual.* (NFN)

◇ **sistemático: sistematizar.** ◆ *São Tomas, com sua obra, SISTEMATIZOU a Escolástica e incorporou Aristóteles ao pensamento cristão.* (HF)

◇ **tirânico** (tirano): **tiranizar.** ◆ *Frau Wolf TIRANIZAVA a família toda.* (ASA)

3. O verbo **balizar** escreve-se com **Z** porque é derivado do substantivo **baliza** (com **Z**). ◆ *A modificação dos hábitos de vida BALI-ZAM a indústria de construção civil para criar apartamentos cada vez mais reduzidos.* (EM)

j

j

O nome da letra é **jota**. ♦ *Gilberto Dimenstein é um jornalista com JOTA maiúsculo.* (FSP)

jabuti, jabuticaba

Escrevem-se com U na segunda sílaba. ♦ *O único animal que vimos foi um JABUTI, caçado pelos índios e que lhes rendeu um bom jantar.* (MAN) ♦ *A JABUTICABA-sabará é considerada por muitos a melhor variedade.* (FT)

jacaré

É substantivo masculino, referindo-se ao macho e à fêmea do animal (substantivo epiceno). ♦ *O JACARÉ, remanescente da pré-história, resiste há duzentos e cinquenta milhões de anos.* (AGF)

jacquard

É palavra francesa que designa tecido feito em tear do mesmo nome (com origem no nome próprio Joseph-Marie Jacquard, o inventor do tear). É um tecido encorpado, com motivos coloridos, geralmente geométricos, sobre fundo de outra cor. A pronúncia é, aproximadamente, **jacar**. ♦ *O último nível da casa revela a sala de telão com seu sofá enorme em JACQUARD cinza com pontilhado em preto jogando com as cortinas austríacas listradas.* (EM)

jaez

Com Z. Significa "qualidade", "espécie". ♦ *Essa notícia, tal como outra do mesmo JAEZ, não tem o menor fundamento.* (ESP)

jaguar

É substantivo masculino, referindo-se ao macho e à fêmea do animal (substantivo epiceno). ♦ *Outra constelação, que Nimuendaju não pode identificar, representa um grande tamanduá lutando com um JAGUAR.* (IA)

jam session

É expressão inglesa que designa reunião de músicos de *jazz* de improviso. É usual na imprensa. ♦ *Isso porque aconteceu uma verdadeira "JAM SESSION" (apresentação improvisada) entre índios e banda.* (FSP)

Jamaica (ilha) [Antilhas]

O adjetivo pátrio é **jamaicano**. ♦ *E para quem gosta de ritmos quentes, São Luís oferece a fama de ser a capital brasileira do reggae, ritmo JAMAICANO que emplacou na ilha onde existem hoje dezenas de clubes.* (DP)

jângal

A sílaba tônica é a penúltima (JÂN), e, por isso, a palavra leva acento (paroxítona terminada em L). O substantivo é indicado, na ortografia oficial, como masculino, mas ocorre preferentemente como feminino, possivelmente por influência de seu significado: "selva", "floresta". ♦ *Em muitas ocasiões, a vida de um índio na JÂNGAL brasileira valeu pouco mais que a de uma paca.* (ETR) ♦ *Os bois, pastando no meio do capim alto, mal se entreviam, como bichos grandes do JÂNGAL, como seres selvagens.* (COB)

jantar, janta

São substantivos correspondentes ao verbo **jantar**, sendo **janta** a forma menos usual (2,5%) e considerada a mais popular. ◆ *Hoje temos um JANTAR especial.* (AF) ◆ *Se você disser mais uma palavra, fica sem JANTA!* (BH)

Japão [Ásia] ⇨ Ver nipo-.

1. Os adjetivos pátrios são **japonês** e **nipônico**. ◆ *Defende o meio ambiente desde que seja com dinheiro JAPONÊS, apoio alemão e bodes latino-americanos.* (VEJ) ◆ *Se nem tudo foram rosas, também nem tudo foram espinhos na simpática excursão do casal imperial NIPÔNICO ao mundo ocidental.* (FA)

2. O elemento correspondente usado na formação de adjetivos pátrios é **nipo-**. ◆ *Daí a mobilização da dupla NIPO-germânica de investigadores.* (GRE) ◆ *Na esteira de policiais corruptos pelo bairro da Liberdade, os agentes de turismo NIPO-brasileiros criaram no ano passado duas entidades de classe.* (VEJ)

jardim de infância, jardim da infância

São formas variantes, ambas sem hífen. A primeira é muito mais usual (95%). ◆ *Depois do almoço Missy dormia e Michael ia para o JARDIM DE INFÂNCIA.* (OC) ◆ *Renata começou a cantar lá embaixo as canções que aprendera no JARDIM DA INFÂNCIA.* (TIJ)

2. O plural é apenas no primeiro elemento. ◆ *Além dos JARDINS DE INFÂNCIA uma outra forma de atendimento a crianças em idade pré-escolar foram as creches.* (RBH) ◆ *Esse movimento que deveria ser extensivo aos cursos primários e JARDINS DA INFÂNCIA.* (ESP)

jardim de inverno

1. Sem hífen. ◆ *Depois, atravessou o JARDIM DE INVERNO, e olhou através da janela aberta.* (MCR)

2. O plural é **jardins de inverno**. ◆ *Para esse lado, às vezes abriam-se os JARDINS DE INVERNO, com janelas de vidro colorido.* (ARU)

Java (ilha) [Oceânia]

O adjetivo pátrio é **javanês**. ◆ *Numa faixa intermediária, o assunto também é tão inacessível quanto o idioma JAVANÊS.* (VEJ)

javali

1. É substantivo masculino, referindo-se ao macho e à fêmea do animal (substantivo epiceno). ◆ *Ao lado, um JAVALI ensanguentado debatia-se, tentando se livrar das cordas que o amarravam pelas patas.* (RET)

2. Tradicionalmente se indicam os femininos **javalina** e **gironda**, mas apenas a primeira é ocorrente. ◆ *Mãe, não é estranho que seja eu um ser humano, sendo tu uma JAVALINA?* (MCP)

jazer

Embora o verbo seja muito mais usado na terceira pessoa, ele tem conjugação completa. A conjugação é regular. ◆ *O corpo de Cidinha ainda JAZ no fundo da água.* (CH) ◆ *Enquanto os códigos criminal e de processo criminal, de 1830 e 1832 respectivamente, cumpriam mandamento constitucional da Carta de 1824, (...) em matéria civil JAZÍAMOS, ingloriamente, sob as prescrições dos ordenamentos reinóis.* (FI)

jazigo

Com **z**, como **jazer**. ◆ *Foi comprado então pela família um JAZIGO perpétuo.* (ANA)

jazz, jazzístico

1. É palavra inglesa que designa tipo de música dos negros norte-americanos tornada uma forma de expressão quase universal. ◆ *Músicos de JAZZ, prostitutas e mendigos da região comiam de graça.* (SS)

2. **Jazzístico** é adjetivo, forma derivada, em português, de *jazz*. ◆ *Mas a própria mestra de Doris, Ella Fitzgerald, viu o seu mercado reduzido ao estreito circuito JAZZÍSTICO.* (SS)

jazz-band

É expressão inglesa que designa conjunto de *jazz*, de mais de sete elementos, no qual predominam os instrumentos de sopro. ♦ *Alguns profissionalizaram-se aderindo às orquestras de cinema ou de teatro musicado, ou ainda à novidade do JAZZ-BAND.* (PHM)

jê, Jê ⇨ Ver tribo.

1. Com **J**. Designa família linguística de povos indígenas do Brasil Central. ♦ *Os povos de fala JÊ do Brasil Central mantinham aldeamentos de mais de mil habitantes, quando hoje raramente chegam a uma centena por aldeia.* (SOC)

2. Há uma convenção internacional dos etnólogos que estabelece que os nomes de povos indígenas se escrevem com inicial maiúscula e não fazem flexão no plural. ♦ *Por sua vez, as aldeias JÊ do planalto central brasileiro têm uma concentração populacional maior que a média das sociedades da floresta amazônica.* (SOC)

Frequentemente, porém, essas indicações não são seguidas na linguagem comum. ♦ *É o espetáculo que "os velhos" da aldeia de Pimentel Barbosa (MT) idealizaram para mostrar à nova geração branca a tradição – ou "Itsari", o título, em JÊ – cultural dos xavantes.* (FSP)

jeans ⇨ Ver blue jean, blue jeans.

É a forma reduzida de *blue jeans*, expressão inglesa que designa tipo de calças esportivas confeccionadas com *blue jean*, tecido forte azul-índigo geralmente usado em roupa esportiva. A pronúncia aproximada é **djins**. ♦ *Arrumou sua bagagem com roupas esportivas, JEANS e tênis Reebok.* (INQ) ♦ *Dá prioridade a calças JEANS, camisetas e botas.* (CAA)

jeca

Com **J**. Significa "caipira". ♦ *Diante daquela figura monstruosa, com olhos de fogo, que aos trancos se aproximava falando uma língua estranha, o JECA arregalou os olhos e ficou paralisado por um instante.* (FSP)

jegue

Com **J**. ♦ *Mas, que voz mansa, delegado, que voz mansa, capaz de convencer um JEGUE emperrado a tornar a andar!* (SE)

jeito, jeitoso

Com **J**. ♦ *O Meinaco dormia sempre do mesmo JEITO.* (ARR) ♦ *Além disso, o diabo do nortista era JEITOSO, sabia falar bem, tinha mel na voz.* (TV)

jenipapo

Com **J**. ♦ *As mulheres pintavam-se de tinta de JENIPAPO e no segundo dia cortavam os cabelos.* (IA)

jeriza ⇨ Ver ojeriza.

Jeriza e **ojeriza** são formas variantes, e a segunda (**ojeriza**) é muito mais usual (89%). Escrevem-se com **J** na segunda sílaba e com **Z** na última. Significam "aversão", "antipatia". ♦ *Cheia de JERIZA Chiquinha entrou no quarto do doente.* (VER)

jérsei

Escreve-se com **J**. Forma portuguesa correspondente ao inglês *jersey*. A palavra leva acento em português porque é paroxítona terminada em ditongo. ♦ *Alguns vestidos chamaram sua atenção na A Imperial e na A Moda, mas ela só experimentou um vestidinho de JÉRSEI que viu na vitrine da A Capital.* (AGO)

jet set

É expressão inglesa que designa o conjunto de pessoas ricas, famosas e elegantes da sociedade. ♦ *Há lugares que eram muito exóticos e atraíam pessoas do JET SET.* (VEJ)

jetom, jeton

Jetom é a grafia aportuguesada da palavra francesa *jeton*, que designa remuneração dada a membros de determinados órgãos colegiados, especialmente parlamentares. Ambas as formas são dicionarizadas, mas a forma original francesa é muito mais usual (77%). ♦ *A proposta de adoção do "JETOM" deverá ser apresentada por um grupo de parlamentares como emenda a um projeto de resolução que está na pauta de votações de hoje, estabelecendo um dia fixo para as sessões do Congresso.* (FSP) ♦ *Uma das propostas é de pagamento de JETON (remuneração*

jet-ski

por comparecimento à sessão) sempre que a Câmara e o Senado se reunirem em sessões conjuntas. (FSP)

jet-ski

É palavra composta inglesa que designa pequena embarcação a motor propulsionada por jato d'água, usada para lazer e em competições esportivas. ✦ *O litoral norte começou esta semana uma mobilização contra o uso de JET-SKI nas praias da região.* (FSP) ✦ *Passeios de catamarãs, ultraleves e JET-SKIS encantam os veranistas.* (VEJ)

jiboia

Com J. É substantivo feminino, referindo-se ao macho e à fêmea do animal (substantivo epiceno). ✦ *De cada canto pulavam sapos, e uma JIBOIA enorme rastejou, tentando escapar à língua de fogo que a perseguia.* (TS)

jiló

Com J. ✦ *E todo o ano, no dia em que o Zumbi tinha se atirado no despenhadeiro, o açúcar de todas aquelas fazendas ficava amargo feito JILÓ.* (PM)

jingle

É palavra inglesa que designa curta mensagem musicada de propaganda. A pronúncia aproximada é **djíngol**. ✦ *Não têm interesse seu slogan ou seu JINGLE.* (ETT)

jipe, jeep

1. **Jipe** é a forma portuguesa correspondente ao inglês *jeep*. ✦ *Isabella ocupou meu lugar no JIPE de Beatrice e eu voltei com Lorenzo e Bruno.* (ACM)

2. A forma gráfica original inglesa, *jeep*, também é usada, embora com frequência muito menor (15%). ✦ *Do circo – novidade vista em cinco anos na cidadezinha do interior – o menino voltou de JEEP com o pai para a fazenda.* (LOB)

jiu-jítsu, jujítsu

Jiu-jítsu é palavra de origem japonesa que designa uma luta corporal. **Jujítsu** é forma variante oficialmente registrada, mas não

ocorreu. ✦ *O JIU-JÍTSU ("arte suave", em japonês) surgiu na Índia, por volta do ano 2000 a.C., desenvolvido por monges budistas que não podiam usar armas e se defendiam com as mãos.* (FSP)

joanete

Com O. As lições tradicionais indicam que o E tônico é fechado (Ê), mas a pronúncia varia. É substantivo masculino. ✦ *É fácil imaginar a situação dos meus pés dentro de um par de sapatos novos, e logo eu, que tenho JOANETES pronunciados e doloridos.* (OL)

João Pessoa [Paraíba]

O adjetivo pátrio é **pessoense**. ✦ *Cerca de cento e vinte congressistas já se encontram na Capital PESSOENSE, onde, na parte da manhã, visitarão os pontos turísticos.* (NO)

joão-bobo

Com hífen. O plural é **joões-bobos** (substantivo + adjetivo). ✦ *Olhe dentro, para cima e para baixo, da coluna de livros de Matej Kren; chute os JOÕES-BOBOS de Anna Maria Mazzei.* (FSP)

joão-corta-pau

Com hifens. O plural é **joões-corta-pau** (substantivo + verbo com complemento). É nome de ave. ✦ *E as chamas sacudiam lenços na noite escalavrada dos pios rouquenhos dos JOÕES-CORTA-PAU, cambaleando seus voos trôpegos pelas encruzilhadas mal-assombradas.* (VER)

joão-de-barro

Com hifens. O plural é **joões-de-barro** (substantivo + substantivo, ligados por preposição). É nome de ave. ✦ *Acrescento que eu próprio já vi, numa fazenda fluminense, enfileiradas no reto e comprido galho de uma árvore, as casas de vários JOÕES-DE-BARRO.* (FSP)

joão-ninguém

Com hífen. O **plural** é **joões-ninguém** (substantivo + palavra invariável). O substantivo designa pessoa insignificante, sem nenhuma importância social. ✦ *Países em que há pi-*

rataria correm o risco de se tornar "JOÕES-
-NINGUÉM" da era da informação.

jogging

É palavra inglesa que designa:

◇ esporte que consiste em corrida lenta, em passos ritmados. ◆ *O único esporte que será tolerado em seus limites é o JOGGING (corrida lenta para fins de condicionamento físico).* (FSP)

◇ vestuário esportivo composto de calça e blusão, em geral do mesmo tecido e cor, usado especialmente para fazer *jogging.* ◆ *Sempre de JOGGING e tênis, faz paradas diárias na padaria Delícia, no Lago Sul, o ex-presidente Alfredo Stroessner.* (FSP)

A pronúncia aproximada é **djóguin**.

jogo

O plural é **jogos**, com O aberto. ◆ *Os JOGOS de Robertinho com os objetos e pessoas o deixavam alerta.* (AF)

jogral

O feminino tradicionalmente indicado é **jogralesa**, mas só a forma masculina ocorreu. O substantivo designa trovador ou intérprete de poemas e canções, na Idade Média. ◆ *O que importa para nós é que esses núcleos vão tornar-se fontes de produção de cultura regional, transportada para o resto da Europa, por intermédio dos menestréis, trovadores e JOGRAIS, três categorias de poetas andarilhos.* (LIP)

joie de vivre

É expressão francesa que significa "alegria de viver" e que designa estado de espírito esfuziante. A pronúncia é, aproximadamente, **juá de vivre**. ◆ *Envolvia seus convidados, discorria sobre Shakespeare, encantava com uma "JOIE DE VIVRE" paradoxal e inaudita.* (FSP)

joint venture

É expressão inglesa que significa "união de risco" e que designa associação de empresas para exploração de negócios, sem perda de personalidade jurídica por parte dos associados.

A pronúncia aproximada é **djóint-véntchur**. ◆ *A Antarctica fechou um acordo com a cervejaria americana numa JOINT VENTURE em que controlará dois terços.* (VEJ)

jóquei

1. É a forma portuguesa correspondente ao inglês *jockey*. A palavra leva acento em português porque é paroxítona terminada em ditongo. ◆ *A diferença entre o trote de Vila Guilherme e os galopes do JÓQUEI Clube está na charretinha, em que o JÓQUEI conduz o cavalo.* (AGF)

2. O feminino é **joqueta**. ◆ *"Treino de manhã bem cedo, mas estou realizando meu sonho", diz a futura JOQUETA, que começou a gostar de cavalos por causa do pai, Mariano Raggio, que tinha um haras.* (VEJ)

Jordânia [Ásia]

O adjetivo pátrio é **jordaniano**. ◆ *Em breve, moradores de Jerusalém poderão telefonar para Amã, a capital JORDANIANA.* (VEJ)

jorro

O plural é **jorros**, com O fechado. ◆ *Uma testemunha do encontro relata que Reagan ouviu como se "da boca de Teller saíssem JORROS de sabedoria".* (VEJ)

joystick

É palavra inglesa que designa dispositivo que o usuário aciona para atuar em jogos de computador. A pronúncia aproximada é **djói-stic**. ◆ *O JOYSTICK é um aparelho que, acoplado ao computador, permite mais movimentos que o teclado.* (FSP)

judeu

O feminino do adjetivo e do substantivo é **judia**. ◆ *Os principais representantes da filosofia JUDIA são: Isaac Israeli, Avicelbron e Maimónides.* (HF) ◆ *A JUDIA olhou para fora e começou a cantarolar.* (ID)

judiar ⇨ Ver **-iar** ⇨ Ver **judeu**.

1. Tem conjugação regular. Assim, a terceira pessoa do singular do presente do indicativo é **judia** (a mesma forma do feminino de **judeu**). ◆ *E o sol não JUDIA mais.* (V)

juiz

2. Significa "fazer sofrer". Usa-se com complemento iniciado pela preposição **de** e, mais raramente, **com**. ✦ *A bem falar, a ventania JUDIAVA de tudo fosse vivente, de raiz ou de carne.* (CL) ✦ *Não deixava ninguém JUDIAR com criação nenhuma.* (SA)

juiz

O feminino é **juíza**. Em **juíza** o **I** tônico é acentuado porque fica sozinho na sílaba. ✦ *A JUÍZA não teve dúvida em mandar prender o gerente.* (APP)

julgamento

O adjetivo correspondente é **judicatório**. ✦ *O Rei, pois, tradicionalmente exercia uma atribuição JUDICATÓRIA, arbitral e unificadora.* (DC)

jumento

O feminino é **jumenta**. ✦ *Deixou a JUMENTA amarrada no curral e saiu-se ao mato com os ferros.* (CT)

junho

O adjetivo correspondente é **junino**. ✦ *Os colonizadores portugueses foram os responsáveis pela introdução da festa JUNINA no Brasil, em meados do século XVI.* (EM)

júnior

O plural é **juniores** (com deslocamento do acento para o **O**), sem acento. ✦ *No futebol, a desacreditada Seleção de JUNIORES abiscoitou uma vaga para o Mundial da categoria e, de quebra, trouxe o título sul-americano.* (PLA)

junta

É coletivo:

✧ para pessoas, referindo-se a uma reunião para determinada função. ✦ *Com a saída de Murtinho, ficou no governo uma JUNTA, composta de três membros.* (ALF)

✧ para bois, designando parelha reunida para trabalho. ✦ *Para ajudar viajor atolado, ele mantinha ao pé uma JUNTA de bois.* (SE)

junto

1. Como adjetivo, concorda com o substantivo que acompanha. Significa "reunido". ✦ *Sabia que ele ia responder que eram as duas coisas JUNTAS.* (INQ)

2. Como advérbio, não varia. Significa "juntamente", "ao lado", "ao mesmo tempo". ✦ *Que desperdício, riam-se, eu ria JUNTO, mas tinha medo.* (ASA)

Nesse caso, pode construir-se com as preposições **a** e **de**. ✦ *Bastião, JUNTO a uma janela fechada, tenta ver algo por uma fresta.* (REB) ✦ *Verificou-se que o voto de pobreza só é possível JUNTO do voto de castidade, e que o estado de pobreza evangélica não é possível quando há família, mulher e filhos.* (SIG-O)

3. É condenado em lições normativas o emprego de **junto a** em construções em que a expressão entra no lugar de simples preposições, como:

✧ **a**. ✦ *Depois que ela e seu marido, também cientologista, haviam injetado aproximadamente US$ 270 mil na organização, ela se queixou JUNTO A um capelão cientologista.* (FSP)

✧ **com**. ✦ *Não se pudera furtar à tentação de rever Sílvio, de esclarecer JUNTO A ele o absurdo da situação que se formara naqueles últimos dias.* (A)

✧ **de**. ✦ *No Rio de Janeiro, segundo anunciou, Nilton Santos tentará conseguir JUNTO A clubes cariocas, principalmente o Botafogo, alguns reforços para o rubro-negro baiano disputar o campeonato regional deste ano.* (CPO)

✧ **em**. ✦ *Pesquisa JUNTO A 768 restaurantes em trinta cidades mostra que o preço da refeição subiu 42,5% desde a implantação do Real.* (VEJ)

A expressão tem uso corrente na linguagem da diplomacia, em casos como: ✦ *O representante JUNTO A um organismo internacional tem os mesmos privilégios dos demais diplomatas que naquela capital exercem sua função JUNTO Ao governo local.* (DIP)

júri

É coletivo, designando comissão para julgamento. ✦ *Seu Vico respondeu a JÚRI e está cumprindo pena na cadeia de Tiradentes.* (SE)

juriti

É substantivo feminino, referindo-se ao macho e à fêmea do animal (substantivo epiceno). ◆ *Eu tinha disparado o último cartucho numa JURITI e errei.* (AM)

jus

1. Com S no final. Usa-se na expressão **fazer jus a**, que significa "ser merecedor de". ◆ *O praça Mariano, por discreto e valente, faz JUS ao respeito ilhéu.* (DE)

2. Como palavra latina, *jus* (que se pronuncia **ius**) usa-se também, na linguagem jurídica, em várias expressões latinas, a maioria das quais não ocorreu: *jus eundi*, "direito de se locomover"; *jus libertatis*, "direito de liberdade"; *jus possidendi*, "direito de possuir"; *jus soli*, "direito ao solo, isto é, princípio segundo o qual a pessoa tem a nacionalidade do país em que nasceu"; *jus puniendi*, "direito de punir". ◆ *Qual seria a fundamentação de tal "JUS puniendi"?* (FSP) *JUS sanguinis*, "direito de sangue, isto é, princípio segundo o qual a pessoa tem a nacionalidade dos pais, ainda que nasça em outro país". ◆ *O código napoleônico de 1804 ainda permite a requisição da nacionalidade baseada no JUS soli para os casos de indivíduos nasci-dos na França e que lá viveram até atingir a maioridade.* (RBS) ◆ *Instruções expressas também foram enviadas pela mesma circular para expedição de passaportes brasileiros aos filhos de nossos compatriotas então registrados, com o intuito de facilitar sua plena inscrição legal no país de residência, notadamente em se tratando daqueles onde vigora o 'JUS sanguinis', isto é, que não atribuem automaticamente a nacionalidade àqueles que ali tenham nascido.* (FSP) ◆ *Qual seria a fundamentação de tal "JUS puniendi"? Com certeza não se embasaria em qualquer princípio de solidariedade e de direitos humanos.* (FSP)

justa-

É um prefixo de origem latina que se liga sem hífen ao elemento seguinte. Significa "junto a". ◆ *No chão havia uma pista estreita, em relevo sobre o soalho, protegida por uma guarnição de tábuas JUSTAPOSTAS.* (RIR)

justapor

Conjuga-se como **pôr**. ◆ *As duas ideias hoje se JUSTAPÕEM e se confundem.* (JK) ◆ *Através do brinquedo educativo, a pedagogia aparece JUSTAPOSTA ao lúdico.* (BRI)

k

O nome registrado para a letra é **cá**, forma que não ocorreu. Há tendência a escrever-se o nome da letra com a inicial **k**, talvez pelo fato de a forma **cá** já ser de grande presença na língua, como advérbio. ◆ *A quadrilha formada por Agá (Adriano Garib), Dáblio (Francisco Brêtas), Eme (Roberto Matos), KÁ (Adão Filho) e Jota (o próprio Alkmim) é contratada por uma pessoa anônima para sequestrar um empresário.* (FSP)

K

É o símbolo de **potássio**. ◆ *Potássio, do latim kalium – símbolo K.* (QUI)

Kafka ⇨ Ver -iano.

O adjetivo correspondente a Kafka é **kafkiano**. ◆ *Ela descreveu Paulo Sérgio como um KAFKIANO, um rufião.* (JB)

kafta ⇨ Ver cafta.

Kafta designa, na cozinha árabe, espeto de carne moída com pimenta síria e hortelã. A grafia **cafta**, oficialmente registrada em português, ocorre na mesma proporção que a forma iniciada por k. ◆ *No Oriente Médio, pratos como quibe e KAFTA são feitos de carneiro, mais abundante que o boi.* (FSP)

Kaiser, cáiser

Kaiser (com maiúscula, como todos os substantivos em alemão) é palavra alemã que designa o imperador na Alemanha, desde a unificação, no século XIX, até a instituição da república, no fim da Primeira Guerra Mundial. ◆ *Xisto e Benjamim admiravam a*

França, detestaram a Alemanha e consideravam o KAISER um bandido desalmado, um bárbaro. (INC)

Cáiser é a grafia aportuguesada oficialmente registrada.

kamikase, kamikaze ⇨ Ver camicase.

Apesar de usuais, essas formas gráficas (que usam a letra **k**) não têm abrigo na ortografia oficial. Trata-se de palavra de origem japonesa que designa piloto componente de um corpo de voluntários que, no fim da Segunda Guerra Mundial, dispunha-se a ataque suicida contra alvo inimigo. ◆ *Na 2ª Guerra Mundial, KAMIKASE era o piloto japonês voluntário que desfechava um ataque suicida contra o inimigo.* (FSP)

Camicase e **camicaze** são ás formas gráficas abrigadas na ortografia oficial brasileira.

karaoke, karaokê

São formas gráficas correspondentes a palavra japonesa que designa casa de diversão na qual o cliente pode cantar ao microfone, dispondo de fundo musical e da letra da música. Designa também o próprio sistema de apresentação. Nenhuma das formas é abrigada na ortografia oficial brasileira. Apenas a forma sem acento é dicionarizada, mas ela só é usual como nome próprio. Como nome comum, os registros são com acento. ◆ *Entre os lançamentos estão "Kid KARAOKE", "Wallobee Jack" e "Bingkl Burra Stone", todos em CD-ROM.* (FSP) ◆ *Os presentes se recordam de que numa ocasião Sodré ficou tão à vontade no circo azul e amarelo que chegou a cantar um KARAOKÊ.* (VEJ)

kart

É palavra inglesa que designa pequeno veículo automotivo com quatro rodas, embreagem automática, sem carroceria, sem caixa de mudanças e sem suspensão. A forma aportuguesada **carte**, que é oficialmente registrada, não ocorreu. ◆ *Gastão Fraguas conquistou este ano o título no Mundial de KART na Fórmula A, uma das mais importantes da competição.* (FSP)

ketchup ⇨ Ver catchup.

É palavra inglesa que designa molho consistente e condimentado, levemente adoçado, à base de tomate. ◆ *A Arisco vende hoje cerca de trinta produtos lá, entre eles molho de tomate, KETCHUP, sucos em pó.* (VEJ)

A grafia aportuguesada dessa palavra, **catchup**, que não está dicionarizada, também é usada, embora com frequência muito menor (20%).

kg

É símbolo de **quilograma** (sem ponto e sem plural). Escreve-se com minúsculas. ◆ *Esta produção corresponde a um consumo per capita de cerca de apenas 1,7 kg de queijo anualmente, média ainda muito inferior à de países industrializados.* (ACQ)

kHz

É símbolo de **quilohertz** (sem ponto e sem plural). O **k** e o **Z** são minúsculos, e o **H** (letra inicial de **Hertz**) é maiúsculo. ◆ *Na Jovem Pan (620 kHz), o programa vai ao ar às 13h30, sem interrupções.* (FSP)

kibutz

1. É a grafia portuguesa que tem sido usada (sem registro oficial) para a palavra hebraica que significa "agrupamento" e que designa espécie de fazenda coletiva, em Israel. ◆ *O KIBUTZ é uma ideia fabulosa para ser aplicada no Brasil, como fórmula racional e humana para se acabar com a pobre mentalidade de se continuar miserável.* (MAN) ◆ *Originário da Áustria, chegou à Palestina em mil novecentos e trinta e seis e trabalhou num KIBUTZ.* (REA)

2. O plural é formado segundo a língua de origem: *kibutzim*. ◆ *Os jovens nascidos nos KIBUTZIM são homens que hoje formam uma nova humanidade.* (MAN)

kilobyte, kB; kilobit, kb ⇨ Ver byte ⇨ Ver megabyte ⇨ Ver gigabyte.

1. O símbolo **kB** (sem pontos de abreviatura) refere-se a **quilobyte / quilobaite**, que são as formas gráficas oficializadas em português para *kilobyte*, múltiplo de *byte* (1.024 *bytes*). Na grafia por extenso, a forma **kilobyte** (com **k** inicial, ou seja, não adaptada ao padrão ortográfico do português) é a geralmente usada. ◆ *O Vivo (www.vivo.com), usado pela CNN e TV.com, tem 693 KILOBYTES e funciona diretamente no navegador.* (FSP)

Também é usada a forma *kbyte*. ◆ *Oito bits formam um byte. Mil bytes fazem 1 Kbyte e assim por diante.* (FSP)

2. O símbolo **kb** (sem pontos de abreviatura) refere-se a **quilobit / quilobite**, que são as formas gráficas oficializadas em português para *kilobit*, múltiplo de *bit* (1.000 *bits*). Na grafia por extenso, a forma **kilobit** (com **k** inicial, ou seja, não adaptada ao padrão ortográfico do português) é a geralmente usada. ◆ *O resultado é uma rede de baixo custo que logo poderá arcar com transmissões de 100 KILOBITS.* (FSP)

Também são múltiplos de *byte*: *megabyte* e *gigabyte*.

kilt

É palavra inglesa que designa saiote pregueado feito de lã quadriculada em cores, que faz parte do traje típico masculino escocês; refere-se, também, a saiote que seja similar. ◆ *A coleção inclui também microssaias, saias KILT, estampas militares e camufladas e t-shirts com mensagens.* (FSP)

Kirsch

É palavra alemã que significa "cereja" e que designa aguardente de cereja. ◆ *No Le Jardim Suisse (Jardins), especialidades suíças, como o KIRSCH (destilado de cereja) e o poire (destilado de pera), podem ser apreciadas como "digestivos", após fondues ou raclettes.* (FSP)

kung fu

kit

É palavra inglesa que designa dispositivo com conjunto de utensílios. ✦ *As jornalistas saíam do encontro com um KIT completo do L'Égoiste, perfume água de colônia etc.* (ESP)

kitchenette ⇨ Ver quitinete.

É palavra inglesa que designa apartamento muito pequeno no qual a uma cozinha se conjugam os demais ambientes. Usa-se como substantivo feminino. ✦ *Segundo denúncias, ficou rico em pouco tempo, pois morava em uma KITCHENETTE e hoje, não se sabe como, é possuidor de uma mansão.* (FSP)

Quitinete é a forma aportuguesada, muito mais usual (90%).

Kitsch

É palavra alemã que designa material artístico ou literário sensacionalista ou imediatista, considerado de má qualidade e de mau gosto. Trata-se de uma forma de comunicação que busca provocar efeito. ✦ *A decoração dos quartos é uma exaltação do KITSCH que nem o KITSCH julgou um dia merecer.* (FH)

kiwi

É palavra inglesa que designa fruta de origem asiática que tem casca marrom e pilosa e polpa verde, sumarenta e brilhante. ✦ *Plano Real eleva vendas de pera, maçã e KIWI do exterior e derruba comercialização do produto nacional.* (FSP)

A forma gráfica portuguesa correspondente, **quiuí**, que é oficialmente registrada, não ocorreu.

kl

É símbolo de **quilolitro** (sem ponto e sem plural). Escreve-se com minúsculas. A forma não ocorreu.

km

É símbolo de **quilômetro** (sem ponto e sem plural). Escreve-se com minúsculas. ✦ *Corríamos a 150 km por hora.* (BL)

knock-out ⇨ Ver nocaute.

É palavra inglesa que, no boxe, designa golpe que leva à inconsciência durante um determinado tempo regulamentar, definindo vitória do golpeador. Refere-se também ao estado de inconsciência a que o golpe leva. Essa forma original inglesa é dicionarizada, mas é rarissimamente usada. ✦ *Chegam no momento em que Laio acertou um direto em Creonte, que caiu quase KNOCK-OUT.* (MD)

A forma gráfica portuguesa correspondente é **nocaute**, usada na quase totalidade dos casos (99,3%).

know-how ⇨ Ver saber-fazer.

É expressão inglesa que designa um conjunto de conhecimentos técnicos, culturais e administrativos que uma pessoa ou uma instituição possui. A pronúncia aproximada é **nou-hau** (inicial aspirada). ✦ *Com isso, além de as indústrias nacionais ganharem dinheiro na venda das peças, o KNOW-HOW estrangeiro é transferido gratuitamente.* (REA)

Kümmel

É palavra alemã que designa:

◇ erva aromatizante (cominho). ✦ *Entre os grãos, os mais exóticos são o zimbro (que dá sabor ao gin), o endro (usado no molho de iogurte com pepino, para saladas verdes), o KÜMMEL (uma semente parecida com a erva-doce, que tempera o chucrute).* (FSP)

◇ licor aromatizado com cominho. ✦ *Janjão inapetente quase sem tocar no copo, aguardando só a hora do baile do Clube Literário, tencionando tomar quinze doses de KÜMMEL.* (SD)

kung fu

É expressão de origem chinesa que designa arte marcial semelhante ao caratê. ✦ *Rosângela, que pratica KUNG FU, e a menina são acusadas de trocar bofetões na produtora de Fernando.* (VEJ)

A grafia como substantivo composto (com hífen), que não é abrigada na ortografia oficial brasileira, também ocorre, embora com menor frequência (40%). ✦ *Além disso, há aulas de capoeira e de KUNG-FU.* (FSP)

kW, kWh

1. É **kW** o símbolo de **quilowatt** (sem ponto de abreviatura e sem plural). O **k** é minúsculo e o **W** (letra inicial de **Watt**) é maiúsculo. ◆ *O custo do empreendimento, inicialmente estimado em mil dólares por kW, foi posteriormente reajustado para 2 mil dólares por kW.* (ENE)

2. É **kWh** o símbolo de **quilowatt-hora** (sem ponto de abreviatura e sem plural). ◆ *O consumo de energia elétrica no Nordeste hoje é da ordem anual de 4 bilhões de kWh.* (P)

Kýrie

É forma grega que representa o vocativo de **Senhor**. Na liturgia designa parte da missa que se inicia com a invocação grega *Kýrie, eléeson*, a qual significa "Senhor, tende piedade". ◆ *Ato penitencial: "KYRIE", da missa de Nossa Senhora do Brasil, do padre Zezinho (orquestra, coro, coral e povo).* (FSP)

l

l

O nome da letra é **ele**. O primeiro E (tônico) é aberto (É), mas a palavra não leva acento. • *O País era realmente colorido – mas com um ELE só – e vivia o que se acostumou chamar de seus "anos dourados".* (IS)

l

É o símbolo de **litro**. Como símbolo, não leva ponto de abreviatura e não tem plural. Com minúscula. • *Prefeitura faz estudo para saber quem produz mais de 100 l de resíduos.* (ECG)

(la) belle époque

É expressão francesa que significa "(a) bela época". Refere-se à época inicial do século XX, considerada de vida agradável e fácil. • *As cerimônias civil e religiosa tiveram lugar na casinha BELLE ÉPOQUE que eles tinham preparado para morar.* (BAL)

lábil

1. A sílaba tônica é a penúltima (LÁ), e, por isso, a palavra leva acento (paroxítona terminada em L). Significa "escorregadio", "instável". • *Na "Estética", as artes singulares distinguem-se de modo LÁBIL, com fronteiras móveis, devidas à continuidade de seus desenvolvimentos.* (FSP)

2. O plural é **lábeis**. • *E, evidentemente, as fronteiras aqui são LÁBEIS, de modo que, entre o denso e o sujo, as passagens podem ser múltiplas.* (FSP)

lacerar ⇨ Ver **dilacerar**.

Lacerar e **dilacerar** são formas variantes, mas a forma **lacerar** é pouco usada (7%). Significam "despedaçar", "destruir". • *O fórceps perfurou-lhe um dos tímpanos, LA-CEROU uma de suas orelhas e deixou em seu rosto uma eterna cicatriz.* (FSP) • *Tenhamos a esperança de que o sacrifício trágico de um homem que viveu nas maiores culminâncias e a conturbação profunda que LACEROU o sentimento da coletividade brasileira sirvam de lição para o futuro e marquem o advento de uma nova Era na História do Brasil.* (GLO)

laço ⇨ Ver **lasso**.

Laço é substantivo que designa nó que se desata facilmente e que apresenta alças, geralmente duas. • *A única nota colorida do vestuário era um LAÇO de fita azul que lhe prendia os cabelos alourados.* (CP)

Lasso é adjetivo que significa "fatigado", "cansado".

lacrimeja, lacrimejam

O E é fechado (antes de J). • *Os olhos, vermelhos e irritados, LACRIMEJAM em virtude da conjuntivite provocada pelo vírus.* (CLA)

lacrimogêneo

Com E depois do G, não com I. Significa "que provoca lágrimas", "que faz chorar". • *Dias depois a polícia, apoiada por helicópteros que lançavam bombas de gás LACRIMOGÊ-NEO, invadiu a penitenciária e sufocou a rebelião.* (MAN)

lacrimoso, lagrimoso ⇨ Ver lágrima.

São formas variantes de adjetivo, mas a primeira (ligada à base latina) é quase a única usada (98%). Significam "abundante em lágrimas". ✦ *(LAGRIMOSO) Padre, eu tenho uma pena da minha mulher!...* (NOD) ✦ *O rádio da casa apresenta uma novela LACRI-MOSA.* (HO)

lact- ⇨ Ver galact(o).

É elemento (latino) que se liga a um elemento seguinte. Significa "leite". Corresponde ao elemento grego **galact(o)-**. ✦ *Com a cabeça dirigida para o Sul, arrastava imensa cauda aberta, LACTESCENTE, mostrando focos de claridade fosca.* (VB) ✦ *Assim, se na LACTO-FERMENTAÇÃO bolhas de gás são observadas, ainda podem ser tomadas medidas para evitar o problema.* (ACQ)

lactante, lactente

1. **Lactante** é a mulher que amamenta, a ama. ✦ *A gestante e a LACTANTE precisam de uma quota extra de cálcio para atender às exigências do feto ou do infante.* (NFN)

2. **Lactente** é a criança que é amamentada. ✦ *A partir dos dois meses o LACTENTE sadio adquire a capacidade de sorrir.* (SMI)

ladino

1. É adjetivo que significa "esperto", "astucioso", "vivaz". ✦ *Lembro-me dum companheiro de brinquedo, um mulato LADINO e imaginoso, que gostava de inventar histórias fantásticas.* (FAN)

2. É adjetivo ou substantivo referente a língua latina do ramo itálico, falada na Suíça e no Norte da Itália. ✦ *LADINO, corso, bretão, galego – idiomas semimortos praticados apenas por uns poucos gatos-pingados ressurgem com força insuspeitada.* (VEJ)

ladrão, ladro

1. **Ladrão** e **ladro** são formas variantes: **ladrão** vem do acusativo latino (*latrone*), e **ladro** vem do nominativo latino (*latro*). A forma **ladro** é raramente usada (0,5%). ✦ *Você está-me ofendendo. Pela segunda vez.*

Eu sou algum LADRO? (FP) ✦ *Sharp acredita que os pecuaristas da região, do mesmo jeito que repelem o LADRÃO de gado, vão auxiliar a polícia na repressão aos coureiros.* (AGF)

2. O feminino de **ladro** é **ladra** e o de **ladrão** é **ladrona**. ✦ *A senhora está me chamando de LADRA?* (TB) ✦ *A senhora está pensando que sou LADRONA, que roubei a toalha bordada e os talheres de prata.* (VN)

3. O aumentativo de **ladrão** é **ladravaz**. ✦ *Em uma noite, num casarão de Washington, o LADRAVAZ ouve ruídos.* (VEJ)

lady ⇨ Ver lorde, lord.

É palavra inglesa indicativa de título, que, na Inglaterra, designa senhora da nobreza. Usa-se para referência a senhoras de maneiras refinadas. A pronúncia aproximada é **lêidi**. ✦ *Hoje em dia é impossível evitar a assexuada LADY em questão, cuja presença se faz sentir no mundo inteiro.* (FSP)

lagarto, lagartixa

Com **R** na segunda sílaba. **Lagartixa** tem **X**. ✦ *Hoje os LAGARTOS habitam apenas as terras firmes das regiões.* (AVP) ✦ *A LAGARTIXA logo se pôs em fuga – latejante e ágil.* (ALE)

lago

O adjetivo correspondente é **lacustre**. ✦ *O barracão se ergue encravado no barro, reforçado por estacas, como uma casa LACUSTRE.* (PM)

lágrima ⇨ Ver lacrimoso, lagrimoso.

Os adjetivos correspondentes são:

◇ **lacrimal** (base latina). ✦ *A glândula LACRIMAL situa-se na parte superolateral da órbita, secreta constantemente a lágrima que umedece o olho.* (ENF)

◇ **lagrimal**. ✦ *Assim é que em processos conjuntivais, a secreção viscosa poderá adensar o filme LAGRIMAL e comunicar à córnea a condição edematosa referida.* (GLA)

Lacrimal é a forma de uso mais frequente (84%).

Também se ligam a esse substantivo as formas **lacrimoso** e **lagrimoso**.

laje, lájea, lajem

São formas variantes, mas só a primeira ocorre normalmente. Escrevem-se com **J**. ✦ *O rapaz dá voltas erráticas sob a LAJE do grande salão, que balança na cadência da orquestra.* (EST) ✦ *Mas uma vez responde-me sombria: / Terás o sono sob a LÁJEA fria.* (CA) ✦ *E a LAJEM fria e muda dos sepulcros / Se fechou sobre o ente esmorecido.* (GD)

lajeado, lajedo

São formas variantes, igualmente usuais. Com **J**, como **laje**. Significam "pavimento coberto de lajes". ✦ *O caboclo esperou escondido numa moita, à beira do LAJEADO, numa dobra da estrada.* (MMM) ✦ *Alguns ficaram debruçados no LAJEDO, outros arrastavam-se até os degraus das casas.* (CRU)

lama ⇨ Ver lhama.

1. Como substantivo masculino, designa, entre os mongóis e os tibetanos, sacerdote budista. ✦ *País manipula escolha de novo LAMA.* (FSP)

2. Como substantivo feminino, designa lodo. ✦ *Os animais avançavam a custo, atolando-se na LAMA.* (ALE)

Lhama é a designação de um mamífero.

lambujem, lambuja

São formas variantes que designam aquilo que se ganha ou se dá para além do combinado. Diferindo dos demais substantivos em **-gem**, **lambujem** escreve-se com **J** exatamente porque é ligado ao substantivo **lambuja** (seu sinônimo) e ao verbo **lambujar**. A forma **lambuja** é a mais frequente (80%). ✦ *Além do mês e dois dias de LAMBUJEM ganhos, passei também a ser dona de dois signos do zodíaco: oficialmente, sou de Leão; na realidade, de Câncer.* (ANA) ✦ *Estava avaliado em 500 reais e de LAMBUJA o comprador ainda levava alguns anéis e alfinetes de ouro.* (VEJ)

lambuzar

Escreve-se com **Z**. ✦ *A suposta elite do Brasil nunca viu melado e se LAMBUZOU toda.* (EMB)

lampião

Com **I**, e não com **E**. ✦ *O LAMPIÃO bruxuleava, querendo apagar.* (ARR)

lampírio ⇨ Ver vaga-lume, vagalumear ⇨ Ver pirilampo.

Lampírio é outra denominação para **vaga-lume**. São inúmeros os sinônimos desse substantivo registrados em dicionários, mas apenas ocorreram as formas **pirilampo** e **lampírio**. ✦ *Quando ela movia a cabeça, naturalmente, viam-se-lhe as luzes dos LAMPÍRIOS, luciluzindo nos cabelos.* (VB)

lança-perfume

É substantivo masculino. O plural é **lança-perfumes** (forma verbal + substantivo). O primeiro elemento não varia porque é verbo. ✦ *Depois é que ele apareceu com os LANÇA-PERFUMES.* (Q)

lance, lanço

1. **Lance** significa "ocorrência", "caso notável". ✦ *Não perdia um LANCE o tabelião Caldas Palhano de São Sebastião de Mata-Gato.* (NI) ✦ *Até parece que você testemunhou todo o LANCE.* (CNT)

2. Significa, também, "ato ou efeito de lançar", "arremesso", "impulso", ou "oferta de preço em leilão ou em venda", e, nesse sentido, é variante de **lanço**, forma que não é usual, atualmente. ✦ *Deverá ser exigido um LANCE maior – de 30% a 40% do valor total.* (FSP) ✦ *A razão disto é porque nesta pesca de entendimentos só quem sabe fazer a rede sabe fazer o LANÇO.* (AV)

lanche

É a forma portuguesa correspondente ao inglês *lunch*, com outro significado, porém ("merenda", "refeição pequena"). ✦ *A fábrica fornecia um LANCHE para os meninos que não fossem almoçar em casa.* (ETR)

languidez

Com **Z**, como todo substantivo abstrato em **-ez** derivado de adjetivo. ✦ *Chegou ao ginásio do Coliseu da cidade de Portland com a*

lantejoula

LANGUIDEZ de quem se considera de férias. (VEJ)

lantejoula ⇨ Ver **lentejoula**.

Lantejoula e **lentejoula** são formas variantes, mas a segunda é muito pouco usual (6%). Designam lâmina circular pequena e muito fina, feita de material cintilante, com um furinho central, pelo qual a pecinha é pregada a vestimentas, para compor adorno. ✦ *(...) De veludo negro, todo bordado de miçangas e LANTEJOULAS!* (ANA)

Laos [Ásia]

O adjetivo pátrio é **laosiano**. ✦ *WWF e os governos vietnamita e LAOSIANO estão trabalhando para evitar o desmatamento da região.* (FSP)

lápide, lápida

São formas variantes, para designar pedra com inscrição, mas a segunda delas não é usual, atualmente. ✦ *Com o formão e a marreta Minolta fazia furos na superfície lisa da LÁPIDE.* (BU) ✦ *Choremos sobre a LÁPIDA esquecida / Dos homens que já foram.* (JF)

lapíli

É a forma portuguesa correspondente ao italiano *lapilli*, plural de *lapillo*, "pedrinha". A sílaba tônica é a penúltima, e, por isso, a palavra leva acento, em português (paroxítona terminada em I). O substantivo designa produtos sólidos provenientes de erupções vulcânicas. ✦ *A montanha Blanca foi formada por acúmulo de LAPÍLI, composição fonolítica ou pedra-pomes.* (FSP)

lápis-lazúli

1. Escreve-se com **Z**. A sílaba tônica é **ZÚ**, e, por isso, a palavra leva acento (paroxítona terminada em I). ✦ *A turquesa, o LÁPIS-LAZÚLI são atraentes exclusivamente pela cor.* (PEP)

A forma não recomendada **lázuli**, comum na linguagem falada, não ocorreu.

2. É invariável. ✦ *Azuis doces como o mascavo, como o vinho do Porto, secos como os LÁPIS-LAZÚLI, a lazulite e o vinho da Madeira, azul gustativo e saboroso como o dos frutos cianocarpos.* (CF)

Lapônia (região) [Escandinávia, Europa]

O adjetivo pátrio é **lapão**. ✦ *Mas alguns suecos também falam finlandês e LAPÃO.* (FSP)

laptop

É substantivo inglês que, na informática, designa microcomputador de pequeno porte, com monitor plano e teclado acoplados, especialmente destinado a uso como portátil. A pronúncia aproximada é **lép-tóp**. ✦ *No LAPTOP que carrega a tiracolo, tem gravados nome, telefone e endereço de 27 namoradas.* (VEJ)

laranja

1. Como substantivo feminino, designa uma fruta cítrica. ✦ *Descasquei em seguida uma LARANJA, cuidadosamente.* (MEC)

O adjetivo correspondente é **cítrico**, como o correspondente a **limão**. ✦ *Os doentes que receberam frutas CÍTRICAS melhoraram com rapidez espantosa.* (NFN)

2. Como substantivo masculino, designa cor semelhante à dessa fruta. ✦ *Para as peruas que adoram estar ao par do último grito: a cor da temporada é o LARANJA.* (FSP)

Também é termo de gíria que designa agente intermediário que, a serviço de terceiros, efetua transações irregulares, deixando encoberta a identidade de quem efetivamente está transacionando. ✦ *Se você permite que alguém doe acima do que arrecadou, só pode ser para permitir o 'LARANJA'.* (FSP)

laranjal

É coletivo para pés de laranja. ✦ *O gemido ininterrupto do monjolo ziguezagueia por entre o LARANJAL.* (DEN)

largueza

Com **Z**, como todo substantivo abstrato em **-eza** derivado de adjetivo. ✦ *A LARGUEZA de verbas escandalizou o país e criou um movimento de protesto.* (VEJ)

laring(o)-

É elemento (grego) que se liga a um elemento seguinte. Significa "laringe". ◆ *A espasticidade da musculatura LARÍNGEA pode provocar padrão de voz forçada e áspera.* (NEU) ◆ *LARINGOESPASMO e hipotensão raramente ocorrem.* (ANT)

laringe

Na indicação oficial, o substantivo **laringe** pode ser masculino ou feminino, mas o masculino não é usual atualmente. ◆ *A LARINGE é visível e facilmente palpável na região mediana do pescoço.* (CLI) ◆ *Vem do encéfalo absconso que a constringe, / Chega em seguida às cordas do LARINGE, / Tísica, tênue, mínima, raquítica...* (AUA)

lasanha

É a forma gráfica portuguesa correspondente ao italiano *lasagna.* ◆ *A LASANHA veio desprovida de molho.* (VEJ)

Lasciate ogni speranza, voi ch'entrate.

É frase italiana que significa "Deixai toda a esperança, ó vós que entrais". Trata-se de inscrição que, no poema de Dante (*Inferno*, III, 9), se acha colocada na porta do inferno. ◆ *"LASCIATE OGNI SPERANZA, VOI CH'ENTRATE" – deixai toda esperança, ó vós que entrais: o lema do Inferno de Dante caberia como epígrafe nesta introdução sombria e corrosiva aos estudos literários.* (FSP)

laser, lêiser

Laser é palavra inglesa formada com as iniciais da expressão *light amplification by stimulated emission of radiation* ("amplificação da luz pela emissão estimulada de radiação"). A forma portuguesa correspondente, oficialmente registrada, é **lêiser.** ◆ *O LASER, no Instituto de Física, é estudado como um instrumento, como um meio para se conhecer melhor os semicondutores.* (REA) ◆ *Sobre esta base, a linguagem jornalística irá incorporar: a) neologismos de origem coloquial, sintéticos (fusca, fuscão) ou de grande expressividade (dedo-duro, pau-de--arara); b) denominações de objetos novos,* de origem científica ou popular (*LÊISER, videoteipe, orelhão*). (LIJ)

lassidão

Com **SS**, como **lasso**. Significa "cansaço". ◆ *Sobre a mesa, o papel em branco chama com insistência maior que o sono e a LASSIDÃO.* (CH)

lasso ⇨ Ver laço.

Lasso, com **SS**, é adjetivo que significa "fatigado", "cansado". ◆ *Bindinho fitava-o com atenção, aquele olhar bondoso e LASSO que adoçava o rosto negro.* (FP)

Laço é substantivo, designando nó que se desata facilmente e que apresenta alças, geralmente duas.

last but not least

É expressão inglesa que significa "o último, mas não o menos importante", "por último, mas não com menor importância". ◆ *E LAST BUT NOT LEAST, você tem que depositar um quinhão de confiança em Deus.* (VEJ)

lateja, latejam

O **E** é fechado (antes de **J**). ◆ *Na testa LATEJA uma espinha, até isso!* (CBC) ◆ *Pátria, os banqueiros LATEJAM em ti!* (FSP)

látex, latex

1. O som final é **KS**. O substantivo designa seiva de árvore, especialmente a resina e a borracha.

2. Segundo as lições normativas, a sílaba tônica é a penúltima (**LÁ**) e, por isso, a palavra leva acento (paroxítona terminada em **X**). Essa é a forma abrigada na ortografia oficial brasileira. ◆ *Pois é, a maciez do pneu vem do fato de ser fabricado a partir de material "plástico" natural ou da borracha, produto resultante da coagulação do LÁTEX (leite da seringueira), ao qual se aplica todo um tratamento químico.* (GI)

Entretanto, usa-se também, embora com frequência baixa (4%), a forma **latex**, sem acento (oxítona terminada em **X**). ◆ *Hoje temos 5% de taxação na importação do LATEX.* (FSP)

latino-

1. O adjetivo **latino** pode constituir elemento de composição. Liga-se por hífen ao elemento seguinte quando forma adjetivo pátrio ou palavra ligada a esse tipo de expressão. ✦ *Mas também as paixões artísticas, sociais e nacionais, as discussões dos grandes problemas, impasses e contradições vividos pelas frações cultas modernizantes da LATINO-América ressoam dali, com seus horizontes e limites.* (FSP) ✦ *Intelectuais de vários países LATINO--americanos falariam de seu país.* (CRE)

2. Em qualquer outro caso, não se usa hífen na composição: **latinofilia**, **latinofobia** etc., formas que não ocorreram.

latir

Só se conjuga nas formas em que há **E** ou **I** depois do **T** e usa-se apenas na 3ª pessoa (singular e plural). ✦ *Longe, um cachorro LATE.* (AS) ✦ *Os cães LATIRAM, os belos cães de caça de que Anselmo lhe falara um dia.* (OS)

lato sensu ⇨ Ver *stricto sensu.*

É locução latina que significa "em sentido amplo". Ela é formada por duas palavras no ablativo: *lato*, que é adjetivo de primeira classe (ablativo em **O**), e *sensu*, que é substantivo de quarta declinação (ablativo em **U**). ✦ *Resta avaliar a política de substituição de importações LATO SENSU.* (DS)

Usa-se muito particularmente para referência a uma das duas modalidades de pós-graduação no Brasil, aquela que não leva a trabalho de grau com defesa (nem mestrado nem doutorado). ✦ *A pós-graduação LATO SENSU é direcionada para profissionais que desejam ampliar o conhecimento em suas áreas.* (FSP)

Latrão (palácio de)

O adjetivo correspondente é **lateranense**. ✦ *O padre era responsável pelo Seminário dos Cônegos Regulares LATERANENSES de Caxias do Sul.* (FSP)

lavador, lavadora, lavadeira; lavadouro

1. O substantivo **lavador** designa a pessoa que se dedica à atividade de lavar. ✦ *Foi assim que consegui começar minha vida em Nova York, graças a esse conterrâneo, que me arranjou empregos de engraxate, LAVADOR de prato e motorista de caminhão.* (FA)

2. O substantivo **lavadora**:

◇ é a forma feminina de **lavador**. ✦ *Sou zeladora do templo de Apolo, pertenço à irmandade das LAVADORAS da estátua de Júpiter, cumpro os sacrifícios.* (TEG)

◇ designa a máquina de lavar (roupas, louças etc.). ✦ *Um dos seus primeiros comerciais foi para uma LAVADORA de roupas.* (RI)

3. **Lavadeira** é a forma popularizada para o feminino de **lavador** e é a forma usada para a designação da profissional em lavagem de roupa. ✦ *A única mulher que viu foi uma LAVADEIRA com um saco de roupa na cabeça.* (AGO)

4. O substantivo **lavadouro** designa o lugar onde se lava alguma coisa (o sufixo **-ouro** indica lugar). ✦ *Tenho chacarinha, flores, legume, uma casuarina, um poço e LAVADOURO.* (FSP)

laxante

Com **X**. ✦ *No caso do elixir de Torry, o efeito das ervas é de puro LAXANTE.* (VEJ)

layout, leiaute

1. *Layout* é palavra inglesa que designa esboço de anúncio em que os elementos aparecem bem ressaltados. ✦ *Para isso, evidentemente, a notícia deve ser bem escrita e o LAYOUT bem projetado.* (LIJ)

2. **Leiaute** é a forma aportuguesada, dicionarizada, mas muito raramente usada (1%). ✦ *Embrulhados em papel de presente, foram aparecendo poemas manuscritos, laudas datilografadas com peças de teatro (...), LEIAUTES de anúncios, cartuns.* (VEJ)

lead ⇨ Ver **lide** ⇨ Ver **lida, lide.**

É palavra inglesa que, no jornalismo, designa texto que introduz matéria jornalística resumindo-a com a indicação dos dados essenciais: o fato em si, as personagens, o lugar, o tempo, a causa, o modo. ✦ *O LEAD chegou ao Brasil por volta de 1947 trazido por Pom-*

peu de Souza e foi difundido e implantado por ele, Luiz Paulistano, Nilson Viana, Hermano Alves e outros. Primeiro no Diário Carioca e, em seguida, na Tribuna da Imprensa. (RI)

O plural é **leads**. ✦ *Numa época em que os censores cortavam sistematicamente todos os LEADS (a abertura da matéria), por exemplo, os jornalistas passaram a escrever matérias com dois LEADS, o primeiro, falso, para ser cortado pela censura, e o segundo, o verdadeiro.* (FSP)

Lide é a forma portuguesa correspondente, muito menos usual (30%).

Há ainda outro substantivo **lide**, feminino, o mesmo que **lida**: "trabalho penoso", "labuta", "luta".

leão

1. O feminino é **leoa**. ✦ *O leão por questões sentimentais já deu uma dentada na LEOA.* (FAN)

2. O adjetivo correspondente é **leonino**. ✦ *Com seu ar LEONINO, ia e vinha pela sala.* (LA)

leasing

É palavra inglesa usada em economia para designar arrendamento mercantil. A pronúncia aproximada é **lísin**. ✦ *Os consórcios tiveram os prazos reduzidos, e o LEASING de automóveis já não é permitido.* (VEJ)

lebre

Os adjetivos correspondentes indicados (e respectivas substantivações) são **leporídeo** e **leporino**, mas a primeira forma é de uso raro atualmente, e a segunda só é usual em referência a **lábio**, em sentido técnico. ✦ *Além dos de pelúcia gostosinhos, dos de plástico divertidos e dos óbvios, de chocolate, o mercado oferece agora LEPORÍDEOS de brinquedo deveras mirabolantes.* (FSP) ✦ *Esta (fenda) pode se estender até os lábios, que lembram os lábios divididos de uma lebre (LEPORINO de lebre).* (FSP)

ledo

O **E** é fechado. O adjetivo significa "alegre", "jubiloso", e é usual apenas em relação ao substantivo **engano** (intertexto com *Os Lusíadas*). ✦ *É LEDO engano imaginar que o país possa inserir-se de modo competitivo na economia mundial.* (FSP) ✦ *Alguns espíritos menos avisados hão de julgar J. C. C. humorista, no sentido vulgar do termo, no que incorrem em LEDO engano d'alma.* (CRU)

leem

É a forma da terceira pessoa do plural do presente do indicativo do verbo **ler**. Forma-se com acréscimo de **-em** ao singular **lê**. Por isso, tem dois **EE**. ✦ *Os ciganos LEEM a sorte da gente no baralho.* (ALF)

Do mesmo modo se conjugam os verbos derivados de **ler**, como, por exemplo, **reler**. ✦ *Os livros de valor permanente, que se RELEEM pela utilidade e pelo prazer de relê-los (...).* (TA-O)

As outras três formas verbais que terminam da mesma maneira são **creem**, **veem** e **deem**.

legal

O superlativo absoluto sintético é **legalíssimo**. ✦ *Aí, todos caíram na real, e a goleada foi inevitável: 5 a 0, sem contar o sexto, de Edmundo, LEGALÍSSIMO, que o juiz anulou.* (FSP)

legalizar

Com **Z**, como todo verbo formado com o sufixo **-izar**. ✦ *Depois, mais contido, o general lembra que antes é preciso LEGALIZAR a situação de inúmeras áreas.* (IS)

legging

É palavra inglesa que designa calça feminina de malha, muito justa. É substantivo masculino. A pronúncia aproximada é **léguin**. ✦ *A empresária Claude Kempenich, de 42 anos, está inteiramente relaxada em seu LEGGING preto e escarpim dourado.* (VEJ)

legião

É coletivo para membros de uma unidade do exército (infantaria ou cavalaria). ✦ *Volto ao ponto em que a LEGIÃO Floriano Peixoto invadia a cidade, com Ponce no comando.* (ALF)

Lei, lei

Como coletivo para pessoas em geral, sugere abundância. ◆ *Eu também já participei dessa imensa LEGIÃO de iludidos que sonham ser um dia um grande campeão.* (MU)

Lei, lei

1. Escreve-se com inicial maiúscula (**Lei**) quando se refere a norma votada por poder legislativo. ◆ *É fácil entender a importância da LEI de Terras de 1850 para a constituição do mercado de trabalho.* (AGR) ◆ *Nasci na LEI do Ventre Livre. Mas hoje eu ainda sou servo.* (DM)

2. Escreve-se com inicial minúscula (**lei**) quando se usa em sentido genérico. ◆ *A LEI da selva, a LEI do trânsito. Era tudo muito estranho.* (BL)

leite

1. Os adjetivos correspondentes são:

◇ **lácteo**, ou **láteo**, que significa, genericamente, "de leite". ◆ *Avaliando o beneficiamento do leite, a indústria LÁCTEA mineira pode ser considerada mais eficiente do que a indústria argentina.* (FSP) ◆ *A glândula aumentada distende a pele e a circulação dilatada faz surgir a chamada rede de Haller, tida como prenúncio de farta secreção LÁCTEA.* (CLO) ◆ *Seu acúmulo no fígado vale para neutralização das várias substancias tóxicas, que circulam no organismo da mulher, para as reservas compensadoras do dispêndio de força e calor durante o parto e até para o material próprio à secreção LÁTEA.* (CLO)

◇ **láctico**, ou **lático**, que se aplica especificamente à adjetivação de um ácido. ◆ *Ao exame microscópico, as fibras musculares apresentam lesões discretas, provavelmente provenientes do acúmulo de ácido LÁCTICO.* (FF) ◆ *Em queijos frescos, o ácido LÁTICO, formado durante a elaboração, é um dos principais responsáveis pelo sabor do queijo.* (ACQ)

◇ **leitoso**, que significa "que tem características e aspecto de leite". ◆ *A lua traz um halo LEITOSO e resplandecente.* (MRF)

2. São substantivos (e também adjetivos) ligados a **leite**:

◇ **lactante**, que significa "que amamenta". ◆ *A gestante e a LACTANTE precisam de uma quota extra de cálcio para atender às exigências do feto ou do infante.* (NFN)

◇ **lactente**, que significa "que é amamentado". ◆ *A partir dos dois meses o LACTENTE sadio adquire a capacidade de sorrir.* (SMI)

Leitmotiv, leitmotiv

É palavra alemã que significa "motivo condutor". Como substantivo alemão, escreve-se com inicial maiúscula, mas a maior parte das ocorrências (75%) registrou inicial minúscula.

◇ Em música, designa tema que, no decurso de um drama musical, se associa a uma personagem, uma situação, um sentimento ou um objeto. ◆ *Nas linhas horizontais a música evolui continuamente, entrelaçando "motivos-guia" (LEITMOTIV).* (VEJ)

◇ Na literatura, designa tema que se repete significativamente no decurso de uma obra literária. A partir daí, designa tema sobre o qual se insiste com frequência. ◆ *Nada mais sintomático: prestígio, poder e riqueza são (usando a feliz expressão alemã) o LEITMOTIV das classes que engendram guerras fora ou dentro do próprio território.* (GUE) ◆ *O terror como LEITMOTIV.* (UQ)

lembrar, lembrar-se

1. Lembrar:

1.1. Significando "recordar", "relembrar", usa-se, segundo as lições tradicionais, com complemento sem preposição (objeto direto). ◆ *Não LEMBRO os versos do colégio, mas vou traduzir isso em verso.* (ACM) ◆ *Ela nunca LEMBROU o homem do retrato, ao fundo.* (ACM)

Entretanto, ocorrem comumente construções com complemento iniciado pela preposição **de**. ◆ *Nenhum autor escreve um trabalho de ficção sem LEMBRAR de suas próprias experiências de vida.* (ROT)

1.2. Significando "trazer à lembrança", "sugerir", usa-se com complemento sem preposição (objeto direto), podendo ocorrer outro complemento (referente a pessoa) iniciado pela preposição **a**. ◆ *O toque de Crylor é tão bom que lembra uma carícia.* (REA) ◆ *Uma grande nuvem branca, que lembrou a Winter um iceberg, agora se erguia no céu, por cima do Sobrado.* (TV)

1.3. Significando "fazer recordar", usa-se:

◇ com um complemento sem preposição (objeto direto referente a pessoa) e outro complemento (oracional ou não) iniciado pela preposição **de**. ◆ *O dono da pensão sempre me LEMBRAVA do acordo que tínhamos estabelecido.* (BL) ◆ *LEMBREI-o de que os primeiros artigos do regimento de Roque da Costa Barreto recomendam a proteção aos índios e aos jesuítas, às casas de misericórdia, hospitais.* (BOI)

◇ com um complemento sem preposição (objeto direto, oracional ou não) e outro complemento (referente a pessoa) iniciado pela preposição **a**. ◆ *Ele LEMBROU aos filhos o amor, os sacrifícios, os desvelos e as lutas do chefe de família.* (VID) ◆ *Seja-me permitido LEMBRAR, a todos os Governos e povos que integram a causa do Ocidente, que a primeira medida de previdência consiste em nos unirmos todos fraternalmente.* (JK-O)

1.4. Tradicionalmente se registra a construção de **lembrar** (significando "vir à lembrança") com sujeito expressando a coisa que vem à lembrança, e com complemento, iniciado por preposição, expressando a pessoa que tem a lembrança. Esse complemento tem, em geral, a forma de pronome oblíquo átono. Trata-se de uma construção de uso raro, atualmente. ◆ *Ainda me LEMBRA que um rato romântico passeava no tórax vazio.* (EG)

2. **Lembrar-se**, segundo as lições tradicionais, usa-se com complemento, oracional ou não, iniciado pela preposição **de**. ◆ *LEMBROU-SE de sua gente.* (GTT) ◆ *Felisbina LEMBROU-se de que deveria levar o seu piano.* (ACT)

Entretanto, quando o complemento é oracional, é comum que ele não se inicie por preposição (objeto direto). ◆ *O diretor do Teatro LEMBROU-SE que não dormira*

durante a noite e teve vontade de ir correndo para casa, atirar-se na cama. (BB) ◆ *LEMBRO-ME que os haitianos dançavam na carroceria do caminhão e se aproveitavam do próprio balanço do veículo para se mexerem um pouco.* (CRE)

lêmures

É substantivo só usado no plural. Significa "espectros", "fantasmas", "duendes". A sílaba tônica é a antepenúltima (LÊ), e, por isso, a palavra leva acento (proparoxítona). ◆ *Aliás, um outro nome dado aos prossímios é LÊMURES, derivado da palavra latina que significa "fantasma".* (DST)

lenda

Os adjetivos correspondentes são:

◇ **legendário** (ligado à base latina *legenda*). ◆ *Gino Amleto Meneghetti, ladrão temido e audacioso, quase LEGENDÁRIO, era uma espécie de herói popular.* (ANA)

◇ **lendário**. ◆ *Shaw escapou da armadilha montada pelo LENDÁRIO assaltante de trem e está escondido na Bolívia.* (VEJ)

Lendário é a forma mais usual (64%).

lêndea

Escreve-se com **E** depois do **D**. ◆ *Zé Gato, que não é homem de liquidar uma LÊNDEA, sobretudo quando seu papel, no caso da armadura, não era dos mais brilhantes, fala.* (FO)

lente

1. Tem os dois gêneros quando designa pessoa: é masculino quando se refere a elemento do sexo masculino e feminino quando se refere a elemento do sexo feminino (é um substantivo comum de dois). Significa "professor de ensino superior", mas essa designação já não é corrente. ◆ *O LENTE mandou que ele se retirasse do recinto, e todos nós não parávamos de rir.* (AM)

2. Como substantivo feminino, designa vidro de aumento para exame de objetos dificilmente visíveis. ◆ *Se o senhor examinar com a LENTE, verá os vestígios dessas linhas.* (XA)

lentejoula

lentejoula ⇨ Ver **lantejoula.**

Lentejoula e **lantejoula** são formas variantes, mas a primeira é muito pouco usual (6%).
Os substantivos designam lâmina circular pequena e muito fina, feita de material cintilante,
com um furinho central, pelo qual a pecinha é
pregada a vestimentas, para compor adorno.
♦ *Era um pano de púrpura e LENTEJOULAS,
bordado a ouro, tendo no centro um São João
esmagando o monstro.* (JL)

leso, leso-, lesa-

1. **Leso** é adjetivo que significa "idiota",
"amalucado", a partir do significado do particípio, "lesado". O **E** é tradicionalmente indicado como aberto. ♦ *Saiu do quarto, abobado,
chorando e rindo, LESO.* (VB)

2. **Leso-** é elemento de composição que indica
"rompimento, violação". Liga-se por hífen
ao substantivo seguinte. A rigor, a forma
leso- concorda em gênero e número com o
substantivo que se segue: **leso-patriotismo,
lesa-pátria.** ♦ *É crime de LESA-majestade
falar mal da Companhia que criei.* (CID)
♦ *Um crime de LESA-humanidade pelo qual
o Uruguai merecia ser invadido.* (VEJ) ♦ *Isso
é crime de LESA-pátria.* (VEJ)

Entretanto, apesar das condenações das lições normativas, é comum o uso do elemento **lesa-** seguido de substantivo masculino,
entendendo-se **lesa** como forma do verbo
lesar. ♦ *Pediu para ser acompanhada por
cordas – o que os patetas consideraram
um crime de LESA-jazz.* (SS) ♦ *Toda essa
longa introdução, que jornalistas chamam
de nariz de cera, para indicar mais um
crime de LESA-vocabulário: "para se ter
uma ideia".* (FSP)

Lesoto [África]

O adjetivo pátrio é **lesoto.** ♦ *Rei LESOTO
assume autoridade legislativa.* (FSP)

leste ⇨ Ver **este** ⇨ Ver **E (este / leste).**

1. O símbolo de **leste** (o mesmo que **este**) é **L**
ou **E**, mas a forma **L** não é usual, preferindo-
-se sempre a indicação pelo **E**. No uso do
substantivo, ocorre o contrário: a forma **leste**

é a que se usa quase exclusivamente. ♦ *A
longitude pode ser contada para LESTE (E)
ou para oeste (W).* (ATE)

2. **Leste** grafa-se:

◇ com inicial minúscula quando designa o
ponto cardeal que se opõe a **oeste.** ♦ *O surto
tífico que assolara o lado oeste da Serra do
Capote sumira para reaparecer ainda mais
brabo na vertente LESTE da dita serra e dos
contrafortes da Mutuca.* (GAT)

◇ com inicial maiúscula quando se refere a
região. ♦ *Mas os jornais insistem em enfatizar
o fim do comunismo no LESTE Europeu.* (DS)

3. O adjetivo correspondente é **oriental.** ♦ *A
parte mais ORIENTAL (Leste) do Brasil tem
longitude de: 34° W.* (ATE)

Letônia [Europa]

O adjetivo pátrio é **letão.** ♦ *Em terceiro lugar
está o LETÃO Alexei Shirov, com 8 pontos.*
(FSP)

letra, letrado, literal

1. O adjetivo correspondente a **letra** é **literal**,
que significa "conforme à letra", "exato",
"rigoroso". ♦ *Num símbolo discursivo uma
palavra pode ser tomada em sentido LITERAL
ou em sentido hiperbólico.* (MH)

2. O adjetivo **letrado** se liga mais especificamente a **letras**, no plural, significando "versado em letras", "erudito", "literato". ♦ *Não
era difícil, então, conseguir um monge LE-
TRADO ou mesmo testemunhas compradas,
para demonstrar o impedimento e anular o
casamento.* (ET) ♦ *Sua única aproximação
com o mundo LETRADO eram os versos im-
provisados dos cantadores repentistas.* (ETR)

leuc(o)-

É elemento (grego) que se liga a um elemento
seguinte. Significa "branco". ♦ *A técnica da
LEUCOTOMIA fechada foi suplementada pela
operação aberta, inventada por Lyerly em
1937.* (DRO)

Se o elemento seguinte começar por **R** ou **S**, é
necessário duplicar essa letra (que ficará entre
duas vogais, na escrita). ♦ *Surgem quando
há LEUCORREIA abundante e muco.* (DDH)

Entra frequentemente em formações referentes aos glóbulos brancos (**leucócitos**, "células brancas"). ✦ *Raramente uma portadora de LEUCOBLASTOSE (LEUCEMIA aguda) engravidará.* (OBS)

leucemia

A sílaba tônica é a penúltima (**MI**), e, por isso, a palavra não leva acento (paroxítona terminada em **A**). ✦ *Outra vítima da LEUCEMIA, talvez a mais grave das doenças do sangue.* (CRU)

leucócito

A sílaba tônica é a antepenúltima (**CÓ**), e, por isso, a palavra leva acento (proparoxítona). ✦ *O conceito de que o LEUCÓCITO é o elemento mais importante na remoção das bactérias da cavidade peritoneal não é aceito universalmente.* (CLC)

leva

É coletivo para pessoas, com ideia de grupo formado em uma determinada etapa de atuação, ou com ideia de conjunto de procedimentos ocorrentes em uma determinada etapa. ✦ *Ele participou da LEVA de sulistas que, nos anos 70, fizeram a marcha para o oeste.* (VEJ) ✦ *Tudo indica que no final do ano, quando o número de lojas tiver dobrado, o consumidor contará com uma nova LEVA de mordomias a seu dispor.* (EX)

leva e traz

Como locução substantiva ou adjetiva (sem hifens) composta de dois verbos ligados por conjunção coordenativa, é invariável. A locução substantiva é masculina ou feminina (comum de dois) e é invariável no plural. Designa pessoa que faz intriga, mexeriqueira. ✦ *Nonadas, tolices, idiotices a separar dois amigos de tantos anos, crescendo logo na boca dos LEVA E TRAZ, arruinando uma sólida amizade.* (PN) ✦ *Marieta do Riachinho, que é uma LEVA E TRAZ, não compareceu.* (BDI) ✦ *Era um parente afastado, que morava de favor nas terras da família, LEVA E TRAZ e intrometido.* (CAB)

leve, leveza; leviano, leviandade

1. **Leve** significa "de pouco peso". ✦ *E não deu, no decurso do dia, a mais LEVE prova de nutrir qualquer dúvida sobre a enxaqueca alegada.* (A)

Leveza é o substantivo correspondente (com **Z**, como todo substantivo abstrato em **-eza** derivado de adjetivo). ✦ *Ficou-lhe para sempre uma sensação de LEVEZA e perigo na hora de um beijo.* (AF)

2. **Leviano** significa "que age irrefletidamente". ✦ *Porém, ou você é muito ingênuo ou é um LEVIANO.* (ORM)

Leviandade é o substantivo correspondente. ✦ *Espero não tê-lo ofendido com minha LEVIANDADE* (UQ)

lêvedo, levedo

Ambas as formas são dicionarizadas. As lições normativas recomendam o uso da forma **lêvedo** (proparoxítona, com acento). ✦ *Fora isso, um tipo de alimentação especial, como comer germe de trigo, melado, mel, queijo, leite, frutas e tomar LÊVEDO de cerveja.* (IS)

Entretanto, a forma **levedo** (paroxítona) é a mais usada (93%). ✦ *O LEVEDO de cerveja é muito rico em vitamina "B".* (AE)

léxico

O som do **X** é **KS**. O substantivo designa o conjunto de vocábulos de uma língua ou de um autor. ✦ *Mas, como o LÉXICO é um depósito de signos construídos, temos na lista virtualmente tudo o que aconteceu.* (TL)

lhama ⇨ Ver lama.

1. Para a denominação do mamífero encontrado do Peru à Argentina, são oficialmente registrados os dois gêneros, mas é tradicionalmente mais indicado o gênero masculino, referindo-se ao macho e à fêmea do animal (sempre epiceno). ✦ *Fiz aquilo com a energia de um LHAMA.* (VEJ) ✦ *A América tropical (...) tem uma grande série de famílias, e até ordens, que não são conhecidas de outros continentes: muitas famílias de insetos (...) e finalmente os mamíferos como o tamanduá, o bicho-preguiça e as LHAMAS.* (ZO)

2. É substantivo feminino quando designa tecido, mas essa palavra não ocorreu.

Lama, como substantivo masculino, designa, entre os mongóis e os tibetanos, sacerdote budista; como substantivo feminino, designa lodo.

lhaneza

Com **Z**, como todo substantivo abstrato em **-eza** derivado de adjetivo. Significa "amabilidade". ◆ *Apesar da LHANEZA de todos, a demissão propriamente dita foi confusa e violenta.* (VEJ)

lho, lha, lhos, lhas ⇨ Ver to, ta, tos, tas
⇨ Ver **no-lo, no-la, no-los, no-las**
⇨ Ver **vo-lo, vo-la, vo-los, vo-las.**

Essas formas constituem combinações do pronome pessoal de terceira pessoa do singular **lhe** (objeto indireto) com o pronome pessoal de terceira pessoa *o, a, os, as* (objeto direto). São raras e de linguagem formal. ◆ *Se Robertoni fosse candidato à compra da fazenda, ele LHO teria dito!?* (ALE) ◆ *– Tem resposta – replicou Damião, apertando mais a carta, como no receio de que o gordo LHA quisesse tomar.* (TS) ◆ *Ali desejava ele fartar- -se das alfarrobas que os porcos comiam, mas ninguém LHAS dava.* (VES)

Líbano [Ásia]

O adjetivo pátrio é **libanês**. ◆ *Em segundos a inconfundível voz com sotaque LIBANÊS responde.* (INT)

libelo

A sílaba tônica é a penúltima (**BE**), e o **E** é aberto (sem acento). O substantivo designa peça acusatória. ◆ *O programa vale por um veemente LIBELO contra a pena de morte.* (CRU)

Libéria [África]

O adjetivo pátrio é **liberiano**. ◆ *E, sem disfar- çar o acentuado sotaque LIBERIANO, opina sobre o que deve ser feito aqui e ali.* (INT)

Líbia [África]

O adjetivo pátrio é **líbio**. ◆ *Não sabemos até que ponto o líder LÍBIO neste passo está*

caminhando em direção da realização da utopia islâmica. (ISL)

libido

A sílaba tônica é a penúltima (**BI**), e, por isso, a palavra não leva acento (paroxítona terminada em **O**). É substantivo feminino. Significa "instinto ou desejo sexual", "energia motriz dos instintos de vida". ◆ *Frigidez vem a ser a diminuição da LIBIDO.* (TC)

libreto

É a forma portuguesa correspondente ao italiano *libretto*, que designa texto ou argumento de uma ópera ou comédia musicada. ◆ *Desiludido, Auenbrugger dedicou-se à sua lucrativa prática clínica e a outras atividades – escreveu até um LIBRETO para uma obra musical.* (APA)

lida, lide ⇨ Ver *lead* ⇨ Ver lide.

1. **Lida** é substantivo feminino que significa "trabalho", "faina", "labuta". ◆ *Ao lado das pernas as duas mãos escuras, de unhas cascudas, o couro engrossado na LIDA do ofício bruto.* (DE)

2. **Lide** é substantivo feminino que tem o mesmo significado de **lida** e ainda significa "luta", "litígio". ◆ *Gostava de vagabundear pela planície, a cavalo, e sempre que podia, fugia às LIDES campeiras.* (G) ◆ *Garcia Vergara, o outro capitão assuntino, quando vem voltando dessas guerreiras LIDES, funda a cidade de Ontiveros, próximo à foz do Iguaçu.* (CID)

Há outro substantivo **lide**, masculino, que corresponde à palavra inglesa *lead*, a qual, no jornalismo, designa texto que introduz matéria jornalística resumindo-a com a indicação dos dados essenciais.

lide ⇨ Ver *lead* ⇨ Ver lida, lide.

É a forma portuguesa correspondente ao inglês *lead*. É muito menos usual que a forma original inglesa (30%). É palavra masculina. ◆ *Matei a charada logo no LIDE (do inglês LEAD, conduzir), nome dado por jornalistas ao primeiro parágrafo de uma notícia.* (FSP)

Há outro substantivo **lide**, feminino, o mesmo que **lida**: "trabalho penoso", "labuta", "luta".

líder, liderar, liderança

Líder é a forma portuguesa correspondente ao inglês *leader*. A palavra refere-se a pessoa que tem capacidade para chefiar outras. São derivados **liderar, liderança** etc. ✦ *No aeroporto, uma massa popular esperava o LÍDER trabalhista, para carregá-lo nos braços até o automóvel.* (CRU) ✦ *Meus instrutores dizem que um dia voltarei a LIDERAR.* (PCO)

Lied

1. É palavra alemã que designa poema sentimental destinado ao canto. Designa, também, canção ou música instrumental do mesmo tipo. É substantivo masculino. A pronúncia é **lid**. ✦ *O "LIED" vai pelo caminho inverso ao do pop, pois expressa sentimentos e sensações tão válidos hoje como na Idade Média.* (FSP)

2. O plural é feito pelo alemão: *Lieder*. ✦ *As sopranos líricas têm como "vestibular" obrigatório a interpretação dos ciclos de LIEDER de Franz Schubert.* (FSP)

lifting

É palavra inglesa que significa "levantamento". Designa cirurgia plástica feita para eliminar rugas ou sinais de envelhecimento, na qual se levanta pele. A pronúncia aproximada é **líftin**. ✦ *Até uma cirurgia mais delicada como a que é feita para o levantamento de face, ou LIFTING, teve seu preço reduzido de cerca de 8.000 para 4.000 ou 5.000 reais.* (VEJ)

ligeireza

Com **Z**, como todo substantivo abstrato em **-eza** derivado de adjetivo. ✦ *A memória tem a densidade e a LIGEIREZA de uma bailarina.* (PAO)

light

É adjetivo inglês que significa "leve" e se usa especialmente para indicar baixo teor calórico, alcoólico ou tabágico, ou para indicar baixa agressividade, tato, mansidão. Muito frequentemente, faz-se o plural à moda do português. ✦ *As aves produzidas hoje são cada vez mais LIGHTS em função da alta tecnologia de criação.* (JCP) ✦ *O partido fica menos "LIGHT" quando se trata de democracia.* (FSP)

lilás, lilá

1. São formas variantes, oficialmente registradas em português, vindas da forma francesa *lilas*. Como substantivo, designam um tipo de arbusto e sua flor. ✦ *Lírio, girassol, buganvília, cravo, LILÁS, maravilha (...); com o doce poder do seu encanto as flores e seus nomes compuseram o poema.* (FSP)

2. As duas formas também são de adjetivo que indica a cor (arroxeada clara) da flor desse arbusto. Entretanto, a forma gráfica **lilá** (que representa a pronúncia da forma original francesa *lilas*), não ocorreu. ✦ *Entrava Mesmer, vestindo um manto LILÁS e carregando um bastão.* (APA)

limite

Usa-se à direita de outro substantivo, atuando como classificador ou qualificador (como um adjetivo). ✦ *No fim de um ano, chegaríamos à situação LIMITE em que o que se garantiu não foi o valor médio dos salários, em termos reais, mas a média geral do salário nominal.* (OG)

A ligação entre os dois elementos pode chegar à formação de substantivos compostos, com hífen, formas em geral não abrigadas na ortografia oficial. É oficialmente registrado, por exemplo, o composto **ponto-limite**. ✦ *O ponto de ruptura dessa situação-LIMITE está na avaliação externa dos cursos de comunicação.* (RI) ✦ *Esse rendimento-LIMITE corresponde ao rendimento de 1,82 m³ de pasta para uma tonelada de cal viva.* (COM) ✦ *Não é possível, sem forçar as regras do raciocínio, postular a igualdade essencial do homem, senão como direito, como conceito-LIMITE.* (DC) ✦ *O termo parceiro é usado no documento tomado como fonte (...), para designar o indivíduo que usa temporariamente um pedaço de terra (...), na base de um contrato que estabelece uma quota-LIMITE do proprietário na participação dos frutos.* (BF)

limpado, limpo

Em geral, só o primeiro elemento varia no plural, mas também ocorre marca de plural nos dois elementos. A ortografia oficial indica, por exemplo, dois plurais para o composto **ponto-limite**. ✦ *No simulador é possível reproduzir todas as **condições-LIMITE** de um voo espacial.* (VIS) ✦ *Pintar de branco as **tábuas-LIMITE** dos saltos em distância e triplo, assim como os anteparos de peso e dardo.* (ATL) ✦ *Há **SITUAÇÕES-LIMITES** em que só a consciência moral, como num íntimo segredo do coração humano, pode determinar, de modo incisivo, as razões para este ou aquele cumprimento, esta ou aquela interdição.* (MOR)

limpado, limpo

1. A forma **limpado** é usada com os auxiliares **ter** e **haver**. ✦ *Para rever Esther, eu deveria **ter LIMPADO** meu coração de todas as maldades.* (UQ) ✦ *Betty me disse que **havia LIMPADO** no chão da sala uma grande mancha de sangue.* (CCA)

2. A forma **limpo** é usada com os verbos **ser** e **estar**. Mais frequentemente é usada como adjetivo. ✦ *Não havia razão para **ser LIMPO**. De fato, limpeza ali era um despropósito.* (APA) ✦ *O céu **estava LIMPO** e claro.* (BL)

limusine

É a forma portuguesa correspondente ao francês *limousine*. O substantivo designa um tipo de automóvel de passeio muito espaçoso, comprido e inteiramente fechado. ✦ *Cristiane tentou em vão conseguir uma **LIMUSINE**.* (VEJ)

linde

Linde é o mesmo que **limite**, porém só é usual no plural e com frequência baixíssima (0,2%). O gênero indicado é o masculino, como em latim, mas também ocorre no feminino, embora com menor frequência (40%). ✦ *Os **LINDES exatos** do pós-parto constituem aspecto a merecer atenção.* (OBS) ✦ *Foi aos poucos fixando, a Oeste, no choque com o castelhano, **as LINDES** dos súditos de el-rei Camões.* (TGB)

lindeza

Com **Z**, como todo substantivo abstrato em **-eza** derivado de adjetivo. ✦ *A mais velha teria seus doze anos, **LINDEZA** de menina-moça* (PN)

lingerie

Lingerie (sem acento) é a forma gráfica (não registrada oficialmente) que se tem usado para a palavra francesa *lingerie*, que designa roupa de dormir ou roupa íntima feminina. ✦ *O consumo de **LINGERIE** é relativamente alto no Brasil – nove peças por ano para cada mulher.* (VEJ)

língua

1. Como substantivo feminino, designa:

◇ órgão situado na boca. ✦ *– Não faça isso! Basta um grãozinho na **LÍNGUA** e você cai morto.* (AFA)

◇ idioma. ✦ *Não houve meio de convencer o professor da minha total ignorância em relação ao maior poema épico da **LÍNGUA** portuguesa.* (ACT)

2. Como substantivo masculino, significa "intérprete", "porta-voz". ✦ *A mando do Comandante, **o LÍNGUA** chamou o caboclo à fala, gritando.* (VB)

linha

O adjetivo correspondente é **linear**. ✦ *A proposta não obriga a uma leitura **LINEAR**.* (FOT) ✦ *Mas, pra chegar ao universalismo sonhado, os caminhos não são **LINEARES**, pelo contrário, participam do labiríntico.* (ISL)

lip(o)-

É elemento (grego) que se liga a um elemento seguinte. Significa "gordura". ✦ *A **LIPODIS-TROFIA** é uma anormalidade na distribuição da gordura acumulada no organismo.* (SMI) ✦ *Só o processo de **LIPOASPIRAÇÃO** pode acabar com essas células.* (FSP)

Se o elemento seguinte começar por **R** ou **S**, é necessário duplicar essa letra (que ficará entre duas vogais, na escrita). ✦ *O motivo das críticas é que a redução do teor de gordura no leite implica também na redução das vita-*

minas *LIPOSSOLÚVEIS (solúveis na gordura) nele encontradas.* (FSP)

Lípsia, Leipzig

Lípsia é a forma portuguesa do nome da cidade alemã **Leipzig**. Entretanto, a forma usual é, maciçamente, a original alemã (98%). ◆ *Citam-se epidemias que surgem ao se instalarem as primeiras Maternidades: a de LÍPSIA, em 1652, cujo relatório circunstanciado chegou aos nossos dias.* (OBS) ◆ *Para isso, instituiu uma cátedra dessa ciência em LEIPZIG.* (APA)

líquen

É substantivo que designa organismo vegetal em que um talo constituído por fungo se associa a células de alga. A sílaba tônica é a penúltima (**LÍ**), e, por isso, a palavra leva acento (paroxítona terminada em **N**). O plural é **liquens**. ◆ *Os LIQUENS seriam, sem dúvida, o exemplo mais claro de associação mutualística (o LÍQUEN é uma associação entre certas algas verdes ou azuis e fungos).* (ECO)

liquidação, líquido

Essas palavras têm formas variantes na fala: a forma com **U** pronunciado e a forma com o **U** não pronunciado, mas a grafia é a mesma. ◆ *A LIQUIDAÇÃO final levou a muitas outras trocas de cartas.* (NB)

lírio

O adjetivo correspondente é **liliáceo**. ◆ *Cânhamo-da-áfrica (Sanseviera zeplanica), planta LILIÁCEA.* (DRO)

lis

Com **S**. ◆ *A origem da relação entre a flor-de-LIS e a monarquia francesa é discutida.* (FSP)

Lisboa [Portugal, Europa]

Os adjetivos pátrios correspondente são:

◇ **lisboeta**. ◆ *Além do povo, que pedia ao Príncipe a manutenção da ordem contra as maquinações dos LISBOETAS, havia o Estado.* (DC)

◇ **lisboense**. ◆ *Embora fosse filho de nobre família LISBOENSE radicada no Brasil, Juca*

Reis não era lá muito dado aos costumes da corte. (CAP)

lisonjear, lisonjeiro ⇨ Ver -ear.

1. Escrevem-se com **S** e com **J**, como **lisonja**. ◆ *O senhor me LISONJEIA com tamanha confiança.* (GTT) ◆ *O conceito de publicano nos Evangelhos não é nada LISONJEIRO.* (LE)

2. Os verbos em **-ear**, do mesmo modo que os substantivos correspondentes, recebem **I** apenas nas formas rizotônicas, isto é, nas formas que têm a sílaba tônica no radical. ◆ *Da mesma forma, a memória histórica sofre da perigosa deformação de todas as memórias – a de só guardar o que a LISONJEIA.* (ESS) ◆ *O Imperador D. Pedro II, homem medíocre intelectualmente, tinha contudo pretensões literárias, e se LISONJEAVA muito com a amizade e consideração de intelectuais de renome mundial.* (H)

lista, listra; listado, listrado

1. **Lista** e **listra** são formas variantes para designar risca, traço. A segunda forma (**listra**) é a mais usual (87%). ◆ *Acima deles via-se uma LISTA de luz muito fraca em forma de zig-zag.* (ESP) ◆ *A zebra se coça contra uma árvore, tão de leve que nem uma LISTRA se apaga.* (AVE)

Lista ainda significa "rol", "relação". ◆ *A LISTA dos presentes superou todas as expectativas de Kubosan.* (FH)

2. **Listado** e **listrado** constituem outro par de variantes, com significado ligado a **lista / listra**. Também nesse caso a forma com **R** é muito mais usual (90%). ◆ *Parecia um senhor, instalado na espreguiçadeira, calça branca, chinelas e paletó LISTADO de pijama, descansado em seu conforto, um lorde em sua lordeza.* (PN) ◆ *Terno de brim cáqui, pardo, LISTRADO, de tudo quanto era cor, menos branco, que terno branco era luxo de rico e de caixeiro-viajante.* (LOB)

lisura

Com **S**, como **liso**. ◆ *O documento foi passado com toda a LISURA e os requisitos da lei, no cartório do Tomé Pintado.* (SE)

Liszt

Liszt

Essa é a forma do nome do compositor. ◆ *LISZT tinha um problema na época, problema que eu ignorava: ele estava praticamente surdo de um ouvido.* (CRE)

lit(o)-, -lito

É elemento (grego) que se liga a um elemento seguinte ou a um anterior. Significa "pedra". ◆ *Mas ele é o primeiro a declarar que a série (dez painéis e cem LITOGRAFIAS) está encerrada.* (IS) ◆ *Apesar de tentativas abortadas no século passado (Meltzer, 1991), não se usam termos como "PALEOLÍTICO", "idade da pedra" ou "idade dos metais" em arqueologia americana.* (ATN)

litania

É a forma erudita (latina, a partir do grego) de **ladainha**. A sílaba tônica é **NI**, e, por isso, a palavra não leva acento (paroxítona terminada em **A**). ◆ *Sem interromper a LITANIA, suspendeu a costura, examinou os consertos nos rasgões da blusa descolorida.* (TG)

litígio

Com **G** (final **-ígio**). ◆ *A Constituição trata sobretudo de terras indígenas, de direitos sobre recursos naturais, de foros de LITÍGIO e de capacidade processual.* (ATN)

Lituânia [Europa]

O adjetivo pátrio é **lituano**. ◆ *O LITUANO Lasar Segall (1891-1957) já chegou aqui moderno.* (VEJ)

living (room) ⇨ Ver **sala de estar**.

1. *Living room* é expressão inglesa que significa "sala de estar". ◆ *Um dia a decepção lhe subiu à cabeça e ele abriu fogo com um rifle de fabricação soviética e fuzilou todos os que se encontravam no LIVING ROOM.* (FSP)

2. Com o mesmo significado usa-se a forma reduzida **living**. ◆ *O LIVING – aquela maravilha de claridade, sobre a baía.* (COT)

Comparada a frequência das três formas, **living room** tem 1%, **living** tem 29% e a forma portuguesa correspondente, **sala de estar**, tem 70% dos casos.

livre

O superlativo absoluto sintético é **libérrimo**. ◆ *A volta, de vez, é de Darcy, a da persona livre que se pensa como desabusada, porque LIBÉRRIMA, seduzido sedutor.* (DCM) ◆ *O excerto acima, tradução LIBÉRRIMA, não representa a Grande Obra desse Alien Três Vezes Grande.* (FSP)

livre-pensador

O substantivo designa pessoa que rejeita autoridade externa para definir suas convicções. ◆ *Não dá para ser, impunemente, um bispo LIVRE-PENSADOR no Piemonte do século XV.* (ACM)

O plural é **livres-pensadores** (adjetivo + substantivo). ◆ *Aquela era uma casa de "LIVRES-PENSADORES", de anarquistas.* (ANA)

livro de bolso ⇨ Ver *pocket book*.

A expressão **livro de bolso**, que traduz *pocket book*, é a forma quase exclusivamente usada em português. ◆ *Machado de Assis foi lançado em LIVRO DE BOLSO nos Estados Unidos.* (MAN)

Entretanto, a expressão inglesa *pocket book* também é ocorrente (6%), especialmente tida como termo técnico.

lixa

Com **X**. ◆ *Luciana encostou-se no umbral da porta, tirou do bolso uma LIXA e começou a acertar as unhas.* (CP)

lixo

Com **X**. ◆ *Tudo quanto eu encontro no LIXO eu cato para vender.* (QDE)

lobby

1. *Lobby* é palavra inglesa que significa "corredor", "antessala". Usa-se para designar atividade de um grupo ou organização que atua nas antessalas dos gabinetes tentando influenciar decisões de representantes do poder público. ◆ *O LOBBY antiaborto consegue mais simpatia popular do que o pró-aborto.* (ESP)

O plural é **lobbies**. ♦ *Os LOBBIES das montadoras estiveram ativos como nunca nas últimas semanas, brigando por suas posições frente ao governo.* (VEJ)

2. A forma aportuguesada que tem aparecido (muito raramente em menos de 1% dos casos) é **lóbi**, com plural **lóbis**, não registrada oficialmente. ♦ *(...) uma política indigenista do Estado, que legitima os interesses de forças políticas locais e de poderosos LÓBIS militares e empresariais (madeireiras, mineradoras, ruralistas, entre outros).* (FSP)

Lobista é forma derivada. Designa a pessoa que tem essa atividade. ♦ *Hoje, a principal atividade de Kissinger, raposa aposentada da política internacional, é atuar como LOBISTA de grandes empresas americanas.* (VEJ)

lobo, lóbulo

1. **Lobo**, palavra vinda do latim, é o nome de um animal. O **o** tônico é fechado, no singular e no plural. ♦ *A presença dos LOBOS intrigou biólogos do Parque Zoológico Quinzinho de Barros, de Sorocaba, que estudam a espécie.* (ESP)

O adjetivo correspondente é **lupino**. ♦ *O próprio LUPINO Mário Jorge reconheceu a inutilidade da peleja.* (FSP)

Também é indicada a forma **lobal**, que, entretanto, não ocorreu.

2. **Lobo**, palavra vinda do grego, é nome de parte de órgão do corpo. O **o** tônico é aberto, no singular e no plural. ♦ *A palidez pode estar localizada apenas nas partes distais (LOBO da orelha, ponta do nariz e extremidades dos dedos das mãos e pés).* (CLI) ♦ *O sistema de canais mostra, nos ramos terminais, os alvéolos; um grupo de alvéolos, com seus canais dependentes, constitui um lóbulo; esses formam os LOBOS, que por sua vez se reúnem na glândula.* (OBS)

3. **Lóbulo** é o diminutivo de **lobo**, designação de parte de órgão do corpo. ♦ *Respostas potenciais foram ainda obtidas por outros experimentadores com eletródios colocados no LÓBULO da orelha, sem interferir na cavidade timpânica.* (ACL) ♦ *Os LÓBULOS das orelhas foram diminuídos.* (VEJ)

loc(o)- ⇨ Ver **top(o)-**.

É elemento (latino) que se liga a um elemento seguinte. Significa "lugar". Corresponde ao elemento grego **top(o)-**. ♦ *O corpo desobedecia ao esforço de LOCOMOÇÃO.* (CRU) ♦ *Não há tempo para DESLOCAR-SE até o Paraná, são tantas horas.* (GD)

locador, locatário

1. **Locador** designa proprietário que cede, em contrato de locação, o uso de um bem, móvel ou imóvel, a um locatário. No caso do aluguel de imóveis, é o mesmo que **senhorio**. ♦ *Cabe ao LOCADOR fazer todas as reparações no prédio, inclusive aquelas decorrentes do tempo ou do uso.* (MAN)

2. **Locatário** designa pessoa física ou jurídica que recebe, em contrato de locação, o uso de um bem, móvel ou imóvel, de um locador. No caso do aluguel de imóveis, é o mesmo que **inquilino**. ♦ *O LOCATÁRIO obriga-se a manter o imóvel em perfeito estado de conservação e higiene.* (OM)

lockout, locaute ⇨ Ver greve.

1. **Lockout** é palavra inglesa que, em economia, designa paralisação de uma unidade produtiva determinada pelos proprietários ou patrões, como instrumento de pressão. A pronúncia é, aproximadamente, **locaut**. ♦ *A NBA anunciou ontem que está em "LOCKOUT". Ou seja: ela própria e os donos dos 29 times da liga entraram em greve.* (FSP)

2. A grafia aportuguesada, muito mais usual que a forma original inglesa (90%), é **locaute**. ♦ *A reação dos cegonheiros (donos de caminhão) foi um LOCAUTE nacional.* (FSP)

Greve é a designação que se dá à paralisação das atividades de uma empresa por parte dos funcionários.

lodo ⇨ Ver lutulente, lutuoso.

O plural é **lodos**, com **o** fechado. ♦ *O processo da estação Barueri é o dos "LODOS ativados", no qual a ação orgânica é "ativada".* (VEJ)

O adjetivo correspondente é **lutulento**.

log

log

1. É símbolo de logaritmo decimal. ◆ *Em outras palavras, se x = **LOG**, então 10 x = n.* (MTE)

2. É palavra inglesa que, na informática, designa arquivo de registro de operações efetuadas num computador. ◆ *Um "**LOG**" (arquivo registrando as transações executadas) é editado para cada novo envio ou recebimento.* (FSP)

logo-, -logo

É elemento (grego) que se liga a um elemento seguinte ou a um anterior. Significa "linguagem", "tratado", "ciência". ◆ *Na África do Sul, por exemplo, a cédula vem com o **LOGOTIPO** do partido e a foto do candidato.* (FSP) ◆ *Uma das condições mais comuns de trabalho do **ARQUEÓLOGO** é a escavação, na qual o estrato **ARQUEOLÓGICO** é a unidade mínima básica do seu trabalho.* (ARQ) ◆ *Mais tarde, Virchow dedicou-se à **ANTROPOLOGIA** e à **ETNOLOGIA**.* (APA)

logos

Logos (sem acento) é a forma gráfica portuguesa correspondente ao grego *lógos* (com acento), que significa "palavra" e significa, também, "razão". ◆ *O fogo primitivo se identifica com o **LOGOS**, elemento divino ou Deus.* (HF) ◆ *Em sentido próprio, de "**LOGOS**", e na transformação pela qual passou, quando se traduziu na "ratio" latina, a razão sempre esteve relacionada com o sujeito, com sua capacidade de pensar.* (FSP)

logro

O plural é **logros**, com **O** fechado. Significa "engano proposital contra alguém". ◆ *"O Livro dos **LOGROS**" está sendo traduzido e deve ser lançado no fim deste ano.* (FSP)

loiro, louro

1. São formas variantes, para designar cor de pelos humanos, entre o amarelo e o castanho claro. Ambas as formas são igualmente usuais (50%). ◆ *Do canto direito da casa surgiu um menino **LOIRO**, magro, de olhos brilhantes e curiosos.* (ACM) ◆ *Letícia atirou para trás a cabeleira de um **LOURO** acinzentado.* (CP)

2. A forma **louro** designa, ainda:

◇ uma árvore (**loureiro**). ◆ *Abaixo das janelas corria uma fileira de guirlandas generosas, com frutas e flores enredadas em ramos de cipreste e **LOURO**.* (ACM)

◇ uma ave (**papagaio**). ◆ *Um papagaio empoleirado no varote do passeio torceu o pescoço meio desconfiado. Bento, a cavalo, bateu palma. O **LOURO** resmungou.* (GRO)

Lombardia (região) [Itália]

1. A sílaba tônica é a penúltima (**DI**), e, por isso, a palavra não leva acento (paroxítona terminada em **A**). ◆ *Embora a **LOMBARDIA** fosse uma região fértil, o sistema de latifúndio deixava os camponeses na miséria.* (APA)

2. O adjetivo pátrio referente à região é **lombardo**. ◆ *E, de novo, nos EUA, o sereno **LOMBARDO** de Travagliato, 34 anos, envergaria a braçadeira de capitão.* (FSP)

Londres [Inglaterra]

O adjetivo pátrio é **londrino**. ◆ *Tinham-lhe contado que, um dia, o grande órgão conservador **LONDRINO** registrara o falecimento de um oficial que servia na Índia.* (GRE)

long-play

É palavra inglesa que designa disco fonográfico que gira com velocidade angular de 33,33 rotações por minuto e que tem a gravação feita em microssulcos. A pronúncia aproximada é **lon-plêi**. ◆ *Dentro do fascículo, o **LONG-PLAY** com a 5ª Sinfonia, a mais célebre de todas.* (P)

longa-metragem, longa

1. É substantivo masculino. Designa filme cuja projeção dura acima de 70 minutos. ◆ *O prazer de dirigir um comercial ou **um LONGA-METRAGEM** é o mesmo.* (IS)

O plural indicado é **longas-metragens** (adjetivo + substantivo). ◆ *Calcula-se que foram produzidos 1.350 **LONGAS-METRAGENS** nos doze anos de domínio nazista.* (NAZ)

Entretanto, também ocorre, embora com frequência menor (15%), o plural **longa-metragens**, que não segue a norma de pluralização de substantivos compostos. *Confira sua filmografia (somente os LON-GA-METRAGENS) e as obras do alemão maluco que já se pode ver em casa.* (VIE)

2. Também se diz, simplesmente, **longa** (substantivo masculino), para designar esse tipo de filme. *Antes de realizar **seu** LON-GA, Vinicius, que morou em Roma durante quatro anos, dirigiu cerca de 250 comerciais de TV.* (FSP)

longe, longes

A palavra **longe** pode ser:

◇ **advérbio**, significando "a grande distância"; é invariável. *Quando Valentim retornou, os salteadores já estavam LONGE.* (RET)

◇ **adjetivo**, significando "distante", "longínquo" (no espaço ou no tempo); o plural é **longes**. *Os amigos mais pobres apenas pensam em comprar um terreninho a prestações, em algum **lugar** LONGE, mas simpático.* (B) *Manuelzão sabia quem era ele, homem de muitas posses, de LONGES **distâncias** dentro de suas terras.* (COB) *Ainda LONGES, mas certeiros **avisos** de mais e muita chuva.* (CHA) *Ela escutava – era seu filho, perdido em **tempos** LONGES, que voltava ao quente do seu coração.* (PV)

◇ **substantivo**, só no plural (**longes**), com o significado de:

- "lugares longínquos" (com alguma marca de incerteza). *Montava de novo e desaparecia nos LONGES.* (JT)

- "épocas longínquas" (com alguma marca de incerteza). *Nos LONGES de sua meninice, Fernando a via, e só, como uma senhora correta, impecável nos seus gestos, nas suas palavras, nos seus pensamentos.* (MAD)

- "indícios", "leve semelhança". *(...) E pressentindo no semblante de Jenner uns LONGES de incredulidade (...).* (ALE) *Era o faro, agora: o azedo do açúcar-preto, uns LONGES de suma e mama-cadela, o polvilho velando no gamelão, a decoada escorrendo no barreleiro.* (CHA)

Como substantivo e como adjetivo, a palavra só é usual em obras literárias.

longevo

Tradicionalmente se indica que o **E** é aberto (**É**), mas a pronúncia varia. A palavra designa a pessoa que alcançou idade muito avançada. *Na tumba, acredita o arqueólogo, devem estar enterrados cinquenta dos 52 filhos do faraó Ramsés II, o mais LONGEVO entre os soberanos egípcios, que reinou entre 1279 e 1212 antes de Cristo.* (VEJ)

look

É palavra inglesa sem registro em dicionários portugueses, mas bastante usada, especialmente na imprensa, com a mesma acepção do substantivo **visual**. A pronúncia aproximada é **luc**. *Para não ficar com um LOOK de perua, as unhas não devem ser muito compridas.* (FSP)

loquaz

Com **Z**. Significa "falador", "verboso". *LOQUAZ como sempre, o velho Novais me inundou de perguntas.* (CHI)

lorde, *lord* ⇨ Ver *lady*.

1. **Lorde** é a forma portuguesa correspondente ao inglês *lord*. Trata-se de título honorífico inglês para homens. *Os olhos de Ipicilone brilhavam: o cabo estava um verdadeiro LORDE, até cafeteira possuía.* (PN)

2. A forma original inglesa *lord* (que está em 37% das ocorrências) usa-se apenas antes do nome da pessoa. *A evolução histórica consagrara o princípio estabelecido por LORD Kelvin num aforismo famoso: tudo que é verdadeiro pode ser expresso em números.* (APA)

lorpa

O **O** é fechado, no singular e no plural. A palavra significa "grosseiro", "boçal". *O rosto empapuçado tem uma expressão LORPA, o corpo avulta, grosseiro, quase indecente.* (CC)

lotação ⇨ Ver **autolotação**.

1. Como substantivo feminino, designa a ação de lotar. *Iam de casa em casa, forçavam a LOTAÇÃO.* (RIR)

2. Como substantivo masculino, é a forma reduzida de **autolotação**, que significa "pe-

lótus, loto

queno ônibus usado como transporte coletivo". ◆ *O LOTAÇÃO arrancou.* (CT)

lótus, loto

São formas variantes de substantivo que designa planta aquática e, também, a flor dessa planta. Em textos atuais, é usual apenas a primeira forma (com acento, porque é paroxítona terminada em -US). ◆ *A expressão deriva-se da flor de LÓTUS, planta aquática muito comum no Oriente.* (BUD) ◆ *Dás-me um tesouro; eu deixo-te os cavalos / Nas mimosas Campinas em que imperas, / Onde à larga germinam LOTO, junca, / Trigo, cevada e espelta.* (OD)

louva-a-deus, louva-deus

São formas variantes para designar inseto. Só a segunda é registrada oficialmente, mas a primeira é mais usual. É substantivo masculino invariável. ◆ *Mas, em meio à guerra, pode-se observar o romântico encontro de um casal de LOUVA-A-DEUS.* (REA) ◆ *O LOUVA-DEUS é geralmente considerado como uma relíquia da fauna quente.* (ECG)

low profile, low-profile ⇨ Ver high profile, high-profile.

Low profile é expressão inglesa que significa "que é pouco notado", "pouco chamativo", "discreto". A pronúncia é, aproximadamente, **lou-profail**. Em português, a expressão está dicionarizada e é usada como substantivo composto (com os elementos unidos por hífen), mas essa forma não tem abrigo oficial. ◆ *Como o nome diz, o som da banda está mais para o grave, mas a definição também faz referência à expressão saxônica LOW-PROFILE, ou seja, que não faz estardalhaço.* (VEJ)

Nos textos em português, ocorre muito mais frequentemente sem hífen (80%). ◆ *O aniversário de 55 anos de Caetano Veloso, quinta-feira, promete o glacê mais LOW PROFILE da temporada.* (FSP)

lua

Os adjetivos correspondentes são **lunar** e **selênico**, mas esta última forma não ocorreu. ◆ *Na base LUNAR os astronautas montarão uma catapulta eletromagnética que poderá*

lançar cargas de minérios LUNARES para o ponto de Lagrange. (JB)

Lúcifer, lúcifer

A sílaba tônica é (**LÚ**) e, por isso, a palavra leva acento. Usa-se como nome próprio (com maiúscula inicial) e também como nome comum (com minúscula inicial). ◆ *LÚCIFER também foi anjo.* (PP) ◆ *Era um diabo diferente, que nem era LÚCIFER nem era belzebu nem era satanás nem era bute, mas era esse tal de Erundino.* (SAR)

lucubrar, lucubração ⇨ Ver elucubrar, elucubração.

Escrevem-se com **U** após o **L**. O verbo significa "pensar com empenho", "meditar". ◆ *A arte contemporânea passa o tempo todo pensando o tema da morte da arte, LUCUBRA sem cessar sobre o que é arte ou não.* (FSP) ◆ *Bem sabia que com sonhos e LUCUBRAÇÕES não ganharia o seu salário.* (FAN)

Elucubrar e **elucubração** são as formas variantes correspondentes, mais usuais (83% e 75%, respectivamente).

lud(o/i)-

É elemento (latino) que se liga a um elemento seguinte. Significa "jogo", "brinquedo", "diversão". ◆ *O termo LUDOTERAPIA, em inglês "play therapy", significa terapia através do brinquedo.* (CB) ◆ *Todos esses elementos estão presentes na criação do brinquedo artesanal, sem falar que o próprio ato criativo torna-se, neste caso, também um ato LÚDICO.* (BRI)

ludíbrio

Como substantivo, a sílaba tônica é **DÍ**, e, por isso, leva acento. É o substantivo correspondente ao verbo **ludibriar**. Significa "zombaria", "escárnio". ◆ *Um monte de papéis enfim que (...) deixa o comprador numa expectativa ansiosa e medrosa de LUDÍBRIO.* (BS)

lugar-comum

O plural é **lugares-comuns** (substantivo + adjetivo). Designa uma frase ou expressão sem originalidade e banal, um chavão. ◆ *Arinos fala em desagregação da autoridade pública,* *crise moral, esses sovados – e no entanto ainda eficazes – LUGARES-COMUNS da retórica udenista.* (AGO)

lugar-tenente

O plural é **lugar-tenentes** (só se flexiona o último elemento). Designa pessoa que desempenha temporariamente as funções de outra, que a substitui. ◆ *Em seu lugar foram seus LUGAR-TENENTES, os delegados Elson Campello e Antônio Nonato.* (VEJ)

lusíada, lusitano; luso-.

1. **Lusíada** e **lusitano** são adjetivos referentes a Portugal. A primeira forma (**lusíada**) é de uso mais raro (20%) e mais literário. ◆ *É uma pesquisa expressional arraigada na mais pura tradição LUSÍADA.* (FI) ◆ *Simonsen estimou em vinte milhões de libras o valor das mercadorias subtraídas ao comércio LUSITANO.* (FEB)

2. **Luso-** é um elemento de composição correspondente a Portugal.

◇ Liga-se por hífen ao elemento seguinte quando entra na constituição de adjetivo pátrio. Como é o primeiro elemento do composto, permanece invariável. ◆ *Especialistas brasileiros, espanhóis e portugueses participam até domingo do primeiro congresso LUSO-brasileiro de filosofia.* (OG) ◆ *Nassau aportou em Recife para terminar com os sete anos de guerrilhas travadas entre holandeses e LUSO-brasileiros.* (FSP) ◆ *Assim, as Associações LUSO-brasileiras, através da Federação e dos Conselhos das Comunidades, estão a ser acionadas.* (OMU)

◇ Não há hífen na composição quando não se trata de adjetivo pátrio. ◆ *Do atual Governo brasileiro faz parte outro ilustre LUSÓFILO e grande intelectual brasileiro, Hélio Jaguaribe de Mattos.* (OMU) ◆ *Em Nova York Hélio trabalhou na ONU, produzindo e apresentando programas de rádio dirigidos à África LUSÓFONA.* (FSP)

lustre, lustro

1. **Lustre** é substantivo que significa:

◇ "brilho". ◆ *Obra monumental publicada em 1902, tanto fornece LUSTRE permanente ao objeto da narração (...) como impede a aproximação pelos estudiosos contemporâneos dos fatos reais que cercaram o episódio.* (FSP)

◇ "luminária de vários braços pendente do teto". ◆ *No salão de visitas o LUSTRE da Boêmia pendia, faiscando cristais móveis.* (VB)

2. **Lustro:**

◇ é substantivo que significa "brilho", "polimento". ◆ *O homem do cigarro de palha apontava para um cubículo onde, sobre uma mesa sem LUSTRO, se alinhavam vários frascos, potes e ampolas.* (N)

◇ é substantivo coletivo que designa o período de cinco anos. ◆ *Aos trinta anos de idade, com as economias de dois LUSTROS, varou os seringais com destino a Manaus (...).* (DEN)

lutulento, lutuoso ⇨ Ver lodo.

1. **Lutulento** é adjetivo relativo a lodo, lama, barro. ◆ *Em junho, antes do rigor das geadas, o jaraguá enfeita-se com pendões cônicos, simétricos, enquanto no barranco LUTULENTO viceja a samambaia.* (S)

2. **Lutuoso** é adjetivo referente a luto, nojo. ◆ *Só me resta o saldo LUTUOSO de me estrebuchar no punhal do inimigo, ou mesmo ser esfolado com a carne tremendo viva.* (OSD)

luxação ⇨ Ver luxar.

Com **X**. É substantivo correspondente ao verbo **luxar¹**, que significa "deslocar", "desarticular". ◆ *A LUXAÇÃO do olho sucedeu a Gerdes (1924) após aplicação fácil de fórcipe e foi reduzida com felicidade.* (OBS)

luxar¹

É verbo provindo do latim. Significa "deslocar", "desarticular". ◆ *Depois se descobrirá que LUXOU o ombro canhoto, a ser imobilizado num hospital.* (FSP)

luxar²

É verbo derivado de **luxo**. Significa "ostentar luxo". ◆ *Dizem que está até bem na vida, empregado numa casa comercial muito boa, ganhando bem, LUXANDO...* (CHI)

Luxemburgo [Europa]

O adjetivo pátrio é **luxemburguês**. ✦ *Segundo o chanceler LUXEMBURGUÊS, Jacques Poos, a ideia das 35 horas se imporá a todos no início do século 21.* (FSP)

luzente, luzidio, luzido

Com **Z**, como **luz**.

◇ **Luzente** e **luzidio** significam "brilhante". A segunda forma é de uso mais frequente (58%). ✦ *Outras, morenas trazendo os cabelos LUZENTES em forma de canudos e nas faces uma frescura de rosas orvalhadas.* (DEN) ✦ *Um desapontamento escureceu mais seu rosto LUZIDIO.* (ARR)

◇ **Luzido** significa "brilhante", mas significa também "pomposo", "vistoso". ✦ *Vê-lo é cismar com um desses ratos de esgoto, LUZIDO da graxa imunda dos despejos, que assumisse a forma humana para cumprir sua gira de maldade.* (PRO) ✦ *Um pouco mais para trás vinha o capitão da primeira companhia que tinha nas suas esquadras um LUZIDO grupo de tenentes, alferes, sargentos, cabos e anspeçadas.* (CF)

Lycra, lycra

1. A pronúncia é, aproximadamente, **laicra**.

2. Com maiúscula inicial, é nome de marca comercial (extinta) referente a tecido elástico sintético usado em confecções. ✦ *A DuPont está investindo US$ 100 milhões em três novas fábricas de elastano (LYCRA, marca registrada da empresa), uma delas no Brasil.* (FSP)

3. Com minúscula inicial, usa-se como nome comum para designar o tipo de tecido. ✦ *Nesse período também surgiu a LYCRA, tecido macio e durável.* (VEJ)

m

m

É **eme** o nome da letra. ✦ *"Awulaba" quer dizer mulher com "EME maiúsculo", ou se poderia dizer "a feminilidade em todo seu esplendor".* (FSP)

m

É o símbolo de **metro**. Como símbolo, não leva ponto de abreviatura e não tem plural. Com minúscula. ✦ *Por volta de 50.000 anos AP o nível do mar baixou por volta de 60 m.* (ATN)

m²

É o símbolo de **metro quadrado** (sem ponto e sem plural). Com minúscula. ✦ *O m² é um quadrado que mede 1 metro linear em cada lado.* (ATT)

m³

É o símbolo de **metro cúbico** (sem ponto e sem plural). Com minúscula. ✦ *Com essas obras se prevê regular a descarga do São Francisco, para atingir 2.500 m³ por segundo.* (DP-O)

má vontade

Sem hífen, embora as duas palavras em conjunto constituam uma unidade semântica. ✦ *No olhar quase irritado de Dona Leonor, senti a velha MÁ VONTADE da qual jamais pude desarmá-la.* (A)

maça ⇨ Ver massa.

Maça designa arma de ferro com extremidade esférica provida de pontas aguçadas; clava.

✦ *Leva, presa ao pulso, em vez do relógio, a MAÇA de ferro.* (PAO) ✦ *Cheguei ao Galilei, atrasado, por volta das nove e meia da manhã, com armadura completa e mais, lança, escudo, espada, arco, MAÇA ferrada e viseira abaixada.* (ACM)

Massa significa "pasta".

maçã do rosto ⇨ Ver zigoma.

1. É designação tradicional, oficialmente substituída, em anatomia, por **zigoma**. ✦ *Consegui aparar o seu golpe com a direita e também entrei com uma esquerda que lhe acertou em cheio a MAÇÃ DO ROSTO.* (UM)

2. O adjetivo correspondente é **malar**. ✦ *A localização preferencial é na face, onde ocupa as regiões MALARES e a base do nariz, revestindo a forma de borboleta.* (SMI)

macaco

O adjetivo correspondente é **simiesco**. ✦ *Dr. Hugo, piedoso, segura a cabeça SIMIESCA para o arranco final.* (MRF)

macambiral

É coletivo para pés de macambira. ✦ *A onça fugiu por entre o MACAMBIRAL da encosta da serra.* (FR)

Macapá [Amapá]

O adjetivo pátrio é **macapaense**. ✦ *No voo da sexta-feira da semana passada, no trecho Manaus-Fortaleza, a MACAPAENSE Roseane Vale, de 23 anos, entrou com seu filho e uma tartaruga a tiracolo.* (VEJ)

maçaranduba

Com Ç. É a designação de uma árvore. ◆ *Em lugar das seringueiras, procurava-se, agora, a MAÇARANDUBA, o acapu e o cedro.* (TER)

Macedônia (da antiga Iugoslávia) [Europa]

O adjetivo pátrio é **macedônio**. ◆ *Mancheviski, de 35 anos, MACEDÔNIO da capital Skopje, vive em dois mundos.* (VEJ)

Maceió [Alagoas]

O adjetivo pátrio é **maceioense**. ◆ *Os turistas têm sido uma alternativa decisiva para injetar dinheiro na debilitada economia MACEIOENSE.* (FSP)

macho, macha ⇨ Ver fêmea, fêmeo ⇨ Ver epiceno.

1. Se um animal é designado pela mesma forma no masculino e no feminino (substantivo epiceno), é possível a indicação do gênero pelo acréscimo das palavras:

◇ **macho** e **fêmea** (formas invariáveis, usadas junto de substantivo masculino ou feminino, indiferentemente). ◆ *Aprende que a rã não é mulher do sapo, que a diferença entre a rã fêmea e a rã MACHO está na cor do papo.* (FSP) ◆ *O gado FÊMEA estava todo reunido.* (SA)

◇ **macho** e **fêmeo** (com os femininos **macha** e **fêmea**, respectivamente, concordando com o substantivo que designa o animal); tradicionalmente, essas formas são as mais recomendadas, mas não são as mais usadas, tendo ocorrido apenas em texto de lição gramatical como este: ◆ *Epicenos são nomes que indicam com uma só forma ambos os gêneros. Então, baleia MACHA, cobra MACHA, flores MACHAS, palmeira MACHA, pulga MACHA, sardinha MACHA, zebra MACHA. Ou baleia fêmea, zebra fêmea e assim por diante. Todos esses nomes pertencem ao gênero gramatical feminino, portanto são precedidos pelo artigo "a". E os epicenos do gênero gramatical masculino – tubarão, jacaré, pernilongo, sapo – são precedidos pelo artigo "o", claro, e também recebem a ajuda dos adjetivos MACHO e fêmeo quando necessário: jacaré fêmeo, pernilongo fêmeo, sapo fêmeo, tubarão fêmeo.* (FSP)

Mais raramente, como se observa nessa ocorrência, esse uso também ocorre em referência a vegetal.

2. É comum, também, usarem-se as expressões **o macho do / da** (nome do animal), **a fêmea do / da** (nome do animal). ◆ *Você sabia que o MACHO da mariposa imperador é capaz de detectar a substância sexual produzida pela fêmea virgem a 11 quilômetros de distância?* (FSP)

maciço

1. Essa é a forma do adjetivo que significa "que tem grande massa", "compacto". ◆ *A brincadeira tomou proporções alarmantes, com o desperdício MACIÇO de esforço nas jogatinas, tudo a expensas do contribuinte.* (VEJ) ◆ *Espero que, ao longo da administração que ora inicio, venha a contar com o apoio MACIÇO dos senhores Vereadores de nossa Câmara Municipal.* (AP)

Especialmente na imprensa, a forma **massivo**, decalque do inglês *massive*, vem sendo usada nesse sentido, geralmente junto de substantivos abstratos, como **apoio, aproveitamento, comunicação, consumo, desperdício, ingresso de capitais, investimento, processo, sucesso, treinamento, uso**. ◆ *Reforma Agrária, por definição, é um processo amplo (MASSIVO), imediato e drástico de redistribuição dos direitos de propriedade da terra agrícola.* (FSP) ◆ *Assessoramos, neste caso, importante empresa comercial do ramo de distribuição de produtos de consumo MASSIVO, na contratação de um profissional qualificado para ocupar o cargo acima.* (FSP)

2. **Maciço** é substantivo coletivo para montanhas agrupadas em torno de um ponto culminante. ◆ *(As sondagens rotativas) permitem a identificação das descontinuidades do MACIÇO rochoso.* (PRP)

maciez, macieza

São formas variantes, mas **macieza** é de uso raro (4%). Com **Z**, como todo substantivo abstrato em **-ez** ou em **-eza** derivado de adjetivo. ✦ *A moléstia no rico deve ser menos espetaculosa, os seus ruídos se amortecem na MACIEZ dos tapetes magníficos.* ✦ *Dasdores passa os dedos, com ternura, pelos camelinhos; sente neles a MACIEZA da mão de Abelardo.* (COT)

maço

É substantivo coletivo para coisas atadas no mesmo liame, ou contidas lado a lado no mesmo invólucro. ✦ *Ele apontou o isqueiro sobre o MAÇO de cigarros.* (AFA)

maçom, mação

1. **Maçom** é forma gráfica, oficialmente registrada, que adapta o francês *maçon*. Escreve-se com Ç e com M final. ✦ *Cagliostro teve de fugir para Roma, onde, acusado de herege e MAÇOM, morreu na prisão.* (APA)

2. A forma mais aportuguesada é **mação**, também oficialmente registrada, mas menos usual. ✦ *O tenente era um jovem sério, MAÇÃO, e, para ele, aquilo era como que um julgamento devido às superstições de seus camaradas.* (AT)

maconhal

É substantivo coletivo para pés da erva da maconha ("plantação de maconha"). ✦ *Não só era difícil separar ou distinguir, na terrinha dela, o MACONHAL do roseiral.* (CON)

má-criação, malcriação, malcriado

1. **Má-criação** e **malcriação** são formas variantes, ambas oficialmente registradas. A forma **malcriação** (de formação semelhante à de **malfeitoria**) tem sido condenada, considerando-se que **mal**, como advérbio, não poderia modificar o substantivo **criação**. As duas formas são usadas com frequência aproximada. ✦ *O menino continuou negando, fez MÁ-CRIAÇÃO, foi preso na despensa.* (AID) ✦ *Zélia, por favor não me faça MALCRIAÇÃO à dona Vicenza!* (ANA)

2. Flexão:

2.1. São plurais oficialmente registrados de má-criação: **más-criações** e **má-criações**

(menos coerente, dado o modo de formação do composto). ✦ *As MÁS-CRIAÇÕES de seu filho são culpa de seu marido.* (VEJ) ✦ *Na certa era algum papelucho com bandalheiras e MÁ-CRIAÇÕES.* (TV)

2.2. O plural de **malcriação** é **malcriações**. ✦ *Mas as MALCRIAÇÕES do jovem autor são perdoáveis.* (FSP)

3. O adjetivo é sempre **malcriado**. ✦ *Gumercindo é MALCRIADO.* (MRF)

macro-

É elemento (grego) que significa "grande", "longo". ✦ *Além das informações sobre o MACROAMBIENTE, convém coletar dados sobre o que denominamos o microambiente.* (MK) ✦ *O microcosmos conquistou o MACROCOSMOS.* (FOC)

Liga-se ao elemento seguinte:

◇ sem hífen, em geral. ✦ *Se o paciente tiver um MACROADENOMA ele deve ser avaliado quanto à função hipofisária.* (AEM) ✦ *No sexo feminino, detectou-se microcefalia em uma e MACROCEFALIA em quatro meninas.* (ANE)

◇ com hífen, se o elemento seguinte começar por H ou por O. ✦ *Era a micro no lugar da MACRO-HISTÓRIA, a ênfase na dimensão descritiva do arquivo.* (FSP)

Se o elemento seguinte começar por R ou S, é necessário duplicar essa letra (que, então, ficará entre duas vogais, na escrita). ✦ *O Brasil trabalha com centros representativos das MACRORREGIÕES (...) que propiciam os registros de câncer com base populacional.* (ABC) ✦ *Estamos passando por um MACROSSACRIFÍCIO que não tem qualquer sentido.* (EMB)

2. O substantivo e o adjetivo **macro** são reduções de diversos compostos em que a forma atua como primeiro elemento da composição (especialmente em informática). Nesse caso, especialmente o substantivo tem plural: **macros**. ✦ *Neste momento, as várias análises de cada texto são agrupadas de modo que se possa perceber a variação das mesmas em nível MACRO.* (DEL) ✦ *Os conceitos marxistas tradicionais de estrutura de classes são*

maçudo

muito abstratos e "*MACROS*" *para abordar vários problemas empíricos.* (RCS) ✦ *Com um simples click no mouse você soma, edita, transfere arquivos entre outros aplicativos, alinha, aplica textos e gráficos e executa sofisticadas MACROS.* (EX)

maçudo ⇨ Ver massudo.

Maçudo significa "maçante", "monótono". ✦ *É uma espécie da conhecida e MAÇUDA lista de papel de endereços.* (VEJ)

Massudo significa "que tem aspecto de massa", "volumoso".

Madagáscar, Madagascar (ilha) [Oceano Índico]

1. Tradicionalmente se registra apenas a forma paroxítona (com acento na sílaba **GÁS**, por ser paroxítona terminada em **R**). ✦ *Grande parte das espécies de prossímios, que não passam de dúzias, vive na ilha de MADAGÁSCAR.* (DST)

Entretanto, a forma oxítona (sem acento) também é dicionarizada e é mais usual (83%). ✦ *Em MADAGASCAR, os camaleões embarcaram em diversas viagens evolutivas.* (SU)

2. O adjetivo pátrio é **malgaxe**. ✦ *Primeiro pacote da Paradoxx dedicado ao gênero traz música MALGAXE, celta e brasileira.* (FSP)

madama, madame, *madame; Mme.*

1. **Madama** e **madame** são formas portuguesas oficialmente registradas em correspondência com o francês *madame*, a forma que coincide com a original francesa (92%). ✦ *Tudo pronto, MADAME experimentou tomar o seu banho a portas fechadas, sem buracos na parede e sem correntes de ar.* (CV) ✦ *A MADAMA voltou e atravessou a sala em passinhos rápidos, numa excitação de alcoviteira bem-sucedida.* (N)

2. Na escrita, quando antes do nome ou do sobrenome da pessoa, na maior parte das vezes a forma francesa se grafa com maiúscula inicial, e geralmente se reduz à abreviatura (*Mme.*). ✦ *Isto não é hora de citar MME. Curie.* (TRH)

Madeira (ilha) [Portugal]

O adjetivo pátrio é **madeirense**. ✦ *Com o favorecimento do apartheid aos brancos, nova leva de MADEIRENSES veio ao país durante as décadas de 50 e 60.* (FSP)

madeira, madeireira

1. Os adjetivos correspondentes a **madeira** são:

✧ **lenhoso**. ✦ *As herbáceas, que não possuem caule LENHOSO e que são perenes, também são chamadas de vivazes.* (JP)

✧ **lígneo**. ✦ *A marcenaria é a arquitetura LÍGNEA, como se diz em italiano, pelo que os conhecimentos do Vignola são tão necessários aos desenhistas de móveis quanto ao arquiteto.* (MPM)

2. Derivado de **madeira**, o substantivo **madeireira** tem o ditongo **EI** na sílaba **DEI**. ✦ *Por seu turno, o governo não terá que fazer investimentos na indústria MADEIREIRA.* (GTC)

madeixa

Com **X** (após ditongo). É substantivo coletivo para cabelos. ✦ *Com uma MADEIXA de cabelos caindo na testa, Ernesto lembrava Chopin.* (XA)

Madona, *Madonna*

Madona é a forma portuguesa correspondente ao italiano *Madonna*, que significa "minha senhora". Usam-se ambas as formas em referência a Nossa Senhora e, especialmente, em referência a determinadas pinturas que representam Nossa Senhora. ✦ *Considerada a mais original das MADONAS rafaelitas, a obra se divide em dois mundos. No superior, a MADONA levita entre as nuvens trazendo o menino Jesus no colo.* (VEJ) ✦ *Talvez as outras paredes, não retratadas, ostentassem um crucifixo, alguma MADONNA ou outras provas de religiosidade.* (ACM)

madrasta

1. É a palavra feminina correspondente ao masculino **padrasto**. ✦ *Andou negociando uns tempos, casou-se novamente e veio bus-*

mãe

car Cidinho para morar com a MADRASTA. (CHI)

2. Usa-se como adjetivo com o significado de "pouco carinhosa", "ingrata", "má". ◆ *Depois, vinha o campo de aviação, o cuidado de conservá-lo bem, porque sem o auxílio de fora a vida tornava-se MADRASTA.* (ARR)

madre

É a palavra feminina correspondente ao masculino **padre**. ◆ *No dia seguinte, quando a MADRE foi me buscar, eu já não queria mais descer.* (CP)

Madri [Espanha]

As formas tradicionalmente indicadas como de adjetivo pátrio referente a Madri são **madrilense** (apenas 3% dos casos) e **madrileno** (13% dos casos e somente na imprensa). ◆ *O jornal MADRILENO El Mundo, de oposição, publicou ontem dois documentos oficiais do governo do Laos.* (FSP) ◆ *Morientes, Mijatovic e Seedorf marcaram os gols da equipe MADRILENSE.* (FSP)

A forma também usual **madrilenho**, que representa a grafia portuguesa feita segundo a pronúncia da palavra espanhola (*madrileño*), não é dicionarizada e tem sido condenada em manuais normativos.

Entretanto, ela é a mais usada (84%). ◆ *"Pela primeira vez em muitos anos os socialistas sentiram o perigo da derrota", notou o jornal MADRILENHO El País, em editorial.* (VEJ)

madrinha

É a palavra feminina correspondente ao masculino **padrinho**. ◆ *A MADRINHA sorriu, gostou da alegria do afilhado.* (AM)

mãe ⇨ Ver *mater*.

1. É a palavra feminina correspondente ao masculino **pai**. ◆ *Lá estava Alice, com a MÃE, no serviço do roçado.* (CA)

2. Os adjetivos correspondentes são:

◇ **materno** ("de mãe"). ◆ *A mão MATERNA deslizou no rosto do menino que cochilava.* (JT)

◇ **maternal** ("que tem as qualidades de uma mãe"). ◆ *Você precisa crescer, parar de ser tão reservado – ela dizia meio MATERNAL mas furiosa.* (BL)

3. O substantivo **mãe** usa-se à direita de outro substantivo para classificá-lo ou qualificá-lo como "que está nas origens". Nessa posição, equivale ao substantivo latino *mater*. ◆ *Nichols levou seu estudo mais à frente e tentou uma hipótese para a rota da dispersão da "língua MÃE".* (FSP)

Mais frequentemente, forma-se um substantivo composto, com a ligação dos dois elementos por hífen. São oficialmente registrados, por exemplo, os compostos **árvore-mãe, célula-mãe, ideia-mãe, língua-mãe, terra-mãe**. ◆ *O shopping é a célula-MÃE que vai coordenar uma rede de lojas-satélite, que serão instaladas na Grande São Paulo.* (FSP) ◆ *Saudoso da terra-MÃE, pôs na sua capitania o nome de Nova Lusitânia, elegendo a localidade de Olinda para sede do seu novo mundo.* (NOR) ◆ *No caso da Índia, mesmo considerada pela história como pátria-MÃE do xadrez, ela não se esquiva de também ter suas lendas, por sinal muito curiosas.* (X) ◆ *Em busca da língua-MÃE, os cientistas tentam reviver a fala dos primeiros brasileiros.* (VEJ) ◆ *Eu também tive uma ideia-MÃE quando cheguei lá num jardim.* (CON)

Em geral, só o primeiro elemento varia, no plural, mas também ocorre de os dois elementos marcarem o plural. Ambas as formas são oficialmente registradas. ◆ *O método se baseia na extração das duas mais importantes células da medula óssea: as células-MÃE (que originam as outras) e as células facilitadoras, que reduzem o risco de o tecido ser rejeitado.* (FSP) ◆ *Ou seja, os frutos germinam grudados nas árvores-MÃE, evitando que as plantas pequeninas enfrentem o ambiente hostil, salgado e com pouco oxigênio disponível no solo.* (SU) ◆ *As células-MÃES presentes no cordão umbilical são tema de artigo da edição de outubro da revista.* (FSP) ◆ *Por meio de soluções paisagísticas atrativas, os campi universitários preservaram os vínculos originais das universidades com as cidades-MÃES.* (FSP)

maestria

maestria ⇨ Ver mestria.

Maestria e **mestria** são formas variantes. Significam "grande conhecimento", "grande habilidade", "perícia extrema". **Maestria** é a mais usual (76%). ✦ *Coisa que o Chacrinha fazia com MAESTRIA.* (EMB)

maestro

O feminino é **maestrina**. ✦ *A MAESTRINA Chiquinha Gonzaga compôs um tango intitulado Gaúcho.* (PHM)

má-formação, malformação

1. São formas variantes, igualmente usuais (cerca de 50% cada uma). ✦ *Pedro tem um angioma, espécie de MÁ-FORMAÇÃO arterio-venosa, normalmente congênita.* (VEJ) ✦ *MALFORMAÇÃO congênita surge com: barbitúricos, contergan, talidomida, tetraciclina.* (TC)

2. Os plurais são **más-formações** e **malformações**, respectivamente. ✦ *A idade permite a observação de MÁS-FORMAÇÕES congênitas relacionadas com certas intoxicações (talidomida), de envenenamentos acidentais.* (TC) ✦ *Vendida amplamente como tranquilizante para gestantes, a Talidomida revelou-se poderoso causador de MALFORMAÇÕES fetais.* (VEJ)

magazine

Com **Z**. Designa loja de grande porte. É substantivo masculino. ✦ *O percurso que fazia passava defronte das lojas Grande Alvorada, o maior MAGAZINE da cidade.* (FSP)

Magister dixit.

É frase latina que significa "Disse o mestre". Constituía fórmula dogmática dos escolásticos da Idade Média, quando citavam a opinião de Aristóteles, considerado mestre. Emprega-se ironicamente em relação a alguma autoridade que quer ter sua palavra sempre ouvida e seguida. ✦ *Eu sou o estúpido e ignorante, ele o douto e sábio: "MAGISTER DIXIT!"* (FSP)

magma

É substantivo masculino. Designa massa mineral em estado de fusão, de origem profunda.

✦ *Como ceder a esse fascínio sem mergulhar de cabeça no MAGMA incandescente do vulcão?* (ACM)

magnata, magnate ⇨ Ver magnet(o)-, magnete.

São formas indicadas como variantes, mas **magnata** é a forma quase exclusivamente usada (99,6%). Designa pessoa de grande riqueza, influência, poder. ✦ *Foi abri-la e o que se seguiu então lhe pareceu um sonho árabe de um MAGNATA do petróleo em férias na ilha de Manhattan.* (FE) ✦ *Os magnetes atraem o ferro, os MAGNATES atraem o ouro.* (BOI) **Magnete** é substantivo que significa "ímã".

magnet(o)-, magnete ⇨ Ver magnata, magnate.

1. **Magnet(o)** é elemento (grego) que se liga a um elemento seguinte. Significa "ímã". ✦ *A PUC do Rio de Janeiro desenvolve um aparelho chamado MAGNETOCARDIÓGRAFO, usado para medir o campo magnético do coração e que substitui o eletrocardiograma.* (FSP) ✦ *É o único erro no elenco: ele não tem a sensualidade e o MAGNESTISMO que se imagina no personagem.* (ESP)

2. **Magnete** é substantivo que significa "ímã". ✦ *Os MAGNETES atraem o ferro, os magnates atraem o ouro.* (BOI)

Magnificat

A sílaba tônica é **NI**. É substantivo próprio que designa o cântico de alegria que a Virgem Maria dirigiu ao Espírito Santo por ocasião da Anunciação e que, na tradução latina, se abre com a forma verbal (de terceira pessoa do singular do presente do indicativo) *magnificat* ("enaltece"). ✦ *Logo mais, sem que percebêssemos a passagem, ele estava compondo um soberbo arranjo sobre a melodia gregoriana do MAGNIFICAT.* (ACM) ✦ *Depois desse sermão, mandou que nos ajoelhássemos, nos concentrássemos e rezou conosco um MAGNIFICAT, invocando a Virgem Maria, a Mãe de toda pureza.* (MMM)

magnificência, magnificente

As formas são essas (sem **I** depois do **C**). O substantivo **magnificência** significa "grandiosidade", "suntuosidade", "pompa", "esplendor", e **magnificente** é o adjetivo correspondente. ✦ *Da banda do mar me vinha um revérbero esplêndido de MAGNIFICÊNCIA luminosa.* (L) ✦ *Entrados os anos na Idade Média, vemos os pensadores sempre preocupados com a decoração MAGNIFICENTE.* (AQT)

mágoa, magoar, magoado

1. Com **O** (e não com **U**) depois do **G**. ✦ *Toda MÁGOA que guardamos é um agente de desequilíbrio interior.* (ORM) ✦ *Artur nunca tomou decisões que pudessem MAGOAR os outros.* (OAQ) ✦ *Augusto sentiu-se MAGOADO, mas preferiu se calar diante da injustiça.* (UQ)

2. Os verbos em **-oar** têm na primeira pessoa do singular do presente do indicativo, o hiato **oo**, que não é acentuado, em português: **magoo**.

magote

É substantivo coletivo para animais e para pessoas ("bando"). ✦ *Umas setenta reses, contando vacas e bois, espalhavam-se aos MAGOTES pelas imediações do rancho.* (ALE) ✦ *Havia de vinte e cinco a trinta pessoas esperando na Estação e foi, assim, um verdadeiro MAGOTE que subiu a pé a Rua da Imperatriz, em caminho dos fogos-lares da Inhá Luísa.* (BAL)

magro, magreza

1. Os superlativos absolutos sintéticos tradicionalmente indicados para **magro** são **macérrimo** e **magríssimo**. ✦ *Apresentar-se assim? MACÉRRIMA, agreste, ressequida, áspera, encovada, careca?* (EMC) ✦ *Geraldo Alonso pensara em atraí-lo, precisava casar uma das filhas. MAGRÍSSIMAS, tolas, quebradiças.* (FP)

A forma mais usada (92%), entretanto, é **magérrimo**, que também está dicionarizada, mas que, em geral, não encontra abrigo, ou é condenada, em manuais normativos. ✦ *Algumas estátuas o identificam nesse período como um sujeito MAGÉRRIMO, costelas saltando, a pele definhando.* (BUD)

2. **Magreza** escreve-se com **Z**, como todo substantivo abstrato em **-eza** derivado de adjetivo. ✦ *O corpo de Avinarrai apresentava uma MAGREZA horrível.* (ARR)

mailing list

É expressão inglesa que significa "lista de cadastro". A pronúncia aproximada é **mêilin list**. ✦ *Os convites produzidos pelo artista foram remetidos através de nosso 'MAILING LIST'.* (FSP)

maiô

É a forma portuguesa correspondente ao francês *maillot*. ✦ *Alice está tomando sol, MAIÔ, óculos escuros, chapéu, óleos mil, drinques ao lado.* (SAM)

maionese

É a forma portuguesa correspondente ao francês *mayonnaise*. ✦ *O segredo é a MAIONESE, que serve para cimentar todos os ingredientes.* (VEJ)

maior ⇨ Ver **mor** ⇨ Ver **a mais**.

1. **Maior** é a forma sintética do comparativo de superioridade e do superlativo relativo de superioridade do adjetivo **grande**. ✦ *Ao longo da avenida existem lojas MAIORES que essas.* (CCI) ✦ *O seu satélite Phebo, que é o MAIOR, também gira no sentido leste-oeste, ou seja, tem movimento anômalo.* (AST)

Não é tradicionalmente recomendada a forma analítica do comparativo de superioridade e do superlativo relativo de superioridade de **grande**: "mais grande". Ela pode servir, porém, à obtenção de determinados efeitos. ✦ *Era uma coisa mais forte e mais GRANDE que o barulho do carnaval.* (MR-R) ✦ *Sevilha? É o [lugar] mais GRANDE do mundo, / é onde o alegre toca o profundo.* (JCM-P)

2. Para indicação de maioridade, a expressão recomendada, na linguagem culta, é **maior (de idade)**, e não **de maior**. ✦ *Seu problema deve ser resolvido com Mário – e não comigo. Ele é MAIOR.* (E) ✦ *Peri é MAIOR de idade e senhor dos seus atos.* (RR)

3. Não se justifica a expressão **a maior**, correspondendo a **a mais** ("mais que o devido", "em quantidade maior que a esperada").

maioria

maioria (+ de + plural)

1. **Maioria** é palavra singular (como um coletivo) e, portanto, se funcionar como sujeito, terá o verbo no singular. ◆ *Os homens não trabalhavam, a MAIORIA ocupava a pista de paralelepípedos, jogando bocha e malha.* (ANA)

2. A concordância do verbo com **maioria de (...)** se faz, em geral, no singular, mesmo que ao **de** se siga palavra no plural. ◆ *Alguns alunos riram acintosamente, enquanto a MAIORIA dos professores disfarçava seu mal-estar.* (ORM) ◆ *A grande MAIORIA dos minerais portanto possui estrutura interna regular, isto é, apresenta-se no estado cristalino.* (PEP)

Entretanto, também ocorre concordância com o substantivo no plural que vem após **maioria de**. ◆ *Mais tarde, na festa do Biiin, é que descobri que a MAIORIA dos colegas engenheiros eram maconheiros.* (FAV) ◆ *Por exemplo: a MAIORIA dos colegiais aprendem a história do país da boca de professores que não têm a menor ideia do que aconteceu no mundo na primeira metade deste século.* (FH)

mais ⇨ Ver **a mais, a menos** ⇨ Ver **menos.**

Não se justifica usar a preposição **a** antes do **mais** em construções comparativas como: ◆ *(...) há lugar para todos e muitos MAIS.* (CT)

A expressão **a mais** significa "mais que o devido", "em quantidade maior que a esperada".

mais bem ⇨ Ver **mais mal** ⇨ Ver **melhor.**

1. A forma analítica (**mais bem**) do comparativo de superioridade e do superlativo relativo de superioridade do advérbio **bem** (e não a forma sintética **melhor**) é a que, tradicionalmente, se recomenda para uso, junto de um particípio. ◆ *A função do curso prévio para a Academia Militar, portanto, é MAIS BEM desempenhada pelas já existentes.* (JB) ◆ *Aquele sujeito, nas suas barbas, garantiu que um elefante era MAIS BEM apanhado do que eu.* (NU)

Entretanto, também são bastante usadas construções do tipo: *melhor desempenhada, melhor apanhado.*

Na verdade, nas construções recomendadas (*mais bem desempenhada; mais bem apanhado*), usa-se o advérbio de modo **bem** junto do particípio (*bem desempenhada, bem apanhado*) e, em seguida, usa-se o advérbio **mais** fazendo a quantificação da construção ("bem intensificada, e mais [do que outra]"; "bem apanhado, e mais [do que outro]").

2. Obviamente, quando **bem-** é um elemento de composição, unido por hífen ao elemento seguinte (como, por exemplo, em **bem-sucedido**), o comparativo se forma analiticamente com **mais**, isto é, o **mais** não pode unir-se ao **bem** para formar **melhor**. ◆ *A MAIS BEM-SUCEDIDA de todas as zonas especiais é Shenzen, na fronteira com Hong Kong.* (EX)

Em todos os outros contextos, a forma de comparativo e de superlativo relativo do advérbio **bem** é **melhor.**

mais de um

A concordância com essa expressão se faz, em geral, no singular. ◆ *MAIS DE UM par de garças roçou o meu abrigo em voo demoroso.* (CL)

Se a expressão vier repetida, pode acontecer de o verbo vir no plural: *MAIS DE UM par de garças, MAIS DE UMA dúzia de outras aves roçaram...*

O verbo vai para o plural quando a indicação é de reciprocidade ("um com outro"). ◆ *Nas obras, porém, nem sempre é possível efetuar tal exclusão, havendo aquelas em que convivem MAIS DE UM estilo.* (PER)

mais mal ⇨ Ver **mais bem** ⇨ Ver **pior.**

Essa forma analítica do comparativo de superioridade e do superlativo relativo de superioridade (e não **pior**) é a que, tradicionalmente, se recomenda para uso junto de um particípio. ◆ *Temos direito de ser MAIS MAL comportados do que o resto das pessoas.* (FSP)

Entretanto, também são usadas construções como: ◆ *Suas heresias todas foram postas em cartas. Três ou quatro cartas mal escritas e PIOR interpretadas.* (CID)

Obviamente, quando **mal-** é um elemento de composição, unido por hífen ao elemento seguinte (como, por exemplo, em **mal-humo-**

rado), o comparativo se forma analiticamente com **mais**, isto é, o **mais** não pode unir-se ao **mal** para formar **pior**. ◆ *Romário foi considerado ainda o MAIS MAL-humorado dentre os 22 jogadores que foram aos EUA.* (FSP)

Em todos os outros contextos, a forma do comparativo e de superlativo relativo do advérbio **mal** é **pior**.

mais pequeno ⇨ Ver menor.

Essa é a forma analítica do comparativo de superioridade e do superlativo relativo de superioridade do adjetivo **pequeno**. ◆ *Existe alguém ainda MAIS PEQUENO que Ana?* (FSP) ◆ *E a menor obrigação, o MAIS PEQUENO ato a cumprir, para o andamento da fazenda, parecer-lhe-ia, naquelas horas de ausência e lassidão, uma verdadeira montanha a escalar.* (ROM)

A forma sintética é **menor**.

mais que fazer, dizer etc. ⇨ Ver muito que fazer, dizer etc.

Nessa expressão, o pronome **mais** é antecedente do pronome relativo **que**. ◆ *Deus tem MAIS QUE FAZER do que cuidar de criancinhas!* (PED)

Considera-se tradicionalmente que é injustificável o uso de um pronome demonstrativo **o** após o **mais**, como nesta ocorrência: ◆ *Hoje já não HÁ MAIS O QUE perdoar.* (HP)

mais-que-perfeito

Com hifens. ◆ *O MAIS-QUE-PERFEITO simples do indicativo não se usa na língua comum atual.* (PH)

maisena

Com **s** (a origem é o substantivo **maís**, nome de uma variedade de milho). ◆ *Lembrei-me do mingau de MAISENA com canela que minha mãe fazia quando eu era pequeno.* (BU)

maître d'hotel, maître

1. *Maître d'hotel* é expressão francesa que designa o superintendente dos garçons, em um restaurante ou hotel. ◆ *Os garçons que nos serviam, o MAÎTRE D'HOTEL pasmavam.* (RC)

Essa expressão (sem hífen) está registrada em dicionário e é usada em 4% dos casos. Também está dicionarizado o substantivo composto (com hífen) *maître-d'hotel*, que é ainda menos usado (1%). Obviamente, nenhuma dessas formas é abrigada na ortografia oficial brasileira. ◆ *Ontem, não fora a pronta intervenção do referido MAÎTRE-D'HOTEL, eu teria esganado com todas as forças dos meus dedos uma respeitável matrona que mora na outra ala do edifício.* (AL)

2. A forma simples *maître*, que tem o mesmo significado, é a mais usual (95%). A pronúncia é, aproximadamente, **metre** (com o **E** tônico aberto). ◆ *Um inglês, o ator e escritor Peter Ustinov, definiu os diplomatas como um tipo de MAÎTRE que tem a prerrogativa de sentar-se à mesa.* (VEJ)

majestade, majestático, majestoso; Majestade ⇨ Ver Vossa Alteza, Vossa Excelência, Vossa Eminência etc. ⇨ Ver Sua Alteza, Sua Excelência, Sua Eminência etc.

1. Com **J**. ◆ *Do outro lado do rio, na sua mudez noturna, a serra adquiria uma sombria MAJESTADE.* (CAS) ◆ *Pôde-se também depreender da fala do presidente um caráter um pouco MAJESTÁTICO.* (FSP) ◆ *Com um gesto MAJESTOSO, o mestre deu uma cédula de mil ao garçom.* (N)

2. O substantivo **Majestade** (com inicial maiúscula) entra na formação de pronomes de tratamento referentes a rei. Todo pronome de tratamento é de terceira pessoa, bem como o verbo que o acompanha. ◆ *Vossa MAJESTADE é um governante com quem se pode tratar, veja se dá um jeitinho de regulamentar o esporte das multidões.* (GTT) ◆ *Sua MAJESTADE Imperial estava radiante em uniforme de gala.* (XA)

make-up

É palavra inglesa que significa "maquiagem". A pronúncia aproximada é **meicap**. ◆ *Com leve MAKE-UP, sai por aí cheio de segundas intenções e aparece pronto para ser consumido.* (FSP)

mal, mal-

mal, mal- ⇨ Ver **mais mal** ⇨ Ver **mau** ⇨ Ver **pior**.

Mal é antônimo de **bem**.

1. É:

⬦ **substantivo**. ✦ *Antes de morrer, quero ver reparado o MAL que fiz.* (A).

⬦ **advérbio**. ✦ *Vocês servem MAL, mas a comida é ótima!* (A) ✦ *O editorial foi exemplarmente MAL pensado e MAL editado.* (FSP)

2. Como substantivo, na acepção de "doença", pode entrar na formação de locuções substantivas (sem hífen). ✦ *Morreu de MAL de sete dias.* (SAR) ✦ *Começou o samba, mas sem o entusiasmo e frenesi que distingue essa dança africana, e lhe dá uma semelhança do MAL de São Guido.* (RI) ✦ *Estando para se pôr corrente, lhe deu o MAL da terra de que em breves dias faleceu.* (DH)

3. O comparativo de superioridade e o superlativo relativo de superioridade têm forma sintética (**pior**) e analítica (**mais mal**), com diferentes usos.

O superlativo absoluto sintético é **malíssimo**. ✦ *Dormi muito mal. MALÍSSIMO!* (DM)

4. O advérbio **mal** liga-se a um elemento seguinte quando os dois elementos formam uma unidade sintagmática e semântica. Essa ligação se faz:

⬦ com hífen, se o elemento seguinte começar por vogal ou **H**. ✦ *Começou a me subir um forte MAL-estar do estômago.* (BL) ✦ *Clara ria às gargalhadas, até o MAL-humorado Naum sorria.* (CEN)

⬦ sem hífen, se o elemento seguinte começar por consoante. ✦ *É surpreendente que a Terra não fique coberta por uma MALCHEIROSA camada de dejetos.* (SU) ✦ *O que me desgosta é ser obrigado a admitir que fui um criminoso MALSUCEDIDO.* (CNT)

Malabar (costa de) [Índia e Sri Lanka]

O adjetivo pátrio correspondente é **malabar**. ✦ *Por isso morrem por ano de dois a três milhões de hindus, bengalis, cingaleses e MALABARES, a maioria crianças do sexo feminino.* (OP)

Málaga [Espanha]

1. A sílaba tônica é **MÁ**, e, por isso, a palavra leva acento (proparoxítona). ✦ *Ele conduziu-a abraçada para o quarto comum e foi buscar um cálice de vinho de MÁLAGA.* (VB)

2. O adjetivo pátrio correspondente é **malaguenho**. ✦ *Comecei com um gambá à MALAGUENHA – um prato todinho de camarões que chegaram à mesa ainda fervilhando em meia polegada de azeite fervente.* (FSP)

Malásia [Ásia]

O adjetivo pátrio é **malaio**. ✦ *Na última sexta-feira, dois tailandeses, um MALAIO e duas MALAIAS foram deportados pelas autoridades do Qatar.* (FSP)

malbaratar

Com **L** (**mal-**). Significa "vender a preço vil", "gastar mal". ✦ *É tudo com que sonhara desde cedo, mal detido pelo medo de MALBARATAR um ganho de vida de certo modo bem encaminhado.* (OSD)

maldar

Com **L** (**mal-**). Significa "fazer mau juízo". Usa-se com complemento iniciado pela preposição **de**. ✦ *Aí, MALDARAM do chapéu dele.* (LOB)

Maldivas (ilhas) [Oceano Índico]

O adjetivo pátrio é **maldivo**. ✦ *O restaurante do hotel Alia serve pratos típicos MALDIVOS e da cozinha europeia.* (FSP)

maldizer(-se)

Conjuga-se como **dizer**, de que é composto. ✦ *Quando tento falar-lhe ela chora, deixa cair as cartas no chão e MALDIZ Augusto.* (UQ) ✦ *E não se queixava da sorte, não SE MALDIZIA.* (DEN) ✦ *Bateu com a canga no chão, SE MALDISSE, coçou a cabeça: serviço do satanás!* (OSD)

mal-entendido ⇨ Ver mal, mal-.

1. Com hífen. ✦ *Este casamento foi fruto de um acaso, um MAL-ENTENDIDO.* (NB)

2. O plural é **mal-entendidos** (advérbio + adjetivo). ✦ *Numa família os MAL-ENTENDIDOS devem ser resolvidos comunitariamente.* (VEJ)

mal-estar ⇨ Ver **mal, mal-**.

1. Com hífen. ♦ *E daí, certamente, o MAL--ESTAR geral no mundo.* (EM)

2. O plural é **mal-estares**. ♦ *Alívio imediato e completo para os MAL-ESTARES provenientes do excesso de acidez.* (P-CRU)

malgrado, mau grado

1. **Malgrado** é preposição, gramaticalizada com significado concessivo ("apesar de", "não obstante"). ♦ *Burocratas despreparados, MALGRADO bem intencionados, torpedearam a marinha mercante brasileira nos últimos doze anos.* (GLO)

2. **Mau grado** (+ possessivo) é expressão adverbial, também com valor concessivo ("a contragosto", "contra a vontade"). ♦ *MAU GRADO seu, sentiu-se chocado.* (TV)

De mau grado é expressão adverbial que significa "de má vontade". ♦ *Tatiana levou-a para sua sala, uma sala que ela, de MAU GRADO, dividia com os coreógrafos-assistentes.* (BB)

malhada

É substantivo coletivo para bois e ovelhas ("rebanho"). ♦ *Ruduino Marçal, capataz desta ribeira, viu seis bois numa MALHADA.* (COB)

mal-humorado ⇨ Ver **mal, mal-**.

1. Com hífen. ♦ *E todo humorista é no fundo MAL-HUMORADO.* (BPN)

2. O plural é **mal-humorados** (advérbio + adjetivo). ♦ *Na manhã seguinte, eles estavam MAL-HUMORADOS e sensíveis.* (NOV)

má-língua

O plural é **más-línguas** (adjetivo + substantivo). ♦ *Na época, as MÁS-LÍNGUAS já falavam de seu envolvimento com Xota-Diabos, que, aliás, acabaria por segui-la nessa transferência para o litoral.* (VEJ)

malogro

Como substantivo, tem o **O** tônico (**LO**) fechado, no singular e no plural. Significa "insucesso", "fracasso". ♦ *Brizola costuma debitar seus MALOGROS a conspirações.* (VEJ)

malsão ⇨ Ver **mal, mal-**.

1. Com **L**. Significa "não sadio", "doentio". ♦ *Ocorreu um arrepanhar de panos; e uma onda de cheiro MALSÃO desabafou-se, encheu o quarto.* (ALE)

2. O plural é **malsãos**. ♦ *Eram ambientes MALSÃOS.* (VEJ)

O feminino é **malsã**. ♦ *Não é que a profissão ofereça mais oportunidades ao comportamento discutível e às práticas MALSÃS do que a outras.* (VEJ) ♦ *Quase reapareciam sob a pele MALSÃ as cores de outrora.* (MC)

malsinar[1] ⇨ Ver **mal, mal-**.

Com **L**. Significa "denunciar", "censurar", "condenar". ♦ *Catão MALSINA justamente as únicas coisas que se salvam nesta terra, todas devidas à influência americana.* (FSP)

malsinar[2] ⇨ Ver **mal, mal-**.

Com **L**. Significa "dar má sina a", "agourar". ♦ *Isto me causava dolorosa surpresa: chocava exames anteriores, contradizia opiniões firmes – experimentei uma sensação molesta, devo ter involuntariamente MALSINADO a criatura que me abalava.* (MEC)

malta

É substantivo coletivo para desordeiros. ♦ *Havia muita gente em torno, mas passávamos entre todos como se fôssemos nobres exilados em meio a uma MALTA de vagabundos, sem lhes dar a mínima atenção.* (AL)

Malta (arquipélago) [Mediterrâneo]

O adjetivo pátrio é **maltês**. ♦ *O primeiro--ministro MALTÊS, Afred Sant, anunciou uma investigação sobre as condições do aeroporto.* (FSP)

malvadez, malvadeza

São formas variantes. Com **Z**, como todo substantivo abstrato em **-ez** ou em **-eza** derivado de adjetivo. ♦ *Aparício entrou na cidade e foi, de casa em casa, deixando a marca de sua MALVADEZ.* (CA) ♦ *Talvez influenciado pelas histórias recentes, senti que seu olhar era de MALVADEZA.* (ID)

A forma **malvadeza** é a mais frequente (88%).

malversar, malversação ⇨ Ver mal, mal-.

Com L. O significado do verbo e do substantivo se refere a "desvio de dinheiro ou bens de uma instituição", "má administração". ✦ *Banalizar as manifestações é MALVERSAR um meio de expressão de opinião pública.* (VEJ) ✦ *Mas "Heaven's Gate" entrou para a história como sinônimo de desperdício, egolatria e MALVERSAÇÃO.* (VIE)

Malvinas (ilhas) [América do Sul]

O adjetivo pátrio é **malvinense**. ✦ *Os kelpers são descendentes de colonos ingleses, galeses e escoceses, pertencentes à oitava geração sobre o solo MALVINENSE.* (FSP)

mama ⇨ Ver corpo mamário.

Mama e **corpo mamário** são, na linguagem científica, as denominações oficiais atuais para **seios**. ✦ *Já está provada também a menor incidência de câncer de MAMA em mulheres que amamentaram.* (NT) ✦ *MAMA ou corpo mamário é a designação oficial dos seios.* (FSP)

-man(o)

É elemento (grego) que se liga a um elemento anterior. Indica tendência mórbida, inclinação ou gosto exagerado. ✦ *Ela sofre duma doença incurável chamada CLEPTOMANIA.* (OM)

manada

É substantivo coletivo para bois e cavalos ("rebanho"). ✦ *Seu Tonho despachou outra MANADA.* (CHA)

manager

É palavra inglesa que significa "administrador", "gerente". A sílaba tônica é a antepenúltima (**MA**). Seu uso em português é condenado, por absolutamente desnecessário.

Entretanto, ele é usado, embora com baixa frequência. ✦ *Não dou três meses para se entrar bonito nas massas, assegurava o MANAGER, fazendo um gesto peculiar que significava dinheiro à beça.* (MRF)

Manaus [Amazonas]

Os adjetivos pátrios são **manauense** e **manauara**, os dois com a mesma frequência de uso. ✦ *É o que demonstra esta coleção de histórias MANAUENSES escritas em diversos períodos.* (FSP) ✦ *Ao ampliar a proteção às indústrias de Manaus, o governo alega ter agido em nome dos MANAUARAS e das indústrias que se aventuraram na Amazônia, incentivadas por Brasília.* (VEJ)

Mancha [Espanha]

O adjetivo pátrio é **manchego**. ✦ *Josué andava por terras de Espanha seguindo Sancho e o fidalgo MANCHEGO.* (SIG)

mancheia ⇨ Ver a mancheias, a mãos-cheias, às mãos cheias.

Mancheia é substantivo que significa "o quanto a mão pode conter". ✦ *Muitas vezes, movido por obscuro impulso, apanhara uma MANCHEIA de terra (...), apertando-a entre os dedos.* (CEN)

Usa-se, no plural, na expressão **a mancheias**, que significa "abundantemente".

manchete

É a forma gráfica portuguesa correspondente ao francês *manchette*. ✦ *O distrito de Colúmbia pode adotar pena de morte, dizia a MANCHETE de três anos atrás.* (OMT)

Manchúria [Ásia]

Os adjetivos pátrios são **manchu** e **manchuriano**, mas esta última forma não ocorreu. O termo **manchu** também se refere a um tronco, a uma dinastia ou a uma língua que foi falada pelos manchus e que se manteve artificialmente como língua escrita da administração, na China, sob a dinastia manchu. ✦ *O livro abrange o período que vai do Império MANCHU (1644-1911) ao massacre da praça Tiananmen (1989).* (FSP)

-mancia

É elemento (grego) que se liga a um elemento anterior. Significa "adivinhação", "predição". A sílaba tônica é **CI**, e, por isso, as palavras formadas com esse elemento não levam acento (são paroxítonas). ✦ *Suzy conhecia astrologia, cabala, talismânica, numerologia, QUIROMANCIA, CARTOMANCIA, esoterismo.* (BU)

mandado ⇨ Ver **mandato.**

Mandado designa ordem judicial. ♦ *Eles tinham um MANDADO de busca perfeitamente legal.* (AS) ♦ *Mas fiquei, pelo menos, satisfeito, porque a vitória do MANDADO de segurança contra o meu ato foi por um voto apenas.* (SI-O)

Mandato significa "incumbência", "delegação de poderes", "poder autorizado por um período de tempo".

mandante ⇨ Ver **mandatário.**

1. Designa:

✧ quem manda. ♦ *Quem se disciplina a obedecer será um ótimo MANDANTE.* (LE)

✧ quem encarrega outra pessoa de alguma ação. ♦ *E por que o senhor não procurou descobrir quem é o MANDANTE?* (AM)

✧ quem tem o mando de um jogo. ♦ *O motivo é que o Juventus, MANDANTE da partida, não concordou em jogar no Morumbi.* (FSP)

✧ quem outorga um mandato (linguagem jurídica). ♦ *É assim como se o MANDANTE cassasse os mandatos de seus procuradores, mais ou menos infiéis, com receio de que estes entreguem o ouro aos banidos (do poder), isto é, os dominados, que "devem" continuar dominados.* (DIR)

2. Tem a mesma forma para masculino e feminino (substantivo comum de dois). ♦ *Seu irmão, Raúl Salinas, está preso desde fevereiro, acusado de ter sido o MANDANTE do crime.* (VEJ) ♦ *A patinadora Nancy Kerrigan, que levou uma bordoada no joelho, e sua rival Tonya Harding, acusada de ser a MANDANTE, treinaram juntas pela primeira vez na Noruega.* (VEJ)

Mandatário é a designação de pessoa que recebe um mandato.

mandar alguém fazer algo
⇨ Ver **deixar alguém fazer algo**
⇨ Ver **fazer alguém fazer algo.**

É lição de gramáticas normativas que, nesse tipo de construção, o infinitivo não vá para o plural. É realmente o que se encontra comumente no uso. ♦ *Conta aí para o repórter quem foi que MANDOU os Molocs inventar açude no cemitério dos foreiros.* (FO)

Entretanto, são também usadas construções com o infinitivo no plural. ♦ *Ele veio, MANDOU os dois carreiros carregarem o carro com os sacos e foi contando em voz alta.* (ATR)

Quando o sujeito do segundo verbo é representado por um pronome pessoal átono (isto é, quando esse sujeito não tem como núcleo um substantivo), o verbo (no infinitivo) fica sempre invariável, mesmo que o sujeito seja plural. ♦ *O cabo do dia mete-nos em forma, MANDA-nos tocar para o campo.* (MPB) ♦ *E por isso MANDA-os o bom Deus a todos ir uivar para as profundas do inferno (...).* (TR)

No caso de sujeito representado por pronome átono, pode ocorrer que ele preceda os dois verbos. ♦ *Disse o nome – e ela nos MANDOU entrar.* (B)

Ocorre, ainda, de o pronome oblíquo de terceira pessoa ser **lhe**, e não **o**, desde que o verbo no infinitivo que está a seguir venha com objeto direto. ♦ *Auscultou-a, MANDOU-lhe espichar as pernas (...).* (VB)

mandarová, marandová, mandruvá

São formas variantes, mas a segunda, que é a original (**marandová**), é restritamente usada e a última (**mandruvá**) não ocorreu. Designam lagarta de mariposa. ♦ *Os bichos-de-goiaba e de frutas, em geral, as lagartas ou MANDAROVÁS e as taturanas são exemplos de larvas.* (GAN) ♦ *Dicas imprescindíveis: repelente, protetor solar, chapéu ou boné e a vontade de se "completar com os bichos, os MARANDOVÁS e as águas", como escreveu o poeta Manoel de Barros.* (FSP)

mandatário ⇨ Ver **mandante.**

Mandatário é a designação de pessoa que recebe um mandato. ♦ *Não elegeremos um monarca, mas um MANDATÁRIO do povo.* (REA)

Mandante é a pessoa que manda, que encarrega outra pessoa de alguma ação.

mandato ⇨ Ver **mandado.**

Mandato significa "incumbência", "delegação de poderes", "poder autorizado por um período de tempo". ♦ *Getúlio Vargas*

mandíbula

declarara que não renunciaria, e que havia de cumprir o seu MANDATO até o fim. (INC)

Mandado designa ordem judicial.

mandíbula ⇨ Ver **maxilar.**

É a denominação oficial atual para o **maxilar inferior.** ✦ *MANDÍBULA – designação para o maxilar inferior; o maxilar superior será apenas maxilar.* (FSP).

mandiocal

É substantivo coletivo para pés de mandioca ("plantação de mandioca"). ✦ *Fugi para o MANDIOCAL.* (ASA)

maneira ⇨ Ver **de forma que, de maneira que, de modo que, de sorte que.**

1. Na expressão **de maneira que** o substantivo fica no singular. ✦ *Acomodara a cadeira junto à janela, de MANEIRA que pudesse, alçando de leve a vista, acompanhar facilmente a montagem do Circo.* (LA)

2. As lições normativas tradicionais condenam o uso da expressão **de maneira a**, mas ela é a mais usual (52%), nos diversos registros. ✦ *Muitos países, por exemplo, indexaram seus bens de capital, de MANEIRA a criar compensações em torno da inflação.* (VIS)

maneja, manejo

O **E** é fechado (antes de **J**). ✦ *Meu primo MANEJA o mundo com facilidade.* (JT) ✦ *O MANEJO, conservação e aproveitamento da matéria orgânica, tanto quanto a integração das explorações vegetais e animais, eram então considerados da maior importância.* (ADV)

manequim ⇨ Ver **modelo.**

Quando se refere a profissão ("modelo"), usa-se o substantivo com a mesma forma para masculino e para feminino (substantivo comum de dois). ✦ *Apreciaria muito ver publicado o seguinte recado para o Viola: ele é um jogador de futebol e não um MANEQUIM.* (FSP) ✦ *Após desfilar como madrinha da bateria da Portela, a MANEQUIM Luiza Brunet prepara-se para outros projetos no exterior.* (VIS)

manga-larga

O plural é **mangas-largas** (substantivo + adjetivo). ✦ *Haverá exposição de cavalos MANGAS-LARGAS.* (FSP)

manhã

Os adjetivos correspondentes são **crástino, matinal** e **matutino**, mas a primeira forma não ocorre em textos atuais. ✦ *Os raios do sol MATINAL brincavam na vidraça do gabinete do Diretor como bolas de fogo.* (PRE) ✦ *Os rútilos clarões vinham lá, mas do crepúsculo MATUTINO.* (CF) ✦ *A misérrima Dido ir com Eneas / Caçar propõe-se, mal Titã no oriente, / O orbe arraiando, CRÁSTINO desponte.* (OM-P)

manicuro, manicure ⇨ Ver **pedicuro, pedicure.**

São formas variantes, correspondentes ao francês *manucure*, ambas oficialmente registradas em português.

1. A forma em **O** (que sofreu aportuguesamento na terminação) tem o feminino **manicura**. As duas são formas muito pouco usadas (3%). ✦ *A mulher tem direito a massagem corporal, depilação completa, MANICURO, pedicuro, preparação do cabelo, maquiagem, lanche e uma pessoa destacada para ajudar a colocar o vestido.* (FSP) ✦ *"Lorota", para mim, é uma MANICURA gorda.* (ANB)

2. A forma **manicure**, que conserva o **E** final do francês, é a mesma para masculino e feminino (substantivo comum de dois). O uso dessa forma não é tradicionalmente recomendado.

Entretanto, essa é a forma quase exclusivamente usada. ✦ *O dinheiro será gasto em alimentação e serviços (cabeleireiro, MANICURE, barbeiro etc.).* (FSP) ✦ *Era como se um carrasco fosse à MANICURE antes de cortar uma cabeça.* (APA)

manietar, maniatar; manietado, maniatado

São dois pares de variantes, mas as formas **maniatar** e **maniatado** são de uso raro. Os verbos significam "atar as mãos de". ✦ *MANIETARAM-no e o colocaram dentro de uma* *perua.* (ESP) ◆ *Tiraram o cobertor que cobria o corpo MANIETADO de Caetano.* (ESP) ◆ *A gente tornava-se irritadiça e ansiosa. Ansiosa por desatar laços que MANIATAVAM e reprimiam sua franca evolução ascensional.* (FHB) ◆ *Pois então burro MANIATADO não pasta?!* (SA)

manjedoura

Com **J**. ◆ *O primeiro berço de Jesus foi uma MANJEDOURA, uma peça de madeira, que lembra um caixote, onde se põe comida para os animais.* (VEJ)

manjericão

Com **J**. ◆ *FHC comeu picanha com ervas aromáticas e espaguete com tomate e MAN-JERICÃO.* (VEJ)

manjerona

Com **J**. ◆ *As primeiras mudas quem trouxe foi uma estudante de Minas, colhidas no quintal da avó: cânfora-do-campo, MANJE-RONA, boldo-do-reino, arruda, capim-santo e hortelã.* (GL)

mansão

Com **S**. ◆ *Bateu à porta da MANSÃO dos Martinho Prado.* (ANA)

manteigueira

O substantivo **manteigueira** tem duas vezes o ditongo **EI**: o primeiro porque é palavra ligada a **manteiga** e o segundo porque se trata do sufixo **-eira**. ◆ *A minha caseira já tinha estendido na mesa a toalha xadrez, e em cima já estavam as louças, o pote de mel, a cumbuca com frutas, o cesto de pão e a MANTEIGUEIRA.* (U)

manter(-se) ⇨ Ver ter.

1. Conjuga-se como **ter**, de que se compõe. ◆ *Agora, no entardecer da vida, MANTENHO o último dos meus vícios: o jóquei.* (VEJ) ◆ *Rubens MANTINHA-se no cargo que poucos cobiçavam e todos exploravam.* (BB) ◆ *Nelson MANTIVERA o que dissera antes aos tiras.* (AGO) ◆ *Se o quadro se MANTIVER inalterado, a própria economia do Estado poderá também ser abalada.* (JB)

2. Como as formas de terceira pessoa (do singular e do plural) do presente do indicativo são oxítonas em **em,** elas são acentuadas:

◇ com acento agudo no singular. ◆ *Michel SE MANTÉM um momento pensativo, refletindo sobre essa ideia.* (MD)

◇ com acento circunflexo no plural. ◆ *Muitas entidades públicas e privadas MANTÊM a velhinha sob constante observação.* (AVL)

mantô

É a forma gráfica portuguesa correspondente ao francês *manteau*. O substantivo designa um tipo de casaco de inverno, de um certo comprimento. ◆ *Ternura foi colocado entre dois agentes de polícia e a caftina, que usava MANTÔ claro.* (JT)

manu militari

É expressão latina que significa "por mão militar", "com intervenção de força armada". ◆ *Não contente, obrigou MANU MILITARI que as embarcações fossem evacuadas.* (OLI)

O significado já é adverbial, pois se trata de um ablativo latino, não se justificando o uso de uma preposição antes da expressão latina.

Entretanto, ocorrem construções preposicionadas. ◆ *Seus adeptos têm uma irresistível tendência para resolver conflitos sociais por MANU MILITARI.* (GUE) ◆ *É uma sociedade sem conflitos; só a MANU MILITARI ou manu stalinista.* (POL)

mão de obra

Sem hifens. ◆ *Lamentou que a grande dificuldade seja, justamente, a falta de infraestrutura e a carência de MÃO DE OBRA.* (EM)

maori

A sílaba tônica é a última (**RI**), e, por isso, a palavra não leva acento (oxítona terminada em **I**). Refere-se à população aborígine da Nova Zelândia. ◆ *Ele é formado por uma mulher muda que toca piano, um marido que não é mudo e odeia música e um eremita europeu que optou por viver entre índios, os MAORIS, aborígines neozelandeses (...).* (FR)

mapa-múndi

O plural é **mapas-múndi**. O elemento grafado em português **múndi** representa o genitivo latino *mundi*, que significa "do mundo", e que, por isso, não se pluraliza. ◆ *O oitavo volume contém instruções para a preparação de MAPAS-MÚNDI, além de discussões sobre geografia, matemática e outros princípios fundamentais da cartografia.* (SU)

mapoteca

É substantivo coletivo para mapas. ◆ *A MAPOTECA, por incrível que pareça, segundo a sua diretora, não possui microfilmagem.* (FSP)

maqueta, maquete

1. **Maqueta** (com o E tônico fechado) é a forma portuguesa correspondente ao francês *maquette*. ◆ *Como ali dissemos o essencial sobre construção de MAQUETAS, restringimo-nos aqui à sua indicação no ensino religioso, como processo de ajustamento da imaginação.* (PE)

2. Entretanto, é muito mais usual (98%) a forma **maquete**, que apenas adapta a grafia francesa, simplificando o duplo TT, mas mantendo o E final. ◆ *Mesmo olhando só a MAQUETE é fácil gravar na memória o perfil do novo museu.* (MAN)

maquiagem, maquiar, maquiador; maquilagem, maquilar, maquilador

Todas essas formas são oficialmente registradas em português, como palavras portuguesas ligadas às formas francesas *maquillage* e *maquiller*. As formas **maquiagem** e **maquiar** são as que mais correspondem à forma fonética do francês e são as mais usuais. ◆ *Enrico vai olhando a MAQUIAGEM da irmã.* (ARA) ◆ *Através do véu que cobria seu rosto via-se que ele se MAQUIARA cuidadosamente.* (VA) ◆ *Quanto da diferença entre "antes" e "depois" se deve creditar ao cabeleireiro, ao MAQUIADOR, ao costureiro, ao iluminador, ao fotógrafo, além – é claro – do xampu?* (ETT)

Em cerca de 30% dos casos são usadas as formas **maquilagem, maquilar** e **maquilador**, calcadas na grafia francesa, e não na pronúncia. ◆ *Vem cá Ana, traz a MAQUILAGEM.* (COR) ◆ *Que tipo de democracia é essa que MAQUILA seu passado?* (VEJ) ◆ *Em certas produções, o MAQUILADOR ganha dez vezes mais do que a modelo.* (VEJ)

maquinaria, maquinário

São variantes oficialmente registradas para designar conjunto de máquinas. A forma **maquinário** é a mais usual (quase 70%). ◆ *Comprou MAQUINÁRIO moderno, enquanto empresas mais antigas se enrolavam com juros bancários.* (VEJ) ◆ *Em 1965, a República Federal da Alemanha doou ao Brasil 60 mil caixas de batata-semente, MAQUINARIA e defensivos.* (DS)

Por vezes é ocorrente (3%) a forma maquinária, que alguns dicionários abrigam como forma a evitar. ◆ *O objetivo hoje é otimizar o parque industrial para termos MAQUINÁRIA mais nova.* (FSP) ◆ *A Coca-Cola, que já tem assinados dois acordos de joint venture, mandou embarcar em Cingapura a MAQUINÁRIA necessária para instalar fábricas em Hanói e Ho Chi Minh.* (VEJ)

mar

Os adjetivos correspondentes são:

◇ **marítimo**. ◆ *O ar MARÍTIMO fez com que se recuperasse aos poucos.* (XA)

◇ **marinho**. ◆ *Sorvi largos haustos de ar MARINHO e fitei longamente as águas quietas da baía.* (DEN)

◇ **pelágico**. ◆ *Em certas pescas PELÁGICAS (marítimas), há uma tendência de que as taxas de captura permaneçam altas mesmo que o estoque esteja sendo reduzido.* (OCE)

marajá

1. O substantivo designa:

◇ especificamente, título dos príncipes feudais da Índia. ◆ *Várias vezes Celso Garcia Cid voltou à pátria do zebu, principalmente depois que o MARAJÁ de Bavnagar (...) deixou-lhe como herança todo o seu nobre gado.* (CRU) ◆ *Eis no entanto que reformas sociais na própria Índia diminuíram o prestígio e a força dos MARAJÁS.* (CRU)

marfim

◇ genericamente, homem muito rico, ou funcionário público que recebe salários altíssimos, acima do normalmente instituído para sua categoria. ♦ *Caso você deseje mordomia e serviços de MARAJÁ, nada melhor do que se instalar no Casavieja.* (FSP) ♦ *Iniciando esse trabalho de recuperação moral do nosso Estado, exonerei os funcionários privilegiados e desnecessários, conhecidos popularmente como "MARAJÁS".* (CRU)

2. O feminino tradicionalmente indicado é **marani**, mas a forma não ocorreu.

Marajó (ilha) [Pará]

O adjetivo pátrio é **marajoara**. ♦ *Um dos passeios favoritos dos turistas é o que reproduz o cotidiano dos peões MARAJOARAS.* (VEJ)

Maranhão

1. A sigla é **MA**. ♦ *Brincadeira na areia em Barreirinhas, MA.* (RI)

2. O adjetivo pátrio é **maranhense**. ♦ *A primeira vez que entrei numa cabine eleitoral, era um menino acompanhando a avó MARANHENSE em Jacareí.* (RI)

marcha a ré, marcha à ré ⇨ Ver ré.

1. Na expressão **marcha a ré** o **a** é uma simples preposição (sem acento grave no **a**). Essa forma ocorre em 54% dos casos. ♦ *Os trens da Leopoldina entram na cidade de MARCHA A RÉ.* (FE) ♦ *Na plataforma externa e ao longo do passeio há um suporte de trilho para amparar o encosto dos veículos em MARCHA A RÉ na carga e descarga de café em sacos (...).* (UQ) ♦ *Num período em que a Chrysler enfrenta queda de vendas, seu chefão preferiu dar MARCHA A RÉ e entrar na garagem da Casa Branca.* (VEJ)

2. É recomendada em vários manuais normativos a expressão **marcha à ré** (com acento grave no **à**, o que supõe a existência do artigo definido feminino **a**, após a preposição **a**). Essa forma da expressão também é usual, embora menos frequente que a anterior (39%). ♦ *Quando estou manobrando para entrar de MARCHA À RÉ, vejo pelo espelhinho uma Brasília vermelha atrás de mim, um casal, o motorista acenando – algum conhecido?* (FE)

3. Não existe oficialmente registrado o substantivo composto (com hifens) correspondente a essas expressões.

Com o mesmo significado, também se usa, simplesmente, **ré**.

marchand, marchande; marchante
⇨ Ver galerista.

1. **Marchand** é palavra francesa ("comerciante"), usada para designar negociante de objetos de arte. ♦ *No mercado de arte, o caminho é o mesmo: vá a uma boa galeria, procure um MARCHAND de confiança.* (REA).

O feminino é **marchande** (forma francesa do feminino). ♦ *"Muito riso, pouco siso", disse dela à MARCHANDE Luisa Strina.* (INT)

A palavra vernácula correspondente é **galerista**.

2. **Marchante**, palavra provinda do francês *marchand* ("comerciante"), designa a pessoa que compra gado para abate e vende a carne. ♦ *Lembrou-se claramente de que Miguel Benício, na manhã que precedera a sua morte, oferecera bois a um MARCHANTE.* (FP).

marcha-rancho

O plural tradicionalmente recomendado é **marchas-rancho** (substantivo + substantivo, o segundo fazendo uma determinação sobre o primeiro), mas também se usa **marchas-ranchos** (substantivo + substantivo). ♦ *Com o advento da bossa nova, a sofisticação natural das MARCHAS-RANCHO ia atrair as novas gerações de compositores de formação universitária.* (PHM) ♦ *Canções tão diferentes quanto "O Bem do Mar" e "Acalanto" são transformadas em MARCHAS-RANCHOS pelo próprio Caymmi.* (FSP)

marfim

Os adjetivos correspondentes são **ebóreo** e **ebúrneo**, mas a primeira forma não ocorre em textos atuais. ♦ *Aquela voz a paralisava, sobretudo quando o acólito, aconchegado ao seu colo EBÚRNEO, punha-se a cantar, em latim, ladainha, salmos e hinos da liturgia.* (S) ♦ *E abra-se em flores tua alvura EBÓREA, / Ensanguentada pelo sacrifício, / Para a maternidade e para a glória!* (OB)

503

maria vai com as outras

1. Sem hifens (oficialmente registrada). ◆ *Nunca vi em casa de seu Modesto a ambiguidade dos rosés – que não têm opinião e são uma espécie de MARIA VAI COM AS OUTRAS da bebida.* (CF)

2. A forma não varia no plural (é uma frase substantivada). ◆ *Porque são todas umas MARIA VAI COM AS OUTRAS.* (FSP)

marido ⇨ Ver mulher.

A palavra usada como feminino de **marido** é **mulher**. ◆ *Acaso ela é minha MULHER, minha esposa?* (A) ◆ *Com o senhor e sua MULHER, acho que já dá um bom enterro.* (AC)

Mulher é também a palavra feminina correspondente ao masculino **homem**.

marimbau ⇨ Ver berimbau.

É forma variante de **berimbau**, de uso raríssimo (1%). A palavra designa instrumento de percussão de origem africana. ◆ *Mostramos o MARIMBAU e a cabala, que é uma cabaça grande com sete cordas, tocada com metal e um vidrinho no dedo.* (FSP)

marimbondo, maribondo

Marimbondo é a forma fiel à palavra de origem (do quimbundo). ◆ *É aconselhável não mexermos em casa de MARIMBONDO.* (GRE) ◆ *Antes morrer como MARIMBONDO de ferrão armado do que como pomba mansa nas mãos.* (PFV)

Maribondo é forma considerada mais popular, e é pouco usual, atualmente. ◆ *A colmeia fora tomada de assalto por um enxame de MARIBONDOS, desses que vivem de banditismo.* (OJ-R)

marine

É palavra inglesa que designa fuzileiro naval dos Estados Unidos. ◆ *Filho do mais condecorado MARINE da história, Puller teve as duas pernas e cinco dedos das mãos amputados em 11 de outubro de 1968.* (FSP)

marinho ⇨ Ver azul-marinho.

É um adjetivo invariável, quando equivale a **azul-marinho**. ◆ *Vestido com calça MARI-*

NHO e camisa social branca, sem gravata, o ex-presidente sorria muito. (FSP)

marionete

É a forma gráfica portuguesa correspondente ao francês *marionette*. Significa "títere". É substantivo feminino. ◆ *Carter disse que a imagem que se divulgou de Jonassaint como uma MARIONETE dos militares é falsa.* (FSP)

marketing ⇨ Ver mercadologia, mercadização.

É palavra inglesa que designa conjunto de estratégias e ações mercadológicas. A pronúncia é, aproximadamente, **márquetin**. ◆ *Quanto ao Brasil, é possível identificar uma data específica da introdução do conceito de MARKETING na nossa sociedade empresarial e acadêmica.* (MK) ◆ *Ao menos formalmente, o termo "MARKETING" começou a ser empregado entre nós a partir do exato momento em que uma missão norte-americana, chefiada pelo professor Karl A. Boedecker, começou a organizar os primeiros cursos de administração na recém-criada Escola de Administração de Empresas de São Paulo, da Fundação Getúlio Vargas.* (MK)

As palavras vernáculas correspondentes são **mercadologia** e **mercadização**, de uso raríssimo, especialmente esta última (as duas juntas somam apenas 0,3%).

mármore

O adjetivo correspondente é **marmóreo**. ◆ *A culpa é em parte dos cantores, em parte da regência MARMÓREA de Leinsdorf.* (VEJ)

maroto

Com **o** fechado, no singular e no plural. A palavra significa "esperto", "ladino", "malandro". ◆ *Beatrice, que acompanhava tudo com olhos MAROTOS, fechou o cerco.* (ACM)

marquês, marquesa, *marquise*, marquise

1. Com **s**. ◆ *Encaminhou o grupo até a mesa do MARQUÊS de Salles.* (XA)

2. **Marquesa** é:

◇ o feminino de **marquês**. ◆ *A MARQUESA era uma das principais mecenas da música clássica em Portugal.* (FSP)

◇ substantivo que designa uma espécie de sofá. ◆ *Uma mesa de centro em sucupira, uma MARQUESA (sofá de palhinha) e duas cadeiras do século 19, um sofá em formato de L revestido de lona branca e um bufê monumental, alemão, anos 40, compõem a sala.* (FSP)

◇ forma portuguesa correspondente ao francês *marquise*; essa forma não é usual atualmente. ◆ *Onde estão os pardais, madame la Françoise, (...) / Balouçantes: nas MARQUESAS dos roxos arranha-céus?...* (MAN)

3. *Marquise* é forma francesa, e também forma portuguesa, oficialmente registrada, usada para designar espécie de cobertura externa a um edifício. ◆ *Em seguida ele ficou conversando com um grupo, fora do prédio, debaixo de uma MARQUISE.* (VEJ)

Marrocos [África]

O adjetivo pátrio é **marroquino**. ◆ *O ganês Abedi Pelé e o MARROQUINO Hadji marcharam para a África.* (FSP)

marrom

É a forma gráfica portuguesa correspondente ao francês *marron*. ◆ *Lucky é um cachorro MARROM, peludo, velho e nervoso.* (IS)

Entretanto, também ocorre, embora mais raramente (6%), a grafia original francesa *marron*. ◆ *No alto estava o edifício MARRON do cinema – "Cine Teatro Estrela", o principal da cidade.* (CHI)

Marselha [França]

O adjetivo pátrio é **marselhês**. ◆ *A Ismael caberá procurar Mouloud no submundo MARSELHÊS.* (FSP)

marshmallow

É palavra inglesa que designa doce pastoso feito com xarope de milho, clara de ovo, gelatina e açúcar batidos. A pronúncia é, aproximadamente, **marchmélou**. ◆ *Ia ao supermercado apreciar os amigos fazendo compras, acompanhava os filhos à sorveteria* *para ver os outros meninos pedirem MARSHMALLOW.* (FAB)

mártir

Mártir tem a mesma forma para masculino e feminino (substantivo comum de dois). ◆ *Entra Tiradentes, o MÁRTIR da Inconfidência.* (VEJ) ◆ *Passei a gostar mais de mamãe: para mim, ela era a heroína, a MÁRTIR.* (SM)

mascote

É a palavra correspondente ao francês *mascotte*, que designa aquele ou aquilo que pode trazer boa sorte. O substantivo é oficialmente registrado como feminino, e, de fato, ele se usa com marca de feminino mesmo referindo-se a homem ou a animal macho (substantivo sobrecomum feminino). ◆ *Era um simples cachorro! Um cachorro de rua... Mas um cachorro idealista! Os soldados de um quartel adotaram-no. Ficou sendo a MASCOTE do batalhão.* (RVE-D)

Entretanto, também são frequentes:

◇ como masculino, para referência, indiferentemente, a elemento de gênero masculino ou feminino (substantivo sobrecomum masculino). ◆ *Antes de empilhar cada peça sobre seu torso esguio, retira da virilha o MASCOTE que lhe faz companhia, sempre – uma antiga faca-canivete da pesada.* (VEJ)

◇ como masculino e como feminino, para referência discriminada a elemento do gênero masculino ou a elemento do gênero feminino (substantivo comum de dois). ◆ *Haessler, camiseta oito da Alemanha, é o MASCOTE da turma.* (FSP) ◆ *A atriz Tatyane Goulart, 11, é a revelação e a MASCOTE do elenco da novela "Quatro por Quatro".* (FSP)

Masp

É a sigla de **Museu de Arte de São Paulo**. ◆ *A primeira exibição pública foi na ABI, no Rio, e a segunda no Masp, em São Paulo.* (FIC)

massa ⇨ Ver maça.

Massa significa "pasta". ◆ *As mulheres da vizinhança ajudavam na cozinha, preparando*

massapê, massapé

e esticando a MASSA dos pastéis e folheados. (REL)

Maça designa arma de ferro com extremidade esférica provida de pontas aguçadas, clava.

massapê, massapé

São formas variantes para denominar um tipo de terra argilosa. Escrevem-se com **SS**. As duas formas são usadas com a mesma frequência (50%). ◆ *Ou prefere mesmo ver o filho morto a perder uns hectares de MASSA-PÊ?* (GCC) ◆ *As safras apresentavam maior rentabilidade quando a plantação era feita em terras de MASSAPÉ.* (HIB)

masseter

1. A sílaba tônica é a última, e, por isso, a palavra não leva acento (oxítona terminada em **R**). O substantivo designa músculo que move o maxilar inferior. ◆ *MASSETER e temporal: são músculos da mastigação.* (ENF)

2. O plural é **masseteres**. ◆ *Por exemplo: à percussão do mento, o estiramento brusco dos MASSETERES provoca contração exagerada desses músculos.* (NEU)

massudo ⇨ Ver maçudo.

Massudo significa "que tem aspecto de massa", "volumoso". ◆ *Era forte, tinha corpo MASSUDO assim como o teu.* (VPB)

Maçudo significa "maçante", "monótono".

matado ⇨ Ver morto.

A forma **matado** é usada com os auxiliares **ter** e **haver**. ◆ *A pena de morte não tem MA-TADO mais do que a fome.* (ACT) ◆ *Eduardo Gallo, em novembro de 1970, havia MATADO sua esposa, Margot Proença Gallo.* (IS)

A forma **morto** é usada com os verbos **ser** e **estar**.

matalotagem ⇨ Ver matula.

É substantivo coletivo para víveres e para objetos que uma pessoa leva consigo. ◆ *E eu levava boa MATALOTAGEM, na capanga, e também o binóculo.* (SA)

É o mesmo que **matula**.

match

É palavra inglesa que significa "torneio", "partida". A pronúncia aproximada é **métch**. ◆ *Esse tipo de disputa no xadrez, envolvendo somente dois jogadores ou duas equipes, é denominado MATCH.* (X)

mater ⇨ Ver mãe.

É substantivo latino que significa "mãe". Usa-se, em português, à direita de outro substantivo para classificá-lo ou qualificá-lo como "que está nas origens". Nessa posição, equivale ao substantivo português **mãe**. ◆ *Num diploma que trate do planejamento familiar, a questão não é, apenas, o indivíduo, mas a família, como célula MATER da própria sociedade.* (FSP) ◆ *A tal respeito, não é possível omitirmos uma referência direta à terra MATER de Portugal, que nos legou a língua vernácula, o sentimento familiar, uma tradição multissecular e a fé em Cristo Nosso Senhor.* (JK-O)

mater-, matr-

São elementos (latinos) que se ligam a um elemento seguinte. Significam "mãe". ◆ *Aliás, provinha pelo lado MATERNO de família de agricultores.* (BS) ◆ *Ao que se diz, ele se apoderou, certa vez, dessa área, quando exilado em razão do seu MATRICÍDIO.* (PRO)

matilha

É substantivo coletivo para cães. ◆ *Um boi ervado está de pança esturricando ao sol, mas a MATILHA sarnenta da casa perto mantém os urubus a distância.* (R)

matinas

É substantivo de forma plural que, na liturgia católica, designa a primeira parte do ofício divino, geralmente entre meia-noite e o nascer do sol. ◆ *São 5:45 e vai começar o ofício das MATINAS.* (VES)

matinê ⇨ Ver vesperal.

É a forma gráfica portuguesa correspondente ao francês *matinée*, designando espetáculo realizado à tarde ◆ *Aos domingos havia MATINÊ.* (S)

Com esse mesmo significado existe a forma vernácula **vesperal**, muito menos usada (6%).

matiz, matizar

Com **Z**. **Matiz** não leva acento (oxítona em **Z**). É palavra masculina. ✦ *Suas feições foram adquirindo **certos MATIZES** de melancolia.* (DM) ✦ *Sua palavra sóbria, **MATIZADA** por um sotaque lusíada, era emoldurada por um sorriso cativante e seu rosto exprimia forte determinação.* (FI)

Mato Grosso

1. A sigla é **MT**. ✦ *A Do Pomar funciona há oito meses em Campo Grande **(MT)** e tem três franqueados.* (FSP)

2. O adjetivo pátrio é **mato-grossense**. ✦ *A preservação do imenso potencial natural existente nesse colosso, que é o pantanal **MATO-GROSSENSE**.* (PAN)

Mato Grosso do Sul

1. A sigla é **MS**. ✦ *Em Campo Grande **(MS)**, a situação não é diferente dos demais estados.* (RI)

2. Os adjetivos pátrios são **mato-grossense--do-sul** ou **sul-mato-grossense**. ✦ *Neste ano, ele recebeu o Prêmio Nestlé de Literatura, na categoria Poeta Consagrado, por "Livro sobre Nada", o 13º livro desse **MATO--GROSSENSE-DO-SUL**.* (FSP) ✦ *Pecuaristas do Pantanal **SUL-MATO-GROSSENSE** estão diversificando seus negócios com investimento no ecoturismo.* (FSP)

matriarca

É a palavra feminina correspondente ao masculino **patriarca**. ✦ *Tudo é bem organizado na família Wolf, ao compasso da voz seca da **MATRIARCA**, minha avó.* (ASA)

matula ⇨ Ver **matalotagem**.

É substantivo coletivo para víveres e para objetos que se levam com a pessoa. ✦ *Botei a MATULA na capanga.* (CHA)

É o mesmo que **matalotagem**.

mau ⇨ Ver **mal**.

1. **Mau** é antônimo de **bom**. É adjetivo. ✦ *O MAU português de dona Angelina foi*

responsável pela transformação de floco em flox. (ANA)

2. O superlativo absoluto sintético é **péssimo**. ✦ *O PÉSSIMO hábito de se meter na vida dos outros.* (NAM)

mau gosto

Sem hífen, embora as duas palavras em conjunto constituam uma unidade semântica. ✦ *Sim, seria uma solução de MAU GOSTO, de mau autor, mas o problema daquela gente ficaria resolvido.* (TV)

mau-olhado

1. **Mau**, com **U** final (adjetivo) e com hífen. ✦ *Meus santos evitam a inveja e o MAU--OLHADO, é a segurança da casa.* (IS)

2. O plural é nos dois elementos: **maus--olhados** (adjetivo + substantivo). ✦ *Maria Carolina era também rezadeira, mestra em rezar machucados, doenças e MAUS-OLHA-DOS.* (ETR)

Mauritânia [África]

Os adjetivos pátrios registrados são **mauritano** ou **mauritaniano**, mas só o primeiro ocorreu. ✦ *O MAURITANO Abderrahmane Sissako, único representante da África, tira do tema a necessidade de esquecer a ficção para encarar a realidade miserável do continente.* (FSP)

maus-tratos

É substantivo que só se usa no plural (*pluralia tantum*). ✦ *O padrasto está em segundo lugar nos registros de tentativa de homicídio e em primeiro em MAUS-TRATOS.* (MEN)

maxi-, máxi

1. A forma **maxi-** é um elemento (latino) que significa "muito grande", "máximo". Liga-se ao elemento seguinte:

◇ sem hífen, em geral. ✦ *Para levar a moeda americana a essa taxa, seria necessária uma MAXIDESVALORIZAÇÃO.* (VEJ) ✦ *Hillary (...) opera numa cultura política de MAXIEXPO-SIÇÃO da mulher.* (VEJ)

◇ com hífen, apenas se o elemento seguinte começar por **H** ou por **I**. ✦ *O médico de ca-*

maxilar

belos gomalinados, 62 anos e 63 quilos, viu em Jô sua MAXI-ISCA, capaz de atrair obesos de todos os cantos. (VEJ)

2. O substantivo **máxi** é redução de formas, como **maxidesvalorização**. Nesse caso, a palavra tem acento (paroxítona terminada em **I**) e tem plural: **máxis**. ◆ *Ninguém ficou sabendo da MÁXI antes do tempo para comprar seus dólares.* (AVL) ◆ *Aniversário é aniversário, e as férteis imaginações projetam tarifaços, MÁXIS corretivas, suspensões abruptas de fundos de curto prazo.* (FSP)

Se o elemento seguinte começar por **R** ou **S**, é necessário duplicar essa letra (que ficará entre duas vogais, na escrita), como, por exemplo, em **maxissaia**, forma que não ocorreu.

maxilar ⇨ Ver mandíbula.

É a denominação oficial atual para o **maxilar superior**. ◆ *O maxilar superior passa a se chamar apenas MAXILAR.* (FSP)

Mandíbula é a denominação oficial atual para o **maxilar inferior**.

máxime

É advérbio de forma latina (erudita) que significa "principalmente". O som do **X** é **KS** e o **E** final é, em princípio, aberto, apesar de átono (conservação da pronúncia latina). ◆ *Nas ações de todos os homens, MÁXIME dos príncipes, o que importa é o êxito, para o bem ou para o mal.* (OL)

maximizar

Com **Z**, como todo verbo formado com o sufixo **-izar**. Significa:

◇ "elevar ao máximo". ◆ *A política do Governo Central é de MAXIMIZAR o retorno no menor prazo possível.* (ZH)

◇ "superestimar". ◆ *Segundo ele, o mercado de ações é muito volátil e tende a MAXIMIZAR o que acontece em outros países.* (FSP)

Alguns puristas condenam formações neológicas desse tipo.

máximo, máxima

O som do **X** é **SS** ou **KS**, mas a primeira pronúncia é a mais recomendada. ◆ *Lalau*

tremia ao descrever seu MÁXIMO herói na defensiva, no ataque, na vitória. (DE) ◆ *No plano da produção a MÁXIMA "dividir para reinar" deu aos capitalistas as condições da acumulação de capital.* (BRO)

maxixe

Com **X** e **X**, ambos com som de **CH** (chiante). O substantivo designa:

◇ fruto comestível. ◆ *Naquele dia, assobiando, retirava a gaiola do prego, limpava-a, mudava a água e o alpiste, prendia no arame a metade de um MAXIXE.* (DM)

◇ dança urbana brasileira, de par unido. ◆ *A polícia reprimia com violência a transgressão, aí incluída a capoeiragem e o MAXIXE.* (APA)

mazela

Com **Z**. Significa "doença", "ferida", "mal". ◆ *Muito senti a ausência de João Ramalho, que desde a MAZELA de sarampo não foi mais homem de grandes esticadas.* (CL)

mea-culpa, *mea culpa*

1. Formado a partir da expressão latina *mea culpa*, que significa "minha culpa", o substantivo composto **mea-culpa**, masculino, designa o ato de pedir perdão. A expressão latina está no *Confiteor*, oração pela qual se faz a confissão de pecado, na liturgia católica. A oração se inicia exatamente pela palavra *confiteor*, forma verbal que significa "eu me confesso". ◆ *Há um ano, em sua primeira missão ao exterior como imperador do Japão, esteve em três países asiáticos e fez o MEA-CULPA do militarismo do passado.* (VEJ)

2. Ocorre também, e com maior frequência (70%), a forma original da expressão latina, *mea culpa*. ◆ *Donato convocou a classe dirigente para olhar o povo de frente e fazer uma confissão de MEA CULPA por não conseguir resultados.* (JB)

meado, meados

Quase exclusivamente usado no plural (99,5%), este substantivo significa "parte ou região do meio". ◆ *Algumas outras, além disso, preveem o reaparecimento temporário* dos "discos" neste MEADO de 1955. (CRU) ◆ Em MEADOS do inverno de 1954, Tibério Vacariano passou duas semanas no Rio, tratando de negócios. (INC)

meão

Meão significa "médio", "mediano". ◆ *Vai aos fulanos e sicranos perguntando se não tinham visto de passagem por ali um caixeiro- -viajante bem trajado e de fala amaciada, quase MEÃO de altura e de idade (...).* (OSD) O feminino é **meã**. ◆ *Onde quer que ela comparecesse, era notada e louvada, so- bressaída das outras meninas MEÃS do tope dela.* (LOB)

O plural masculino, **meãos**, não ocorreu.

mecenas

É substantivo que designa pessoa que finan- cia escritor, artista ou cientista. Usa-se como substantivo comum, a partir do nome de Caio Cilino **Mecenas**, célebre protetor de artistas romanos. Usa-se como masculino e como fe- minino (substantivo comum de dois), como singular e como plural. ◆ *Tenho realizado por todo esse tempo (cerca de 15 anos), a duras penas, na maior parte das vezes como* **meu próprio MECENAS***, filmes que excedem a essa metragem.* (MRF) ◆ *A marquesa era uma* **das principais MECENAS** *da música clássica em Portugal.* (FSP)

mecha

Como substantivo e como verbo (forma do verbo **mechar**), escreve-se com CH (embora o som chiante se posicione após ME inicial) e tem o E aberto. Designa cordão ou feixe de fios e, também, cordão retorcido de material inflamável. ◆ *(...) de MECHA em MECHA, fui cortando o cabelo na altura do pescoço.* (MMM) ◆ *Acenderam a MECHA, o balão subiu ao céu e nele se perdeu.* (TC)

medi(o)- ⇨ Ver mes(o)-.

É elemento (latino) que se liga a um elemento seguinte. Significa "meio". Corresponde ao elemento grego **mes(o)-** . ◆ *Esta reduz-se a simples objeto de MEDIAÇÃO, de INTERME- DIÁRIO entre o autor e nós.* (MH)

media ⇨ Ver mídia ⇨ Ver medium.

Media (que se pronuncia, aproximadamente, **mídia**) é palavra inglesa correspondente ao plural neutro latino de *medium*, que significa "meio". Constitui forma reduzida do inglês *mass media* ("meios de massa"). Designa o conjunto de meios de comunicação. ◆ *Um fato amplamente aceito pelos pesquisadores do papel dos "MEDIA" nas sociedades con- temporâneas diz respeito ao seu poder de de- terminar a agenda do debate público.* (FSP)

Essa palavra (de significado plural) está apor- tuguesada como **mídia**, substantivo que é registrado como feminino singular.

Média (antigo) [Ásia]

O adjetivo pátrio é **medo** (com E aberto). ◆ *Os MEDOS e os persas, povos de raça ariana (ou indo-europeia), originaram-se da região a oriente do Cáucaso.* (HG)

mediar ⇨ Ver -iar.

É um dos cinco verbos em **-iar** que recebem E nas formas rizotônicas, isto é, nas formas que têm a sílaba tônica no radical. Nessas formas, eles se conjugam, pois, como se fossem ver- bos em **-ear**. ◆ *A dimensão do anel colorido variará com a distância que MEDEIA entre a placa de vidro e a fonte luminosa.* (GLA)

Do mesmo modo se conjugam os verbos compostos desses, como **intermediar**.

Os outros verbos do mesmo tipo são **ansiar**, **incendiar**, **odiar**, **remediar**.

medicamento

O substantivo **medicamento** constrói-se com as preposições:

◇ **para** + a indicação daquilo que se benefi- cia do medicamento. ◆ *Diante da negativa, conformou-se em receber MEDICAMENTOS* **para** *um problema de bexiga até que seu destino seja decidido.* (VEJ)

◇ **contra** + a indicação daquilo que é com- batido pelo medicamento. ◆ *A defesa alegou que ela cometeu o crime sob estado de em- briaguez fortuita, combinada à ingestão de um MEDICAMENTO* **contra** *obesidade.* (VEJ)

médico-

1. Liga-se com hífen a um elemento seguinte, para formar:

◇ substantivos compostos. ◆ *O telefonema de um leitor deu meia página de jornal e a demissão do MÉDICO-chefe de um posto do Inamps.* (PRA)

◇ adjetivos compostos. ◆ *Nilton Salles, em parecer MÉDICO-legal sobre o auto de exame cadavérico do poeta (...), demonstra como o laudo foi reticente.* (FI)

2. Formação do feminino e do plural:

◇ Quando se trata de substantivo composto, ambos os elementos se flexionam (substantivo + adjetivo). ◆ *Até hoje, vários corpos dos membros da seita não foram identificados pelos MÉDICOS-legistas.* (FSP) ◆ *Depois de ter passado três anos de residência como cirurgia, prestou concurso para MÉDICA-legista no Instituto Médico Legal.* (MAN)

◇ Quando se trata de adjetivo composto, só o segundo elemento se flexiona (o primeiro é um elemento de composição). ◆ *É flagrante a disparidade entre o nível dos conhecimentos MÉDICO-cirúrgicos e os obstétricos, dos árabes.* (OBS) ◆ *Procure o Tributino, nosso doutor da seção MÉDICO-farmacêutica.* (PFV)

medida (à medida que, na medida em que) ⇨ Ver à medida que, à proporção que ⇨ Ver na medida em que.

1. **À medida que** é locução conjuntiva proporcional: "à proporção que". ◆ *À MEDIDA QUE fui crescendo, desconfiei que o país que ela amava não existia concretamente.* (ASA)

2. **Na medida em que** é construção que significa:

◇ "na mesma proporção em que". ◆ *NA MEDIDA EM QUE ia virando aquelas páginas, crescia a estupefação de Luís.* (OMR)

◇ "tendo em vista que", "visto que". ◆ *O beijo de Mário é insensivelmente diferente, NA MEDIDA EM QUE ele agora sabe da sua valorização como macho.* (E)

medievo ⇨ Ver primevo.

O E tônico é aberto (É), como em **primevo**.

1. Como substantivo, designa a Idade Média. ◆ *Horas, que só as mãos cobiçosas dos poderosos do MEDIEVO, únicos então a possuí-los, folheavam a pretexto da fé.* (PAO)

2. Como adjetivo, significa "da Idade Média". ◆ *Assim, pensar como um homem MEDIEVO ou da antiguidade não me será particularmente fácil.* (ALQ)

medium, médium ⇨ Ver media.

1. **Medium** é forma latina que significa "meio". Usa-se em referência ao meio de transmissão de uma mensagem. ◆ *Na medida em que é um MEDIUM capaz de integrar e transformar todos os outros, o vídeo é o lugar por excelência de passagem: tudo passa na televisão.* (FSP)

2. **Médium** é forma portuguesa correspondente ao latim *medium*. Usa-se, no espiritismo, para designar um intermediário entre os vivos e a alma dos mortos. ◆ *Idealmente, os espíritos poderiam dispensar a figura do MÉDIUM.* (ESI)

O plural é **médiuns**. ◆ *Allan Kardek em seu "Evangelho Segundo o Espiritismo" valoriza o trabalho dos MÉDIUNS, pois são eles os intérpretes dos espíritos.* (OP)

medula óssea

O adjetivo correspondente é **mieloide**. ◆ *Outro tipo de leucemia aguda atinge mais os adultos jovens – é a leucemia MIELOIDE aguda.* (FSP)

meeting ⇨ Ver encontro ⇨ Ver torneio.

É palavra inglesa bastante usada em português, especialmente na imprensa, apesar de haver formas portuguesas que a traduzem: **encontro, torneio**. A pronúncia aproximada é **mítin**. ◆ *Essa vitória eletrizou os quase dez mil presentes ao MEETING, que custou quatrocentos mil dólares.* (PLA)

mega-, megal(o)-

São elementos (gregos) que significam "grande". Ligam-se sem hífen ao elemento seguinte. ◆ *MEGAEMPRESAS supridoras são hoje as primeiras colocadas em qualquer ranking empresarial.* (POL) ◆ *A modéstia está implícita na dialética da MEGALOMANIA.* (SAM)

meio ambiente

Se o elemento seguinte começar por **R** ou **S**, é necessário duplicar essa letra (que, então, ficará entre duas vogais, na escrita). ✦ *Em Los Angeles, a peça foi um MEGASSUCESSO de 25 milhões de dólares de bilheteria.* (VEJ)

megabyte, mega, MB ⇨ Ver byte ⇨ Ver kilobyte ⇨ Ver gigabyte, giga.

1. *Megabyte* é múltiplo de *byte* (1.000 *kilobytes*). Essa forma gráfica é abrigada na ortografia oficial brasileira. ✦ *Para a desimportância tecnológica de nossos estudos era dispensável qualquer arsenal de MEGABYTES.* (ACM)

2. Também é usada a forma *Mbyte*, não oficializada. ✦ *O MD-560 é um Pentium de 60 mHz, com 8 Mbytes de memória.* (FSP)

3. O símbolo é **MB** (sem pontos de abreviatura). ✦ *Uma boa opção é escolher o modelo PC 486DX2 com 66 mHz de velocidade de processamento e 8 megabytes (MB) de memória RAM.* (VEJ)

4. Diz-se, ainda, simplesmente, **mega** (com plural **megas**). ✦ *O equipamento ideal para instalar os jogos é um computador 486 com 8 megas de memória RAM.* (FSP)

Também são múltiplos de *byte*: *kilobyte* e *gigabyte*.

megahertz ⇨ Ver hertz.

1. É a designação da unidade de frequência (um milhão de hertz). Na informática, é a medida de velocidade do processador. ✦ *A faixa mais silenciosa do espectro de rádio fica entre 1.000 e 10.000 MEGAHERTZ.* (VEJ)

2. O símbolo é **mHz** (sem ponto de abreviatura e sem plural). ✦ *Oito computadores com chip Pentium de 133 mHz e monitores de 17 polegadas ficam permanentemente ligados à rede mundial de computadores.* (FSP)

megastore

É palavra inglesa que designa loja de grande porte. ✦ *Segundo Carlos Alberto de Almeida, 31, gerente de marketing, o bar faz parte do projeto da franquia para lojas do tipo "MEGASTORE" (com mais de 1.000 m²).* (FSP)

megawatt ⇨ Ver watt.

É a designação da unidade de medida correspondente a um milhão de watts. ✦ *O preço do MEGAWATT está por volta de 30 dólares.* (VEJ)

meia- ⇨ Ver meia-noite.

É um elemento de composição que se liga por hífen ao elemento seguinte. ✦ *Costuma ser convidada para jantares à MEIA-luz.* (VEJ) ✦ *Ponta-direita, MEIA-direita, centroavante, MEIA-esquerda e extrema-esquerda.* (FB)

meia-noite ⇨ Ver zero hora.

Meia-noite escreve-se com hífen. ✦ *Acorda de madrugada e vai dormir por volta da MEIA-NOITE.* (VEJ)

Meia-noite e **zero hora** indicam o mesmo horário, o primeiro ancorando-se no dia anterior e o segundo, no dia posterior: a **meia-noite** do dia 5, por exemplo, é a **zero hora** do dia 6.

meio, meio-

1. **Meio:**

✧ como advérbio, com o significado de "um pouco", "um tanto", é invariável. ✦ *Apesar de terem respondido que eu estava MEIO indisposta, papai insistiu em que me chamassem.* (A) ✦ *Os óculos de lentes já MEIO fracas para a sua crescente miopia mal lhe permitiam divisar a fisionomia da mulher.* (FE)

✧ como adjetivo de indicação numeral fracionária, flexiona-se em gênero e em número. ✦ *MEIA laranja, MEIO pão, MEIA banana, MEIO copo de leite, MEIO ovo, um sapato no pé e outro guardado.* (CBC)

2. **Meio-** é elemento de composição que se liga por hífen ao elemento seguinte. ✦ *Não era homem de MEIO-termo, sendo absolutamente intolerante com a mediocridade.* (VIS) ✦ *É o MEIO-Norte uma região de transição entre o Nordeste seco, o Centro-Oeste e a Amazônia.* (NOR)

meio ambiente

Construção sem hífen. ✦ *O MEIO AMBIENTE é o nosso capital natureza, que vem sendo*

meio-dia e meia

saqueado, inclusive por investimentos e financiamentos internacionais. (AMN)

meio-dia e meia

Meio-dia, com hífen. **Meia** refere-se a **meia hora** ("meio dia + meia hora"). ♦ *O senador olhou o relógio de pulso. MEIO-DIA E MEIA.* (AGO)

meio-irmão

Os dois elementos se flexionam tanto no feminino como no plural. ♦ *Fernando dava tudo a Margarida, sua MEIA-IRMÃ e a única que possuía.* (MAD) ♦ *"Núpcias de Fogo" conta a história de Lúcia e Dóris, MEIAS-IR-MÃS apaixonadas pelo mesmo homem.* (FSP)

meio-soprano

1. O substantivo **meio-soprano** é masculino, referindo-se indiferentemente a elemento do sexo masculino ou do sexo feminino (substantivo sobrecomum). ♦ *O papel de Rosina é interpretado por um soprano ligeiro em vez do MEIO-SOPRANO coloratura da partitura original.* (VEJ)

Entretanto, também se indica o feminino por meio do adjunto quando a referência é a pessoa do sexo feminino (substantivo comum de dois). ♦ *O Teatro Colón deve apresentar em julho um recital da MEIO-SOPRANO Cecilia Bartoli.* (FSP)

2. O plural é marcado nos dois elementos: **meios-sopranos.** ♦ *E Cossotto, também com 35 anos, já era a sucessora de Giulietta Simionato como rainha das MEIOS-SOPRANOS italianas.* (VEJ)

mel

Mel faz o plural **méis** ou **meles.** ♦ *Lá vai mel e lá vai MÉIS e lá vai maus e quem dá dez dá vinte quem de vinte passa tanto faz.* (SD) ♦ *Armazém de Minas, com suas aguardentes, roscas, MELES, doces, queijos, temperos.* (VEJ)

melan(o)- ⇨ Ver negr- / nigr-.

É elemento (grego) que se liga a um elemento seguinte. Significa "negro", "escuro". ♦ *A MELANINA é o pigmento considerado como*

responsável pela cor de nossa pele. (ELE) ♦ *A doença é provocada por uma alteração genética de uma célula da superfície da pele chamada MELANÓCITO.* (VEJ)

Melanésia [Pacífico]

O adjetivo pátrio é **melanésio.** ♦ *A iniciação assinala-se por provas de resistência ao sofrimento físico e moral, como entre os MELANÉSIOS, os cafres.* (AE)

melhor ⇨ Ver mais bem ⇨ Ver mais mal.

Melhor é a forma de:

✧ comparativo de superioridade e superlativo relativo de superioridade do adjetivo **bom** ("mais bom"); como é adjetivo, tem flexão de plural. ♦ *Mas é MELHOR ficar na cama do que enfrentar a vida.* (MO) ♦ *Harvey frequentou os MELHORES colégios ingleses, mas escolheu estudar medicina na Universidade de Pádua.* (APA)

✧ comparativo de superioridade do advérbio **bem** ("mais bem"); como é advérbio, a forma **melhor** não tem flexão de plural. ♦ *Volte. Depois, conversaremos MELHOR.* (A)

Tradicionalmente se recomenda que, antes de particípio, se use a forma analítica **mais bem**, e não **melhor**.

Entretanto, são usuais, nos diversos tipos textuais, construções como: ♦ *Onde as estruturas políticas estejam MELHOR consolidadas, elas absorverão a incompetência do líder ocasional ou o expulsarão sem maiores traumas institucionais.* (NEP) ♦ *A economia global talvez possa ser MELHOR entendida emprestando um conceito da sociologia.* (FSP)

Na verdade, usa-se, aí, o advérbio de modo **melhor** ("consolidadas de modo melhor"; "entendida de modo melhor"), e não o advérbio de modo **bem** junto do particípio (*bem consolidadas; bem entendida*) e, em seguida, o advérbio **mais** fazendo a quantificação da construção ("bem consolidadas, e mais [do que outras]"; "bem entendida, e mais [do que outra]").

melro

1. Nessa palavra há a sequência, rara em português, de **L** e **R**. É substantivo masculino, referindo-se ao macho e à fêmea do animal (substantivo epiceno). ◆ *Podem zombar, podem chamar o resto dos MELROS, podem comer o milho todo e o arrozal já selvagem.* (SA)

2. Alguns manuais indicam o feminino **mélroa**, mas a forma não ocorreu.

memorabilia

É palavra latina, um plural neutro (com a sílaba tônica **BI**) que designa coleção de objetos, livros etc. de grande significação, que merecem ser conservados como lembrança. ◆ *Nas lojas de "MEMORABILIA" (conjunto de artigos colecionáveis) (...) de San Francisco, os pôsteres em primeira edição (entre 1967 e início dos anos 70) feitos por esses artistas variam entre US$ 300 e US$ 4.000.* (FSP)

Como neutro plural do latim, o substantivo corresponde em português a um plural masculino, mas, por causa do final **-a**, tem sido geralmente entendido como feminino singular e, mais raramente, como feminino plural (com consciência de que se trata de um plural, mas com troca de gênero, por sugestão do final **-a**). ◆ *Uma exposição será aberta hoje no salão Solimões do Hotel Maksoud Plaza com objetos que pertenceram ao cantor e muita "MEMORABILIA".* (FSP) ◆ *Foi esta última faceta que o tornou conhecido entre nós, na medida que suas "MEMORABILIA" relatam suas perturbações anímicas.* (FSP)

No masculino plural, *Memorabilia* só ocorreu como nome próprio, designação de uma obra de Xenofonte. ◆ *Antes de discutir o argumento de Apel, lembremo-nos de uma passagem dos "MEMORABILIA" de Xenofonte (IV, 4) que opõe, de maneira curiosa, Sócrates a Hipias.* (FSP)

memorando, *memorandum*, memorândum

São formas variantes, que designam participação ou aviso feito por escrito.

1. **Memorando** é a forma portuguesa correspondente ao latim *memorandum.* ◆ *Foi com agrado que verifiquei ter sido o assunto objeto de um MEMORANDO de parlamentar brasileiro, o Deputado Saturnino Braga.* (JK-O)

O plural é, regularmente, **memorandos.** ◆ *Os deputados continuam recebendo cargas de denúncias do interior anunciando que a derrubada continua, através dos já famosos MEMORANDOS secretos.* (EM)

2. Raramente (10%) se usa também a forma latina *memorandum*, mas não o plural (neutro) latino, *memoranda.* ◆ *Na página branca do nosso MEMORANDUM estaremos escrevendo: missão cumprida.* (NE)

3. A grafia aportuguesada do substantivo latino, **memorândum** (com plural **memorânduns**), abrigada na ortografia oficial brasileira, mas não ocorreu.

memória

O adjetivo correspondente é **mnemônico.** ◆ *O puxão de orelha valia por um processo MNEMÔNICO para que o faltoso não se esquecesse de suas obrigações.* (EGR)

ménage à trois

É expressão francesa que designa ato sexual entre três pessoas. A pronúncia é, aproximadamente, **menage a truá.** ◆ *Incorpora-se ao casal o amante do marido e passa-se a viver num curioso "MÉNAGE À TROIS".* (FSP)

mendaz

1. Com **Z**. O adjetivo significa "que mente", "hipócrita". ◆ *Depois de implementar o terrorismo fiscal, de maneira prepotente, MENDAZ em muitos casos e sobretudo arrogante, o sr. Osiris Lopes Silva perpetrou gesto digno.* (FSP)

2. O superlativo absoluto sintético é **mendacíssimo**, mas a forma não ocorreu.

mendigo

A sílaba tônica é **DI**, e a vogal **I** não é nasal (não há **N** depois do **I**, na grafia). ◆ *Há pouco mérito na humildade do MENDIGO.* (BH)

Confira-se que todas as palavras do mesmo radical têm a mesma sílaba **DI**. ◆ *Seus olhos MENDIGAVAM explicações.* (R) ◆ *Velha e*

menino

sem solução provável como o problema dos menores, é a questão da MENDICÂNCIA. (JB)

menino

O adjetivo correspondente é **pueril** ("infantil"). ✦ *O filme, PUERIL e incrivelmente ruim, recebeu elogios da crítica amiga.* (VEJ)

meno-, -meno-, -meno

É elemento (grego) que se liga a um elemento seguinte ou a um anterior. É usado especialmente em termos médicos, e o significado se refere a "mês" e, a partir daí, a "menstruação". ✦ *A menstruação (sinônimos: MENARQUIA, CATAMÊNIO, mênstruo, MENORREIA, regras e muitos outros, chulos e burlescos) sempre foi considerada como a essência, ou pelo menos o aspecto mais conspícuo da feminilidade.* (OBS) ✦ *Menstruação é a hemorragia uterina, cíclica e temporária, que se faz pelos genitais externos femininos, iniciando-se com a MENARCA (primeira perda) e terminando com a MENOPAUSA (última perda).* (DDH) ✦ *Uma das manifestações que ocorrem nesse quadro é a MENORRAGIA, ao lado da DISMENORREIA de tipo congestivo.* (DDH)

menor ⇨ Ver mais pequeno
⇨ Ver maior.

1. **Menor** é a forma sintética do comparativo de superioridade e do superlativo relativo de superioridade do adjetivo **pequeno** ("mais pequeno"). ✦ *Lúcia era MENOR que ele e brincava o dia todo de velocípede pela calçada.* (MPB) ✦ *Depois do rancho principal feito, vinham os MENORES, em volta.* (ARR)

Usa-se, também, a forma analítica do comparativo de superioridade e do superlativo relativo de superioridade de **pequeno: mais pequeno.**

2. Para indicação de menoridade legal, a expressão recomendada, no padrão culto, é **menor (de idade)**, e não "de menor". ✦ *Segundo a polícia, Ruiz disse que era MENOR e deu um nome falso, mas sua identidade foi descoberta e ele confessou que roubava carros para levar ao Paraguai.* (FSP) ✦ *Ela afirma, entretanto, que não assinou contrato no momento do pagamento pois é MENOR de idade.* (FSP)

Não se justifica a expressão **a menor**, correspondendo a **menos** ou a **a menos**.

menos ⇨ Ver a mais, a menos,
a menos que ⇨ Ver mais.

1. **Menos** é palavra invariável, não tem variação para feminino. ✦ *Burton acreditava nos médicos, mas gostaria que usassem MENOS remédios, MENOS purgas.* (APA)

2. Não se justifica usar a preposição **a** antes do **menos** em construções comparativas como: ✦ *Muitos são os perdedores de hoje, mas muitos MENOS do que os de 1929 e 1987.* (FSP)

A expressão **a menos** significa "menos que o devido", "em quantidade menor que a esperada".

A expressão **a menos que** é conjuntiva, significando "a não ser que".

Mens sana in corpore sano.

É frase latina que significa "alma sã em corpo são". É a Máxima de Juvenal (*Sátiras*, X. 356). Para o poeta, o homem de bom juízo só pede aos céus a saúde da alma com a saúde do corpo. A frase é usada, entretanto, desviada do sentido original, para exprimir que a saúde do corpo é condição essencial para a saúde da alma. ✦ *Um corpo enfermiço ou débil é, quase sempre, o invólucro de um cérebro enfermiço ou recalcado. O contrário também é verdade. "MENS SANA IN CORPORE SANO" é o preceito que nos vem através dos séculos.* (GM)

mentir

O verbo **mentir** muda o **E** (nasal) em **I** (nasal) na primeira pessoa do singular do presente do indicativo (e, consequentemente, em todo o presente do subjuntivo). ✦ *Não MINTA.* (DM) ✦ *Eu não MINTO a mim mesmo e não sei MENTIR para outrem.* (FA) ✦ *Você ganhou, mas não vale, porque MENTIU.* (ACM)

menu ⇨ Ver cardápio.

É palavra francesa usada em português, embora com menor frequência do que a forma portuguesa que traduz essa palavra: **cardápio**. A forma não é registrada oficialmente, e a pronúncia corrente é à portuguesa (com vogal u final). ◆ *O MENU era jacaré, carne-seca, pirão de água e café com rapadura.* (ETR)

mercadologia, mercadização ⇨ Ver *marketing*.

Mercadologia é palavra portuguesa usada com significado aproximado ao da palavra inglesa *marketing*. A frequência de uso, entretanto, é baixíssima em relação à da palavra inglesa (0,25%). **Mercadização** é outro termo proposto em português para competir com *marketing*, mas ele é praticamente inexistente (0,05%). ◆ *Durante um bom número de anos, as expressões "MERCADOLOGIA" e "MERCADIZAÇÃO" (a última como o ato de mercadizar) dominaram o cenário semântico desta área administrativa no Brasil, mas, com o tempo, a expressão "Marketing", mais incisiva e internacionalmente reconhecida, se impôs contra esses dois termos algo artificiosos. Citamos esta passagem da introdução do Marketing no Brasil não apenas como uma curiosidade histórica, mas também para afirmar: marketing e MERCADOLOGIA são sinônimos e poderão, portanto, ser utilizados como expressões intercambiáveis.* (MK)

Marketing é a forma quase exclusivamente usada (99,7%).

mercancia

1. Essa á a forma oficialmente registrada (sem acento). São duas as acepções: "comércio" e "mercadoria". Indica-se ligação com o italiano *mercanzia* (vogal tônica: I), mas essa ligação é provável apenas para a designação de "mercadoria" (substantivo concreto). ◆ *Basta essa distinção, para demonstrar a diferença de tratamento entre o usuário e aquele que vive da MERCANCIA de drogas.* (FSP) ◆ *Em discursos vibrantes, como se estivessem convidando o povo para uma revolução redentora, apregoavam suas MERCANCIAS – ervas milagrosas, tira-manchas infalíveis, pequenas engenhocas para uso doméstico.* (N)

2. Na acepção de "comércio" (como substantivo abstrato), é igualmente usual a forma **mercância**, que é indicada em dicionários etimológicos (do latim *mercare*), mas que não é abrigada na ortografia oficial brasileira.

◆ *O poeta é mais adequado para ouvir as exclamações patéticas ("os tomates estão pela hora da morte") e tomar o pulso dos fatos concretos da MERCÂNCIA local.* (ACI)
◆ *Não é o fascinante mostruário que hoje se desponta uma utilitária, gelada exposição de simples propaganda e MERCÂNCIA.* (ESP)

mercurocromo, mercuriocromo

Mercurocromo é nome comercial de produto antisséptico, um termo de uso técnico, portanto. A grafia é oficialmente registrada.
◆ *Deve-se observar aliás que qualquer substância fotossensível, tais como a eosina, o MERCUROCROMO, a quinina e o azul de metileno podem determinar este efeito.* (ELE)
◆ *No curativo deve-se usar apenas mertiolate ou MERCUROCROMO e enrolar o umbigo em gaze estéril.* (PFI)

É variante a forma **mercuriocromo**, também oficialmente abrigada na ortografia oficial brasileira. ◆ *Vannuchi e colaboradores utilizaram uma solução composta de MERCURIOCROMO, mertiolate e tintura de benjoim, em proporções iguais, que foi utilizada uma vez ao dia após o banho, pincelada nas regiões propensas à formação de escaras.* (ESC)

Também ocorre a forma **mercúrio-cromo**, mais distante, ainda, do original, grafia não oficializada.

merengue

O substantivo designa:

◇ "massa feita de açúcar e claras de ovo batidas, usada especialmente em cobertura de bolos". ◆ *A invenção nada tem de caligráfica; muito, porém, do confeiteiro que enfeita a crosta do bolo com MERENGUE.* (MH)

◇ "ritmo musical da República Dominicana e região". ◆ *Tudo isso embalado num irresistível MERENGUE, ritmo nacional da República Dominicana.* (VEJ)

meritíssimo

A forma é essa, com I na segunda sílaba, pois a palavra relaciona-se com **mérito**. ◆ *As humilhações do MERITÍSSIMO começaram em Juiz de Fora, continuaram em Oliveira, prosseguiram em Ouro Preto, cumularam em Belo Horizonte.* (BAL)

mertiolate

É esse o nome, terminado com **E**. ◆ *No curativo deve-se usar apenas MERTIOLATE ou mercurocromo e enrolar o umbigo em gaze estéril.* (PFI)

mes(o)- ⇨ Ver medi(o)-.

É elemento (grego) que se liga a um elemento seguinte. Significa "meio". Corresponde ao elemento latino **medi(o)-**. ◆ *O óleo, aqui, procede exclusivamente da polpa ou MESO-CARPO dos frutos.* (BEB) ◆ *O clima de uma floresta, de uma vertente, são MESOCLIMAS.* (ECG)

mesinha ⇨ Ver mezinha.

Mesinha é o diminutivo de mesa. ◆ *O soldado e o oficial prepararam os papéis sobre a MESINHA.* (CCI)

Mezinha é a denominação para qualquer remédio caseiro.

mesmo

1. Como pronome, **mesmo** se flexiona no feminino e no plural (**mesma, mesmos, mesmas**).

1.1. O pronome **mesmo** é usado:

◇ para reforçar identidade. ◆ *Seria preferível que eles MESMOS fizessem o lançamento.* (COT)

Nesse sentido, **mesmo** equivale a **próprio**.

◇ para indicar identidade idêntica. ◆ *Era mais uma questão de princípios, de interpretação dentro de uma MESMA ideologia.* (CT)

1.2. Em certas construções que se referem a uma ação, um evento, um fato já mencionado, usa-se a forma neutra **o mesmo**, invariável (nem masculina, propriamente, nem feminina). ◆ *Quando Mattos pegou o bonde, o sujeito fez o MESMO e sentou-se dois bancos atrás.* (AGO)

1.3. É condenado em alguns manuais tradicionais o uso de **o mesmo, a mesma, os mesmos, as mesmas** para referência a alguma pessoa ou a alguma coisa já mencionada (valendo por **ele, ela, eles, elas**, respectivamente). ◆ *Os recalques total e diferencial devem ser suficientemente pequenos e compatíveis com a estrutura de modo que a MESMA não seja danificada pelos movimentos das fundações.* (PRP)

1.4. Também se recomenda tradicionalmente que, quando se usa **mesmo** (ou **próprio**), não se façam combinações com **comigo, consigo, conosco**, devendo-se usar as construções **com mim mesmo, com si mesmo(s), com nós mesmos** etc. ◆ *Quando tiver certeza de que esse é o modo de expressão que o satisfaz mais, então diria que deve ser honesto e coerente com si MESMO.* (FSP) ◆ *Ensino precioso para nós, crentes, que muitas vezes somos indulgentes para com nós MESMOS.* (LE-O)

Entretanto, são usuais construções como: ◆ *Curiosa mulher, pensei comigo MESMO, e que sentimentos estranhos devem agitar-lhe o fundo da alma!* (CCA) ◆ *No íntimo, vivia insatisfeito consigo MESMO.* (AV)

2. Como advérbio, **mesmo** é invariável. Significa:

◇ "de fato", "realmente". ◆ *A mulher belíssima sorriu, mas não gostava MESMO de Samuel.* (AF) ◆ *Você é MESMO incorrigível!* (A)

◇ "até". ◆ *MESMO a monótona e cansativa leitura do processo prendia a sua atenção.* (VIC) ◆ *Gaspar aprovou muito a decisão do pai, se permitiu MESMO uma brincadeira.* (VIC)

mesquinhez

Com **Z**, como todo substantivo abstrato em **-ez** derivado de adjetivo. ◆ *E o gênio de Napoleão não lhe evitou, por vezes, a MESQUINHEZ e o crime, incentivados pelo seu tempo.* (FI)

mestre

1. O feminino é **mestra**. ◆ *Como a MESTRA não entendeu e solicitou, em português, uma explicação para a brincadeira de mau gosto, ele confirmou.* (ACT)

2. O adjetivo correspondente é **magistral**. ◆ *A Fonteyn brilhava em outros papéis, fazia uma Copélia MAGISTRAL, mas evitava, sempre que podia, uma comparação com a rival no terreno forte da outra.* (BB)

metonímia

mestre-cuca

O plural é **mestres-cucas**. ◆ *Os MESTRES-
-CUCAS continuam experimentando métodos
e ingredientes.* (FSP)

mestria ⇨ Ver **maestria**.

Mestria e **maestria** são formas variantes.
Significam "grande conhecimento", "grande
habilidade", "perícia extrema". **Maestria** é
a mais usual (76%). ◆ *Atribuem a sua proeza e a sua MESTRIA no ofício ao sofrimento,
que é uma das vias para se atingir o absoluto
e a glória.* (VIC)

meta-

É prefixo de origem grega que significa
"mudança", "transcendência". Liga-se ao
elemento seguinte:

◇ com hífen, se o elemento começar por **H**
ou por **A** (que é a mesma vogal em que o prefixo termina). ◆ *O neo-historicismo procura
responder a essas perguntas (...) influenciado, ainda, pelo "materialismo cultural" de
Raymond Williams, pela "META-HISTÓRIA"
de Hayden White.* (FSP) ◆ *Uma extensiva
revisão sobre o assunto se encontra em Mari
e Streiner 23, um estudo de META-ANÁLISE
dos resultados de pesquisas desenvolvidas
em intervenções familiares e recaídas na
esquizofrenia.* (RBP)

◇ sem hífen, antes das outras consoantes e
vogais. ◆ *Os resultados obtidos confirmaram
a formação dessa fase METAESTÁVEL.* (CER)
◆ *É importante que bibliotecários participem
do desenvolvimento de METAFERRAMENTAS
que permitam a estes usuários recuperar eficientemente as informações desejadas.* (CIN)

Se o elemento seguinte começar por **R** ou **S**,
é necessário duplicar essa letra (que, então,
ficará entre duas vogais, na escrita). ◆ *Alain
Touraine abriu mais um campo de análise na
METASSOCIOLOGIA.* (FSP)

metade (de)

A concordância do verbo com **metade (de ...)**
se faz, em geral, no singular, mesmo que ao
de se siga palavra no plural. ◆ *A METADE
não é do padrinho?* (ATR) ◆ *METADE dos
passageiros, amedrontados, tinha desistido
da viagem.* (IS)

Entretanto, também ocorre concordância em
número e em gênero com o substantivo no
plural que venha após **metade de** (concordância com o complemento partitivo). ◆ *Dois
terços dos homens haviam morrido e META-
DE das mulheres tinham sido violadas.* (SPI)

metáfora

É procedimento de linguagem que consiste
numa transposição de significado ocasiona-
da pela similaridade de conceitos. Trata-se,
genericamente, de uma comparação suben-
tendida. ◆ *O seu rosto tornara-se vermelho,
de súbito, e os **olhos**, cada vez mais fundos,
brilhavam LOUCOS, METÁLICOS.* (A)

meteorito

A sílaba tônica é a penúltima (**RI**) e, por isso,
a palavra não leva acento. O substantivo designa fragmento de meteoroide que cai sobre
a Terra. ◆ *A comparação com o homem ao
seu lado dá uma ideia do tamanho do ME-
TEORITO.* (AVL)

meteoro, meteoro-

1. **Meteoro** é substantivo que designa qualquer fenômeno óptico ou acústico que se
produz na atmosfera terrestre. A sílaba tônica
da palavra é a penúltima (**O** aberto). ◆ *No céu
uma lua cheia em eclipse, vermelha e móvel
como um METEORO.* (OE)

2. **Meteoro-** é elemento (grego) que se liga a
um elemento seguinte. Significa "o que está
no alto", "o que se eleva no ar", "os corpos,
os espaços e os fenômenos celestes". ◆ *O
serviço de METEOROLOGIA errou novamente
as previsões.* (VA) ◆ *A seca é um fenômeno
muito mais socioeconômico do que METEO-
ROLÓGICO.* (NOR)

Esse elemento às vezes aparece deturpado
para **metereo-**.

metonímia

É procedimento de linguagem que consiste
numa transposição de significado ocasio-
nada pela contiguidade. Entre outros casos,
usa-se:

◇ a marca pelo produto. ◆ *Glicério, com a
GILETE, tenta arrancar a barba.* (EL)

-metro

◇ o autor pela obra. ✦ *Queria ler CÍCERO, VIRGILIO, CATULO...* (ACM)

-metro

É elemento (grego) que se liga a um elemento anterior. Significa "medida". ✦ *Puxo o CRONÔMETRO, interrompo a passagem do tempo.* (AVI) ✦ *Nesse tempo, minha sensibilidade de menino era como um BARÔMETRO querendo medir a enchente.* (CHI)

metrô

É a forma portuguesa usada no Brasil para designar trem metropolitano. Leva acento porque é oxítona terminada em O. ✦ *Jesuíno atravessava apressadamente a Praça da Sé, com intenção de pegar o METRÔ.* (ACT)

mexer

Com X (depois da sílaba inicial ME). ✦ *Bento começou a MEXER nas panelas da cozinha.* (CA)

mexerica, mexerico

Com X (depois da sílaba inicial ME) e com E na segunda sílaba. ✦ *Comprou três MEXERICAS, saltou para a praia, estirou-se na areia, de bruços, os olhos sobre um braço, recebendo nas costas o calor do sol.* (B) ✦ *E interessado no MEXERICO de aldeia, Vilela ia assinando, sem maior exame.* (BH)

México [América do Norte]

O adjetivo pátrio é **mexicano**. ✦ *A perplexidade foi idêntica àquela que reportamos na edição anterior sobre as eleições MEXICANAS.* (RI)

mexilhão

Com X (depois da sílaba inicial ME). ✦ *A decomposição rápida dos peixes, camarões, ostras, MEXILHÕES facilita o desenvolvimento bacteriano.* (TC)

mezinha ⇨ Ver mesinha.

Mezinha designa qualquer remédio caseiro. ✦ *A senhora já acabou de tomar a MEZINHA que eu trouxe a semana passada?* (ALE)

Mesinha é o diminutivo de mesa.

mg

É o símbolo de **miligrama** (sem ponto e sem plural). Escreve-se com minúsculas. ✦ *O teor de nitrito atingiu um máximo de 1 mg/kg de queijo após duas ou três semanas, caindo e permanecendo por volta de 0,5 mg/kg no resto da maturação.* (ACQ)

mi(o)-

É elemento (grego) que se liga a um elemento seguinte. Significa "músculo". ✦ *Por ação direta sobre o músculo ou através da placa neuromuscular, os agentes químicos produzem mais frequentemente: cãibras ou MIALGIAS, hiper ou hipotonia, contraturas e tremores.* (TC) ✦ *MIOCARDITE é uma reação inflamatória do MIOCÁRDIO, devido à presença de germes, toxinas e venenos ao nível.* (TC)

miçanga

Com Ç. O substantivo designa pequena conta colorida de vidro usada em enfeites. ✦ *Faltasse alguma coisa, uma MIÇANGA que fosse, e a arrumadeira iria para o olho da rua.* (EST)

micr(o)-; micro, mícron

1. A forma **micro-** é um elemento (grego) que significa "pequeno", "curto". Liga-se ao elemento seguinte:

◇ sem hífen, em geral. ✦ *MICROCOSMOS mostra que todas as formas de vida existentes descenderam de ancestrais comuns.* (FOC) ✦ *O segredo do sucesso está no clássico tripé da MICROELETRÔNICA.* (VEJ)

◇ com hífen, se o elemento começar por H ou por O (que é a mesma vogal em que o prefixo termina). ✦ *A reedição de "Preconceito de marca" é, sem dúvida, uma grande contribuição para historiadores comprometidos com as tendências recentes da MICRO-HISTÓRIA.* (HCS) ✦ *Após quinze minutos, jogadores e suas famílias retornaram ao MICRO-ÔNIBUS.* (FSP)

Se o elemento seguinte começar por R ou S, é necessário duplicar essa letra (que, então, ficará entre duas vogais, na escrita). ✦ *Veja na Figura 10 as estimativas das proporções de gestantes infectadas pelo HIV segundo MICRORREGIÃO.* (RMT) ✦ *A maior parte*

Milão [Itália]

dos povos indígenas no Brasil, do ponto de vista demográfico, é formada por MICROS-SOCIEDADES. (ATN)

2. O substantivo **micro** é redução de formas como **microcomputador** e **microempresa**. O gênero é o mesmo da palavra reduzida: masculino, para **microcomputador**, e feminino, para **microempresa**. O plural é **micros**. ◆ *Denise usou o MICRO como mais uma ferramenta de trabalho.* (FSP) ◆ *Em São Paulo, a MICRO é isenta do ICMS, desde que fature anualmente até 10.000 Ufesps.* (FSP) ◆ *O projeto é composto de programa de comunicação entre os MICROS e o computador central que controla tecnicamente os MICROS conectados à rede.* (ISO)

A redução também pode dar adjetivos (em geral invariáveis). ◆ *A análise de classe pode privilegiar analiticamente, como defende Wright, a concepção de plano MICRO de localizações de classe dentro de relações de classes macroestruturais.* (RCS)

3. O substantivo **micro** (com plural **micros**), assim como a forma de origem grega quase em desuso **mícron** (com plural **micra**), designa, ainda, unidade de medida do sistema decimal (milionésima parte do metro), que está quase em desuso. ◆ *A espessura da barreira, orçando em torno de 25 MICROS na vilosidade jovem, reduz-se progressivamente, alcançando, ao termo, 2 a 6 MICROS, na média de 3,7 MICROS.* (OBS) ◆ *O gás carbônico facilita a passagem das radiações luminosas de meio MÍCRON, que vêm do sol e que mais contribuem para o aquecimento da Terra.* (MAN) ◆ *Os chamados microcomedores alimentam-se de partículas alimentares de dezenas de MICRA de tamanho.* (ZO)

microchip

É palavra inglesa que designa peça muito pequena que contém circuito eletrônico complexo. ◆ *Equipada com um MICROCHIP importado dos Estados Unidos, a boneca funciona com três minibaterias de relógio.* (VEJ)

micro-ondas

Com hífen, porque o primeiro elemento termina com a mesma vogal que inicia o segundo elemento da formação. É uma tradução do inglês *microwave*. ◆ *Enquanto eu pegava uma garrafa de vinho branco no congelador, Mário colocou os camarões no MICRO-ONDAS.* (BL)

mídia ⇨ Ver *media* ⇨ Ver *medium*.

É a forma portuguesa correspondente ao inglês (*mass*) *media*, que, por sua vez, representa o plural neutro do substantivo latino *medium*, que significa "meio". Designa o conjunto de meios de comunicação. Está oficialmente registrada como substantivo feminino. ◆ *Os programas da MÍDIA eletrônica estão calcados nas formas impressas.* (IFE)

mignon ⇨ Ver filé mignon.

É palavra francesa que significa "miúdo", "delicado". A pronúncia é, aproximadamente, **minhon**. ◆ *MIGNON e a mais jovem do trio, Marta é também a mais extrovertida.* (CRU) ◆ *(...) alguém, mais corpulento e de maior estatura que a MIGNON Daniela, precisou de espaço para dirigir o carro.* (INT)

mil, milhar ⇨ Ver milésimo.

1. **Mil** é o numeral cardinal adjetivo que indica 1.000 unidades. ◆ *Gregório dissera que dispunha de oitenta homens na guarda pessoal, cada um ganhando cinco MIL cruzeiros mensais.* (AGO)

Também se usa para indicar uma quantidade indefinida muito grande. ◆ *MIL vezes a morte.* (CCA)

2. **Milhar** é numeral cardinal substantivo ("conjunto de mil"), do gênero masculino. ◆ *O volume de cartas recebidas supera o MILHAR, de longe.* (VID) ◆ *Que mudanças essa lei trouxe para os MILHARES de brasileiros que moram juntos, sem papel assinado?* (VEJ)

Milésimo é a forma do numeral ordinal e do numeral fracionário correspondentes.

Milão [Itália]

O adjetivo pátrio é **milanês**. ◆ *O verão MILANÊS é feito à base de peças simples – a melhor influência dos anos 60 – e flores de todo tipo e tamanho.* (FSP)

milésimo

milésimo ⇨ Ver mil, milhar.

1. É o numeral ordinal correspondente a **mil** ou **milhar**. ✦ *O Pelé deve ter guardado a bola do MILÉSIMO gol dele.* (FSP)

Também se usa, como ordinal, para indicar posição indefinidamente elevada. ✦ *Pela MILÉSIMA vez essa pergunta queimava-lhe o cérebro, e a resposta era sempre a mesma.* (PCO)

2. É o numeral fracionário correspondente a **mil** ou **milhar**. ✦ *Em geral, os neurônios ligados a esse sentido descarregam eletricidade em intervalos de 15 a 30 MILÉSIMOS de segundo.* (SU)

Milhar é o numeral cardinal substantivo ("conjunto de mil unidades") e **mil** é o numeral cardinal adjetivo que indicam a quantidade correspondente.

milhão, milionésimo

1. **Milhão** é numeral cardinal substantivo ("conjunto de mil milhares"), do gênero masculino. ✦ *Meu cunhado diz que ninguém guarda um MILHÃO de dólares em casa.* (EST) Também se usa para indicar uma quantidade indefinida muito grande. ✦ *Já vi MILHÕES de vezes esse balé.* (BB)

2. **Milionésimo** é a forma do numeral ordinal e do numeral fracionário correspondentes. ✦ *Este país [a Suíça] se esquece como foi difícil alimentar seus filhos entre 1940 e 1945 e manifesta uma alegria imbecil quando descobre que nascera seu quinto MILIONÉSIMO cidadão.* (OV) ✦ *Uma pessoa normal, de 70 quilos, tem dentro de si o ínfimo total de 9 MILIONÉSIMOS de grama desse hormônio.* (SU)

Também se usa, como ordinal, para indicar posição indefinidamente muito elevada. ✦ *Pela MILIONÉSIMA vez rola um certo bafafá com essa história de legalizar ou não a maconha.* (FSP)

milharal

É substantivo coletivo para pés de milho. ✦ *Vi fotografia do MILHARAL tão verde, tão bonito!* (ATR)

milk shake, milk-shake

1. *Milk shake* é expressão inglesa que designa um composto de leite batido com sorvete.

✦ *A Pepsi faz testes de mercado nos EUA com MILK SHAKE de baixa caloria.* (FSP)

2. Usa-se também com hífen, como substantivo composto, mas com a mesma forma gráfica da expressão inglesa. Assim está oficialmente registrado. ✦ *Vem acompanhado de batatas fritas, MILK-SHAKE e refrigerantes, verdadeiras bombas calóricas.* (VEJ)

Essa é a grafia mais usual (70%).

milorde

Forma portuguesa correspondente ao inglês *milord* (de *my lord*). É a forma de tratamento que se dá aos lordes da Inglaterra. ✦ *"MILORDE", interveio o major Safar, "não se pode sustentar que antes mesmo da primeira dinastia se escrevesse em português...".* (FSP)

mimeógrafo

Na segunda sílaba, a vogal é **E**, e não **I**. ✦ *Um jornal que nascera num apartamento modesto de Copacabana e era impresso num velho MIMEÓGRAFO que nos sujava as mãos de preto circulava agora em Paris, a duas cores.* (CRE)

Minas Gerais

1. A sigla é **MG**. ✦ *Em Ipatinga (MG), o desejo de trazer a GM formou uma aliança inusitada.* (VEJ)

2. O adjetivo pátrio correspondente é **mineiro**. ✦ *O governador MINEIRO dificilmente trocaria essa perspectiva por um sistema de governo que jogaria para o imprevisível o destino da sua liderança.* (OP)

Usam-se também, alternativamente, as formas:

✧ **geralista**. ✦ *Uma dessas glebas, compreendendo duzentos alqueires de matas virgens e boas águas, foi vendida pelo Curador dos Índios ao GERALISTA Pedro Gonçalves da Silva, que faleceu aos 114 anos, por um casal de leitões.* (VB)

✧ **montanhês**. ✦ *A guarnição de Minas Gerais se levantou, acorde com o manhoso poder civil MONTANHÊS, resultado de sábia conspirata em que entrou muita gente até insuspeita.* (DM)

minguar

Conjuga-se como **aguar**. No presente do indicativo e do subjuntivo, as formas são **mínguo, mínguas, míngua, mínguam** e **míngue, míngues, mínguem**, respectivamente: a sílaba tônica é **í**. Essas formas são acentuadas porque se trata de palavras paroxítonas terminadas em ditongo crescente. ✦ *MÍNGUA a mortalidade materna com o aperfeiçoamento da arte obstétrica.* (OBS)

Minho [Portugal]

O adjetivo referente a essa região é **minhoto**. Tem **O** fechado, no masculino e no feminino, no singular e no plural. ✦ *Todos estavam cabisbaixos, e até nossa vizinha, tia Arminda (MINHOTA risonha que enfrentava os momentos mais difíceis da vida com um sorriso eterno que dividia o seu rosto), fechou a cara, escondendo os dentes graúdos e salientes.* (REL)

mini-, míni

1. A forma **mini-** é um elemento (latino) que significa "muito pequeno", "diminuto".

◇ Liga-se ao elemento seguinte sem hífen, em geral. ✦ *As soluções grandes serão provocadas por esse MINIATIVISMO do cidadão comum.* (FSP) ✦ *O Governo estaria pensando em mudar a política de MINIDESVALORIZAÇÕES.* (VIS)

Se o elemento seguinte começar por **R** ou **S**, é necessário duplicar essa letra (que, então, ficará entre duas vogais, na escrita). ✦ *Construção de MINIRRODOVIÁRIA não sai do papel.* (JCR) ✦ *Cinquenta minutos é geralmente o tempo dum seriado ou capítulo de MINISSÉRIE.* (ROT)

◇ Liga-se ao elemento seguinte com hífen, se começar por **H** ou por **I**. ✦ *Hiroíto, soberano de espírito científico e pragmático, já sabia que encontraria diversas materializações de MINI-hostilidade.* (FA)

2. O substantivo **míni** é redução de formas como **minivestido, minissaia**. Nesse caso, a palavra tem acento (paroxítona terminada em **I**). Tem o mesmo gênero da palavra que foi reduzida e tem plural: **mínis**. ✦ *Claudia Schiffer fechou o desfile com um MÍNI branco*

sobreposto por um corpete. (VEJ) ✦ *Enquanto se prestigia o jogo masculino-feminino em terninhos usados com camisa branca, as saias longas voltaram com todo o charme, mas sem desbancar as MÍNIS.* (VEJ)

miniaturizar

Com **Z**, como todo verbo formado com o sufixo **-izar**. ✦ *Mas a explicação mais espetacular promete se dar na fabricação de chips, as minúsculas pastilhas de silício usadas para MINIATURIZAR os computadores e aparelhos eletrônicos.* (VEJ)

minimizar

Com **Z**, como todo verbo formado com o sufixo **-izar**. Significa:

◇ "tornar mínimo". ✦ *Muitas vezes, para MINIMIZAR a dor são adicionados, nas fórmulas comerciais, anestésicos locais.* (ANT)

◇ "subestimar". ✦ *Até este ponto, 1932, as teses kleinianas estavam dispersas em numerosos artigos esparsos, e ainda era possível ignorá-las ou MINIMIZAR sua importância.* (PS)

Alguns puristas condenam formações neológicas desse tipo.

mínimo ⇨ Ver **salário mínimo, salário--mínimo.**

É superlativo absoluto sintético e comparativo relativo de superioridade (de origem latina) de **pequeno**. ✦ *Aumentam os preços de tudo quando querem, sem o MÍNIMO respeito, sem a MÍNIMA consideração.* (ANA) ✦ *A relação entre os dois, que se tornara mais distante, consiste somente na troca das MÍNIMAS palavras necessárias.* (ATR)

Usa-se como substantivo, por **salário-mínimo**. ✦ *A classe B tem renda entre 10 e 25 salários-mínimos; a classe A recebe entre 25 e 70 MÍNIMOS, de acordo com a classificação do economista.* (FSP)

ministro

O feminino é **ministra**. ✦ *A MINISTRA está em importante reunião, com políticos locais.* (GD)

minuete, minueto

São formas variantes (oficialmente registradas) para designar antiga dança francesa caracterizada pelo equilíbrio dos movimentos e também para designar a música que acompanhava essa dança.

1. **Minuete** é a forma correspondente ao francês *minuet*. ✦ *O corcunda executou a paródia dum passo de MINUETE e tornou a falar.* (N)

2. **Minueto** é a forma aportuguesada, muito mais frequente (94%). ✦ *É nessa dança verdadeira e cálida, mais do que no MINUETO cerebrino das leis e das doutrinas, que a questão se definirá.* (VEJ)

miolo

O plural é **miolos**, com **O** aberto. ✦ *É bom saber que o Manuel anda armado e tem ordem de queimar-lhe os MIOLOS.* (VN)

-mirim, mirim

1. A forma **-mirim** é um elemento que significa "muito pequeno", "diminuto". Usa-se em palavras de origem tupi, ligando-se ao elemento anterior:

✧ sem hífen, se a última sílaba do primeiro elemento não é tônica. ✦ *Ainda ontem, alguns municípios ultimavam detalhes na montagem de suas barracas, como por exemplo Anchieta, ItapeMIRIM e Castelo.* (GAZ)

✧ com hífen, se a última sílaba do primeiro elemento é tônica. ✦ *Lima, carambola, cajá--MIRIM, chuchu, abobrinha – frio.* (BAL) ✦ *Timbó-Açu agora é Timbó-MIRIM.* (AM)

Acrescenta-se a substantivo de qualquer origem (com hífen), formando substantivos compostos. ✦ *Um caminhão pegou um táxi--MIRIM.* (REA) ✦ *Com o público-MIRIM, a empresa cresceu.* (FSP) ✦ *Trabalhou como guarda-MIRIM, em supermercado e posto de gasolina, até conhecer o atletismo.* (FSP)

2. **Mirim** também é adjetivo, com o mesmo significado. ✦ *Tibério Vacariano exultou, saiu para a rua, fez um comício MIRIM na praça e bravateou durante o chimarrão das dez.* (INC)

mis(o)-

É elemento (grego) que se liga a um elemento seguinte. Significa "aversão". ✦ *Esta forma pode constituir para algumas pessoas uma forma de MISANTROPIA, de recusa do contato humano, de negação da sociabilidade.* (LAZ)

misantropo ⇨ Ver filantropo.

A sílaba tônica é a penúltima (**TRO**), e, por isso, a palavra não leva acento. Significa "quem / que tem aversão à humanidade". ✦ *Augusto escapou por pouco de ser um MISANTROPO, como seu tio Acácio, o irmão mais novo de dona Córdula.* (UQ)

miscigenação

Com **SC**. Significa "mestiçagem". ✦ *Ali, deu--se a MISCIGENAÇÃO com maior intensidade, sendo mais marcante a presença do negro e do índio na cor e em outros caracteres étnicos.* (NOR)

mise en scène, mise-en-scéne

Mise en scéne é expressão francesa que, na linguagem do teatro, significa "encenação". É do gênero feminino. ✦ *"As Noites de Lua Cheia" é também um dos momentos em que a "MISE EN SCÈNE" rohmeriana mais se mostra acabada.* (FSP)

No Brasil a expressão é mais comumente grafada com hífen (82%), e assim ela está oficialmente registrada. ✦ *Há um exagero nos ossos, no sangue, na MISE-EN-SCÈNE de "O Livro de Jó".* (FSP)

miserável

O superlativo absoluto sintético é **miserabilíssimo**. ✦ *Na minha MISERABILÍSSIMA e falha ciência sei, positivamente, que há alguma coisa que eu não sei.* (FSP)

mísero

O superlativo absoluto sintético é **misérrimo**. ✦ *Pedro da Silva Simões e eu, MISÉRRIMO, também Pedro, também da Silva, mas só que Nava.* (CF)

misoginia, misógino

Com **I**, e não **E**, depois do **G**. **Misoginia** designa a aversão a pessoas do sexo oposto e **misógino** é adjetivo (e substantivo) correspondente. ◆ *Manifesta-se sob a forma de timidez exagerada com sujeitos do sexo oposto, de antipatia declarada ou falta de interesse (MISOGINIA) e de nojo ou medo explícitos.* (NE) ◆ *Se Eurípides em algum momento tinha sido um MISÓGINO, tinha toda a razão, pensei.* (ACM)

Miss, miss

1. É forma de tratamento inglesa correspondente a **senhorita**. Usa-se antes do nome ou do sobrenome da pessoa. Grafa-se com inicial maiúscula. ◆ *Passa pelo assédio sexual de uma morena estonteante, MISS Stone (tudo em cena procura lembrar stone ou rock, pedra), interpretada por Halle Berry.* (VEJ)

2. Como substantivo, **miss** designa vencedora de concurso de beleza. O plural é **misses**. ◆ *Passa rente aos olhos da MISS um torso magnífico de ébano.* (MP) ◆ *As MISSES, todo mundo sabe, já tiveram mais prestígio.* (VEJ)

missoshiro

É a transliteração de designação japonesa. O substantivo designa prato da culinária japonesa, uma sopa de pasta de soja. ◆ *Quentes e, sobretudo, leves, os pratos de inverno vão além dos tradicionais sukiyaki (carne com legumes) e MISSOSHIRO (pasta de soja).* (FSP)

mister; Mister, Mr., mister

1. A sílaba tônica é **TER** (com **E** aberto). A palavra não leva acento porque é oxítona terminada em **R**. Significa "ofício", "profissão", "trabalho". ◆ *Ananias passou o MISTER para um dos agregados e acompanhou Raul.* (FR) São usuais construções como **é mister** e **faz-se mister**, que significam "é necessário". ◆ *Para ele é MISTER cuidadosa orientação.* (AE) ◆ *Para o diagnóstico faz-se MISTER a pesquisa do fungo.* (SMI)

2. *Mister* é forma de tratamento inglesa correspondente a **senhor**. Usa-se antes do nome ou do sobrenome da pessoa. Grafa-se com inicial maiúscula. Entretanto, raramente se escreve antes do nome a forma por extenso, sendo usual escrever-se a abreviatura: *Mr.*

◆ *MISTER Slang é um inglês fictício que observa a sociedade brasileira.* (VEJ) ◆ *Mas o destino a atropela com a chegada de MR. Hyde, o capeta que lhe dá bofetadas e fala palavrões.* (VEJ)

Como substantivo, **mister** designa vencedor de concurso de beleza ou de força. ◆ *A versão mais bronzeada do MISTER músculos do cinema e de sua majestade britânica é apenas uma brincadeira da Revista Colors.* (VEJ)

mistificar, mitificar

1. O verbo **mistificar** é ligado a **místico**: "abusar da credulidade alheia", "iludir". ◆ *O autor prova que jornalistas manipularam dados para MISTIFICAR a droga.* (FSP)

2. O verbo **mitificar** é ligado a **mito**: "converter em mito". ◆ *Ao MITIFICAR os irmãos Lumière a história deixa tomar corpo a ideia de uma invenção instantânea.* (FSP)

misto, misto-quente, mistura

Com **S**. ◆ *Eu mirava aquilo, tomado por um MISTO de náusea e horror.* (CEN) ◆ *Pedimos baurus e MISTOS-QUENTES, tomando vodca e laranjada.* (ID) ◆ *A luz azulada das janelas agora se transformava numa MISTURA de rosa e alaranjado.* (ACM)

miúdo

As formas de superlativo absoluto sintético são **minutíssimo** e **miudíssimo**. ◆ *Fizeram uma coleta, em que reuniram seiscentos réis. E cinco minutos depois, o MIUDÍSSIMO sr. Humberto de Campos Filho era metido no bonde, com seis níqueis nas mãos.* ◆ *(...) árvore que atinge 25 x 1 m, com flores MINUTÍSSIMAS e bagas de 2,5 – 3 cm.* (BEB)

mixórdia

Com **X**. O substantivo designa mistura desordenada de coisas diversas, confusão. ◆ *Pelo menos, hoje posso ler um jornal em ordem. Papai faz tamanha MIXÓRDIA!* (ES)

ml

É o símbolo de **mililitro** (sem ponto e sem plural). Escreve-se com minúsculas. ◆ *A*

mm

*administração parenteral de líquido inclui volume suficiente de água para repor as perdas da perspiração insensível, às vezes 2.000 a 4.000 **ml**/dia.* (CLC)

mm

É o símbolo de **milímetro** (sem ponto e sem plural). Escreve-se com minúsculas. ◆ *Seu corpo tem forma semelhante ao cupim, todavia é relativamente fácil distingui-lo porque são menores, oscilando seu comprimento entre 2 e 3 **mm**.* (CRS)

mm²

É o símbolo de **milímetro quadrado** (sem ponto e sem plural). Escreve-se com minúsculas. ◆ *Os trilhos assim tratados adquirem, em sua cabeça, um aumento de resistência à tração, da ordem de 15 kg/**mm²** (...).* (EFE)

mm³

É o símbolo de **milímetro cúbico** (sem ponto e sem plural). Escreve-se com minúsculas. ◆ *A taxa de eritroblastos não vai além de 4.000 por **mm³**.* (TI)

mó

1. É substantivo que designa grande massa e também se usa como coletivo para pessoas, indicando abundância. ◆ *Que vozes! Mais abaixo, outra MÓ de gente.* (PFV)

2. É substantivo que significa "pedra de moinho ou de lagar". ◆ *O martelo golpeava o escopro, este feria a MÓ, saltavam fragmentos nos braços de Bernardo, no seu rosto, o compassado rumor perdia no silêncio do campo.* (FP)

mo, ma, mos, mas

Essas formas constituem combinações do pronome pessoal de primeira pessoa **me** (como objeto indireto) com o pronome pessoal de terceira pessoa **o, a, os, as** (sempre objeto direto). ◆ *Ele folheava o livro que eu deixara dentro da rede. Mostrou-MO.* (CR)

mobiliar, mobilar, mobilhar

1. São formas oficialmente registradas como variantes. Só a primeira é usual atualmente, e a forma com **LH** (não recomendada em manuais normativos) não ocorreu. ◆ *De fato ele deu tudo, MOBILIOU a casa em que a gente morou, MOBILIOU o cenário, levava de caminhão.* (FIC) ◆ *Quer então fatos, coisas concretas, observações, comparações, juízos, quer informação e conselho, a fim de MOBILAR o cérebro.* (ELM)

2. Segundo as indicações gramaticais tradicionais, quando o verbo **mobiliar** tem a sílaba tônica no radical, essa sílaba é **BÍ** (com acento): **mobílio, mobílias, mobília, mobíliam** (presente do indicativo); **mobílie, mobílies, mobílie, mobíliem** (presente do subjuntivo). Entretanto, nenhuma dessas formas ocorreu, apenas as formas que têm a sílaba tônica na terminação. ◆ *MOBILIOU bem a casa, no sistema dos bangalôs ingleses, para repouso.* (VB)

moça ⇨ Ver mossa.

Moça designa mulher jovem. ◆ *Ricardo não se conformava com o destino da MOÇA: nunca fora capaz de imaginar até onde o fracasso da sua ideia de casamento iria desapontá-lo.* (ALE)

Mossa significa "vestígio de pancada".

Moçambique [África]

Os adjetivos pátrios são **moçambicano** e **moçambiqueiro**. A segunda forma é de uso muito raro (6%). ◆ *Era mais um claro gesto do regime revolucionário MOÇAMBICANO para demonstrar seu descontentamento.* (JB) ◆ *No terreiro hoje dançam os novos MOÇAMBIQUEIROS, passos ágeis, com algumas figurações, mais parecendo cavaleiros árabes exercitando-se.* (FN)

mochila

Com **CH**. ◆ *Camilo olhou por curiosidade a MOCHILA que a mulher lhe preparara.* (ED)

mocho

Com **CH**. Significa "sem chifres". ◆ *E os tocos da testa do MOCHO macheado, e as armas antigas do boi cornalão.* (SA)

moço

Com **O** fechado, no singular e no plural. ◆ *A cabeça dos MOÇOS vive cheia de sonhos.* (FAN)

modelo, -modelo ⇨ Ver manequim.

1. O substantivo **modelo**, designando profissão, tem a mesma forma para masculino e feminino (substantivo comum de dois). ✦ *Já o MODELO gaúcho Henrique Lopes, 23 anos, adotou o estilo por motivos profissionais.* (VEJ) ✦ *Freddy vai até a plataforma e ajeita as MODELOS.* (IC)

2. A forma **-modelo** liga-se com hífen ao elemento anterior, para formar substantivos compostos. Tem significado ligado a "modelar". ✦ *Nas duas cidades, através da combinação de telecomunicações e da Informática, foram instaladas comunidades-MODELO, como protótipos da futura sociedade da informação.* (ISO)

modem

É palavra inglesa que constitui o acrônimo de *mo(dulator)/dem(odulator)*, ou seja, em português: *modulador/demodulador*. Em informática, designa dispositivo que converte dados digitais em sinais analógicos, ou vice-versa, permitindo comunicação a distância. ✦ *"Witchaven" também pode ser jogado em redes ou por MODEM (aparelho que conecta o microcomputador à linha telefônica).* (FSP)

modernizar

Com **Z**, como todo verbo formado com o sufixo **-izar**. ✦ *Rodrigues Alves, ao assumir a Presidência da República, em 1902, resolve tomar sérias medidas visando a melhorar e MODERNIZAR o Rio de Janeiro.* (JO)

modo ⇨ Ver de forma que, de maneira que, de modo que, de sorte que.

1. Na expressão **de modo que** o substantivo fica no singular. ✦ *Quero vir sem obrigações, de MODO que tenha tempo de gozar da intimidade acolhedora desta casa.* (AM)

2. As lições normativas tradicionais condenam o uso da expressão **de modo a**, mas ela é também é usual (46%), nos diversos registros. ✦ *Os papéis também revelam triangulações cuidadosas, de MODO a evitar que os dois nomes frequentassem juntos os mesmos negócios.* (VEJ)

modus faciendi

É expressão latina que significa "modo de fazer", "modo de agir", "modo de ação". ✦ *Ação humana, típica, antijurídica, culpável e punível, o delito, pode-se asseverar, em geral, ser a pessoa que o realizou e o respectivo "MODUS FACIENDI", dados secundários para a sua elucidação, que deve se preocupar com a causa da transgressão penal.* (FI)

modus vivendi

É expressão latina que significa "modo de viver", "modo de vida". ✦ *Cada um que chega traz consigo nova comitiva e nos impõe novo MODUS VIVENDI.* (VEJ)

moeda

O adjetivo correspondente é **numismático**. ✦ *Trocar ideias (e moedas) com outros colecionadores, para isso existem as sociedades NUMISMÁTICAS.* (NU)

moer

Conjugação:

1. Na primeira pessoa do singular do presente do indicativo, forma-se hiato **OO**, tônico, sem acento: **moo**. ✦ *Ainda bem que você não disse "Cale-se ou eu MOO você de pancada".* (LN)

2. As formas da segunda e da terceira pessoa do singular do presente do indicativo são com o ditongo aberto **ÓI**: **móis** e **mói**, respectivamente. ✦ *O aço das rodas MÓI a areia, atirando à folhagem a poeira dos grãos.* (PV)

3. Nas demais formas, o verbo é regular. ✦ *Fortunato MOÍA coisas em um vasto gral de louça, no que punha a atenção grave dos olhos papudos de eminente pinguço.* (VB) ✦ *De novo se podia ouvir o ranger da areia MOENDO-se sob as rodas da charrete.* (PV)

mofar, mofo, mofa

1. O verbo **mofar**:

✧ significando "criar mofo", usa-se sem complemento. ✦ *Atualmente, obsoletas e menosprezadas, as réguas que restam MOFAM nos estoques das lojas.* (VEJ)

✧ significando "fazer mofa", "zombar", usa-se com complemento iniciado pela preposição **de**. ✦ *Quanto Mais Idiota Melhor não*

mohair

disfarça suas referências: são (...) as rodas de conversa onde os adolescentes se fazem de estúpidos para MOFAREM uns dos outros ou, todos juntos, dos adultos. (VEJ)

2. Os substantivos **mofo** e **mofa** têm o O tônico fechado no singular e no plural. ◆ *Diversos queijos, como Camembert e Gorgonzola, são maturados por MOFOS que necessitam de um meio ácido para seu crescimento.* (ACQ) ◆ *Essa solene garantia ganha ares de MOFA e expõe o país ao escárnio mundial.* (FSP)

mohair

É palavra inglesa que designa fio e tecido de lã muito macio. Designa particularmente fio e tecido feito com pelo de cabra angorá. A pronúncia aproximada é **mohér** (com aspiração na segunda sílaba). ◆ *Em nome do conforto e principalmente do modismo, vale todo tipo de tecido: do MOHAIR original, trama feita de pelos de cabra angorá, até seu similar, lãs desfiadas, e, no extremo, a velha pelúcia.* (VEJ)

mole

É:

✧ adjetivo. ◆ *E Titó, com dois dedos, delicadamente, sacudiu a ponta MOLE da orelha.* (EGR)

✧ substantivo coletivo para pessoas, indicando abundância e falta de contornos. ◆ *A MOLE humana agitou-se, rumo ao hotel.* (BH)

moleque, molecada

1. O feminino de **moleque** é **moleca**. ◆ *Leléu sorriu outra vez, a MOLECA tinha inteligência, tinha tutano, aquilo ia ser da pá virada, azougue mesmo.* (VPB)

2. **Molecada** é o substantivo coletivo para moleques, indicando abundância. ◆ *O barulho da MOLECADA jogando aumenta cada vez mais.* (ARI)

moletom

É a forma gráfica portuguesa correspondente ao francês *moletton*. ◆ *Você prefere usar o macacão jeans ou o conjunto vermelho de MOLETOM?* (CLA)

Entretanto, também ocorre, e com frequência (52%), a grafia que mantém o N final original

francês. ◆ *O conjunto de MOLETON também é básico e moderno.* (FSP)

moleza

Com Z, como todo substantivo abstrato em **-eza** derivado de adjetivo. ◆ *Hanna sentiu uma MOLEZA no corpo.* (BH)

molho

1. **Molho**, com O fechado, designa preparo culinário condimentado. ◆ *É preciso temperar bem o MOLHO.* (AF)

2. **Molho**, com O aberto, é coletivo, e designa penca ou feixe. Usa-se especialmente para chaves. ◆ *Martina e suas brilhantes ideias; pegou um MOLHO de chaves do bolso do vigia duro na guarita.* (BL)

Mônaco [Europa]

O adjetivo pátrio é **monegasco**. ◆ *O clube MONEGASCO tem um orçamento maior do que qualquer outro que disputa o Campeonato Francês.* (FSP)

monge

1. Com G. ◆ *O MONGE tornou a fazer-lhe um aceno.* (N)

2. O feminino é **monja**. ◆ *Não fiz voto de celibato. Não sou MONJA hindu.* (SEG)

3. Os adjetivos correspondentes são **monacal**, **monástico** e **mongil**, mas esta última forma não ocorreu. ◆ *Apartamento decorado com extremo bom gosto, de uma simplicidade quase MONACAL.* (TGG) ◆ *A cômoda era um velho móvel MONÁSTICO, prisioneiro do tempo.* (OE)

Mongólia [Ásia]

O adjetivo pátrio é **mongol**. ◆ *Turista, armo-me de um chapéu de palha MONGOL que compro numa das dezenas de lojinhas ao pé da muralha.* (OLI)

mono-

É elemento (grego) que significa "único". Liga-se ao elemento seguinte:

✧ sem hífen, em geral. ◆ *O perigo a ser combatido aqui é o da MONOCULTURA no lazer.* (LAZ) ◆ *Embora a goiabeira seja MONOEMBRIÔNICA, não cruza com tanta facilidade como seria de se esperar.* (FT)

◇ com hífen, se o elemento seguinte começar por **H** ou por **O**. ◆ *O hidróxido de sódio, o perclorato de sódio MONO-HIDRATADO e o ácido perclórico concentrado foram adquiridos da Merck e usados sem purificações prévias.* (QUN)

Se o elemento seguinte começar por **R** ou **S**, é necessário duplicar essa letra (que, então, ficará entre duas vogais, na escrita). ◆ *São MONORREFRINGENTES, isto é, sofrem refração simples.* (PEP) ◆ *Faria deixa-os falar e não solta um MONOSSÍLABO.* (S)

monólito

A sílaba tônica é a antepenúltima (**NÓ**), e, por isso, a palavra leva acento (proparoxítona). O substantivo designa pedra de grandes dimensões. ◆ *No livro 2001, de Arthur Clark que Stanley Kubrik transformou em um filme inesquecível, civilizações mais adiantadas que a nossa plantaram um MONÓLITO irradiador de inteligência e de energia criadora.* (SC)

monsieur

É forma de tratamento francesa: "senhor". Usa-se antes do nome ou do sobrenome da pessoa. A pronúncia é, aproximadamente, **m'ssie**. Em francês, mais frequentemente se escrevem as abreviaturas *M.* ou *Mr.* para o singular. ◆ *Ficou parecendo MONSIEUR Guillotin, o francês que inventou a guilhotina e depois, segundo a lenda, teve a cabeça cortada na máquina que ele mesmo criou.* (VEJ) ◆ *Depois de vários anos de trabalho em São Paulo como alfaiate, o imigrante M. Louis Frenant e sua esposa Mme. Marcelle haviam concretizado seu sonho.* (ID) ◆ *Aglaia desceu resolvida: sem explicações dir-lhe-ia que não iria ao almoço de MR. Jef.* (JM)

O plural é **messieurs**. ◆ *Adiante, MESSIEURS, refleti, dai vazão a toda nossa moral!* (FSP) As abreviaturas são *MM.* ou *Mrs.* para o plural.

monstrengo ⇨ Ver mostrengo.

É variante formada a partir de **mostrengo**, com assimilação das vogais, por analogia com **monstro**. Designa pessoa disforme, desproporcionada, ou muito feia. ◆ *O sangue daquele MONSTRENGO corria nas veias da criança!* (TV)

É muito mais usual (94%) que a forma original, **mostrengo**.

monstro

1. O substantivo **monstro** pode empregar-se à direita de outro, atuando como classificador ou qualificador (como um adjetivo). ◆ *Isso precisa de uma demonstração MONSTRO!* (AS) ◆ *É um evento MONSTRO.* (FSP)

Chega a formar-se um substantivo composto, com a ligação dos dois elementos por hífen. ◆ *Foram banidas, após um conflito-MONSTRO entre são-paulinos e palmeirenses.* (FSP) ◆ *A passeata-MONSTRO do dia 28 mostrou a ambiguidade que remanesce entre os dois gestos.* (FSP)

Em geral, só o primeiro elemento varia, no plural. ◆ *O homem que era chamado de "Assassino" nas manifestações-MONSTRO contra a guerra tentou aplacar sua consciência.* (VEJ) ◆ *Uma das faixas presta homenagem às corridas de carros-MONSTRO (aqueles de rodas gigantescas).* (FSP)

2. O adjetivo correspondente é **monstruoso**. ◆ *Nesse momento, com um estrondo MONSTRUOSO, o prédio inteiro veio abaixo.* (FAB)

Montenegro (Iugoslávia, juntamente com a Sérvia) [Europa]

O adjetivo pátrio é **montenegrino**. ◆ *O MONTENEGRINO Savicevic abriu o marcador, depois de uma rebatida do arqueiro Taibi.* (FSP)

Montes Urais [entre Ásia e Europa]

O adjetivo pátrio é **uraliano**. ◆ *As esmeraldas russas ou URALIANAS, do mesmo modo que as esmeraldas das minas colombianas, contêm inclusões trifásicas muito semelhantes.* (PEP)

Montevidéu [Uruguai]

O adjetivo pátrio é **montevideano**. ◆ *Não podíamos suspeitar, porém, que para ele havia concorrido Isidore Ducasse – o conde de*

Lautréamont, "o MONTEVIDEANO" –, muito antes, em pleno romantismo. (FSP)

monturo

É substantivo coletivo para coisas, indicando avaliação negativa. ◆ *A bodega há de ficar um MONTURO de cacos.* (PFV)

mor ⇨ Ver maior.

Mor é forma reduzida de **maior** (por apócope). É elemento que entra na formação de palavras, unindo-se por hífen a um elemento anterior. ◆ *Bom Jesus é padroeiro da cidade, está no altar-MOR da matriz.* (AF)

Os dois elementos dos compostos recebem marca de plural. ◆ *Dela saíram guarda-mor, capitão-mor, sargentos-MORES, capitães--generais ao tempo da Colônia.* (VER)

mor(t)- ⇨ Ver tanat(o)-.

É elemento (latino) que se liga a um elemento seguinte. Significa "morte". Corresponde ao elemento grego **tanat(o)-.** ◆ *A adoção de táticas mais ofensivas e o emprego de armamentos de alto poder MORTÍFERO e/ou destrutivo são interpretados como conquistas sociais para a segurança nacional.* (GUE) ◆ *E eu sou MORIBUNDO cada vez mais convicto da sua morte, queira-o ou não.* (AL)

morada, moradia

1. **Morada** significa "habitação", "residência". ◆ *Paleta ergueria a MORADA dos últimos anos de sua vida.* (BAL)

2. A indicação dos dicionários é que **moradia** designa a pensão que se dava aos fidalgos. Entretanto, o termo **moradia** não ocorreu com esse significado, mas com o de "residência", isto é, como sinônimo de **morada**, sendo muito mais frequente que este (85%). ◆ *Terminada a festa, surge o primeiro problema: o da MORADIA.* (AG)

moral

1. No masculino, o substantivo refere-se ao conjunto das faculdades morais: brio, ânimo. ◆ *Mortos meus que estão no teu cemitério vinde levantar o MORAL de um efebo esma-*

gado pelo peso de seus pecados! (DM) ◆ *A polícia queria primeiro quebrar O MORAL dos presos, para depois começar os interrogatórios.* (OLG)

2. No feminino, o substantivo refere-se a regra de conduta, a conduta ética. ◆ *Sou a favor de uma nova MORAL mas pouca vergonha, não!* (ANB) ◆ *A MORAL aprecia o valor de nossos atos.* (HF)

morar

Usa-se com complemento (de lugar) iniciado pela preposição **em**. ◆ *O Ministro Cueiro MORAVA na Gávea.* (JM)

morbidez

Com **Z**, como todo substantivo abstrato em **-ez** derivado de adjetivo. Designa estado mórbido, condição doentia. ◆ *Sem maior interesse que uma leve MORBIDEZ, ele se dirigiu ao camarote e observou pelas frestas da veneziana da porta.* (GI)

morder, mordida

Morder significa "apertar, cortar ou ferir com os dentes". Por isso, os termos se aplicam, propriamente, a animais que têm dentes, inclusive o homem. ◆ *Cavalim dava mostra de cansaço. MORDIA o freio, a boca espumava.* (ED) ◆ *Filipe, suando frio afundado em pesadelo, sujeito a bote de cobra e MORDIDA de cachorro, sem pernas pra se livrar.* (OSD)

morf(o)-, -morfo ⇨ Ver -forme.

É elemento (grego) que se liga a um elemento seguinte ou a um anterior. Significa "forma". Corresponde ao elemento latino **-forme.** ◆ *O impacto da chuva engendra a primeira fase da MORFOGÊNESE pluvial, mas essa influência direta é relativamente efêmera.* (GEM) ◆ *O quadro clínico desta enfermidade é extremamente POLIMORFO.* (PTP)

Se o elemento seguinte começar por **R** ou **S**, é necessário duplicar essa letra (que então ficará entre duas vogais, na escrita). ◆ *Além dos significados, o arranjo MORFOSSINTÁTICO, pelas construções que adjetivam os substantivos, induz essa distribuição.* (SUC)

moringa, moringue

São formas variantes, a primeira, feminina, e a segunda, masculina. A segunda é muito pouco usada (3%). ✦ *A MORINGA estava no criado-mudo, entre vidros e papéis.* (COT) ✦ *Escravos transitavam, ainda em trabalhos, carregando cestas nas cabeças, ou trouxas, ou MORINGUES de pedra cinza.* (RET)

morno

O plural é **mornos**, com **O** aberto. ✦ *Nesse clima da famosa liberdade sem medo, Vilinha vai vivendo os dias MORNOS do Xingu.* (PFI)

mortadela

É a palavra portuguesa correspondente ao italiano *mortadella*. O **A** não é nasal (não é **Ã**). ✦ *Silênio está a um canto, isolado, mastigando um sanduíche de MORTADELA e bebendo cerveja preta.* (TGG)

mortalidade, mortandade

1. O substantivo **mortalidade** refere-se ao número ou à porcentagem de mortes em determinado período ou lugar. ✦ *Essa conduta tem baixado a MORTALIDADE de até 100 para 24%.* (CLC)

2. O substantivo **mortandade** designa grande número de mortes, matança. ✦ *A Promotoria do Ceará denunciou ontem à Justiça dois diretores da maternidade de Fortaleza em que houve MORTANDADE de bebês em novembro passado.* (FSP)

morte

Os adjetivos correspondentes são:

✧ **mortal.** ✦ *Livre do meu tiro MORTAL, o surucucu ganhou os ermos.* (CL)

✧ **letal.** ✦ *Dose LETAL média é aquela capaz de produzir a morte em 50% dos indivíduos.* (TC)

morto ⇨ Ver matado.

A forma **morto** é usada com os verbos **ser** e **estar.** ✦ *Foi MORTO com um tiro na nuca.* (AGO) ✦ *Mas eu via que se o largasse, estava MORTO, e arrochei os braços.* (PS)

É usada também como adjetivo. ✦ *Não havia muita diferença entre os vários odores mefíticos que podiam exalar um homem MORTO e um rato MORTO.* (AGO)

A forma **matado** é usada com os auxiliares **ter** e **haver.**

moscar-se

De conjugação irregular, o verbo **moscar-se** tem **U** nas forma em que a sílaba tônica está no radical (formas rizotônicas). Significa "desaparecer". É de uso muito raro. ✦ *E MUSQUE-SE logo, seu patife!* (CF)

Moscou [Rússia]

O adjetivo pátrio é **moscovita.** ✦ *Vladim, um MOSCOVITA de 28 anos, recebe o equivalente a 19 dólares por mês como professor de inglês.* (VEJ)

mossa ⇨ Ver moça.

Mossa significa "vestígio de pancada". ✦ *Tinha nas costas no encosto dianteiro uma profunda MOSSA, que o proprietário gostava de mostrar aos caronas, recordação de uma cabeçada do poeta Vinícius de Morais.* (BP)

Moça designa mulher jovem.

mostrengo ⇨ Ver monstrengo.

São formas variantes. **Mostrengo** é a forma original, a partir do espanhol *mostrenco*, e é a forma de uso menos frequente (6%). Designa pessoa disforme, desproporcionada, ou muito feia. ✦ *O rosto sem pintura, sem traços, MOSTRENGO indefinível, ameaçador.* (GD)

Monstrengo é variante de uso mais popular (e muito mais usual), formada a partir de **mostrengo**, com assimilação das vogais, talvez por analogia com **monstro.**

moto-

É elemento (latino) que se liga a um elemento seguinte. Significa "movimento", "motor". ✦ *E milhares desses motores Mercedes-Benz Diesel foram instalados em MOTONIVELADORAS, asfaltadeiras, rolos compactadores etc.* (P)

motocross

Se o elemento seguinte começar por **R** ou **S**, é necessário duplicar essa letra (que ficará entre duas vogais, na escrita). ◆ *Ou o Ibama tem que conceder licenças para MOTOSSER-RAS?* (VEJ)

motocross

É palavra inglesa que designa corrida de motocicleta em pista com obstáculos. ◆ *Nelson Piquet pretende fazer um kartódromo, uma pista de MOTOCROSS e uma escola de pilotagem no autódromo.* (FSP)

motor, motriz

Como adjetivo ("que move"), tem o feminino **motriz**. ◆ *Depois disso, oscilava entre seus dois amores: a história do movimento muscular, ou comportamento MOTOR, como definia Lorenzo, e o projeto de ter uma filha bailarina.* (ACM) ◆ *Sim, a sensibilidade é MOTRIZ em tudo o que o homem faz.* (MH)

motorizar

Com **Z**, como todo verbo formado com o sufixo **-izar**. ◆ *Fazendeiros mais adiantados tratam de MOTORIZAR os caititus, ou pelo menos substituir a força dos homens na roda por uma bolandeira.* (CT)

motu proprio ⇨ Ver de moto próprio ⇨ Ver por moto próprio.

Motu proprio é expressão latina que significa "por seu próprio movimento", "por iniciativa própria", "por vontade própria". O significado já é adverbial, pois se trata de ablativo latino, não se justificando que a expressão venha precedida de preposição, como aparece na única ocorrência encontrada: ◆ *Não teve a vontade de administrar por "MOTU PROPRIO" o fim do império colonial.* (FSP)

As expressões portuguesas correspondentes são **de moto próprio** e **por moto próprio** (iniciadas por preposição).

mountain bike, mountain-bike

1. *Mountain bike* é expressão inglesa que designa bicicleta resistente usada para prática esportiva em trilhas e terrenos acidentados. ◆ *No restante do ano, Aparados da Serra é uma festa para quem pratica MOUNTAIN BIKE e alpinismo.* (VEJ)

2. Em português formou-se um substantivo composto *mountain-bike*, que é escrito com hífen, mas que mantém a mesma grafia do inglês. Essa é a forma dicionarizada (não oficialmente registrada), que ocorre na quase totalidade dos casos (99%). ◆ *O eco-challenge é uma competição que combina força e habilidade física e mental, e mistura escalada, caminhada, rapel, MOUNTAIN-BIKE, rafting e vela.* (FSP)

mouse

É palavra inglesa que, na linguagem da informática, designa dispositivo periférico constituído por pequena peça móvel, com teclas, que se manuseia para operar na tela do monitor do computador. A pronúncia aproximada é **maus**. ◆ *Com um simples click no MOUSE você soma, edita, transfere arquivos entre outros aplicativos, alinha, aplica textos e gráficos e executa sofisticadas macros.* (P)

mozarela, muçarela, *mozzarella*; mussarela

1. **Mozarela** e **muçarela** são formas oficialmente registradas em português, em correspondência com a forma do substantivo italiano *mozzarella*. A primeira é bastante usada (54% dos casos) e a segunda não ocorreu. ◆ *O presidente da Apas prevê queda também no preço da MOZARELA.* (FSP)

2. A forma **mussarela**, que apresenta grafia (com **SS**) não condizente com a da palavra de origem (**ZZ**), não é registrada oficialmente, mas é bastante frequente (45%). ◆ *É deles que saem alguns clássicos italianos, como a pizza napolitana (MUSSARELA com fatias de tomate).* (FSP)

3. Especialmente na imprensa, ocorre, embora raramente (1%), a forma original italiana *mozzarella*. ◆ *O cardápio do Pranzo é basicamente de massas secas (a única fresca é o ravioloni de MOZZARELLA de búfala).* (FSP)

muçulmano

Com **Ç**. ◆ *País MUÇULMANO pode chamar-se Nurestan, país da luz, ou Paquistan, de Paq, que significa puro.* (ISL)

mudez, mudeza

Com **Z**, como todo substantivo abstrato em **-ez** ou em **-eza** derivado de adjetivo. São formas indicadas como variantes, mas apenas **mudez** ocorreu. ✦ *Angela, em impenetrável MU-DEZ, não ousou contrariar as reflexões de Mauro.* (AV)

mugir ⇨ Ver mungir.

Mugir significa "dar mugidos". ✦ *Bezerros MUGIAM, sapos coaxavam, a noite, essa noite de mistérios desconhecidos, essa quietude do campo sob as estrelas!* (OS)

Mungir significa "extrair o leite das tetas (de certos animais)", "ordenhar".

muito obrigado(a)

Muito obrigado é expressão no masculino, referindo-se, pois, a um homem. ✦ *– MUITO OBRIGADO, seu Meireles – atalhara logo Miguel –, mas não é necessário.* (SEN)

O feminino é **muito obrigada**. ✦ *– MUITO OBRIGADA – disse a cega, meio gritado.* (FE)

Substantivada, a forma é masculina. ✦ *Não vejo nada de mais em dizer um MUITO OBRIGADO ao Coronel Fuão.* (FO)

muito que fazer, dizer etc. ⇨ Ver mais que fazer, dizer etc.

Nessa expressão, o pronome **muito** é antecedente do pronome relativo **que**. ✦ *Vamos embora, menino, tenho MUITO QUE FAZER.* (CA) ✦ *É fácil, HÁ MUITO QUE FALAR quando se trata da perda de outros amores.* (CT)

Considera-se tradicionalmente que é injustificável o uso de um pronome demonstrativo **o** após o **muito**, como nesta ocorrência: ✦ *E ainda HÁ MUITO O QUE CONTAR hoje.* (A)

muitos de (dentre) + substantivo pronome no plural ⇨ Ver poucos de, quantos de, vários de (dentre) ⇨ Ver nenhum de (dentre) ⇨ Ver algum / alguns de, qual / quais de, qualquer / quaisquer de, um / uns de (dentre).

A indicação das gramáticas é que o verbo concorde em pessoa e número com a palavra ou expressão que se seguir à preposição **de** (ou **dentre**). ✦ *Você hoje está completando cinquenta anos: tenha paciência, MUITOS DE nós já passamos por isso.* (CT) ✦ *MUITOS DE seus gestos lembram os nossos.* (DST)

Entretanto, é comum a concordância com o indefinido **muitos** (na terceira pessoa do plural). ✦ *MUITOS DE nós poderiam tentar negar ou ignorar esta crise ambiental.* (SU)

mula sem cabeça

O plural é **mulas sem cabeça** (substantivo + substantivo, ligados por preposição). ✦ *Você deve estar imaginando que este livro vai tratar de portas assombradas, bruxas, sacis-pererês e MULAS SEM CABEÇA.* (MER)

mulher ⇨ Ver homem ⇨ Ver marido.

Mulher é palavra usada como feminino tanto de **homem** como de **marido**. ✦ *Por que envelhecer é mais difícil para a MULHER do que para o homem?* (VEJ) ✦ *Na presença da empregada, marido e MULHER discutiam como chamar a menina a nascer.* (ANA)

multi-

É elemento (latino) que se liga a um elemento seguinte. Indica abundância, grande quantidade. ✦ *Os grandes latifundiários, hoje, são também os bancos e as grandes MULTINACIONAIS.* (AGR) ✦ *O sistema MULTIÉTNICO dissolve as sociedades tradicionais.* (ATN)

Se o elemento seguinte começar por **R** ou **S**, é necessário duplicar essa letra (que ficará entre duas vogais, na escrita). ✦ *A população urbana pensa o índio a partir de um conjunto de ideias acima referido sobre a origem MULTIRRACIAL da nação brasileira.* (ATN) ✦ *Os artefatos adquirem um ciclo vital MULTISSECULAR.* (ARQ)

multicor

É adjetivo para masculino e feminino. Significa "de muitas cores". ✦ *Em seguida, exprime o seu "prazer" (...) diante das telas de Djanira, da procissão MULTICOR de Elisa Martins e do autodidatismo espontâneo de José Antônio da Silva.* (MH)

multidão

É substantivo coletivo para pessoas, indicando grande abundância. ✦ *Pelé é arrastado pela MULTIDÃO.* (VEJ)

multilíngue

multilíngue ⇨ Ver **poliglota, plurilíngue.**

Multilíngue significa "que se exprime ou se versa em muitas línguas". O U é pronunciado e não é tônico; a sílaba tônica é LÍN (com acento). ◆ *A literatura caribenha é uma só, mas é MULTILÍNGUE.* (FSP)

mundão

É substantivo coletivo para coisas e para pessoas, indicando grande abundância. ◆ *Alguns estenderam seus panos ordinários no chão, onde um MUNDÃO de quinquilharias se amontoam.* (MPB) ◆ *MUNDÃO de gente.* (VEJ)

mungir ⇨ Ver **mugir.**

Mungir significa "extrair o leite das tetas (de certos animais)", "ordenhar". ◆ *Naquela manhã, dona Caropita MUNGIA, distraída, as tetas de suas cabras, seu ganha-pão.* (ANA)
Mugir significa "dar mugidos", "berrar".

munificência, munificente

As formas são essas (sem I depois do C). O substantivo **munificência** significa "generosidade", "liberalidade". ◆ *Além da veemência (...), o presidente distribuiu com generosa MUNIFICÊNCIA algumas carapuças ideológicas.* (FSP) ◆ *Aqui estou, para agradecer, a esta benemérita Câmara Municipal, o título de Cidadão Honorário de Ouro Preto, com que me agraciou a magnanimidade MUNIFICENTE de seus preclaros vereadores (...).* (CPO)

mutatis mutandis

É expressão latina que significa "mudando o que tem de ser mudado", "com a alteração devida". ◆ *E então começa a provocar nas pessoas, MUTATIS MUTANDIS, as mesmas reações que Cristo provocava.* (ACM) ◆ *Essa especificação constitucional vale, MUTATIS MUTANDIS, para se entender o sentido de um comportamento indigno do Presidente da República.* (FSP)

muxiba

Com X. O substantivo designa carne magra e de má qualidade, pelanca. ◆ *Quis retomar a comilança vexatória, mas já não era aquilo ágape, era um atentado, e não era a mesa, mesa, era um campo de batalha juncado a todo o comprimento de destroços fumegantes, retalhos de sebo e MUXIBA malpassada (...).* (TR)

muxoxo

Com X e X. O substantivo designa estalo da língua com os lábios. ◆ *Rubina deu MUXOXO e saiu da sala numa rabanada. (MMM)*

n

O nome da letra é **ene**. ✦ *Em vez de acupuntura, com um só e solitário ENE, muita gente diz, mais do que escreve, erradamente "acunpuntura", com dois poderosos ENES.* (FSP)

N

É o símbolo de **norte**. ✦ *A Latitude vai de zero no Equador até 90° N, no polo norte, vai de zero até 90° para o Sul.* (ATE)

Na

É o símbolo de **sódio**. ✦ *Sódio, do latim natrium – símbolo Na.* (QUI)

na água, n'água, nágua ⇨ Ver d'água, de água.

1. A grafia usada na grande maioria das ocorrências (88%) é **na água**. ✦ *Assim que desceu do Escort, o engenheiro correu e saltou pela mureta, caindo NA ÁGUA e quebrando uma clavícula.* (ESP) ✦ *Cozinhe um pedaço de bacalhau, depois de deixá-lo NA ÁGUA durante 24 horas, para que perca o sal.* (IS)

2. A grafia **n'água**, que reflete mais fielmente a pronúncia, ocorre com menos frequência (11%) e quase exclusivamente em textos literários (em geral, em linguagem menos formal e em expressões feitas). ✦ *Você já viu pato se arrepender de pular N'ÁGUA, homem?!* (AS) ✦ *Todo aquele badalado programa especial para se adaptar às quadras de saibro deu com os burros N'ÁGUA.* (FSP) ✦ *A carne de bode, o queijo duro, a fruta de lavra seca, o grão cozido N'ÁGUA e sal.* (BP)

3. A grafia **nágua** é oficialmente registrada, mas é difícil de justificar, tem uso raríssimo (1%) e ocorre nas mesmas situações que **n'água**. ✦ *Você devia cair NÁGUA também.* (SM) ✦ *Ou tu mudas de tática ou acabamos dando com os burros NÁGUA.* (INC)

na época de, na hora de ⇨ Ver à época de, à hora de.

Com a preposição **em** (**na**) ou com a preposição **a** (**à**), as expressões indicam localização no tempo. As expressões **na época de** e **na hora de** são muito mais usuais, especialmente a segunda (80% e 99,5%, respectivamente). ✦ *NA ÉPOCA DE Tibério Augusto, a Astrologia teve seu ponto alto com o grande astrólogo Nigilius Figulus.* (AST) ✦ *NA HORA DE ir embora, meu pai me carregava até o carro.* (AVI)

na falta de ⇨ Ver à falta de.

Usam-se indiferentemente as duas expressões, e **na falta de** é um pouco menos usual (40%). ✦ *Por fim, NA FALTA DE alguém que cuidasse dela, resolveram levá-la, embrulhada num xale.* (ANA) ✦ *Para o almoço e para o jantar, NA FALTA DE caixeiro, fechava a lojinha e ia comer.* (VER)

na medida em que ⇨ Ver à medida que, à proporção que ⇨ Ver medida.

É construção que significa:

◇ "na mesma proporção em que". ✦ *NA MEDIDA EM QUE a gente aprende, mais se defende.* (AM)

O elemento **mesmo** pode fazer parte da construção, explicitando a noção de igualdade

na rua, avenida, praça; no largo etc.

de proporção. ✦ *É caro manter um grande estádio em perfeitas condições de utilização, e falta dinheiro aos clubes NA mesma MEDIDA EM QUE ele não existe em prefeituras e governos estaduais.* (GAZ)

✧ "tendo em vista que", "visto que". ✦ *O beijo de Mário é insensivelmente diferente, NA MEDIDA EM QUE ele agora sabe da sua valorização como macho.* (E)

na rua, avenida, praça; no largo etc.
⇨ Ver **sito, situado** ⇨ Ver **residente.**

Recomenda-se, tradicionalmente, que a localização de uma casa, de um escritório etc. se indique com a preposição **em: na** ou **no** (e não **à** ou **ao**, construções consideradas como imitação do francês). ✦ *Luís, que morava NA RUA atrás da Estação, trouxe a notícia para os do suplemento.* (AF) ✦ *A polícia prendeu o pintor Marcone da Silveira, 21 anos, residente NO JARDIM Tiradentes, em Aparecida de Goiânia.* (OP)

De fato, essa é a construção sempre usada quando se trata de indicação de lugar de gênero masculino, mas, quando se trata de gênero feminino, frequentemente se usa a preposição **a** (que, craseando-se com o artigo **a**, resulta na forma **à**). É uma construção que, de fato, não encontra explicação, o que se evidencia no fato de que a construção masculina que seria a correspondente (com **ao**) não ocorre.

Assim, são usuais construções não recomendadas pelos manuais normativos como: ✦ *Morava À RUA Paissandu, num da série de sobrados geminados, pintados de róseo vivo, perto do que tinha era residência do Tifum.* (CF) ✦ *Quando cheguei a Belo Horizonte, para as férias, encontrei minha família instalada na Floresta, À RUA Jacuí, 185.* (CF)

Entretanto, não se usa nunca *morava AO LARGO Paisandu* ou *instalada na Floresta, AO LARGO Jacuí, 185.*

na saída ⇨ Ver **à saída.**

Com a preposição **em** (**na**), ou com a preposição **a** (**à**), as expressões indicam lugar. A expressão **na saída** é muito mais usual (78%).

✦ *Paramos para o almoço, logo NA SAÍDA da aldeia.* (ACM)

nácar

A sílaba tônica é a penúltima (NÁ), e, por isso, a palavra leva acento (paroxítona terminada em **R**). Designa substância branca e brilhante encontrada nas conchas. ✦ *E o móvel reluzia seu NÁCAR, na penumbra, com um fausto emocionante e prestigioso.* (DM)

nacionalizar

Com **Z**, como todo verbo formado com o sufixo **-izar**. Significa "tornar nacional", "estatizar". ✦ *Mas não acreditamos, de modo algum, que os nigerianos que NACIONALIZARAM suas terras sejam marxistas.* (MAN)

nada (de) + adjetivo ⇨ Ver **alguma coisa, nenhuma coisa, qualquer coisa** ⇨ Ver **algo, tudo.**

O adjetivo não varia, haja ou não a preposição **de**. ✦ *Você ainda não me disse NADA BONITO hoje.* (FO) ✦ *Dali, daquela associação, NADA DE BOM poderia sair.* (A)

nada que ver, nada a ver

São formas variantes. **Nada que ver** é a forma mais recomendada tradicionalmente. ✦ *O que o Mr. Wilson acha – disse Irma – é que a bíblia é diferente e não tem NADA QUE VER com os padres.* (ASS)

Entretanto, **nada a ver** é a forma quase exclusivamente usada (mais de 90%). ✦ *Fonteyn não tinha NADA A VER com as crises domésticas do Teatro.* (BB)

nádega

O adjetivo (com substantivação) correspondente é **glúteo**. ✦ *É localizado mais posterior e inferiormente e nunca inclui o músculo GLÚTEO máximo.* (AMB) ✦ *A jogadora, operada de um problema no GLÚTEO, está fora do time desde setembro.* (FSP)

náiade

A sílaba tônica é a antepenúltima (NÁI), e, por isso, a palavra leva acento (proparoxítona). O nome designa divindade dos cursos de água. ✦ *Aquele verso da NÁIADE, aquele fica!* (VPB)

naïf

É palavra francesa que significa "ingênuo". Usa-se, na linguagem das artes plásticas, para referência a pintura espontânea, primitiva, popular, pouco convencional. Geralmente aparece grafada sem o trema original (que indica que são duas vogais pronunciadas separadamente). ◆ *Termina mostra de arte NAÏF.* (FSP) ◆ *Museu de arte "NAIF", ingênua, me deixa sempre aflito.* (FSP)

namorar

Segundo as lições normativas, usa-se com complemento sem preposição (objeto direto). ◆ *Eu nunca NAMOREI ninguém.* (DE)

Entretanto, ocorre com complemento iniciado pela preposição **com**, o que reflete a ideia de companhia que **namorar** evoca. ◆ *Quem é que vai querer NAMORAR com um sujeito assim?* (DO)

não

1. Frequentemente forma um sintagma negativo precedendo (sem hífen) um substantivo ou um adjetivo. ◆ *Devemos ser rigorosos e vigilantes no que se refere à NÃO INTERVEN-ÇÃO do Governo no processamento eleitoral.* (JK) ◆ *A prestação dos serviços de saúde na área do projeto é realizada por uma organização NÃO GOVERNAMENTAL?* (RMT)

2. Como substantivo, tem plural. ◆ *Se fossem três NÃOS, dava para pensar.* (FSP)

não ... senão ⇨ Ver senão.

Nesse tipo de construção, o verbo concorda com o sujeito, que é o termo que se segue a **senão**. ◆ *NÃO lhe restam SENÃO poucas horas para optar.* (INC)

não apenas, não só, não somente ... mas também, mas ainda, como (também), senão (também) etc.

Com sujeito correlacionado dessa maneira, a concordância se faz no plural (trata-se de uma adição). ◆ *NÃO SÓ inquietude intelectual, MAS TAMBÉM paixão, sofrimento, geram a atividade criadora.* (CH) ◆ *Num segundo momento, a necessidade de precisar melhor*

esta participação impôs que se investigasse o "boia-fria" (...), a fim de que fossem compreendidas NÃO APENAS a sua práxis efetiva, MAS TAMBÉM as potencialidades oferecidas pelo grupo. (BF) ◆ *NÃO SÓ a comida, COMO os jornais, um rosto amigo vindo de fora, uma voz diferente, elevavam o ânimo de que todos precisavam sempre.* (ARR) ◆ *A classificação tem por fim agrupar os livros de acordo com os assuntos, de maneira a permitir, NÃO SOMENTE ao bibliotecário, MAS TAMBÉM aos leitores, encontrarem-nos facilmente.* (BIB)

napalm

É palavra inglesa que designa substância que contém petróleo, empregada na fabricação de bombas incendiárias. A forma **napalm** é artificialmente composta com as formas reduzidas das palavras inglesas que nomeiam o ácido naftênico e o ácido palmítico, componentes da substância. É substantivo masculino. ◆ *A Alemanha não consegue esquecer o holocausto, e os Estados Unidos preferem esquecer a crueldade gratuita do NAPALM.* (IS)

Nápoles [Itália]

O adjetivo pátrio é **napolitano**. ◆ *As ideias de Filangieri a respeito de política demográfica e de política econômica mostram que este jovem fidalgo NAPOLITANO tinha alguma cousa em mente.* (DC)

naquele ano, naquele mês, naquela noite etc. ⇨ Ver aquele ano, aquele mês, aquela noite etc.

Com ou sem a preposição **em**, as expressões indicam localização no tempo. ◆ *Recuperou, NAQUELE ANO da volta, sessenta e nove, seu emprego no jornal.* (AF) ◆ *Quanto ao encontro de Porto Alegre, ainda não tem data fixada, sabendo-se apenas que será NAQUELE MÊS.* (CPO) ◆ *NAQUELA NOITE mamãe não dormiu de aflição, à espera que o marido chegasse.* (ANA)

nariz

O adjetivo correspondente é **nasal**. ◆ *A lisozima é uma enzima presente na lágrima, muco NASAL e outras secreções, células brancas e em quase todos os tecidos animais.* (ANT)

narrar

narrar

É verbo transitivo direto que não se constrói com complemento oracional. ◆ *O carreiro NARROU o caso todo, demoradamente, invocando por vezes o testemunho do rezador.* (VER)

nascer, nascente

1. Com SC. ◆ *Pico do Jaraguá: um lugar privilegiado para ver o sol NASCER.* (BL)

2. O substantivo **nascente**:

◇ como masculino, designa o ponto em que nasce o sol; o mesmo que **leste** ou **este**. ◆ *O NASCENTE, há pouco nublado, resplandecia à luz do sol.* (FR).

◇ como feminino, designa a fonte de um curso de água. ◆ *Existe uma relação muito grande entre a quantidade de água de uma NASCENTE e a vegetação da área que a circunda.* (GL)

nascituro

É latinismo que significa "aquele que vai nascer". ◆ *A liberdade dos NASCITUROS será uma destas soluções.* (H)

Natal [Rio Grande do Norte]

O adjetivo pátrio é **natalense**. ◆ *O setor hoteleiro NATALENSE vai tomar um saudável banho de concorrência nos próximos dois anos.* (FSP)

Também é indicada a forma alternativa **papa-jerimum**. ◆ *Rio Grande do Norte – O Governo do Estado quer ampliar para 3.000 o número de famílias carentes a serem atendidas pelo programa "Panelão do PAPA-JERIMUM".* (FSP)

Nato ⇨ Ver Otan.

É a sigla de **North Atlantic Treaty Organization** (Organização do Tratado do Atlântico Norte), o mesmo que **Otan**. ◆ *Com o fim da Guerra Fria e os cortes nos orçamentos militares dos países da NATO, quatro dessas fragatas foram vendidas ao Brasil.* (FSP)

nauta, navegar, navegação, navegante

O adjetivo correspondente é **náutico**. ◆ *Merece lembrar que as cartas NÁUTICAS têm por*

diversas vezes precedido o desenvolvimento de algumas regiões do país. (OMA)

naves espaciais ⇨ Ver foguetes espaciais ⇨ Ver satélites espaciais.

Os nomes das naves espaciais são femininos.
◆ *A GEMINI 5 conseguiu se aproximar a 5 quilômetros do ponto de salvamento.* (EM)
◆ *Em 1969, a APOLLO 11 descera na Lua e o astronauta Neil Armstrong passeou por lá.* (VEJ)

Os nomes dos foguetes e dos satélites espaciais são masculinos.

navio-escola

O plural oficialmente registrado é **navios-escola**, mas, segundo o que se indica para formações análogas, duas seriam as possibilidades de plural:

◇ **navios-escola** (substantivo + substantivo, o segundo fazendo uma determinação sobre o primeiro). ◆ *Pela manhã, FHC visita os NAVIOS-ESCOLA Brasil e Minas Gerais, no Distrito Naval da Marinha no Rio.* (FSP)

◇ **navios-escolas** (substantivo + substantivo), forma que não ocorreu.

Nazaré [antiga Galileia, Palestina]

O adjetivo pátrio é **nazareno**. ◆ *Para fazê-lo nascer na mais prestigiosa Belém, na Judeia, célebre entre os judeus por ser o berço de Davi, e para conciliar este fato com a arquissabida origem NAZARENA de Jesus, os dois únicos evangelistas que tratam de sua infância – Mateus e Lucas – recorrem a expedientes complicados e, lastimavelmente, contraditórios entre si.* (VEJ)

neblina, nebrina

São formas registradas como variantes, mas a segunda é de uso muito restrito (0,4%).
◆ *Tentou distinguir alguns vultos brancos que se movimentavam em meio a uma espécie de NEBLINA.* (ACT) ◆ *Não é o frio brabo, nem a NEBRINA afogando em leite os campos baixos, o que impede surjam os camaradas, com suas foices e seus enxadões, para a continuação da empreitada.* (R)

néctar

nec plus ultra

É expressão latina que significa "não mais além". Refere-se a um limite que não deve ser ultrapassado. ◆ *O sofisticado capitalismo de uma multinacional, com seus cartéis, trustes de dumpings, é o NEC PLUS ULTRA da malandragem.* (REI)

necessário

Em **ser necessário**, há duas construções possíveis:

◇ Com sujeito anteposto, o verbo concorda sempre com o sujeito. ◆ *O autor só descreve detalhes quando estes são NECESSÁRIOS.* (E) ◆ *As reformas são NECESSÁRIAS.* (DM)

◇ Com sujeito posposto, podem ficar invariáveis o verbo e o adjetivo (predicativo) quando o sujeito é tomado genericamente e se quer acentuar o caráter genérico da referência do sujeito. ◆ *É NECESSÁRIO muita frieza para a arte da esgrima.* (BOI)

Entretanto, mesmo com sujeito de referência genérica posposto, o mais comum é que o verbo e o predicativo concordem com ele, em gênero e número. ◆ *Não É NECESSÁRIA muita perspicácia para constatar que, no Brasil pelo menos, as regras acima são sobejamente desrespeitadas.* (ANQ) ◆ *Não SÃO NECESSÁRIOS adjetivos ou palavras técnicas para convencer V. sobre a durabilidade do Salto Amazonas.* (MAN)

◇ Quando o sujeito, mesmo posposto, é de algum modo particularizado, faz-se normalmente a concordância do verbo e do predicativo (em gênero e número). ◆ *Além disso, É NECESSÁRIA a formação de alguns produtos do metabolismo de outros micro-organismos do fermento.* (ACQ) ◆ *No caso da Terra, também SÃO NECESSÁRIOS dois números para que você possa dizer onde você está. Esses dois números chamam-se Latitude e Longitude.* (ATE)

necro-

É elemento (grego) que se liga a um elemento seguinte. Significa "morto". ◆ *E nessa disposição de espírito calou-se, como um pássaro NECRÓFAGO na sua solidão.* (UQ) ◆ *Jamais*

se deixou abater pelas dificuldades, dirão os jornais, amanhã no NECROLÓGIO. (SPI)

necromancia, nigromancia, necromante, nigromante ⇨ Ver necro- ⇨ Ver negr- / nigr-.

1. **Necromancia** e **nigromancia** são substantivos que designam a invocação dos mortos. A sílaba tônica é **CI**, e, por isso, as palavras não levam acento. As formas não ocorreram.

2. **Necromante** e **nigromante** são formas variantes (a primeira de origem grega e a segunda, por cruzamento com o elemento latino **nigr-**) usadas para designar pessoa que pratica a necromancia. Ambas são pouco usuais, mas **nigromante** é a mais frequente (67%). ◆ *Este tem se revelado um NECRO-MANTE das harmonias ancestrais, dono de técnica e sentimento sem igual em seus pares exibicionistas.* (FSP) ◆ *O Pequenino pode ser NIGROMANTE, pode...* (VB)

necropsia, necrópsia ⇨ Ver autópsia, autopsia.

1. A sílaba indicada como tônica, nos dicionários, é **SI** (sem acento). Essa é, de fato, a forma mais usual (62%), ocorrente em especial nas obras técnicas especializadas. Trata-se de palavra formada tecnicamente a partir de elementos de formação gregos, para substituir **autópsia** (vinda de forma já existente no grego), considerada por alguns estudiosos como inadequada para o significado pretendido ("exame de cadáver"), por conter o elemento **auto-**, que significa "ele próprio", "si próprio". ◆ *Se a vítima recebeu assistência médica, um minucioso relatório deve ser encaminhado com o corpo, ao serviço de NECROPSIA.* (TC)

2. Também ocorre, embora com menor frequência (38%), a forma **necrópsia** (com acento no **Ó** como **autópsia**), quase restrita a textos literários e jornalísticos. ◆ *Um será de identificação, outro toxicológico, um da NECRÓPSIA e quatro laudos serão de exames criminalísticos.* (CB)

néctar

1. A sílaba tônica é a penúltima (**NÉC**), e, por isso, a palavra leva acento (paroxítona

Neerlândia ou Países Baixos [Europa]

terminada em **R**). O substantivo designa, especificamente, a bebida dos deuses, e, genericamente, qualquer bebida deliciosa ou qualquer delícia. ✦ *Lá onde os nossos deuses comiam o NÉCTAR, os americanos vão comer pipocas.* (SPI)

2. O plural (raramente usado) é **néctares**. ✦ *Eis como anos mais tarde, em 1936, depois de a terdes por muitas vezes saboreado, como o mais raro dos NÉCTARES do espírito e do corpo, concretizastes a vossa paixão do Velho Mundo em um poema (...).* (AM-O)

Neerlândia ou Países Baixos [Europa]
⇨ Ver **Holanda [Europa]** ⇨ Ver **batavo.**

O adjetivo pátrio é **neerlandês**. ✦ *O Estado NEERLANDÊS procura ajudar essas pessoas a abandonar o vício.* (VEJ)

Neerlandês é o mesmo que **holandês.**

nefelibata, nefelíbata

Embora as duas pronúncias sejam oficialmente registradas, e a proparoxítona seja a tradicionalmente recomendada, só ocorreu a grafia **nefelibata** (paroxítona: sílaba tônica **BA**, sem acento). Ambas as formas são dicionarizadas. Significa "que anda nas nuvens", e é epíteto dado a poetas simbolistas. ✦ *Você falou em 'NEFELIBATAS', em gente que anda com a cabeça nas nuvens.* (FSP) ✦ *NEFELIBATA é o que teima em recusar a manifestação da esmagadora maioria.* (FSP)

negar

Usa-se com complemento oracional:

✧ iniciado por **que** e sempre com verbo no subjuntivo. ✦ *Ricardo (...) NEGOU que tivesse sofrido pressões psicológicas ou ameaças.* (ATA)

✧ sem conjunção e com verbo no infinitivo. ✦ *Vera NEGA ter agredido a ex-babá.* (FSP)

negligencia, negligência

1. **Negligencia** (com sílaba tônica **CI**) é a forma da terceira pessoa do singular do presente do indicativo do verbo **negligenciar**. ✦ *Digo que tanto o psiquiatra biológico que NEGLIGENCIA o âmbito psicológico quanto o psiquiatra dinâmico que NEGLIGENCIA os aspectos biológicos necessitam de uma atualização profissional.* (FSP)

2. **Negligência** (com sílaba tônica **GÊN**, acentuada) é a forma do substantivo. ✦ *Compreende-se essa atitude quando se observa a NEGLIGÊNCIA dos membros do Congresso na discussão do orçamento.* (CLO)

negociar ⇨ Ver **-iar.**

A conjugação é regular. ✦ *Não NEGOCIO com o banco há dois anos, pois não reconheço o valor cobrado.* (FSP) ✦ *NEGOCIA-se com o estrangeiro e com ele faz-se a guerra.* (CID)

negocio, negócio

1. **Negocio** (com sílaba tônica **CI**) é a forma da primeira pessoa do singular do presente do indicativo do verbo **negociar**. ✦ *Não NEGOCIO sob pressão.* (FSP)

2. **Negócio** (com sílaba tônica **GÓ**, acentuada) é a forma do substantivo. ✦ *Mas NEGÓCIO era NEGÓCIO.* (S)

negr- / nigr- ⇨ Ver **melan(o)-.**

É elemento (latino) que se liga a um elemento seguinte ou a um anterior. Significa "negro". Corresponde ao elemento grego **melan(o)-**. ✦ *Esses motivos inspiraram vários indianismos, indigenismos, a negritude, o afro--cubanismo, o NEGRIGENISMO de Fernando Ortiz.* (EAS) ✦ *Esclarecedora é a passagem de Thevet que define os caraíbas como adeptos da NIGROMANCIA.* (RBH)

negro

O superlativo absoluto sintético é **nigérrimo** ou **negríssimo**. ✦ *Essa farsa de humor NIGÉRRIMO é narrada sem nenhum sentimentalismo.* (FSP) ✦ *Buracos NEGRÍSSIMOS.* (VEJ)

nem ... nem

1. A concordância do verbo com sujeitos correlacionados por **nem ... nem** faz-se geralmente no plural, com ideia de adição de elementos negativos ("os dois", "todos").

♦ *NEM Aristófanes NEM seus protetores* **acreditariam** *em tal fábula.* (ACM)

Se os sujeitos não forem da mesma pessoa, a soma se refere à pessoa que for precedente na ordem: primeira, segunda, terceira. ♦ *NEM eu NEM Valente* **estávamos** *interessados no troco.* (BH)

2. Se houver ideia de exclusão ("nenhum dos dois"), o verbo fica no singular. ♦ *NEM mar, NEM rio nos* **levaria** *até suas cidades petrificadas.* (CID)

3. Tradicionalmente se recomenda que o segundo **nem**, que é um coordenador aditivo (coordenador de elementos negativos), não venha antecedido de **e**, que também é coordenador aditivo. ♦ *NEM ela me ofereceu a mão da amizade e do bom conselho NEM eu jamais respondi com quatro pedras na mão.* (A)

nem um ⇨ Ver **nenhum**.

Nem um equivale a "nem um sequer", "nem um único". ♦ *NEM UM cão latiu à sua passagem.* (ARR)

Nenhum é a negação de **algum**.

nem um nem outro

1. O substantivo que se segue a essa expressão fica sempre no singular. ♦ *NEM UM NEM OUTRO programa especifica, no entanto, qual reforma tributária tem em mente.* (VEJ)

2. A concordância do verbo com um sujeito em que ocorre **nem um nem outro** (sem substantivo) se faz geralmente no plural, porque a ideia é de uma adição de elementos negativos ("os dois", "todos eles"). ♦ *NEM UM NEM OUTRO fizeram questão do aprimoramento do produto.* (GU)

Entretanto, se houver ideia de exclusão ("nenhum dos dois"), o verbo fica no singular. ♦ *Afinal, NEM UM NEM OUTRO foi governador.* (FSP)

3. A expressão **nem um nem outro**, usada para retomar substantivos de gêneros diferentes, fica no masculino. ♦ *O prestígio do Padre é muito incômodo, tanto pra Igreja como pros políticos. E NEM UM NEM OUTRO ia perder essa oportunidade de se ver livre dele.* (REB)

nenhum ⇨ Ver **nem um**.

1. **Nenhum** é a negação de **algum**. ♦ *Não há NENHUM animal, nenhuma montaria na fazenda?* (ALE)

2. **Nenhum** é colocado mais frequentemente antes do substantivo.

2.1. Se a expressão que contém **nenhum** preceder o verbo, não precisa ocorrer outra negação na frase. ♦ *E explicou: "NENHUM amor sobrevive à palavra".* (ACM)

Entretanto, outra marca negativa pode ocorrer, em linguagem coloquial ou regional. ♦ *Pois bem NENHUM não sairá dessa nova liberdade.* (CT) ♦ *NENHUMAS ruindades deste mundo não têm poder de segurar a gente p'ra sempre, Primo Argemiro...* (SA) ♦ *(...) ou se soverter nas grotas e nas furnas das montanhas, onde diabo NENHUM não os haveria de encontrar.* (TRA)

2.2. Se a expressão que contém **nenhum** vier depois do verbo, ocorre outra negação na frase. ♦ *Não partiu de mim NENHUM obstáculo ou pedido.* (A) ♦ *Eu não tenho NENHUM dinheiro comigo.* (AGO)

As lições normativas condenam o uso de **qualquer** no lugar de **nenhum**, nesses casos.

Entretanto, a forma é usual, e nos diversos níveis de linguagem. ♦ *Obviamente, não havia QUALQUER disputa ou intransigência nossa em tais ocasiões.* (ACM) ♦ *Disse que não havia QUALQUER prova definitiva.* (FSP)

2.3 **Nenhum** pode vir depois do substantivo, sendo, nesse caso, mais enfática a negação. ♦ *Francisquinha não levantou mais a cara pra homem NENHUM.* (CA)

3. **Nenhum** tem valor afirmativo em expressões como **mais que nenhum** ("mais que todos"). ♦ *Mais que NENHUM de nós sabe o que é feito do pessoal do sítio.* (MMM)

4. **Nenhum** tem plural **nenhuns**. ♦ *Para começo de conversa, os índios que habitavam a orla tropical brasílica, na passagem do século 15 para o 16, não eram NENHUNS santinhos.* (FSP) ♦ *No Nada, no Céu, no*

nenhum de (dentre) + substantivo...

Purgatório, onde quer que ela estivesse, seus cuidados seriam outros – ou NENHUNS. (CT)

Nem um significa "nem um sequer", "nem um único".

nenhum de (dentre) + substantivo / pronome no plural ⇨ Ver **algum / alguns de, qual / quais de, qualquer / quaisquer de, um / uns de (dentre)** ⇨ Ver **muitos de, poucos de, vários de, quantos de (dentre).**

O verbo fica na terceira pessoa do singular, concordando com o indefinido **nenhum**. ✦ *NENHUM Dos dois chefes antarenses* ***perguntou*** *o que era que vinha por aí.* (INC) ✦ *NENHUM DE seus traços se* ***mexia.*** (ARR) ✦ *NENHUM DE nós a* ***tinha*** *visto antes.* (ACM)

nenhuma coisa + adjetivo ⇨ Ver **alguma coisa, qualquer coisa** ⇨ Ver **algo, nada, tudo.**

1. Se o adjetivo vier imediatamente a seguir, ele vai para o feminino, concordando com **coisa**. ✦ *Eu não sou favorável a aposentadorias precoces, mas não há NENHUMA COISA* ***errada***, *ilegal.* (FSP)

2. Se houver uma preposição antes do adjetivo, ele não varia: *não há NENHUMA COISA de errado.*

nenúfar

A sílaba tônica é a penúltima (**NÚ**), e, por isso, a palavra leva acento (paroxítona terminada em **R**). É a designação de uma planta aquática. ✦ *Não nascemos um para o outro, nascemos um no outro, e estamos nessa desde antes do começo dos séculos, meu NENÚFAR!* (BOC) ✦ *Pararam à beira do pequeno lago, onde a lua refletia, onde boiavam NENÚFARES.* (MRF)

neo- ⇨ Ver **nov(i/o)-.**

É um elemento (grego) que significa "novo", "moderno". Corresponde ao elemento latino **novi-**. Liga-se ao elemento seguinte:

✧ com hífen, se o elemento começar por vogal, **H** ou **O**. ✦ *A opinião inglesa olhará de novo com simpatia para este país que afinal se conformava com o NEO-humanitarismo britânico despertado em princípios do séc. XIX.* (H)

✧ sem hífen, antes das outras consoantes ou vogais. ✦ *O NEOCOLONIALISMO obriga os países fracos a situarem-se na esfera de influência dos fortes.* (FA) ✦ *Terapêutica combinada deve incluir cirurgia radical, com preservação de membro ou amputação, quimioterapia (NEOADJUVANTE ou adjuvante) e radioterapia.* (AMB)

Se o elemento seguinte começar por **R** ou **S**, é necessário duplicar essa letra (que ficará entre duas vogais, na escrita). ✦ *Caso nossos jovens NEORREBELDES não saibam, o mote era: Façamos a revolução antes que o povo a faça.* (FSP)

neófito

A sílaba tônica é a antepenúltima (**Ó**), e, por isso, a palavra leva acento (proparoxítona). O substantivo significa, especificamente, "recém-batizado" e, genericamente, "principiante". ✦ *Não há mestre verdadeiro senão aquele que existe no interior de cada NEÓFITO.* (TA)

neolatino, novilatino

São adjetivos referentes às línguas originadas do latim. São formas variantes, mas a segunda forma, **novilatino**, considerada nas lições normativas como a que deve ser preferida por não constituir hibridismo, é de uso mais raro. A forma usual é **neolatino**, na qual um elemento de formação grego (**neo-**) se segue de um elemento latino (**-latino**). ✦ *Abaixo os idiomas NEOLATINOS, belos, mas emperrados, que vivem a celebrar o homem, a mulher, o amor e outras frioleiras.* (FSP) ✦ *Não foram, porém, só as línguas NOVILATINAS as que receberam do latim esse dizer.* (DPA)

néon, neon; neônio

1. Todas são designações em uso para o elemento químico de número atômico 10 da família dos gases nobres, especialmente usado para iluminação. ✦ *Parece até lá em Bissau, que quando inaugurou o primeiro anúncio a gás NÉON veio o presidente da república pra apertar o interruptor.* (MPF) ✦ *(...) num dístico em gás NEON estes dois versos: "tome, doutor, uma tesoura e corte*

minha singularíssima pessoa". (VES) ✦ *A função do aparelho de laser muda de acordo com o tipo de elemento químico do qual ele é feito. Gás carbônico, rubi, hélio e NEÔNIO são alguns desses elementos*. (FSP)

Néon e **neon** também designam os letreiros comerciais iluminados com esse gás. ✦ *Queremos algo bem moderno, com muito NÉON.* (FSP) ✦ *Para atrair a freguesia, colocou um enorme NEON na fachada.* (VEJ)

O plural **néons**, ou **neons**, ocorre apenas como designação dos letreiros luminosos. ✦ *Além do visual cheio de NÉONS, o poder aglutinador dessa área se escora nos estabelecimentos comerciais.* (FSP) ✦ *O que muda é o cenário, contemporâneo, com os arranha-céus de Chicago, os NEONS de Las Vegas e o interior ultramoderno de uma indústria de alimentos de alta tecnologia.* (VEJ)

2. **Néon** (sílaba tônica **NÉ**) é a pronúncia recomendada e dicionarizada, mas a forma **neon** (oxítona e sem acento) é a mais usada (72%), especialmente na imprensa.

Nepal [Ásia]

O adjetivo pátrio é **nepalês**. ✦ *A terceira face, a sudoeste, encontra-se do lado NEPALÊS e é considerada a mais fácil pelos alpinistas.* (VEJ)

-nes(o), nes(o)-

É elemento (grego) que se liga a um elemento anterior ou a um seguinte, mas não ocorreu formação em que ele esteja anteposto (por exemplo, **nesografia, nesonímia**). Significa "ilha". ✦ *Foi a Atenas como embaixador para pedir auxílio, durante a guerra do PELOPO-NESO, contra os siracuranos.* (HF) ✦ *Isso poderia, como consequência, fazer levantar a opinião pública brasileira em favor da sua libertação política e cultural do fascismo INDONÉSIO.* (RI)

neste ano / neste mês / nesta noite etc. ⇨ Ver este ano, este mês, esta noite etc.

Com ou sem a preposição **em**, as expressões indicam localização no tempo. ✦ *NESTE ANO que passava, o inverno foi fraco, o verão se*

adiantou e o olho d'água dos índios mal pingava. (MMM) ✦ *E logo NESTE MÊS, em que ia ser promovido a tenente, fico preso, e lá se vai a promoção.* (ALF) ✦ *Falei que NESTA NOITE eu precisava ir direto para um banho.* (HAR)

neur(o)-

É um elemento de composição (grego) que se liga sem hífen ao elemento seguinte. Significa "nervo". ✦ *Os seguintes tipos de obesidade, de etiologia endócrina, NEUROENDÓCRINA ou complexa, são, todos eles, raros na criança.* (SMI) ✦ *Nos setores de pesquisas NEUROBIOLÓGICAS, que possam nos ajudar na educação das crianças, parece que os progressos são quase nulos.* (REA)

Se o elemento seguinte começar por **R** ou **S**, é necessário duplicar essa letra (que ficará entre duas vogais, na escrita). ✦ *O sistema NEUROSSENSORIAL de recepção dos sons compreende o órgão de Corti.* (ACL) ✦ *A depressão poderia, então, ser o resultado de uma hipersensibilidade dos NEURORRECEP-TORES.* (FSP)

neve

O adjetivo correspondente é **níveo**. ✦ *Neste livro ele emprega vinte e duas vezes palavras que indicam a cor negra e suas variantes enquanto usa o cor-de-rosa somente uma vez. O branco, inclusive o NÍVEO, duas vezes.* (UQ)

New ⇨ Ver Nova.

Em geral, nos nomes geográficos referentes aos Estados Unidos mantém-se totalmente a forma inglesa quando se trata de compostos com *New*. ✦ *No caso do Concord Monitor, no Estado de NEW Hampshire, ele continua sendo mantido pela justiça.* (RI) ✦ *Na sexta-feira, os treinamentos serão transferidos para NEW Haven, Connecticut.* (FSP) ✦ *Ao menos, quanto à popularidade, pode-se dizer que o cidadão Francis Albert Sinatra, 63 anos, americano de Hoboken, NEW Jersey, tornou-se mais poderoso que o presidente de seus país.* (VEJ) ✦ *A cidade corrupta (locação em NEW Orleans), em que se passa o filme, não é identificada.* (ESP) ✦ *A certa altura, abandonou seu país e partiu para os EUA,*

nhoque

onde montou a cidade de NEW Hamiony, no Estado de Indiana. (EMB)

Apenas para **Nova Inglaterra** e **Nova Iorque** esse procedimento não é comum.

Nova entra, em geral, como primeiro elemento de muitos nomes geográficos compostos estrangeiros cuja forma é traduzida ou adaptada ao português.

nhoque

É a forma portuguesa correspondente ao italiano *gnocchi*. ◆ *Os belgas e os franceses vão nos devolver o gosto perdido, com o NHOQUE delicado dos seus muitos anos de civilização.* (FSP)

Niágara

A sílaba tônica é a antepenúltima (Á), e, por isso, a palavra leva acento (proparoxítona). ◆ *No dia seguinte, três de agosto, as atividades são independentes, possibilitando excursões opcionais às Cataratas de NIÁGARA ou a Washington, ambas de avião.* (JB)

Nicarágua [América Central]

O adjetivo pátrio é **nicaraguense**, com o U pronunciado. ◆ *Três outras [vezes] para a cobertura dos mais sangrentos lances da guerra civil NICARAGUENSE.* (VEJ)

Nigéria [África]

O adjetivo pátrio é **nigeriano**. ◆ *Mas não acreditamos, de modo algum, que os NIGERIANOS que nacionalizaram suas terras sejam marxistas.* (MAN)

Nihil obstat (quominus imprimatur).

É frase latina que significa "Nada obsta (a que seja impresso"). Constitui a fórmula com que a censura eclesiástica firma autorização para a publicação de livros contra cuja doutrina considera não existir nenhuma objeção. Usa-se, também, genericamente, para registrar aprovação a um procedimento. ◆ *Em maio de 1992, a congregação romana concedeu o "NIHIL OBSTAT".* (FSP) ◆ *Lá estão eles tocando suas musiquinhas, com o NIHIL OBSTAT do Maluf, sem que se saiba o porquê.* (FSP)

Nilo (rio) [África]

Os adjetivos correspondentes são **nilótico** e **nílico**, mas o segundo não ocorreu. ◆ *O crocodilo NILÓTICO, também subaquático. Meninos atiram-lhe moedinhas.* (AVE)

ninguém

Se o pronome **ninguém** vier antes do verbo, não precisa ocorrer outra negação na frase. ◆ *NINGUÉM tinha condições para qualquer coisa mais séria.* (ACM)

Se vier depois do verbo, ocorre outra negação na frase. ◆ *Não ficava NINGUÉM pra contar a história.* (ALE)

ninhada

É substantivo coletivo para aves nascidas de uma mesma vez. ◆ *Nem uma NINHADA de pinto escapou.* (CL)

Nínive (antigo) [Assíria, Ásia]

O adjetivo pátrio é **ninivita**. ◆ *Assim os NINIVITAS pouparam sua nação.* (MA)

nipo-

É elemento de composição, correspondente a Japão.

◇ É usado na formação de adjetivos pátrios, ligando-se com hífen ao elemento seguinte. ◆ *Os agentes de turismo NIPO-brasileiros criaram no ano passado duas entidades de classe.* (VEJ)

◇ É usado, também, fazendo referência ao Japão ou aos japoneses e, nesse caso, não se usa hífen. ◆ *Shonen Knife, a banda formada pela trinca, em 1982, ultrapassou a "NIPOFOBIA" e conquistou o mundinho "alternativo".* (FSP)

nissei, nisei ⇨ Ver issei, isei ⇨ Ver sansei.

São formas variantes de palavra de origem japonesa que literalmente significa "segunda geração". Designa o filho de pais japoneses nascido na América. Alguns dicionários e manuais normativos só abrigam a primeira forma, que é a mais usual (84%). Em qualquer uma delas, a sílaba tônica é a última, e a palavra não leva acento (oxítona terminada em ditongo). Usam-se com a mesma forma para masculino e para feminino (substantivo comum de dois). ◆ *Mitiko Ogura, uma NIS-SEI paulistana de 41 anos, vice-presidente da Yashica a partir de 77, reconhece que as saias mais atrapalharam do que ajudaram.* (IS) ◆ *O menino NISEI sentou no banco do jardim.* (BP)

Issei, ou **isei**, é a denominação para a primeira geração (o imigrante), e **sansei** é a denominação para a terceira geração (o neto).

nitidez

Com **Z**, como todo substantivo abstrato em **-ez** derivado de adjetivo. ◆ *Angela vê com NITIDEZ o doce perfil da avó, ouve-lhe a voz branda.* (CC)

nitrir, nitrido

1. **Nitrir** é forma que tem origem no italiano *nitrire*. Significa "relinchar" ◆ *A excitação do Dr. Lustosa parecia ter-se contagiado a toda a fazenda, e até mesmo os cavalos nas cocheiras NITRIAM com frequência.* (TS)

2. O substantivo correspondente é **nitrido**. ◆ *"Não estás ouvindo um NITRIDO de cavalos?", disse Vieira.* (BOI)

nível ⇨ Ver a nível de, ao nível de.

1. A expressão **a nível de** tem sido muito usada como equivalente dos simples **de**, **como** e **em**, e esse uso vem sendo condenado nas lições normativas. Na verdade, nesses casos, ela não acrescenta nada ao enunciado. Observe-se a inconveniência que haveria se se substituíssem, nas frases seguintes, **de**, **como** e **no** pela expressão **a nível de**. ◆ *O único inconveniente seria a presença do sócio minoritário nas reuniões de diretoria.* (VEJ) ◆ *Terá ela essa coragem? Posso desejá-la, como romancista. Mas, como cristão, peço a Deus que ela não a tenha.* (A)

2. A expressão **ao nível de** corresponde a **no mesmo nível de**, **à altura de**. ◆ *O cemitério surge de pouco em pouco, AO NÍVEL DE meus olhos.* (UQ)

no colo ⇨ Ver ao colo.

No colo e **ao colo** são formas variantes. A segunda é a mais recomendada nas lições normativas, mas **no colo** é muito mais usual (93%). ◆ *A mulher sentou-se, pôs o menino NO COLO, e o soldado ficou em pé.* (AM)

no dia 2 ⇨ Ver dia 2.

Com a preposição **em** (**no**) ou sem preposição, as expressões indicam tempo. ◆ *Em Paris, contra o Reims, NO DIA 2 de junho, Garrincha pode ter inventado o olé de um homem só.* (ETR)

nó górdio

A expressão designa algo difícil de superar. ◆ *Nessa pergunta estava o NÓ GÓRDIO da questão e Pittigrilli refletiu um momento antes de responder.* (PRE)

A expressão **cortar o nó górdio** significa "superar grande dificuldade mediante resolução de situação intrincada". O episódio em que se apoia a expressão é a façanha de Alexandre, o Grande, da Macedônia, que, na impossibilidade de desatar o nó feito por Górdios, o que lhe daria a conquista da Ásia, cortou o nó com a espada. ◆ *Nessa conjuntura é que a sabedoria técnica de Krabbe Iconógenus, pintor greco-alemão, agiu alexandrinamente, cortando o NÓ GÓRDIO.* (ALF) ◆ *Quem cortou o NÓ GÓRDIO?* (VEJ)

Nobel

1. A sílaba tônica é a última (**BEL**), e, por isso, a palavra não leva acento (oxítona terminada em **L**). ◆ *Koch recebeu o prêmio NOBEL de Medicina em 1905.* (APA)

2. Como adjetivo, não vai para o plural. ◆ *Quase todos os prêmios NOBEL de Literatura mais recentes tiveram conotações políticas.* (CPO)

3. Como substantivo (valendo por "prêmio Nobel"), faz o plural **Nobéis**. ◆ *Um governo de coalizão já foi combinado entre a dupla de NOBÉIS.* (VEJ)

nobre, nobreza

1. O superlativo absoluto sintético de **nobre** é **nobilíssimo**. ◆ *Senhor da alta e NOBILÍSSIMA*

nocaute, nocautear

missão de curar, queria reunir em torno de mim a miséria enferma, na realização verdadeira de um sacerdócio. (DEN)

A forma **nobríssimo** é indicada em alguns manuais, mas não ocorreu.

2. **Nobreza** escreve-se com **Z**, como todo substantivo abstrato em **-eza** derivado de adjetivo. ♦ *Podia pôr a mão no fogo pela pureza do seu coração, pela NOBREZA dos seus sentimentos.* (SEN)

nocaute, nocautear ⇨ Ver *knock-out* ⇨ Ver -ear.

1. **Nocaute** é a forma portuguesa correspondente ao inglês *knock-out*. Designa, no boxe, golpe que leva à inconsciência durante um determinado tempo regulamentar, definindo vitória do golpeador. ♦ *Zé Luís derrubara Picada no terceiro assalto por NOCAUTE na sua primeira luta como profissional no Canal 9.* (DE)

2. **Nocautear** é o verbo correspondente. Como todos os verbos em **-ear**, recebe **I** nas formas rizotônicas, isto é, nas formas que têm a sílaba tônica no radical. ♦ *James "Buster" Douglas surpreende o mundo e NOCAUTEIA Tyson, em 90.* (FSP) ♦ *Posteriormente ele NOCAUTEOU estes dois últimos citados.* (MU)

A forma original inglesa, *knock-out*, é dicionarizada, mas é rarissimamente usada (0,7%).

nódoa

Com **O** após o **D**. A palavra significa "mancha", "mácula". ♦ *O massacre de Canudos já é uma NÓDOA grande na história da Bahia.* (FSP)

noite

O adjetivo correspondente é **noturno**. ♦ *Matilde abria uma das cartas, quando se ouviu o apito do NOTURNO para Salvador.* (PV)

nojento

Com **J**, como **nojo**. ♦ *Raul Pelegrini é o personagem mais NOJENTO, mais abjeto, mais execrável, mais desprezível que já interpretei.* (FSP)

no-lo, no-la, no-los, no-las ⇨ Ver lho, lha, lhos, lhas ⇨ Ver to, ta, tos, tas ⇨ Ver vo-lo, vo-la, vo-los, vo-las.

Essas formas constituem combinações do pronome pessoal de primeira pessoa do plural **nos** (como objeto indireto) com o pronome pessoal de terceira pessoa **o, a, os, as** (sempre objeto direto). São raras e de linguagem formal. ♦ *O ouro ele NO-LO apresenta extraindo-o da alma das figuras que se agitam na gravitação da novela.* (SIG) ♦ *A Igreja NO-LA inculcou, inserindo-a no responsório de Completas, que nem uma oração da noite, ou feito prece dos agonizantes.* (NE) ♦ *De um modo geral, não se compreendia que uma vida que tanto viveu outras vidas, assimilando-as através de análises sutilíssimas, para NO-LAS transfigurar e ampliar (...), desaparecesse no meio de tamanha indiferença.* (FSP)

nômade, nômada

São formas variantes, ambas oficialmente registradas, mas **nômada** é pouco usual, atualmente. A sílaba tônica é a antepenúltima (**NÔ**), e, por isso, as palavras levam acento (proparoxítonas). Designam povos errantes, que se deslocam constantemente, geralmente em busca de pastagens para o gado. ♦ *Os ciganos estão abandonando a vida NÔMADE e se fixando nas cidades.* (FSP) ♦ *As tribos erram do areal nas vagas, / E o NÔMADA faminto corta as plagas / No rápido corcel.* (CA)

nome

Os adjetivos correspondentes são:

♦ **nominal** ("referente ao nome"). ♦ *A votação dos senadores foi simbólica, sem a contagem NOMINAL.* (FSP)

♦ **onomástico** ("relativo aos nomes próprios"). ♦ *Talvez isso justifique parcialmente o fato de que o nome de Marjolin nem sequer figure no índice ONOMÁSTICO.* (FSP)

nomear ⇨ Ver -ear.

Os verbos em **-ear**, do mesmo modo que os substantivos e adjetivos correspondentes, recebem **I** nas formas rizotônicas, isto é, nas formas que têm a sílaba tônica no radical. ✦ *Continue a fazer as coisas erradas e eu o **NOMEIO** governador de Minas Gerais.* (T) ✦ *Lembrou-se do seu trabalhador braçal, **NOMEOU-**o diretor.* (BB)

nomo-, -nom(o)

É elemento (grego) que se liga a um elemento seguinte ou a um anterior. O significado liga-se a "lei". ✦ *As minúcias referem-se a questões como "grau de legalidade", "implicação **NOMOLÓGICA**" (...).* (EC) ✦ *De modo que toda essa discussão está sendo travada num clima de **ANOMIA**, de falta de regras, que as autoridades do setor também não conseguem impor.* (POL-O)

nonagésimo, nongentésimo

1. **Nonagésimo** é o numeral ordinal referente a 90. ✦ *Joyce (...) está mais vivo do que nunca neste **NONAGÉSIMO** aniversário da jornada dublinense de Bloom.* (FSP)

2. **Nongentésimo** é o numeral ordinal referente a 900. Não ocorreu.

nonas ⇨ Ver idos² ⇨ Ver calendas.

Nonas é substantivo que só ocorre no plural (*pluralia tantum*). Designava, no calendário romano, o dia 7 de março, maio, julho e outubro, e o dia 5 dos outros meses. Era o nono dia antes dos idos. ✦ *Quinto dia antes dos **IDOS** de agosto. Ano de Roma 821.* (PRO)

nonsense, nonsense

Nonsense é palavra inglesa que se refere ao que é fora de senso, sem coerência, absurdo. A forma portuguesa, oficialmente registrada, é graficamente idêntica. ✦ *Um mundo **NONSENSE** onde nada está onde ou como deveria estar.* (FSP) ✦ *Mas enquanto ele ri da ciência e transforma tudo em **NONSENSE**, ele próprio vai construindo suas verdades a partir de fragmentos.* (TRI)

nônuplo

É o numeral multiplicativo (adjetivo e substantivo) referente a 9. ✦ *Segundo o "Guinness Book", três partos de **NÔNUPLOS** foram os de*

maior número de nascimentos já registrados, todos sem sobreviventes. (FSP)

nora

É a forma feminina correspondente a **genro**. ✦ *Vanjé encarregou-se do menino para que a **NORA** pudesse ir de mãos dadas com o marido.* (TG)

Normandia (região) [França]

1. A sílaba tônica é **DI**, e, por isso, a palavra não leva acento (paroxítona terminada em **A**). ✦ *A invasão da **NORMANDIA** deveria ter ocorrido em abril de 1943.* (VEJ)

2. O adjetivo pátrio é **normando**. ✦ *Mais tarde, os barcos **NORMANDOS** chegariam ao Brasil (1503).* (FSP)

norte-

1. Como primeiro elemento de um substantivo composto, liga-se ao segundo elemento por hífen, formando adjetivo pátrio. ✦ *Neste lugar, em 31 de maio de 1970, eles foram vistos pela última vez, por um soldado **NORTE-vietnamita**, desertor.* (REA)

2. A flexão ocorre apenas no segundo elemento. ✦ *Tivera um Beguin infantil por um jovem violinista que já fazia excursões por pequenas **cidades NORTE-americanas**.* (BH)

norte ⇨ Ver N.

1. Grafa-se:

◇ com inicial minúscula quando designa o ponto cardeal que se opõe a **sul**. ✦ *Abaixo, um mapa dos tesouros escondidos de **NORTE** a sul do Brasil, para que não se perca a pista deles nas cidades que abrigam essas raridades.* (VEJ)

◇ com inicial maiúscula quando se refere a região. ✦ *Eu nem estava aqui no Rio nesse dia, estava no **NORTE**, fazendo contatos políticos.* (AGO)

2. Os adjetivos correspondentes são:

◇ **setentrional**. ✦ *Tomam-lhe também a vertente **SETENTRIONAL** estendendo-se pela região fronteiriça de Minas Gerais.* (H)

◇ **boreal**. ✦ *As auroras (**BOREAL** quando no Hemisfério Norte, austral quando no Sul) são*

Norte da Europa...

constituídas por faixas de luz que surgem no céu noturno. (FSP)

N é o símbolo de **norte**.

Norte da Europa (Dinamarca, Finlândia, Noruega, Suécia e Islândia)

O adjetivo pátrio é **nórdico**. ♦ *Os resultados das negociações podem ser publicados ainda nesta semana e criariam o maior banco NÓRDICO.* (FSP)

Noruega [Europa]

Os adjetivos pátrios tradicionalmente indicados (e respectivas substantivações) são **norueguês** e **norueguense**, mas esta última forma é rara. ♦ *Na primeira fase, o time NORUEGUÊS havia eliminado o também italiano Milan do torneio.* (FSP) ♦ *Os NORUEGUENSES não reclamaram das duas decisões.* (FSP)

nos(o)-

É elemento (grego) que se liga a um elemento seguinte. O significado liga-se a "doença". ♦ *É que o fino primo Vaz ia-se consumindo pouco a pouco, ao fogo lento da tísica e a irmã de minha Mãe padecia de NOSOFOBIA e NOSOMANIA.* (BAL)

Nosce te ipsum.

É frase latina que significa "Conhece-te a ti próprio". É a tradução da inscrição grega *Gnôthi seautón*, existente no frontão do templo de Apolo, em Delfos. ♦ *(Sócrates) Adotou como lema a inscrição do Templo de Apolo, "NOSCE TE IPSUM" (conhece-te a ti mesmo).* (HF)

nost(o)-

É elemento (grego) que se liga a um elemento seguinte. Significa "retorno", "regresso". ♦ *Já não se lembrando dos livros que me emprestou, meu amigo abrirá a mala com curiosa NOSTALGIA, como se abrisse uma herança dele mesmo.* (EST) ♦ *E isso não significa gente de meia-idade, NOSTÁLGICA, bebericando ao som de Gloria Gaynor.* (FSP)

notebook

É palavra inglesa que significa "caderno de anotações". Na linguagem da informática, designa microcomputador portátil, menor que o *laptop*. ♦ *Os NOTEBOOKS tendem a substituir os micros de mesa, pois cada vez mais dispõem de recursos que os põem em pé de igualdade a seus irmãos maiores.* (FSP)

notoriedade

Com E antes do sufixo **-dade**, como em todo substantivo ligado a adjetivo terminado em **-ário** e **-ório**. ♦ *Nada tem para atrair a NOTORIEDADE, senão a autenticidade da sua voz.* (ESS)

nouvelle cuisine

É expressão francesa que designa um modo de cozinhar moderno em que se evita excesso de gordura e de tempero. ♦ *São receitas tradicionais que não têm nada a ver com a "NOUVELLE CUISINE" – pratos com pouca gordura, molhos mais leves e em pequenas quantidades.* (FSP)

nouvelle vague

É expressão francesa que designa movimento criado em meados do século XX por cineastas franceses ligados à crítica cinematográfica. ♦ *Ao pé da letra, "NOUVELLE VAGUE" quer dizer "nova onda". No Brasil, o movimento poderia muito bem se chamar bossa nova, ou cinema novo.* (FSP) ♦ *Nos anos 60, a moda entre os franceses descolados era frequentar os cinemas do Quartier Latin, em Paris, para assistir aos filmes de Jean-Luc Godard, François Truffaut e Claude Chabrol, que dissecavam cruelmente a arrogância da pequena burguesia e seus hábitos. Era o auge da NOUVELLE VAGUE.* (VEJ) ♦ *Se trouxe novidades em termos de produção (sobretudo) e realização, a NOUVELLE VAGUE impõe-se como o primeiro encontro sistemático entre crítica e realização.* (FSP) ♦ *O termo "NOUVELLE VAGUE" é, na verdade, uma tentativa de designar a produção de cineastas distintos que têm em comum o fato de abordarem as transformações do mundo contemporâneo e as angústias que as acompanham.* (FSP)

núbil

nov(i)- ⇨ Ver neo-.

É elemento (latino) que se liga a um elemento seguinte. Significa "novo", "moderno". Corresponde ao elemento grego **neo-**. ✦ *Nos degraus destes cruzeiros de cemitérios é que senta o Grão-Porco na meia-noite das sextas-feiras de NOVILÚNIO.* (BAL)

Nova ⇨ Ver *New*.

Nova entra como primeiro elemento de muitos nomes geográficos compostos estrangeiros cuja forma é traduzida ou adaptada ao português. ✦ *O Intruso (Vigil, 1984) marcou a primeira participação da NOVA Zelândia no Festival de Cannes.* (ESP) ✦ *Rita é Sadie Thompson, uma ex-prostituta de Honolulu que depois da II Guerra Mundial resolve largar a vida fácil e se mudar para a NOVA Caledônia, próximo à Austrália.* (VEJ) ✦ *Halifax, capital da província canadense de NOVA Escócia, e Curitiba mantêm convênio de cooperação técnica na área de planejamento e desenvolvimento urbano.* (FSP) ✦ *Um, comandado pelo almirante William Halsey, lutou pelas ilhas NOVAS Hébridas, Salomão e ajudou na reconquista da NOVA Guiné.* (FSP) ✦ *Os republicanos de Cromwell transportaram para a NOVA Inglaterra a semente da libertação de seus vínculos com a mãe-pátria.* (TGB) ✦ *Otto Rank primeiro esteve em Paris, antes de continuar sua viagem para NOVA Iorque.* (PS)

Em geral, nos nomes geográficos referentes aos Estados Unidos, mantém-se totalmente a forma inglesa nos compostos com *New*. Apenas para **Nova Inglaterra** e **Nova Iorque** esse procedimento não é comum.

Nova Iorque [Estados Unidos]

O adjetivo pátrio é **nova-iorquino**. ✦ *Cada NOVA-IORQUINO é um náufrago abandonado em sua ilha.* (CV)

Nova Zelândia [Oceânia]

O adjetivo pátrio é **neozelandês**. ✦ *O navegador NEOZELANDÊS Peter Blake vai ser o novo comandante das expedições da Sociedade Cousteau.* (FSP)

novel

1. A sílaba tônica é a última (**VEL**), e, por isso, a palavra não leva acento (oxítona terminada em **L**). Significa "que tem poucos anos de existência", "novo". ✦ *As dificuldades de transporte ainda pesavam sobre a NOVEL indústria.* (RM)

2. O plural é **novéis**. ✦ *Em 1917, um diploma legal ofereceu estímulos às NOVÉIS indústrias, mas o progresso alcançado foi de pouca expressão.* (JK-O)

noves ⇨ Ver prova dos noves.

Nas expressões **prova dos noves** e **noves fora**, usa-se o plural de **nove**. ✦ *A única prova dos NOVES é o swing.* (SS) ✦ *E Ziraldo faz tudo bem. Criatura sem vírgulas e NOVES fora.* (CRU)

nuança, nuance

São formas usadas como variantes para designar gradação de cor, tom, matiz (francês: *nuance*). Entretanto, só a forma **nuança** é registrada oficialmente em português, embora **nuance**, que conserva a forma original francesa, seja a mais usual (63%). ✦ *A cor de requeijão fresco desidratara-se para uma NUANÇA que a pintura tornava macabra.* (DM) ✦ *A moda atual tem NUANÇAS suaves que exigem modelos sem muitas formas.* (VEJ) ✦ *Madeira branca ou amarelada, passando ao bege-claro, uniforme, podendo apresentar NUANCE rósea, lisa, moderadamente pesada e dura, pouco resistente aos agentes deletérios.* (BEB)

Núbia (região) [África]

O adjetivo pátrio é **núbio**. ✦ *Deves contratar três assassinos NÚBIOS...* (CEN)

núbil

1. A sílaba tônica é **NÚ**, e, por isso, a palavra leva acento (paroxítona terminada em **L**). Significa "casadoiro". ✦ *Renovar os vencedores do futebol é preciso, pois, como lembra João Cabral, falando do América, eles têm o gosto da "coisa fresca, pele sensível, NÚBIL, nova".* (FSP)

nuca

2. O plural é **núbeis**. ◆ *De começo eram apenas os "brotos" ainda mal NÚBEIS que me davam.* (B)

nuca

Os adjetivos correspondentes são:

◇ **nucal**. ◆ *O HC já realizou 700 exames de translucência **nucal** nos últimos 18 meses, detectando cinco casos de anomalia fetal.* (FSP)

◇ **occipital**. ◆ *Quanto à localização, em geral, as hérnias cerebrais são mais comuns na região OCCIPITAL.* (BAP)

nucleico

A palavra tem formas variantes na fala, ou com o ditongo EI aberto ou com o ditongo EI fechado, mas a grafia é a mesma. A primeira forma é a recomendada em manuais normativos e a única abrigada em alguns dicionários. O adjetivo se refere a uma formação com ácido fosfórico, bases nitrogenadas e glicídios. ◆ *O planejamento racional de fármacos baseado em estruturas é uma tecnologia moderna de descoberta de novas drogas que se baseia na inibição ou estimulação da atividade biológica de macromoléculas, proteínas ou ácidos NUCLEICOS (DNA e RNA).* (FSP)

núcleo

Usa-se à direita de outro substantivo, atuando como classificador ou como qualificador (como um adjetivo). ◆ *A elas juntava-se o Rio de Janeiro (fundado em 1565) enquanto cidades NÚCLEOS do Brasil.* (RBH)

Mais frequentemente forma-se um substantivo composto, com a ligação dos dois elementos por hífen. ◆ *Editado pelos Cahiers du Cinéma (a **revista-NÚCLEO** da nouvelle vague), o livro traz, em suas 190 páginas, cartas, fotos, documentos, canções e poemas inéditos.* (FSP)

Em ambos os casos, no plural variam os dois elementos, ou apenas o primeiro (o que é mais usual). ◆ *Ocorreu em Belo Horizonte, dia 17, o 3º fórum dos prefeitos das **cidades-NÚCLEO** das regiões metropolitanas.* (FSP) ◆ *A elas juntava-se o Rio de Janeiro (fundado em 1565) enquanto cidades núcleos do Brasil.* (RBH)

nudez

Com **Z**, como todo substantivo abstrato em **-ez** derivado de adjetivo. ◆ *As moças vão lá exibir a sua NUDEZ.* (BPN)

núpcias

É substantivo que só se usa no plural (*pluralia tantum*). ◆ *Passar a noite de NÚPCIAS numa pensão pode ser uma experiência inesquecível.* (VIS)

nutriz

Com **Z**. O substantivo designa mulher que amamenta. ◆ *A NUTRIZ deve ingerir bastante líquido para repor a água utilizada na formação do leite.* (NT)

nuvem

É substantivo coletivo para gafanhotos. ◆ *Encheu o céu como a NUVEM de gafanhotos que obnubila o sol.* (CF)

nylon, náilon

1. *Nylon* é palavra inglesa (marca registrada), usual em português. ◆ *A montagem dos armários é feita com parafusos de aço e buchas de NYLON.* (AMI)

2. **Náilon** é a forma de grafia aportuguesada (com acento porque é paroxítona terminada em **N**). ◆ *Os pneus são recheados com um jogo de peças circulares de NÁILON de alta resistência.* (VEJ)

Ambas as formas são usadas aproximadamente com a mesma frequência.

O

o

O nome da letra é **ó**. Com acento agudo.
* *Representam o homem e a mulher, formando um **ó***. (GCC)

O ⇨ Ver **Oeste** ⇨ Ver **W**.

É símbolo de **oeste**. * *E fez bem, porque então lhe aconteceu o que em tais circunstâncias acontece às criaturas humanas, a 19° de latitude sul e a 45° de longitude **O** de Gr.* (AS)

W é símbolo inglês (usado internacionalmente) de **oeste** e de **ocidental** (inglês: *West* e *Western*, respectivamente).

ó ⇨ Ver **oh!**

Ó é forma usada antes de chamamento (vocativo). * *Nunca te abandonaremos, **Ó** eleito!* (BH)

Oh! é palavra exclamativa (interjeição).

o quanto ⇨ Ver **quanto**.

1. Uma oração iniciada pelo advérbio **quanto** pode ser subordinada a outra (complemento de outra).

Essa oração, entretanto, pode ser substantivada (precedida por artigo definido). * *Mesmo sabendo **O QUANTO** era penosa e estafante aquela excursão, eu sempre pleiteava ir com mamãe.* (ANA) * *Quando a porta se abriu, no calor de uma resposta mais forte, **vi O QUANTO** havia me enganado.* (CCA)

2. O mesmo ocorre quando se trata de orações que têm o advérbio **quanto** precedido de preposição. * *Ela se arrepia pensando **nO QUANTO** teve que ser "técnica" para auxiliá-lo.* (CH) * *Foi o velho quem primeiro me*

*falou da penicilina e **dO QUANTO** um negócio desses poderia render.* (DE)

o restante de, o resto de

Com essas expressões (+ substantivo ou pronome no plural) como sujeito, o verbo:

◇ se posposto:

- fica no singular (o que ocorre muito mais frequentemente). * ***O RESTANTE Das** ações coube a outra rede de TV a cabo, a Cox Enterprise.* (EX) * *Com o bloco dos ambulatórios concluído, **O RESTANTE Das** obras foi paralisado em junho de 1980, por falta de verbas.* (JL-O) * ***O RESTO Dos** condicionantes ou determinantes praticamente não existiu, ou melhor, não **atuou** nas definições dos partidos adotados.* (AQT)

- vai para o plural. * ***O RESTO Das** redações já **apagaram** as luzes.* (RE) * *Tudo como se **O RESTO Das 10 provas** do Mundial estivessem programadas para **serem** disputadas sob chuva.* (JB)

◇ se anteposto, fica no singular, concordando com o substantivo núcleo da expressão que é sujeito (**restante, resto**). * *Depois, coloca-se **O RESTANTE Dos** cem litros de água.* (GL) * *A eles pouco **interessa O RESTO Dos** brasileiros.* (PAN)

O tempora! o mores!

É expressão latina que significa "Ó tempos! ó costumes!". É uma exclamação constante de várias obras de Cícero, usada para verberar costumes da época, considerados escandalosos. * *"**O TEMPORA, O MORES!**". A notícia de que o PPS (ex-PCB) prepara-se para lançar*

o(b)-

300 candidatos evangélicos "de esquerda" para as Câmaras Municipais de todo o país faria a alma do velho Marx – se é que ele tem uma alma imortal – padecer de um súbito ataque de traição. (FSP)

o(b)-

É prefixo de origem latina que indica posição fronteira ou contrária. ◆ *Ainda quis* **OBTEMPERAR**, *mas Bezerra, abrindo a porta, afunfou no corredor.* (CL) ◆ *Segundo ela, a empresa nacional fortalecida acabaria por* **OPOR**-*se aos interesses do capitalismo internacional.* (NEP)

Quando se segue a **ob-** um elemento iniciado por **R**, a composição se faz com hífen. ◆ *Não demorou o Governo Português em dar resposta feroz ao Breve. A Lei de 6 de Maio de 1765 declara-o* **OB-REPTÍCIO**, *sub-reptício e como tal nulo.* (BR)

-oar

Os verbos em **-oar** têm **-e** final na terceira pessoa do singular do presente do indicativo. ◆ *Essa sensibilidade exacerbada não faz com que se* **MAGOE** *para além de sua resistência?* (CH) ◆ *Os parlamentares sugerem que o governo* **DOE** *à população todo o estoque de alimentos que está nos seus armazéns.* (EM)

obcecação, obcecado ⇨ Ver obsessão.

1. **Obcecação**, substantivo ligado ao verbo **obcecar(-se)**, significa "cegueira", "obstinação". ◆ *Está provado que, em amor, a sua imaginação, desde a* **OBCECAÇÃO** *sensual por Josefina até a sua cega paixão de "parvenu" por Maria Luísa, não ia longe.* (JO)

2. **Obcecado** significa "cego", "obstinado". ◆ *Jones estava* **OBCECADO** *pela ideia de obter a custódia de um menino que dizia ser seu filho.* (MAN)

Obsessão significa "ideia fixa".

obedecer

Segundo as lições tradicionais, usa-se com complemento iniciado pela preposição **a** (pronome oblíquo **lhe**, quando se trata de pessoa). É, de fato, o que ocorreu mais frequentemente

(cerca de 85%). ◆ *Qual dos dois filhos* **OBE- DECEU** *ao pai que os mandou trabalhar na vinha?* (RET) ◆ *O segundo pelotão* **OBEDECE** *às ordens de Dom Cristoval Capi.* (CID) ◆ *Confessa de si para consigo que gosta de* **OBEDECER-lhe**. (CC)

Entretanto, ocorrem (15%) construções com complemento sem preposição (objeto direto), o que, na verdade, pode representar uma conservação de regência clássica. Essas construções são mais criticadas pelas lições normativas quando se trata de complemento representado por nome humano. Entretanto, elas são usuais com qualquer tipo de nome no complemento. ◆ *A rotina de queimadas e derrubadas nesse trimestre* **OBEDECE o ciclo das chuvas**. (FSP) ◆ *Ele então tinha matado a mulher só para* **OBEDECER o Zumbi** *e virar padre.* (PM)

A voz passiva (que corresponde a uma construção com complemento sem preposição) não é condenada nas gramáticas normativas. ◆ *O costume* **foi OBEDECIDO por** *gerações.* (FSP) ◆ *O Coronel bonachão ou com fama de valente* **era OBEDECIDO** *sem nenhuma contestação.* (CRO)

O complemento do verbo **obedecer** pode deixar de ser expresso. ◆ *A senhora ri com seu riso manso, mas* **OBEDECE**. (CC)

objeção ⇨ Ver abjeção, abjeto.

Objeção significa "réplica", "contestação". ◆ *Ouvirei atentamente toda e qualquer* **OB- JEÇÃO**. (BN)

Abjeção significa "baixeza", "infâmia", "aviltamento".

objeto ⇨ Ver abjeção, abjeto.

Objeto é substantivo que se usa à direita de outro substantivo, atuando como classificador ou qualificador (como um adjetivo). ◆ *A* **mulher OBJETO**, *o homossexual e o machão ratificam a tríade constante da pornochanchada.* (FIC) ◆ *Só não dá para entender por que esse* **homem OBJETO** *do desejo absoluto é sempre o Michael Douglas.* (FSP)

Chega a formar-se um substantivo composto, com a ligação dos dois elementos por hífen.

obsoleto, obsolescência

É oficialmente registrado, por exemplo, o composto **mulher-objeto**. ✦ *Não me agrada ser olhado como **homem-OBJETO**.* (VEJ) ✦ *Mas aí, ao que parece, o esforço terrível de lutar contra o destino já a tinha tirado da sua submissão, do seu conformismo de **mulher--OBJETO**.* (FAB)

O plural oficialmente indicado se marca apenas no primeiro elemento, mas também ocorre o plural nos dois substantivos da formação. ✦ *Cada coluna de combatentes nos Andes peruanos inclui cinco mulheres, que funcionam como **guerrilheiras-OBJETO**.* (VEJ) ✦ *Vestem-se com roupas da moda, só se preocupam com o visual e não passam de **MULHERES-OBJETO**.* (FSP) ✦ *Avessa a cantadas e primeira a criticar **MULHERES--OBJETOS**, Dora não hesitou em posar nua para a "Playboy".* (FSP)

oblação ⇨ Ver ablação ⇨ Ver ablução.

Oblação significa "oferenda (especialmente a Deus)". ✦ *Colocando sobre o altar a Vítima divina, o Sacerdote A apresenta a Deus Padre, como **OBLAÇÃO** em louvor de glória à Santíssima Trindade e em benefício de todas as almas.* (MA)

Ablação significa "corte", "extirpação".

Ablução significa "lavagem", "purificação pela água".

óbolo

É com **O** na penúltima sílaba (**BO**). A sílaba tônica é a antepenúltima, e, por isso, a palavra leva acento (proparoxítona). Significa "pequeno donativo", "esmola". ✦ *É um modesto **ÓBOLO** para as obras paroquiais, um contributo de coração.* (VPB)

obrigado(a) ⇨ Ver agradecido(a).

Quando dito por mulher, para agradecer, usa-se no feminino. ✦ *"**OBRIGADO** pelo refrigerante", agradeceu **o garoto** da padaria, num sorriso suado, com o cesto vazio sobre o ombro.* (ACM) ✦ *Muito **OBRIGADA** – disse **a cega**, meio gritado.* (FE)

2. Substantivada, a forma é masculina. ✦ *Mas nem **um** "**OBRIGADO**" ouviu-se, depois das palavras de Bertha.* (OE)

obrigar

Usa-se com dois complementos, um sem preposição (referente a pessoa ou animal) – que pode não estar expresso – e o outro iniciado pela preposição **a** (geralmente com infinitivo). ✦ *Meu pai, ao contrário, **me OBRIGOU** **a** trabalhar quando eu ainda era garoto.* (BL) ✦ *O povo **se OBRIGA a** obedecer ao rei enquanto ela acatar a Lei Divina.* (JU) ✦ *A vida militar **OBRIGA a** viagens, transferências, missões.* (ALF)

obrigatoriedade

Com **E** antes do sufixo **-dade**, como em todo substantivo ligado a adjetivo terminado em **-ário** e **-ório**. ✦ *Quando foi decretada a **OBRIGATORIEDADE** da vacina antivariólica, a revolta estourou.* (HIB)

obsceno

Com **SC**. Significa "que /quem fere o pudor". ✦ *Os trabalhos duravam horas, o suor escorria-lhes do rosto e, ao separarem-se, os corpos úmidos produziam estalo **OBSCENO**.* (DE)

observação, observância

1. **Observação** designa a ação de observar: "exame", "prática", "advertência". ✦ *Seu Valico não deu importância à **OBSERVAÇÃO** do capataz.* (CHA)

2. **Observância** significa "cumprimento rigoroso". ✦ *A **OBSERVÂNCIA** do celibato eclesiástico constituiria agora um problema, tornar-se-ia como que impossível em nossos dias e em nosso mundo.* (REA)

obsessão ⇨ Ver obcecação.

Obsessão significa "ideia fixa". ✦ *A figura do agente ficou, verdadeira **OBSESSÃO**, no espírito de Renato.* (BH)

Obcecação significa "cegueira", "obstinação".

obsoleto, obsolescência

Com um **S** depois do **B**. **Obsoleto** é adjetivo que significa "que caiu em desuso" e **obsolescência** é o substantivo correspondente. ✦ *O computador fica **OBSOLETO** muito antes de os componentes pifarem.* (VEJ) ✦ *Já a linguagem regional não corre esse risco de*

OBSOLESCÊNCIA rápida, como dizem os fabricantes de automóveis. (CT)

obstar

1. É verbo regular. Em nenhuma das formas, existe **I** entre o **B** e o **S**: **obsta, obste**.

2. Modo de construção:

◇ Significando "interpor obstáculo a", "barrar", usa-se com complemento sem preposição (objeto direto). ✦ *Outros dois ficaram de sentinela para* ***OBSTAR a intervenção de algum paisano.*** (COT)

◇ Significando "constituir obstáculo a", "ser impedimento para", usa-se com complemento sem preposição (objeto direto) ou com complemento iniciado pela preposição **a**. ✦ *O mesmo Plano Real não **OBSTA** que os aumentos salariais concedidos sejam imediatamente repassados aos preços.* (FSP) ✦ *Dentro da lei e da ordem, de nós soberanamente emanadas, nada **OBSTA a** que o estrangeiro adquira esta ou aquela gleba, compre este ou aquele quinhão de solo pátrio.* (CPO)

obstetriz

Com **Z** no final (corresponde a um nome com **C**: **obstetrícia**). É o mesmo que **parteira**. ✦ *É claro que um médico não pode mais ficar 12 horas ao lado de uma paciente. Mas a **OBSTETRIZ** poderia.* (VEJ)

obstruir

Tem conjugação regular, como **construir**. Significa "tapar", "vedar". ✦ *Borra negra, resíduo que **OBSTRUI** o filtro da bomba de óleo e as canaletas de lubrificação.* (AUT) ✦ *A imprensa, vez por outra, divulga notícias de grupos de adolescentes que **OBSTRUEM** vias públicas para impedir o trânsito de veículos.* (LAZ)

obter

1. Conjuga-se como o verbo **ter**, de que se formou. ✦ *Sempre, do pouco que **OBTINHA**, sobrava um mínimo que ela geralmente empregava em ajudar os mais pobres.* (BAL) ✦ *Defensores do golpe alegam que a FIS jamais **OBTEVE** maioria de votos na Argé-*

lia. (ESP) ✦ *Como não **OBTIVESSE** resposta, foi até a sala.* (PCO)

2. Como as formas de terceira pessoa (do singular e do plural) do presente do indicativo são oxítonas em **em**, elas são acentuadas: com acento agudo no singular e com acento circunflexo no plural. ✦ *Sendo os óleos solventes removidos do petróleo cru, por evaporação ou destilação, **OBTÉM**-se o asfalto.* (COM) ✦ *Melhores resultados **OBTÊM** duplas ou trios de autores que habitualmente trabalham juntos.* (ROT)

obus

A sílaba tônica é a última (**BUS**), e, por isso, a palavra não leva acento (oxítona terminada em **US**). O substantivo designa:

◇ pequena peça de artilharia semelhante a um morteiro comprido. ✦ *Um tiro de **OBUS** caiu sobre o centro de Sarajevo.* (FSP)

◇ projétil, granada, bomba. ✦ *A ciência unitária explode como um **OBUS**.* (IP)

obviar ⇨ Ver -iar.

1. Tem conjugação regular. A primeira pessoa do presente do indicativo é (**eu**) **obvio**, sendo **VI** a sílaba tônica (sem acento). A forma não ocorreu.

2. Significando "remediar", usa-se com complemento sem preposição (objeto direto). ✦ *Que fazer para **OBVIAR** esses detrimentos e assegurar os aspectos positivos da comunicação televisiva?* (FSP)

3. Significando "resistir", "opor-se", usa-se com complemento iniciado pela preposição **a** (objeto indireto) ✦ *Justamente para **OBVIAR a** isso é que estamos aqui reunidos.* (PRO)

OCDE

É a sigla de **Organização para a Cooperação e o Desenvolvimento Econômico**. ✦ *Todos os países citados pela **OCDE** têm governos estáveis, uma saúde econômica impressionante e um mercado completamente desregulamentado.* (VEJ)

Oceânia, Oceania ⇨ Ver oceano.

1. A sílaba tradicionalmente indicada como tônica é **Â** (com acento). ✦ *O oceano Índi-*

co, cujo nome vem da Índia, é o menor dos oceanos, situando-se entre a Ásia, África e OCEÂNIA. (OMA)

Entretanto, é muito mais usual (94%) a forma **Oceania** (com a sílaba tônica NI, sem acento). ◆ *Localizada a 66° latitude sul, a Antártida, a exemplo da OCEANIA, é um continente totalmente cercado pelo mar.* (OCE)

2. O adjetivo pátrio é **oceânico.** ◆ *Junto aos exemplares das plantas há mapas com os roteiros percorridos por elas nos continentes americano, africano, asiático e OCEÂNICO.* (FSP)

Oceânico também é o adjetivo correspondente a **oceano.**

oceano ⇨ Ver Oceânia, Oceania.

O adjetivo correspondente é **oceânico.** ◆ *Este formaria uma camada contínua, ora coberta diretamente pelas águas, no largo domínio OCEÂNICO, ora oculta sob as massas siálicas, no domínio continental.* (AVP)

Oceânico também é o adjetivo correspondente a **Oceânia** ou **Oceania.**

ocre, ocra

1. São formas variantes, ambas oficialmente registradas. O **O** é aberto, no singular e no plural.

A forma **ocre** é indicada, em algumas obras tradicionais, como galicismo, recomendando-se a forma **ocra** (de origem grega), que, entretanto, é de uso raro.

2. Como substantivo, **ocre / ocra** designa argila colorida por óxido de ferro de tonalidade pardacenta, que vai para o amarelo ou o vermelho. ◆ *Uma lua em potencial, lá em cima, ganhava tons, parecia uma bola de OCRE.* (MPB) ◆ *Outras galerias já tentaram unir o utilitário com a arte – caso da arte aplicada de Sabina de Libman ou da OCRA, só dedicada à cerâmica.* (VEJ)

Como adjetivo, refere-se a cor semelhante à da terra. ◆ *Marrakech é inteirinha vestida em tons de terracota, vermelho e OCRE, confundindo-se com a terra.* (CLA) ◆ *Se é*

que é possível imaginar a cartela de cores do ano 2000, ela deverá vir sombria, em tons escuros e OCRES.* (FSP)

oct(o/a)-

É elemento (grego e latino) relativo ao numeral **oito.** A grande maioria das formações é com **octo-.** ◆ *Essa caixa-d'água tinha forma OCTOGONAL e telhados baixos como os da torre da igreja bizantina de Dafne.* (CF) ◆ *(...) e isto dispensava a ele, Damião, já OCTOGE-NÁRIO, de deixar o sossego de sua sesta ou a paz de seus livros.* (TS) ◆ *As camadas dos diminutos cristais inclusos algumas vezes são paralelas às faces do OCTAEDRO de espinélio maior.* (PEP)

Se o elemento seguinte começar por **R** ou **S**, é necessário duplicar essa letra (que ficará entre duas vogais, na escrita). ◆ *Tetrâmetros iâmbicos (...) correspondem aproximadamente aos nossos OCTOSSÍLABOS.* (FSP)

octingentésimo, octogésimo

1. **Octingentésimo** é a forma de numeral ordinal correspondente a 800. Não ocorreu.

2. **Octogésimo** é a forma de numeral ordinal correspondente a 80. ◆ *Por isso, naquele dia, resolvi dar uma olhada nas plantas do Marcos. Afinal, era, talvez, a OCTOGÉSIMA vez que ele me pedia.* (T)

óctuplo

É a forma de numeral multiplicativo (substantivo ou adjetivo) correspondente a 8. ◆ *Os quatro diâmetros são as nobres verdades que culminam nos oito raios – a nobre senda ÓCTUPLA.* (BUD)

ocul(o)- ⇨ Ver oftalm(o)-.

É elemento (latino) que se liga sem hífen a um elemento seguinte. Significa "olho". Corresponde ao elemento grego **oftalm(o)-**. ◆ *OCULOMANCIA: forma de conhecimento e predição obtida pelo estudo e observação da cor, forma e brilho dos olhos.* (FSP)

óculo, óculos

1. O substantivo **óculo**, no singular, designa:

ocultado, oculto

◇ instrumento composto de lentes que facilitam a vista, luneta; com esse significado, tem uso restrito. ◆ *Desta vez traziam um ÓCULO de alcance e uma lupa do tamanho de um tambor.* (CAS)

◇ abertura na parede, destinada a fazer passar a luz. ◆ *No alto de uma colina ficava a capela, rodeada por um muro baixo, de pedra. Na fachada abriam-se duas janelas e um ÓCULO acima da porta.* (RET) ◆ *Há um corred de casas apenas de um lado, encostadas umas nas outras, todas com telhados de duas águas, uma porta, duas janelas, ÓCULO no sótão, sendo algumas para residências e outras para comércio.* (UQ)

2. **Óculos** é a palavra na forma plural; por isso mesmo, tradicionalmente se indica que ela só se usa com adjuntos plurais e com concordância no plural. ◆ *O fazendeiro ajeitou os ÓCULOS.* (ALE) ◆ *Quebraram meus ÓCULOS, assino sem ler.* (CNT) ◆ *Usavam ÓCULOS escuros e, na cintura, uma arma.* (BL)

Entretanto, é comum o uso da palavra como se se tratasse de forma singular, e isso ocorre não apenas em registro popular. ◆ *Até o ÓCULOS fora trocado por um enorme, de aros pretos, e quadrado.* (DE) ◆ *É como tirar o ÓCULOS e o cachimbo do Nick Holmes.* (FSP) ◆ *Ele estava usando um ÓCULOS com lentes grossas e vestia uma jaqueta.* (FSP) ◆ *Sou um forasteiro e nem sequer os mortos talvez já me reconheçam sob esta velhice precoce e este ÓCULOS escuros.* (DM) ◆ *Logo no primeiro foguete que tomou, voou nariz, voou ÓCULOS, voou boné de Nequinho (...).* (NI)

ocultado, oculto

1. A forma de particípio **ocultado** é mais usada com os auxiliares **ter** e **haver**. ◆ *A Rede Globo nega que tenha OCULTADO o episódio.* (VEJ) ◆ *Ao entrarem na casa dos Stephens, Samantha já havia OCULTADO as "provas" e a inconformada Sra. Kravitz passava por louca.* (FSP)

2. A forma **oculto** é mais usada com os verbos **ser** e **estar**. ◆ *Se o defeito for OCULTO – falha*

em uma trilha de disco rígido, por exemplo –, o prazo vale a partir do momento da descoberta da falha.* (FSP) ◆ *O conto se constrói para fazer aparecer artificialmente algo que estava OCULTO.* (FSP)

odiar ⇨ Ver -iar.

É um dos cinco verbos em **-iar** que recebem **E** nas formas rizotônicas, isto é, nas formas que têm a sílaba tônica no radical. Nessas formas, eles se conjugam, pois, como se fossem verbos em **-ear**. ◆ *ODEIO este degredo onde o meu homem definha.* (CHR)

Os outros verbos do mesmo tipo são **ansiar, incendiar, mediar, remediar**.

odont(o)-, -odonto

É elemento (grego) que se liga a um elemento seguinte ou a um anterior. Significa "dente". ◆ *O controle da cárie dental representa, na atualidade, o grande desafio da ODONTOLOGIA.* (HB) ◆ *A doença PERIODONTAL caracteriza-se pelo surgimento de modificações do PERIODONTO, provocadas por bactérias provenientes da placa bacteriana.* (HB)

Se o elemento seguinte começar por **R** ou **S**, é necessário duplicar essa letra (que ficará entre duas vogais, na escrita). ◆ *Um simpático dinossauro – o ODONTOSSAURO – dá dicas às crianças de como cuidar bem de seus dentinhos.* (FSP)

odor, olor

São formas variantes que significam "cheiro", "fragrância". ◆ *Um ODOR de resinas balsamizava o ar.* (ALE) ◆ *A princípio o OLOR das velas encheu a capela.* (TS)

OEA

É a sigla de **Organização dos Estados Americanos**. ◆ *O Governo acabou adotando o meu ponto de vista e o voto da delegação brasileira na OEA foi de abstenção, justificando-a com uma declaração de voto.* (OL)

-ões ⇨ Ver -ão.

É, no geral, a forma plural do sufixo **-ão**, formador de adjetivos e de substantivos com ideia de abundância. ◆ *Via-a sorrir e voltar*

ohm

para mim os olhos BRINCALHÕES. (MAR)
• *Eu sou o rei dos CHORÕES.* (VEJ)

oeste ⇨ Ver O ⇨ Ver W.

1. Grafa-se:

◇ com inicial minúscula quando designa o ponto cardeal que se opõe a **leste**. • *Imaginei que a corrente elétrica seguia a direção OESTE, nos deixando na rabeira de um enorme curto.* (BL)

◇ com inicial maiúscula quando se refere a região. • *Estava no começo da zona a que chamam de OESTE de Minas.* (SA)

2. O adjetivo correspondente é **ocidental**. • *A parte mais OCIDENTAL (oeste) tem longitude de aproximadamente 74° W.* (ATE)

O e **W** são símbolos de **oeste**.

ofender

Usa-se com complemento sem preposição (objeto direto). • *Suas poucas construções não OFENDEM a mata imponente que a cerca.* (OLA) • *Não disse, com receio de OFENDER o homem dos brincos.* (GD)

office boy, office-boy

1. *Office boy* é expressão inglesa que designa funcionário, em geral bem jovem, que é encarregado de pequenos serviços de um escritório. • *Ouvi dizer que havia um OFFICE BOY no Citibank que chamou a atenção em um dos jogos.* (FSP)

2. O sentimento de formação de um substantivo composto leva à grafia com hífen, tão usual como a grafia em duas palavras. • *Quando o OFFICE-BOY sai, entra um homem alto, forte, bem vestido, que se aproxima do balcão.* (ROT)

offside ⇨ Ver impeachment, impedimento.

Offside é palavra inglesa que, no futebol, designa o que em português se chama **impedimento**. Ocorre em português como substantivo composto (com hífen). A pronúncia aproximada é **ofsaid** (com O aberto). • *A lei do OFF-SIDE (fora de jogo) ou Lei do Impedimento, como é conhecida entre nós.* (FB)

A forma mais usual, entretanto, é **impedimento** (98%).

Impedimento também é o termo português que traduz *impeachment*, mas para essa acepção geralmente se prefere o termo inglês.

ofídio, ofídico

1. **Ofídio** é adjetivo e substantivo. Refere-se a cobra, serpente, víbora. • *Por razões óbvias, os médicos hindus eram hábeis no tratamento de acidentes OFÍDIOS; usavam para isso torniquete e incisões, juntamente com preces rituais.* (APA) • *Lembro que ali existiam ninhos de cobra, e muitos galináceos pereceram, vítimas dos OFÍDIOS.* (REL)

2. Outro adjetivo é **ofídico**. *Mostram também as características do envenenamento OFÍDICO, o procedimento em caso de acidente, o que é o soro e como encontrá-lo.* (GL)

oftalm(o)- ⇨ Ver oculo-.

É elemento (grego) que se liga a um elemento seguinte. Significa "olho". Corresponde ao elemento latino **ocul(o)-**. • *O ano de 1851 marca a separação de duas eras na história da OFTALMOLOGIA – a descoberta do OFTALMOSCÓPIO por Hermann Helmholtz.* (GLA)

ogiva

Com **G**. Designa, em arquitetura, a figura (típica das abóbadas góticas) formada pelo cruzamento de dois arcos iguais que se cortam superiormente, formando um ângulo agudo. • *Bilac vai odiá-lo, ele quebra a OGIVA fúlgida e as colunatas do templo do santo pontífice.* (UQ)

oh! ⇨ Ver ó.

É palavra exclamativa (interjeição) • *– OH, que viagem!* (JT)

Ó é forma usada antes de chamamento (vocativo).

ohm

É o nome da unidade de medida de resistência elétrica, no Sistema Internacional. Procede do nome do físico alemão Georg Simon Ohm. • *OHM – é a unidade de resistência elétrica.* (ELE)

ói

ói ⇨ Ver **éi** ⇨ Ver **éu.**

Acentuação gráfica do ditongo tônico aberto "ói":

1. Leva acento agudo quando está na última sílaba (palavras oxítonas) ou na única sílaba (monossílabos). ◆ *Toalhas, LENÇÓIS e discos ela jogara no lixo.* (AGO) ◆ *A madrugada refrescava os corpos queimados pelos SÓIS sucessivos.* (NCO)

2. Não leva acento agudo quando está na penúltima sílaba (palavras paroxítonas). ◆ *Não era só PARANOIA, como descobri mais tarde.* (PUS)

Há casos de posição paroxítona desse ditongo em que é possível que o timbre seja aberto ou que ele seja fechado, e também nesses casos não há acento gráfico. ◆ *O PARANOICO sente o mal como exterior a si atacando de fora.* (QT)

Valem as mesmas regras para o ditongo tônico aberto "**éi**".

O ditongo tônico aberto "**éu**" ocorre apenas nos contextos em que há acento gráfico.

ojeriza ⇨ Ver **jeriza.**

Ojeriza e **jeriza** são formas variantes, e a primeira é muito mais usual (89%). Escrevem-se com **J** na segunda sílaba e com **Z** na última. Significam "aversão", "antipatia". ◆ *O que nunca pude descobrir foi o motivo da profunda OJERIZA que tinha D. Rosa pela pequena.* (DEN)

olho ⇨ Ver **óptica, ótica; óptico, ótico.**

Os adjetivos correspondentes são :

◇ **ocular.** ◆ *Valentim tinha uma mancha vermelha no globo OCULAR esquerdo e uma cicatriz pequena acima da sobrancelha.* (RET).

◇ **óptico,** ou **ótico.** ◆ *O sistema ÓPTICO é 100 vezes mais rápido que os cabos de cobre e tem o dobro da vida útil de um satélite.* (VEJ) ◆ *As abelhas e também as formigas possuem sistemas ÓTICOS que ultrapassam, portanto, os limites da visão humana.* (SU)

◇ **oftalmológico.** ◆ *Era excelente especialista, um craque em questões de tracoma,*

descolamentos de retina, hipertensão ocular e plástica OFTALMOLÓGICA. (BAL)

olig(o)-

É elemento (grego) que se liga a um elemento seguinte. Significa "pouco". ◆ *O empreendedor pode encontrar pela frente um OLIGOPÓLIO, por exemplo, e não conseguir um preço competitivo.* (EX) ◆ *Para a realização desses acordos, o município sufragaria nas urnas os candidatos escolhidos pela OLIGARQUIA.* (CRO)

Se o elemento seguinte começar por **R** ou **S**, é necessário duplicar essa letra (que ficará entre duas vogais, na escrita). ◆ *Nestas condições, descolamentos de pequenas áreas podem evolver de forma OLIGOSSINTOMÁTICA e seu diagnóstico clínico passar inadvertido.* (OBS)

Olimpíada, Olimpíadas

1. **Olimpíada** (no singular) é a designação do espaço de quatro anos entre duas celebrações consecutivas dos jogos olímpicos na Grécia antiga. A partir daí, designa cada um dos antigos jogos olímpicos gregos. ◆ *Talvez a posteridade não guarde teus poemas, Meletos, mas os contemporâneos te coroarão na primeira OLIMPÍADA!* (FSP)

2. **Olimpíadas** (no plural) é a designação dos jogos olímpicos modernos. ◆ *Uma derrota do Japão contra Cuba também põe o Brasil nas OLIMPÍADAS.* (FSP)

olival

É substantivo coletivo para oliveiras (plantação de oliveiras). ◆ *É terra de trigo, de vinhas, de figueiras e OLIVAIS.* (COR-O)

É o mesmo que **oliveiral**, forma dicionarizada, mas que não ocorreu.

olmo

O **O** é fechado, no singular e no plural. É designação de árvore do hemisfério norte. ◆ *A doença que ataca o OLMO é conhecida na Europa desde 1910.* (SU)

Omã [Ásia]

Os adjetivos pátrios indicados são **omani** e **omaniano,** mas só o primeiro ocorreu. ◆ *A* *decisão do governo OMANI foi o primeiro resultado prático da decisão conjunta da Liga Árabe contra Israel.* (FSP)

ombudsman

É palavra de origem escandinava formada com os elementos *ombud*, "representante", e *man*, "homem". A sílaba tônica é a penúltima (**BUDS**). Designa pessoa encarregada por uma empresa de avaliar as críticas feitas a ela, posicionando-se como usuário dos serviços que ela presta. ◆ *Este OMBUDSMAN terá dois anos, em princípio, para a discussão semanal dos assuntos da imprensa.* (FSP)

O plural se faz pelo inglês: *ombudsmen.* ◆ *A ABO reúne ouvidores e OMBUDSMEN de órgãos públicos e de empresas.* (FSP)

OMC

É a sigla de **Organização Mundial de Comércio.** ◆ *O tema do jantar era o estudo de algumas mudanças nas regras da Organização Mundial de Comércio, OMC.* (VEJ)

ômega ⇨ Ver alfa.

A sílaba tônica é a antepenúltima (**Ô**), e, por isso, a palavra leva acento (proparoxítona). É a designação da última letra do alfabeto grego, e, a partir daí, refere-se ao extremo final de um conjunto ou de uma série. ◆ *Acima do Estado-Maior (o alfa) e da banda de tambores e cornetas (o ÔMEGA) – aristocracia e truaneirada do nosso batalhão – pairava, melhor, revolteava, a figura fabulosa do capitão Batista.* (CF) ◆ *[A palavra corrupção] aparece na tragédia que atingiu o país e roubou a vida de um de seus filhos mais destacados, como alfa e ÔMEGA de um período de decadência igual ao que suportam todos os povos.* (GLO)

Alfa é a designação da primeira letra do alfabeto grego, e, a partir daí, refere-se ao extremo inicial de um conjunto ou de uma série.

omeleta, omelete

São formas variantes, oficialmente registradas em correspondência com o substantivo francês *omelette*. A forma mais abonada em dicionários e obras normativas é **omeleta** (com o **E** tônico fechado), que faz uma adaptação mais completa ao vernáculo. Entretanto, a forma mais usual é **omelete**, simples adaptação gráfica do francês. É palavra feminina. ◆ *Enfim, exausto e faminto, entrou na vila de Clamart, sentou-se num albergue e pediu uma OMELETE.* (VEJ) ◆ *Aqueceu o leite, a que misturou água, e preparou uma OMELETA.* (ER)

omissão

Com **-são** final, como todo substantivo correspondente a verbo terminado em **-tir** (**omitir**). ◆ *Acusaram-no de OMISSÃO política, deficiência tão grave a seus olhos quanto a inércia administrativa.* (VEJ)

omoplata ⇨ Ver escápula, escapula.

É palavra feminina. ◆ *A bala entrou no lado direito do pescoço, secionou a espinha e alojou-se na OMOPLATA esquerda.* (REA)

O substantivo **escápula** constitui a denominação oficial atual para esse osso.

OMS

É a sigla de **Organização Mundial de Saúde.** ◆ *Nossas normas de segurança e qualidade são as da Organização Mundial de Saúde (OMS), mais rígidas do que as indicadas pelo Inmetro.* (IS)

-ona ⇨ Ver -ão.

É, no geral, a forma feminina do sufixo **-ão**, formador de adjetivos (e substantivos) com ideia de abundância. ◆ *Perdeu o seu cabedal e foi se agarrar na batina do vigário, como beata CHORONA.* (SE) ◆ *O enredo deste ano é uma homenagem à jornalista, escritora e FOLIONA querida Eneida.* (REA)

ônagro

A sílaba tônica é **Ô** (a antepenúltima), e, por isso, a palavra leva acento (proparoxítona). Designa burro, jumento. ◆ *Vai pelas ruas, entra nas tavernas: podes pedir o vinho de Caere, que os ÔNAGROS trazem da Etrúria, o Tarentinium, ou o Portucalense.* (SE)

onça

1. É substantivo feminino, referindo-se ao macho e à fêmea do animal (substantivo epiceno). ◆ *Tem muita ONÇA no Acre?* (BH)

2. A forma **macharrão** também designa o macho desse animal. ◆ *Um MACHARRÃO de onça parda foi saindo de umas moitas próximas e, escorregando lentamente, aproximou-se de um jacaré de porte médio.* (PAN)

onco-

É elemento (grego) que se liga a um elemento seguinte. Significa "volume", "inchação", "tumor". ◆ *Isso porque em cada caso o sistema imunológico eliminou a célula doente em menos tempo do que se leva para dizer ONCOLOGIA.* (SU) ◆ *Eles foram chamados de ONCOGENES, nome que significa genes do câncer, porque a princípio lhes atribuíram total culpa pela doença.* (SU)

onde ⇨ Ver aonde.

1. **Onde** refere-se a lugar e indica permanência. É:

◇ advérbio interrogativo ("em que lugar...?"). ◆ *ONDE é que ele está?* (A)

◇ pronome relativo ("no qual (lugar)"). ◆ *O mau tempo obrigou o avião a descer na Itália, ONDE Felisbina se especializou em operetas.* (ACT)

Entretanto, como pronome relativo, **onde** vem sendo usado sem referência a lugar, simplesmente equivalendo a **em que**, **no qual**, o que é condenado nas lições normativas. São contextos como este: ◆ *É importante destacar as atividades EM QUE a preocupação social, religiosa e cultural da Igreja Universal alcança grande relevância.* (VEJ).

Exemplos desse uso condenado são estes: ◆ *Nos casos ONDE ocorrem pressão de artesianismo no lençol freático ou fuga de água no furo deverão ser anotadas as profundidades das ocorrências e do tubo de revestimento.* (PRP) ◆ *A edição de 16 de abril traz um artigo sobre a lógica "fuzzy", teoria matemática ONDE elementos podem*

pertencer apenas parcialmente a conjuntos. (FSP)

2. A combinação da preposição **a** com o advérbio ou pronome relativo **onde** é **aonde** ("para onde", indicando direção).

O uso de **onde** por **aonde** é condenado nas lições tradicionais.

Entretanto, são ocorrentes construções como: ◆ *Genebra, a equidistante, é o pique ONDE ides sempre repousar do pega-pega da vida agitada.* (AM)

onfal(o)-

É elemento (grego) que se liga a um elemento seguinte. Significa "umbigo". ◆ *As infecções podem determinar alterações inflamatórias de localizações as mais variadas: conjuntivites, estomatites, esofagites, parotidites, piodermites, ONFALITES (...).* (OBS) ◆ *Exemplos: enterocele (hérnia intestinal), ONFALOCELE (hérnia umbilical) (...).* (CLC)

ONG

É a sigla de **Organização Não Governamental**. ◆ *A ONG norte-americana é uma das mais prestigiadas do mundo.* (AP)

oni-

É elemento (latino) que se liga a um elemento seguinte. Significa "todo", "tudo". ◆ *Mas a polícia era inflexível, ali estava, ONIPRESENTE, cruel.* (BB) ◆ *Sou ONIPOTENTE e infalível.* (FAN)

onir(o)-

É elemento (grego) que se liga sem hífen a um elemento seguinte. Significa "sonho". ◆ *O elemento ONÍRICO é uma presença forte na cabeça do povo, completa.* (CB) ◆ *Essa característica se materializa cinematograficamente das mais diversas formas, "flashbacks", evocações, ONIRISMO, representações ou psicodramas.* (FSP)

ônix

A sílaba tônica é Ô, e, por isso, a palavra leva acento (paroxítona terminada em X). O substantivo designa variedade de ágata.

É masculino. ◆ *Por causa da cor negra, acreditava-se que o ÔNIX era a manifestação de um demônio aprisionado na pedra.* (ELL)

onoma-, -ônim(o)

São elementos (gregos) que se ligam a um elemento seguinte ou a um anterior. Significam "nome". ◆ *O índice ONOMÁSTICO tem 219 nomes, de Lucrécio a Wittgenstein.* (FSP) ◆ *Muitas vezes o personagem é o autor usando PSEUDÔNIMO.* (ROT) ◆ *A numerosa SINONÍMIA já permite antever a diversidade de critérios sob os quais tem sido encarada esta entidade nosológica.* (OBS)

ont(o)-

É elemento (grego) que se liga a um elemento seguinte. Significa "ser". ◆ *[Parmênides] Não só descobriu o "ser", mas com ele criou a ONTOLOGIA, que é pura metafísica.* (HF) ◆ *O desenvolvimento anatômico e fisiológico do sistema endócrino fetal deve ser estudado como simples parágrafo da ONTOGÊNESE humana.* (OBS)

ONU

É a sigla de **Organização das Nações Unidas.** ◆ *O Brasil aderiu ainda à Convenção para a Prevenção e Sanção de Delito de Genocídio, adotada pela ONU em 1948.* (ATN)

opa

1. Com O aberto, designa uma espécie de capa com aberturas laterais, por onde se enfiam os braços, usada em determinadas confrarias religiosas. ◆ *Drahomiro está vestido à secular e seus capangas sem OPA nem capuz.* (GCC)

2. Com O fechado, é interjeição usada na linguagem coloquial, variante de upa. ◆ *OPA! Espera aí! Não vem que não tem, heim?* (DEL)

open market, open

1. *Open market* é expressão inglesa, usada na linguagem da economia, que significa "mercado aberto". ◆ *As operações com títulos no mercado aberto (OPEN MARKET) cresceram mais de cinco vezes.* (FSP)

2. Usa-se, também, com o mesmo significado, apenas *open*. ◆ *Nenhuma máquina vai me ex-plicar como aplicar no OPEN, me aconselhar a investir nisso ou naquilo, me lembrar de renovar o seguro do carro.* (VEJ)

Opep

É a sigla de **Organização dos Países Exportadores de Petróleo.** ◆ *Por que a Opep (Organização dos Países Exportadores de Petróleo) fracassou?* (NOR)

opor(-se)

Conjuga-se como **pôr.** Usa-se com complemento iniciado pela preposição a. ◆ *O que nele aprecio é a coragem, a obstinação, a firmeza de espírito, a resistência que OPÕE a todos os poderes do céu e da terra.* (VP) ◆ *Venâncio OPUNHA-SE a argumento tão cruel, que varria da face da Terra os perdedores, que constituíam, por sinal, a maioria da população.* (REP) ◆ *Os povos indígenas nunca SE OPUSERAM a o uso de suas plantas para salvar vidas.* (ATN)

opressão

Escreve-se com **SS,** como todo substantivo correspondente a verbo terminado em **-imir** (**oprimir**). ◆ *As forças do Exército Português eram político-marciais, verdadeira polícia de OPRESSÃO e pirataria.* (VB)

opróbrio

Essa é a forma, com **R** depois do **P** e também depois do **B.** A palavra significa "desonra", "ignomínia". ◆ *Deu-lhe mais do que dever a profissão lhe impunha: na hora solene em que os ferros do OPRÓBRIO caíram, ele estava presente.* (PRO)

-opse, -opsia / -ópsia

São elementos (gregos) que se ligam a um elemento anterior. O significado relaciona-se a "vista", "visão". ◆ *Sua natureza episódica e anedótica condensa-se numa SINOPSE de trinta minutos.* (PAO) ◆ *Estando o corpo sobre a mesa de NECROPSIA, bem limpa, começa-se a inspeção externa (...).* (TC) ◆ *Mas não era necessário precipitar as coisas, deviam esperar os resultados dos exames, especialmente da BIÓPSIA.* (SL)

optar

É verbo regular. Em nenhuma das formas, existe **I** entre o **P** e o **T**: **opta**, **opte**.

Usa-se com complemento iniciado pela preposição **por**. ♦ *O paciente OPTA pelo tratamento em que mais acreditar.* (VEJ) ♦ *Quem OPTOU por obedecer sabe que isso é uma tarefa árdua e penosa, muitas vezes.* (LE-O)

óptica, ótica; óptico, ótico

1. **Óptica** e **ótica** são formas variantes de substantivo, mas a segunda (**ótica**) é muito mais usual (80%). Usam-se:

◇ para designar parte da física (e relacionados). ♦ *O laboratório de ÓPTICA geométrica, por exemplo, mostra como espelhos côncavos, convexos e planos refletem a imagem.* (FSP) ♦ *A Física, por exemplo, cuida das leis da mecânica, da ÓTICA, da acústica etc.* (HF)

◇ para significar "modo de ver", "perspectiva". ♦ *A globalização pasteurizada puxa um coro de críticas de quem a vê apenas sob a ÓPTICA da obsessão produtivista do capitalismo.* (VEJ) ♦ *Tive uma ÓTICA privilegiada para ver O Rei de Ramos.* (REI)

2. **Óptico** e **ótico** são formas variantes do adjetivo referente a **vista**, a **visão**. A primeira forma, **óptico**, é a mais usual (60%), especialmente em obras técnico-científicas. ♦ *Miragem. Efeito ÓPTICO frequente nos desertos.* (CDI) ♦ *Quando atingidas pela luz, as células nervosas da retina enviam sinais para o cérebro pela porta traseira do olho, o nervo ÓTICO.* (FSP)

opus

1. É palavra latina que significa "obra". Na linguagem da música, refere-se a obra musical que foi classificada e numerada. A sílaba tônica é a penúltima (**O**), mas, como palavra latina, *opus* não leva acento. É substantivo masculino. ♦ *A leitura é agressiva e contrastante, como requer esse OPUS inicial do romantismo.* (FSP)

2. Abrevia-se *op*. ♦ *Dança irrepreensível, ora em círculos, ora saltando no ar, enquanto a Dança Eslava, OP. 72 no. 2 de Dvorak, acompanha-o incisiva.* (P)

A abreviatura *op*. também se refere a **obra** no sentido de "livro", "publicação", na expressão *op. cit.*, que significa "obra citada". ♦ *Veja-se V. T. Harlow, OP. cit., passim.* (FEB)

or(o)-

É elemento (latino) que se liga a um elemento seguinte. Significa "boca". ♦ *A remoção de muco, sangue e líquido amniótico da OROFARINGE logo após o parto e durante as primeiras horas seguintes faz parte da assistência habitual ao recém-nascido.* (TI) ♦ *A via OROGASTRINTESTINAL, por ser a mais natural, é a mais antiga e frequentemente usada.* (TC)

ora ⇨ Ver hora.

Ora é palavra com várias funções:

◇ significa "agora", "este/neste momento". ♦ *Por ORA podemos prosseguir com o conceito intuitivo que temos de palavra.* (TL) ♦ *Espero que, ao longo da administração que ORA inicio, venha a contar com o apoio maciço dos senhores Vereadores de nossa Câmara Municipal.* (AP)

◇ marcando sequência do texto, introduz uma conclusão. ♦ *Mas é que me sinto assim, com a impressão permanente de estar sendo "vigiada". ORA, nesta tensão, não consigo respirar, não sei mais viver. Asfixio.* (A)

◇ na conversação, introduz refutação a algo que acaba de ser dito ou feito.

♦ – Com que ideia foi, então?

– ORA, Sérgio!

– ORA o quê? Não compreendo o que você está querendo dizer. (A)

◇ usada repetidamente, marca alternância. ♦ *No silêncio da noite, ouvia-se ORA a queda de uma folha, ORA o estalido de um ramo em árvore próxima.* (ALE)

Hora é substantivo que designa o período de tempo de sessenta minutos (a vigésima quarta parte do dia).

orago

A sílaba tônica é a penúltima (**RA**), e, por isso, a palavra não leva acento (paroxítona terminada em **O**). Designa um santo de invocação ou o templo a ele consagrado. ♦ *O ano era o de 1936; o dia, 9 de dezembro; a véspera, festa de formatura no Santo Estanislau, ORAGO da Conceição.* (PFV)

orbe

É substantivo masculino. Significa "esfera", "globo". ♦ *Battle provou ser forte. Resistiu a um dos públicos mais indomáveis do ORBE terráqueo.* (FSP)

ordenança

É, indiferentemente, masculino ou feminino, em qualquer dos casos referindo-se aos dois sexos. É, pois, um substantivo sobrecomum que pode ser masculino ou feminino. Designa soldado às ordens de uma repartição ou uma autoridade. ♦ *Ele tinha sido o ORDENANÇA fiel do nosso bravo instrutor.* (CF) ♦ *A ORDENANÇA entrega uma papeleta ao comandante.* (JT)

orelha, ouvido ⇨ Ver aurícula.

O adjetivo correspondente é **auricular**. ♦ *O objetivo do tiro prático é usar a arma apenas como esporte, em locais e equipamentos apropriados (protetor AURICULAR e óculos).* (FS) ♦ *Em indivíduos que sofrem amputação da orelha foi possível demonstrar, por meio da audiometria, que o pavilhão AURICULAR não exerce papel de importância na audição humana.* (ACL) ♦ *O áudio também está disponível em fones de ouvido com controle de volume, adaptados aos usuários com problemas AURICULARES.* (FSP)

Por referência à função de limpar as orelhas, o dedo mínimo, ou **mindinho**, também é chamado **auricular**. ♦ *O mindinho se chama o "AURICULAR" e existe para limpar a orelha e, em certos casos, estender o alcance da mão no teclado.* (AVL)

Auricular também é adjetivo referente a **aurícula**.

órfão

1. O feminino é **órfã**. ♦ *Esta criança hoje mesmo será ÓRFÃ.* (CT)
2. O plural é **órfãos**. ♦ *O filme é cheio de clichês, mas talvez consiga cativar os ÓRFÃOS*

dos Beatles que continuam desconfiando de todos com mais de trinta anos. (VIE)

orfeão

É a forma portuguesa correspondente ao francês *orphéon*. Significa "coro", "coral", especialmente para referência a coro escolar. ♦ *Antes de se encontrar com Mauro, foi, em 1934, escolhida por Villa-Lobos como maestrina do ORFEÃO da escola onde estudava.* (FSP)

organizar

Com **Z**, como todo verbo formado com o sufixo **-izar**. ♦ *Para ORGANIZAR um leilão desses, não se gasta menos de 50.000 reais com infraestrutura.* (VEJ)

organo-

É um radical que se liga sem hífen ao elemento seguinte. O significado relaciona-se a "órgão", "orgânico". ♦ *[As doenças psicossomáticas] São chamadas por Fenichel de neuroses de órgão ou ORGANONEUROSES e dificilmente apresentam-se puras.* (NE) ♦ *Já os ORGANOCLORADOS se acumulam por longo tempo.* (GU)

Se o elemento seguinte começar por **R** ou **S**, é necessário duplicar essa letra (que ficará entre duas vogais, na escrita). ♦ *Produtos ORGANOSSINTÉTICOS como o DDT, BHC, paration e malation dominaram a agricultura a partir de 1945.* (FSP)

original

O superlativo absoluto sintético é **originalíssimo**. ♦ *Este ano você pode economizar em plumas e paetês, aproveitando esta ORIGINALÍSSIMA fantasia.* (VEJ)

ornit(o)- ⇨ Ver av(i)-.

É elemento (grego) que se liga a um elemento seguinte. Significa "ave", "pássaro". Corresponde ao elemento latino **av(i)-**. ♦ *No caso dos pássaros, os ORNITÓLOGOS usaram testes de DNA para checar se os parceiros das fêmeas eram realmente os pais de seus filhotes.* (VEJ) ♦ *Na área da pesquisa científica, seu nome consta de importantes* *contribuições na área da bacteriologia e da ORNITOPATOLOGIA.* (FSP)

oro-

É elemento (grego) que se liga a um elemento seguinte. Significa "montanha". ◆ *Seus pontos culminantes associam-se como acidentes diversos de um mesmo sistema OROGRÁFICO.* (RB) ◆ *Os ORÓFITOS ou plantas alpinas foram mencionadas sob temperatura, e descrição minuciosa pode ser encontrada em Schimper.* (TF)

ort(o)-

É elemento (grego) que se liga a um elemento seguinte. Significa "reto", "direito", "normal". ◆ *Já em 1741 Nicolas Andry usou o termo ORTOPEDIA, como 'a arte de evitar e corrigir deformidades nas crianças'.* (APA) ◆ *Existe também o controvertido campo da ORTOQUERATOLOGIA, que usa as lentes sólidas para dar nova forma à córnea, assim como os ORTODONTISTAS usam aparelhos para consertar os dentes.* (IS)

Se o elemento seguinte começar por **R** ou **S**, é necessário duplicar essa letra (que ficará entre duas vogais, na escrita). ◆ *No sistema ORTORRÔMBICO cristalizam-se o topázio, o crisoberilo, a andaluzita, a estaurolita, a marcassita etc.* (PEP)

Oscar

É palavra inglesa que, nos Estados Unidos, designa marca registrada de prêmio conferido anualmente a profissionais das diversas modalidades ligadas à indústria cinematográfica. A sílaba tônica é a penúltima (**OS**), que não leva acento. ◆ *Mas, antes mesmo de ganhar o OSCAR em 1953 ("A Um Passo da Eternidade"), Sinatra reassumia seu prestígio.* (VEJ)

oscilar

Com **SC**. ◆ *Ela parou, OSCILOU, expectante, voltou-se.* (ALF)

Oslo [Noruega]

O **O** tônico é aberto. ◆ *Amyr já peregrinou a OSLO especialmente para visitar os barcos Gjoa e Fram, com que Amundsen realizou suas maiores proezas.* (EX)

-oso, -osa

Escrevem-se com **S** as palavras terminadas em -oso e -osa.

1. Substantivos. As formas masculinas têm o **O** tônico fechado; algumas das formas femininas têm o **O** tônico aberto, outras têm o **O** tônico fechado.

◇ **esposo, esposa** (ambos com **O** fechado). ◆ *Vou viver do trabalho do meu ESPOSO.* (OM) ◆ *Sua ESPOSA suplica-lhe que não vá.* (ACM)

◇ **grosa** (com **O** aberto). ◆ *GROSA – lima grossa com que se desbasta a madeira.* (MPM)

◇ **raposa** (com **O** fechado). ◆ *Uma RAPOSA é muito mais parecida com um lobo ou coiote do que com uma onça ou gato.* (GAN)

◇ **mariposa** (com **O** fechado). ◆ *Uma MARIPOSA voejou estonteada pelo teto e se precipitou no interior do abajur.* (CP)

◇ **rosa** (com **O** aberto). ◆ *Um repolho roxo é mais bonito do que uma ROSA.* (BU)

◇ **ventosa** (com **O** aberto). ◆ *As sanguessugas não possuem cerdas. O corpo é achatado, apresentando uma VENTOSA em cada extremidade.* (GAN)

2. Adjetivos (derivados de substantivos por meio do sufixo -oso / -osa, que indica abundância). Na forma masculina o **O** tônico é fechado e na forma feminina o **O** tônico é aberto.

◇ **caridoso.** ◆ *Jovino Ferreira era um homem muito CARIDOSO.* (PCO) ◆ *Pessoas CARIDOSAS deram-lhe roupas e pão.* (PCO)

◇ **cuidadoso.** ◆ *Retira o calço e fecha CUIDADOSO, sem ruído, a tampa do alçapão.* (SE) ◆ *A viagem foi feita sem acidentes, porém lenta e CUIDADOSA.* (ASV)

◇ **populoso.** ◆ *O Bexiga, amplo e POPULOSO, era igualmente pitoresco.* (ANA) ◆ *Em uma sociedade pouco POPULOSA e com armas primitivas.* (PEV)

◇ **teimoso.** ◆ *Outro teria desistido da magia e de feitiçaria, mas Habacuc era TEIMOSO.* (CEN) ◆ *Sertanejos são gente TEIMOSA, cheia de orgulho, vingativa.* (PN)

osso

1. O plural é **ossos**, com **O** aberto. ♦ *Assim passamos toda a madrugada molhados até os OSSOS e tiritando de frio.* (CRU)

2. O adjetivo correspondente é **ósseo**. ♦ *A técnica do enxerto ÓSSEO foi criada na década de 40 e chegou ao Brasil em 1960.* (FSP)

ost(eo)-, -ósteo

É elemento (grego) que se liga a um elemento seguinte ou a um anterior. Significa "tecido ósseo", "osso". ♦ *As estatísticas demonstram que uma a cada quatro mulheres desenvolverão OSTEOPOROSE caso não se cuidem adequadamente.* (EM) ♦ *O PERIÓSTEO reveste externamente o osso (com exceção da cartilagem das superfícies articulares), além de participar na formação do tecido ósseo.* (ENF)

Se o elemento seguinte começar por **R** ou **S**, é necessário duplicar essa letra (que ficará entre duas vogais, na escrita). ♦ *A principal modificação feita pelo Dr. Castro, atualmente professor assistente da Faculdade de Medicina de Itajubá, em Minas Gerais, foi a eliminação da necessidade de costura dos ossos (OSTEOSSÍNTESE).* (REA)

ostiário ⇨ Ver hostiário.

É designação dada a quem cuida da porta do templo. ♦ *Apenas apontava os dizeres da placa: "Em respeito à casa de Deus, lugar de recolhimento e piedade, o Reverendíssimo Abade ordena ao irmão OSTIÁRIO etc.".* (ACM)

Hostiário designa o lugar onde se guardam as hóstias.

Ostpolitik

É palavra alemã que significa "política oriental". Refere-se à política de expansão alemã. ♦ *A OSTPOLITIK não teve qualquer característica nacionalista ou antiamericana: correspondia apenas aos interesses de um Estado que podia dedicar-se a novos objetivos.* (NEP)

ot(o)-

É elemento (grego) que se liga a um elemento seguinte. Significa "ouvido". ♦ *Com o OTOS-*

CÓPIO olha-se o tímpano. (SMI) ♦ *A presença de sangue e pus é observada frequentemente na OTITE média supurada com ruptura do tímpano.* (CLI)

Se o elemento seguinte começar por **R** ou **S**, é necessário duplicar essa letra (que ficará entre duas vogais, na escrita). ♦ *O OTORRINO parece não ter nada com o peixe.* (VIU)

Otan ⇨ Ver Nato.

É a sigla de **Organização do Tratado do Atlântico Norte** (*North Atlantic Treaty Organization*). ♦ *Entramos juntos para o Partido Comunista quando De Gaulle retirou a França da OTAN.* (ACM)

otimizar

Com **Z**, como todo verbo formado com o sufixo **-izar**. Significa "elevar ao grau considerado ótimo", "criar condições ótimas para". ♦ *Para OTIMIZAR o tempo gasto ao telefone e maximizar a sua utilidade, escolha NORSTAR.* (VEJ)

Alguns puristas condenam formações neológicas desse tipo.

ou ... ou ⇨ Ver quer ... quer.

Ou ... ou é uma forma marcada (correlativa) de indicar alternância, assim como **quer ... quer**. ♦ *OU você concorda em que nossa luta é um duelo, OU eu não entro nela de jeito nenhum!* (PR)

ou seja

Como expressão indicativa de identidade, nunca se pluraliza. ♦ *As flores são hermafroditas, OU SEJA, possuem tanto órgãos sexuais masculinos como femininos.* (AZ)

ouro

O adjetivo correspondente é **áureo**. ♦ *Entre os anos 500 e 300 a.C., aproximadamente, nós encontramos o período ÁUREO do pensamento grego.* (ET)

ouros

Como nome de naipe do baralho, é substantivo que só se usa no plural. ♦ *Cortei. Três* *pedaços quase iguais. Nove de **OUROS**. Sete de **OUROS**. Três de copas.* (DE)

outdoor

É a forma reduzida do inglês *outdoor advertising*, que significa "anúncio feito ao ar livre". Designa, genericamente, qualquer material de propaganda de grande porte exposto ao ar livre, mas designa, especialmente, grande painel ou cartaz de propaganda colocado às margens de via pública, em local de grande visibilidade. A pronúncia aproximada é **autdór**. ◆ *Um **OUTDOOR**, com veiculação de noventa dias, custa 18.000 dólares.* (VEJ)

outlet

É palavra inglesa que designa loja de varejo que comercia, em geral, mercadorias de ponta de estoque, vendendo, pois, a preços reduzidos. A pronúncia aproximada é **áutlet** (com E aberto). ◆ *O **OUTLET** fica na saída 16, quase ao lado das cabines de pedágio.* (VEJ)

output ⇨ Ver input.

1. É palavra inglesa que, na informática, se usa para designar a saída de dados processados. A pronúncia aproximada é **áutput**. ◆ *Caso a porta paralela de seu micro não exista ou esteja defeituosa e você desejar usá-la, acrescente uma placa de I/O (Entrada e Saída ou Input and **OUTPUT** em inglês) ao micro.* (FSP)

2. Designa, também, em outros campos, a saída de dados ou de matéria. ◆ *Sim, a fonte da autoridade não é mais tão democrática, mas o "**OUTPUT**" é democrático.* (FSP) ◆ *Mas há um ponto ainda crucial: a relação entre o "input" (os recursos que são consumidos para fabricar algo) e o "**OUTPUT**" (o resultado da fabricação).* (FSP) ◆ *Nessa sequência, a saída (**OUTPUT**) de matéria ou energia de um subsistema torna-se a entrada (input) para o subsistema de localização adjacente.* (GEM)

outrem

É pronome indefinido que significa "outra pessoa". A sílaba tônica é **OU**, e, por isso, a palavra não leva acento (paroxítona termi-

nada em **EM**). ◆ *O coronel não admitia que nenhuma iniciativa, no lugar, partisse de **OUTREM**.* (VER)

outrossim

Com **SS**. Significa "além disso". ◆ *Observe-se, **OUTROSSIM**, que maconha é um perfeito anagrama de cânhamo.* (FSP)

outsider

É palavra inglesa que, no turfe, designa cavalo que tem mínimas possibilidades de vencer. Por extensão, refere-se a pessoa que não tem chances de se sair bem. A pronúncia aproximada é **autsáider**. ◆ *Lembra o caso de certos favoritos em Derbys que acabam, à última hora, sendo autênticos "**OUTSIDERS**" na pedra de apostas.* (CRU) ◆ *Considerado um "**OUTSIDER**", dificilmente receberá do partido missão tão importante.* (FSP)

ouverture

É palavra francesa que significa "abertura". Usa-se, especialmente, na linguagem da música. A pronúncia é, aproximadamente, **uvertyrre**. ◆ *A música da **OUVERTURE** inundou a pequena sala.* (AGO)

ouvinte

Tem a mesma forma para masculino e feminino (substantivo comum de dois). ◆ *Mestre Pedro me recebeu no cais como sempre, alegre e ansioso por ter **um OUVINTE** para suas histórias.* (OLA) ◆ *Leio uma carta de **uma OUVINTE** de Taquaritinga.* (MAN)

ouvir ⇨ Ver escutar.

Em princípio, o verbo **ouvir** diz respeito, simplesmente, à percepção pelo sentido da audição, isto é, tem um significado básico mais genérico do que o de **escutar**. ◆ *Já estou cansado de **OUVIR** as mesmas conversas!* (ES) ◆ *Protegei os meninos ricos, pois toda a riqueza não impede que eles possam ficar doentes ou tristes, ou viver coisas tristes, ou **OUVIR** ou ver coisas ruins.* (AID)

Entretanto, usa-se às vezes **ouvir** com o significado mais específico de **escutar**: "aplicar o ouvido para perceber vozes, sons, ruídos", "pôr-se em estado de atenção para ouvir". ◆ *Ele foi entrando e eu fingi que ficava mais para trás, mas depois voltei e fui OUVIR a conversa, escondido próximo ao armário dos talheres.* (CD) ◆ *Já disse: tentei OUVIR a Paula e ela não quis.* (RI)

Ouvir também se usa (tanto quanto **escutar**) na acepção mais abstrata de "atender a", "levar em consideração". ◆ *Eu disse a ele que o Manuel via muito o João da Cancela e gostava muito dele, e que o senhor ele respeitava e OUVIA muito.* (ASS) ◆ *Nós tivemos que aprender a OUVIR os operários.* (EX)

ouvir alguém dizer algo ⇨ Ver sentir algo ocorrer ⇨ Ver ver algo ocorrer / alguém fazer algo.

Tradicionalmente se indica que, nessa construção, o infinitivo não se flexiona. Encontra-se comumente no uso o infinitivo singular, mas também é usual a flexão do infinitivo para concordar com o seu sujeito. ◆ *O médico disse em depoimento à polícia que OUVIA os sequestradores combinar entre eles um pedido de US$ 500 mil.* (FSP) ◆ *No silêncio, OUVI os círios crepitarem.* (ASA)

Quando o sujeito do segundo verbo é representado por um pronome pessoal átono (isto é, quando ele não tem como núcleo um substantivo), esse verbo (no infinitivo) fica sempre invariável, mesmo que seu sujeito seja plural. ◆ *Desde que Breta nos chegara ao Leblon, OUVIU-nos falar da Galícia como uma abstração.* (REP)

ovelha ⇨ Ver cordeiro.

1. **Ovelha** é a designação da fêmea do **carneiro**. ◆ *O silêncio que envolve a cena é quebrado, aqui e ali, por ruídos espaçados, o balido longínquo de uma OVELHA, o canto gritado das aves que se recolhem, o atrito das folhagens no balanço da ventania.* (HO)

2. Os adjetivos correspondentes indicados são **ovino** e **ovelhum / ovelhuno,** mas só o primeiro tem uso corrente. ◆ *Os rebanhos bovino e suíno não eram numerosos, ao contrário do caprino e sobretudo do OVINO.* (HG) ◆ *Foi a Piratininga, e viu a bondade de seus campos para criarem gado vacum, cavalar, e OVELHUM.* (MCS) ◆ *(A boa velha), ao sair, a porta / Por um anel de prata a si puxando, / Corre da aldava o loro / De OVELHUNA lã coberto.* (OD)

Cordeiro é o filhote do carneiro.

overdose

É palavra inglesa que significa "dose excessiva". Refere-se, geralmente, à ingestão excessiva de tóxico. ◆ *Surpreendentemente, Billie não morreu de OVERDOSE, mas de cirrose.* (SS)

overnight, over

1. **Overnight** é palavra inglesa que designa um tipo de aplicação financeira de rendimento diário e de resgate possível no dia seguinte ao da aplicação. A pronúncia aproximada é **overnait.** ◆ *O rendimento acumulado do OVERNIGHT (negócios por um dia no mercado aberto) foi de 3,08% em outubro.* (FSP)

2. Usa-se, também, com a mesma acepção, apenas **over.** ◆ *Vendeu o negócio de vinhos, deixou o dinheiro no OVER e se foi.* (GD)

ovo

O plural é **ovos,** com O aberto. ◆ *Quando o juiz terminou, apenas se ouviam o bater de OVOS na cozinha e o grugulejo de um peru no quintal.* (FR)

p

O nome da letra é **pê**. Com acento circunflexo. ◆ *Político com PÊ maiúsculo.* (FSP)

paciente

Tem a mesma forma para masculino e feminino (substantivo comum de dois). ◆ *Assim, quando recebe O PACIENTE, o analista de Bagé já sabe o que esperar.* (ANB) ◆ *A PACIENTE é desconhecida.* (AVL)

paço ⇨ Ver **passo**.

Paço significa "palácio". ◆ *Víamos no alto da colina, outrora chamada Olimpo Imperial, o velho PAÇO de São Cristóvão.* (CF)

Passo designa cada deslocamento do corpo para andar, ou o espaço percorrido nesse movimento.

padrão ⇨ Ver *standard*.

Usa-se à direita de outro substantivo, atuando como qualificador ou classificador (como um adjetivo). ◆ *O Brasil perdeu um grande ponta-direita, mas em compensação ganhou mais um operário PADRÃO.* (CHU) ◆ *O almoço de uma família PADRÃO está custando cerca de Cr$ 40 mil no estabelecimento.* (CB)

Chega a formar-se um substantivo composto, com a ligação dos dois elementos por hífen. É oficialmente registrado, por exemplo, o composto **norma-padrão**. ◆ *Escolha do operário-PADRÃO, da senhorita-rio, dos cariocas honorários.* (REA) ◆ *No tempo em que o ensino de religião era obrigatório, e ainda não tinham inventado a escola-PADRÃO, o verde-amarelo da bandeira simbolizava as matas e o ouro.* (ACT) ◆ *No primeiro Congresso da Língua Nacional Cantada (57), seu Relatório assinalava que não havia pretensão de seus participantes em fixar, definitivamente, a língua-PADRÃO do Brasil.* (TGB)

Em qualquer dos casos, a indicação geral é que só o primeiro elemento varie no plural, embora a ortografia oficial indique também possibilidade de plural no segundo elemento para **norma-padrão**, o que não ocorreu. ◆ *É o limite de 7.500 UPFs (Unidades PADRÃO de Financiamento), a "moeda" do setor imobiliário.* (FSP) ◆ *O governo investiu na criação de 306 escolas-PADRÃO.* (CLA) ◆ *A partir do dia 28 de julho, as agências terão de seguir as normas-PADRÃO estabelecidas pelo setor, que passa a ser autorregulamentado.* (FSP)

Standard é palavra inglesa que, em alguns casos, é usada por **padrão**.

padre-nosso ⇨ Ver **pai-nosso**.

Os plurais indicados em dicionários e manuais são **padre-nossos** ou **padres-nossos**, mas esta última forma (que é a de formação regular, já que os dois elementos do composto são flexionáveis) é muito menos usual. É mais frequente a primeira forma, que acompanha o plural de outras orações, como **ave-marias** e **salve-rainhas** (palavras compostas que têm esse plural porque seu primeiro elemento é invariável, diferentemente do que ocorre com **pai-nosso** ou **padre-nosso**). ◆ *Ele nos ensinou e continua a nos ensinar que, com boas intenções, com PADRE-NOSSOS e ave-marias não se faz política moderna e não se preserva o poder.* (MOR) ◆ *Mil PADRES-NOSSOS e mil ave-marias.* (DC)

padrinho

O substantivo feminino correspondente é **madrinha**. ◆ *Desde oito dias que não voltou mais à casa de sua MADRINHA.* (PC)

paella

É palavra espanhola que designa prato feito de arroz condimentado com açafrão e cozido com crustáceos, peixe, carne etc. ◆ *Estar bem vestido é um prazer semelhante ao de comer uma boa "PAELLA".* (FSP)

pagão

1. O feminino é **pagã**. ◆ *Só faltavam as máscaras e fantasias para a ceia religiosa tornar-se uma festa PAGÃ.* (REL)

2. O plural é **pagãos**. ◆ *Somos deuses PA-GÃOS: não temos nada a ver com o pecado!* (TEG)

pagar; pagado, pago

1. Segundo a lição dos manuais normativos, o verbo **pagar** constrói-se com dois complementos, um sem preposição (objeto direto) e o outro iniciado pela preposição **a**, ou **para**. O primeiro se refere àquilo que é pago e o segundo (que pode ser expresso pelo pronome **lhe**) refere-se à pessoa (instituição etc.) a quem se faz o pagamento. Qualquer um dos complementos pode não estar expresso. ◆ *Despediu-se de Soero, o bom camarada; PAGOU-lhe bem o serviço.* (MP) ◆ *PAGOU o conhaque.* (MPB) ◆ *O advogado me disse que eu poderia ser detido por suborno, já que PAGUEI ao guarda.* (NBN) ◆ *– Eu ganhei no bicho e ele não PAGOU.* (ANB)

Entretanto, é usual (48%) a construção com objeto direto (e não com objeto indireto) expressando o credor a que se faz o pagamento. ◆ *Qual o trabalhador que tem condições de PAGAR o seu advogado e o da empresa?* (VEJ) ◆ *Mas o empreiteiro da construção disse que já PAGOU o hospital e que não tem mais responsabilidade.* (CH)

2. A forma de particípio **pagado** é tradicionalmente indicada como de uso com os auxiliares **ter** e **haver**. Entretanto, é forma muito pouco usada. ◆ *Versace confessou ter PAGADO US$ 100 mil.* (FSP)

A forma **pago** é usada tanto com os auxiliares **ter** e **haver** como com **ser** e **estar**. ◆ *Seu Ilídio tinha PAGO ao Turco Velho para matar o comissário Mattos.* (AGO) ◆ *Havia PAGO a entrada inicial para um apartamento no Flamengo!* (BH) ◆ *O salário de novembro já foi PAGO com atraso.* (EM) ◆ *Tudo está PAGO, tudo está purgado.* (CID)

pagar caro ⇨ Ver caro.

Nessa construção, **caro** é advérbio e, portanto, invariável (não faz concordância). ◆ *Pagou CARO a insolência pelos séculos afora.* (VEJ)

pager

É palavra inglesa que designa pequeno receptor portátil que registra em uma tela mensagens transmitidas por uma central radiotransmissora. A pronúncia aproximada é **pêidger**. ◆ *Para se comunicar com ela, é preciso enviar recados através de um "PAGER".* (VEJ)

pai

1. O substantivo feminino correspondente é **mãe**. ◆ *Enxugava a louça para a MÃE, sem quebrar um prato.* (CE)

2. Os adjetivos correspondentes são:

◇ **paterno** ("do pai"), adjetivo do tipo classificador. ◆ *Um ser humano para nascer depende do encontro entre o espermatozoide PATERNO e o óvulo materno.* (RI)

◇ **paternal** ("próprio de pai", "benévolo", "complacente"), adjetivo do tipo qualificador. ◆ *Além disso, sendo uma figura amistosa e PATERNAL, não devia provocar inveja ou ódio.* (MAN)

◇ **pátrio**, na expressão **pátrio poder**. ◆ *O PÁTRIO poder era exercido pelo homem, com a ajuda da mulher, até 1977, quando saiu a lei do divórcio.* (VEJ)

paina

O ditongo grafado **AI** é nasal (pronuncia-se **ÃI**), por estar antes de sílaba iniciada por consoante nasal (**N**). O substantivo designa espécie de fibra sedosa, semelhante ao algodão, que envolve a semente de algumas plantas e que tem aplicação industrial, por exemplo para enchimento de travesseiros, almofadas. • *Acariciou o próprio rosto contra a doçura de PAINA do travesseiro e antes de tornar a dormir foi que ouviu as vozes explodindo lá embaixo.* (ESS)

pai-nosso ⇨ Ver **padre-nosso**.

Os plurais indicados em dicionários e manuais são **pai-nossos** e **pais-nossos**.

A mais usual (60%) é a primeira, que acompanha o plural de outras orações, como **ave--marias** e **salve-rainhas** (palavras compostas que têm esse plural porque seu primeiro elemento é invariável, diferentemente do que ocorre com **pai-nosso** ou **padre-nosso**). • *À noite, reza vários PAI-NOSSOS para sonhar com o pai.* (FSP)

A segunda, que constitui a formação regular (já que os dois elementos do composto são flexionáveis), tem menor frequência de uso (40%). • *Estão incluídas na gravação as 165 orações, entre PAIS-NOSSOS e ave-marias, que compõem o rosário.* (FSP)

País de Gales [Inglaterra]

O adjetivo pátrio é **galês**. • *Diferentemente da assembleia escocesa, porém, o Parlamento GALÊS não terá o poder de arrecadar impostos.* (FSP)

paixão

O adjetivo correspondente é **passional**. • *Surpresa é o êxtase PASSIONAL de Nima, entre o prazer e a dor.* (ESP)

pajé

Com **J**. • *O velho PAJÉ sentiu o coração pesado de tristeza.* (LOB)

pajem

1. Com **J**. • *Caçula, fui o primeiro e único dos filhos de meus pais a ter PAJEM.* (ANA)
2. Gênero:

Como substantivo masculino, designa:

◇ na realeza, moço a serviço de um príncipe ou um senhor. • *Iñigo Balboa, um jovem basco de 13 anos, misto de PAJEM, criado e*

anjo da guarda de Alatriste, é o narrador da história. (FSP)

◇ menino que faz parte de um cortejo de casamento. • *A função do PAJEM é carregar as alianças, enquanto as damas fazem as honras da noiva.* (FSP)

Como substantivo feminino, refere-se a doméstica que cuida de criança. • *Maria Negra chegou em nossa casa um mês antes de meu nascimento, seria a minha PAJEM.* (ANA)

pala

O substantivo **pala** é masculino quando designa poncho leve com franjas nas pontas. • *Por dinheiro nenhum eu ia me desfazer desse PALA – completou, muito gentil; – mas se esta história de casamento for verdade, o PALA é teu.* (G)

É feminino quando designa recorte na parte alta de vestuário. • *Camisolas de cambraia com PALA de renda feita à mão constituem uma ótima alternativa para os paulistanos.* (VEJ)

palácio

1. Segundo a indicação dos manuais normativos, o substantivo **palácio** não se usa com artigo quando designa a residência de um soberano, ou quando entra em construção adverbial. • *Fomos chamados a PALÁCIO para garantir a "República ameaçada".* (ALF) • *A senhora do Presidente mandou convidar-me para um chá em PALÁCIO!* (JM)

Entretanto, é comum a ocorrência de artigo definido nessas construções. • *O presidente, general Lazaro Cárdenas, tinha sido desafiado pelas empresas estrangeiras dentro do seu gabinete no PALÁCIO.* (VEJ)

2. Quando o substantivo **palácio** vem determinado ou qualificado, a indicação das lições tradicionais é que se use artigo, e é isso que ocorre. • *Estamos agora no PALÁCIO do sumo sacerdote.* (VEJ)

palato

1. A sílaba tônica é a penúltima (**LA**), e, por isso, a palavra não leva acento (paroxítona

terminada em **O**). ◆ *Os bicos ortodônticos são importantes porque não forçam o PALATO da criança e favorecem uma dentição mais perfeita.* (VEJ)

2. Os adjetivos correspondentes são:

✧ **palatal.** ◆ *É comum encontrarmos hiper-nasalização, por incompetência da muscula-tura PALATAL, nos pacientes com comprome-timento dos pares bulbares.* (NEU)

✧ **palatino.** ◆ *São operações plásticas de correção de lábio leporino e fenda PALATINA (deformidades nos lábios e céu da boca) que custam de R$ 1.000 a R$ 1.500.* (FSP)

paleo-

É elemento (grego) que se liga a um elemento seguinte. Significa "antigo". ◆ *Não chega a ser um manual de PALEOGRAFIA, nem é a edição crítica de um texto medieval.* (ESS) ◆ *Aliás, a determinação da idade das rochas fossilíferas constitui a principal aplicação da PALEONTOLOGIA.* (AVP)

Palestina (região) [Ásia]

Os adjetivos pátrios são:

✧ **palestino**, que é a forma quase exclusiva-mente usada (99,8%). ◆ *Eu sou PALESTINO da antiga Cisjordânia e vivo num campo de Gaza.* (REA)

✧ **palestinense.** ◆ *Levaste-a, a essa cruz rorejada de pranto e quente de carícias, pelas montanhas de Judá, pelas estradas pedrego-sas do Egito e por quase todas as cidades PALESTINENSES.* (NE-O)

paletó

É a forma portuguesa correspondente ao francês *paletot*. ◆ *O PALETÓ do Gomes estava sempre cheio de caspa.* (BU)

palidez

Com **Z**, como todo substantivo abstrato em **-ez** derivado de adjetivo. ◆ *A PALIDEZ e a magreza da menina contrastam com a apa-rência saudável da irmã.* (VEJ)

Palmas [Tocantins]

O adjetivo pátrio é **palmense**. A forma não ocorreu.

palmtop

É palavra inglesa que significa "sobre a palma da mão". Na informática, designa microcom-putador portátil que cabe na palma da mão. ◆ *Notebook – Minicomputador portátil que funciona a bateria ou a energia elétrica. Pesa menos de 3 quilos. (...) Seus irmãos maiores são chamados de laptops e os menores de PALMTOPS.* (VEJ)

pampa, pampas ⇨ Ver à pampa, às pampas.

1. É substantivo masculino ou feminino. Designa grande planície coberta de vege-tação rasteira, na região sul da América do Sul, inclusive no sul do Brasil. ◆ *Os avós de Pedro Belmonte, gaúchos do lado de cá, ga-rantiram a hegemonia luso-brasileira sobre a faixa do PAMPA que coube ao Rio Grande do Sul.* (REA) ◆ *Estes campos eram meio sem dono, era uma PAMPA aberta, sem estrada nem divisa.* (CG)

2. Para referência à própria região, na maior parte das vezes o substantivo se emprega no plural (no masculino), a ponto de alguns ma-nuais indicarem a palavra como apenas usada no plural (*pluralia tantum*). ◆ *O Presidente fizera questão de oferecer a Lino, à moda dos PAMPAS, um naco de costela.* (JM)

As expressões **à pampa** e **às pampas** signi-ficam "à beça".

pan-

É prefixo de origem grega que significa "tudo". Liga-se ao elemento seguinte:

✧ com hífen, se o elemento começar por vogal, **H**, **M** e **N**. ◆ *De acordo com a Orga-nização PAN-Americana de Saúde, o índice de alcoolismo na América Latina é de 5%.* (CRU) ◆ *Os famosos jogos gregos eram em parte um treinamento militar em tempos de paz, onde se fazia a competição dos povos PAN-helênicos.* (GUE) ◆ *Nós não vamos dan-çar a música do PAN-nacionalismo.* (FSP)

✧ sem hífen, antes das outras consoantes. ◆ *Foi o que aconteceu no caso da PANDEMIA de cólera, que ressurgiu do passado a par-tir de um lugarejo na Índia.* (VEJ) ◆ *A vida conjugal do presidente e da primeira-dama virou um PANDEMÔNIO.* (VEJ)

Panamá [América Central]

O adjetivo pátrio é **panamenho**. ✦ *Os quatro ficarão atentos à entrada de um navio de fanico, porte médio, bandeira PANAMENHA, que vai despontar de norte-nordeste a uma velocidade de sete nós.* (OM)

pan-americano ⇨ Ver pan-.

Pronuncia-se como se fosse escrito numa só palavra. ✦ *Ricardo tem no seu currículo o título sul-americano e uma medalha de prata no PAN-AMERICANO.* (GAZ)

panarício, panariço, panariz, paroníquia

São variantes, todas registradas oficialmente, mas as formas **panariço** e **panariz**, esta tradicionalmente indicada como forma popular, não ocorreram. **Paroníquia** é termo técnico. O substantivo designa tumor na extremidade dos dedos. ✦ *Fiquei reparando nas grandes manchas escuras que ele tinha nas costas da mão e o dedo indicador torto, mutilado por PANARÍCIO ou desastre.* (VB) ✦ *PARONÍQUIA (inflamação periungueal), em um ou vários dedos das mãos ou dos pés, ora acompanha outras dermatoses, ora apresenta-se isolada, sobretudo em crianças enfraquecidas, revestindo curso agudo, subagudo ou crônico.* (SMI)

pança, pançudo

Com Ç. ✦ *Não tem nada da PANÇA exagerada dos empresários neurastênicos do litoral.* (VEJ) ✦ *Jacques Mendonça, um negro corpulento, PANÇUDO, de voz pesada, é um dos fazendeiros que afirma ser o dono das terras onde nasceu a cidadezinha.* (IS)

pandemia ⇨ Ver pan- ⇨ Ver epidemia.

O substantivo **pandemia** refere-se a uma epidemia amplamente disseminada. ✦ *Foi o que aconteceu no caso da PANDEMIA de cólera, que ressurgiu do passado a partir de um lugarejo na Índia.* (VEJ)

Epidemia refere-se à propagação rápida de doença que surge num lugar, acometendo grande número de pessoas.

Pandora ⇨ Ver caixa de Pandora.

A sílaba tônica é a penúltima (**DO**), e, por isso, a palavra não leva acento (paroxítona terminada em **A**). O nome, que significa "dotada de todos os dons", designa, na mitologia grega, a primeira mulher, criada por Hefesto, por ordem de Zeus, vivificada pelo sopro de Atena e dotada de todas as graças e talentos. ✦ *PANDORA equivale na mitologia grega à Eva dos judeus e cristãos.* (FSP)

Caixa de Pandora é como se faz referência à caixa dada a Pandora por Zeus, da qual escaparam todos os males que nela o deus havia encerrado.

pane

É a forma portuguesa correspondente ao francês *panne*. É substantivo feminino que designa falha de motor que provoca parada de um veículo. ✦ *No aeroporto, ocorreu uma estranha PANE no avião.* (VEJ)

Panem et circenses

É expressão latina que significa "Pão e espetáculos de circo". É uma frase de desprezo com que Juvenal (*Sátiras*, X, 81) fustiga os romanos da decadência, que só pediam trigo no fórum e espetáculos gratuitos no circo. ✦ *Talvez o poeta satírico Juvenal não pudesse imaginar que sua prescrição "PANEM ET CIRCENSES" para o povo teria tão longa vida como estratégia política no Ocidente.* (FSP)

pânico

1. Ligado, na origem, ao nome do deus Pã, cuja aparição infundia terror, o adjetivo **pânico** significa "que assusta", "que amedronta". ✦ *E pela primeira vez, num terror PÂNICO, como se no forno das entranhas todo o meu ser estivesse ardendo, a caminho das cinzas, senti até os ossos que estava aprisionado.* (VES)

2. O substantivo **pânico**, muito mais usual que o adjetivo, significa "medo súbito e descontrolado", "desespero". ✦ *Há pouco tempo acordei à noite com uma gritaria de PÂNICO.* (BPN) ✦ *O custo de vida subia e as donas de casa se queixavam da carestia, mas sem PÂNICO.* (BPN)

É muito usado na expressão **em pânico**. ✦ *O noivo está em PÂNICO, aterrado.* (CHU)

pântano

A sílaba tônica é a antepenúltima (**PÂN**), e, por isso, a palavra leva acento (proparoxítona). É a designação de terra baixa e alagadiça. ◆ *Minutos, dolorosos minutos foram precisos para que pudesse sentir, nos olhos surpresos, a terra como um PÂNTANO.* (ML)

panteão

A forma portuguesa correspondente ao latim *pantheon* é essa, com -**ÃO** final. O substantivo designa monumento erigido para perpetuar a memória de heróis ou cidadãos ilustres e que, em geral, contém seus restos mortais; na Antiguidade, é a designação de templo dedicado ao conjunto de deuses. ◆ *Haroldo e Dandalé já está escrito a fogo no PANTEÃO dos Imortais!* (VPB)

pantera

É substantivo feminino, referindo-se ao macho e à fêmea do animal (substantivo epiceno). ◆ *Essa PANTERA negra é o terror do Jardim.* (PL)

pão de ló

1. Escreve-se sem hifens. ◆ *Seu último pedido foi um cálice de vinho do Porto e um pedaço de PÃO DE LÓ.* (TV)

2. O plural é **pães de ló** (só o primeiro elemento se flexiona). ◆ *Já se vendiam PÃES DE LÓ, já se fabricava garapa, já existia o Outeiro da Glória.* (FSP)

pão-duro

1. Como adjetivo, significando "avarento", escreve-se com hífen. Refere-se tanto ao masculino quanto ao feminino. ◆ *Trocar de mulher é trocar de grilo, uma é PÃO-DURO, outra é estroina.* (SL)

2. O plural é **pães-duros** (substantivo + adjetivo). ◆ *Os dois são conhecidos PÃES-DUROS e se vangloriam disso.* (FSP)

papa

1. As formas de tratamento são:

◇ **o Santo Padre** e **Sua Santidade**, quando alguém faz referência ao papa. ◆ *O SANTO*

PADRE também salientaria a maturidade dos operários poloneses enfrentando a crise sem métodos de violência. (OG) ◆ *Assim também, sem medo de ser repetitivo, quando se bate um papo com o papa, é preciso chamá-lo de "Vossa Santidade"; quando se fala dele, usa-se "SUA SANTIDADE".* (FSP)

◇ **Santo Padre** e **Vossa Santidade**, quando alguém se dirige ao papa. ◆ *Não é preciso ter medo quando o povo te chama Vigário de Cristo, quando te dizem SANTO PADRE, ou VOSSA SANTIDADE, ou usam frases semelhantes, que parecem até contrárias ao Evangelho.* (FSP)

2. O feminino de **papa** é **papisa**. ◆ *Mme. Martinez y Viola, descendente direta da PAPISA Joana.* (AL)

papagaio

É substantivo masculino, referindo-se ao macho e à fêmea do animal (substantivo epiceno). ◆ *O PAPAGAIO viu no olhar da dona o seu (dele) terrível destino e tentou escapar.* (FAB)

Papai Noel

O plural é **Papais Noéis**. ◆ *Os PAPAIS NOÉIS do país pararam de trabalhar um dia antes do Natal.* (FSP)

paparazzi, paparazzo

Paparazzi é a forma do plural do substantivo italiano *paparazzo*. A palavra designa profissional da imprensa que se dedica a tirar fotos indiscretas de pessoas célebres. A forma do singular é muito pouco usada em português. ◆ *Um tribunal de Karlsruhe, Alemanha, proibiu a divulgação de fotos feitas por "PAPARAZZI" (fotógrafos que registram a intimidade de personagens públicos).* (FSP) ◆ *Na sexta-feira, o "Globo Repórter" leva ao ar um apanhado sobre o trabalho dos PAPARAZZI, com direito a depoimento de Tavio Secchiaroli, o fotógrafo que inspirou Federico Fellini no filme "La Dolce Vita" e deu origem ao termo "PAPARAZZO".* (VEJ) ◆ *Os cinco mandamentos de um PAPARAZZO: 1. Estar sempre atento, 2. Estar sempre com uma câmera na mão, 3. Perseguir as celebridades a todo o custo, 4. Nunca desistir, 5. Ter boas fontes de informação.* (VEJ)

A partir daí, verifica-se que não se justifica uma forma de plural como *paparazzis* nem o uso de *paparazzi* como singular, como está nestas passagens: ◆ *Outros PAPARAZZIS se apertam na concorrente Centaurus.* (FSP) ◆ *É a melhor PAPARAZZI deste país – e faz retratos de tirar o fôlego.* (FSP)

papelzinho

O plural é **papeizinhos** (com o ditongo EI aberto, mas sem acento, porque não é tônico). ◆ *Remexa, embaixo ficam PAPEIZINHOS informando horário e local.* (FSP)

paper

É palavra inglesa usada especialmente nos meios universitários para designar trabalho que relata resultado de pesquisa. A pronúncia aproximada é **pêiper**. ◆ *Um "PAPER" de Gordon Mackerror, da Universidade de Sussex, de novembro de 1994, mostra como os preços da energia subiram mais para os pequenos consumidores, comerciais, residenciais e industriais nos três primeiros anos após a privatização.* (FSP)

Papua-Nova Guiné [Oceânia]

O adjetivo pátrio é **papuásio**. ◆ *No ano seguinte, o governo PAPUÁSIO resolveu fazer, pela primeira vez, um censo da população de Hagahai.* (FSP)

Paquistão [Ásia]

Os adjetivos pátrios são **paquistanês** e **paquistanense**, mas esta última forma é de uso muito raro (2%). ◆ *O exército PAQUISTANÊS se renderia ao exército indiano.* (FSP) ◆ *Paralelamente o porta-voz do setor operacional do Ministério da Defesa PAQUISTANENSE indicou que não se conseguiu definir uma resposta.* (JC)

par ⇨ Ver a par de ⇨ Ver ao par.

O substantivo **par** é usado nas expressões:

◇ **a par de**, que significa "ao corrente de" e, também, "juntamente com". ◆ *Eu estava*

A PAR DE tudo o que acontecia na vida de Ângela. (CL) ◆ *A PAR DE um grau de instrução mínimo, o observador deverá apresentar condições de seriedade e honestidade.* (HID)

◇ **ao par**, expressão relativa a câmbio, que significa "em equivalência de valor". ◆ *Há US$ 10,5 bilhões no mercado internacional em bônus ao PAR.* (FSP)

par(i)-

É elemento (grego) que se liga a um elemento seguinte. Significa "igual", "parelho", "semelhante". ◆ *A Lei de Conversibilidade, que garante a PARIDADE entre o peso e o dólar, foi seu último recurso para arrumar a economia?* (VEJ) ◆ *Ele defende a profissionalização da administração dos fundos e rejeita a adoção de sistema PARITÁRIO, com metade da diretoria eleita pelos funcionários das estatais.* (FSP)

Pará

1. A sigla é **PA**. ◆ *Na região de Itaituba (PA), o Exército doou 870 mil hectares, onde vivem os índios mundurukus.* (FSP)

2. O adjetivo pátrio é **paraense**. ◆ *O caso PARAENSE serviria de referência para outros grupos do PDS que não conseguem conviver lado a lado na legenda oficial.* (OG)

Também é indicada a forma alternativa **paroara**. ◆ *PAROARA, que anda agenciando rapazes solteiros para o Acre!* (QUI)

para-¹ ⇨ Ver para ⇨ Ver para, para-².

Para- (forma átona) é prefixo de origem grega que se liga sem hífen ao elemento seguinte. Significa "que fica ao lado de", "próximo" (como o prefixo de origem latina **a(d)-**). ◆ *Kapp, chefe de um grupo PARAMILITAR, com ajuda dos Frezkorps chegou a tomar o poder em Berlim.* (NAZ) ◆ *Foi rejeitado o projeto que regula a situação dos servidores contratados nas repartições federais, municipais, autárquicas e PARAESTATAIS.* (ESP)

Se o elemento seguinte começar por H, essa letra é eliminada, na formação com o prefixo;

para

por exemplo, *PARAÉLIO, PARAIDROGÊNIO*, formas que não ocorreram.

Se o elemento seguinte começar por **R** ou **S**, é necessário duplicar essa letra (que ficará entre duas vogais, na escrita). ♦ *A incisão PARARRETAL externa infraumbilical é também chamada incisão de Jalaguier.* (CLC) ♦ *Alguns dos efeitos mais acentuados da morfina sugerem estímulo do PARASSIMPÁTICO.* (FF)

para, para-² ⇨ Ver para ⇨ Ver para-¹.

1. **Para** (com acento tônico na primeira sílaba, mas sem acento gráfico) é forma do verbo **parar** (terceira pessoa do singular do presente do indicativo). ♦ *PARA de andar de um lado para o outro e senta aqui perto de mim.* (AGO)

2. Quando essa palavra funciona como elemento de composição, ela mantém a sílaba tônica (**pa**), e se liga por hífen ao elemento seguinte. O significado é "que apara", "que protege contra". ♦ *Os limpadores de PARA-brisa dos veículos Willys 69 são iguais aos do Gálaxie.* (P) ♦ *Esse PARA-choque serve para atropelar pedestres.* (VEJ) ♦ *Andam pelo país em fachada de quitanda, varanda na roça e PARA-lama de caminhão.* (VEJ) ♦ *Em dia de tempestade é que se dá valor ao PARA-raios!* (P)

Certos compostos, em relação aos quais se perdeu, em certa medida, a noção de composição, têm a ortografia oficial registrada em uma só palavra. ♦ *Ajustei o traje castanho-cinzento de piloto e firmei bem o PARAQUE-DAS.* (SA) ♦ *Eu estava num pelotão de PA-RAQUEDISTAS.* (SA)

para ⇨ Ver pra ⇨ Ver para-.

Para é preposição. ♦ *Houve um concurso PARA escriturário de determinada autarquia.* (AID)

para com

Empregam-se estas duas preposições para introduzir complemento de adjetivos ou substantivos que exprimam disposição de ânimo relativamente a uma pessoa ou coisa. ♦ *À*

proporção que o rapazola crescia, Paquita redobrava de dedicação PARA COM ele. (LA)

para eu (fazer, usar, comprar etc.)
⇨ Ver para mim.

1. Em uma construção como **para eu fazer** (**usar, comprar**, ou qualquer outro infinitivo de verbo), o pronome pessoal (**eu**) é sujeito desse infinitivo. Assim, é condenado pela gramática normativa o uso do pronome **mim** nesse tipo de construção, por ele ser pronome do caso oblíquo, e, portanto, não ser destinado à função de sujeito. ♦ *O que é PARA EU fazer?* (MO)

2. Pelo contrário, a construção **para mim** é a recomendada quando o pronome não é sujeito. ♦ *Na tela, Kiss Singer pisca PARA MIM.* (AVI)

Pode ocorrer um infinitivo logo após o **para mim** e, no entanto, o pronome **mim** não ser considerado mal empregado, por não estar funcionando como sujeito desse infinitivo. ♦ *PARA MIM cortar uma árvore é como se fosse um crime.* (ALE) [= *Cortar uma árvore é como se fosse um crime, para mim.*]

para trás

O segundo elemento da expressão é **trás**, e não **atrás**. ♦ *De repente, olhou PARA TRÁS e viu que a mulher ali estava, a espreitá-lo.* (BB)

parabéns

É substantivo que só se usa no plural (*pluralia tantum*). Desse modo, toda concordância se faz no plural. ♦ *Meus PARABÉNS. Empolgante! Magnífico!* (JM)

para-brisa ⇨ Ver para-².

Com hífen. O elemento **para-²** (tônico, mas sem acento gráfico) significa "que apara", "que protege contra". ♦ *Nenê com raiva cospe no PARA-BRISA do carro.* (TGG)

para-choque ⇨ Ver para-².

Com hífen. O elemento **para-²** (tônico, mas sem acento gráfico) significa "que apara", "que protege contra". ♦ *Minha casa era um*

Scania laranja, e meu pai escreveu no PARA-
-CHOQUE: sou feio e moro longe. (OMT)

O plural é **para-choques**. ♦ *Ele agora tem*
bancos altos e um detalhe que mudou tudo:
novos PARA-CHOQUES. (MAN)

Entretanto, embora raramente, usa-se **para-**
-choques como singular (do mesmo modo
que **para-raios**). ♦ *Atropelou o cidadão no*
passeio da Praça Floriano e o arrastou,
preso ao PARA-CHOQUES, uns vinte metros,
até largá-lo, quase sem vida, na rua Santa
Luzia. (CRU)

Paracleto (paracleto), Paráclito (paráclito)

São formas variantes de designação dada ao
Espírito Santo, por sua função intercessória.
Por extensão, as palavras designam um de-
fensor, um intercessor.

1. **Paracleto**, a forma que corresponde ao
étimo latino *paracletu* (do grego, *Parákletos*),
tem a penúltima sílaba tônica (**CLE**), e, por
isso, não leva acento (paroxítona terminada
em **O**). ♦ *De início os Servos de PARACLETO*
tratavam de padres alcoólatras, adotando
o programa de 12 passos dos Alcoólicos
Anônimos e combinando-o com renovação
espiritual. (FSP)

2. **Paráclito** é variante não recomendada em
algumas lições tradicionais, pela alteração da
vogal tônica e pelo deslocamento do acento
(proparoxítona). ♦ *A descida do PARÁCLITO*
era uma vitória da então nascente reforma
do judaísmo. (FN) ♦ *Tiveste início no criador*
e foste santificada pelo espírito PARÁCLITO,
para vir a ser a esperança de todas as na-
ções. (FSP)

Entretanto, é a forma mais usual (60%).

parágrafos ⇨ Ver **artigos** ⇨ Ver **capítulos**.

1. É norma que os parágrafos de lei se
numerem:

◇ com numerais ordinais, até 10 (em geral,
com algarismos arábicos, mas também por
extenso). ♦ *Apesar de reações mais políticas*
do que jurídicas ao PARÁGRAFO 2º do artigo
1º do projeto enviado pelo governo ao Con-

gresso, salta aos olhos que, para os casos
referidos, a solução não é a anistia. (ESP)
♦ *Código Canônico, artigo 368, PARÁGRAFO*
terceiro, letra b. (AC)

Entretanto, ocorre também cardinal. ♦ *De*
outra parte, foi garantido o usufruto exclu-
sivo das riquezas do solo, dos rios e dos
lagos existentes nas terras tradicionalmen-
te ocupadas pelos índios (PARÁGRAFO 2,
art. 231). (ATN) ♦ *Artigo não sei quanto,*
PARÁGRAFO sete, letra b. (AC)

◇ com numerais cardinais, a partir de 11 (em
geral, com algarismos arábicos, mas também
por extenso). ♦ *Uma prévia limpeza de terre-*
no, para que a solução positiva, introduzida
somente no PARÁGRAFO 16, possa afirmar-se
em sua legitimidade plena. (FSP) ♦ *Dá um es-*
talo com os dedos e sorri de orelha a orelha;
aponta o alto da página; diz: – "PARÁGRAFO
quarenta e oito". (NB)

2. A recomendação normativa é que referência a parágrafos feita com o sinal § só se use
em transcrições. Entretanto, mesmo em transcrições, não é usual a indicação pelo sinal.
♦ *Não resta nenhuma dúvida, foi tudo legal,*
certo e permitido. Código Canônico, artigo
368, PARÁGRAFO terceiro, letra b. (AC)

Paraguai [América do Sul]

O adjetivo pátrio é **paraguaio**. ♦ *Junto à*
fronteira PARAGUAIA encontram-se os ervais,
em que se explora a erva-mate. (GHB)

Paraíba

1. A sigla é **PB**. ♦ *Uma praga de pulgas está*
atacando há duas semanas os moradores da
periferia de Areia (PB). (FSP)

2. O adjetivo pátrio é **paraibano**. ♦ *A pintura*
do PARAIBANO Antonio Dias não conhece o
conforto dos cavaletes nem a delicadeza dos
pincéis. (VEJ)

paraíso

Os adjetivos correspondentes são **paradisía-**
co e **paradísico**, mas este último não ocorreu.
♦ *Troquei a Bahia por um Rio PARADISÍACO,*
hospitaleiro, bonito, sem pobreza nem vio-
lência. (FSP)

para-lama

para-lama ⇨ Ver **para-²**.

Com hífen. O elemento **para-** (tônico, mas sem acento gráfico) significa "que apara", "que protege contra". ◆ *Chico deixou a porteira bater no mourão, trepou-se no PARA-LAMA.* (ED)

paralisar, paralisação, paralisia

Com S (palavras ligadas ao grego *parálysis*). Não há o sufixo **-izar**. ◆ *Numa central nuclear qualquer pane insignificante PARALISA mil megawatts ou mais.* (GAI) ◆ *Desde o primeiro dia de PARALISAÇÃO, Fátima não dorme.* (VEJ) ◆ *Ha um escorbuto infantil conhecido por moléstia de Barlow, aliás, não raro, confundida com a PARALISIA infantil.* (AE)

páramo

A sílaba tônica é a antepenúltima (**PÁ**), e, por isso, a palavra leva acento (proparoxítona). Significa "planície deserta" e, por extensão, "firmamento", "abóbada celeste". ◆ *PÁRAMO – Planície deserta.* (FSP) ◆ *O governo não precisa temer enquanto os locutores dos telejornais fizerem aquela cara de quem atingiu o PÁRAMO.* (FSP)

Paraná

1. A sigla é **PR**. ◆ *A família Kobe, de Londrina (PR), levou na bagagem uma coruja em madeira de mais de cem anos que "traz sorte".* (FSP)

2. O adjetivo pátrio é **paranaense**. ◆ *Um ano depois me mandei para Cambará e trabalhei como pedreiro nessa cidade PARANAENSE.* (CRU)

Também é indicada a forma alternativa **tingui**, que, entretanto, só ocorreu como designação de planta.

paraquedas, paraquedista
⇨ Ver **para-²**.

A forma é **paraquedas**, seja no singular seja no plural. O elemento **para-²** significa "que apara", "que protege contra". ◆ *Ajustei o traje castanho-cinzento de piloto e firmei bem o PARAQUEDAS.* (SA) ◆ *Eu estava num pelotão de PARAQUEDISTAS.* (SA)

para-raios ⇨ Ver **para-²**.

Com hífen. A forma é **para-raios**, no singular ou no plural. O elemento **para-²** (tônico, mas sem acento gráfico) significa "que apara", "que protege contra". ◆ *Em silêncio, o PARA-RAIOS é uma garantia de tranquilidade e segurança.* (P)

parasita, parasito

São formas variantes para designar organismo que vive de (ou em) outro organismo. ◆ *Tem uma noruega, lá atrás, cheia de samambaia e PARASITA roxa.* (SA) ◆ *O Plasmodium é um PARASITO de hemácias de tecidos relacionados ao sangue de aves e de mamíferos.* (GAN)

Mais genericamente, designam indivíduo explorador, que vive à custa de outro. ◆ *É um PARASITA e um preguiçoso.* (CHI) ◆ *A sua obra, neste terreno, achava-se terminada; e o Reino se tornara em simples PARASITO de sua colônia.* (H)

parassíntese

É processo de formação de palavras que consiste no acréscimo simultâneo de prefixo e sufixo: **(des)alma(do)**, **(en)tarde(cer)**. ◆ *Andava todo mundo no rastro do DESALMADO.* (R) ◆ *Ao ENTARDECER voltamos para casa.* (CBC)

pardal ⇨ Ver **epiceno**.

Os femininos tradicionalmente indicados são **pardoca**, **pardaloca** e **pardaleja**.

Entretanto, nenhuma das formas ocorreu. O substantivo funciona em geral como epiceno. ◆ *Como a fêmea do PARDAL, ela também vivia se encostando.* (MPB)

parecer

Quando o verbo **parecer** entra em construção com o infinitivo de outro verbo, há dois modos de uso desse **infinitivo**:

◇ Varia o verbo **parecer**, mas não o **infinitivo**. Esse é o uso mais comum. ◆ *Não é novidade o fato de esses "objetos aéreos não*

parêntese(s), parêntesis

identificados" PARECEREM sumir por longos intervalos dos céus do nosso planeta. (CRU).

◇ Varia o **infinitivo**, mas não o verbo **parecer**. ✦ *Todavia, talvez devido ao caráter ainda vago da própria noção de clima, PARECE terem-se dificultado os estudos nessa direção.* (BRO)

A flexão dos dois verbos, que é condenada em algumas lições normativas, é de ocorrência rara. ✦ *O melhor de Leoni, para a sensibilidade de hoje, não está em seus sonetos perfeitos, de elaborados fechos de ouro, mas em certas imagens que, encontradas, PARECEM terem sempre estado ali.* (FSP)

parede-meia, paredes-meias

Usa-se com o mesmo significado no singular e no plural, mas o uso no plural é bem menos frequente (25%). Significa "que tem uma parede comum", "contíguo", "pegado". ✦ *O major tinha se mudado para a Avenida do Contorno, 700, uma casa rosada, PAREDE-MEIA com a vizinha.* (CF) ✦ *E depois o cemitério pegado, PAREDES-MEIAS, onde se entra por uma porta de serviço.* (BP)

parente

O feminino é **parenta**. ✦ *Eu sou aqui a única PARENTA dele!* (TV)

Usa-se, também, com a mesma forma para masculino e para feminino (substantivo comum de dois). ✦ *Os PARENTES do finado Casemiro deram comigo.* (CA) ✦ *Pode ter sido a própria mulher desse grandalhão Filipe ou uma PARENTE dela.* (ACM). ✦ *Foi por essa imposição que recebi o PARENTE dentro da maior cortesia.* (CL)

parêntese(s), parêntesis

1. O substantivo designa:

◇ uma inserção que quebra o fluxo de um enunciado (correspondendo a uma pausa acentuada, com mudança de entoação). ✦ *Mas, como antes (e talvez mais ainda do que antes), eu nada tinha para falar.* (A)

◇ o sinal que marca essa inserção, sinal que é sempre duplo: de abertura e de fechamento.

✦ *Entre PARÊNTESES: o ajuste fiscal, sua principal tarefa, é, por ora, uma incógnita.* (FSP)

2. Formas:

2.1. A forma **parêntese** é singular. É com essa forma que se designa o conjunto. É a forma mais usual (60%). ✦ *Aparentemente não diferia dos sucessos normais: um ligeiro PARÊNTESE, logo encerrado, e regressamos à vida comum.* (MEC)

2.2. A forma **parênteses** é plural. Ocorre em 27% dos casos. ✦ *Suprimidos, postos entre PARÊNTESES os anos intermediários, aqueles dois blocos de tempo constituíam os dois quartos de uma casa só.* (COM)

2.3. A forma **parêntesis** é singular ou plural. É a de uso mais raro (13%). ✦ *Ela quase sempre funciona como parêntese (ou PARÊNTESIS).* (FSP) ✦ *Para encerrar, a relatora brinca, num P.S. entre PARÊNTESIS.* (FSP)

3. Uso dos sinais de parêntese:

O parêntese, em geral, abriga um segmento que se entende como uma inserção ou um desvio no andamento do enunciado, a que corresponde uma mudança de entoação.

4. Pontuação:

A pontuação de um enunciado que vem entre parênteses é colocada:

◇ depois do fechamento, se essa pontuação não pertence ao trecho que está no parêntese, mas ao enunciado todo. ✦ *A conclusão é interessante, na medida em que todo metal submetido a brutal aquecimento enegrece, pela oxidação, e o trabalho alquímico envolvia uma calcinação do metal (que é a mesma coisa que um aquecimento brutal).* (ALQ)

◇ antes do fechamento, isto é, dentro do parêntese, se essa pontuação pertence ao próprio trecho que está no parêntese; obviamente, após o fechamento, haverá ou não outra pontuação, na dependência do todo do enunciado. ✦ *Era assinado por ninguém menos que Jacques Bergier, engenheiro químico e pesquisador do chamado realismo fantástico (ou, como viver uma aventura além da imaginação, tendo de sustentar mulher e filhos!), que jurava ser a Alquimia uma ciên-*

pari passu

---

cia aparentada da moderna Física Nuclear e detentora de segredos antediluvianos. (ALQ) ◆ *Sílvio Iberê baixou os olhos vexado. (Como fugir dali. Onde se esconder.)* (A)

pari passu

É expressão latina que significa "em passo igual", "no mesmo andamento". ◆ *A economia japonesa, que até 1976 crescia, tinha um consumo de energia que crescia PARI PASSU com a sua economia, ou seja, crescia na mesma taxa.* (POL)

Paris [França]

Os adjetivos pátrios indicados são **parisiense**, **parisiano** e **parisino**, mas só a primeira forma ocorreu. ◆ *Essa língua ela aprendera com uma PARISIENSE, certa Madame Costa, por seu casamento com um lusíada.* (BAL)

-paro

É elemento (latino) que se liga a um elemento anterior. O significado é ligado a "gerar", "produzir". ◆ *Sucede o mesmo quando é a fecundação interna e o animal OVÍPARO; não há relação de ordem nutritiva entre os dois organismos.* (OBS) ◆ *As glândulas SUDORÍPARAS não conseguem reabsorver o sal, tornando o suor muito salgado e concentrado.* (FOC)

parte (+ de + plural)

1. As expressões **parte de**, **grande parte de**, **a maior parte de** + plural usam-se:

◇ com verbo no singular, e com concordância de gênero no feminino (concordância regida por **parte**); é a concordância mais usual. ◆ *PARTE dos animais de trabalho foi substituída pelas máquinas produzidas pela indústria de máquinas e equipamentos agrícolas etc.* (AGR) ◆ *Grande PARTE dos diretores que a gente conhece foi, antes, ator.* (EM) ◆ *A maior PARTE de nossas atividades diárias converte-se, de certo modo forçosamente, em jogos de azar.* (TEM)

◇ com verbo no plural (concordância com o complemento partitivo) e com concordância de gênero também comandada pelo complemento. ◆ *Na China, PARTE das rendas*

suplementares **provêm** do financiamento elevado, garantido pelo Estado, de despesas que não são cobertas pelo imposto. (ESP) ◆ *Cada uma das grandes metrópoles brasileiras possui duas ou três produtoras que se dedicam a agenciar artistas para comícios, a maior PARTE delas surgidas de dois anos para cá.* (VEJ)

Especialmente com **grande parte de** e com **a maior parte de**, é rara a ocorrência de concordância no plural.

2. Obviamente, a concordância de gênero (masculino ou feminino) também pode ser feita com qualquer um dos dois elementos da construção, mas mais frequentemente é escolhida a concordância com **parte** (feminino). ◆ *A maior PARTE dos túmulos é cercada por uma grade de ferro batido, como um berço, com uma cruz vazada, em ferro volteado.* (UQ)

parti pris

É expressão francesa que significa "(com) partido tomado", "(com) opinião preconcebida". ◆ *A Justiça, quando com J maiúsculo, não deve ter PARTI PRIS, sábia expressão turca.* (AM)

participar

1. Com o significado de "tomar parte em" ou "ser parte de", usa-se com complemento iniciado pelas preposições:

◇ **de**. ◆ *As criaturas PARTICIPAM do Ser de Deus.* (SIG-O) ◆ *Um refresco para a memória de quem perdeu a conta das novelas de que PARTICIPOU.* (RI)

◇ **em**. ◆ *Em seguida, no Leitão Assado, PARTICIPOU numa tremenda desordem, onde vários contendores ficaram de cabeça quebrada.* (VP) ◆ *Os vinte filmes em que PARTICIPOU estão longe de ser classificados como inesquecíveis.* (MAN)

O complemento pode não estar expresso. ◆ *Cuba não PARTICIPOU por um motivo muito importante para a sua história.* (FSP)

2. Com o significado de "comunicar", o verbo **participar** se usa com dois complementos,

578

um sem preposição (objeto direto, que pode ser representado por uma oração) e o outro iniciado pela preposição **a**. O primeiro se refere àquilo que é comunicado e o segundo se refere à pessoa (instituição etc.) a quem se faz a comunicação. ♦ *Durou isto muitos dias, até o momento em que me PARTICIPOU, com visível alegria na voz, que a doente convalescia.* (DEN)

Frequentemente o objeto indireto não vem expresso. ♦ *No ajantarado de domingo (...) PARTICIPEI minha intenção de voltar aos currais.* (CC)

partilhar ⇨ Ver **compartilhar**.

1. Com o significado de "repartir", usa-se com dois complementos, um sem preposição (objeto direto) e o outro iniciado pela preposição **com**. O primeiro se refere àquilo que é repartido e o segundo se refere à pessoa (instituição etc.) com quem isso é repartido. Qualquer um dos complementos pode não vir expresso. ♦ *Pela primeira vez, fiéis de outras religiões foram convidados a PARTILHAR com o papa a tarefa de carregar uma cruz de madeira pelas ruas de Roma.* (FSP) ♦ *A educação para a conservação deve basear-se no direito que têm as espécies animais e vegetais de PARTILHAREM a Terra com o homem.* (OV)

2. Com o significado de "comparticipar", usa-se com complemento iniciado pela preposição **de**. ♦ *A tese do complô é confortável para quem não quer PARTILHAR da responsabilidade pelos saques.* (VEJ)

partisan

É palavra francesa que designa partidário tendencioso de pessoa, grupo, partido ou causa e designa, também, soldado de guerrilha. ♦ *O trabalho dos PARTISANS, sobretudo na Segunda Guerra, foi exagerado durante e logo após o conflito, por compreensíveis razões de propaganda.* (NEP)

parvenu

É palavra francesa que designa pessoa que chegou a uma condição superior à de origem,

sem, no entanto, ter aprimorado suas maneiras. ♦ *Entretanto, só conseguiu – o que à época era um feito – substituir a condição de pária pela de "PARVENU".* (FSP)

Páscoa

Os adjetivos correspondentes são:

◇ **pascoal**. ♦ *Era em geral durante seu luto PASCOAL que muitos cristãos, sentindo aguçar-se seu rancor, acusavam os judeus de usar o sangue de crianças recém-sacrificadas ritualmente para fazer o pão ázimo com que festejavam sua saída do Egito.* (FSP)

◇ **pascal**. ♦ *A carne de carneiro, com sua evocação PASCAL, e tão apreciada por eles, era dilacerada com os dentes e as mãos lambuzadas de gordura.* (PAO)

pasmo, pasmado

Segundo as lições tradicionais, **pasmo** é substantivo, e o adjetivo é **pasmado** (particípio passado de **pasmar**). ♦ *Ricardo tomou-se de um PASMO súbito e sincero.* (ALE) ♦ *O turco estava PASMADO, mas eu jamais esperava que fizesse o que fez.* (ID)

Entretanto, é frequente o uso de **pasmo** como adjetivo ("pasmado"). ♦ *Até Fidel Castro, que tinha vindo ao Brasil para a posse, ficou PASMO.* (RI)

passear, passeata ⇨ Ver **-ear**.

Os verbos em **-ear**, do mesmo modo que os substantivos correspondentes, recebem **I** apenas nas formas rizotônicas, isto é, nas formas que têm a sílaba tônica no radical. ♦ *O bruxo entra solenemente e agitado PASSEIA de um lado para o outro.* (BR) ♦ *Cândida PASSEAVA só, envolta num vaporoso vestido de cassa rósea, o rosto, mais do que nos outros dias, velado de tristeza.* (DEN) ♦ *Ele só queria que eu dissesse por que não ia à PASSEATA.* (AS)

passim

É palavra latina que significa "aqui e ali". Emprega-se depois do título de uma obra citada, para indicar que em diversos pontos dela se encontram referências a um certo assunto. ♦ *Veja-se The Wealth of Nations, PASSIM.* (FEB)

passo

passo ⇨ Ver paço.

Passo designa cada deslocamento do corpo no andar, ou o espaço percorrido nesse movimento. ◆ *O garoto hesitou, depois deu um PASSO para dentro da cozinha.* (ANB)

Paço significa "palácio".

passo a passo

Passo a passo (sempre sem hífen) é:

◇ expressão adverbial de modo, que significa - "a passos lentos". ◆ *Manuel João andava PASSO A PASSO.* (ALE)

- "em todas as fases", "com todos os pormenores". ◆ *Foi assim, PASSO A PASSO, num esforço contínuo, numa conquista lenta e trabalhosa, numa luta desesperada contra mil inimigos invisíveis, que cheguei a realizar o meu desejo...* (DEN)

◇ locução substantiva que significa "roteiro pormenorizado de operação". ◆ *A Folha traz, ao lado, o PASSO A PASSO para quem quer aprender a fabricar ovos de Páscoa e bombons caseiros.* (FSP)

pastel, pastelzinho

1. O plural é **pastéis**. ◆ *As mulheres da vizinhança ajudavam na cozinha, preparando e esticando a massa dos PASTÉIS e folheados.* (REL)

Usado após designação relativa a cor, para indicar nuança, não varia no plural. ◆ *Maravilhosas cores PASTEL: azul, verde, rosa e branca.* (CRU)

2. O diminutivo é **pastelzinho**, com plural **pasteizinhos** (ditongo EI aberto, mas sem acento, por ser átono). ◆ *Também recuso os biscoitos, as empadinhas, os PASTEIZINHOS que as outras mulheres servem.* (UQ)

pastor

1. O feminino é **pastora**. ◆ *Entra Zefa, vestida de encarnado, de PASTORA, vinda da cozinha.* (US)

2. Os adjetivos correspondentes são:

◇ **pastoril**. ◆ *Deram os impulsos à agricultura e à indústria PASTORIL.* (CTB)

◇ **pastoral** (de pastor espiritual). ◆ *Jovem pároco, por seu trabalho PASTORAL e sua santidade pessoal, transformá-la-ia numa paróquia modelo.* (ESP)

patela ⇨ Ver rótula.

É a denominação oficial atual para **rótula**. ◆ *PATELA descreve melhor esse osso, que parece mais um disco chato.* (FSP)

patena ⇨ Ver pátina.

Patena tem a penúltima sílaba tônica (TE), e, por isso, não leva acento (paroxítona terminada em A). O substantivo **patena** designa lâmina de metal em que se coloca a hóstia, na celebração da missa. ◆ *Jesus está todo inteiro e vivo no cálice e sobre a PATENA.* (PE)

pater-, patr-

São elementos (latinos) que se ligam a um elemento seguinte. Significam "pai". ◆ *Alcina nunca lhe cobrou nada, nem a PATERNIDADE, nem o sustento da criança.* (ETR) ◆ *Sabia o nome de todos os personagens de cor, desde o PATRIARCA até o mais humilde cocheiro.* (AVL)

pater familias

É expressão latina que significa "pai de família". ◆ *Ford comanda sua trupe como um autêntico "PATER FAMILIAS", não muito diferente do Donald Crisp de "Como Era Verde o Meu Vale".* (FSP)

pátina ⇨ Ver patena.

Pátina tem a antepenúltima sílaba tônica (PÁ), e, por isso, leva acento (proparoxítona). A palavra tem três sílabas, havendo I depois do T. O substantivo **pátina** designa, nas pinturas, oxidação da tinta ou do verniz pela ação do tempo, com transformação operada pela ação da luz. Designa também a pintura que dá artificialmente esse mesmo efeito. ◆ *O tipo de acabamento com maior saída é a PÁTINA.* (FSP)

pátio

Com I. ◆ *Saí de mansinho, atravessando o PÁTIO, até entrar numa das várias salas da casa.* (BL)

pâtisserie

É palavra francesa que significa "pastelaria (francesa)". ✦ *Os libaneses evoluíram muito na PÂTISSERIE, área controlada pelos muçulmanos.* (VEJ)

pato-

É elemento (grego) que se liga a um elemento seguinte. Significa "sofrimento", "doença". ✦ *A descoberta da ação PATOGÊNICA dos micróbios foi o acontecimento mais marcante da medicina no século passado.* (HOM) ✦ *Dizem que Olavo Bilac sofre de necrofilia; também de PATOFOBIA, tem pavor de tuberculose, como se a desejasse.* (UQ)

Se o elemento seguinte começar por **R** ou **S**, é necessário duplicar essa letra (que ficará entre duas vogais, na escrita). ✦ *Conclui-se que o PATOSSISTEMA tropical não apresenta risco maior para a seleção de mutantes resistentes.* (FBR)

patois, patoá; patuá

1. *Patois* é palavra francesa que significa "dialeto". A forma é a mesma para singular e para plural. ✦ *Falado em PATOIS (o dialeto quizumba local), "Balada Sangrenta" foi exibido nos cinemas norte-americanos e ingleses com legendas.* (FSP) ✦ *Linguagens estanques acabam resultando na exclusão de canais de comunicação e na exaltação máxima dos "PATOIS" locais.* (FSP)

2. A forma gráfica portuguesa **patoá** está oficialmente registrada, e é usada na mesma proporção da forma francesa. ✦ *Um deles está na excelente definição da língua como "um dialeto com exército, marinha e força aérea" (pág. 113): impossível, especialmente no caso italiano, saber por critérios apenas linguísticos o que é língua, o que é PATOÁ.* (FSP)

3. O substantivo **patuá** (de origem tupi) designa amuleto, bentinho. ✦ *Alguns homens usam a mulher como um PATUÁ contra o mau-olhado.* (AF)

patriarca

A palavra feminina correspondente a esse masculino é **matriarca**. ✦ *No silêncio que se seguiu, ouviu-se a voz calma e terra a terra da MATRIARCA dos Vacarianos.* (INC)

patriota

É masculino quando se refere a elemento do sexo masculino e feminino quando se refere a elemento do sexo feminino (substantivo comum de dois). ✦ *A sua alienação, como se percebe, era aparente, vibrando nele sempre um autêntico PATRIOTA, compadecido da situação de seu país.* (FI) ✦ *Miriam, além de mulher, revelou-se uma PATRIOTA.* (FSP)

patronesse

É palavra francesa que designa senhora que organiza ou patrocina festas beneficentes. ✦ *Será um baile como o Rio não viu igual... Convidaremos um grupo de senhoras, para PATRONESSES.* (TPR)

patrulha

É substantivo coletivo para policiais que fazem patrulhamento. ✦ *Não tinha mais receio da PATRULHA rodoviária.* (AGO)

paul, palude, pântano

1. **Paul** e **palude** são formas de substantivo de origem latina (*palude*), que significa "terra encharcada"; o mesmo que **pântano**. **Paul** é palavra de duas sílabas, com a última sílaba tônica (**UL**), sem acento por ser oxítona terminada em **L**. **Palude** é de uso raríssimo. ✦ *Para nós do PAUL ficava o peixe do quebra-mar, miúdo, recamado de espinhas.* (CR) ✦ *Então, e por caminhos tantas vezes trilhados, o instinto soube guiar-me apenas na direção pior – para os fundões da mata, cheia de PALUDES de águas tapadas e de alçapões do barro comedor de pesos?!* (SA) ✦ *Os pilares do edifício afundam-se no PÂNTANO.* (EC)

2. O adjetivo correspondente a esses substantivos é **palustre**. ✦ *Quanto ao beribéri, considerado até não muito tempo, na Amazônia, uma das maiores calamidades do clima PALUSTRE, escreve Raul Rocha.* (AE) ✦ *Quando a febre PALUSTRE não responde ao sulfato de quinino, ou a febre não é PALUSTRE ou o sulfato não é quinino.* (PFV)

paulista, paulistano

1. **Paulista** é o adjetivo pátrio referente ao Estado de São Paulo. ◆ *Casara-se com uma PAULISTA, sim, senhor. Uma senhora de Ribeirão Preto.* (MAD)

2. **Paulistano** é o adjetivo pátrio referente à cidade de São Paulo. ◆ *Eu não sou japonês. Sou PAULISTANO. Nasci aqui no Jardim América.* (BP)

paus

Como nome de naipe do baralho, é substantivo que só se usa no plural. ◆ *É como em um baralho: cada carta com um valor. O dois de PAUS ou de espadas não vale o mesmo que o ás.* (PEN)

paxá

Com **X**. O substantivo constitui título dos governadores e vizires do império otomano; a partir daí, designa indivíduo poderoso, mandão, pessoa que leva vida indolente e cheia de fausto. ◆ *A ópera foi composta a pedido do príncipe Ismail, PAXÁ do Egito, para comemorar a abertura do canal de Suez.* (FSP)

pay per view

Pay per view é expressão inglesa que designa programação de televisão à qual se assiste mediante pagamento específico. ◆ *Nos próximos meses, será implantado o primeiro sistema de interatividade da televisão brasileira – o PAY PER VIEW.* (VEJ)

O sentimento de formação de um substantivo composto leva à grafia com hífen, que se usa na mesma proporção, embora sem nenhum suporte que justifique a grafia dentro das regras oficiais. ◆ *As programações alternativas devem incluir o sistema PAY-PER-VIEW, ou pagar para assistir, destinado a atender o usuário em eventos especiais.* (VEJ)

pé (de pé, em pé)

De pé e **em pé** são locuções que têm a mesma acepção, indicando posição. **De pé** é mais usual (65%). ◆ *Naum pôs-se de PÉ, num salto.* (CEN) ◆ *Valente estava em PÉ no corredor.* (AGO)

pé da letra (ao)

Sem hífen. ◆ *Como de hábito, Hayek exagera, pelo menos se interpretado ao PÉ DA LETRA.* (EX)

pé de moleque

O plural é **pés de moleque** (substantivo + substantivo, ligados por preposição). ◆ *Mello Pimenta despediu-se, pensando em levar uns PÉS DE MOLEQUE para sua Esperidiana, esposa amantíssima, dádiva dos deuses.* (XA)

peão ⇨ Ver pião.

1. **Peão** designa pessoa que anda a pé, empregado em propriedade rural, ou pessoa que adestra cavalos. ◆ *Kurt não passava de um reles PEÃO.* (LC) ◆ *Foi bom quando o pai largou a roça e veio trabalhar de PEÃO para o fazendeiro.* (VI)

2. O feminino é **peoa**. ◆ *Tomara mesmo que hoje acabe pra sempre essa tua espera, PEOA.* (ARA)

Pião designa brinquedo de criança.

pecha

Com **CH**. O **E** é fechado (antes de **CH**: som chiante). Significa "imperfeição", "defeito". ◆ *Eram homens honrados e morriam, se preciso, em seus postos e não com a PECHA de eunucos.* (GRO)

pechincha

Com **CH** e **CH**. O substantivo designa grande conveniência ou vantagem material. ◆ *O preço das ações está uma PECHINCHA.* (VEJ)

peçonha

Com **Ç**. Significa "veneno", "maldade". ◆ *Tampouco o Brasil recebeu qualquer retorno pela valiosa PEÇONHA de sua serpente.* (VEJ)

ped(i)-, -pede

É elemento (latino) que se liga a um elemento seguinte ou a um anterior. Significa "pé". ◆ *Os pés, imersos numa bacia d'água, aguardavam o trabalho da PEDICURE, enquanto as unhas das mãos recebiam esmalte.* (VEJ) ◆ *Isto é um cavalo, senhor, acudi eu, desejan-*

do ajudá-lo, declaração que foi apoiada pelo QUADRÚPEDE, sacudindo energicamente a sua cabeçorra. (TR)

ped(o)- ⇨ Ver puer(i)-.

É elemento (grego) que se liga a um elemento seguinte. Significa "criança". Corresponde ao elemento latino **puer(i)-**. ✦ *Mas descobri que não sou afeito à PEDOFILIA.* (CD) ✦ *A aureolada senhora, a PEDAGOGA, a professora das professoras sabia ouvir.* (BPN)

pé-de-meia

1. Com hífen (substantivo composto), designa o conjunto do dinheiro ou dos bens guardados por uma pessoa. ✦ *Verdade que mesmo assim você tem matriz gravada para fazer disco até o ano dois mil e não sei quanto, para garantir o PÉ-DE-MEIA?* (EX) ✦ *A maioria fica dois anos, tempo suficiente para fazer um bom PÉ-DE-MEIA, e volta para casa.* (FH)

2. O plural é **pés-de-meia**. ✦ *O troco veio na semana passada, e por pouco não transformou num sangrento pesadelo o sonho de 1.200 brasileiros que fazem seus PÉS-DE--MEIA em Angola, contratados pela Odebrecht.* (VEJ)

pedicuro, pedicure ⇨ Ver manicuro, manicure.

São formas variantes, correspondentes ao francês *pédicure*, ambas oficialmente registradas em português.

1. A forma em **O** (que sofreu aportuguesamento na terminação) tem o feminino pedicura. ✦ *A mulher tem direito a massagem corporal, depilação completa, manicuro, PEDICURO, preparação do cabelo, maquiagem, lanche e uma pessoa destacada para ajudar a colocar o vestido.* (FSP) ✦ *A cabeleireira, a manicura, a PEDICURA, o intendente, o cozinheiro... todos a cansavam.* (RAF)

2. A forma **pedicure**, que conserva o **E** final do francês, é a mesma para masculino e feminino (substantivo comum de dois). O uso dessa forma não é tradicionalmente recomendado.

Entretanto, ela é a mais usual (82%). ✦ *De cor natural, com dedos flexíveis, unhas que parecem feitas por **um PEDICURE**, os mínimos detalhes nas solas dos pés.* (FSP) ✦ *(...) assim que Marianinha soubera pelo Teles do regresso de Aglaia, tomara providências: hora para a manicure, para **a PEDICURE** e a penteadeira.* (JM)

pedigree

É palavra inglesa (vinda do francês) que significa "boa linhagem", referindo-se a animais de criação, como cachorro, cavalo, aves poedeiras, e que designa também o documento que atesta a linha de ancestrais desses animais. A pronúncia aproximada é **pedigri**. ✦ *Sim, é o preço de mercado, para cães de PEDIGREE, mas tem uma coisa mais importante do que PEDIGREE: o amor a um animal de estimação.* (BOC) ✦ *Em tempos idos foi grande o interesse em importar aves poedeiras de grande valor, com PEDIGREE, para melhorar a criação nacional.* (CGA)

pedir

1. O verbo **pedir** tem a 1ª pessoa do singular do presente do indicativo irregular (**peço**), e, consequentemente, tem todo o presente do subjuntivo irregular (**peça, peças** etc.) ✦ *Só PEÇO que não fotografem nada.* (ACM) ✦ *Só não me PEÇAM para ficar ouvindo o ronco dos motores.* (VEJ)

2. Segundo a lição dos manuais normativos tradicionais, o verbo **pedir** constrói-se com dois complementos: um sem preposição (objeto direto, que pode ser oracional, iniciado por **que**) e outro iniciado pelas preposições **a** ou **para** (objeto indireto, que pode ser expresso pelo pronome **lhe**). O primeiro complemento se refere àquilo que é pedido, e o segundo refere-se à pessoa a quem se faz o pedido. ✦ *Quase PEDI desculpas a Eurípides e Lutércio por tê-los envolvido em encrencas alheias.* (ACM) ✦ *Seu professor de anatomia **lhe PEDIU que procurasse certo nervo no cadáver.*** (APA)

Qualquer um dos complementos pode não estar expresso. ✦ *Eu te PEDI tanto.* (GA)

pedir emprestado

Quando é o objeto indireto que não ocorre e há uma oração completiva, o sujeito dela se refere à pessoa a quem se faz o pedido (e que estaria no objeto indireto, se ele existisse). ✦ *Byrne veio a saber dessa pretensão, e, horrorizado, PEDIU que os amigos levassem o corpo para a Irlanda.* (APA) [= pediu **aos amigos** que levassem o corpo] ✦ *Como não acredito nisso, PEDI que Paulo recebesse esse indivíduo quando eu estivesse na nossa casa de campo em Petrópolis.* (AGO) [= pedi **a Paulo** que recebesse esse indivíduo].

3. Mais modernamente, já se indica o uso do verbo **pedir** com complemento oracional preposicionado (preposição **para**), com verbo no infinitivo, especialmente quando o significado implica pedido de permissão ou licença. ✦ *Ninguém PEDIU para viver.* (NOF) ✦ *A mulher do Carlos é que PEDIU para eu telefonar para o senhor.* (AF) ✦ *Escreveu três linhas, arrancou a folha do caderno, dobrou-a e PEDIU para que eu a enfiasse debaixo da porta.* (REL)

Desse modo, chegam a ocorrer dois complementos do tipo preposicionado. ✦ *Foi quando ele me PEDIU para nunca abandoná-lo.* (BL) ✦ *Desconfio que Emilie lhe PEDIU para que me cobrasse as fotos.* (REL)

pedir emprestado ⇨ Ver **emprestar**
⇨ Ver **tomar emprestado.**

A gramática normativa não aceita o emprego do verbo **emprestar** com o significado de "pedir emprestado" ou de "tomar emprestado", recomendando que, para tais acepções, se usem essas próprias expressões, fazendo-se a concordância, em gênero e número, do particípio do verbo **emprestar**. ✦ *Mas como o sortilégio persistisse, firmou a vista, acenou com o braço e, para entabular conversa, PEDIU EMPRESTADO o pedaço de sabão.* (TG) ✦ *Para chegar a essas mulheres, PEDIA EMPRESTADA a bicicleta de um irmão de Nair.* (ETR)

Entretanto, é comum, e não apenas na linguagem descuidada, o uso da construção condenada. ✦ *Dívidas por contratos são feitas quando a prefeitura EMPRESTA de*

bancos nacionais ou se endivida com fornecedores, prestadores de serviços ou empreiteiras. (FSP)

pedra

1. O adjetivo correspondente é **pétreo**, com E na segunda sílaba (**TRE**) e com acento. ✦ *O fruto, ou noz, é pequeno e duro, levando polpa fibrosa de cor amarela ou vermelhada, que envolve o PÉTREO endocarpo, em cujo interior reside a semente.* (BEB)

2. Os diminutivos tradicionalmente indicados são **pedrinha** e **pedregulho**. **Pedrinha** é, realmente, um diminutivo, e **pedregulho** é a designação de um tipo especial de pedra pequena. ✦ *Quis logo mudar de assunto, botando mais uma PEDRINHA de gelo no Martini de minha amiga, mas ela nem conversou.* (SC) ✦ *Embaixo, o rumor da água pipocando sobre o PEDREGULHO; vaga-lumes retouçando no escuro.* (CG)

O diminutivo **pedrinha** é também usado depreciativamente. ✦ *Tanta energia concentra-se no mais perfeito e caro diamante, mas convém não desprezar a aparentemente reles PEDRINHA de beira de rio.* (ELL)

pedra-pomes

1. O segundo elemento desse substantivo composto tem sua origem no nome das ilhas Pomes, onde são abundantes tais pedras. Por esse motivo, existe o S final, mesmo no singular do substantivo composto. ✦ *Para proteger as ferramentas contra a ferrugem, tira-se dos instrumentos o óxido com lixa fina, sapólio, ou PEDRA-POMES.* (MPM)

2. O plural é **pedras-pomes** (varia o primeiro elemento, que é substantivo). ✦ *Dois terços daquele material caíram num raio de 30 quilômetros, formando um banco de PEDRAS-POMES que, durante bom tempo, impediu a navegação na área.* (SU)

pedra-ume

Essa é a forma. O segundo elemento não se inicia por H (é forma contraída de **alúmen**, ou **alume**, designação química de sulfato duplo). ✦ *O infeliz que cumprisse a sua parte, de PE-*

DRA-UME na mão, surdo à ira do freguês, lhe acomodando o sangue que espirrava. (OSD)

O plural, **pedras-umes**, não ocorreu.

pedrês

Com **S**. Significa "salpicado de branco e preto". ◆ *O galo PEDRÊS investiu, de porrete.* (AS)

peeling

É palavra inglesa que, em cirurgia plástica e em dermatologia, designa raspagem de pele, mediante o uso de substância química ou de instrumento. A pronúncia aproximada é **pílin**. ◆ *Para restabelecer a saúde da pele, o PEELING, e para recuperar a resistência muscular, a cirurgia plástica.* (VEJ)

pegada

A sílaba tônica é a penúltima (**GA**), e, por isso, a palavra não leva acento (paroxítona terminada em **A**). ◆ *Havia uma PEGADA na escada. Ele havia subido.* (BL) ◆ *Corri para a estrada de onde viemos, olhando o chão limpo em busca de PEGADAS.* (ID)

pegado, pego

1. A forma de particípio **pegado** é mais usada com os auxiliares **ter** e **haver**, mas também se usa com **ser**. ◆ *Se bem conheço minha tia ela já deve ter PEGADO as chaves.* (ACM) ◆ *Os médicos descobriram que ela havia PEGADO uma infecção no hospital e a criança foi operada sem a família saber.* (FSP) ◆ *O silêncio agora era meu, silêncio encabulado de quem é PEGADO fazendo coisa feia.* (CR)
2. A forma **pego**, que sofre restrições em algumas obras normativas, é usada com os diversos auxiliares. ◆ *– É que a gente estava discutindo o socialismo – disse Candi percebendo que eu tinha PEGO o bonde andando.* (BL) ◆ *Fred havia PEGO uma carona em um caminhão e saltara a poucos metros do estádio.* (CB) ◆ *Frederico olha para as condôminas com um riso sem graça de quem foi PEGO em flagrante.* (IC)
3. Como adjetivo, **pegado** significa "contíguo" e concorda em gênero e número com o

substantivo que acompanha. ◆ *Era de tardezinha quando bati à porta da pequena farmácia PEGADA à igreja.* (CR)

peignoir, penhoar

Peignoir é palavra francesa que designa vestimenta feminina, espécie de vestido abotoado ou cruzado na frente, de uso caseiro, íntimo. ◆ *E com os braços fora do PEIGNOIR cingia o marido, ao mesmo tempo que olhava para o filho.* (JT)

Encontra-se em uso, também, mas com frequência menor, a grafia aportuguesada **penhoar**, oficialmente registrada (43%). ◆ *Larissa entrou de chinelas e PENHOAR azul.* (LC)

peixe

Os adjetivos correspondentes são **písceo** e **ictíico**. ◆ *Os marinheiros que o ofenderam vão assumindo formas PÍSCEAS, braços virando nadadeiras, caudas despontando, dorsos que se infletem encurvando-se como golfinhos.* (FSP) ◆ *Objetiva-se, neste trabalho, diagnosticar a situação da fauna ÍCTÍICA do rio Paraíba do Sul em seu trecho mais crítico.* (RBB)

peixe-boi

O plural é **peixes-boi** (substantivo + substantivo, o segundo fazendo uma determinação sobre o primeiro). ◆ *Os PEIXES-BOI alagoanos estão isolados de outros grupos do país porque no litoral sul de Pernambuco – Estado vizinho – a espécie já está extinta.* (FSP)

pela(s) ⇨ Ver pelo(s).

A grafia é sempre a mesma, quer a palavra seja átona quer ela tenha o **E** tônico (aberto). ◆ *Ele usou a fórmula PELA primeira vez numa entrevista à "Playboy".* (VEJ) ◆ *O Bush, Rambo do narcotráfico, se PELA de medo ao pensar no que pode acontecer com sua campanha.* (FSP) ◆ *As madonas da Roma imperial praticavam o jogo da PELA.* (GM)

pélago

A sílaba tônica é a antepenúltima (**PÉ**), e, por isso, a palavra leva acento (proparoxítona). Significa "mar profundo". ◆ *É ouvir o mi-*

pelame

nistro da Previdência falar das medidas que está tomando para se enlevar como Castro Alves diante do "espaço imenso", ou dos "PÉLAGOS profundos". (VEJ)

pelame

É substantivo coletivo para pelos. ◆ *O PELAME liso, sem bernes, em toda criação.* (VB)

pele

Os adjetivos correspondentes são:

◇ **cutâneo.** ◆ *No plano CUTÂNEO, as lesões são escoriativas ou equimáticas e às vezes com perda de substância.* (CLC)

◇ **dérmico.** ◆ *O fundo da lesão geralmente é liso, sulcado por inúmeros pequenos capilares dilatados (capilares das papilas DÉRMICAS) que lhes conferem um aspecto de multidão de pontos vermelho-rubi.* (DDH)

◇ **epidérmico.** ◆ *Assim que nota algum defeito ou alteração, o cirurgião reconstrói as pálpebras inteiramente, enxertando fragmentos de pele extraídos da zona EPIDÉRMICA próxima aos olhos.* (REA)

peleja

O E é fechado (antes de J), seja verbo seja substantivo. ◆ *Mas, sendo a vez, sendo a hora, Minas entende, toma tento, avança, PELEJA e faz.* (AVE) ◆ *Com as comitivas, vinha a PELEJA para os pobres de Siá Preta e Seu João – cismava José de Arimateia.* (CHA)

peliça

Com Ç. Designa vestimenta feita ou forrada de pele fina e macia. ◆ *Em seu arrebatamento, derruba a cadeira onde estão colocadas a PELIÇA e a cartola do barão.* (VEJ)

pelo(s) ⇨ Ver pela(s).

A grafia é sempre a mesma, quer a palavra seja átona, quer ela tenha o E tônico, e quer esse E tônico seja aberto ou fechado. ◆ *Marcionílio estava sendo entrevistado PELO Samuel Fereszin, do Correio.* (AF) ◆ *Cigana era um belo animal, ruano, de PELO fino e lustroso, manso de dar gosto.* (VER) ◆ *Tenho medo disto que me PELO; em pequeno vi*

morrer três sujeitos de pancada com as tais cataporas! (CPE)

pelotão

É substantivo coletivo para soldados. ◆ *Sem oficiais, nosso PELOTÃO estava isolado.* (CNT)

pena de talião

É expressão que designa antiga penalidade que consistia em fazer o delinquente sofrer o mesmo dano que causara. Escreve-se **talião** com inicial minúscula por não se tratar de nome próprio. ◆ *"Retaliação" deriva da antiga expressão "PENA DE TALIÃO" e quer dizer "retribuir, com dano igual, uma ofensa recebida".* (FSP)

penalizar

Com **Z**, como todo verbo formado com o sufixo **-izar.** ◆ *O princípio da Federação deve ser respeitado, mas, nesses casos, ele PENALIZA os mais frágeis do ponto de vista econômico.* (EM)

pênalti

É a forma aportuguesada do inglês *penalty* ("penalidade", em jogo de futebol). ◆ *O Botafogo tinha um PÊNALTI a seu favor.* (ETR)

penates

É substantivo que só se usa no plural (*pluralia tantum*). A sílaba tônica é a penúltima (**NA**, sem acento). Designa os deuses domésticos, entre os romanos. ◆ *Mas junto à admiração e ao amor, criou também aquele acentuado respeito para com os patriarcas, aquela veneração filial eivada da seriedade de uma religião de PENATES.* (G)

Emprega-se também com o significado de "casa paterna", "lar". ◆ *Isso lhe parecerá confuso. Confuso como estava quando tornei aos meus PENATES.* (DM)

penca

É substantivo coletivo para frutas e para objetos. ◆ *Só relaxou quando PENCAS de bananas foram servidas – ou atiradas – para o público, que fez a festa.* (FSP) ◆ *Ele então tirou do bolso a* **PENCA de chaves**. (VN)

peneirar

O ditongo **EI** se mantém em todas as formas do verbo. ◆ *Bata no liquidificador,* **PENEIRE**, *junte creme de leite e leve à geladeira por duas horas antes de servir.* (FSP)

pêni, *penny*

1. A palavra **pêni** é oficialmente registrada como a forma portuguesa correspondente ao inglês *penny*, palavra que designa a moeda divisionária inglesa de valor igual à centésima parte da libra. Entretanto, sua ocorrência é muito rara. ◆ *O teto dourado não lhe custa um* **PENNY**. (VEJ) ◆ *Mas à noite, quando contou todo o dinheiro que tinha em mão, viu que havia um* **PÊNI** *a mais.* (BTE)

2. Os plurais de *penny* são:

✧ *pence* (quando referente a valor). ◆ *Da taxa de 5* **PENCE** *o presidente elevou o câmbio a 18, no fim de seu governo.* (TGB)

✧ *pennies* (quando referente a moedas). ◆ *FHC vai a Londres pra gente ficar sabendo quantos* **PENNIES** *vale um real.* (FSP)

penico

Com **E** na primeira sílaba. ◆ *Doutor Samuel, aqui está o* **PENICO** *do senhor!* (PR)

Península Ibérica ⇨ Ver ibero, ibérico.

A designação arábica dos cristãos que viviam nas terras da Península Ibérica ocupadas pelos árabes é **moçárabe**. A designação arábica dos mouros que ficaram habitando a Península Ibérica depois da reconquista pelos cristãos é **mudéjar**. ◆ *A cultura material dos* **MOÇÁRABES** *(cristãos sob domínio muçulmano) e dos* **MUDÉJARES** *combinou elementos de ambas as tradições.* (FSP)

Ibero ou **ibérico** constituem designações para habitante da Ibéria.

pensar, penso

1. Com o significado de "aplicar curativo em", o verbo **pensar** usa-se com complemento sem preposição (objeto direto). ◆ *Não quereria o senhor prestar-lhe alguns serviços aliviando-lhe a suporação que muito o incomoda, limpando-lhe e* **PENSANDO as feridas**? (PCO)

2. **Penso** ("curativo") é o substantivo de que se forma esse verbo. ◆ *Médico sou, para servi-lo, experto na arte de vigiar o puerpério, aplicar* **PENSOS**, *induzir à parição.* (TR)

pênsil

1. É adjetivo que significa "suspenso". A sílaba tônica é a penúltima, e, por isso, a palavra leva acento (paroxítona terminada em **L**). Muito usado especificamente em referência a **ponte**. ◆ *As instituições financeiras são como uma ponte* **PÊNSIL** *entre o presente e o futuro.* (FSP)

2. O plural é **pênseis**, também paroxítona e também acentuada (terminada em ditongo). ◆ *Ressonância pode destruir copos em saraus e até pontes* **PÊNSEIS**. (FSP)

penta-, penta

1. **Penta-** é elemento de composição (grego) relativo ao numeral **cinco**. Liga-se ao elemento seguinte:

✧ com hífen, se o elemento começar por **H**; entretanto, o **H** inicial do segundo elemento pode cair na formação, e ficarem duas vogais em sequência, o que faz surgir variantes gráficas. ◆ *Uma clássica interpretação errônea resultara da seguinte experiência: em uma solução de vitríolo azul (sulfato de cobre* **PENTA-HIDRATADO**) *era mergulhada uma barra de ferro.* (ALQ) ◆ *(A espectinomicina) Usada sob a forma de dicloridrato* **PENTAIDRATADO**, *exclusivamente por via intramuscular.* (ANT)

Se o elemento seguinte começar por **R** ou **S**, é necessário duplicar essa letra (que ficará entre duas vogais, na escrita). ◆ *Os versos dos poemas são* **PENTASSÍLABOS** *(redondilhos menores), heptassílabos (redondilhos maiores), decassílabos, dodecassílabos (alexandrinos) etc.* (REF)

2. **Penta** usa-se como substantivo, equivalendo a **pentacampeonato**. ◆ *O doutor Paulo tinha o "cacoete" de não perder e, se tivesse sido o chefe em 1966, o Brasil certamente*

estaria disputando agora o PENTA e não o tetra. (VEJ)

peonada

É substantivo coletivo para peões, com a ideia de abundância. ✦ *No galpão a PEONADA cantava cantigas tristes.* (FAN)

pequenez

Com **Z**, como todo substantivo abstrato em **-ez** derivado de adjetivo. ✦ *O juiz John Sirica sentenciou cada um a 60 anos de prisão, um absurdo evidente pela PEQUENEZ do crime.* (ESP)

pequeno

O superlativo absoluto sintético é:

◇ **mínimo.** ✦ *Aumentam os preços de tudo quando querem, sem o MÍNIMO respeito, sem a MÍNIMA consideração.* (ANA)

◇ **pequeníssimo.** ✦ *A PEQUENÍSSIMA percentagem de suicídios em relação às catadupas de pessoas vivas no mundo inteiro parecia-lhe incompreensível.* (MC)

Pequim [China], pequinês

1. O adjetivo pátrio para a cidade de Pequim é **pequinês**, com feminino **pequinesa**. ✦ *Uma PEQUINESA de 55 anos confirma a má opinião: "Eles não têm cultura".* (FSP)

2. **Pequinês** também designa raça de cães de pequeno porte. ✦ *Nesta viagem, levou Gueixa, uma PEQUINÊS de dois meses.* (FA)

per capita

É expressão latina que significa "por cabeça", "por indivíduo". Em *capita*, a sílaba tônica é a antepenúltima (**CA**), sem acento por ser palavra latina. ✦ *Ali havia o maior consumo PER CAPITA de diamantes do mundo.* (GI)

per omnia saecula saeculorum

É expressão latina que significa "por todos os séculos dos séculos", "até o fim dos séculos", "para sempre". ✦ *Faziam construir uma usina hidroelétrica cujo potencial seria suficiente para fornecer energia à metade do país "PER OMNIA SECULA SECULORUM".* (GRE)

per se

É expressão latina que significa "por si". ✦ *O Humor é primo germano da arte, o inútil os aproxima por uma qualidade negativa: não é contra nada, ele é PER SE.* (FSP)

pera(s)

A grafia é sempre a mesma (sem acento), quer o **E** tônico seja aberto quer ele seja fechado, independentemente também da acepção da palavra. A forma com **E** tônico fechado designa tanto "fruto da pereira" como "tipo de interruptor de corrente elétrica que tem a mesma forma da fruta". ✦ *Este fogão a lenha já produziu muita geleia de PERA, maçã e amora.* (CAA) ✦ *Segurei o soquete e preparei-me para gritar no momento que se distanciasse; pressionei então o botão da PERA.* (ANA)

A forma com **E** tônico aberto é de uma designação antiga de pedra (não ocorreu).

A forma átona é uma preposição antiga, em desuso.

percalina

É a forma portuguesa correspondente ao francês *percaline*. O substantivo designa tecido resistente, usado em encadernação. ✦ *Eram volumes de medicina popular – entre os quais um grosso Chernoviz – e sobre assuntos agrícolas, como o revelavam as inscrições ainda bem nítidas na coçada PERCALINA das lombadas.* (ALE)

A forma original francesa, *percaline*, não ocorreu.

percentagem, percentual ⇨ Ver porcentagem, porcentual.

1. **Percentagem** e **porcentagem**, **percentual** e **porcentual** são dois pares de variantes. As formas com **per-** inicial vêm do latim *per centum*. As formas com **por-** (vernáculas) são as mais recomendadas em alguns manuais normativos. **Percentagem** (18%) é menos usual que **porcentagem**, mas **percentual** (96%) é muito mais usual que **porcentual**.

2. **Percentagem** é substantivo. ✦ *Mauro sentiu que perdera boa PERCENTAGEM de sua capacidade de atrair os olhares femininos.* (BH)

pérgula, pérgola

3. **Percentual** pode ser:

◇ adjetivo. ✦ *A margem de erro é de um ponto PERCENTUAL para mais ou para menos.* (FSP)

◇ substantivo. ✦ *O PERCENTUAL de mortes devido à contaminação também é alto.* (CB)

percussor ⇨ Ver **precursor.**

O substantivo **percussor** designa peça de arma de fogo que percute. ✦ *Além disso, para fazê-lo, Frome teria que destravá-la, fazendo o movimento que colocaria a bala ao alcance do PERCUSSOR.* (MAN)

Precursor significa "(aquele) que precede".

perdoar

1. Segundo a lição dos manuais tradicionais, o verbo **perdoar** constrói-se com dois complementos, um sem preposição (objeto direto) e o outro iniciado pela preposição **a**. O primeiro se refere àquilo que é perdoado, e o segundo (que pode ser expresso pelo pronome **lhe**) refere-se à pessoa (instituição etc.) a quem se dá o perdão. ✦ *Eu saberei conter-me, PERDOANDO-lhe o mal que me fizer.* (HP)

Indica-se, porém, como admissível a voz passiva com sujeito referente a pessoa. ✦ *Você se arrependeu, pagou um pouco dos seus pecados, sofreu – deve ter sofrido bastante –, e foi PERDOADA.* (A)

Qualquer um dos complementos pode não estar expresso. ✦ *Getúlio PERDOOU a metade da dívida dos cafeicultores.* (RC) ✦ *Concordamos, não só em PERDOAR a você, mas em aceitar a hipótese de sua volta.* (A) ✦ *(Sebastião) Condenava, mas PERDOAVA.* (MRF)

Contrariamente às recomendações normativas tradicionais, é usual (75%) a construção de voz ativa com objeto direto (e não objeto indireto) expressando a pessoa (instituição etc.) a quem se dá o perdão. ✦ *Não PERDOOU ninguém.* (MPB) ✦ *Mas é preciso lembrar que Carmela nunca PERDOOU Filomena.* (FSP)

2. Os verbos em **-oar** têm a primeira pessoa do singular do presente do indicativo em **-oo**, sem acento, em português. ✦ *Tomaste-me por soberbo e eu te PERDOO.* (SE)

Esses verbos têm **-e** final na terceira pessoa do singular do presente do indicativo. ✦ *Vossa Reverendíssima PERDOE, agora eu entendo tudo.* (AC)

pereba ⇨ Ver **bereba.**

São variantes para designar erupção cutânea imprecisa. ✦ *Forçando um pouco o olho, pude ver as PEREBAS que tinham-se formado no meu peito.* (FAV)

A forma **pereba**, mais próxima da original, é muito mais frequente (98%).

perestroika ⇨ Ver *glasnost.*

É termo russo que designa reforma do sistema político e financeiro da União Soviética, implantada em 1985, sob a presidência de Mikhail Gorbachev. ✦ *Jaguaribe elaborou uma tese que faria bonito na URSS dos tempos pré-PERESTROIKA.* (VEJ)

A grafia portuguesa correspondente, **perestroica**, está oficialmente registrada, mas não ocorreu.

perfazer

Conjuga-se como **fazer.** ✦ *As unidades da Frota Nacional de Petroleiros PERFAZEM, no momento, 229 mil toneladas.* (JK-O) ✦ *O artigo 7º determinava que fossem fixados nos sobrescritos tantos selos quantos PERFIZESSEM a importância de carta ou papel remetido.* (FIL)

performance ⇨ Ver **atuação** ⇨ Ver **desempenho.**

É palavra inglesa em uso em português, apesar de haver formas portuguesas que a traduzem exatamente: **atuação, desempenho.** ✦ *Os leitores montam uma seleção de atletas, e os "técnicos" marcam pontos de acordo com a PERFORMANCE de seus escolhidos em cada partida.* (FSP)

pérgula, pérgola

São formas variantes, correspondentes ao latim *pergula* e ao italiano *pergola*. **Pérgula** (com **U**) é a forma mais recomendada em manuais normativos do português e a mais

peri-

ocorrente (60%). O substantivo designa espécie de abrigo assentado em pilares, com teto vazado, geralmente construído em jardins ou praças, que serve de suporte para trepadeiras ◆ *Um grupo de convidados refugiara-se numa PÉRGULA pesada de trepadeiras.* (MRF) ◆ *O almoço é servido ao ar livre, numa PÉRGOLA selvagem escavada no monte, a que as urzes brotando das pedras dão vagamente um ar mexicano.* (CV)

peri-

É prefixo de origem grega que significa "em torno de", "em volta de" (como o prefixo de origem latina **circu(m)-**). ◆ *De ordinário vê-se unicamente estatura, PERÍMETRO torácico e peso.* (AE) ◆ *Os pacientes foram examinados por alunos treinados, do curso de Pós-Graduação em PERIODONTIA da FOUSP.* (ROU)

Se o elemento seguinte começar por **H**, essa letra é eliminada, na formação com o prefixo. ◆ *Nesse dia, o Hale-Bopp terá a sua proximidade máxima em relação ao Sol, distância que os astrônomos chamam de PERIÉLIO.* (FSP)

Se o elemento seguinte começar por **R** ou **S**, é necessário duplicar essa letra (que ficará entre duas vogais, na escrita). ◆ *O rim contralateral foi dissecado da gordura PERIRRENAL.* (ACB)

périplo

A sílaba tônica é a antepenúltima (**PÉ**), e, por isso, a palavra leva acento (proparoxítona). Significa "navegação à volta de um continente". ◆ *Em confronto com aquelas águas, também ele revivia o seu próprio PÉRIPLO marítimo.* (REP)

periquito

Com **E** na primeira sílaba. ◆ *Donga está tirando o PERIQUITO de um poleiro e tenta colocá-lo na gaiolinha do realejo.* (TGG)

perito

A sílaba tônica é a penúltima (**RI**). ◆ *Porque eu sou mesmo é trapezista, PERITO em salto mortal.* (MMM)

permear, permeação ⇨ Ver **-ear**.

Os verbos em **-ear**, do mesmo modo que os substantivos correspondentes, recebem **I** apenas nas formas rizotônicas, isto é, nas formas que têm a sílaba tônica no radical. Significa "passar pelo meio", "estar de permeio". ◆ *Ou seja, a questão agrária PERMEIA hoje uma série de problemas fundamentais da sociedade brasileira.* (AGR) ◆ *Toda a conversa é PERMEADA de uma vã presunção.* (VEJ) ◆ *Para citar um exemplo, o cromatógrafo de PERMEAÇÃO a gel (...) permite prever o comportamento da resina em seus usos finais.* (VIS)

permissão

Com **-são** final, como todo substantivo correspondente a verbo terminado em **-tir** (**permitir**). ◆ *O Mercador deu PERMISSÃO ao rapaz para construir a estante.* (OA)

Pernambuco

1. A sigla é **PE**. ◆ *O Ibama apreendeu desde domingo em Recife (PE) 45 caminhões carregados com madeira extraída do Pará e do Maranhão.* (FSP)

2. O adjetivo pátrio é **pernambucano**. ◆ *Um adolescente PERNAMBUCANO de 17 anos deixou de cabelos em pé os mais experientes técnicos brasileiros em computação.* (VEJ)

pernilongo

É substantivo masculino, referindo-se ao macho e à fêmea do animal (substantivo epiceno). ◆ *Não fosse pelos PERNILONGOS, ninguém se preocuparia em fechar portas ou janelas nas noites de Pau Grande.* (ETR)

pernoitar, pernoita, pernoitam

Em qualquer forma do verbo, o ditongo **OI** (átono ou tônico) é sempre fechado. ◆ *O comboio PERNOITA em Vilanova ou Salvaterra.* (FSP) ◆ *Também gostamos de saber quais são os sentimentos religiosos dos que PERNOITAM aqui.* (CCI)

perônio ⇨ Ver **fíbula**.

É designação tradicional para o osso situado na perna, ao lado da tíbia. ◆ *Bizi fraturou o PERÔNIO da perna esquerda.* (PLA)

Essa designação foi oficialmente substituída por **fíbula**.

perseguir

De conjugação irregular, o verbo **perseguir** muda o E em I na primeira pessoa do singular do presente do indicativo e, consequentemente, em todo o presente do subjuntivo. Nas demais formas o radical tem E, que é aberto quando é tônico. ♦ *Dependendo do que você escrever, eu te PERSIGO o resto da vida.* (VEJ) ♦ *Poder fugir, fugir para bem longe, para onde não a PERSIGAM a dolente queixa da mãe, a sombria entonação do pai.* (CC) ♦ *A ema PERSEGUE os carneiros – a ema que come cobra.* (AVE)

Pérsia (atual Irã) [Ásia]

O adjetivo pátrio é **persa**. ♦ *Nasceu, provavelmente, no dia da vitória helênica de Salamina sobre a frota PERSA, na própria ilha em que ocorreu a batalha.* (ACM)

persigna-se, persigno-me

A sílaba tônica é SIG (separação silábica: **per-sig-no**). **Persignar-se** significa "fazer o sinal da cruz". ♦ *Na janela, o operário do andaime PERSIGNA-SE respeitosamente.* (TB)

persona grata, persona non grata

São expressões latinas que significam, respectivamente, "pessoa bem-vinda" e "pessoa que não é bem-vinda". Essas expressões, em linguagem diplomática, se aplicam, respectivamente, a uma pessoa que seria ou a uma pessoa que não seria bem aceita pelo governo junto ao qual deve ser acreditada. ♦ *Jornalista freelancer e ex-militante de esquerda nos anos 60, Jeffrey Wells não é exatamente PERSONA GRATA em Hollywood.* (FSP) ♦ *Desde então, o cantor virou "PERSONA NON GRATA" no meio artístico.* (FSP)

personagem ⇨ Ver -agem.

O substantivo **personagem** é masculino (o **personagem**) ou feminino (a **personagem**). Em qualquer dos casos, refere-se indiferentemente a elemento:

◇ do sexo masculino. ♦ *Como o PERSONAGEM Sidney, achei que estava na hora de fazer televisão.* (AMI) ♦ *Mas a águia, **Maria**, era o PERSONAGEM principal do sonho, não era?* (ANA)

◇ do sexo feminino. ♦ *A PERSONAGEM Juazeiro está cada vez mais caracterizada como o brasileiro cem por cento, o brasileiro-sertão, o brasileiro-Norte, e Petrolina como a mulher imigrante, que vem para lhe dar filhos sãos.* (ASS) ♦ *Hoje, ela interpreta a PERSONAGEM Paula na novela "História de Amor", da Rede Globo, que estreou no dia 3 de julho deste ano.* (FSP)

É, pois, um substantivo sobrecomum, mas a recomendação tradicional normativa é para uso da forma feminina.

personal (trainer), personal (training)

1. *Personal trainer* é expressão inglesa que designa profissional que se incumbe de dirigir os exercícios de condicionamento físico de uma pessoa. ♦ *Para manter o ritmo, ele conta com a ajuda diária de um "PERSONAL TRAINER" (preparador físico pessoal) para sua ginástica, corrida, musculação, natação e bicicleta.* (FSP)

2. *Personal training* é a designação desse tipo de atividade. ♦ *Segundo ele, no início do ano pretende montar um negócio próprio ou dar aulas de "PERSONAL TRAINING" (aulas individuais).* (FSP)

personalizar

Com Z, como todo verbo formado com o sufixo **-izar**. ♦ *Para alguns, na origem da religião estava a tendência a PERSONALIZAR e, em seguida, divinizar as forças da natureza.* (UM)

perspicaz

Com Z final (e sem acento, por ser palavra oxítona terminada em Z). Significa "sagaz", "observador". ♦ *O marido alegou depois que desconfiara de tudo porque era homem PERSPICAZ, acostumado a estudar as atitudes e as emoções humanas.* (CT)

persuadir, persuadir-se; persuasão

1. O verbo **persuadir** usa-se com dois complementos, um sem preposição (objeto direto)

pertinaz

e o outro iniciado por preposição (objeto indireto).

◇ Se o significado é "convencer", "fazer crer em", o complemento preposicionado inicia-se pela preposição **de**. ✦ *A intenção deles era PERSUADIR os leitores brancos da conveniência de libertar os escravos.* (VEJ)

◇ Se o significado é "induzir", "levar", o complemento preposicionado inicia-se pela preposição **a**. ✦ *O choro da mãe PERSUADIU o menino a tentar readaptar-se à vida em família.* (VEJ)

Em ambas as acepções qualquer um dos complementos pode não estar expresso. ✦ *Quem está à frente dos negócios usa estratégias para PERSUADIR terceiros.* (FSP) ✦ *João Paulo 2º tenta menos PERSUADIR do que reafirmar dogmas católicos.* (FSP)

2. A forma pronominal (**persuadir-se**), "convencer-se", usa-se apenas com o objeto preposicionado (preposição **de**). ✦ *PERSUA-DIRA-SE de que estava em suas mãos atirara--se a essa busca fremente, pelos caminhos incertos da ciência, que ninguém jamais soube onde param.* (AV)

3. **Persuasão** escreve-se com S na última sílaba, como todo substantivo ligado a verbo terminado em **-dir** (**persuadir**). ✦ *Ao lado dos exercícios, o especialista sempre procura colocar o poder de PERSUASÃO, com palavras de otimismo.* (GFO)

pertinaz

Com **Z** final. Significa "persistente", "obstinado". ✦ *Sou um PERTINAZ defensor da lei.* (FSP)

perturbar, perturbação

Existe **R** depois do **U** (sílaba **TUR**). ✦ *Bem--comportadas, as moças são orientadas a não PERTURBAR deputados ou senadores.* (VEJ) ✦ *Maria revelava sinais de PERTUR-BAÇÃO.* (DE)

peru, perua

1. O feminino de **peru** (designação de ave) é **perua**. ✦ *Ovos: de galinha, pata, PERUA, codorna etc.* (CAA)

2. O substantivo feminino **perua** também designa:

◇ mulher exageradamente enfeitada. ✦ *Depois do trauma, Cheyenne, que antes se vestia como uma PERUA, adotou cabelo curto e passou a usar jeans surrados e camisetas largas, numa prova de que sua autoestima já não era a mesma.* (VEJ)

◇ veículo automotivo de passageiros e/ou de carga. ✦ *A PERUA coreana Besta, fabricada pela Kia Motors, carrega até doze pessoas, ou 1.200 quilos de carga, e seu modelo básico custa 22.000 reais.* (VEJ)

Peru [América do Sul], perúvio-

1. O adjetivo pátrio correspondente a **Peru** é **peruano**. ✦ *Eram, sem dúvida, objetos de arte fabricados pelos mochicas, povo que habitou a costa norte PERUANA antes dos incas, dezessete séculos atrás.* (SU)

2. **Perúvio-** é o elemento de composição correspondente. É usado na formação de adjetivos pátrios compostos, ligando-se com hífen ao elemento seguinte. ✦ *FHC deu ao país, pessoalmente, a imagem de uma liderança latino-americana nas conversações sobre o Mercosul, na intermediação do incidente PERÚVIO-equatoriano.* (FSP)

perversão, perverso

Com S, como todos os substantivos e adjetivos ligados a verbos terminados em **-ter** (**perver-ter**). ✦ *Na arte atual, impulso implica sempre PERVERSÃO sexual, desvio dessas funções supostamente normais.* (FSP) ✦ *A promotoria vai tentar retratar O. J. como homem de caráter explosivo, PERVERSO, sem escrúpulos, controlador e capaz de matar.* (VEJ)

pêsames

É substantivo que só se usa no plural (*pluralia tantum*). Desse modo, toda concordância se faz no plural. ✦ *Quem merece os PÊSAMES é o senhor.* (VEJ)

pescoço

1. O **O** é fechado, no singular e no plural. ✦ *Sorrisos quietos, homens secos, amarelos,*

PESCOÇOS de galinha, olhos fundos nas caras magras. (MPB)

2. O adjetivo correspondente é **cervical**. ◆ *O oficial pensou que ele tivesse sido atingido na coluna CERVICAL.* (FSP)

pese (em que pese a)

1. A expressão **em que pese a** significa "ainda que pese / custe / doa a", "apesar de". ◆ *Em que PESE a ausência de cores, o que se oferece para o verão medieval brasileiro não briga com o clima da estação.* (VEJ)

2. Indicam lições tradicionais que o E da sílaba tônica (**PE**) de **pese** deve ser fechado, mas é comum a pronúncia com E aberto.

peso

O adjetivo correspondente é **ponderal**. ◆ *A conceituação PONDERAL, e no limite 500/501g, não é de universal aceitação.* (OBS)

pesquisa, pesquisar, pesquisador

Com S. ◆ *A PESQUISA indica também que PESQUISAR preços é fundamental.* (FSP) ◆ *Nenhum PESQUISADOR, contudo, conseguiu reproduzir os resultados de Summerlin.* (APA)

péssimo ⇨ Ver mau ⇨ Ver mal.

Com SS. É o superlativo absoluto sintético de **mau**. ◆ *Um sujeito começou a falar no PÉSSIMO estado da matriz na pecuária nacional.* (FSP)

pessoa

O substantivo **pessoa** é feminino (**a pessoa**), referindo-se indiferentemente a elemento do sexo masculino ou do sexo feminino (substantivo sobrecomum). ◆ *Sérgio, fora, podia ter sido uma boa PESSOA, um ótimo rapaz.* (A) ◆ *A senhora é uma PESSOA amiga, vai me compreender.* (ANA)

pessoal

Como adjetivo, tem as formas de superlativo absoluto sintético **personalíssimo**, que é muito mais usual (90%), e **pessoalíssimo**.

◆ *Sonia, uma artista muito jovem e com talento PERSONALÍSSIMO, desembocou para a lona como evolução das pinturas que fazia em roupas.* (FSP) ◆ *Antropófago porque devorou os elementos da cultura europeia, do colonizador, distorcendo-os e criando uma arte brasileira PESSOALÍSSIMA.* (VEJ)

petit-pois

É palavra francesa que designa grãos de ervilha. A pronúncia é, aproximadamente, **petipuá**. ◆ *À parte, sirva PETIT-POIS, champignons, salada de verduras.* (CRU)

petiz, petizada

Com Z. **Petiz** designa criança, guri, garoto, e **petizada** é coletivo com ideia de abundância. ◆ *Trata-se de adivinhar qual será o melhor brinquedo para dar ao PETIZ (ou PETIZES) do coração.* (FSP) ◆ *O Rap Tec é um jogo que aguça o cálculo matemático da PETIZADA através de vários ritmos rap.* (FSP)

petrecho(s) ⇨ Ver apetrecho(s).

É substantivo muito raramente usado no singular. ◆ *(...) baioneta – velho PETRECHO da segunda metade do século 17 (...).* (SE) ◆ *Costumava viajar pelos diversos Estados do Brasil levando consigo uma grande mala com PETRECHOS do boxe para sua difusão.* (UM)

Significa o mesmo que **apetrecho(s)**, a que deu origem (por prótese) e que é muito mais usual (91%).

PhD

1. É como se indica o grau acadêmico correspondente à expressão latina *Philosophiae Doctor* ("doutor em filosofia"). Indica grau acadêmico equivalente ao de doutor, obtido em universidades americanas e inglesas. ◆ *Foi o que aprendi num livro do genial Robert Wallace, PHD em Biologia e professor-visitante de Universidade da Flórida.* (AGF)

2. O plural é **PhDs**. ◆ *A equipe econômica composta por um grupo de PHDS diplomados nas universidades americanas era apontada como uma das mais competentes do mundo.* (VEJ)

physis

É palavra grega que significa "natureza", de uso na filosofia. Na transliteração exata do grego há acento (*phýsis*), que não se observa no uso comum. A forma portuguesa correspondente, **físis**, termo da filosofia, está abrigada em alguns dicionários, mas não é registrada oficialmente. ◆ *Imitar não é criar simulacros ou aparências ilusórias, mas refazer o caminho da "PHYSIS".* (FSP)

pi(o)-

É elemento (grego) que se liga a um elemento seguinte. Significa "pus". ◆ *Como antibacteriano, é usado na forma de pomada, nas PIODERMITES.* (ANT) ◆ *A tuberculose renal é também agravada na prenhez, pois que piora a drenagem e favorecidas são as infecções PIOGÊNICAS concomitantes.* (OBS)

piaçaba, piaçava

São formas variantes, ambas igualmente frequentes. Designam várias espécies de palmeiras que fornecem fibras com que se fabricam utensílios, por exemplo vassouras. ◆ *O buriti natural trabalhado sobre a PIAÇABA com um ponto em que ela não fique toda coberta, dá um efeito muito bonito.* (CCE) ◆ *Nessa cultura, as casas são feitas de tijolos moldados a mão e cobertas de PIAÇAVA, uma das palmeiras da região.* (FSP)

pião ⇨ Ver peão.

Pião designa brinquedo de criança. ◆ *Não é possível achar ninguém que saiba rodar um PIÃO.* (FSP)

Peão designa pedestre (pessoa que anda a pé), empregado em propriedade rural, ou pessoa que adestra cavalos.

Piauí

1. A sigla é **PI**. ◆ *Um grupo de 16 violeiros chegou ontem a Teresina (PI) depois de duas semanas visitando cidades do Nordeste.* (FSP)

2. O adjetivo pátrio é **piauiense**. ◆ *Ora, com um salário de 20 dólares a miséria do povo PIAUIENSE triplicaria.* (VEJ)

PIB

É a sigla de **Produto Interno Bruto**. ◆ *Aqui, os gastos com a previdência social representavam 10% do produto interno bruto (PIB) em 1984.* (VEJ)

pica-pau

Escreve-se com hífen. É substantivo masculino, referindo-se ao macho e à fêmea do animal (substantivo epiceno). ◆ *Uma delas bica o vidro da porta com um ruído ritmado como um PICA-PAU.* (FSP)

picar, picada

Picar e **picada** referem-se a animais que têm ferrão. ◆ *Uma pessoa que for PICADA por um mosquito que antes PICOU o paciente corre risco de contrair dengue hemorrágica.* (FSP) ◆ *Já levei até PICADA de escorpião no depósito de uma paróquia em Santa Rita.* (VEJ)

Desses animais não é adequado dizer que mordem, já que eles não têm dentes.

piche, pichar, pichação, pichador

Com **CH**. ◆ *Lá pelo século 17, as moças que eram identificadas como feiticeiras eram cobertas de PICHE.* (EMB) ◆ *Fábio Luiz da Silva PICHOU o Cristo Redentor.* (GLO) ◆ *Os nova-iorquinos foram às ruas e disseram que a PICHAÇÃO fazia parte da cidade.* (FSP) ◆ *Pior do que o camelô só há um tipo humano, o PICHADOR.* (C-GLO)

picles

É a forma portuguesa correspondente ao inglês *pickles*. São formas de plural. O substantivo designa mistura de legumes conservados em vinagre, usados como petisco ou condimento. ◆ *Fabricavam pão de trigo integral, doces caseiros de mel, frutas sem química e PICLES naturais.* (GD)

Piemonte (região) [Itália]

O adjetivo pátrio é **piemontês**. ◆ *Ele está lá até hoje, mais de quatro séculos passados, numa caixa de prata, numa capela, sob a catedral PIEMONTESA.* (REA)

píer

1. É a forma gráfica portuguesa (com acento) do inglês *pier*. Designa molhe que serve de cais. ◆ *É nessa confiança que o Governo vos entrega este PÍER de acostamento.* (JK-O)

2. O plural é **píeres** (proparoxítona, com acento). ◆ *Há barcos regulares que partem dos PÍERES de Westminster e Charing Cross.* (FSP)

pierrô

1. É a forma gráfica portuguesa do francês *pierrot*. ◆ *Eu sou um PIERRÔ, sou um romântico.* (RI)

2. O feminino, feito pelo francês, é *pierrete*. ◆ *Foi no carnaval histórico de 1917 que vi as noites, as holandesas, (...) as fadas, as castelas, as PIERRETES, as colombinas, as flores (todas) que dançavam decorosamente nas salas do clube.* (CF)

pigmeu

O feminino é **pigmeia**. O substantivo designa pessoa pertencente a certas etnias (da África) de homens muito pequenos; a partir daí, designa pessoa de estatura muito baixa e também pessoa ou entidade de baixa estatura moral. ◆ *Minha geração não admite mais conviver com um Brasil gigante econômico mas PIGMEU social.* (COL) ◆ *Uma mulherinha minúscula, quase uma PIGMEIA, de idade indefinida.* (NB)

pijama

Alguns dicionários e manuais indicam esse substantivo como masculino ou feminino, mas o uso do feminino já não é corrente. ◆ *Mauro vestiu o PIJAMA, foi ao banheiro escovar os dentes.* (BH) ◆ *Minutos depois, abriu a porta um velhote, embainhado dentro de uma PIJAMA cor-de-rosa, escanhoado e tresandando a vários perfumes.* (PAU)

pilha

É coletivo genérico, referindo-se a coisas dispostas umas sobre as outras. ◆ *Logo chegou o Caio, amigão, dono de uma editora, com uma PILHA de livros na mão.* (FAV)

piloro

O O da sílaba tônica (**LO**) é aberto, no singular e no plural. O substantivo designa o orifício de comunicação do estômago com o duodeno. ◆ *Afinal, há discreto comércio de rins, fígado, olhos, pâncreas, PILORO.* (FSP)

piloti

1. Essa é a forma do singular, oficialmente registrada, que, entretanto, não ocorreu. Corresponde ao francês *pilotis*, cuja pronúncia é **pilotí** (com a última sílaba tônica) e que designa conjunto de estacas cravadas no solo, para sustentação de uma edificação.

2. É usual apenas a forma de plural, **pilotis**, o que tem razão no fato de que a referência é normalmente feita a uma pluralidade. A palavra não leva acento porque é oxítona terminada em **I**. ◆ *Me vejo chegando ao endereço da minha mãe, passando entre os PILOTIS de mármore verde do edifício que já foi suntuoso, à beira-mar.* (EST)

piloto

1. O O é fechado, no singular e no plural. ◆ *Gaivotas e aves marinhas de todo tipo, as ondas com quem discutia, PILOTOS e fiéis dourados aumentando dia a dia.* (CDI)

2. O substantivo **piloto** pode empregar-se à direita de outro, atuando como classificador (como um adjetivo). ◆ *Uma experiência PILOTO de gestão participativa está sendo conduzida na fábrica de biscoito São Luís.* (EX)

Fica invariável, nessa posição. ◆ *Saí da zona meteorológica de Ascensão para entrar na zona meteorológica norte oceânica, já de responsabilidade do Brasil, para a qual poderia utilizar as cartas PILOTO editadas pela DHN, no Rio de Janeiro.* (CDI)

Mais frequentemente, forma-se um substantivo composto, com a ligação dos dois elementos por hífen. ◆ *A Insty-Prints, também na área de gráficas de conveniência, abre a loja-PILOTO em janeiro.* (FSP)

Nesse caso, geralmente o plural se faz apenas no primeiro elemento, mas também se faz em ambos. ◆ *O intercâmbio deve ser feito não só*

pimpolho

entre as Escolas Superiores e as empresas, mas igualmente entre aquelas e os Institutos Tecnológicos que disponham de instalações-PILOTO para produção industrial. (PT) ♦ *Ele afirmou que, até o ano 2000, os primeiros programas-PILOTOS poderiam estar funcionando.* (FSP)

pimpolho

O **O** é fechado, no singular e no plural. ♦ *No Rio de Janeiro, a escola Dice utiliza o método Piaget com os PIMPOLHOS.* (VEJ)

pinacoteca

É substantivo coletivo para quadros artísticos. ♦ *(Iberê) Faz questão de manter uma PINACOTECA particular.* (VEJ)

pingue-pongue, *ping-pong*

1. **Pingue-pongue** é a forma portuguesa correspondente ao inglês *ping-pong* (palavra onomatopaica). ♦ *O Professor faz mágicas com bolas de PINGUE-PONGUE.* (TRH)

2. Também é usual, embora com frequência muito menor (9%), a grafia pela forma inglesa. ♦ *Nisso chegou o carroceiro trazendo a mesa de PING-PONG.* (ORM)

pinguim

O **U** é pronunciado. ♦ *Quem estivera ali só se preocupara em botar o PINGUIM em cima da geladeira.* (AVL)

pin-up

É palavra inglesa que se refere a mulher representada em pose erótica em impressos. ♦ *A fronteira do Paraguai com o Brasil ganhou semana passada muambeira tipo PIN-UP.* (FSP)

Indica-se, também, a possibilidade de referência a homem, mas esse uso é raro. ♦ *Evan Dando, líder e PIN-UP do grupo, passou o ano ajustando-se à imagem de homem-pôster.* (FSP)

piolho

O **O** é fechado, no singular e no plural. ♦ *O menino Quico está com PIOLHOS.* (FSP)

pior ⇨ Ver **mais mal.**

Pior é a forma de:

◇ comparativo de superioridade e superlativo relativo de superioridade do adjetivo **mau** ("mais mau"); como é adjetivo, a forma **pior** tem flexão de plural. ♦ *Mas o resultado pode ser PIOR se ocorrerem alguns movimentos setoriais bastante viáveis.* (FSP) ♦ *Os primeiros passos são os PIORES.* (SA)

◇ comparativo de superioridade do advérbio **mal** ("mais mal"); nesse caso, a forma **pior** é invariável. ♦ *Aquele povo vai de mal a PIOR.* (ALE) ♦ *Se dessem ao Tom Jones os poucos recursos que temos, ele faria PIOR do que nós.* (REA)

Tradicionalmente se recomenda que, antes de particípio, se use a forma analítica **mais mal**, e não **pior**.

piquê

É a forma portuguesa correspondente ao francês *piquet*, designação de tecido, geralmente de algodão, que apresenta um traçado obtido por trabalho efetuado na superposição de dois panos. ♦ *Os biquínis podem ser de PIQUÊ, stretch, algodão e crochê.* (FSP)

piquenique

É a forma portuguesa correspondente ao inglês *picnic*. ♦ *Quex é levado a um PIQUENIQUE comunista, mas se assusta com a libertinagem do ambiente.* (NAZ)

A forma original inglesa, *picnic*, também ocorre. ♦ *A invasão do Vietnã se transforma num PICNIC mal organizado.* (FSP)

piquete

É substantivo coletivo indicado para:

◇ soldados. ♦ *Mas o Getúlio (...) passou de automóvel escoltado por um PIQUETE de cavalaria, dando adeus com a mão.* (BP)

◇ pessoas em atividade reivindicatória. ♦ *Tínhamos saído em PIQUETE de descoberta.* (CG)

pir(i/o)- ⇨ Ver **ign(i)-.**

É elemento (grego) que se liga a um elemento seguinte. Significa "fogo". Corresponde ao elemento latino **ign(i)-.** ♦ *Anoitecera,* *sapos coaxavam nas lagoas, PIRILAMPOS acendiam e apagavam suas lanterninhas, um morcego bateu num galho.* (ATR) ◆ *Finalizando as atividades, haverá um show PIROTÉCNICO.* (EM)

pirata

O substantivo **pirata** pode empregar-se à direita de outro, atuando como classificador (como um adjetivo). ◆ *O deputado Kito Junkeira cedeu uma **fita PIRATA** que mostra em detalhes como os sem-terra invadem as fazendas do Pontal do Paranapanema.* (FSP)

Na formação do plural, só ocorreu a forma flexionada nos dois elementos. ◆ *Em questão de dias, **cópias PIRATAS** de um relatório descrevendo a experiência circulavam pelos centros de pesquisa do mundo através de aparelhos de fax.* (FOC)

A ligação entre os dois elementos pode chegar à formação de um substantivo composto, com hífen, o que não tem brigo na ortografia oficial. ◆ ***Rádio-PIRATA** transmite jingles.* (FSP)

Também nesse caso só ocorreu a forma com a marca de plural nos dois elementos. ◆ *Quanto às raridades, não há nada que os fãs já não conheciam através de **discos-PIRATAS**.* (FSP)

Pireneus (montes, região) [Europa]

O adjetivo correspondente é **pirenaico**. ◆ *As abundantes citações do documento ajudam a sintonizar o leitor com a atmosfera da aldeia PIRENAICA do século 14.* (FSP)

pirilampo ⇨ Ver vaga-lume, vagalumear ⇨ Ver lampírio.

São inúmeros os sinônimos de **vaga-lume** registrados em dicionários, mas apenas ocorreram as formas **pirilampo** e **lampírio**. ◆ *Anoitecera, sapos coaxavam nas lagoas, PIRILAMPOS acendiam e apagavam suas lanterninhas, um morcego bateu num galho.* (ATR)

pirulito

Com U. ◆ *Da maneira como se está procedendo, é como anunciar um PIRULITO e mostrar apenas o palito.* (FSP)

PIS

É a sigla de **Programa de Integração Social**. ◆ *Trata-se do **PIS** – Programa de Integração Social, plano bem imaginado, mas deficientemente implantado.* (VIS)

pisar

1. Com S, como **piso**. ◆ *O menino não podia PISAR firme.* (CHI)

2. Significando "pôr os pés sobre", usa-se com complemento (que indica lugar) iniciado pela preposição **em**, ou, menos frequentemente, com complemento sem preposição (objeto direto). ◆ *Os jogadores não raras vezes PISAVAM num terreno pouco sólido.* (X) ◆ *Já seus pés descalços PISAVAM o chão negro de coque moído.* (JT)

pisc(i)-

É elemento (latino) que se liga a um elemento seguinte. Significa "peixe". ◆ *O novo sistema reduziu a zero o custo alimentar da PISCICULTURA.* (AGF) ◆ *Os lagos, PISCOSOS, atraíram bandos de patos selvagens, paturis, socós, garças e saracuras.* (ESP)

pisca-pisca

O plural tradicionalmente indicado é **pisca-piscas** (verbo + verbo). ◆ *E novos para-choques, redesenhados, com PISCA-PISCAS embutidos no dianteiro.* (REA)

O plural **piscas-piscas** também é oficialmente registrado, mas não tem a formação canônica e não ocorreu.

piscicultura, piscicultor

Com SC.

Na primeira sílaba existe a vogal I, como em **piscina**. As palavras referem-se à cultura de peixes. ◆ *O alto teor de nutrientes dessas águas profundas possivelmente beneficie a PISCICULTURA.* (UE) ◆ *Martinelli não produz peixes para consumo, apenas alevinos para PISCICULTORES.* (AGF)

pista ⇨ Ver faixa.

Numa rodovia, **pista** é cada uma das partes, num determinado sentido, para rolamento de

píton

veículos. ✦ *Entramos na estrada que tinha a fama de ser a mais perigosa do estado; neblina, PISTA estreita, uma serra sem lugar de ultrapassagem, entre outras desgraças.* (BL)

Faixa é cada uma das divisões paralelas, demarcadas por listas, em uma pista de rodovia.

píton

1. A sílaba tônica é a penúltima (**PÍ**), e, por isso, a palavra leva acento (paroxítona terminada em **N**). Quanto ao gênero, a ortografia oficial indica o substantivo apenas como masculino.

2. Na acepção de "serpente", porém, **píton** ocorre apenas como feminino. ✦ *A PÍTON pode chegar a dez metros de comprimento.* (FSP)

As ocorrências de masculino referem-se a nome próprio, à designação mitológica do dragão. ✦ *Tem a história do deus Apolo, que precisou enfrentar o terrível dragão PÍTON para defender a mãe dele.* (FSP)

3. É substantivo masculino para designar adivinho. ✦ *O PÍTON consultou as vísceras de um pássaro e respondeu que os deuses exigiam que o rei imolasse sua filha, Ifigênia, em reparo à morte de um cervo sagrado.* (FSP)

O feminino de **píton**, no significado de "adivinho", é **pitonisa**, e é muito mais frequente o uso do feminino. ✦ *Mas, como ouviu e não entendeu a PITONISA, teme as vitórias de Pirro.* (AVE)

pitoresco, pinturesco

São formas variantes, mas **pinturesco** é de uso raríssimo (0,8%). Significam "bom para ser pintado", "gracioso". ✦ *O Bexiga, amplo e populoso, era igualmente PITORESCO.* (ANA) ✦ *Apurara-se neste ritual PINTURESCO em ademanes teatrais, ensaiara muito com o azeitão, exigente consigo mesmo, onde cada gesto ganhava um arabesco florido e amaneirado.* (OSD)

pivô

1. É a forma portuguesa correspondente ao francês *pivot*. Significa, genericamente, "aquilo que sustenta", "suporte".

2. Como termo usado em odontologia, é masculino. ✦ *No topo dessas implantações metálicas há espigões idênticos às raízes de dentes preparadas para a colocação de PIVÔS.* (MAN)

Designando o causador de uma ocorrência, é masculino, referindo-se indiferentemente a elemento do sexo masculino ou do sexo feminino (substantivo sobrecomum). ✦ *Até anteontem Jobim suspeitava que Graziano teria sido o PIVÔ da investigação.* (FSP) ✦ *Acusada de ser o PIVÔ de uma separação iminente, Lisa Marie desconversa.* (VEJ)

Como termo usado no esporte, tem a mesma forma para masculino e feminino (substantivo comum de dois). ✦ *Agora, só depois de examinar as possibilidades de cada armador, o PIVÔ Marquinhos faz o passe.* (IS) ✦ *Ontem, no primeiro treino para o Sul-Americano, a PIVÔ, contundida, foi substituída por Erika.* (FSP)

pizicato, *pizzicato*

A palavra **pizicato** (com um **Z**) é dicionarizada (mas não oficialmente registrada) como a forma portuguesa correspondente ao italiano *pizzicato*. Entretanto, praticamente só a forma italiana (com dois **ZZ**, que se refletem na pronúncia) é usada. Diz-se do modo de execução que faz vibrar com um dedo as cordas dos instrumentos de arco. ✦ *Mesmo um PIZZICATO tem que ser o mais bonito do mundo.* (FSP)

pizza, pizzaiolo; pizzaria

1. *Pizza* é palavra italiana (pronunciada, aproximadamente, **pitsa**) que apresenta grande dificuldade de adaptação gráfica ao português. Só ocorreu com a grafia original. Não há registro da palavra, sob nenhuma forma gráfica, na ortografia oficial. ✦ *Depois do show, compramos PIZZA, vinho, sorvetes, e voltamos para casa.* (LC)

2. *Pizzaiolo* (designação do profissional que faz *pizza*) também é palavra italiana. ✦ *Damiel, interpretado pelo ótimo Bruno Ganz, ganha a vida como PIZZAIOLO.* (VEJ)

plastrão, plastrom, plastron

3. **Pizzaria** (designação do estabelecimento em que se faz *pizza*) é um derivado formado em português a partir de *pizza*. Estranhamente, essa forma derivada é oficialmente registrada. ◆ *Então lembrou-me das noites na PIZZARIA, com a gente de São Paulo.* (DE)

placar ⇨ Ver *score, escore.*

É a forma gráfica portuguesa correspondente ao francês *placard*. O substantivo designa quadro em que se registra o resultado numérico de uma competição. ◆ *Por um PLACAR de 431 votos a 82, os parlamentares derrubaram um veto relativo aos créditos agrícolas.* (VEJ) ◆ *No regime militar o PLACAR dos mortos está em torno de 3.000.* (VEJ)

placidez

Com **Z**, como todo substantivo abstrato em **-ez** derivado de adjetivo. ◆ *Os olhos eram plácidos mas havia qualquer coisa de terrível sob aquela PLACIDEZ.* (CP)

plaga ⇨ Ver **praga.**

Plaga designa uma extensão de terra. ◆ *As cantinas e as pizzarias daquela PLAGA da zona leste ainda elogiam as gordas gorjetas que Menotti lhes concedia.* (FSP)

Praga designa maldição, imprecação, ou abundância de coisas nocivas.

planeja

O **E** é fechado (antes de **J**). ◆ *Na vida doméstica, o chefe de família, com a colaboração da esposa, PLANEJA para os filhos, para o futuro do lar.* (NP)

plantel

É substantivo coletivo:

◇ para jogadores. ◆ *Os holandeses, finalistas nos mundiais de 1974 na Alemanha Ocidental e 1978 na Argentina, não conseguiram chegar às semifinais no Torneio Europeu, evidenciando-se a desintegração do talentoso PLANTEL da década passada.* (OP)

◇ para animais de criação. ◆ *Atualmente a fazenda conta com um PLANTEL de cinquenta cabeças.* (AGF)

plaqueta, plaquete

1. São formas variantes correspondentes ao francês *plaquette*, oficialmente registradas. Designam livro de poucas páginas, opúsculo, brochura. São termos de baixa frequência.

2. A forma **plaquete**, que é a menos usada (25%), tem a mesma forma sonora da palavra francesa, com adaptação apenas da grafia. Seu uso é considerado galicismo pelos puristas. ◆ *Mas agora não mais editava PLAQUE-TAS, nem sequer mostrava ou declamava seus poemas (...).* (VPB) ◆ *Ivo Barroso chegou a sugerir que a família publicasse, em PLA-QUETE, a tradução e os trabalhos inéditos de Mílton.* (FSP)

3. **Plaqueta** também é forma diminutiva do substantivo **placa**. ◆ *Ainda é possível encontrar metade das lojas fechada entre 1 e 2 horas da tarde com uma pequena PLAQUETA na porta avisando: Fui almoçar.* (VEJ)

4. **Plaqueta** é, ainda, substantivo que designa um corpúsculo relacionado ao processo de coagulação do sangue nos mamíferos. ◆ *Igualmente o número de PLAQUETAS aumenta no decurso da gestação.* (CLO)

plasma

É substantivo masculino. ◆ *Parecia que o PLASMA da manhã corria no meu sangue.* (CHI)

plastrão, plastrom, plastron

São variantes em uso para designar gravata larga cujas pontas se cruzam obliquamente, cobrindo o peito. **Plastrão** e **plastrom** são formas oficialmente registradas em português. São termos pouco usuais.

1. **Plastrão** é a forma portuguesa correspondente ao francês *plastron*. É a forma mais frequente (45%). ◆ *Com o desaparecimento do Chico Raithe surgiram outros pretendentes rondando o 179, passando de longe, olhando muito, tirando o coco em cumprimentos rasgados – todos de fraque, flor no peito, PLASTRÃO, colarinho de ponta, polaina e bengalinha.* (BAL)

2. A palavra **plastrom** mantém a forma da palavra francesa, adaptando-se apenas a gra-

fia. É a forma menos frequentemente usada (22%). ✦ *Os noivos casam de fraque com PLASTROM e é chique manter tarólogas de plantão nos jantares.* (VEJ)

3. A palavra **plastron** mantém a forma da palavra francesa, sem nenhuma adaptação. É a forma usada em 33% dos casos. ✦ *Usava camisa de peito duro, colarinho de bunda--virada, PLASTRON, fraque e calça listrada.* (GAT)

platô

É a forma portuguesa correspondente ao francês *plateau*, o mesmo que **planalto**. Pela razão de já existir em português o termo **planalto**, o uso da forma **platô** é condenado por puristas. ✦ *Em menos de quinze minutos chegamos ao PLATÔ, quase todo coberto por uma espessa neblina.* (MAN)

playback

É palavra inglesa que designa gravação prévia de acompanhamento musical. A pronúncia aproximada é **pleibec** (com o segundo **E**, tônico, aberto). ✦ *A verdadeira Corona ainda não tem disco lançado no Brasil e só apareceu cantando, sempre em PLAYBACK, uma vez no Rio e outra em São Paulo.* (VEJ)

playboy

É palavra inglesa que designa homem, geralmente jovem e rico, que tem vida ociosa, de diversão contínua. A pronúncia aproximada é **pleibói**. ✦ *Uday é um PLAYBOY de índole sanguinária que torra fortunas na boate do hotel Mansur, o mais chique de Bagdá.* (VEJ)

playground

É palavra inglesa que designa espaço aparelhado para recreação infantil. A pronúncia aproximada é **pleigraund**. ✦ *Moram em quatro condomínios, nos quais há clube com sauna, piscina, churrasqueiras e PLAYGROUND.* (VEJ)

plebe, plebeu

1. São palavras com o grupo **PL** na primeira sílaba.

2. O substantivo **plebe** designa o povo, em oposição à nobreza. ✦ *Quem fez a fama e a glória de Roma foram os Césares ou os escravos e a PLEBE?* (VPB)

3. **Plebeu** é o adjetivo correspondente, com feminino **plebeia**. ✦ *Em público, agem geralmente como qualquer político PLEBEU em véspera de campanha.* (VEJ) ✦ *Como Mário era de origem PLEBEIA, o Senado procurou opor-lhe um general patrício, Sila.* (HG)

plebiscito

Com **SC**. Designa votação popular entre "sim" ou "não", para decisão sobre um tema de interesse coletivo. ✦ *A antecipação do PLEBISCITO do parlamentarismo, por sua vez, serve também para assustar o presidente.* (EMB)

plêiade

A sílaba tônica é a antepenúltima (**PLÊI**), e, por isso, a palavra leva acento (proparoxítona). É coletivo que designa reunião ou grupo de homens ou de literatos célebres; o significado original é "reunião de sete pessoas ilustres". ✦ *Max Weber, com a PLÊIADE de cientistas sociais que compartilham de suas previsões pessimistas, paira solto no ar.* (FSP)

pleito ⇨ Ver preito.

Pleito significa "eleição", "demanda". ✦ *O regime de votação por pontos torna o PLEITO de beleza uma autêntica questão de loteria.* (CRU)

Preito significa "homenagem", "reconhecimento".

pleonasmo

É uma construção que consiste na repetição de um termo ou de uma ideia, geralmente com efeito de realce. ✦ *Isso eu VI COM MEUS PRÓPRIOS OLHOS que um dia a terra há de comer!* (ID) ✦ *ÀS CRIANÇAS muito LHES apraz essas curiosas mágicas de pequena cabotagem.* (CRU) ✦ *Xinga-te o negro, o branco te pragueja, e A TI nada TE aleija.* (BOI) ✦ *Os enfermos não são examinados e ÀS PEJADAS E PARTURIENTES era defeso palpá-LAS ou tocá-LAS, por imodesto e pouco decoroso.* (OBS) ◆ *Que ME importa A MIM crer em Júpiter, se quem manda em mim é Anfitrião?* (TEG)

Se empregado com bom efeito é considerado figura de linguagem, se mal empregado é considerado vício de linguagem.

pletora

A sílaba tônica é a penúltima (TO), e o O é aberto. O substantivo:

◇ em medicina, designa congestão generalizada, aumento do volume sanguíneo que provoca distensão anormal dos vasos sanguíneos. ◆ *Combatia-se a PLETORA purgando e sangrando.* (APA)

◇ em sentido geral, significa "plenitude", "superabundância". ◆ *Aparavam-se as linhas, as palmas, a PLETORA de vegetação em torno dos gigantes, isolando-os.* (TER)

pleuris, pleurisia, pleurite

São formas variantes para designar inflamação da pleura e as três têm frequência de uso igual (33,33%).

1. **Pleuris** é substantivo masculino; a sílaba tônica é a última, e, por isso, a palavra não leva acento (oxítona terminada em IS). ◆ *Morrera dum PLEURIS que lhe aguara e inchara tanto o peito magro que sua fardinha azul teve de ser rasgada nas costas.* (CF)

2. **Pleurisia** é substantivo feminino; a sílaba tônica é SI, e, por isso, a palavra não leva acento (paroxítona terminada em A). É forma ocorrente apenas em obras técnico-científicas. ◆ *A sintomatologia torácica presente em casos de localização supra-hepática presta-se à confusão com as PLEURISIAS.* (CLC)

3. **Pleurite** é substantivo feminino, como todos os formados com o sufixo -ite, que indica inflamação. ◆ *Em maio de 1888, enquanto convalescia de uma PLEURITE em Milão, a princesa Isabel assinava no Rio a Lei Áurea, abolindo a escravatura.* (FSP)

plissê, plissar, plissado, plissagem

Plissê é a forma portuguesa correspondente ao francês *plissé* e dela deriva **plissar**. ◆ *São poucas as lavanderias que se responsabili-*

zam pelos resultados da lavagem se o PLISSÊ não for permanente. (FSP) ◆ *Yssey Miyake desfila dobraduras em tecido PLISSADO, sua marca registrada.* (FSP) ◆ *A PLISSAGEM em tecidos sintéticos e de microfibra (crepe, tergal, poliéster) geralmente é para sempre.* (FSP)

plugue, *plug*, plugar

1. **Plugue** é a forma portuguesa correspondente ao inglês *plug*, que designa peça com pinos que se liga a tomada de corrente elétrica. Ambas as formas são usuais, mas a forma aportuguesada é mais frequente. ◆ *Em lugar disso, parecia suficiente mergulhar em água dois PLUGUES de metal ligados à tomada.* (SU) ◆ *A Black&Decker lançou no mercado o Carvac, um aspirador portátil que pode ser ligado no PLUG do acendedor de cigarros.* (FSP)

2. **Plugar** é o verbo correspondente, que significa "ligar à corrente elétrica", "conectar". ◆ *Os usuários da TV a cabo podem PLUGAR seus microcomputadores e receber um grande fluxo de dados digitalizados.* (EX)

pluralia tantum ⇨ Ver *singularia tantum*.

É expressão latina que significa "os plurais apenas". Usa-se em referência a substantivos que só se usam na forma plural: **anais, esponsais, exéquias, parabéns, pêsames, víveres** etc. ◆ *O real não se inclui entre os substantivos que só se empregam no singular, apelidados por alguns gramáticos de singularia tantum (os que só se usam no plural são chamados de PLURALIA TANTUM em bom latim).* (FSP)

pluri-

É elemento (latino) que se liga a um elemento seguinte. O significado é "mais de um", "numeroso". Se o elemento seguinte começar por H, essa letra é eliminada, nos compostos. ◆ *Normalmente, o Governo elabora dois orçamentos, o programa e o PLURIANUAL de investimentos.* (VIS) ◆ *A ditadura do proletariado pode ter muitas formas. Pode ser PLURIPARTIDÁRIA.* (NEP)

plush

Se o elemento seguinte começar por **R** ou **S**, é necessário duplicar essa letra (que ficará entre duas vogais, na escrita). ✦ *Ela nos apresenta uma pesquisa PLURISSENSORIAL do corpo, que é assim analiticamente decomposto em feixes de sensações sensoriais.* (MH)

plush

É palavra inglesa que designa certo tecido de malha que tem características de veludo e de algodão. ✦ *Há cerca de um mês, a loja recebeu 180 peças de um conjunto de PLUSH para meninas.* (ESP)

pluto-

É elemento (grego) que se liga a um elemento seguinte. Significa "riqueza". ✦ *A República, que não criou nenhum patriciado, mas apenas uma PLUTOCRACIA, se assim se pode dizer, ignorou-os por completo.* (RB) ✦ *O poderoso coral dos contentes mobilizou meio mundo – os PLUTOCRATAS da alta finança, os abonados do vértice da pirâmide social, todos saudados pela subserviente taça de champanhe presidencial.* (FSP)

pluvi(o)-

É elemento (latino) que se liga a um elemento seguinte. Significa "chuva". ✦ *Pelo fato de ser a PLUVIOMETRIA relativamente simples e pouco custosa, é realizada há bastante tempo no Brasil.* (HID) ✦ *Climas desérticos: a PLUVIOSIDADE é aleatória e não ocorre todos os anos.* (ECG)

PNB

É a sigla de **Produto Nacional Bruto**. ✦ *Qualquer desaceleração nas taxas de aumento do PNB (Produto Nacional Bruto) é considerada depressão, é desastre econômico.* (GAI)

pneum(o)-

É elemento (grego) que se liga a um elemento seguinte. Significa "pulmão". ✦ *O excesso de leite poderá provocar vômitos, distensões abdominais e PNEUMONIA por aspiração.* (OBS) ✦ *A PNEUMOENTERITE é uma infecção do aparelho intestinal e respiratório responsável por alto índice de mortandade de recém-nascidos [cabras].* (GL)

Se o elemento seguinte começar por **R** ou **S**, é necessário duplicar essa letra (que ficará entre duas vogais, na escrita). ✦ *Sinais retroperitoneais: presença de PNEUMORRETROPERITÔNIO com visualização nítida das lojas renais.* (CLC)

pneumat-

É elemento (grego) que se liga a um elemento seguinte. Significa "gás", "ar", "sopro", "espírito". ✦ *É vazio como uma máquina PNEUMÁTICA.* (VEJ) ✦ *Tal PNEUMATIZAÇÃO, ou seja, a formação de cavidades aéreas similares às que ocorrem nos ossos das aves, permitiu-lhes reduzir ainda mais o peso (...).* (AVP)

pneumococo

O **O** tônico é aberto. ✦ *Os estreptococos e PNEUMOCOCOS, principalmente os primeiros, são geralmente pouco sensíveis.* (ANT)

pó

Os adjetivos correspondentes são **pulvéreo** e **pulveroso**, mas a segunda forma é de uso muito raro, atualmente. ✦ *Todavia, em 1885, uma brilhante chuva de meteoros permitiu concluir que o cometa Biela havia se desagregado em um PULVÉREO enxame de meteoroides.* (FSP) ✦ *Era o nordeste, no seu advento PULVEROSO, aos remoinhos, querendo dançar a ciranda com os retirantes.* (BAG)

pobre

As formas de superlativo absoluto sintético comumente indicadas são **paupérrimo** e **pobríssimo**, mas a segunda forma é de uso muito raro, atualmente. ✦ *A casa, a rua, o bairro do Erinaldo são PAUPÉRRIMOS.* (RI) ✦ *Corro ao ponto em que meu pai, tendo sido pobre toda a vida, morreu POBRÍSSIMO.* (HD)

pobreza

Com **Z**, como todo substantivo abstrato em **-eza** derivado de adjetivo. ✦ *Vivinho era um garoto muito esperto, cuja POBREZA não impedia sua espirituosidade e bom humor.* (ACT)

poça

Lições normativas indicam que o O tônico é fechado, mas o uso varia nas diversas regiões geográficas. ◆ *Corri ao longo da plataforma de carga, pulei fardos, chapinhei numa POÇA.* (L)

pocket book ⇨ Ver livro de bolso.

Embora seja muito mais usada, em português, a expressão **livro de bolso**, que traduz *pocket book*, a expressão inglesa também é ocorrente (6%), especialmente tida como termo técnico. ◆ *Os livros têm formato "POCKET BOOK" (livro de bolso) com preços que variam de R$ 4,20 a R$ 15,00.* (FSP)

poço

O plural é **poços**, com O aberto. ◆ *A água das fontes e dos POÇOS é parte da água que penetrou no solo com a chuva.* (ATE)

pode, pôde

O acento circunflexo da forma verbal de pretérito perfeito **pôde** é acento diferencial atualmente mantido para distinguir vogal fechada de vogal aberta (**pôde** / **pode**). ◆ *Ele mal PÔDE acender o cigarro de tanto que suas mãos tremiam.* (DE) ◆ *O caminho dos ratos PODE ser por ali, Emílio.* (ACM)

podo-, -pode

São elementos (gregos) que se ligam a um elemento seguinte ou a um anterior, respectivamente. Significa "pé". ◆ *O PODÓLOGO, além de cuidar dos pés corretamente, ainda orienta na prevenção de problemas.* (FSP) ◆ *Bivalves, BRAQUIÓPODES e GASTRÓPODES marinhos encontram-se em várias localidades desde o Estado do Rio Grande do Sul até o Estado de São Paulo.* (AVP)

põe, põem

Põe é a forma do singular e **põem** é a forma do plural da terceira pessoa (presente do indicativo) do verbo **pôr**. ◆ *Acho que agora nada mais me PÕE medo.* (ASA) ◆ *Defensores da reforma agrária PÕEM em dúvida os números do governo.* (FSP)

A mesma distinção entre singular e plural se faz nos verbos formados de **pôr**: **compor, dispor, repor, supor** etc.

poeta, poetisa ⇨ Ver poetizar, poetiza.

1. O substantivo **poeta** tem feminino formado com sufixo: **poetisa**. ◆ *A bonita Ivete Tannus é POETISA.* (MAN)

2. Entretanto, considerando que a atribuição do nome **poeta** a uma mulher constitui uma valorização de seu trabalho, prefere-se manter essa forma no feminino, utilizando o substantivo como comum de dois (a mesma forma para masculino e para feminino). Assim, a forma **poeta** é mais frequente (68%) que **poetisa**, em referência a mulher que exerce essa atividade. Entre as ocorrências de **poeta**, porém, apenas 3,5% são de indicação de feminino. ◆ *Ao menos o POETA reconhece suas torpezas.* (BOI) ◆ *Havia uma pequena foto da POETA Maria Rita.* (BL)

poetizar, poetiza ⇨ Ver poeta, poetisa.

Com **Z**, como todo verbo formado com o sufixo **-izar**. ◆ *As máquinas não são realmente literárias ou poéticas, qualquer tentativa de POETIZAR as máquinas é tolice.* (FSP) ◆ *Há algo de Rimbaud em Peer Gynt, esta personagem que delira e POETIZA a mentira.* (FSP)

Poetisa é o feminino de poeta.

pogrom

1. É palavra de origem russa que designa tumulto, agitação. ◆ *É perito em sufocar CPIs, tendo asfixiado só na última legislatura os inquéritos sobre o POGROM do presídio do Carandiru.* (MAN)

2. O plural é **pogrons**. ◆ *Aos nove anos, Adolpho assistiu aos primeiros POGRONS contra os judeus e a Guerra Civil que se instalou em 1917, após a queda do czar.* (FSP)

poire

É palavra francesa que significa "pera" e que é usual na designação de bebida destilada de pera. A pronúncia é, aproximadamente, **puarre**. ◆ *No Le Jardin Suisse (Jardins), especialidades suíças, como o kirsch (desti-*

polé

*lado de cereja) e o **POIRE** (destilado de pera), podem ser apreciadas como "digestivos", após fondues ou racletes.* (FSP)

polé

É substantivo feminino. Designa instrumento de tortura. ✦ *Já é um progresso, em relação à coleira e ao garrote, **à POLÉ** e ao tronco.* (BPN)

poleiro

Com **O** na primeira sílaba. ✦ *Ouviu o papagaio arreliar e retornar para o **POLEIRO** de onde saíra há pouco, assustado.* (GRO)

pólen

O adjetivo correspondente é **polínico**. ✦ *Os cones masculinos têm um eixo onde se prendem pequenas folhas, cada uma com dois sacos **POLÍNICOS**.* (GV)

polenta

Com **O** na primeira sílaba. ✦ *As grandes atrações são o galeto, a **POLENTA**, as sopas e as massas.* (VEJ)

poli-

É elemento (grego) que se liga a um elemento seguinte. Significa "numeroso". Se o elemento seguinte começar por **H**, essa letra é eliminada, nos compostos. ✦ *A mitologia com seus grifos, harpias e hidras, com seus dragões **POLICEFÁLICOS** e alados.* (BAL) ✦ *Muitos homens em Serras Azuis têm indisfarçável vocação para a **POLIGAMIA** muçulmana.* (S)

Se o elemento seguinte começar por **R** ou **S**, é necessário duplicar essa letra (que ficará entre duas vogais, na escrita). ✦ *Quando os ribossomos estão agrupados, o conjunto recebe o nome de **POLISSOMO** ou **POLIRRI-BOSSOMO**.* (BC)

polícia

1. Como substantivo feminino, designa a corporação ou o conjunto de regras que asseguram a ordem e a segurança públicas. ✦ *O senhor nem parece que é da **POLÍCIA**, comissário.* (FA)

2. Como substantivo masculino, designa o policial. ✦ *Naquele mesmo dia, num lance*

*de sorte, **o POLÍCIA** conseguira pegar outro inimigo importante.* (OLG)

poliéster

É a forma gráfica portuguesa do inglês *polyester*, designação de grupo de resinas sintéticas usadas em tintas e vernizes e também de tecido produzido com essa fibra. ✦ *O latão de antigamente foi substituído pelo **POLIÉSTER** injetado.* (VEJ) ✦ *O vestuário sofreu grande mudança: antes tínhamos as roupas de algodão, depois as de fibras sintéticas como o tergal, **POLIÉSTER**, náilon e mais atualmente a lycra.* (QUI)

polígamo

A sílaba tônica é a antepenúltima (**LÍ**), e, por isso, a palavra leva acento (proparoxítona). Significa "que tem mais de um cônjuge ao mesmo tempo". ✦ *O governo americano quer deportá-lo com o argumento de que não declarou ao serviço de imigração que era **POLÍGAMO**.* (VEJ)

poliglota, plurilíngue ⇨ Ver multilíngue.

São variantes, mas **plurilíngue** não ocorreu. Significam "que conhece ou fala muitas línguas".

1. Em **poliglota**, a sílaba tônica é a penúltima (**GLO**, com **O** aberto), e, por isso, a palavra não leva acento (paroxítona terminada em **A**). ✦ *Era **POLIGLOTA**. Segundo historiadores, falava doze línguas e lia clássicos gregos e latinos no original.* (MEN)

2. Em **plurilíngue** o u é pronunciado e não é tônico; a sílaba tônica é **LÍN** (com acento). ✦ *A possibilidade de ensino **PLURILÍNGUE** aberta pela nova LDB tem de ser aproveitada.* (FSP)

polígono

A sílaba tônica é a antepenúltima (**LÍ**), e, por isso, a palavra leva acento (proparoxítona). ✦ *O **POLÍGONO** é uma figura plana limitada por um conjunto de retas.* (ATT)

Polinésia [Oceânia, Pacífico]

O adjetivo pátrio é **polinésio**. ✦ *Na ilhota, o Hotel Praia da Gavoa tem um restaurante de*

*250 lugares em estilo **POLINÉSIO**, que serve drinques típicos.* (VEJ)

pólio

É a forma reduzida de **poliomielite**. Designa a inflamação da substância cinzenta da medula espinhal. ◆ *A burocracia determina fracassos no combate à **PÓLIO**.* (VEJ)

pólipo, polipo

Ambas as formas são oficialmente registradas. É termo de:

◇ **zoologia**. ◆ *Esta classe é geralmente constituída por seres polimórficos. Muitos deles têm tanto a forma **PÓLIPO** como a forma medusa, desenvolvidos em diferentes estágios do ciclo de vida.* (GAN) ◆ *Falavam-me sobre milhares de ilhas belas e férteis formadas por um animalzinho chamado **POLIPO**.* (IC)

◇ **medicina** (patologia). ◆ *A hemorragia constitui sintoma comum e representa as alterações ulcerosas que têm lugar na porção livre do **PÓLIPO** devido à infecção ou transtornos circulatórios.* (DDH) ◆ *O protótipo dessa neoformação é o **POLIPO**, proliferação epitélia benigna da mucosa.* (RA)

polir

Segundo as indicações tradicionais, o verbo **polir**, de conjugação irregular, muda o **O** em **U** nas formas em que a desinência não apresenta **I**. Entretanto, essas formas (**pulo, pule, pules, pulem, pula, pulas, pulam**) não ocorreram, apenas aquelas em que a desinência apresenta **I** e em que o **O** do radical não se muda em **U**. ◆ *Na hora do crime, ele, Francisco Veludo da Silva, dormia profundamente, depois de passar o dia **POLINDO** a prataria de madame.* (VEJ)

polissíndeto

É uma construção que consiste na repetição de um conectivo (coordenativo), geralmente com efeito de realce. ◆ *E olhava-me, E vinha E ia, E tornava a latir...* (CG)

polo(s)

A forma gráfica é a mesma para várias palavras.

1. **Polo(s)** (palavra átona, que não ocorreu) é a contração da preposição **por** com o artigo definido masculino **o(s)**.

2. **Polo(s)**, palavra que tem a penúltima sílaba tônica e aberta, é substantivo que designa:

◇ cada extremidade do eixo em torno do qual alguma coisa (inclusive a Terra) gira; região próxima dessa extremidade; cada face oposta a uma outra. ◆ *Afinal, ele foi o primeiro a fazer a travessia solitária do oceano Atlântico em um barco a remo e depois fez uma viagem entre os dois **POLOS** do planeta, "hibernando" por sete meses na Antártida.* (FSP) ◆ *Nos **POLOS** existe um dia de seis meses e uma noite de seis meses.* (ATE) ◆ *São dois **POLOS** opostos, o nazismo e os judeus.* (FSP)

◇ tipo de esporte (em campo ou em água). ◆ *O Plácido atual destacou-se como jogador de **POLO**, esporte no qual chegou à seleção brasileira.* (VEJ) ◆ *O caiaque **POLO** é um jogo de **POLO aquático** praticado por jogadores a bordo de caiaques.* (FSP)

3. **Polo(s)**, palavra que tem a penúltima sílaba tônica e fechada: é substantivo que designa ave de rapina (falcão, açor ou gavião) que ainda não tem um ano de idade. Ocorreu apenas em um texto jocoso de jornalista. ◆ *Você vê aquele filhote de gavião, o **POLO**, que bica peras e peros?*

Polônia [Europa]

Os adjetivos pátrios são **polonês** e **polaco** (forma vinda pelo francês *polaque*). ◆ *O **POLONÊS** levantou o braço para exprimir sua contrariedade.* (MP) ◆ *Aqui a civilização se fez com imigrantes brancos europeus, alemães, **POLACOS**, italianos, russos, ucranianos.* (VEJ)

Em algumas regiões, **polaco** é forma considerada discriminativa, pejorativa. A forma é evitada na linguagem mais formal e na imprensa. No geral, é muito pouco usada. ◆ *– Então esse negócio de judeu é besteira. Quem vem da Rússia é russo. E quem vem da Polônia é **POLACO**. O menino falava com grande autoridade. E a ruivinha protestou: – A minha mãe disse que a gente deve falar "polonês". "**POLACO**" é feio.* (BP)

polvo

O **O** é fechado, no singular e no plural. ✦ *Os POLVOS, lulas, sépias, náutilo e argonautas vivem exclusivamente no mar.* (GAN)

pombo, pomba

1. **Pombo** é substantivo masculino e **pomba** é substantivo feminino, ambos fazendo referência tanto ao macho como à fêmea do animal (substantivos epicenos). ✦ *Há também uma espécie de pássaro, uma galinha ou **um POMBO**, não me lembro mais, sobre a mesa.* (MH) ✦ *Mas assim que **a primeira POMBA** pousou no seu colo, ela deu um grito.* (BL)

Há dicionários, entretanto, que registram **pombo** como o masculino de **pomba**, correspondência que não foi atestada.

2. O adjetivo correspondente é **columbino**. ✦ *Verde serra, onde os Palmares / Como indianos cocares / No azul dos **COLUMBINOS** ares, / Desfraldam-se em mole arfar!* (CA)

pombo-correio

O plural é **pombos-correio** (dois substantivos, o segundo fazendo uma determinação sobre o primeiro). ✦ *A polícia da Colômbia informou ontem que sentenciados do presídio de Buga, sudoeste do país, utilizaram **POMBOS-CORREIO** para conseguir maconha.* (FSP)

pomo de adão ⇨ Ver proeminência laríngea.

É designação tradicional para a protuberância existente no lado externo da garganta. ✦ *Os homens deixaram de ter **POMO DE ADÃO** (gogó) para ter proeminência laríngea.* (FSP)

Essa designação foi oficialmente substituída por **proeminência laríngea**.

ponche

É a forma portuguesa correspondente ao inglês *punch*. ✦ *Os criados, envergando casacas corretas, vieram com bandejas de aperitivos – na mesa, num magnífico vaso grande de cristal, o **PONCHE** de champanha que o criado teso e solene servia.* (JM)

pônei

É a forma portuguesa correspondente ao inglês *pony*. ✦ *Um cavalo **PÔNEI** é usado para aumentar o equilíbrio e relaxar a tensão muscular de crianças deficientes.* (FSP)

pontiagudo

Com **I.** ✦ *Ao ser eleito, o cacique é ungido por uma espécie de bálsamo, recebe uma coroa de plumas e passa a usar um bastão **PONTIAGUDO**, símbolo de poder.* (IA)

ponto (a ponto de)

A locução **a ponto de** (que se segue de infinitivo de verbo) significa "a tal ponto de". Não cabe, nessa construção, o uso do artigo **o**; não cabe, portanto, a combinação **ao**, antes do substantivo **ponto**. ✦ *E virou um grande ator, respeitado por seus pares **a PONTO de** ser convidado por colegas mais tarimbados para dirigi-los no palco.* (VEJ) ✦ *Amparo abaixou a vista, tremendo **a PONTO de** chorar.* (FR)

ponto de vista

Sem hífen. ✦ *Meu **PONTO DE VISTA** é diferente.* (SEN)

O plural é marcado apenas no primeiro substantivo. ✦ *Cabe assinalar ainda uma vez a diversidade de **PONTOS DE VISTA** em jogo.* (ESI)

ponto e vírgula

1. Sem hifens. ✦ *Sentenças separadas pelo **PONTO E VÍRGULA** e desmembradas pelo corte dos versos.* (FSP)

Para o plural, indicam-se, em geral, as formas **ponto e vírgula** (invariável), **ponto e vírgulas** e **pontos e vírgulas**. Entretanto, a primeira forma não ocorreu no plural. ✦ *Bem ou mal, a ortografia estava garantida, de ver e ouvir; para arrumar as frases que eram do juiz, não precisava da sintaxe; vírgulas, **PONTO E VÍRGULAS** e pontos eram soados em voz alta.* (PFV) ✦ *O nobre deputado antes de tratar da necessidade da reforma quis inspirar-nos como uma religião a conservação da lei de 3 de dezembro de 1841 com todos os seus **PONTOS E VÍRGULAS**.* (EIN)

2. O ponto e vírgula representa uma pontuação mais forte que a vírgula e menos forte que o ponto final. ♦ *(...) e tantos outros: os hipópodes, homem com patas de cavalo; os sciopodes, cuja única perna lhes servia de guarda-sol; os cinocéfalos, que tinham a cabeça de cão; os abarimon, com os pés voltados para trás.* (CEN)

ponto final

É sinal de pontuação que encerra enunciado sem indicar por si nenhuma entoação especial (nem interrogativa nem exclamativa nem suspensiva). ♦ *Recentemente fiz uma palestra sobre felicidade e qualidade de vida para o nosso pessoal e cheguei à conclusão de que o trabalho deve contribuir para a felicidade das pessoas.* (EX)

Quando no final do enunciado está uma abreviatura, um único ponto faz a indicação da abreviatura e do final do enunciado. ♦ *Verifiquei se não estava faltando nada nos barcos, assentos, gasolina, salva-vidas etc.* (PAN)

pontos cardeais

Os nomes dos pontos cardeais se escrevem:

◇ com inicial minúscula, se indicam direções ou limites geográficos. ♦ *As terras situadas a LESTE do meridiano eram de Portugal.* (HIB) ♦ *Diga ao menos se é para o NORTE ou para o SUL.* (MEC)

◇ com inicial maiúscula, se indicam regiões. ♦ *A partir de 1968, mecanismos fiscais e creditícios subsidiaram o fluxo de capital do SUDESTE.* (AMN) ♦ *A peste voltaria mais vezes ao OCIDENTE.* (APA)

pool

É palavra inglesa que designa associação de empresas do mesmo ramo com o propósito de governar os preços do setor, eliminando concorrência. É substantivo masculino. A pronúncia aproximada é **pul**. ♦ *O SBT, a Globo e a Bandeirantes fizeram um POOL para a transmissão da Copa do Mundo.* (RI)

pop, pop art

1. **Pop** é forma reduzida da palavra inglesa *popular*, que significa "popular". É forma oficialmente registrada em português. De-

signa um tipo de música popular da segunda metade do século XX, de origem anglo-norte-americana, que utiliza instrumentos com amplificação elétrica. Designa, por extensão, criação artística ou cultural concebida e produzida com vista ao consumo. ♦ *No álbum, é interessante notar como ele já revestia essas canções tradicionais com os elementos que caracterizariam seu POP: uma interpretação nervosa, uma batida mais acelerada e o arroubo das finalizações.* (FSP)

2. **Pop art** é expressão inglesa que significa "arte popular". É usada para designar movimento cultural e artístico que surgiu depois da Segunda Guerra Mundial. ♦ *Foi com o artista inglês Richard Hamilton que surgiu em 1957 o movimento da POP ART, mas foi nos EUA que ele repercutiu para o mundo. Razão simples: a POP ART pretendia retrabalhar ícones da sociedade de massas, mostrando seu caráter artístico ou potencial simbólico, em geral negligenciados pela própria natureza obsessiva de seu consumo.* (FSP)

popelina, popeline

1. **Popelina** é a forma portuguesa correspondente ao francês *popeline*. ♦ *A fábrica de camisas Cotton Loom, por exemplo, está importando uma POPELINA da Inglaterra que lembra a seda.* (VEJ)

2. Entretanto, a forma **popeline**, fiel à originária francesa, é usada com a mesma frequência (50%). ♦ *As sapatilhas podem ser de juta ou POPELINE.* (FSP)

popul- ⇨ Ver demo-.

É elemento (latino) que se liga a um elemento seguinte. Significa "povo". Corresponde ao elemento grego **demo-**. ♦ *Para outros, Freire seria fruto do POPULISMO e do nacional-desenvolvimentismo que pontificaram na sociedade brasileira nos anos 50 e 60.* (ESO)

pôquer

É a forma portuguesa correspondente ao inglês *poker*. ♦ *De pé, Ruben Tauben convoca Armando para uma roda de PÔQUER, dependente de parceiros.* (RIR)

pôr

pôr ⇨ Ver pôr do sol.

1. O infinitivo do verbo leva acento circunflexo porque é uma forma tônica, diferentemente da preposição **por**, que é uma forma átona. ◆ *A ideia dos republicanos é PÔR as TVs oficiais para trabalhar.* (VEJ)

2. Se substantivado, obviamente só leva acento no singular, não no plural. ◆ *Essa questão fica soterrada sob uma montanha de PORES DO SOL.* (FSP)

por causa que

É expressão de valor causal condenada em alguns manuais normativos. Constitui gramaticalização da expressão **por causa de que**. É mais usada em registro informal. ◆ *Como sou piedoso abro mão do direito de só querer moça donzela, POR CAUSA QUE sou sabedor que nesta praça não tem uma só para remédio.* (NI)

pôr do sol

1. Sem hifens. ◆ *Pode mudar a cada minuto num PÔR DO SOL ou a cada segundo numa tempestade.* (VEJ)

2. O plural é **pores do sol** (substantivo + substantivo, ligados por preposição). ◆ *Essa questão fica soterrada sob uma montanha de PORES DO SOL.* (FSP)

pôr em xeque

Essa expressão contém o substantivo **xeque**, que designa o ataque ao rei, no jogo de xadrez. Não se trata de **cheque**, documento bancário. A expressão significa "pôr em dúvida o valor de". ◆ *Crise PÕE EM XEQUE os direitos individuais.* (CB)

por fás ou (por) nefas ⇨ Ver fás.

É expressão que significa "justa ou injustamente", "por bem ou por mal". ◆ *POR FÁS OU NEFAS, a democracia está em crise e cai, em regra, nas mãos de lobistas com alvos impatrióticos.* (FSP)

por hora ⇨ Ver por ora.

Por hora significa "em cada hora". ◆ *Corríamos a 150 km POR HORA.* (BL)

Por ora significa "por enquanto".

por isto, por isso

Pelas regras ortográficas em vigor, em ambas as expressões ocorrem duas palavras: o elemento de junção **por** (preposição) e o demonstrativo **isto** ou **isso**. ◆ *O senhor se entristece POR ISTO tudo?* (PFV) ◆ *Muitos não possuíam compreensão humana, POR ISSO não lhes davam o merecido valor.* (ARR)

A grafia em uma única palavra representaria o registro de um grau mais avançado de gramaticalização.

por moto próprio ⇨ Ver *motu proprio* ⇨ Ver de moto próprio.

É expressão equivalente à expressão latina *motu proprio* (em ablativo, por isso correspondendo a uma tradução portuguesa com preposição). Significa "por seu próprio movimento", "por iniciativa própria", "por vontade própria". ◆ *O certo é que alguém comprou o voto dos deputados, pode ter sido o ministro POR MOTO PRÓPRIO ou a mando de alguém.* (FSP)

Outra expressão portuguesa equivalente é **de moto próprio**.

por ora ⇨ Ver por hora.

Por ora significa "por enquanto". ◆ *Sua importância POR ORA é exclusivamente local.* (BEB)

Por hora significa "em cada hora".

por princípio ⇨ Ver a princípio ⇨ Ver em princípio.

Por princípio é expressão de valor causal que significa "por preceito", "por convicção". ◆ *POR PRINCÍPIO jamais escrevia cartas ou mesmo bilhetes.* (INC)

A princípio é expressão de valor temporal, que significa "no início".

Em princípio é expressão delimitadora que significa "como ponto de partida".

por quanto ⇨ Ver porquanto.

Por quanto é uma construção com duas palavras: o elemento de junção (preposição) **por** e o quantificador **quanto**. ◆ *Pacuera sabe que tem conversa para ouvir POR QUANTO* *tempo dure a tempestade.* (R) ✦ *Então, POR QUANTO vendeste a saca?* (ATR)

Porquanto é conjunção causal ("porque").

por que, por quê ⇨ Ver **porque, porquê.**

1. A construção **por que** é usada para formular pergunta:

◇ **direta.** ✦ *– POR QUE é que está chorando aqui na rua?* (ANA)

◇ **indireta.** ✦ *Já sou adolescente agora, mas fico assustada, quero saber POR QUE chora.* (ASA)

O elemento **que** dessa expressão causal é acentuado apenas quando ela encerra a interrogação ou vem antes de pausa muito acentuada. ✦ *Preso POR QUÊ?* (AF) ✦ *Continuava guardando segredo. POR QUÊ?* (CEN) ✦ *E digo POR QUÊ: dá-se um bom-dia, mais tarde cai chuva de pedra.* (AM)

2. A construção **por que** também é usada:

◇ com ideia de finalidade (o mesmo que **para que**); é um tipo de construção pouco usual, como: *Lutava POR QUE Mauro se transformasse.*

◇ iniciando oração adjetiva (o mesmo que **pelo qual** e flexões). ✦ *Sem saber, dava-me com isso resposta às questões que antes me formulara diante daquela transformação POR QUE passara Mauro.* (AV) ✦ *Os frutos encerram boa quota de saponina hemolítica, razão POR QUE espumam fortemente na água.* (BEB)

◇ iniciando oração completiva iniciada pela preposição **por**, como em *torcer POR QUE algo aconteça* (construção que não ocorreu).

por si só ⇨ Ver **só** ⇨ Ver **si.**

O plural é **por si sós.** ✦ *Os olhos dela, POR SI SÓS, despertam minha paixão.* (FSP)

por tanto ⇨ Ver **portanto.**

Por tanto é uma construção com duas palavras: o elemento de junção (preposição) **por** e o quantificador ou o intensificador **tanto.** ✦ *Os preços nunca ficaram tão baixos POR TANTO tempo.* (VEJ)

Portanto é um elemento adverbial de valor conclusivo.

por via de ⇨ Ver **via.**

A expressão **por via de** significa "por intermédio de", "por causa de". ✦ *O rio enche muito mas é do salto para baixo, POR VIA DE vertentes da serra.* (CHA)

por via de regra ⇨ Ver **via de regra.**

Por via de regra e **via de regra** são expressões equivalentes, que significam "em regra", "em geral". ✦ *Mas não assumirão POR VIA DE REGRA uma posição definida, nem sua ação terá continuidade e envergadura.* (H)

A expressão **via de regra** é bastante mais usada (80%).

porcentagem, porcentual ⇨ Ver **percentagem, percentual.**

1. **Porcentagem** e **percentagem, porcentual** e **percentual** são dois pares de variantes. As formas com **por-** inicial formam-se do português **por cento** e são as mais recomendadas em alguns manuais normativos. **Porcentagem** (82%) é mais usual que **percentagem,** mas **porcentual** (4%) é muito menos usual que **percentual.**

2. **Porcentagem** é substantivo. ✦ *O óleo alcança a PORCENTAGEM de 60 a 70% e é extraído por prensagem.* (BEB)

3. **Porcentual** pode ser:

◇ **adjetivo.** ✦ *Lula diminuiu em apenas um ponto PORCENTUAL a diferença que FHC já obtinha.* (FSP)

◇ **substantivo.** ✦ *Itamar quer transparência para que a população tenha conhecimento prévio do PORCENTUAL de reajuste.* (ESP)

porco

Os adjetivos correspondentes são:

◇ **porcino.** ✦ *Um dia, chega ao território PORCINO um lobo com ideias expansionistas.* (VEJ)

◇ **suíno.** ✦ *A catalase costuma ser preparada a partir de rins ou fígado bovino ou SUÍNO e é uma das enzimas mais efetivas existentes.* (ACQ)

pornô

É adjetivo usado popularmente por **pornográfico** (com plural **pornôs**). ◆ *Sexo, nos filmes PORNÔS, é tratado de maneira grosseira.* (PO)

Também se usa como substantivo, por **pornografia** ou por **obra pornográfica**. ◆ *Essa história de PORNÔ, que parecia uma onda avassaladora a devorar a civilização cristã, já entra bem na maré baixa, principalmente onde parecia ter os seus focos mais eruptivos.* (CRU) ◆ *Iludida pelo sucesso, presa fácil dessa armadilha é a mulher, produto indispensável para os PORNÔS.* (PO)

porquanto ⇨ Ver por quanto.

Porquanto é conjunção causal ("porque"). ◆ *Somente não tocava nos Ribeiros, PORQUANTO o assunto devia constrangê-la.* (FR) ◆ *Fracasso inteiramente previsível, PORQUANTO condicionado por mesquinho propósito.* (CEN)

Por quanto é uma construção com duas palavras: o elemento de junção (preposição) **por** e o quantificador ou o intensificador **quanto**.

porque, porquê ⇨ Ver por que, por quê.

1. **Porque** é conjunção causal ("porquanto", "uma vez que", "pois"). ◆ *Digo que ela está ficando quase uma velha PORQUE sei, PORQUE vejo, PORQUE comparo.* (A) ◆ *Manifestava aquela reação PORQUE o ruído do avião sempre causava satisfação entre os índios?* (ARR) ◆ *Eu lhe disse e confirmo, PORQUE é verdade.* (LOB)

2. **Porquê** é substantivo que significa "razão", "motivo", "causa". ◆ *Pedrão nunca entendeu o PORQUÊ da reviravolta.* (J)

portanto ⇨ Ver por tanto.

Portanto é um elemento adverbial de valor conclusivo ("por conseguinte"). ◆ *O prognóstico brasileiro para 1996 não será um desastre, PORTANTO, se o desempenho ficar abaixo dos 6%.* (FSP)

Por tanto é uma construção com duas palavras: o elemento de junção (preposição) **por** e o quantificador ou o intensificador **tanto**.

portenho

É o adjetivo pátrio referente a Buenos Aires. ◆ *Uma orquestra tocava quando um grupo de argentinos, adeptos do tango PORTENHO, começou a dirigir gracejos aos músicos.* (PHM)

porto

O plural é **portos**, com **O** aberto. ◆ *Gregório de Matos chegou na rua Debaixo, com formosas casas e vistas dilatadíssimas para o mar, PORTOS e saídas aprazíveis.* (BOI)

Porto Alegre [Rio Grande do Sul]

O adjetivo pátrio é **porto-alegrense**. ◆ *Estranho o som do Réquiem na manhã PORTO-ALEGRENSE.* (GD)

Porto Rico [Antilhas]

O adjetivo pátrio é **porto-riquenho**. No feminino e no plural, apenas o segundo elemento varia. ◆ *Na lanchonete aberta ainda aos retardatários, Joe, o PORTO-RIQUENHO, sacudirá a cabeça ao vê-lo passar.* (CV) ◆ *E finalmente deixei-me cair de amores por uma PORTO-RIQUENHA muito linda e muito pura, de nome Alzira.* (AL)

A grafia **portorriquenho** também é usual, mas não tem justificativa, nas regras vigentes. ◆ *Jorgina afirmou que se entregou por não suportar mais o cerco das autoridades brasileiras e PORTORRIQUENHAS.* (FSP)

A forma **porto-riquense** é indicada em dicionários, mas não ocorreu.

Porto Velho [Rondônia]

O adjetivo pátrio é **porto-velhense**. ◆ *E um grupo de diretórios de interior, que esteve reunido no último domingo está disposto a propor punição para o PRESIDENTE PORTO-VELHENSE do PMDB.* (OS)

Portugal [Europa] ⇨ Ver luso-.

Os adjetivos pátrios são:

◇ **português**. ◆ *Um de seus bisavós era um empresário PORTUGUÊS que trabalhava para a Coroa nos idos de 1820.* (GAZ)

◇ **lusitano**. ◆ *Todos os meses os cinco mil réis do dízimo eram entregues ao diácono, um velho LUSITANO cujo orgulho era ter a* *voz mais forte da congregação, insuperável no cantar dos hinos.* (DM)

◇ **luso.** ♦ *O fato de estarmos na América, distinguia-nos do povo LUSO.* (DC)

◇ **portucalense** (ligado à forma primitiva Porto Cale). ♦ *Que seria deste pobre Brasil, se não fossem nossos navegadores, a almirantada PORTUCALENSE?!* (VB)

O elemento de composição correspondente para formação de adjetivos pátrios é **luso-**.

porventura

É advérbio, constituindo uma única palavra. Significa "acaso", "por acaso". ♦ *A indenização pelos danos que PORVENTURA venham a ocorrer é assunto que só será resolvido pelo prefeito.* (CS)

pós-, pos-

É prefixo de origem latina que indica posterioridade.

1. Com acento próprio, o prefixo **pós-** liga-se com hífen ao elemento seguinte. ♦ *Bons resultados também foram obtidos no PÓS--operatório das amigdalectomias.* (ANT) ♦ *Existem cursos de Estatística em diversos níveis: segundo grau, superior e PÓS-graduação.* (ETT) ♦ *Quando há muitas cabeças em panos amarradas, eis a melhor hora para fazer o melhor negócio de PÓS-guerra.* (CID)

2. Sem acento próprio, o prefixo **pos-** liga-se sem hífen ao elemento seguinte. ♦ *O próprio Guerreiro, no POSFÁCIO da obra, é quem melhor define o resultado de seu empreendimento.* (VEJ) ♦ *Estes termos, antepostos ou POSPOSTOS a outras palavras, produzem os modos derivados para classificar uma relação.* (RAN)

posar ⇨ Ver pousar.

Posar é verbo ligado a **pose**. Em qualquer de suas formas, o **O** tônico é fechado. ♦ *Não existe mais a moça linda e rica que POSA para o retrato.* (B) ♦ *Recordava suas obras de governo, POSAVA de bom moço perseguido pelo ódio, prometia realizar uma administração profícua.* (MAN)

Pousar é verbo ligado a **pouso**.

pose

É a forma portuguesa correspondente (e igual) ao francês *pose*. ♦ *O Paulo leu, estremeceu, olhou em volta, empalideceu, mas não perdeu a POSE e nem o fôlego.* (ACT)

possibilitar

O significado genérico é "tornar possível", podendo o complemento ser:

◇ de valor positivo (eufórico). ♦ *Devidamente executada, a reabilitação POSSIBILITA uma vida nova para um sem-número de indivíduos que, de outra forma, permaneceriam abandonados pela sociedade.* (ELE) ♦ *Colecionadores mais avançados e abastados utilizam, ainda, um aparelho ótico, elétrico, que POSSIBILITA melhor estudo e limpeza da operação.* (FIL) ♦ *A descoberta dos raios infravermelhos por Herschell POSSIBILITOU a utilização deste agente no tratamento de certas doenças.* (ELE)

◇ de valor negativo (disfórico). ♦ *No entanto, a existência de extensas redes de comércio abrangendo grandes áreas (Porro, 1985) POSSIBILITAVA a transmissão de epidemias a populações que não tinham contato direto com os europeus.* (ATN) ♦ *Em verdade, mais culpado pelas novas culpas daquela ovelha desgarrada era ele, seu Anjo da Guarda, que lhe POSSIBILITARA as tentações, como se fosse o próprio Príncipe das Trevas.* (BH)

Mais comumente o complemento usado é de valor positivo, e o verbo significa, mais especificamente, "proporcionar".

possível ⇨ Ver provável
⇨ Ver impossível ⇨ Ver improvável.

1. **Possível** significa "que tem possibilidade de ser ou de ocorrer". ♦ *Sabendo que na história da sua família havia vários loucos, considerava POSSÍVEL sofrer, também ele, um surto psicótico. POSSÍVEL, mas não provável.* (AGO)

A possibilidade não é graduável e não é mensurável. Exatamente por isso, **possível** não tem forma de superlativo absoluto sintético. Quando alguém usa o superlativo absoluto

possuir

analítico **muito possível**, o significado, na verdade, é o de "muito provável". ✦ *É muito POSSÍVEL que a linguagem, seja qual for a sua origem, se tenha basicamente desenvolvido a partir das necessidades da divisão do trabalho.* (SU)

Provável significa "que tem probabilidade (possibilidade presumida) de ser ou de ocorrer". A probabilidade é graduável e é estatisticamente mensurável.

2. Concordância:

2.1. **Possível** fica invariável nas expressões:

✧ **o mais possível, o menos possível**, quando a expressão intensificadora **o mais** incide sobre um adjetivo. Não importa que o adjetivo esteja no plural, nem mesmo que ele esteja intercalado. ✦ *O tom de Mauro era o mais pernóstico POSSÍVEL.* (ACM) ["pernóstico o mais possível"] ✦ *Eram colegas os mais normais POSSÍVEL, bons companheiros, gente de boa convivência.* (CF) ["normais o mais possível"]

✧ **quanto possível** (como complemento de comparação) ✦ *Vocês precisam ser tão completas quanto POSSÍVEL, agindo com perfeita correção em todos os seus atos.* (VID)

2.2 **Possível** vai para o plural quando as expressões **o (a, os, as) mais** e **o (a, os, as) menos** (de superlativo relativo) incidem sobre um adjetivo qualificativo no plural, e não diretamente sobre o adjetivo modalizador **possível**. ✦ *Nos tratamos pelos nomes mais carinhosos POSSÍVEIS.* (AL) ["os possíveis nomes mais carinhosos"]

possuir

Na conjugação, há formas em que o **I** forma ditongo com o **U** (**UI**) e, nesse caso, pela regra geral de acentuação, não há acento. ✦ *Qualquer índio POSSUI a certeza do seu desaparecimento e procura conservar a raça o mais possível.* (ARR)

Há formas em que o **I** é vogal tônica, formando hiato com o **U** (**UI**), e, nesse caso, pela regra geral de acentuação:

- ele é acentuado quando fica sozinho na sílaba, ou apenas com um **S**. ✦ *Não POSSUÍAMOS*

nada de valor e os gatunos sabiam muito bem escolher suas vítimas. (ANA) ✦ *Era, porém, de lamentar que Antares não POSSUÍSSE, como São Borja, uma guarnição militar federal, um batalhão que fosse.* (INC)

- ele não é acentuado quando não fica sozinho na sílaba. ✦ *A arte está longe de ser explicada plenamente pela ciência por POSSUIR várias verdades, várias interpretações.* (RI)

post mortem, post-mortem

1. *Post mortem* é expressão latina (abrigada em dicionários do português) que significa "posterior à morte", "de além-túmulo". ✦ *A última promoção foi POST MORTEM.* (ALF)

2. Entretanto, é mais usada (75%) a forma composta com hífen *post-mortem*, que está dicionarizada, mas também não é abrigada na ortografia oficial brasileira. ✦ *Os ocidentais, não acostumados às asperezas da pronúncia chinesa, modificaram POST-MORTEM, irreverentemente, o nome Kong-Fu-Tze para Confúcio, hoje universalmente conhecido.* (GM)

pôster

1. É a forma gráfica portuguesa correspondente ao inglês *poster*. A sílaba tônica é **PÔS**, e, por isso, a palavra leva acento (paroxítona terminada em **R**). ✦ *O casal admira tanto o "grande timoneiro" chinês que até no quarto existe um PÔSTER de Mao.* (FSP)

2. O plural é **pôsteres** (proparoxítona, com acento). ✦ *Na adolescência, o italiano Roberto Baggio costumava colar na parede PÔSTERES do brasileiro Zico.* (VEJ)

posteriori ⇨ Ver *a posteriori*
⇨ Ver *priori*.

Usa-se na expressão latina *a posteriori*, que significa "depois da experiência e com base nela", "com apoio nos fatos". Assim, a relação indicada não é de simples posterioridade temporal. ✦ *Temos que investigar formas mais peculiares do mundo animal para poder entender, pelo menos a POSTERIORI, como foi o processo da evolução.* (ZO)

Priori tem o significado oposto.

pósteros

É substantivo que só se usa no plural (*pluralia tantum*). Designa os descendentes. ♦ *Jazem sepultados na terra generosa de Serras Azuis, como advertência aos PÓSTEROS deles, sucessores e semelhantes.* (S)

postigo ⇨ Ver guichê.

É recomendação de puristas que se use a forma **postigo**, e não **guichê**, que é palavra vinda do francês (*guichet*). ♦ *Uma vez na estação me abeirei do POSTIGO, perguntei se haveria leito disponível no carro dormitório.* (L)

Entretanto, o termo **postigo** tem uso geral ("abertura quadrangular em porta ou janela"), enquanto **guichê** tem uso especializado, referindo-se a situações de atendimento ao público, como em repartições públicas, em escritórios, em bancos, em casas de espetáculos.

postila ⇨ Ver apostila.

Postila e **apostila** são formas variantes. **Apostila** é a forma quase exclusivamente usada (98%). ♦ *De fato, no Seminário, eu me exercitara na composição obrigatória de odes, elegias, éclogas, sonetos e outros gêneros recomendados pelas POSTILAS de Gramática e Retórica do Doutor Amorim Carvalho.* (PR)

posto

O plural é **postos**, com **O** aberto. ♦ *Ninguém no quartel além do corpo da guarda e das sentinelas dos POSTOS.* (MPB)

posto-chave

O plural é **postos-chave** (substantivo + substantivo, o segundo fazendo uma determinação sobre o primeiro). ♦ *Na secretaria do partido, soube selecionar os homens para os POSTOS-CHAVE, de sorte a tornar-se o líder natural e indisputado.* (CRU)

postscriptum, post-scriptum

1. A palavra latina *postscriptum* (abrigada em dicionários do português, mas não oficialmente registrada) é a forma neutra de particípio do verbo latino *postscribere*, "escrever depois". Literalmente, significa "pós-escrito". Subs-

tantivada, designa mensagem escrita após o término de um texto. ♦ *Ao assinar com a mão esquerda, num "POSTSCRIPTUM", observou o Senador: "Assino muito mal com a esquerda, mas continuo a atirar muito bem com ela".* (CRU)

A abreviatura é **PS**. ♦ *PS.: No fechamento da coluna recebemos um fax de Renan Rocha dizendo que o Pipe Master começou com ondas perfeitas, de 8 a 10 pés.* (FSP)

2. Entretanto, é muito mais usada (90%) a forma de substantivo composto (com hífen) *post-scriptum*, que está dicionarizada, mas também não é abrigada na ortografia oficial brasileira. ♦ *Depois, em "POST-SCRIPTUM", volta ao assunto.* (PH)

A abreviatura é **P. S.** ♦ *P. S. Por ser uma caneta especial, Miss Universe é feita em quantidade limitada.* (MAN)

3. O plural indicado – plural neutro em -a, feito pelo latim – é *POSTSCRIPTA* e *POST-SCRIPTA*, respectivamente. Nenhuma dessas formas de plural latino ocorreu.

potam(o)- ⇨ Ver fluvi(o)-.

É elemento (grego) que se liga a um elemento seguinte. Significa "rio". Corresponde ao elemento latino **fluvi(o)-**. ♦ *Aqui você vai tomar lição de hidrografia, ou, melhor, POTAMOGRAFIA: o rio Cuiabá, de maio em diante, baixa as suas águas, de tal modo que se diz que está seco.* (ALF) ♦ *Na mitologia grega, os rios eram representados por divindades menores chamadas POTÂMIDES.* (FSP)

pot-pourri

É palavra francesa que, na linguagem da música, designa miscelânea de trechos tirados de diversas peças musicais. A pronúncia é, aproximadamente, **popurri**. ♦ *O primeiro é a faixa Suíte Nordestina, um POT-POURRI de cinco músicas típicas da região.* (VEJ)

pouco a pouco ⇨ Ver a pouco e pouco.

É construção muito mais corrente (97%) do que **a pouco e pouco**, que tem o mesmo significado. ♦ *POUCO A POUCO vamos caindo no relaxamento.* (MEC)

poucos de (dentre)...

poucos de (dentre) + substantivo / pronome no plural ⇨ Ver **muitos de, quantos de, vários de (dentre)** ⇨ Ver **algum / alguns de, qual / quais de, qualquer / quaisquer de, um / uns de (dentre)** ⇨ Ver **nenhum de (dentre).**

A indicação das gramáticas é que o verbo concorde em pessoa e número com a palavra ou expressão que se seguir à preposição **de** (ou **dentre**). Essa é, de fato, a construção usual. ✦ *Cheguei à conclusão de que, embora POUCOS DE nós o saibamos, vivemos num país de primeiríssimo mundo.* (FSP) ✦ *POUCOS DE nós a usamos em nossas conversas do dia a dia, embora muitos possamos pensar nela com grande frequência.* (FSP) ✦ *POUCAS Das amostras usadas pelo governo para provar sua tese tinham as toxinas.* (FOC)

Entretanto, também se faz a concordância com o indefinido **poucos** (na terceira pessoa do plural). ✦ *Mas, ao mesmo tempo, o estrangeiro (...) lança à identidade do grupo, tanto quanto à sua própria, desafios que POUCOS DENTRE nós estão aptos a aceitar.* (FSP)

poupar

Usa-se com dois complementos, um sem preposição (objeto direto) e o outro iniciado por preposição. Um deles se refere a pessoa, havendo duas possibilidades de construção:

✧ a pessoa vem no complemento iniciado pela preposição **a** e o outro complemento é sem preposição. ✦ *É médico inclusive no fato de POUPAR a outras pessoas o quadro de seu próprio sofrimento e de, mesmo enfermo, tolerar a ansiedade alheia.* (APA) ✦ *O pai que ama o filho não lhe deve POUPAR a vara.* (LE-O)

✧ a pessoa vem no complemento sem preposição (objeto direto) e o outro complemento se inicia pela preposição **de**. ✦ *Doutor Galvão, estou querendo POUPÁ-la de uma acareação desagradável.* (AGO)

pousar ⇨ Ver **posar.**

Pousar é verbo ligado a **pouso**. Tem o ditongo **OU** em todas as suas formas. ✦ *Consegui*

fugir num helicóptero que POUSOU justamente a dois passos de minha picareta. (AL) ✦ *E seu olhar disperso é a grave acusação que POUSA em nós com o peso de uma pena manchada de sangue.* (CNT)

Posar é verbo ligado a **pose.**

povo

O plural é **povos**, com **O** aberto. ✦ *Segundo certos críticos da Inglaterra de hoje, o soneto constitui sinal de vitalidade poética dos POVOS.* (RC)

pra

É a forma reduzida da preposição **para**. Assim como **para**, é palavra átona (sem acento). Usa-se especialmente na língua falada, ou para reproduzir na escrita a língua falada, ou, ainda, em língua escrita informal. ✦ *A mulher foi depois, com os meninos, PRA me ajudar a trazer os peixes e a banha.* (ALE)

praça

1. Como substantivo feminino, designa lugar público. ✦ *Havia na minha cidade uma pequena PRAÇA mal iluminada, e nessa PRAÇA um circo.* (AL)

2. Como substantivo masculino, designa soldado. ✦ *O PRAÇA Mariano, por discreto e valente, faz jus ao respeito ilhéu.* (DE)

praga ⇨ Ver **plaga.**

Praga designa maldição, imprecação, ou abundância de coisas nocivas. ✦ *Parece que há uma PRAGA na família de vocês destruindo as criaturas.* (CHI)

Plaga designa uma extensão de terra.

prata

O adjetivo correspondente é **argênteo.** ✦ *O relógio grande marcou as horas com seu sonido ARGÊNTEO.* (JM)

Prata (região) [América do Sul]

Os adjetivos pátrios são **platino, platense** e **rio-platense.** ✦ *O último lutador PLATINO da categoria digno de nota foi Oscar Bonavena.* (FSP) ✦ *Nesta década, porém, o vizinho*

PLATENSE [a Argentina] realizou uma bela inflexão na sua trajetória de crescimento. (FSP) ◆ *Aqui, no entanto, o número de jogadores RIO-PLATENSES era imenso.* (TAF)

praticamente

Usado como delimitador de uma outra expressão (com o significado de "virtualmente", "quase"), **praticamente** tem o uso criticado por puristas, considerado imitação do inglês. Esse uso, entretanto, é muito frequente, nos mais diversos registros. ◆ *Liszt tinha um problema na época, problema que eu ignorava: ele estava PRATICAMENTE surdo de um ouvido.* (CRE) ◆ *Tenho informações seguras de que o pequeno produtor rural, tão necessário ao equilíbrio de nossa economia, é uma espécie PRATICAMENTE em extinção.* (FA) ◆ *O preço cobrado por uma coleção de canais é de 23,95 dólares ao mês, PRATICAMENTE o mesmo valor de uma única assinatura.* (EX) ◆ *Um segundo alerta é que a referência à moeda legal do país como unidade de conta PRATICAMENTE desapareceu do discurso oficial.* (EX)

praxe

Com **X**. Significa "o que se pratica habitualmente", "rotina". ◆ *Era de PRAXE dar aos índios o nome do apresador, para mais fácil identificação em caso de extravio.* (ETR)

prazer

1. O verbo **prazer** é defectivo, usado somente nas terceiras pessoas. Significa "causar prazer", "agradar".

2. Tem conjugação irregular:

◇ Não tem o **E** final na terceira pessoa do singular do presente do indicativo: **praz** ◆ *Ninguém vos pergunta por que motivo fazeis aquilo que vos PRAZ.* (GUA)

◇ Tem a sílaba tônica no radical (forma rizotônica) na primeira pessoa do singular do pretérito perfeito do indicativo. Tem, portanto, radical específico nesse tempo verbal e nos seus derivados. ◆ *PROUVE a Deus estivesse reservado para nossos dias um segundo abraço histórico (...).* (NE-O) ◆ *PROUVERA a*

Deus que princípios tão salutares animassem a vida dos povos hodiernos! (MA-O)

3. Usa-se frequentemente com sujeito oracional e com complemento iniciado pela preposição **a**. ◆ *E, PRAZA aos Céus que esteja errado, é nisto que se fundam meus receios quanto ao futuro.* (VPB)

prazeroso, prazerosamente

Têm o mesmo radical de prazer (com **Z** e sem **I** depois do **E**). ◆ *Tenho hoje um PRAZEROSO encargo.* (DMB) ◆ *Gino estendeu a mão tímido e o delegado apertou-a PRAZEROSAMENTE.* (PCO)

pré-, pre-

É prefixo de origem latina que indica anterioridade.

1. Com acento próprio, o prefixo **pré-** liga-se com hífen ao elemento seguinte. ◆ *Na região que havia de ser o Barreiro moviam-se animais PRÉ-históricos.* (VB) ◆ *Durante a PRÉ-adolescência a ação familiar é definitiva.* (AE) ◆ *A nova técnica utiliza um microcilindro de silicone medicinal PRÉ-moldado para bloquear a passagem dos espermatozoides nos canais.* (FSP)

2. Sem acento próprio, o prefixo **pre-** liga-se sem hífen ao elemento seguinte. ◆ *Agira sem nenhum pensamento PRECONCEBIDO.* (BH) ◆ *Existe coisa mais insuportável do que os horários PREESTABELECIDOS?* (T) ◆ *Não uma realidade que PREEXISTE ao filme, mas que se forma junto com ele.* (FSP)

Se o elemento seguinte começar por **R** ou **S**, é necessário duplicar essa letra (que ficará entre duas vogais, na escrita). ◆ *Para tornar-se operante, tal interpretação terá que PRESSUPOR uma compreensão da experiência por si mesma.* (IP)

preá

É indicado, em geral, como indiferentemente masculino ou feminino (referindo-se ao macho e à fêmea do animal: substantivo epiceno). Entretanto, só ocorre no masculino. ◆ *Aquele que mata um PREÁ para se alimentar pode ser preso.* (FSP)

precariedade

Com **E** antes do sufixo **-dade**, como em todo substantivo ligado a adjetivo terminado em **-ário** e **-ório**. ✦ *A falta de tempo para a sua roça responde pela PRECARIEDADE de sua alimentação.* (BF)

precário

O superlativo absoluto sintético tradicionalmente indicado é com o sufixo superlativo **-íssimo** substituindo o **O** final da palavra: **precariíssimo.** Entretanto, essa forma não ocorreu, apenas a forma simplificada, **precaríssimo.** ✦ *Fomos dar, então, num pátio empedrado, onde uma PRECARÍSSIMA escada de madeira dava acesso ao salão nobre.* (DDR-O)

precaver-se

Verbo defectivo, conjuga-se apenas nas formas que têm a sílaba tônica na desinência (formas arrizotônicas). Não existe, pois, a primeira pessoa do presente do indicativo e todo o presente do subjuntivo. A conjugação é regular (o verbo não é formado a partir de **ver**). ✦ *Desde a abertura do seu romance, Almada anuncia o seu propósito: se não nos PRECAVEMOS, ou até para quem está precavido, a aparência torna-se, é a própria realidade, o nome aquilo que designa.* (FSP) ✦ *Por seu lado, Donana PRECAVIA-SE comprando eleitores e distribuindo cacetadas.* (CRO)

precedente, procedente

1. **Precedente** significa "que precede", "antecedente". ✦ *O novo trecho de Lutércio iluminava muitas passagens do texto PRECEDENTE.* (ACM)

2. **Procedente** significa "que procede", "proveniente". ✦ *O avião, PROCEDENTE de Miami, caiu perto de Cali com 164 pessoas a bordo.* (FSP)

preceder

Significa "vir antes de". Usa-se, indiferentemente:

◇ com complemento sem preposição (objeto direto), podendo usar-se, pois, na voz passiva.

✦ *Aquela expectativa nervosa que PRECEDE o início de qualquer concerto.* (ANB) ✦ *Pois é comum que o ouvinte, ao tomar a palavra, renuncie à correção do que o PRECEDEU.* (ANC) ✦ *O último grande tremor ocorrido na região, em 1957, foi PRECEDIDO em algumas horas por um modesto abalo em Parkfield.* (VIS)

◇ com complemento iniciado pela preposição **a**. ✦ *A pintura PRECEDEU ao emparedamento.* (ACM)

precisar

1. Com o significado de "necessitar", usa-se, geralmente:

◇ com complemento iniciado pela preposição **de**, se o complemento não for uma oração. ✦ *No primeiro livro PRECISEI de editor.* (CPO) ✦ *Ele PRECISA de mim.* (PP)

◇ com complemento sem preposição, se ele for oracional. ✦ *PRECISA que eu colabore também.* (L) ✦ *Eu PRECISAVA que você a orientasse.* (I) ✦ *Muitas pessoas PRECISAM que o seu trabalho seja exato.* (FSP)

Também ocorre complemento oracional iniciado pela preposição **de**. ✦ *Não PRECISAVA de que alguém lhe desse testemunho a respeito do homem (...).* (LE-O)

Com infinitivo, entretanto, não ocorre preposição. ✦ *Marília nem PRECISOU pensar muito para responder.* (LC)

Também nos casos em que o verbo **precisar** se encontra em oração adjetiva (e seu complemento é, pois, o pronome relativo **que**), ocorrem os dois tipos de complemento (com e sem a preposição **de**). ✦ *Não fosse isto, e já teria providenciado seu telegrama e a resposta de que PRECISA.* (VES) ✦ *Enfim, tudo de que PRECISAVA.* (ETR) ✦ *Este homem me faz bem e esta é toda a certeza que PRECISO.* (CH)

Especialmente quando o antecedente do **que** é o pronome **o**, não ocorre a preposição **de**. ✦ *Mas eu já comprei o que PRECISAVA.* (DEL) ✦ *Paciente o que PRECISA é de uma coisa só: sossego.* (NB)

A construção do verbo **precisar**, na terceira pessoa, com o pronome **se** e com complemento iniciado por preposição, indica indeterminação do sujeito, e, portanto, nela o verbo fica sempre invariável. ✦ *PRECISA-se de campanhas educando a população para a sujeira que ela mesma causa.* (FSP)

2. Com o significado de "indicar com precisão", usa-se com complemento iniciado sem preposição (objeto direto). ✦ *Corria o ano de 1942 e eu posso até PRECISAR a data – 5 de agosto –, porque naquele dia o Brasil entrara em guerra com a Alemanha e a Itália.* (VI)

precursor ⇨ Ver percussor.

Precursor significa "(aquele) que precede". ✦ *Rousseau, como sempre um PRECURSOR da era moderna, também aqui se antecipa.* (FSP)

O substantivo **percussor** designa peça de arma de fogo que percute.

predispor

Conjuga-se como **pôr**. ✦ *Como a atividade física se reduz, o aporte calórico deve ser menor, pois a obesidade PREDISPÕE às enfermidades cardiovasculares e ao diabetes.* (NT) ✦ *Havia uma vantagem nisso: PREDISPUNHA Leopoldo a futuras confidências, ganhando a sua confiança.* (OE) ✦ *Não é possível imaginar que as chinesas desta geração sofreram mutações genéticas que as PREDISPUSERAM ao sucesso no esporte aquático.* (FSP)

preeminente, preeminência ⇨ Ver proeminente, proeminência.

São pares de formas variantes, mas há uma especialização de sentido: **preeminente** e **preeminência** não são usadas para qualificação física, concreta, apenas para qualificação valorativa. ✦ *A um PREEMINENTE psicólogo, um dia teria sido perguntado: "O que o senhor entende por 'inteligência'?".* (VEJ) ✦ *Esta distinção, com mais direito do que qualquer outra, podia ser tomada como base PREEMINENTE para a classificação de todos os fenômenos físicos.* (MH) ✦ *Eram habitadores que se revezavam na vigília, ou atiradores pagos pelos principais do povoado, que queriam manter sua PREEMINÊNCIA territorial.* (RET)

As formas **proeminente** e **proeminência** são usadas tanto para qualificação física como para qualificação valorativa.

pré-estreia ⇨ Ver avant-première.

Pré-estreia é a forma portuguesa correspondente ao francês *avant-première*. ✦ *Será em prol de Edmar Pereira a renda da PRÉ--ESTREIA de "Uma Questão de Honra" amanhã no Elétrico Cineclube.* (FSP)

Também é usual, em português, embora com muito menor frequência (5%), a expressão original francesa *avant-première*.

preferir, preferível

1. De conjugação irregular, o verbo **preferir** muda o **E** em **I** na primeira pessoa do singular do presente do indicativo e, consequentemente, em todo o presente do subjuntivo. Nas demais formas o radical tem **E**, que é aberto quando é tônico. ✦ *PREFIRA os ônibus fretados por agências.* (FSP) ✦ *Mas Ruth Cardoso PREFERE não comentar o tema.* (VEJ)

2. Segundo a lição dos manuais tradicionais, o verbo **preferir** constrói-se com dois complementos, um sem preposição (objeto direto) e o outro iniciado pela preposição **a**. ✦ *Quem lutou de espada em punho, à frente de um exército destroçado, e que PREFERIU a morte à rendição merece o respeito de todos.* (CRU) ✦ *Vê-se que é autoritário: PREFERE desagradar a transigir.* (S)

O complemento iniciado por preposição pode não estar expresso. ✦ *A senhora PREFERE um refrigerante?* (DEL) ✦ *PREFERIMOS ganhar uma quantia menor para ter controle total sobre nossa música.* (ESP)

A gramática tradicional também recomenda que junto do verbo não se usem intensificadores como **mais**, **mil vezes**, **antes**, uma vez que o verbo **preferir** já tem, pela sua formação, esse valor ("querer mais", "querer preferentemente").

Ocorre que, exatamente por esse significado de valor comparativo, o falante muitas vezes é levado a expressar o que seria o complemento da comparação (complemento iniciado por **do que** ou por **em vez de**)

pregresso

fazendo construções consideradas incorretas pela gramática normativa, de que é exemplo: ✦ *PREFERE ser imbecil do que covarde.* (AS)

3. Essas mesmas indicações de regência se fazem para o adjetivo **preferível**. ✦ *É PREFERÍVEL chegar tarde a não chegar.* (VP)

pregresso

O adjetivo pregresso significa "anterior". Por força de seu uso em expressões como **vida pregressa**, **história pregressa**, para referência a bandidos, é comum a falsa ideia de que o adjetivo tem um significado negativo. ✦ *Pouco se sabe da vida PREGRESSA do analista de Bagé.* (AVL)

preito ⇨ Ver pleito.

Preito significa "homenagem", "reconhecimento". ✦ *Não são os seus títulos honoríficos que recebem, nesta noite, estas novas expressões do nosso PREITO.* (JK)

Pleito significa "eleição", "demanda".

premer, premir

São formas variantes que significam "fazer pressão", "comprimir", "apertar".

1. O verbo **premer** é regular. ✦ *Ao mesmo tempo, num gesto brusco, desses que não admitem contestação, tomou de minha mão e fez com que eu PREMESSE a de Eliodora.* (A)

2. O verbo **premir** é defectivo. Conjuga-se apenas nas formas em que ao radical se segue **E** ou **I**. Não existe, pois, a primeira pessoa do presente do indicativo, e, consequentemente, todo o presente do subjuntivo. ✦ *Irritado, PREMIU a brasa entre o indicador e o polegar e tornou a deitar-se, desta vez cobrindo o corpo com as varandas da rede.* (TS)

3. Em certas pessoas de certos tempos as formas dos dois verbos são coincidentes. ✦ *A funerária estava fechada, como eu previa, mas fui para a porta do lado, PREMI a campainha.* (LC) ✦ *Este PREMIA a campainha e surgia a figura marcial do Esteves (...).* (CF) ✦ *(...) o ser, entrando na posse de todos os seus meios, PREME seus antecessores com impulso entusiasta e impaciente no intuito de construir o seu lugar ao sol.* (AE)

premiar ⇨ Ver -iar.

Tem conjugação regular. ✦ *O texto definitivo PREMIA o bom funcionário.* (OS)

premier, premiê ⇨ Ver primeiro--ministro.

Premier é palavra francesa correspondente, em geral, a **primeiro-ministro**. É muito pouco usual, sendo mais frequente (95%) a forma aportuguesada **premiê**. ✦ *Um PREMIER não pode fazer a guerra e a paz, sem consultar o rei.* (DC) ✦ *PREMIÊ japonês critica Uruguai.* (FSP)

première

Embora exista em português o substantivo **estreia**, a palavra francesa *première* é usada para designar a primeira apresentação – geralmente de gala – de um espetáculo teatral ou cinematográfico. A pronúncia é, aproximadamente, **premiér**. ✦ *A série de eventos culminou com a grande "PREMIÈRE" ao ar livre, no Central Park, no último sábado.* (FSP)

prendido, preso ⇨ Ver presa.

1. A forma de particípio **prendido** é mais usada com os auxiliares **ter** e **haver**. ✦ *A polícia não tinha PRENDIDO suspeitos nos casos anteriores.* (VEJ) ✦ *Quando entramos, a impressão que tivemos é que todos haviam PRENDIDO a respiração.* (VEJ)

2. A forma **preso** é mais usada com os verbos **ser** e **estar**. ✦ *Quando foi PRESA, estava grávida.* (VEJ) ✦ *A égua estava PRESA a um muro quando começou a ser atacada pelo enxame.* (VEJ)

prenhe, prenha; prenhez

1. O adjetivo **prenhe** significa "em período de gestação", especialmente em referência a fêmeas de animais. **Prenha** é forma variante, de uso mais popular. ✦ *Embora a reprodução aconteça o ano todo, há maior concentração de fêmeas PRENHES nos primeiros meses das estações chuvosas.* (GL) ✦ *Certa vez saíram mais longe, pegaram uma cabra PRENHA, extraviada.* (MMM)

presidente

Em sentido mais genérico, **prenhe** significa "cheio", "repleto". ✦ *A terra refloriu, tem as entranhas PRENHES de ouro.* (FAN)

2. O substantivo **prenhez**, que significa "gravidez", ao contrário do adjetivo **prenhe**, é usado em referência a mulheres, especialmente na linguagem técnico-científica. Escreve-se com **Z**, como todo substantivo abstrato em **-ez** derivado de adjetivo. ✦ *Em resumo, o diagnóstico da PRENHEZ traz, algumas vezes, certas dificuldades.* (CLO) ✦ *Muitas mulheres não desejam engravidar, apresentando mesmo aversões conscientes ou inconscientes pela PRENHEZ (...).* (OBS)

presa ⇨ Ver **prendido, preso.**

1. Com **S**, como todo substantivo ligado a verbo terminado em **-der** (**prender**).

2. É substantivo feminino, referindo-se indiferentemente a elemento do sexo masculino ou do sexo feminino (substantivo sobrecomum). ✦ *Mas com uma música já tão desesperadamente no limite da expressão o resultado ajuda e faz de Mahler um grande mestre moderno, equilibrado entre dois séculos, e PRESA de nenhum.* (VEJ) ✦ *As jiboias são parentes das anacondas e matam pelo mesmo método, se enrolando, sufocando a PRESA e a engolindo inteira.* (VEJ)

presbi-

É elemento (grego) que se liga a um elemento seguinte. Significa "velho". ✦ *A PRESBIOPIA atinge pessoas a partir dos 40 anos e é causada por um desgaste natural do cristalino (lente do olho) e da musculatura do olho.* (FSP) ✦ *É da essência do próprio PRESBITERIANISMO que quem governa são os mais capazes. Sim, pois a palavra "PRESBÍTEROS", já em Xenofonte, era usada não apenas no sentido de "anciãos", mas também de "os mais habilitados".* (LE-O)

prescindir

Usa-se com complemento iniciado pela preposição **de**. Significa "dispensar". ✦ *O texto médico, porém, quer PRESCINDIR da emoção.* (APA) ✦ *PRESCINDE até mesmo do dinheiro, ponto principal que rege as relações*

econômicas, sociais e culturais na sociedade capitalista. (BRI)

prescrever, prescrição, prescrito
⇨ Ver **proscrever, proscrição, proscrito.**

Prescrever, prescrição e **prescrito** ligam-se ao significado de:

◇ "preceituar". ✦ *E PRESCREVEM anoréxicos (drogas que tiram o apetite) para qualquer um que queira emagrecer.* (FSP) ✦ *Aos que preferirem ignorar a PRESCRIÇÃO da lei, só resta às autoridades um caminho: aplicá-la com rigor.* (CPO) ✦ *Os dados de identificação, o diagnóstico médico e a dieta PRESCRITA foram colhidos do próprio prontuário do paciente.* (ESC)

◇ "perder a validade", "ficar sem efeito". ✦ *Os crimes iriam PRESCREVER.* (FSP) ✦ *O processo se encerra antes, quando ocorre a PRESCRIÇÃO da pena.* (VEJ)

Proscrever, proscrição e **proscrito** ligam-se ao significado de "abolir", "banir".

presentear ⇨ Ver **-ear.**

Os verbos em **-ear** recebem **I** apenas nas formas rizotônicas, isto é, nas formas que têm a sílaba tônica no radical. ✦ *Há muitos anos que ele PRESENTEIA filhos e netos com os relógios.* (AVI) ✦ *Até dois presidentes PRESENTEARAM Francisca com seus autógrafos.* (VEJ)

presepe, presépio

São formas variantes, mas a forma **presepe** é pouquíssimo usada (2%) e apenas na literatura ou na linguagem regional. ✦ *Havia muitos presentes diante do PRESÉPIO num canto.* (ASA) ✦ *Os pinheirinhos enfeitados, as crianças que dançavam de mãos dadas ao redor do velho dos brinquedos, os PRESEPES, os bolos claros como espuma, crivados de confeitos multicores.* (OS)

presidente

Usa-se a forma **presidente** tanto para homem como para mulher. ✦ *Para comemorar os 10 anos, completados neste mês, a PRESIDENTE Lúcia Pacífico Homem prepara uma jornada*

presidir

para conscientizar os consumidores contra o desperdício. (EM)

Também é usual, entretanto, a forma regular de feminino, **presidenta**. ✦ *Afinal, era dar ou não dar a renúncia da PRESIDENTA da Argentina.* (NBN)

presidir

Usa-se, indiferentemente:

◇ com complemento sem preposição (objeto direto), podendo ocorrer, pois, na voz passiva. ✦ *Nesse chalé, hospeda viúvas, faz pomada para a pele, PRESIDE sessões espíritas e cria pássaros.* (JT) ✦ *Para os povos antigos a ideia de justiça está associada à de uma construção harmônica da Natureza, que é PRESIDIDA por uma divindade suprema.* (JU)

◇ com complemento iniciado pela preposição **a**. ✦ *Era o pajé, com o maracá na mão direita, que PRESIDIA a todas as cerimônias, onde corria largamente o cauim.* (IA)

presilha

Com **S**. ✦ *Ganhou camiseta, PRESILHA para o pelo e pasta de dente especial.* (VEJ)

press release ⇨ Ver release.

É expressão inglesa que, na linguagem jornalística, designa notícia distribuída aos órgãos de comunicação para ser difundida. A pronúncia aproximada é **prés-riliz**. ✦ *Os jornais foram informados do encontro por meio de um "PRESS RELEASE" (nome que se dá ao texto enviado por assessorias de imprensa a jornais, revistas e TVs para divulgarem informações).* (FSP)

Release é a forma reduzida de *press release*.

presságio

Com **SS**. ✦ *A ausência de palavras pesa como PRESSÁGIO.* (CH) ✦ *De certo modo, os Taviani PRESSAGIAM o extremismo utópico do terrorismo, que atingiria a Itália nos anos seguintes.* (FSP)

pressentir

De conjugação irregular, o verbo **pressentir** (como **sentir**) muda o **E** em **I** (SIN) na primeira pessoa do singular do presente do indicativo e, consequentemente, em todo o presente do subjuntivo. As demais formas são regulares. ✦ *PRESSINTO que Jerônimo não tardará a chegar.* (ML) ✦ *Pacuera PRESSENTE coisa ruim.* (R)

pressupor

Conjuga-se como **pôr**. ✦ *O casamento católico, dissera a velha alemã, não PRESSUPUNHA, obrigatoriamente, o amor entre o casal.* (RET) ✦ *Certo é, porém, que a virtude republicana, o espírito de cidadania PRESSUPÕE determinado clima moral.* (COL-O)

presteza

Com **Z**, como todo substantivo abstrato em **-eza** derivado de adjetivo. ✦ *Nunca vi tamanha PRESTEZA de fiscais da Receita.* (VEJ)

presto

É palavra italiana que significa "rápido". ✦ *[O prático] subira, PRESTO e desenvolto, pela escadinha de corda.* (TER) ✦ *PRESTO e certo, empreendera a viagem.* (ALE)

Como substantivo, usa-se especialmente em referência a andamento musical mais rápido que o *allegro*. ✦ *No PRESTO da Sonata Marcha Fúnebre, Rubinstein transforma seu instrumento em algo próximo ao órgão.* (VEJ)

prêt à porter, prêt-à-porter

Prêt à porter é expressão francesa que significa "pronto para usar". Refere-se a roupa comprada pronta em lojas. Em português o registro gráfico encontrado é com hifens. A pronúncia é, aproximadamente, **pretaportê** (com o **E** da primeira sílaba aberto, embora não seja tônico). ✦ *Ela, Luciana, não a garrafa, estava linda, num vestido PRÊT-À-PORTER alaranjado.* (ACM)

pretensão, pretensioso, pretenso

Com **S**, como todos os substantivos e adjetivos ligados a verbos terminados em **-der** (**pretender**). ✦ *Que é que eu posso te dizer, que não soe como uma PRETENSÃO?* (E) ✦ *Relacionar o xadrez com as demais áreas de saber é um propósito até certo ponto*

PRETENSIOSO. (X) ♦ *O casal morava num prédio, tinha vizinhos, o PRETENSO pai andava com a criança no colo.* (VEJ)

preterir

De conjugação irregular, o verbo **preterir** muda o E em I (TI) na primeira pessoa do singular do presente do indicativo e, consequentemente, em todo o presente do subjuntivo. Entretanto, essas formas com I não ocorreram. Nas demais formas o radical tem E, que é aberto quando tônico. ♦ *PRETERE o atacante Ronaldo como seu substituto na seleção na Copa de 98.* (FSP)

prevalecer, prevalecer-se

1. **Prevalecer** significa "preponderar", "predominar". Usa-se:

◇ sem complemento. ♦ *Neste, PREVALECE o sentimento de salvar-se a qualquer preço.* (OSA)

◇ com complemento iniciado pelas preposições **sobre** ou **contra** ♦ *Portanto, nada nos autoriza a postular que um sistema deva PREVALECER sobre o outro, nem tampouco que uma finalidade deva exercer um primado sobre as demais.* (IP) ♦ *A intenção do legislador é o mais fraco argumento interpretativo, não podendo jamais PREVALECER contra o ditado objetivo da lei.* (FSP)

2. **Prevalecer-se** significa "tirar partido", "aproveitar-se". Usa-se com complemento iniciado pela preposição **de**. ♦ *Os colonos do norte SE PREVALECIAM dessas baixos preços para concorrer vantajosamente com as próprias Antilhas inglesas nesse negócio altamente lucrativo.* (FEB) ♦ *É dessas coisas que V. Exa. SE PREVALECE.* (JL-O)

preveem ⇨ Ver reveem, veem, creem, leem, deem ⇨ Ver vem, vêm.

É a forma da terceira pessoa do plural do presente do indicativo do verbo **prever**, que se conjuga como **ver**. **Preveem** forma-se com acréscimo de **-em** ao singular **prevê**. Por isso, tem dois EE. ♦ *Na Folha de S. Paulo os contratos PREVEEM as sete horas diárias, mas normalmente os jornalistas também trabalham muito mais tempo.* (RI)

prevenir(-se)

1. Conjugação:

Como **agredir**, **progredir**, **regredir**, **transgredir**, o verbo **prevenir** tem I na penúltima sílaba quando ela é a tônica (nas formas rizotônicas). ♦ *Duas portarias, carros de patrulha, dezenas de vigilantes e acesso fechado ao banhista comum em quatro praias PREVINEM a chegada de intrusos.* (VEJ)

2. Modo de construção:

2.1. O verbo **prevenir** se usa com complemento sem preposição (objeto direto):

◇ com o significado de "dispor antecipadamente", "providenciar". ♦ *Descendo à cidade, José Maria comprou malas, PREVENIU passagens.* (MP)

◇ com o significado de "impedir", "frustrar". ♦ *Na Universidade Tulane, em New Orleans, por exemplo, o dr. Robert Heath PREVENIU ataques epiléticos e aliviou a dor oriunda do câncer, colocando eletrodos em várias partes do cérebro dos seus pacientes.* (REA)

2.2. Com o significado de "avisar com antecedência", "acautelar", o verbo **prevenir** se usa com dois complementos, um sem preposição (objeto direto, que pode ser oracional), e o outro iniciado por preposição. Um deles se refere a pessoa, havendo duas possibilidades de construção:

◇ a pessoa vem no complemento sem preposição, e o outro complemento se inicia pelas preposições **de** ou **contra**. ♦ *Seus oráculos estão nos PREVENINDO das consequências de nossas atitudes e abrindo novas alternativas.* (FSP) ♦ *Alguém ME PREVENIU de que viajavam conosco vagabundos e ladrões.* (MEC) ♦ *Mario Aberto PREVENIU seus familiares contra possíveis represálias por parte do governo mexicano.* (FSP)

◇ a pessoa vem no complemento iniciado pela preposição **a**, e o complemento sem preposição é oracional. ♦ *Abílio vivia ainda e foi ele quem me PREVENIU que a sarna de Gemar Quinto era lepra.* (ML) ♦ *Na primeira estiada, o Chico Benedito PREVENIU-lhe: – Amanhã a gente sai daqui, cedo.* (TS)

prever

Qualquer um dos complementos pode não vir expresso. ◆ *Por via das dúvidas, melhor* **PREVENIR** *do que remediar.* (SE)

2.3. A forma pronominal **prevenir-se** usa-se com complemento iniciado pela preposição **contra**. ◆ *A casa estava parecendo uma embaixada SE PREVENINDO contra ataques terroristas.* (BL)

prever

Conjuga-se como **ver**. ◆ *PREVEJO queda novamente, não propriamente no mês, mas na marcha da inflação, nobre Senador.* (JL) ◆ *Deus quando inventou o mundo PREVIU até a pesca do surubim.* (V) ◆ *Se ele PREVIR a morte de um paciente e o paciente não morrer, ele vai lá com um revólver e cuida do caso pessoalmente.* (SL)

prezar, prezado

Com **Z**. ◆ *Perdi uma das coisas que mais PREZO: minha liberdade.* (VEJ) ◆ *PREZA-DO bispo, contarei de antemão com o teu apoio.* (BN)

prima-dona

1. É a forma aportuguesada (com hífen) do italiano *primadonna*. Na ópera, o substantivo designa a cantora a quem cabe o papel principal; mais genericamente, designa a atriz principal de uma companhia de representação teatral. ◆ *Como se pode ter uma ópera, sem coro, em que todo mundo é PRIMA-DONA?* (VEJ)

2. O plural é **prima-donas**. ◆ *Mas quando se trata de conseguir que 27 PRIMA-DONAS do grande cinema se reúnam sem se atacar umas às outras é um pequeno milagre.* (FSP)

primário

O superlativo absoluto sintético tradicionalmente indicado é com o sufixo superlativo **-íssimo** substituindo o **O** final da palavra: **primariíssimo**. Entretanto, essa forma não ocorreu, apenas a forma simplificada **primaríssimo**. ◆ *PRIMARÍSSIMOS, os super-homens marcam-se por ter um amigo fiel, uma companheira espetacular ou um inimigo implacável.* (ROT)

primavera

Os adjetivos correspondentes são **primaveral** e **primaveril**, mas a primeira forma é de uso muito raro, atualmente. ◆ *Lágrimas que foram a água do céu PRIMAVERIL, sobre a terra, na estiagem.* (VB) ◆ *O senhor capitão pode vangloriar-se de haver tocado com um beijo triunfante a casta fronte de lírio da PRIMAVERAL Eglantina.* (MCH)

primaz, primazia

Com **Z**.

1. **Primaz** é a designação de dignidade suprema entre prelados. ◆ *O cardeal-arcebispo de Buenos Aires e PRIMAZ da Argentina, monsenhor Juan Carlos Aramburu, esperava a presidenta no alto da escadaria da catedral.* (NBN)

2. Em sentido geral, o termo se refere àquele ou àquilo que está em primeiro lugar em hierarquia. ◆ *São Paulo é a capital que se elegeu, pelo seu esforço e tenacidade, a PRIMAZ na esfera das atividades.* (PAU) ◆ *Santo Agostinho, autor em toda a matéria PRIMAZ, com doutrina tirada da escolha de el-rei Davi, ensina que há dois gêneros de inimigo.* (AV)

3. **Primazia** significa "dignidade do cargo de primaz", "superioridade de categoria", "primado". Na primeira acepção, a forma não ocorreu. ◆ *Todos os aspectos da vida social são importantes, nenhum deles, em si mesmo, tendo PRIMAZIA sobre os outros.* (PGN)

primeira-dama

1. Com hífen. ◆ *Antes de ser PRIMEIRA-DAMA, Hillary já tinha uma carreira brilhante como advogada.* (VEJ)

2. O plural é **primeiras-damas** (numeral ordinal + substantivo). ◆ *A maioria deles (dos Fundos Municipais) é presidida pelas PRIMEIRAS-DAMAS dos municípios.* (ESP)

primeiranista

Primeiranista (e não **primeiroanista**) é a forma recomendada em manuais normativos, a forma dicionarizada e a usual. Significa "que cursa o primeiro ano". ◆ *Não é PRIMEI-*

RANISTA, sabe o que pode vir, já encontrou antes. (GD)

primeiro de janeiro, fevereiro etc.
⇨ Ver **dia primeiro, dia um.**

O primeiro dia do mês é preferentemente (98%) referido pelo numeral ordinal (grafado com letras ou com algarismos, dependendo do tipo de texto), enquanto os outros dias do mês são referidos apenas pelo numeral cardinal. ◆ *No caso dos telefones, o aumento das tarifas este ano ficou em sessenta vírgula um por cento, parcelado em três reajustes – trinta por cento em PRIMEIRO de fevereiro, onze por cento em PRIMEIRO de agosto e mais onze por cento em PRIMEIRO de outubro.* (JB) ◆ *A 1ª de maio de 1816 chegou a Paracatu do Príncipe a notícia oficial da morte de tão alta Rainha.* (VB)

Referindo-se à data comemorativa do Dia do Trabalho, a data de **primeiro de maio** vem frequentemente escrita com maiúsculas iniciais. ◆ *As duas principais centrais sindicais vão realizar hoje, em São Paulo, manifestações de PRIMEIRO DE MAIO que terão como tema político principal as reformas na Constituição.* (VEJ)

primeiro-ministro ⇨ Ver *premier*, premiê.

1. **Primeiro-ministro** é o chefe do parlamento, no regime parlamentarista. Corresponde ao francês e ao inglês *premier*. ◆ *Signatários da grande indústria apelam a Hindenburg para que nomeie Hitler PRIMEIRO-MINISTRO.* (NAZ)

2. O plural é **primeiros-ministros** (numeral ordinal + substantivo). ◆ *Chen Wen, Yao Yilin e Po Ipo foram apresentados anteontem à conferência política como candidatos a vice--PRIMEIROS-MINISTROS.* (FSP)

3. O feminino é **primeira-ministra**, com plural **primeiras-ministras** (numeral ordinal + substantivo). ◆ *A PRIMEIRA-MINISTRA Tansu Ciller não precisa mudar seu figurino ocidental.* (VEJ) ◆ *O mundo islâmico conta hoje com três PRIMEIRAS-MINISTRAS.* (FSP)

Premier é palavra francesa correspondente, em geral, a **primeiro-ministro**. É muito pouco usual, em português (3%).

primevo ⇨ Ver **medievo.**

O **E** tônico é aberto (**É**), como em **medievo.** Significa "dos primeiros tempos", "primitivo". ◆ *Nada impede, porém, que a ideia reapareça em formato PRIMEVO em um texto considerado oficial.* (FSP)

primícias

É substantivo que só se usa no plural (*pluralia tantum*). Designa os primeiros frutos colhidos, as primeiras produções. ◆ *E há os que vão buscar – no copo, na dança e no grito – as PRIMÍCIAS de um doce ano, tantas vezes até na ilusão da fuga.* (ME)

primo-irmão, primo germano, primo coirmão, primo primeiro, primo em / de primeiro grau

As cinco formas fazem a mesma designação.

1. **Primo-irmão** constitui um substantivo composto (com hífen). ◆ *Dele se encarregava Alpha Rabelo Albano, esposa de Ildefonso Abreu Albano, PRIMO-IRMÃO do Joaquim Antônio.* (CF)

O plural é **primos-irmãos.** ◆ *PRIMOS-IRMÃOS, os dois: o ipê-roxo e o ipê-amarelo.* (V)

2. Na expressão **primo germano** há o adjetivo **germano**, que tem a mesma origem de **irmão.** ◆ *O Humor é PRIMO GERMANO da arte, o inútil os aproxima por uma qualidade negativa: não é contra nada, ele é per se.* (FSP)

3. Há, ainda, a expressão **primo coirmão**, de uso raro, atualmente. ◆ *Os principais parentes que tenho de meu apelido são Dom Carlos de Noronha filho de meu PRIMO COIRMÃO e Dom Luiz de Noronha.* (DH)

4. **Primo primeiro** e **primo em primeiro grau** são as expressões que fazem a explicitação do grau de parentesco. A primeira tem ocorrência rara. ◆ *Trata-se do creme de kiwi, PRIMO EM PRIMEIRO GRAU do creme de papaya – aquele batido com sorvete de creme e licor de Cassis.* (FSP) ◆ *Descobriu que pelo cheiro / de alfavaca e de hortelã, / este Saci brasileiro, / com jeito de picurná,*

primus inter pares

/ *era seu **PRIMO PRIMEIRO**, / nascido do mesmo clã.* (GMT)

Ocorre, com o mesmo significado, a forma **primo de primeiro grau**. ✦ *Toda pessoa que tiver notícia de que um avô, tio e mesmo PRI-MO DE PRIMEIRO GRAU tenha sofrido dessa doença deve procurar um médico.* (VEJ)

primus inter pares

É expressão latina que significa "o primeiro entre os iguais", "o primeiro entre os da mesma categoria". ✦ *Para um filósofo dialético e evolucionista, a espécie humana é uma aristocrata PRIMUS INTER PARES.* (ZO)

princeps ⇨ Ver **edição princeps**.

É palavra latina que significa "o primeiro", "o principal". Usa-se para referência à primeira edição de uma obra. A sílaba tônica é a penúltima (*prin*), que não leva acento. ✦ *É ali que se encontram as edições "PRINCEPS" de antigos relatos dos navegadores do século 18.* (FSP)

príncipe

A palavra feminina correspondente a esse masculino é **princesa**. ✦ *Ela tem hábitos de PRINCESA.* (CNT)

prior

1. É designação para superior de ordem religiosa ou militar. ✦ *Imagine o senhor que uma das chaves ficou em poder da Câmara, outra com o governador e a terceira com o PRIOR dos jesuítas.* (XA)

2. As formas femininas tradicionalmente indicadas são **prioresa** (considerada preferível) e **priora**, mas são formas de ocorrência rara, atualmente. ✦ *Mandavam seus prelados à santa que fosse ser PRIORESA do Convento da Encarnação de Ávila.* (AV) ✦ *Como se Jandira aceitasse nunca ser uma leiga ou penitente! Superiora, abadessa, PRIORA, nunca menos.* (TM)

priori ⇨ Ver **a priori** ⇨ Ver **posteriori**.

Priori usa-se na expressão latina *a priori*, que significa "admitido antes de alguma justificativa", "aceito antes de ser provado pela experiência". Assim, a relação indicada não é de simples anterioridade temporal. ✦ *Não existe, a PRIORI, nenhuma razão para que estes resultados operacionais sejam idênticos.* (ANI)

Posteriori tem o significado oposto.

priorizar

Com **Z**, como todo verbo formado com o sufixo **-izar**. Significa "dar prioridade a". Trata-se de verbo muito usual, de introdução recente na língua, formado não a partir de algum adjetivo do português ou do substantivo **prioridade**, mas do elemento latino **prior** ("primeiro, entre dois"). ✦ *PRIORIZAVA-se, nos anos 70, o trabalho de base.* (FSP)

prístino

A sílaba tônica é a antepenúltima (**PRÍS**), e, por isso, a palavra leva acento (proparoxítona). É o mesmo que **prisco**, "antigo". ✦ *Saltando o mar-oceano, há quinhentos anos, aquela Lusitânia PRÍSTINA veio ter aqui, para cumprir, em nós, seu destino mais alto: fazer Brasil.* (DDR)

privê, privé

1. **Privê** é a forma gráfica portuguesa da palavra francesa *privé*. Significa "privado", "reservado". Não é dicionarizada. ✦ *Sinatra, a Voz, deu-se à generosidade de convidar para sua festa PRIVÊ uma lista de celebridades, em Duets.* (VEJ)

2. A forma original francesa, *privé*, é igualmente usual (50%). ✦ *Ele é o bairro PRIVÉ mais sofisticado da praia do Pernambuco e reúne tudo o que você deseja do Guarujá.* (VEJ)

privilégio, privilegiar, privilegiado ⇨ Ver **-iar**.

Com **I** na primeira sílaba (**PRI**). ✦ *Para compensar meus pesadelos, eu tinha o PRIVILÉGIO de sonhar colorido.* (ANA) ✦ *Optamos por PRIVILEGIAR a boa literatura brasileira para que o público possa valorizá-la.* (RI) ✦ *Tudo o que é relativo à morte, por exemplo, ocupa um lugar PRIVILEGIADO nos ritos mágicos.* (MAG)

problema

pró-, pro-; pró. ⇨ Ver contra.

1. **Pró-** é prefixo de origem latina que significa "a favor de". É uma forma tônica (grafada com acento agudo) que se liga por hífen ao elemento seguinte. ◆ *Os universitários realizaram no Rio um agitado comício popular* **PRÓ-democracia**. (INC) ◆ *Esse movimento* **PRÓ-índio** *já se tornou, modernamente, um novo indianismo.* (ESP) ◆ *Era, à primeira vista, um golpe de militares conservadores e* **PRÓ-americano** *contra um político progressista.* (REA)

2. As palavras com **pro-** (prefixo átono, sem acento) escrevem-se sem hífen e geralmente são palavras já formadas no latim ou no grego.

Como prefixo latino, **pro-** indica movimento para a frente, substituição. ◆ *Deve-se* **PROMOVER** *produtos atuais ou linhas de produtos?* (AD) ◆ *O gesto do* **PROCÔNSUL**, *que lavou as mãos procurando inocentar-se, não o poderemos nós repetir.* (NE)

Como prefixo grego, **pro-** indica anterioridade. ◆ *Havia um curtíssimo* **PRÓLOGO**, *sem título, que revelava muito do homem que o escrevera.* (ACM) ◆ *O* **PROFETA** *partiu, mas seu manto está sobre nós.* (APA)

3. **Pró** é substantivo geralmente usado no plural (**prós**), significando "fatores favoráveis". É o oposto do substantivo **contra**. ◆ *Os nossos refrigeradores só apresentam* **PRÓS**. (REA) ◆ *Há* **PRÓS** *e contras, mas não tanto do ponto de vista científico.* (FIG)

pro forma

É expressão latina que significa literalmente "pela forma", ou seja, "por formalidade". ◆ *A reunião de ontem foi apenas "***PRO FORMA***", já que os critérios para a fase final já estavam decididos pela FPF.* (FSP)

pro rata

É expressão latina que significa "em proporção", "proporcional", "proporcionalmente". ◆ *Pelo cálculo* **PRO RATA**, *é preciso, primeiro, saber quanto a diferença de preço significa no custo da apólice.* (FSP)

pro tempore

É expressão latina que significa "temporário", "temporariamente". ◆ *Em 1994, ao assumir a Secretaria "***PRO TEMPORE***" do grupo, o Brasil decidiu oferecer novamente o Rio para sediar a cúpula deste ano.* (FSP)

problema

Usa-se à direita de outro substantivo, atuando como qualificador ou classificador (como um adjetivo). ◆ *Os pais, ao trazerem seu filho "***PROBLEMA***" ao analista, solicitam sua atuação no sentido de promoverem uma adaptação dessa criança ao seu meio social.* (PUS)

Chega a formar-se um substantivo composto, com a ligação dos dois elementos por hífen. É oficialmente registrado, por exemplo, o composto **criança-problema**. ◆ *As fugas cinematográficas de Leonardo Pareja e suas declarações contra a violência da polícia, associadas ao seu jeito de bom moço e de* **criança-PROBLEMA**, *acabaram por transformá-lo num "herói" em Goiânia (GO).* (FSP) ◆ *O Rio é uma cidade com problemas, não é uma* **cidade-PROBLEMA**. (FSP) ◆ *Na clínica da PUC paulista no bairro de Perdizes, aparecem pais carregando um* **filho-PROBLEMA** *para tratamento.* (VEJ)

Num ou noutro caso, o plural se faz nos dois elementos, ou apenas no primeiro. ◆ *Neil chega a afirmar não haver* **crianças PROBLEMA**. *E poderia acrescentar:* **professores PROBLEMAS**. (AE) ◆ *Por isso a responsabilidade dos pais e dos educadores, no tocante às* **crianças-PROBLEMAS**, *é enorme.* (AE) ◆ *Foi então que descobri que buscava* **homens-PROBLEMAS** *como uma forma de só pensar neles.* (FSP) ◆ *"Measure for Measure" é considerada uma das três "problem plays" ou* **peças-PROBLEMAS** *do dramaturgo inglês.* (FSP) ◆ *Em muitos casos, antes de saber que sofrem de DHDA, esses adultos acham apenas que foram* **crianças-PROBLEMA**. (VEJ) ◆ *Os romenos vieram disputar lugar com os pobres, os desabrigados, os que começam a formar os primeiros "***bairros-PROBLEMA***" dos grandes centros urbanos do país.* (VEJ)

problema de saúde...

problema de saúde, problema de doença

Essas expressões são possíveis devido ao amplo âmbito de atuação da preposição **de**. Após um nome como **problema**, a preposição **de** pode introduzir:

◇ o nome que indica aquilo que pode apresentar problema ou está arriscado a apresentar problema (um nome de valor positivo, ou seja, eufórico, ou ainda de valor neutro). ◆ *Algum PROBLEMA DE saúde?* (FSP) ◆ *Vocês, na Terra, têm algum PROBLEMA DE energia?* (AVL) ◆ *Sim, de novo vira-se colocado diante de um PROBLEMA DE consciência.* (BOI)

◇ o nome que indica qual é o problema (um nome de sentido negativo, ou seja, disfórico). ◆ *Alguns observadores acreditam que seja associada a um PROBLEMA DE alergia.* (VA) ◆ *Ela tem um PROBLEMA DE carência afetiva.* (ANB) ◆ *Realmente não tinha mais, após o covarde ataque à propriedade, o PROBLEMA DE consciência pesada e do escrúpulo que o assaltara antes.* (GRO)

procedência ⇨ Ver procidência.

Procedência significa "proveniência". ◆ *João Mudo, de PROCEDÊNCIA ignorada, está consertando uma peneira.* (REA)

Procidência é termo da medicina usado para designar queda ou saída de um órgão, ou parte.

proceder

1. Com o significado de "levar a efeito", "processar", usa-se com complemento iniciado pela preposição **a**. ◆ *Estamos PROCEDENDO ao deslocamento do centro regulador da vida brasileira para as glebas do Brasil Central.* (JK)

2. Com o significado de "provir", usa-se com complemento iniciado pela preposição **de**. ◆ *A melhor documentação referente aos saurópodes PROCEDE de Peirópolis.* (AVP)

3. Com o significado de "comportar-se", usa-se com indicação adverbial de modo. ◆ *Não precisava da nossa moral, católica cristã,*

para PROCEDER bem. (A) ◆ *Criança deve PROCEDER como gente grande.* (BH)

prócer, prócere

São formas variantes, mas **prócere** é de uso raro (8%).

1. A sílaba tônica é **PRÓ**, com acento nas duas formas (a primeira, que é paroxítona terminada em **R**, e a segunda, que é proparoxítona). O substantivo designa homem importante numa organização ou numa comunidade. ◆ *O ministro Henrique Hargreaves, PRÓCER da República de Juiz de Fora, voltou ao comando da Casa Civil.* (FSP) ◆ *Vladimir Palmeira, líder estudantil de 1968, hoje PRÓCERE petista – ficará "à distância de uma batida do coração", como dizem os americanos, da Presidência.* (VEJ)

2. O plural é sempre **próceres**. ◆ *A este PTB, eu pensei filiar-me convidado que fui por PRÓCERES da mais alta competência.* (JB)

procidência ⇨ Ver procedência.

Procidência é termo da medicina usado para designar queda ou saída de um órgão, ou parte. ◆ *Rotas as membranas é frequente a PROCIDÊNCIA de braço ou a de cordão.* (OBS)

Procedência significa "proveniência".

proclama, proclamas

1. **Proclama** é substantivo masculino. Com a acepção mais genérica de "proclamação", "pregão", é de uso mais antigo. ◆ *Fez chamar à sua presença o tenente Cortez e, abrindo-se com ele, lhe declarou que não arvorava tal bandeira imperial, e mandou rasgar o PROCLAMA.* (FCC)

2. Atualmente, pelo seu significado de "cada um dos pregões de casamento / de contrato", é usual apenas no plural: **proclamas**. ◆ *Peixotinho não passa dos PROCLAMAS. Digo que não chega ao altar.* (NI) ◆ *Embora não pudessem os algozes impedir que os PROCLAMAS de sua morte meio à prolongada tortura corressem o país.* (CNT) ◆ *Como ficou sobejamente demonstrado, o documento serve de PROCLAMAS numa tentativa de promover o*

ressurgimento das políticas econômicas cartoriais, que tanto infelicitaram a sociedade brasileira. (MIR-O)

Procon

É a sigla de **Serviço de Proteção ao Consumidor**. ◆ *Apesar disso, a técnica disse que o* **Procon** *"nada pode fazer" contra a decisão ministerial.* (FSP)

prodigalizar

Com **Z**, como todo verbo formado com o sufixo **-izar**. Significa "dar com prodigalidade", "conceder ou distribuir prodigamente". Entretanto, não se trata de verbo formado – como é comum – a partir de algum adjetivo do português (pois não existe, por exemplo, o adjetivo **prodigal**), mas trata-se de formação operada à semelhança da de outros verbos existentes, como **naturalizar** (formado de **natural**). ◆ *Trata-se de um poeta difícil, que não* **PRODIGALIZA** *encantos à primeira leitura.* (FSP) ◆ *Coitado, falta de estudo, falta de preparo, falta de tantas qualidades que a Natureza* **PRODIGALIZOU** *aos irmãos e com ele foi avara.* (VPB)

prodígio

Usa-se à direita de outro substantivo, atuando como qualificador ou classificador (como um adjetivo). ◆ *Alemãozinho PRODÍGIO (mais ou menos como era Mozart), Herzog conseguiu, já aos 21 anos, ganhar um prêmio internacional.* (VIE) ◆ *Nascido em 1810, Chopin foi logo identificado como menino PRODÍGIO – aos nove anos já dava recitais.* (CAA) ◆ *O marketing de Midori sempre foi o da criança PRODÍGIO. Era vendida como a pequena virtuose oriental de técnica assombrosa.* (FSP)

O plural geralmente vem marcado nos dois elementos. ◆ *A média de idade destes meninos PRODÍGIOS, na época dos seus vestibulares, era de 17 anos.* (REA) ◆ *O cinema europeu também produziu crianças PRODÍGIOS.* (FSP)

Prodígio usa-se, ainda, como segundo elemento de um substantivo composto (com hí-

fen). É oficialmente registrado, por exemplo, o composto **menino-prodígio**. ◆ *A garota, além de menina-PRODÍGIO, tem poderes paranormais.* (FSP)

Esse segundo elemento geralmente fica invariável, no plural do composto, mas também adquire forma de plural. ◆ *Grave deslize dos irmãos-PRODÍGIO, que pagaram com um ano de exílio em Figeac.* (SU) ◆ *Difícil imaginar um ponto de partida melhor para Jodie Foster fazer sua estreia no cinema do que o das crianças-PRODÍGIO.* (VEJ) ◆ *Face a Face com o Inimigo (...) tem um prólogo impressionante, em preto e branco, com dois meninos-PRODÍGIOS se enfrentando num tabuleiro.* (VEJ)

pródigo

O superlativo absoluto sintético indicado nos manuais é **prodigalíssimo**, mas a forma não ocorreu.

pródromo

A sílaba tônica é a antepenúltima (**PRÓ**), e, por isso, a palavra leva acento (proparoxítona). Significa "prefácio", "preâmbulo". ◆ *Seu recuo na história se fez pela busca dos PRÓDROMOS da Aliança Liberal, que via como a única revolução acontecida após a queda da Monarquia.* (FSP)

proeminência laríngea
⇨ Ver **pomo de adão**.

É a denominação oficial atual para **pomo de adão**. ◆ *PROEMINÊNCIA LARÍNGEA – nome oficial para o pomo de adão, protuberância do lado externo da garganta.* (FSP)

proeminente, proeminência
⇨ Ver **preeminente, preeminência**.

São pares de formas variantes. As formas **proeminente** e **proeminência** são usadas tanto para qualificação física como para qualificação valorativa. ◆ *A barriga PROEMINENTE denuncia vida sedentária.* (CH) ◆ *Como os recursos naturais constituem para os povos a base de sua segurança, de seu poder e de sua riqueza, o conservacionismo deve ocupar um papel PROEMINENTE na* *política socioeconômica dos países.* (EG) ◆ *A harmonia do conjunto não é quebrada pela PROEMINÊNCIA excessiva de um certo músculo, que lhe destruiria o aspecto de perfeição.* (HH) ◆ *Seus descendentes, magos todos alcançaram PROEMINÊNCIA durante a vigência do Império Romano.* (CEN)

As formas **preeminente** e **preeminência** são usadas especificamente para qualificação valorativa.

proeza

Com **Z**. ◆ *A PROEZA de Jorge Amado, agora, reúne e reforça achados de seus livros anteriores.* (IS)

proferir

De conjugação irregular, o verbo **proferir** muda o **E** em **I** na primeira pessoa do singular do presente do indicativo e, consequentemente, em todo o presente do subjuntivo. Nas demais formas o radical tem **E**, que é aberto quando é tônico. Significa "dizer", "pronunciar". ◆ *A não ser usual que o Chefe de Estado, recebendo um Embaixador, PROFIRA um discurso, é razão bastante para que eu o faça no dia de hoje.* (JK) ◆ *Baudrillard PROFERE sempre juízos de valor (negativos) sobre a condição atual.* (FSP)

professor

1. O feminino é **professora**. ◆ *A PROFESSORA abriu ao acaso um velho livro escolar.* (ANA)

2. Os adjetivos correspondentes são:

◇ **docente** ("de professor", "de professores"). ◆ *Não lhe será por isso bastante, quando em ação DOCENTE, ensinar e instruir os seus alunos.* (PE) ◆ *O corpo DOCENTE das nossas escolas militares sempre primou pela dedicação e competência.* (G)

◇ **professoral** ("típico de professor"). ◆ *"Você precisa estudar mais. Anda lendo pouco", disse Lorenzo, em tom PROFESSORAL.* (ACM)

3. **Professorado** é forma coletiva específica. ◆ *Intimou o PROFESSORADO a trabalhar, sob a pena de demissão.* (CRU)

profeta, profetisa

O feminino de **profeta** é **profetisa**. ◆ *Faltava uma PROFETISA para esta religião que tem no comer bem o seu Deus e a dieta como anticristo.* (FSP)

profetizar, profetiza

Com **Z**, como todo verbo formado com o sufixo **-izar**. ◆ *"É melhor não PROFETIZAR", dizia Oscar Wilde, "especialmente sobre o futuro".* (VEJ) ◆ *Cioran PROFETIZA os fracassos das utopias.* (FSP)

profissionalizar

Com **Z**, como todo verbo formado com o sufixo **-izar**. ◆ *O mergulhador pode se PROFISSIONALIZAR em duas áreas: cursos e turismo ou comercial.* (C)

profligar

Com **R** na primeira sílaba e **L** na segunda. É palavra erudita que significa "censurar duramente" e que se usa com complemento sem preposição (objeto direto), que pode deixar de ocorrer. ◆ *E embora o vigário PROFLIGASSE os amancebados do púlpito, cada domingo, aquilo era coisa consumada e bem aceita.* (CR) ◆ *Mas Lúcio se dava, também, a arroubos cívicos e gostava de PROFLIGAR.* (DDR-O)

prófugo

A sílaba tônica é a antepenúltima (**PRÓ**), e, por isso, a palavra leva acento (proparoxítona). Significa "fugitivo", "desertor". ◆ *Todos estiveram de acordo que eles se tornassem PRÓFUGOS.* (FSP)

progenitor ⇨ Ver **genitor**.

Progenitor significa "aquele que procria antes do pai". O termo designa, pois, em princípio, o avô. Entretanto, é em referência aos pais que o termo é usual. ◆ *Muitas vezes também dos filhos, sem que por isso se suponha a contratação destes, ou se lhes estendam os direitos específicos de seu PROGENITOR.* (ESP) ◆ *Outro abraço repercutira fundamente sobre o mar humano, o da PROGENITORA, símbolo da mãe nacional, como diria pouco depois um vespertino entusiasmado.* (BH)

Genitor designa aquele que gera ou gerou, o pai.

progredir, progressão

1. Como **agredir, prevenir, regredir, transgredir**, o verbo **progredir** tem **I** na penúltima sílaba quando ela é a tônica (nas formas rizotônicas). ◆ *O homem aprende tudo. Por isso o homem PROGRIDE. A ciência PROGRIDE.* (OMT) ◆ *Espero que ela se desenvolva em nosso país, que PROGRIDA.* (NBN)

2. **Progressão** escreve-se com **S** na última sílaba, como todo verbo terminado em **-dir** (**progredir**). ◆ *O halo branco emergia das nuvens em PROGRESSÃO vagarosa e, de repente, abria-se numa explosão de espumas.* (PV)

proibido

Em **ser proibido**, há duas construções possíveis:

◇ Com sujeito posposto, podem ficar invariáveis o verbo e o adjetivo (predicativo) quando o sujeito é tomado genericamente e se quer acentuar o caráter genérico da referência do sujeito. ◆ *Acontece que é PROIBIDO cachorro na praia.* (FSP) ◆ *Não é PROIBIDO visitas para pessoas que não são da família?* (SAM)

Entretanto, mesmo com sujeito de referência genérica posposto, o mais comum é que o verbo e o predicativo concordem com ele. ◆ *E é por esse motivo que são PROIBIDOS descontos nos estandes da feira.* (FSP) ◆ *Carneiro diz que é PROIBIDA propaganda política paga na Globo.* (FSP)

◇ Faz-se normalmente a concordância do verbo e do predicativo (em gênero e número) quando o sujeito, mesmo posposto, é de algum modo particularizado. ◆ *Na Bahia, às vezes, é PROIBIDA a divulgação de notícias liberadas no Sul.* (CH)

proibir

O verbo **proibir** usa-se com dois complementos, um sem preposição e o outro iniciado por preposição. Um deles se refere a pessoa, havendo duas possibilidades de construção:

◇ a pessoa vem no complemento sem preposição, e o outro complemento se inicia pela preposição **de**. ◆ *O João PROIBIU a noiva e depois sua mulher de pôr os pés na casa da avó.* (BAL)

◇ a pessoa vem no complemento iniciado pela preposição **a**, e o outro complemento é sem preposição. ◆ *O governo chinês PROIBIU à Companhia das Índias o comércio do ópio.* (DRO)

Frequentemente o objeto indireto não vem expresso. ◆ *A Constituição PROIBIA a reeleição dos governadores.* (HIB)

Quando o objeto direto é oracional e não ocorre o complemento preposicionado, o sujeito da oração completiva representa a pessoa a quem se faz a proibição (aquela que estaria no objeto indireto). ◆ *A mãe PROIBIU que o filho fosse vê-lo.* (JT) ["a mãe proibiu ao filho que fosse vê-lo"]

projétil, projetil

1. Com **J**.

2. São formas variantes. A sílaba tônica da primeira forma é a penúltima (**JÉ**), e, por isso, a palavra leva acento (paroxítona terminada em **L**). A sílaba tônica da segunda forma é a última (**TIL**), e, por isso, a palavra não leva acento (oxítona terminada em L). ◆ *Segundo o delegado, o PROJÉTIL que atingiu o garoto não foi encontrado.* (FSP) ◆ *Lançou-se-lhe segundo PROJETIL, e logo em seguida terceiro.* (RL)

3. O plural de **projétil** é **projéteis**. ◆ *75% das provas soviéticas com PROJÉTEIS alcançaram êxito.* (CRU)

4. O plural de **projetil** é **projetis**. ◆ *O couro de boi certamente enfraquecera a força dos PROJETIS.* (MD)

projeto, projetar

Com **J**. ◆ *Senado vota hoje PROJETO dos portos, sob uma forte pressão.* (OLI) ◆ *PROJETAR e fabricar um chip desses custará entre 1 e 10 bilhões de dólares.* (VEJ)

prol

Prol é substantivo que significa "proveito". Entretanto, usa-se apenas nas expressões:

◇ **em prol de**, que significa "em proveito de", "em favor de". ◆ *As prisões, as repressões sangrentas e os crimes, porém, somente avultaram quando o povo, cansado, começou*

pró-labore

a tomar partido em PROL de Fidel Castro. (CRU)

◇ **de prol**, que significa "de destaque", "nobre". ◆ *Como se observa pela extensão, o nome é de PROL, e só fidalgos os têm assim tão espichados.* (AM)

pró-labore

É a forma portuguesa do substantivo correspondente ao latim *pro labore*. Significa "remuneração por serviço prestado". ◆ *Ele apenas não dá expediente ali e não faz jus a um PRÓ-LABORE.* (VEJ)

prole

É substantivo coletivo para os filhos de um casal. ◆ *Imaginei a PROLE de Martina dormindo em beliches.* (BL)

prompt

É palavra inglesa que significa "pronto". Na linguagem da informática, designa sinal emitido pelo sistema operacional do computador, indicando a sua disponibilidade para receber os comandos do digitador. ◆ *É necessário iniciar o programa a partir do PROMPT do DOS para evitar as mensagens de erro.* (FSP)

pronta-entrega

Com hífen. ◆ *Bolsa HP de Aviões oferece a você aeronaves de grande e pequeno porte, de todas as marcas e modelos, para PRONTA-ENTREGA.* (VIS)

pronto-socorro

O plural é **prontos-socorros** (adjetivo + substantivo). ◆ *Nos hospitais municipais e estaduais só haverá atendimento nos PRONTOS-SOCORROS.* (FSP)

pronunciar, pronunciar-se
⇨ Ver **-iar**.

1. **Pronunciar** significa "dizer", "articular". ◆ *A última frase Salviano a PRONUNCIOU com extrema brandura e simplicidade.* (ASS)

2. **Pronunciar-se** significa "declarar-se", "fazer pronunciamento". ◆ *A Organização SE PRONUNCIAVA em favor de um plebiscito.* (CB)

propelir

De conjugação irregular, o verbo **propelir** muda o E em I na primeira pessoa do singular do presente do indicativo e, consequentemente, em todo o presente do subjuntivo. Nas demais formas o radical tem E, que é aberto quando é tônico. Entretanto, não são usuais nem as formas com I nem as formas com E aberto. ◆ *De novo, a vontade decidida, persistente e inabalável PROPELIA-o e amparava-o.* (TER)

propenso, propensão

Com S, como todos os substantivos e adjetivos ligados a verbos terminados em **-der** (**propender**). ◆ *As mulheres tinham uma PROPENSÃO natural para a dança, mesmo as brancas.* (RET)

propor(-se)

1. Conjuga-se como **pôr**.

2. Modo de construção:

◇ **Propor** usa-se com um complemento sem preposição (objeto direto, que pode ser oracional), podendo ocorrer outro complemento (referente a pessoa) iniciado pela preposição **a**. ◆ *O plano vencedor PROPÕE uma ampla renovação nos esquemas de implantação da arquitetura urbana.* (ARU) ◆ *PROPUSERAM morarmos todos juntos, mais bem instalados.* (BL) ◆ *PROPONHA gratificação a quem nos trouxer o quinquagésimo milésimo cliente.* (SO) ◆ *Apesar disso, Leo pareceu incrédulo quando lhe PROPUS terminarmos o noivado.* (ASA)

◇ **Propor-se**, segundo as lições normativas, usa-se com complemento sem preposição (objeto direto), muito frequentemente uma oração infinitiva. ◆ *O Concílio Tridentino SE PROPÔS restituir ao primitivo rigor a disciplina e os costumes desregrados.* (HF)

Entretanto, é comum, talvez por confusão com a construção do verbo **dispor-se**, que esse complemento (geralmente uma oração infinitiva) venha iniciado pela preposição **a**. ◆ *Um desconhecido solícito SE PROPUSERA a ensinar-me o caminho.* (MEC) ◆ *Por isso mesmo, eu ME PROPUS a escrever o* *roteiro, que se passa dentro de um único ambiente.* (VIE)

propositado, propositadamente, proposital, propositalmente

Em qualquer acepção as formas **propositado** e **propositadamente** são tradicionalmente recomendadas como preferíveis às formas **proposital** e **propositalmente**, consideradas como mal formadas (**propósito** + **al**). ◆ *Reclina o corpo para firmar o trinco de uma veneziana, o que faz com PROPOSITADA lentidão.* (MP) ◆ *Estão fazendo o mundo confuso para mim; PROPOSITADAMENTE.* (DE)

A forma **proposital**, entretanto, é a forma quase exclusivamente usada (99%). **Propositalmente**, por outro lado, é tão frequente quanto **propositadamente** (50%), sendo mais usada que esta na imprensa. ◆ *Fez-se na época muita confusão, PROPOSITAL ou involuntária, entre a liquidação do brizolismo e a queima total da cidade para entrega das chaves.* (VEJ) ◆ *O material vulgar é usado PROPOSITALMENTE como uma maneira de dessacralização do objeto de arte.* (FSP)

próprio

1. **Próprio** se flexiona no feminino e no plural (**própria, próprios, próprias**), concordando com a palavra (substantivo ou pronome) que acompanha. ◆ *A PRÓPRIA Eliodora reclamava, insistia pela minha presença.* (A) ◆ *Eram donos das matas, deviam eles PRÓPRIOS explorá-las.* (ALE)

2. Recomenda-se tradicionalmente que, quando se usa **próprio**, não se façam combinações com **comigo**, **conosco**, devendo-se usar as construções **com mim próprio**, **com nós próprios**, **com si próprio**, **com si próprios** etc. ◆ *Essa resposta deve ser vista com reservas, porque, mesmo diante de uma situação difícil, as pessoas tendem a identificar os problemas mais com os outros do que com si PRÓPRIAS.* (FSP)

Entretanto, ocorrem construções como: ◆ *E pensava comigo PRÓPRIO que era preciso restituir aos portugueses o orgulho de serem portugueses, criar as condições para que pudessem vencer na sua própria terra.* (OMU)

propugnar; propugno, propugna

1. **Propugnar** é verbo de uso erudito que significa "lutar em defesa de". Usa-se com complemento iniciado pela preposição **por** ou com complemento sem preposição (objeto direto). ◆ *Ele é eleito para um determinado fim: para PROPUGNAR pela vitória das medidas anunciadas nesse programa.* (D) ◆ *Os comunistas, de seu lado, com seus argumentos e seus métodos sem dúvida detestáveis, PROPUGNARIAM, não obstante, um objetivo justo e desejável.* (MA-O)

2. Nas formas **propugno** e **propugna**, a sílaba tônica é **PUG** (separação silábica: **pro-pug-no**, **pro-pug-na**). ◆ *Por essa razão é que PROPUGNO a adoção de algum mecanismo para evitar "aventuras sem risco".* (FSP) ◆ *Enquanto o cristão se esforça por destruir a obra do tentador, ela PROPUGNA a concepção falsa proposta pelo demônio a nossos primeiros pais no Paraíso.* (MA-O)

proscênio, poscênio

1. Com **SC**.

2. O substantivo **proscênio** designa, especialmente em referência ao teatro grego e ao romano, a parte anterior do palco, o espaço de maior dimensão compreendido entre a cena e a orquestra (ou plateia), onde se desenrola a maior parte da ação dramática. Em uso geral, é o mesmo que **palco**, **cena**. ◆ *De novo no PROSCÊNIO, Marini sabe, todavia, que viverá uma glória efêmera.* (FSP)

3. O substantivo **poscênio**, especialmente em referência ao teatro grego e ao romano, designa a parte oposta, a que fica atrás da cena ou do palco, os bastidores. A forma não ocorreu.

proscrever, proscrição, proscrito
⇨ Ver **prescrever**, **prescrição**, **prescrito**.

Proscrever, **proscrição** e **proscrito** ligam-se ao significado de "abolir", "banir". ◆ *Todas as iniciativas que visem a PROSCREVER o termo jabaculê dos dicionários e principalmente da*

prosopopeia

realidade são bem-vindas. (FSP) ◆ *A PROS-CRIÇÃO de Lutércio fora eficaz num tempo de crendices, de analfabetos e medo do inferno.* (ACM) ◆ *Em geral o vidro está PROSCRITO nos galinheiros, pelo preço e pela facilidade de quebrar.* (CGA)

Prescrever, prescrição e **prescrito** ligam-se ao significado de "preceituar" e de "perder a validade".

prosopopeia

É uma construção que consiste na atribuição de características humanas a não humanos ou a objetos. ◆ *As estrelas e as árvores CON-VERSAM, mas o que é o mundo, agora?* (LC) ◆ *Eis aí como o rio DEPÕE um presidente e AQUINHOA outro, CALADO, TRANQUILO mas INCOMOVÍVEL, no melhor estilo fluvial.* (ALF)

prostrar(-se), prostração

Tem **R** depois do **T** (**TR**). O verbo significa "lançar(-se) por terra", "extenuar(-se)". ◆ *Iara, desolada, PROSTROU-SE em uma das cadeiras.* (P) ◆ *Pela manhã, D. Nhanhá despertou da PROSTRAÇÃO, vivificada.* (VB)

proteger, proteger-se

1. **Proteger** usa-se com complemento sem preposição (objeto direto), podendo ocorrer outro complemento iniciado pelas preposições **de** ou **contra**. O complemento sem preposição também pode deixar de ser expresso. ◆ *Hoje, minha mãe, mesmo dependente, ainda me PROTEGE.* (REA) ◆ *Só ele [o filtro solar] PROTEGE das queimaduras e do envelhecimento precoce.* (ELL) ◆ *A cobertura de neve PROTEGE o solo contra o resfriamento.* (ECG)

2. **Proteger-se** usa-se com complemento iniciado pelas preposições **de** ou **contra**. ◆ *Além do fator genético (...) é muito importante a maneira como você cuida da pele: como SE PROTEGE do sol, como é sua alimentação, o ritmo de vida.* (CLA) ◆ *PROTEGE-SE contra sua angústia difusa, na medida em que tem a certeza de que o amanhã será igual a hoje, como foi o ontem.* (PFI)

proteína

O adjetivo correspondente é **proteico**. ◆ *Basta escolher um sanduíche com recheio PRO-TEICO (carne, queijo, ovo, linguiça, salsicha, patê de fígado, presunto) e uma bebida nutritiva (à base de leite).* (NT)

proto-

É prefixo de origem grega que significa "primeiro". Liga-se ao elemento seguinte:

◇ com hífen, se o elemento começar por **H** ou por **O**. ◆ *O PROTO-homem funcionalista é um fabricante de ferramentas.* (ARQ) ◆ *Estudando 66 famílias com alta prevalência da doença, esses pesquisadores identificaram no braço longo do cromossomo 1 o local onde, provavelmente, se aloja o principal PROTO-ONCOGENE causador do câncer da próstata.* (FSP)

◇ sem hífen, antes das outras consoantes ou vogais. ◆ *O micróbio, seja ele vírus, bactéria, PROTOZOÁRIO ou fungos, é o responsável pelo quadro infeccioso.* (ANT)

Se o elemento seguinte começar por **R** ou **S**, é necessário duplicar essa letra (que ficará entre duas vogais, na escrita). ◆ *Só foram considerados os fluxos reversos holo ou telessistólicos, para diferenciar do fluxo reverso PROTOSSISTÓLICO decorrente da fibrilação atrial.* (ABC)

protótipo

A sílaba tônica é a antepenúltima (**TÓ**), e, por isso, a palavra leva acento (proparoxítona). O substantivo designa:

◇ o primeiro exemplar. ◆ *Há cerca de 40 mil anos apareceu na Terra o PROTÓTIPO do que chamamos de Homo sapiens.* (MOR)

◇ o original, o modelo. ◆ *A meta seguinte que não chegou a se concretizar seria a montagem de um PROTÓTIPO de reator nuclear e o respectivo sistema de geração a vapor para um programa brasileiro.* (ENE)

◇ o exemplar mais representativo de uma categoria. ◆ *Eu sabia que esse era o PROTÓ-TIPO do guerrilheiro.* (NBN)

prova dos noves ⇨ Ver noves.

É essa a forma, com **noves** no plural. ◆ *Para tirar a **PROVA DOS NOVES** a respeito dos custos do metrô, juntam-se ao custo da obra em Lisboa todos os impostos e mais os acabamentos usados em São Paulo.* (VEJ)

provável ⇨ Ver possível
⇨ Ver improvável ⇨ Ver impossível.

1. **Provável** significa "que tem probabilidade (possibilidade presumida) de ser ou de ocorrer". A probabilidade é graduável e é estatisticamente mensurável: existe o mais e o menos provável. ◆ *Sabendo que na história da sua família havia vários loucos, considerava possível sofrer, também ele, um surto psicótico. Possível, mas não **PROVÁVEL**.* (AGO) ◆ *O mais **PROVÁVEL** era essa hipótese.* (L)

2. O superlativo absoluto sintético é **probabilíssimo**, que é de uso raro. Prefere-se a forma do superlativo absoluto analítico. ◆ *Como também é **PROBABILÍSSIMO** que tenha ele tomado outros (rifãos) ao português, torna-se difícil estabelecer a prioridade.* (TP) ◆ *Nesse caso é **muito PROVÁVEL** que a causa sejam os inseticidas.* (GL)

Possível significa "que tem possibilidade de ser ou de ocorrer". A possibilidade não é graduável e não é mensurável.

provecto

É adjetivo vindo diretamente de particípio latino que significa "levado para diante". É palavra erudita que significa:

✧ "que progrediu", "adiantado", "experimentado". ◆ *O dr. Alberto Carreiro prelecionou sobre o tema, qual se fosse um **PROVECTO** e tarimbado professor.* (ORM)

✧ "avançado" (em referência a idade). ◆ *Enviuvou-se na idade **PROVECTA**, quando tudo lhe recomendava parcimônia e repouso.* (S)

✧ "de idade avançada". ◆ *Cativou-a voz maravilhosa, de baixo, do Seu Conrado, **PROVECTO** sacristão.* (S)

Provença (região) [França]

O adjetivo pátrio é **provençal**. ◆ *As cantigas d'amor já apresentam uma forte influência **PROVENÇAL**.* (PER)

provento, proventos

No singular ou no plural, designa remuneração. ◆ *A indenização será feita em parcelas cujo valor não exceda 10% da remuneração ou **PROVENTO**.* (FSP) ◆ *Com os razoáveis **PROVENTOS** que passo a ganhar como diretor do espetáculo, vou a um dentista pela primeira vez depois de tantos anos.* (HAR)

prover

1. Conjugação:

✧ Conjuga-se como **ver** no presente do indicativo e nas formas dele derivadas: presente do subjuntivo e imperativo. Entretanto, algumas das formas são muito pouco usadas, por exemplo a 1ª pessoa do singular do presente do indicativo (**provejo**, que é de uso antigo) e todo o presente do subjuntivo. ◆ *Mulher sã, alimentada normalmente, **PROVÊ** o feto do que ele precisa.* (CLO) ◆ *Hei por bem de o prover (como pelo presente **PROVEJO**) no lugar de mestre-construtor das ribeiras das naus desta cidade.* (DH) ◆ *Nenhum povo vive sem uma teoria de si mesmo. Se não tem uma antropologia que a **PROVEJA**, a improvisa e a difunde no folclore.* (VEJ)

✧ Tem conjugação regular nos demais tempos. ◆ *A natureza **PROVEU** o homem com mais generosidade.* (FSP) ◆ *Em todos os anos em que Clinton se ocupou em governar o Estado caipira, Hillary **PROVIA** o lar com seu trabalho de advogada.* (VEJ)

2. Modo de construção:

✧ Significando "abastecer", usa-se com um complemento sem preposição (objeto direto) e outro iniciado pela preposição **de**. ◆ *Uma pesquisa realizada na recente temporada "Verão Funarte" apontou a necessidade urgente de se **PROVER** Brasília **de** uma programação mais constante.* (CB)

✧ Significando "providenciar", usa-se com um complemento sem preposição (objeto direto) ou iniciado pela preposição **a** ou **para**. ◆ *Porque entre as suas sérias responsabilidades, está também a de **PROVER** o sustento de um número de descendentes considerado grande.* (VPB) ◆ *Jamais seria capaz, dado*

provido, próvido

seus hábitos dispendiosos, de PROVER ao próprio sustento. (A) ♦ *O sistema escolar que não PROVÊ liberalmente para a manutenção de bibliotecas não cumpre o seu dever.* (BIB)

◇ Significando "efetivar o preenchimento de", usa-se com complemento sem preposição (objeto direto). ♦ *Lembrei-o de que os primeiros artigos do regimento de Roque da Costa Barreto (...) dispõem sobre o modo de PROVER empregos vagos.* (ESP)

provido, próvido

1. **Provido** significa "que se proveu", "que tem em abundância o que é necessário". ♦ *O negro ofereceu-lhes uma "prova", que ele andava sempre PROVIDO de uma garrafinha.* (COT)

2. **Próvido** significa "que provê", "que se previne". Não é usual, atualmente. ♦ *Destarte a instrução pública, na Alemanha, ao começar do presente século, não se achava muito mais adiantada que em 1700, tendo-se paralisado a iniciativa dos municípios, ou perdido os PRÓVIDOS esforços do governo.* (REP)

provir

Conjuga-se como **vir**. ♦ *A decisão foi consciente, não PROVEIO de impulso ou submissão.* (CH) ♦ *Na Idade Média, o abastecimento energético PROVINHA de fontes renováveis de energia.* (UE) ♦ *Existe algo nos insetos que parece alheio aos hábitos, à moral e à psicologia deste mundo, como se PROVIESSEM de outro planeta, mais monstruoso, insensato, atroz e infernal que o nosso.* (REA)

Provém (com acento agudo) é a terceira pessoa do singular e **provêm** (com acento circunflexo) é a terceira pessoa do plural do presente do indicativo. ♦ *A fronteira da separação, no nosso caso, não PROVÉM de conflitos.* (II-O) ♦ *Na Saúde, ocorre o mesmo: de um investimento global de dezesseis bilhões, apenas um bilhão e seiscentos milhões de cruzeiros PROVÊM de recursos diretos da União.* (FA)

proxeneta, proxenetismo

1. O X representa som de KS. Em **proxeneta**, o E tônico é fechado (**NÊ**).

2. **Proxeneta** designa intermediário em uma relação, especialmente o intermediário remunerado, o alcoviteiro, o cáften. ♦ *É sabido também que Heydrich, chefe da Gestapo, foi acusado de diversos estupros e que Wessel, chefe da SA, era PROXENETA, comportamentos nada condizentes com a moral apregoada.* (NAZ)

3. **Proxenetismo** é o substantivo abstrato correspondente. Significa "atividade de proxeneta", "lenocínio". ♦ *Ele foi indiciado por exercício ilegal da medicina e PROXENETISMO (favorecimento à prostituição).* (FSP)

próximo

1. Como adjetivo, varia em gênero e número. ♦ *O PRÓXIMO trabalho, se vier, poderá ser um fracasso.* (VEJ) ♦ *Passaram a frequentar as casas de comércio, os cafés mais PRÓXIMOS, as lojas de flores, os marmoristas.* (COT) ♦ *Morava com os avós numa chácara PRÓXIMA da cidade e dizia-se poeta.* (CP) ♦ *As vozes não estavam tão PRÓXIMAS assim, afinal de contas.* (ASS)

2. Como advérbio, é invariável. ♦ *Mais PRÓXIMO, encostas cobertas de vinhedos à sombra de uma árvore.* (CEN) ♦ *Chicão ligou o carro e foi para o largo do Machado, estacionando PRÓXIMO da estação de bondes da Light.* (AGO)

3. Comparado ao adjetivo **seguinte**, **próximo** tem a diferença de que indica sequência imediata a partir do que é referido como atual; **próximo** significa, pois, "seguinte em relação ao situado neste momento". ♦ *Acendo a luz e invisto no PRÓXIMO lance.* (EST)

Seguinte se refere a uma sequência imediata a partir de um momento referido, que não é o atual.

Prússia [Europa]

O adjetivo pátrio é **prussiano**. ♦ *Ficou a impressão de que os negros ali chegavam como viajantes PRUSSIANOS.* (FSP)

pseudo-

É elemento (grego) que significa "falso". Liga-se ao elemento seguinte:

◇ com hífen, se o elemento começar por vogal, **H** ou **O**. ◆ *Apesar da PSEUDO-humildade, Campos é pródigo em detalhes.* (FSP)

◇ sem hífen, antes das outras consoantes ou vogais. ◆ *O estudo anatomopatológico é caracterizado pela presença de epitélio colunar PSEUDOESTRATIFICADO com sinais francos de malignidade.* (ANE) ◆ *Outras espécies podem ser protegidas dentro dos ambientes PSEUDONATURAIS das reservas ecológicas.* (ZO)

Se o elemento seguinte começar por **R** ou **S**, é necessário duplicar essa letra (que ficará entre duas vogais, na escrita). ◆ *Os PSEUDORREVISIONISTAS (leia-se neonazistas) procuram, através das mentiras, falsificar a história com argumentos que chegam às raias do absurdo.* (FSP) ◆ *Os PSEUDOSSÚQUIOS constituíram o ramo mais primitivo da ordem dos tecodontes.* (AVP)

psic(o)-

É elemento (grego) que se liga a um elemento seguinte. Significa "sopro de vida", "princípio da vida", "alma". ◆ *Há elementos que indicam a importância dos PSICODINAMISMOS inconscientes, na gênese do glaucoma.* (GLA) ◆ *Na palavra, PSICANÁLISE e literatura encontram uma interface.* (APA) ◆ *PSIQUIATRIA é uma especialidade técnica, terapêutica e não uma área do saber teórico.* (ACM)

Se o elemento seguinte começar por **R** ou **S**, é necessário duplicar essa letra (que ficará entre duas vogais, na escrita). ◆ *O perfil PSICOSSOCIAL do morador de Copacabana é muito parecido com o do morador da zona norte.* (VA)

psique, psiquê

São formas variantes de substantivo feminino.

1. A forma tradicionalmente indicada e dicionarizada é **psique**, sem acento (sílaba tônica: **PSI**). ◆ *O xadrez e a PSIQUE possuem estreita ligação.* (X)

2. A forma oxítona **psiquê**, entretanto, é usual, principalmente na imprensa, embora com muito menor frequência (16%). ◆ *Assim,*

faça com que sua mulher se recline no sofá e se una a nós nesta viagem pelos labirintos da PSIQUÊ feminina. (REA)

pter(o)-, -ptero

É elemento (grego) que se liga a um elemento seguinte ou a um anterior. Significa "asa". ◆ *Na orla marítima, viveram as mais extravagantes de todas as criaturas, os PTERODÁCTILOS, répteis voadores.* (AVP) ◆ *Um carro preto sem placas a levaria para um lugar predeterminado onde um HELICÓPTERO, também sem placa, estaria esperando.* (AVL)

Se o elemento seguinte começar por **R** ou **S**, é necessário duplicar essa letra (que ficará entre duas vogais, na escrita). ◆ *Um fóssil de PTEROSSAURO em argila preservou as partes moles do réptil voador de 153 milhões de anos.* (FSP)

pub

É palavra inglesa que designa estabelecimento comercial onde se servem bebidas alcoólicas, na Grã-Bretanha. É substantivo masculino. A pronúncia aproximada é **pâb**. ◆ *Não quero chegar aos 40 anos sentado num PUB, sem fazer muita coisa.* (FSP)

púbis, pube

1. São variantes, mas a forma **pube** é pouco usada, e apenas na literatura técnico-científica.

2. São substantivos tradicionalmente indicados e usados como masculinos. ◆ *As pequenas hérnias se situam na região inguinal, junto ao PÚBIS, abaulando a pele da região e assumindo aspecto globoso.* (CLC) ◆ *[O osso ilíaco] Possui, na parte superior, uma faceta articular, de forma oval, para ligar-se à do PUBE do outro lado.* (OBS)

Algumas indicações de gênero feminino ligam-se ao fato de a palavra latina de origem (*pubis*, "pelo", "penugem") ser feminina. Entre as ocorrências, apenas 1% é de feminino. ◆ *Pôs uma mão sobre a PÚBIS e rodopiou, antes de desaparecer rumo aos camarins.* (FSP)

3. O adjetivo correspondente é **pubiano**. ◆ *A vantagem dessa incisão é que ela preenche*

público

uma finalidade estética, pois a cicatriz será recoberta de pelos PUBIANOS, ficando quase que imperceptível. (CLC)

público

O superlativo absoluto sintético é **publicíssimo**. ✦ *Este não é de ação privada, mas PUBLICÍSSIMO.* (FSP)

pudico, pudicícia ⇨ Ver impudico.

1. Em **pudico** a sílaba tônica é a penúltima (**DI**), e, por isso, a palavra não leva acento (paroxítona terminada em **O**). Significa "que tem pudor", "recatado". ✦ *O PUDICO Radagázio teve de parar, cumprimentar e ser apresentado ao Egon.* (GAT)

2. O substantivo correspondente é **pudicícia**. ✦ *Nos dois casos, o moralismo e a PUDICÍCIA dominam.* (FSP)

puer(i)- ⇨ Ver ped(o)-.

É elemento (latino) que se liga a um elemento seguinte. Significa "criança". Corresponde ao elemento grego **ped(o)-**. ✦ *Sentiu-se como esses cavalheiros que se embebedam de PUERICULTURA e acabam com o complexo de que o filho não deve ter complexos.* (RO) ✦ *Percebe que tenta distraí-la, e, ainda assim, irrita-a a PUERILIDADE das observações.* (CC)

puff, pufe

Puff é palavra inglesa usada para designar grande almofada que serve de assento, aportuguesada como **pufe**, que teve 30% de frequência. ✦ *Mário corre, pega o telefone à esquerda e coloca na mesinha da frente onde senta no PUFF e disca.* (IC) ✦ *Dois PUFES colocados na sala de estar podem integrar os ambientes.* (FSP)

pugilo

A sílaba tônica é a penúltima (**GI**), e, por isso, a palavra não leva acento (paroxítona terminada em **O**). É coletivo que significa "punhado", "pequeno grupo". ✦ *Um PUGILO deles fugiu (era a primeira vez que fugiam) para o Morro da Mesa (...).* (VB)

pugna(s); pugno, pugna(m/s), pugne

Seja verbo seja substantivo, a sílaba tônica é **PUG** (separação silábica: **pug-no, pug-na, pug-nam, pug-nas, pug-ne**). O verbo **pugnar** significa "lutar". ✦ *Sob que princípio seja, o lema de tais guerreiros é vencer a PUGNA.* (PAO) ✦ *As pessoas PUGNAM por uma ética abstrata.* (FSP) ✦ *(...) nação que reclama dos seus representantes um comportamento que PUGNE pela transparência e lisura.* (FSP)

pule

Pule é a forma portuguesa correspondente ao francês *poule*. É substantivo feminino que, no turfe, designa o bilhete de aposta. ✦ *Claro, rapaz, se ele engoliu a lista, qualquer PULE que aparecer a gente paga.* (REI) ✦ *Pega o dinheiro na gaveta e as PULES sobre a mesinha, entrega a Manga Larga.* (REI)

pulga

É substantivo feminino, referindo-se ao macho e à fêmea do animal (substantivo epiceno. ✦ *Ovídio escreveu também sobre a PULGA, Lucano sobre o mosquito e Homero sobre as rãs.* (BOI)

A forma **pulgo**, dicionarizada como designação do macho, não ocorreu.

pulmão

O adjetivo correspondente é **pulmonar**. ✦ *A infecção PULMONAR obrigou os médicos a mantê-lo sob fortes sedativos até o fim.* (VEJ)

pulôver

1. É a forma portuguesa correspondente ao inglês *pull-over*. Designa agasalho fechado, tecido em lã, com ou sem mangas, que se veste pela cabeça. ✦ *Gosto também do seu PULÔVER, você fica muito bem assim nesse gênero esportivo dado para o intelectual, pode abusar...* (CP)

2. O plural, feito pelo português, é **pulôveres**. ✦ *Bons também os paletós curtinhos e acinturados 60/70 de grandes lapelas e os grandes PULÔVERES de mohair de linha trapézio (usados com saias em tecido plastificados).* (FSP)

puxar, puxador, puxão

púnico ⇨ Ver **cartago.**

É adjetivo referente a Cartago, o mesmo que **cartaginês**. ◆ *A segunda Guerra PÚNICA foi provocada pelo desejo de revanche cartaginês.* (HG)

punk

É palavra inglesa que se refere a movimento não conformista surgido na Inglaterra ao final dos anos 70 e que se caracteriza por atitude de provocação e de desprezo pelos valores sociais estabelecidos. A pronúncia aproximada é **panc**. ◆ *Para não perder o jeito PUNK de levar a vida, na última apresentação que fez, em Nova York, a roqueira mandou a plateia se danar.* (VEJ)

Refere-se, também, aos membros desse movimento. ◆ *A PUNK berlinense faz lembrar o escafandrista num bar de Ipanema.* (BE)

purê, pirê

São formas portuguesas correspondentes ao francês *purée*, a primeira pautando-se pela grafia da palavra originária e a segunda, pela pronúncia. A segunda é de uso raríssimo (1%). ◆ *O atacante pediu o almoço no quarto (pediu frango, PURÊ e arroz).* (FSP) ◆ *Você quer mais desse PIRÊ, Matilde?* (MRF)

pureza

Com **Z**, como todo substantivo abstrato em **-eza** derivado de adjetivo. ◆ *A sensibilidade e a PUREZA dessas crianças nos fazem repensar até onde chega a arrogância humana.* (VEJ)

puro-sangue

O plural é **puros-sangues** (adjetivo + substantivo). ◆ *A escritura do castelo romano ainda não estava no meu nome, como também não estavam os quarenta PUROS-SANGUES comprados à coudelaria da Rainha.* (T)

pus, puser, pusesse etc.

O verbo **pôr** (bem como seus compostos) nunca tem a letra **Z**, só **S**. ◆ *PUS-me a andar de cabeça baixa.* (VES) ◆ *Cada litro de gasolina que você PUSER no tanque fará o Karmann Ghia andar em média 11 quilômetros.* (P) ◆ *Aglaia pediu a Teles que PUSESSE a coleira em Tilo para um passeio pelo bairro.* (JM)

Putsch

É palavra alemã que designa golpe ou tentativa de golpe para obtenção de poder. ◆ *Havia festas especiais nazistas, principalmente o dia 9 de novembro, no qual se comemorava o PUTSCH de 1923, a festa da paixão e crucificação nazistas.* (IS)

puxar, puxador, puxão

Com **X**. ◆ *O operador fez força para PUXAR a grande alavanca central.* ◆ *Existem os PUXADORES duplos, para exercitar os braços separadamente, e o PUXADOR simples, que é o mais usado e cujos exercícios vamos descrever.* (HH) ◆ *Totoca me deu um PUXÃO.* (PL)

q

q

O nome da letra é **quê**. Com acento circunflexo. A forma não ocorreu.

quadr(i/u)-, quatr(i/u)

São elementos (latinos) relativos ao numeral **quatro**. Ligam-se a um elemento seguinte. ◆ *Presente para a capital paulista depois do QUADRICENTENÁRIO.* (VID) ◆ *É ruminante, QUADRÚPEDE, irracional, como todos os outros.* (REB) ◆ *Em 1936, ao expor o Plano QUATRIENAL, Hitler declarou que o exército e a economia alemã deveriam estar preparados para a guerra em quatro anos.* (NAZ)

Se o elemento seguinte começar por **R** ou **S**, é necessário duplicar essa letra (que ficará entre duas vogais, na escrita). ◆ *O professor Winston Fritsch, secretário nacional de Política Econômica, vibrava (...) com o índice de 0,78% da inflação na terceira QUADRIS-SEMANA de setembro.* (GAZ)

quadragésimo

É o numeral ordinal (adjetivo) correspondente a 40. ◆ *No instante do QUADRAGÉSIMO lance, ambos os contendores recebem um bônus de quarenta minutos em seus relógios.* (VEJ)

quadriênio, quatriênio

São formas variantes, e a primeira é de uso mais frequente (76%). ◆ *E nunca se roubou tanto, nunca se fez tanta negociata à sombra do Getúlio e em nome dele como neste seu atual QUATRIÊNIO.* (INC) ◆ *Com esse acordo, Campos Sales garantiu para o seu QUADRIÊNIO uma relativa folga financeira.* (HIB)

quadrilha

É coletivo para ladrões, assaltantes, malfeitores. ◆ *Aqueles roubos todos tinham sido coisa de QUADRILHA bem organizada, mas haviam de ter tido auxílio...* (MC)

quadringentésimo

É o numeral ordinal (adjetivo) correspondente a 400. ◆ *No caso, QUADRINGENTÉSIMO quadragésimo quarto. Que tal? Impraticável. Melhor mesmo é dizer que São Paulo comemorará 444 anos.* (FSP)

quadrivium, quadrívio

1. **Quadrivium** é palavra latina que, na Idade Média, designava o conjunto das quatro artes matemáticas (aritmética, geometria, música e astronomia), que compunham, com o *trivium*, as sete artes liberais. O plural é *quadrivia*, mas a forma não ocorreu. ◆ *Desde as escolas medievais, o plano progressivo é conhecido, com o trivium (gramática, língua e leitura latina), retórica (estilo e oratória), dialética (lógica para discussão) e com o QUADRIVIUM (aritmética, geometria, música e astronomia).* (PE)

2. O substantivo **quadrívio**, que é a forma aportuguesada de *quadrivium*, e que também designa o lugar onde se cruzam ou terminam quatro vias, não ocorreu.

quádruplo

quádruplo

É o numeral multiplicativo (substantivo ou adjetivo) correspondente a 4. ◆ *Os apartamentos nos andares superiores custam o triplo ou o QUÁDRUPLO de um andar térreo.* (VEJ)

qual / quais de ⇨ Ver algum / alguns de, qualquer /quaisquer de, um / uns de (dentre) + substantivo / pronome no plural ⇨ Ver muitos de, poucos de, quantos de, vários de (dentre) ⇨ Ver nenhum de (dentre).

1. Se o indefinido **qual** estiver no singular, o verbo concorda com ele (terceira pessoa do singular). ◆ *Vê QUAL DE nós duas é realmente a mais bela.* (BN)

2. Se o indefinido **qual** estiver no plural, a indicação tradicional é que o verbo concorde em pessoa e número com a palavra ou expressão que se seguir à preposição **de** (ou **dentre**). ◆ *Quantos e QUAIS, Dos tomadores, saldaram seus débitos?* (OS-O) / *QUAIS DE nós saldamos nossos débitos?*

Costuma-se indicar também a possibilidade de concordância com o indefinido **quais** (na terceira pessoa do plural): *QUAIS DE nós saldam seus débitos?*

Entretanto, essa construção não ocorreu.

qual seja, quais sejam

É expressão que varia no plural. ◆ *É que, em poucas palavras, definiu um dos problemas mais sérios dos nossos dias, QUAL SEJA o da liberdade de imprensa.* (EM) ◆ *Quanto à dose e seleção do medicamento, dependem de uma série de variáveis, QUAIS SEJAM: estado físico do paciente, conhecimento farmacológico da droga, localização do agente etiológico e via de administração.* (ANT)

qualquer

1. O plural é **quaisquer**. ◆ *O locador tem direito a imediata e integral indenização por QUAISQUER danos causados em sua propriedade.* (OM) ◆ *QUAISQUER que fossem as obscuras etapas do amor, estas agora teriam que decorrer mais rápidas.* (M)

2. Em manuais normativos condena-se o uso de **qualquer** com valor negativo, recomendando-se, nesse caso, o uso de **nenhum**. ◆ *De resto, a doida não deu NENHUM sinal de guerra.* (COT)]

Entretanto, a forma é usual, nesse contexto, nos diferentes registros. ◆ *O Ministério da Fazenda também não deu qualquer retorno.* (FSP) ◆ *A sorte da villa é que essa estrada não tem qualquer importância estratégica.* (ACM)

qualquer / quaisquer de (dentre) + substantivo / pronome no plural ⇨ Ver algum / alguns de, qual / quais de, um / uns de (dentre) ⇨ Ver muitos de, poucos de, quantos de, vários de, (dentre) ⇨ Ver nenhum de (dentre).

1. Se o indefinido **qualquer** estiver no singular, o verbo concorda com ele (terceira pessoa do singular). ◆ *QUALQUER DE nós, ao viajar pelo exterior, poderá verificar que os serviços elétricos fornecidos nas residências, nas casas comerciais, não são superiores aos nossos.* (POL)

2. Se o indefinido **qualquer** estiver no plural, a indicação tradicional é que o verbo concorde em pessoa e número com a palavra ou expressão que se seguir à preposição. ◆ *QUAISQUER DE nós poderemos verificar.*

Costuma-se indicar também a possibilidade de concordância com o indefinido **quaisquer** (na terceira pessoa do plural): ◆ *QUAISQUER DE nós poderão verificar.*

Entretanto, essa construção não ocorreu.

qualquer coisa + adjetivo ⇨ Ver alguma coisa, nenhuma coisa ⇨ Ver algo, nada, tudo.

1. Se o adjetivo vier imediatamente a seguir, ele vai para o feminino, concordando com **coisa**. ◆ *O homem vai andando pela rua e de repente nota QUALQUER COISA estranha na base do edifício.* (CV)

2. Se houver a preposição **de** antes do adjetivo, ele não varia. ◆ *Havia mesmo QUALQUER COISA de postiço na raiva do Capitão.* (CA)

-quar

quantia

O substantivo **quantia** refere-se a dinheiro. Significa "quantidade de dinheiro" (que pode vir especificada). ✦ *Na luta-desforra, quando perdeu o título, recebeu igual QUANTIA por força de dispositivo contratual.* (MUN) ✦ *Pedia ao Senhor Deus que lhe enviasse a QUANTIA de cinquenta cruzeiros.* (ACT)

Desse modo, é redundante e desnecessário o uso do especificador **de dinheiro**, após o substantivo **quantia**, como muitas vezes ocorre. ✦ *Qualquer QUANTIA de dinheiro é pouca quando a soberania nacional está em jogo.* (FSP)

Do mesmo modo, é inapropriado o uso de **quantia** em referência que não seja a dinheiro.

Entretanto, esse uso é ocorrente. ✦ *O número acaba de ser divulgado pela organização do evento, que se diz surpresa pela elevada QUANTIA de participantes.* (FSP)

quanto ⇨ Ver o quanto.

1. Uma oração iniciada pelo advérbio **quanto** pode ser subordinada a outra (complemento de outra). ✦ *Porém, antes de dizer isso a Mauro, percebi QUANTO minha percepção estava longe dos tempos duros de Lutércio.* (ACM) ✦ *Eu estive umas vezes na casa dele com o Júlio para examinar uns cristais que ele queria saber QUANTO valiam.* (NB)

Essa oração, entretanto, pode ser substantivada (precedida por artigo definido): **percebi o quanto...; queria saber o quanto...**

2. O mesmo ocorre quando se trata de orações que têm o advérbio **quanto** precedido de preposição. ✦ *Olho a simpática e juvenil figura no seu terno de tropical azul e fico pensando em QUANTO é mesquinho em certas coisas o homem moderno (...).* (BP) ✦ *Decerto ainda não me conhecem, nem sabem de QUANTO sou capaz.* (CCA)

quanto possível

É expressão invariável. ✦ *O detetive fez cara tão neutra QUANTO POSSÍVEL.* (BB) ✦ *Os vira-latas (tantos QUANTO POSSÍVEL), deitados no sofá, nas poltronas, ela tange-os, tudo isso enquanto fala.* (MD)

quantos de (dentre) + substantivo / pronome no plural ⇨ Ver muitos de, poucos de, vários de (dentre) ⇨ Ver algum / alguns de, qual / quais de, qualquer /quaisquer de, um / uns de (dentre) ⇨ Ver nenhum de (dentre).

A indicação tradicional é que o verbo concorde em pessoa e número com a palavra ou expressão que se seguir à preposição. ✦ *Aliás, sempre quis saber QUANTOS Dos nossos congressistas são venais.* (EMB) ✦ *QUANTOS DE nós sabemos que existem hoje, sendo faladas no Brasil, mais de cem línguas indígenas diferentes?* (QI)

Entretanto, é comum a concordância com o indefinido **quantos** (na terceira pessoa do plural). ✦ *QUANTOS DE nós, aqui, fazem crítica literária, resenham livros em revistas e jornais?* (LC)

quantum satis

É expressão latina que significa "quanto seja bastante". Trata-se de fórmula farmacêutica que, na escrita, pode abreviar-se como **Q. S.** ✦ *Catulo Mendes ensinara-me uns tais modos ou regras de "incompatibilidades" nos preparos; de "idiossincrasias a olho nu", nas pessoas, e de QUANTUM SATIS, na preparação da receita.* (PFV)

Usa-se também na linguagem comum com significado semelhante. ✦ *Uma de suas qualidades era a boa cultura literária, sobretudo francesa, a paixão pelas artes, sobretudo a música, uma pitada de hedonismo no vinho, na mesa e no culto à beleza, o QUANTUM SATIS de matemática, para o cultivo das ciências exatas.* (VEJ)

Q. S. são também as iniciais de *quantum sufficit*, que tem praticamente o mesmo significado ("quanto seja suficiente"), mas que não ocorreu.

-quar ⇨ Ver -guar ⇨ Ver -adequar.

Os verbos em **-quar** (**adequar, antiquar, apropinquar**), assim como os verbos em **-guar** seguem as seguintes diretrizes, quanto à pronúncia e quanto à acentuação:

quarador, quarar

a) O **U** sempre soa, em qualquer das formas.

b) No caso das formas rizotônicas, a ortografia oficial prevê duas diferentes pronúncias (com o **U** tônico ou com o **U** átono), e, desse modo, prevê também dois modos de acentuação: sem acento, se o **U** for tônico, na pronúncia, e com acento na sílaba anterior, se o **U** for átono, na pronúncia. Assim, na passagem de poema do Romantismo que vem a seguir (que tem a grafia fora das normas atualmente vigentes), tanto podemos supor uma como outra pronúncia, e, por aí, podemos supor a possibilidade de duas grafias, nos dias de hoje: ✦ *Tal nos parece a terra quando ao longe / Fenece o dia, e a noite se APROPINQUA / APROPÍNQUA.* (FV)

quarador, quarar ⇨ Ver coradouro, corar.

1. O substantivo **quarador** constitui a forma popularizada de **coradouro** ("lugar onde se põem roupas para corar"). É a forma de uso menos frequente (40%). ✦ *Dois domingos bastaram para ficar pronta a cobertura do quintal e, pegado a ela, o cercado de ripas para a horta de couve e o QUARADOR de roupa.* (CHA)

2. **Quarar** é a forma popular do verbo **corar**, na acepção de "branquear, por exposição ao sol". ✦ *No arruado da colônia, as casinhas brancas, barradas de vivo azul, eram como que comprida fieira de roupa de menina QUARANDO ao céu.* (CHA)

O verbo **corar** não ocorreu, com esse significado.

quark

É termo inglês que, na física, designa partícula subatômica considerada como um dos constituintes fundamentais da matéria. ✦ *Existem, entretanto, outros tipos de QUARK que participam de interações em altas energias.* (FSP)

quarta-feira

O plural é **quartas-feiras**. ✦ *Podem ser duas QUARTAS-FEIRAS decisivas para o futuro do País.* (DP)

quarto de milha

É adjetivo que não varia. ✦ *Wellington Queiroz colocou no mercado 45 cavalos QUARTO DE MILHA de corrida.* (FSP)

quati

É substantivo masculino, referindo-se ao macho e à fêmea do animal (substantivo epiceno). ✦ *Nunca vira um QUATI.* (MRF)

quatorze ⇨ Ver catorze.

São formas variantes, e quatorze é bem menos usual (27%). ✦ *Dez mais quatro igual a QUATORZE.* (BAL)

quatro-estrelas ⇨ Ver estrelas.

1. Escrevem-se com hífen os compostos formados com numeral cardinal (até cinco) e o substantivo **estrela(s)**, usados para qualificar hotéis que recebem classificação. ✦ *Encontrada em Trancoso, Bahia, dois anos atrás, numa pensão, hoje hotel QUATRO-ESTRELAS para turistas endoleirados.* (GD)

2. O termo **quatro-estrelas** refere-se também a patente de general do exército. ✦ *Zenildo e Edson Mey são os mais modernos oficiais QUATRO-ESTRELAS do Exército.* (CB)

quê

O **quê** é acentuado quando é tônico, o que ocorre:

✧ quando é substantivo; nesse caso se inclui o nome da letra **Q**, o qual, entretanto, não ocorreu. ✦ *Além da simples beleza, o rosto de Mariana sempre apresentou um QUÊ de mistério, combinando o moreno índio dos cabelos com uma certa dignidade grega nos traços.* (OLA)

✧ quando é a última palavra da frase ou de um segmento marcado de frase. ✦ *Jogou um QUÊ?* (ASS) ✦ *Então vem a título de QUÊ?* (CBC) ✦ *Mas hoje quando Beatrice me contou sobre o seu achado fiquei feliz, muito feliz, não sei bem por QUÊ.* (ACM) ✦ *Parabéns por QUÊ, se não faço anos; se não vou ser prefeito; se continuo a ser apenas aquilo que sempre fui e continuo a ser, isto é, um ninguém?* (AM)

◇ na expressão **sem quê nem pra quê**, que significa "sem motivo" e que, na verdade, se inclui nos dois casos anteriores. ◆ *Uma coisa tão perigosa, sem QUÊ nem pra QUÊ.* (AF)

que [concordância]

Na concordância do verbo com o sujeito representado pelo pronome relativo **que** observa-se que:

◇ o verbo concorda com o antecedente do **que**, respeitando-se todas as indicações de precedência de pessoa que se fazem para a concordância em geral (primeira, segunda, terceira, pela ordem). ◆ *Na fábrica, estão certos de que fui eu QUE delatei...* (AS) ◆ *Anda, confessa que foste tu QUE lhe enfiaste a faca.* (TS) ◆ *Estamos tentando abolir a Relação, afinal, fomos nós QUE a estabelecemos em 1652.* (BOI) ◆ *Sois vós QUE ofendeis a Deus.* (SE) ◆ *Viva a gente, leitor, como você e eu, QUE só temos uma ideia vaga daquilo que nos ocorre nas entranhas.* (CT)

◇ quando o antecedente do **que** é um vocativo, o verbo vai para a segunda pessoa. ◆ *Oh, Júpiter, sereno e severo, bravo e bom, QUE castigas e QUE recompensas, QUE és doce ao nosso coração.* (TEG)

◇ quando o **que** vem precedido do demonstrativo **o(s)**, que é de terceira pessoa, o verbo vai para a terceira pessoa. ◆ *Não quero polemizar com os QUE debaterão o assunto.* (ESP)

Entretanto, se o demonstrativo se refere a um pronome pessoal (que geralmente o antecede), a concordância se faz, usualmente, com a pessoa desse pronome antecedente. ◆ *Ontem recebemos notícia triste, das mais tristes para seus amigos, nós os QUE vivemos no Rio.* (CPO)

que é de?, quede?, quedê?
⇨ Ver **cadê?**

1. São fórmulas de interrogação que significam "onde está?".

2. A expressão primitiva é **Que é de?**, muito pouco usual (2%). ◆ *QUE É DE João?* (CHA) ◆ *Depois pergunta "QUE É DE Osbênio?, QUE É DE Clauir?", e entendo que ele esperava outra pessoa, algum parente, quem sabe.* (EST)

3. **Quede?** e **quedê?** (assim como **cadê?**) são formas aglutinadas de **que é de?** Elas têm uso menos formal, mais popular. Todas são mais usuais que a forma plena original **que é de?**, mas, especialmente, **cadê?**, que é a forma quase exclusivamente usada (**quede?** – 3%; **quedê?** – 4%; e **cadê?** – 91%). ◆ *QUEDE a flor que você tirou de minha sepultura?* (COT) ◆ *Ninguém queria doce de leite, isto é, o roceirinho queria, mas QUEDE dinheiro?* (VER) ◆ *QUEDÊ o embrulho?* (CNT) ◆ *QUEDÊ o queijo da serra da Estrela?* (BPN)

que nem

É expressão comparativa ("como") usada na linguagem coloquial. ◆ *Humildade é QUE NEM caldo de galinha, não faz mal a ninguém.* (CB)

quebra-cabeça

1. Essa é a forma do singular, registrada em dicionários. ◆ *Reabro a carta para registrar lembrança pessoal e dividir com você um QUEBRA-CABEÇA que não deslindo.* (ALF)

2. O plural é **quebra-cabeças** (verbo + substantivo). ◆ *Jaime Poniachick, matemático argentino apaixonado pelos QUEBRA-CABEÇAS.* (SU)

Entretanto, como ocorre em outros substantivos compostos do mesmo tipo (forma verbal **quebra** + substantivo complemento **cabeça**), o composto com o segundo elemento pluralizado (que é a forma indicada para plural) também é usado para singular. ◆ *E quanto mais o homem evolui, mais dados vai juntando para armar o QUEBRA-CABEÇAS que irá explicar e justificar a sua própria existência.* (CRU)

queda

1. **Queda**, com E aberto, é sinônimo de **tombo**. ◆ *No gado adulto, a cãibra pode ser consequência de pancada, QUEDA ou torção.* (GL)

2. **Queda**, com E fechado, é o feminino de **quedo**, "quieto". ◆ *Imaginaram que o Brasil esperaria mudo e QUEDO.* (RE)

quefazer(es) ⇨ Ver **afazer(es)**.

Muito raramente usado, o substantivo **quefazer** significa "ocupação", "faina", "negócio".

quem [concordância]

♦ *E o tímpano, no QUEFAZER da cozinha, vai se construindo em tritos, refogados, salteados no mesmo tempo da vida e do filme.* (FSP)
♦ *Vossa Excelência que [vírgula] descendo dos seus inúmeros QUEFAZERES [vírgula] veio até nós para um convívio de perfeita amizade [ponto].* (NI)

É o mesmo que **afazer(es)**, que é muito mais frequentemente empregado (98%), embora apontado como galicismo pelos puristas.

quem [concordância]

1. O pronome **quem** é de terceira pessoa, isto é, quando ele é sujeito o verbo vai para a terceira pessoa do singular. ♦ *Ganha mal QUEM trabalha bem.* (REA)

2. Mesmo que o **quem** se refira a um pronome pessoal antecedente de outra pessoa do discurso, a recomendação tradicional é que o verbo fique na terceira pessoa do singular (concordando com o **quem**). ♦ *Fui eu QUEM falou, QUEM procurou tranquilizá-la.* (A) ♦ *Não fui eu QUEM o retirou.* (PCO)

Entretanto, nesses casos, também é usual que o verbo concorde com esse antecedente do pronome relativo **quem** (a 1ª pessoa, na maior parte das vezes), especialmente em linguagem sem formalidade. Com essa concordância na primeira pessoa, o falante acentua a sua participação no evento. ♦ *Agora sou eu QUEM não quero.* (LC) ♦ *Você sabe que fui eu QUEM dei dinheiro ao governo para armar a tropa que ia acabar com o quilombo daquele miserável!* (TS)

3. Quando o **quem** é usado como sujeito em interrogação, a concordância do verbo se faz:

✧ em geral, com o **quem**, isto é, na terceira pessoa do singular. ♦ *O filho, coitado, QUEM se lembra dele?!* (A)

✧ com o predicativo, se o verbo é **ser**. ♦ *Não vamos analisar QUEM serão os prováveis pais da vitória.* (OPV)

Quênia [África]

O adjetivo pátrio é **queniano**. ♦ *A cada Olimpíada surgem as mais diversas explicações para o segredo QUENIANO.* (VEJ)

Quéops

A sílaba tônica é **QUÉ** (com acento). ♦ *Embora tenha quase a mesma base que os QUÉOPS, no Egito, a pirâmide do Sol em Teotihuacán é bem menos alta.* (FSP)

quepe

É a forma portuguesa correspondente à forma francesa *képi*, que é oxítona. O substantivo designa um tipo de boné usado por militares. ♦ *Pantaleão ainda se adiantou para apanhar o QUEPE, mas a mulher abaixou-se e apanhou-o.* (AM)

quer ... quer ⇨ Ver ou ... ou.

Quer ... quer é uma forma marcada (correlativa) de indicar alternância, assim como **ou ... ou**. ♦ *O peixe é cercado e aprisionado em qualquer quantidade, QUER queira QUER não.* (PAN)

Entretanto, pelo fato de a forma mais típica de indicação de alternância ser a que se faz com **ou**, ocorre frequentemente a sequência **quer ... ou**, que é condenada em lições tradicionais. ♦ *QUER goste ou não, Itamar Franco é o principal mandatário da nação.* (FSP)

querer

1. Significando "desejar", **querer** usa-se:

✧ com um infinitivo de verbo. ♦ *Quem não QUER sair se esconde na mata, e não há polícia que consiga tirá-lo de lá.* (VEJ)

✧ com complemento sem preposição (objeto direto). ♦ *Eu QUERO uma juventude poderosa, destemida, cruel e autoritária.* (IS)

Nesse caso, pode ocorrer, ainda, outro complemento iniciado pela preposição **para**. ♦ *O poeta QUER para seu amigo aquele que reparta a sua mesa e a sua mulher.* (VES)

O complemento pode não ser expresso. ♦ *Falsificado ou não, não QUERO mais!* (A)

2. Significando "querer bem", recomendam as lições tradicionais que **querer** se construa com complemento iniciado pela preposição **a**. ♦ *E eu como QUERO a ele! Nunca brigamos.* (JM) ♦ *O Padre tinha-o em alta conta e o Austríaco lhe QUERIA muito.* (S)

quinquagésimo, quingentésimo

Nesse sentido, o mais frequente é o uso da expressão **querer bem**, que, pela sua formação, tem mais evidentemente o complemento iniciado pela preposição **a**. ◆ *E não quero mais QUERER bem a ninguém.* (GE)

Entretanto, por influência da regência mais comum do verbo **querer**, que é direta, são usuais construções com complemento sem preposição (objeto direto), condenadas pela gramática normativa. ◆ *Mas Aninha QUER bem demais aquele filho.* (CA)

quermesse

É a forma portuguesa correspondente ao francês *kermesse*. O substantivo designa feira pública beneficente tradicional, geralmente promovida por igreja, com barracas ao ar livre, leilão de prendas e sorteios. ◆ *Era uma QUERMESSE suburbana, pobre e evidentemente já nos últimos dias, talvez nas últimas horas.* (N)

querosene

Com **S**. ◆ *A luz das placas de QUEROSENE aureolava a sala, onde comíamos, enternecidos, em família.* (CHI)

quesito

Com **E** na primeira sílaba e com **S**. O substantivo designa questão que deve ser respondida ou ponto que deve ser tratado, geralmente propostos dentro de uma série. ◆ *Em Ipanema, o QUESITO água perde alguns pontos.* (FSP)

questão

A letra **U** não corresponde a nenhum som. ◆ *Mauro fez QUESTÃO que Heládio cumprisse as recomendações do Dr. Macedo.* (NB)
A forma **questã** não se justifica.

quiche

É palavra francesa que designa prato de culinária feito com massa e com recheio à base de ovos e creme. É substantivo feminino. ◆ *A QUICHE mais famosa do mundo é a QUICHE Lorraine, recheada com ovos e creme de leite e salpicada com toucinho defumado.* (FSP)

quíchua

A sílaba tônica é a antepenúltima (**QUÍ**), e, por isso a palavra leva acento (proparoxítona). O substantivo designa povo indígena que habitava extensa região da América do Sul e designa, também, a língua geral do antigo império inca, ainda falada na região. ◆ *Sua população de quase 2.000 habitantes é formada basicamente por QUÍCHUAS e é uma das mais tradicionalistas de todo o Peru.* (FSP) ◆ *No Paraguai e no Peru, por exemplo, onde o povo simples fala respectivamente o guarani e o QUÍCHUA, a divisão entre elite e elemento popular é praticamente intransponível.* (LIP)

quid ⇨ Ver **busílis**.

É palavra latina (pronome interrogativo: "quê?"). Usa-se como substantivo para referência ao ponto crucial de uma questão, o **busílis**. ◆ *A massa de hoje é industrial e vai direto ao "QUID".* (FSP)

quilo-

1. É elemento (grego) que se liga a um elemento seguinte. Significa "mil". ◆ *Não é realmente a QUILOMETRAGEM de nado que importa.* (NOL) ◆ *A bomba que explodiu em Hiroshima em 1945 teve energia equivalente a 18 QUILOTONS.* (FSP) ◆ *O último QUILOWATT gerado por Angra foi no dia 5 de março.* (VEJ)

Se o elemento seguinte começar por **H**, essa letra não é eliminada. ◆ *A rádio AM não é viável, pois usa frequência de QUILOHERTZ.* (FSP)

2. Nos símbolos, que não têm plural, usa-se o **k** (minúsculo), não havendo ponto de abreviatura. ◆ *Corríamos a 150 KM por hora.* (BL) ◆ *São Luís do Maranhão amplia de 12.000 KW para 15.000 KW a sua produção de energia.* (CRU)

quinquagésimo, quingentésimo

1. **Quinquagésimo** é o numeral ordinal (adjetivo) correspondente a 50. ◆ *Quando um tenista brasileiro consegue passar para o QUINQUAGÉSIMO lugar no ranking mundial, é festa no país e nos jornais.* (VEJ)

quinquênio, quinquenal

2. **Quingentésimo** é o numeral ordinal (adjetivo) correspondente a 500. A forma não ocorreu.

quinquênio, quinquenal

A semivogal U é pronunciada. O substantivo **quinquênio** designa o período de cinco anos. ◆ *Houve neste país um presidente chamado Juscelino Kubitschek que falava em condensar cinquenta anos num QUINQUÊNIO.* (CEN) ◆ *Eles são mestres em produzir números e estatísticas, como se ainda cumprissem um plano QUINQUENAL dos tempos do comunismo.* (VEJ)

quinta-feira

O plural é **quintas-feiras**. ◆ *Carlos vai todas as QUINTAS-FEIRAS ver outra mulher.* (RR)

quíntuplo

É o numeral multiplicativo (substantivo ou adjetivo) correspondente a 5. ◆ *A presença simultânea de dois ou mais conceptos constitui a prenhez múltipla, classificada em dupla ou gemelar, tripla, quádrupla, QUÍNTUPLA, sêxtupla etc.* (OBS)

quinzenal ⇨ Ver bimensal.

Quinzenal é adjetivo que classifica o que ocorre ou circula todas as quinzenas (duas vezes por mês). É o mesmo que **bimensal**. ◆ *O jornal, que já entrou em seu segundo ano com uma tiragem QUINZENAL de dez mil exemplares, é editado pelo grupo Folha Dirigida, do Rio de Janeiro.* (RI)

quiproquó

É substantivo formado a partir do latim *quid pro quo* ("uma coisa por outra"). Significa "situação confusa". A semivogal U é pronunciada, nos dois casos. ◆ *O interlocutor se encafifava com o QUIPROQUÓ, mesmo porque o padre era de muito respeito.* (VER)

quir(o)-, cir-

São elementos (gregos) que se ligam a um elemento seguinte. Significam "mão". ◆ *Muito difundida nos Estados Unidos, onde 19 milhões de pessoas se submetem a esse tipo de*
tratamento, a QUIROPATIA é um método de manipulação das vértebras da coluna. (VEJ) ◆ *Tem peculiaridades a CIRURGIA obstétrica.* (OBS)

quiromancia

A sílaba tônica é CI, e, por isso, a palavra não leva acento. O substantivo designa a arte de predizer o futuro pelo exame das linhas da palma da mão. ◆ *Ela conhecia astrologia, cabala, talismânica, numerologia, QUIROMANCIA, cartomancia, esoterismo.* (BU)

quis, quiser, quisesse

Com S. Não existe Z nas formas do verbo **querer**. ◆ *Tio Emílio fora à vila. Eu não QUIS ir.* (SA) ◆ *Quem QUISER, fique no trem, durante esse capítulo.* (CRE) ◆ *O Moço tinha de se conformar, QUISESSE ou não QUISESSE.* (BAL)

quisto ⇨ Ver cisto.

É forma variante de **cisto**, com uso menos especializado. Os dois substantivos têm empregos técnicos específicos. ◆ *Tenho um QUISTO no nariz e logo sou transportado para um trem em movimento.* (VA)

quite

1. Usa-se como adjetivo (particípio irregular de **quitar**). Significa "que saldou as suas contas", "livre de dívidas", "desobrigado". ◆ *Voltar pra minha roça, em paz com a minha consciência e QUITE com a santa.* (FSP)
2. O plural é **quites**. ◆ *A morte dela valeu para mim como uma anistia de dívidas e sinto que estamos QUITES.* (CT)

quitinete ⇨ Ver kitchenette.

É a forma correspondente ao inglês *kitchenette*, muito mais usual que ela (90%). Designa apartamento muito pequeno que consiste em uma cozinha na qual se conjugam os outros ambientes. É substantivo feminino. ◆ *Eles chegaram a morar amontoados numa QUITINETE no centro histórico de São Paulo.* (VEJ) ◆ *O aluguel mais baixo apurado pelo levantamento foi o de QUITINETES localizadas em bairros como Brás, Itaim Paulista e Socorro, que custavam R$ 190.* (FSP)

quotizar(-se)

Entretanto, talvez por sugestão do substantivo **apartamento**, por vezes ocorre como masculino. ♦ *Abriu os braços, me arrastou, sem ligar a protestos, para o QUITINETE que ele ocupava na Paulista (...).* (LC) ♦ *No gigantesco prédio Japiassu alugara um QUITINETE.* (RI)

quiuí ⇨ Ver **kiwi.**

É a forma gráfica portuguesa correspondente a *kiwi.* Essa forma está oficialmente registrada, mas não ocorreu.

Kiwi é palavra inglesa que designa uma fruta de origem asiática que tem casca marrom e pilosa e polpa verde, sumarenta e brilhante.

quociente ⇨ Ver **cociente.**

É forma variante de **cociente.** ♦ *Uma vez guardados os nomes dividendo, divisor, QUOCIENTE e resto, podemos prosseguir.* (ATT) ♦ *O fato de que cada COCIENTE eleitoral e partidário constitui um colégio eleitoral voluntário e unânime.* (RCS)

quod erat demonstrandum

É expressão latina que significa "o que era necessário demonstrar" e que é usada para concluir uma demonstração. Na escrita se abrevia como Q. E. D. ♦ *Um dos mitos a explodir, cultivado pelos dinossauros, é que o Estado tem uma "função social", buscando altruisticamente o atendimento das camadas pobres e a universalização dos serviços. "QUOD ERAT DEMONSTRANDUM"...* (FSP)

Quod scripsi, scripsi.

É frase latina que significa "O que escrevi escrevi". Foi a resposta de Pilatos aos que sacrificavam Jesus, os quais o censuravam por haver inscrito na cruz: *Jesus, Rei dos Judeus* (S. João, XIX, 22). Emprega-se para indicar uma resolução firme. ♦ *"QUOD SCRIPSI, SCRIPSI", disse Pilatos, atendendo à voz das ruas. Tradução: vale o escrito.* (FSP)

quórum

1. É a grafia portuguesa (com acento) do latim *quorum* ("dos quais"). Designa o número de pessoas legalmente necessário, em um determinado colegiado, para uma tomada de decisão. ♦ *Quando é para tratar de assuntos de interesse da população, simplesmente não há QUÓRUM.* (VEJ)

2. O plural é **quóruns.** ♦ *O PMDB propõe a alternativa de encerrar esta revisão e convocar uma nova, com QUÓRUNS de votação diferenciados para cada tema.* (FSP)

quota ⇨ Ver **cota.**

É forma variante de **cota.** O substantivo significa "parcela de um todo". ♦ *Dei gargalhadas com o Cláudio Vieira até saturar minha QUOTA de humor semanal.* (BEM)

Cota é forma variante, mais recomendada em manuais e mais usada (76%).

quotidiano ⇨ Ver **cotidiano.**

É forma variante de **cotidiano.** Significa "de todos os dias", "diário". ♦ *É um poder ativo, mas não pode ficar demasiadamente adstrito ao viver QUOTIDIANO.* (DC)

Cotidiano é forma variante, mais recomendada em manuais e quase exclusivamente usada (99,9%).

quotista ⇨ Ver **cotista.**

É forma variante de **cotista.** A palavra significa "que / quem tem quotas". ♦ *As quotas representam o número de partes que formam o capital social da empresa, distribuídas entre os sócios ou QUOTISTAS.* (FSP)

Cotista é forma variante, mais recomendada em manuais e muito mais usada (91%).

quotizar(-se) ⇨ Ver **cotizar(-se).**

1. Com **z**, como todo verbo formado com o sufixo **-izar.**

2. **Quotizar** (que não ocorreu) significa "dividir ou distribuir por quota", e **quotizar-se** (sempre em relação a um plural) significa "contribuir individualmente com quota". ♦ *"Na minha gestão inicial, tivemos tanta dificuldade financeira que NOS QUOTIZÁVAMOS para conduzir a entidade", diz Meirelles.* (FSP)

quousque tandem

Cotizar(-se) é forma variante, mais recomendada em manuais e muito mais usada (97%).

quousque tandem

É expressão latina que significa "até quando". São as primeiras palavras do primeiro discurso de Cícero contra Catilina (*Primeira Catilinária*). ◆ *"QUOUSQUE TANDEM, o Fernande, abutere patientia populi?"* (FSP) ("Até quando, ó Fernando, abusarás da paciência do povo?")

r

r

O nome da letra é **erre**. O primeiro **E** (tônico) é aberto, mas a palavra não leva acento. ✦ *Pronunciava este nome com um excesso de ERRES.* (TV)

rã

É substantivo feminino, referindo-se ao macho e à fêmea do animal (substantivo epiceno). ✦ *Anfíbios, como a RÃ, absorvem sais ativamente através da pele.* (FIA)

rabear, rabiar ⇨ Ver **-ear** ⇨ Ver **-iar.**

1. **Rabear** significa "mexer com o rabo". ✦ *A jacaretinga estremeceu, RABEOU, descaiu o focinho ferido.* (FSP)

2. **Rabiar** significa "enfurecer-se". ✦ *Com uma facada dessa, Coriolano sai segurando as mãos pra não perder o desgoverno dos punhos, entorta a cabeça de banda pra que não lhe avistem o ódio RABIANDO nas pupilas.* (OSD)

rabugem, rabugento, rabugice; rabujar

1. **Rabugem, rabugento** e **rabugice** escrevem-se com **G.**

Rabugem designa doença de cães semelhante à sarna. ✦ *Qual é a doença? RABUGEM?* (AC)

Rabugento significa "intolerante", "que tende a implicar com tudo". ✦ *O mercador era um velho RABUGENTO, mas não era injusto.* (AO)

Rabugice significa "intolerância", "amuo". ✦ *Opiniões como essas, evidentemente, carregam certa RABUGICE de intelectual.* (VEJ)

2. O verbo **rabujar** é com **J** (antes de **A**). Significa "demonstrar mau humor". ✦ *O Velho Camilo, soturno. RABUJAVA? Bebeu o fel-vinagre?* (COB)

rack

É palavra inglesa que designa móvel com prateleiras destinado à colocação de conjunto de aparelhos de som e/ou de vídeo que ficam interligados. A pronúncia aproximada é **rac.** ✦ *Um primitivo RACK de canto sustenta um televisor e um aparelho de CDs.* (FSP)

raclette, raclete

1. *Raclette* é palavra francesa que designa prato de origem suíça preparado com queijo que se leva a fundir com cuidados particulares e usando-se um aparelho especial, a **racleteira.** É substantivo feminino. ✦ *Não é verdade que um restaurante suíço tenha que servir apenas fondues e RACLETTES.* (FSP)

2. **Raclete** é a grafia portuguesa correspondente, menos usual (45%) que a forma original francesa. ✦ *No próximo sábado, o cometa Shoemaker-Levy 9 tenciona transformar o planeta Júpiter em um enorme queijo suíço, quiçá, em uma RACLETE interstelar.* (FSP)

raconto

É a forma portuguesa correspondente ao italiano *racconto*, que significa "narrativa", "relato". ✦ *O RACONTO cheio de suspense e humor serve para abrir a cortina sobre o Rio daquele tempo.* (FSP)

radicchio

É palavra italiana que designa verdura do tipo da chicória, de folhas avermelhadas e raiadas de branco, usada para salada. ◆ *Para quem não quer frango, talvez um filé mignon com risoto ou uma lasagna de RADICCHIO – vai depender do dia.* (FSP)

rádio, radio-

1. O substantivo **rádio**, como redução de **radiofonia**, é:

◇ masculino, quando designa:

- o meio de difusão. ◆ *Notícias de todo o Brasil eram transmitidas pelo RÁDIO.* (AGO)
- o aparelho de transmissão. ◆ *Meu tio está sempre ansioso para mostrar um novo RÁDIO.* (AVI)

◇ feminino, quando designa a estação emissora. ◆ *A RÁDIO financiada pela associação tem a programação voltada para a educação ambiental.* (FOC) ◆ *A direita costuma dizer que a RÁDIO Suécia é a consciência do mundo.* (CRE)

2. **Radio-** é um elemento de composição cujo significado se prende a **raio**, **radiação** e também **transmissão radiofônica**. Em geral, liga-se sem hífen ao elemento seguinte. ◆ *A introdução da modalidade "pública" nos sistemas de RADIODIFUSÃO de sons e imagens é outro avanço.* (OS) ◆ *Abdalla trabalhava havia quatro anos na TV Record e integrava o departamento de RADIOESCUTA.* (FSP)

Se o elemento seguinte iniciar por O (que é a mesma vogal pela qual termina **rádio/radio**), pode ocorrer:

◇ fusão dos dois OO (apenas se o O inicial do segundo elemento for átono); nesse caso o primeiro elemento é radio (sem acento). ◆ *Se o perigo fosse uma tempestade repentina ou uma tromba d'água inesperada, teria sido mais razoável que o RADIOPERADOR desse informações mais precisas.* (TB)

◇ ligação por hífen (seja o O inicial do segundo elemento átono, seja ele tônico); nesse caso, o primeiro elemento é **rádio** (com acento); por exemplo, **rádio-operador**, **rádio-onda**, formas que não ocorreram.

Observe-se que são oficialmente registradas ambas as formas, **radioperador** e **rádio-operador**.

Se o elemento seguinte começar por R ou S, é necessário duplicar essa letra (que ficará entre duas vogais, na escrita). ◆ *RADIORRE-PÓRTERES subiam na árvore para entrevistar os jovens.* (NBN) ◆ *O aumento do metabolismo celular eleva a RADIOSSENSIBILIDADE.* (OBS)

rádio-relógio

1. **Rádio-relógio** é um substantivo composto em que se unem com hífen os nomes de dois aparelhos, o rádio e o relógio. A palavra não é abrigada nos maiores dicionários da língua. ◆ *Os números do RÁDIO-RELÓGIO brilham na escuridão.* (FSP)

2. O plural é **rádios-relógios** (substantivo + substantivo). ◆ *Todos os eletroeletrônicos (à exceção de RÁDIOS-RELÓGIOS, com queda de 29,4%) aumentaram as vendas.* (FSP)

raffiné

É palavra francesa que significa "refinado", "requintado", "de gosto apurado". ◆ *Quase. Essas cinco letras resumem o segredo de uma temporada menos trivial e mais "RAFFINÉ" em Paris.* (FSP)

ragtime

É palavra inglesa que designa um tipo de música que surgiu nos Estados Unidos no final do século XIX, caracterizada por ritmo forte e sincopado, considerada precursora do jazz, do qual se distingue por ser uma composição sem improvisações, com solos e harmonias previamente acertados. A pronúncia aproximada é **regtáimi** (com e aberto). ◆ *A autora descreve a forma em que eram vistos os atores – que de pessoas quase sem valor passaram a ser considerados deuses – e relata a evolução da música do RAGTIME aos blues e o jazz.* (FSP)

raiom, rayon

Raiom é a forma portuguesa correspondente ao inglês *rayon*, designação de uma fibra têxtil feita de celulose e da seda feita com essa fibra. A forma portuguesa, porém, é muito menos usada (7%) do que a forma original inglesa *rayon*. ✦ *O documentário descreve a fabricação do RAIOM na cidade de Torviscosa, no Friúli, onde fica a fábrica que mantinha o filme.* (FSP) ✦ *O BNDES concedeu financiamento de R$12,3 milhões para o projeto de expansão da produção de fibra RAYON da Fibra, indústria têxtil de Americana (SP).* (VEJ)

raios X

A expressão é plural. ✦ *Aos moldes não se pode aplicar, por exemplo, a técnica dos RAIOS X.* (DST)

Rais

É a sigla de **Relação Anual de Informações Sociais**. ✦ *A entrega da Rais em formulário será feita nas agências da Caixa Econômica Federal e do Banco do Brasil.* (FSP)

raiz

Os adjetivos correspondentes são:

◇ **radicular**. ✦ *A vantagem é o aproveitamento do sistema RADICULAR do cajueiro comum.* (GU)

◇ **radical**. ✦ *Sem falar, afinal, na sua supressão RADICAL no caso dos edemas.* (CLO)

RAM

Com maiúsculas. É palavra formada em inglês com as iniciais da expressão *Random Access Memory* ("memória de acesso aleatório"), usada em referência à memória do computador: é a **memória RAM**, que se mede em *bytes*, tanto quanto a memória de um disco. ✦ *Para funcionar bem, o Win95 exige que o computador tenha disponíveis para ele pelo menos 8 megabytes de memória RAM e outros 50 megabytes no disco rígido.* (VEJ)

ramalhete ⇨ Ver buquê
⇨ Ver **corbelha**.

É coletivo para flores harmoniosamente arranjadas. ✦ *Ou então deveria ter escolhido um RAMALHETE qualquer, apenas bonito e gentil, para oferecer à mulher que partia.* (VI)

Buquê, forma portuguesa correspondente ao francês *bouquet*, tem a mesma acepção.

ranking

É palavra inglesa bastante usada em português, apesar de existir termo vernáculo equivalente, **classificação**. ✦ *Megaempresas supridoras são hoje as primeiras colocadas em qualquer RANKING empresarial.* (POL)

rap

É palavra inglesa (condensação *de rhythm and poetry*, "ritmo e poesia") que designa um tipo de música popular, urbana, de origem negra, com ritmo muito marcado, melodia pouco elaborada e letra em geral contundente. A pronúncia aproximada é **rép**. ✦ *Fui para o banheiro e fiquei em frente ao espelho, dançando como os negros e compondo um RAP.* (OMT)

rapar ⇨ Ver **raspar**.

Rapar significa "cortar rente" (cabelos ou pelos). ✦ *Os rostos e os costumes das mulheres, seguindo as modas, e RAPANDO a barba.* (FSP)

Raspar significa "esfregar com raspadeira", "desbastar".

rapaz

1. O feminino é **rapariga**. ✦ *A RAPARIGA aprende com a própria mãe ou com mulheres idosas.* (AE).

2. O aumentativo é **rapagão**. ✦ *O neto já era homem feito: RAPAGÃO forte, pescador de pescado grande, especialista em trabalho de arpão.* (LOB)

rapel

O substantivo designa atividade de montanhismo que consiste de descida vertical, feita com a ajuda de dispositivos regulados. Corresponde ao francês e ao inglês *rappel*. ✦ *No RAPEL, a pessoa é presa por uma tira que passa pela cintura e acima da coxa.* (FSP)

rapsódia

A sílaba tônica é **SÓ** (com acento). O substantivo designa cada trecho em que se divide uma composição poética (especialmente a épica), o mesmo que **canto**. Designa também um tipo de peça musical que utiliza livremente melodias, processos de composição e efeitos instrumentais. ◆ *O que Sua Majestade exigia era a odisseia selvagem, um Brasil de substância homérica (...), como o guerreiro helênico nos pórticos da Civilização: honrado, valorizado, cantado, pela cítara das RAPSÓDIAS!* (CRU) ◆ *A seu livro mais conhecido, Macunaíma, não chamou de romance, mas RAPSÓDIA – palavra que, em música, designa uma obra estilizada a partir de temas populares.* (VEJ)

raptar, reptar

1. **Raptar** significa "sequestrar". ◆ *Meu filho não RAPTOU ninguém.* (REI)

2. **Reptar** significa "desafiar", "provocar". ◆ *Os múltiplos Brasis (...) REPTARAM os extraordinários portugueses do primeiro século a se apossarem da terra, a plantarem nela a semente humana, como a semente de tantas espécies agrícolas (...).* (TGB)

raqueta, raquete

1. **Raqueta** é a forma portuguesa correspondente ao francês *raquette*. O E é fechado. ◆ *Faltava ainda um lugar para os livros e para a RAQUETA de tênis.* (RIR)

2. **Raquete** (com o E tônico aberto) é forma que apenas adapta graficamente a original francesa e que é muito mais usada (95%), especialmente na imprensa. ◆ *Minha vontade era pegar uma RAQUETE, e jogar uma melhor de três com ele.* (MAN)

Ambas as formas são dicionarizadas.

raspar ⇨ Ver rapar.

Raspar significa "esfregar com raspadeira", "esfregar", "desbastar". ◆ *O cavalo RASPAVA com as patas dianteiras o chão duro do terreiro.* (CV)

Rapar significa "cortar rente" (cabelos ou pelos).

rasteja

O E é fechado (antes de J). ◆ *Ele ganhou, mas sua imagem saiu arranhada como alguém que RASTEJA por um cargo, movido mais por vaidade do que interesse público.* (FSP)

rastro, rasto

São formas variantes. A forma **rastro** é muito mais usada (90%). ◆ *No seu RASTRO seguiam os séquitos de três reis.* (CF) ◆ *O RASTO dos caminhões era o da própria devastação que eles levavam adiante.* (ALE)

ratificar ⇨ Ver retificar.

Ratificar significa "homologar", "confirmar". ◆ *O WWF quer que os países signatários da convenção se comprometam a RATIFICAR o documento dentro do prazo de um ano.* (GLO)

Retificar significa "tornar reto", "consertar", "emendar".

rato

1. O aumentativo é **ratazana**, que é um feminino para referência ao animal macho ou fêmea (substantivo epiceno). ◆ *Um pé descalço arrastava-se no soalho, mais leve que a corrida noturna da RATAZANA.* (CE)

2. Os adjetivos (e substantivações) correspondentes são **murino**, **murídeo** e **rateiro**. ◆ *Outra doença é o tifo MURINO, transmitida pelas fezes das pulgas infectadas dos ratos.* (FSP) ◆ *Enfeixando a publicação um importante trabalho (...) sobre leptospirose em MURÍDEOS, caninos e suínos no Paraná.* (BBT) ◆ *Esse (o gato) não se importava com nenhuma coisa; mais, era RATEIRO: (...) com um cismado de orelhas seguia longe o rumor de rato que ia se aparecer dum buraquinho.* (COB)

ravióli

É a grafia portuguesa correspondente ao italiano *ravioli*. É substantivo masculino. ◆ *A garota põe-se a esmagar o RAVIÓLI, que é recheado de espinafre.* (EST)

ray-ban

1. É palavra formada a partir do nome inglês *ray*, que significa "raio", e da forma verbal *(to) ban*, que significa "banir". É nome comercial (marca registrada) feminino que se refere a uma espécie de vidro de cor esverdeada, usado em janelas e em lentes de óculos, destinado a filtrar raios luminosos. ◆ *A nova linha da RAY-BAN chama-se Orbs.* (FSP)

2. Esse substantivo geralmente se emprega à direita de outro, atuando como classificador

(como um adjetivo), seja com maiúsculas (em referência à marca), seja com minúsculas (em referência ao tipo de material). ♦ *Absurdo, Nena, absurdo viver assim na ponta do lápis, prédios de **vidro RAY-BAN**, computadores, acrílicos, roupas de um milhão e a gente na ponta do lápis!* (RC) ♦ *O general chefe do SNI se escondia atrás dos **óculos RAY-BAN** e não tinha a menor experiência com os repórteres.* (NBN)

ré ⇨ Ver **marcha a ré.**

O substantivo feminino **ré** designa a parte traseira de uma embarcação. Está em uso, porém, para significar o mesmo que **marcha a ré.** ♦ *Depois de muito tentarem fazer o carro andar, sem sucesso e causando o maior engarrafamento, eles finalmente conseguiram engatar a **RÉ**.* (FSP) ♦ *Pé no acelerador, ela dá uma **RÉ** brusca.* (GD)

re-

É prefixo de origem latina que indica movimento para trás, repetição. Liga-se sem hífen ao elemento seguinte. ♦ *Isto significa que tanto poderá desintegrar-se, como **REGREDIR** ou progredir.* (CIB) ♦ *Espero em breve **REVER** você.* (AM) ♦ *Pedro já se **REFEZ** do susto e continua sustentando que entregaria até as calças, pela alegria de continuar vivendo.* (FE)

Se o elemento seguinte começar por **R** ou **S**, é necessário duplicar essa letra (que ficará entre duas vogais, na escrita). ♦ *A Bardella propõe **RERRATIFICAR** a destinação dos lucros.* (FSP) ♦ *Ele se perde na multidão encharcada, para **RESSURGIR** no grande saguão da central.* (CHU)

reagir

Usa-se com complemento iniciado pelas preposições **a** e **contra**, ou sem complemento. ♦ *Ouvia os coqueiros do quintal, remexidos pelos ventos e barulho triste das palmas, **REAGINDO** às rajadas do chuveiro.* (VB) ♦ *Sempre **REAGI contra** esse nobre que me cheirava muito a chantagista.* (VN) ♦ *A casa não **REAGIA**.* (COT)

real, Real ⇨ Ver **réis.**

1. O substantivo comum **real** designa a atual moeda brasileira. ♦ *A inflação continua cain-*

do, o ***REAL** continua forte e foram acumulados US$ 50 bilhões em reservas.* (FSP)

O plural é **reais**. ♦ *A premiação principal é de 15 mil **REAIS**.* (RI)

2. O substantivo próprio **Real** (com maiúscula) designa o plano governamental que instituiu essa moeda. ♦ *E o Plano **REAL** é uma efetiva possibilidade de um novo tempo nas relações econômicas e na retomada do crescimento.* (EM)

Réis é o plural de uma antiga moeda de Portugal e do Brasil (também denominada **real**).

realizar

Com **Z**, como todo verbo formado com o sufixo **-izar**. ♦ *Betinha logo se juntou ao grupo e procurou **REALIZAR** bem os exercícios.* (BB)

reaver

Verbo defectivo, só tem, no presente do indicativo, a primeira e a segunda pessoa do plural (formas arrizotônicas, isto é, com sílaba tônica na desinência): **reavemos, reaveis**. Consequentemente, não tem o presente do subjuntivo. Formado a partir do verbo **haver**, conjuga-se como esse verbo e usa-se, afinal, nas formas em que ele conserva o **V**. ♦ *Precisava **REAVER** o chicote.* (BH) ♦ *Se quiser comprar outro banco, quando **REOUVER** seus bens, só poderá fazê-lo com a permissão do BC.* (VEJ) ♦ *Além de ter tido um parente sequestrado, perdido dinheiro e, eventualmente, não ter **REAVIDO** o ente querido, esse cidadão ainda iria para a cadeia?* (FSP)

rebanho

É o coletivo para animais quadrúpedes, especialmente os guardados por pastor e, particularmente, carneiros. ♦ *Deram início à retirada do **REBANHO**, compelindo as **reses** a recuarem.* (ALE) ♦ *Uma **ovelha** má põe o **REBANHO** a perder.* (LA)

reboco, reboque

1. **Reboco** designa argamassa de cal e areia, ou cimento e areia, com água. ♦ *Veja a marca do seu peso no **REBOCO**.* (ROM)

2. **Reboque** designa carro que se engata a outro para removê-lo de um lugar. ♦ *O senhor*

rebuliço

quer que eu mande vir o REBOQUE ou prefere levar o carro para o depósito o senhor mesmo? (FE)

rebuliço

Com **U**. A palavra significa "grande barulho e agitação", "desordem". ✦ *O REBULIÇO foi geral quando a revista chegou.* (VEJ)

recair

Conjuga-se como **cair**.

Há formas em que o **I** forma ditongo com o **A** (**AI**), e, nesse caso, pela regra geral de acentuação, não há acento. ✦ *Seu olhar RE-CAI, pela primeira vez, sobre um retrato de Paulo na parede.* (EL)

Há formas em que o **I** é vogal tônica, formando hiato com o **A** (**AÍ**), e, nesse caso, pela regra geral de acentuação:

- ele é acentuado quando fica sozinho na sílaba, ou apenas com um **S**. ✦ *Pode-se dizer que o centro de gravidade RECAÍA fora da criança.* (BIB)

- ele não é acentuado se não fica sozinho na sílaba. ✦ *A conversa de mesa RECAIU em desavenças e demandas da justiça.* (CL)

recall

1. É palavra inglesa que designa a convocação, feita pelo fabricante ou responsável por um produto vendido, para que consumidores retornem com o produto a fim de ter resolvido algum problema que se detectou naquela série de produção. A pronúncia aproximada é **ricól**. ✦ *O primeiro "RECALL" da empresa foi feito para substituir um componente do fogão modelo De Ville Grill.* (FSP)

2. Usa-se também para referir-se ao retorno, à repercussão de um apelo de propaganda. ✦ *Seus comerciais, mês a mês, vêm-se alternando com os da Brahma na primeira colocação entre os que os institutos especializados consagram como de maior RECALL entre os telespectadores, ou seja: aqueles que mais ficam na memória.* (VEJ)

receiver

É palavra inglesa que designa aparelho que reúne amplificador e sintonizador. A pronún-

cia aproximada é **ricíver**. ✦ *Depois disso você vai saber reconhecer o melhor RECEIVER pela marca.* (P-VEJ)

recém-

1. A sílaba tônica é a última (**CÉM**), e, por isso, o elemento leva acento (oxítona terminada em **EM**). ✦ *O RECÉM-chegado solta seus cachorros da coleira dupla e recomenda.* (ANB)

2. É um elemento (latino) que significa "recentemente". Liga-se por hífen ao elemento seguinte (em princípio, um adjetivo). ✦ *Jenner cavalgava à frente, o cigarro a escorrer-lhe RECÉM-aceso dos lábios.* (ALE) ✦ *Estava eu na porta de casa, RECÉM-vindo da escola.* (VI)

recender

Significa "exalar (aroma forte"). Usa-se sem complemento ou com complemento sem preposição (objeto direto). ✦ *Por isso entrava na cachaça, uma pinga de quarenta graus que RECENDIA a léguas.* (BH) ✦ *O recanto das vitórias-régias RECENDE os perfumes da mata.* (RIR)

recensear, recenseamento ⇨ Ver -ear.

Com **C** na segunda sílaba e com **S** na terceira. Liga-se a **censo**. ✦ *Foi eleito censor (magistrado que RECENSEAVA a população e zelava pelos bons costumes) e, mais tarde, designado "princeps senatus", o líder máximo do Senado romano.* (FSP) ✦ *Em 1907 o primeiro RECENSEAMENTO industrial brasileiro mostrava a existência de 3.258 empresas e 150.841 trabalhadores.* (LAZ)

Recife [Pernambuco]

1. O nome da cidade usa-se com ou sem artigo. ✦ *Ignoravam a situação em que todos viviam, no RECIFE.* (OE) ✦ *Menina de 5 anos lança livro de poesias em RECIFE.* (JB)

2. O adjetivo pátrio é **recifense**. ✦ *No entanto, este será um mistério que o público RECIFENSE só descobrirá logo mais à noite.* (JC)

recital

É a forma portuguesa correspondente ao francês *récital* e ao inglês *recital*. O substantivo designa audição musical ou literária; concerto. ✦ *De volta ao RECITAL, o timbre do tenor reverbera na alma, tudo ali lateja como se fôramos servos da esperança.* (PAO)

reclamar

1. Significando "exigir", usa-se com complemento sem preposição (objeto direto), podendo ocorrer outro complemento iniciado pela preposição de. ✦ *Otália RECLAMOU o papel pardo, queria refazer o embrulho.* (PN) ✦ *O povo está nas ruas RECLAMANDO a punição dos criminosos, exigindo justiça.* (AGO) ✦ *Por outro lado, atingiu ontem o seu quinto dia a greve dos lixeiros chilenos, que RECLAMAM do governo municipal o pagamento do ano de Natal.* (ESP)

2. Significando "protestar", usa-se:

◇ com complemento iniciado pelas preposições **contra** ou **de**. ✦ *Um freguês RECLAMAVA contra a pequena porção de camarões.* (BH) ✦ *Os produtores RECLAMARAM das perdas com a apreensão das batatas.* (GU)

◇ com complemento oracional sem preposição (objeto direto). ✦ *Olga RECLAMA que quer descer.* (CH)

◇ sem complemento. ✦ *RECLAMEI, briguei, apelei para todo mundo e ninguém fez nada.* (RI)

reclame, reclamo

1. O substantivo **reclame** é a forma aportuguesada do francês *réclame*, usada em português por "propaganda", num emprego tradicionalmente apontado como galicismo. ✦ *Abriu o jornal e me mostrou uma frase de RECLAME de um remédio.* (PL)

2. O substantivo **reclamo** significa "reclamação", "solicitação". ✦ *Era preciso manter o princípio da autoridade, a lei necessária, mais que isso imperiosa a reforma monetária, um RECLAMO dos interesses nacionais.* (CNT)

recôndito

A sílaba tônica é a antepenúltima (**CÔN**), e, por isso, a palavra leva acento (proparoxítona). Significa "escondido", "íntimo", e, tam-

bém, "parte mais escondida". ✦ *E envelhecera com a mágoa profunda e RECÔNDITA de não ter sido ele o sacrificado...* (DEN) ✦ *Os carapanãs começaram a invadir o barco e logo o devaneio sentimental acomodou-se no RECÔNDITO da alma e ali ficou como uma dor sob anestesia.* (ASV)

recorde, récorde

1. **Recorde** (com a sílaba tônica **COR** e sem acento) é a forma portuguesa oficialmente registrada como correspondente ao inglês *record*. O substantivo designa a superação de uma realização precedente. ✦ *Os organizadores se disseram surpreendidos pela obtenção do RECORDE.* (AGF) ✦ *As corporações policiais, sobretudo militares, são detentoras de inacreditáveis RECORDES de violência.* (AG)

Entretanto, também se encontra, embora com frequência muito baixa (0,2%), a forma **récorde** (acentuada), que conserva a sílaba tônica da forma original inglesa (**RÉ**). Trata-se de pronúncia não abonada. ✦ *O Ibope comprovou que a Itacolomi supera agora seus próprios RÉCORDES de audiência.* (MAN)

2. Usa-se à direita de outro substantivo, atuando como qualificador (como um adjetivo). ✦ *Para piorar, os americanos anunciam uma safra RECORDE de soja – sessenta e dois milhões de toneladas.* (IS)

No plural:

◇ ou só varia o primeiro elemento. ✦ *Há oferta de bens, nenhum risco de desabastecimento, inflação sob controle, reservas internacionais RECORDE, saldo comercial positivo.* (FSP)

◇ ou variam os dois elementos. ✦ *Com elevados níveis de pobreza e números RECORDES de fertilidade, o Acre registra ainda hoje uma das taxas mais altas de mortalidade infantil.* (JB)

reco-reco

O plural é **reco-recos** (substantivo composto formado de palavras repetidas). O substantivo designa instrumento de percussão feito de um gomo de bambu com entalhes sobre os quais

recorrer

se esfrega uma vareta, produzindo som intermitente que faz ritmo de acompanhamento para música popular. ◆ *E, com os berimbaus, pandeiros e RECO-RECOS, enquanto não apareciam afazeres, os negros formavam suas rodas e vadiavam freneticamente no jogo da capoeira.* (CAP)

recorrer

1. Significando "dirigir-se, com o fim de obter algo", usa-se com complemento iniciado pela preposição **a**. ◆ *RECORRÍAMOS à Espanha e Itália, que nos supriam de muares.* (BS)

2. Significando "lançar mão de", usa-se com complemento iniciado pela preposição **a**. ◆ *No Brasil, a indústria, de início, RECORREU à mão de obra de migrantes europeus.* (LAZ)

3. Significando "interpor recurso", "apelar", usa-se com complemento iniciado pela preposição **de**. ◆ *Pelé RECORREU da decisão da Vara de Família de Santos.* (VEJ)

recrear(-se), recreação; recriar, recriação ⇨ Ver -ear ⇨ Ver -iar.

1. **Recrear** significa "proporcionar recreio a", "distrair", e **recrear-se** significa "distrair-se". **Recreação** significa "distração". ◆ *Já ME RECREEI nas encantadoras ilhas da lagoa Mirim.* (CG) ◆ *A RECREAÇÃO minimiza a preocupação com a doença, estimula e descontrai o paciente.* (ESC)

2. **Recriar** significa "criar novamente", "transformar". **Recriação** designa a ação ou o processo de recriar. ◆ *Trata-se, sem dúvida, de uma obra lírico-épica que RECRIA a Inconfidência Mineira.* (EM) ◆ *O exercício da criatividade não se limita à criação, mas também se refere à RECRIAÇÃO do significado do brinquedo.* (BRI)

recrudescer

Com **SC**. Significa "tornar-se mais intenso", "aumentar". ◆ *Com pouco, não tem mais terra – observou o Chico Benedito, vendo a chuva RECRUDESCER, depois de breve estiada.* (TS)

récua

É o coletivo para animais de carga. ◆ *É isso mesmo, Tico, não vamos ficar aqui feito uma RÉCUA de mula velha!* (FO)

recusar, recusar-se

1. O verbo **recusar** usa-se com complemento sem preposição (objeto direto), significando:

✧ "não aceitar". ◆ *RECUSEI a proposta, pois não tinha a menor garantia o cargo que me oferecera.* (VP) ◆ *Passei a RECUSAR os alimentos.* (FR)

✧ "negar". ◆ *E qual foi o canalha que lhe RECUSOU o seu voto, num colégio eleitoral de 750 cidadãos?* (BOC)

2. O verbo **recusar-se** se usa com complemento oracional iniciado pela preposição **a**. ◆ *RECUSOU-SE a receber a Marquesa de Santos em sua casa.* (JM)

refazer(-se)

Conjuga-se como **fazer**. ◆ *Avanço e recuo, o andar lento, a terra sempre igual. REFAÇO, lentamente, a arquitetura.* (ML) ◆ *E não seria má ideia se REFIZESSEM Veneza à imagem da Veneza de gesso e cartolina.* (SS) ◆ *Será que dentro em breve o mundo (sim, essa invasão da Europa deve estar próxima!) não SE REFARÁ?* (L)

refém

A sílaba tônica é a última (**FÉM**), e, por isso, a palavra leva acento (oxítona terminada em **EM**). ◆ *Os piratas levaram três mil toneladas de aço e tomaram o comandante como REFÉM.* (IS)

referendo, *referendum*

São formas variantes. O substantivo designa pronunciamento direto de cidadãos a respeito das questões de interesse geral.

1. **Referendo** é a forma portuguesa correspondente ao latim *referendum*. ◆ *Não teremos, no dia 21 de abril, um REFERENDO, mas um plebiscito.* (SI)

2. A forma latina *referendum* também é usada, embora menos frequentemente (19%). ◆ *O direito de governar não tem outra origem senão o do consentimento do povo e está sujeito a sucessivos processos de REFERENDUM.* (DC)

referir(-se)

De conjugação irregular, o verbo **referir** tem I na primeira pessoa do singular do presente do indicativo, e, consequentemente, em todo o presente do subjuntivo. Nas demais formas o radical tem E, que é aberto quando é tônico. ✦ *Quando monta um espetáculo, estuda obsessivamente o texto e tudo o que se REFIRA ao autor e à época.* (VEJ) ✦ *O tio Pareto REFERE-SE à maneira como os franceses ridicularizam os que têm ambições exageradas.* (GAT)

refletir

De conjugação irregular, o verbo **refletir** tem I na primeira pessoa do singular do presente do indicativo, e, consequentemente, em todo o presente do subjuntivo. Nas demais formas o radical tem E, que é aberto quando é tônico. ✦ *Talvez a organização que REFLITA melhor a burocratização seja a grande empresa moderna.* (BRO) ✦ *A escavadeira tem um brilho de metal que REFLETE meu rosto.* (INQ)

refogar

Significa "ferver, tendo fritado em gordura". ✦ *Risotto nero é feito com lulas, cortadas em quadrados muito pequenos, postas a REFO-GAR em óleo muito fino, sobre meia cebola ralada e dourada lentamente.* (ACM)

reforço

O plural é **reforços**, com O aberto. ✦ *Em 1567, retornou Mem de Sá trazendo REFOR-ÇOS para o ataque final.* (HIB)

refrão

Os plurais dicionarizados e tradicionalmente indicados são **refrãos** e **refrães**. ✦ *Eles são fãs do som brasileiro e chegam a cantar alguns REFRÃOS em português.* (FSP) ✦ *Não se ouvia hard rock de REFRÃES fortes como o do Terrorvision desde os anos 70.* (FSP)

Entretanto, a forma de plural mais usada (90%) é **refrões**, que não é comumente indicada. ✦ *João do Valle começou a chamar a atenção das pessoas já na infância, quando, nas festas, do bumba meu boi, fazia*

os REFRÕES e improvisos, para alegria dos presentes. (AMI)

O substantivo designa fórmula que se repete regularmente numa composição.

refrega

A sílaba tônica é a penúltima (FRE, com E aberto, sem acento). O substantivo designa embate entre inimigos, luta, lida. ✦ *Um dia, já rapaz, entrara numa REFREGA com homens armados e acabara por matar à espada um deles.* (RET)

refúgio

Com G (final **-úgio**). ✦ *Recuou a tempo de ver uma forma negra esgueirar-se, sinuosa, em busca de REFÚGIO debaixo da mesa.* (ALE)

reggae

É palavra inglesa que designa um tipo de música popular de origem jamaicana, de batida forte, que surgiu nos anos 60. ✦ *O REGGAE incorporou o protesto do rap com um atrativo extra: é mais moderado, o que garante maior penetração na mídia e no gosto do público.* (FSP)

regime, regímen

São formas variantes, ambas registradas em dicionários, mas a segunda (com acento no I tônico, porque é paroxítona terminada em N) é de uso raríssimo (0,2%) e apenas literário. ✦ *Inaugurando o REGIME democrático, a governança presenteou o povo com uma série de diversões.* (ALF) ✦ *Não é de olvidar uma atitude dessas, num REGÍMEN ditatorial que passa por cima das imunidades.* (PRO)

O plural registrado para **regímen** é **regíme-nes**, mas a forma não ocorreu.

registro, registo

São formas variantes, mas a segunda é muito raramente encontrada (0,3%). ✦ *Afinal, um marquês deve constar de algum REGIS-TRO genealógico.* (ACM) ✦ *O REGISTO da pressão intramiometrial foi realizado pela primeira vez, em 1932, por Caldeyro-Barcia & Alvarez.* (OBS)

regozijo

Com **Z**. O substantivo designa alegria intensa, grande sensação de prazer. ◆ *O coronel, que passava melhor naqueles dias, estava animado, num REGOZIJO eufórico.* (DEN)

regra

Os adjetivos correspondentes são:

◇ **regular**: "que está dentro de uma regra comum, da regularidade", "nem bom nem mau". ◆ *O pulso de Sílvia estava fraco, mas REGULAR, a fisionomia serena.* (MAR)

◇ **regrado**: "governado por regras", "moderado". ◆ *Meu marido é um homem muito REGRADO, queridinha.* (RO)

regredir

Como **agredir**, **progredir** e **transgredir**, tem **I** na penúltima sílaba quando ela é a tônica (nas formas rizotônicas). ◆ *Na metamorfose, quando a larva se transforma em adulto, a cauda REGRIDE.* (GAN) ◆ *É possível que esse barbarismo REGRIDA, como REGREDIU o de se mastigar com a boca aberta.* (FSP)

regurgitar

Com **U**. ◆ *A praça REGURGITAVA naquela manhã de abril e o sol brilhava no céu azul, despertando o entusiasmo nos corações ansiosos e alegres.* (PCO)

rei

1. O feminino é **rainha**. ◆ *Gonçalo Ravasco olhou o rosto voluntarioso da RAINHA, a pele, o nariz, as luvas pretas.* (BOI)

2. Os adjetivos correspondentes são:

◇ **régio**. ◆ *Dom Rodrigo morrera e o paulista, ferido, tivera que se ocultar no mato, para fugir da Justiça. Anos depois Artur de Sá concedera-lhe o indulto RÉGIO.* (RET)

◇ **real**. ◆ *O toque REAL era acompanhado, na França, com a invocação acima mencionada; os reis ingleses preferiam usar preces.* (APA)

reide, raide, *raid*

Reide e **raide** são variantes portuguesas, oficialmente registradas, correspondentes ao inglês *raid*, designação que se dá a uma incursão rápida de tropas em território inimigo, ou, mais genericamente, a uma incursão feita por pessoas mediante transporte, ou mesmo, a pé. As formas aportuguesadas ocorrem menos que a forma original inglesa, e **reide** é muito mais frequente que **raide**. ◆ *Alguns jornais ocuparam-se do feito, o retrato dos "intrépidos" foi estampado ao lado da notícia do REIDE.* (ANA) ◆ *Há alguns meses cheguei a participar de um 'RAID' em Sorocaba (SP) que durou toda a madrugada.* (FSP) ◆ *(o novo vigário) Tentou primeiro um RAIDE evangélico. Procurou sozinho, como Anchieta, embrenhar-se no sertão litorâneo.* (RM)

reino

O adjetivo correspondente é **reinol**. ◆ *O vendilhão REINOL Mendes Pinto chegara em Caeté havia apenas uma semana.* (RET)

réis ⇨ Ver **real, Real.**

Réis é o plural de uma antiga moeda de Portugal e do Brasil (**real**). ◆ *O Padre Coelho meteu a mão no bolso da calça e tirou uma nota de vinte mil-RÉIS.* (ALE)

O substantivo comum **real** designa a atual moeda brasileira, e o substantivo próprio **Real** (com maiúscula) designa o plano governamental que instituiu essa moeda.

reitor

1. As formas de tratamento são:

◇ **Magnífico Reitor** ou **Sua Magnificência**, quando alguém faz referência ao reitor. A segunda forma não ocorreu. ◆ *O espanto com o autoritarismo do MAGNÍFICO REITOR levou-me a recordar as fontes de suas assertivas.* (FSP)

◇ **Vossa Magnificência**, quando alguém se dirige ao reitor. ◆ *Quando se dirige a um rei, usa-se "Vossa Majestade"; "Sua Majestade" utiliza-se quando se fala dele respeitosamente para outra pessoa. Assim também, "Vossa" e "Sua", em relação (...) ao reitor de universidade (MAGNIFICÊNCIA ou Magnífico Reitor).* (FSP)

2. O feminino de **reitor** é **reitora**. ◆ *"Uma escola que oferece uma boa infraestrutura*

acaba dando uma boa formação", conclui a **REITORA** *Aurora.* (FSP)

reivindicar, reivindicação, reivindicatório

Escrevem-se sem **N** depois do primeiro **I** e com **N** depois do segundo **I** (o segundo **I** é nasal). **Reivindicar** significa "tentar obter", "tentar reaver", "exigir". ✦ *Os camponeses* **REIVINDICAVAM** *a abolição dos impostos indiretos.* (HG) ✦ *Raoni era portador de uma* **REIVINDICAÇÃO** *local muito concreta.* (ATN) ✦ *Após a democratização do país, em 1945, o movimento sindical retomou sua atividade* **REIVINDICATÓRIA.** (LAZ)

rejeitar

Com **J**, como **enjeitar**. ✦ *Seu erro básico é que vocês* **REJEITAM** *ou ridicularizam a alma e a mente e não compreendem que estas movem tudo.* (NAZ)

relações públicas, relações-públicas

1. **Relações públicas** (sem hífen) é expressão (substantivo e adjetivo) que designa um tipo de atividade. ✦ *O nosso departamento de* **RELAÇÕES PÚBLICAS** *previu três meses de hostilidade.* (SPI)

2. **Relações-públicas** (com hífen) é substantivo composto que designa o profissional que faz relações públicas. ✦ *O confessionário seria a porta da casa do pai; o padre, seu* **RELAÇÕES-PÚBLICAS.** (REA)

relâmpago

O substantivo **relâmpago** usa-se à direita de outro substantivo, atuando como qualificador ou classificador (como um adjetivo). ✦ *Governo prepara "**votação RELÂMPAGO**" para reeleição.* (FSP) ✦ *Bonequinha, enquanto isso, aproveita a **fama RELÂMPAGO.*** (VEJ)

O plural geralmente vem marcado apenas no primeiro elemento, mas menos frequentemente a marca de plural ocorre nos dois elementos. ✦ *Devido às enchentes em São Paulo, Covas só fez duas **passagens RELÂM-PAGO** por Brasília ontem e anteontem.* (FSP) ✦ *Casos de **fortunas RELÂMPAGOS** compõem*

um dos capítulos mais fascinantes da história do capitalismo. (VEJ)

A ligação entre os dois elementos pode chegar à formação de um substantivo composto, com hífen. São formas não registradas oficialmente. ✦ *Ontem, foi definida uma "**agenda--RELÂMPAGO**".* (FSP) ✦ *Se assistisse a um terremoto, descobriria nele alguma vantagem para as vítimas – a de sobreviver, ou mesmo a de **morte-RELÂMPAGO**, praticamente sem dor.* (BOC) ✦ *Precisamos de um **gol-RELÂM-PAGO** para buscar a vaga.* (FSP)

Mantém-se a tendência de marcar o plural apenas no primeiro elemento. ✦ *Até a entrada triunfal dos novos deuses motorizados, **homens-RELÂMPAGO** de nomes curiosamente sonoros (...), era confortador morrer num país como o Brasil, pelo menos para quem foi artista em vida.* (VEJ) ✦ ***Oradores--RELÂMPAGO** erguiam-se em tribunas improvisadas sobre alguns ombros patrióticos.* (BH) ✦ *Eles surgiam de forma inesperada em lugares movimentados da cidade e aí faziam **comícios-RELÂMPAGO.*** (FSP)

relampejar, relampaguear, relampear, relampadear, relampadejar ⇨ Ver -ear.

São todas formas dicionarizadas como sinônimas. Entretanto, só as duas primeiras ocorrem, e **relampejar** é a mais frequente (90%). ✦ ***RELAMPEJA** dentro do quarto.* (FAN) ✦ *Depois aparecem, **RELAMPAGUEIAM**, passam imagens diversas, numa sucessão cinematográfica: uma paisagem campestre cheia de sol.* (FAN)

relax

É palavra inglesa em uso no português. Significa "relaxamento". ✦ *É verão, e a ordem é preguiça, cerveja, fumacê e **RELAX.*** (FSP)

relaxar(-se), relaxado, relaxamento

Com **X**. ✦ *Luiz estava deitado de costas, como gostava de fazer para **RELAXAR-SE.*** (ORM) ✦ *Seu ar jovial e **RELAXADO** contrastava com o de Woody.* (VEJ) ✦ *Em certas ocasiões, o time trocou o treino em campo por sessões de **RELAXAMENTO**, como hidroginástica e alongamento.* (VEJ)

relé

relé

É a forma portuguesa correspondente ao francês *relais*, designação de dispositivo de controle de circuito elétrico. ◆ *Por volta de 1930, foram feitas as primeiras experiências para a construção de calculadoras baseadas em RELÉS eletromagnéticos.* (ISO)

release

É palavra inglesa que designa nota distribuída à imprensa para ser divulgada gratuitamente. A pronúncia aproximada é **rilíz**. ◆ *Num RELEASE que eu mandei para a imprensa havia escrito assim: 'Leda Catunda faz dez anos de carreira'.* (INT)

relinchar

Com **CH**. ◆ *Os animais, com olhos vendados, RELINCHAVAM.* (RET)

relógio

Com **G** (final **-ógio**). ◆ *Meu RELÓGIO marcava sete e dez, hora de tomar o rumo de Milão.* (ACM)

remake

É palavra inglesa muito usada em português (especialmente na linguagem do cinema e da televisão), embora existam palavras portuguesas de acepção semelhante, como **refilmagem, remontagem**. A pronúncia aproximada é **rimeic**. ◆ *Depois de um período de intensa criatividade nos anos 70 e 80, a telenovela agora lança mão do filão dos REMAKES, as readaptações de antigas produções de sucesso.* (RI) ◆ *Bom, esse é o risco que todas as REFILMAGENS correm, mas não de maneira tão drástica.* (AMI) ◆ *Em Pátria Minha, seus atrasos levaram à REMONTAGEM de capítulos ou de determinadas cenas.* (VEJ)

remediar ⇨ Ver -iar.

É um dos cinco verbos em **-iar** que recebem **E** nas formas rizotônicas, isto é, nas formas que têm a sílaba tônica no radical. Nessas formas, eles se conjugam, pois, como se fossem verbos em **-ear**. ◆ *Não há mal que não se REMEDEIE.* (OSD)

Os outros verbos do mesmo tipo são **ansiar, incendiar, mediar, odiar.**

remédio

O substantivo **remédio** se usa com as preposições:

◇ **para** + a indicação daquilo que é beneficiado com o uso do remédio. ◆ *Trouxe algum REMÉDIO para o coração?* (PCO)

◇ **contra** + a indicação daquilo que é combatido pelo remédio. ◆ *As cabeças das cobras serviam de REMÉDIO contra as picadas.* (RET)

remexer

Com **X**, como **mexer**. ◆ *Quando viu o médico que entrava endireitou-se, compôs uma cara e pôs-se a REMEXER atarefadamente a papelada à sua frente.* (GAT)

reminiscência

Com **SC** antes do **E**. Designa aquilo que se conserva na memória ("lembrança", "recordação"). ◆ *Agora uma imagem mais recente, REMINISCÊNCIA de leituras, procurava expulsar a do rio e dos fenícios da imaginação de Geraldo.* (RIR)

remir

Verbo defectivo, conjuga-se apenas nas formas em que ao radical se segue **I**. Não existe, pois, a primeira pessoa do singular do presente do indicativo, e, consequentemente, todo o presente do subjuntivo. A conjugação é regular. O verbo significa "livrar-se de", "reparar", "expiar". ◆ *Ele se arrogava o direito de REMIR os pecados, como aliás, antes dele, João Batista, por meio do batismo.* (VEJ)

remissão, remição

1. **Remissão** designa:

◇ a ação ou o processo de remitir(-se) ("perdão"). ◆ *Adoto um só batismo, para REMISSÃO dos pecados.* (VES)

◇ a ação de remeter. ◆ *As duas trazem ótima seleção de obras, fotografias, biografia e REMISSÃO para outras páginas.* (FSP)

2. **Remição** designa a ação ou o processo de remir(-se) ("libertação", "resgate"). ✦ *Muitos entre esses não têm condições de manter a assistência de profissional do Direito ao longo da execução da pena, atenta à observância da lei e reclamando a progressão de regime, o indulto, a comutação da pena, a REMIÇÃO...* (FSP)

renacionalizar

Com **Z**, como todo verbo formado com o sufixo **-izar** (e como **nacionalizar**). ✦ *Hoje o Partido Trabalhista não ameaça nacionalizar ou RENACIONALIZAR mais nada.* (VEJ)

rentável

O superlativo absoluto sintético é **rentabilíssimo**. O adjetivo significa "que dá renda", "lucrativo". ✦ *É singular que se inquine de inoportuna a RENTABILÍSSIMA operação que nos dará a posse de nós mesmos.* (JK)

renunciar ⇨ Ver -iar.

Usa-se com complemento iniciado pela preposição **a**, ou com complemento sem preposição (objeto direto). É quase exclusivamente usada a primeira construção, que é a mais recomendada tradicionalmente. ✦ *RENUNCIEI ao destino do homem pelas moedas de bem-aventurança.* (CNT) ✦ *Quatro dias depois, o governo brasileiro, em represália, RENUNCIAVA o Acordo Militar com os Estados Unidos.* (NBN)

Especialmente com referência a renúncia a poder soberano ou a investidura, usa-se – e comumente – sem complemento, do mesmo modo que ocorre com o verbo **abdicar**. ✦ *Sem forças para resistir, Deodoro da Fonseca RENUNCIOU.* (HIB)

reóstato, reostato

São variantes prosódicas. A forma **reóstato** é a tradicionalmente recomendada, mas só a forma sem acento (paroxítona) ocorreu. O substantivo designa resistor utilizado para controlar corrente em circuitos, ou para dissipar energia. ✦ *Muitos aparelhos de eletricidade possuem REOSTATOS.* (ELE)

repelir

De conjugação irregular, o verbo **repelir** tem **I** na primeira pessoa do singular do presente do indicativo, e, consequentemente, em todo o presente do subjuntivo. Nas demais formas o radical tem **E**, que é aberto quando é tônico. ✦ *REPILO veementemente a acusação.* (FSP) ✦ *A vida humana assim dissecada, sem sombras, atrai e REPELE o olhar ao mesmo tempo.* (VEJ)

repercussão

Com **-são** final, como todos os substantivos correspondentes a verbos terminados em **-tir** (**repercutir**). ✦ *A matriz já tomou conhecimento da REPERCUSSÃO e mandou um telex informando que um auditor chegará amanhã.* (SO)

repercutir

1. Significando "ecoar", usa-se sem complemento, ou com complemento iniciado pelas preposições **em** ou **sobre**. ✦ *O grito REPERCUTIU, foi ouvido.* (JM) ✦ *Partindo de um mago do luxo, a declaração REPERCUTIU no circo da moda em Paris como pura demagogia.* (VEJ) ✦ *O êxodo dos paulistanos REPERCUTIU sobre o trânsito urbano.* (FSP)

2. Significando "refletir", usa-se com complemento sem preposição (objeto direto). ✦ *Os indicadores das Bolsas brasileiras REPERCUTIRAM também a alta no índice Dow Jones da Bolsa de Nova York.* (FSP)

As lições normativas condenam o uso de **repercutir** com complemento (objeto direto), na acepção de "fazer a repercussão de", "fazer ecoar". Os dicionários também não abrigam essa construção, que tem uso raríssimo (e apenas na imprensa). ✦ *Em 77, o Marco Antonio Gomes me chamou na basílica de Aparecida para voltar a São Paulo e REPERCUTIR a queda do general Sylvio Frota "e toda a reação que poderia se seguir".* (RI)

repertório

É substantivo coletivo para peças teatrais, obras musicais, anedotas etc. ✦ *Também as*

repetir

peças de Camus, Anouilh, Giraudoux e Claudel se tornaram obrigatórias no REPERTÓRIO. (ESS) ✦ *Além do seu vasto REPERTÓRIO de anedotas, tinha o Agnelo um outro não menor de fatos verdadeiramente reais (...).* (DEN)

repetir

De conjugação irregular, o verbo **repetir** tem **I** na primeira pessoa do singular do presente do indicativo, e, consequentemente, em todo o presente do subjuntivo. Nas demais formas o radical tem **E**, que é aberto quando é tônico.
✦ *Vim aqui para fazer um derradeiro apelo, a fim de evitar que se REPITA o drama de Melchior.* (VP) ✦ *O problema é que o sucesso de algumas cidades não se REPETE em outras.* (VEJ)

replay ⇨ Ver **reprise.**

É palavra inglesa que, na linguagem da televisão, designa a repetição de uma tomada, durante uma transmissão. Usa-se também para referência a qualquer repetição, em geral. É palavra masculina. A pronúncia aproximada é **riplei.** ✦ *REPLAY do tape trinta e seis, gravado após uma visita ao muro.* (BE) ✦ *Na semana passada, os espectadores que assistiram a Brasil x Honduras, realizado em Goiânia debaixo de um REPLAY do dilúvio universal, perderam a chance de ter a companhia da atriz Isadora Ribeiro, no Estádio Serra Dourada.* (VEJ)

repolho

O **O** é fechado, no singular e no plural. ✦ *Um dia desses vou arrumar uns REPOLHOS e levo lá para Dona Irma fazer.* (ASS)

repor

Conjuga-se como **pôr.** ✦ *Não sei se REPONHO no peito a bala e seu corte infiel.* (CNT) ✦ *Quando a caixa se esvazia além de um ponto crítico, REPÕEM-se as perdas por meio de uma bomba que capta água do reservatório.* (SU) ✦ *REPUS o chapéu e daí a instantes reapareci para observar relativamente de longe.* (L)

reportagem

É a forma portuguesa correspondente ao francês *reportage.* ✦ *José Leal fez uma REPORTAGEM na ilha das Flores, onde ficam os imigrantes logo que chegam.* (B)

repórter

É a forma portuguesa (acentuada) correspondente ao inglês e ao francês *reporter.* ✦ *O REPÓRTER entrou, sentando-se numa confortável poltrona, rara peça de mobiliário que comumente não se vê nos escritórios do Governo.* (PRE)

repreensão

Com **S**, como todo substantivo ligado a verbos terminados em **-der** (**repreender**). ✦ *A maior punição para um pedestre que ouse atravessar uma rua fora da faixa própria é uma REPREENSÃO pública feita pelo próprio guarda de trânsito.* (NBN)

represar, represa

1. Com **S.** ✦ *Assim eles podem fazer diques, REPRESAR água, e construir abrigos semissubmersos.* (VEJ)

2. O **E** tônico (sempre sem acento):

✧ é aberto na forma verbal (terceira pessoa do singular do presente do indicativo: **reprÉsa**). ✦ *México prorroga o pacto que REPRESA índice inflacionário.* (CPO)

✧ é fechado no substantivo (**reprÊsa**). ✦ *A REPRESA já não suporta mais a pressão tremenda das águas.* (I)

repressão

Com **SS**, como todo substantivo correspondente a verbo terminado em **-imir** (**reprimir**). ✦ *A REPRESSÃO violenta dos instintos menos recomendáveis pode evitar o pior.* (R)

reprise ⇨ Ver *replay.*

É palavra de origem francesa que significa "retomada". Usa-se especialmente para designar a repetição de um filme ou de um programa, mas também se usa para referência a qualquer repetição, em geral. É substantivo feminino. ✦ *Já sem ser exibido há algum* *tempo, volta ao cartaz, em outubro, mais **uma** **REPRISE** de um filme já ultrapassado e por isso mesmo totalmente sem nenhum interesse para o público.* (GLO) ◆ *Uma Olimpíada na China seria **uma REPRISE** vergonhosa do erro político de entregar os Jogos de 1936 à Alemanha de Adolf Hitler.* (VEJ)

réprobo

A sílaba tônica é a antepenúltima (**RÉ**), e, por isso, a palavra leva acento (proparoxítona). Significa "condenado". ◆ *Este cheiro de carne, que vem até dos lustres sórdidos, não tem nada a ver com o pecado da carne, em que sou e me orgulho de ser um **RÉPROBO**, já ia dizendo um mestre consumado.* (DM)

réptil, reptil

São formas variantes, mas a segunda forma (oxítona) é de uso raríssimo (2%).

1. A sílaba tônica da primeira forma é a penúltima sílaba (**RÉP**), e, por isso, a palavra leva acento (paroxítona terminada em **L**). ◆ *Esse **RÉPTIL** atingiu pouco mais de 1 metro e meio de comprimento.* (AVP)

O plural é **répteis**. ◆ *Os **RÉPTEIS** não suportam baixas temperaturas.* (AVP)

2. A sílaba tônica da segunda forma é **TIL**, e, por isso, a palavra não leva acento (oxítona terminada em **L**). ◆ *Para posar com esse **REPTIL** lacertílio – que pode chegar a medir um metro – no colo, o turista paga US$ 1.* (FSP)

O plural é **reptis** (oxítona, sem acento). ◆ *Talvez os **REPTIS** tenham sido informados sobre os projetos de preservação financiados pelo Sesc e pelo BID.* (FSP)

República, república

1. Escreve-se com inicial maiúscula, **República**, quando o nome se refere ao Brasil ou ao fato histórico de 15 de novembro de 1889. ◆ *Sou o inspetor Valente, subchefe da guarda pessoal do presidente da **REPÚBLICA**.* (AGO) ◆ *No Brasil, com a Proclamação da **REPÚBLICA** em 1889, as legendas até então redigidas em latim passaram a ser escritas em português.* (NU)

2. Escreve-se com minúscula, **república**, quando a referência é genérica. ◆ *Os republicanos, em face de maus reis, apresentam uma **REPÚBLICA** de homens sensatos, conscientes e lúcidos.* (DC)

República Checa, ou Tcheca [Europa]
⇨ Ver **checo, checoslovaco, checo-eslovaco** ⇨ Ver **tcheco, tchecoslovaco, tcheco-eslovaco.**

São formas de designação variantes. ◆ *A onda antitabagista que varre o planeta encontrou um obstáculo na **REPÚBLICA CHECA**: o presidente Vaclav Havel, um fumante incorrigível.* (VEJ) ◆ *O frio rigoroso e a neve realçam o paradoxo que permeia pontes, ruelas e torres da capital da **REPÚBLICA TCHECA**.* (FSP)

A forma portuguesa mais recomendada nas lições tradicionais é **República Checa**.

Entretanto, ela é a menos usual (10%).

Checo ou **tcheco** são as formas dos adjetivos pátrios correspondentes, respectivamente.

República Dominicana / São Domingos [Antilhas, América Central]
⇨ Ver **dominicano.**

O adjetivo pátrio é **dominicano**. ◆ *O que era o gabinete do embaixador **DOMINICANO** virou dormitório.* (VEJ)

Dominicano também se refere à ordem religiosa de São Domingos.

repuxão

Com **X**, como **puxar** e **puxão**. ◆ *Fiquei preso na conversa de Caetano de Melo, que era possuído da mania de endireitar a todo instante a manga do paletó, dando **REPUXÃO** no braço e no pescoço.* (CL)

requerer

Não se conjuga como o verbo **querer**: na primeira pessoa do presente do indicativo, e, consequentemente, em todo o presente do subjuntivo, tem **QUEI** como segunda sílaba; nas demais formas é completamente regular. ◆ *Mas D. Ouvidor, **REQUEIRO** isto porque, na peste que ataca o gado do sertão, meu* *rebanho está morrendo e a outra fazenda.* (VB) ◆ *A indústria de informática acredita que um micro na casa das pessoas REQUEIRA mais programas do que um micro instalado numa empresa.* (VEJ) ◆ *REQUERI que ele mandasse pintar a fachada do Ministério.* (I)

réquiem

É a grafia portuguesa (com acento) do latim *requiem* ("descanso"). O substantivo designa parte do ofício dos mortos na liturgia católica, porque o ofício começa com essa palavra: *requiem aeternam dona eis* ("o descanso eterno dai-lhes"). A sílaba tônica é a antepenúltima (RÉ), e, por isso, a palavra leva acento (proparoxítona). ◆ *Günter Grass faz RÉQUIEM do humanismo.* (FSP)

requisito

Com I na segunda sílaba (QUI). O substantivo designa condição necessária para a consecução de um objetivo. ◆ *As novas geometrias, do ponto de vista brasileiro, não abolem o REQUISITO da coerência.* (II)

rês

É substantivo feminino. ◆ *O preto Zé Grosso, campeiro do major Adagmo, do Atoleiro, costumava roubar alguma RÊS dos outros.* (COB)

rescisão, rescindir

Com SC. **Rescisão** é com **-são** final (substantivo correspondente a verbo terminado em **-dir**). O verbo significa "anular", "romper". ◆ *Tony Kaye quer receber 800 mil libras, cerca de 1,2 milhão de dólares, pela RESCISÃO do contrato.* (RI) ◆ *Falta somente um pormenor: assina mais tarde, depois que Oto Vieira RESCINDIR seu contrato válido até dezembro.* (CS)

resfolegar, resfôlego, resfolgo

1. O verbo **resfolegar** significa "tomar fôlego", "respirar com esforço e/ou ruído". ◆ *Os relatos de Madruga, referentes aos seus feitos noturnos, faziam Venâncio praticamente RESFOLEGAR, colhendo por via indireta o gozo do amigo.* (REP)

2. Tradicionalmente se vem indicando que, nas três pessoas do singular e na terceira pessoa do plural do presente do indicativo, o verbo **resfolegar**:

◇ perde o E postônico: **resfolgo, resfolgas, resfolga, resfolgam** (formas raras). ◆ *O burguês das verrugas RESFOLGA com maior estrepito.* (CM)

◇ ou simplesmente tem o acento deslocado para a sílaba FÓ: **resfólego** etc. ◆ *Pois todos estão acomodados, indiferentes à barbárie que RESFÓLEGA à sua volta, impune.* (FSP)

Nas demais formas não há nenhuma irregularidade. ◆ *Mas Zé Luís cansou-se e RESFOLEGAVA.* (DE) ◆ *Dom Afonso parecia mais calmo, embora ainda RESFOLEGASSE.* (RET)

3. **Resfolegar** usa-se muito frequentemente como substantivo (o mesmo que **resfôlego**). ◆ *Via-lhe as costas largas nas ataduras, ouvia-lhe o RESFOLEGAR.* (ED)

4. **Resfôlego** e **resfolgo** (menos usual) são os substantivos (oficialmente registrados) correspondentes ao verbo resfolegar. ◆ *O viajante imaginário levanta-se, ao mesmo tempo que a locomotiva dava um RESFÔLEGO forte, emitindo vapor.* (JT) ◆ *Há oportunistas querendo encher o caixa no RESFÔLEGO da sanfona, mas também há boas surpresas.* (VEJ) ◆ *Durante algum tempo não se ouviu mais do que o triscar do ferro quando as facas se roçavam, e o RESFOLGO da respiração.* (RI)

residente ⇨ Ver sito, situado ⇨ Ver na rua, avenida, praça; no largo etc.

Segundo as lições tradicionais, a indicação de endereço que vem após essa palavra deve iniciar-se pela preposição **em** (que é a preposição indicativa de lugar "onde"). ◆ *Era de uma garotinha, nove anos de idade, RESIDENTE na rua Ouvidor Freire, 3020.* (ACT) ◆ *A polícia prendeu o pintor Marcone da Silveira, 21 anos, RESIDENTE no Jardim Tiradentes, em Aparecida de Goiânia.* (OP) Essa é a construção sempre usada quando se trata de indicação de lugar de gênero masculino, mas, quando se trata de gênero feminino, frequentemente se usa a preposição **a** (que, fundindo-se com o artigo **a**, resulta na forma **à**). É uma construção que, de fato, não encontra explicação, o que se evidencia no fato de que a construção masculina que seria a correspondente (com **ao**) não ocorre.

Assim, ocorre uma construção tradicionalmente não recomendada como:

♦ *(...) Ananias Fonseca, de vinte e oito anos, pedreiro, **RESIDENTE à rua** Chiquinha, sem número, no Encantado.* (B)

mas não ocorre uma construção como ***RESIDENTE ao largo** Chiquinha.*

residir

Usa-se com complemento (de lugar) iniciado pela preposição **em**. ♦ *Continua até hoje a **RESIDIR em** São João do Meriti.* (GLO)

resigna, resigno

A sílaba tônica é **SIG** (separação silábica: **re-sig-na** e **re-sig-no**). São formas do verbo **resignar-se**, que significa "conformar-se". ♦ *Mas a sua imaginação não se **RESIGNA** a ser conservada no pórtico do conhecimento, como um devoto leigo.* (MH)

resistir

Usa-se com complemento iniciado pela preposição **a**. ♦ *O Senador Valadares continua **RESISTINDO à** candidatura do sr. Tancredo Neves.* (CRU) ♦ *Nestor sendo inimigo poderoso, era impossível **RESISTIR-lhe** sempre.* (FP)

O complemento pode deixar de ocorrer. ♦ *Aqui ninguém **RESISTE**.* (FO)

resma

É substantivo coletivo de quantificação definida para folhas de papel (500 folhas). ♦ *Anatólio Pereira levava toda semana uma **RESMA** de papéis para a Secretaria de Fomento.* (NI)

respigar, respingar

1. **Respigar** significa "catar espigas no campo depois da ceifa", "compilar". ♦ *Poderíamos **RESPIGAR**, aqui e ali, as passagens que me-*

lhor nos parecessem e fazermos uma espécie de trechos escolhidos da obra de Teresa Margarida. (EHB)

2. **Respingar** significa "deitar borrifos ou pingos", "crepitar". ♦ *A garoa gelada lhe **RESPINGAVA** o rosto, a barba, as roupas.* (TV)

resplandecer

Com **C**, e não com **SC**. ♦ *O nascente, há pouco nublado, **RESPLANDECIA** à luz do sol.* (FR)

responder

1. Significando "dar resposta", usa-se com complemento (pessoa ou coisa) iniciado pela preposição **a**. ♦ *E **RESPONDEU ao** poeta, numa carta seca, com um não redondo.* (TS) ♦ *Você nunca me atendeu, nem **RESPONDEU às** minhas cartas.* (CCA) ♦ *Não **RESPONDEU ao** que dizia Júlio Salgado.* (ASS)

O complemento pode deixar de ocorrer. ♦ *Habacuc ouvia-o sem **RESPONDER**.* (CEN) ♦ *Ela **RESPONDEU** tranquila como se tivesse preparado a resposta.* (REA)

As lições tradicionais condenam que, com esse significado, se use complemento sem preposição (objeto direto), mas, no caso de complemento não referente a pessoa, essa construção é usual. ♦ *Sei, mas você não **RESPONDEU a** minha pergunta: ficamos ou vamos em frente?* (MPF)

Essa recomendação normativa não atinge o uso da voz passiva, que é tradicionalmente admitida. ♦ *Nossa oferta nunca **foi RESPONDIDA**.* (RI)

2. Significando "dizer em resposta", usa-se com complemento sem preposição (objeto direto oracional), podendo ocorrer também um complemento iniciado pela preposição **a**, indicando a pessoa a quem se diz tal coisa em resposta. ♦ *Ela apenas **RESPONDIA** que não gostava de flor amarela.* (ASA) ♦ ***RESPONDERAM-lhe** que nunca o viram tão caladão, na ressaca.* (PFV)

ressaltar

Com **SS**. ♦ *A dimensão da propriedade é uma característica a **RESSALTAR** na empresa agropecuária.* (AMN)

ressarcir

Verbo defectivo, conjuga-se apenas nas formas em que ao radical se segue **I**. Não existe, pois, a primeira pessoa do presente do indicativo, e, consequentemente, todo o presente do subjuntivo. A conjugação é regular. Significa "compensar", "indenizar". ✦ *Ao cunhar a moeda, a autoridade se RESSARCIA do custo de fabricação ou cunhagem, fazendo a moeda circular por um valor legal superior ao seu valor intrínseco.* (NU)

ressentir(-se)

1. O verbo **ressentir(-se)** conjuga-se como **mentir**: muda o **E** (nasal) em **I** (nasal) na primeira pessoa do singular do presente do indicativo (e, consequentemente, em todo o presente do subjuntivo). ✦ *Eu ME RESSINTO é da falta de uma dimensão ética e espiritual na política.* (VEJ) ✦ *Ainda hoje há quem SE RESSINTA daquelas palavras quando tem sob sua responsabilidade gestante portadora de lesões cardiovasculares.* (OBS)

As demais formas são regulares. ✦ *A carga de dificuldades e percalços de que ele SE RESSENTE nada tem de irrelevante.* (ESP) ✦ *Beja ainda SE RESSENTIA da viagem.* (VB)

2. **Ressentir** se usa com complemento sem preposição (objeto direto). Significa "sentir profundamente", "afligir-se com". ✦ *Mas não parecem RESSENTIR a pobreza em que vivem.* (CV)

Ressentir-se se usa com complemento iniciado pelas preposições **de** ou **com**. Significa:

◇ "ser afetado por", "sofrer as consequências de". ✦ *A lavoura logo SE RESSENTIRÁ da falta de braços e o problema se agrava de ano para ano.* (H) ✦ *Em estado de vigília, as múltiplas ocupações que nos absorvem desviam as funções vegetativas do nosso organismo, que SE RESSENTE com isso.* (GM)

◇ "melindrar-se", "magoar-se". ✦ *Com o tempo nos tornamos amigos, mas de início ele parecia RESSENTIR-SE de minha presença no meio, o que me parecia absurdo.* (FSP) ✦ *Os artistas de Disney SE RESSENTIAM com o seu estilo autoritário de gerência (...) e com o que chamavam de "naturalismo" dos desenhos.* (FSP)

ressequir

Verbo defectivo, conjuga-se apenas nas formas em que ao radical se segue **I**. Não existe, pois, a primeira pessoa do presente do indicativo, e, consequentemente, todo o presente do subjuntivo. A conjugação é regular. ✦ *A cabeça ainda lhe doía e agora a sede, uma sede desesperada, secava-lhe a goela, RESSEQUIA-lhe a boca.* (TV)

ressuscitar

Com **SC**. ✦ *O que passou passou, a condenação não RESSUSCITA ninguém.* (MEC)

restabelecer, restabelecimento

O verbo **restabelecer** é formado de **re**+ **estabelecer** (como em **reestruturar**). Entretanto, a forma resultante (e a dos derivados) não mantém os dois **EE**. ✦ *O Brasil não RESTABELECEU as relações comerciais com o Iraque.* (OLI) ✦ *Se o coração humano valesse alguma coisa, se o calor humano ajudasse a aquecer, os pobres índios talvez encontrassem um breve RESTABELECIMENTO.* (ARR)

restar

É muito comum o sujeito vir posposto ao verbo **restar**, que, obviamente, concorda com ele. ✦ *Deste episódio RESTARAM apenas risadas e comentários.* (ANA)

restaurante

É a forma portuguesa correspondente ao francês *restaurant*. ✦ *Anna Maria esteve quatro noites no camarote da família, e, depois, reuniu-se aos artistas no RESTAURANTE Marília.* (DE)

restaurateur

É palavra francesa que designa proprietário de restaurante. A pronúncia é, aproximadamente, **restorratéur**. ✦ *Todo RESTAURATEUR parisiense tem como regra de ouro adequar seus preços aos padrões da vizinhança.* (VEJ)

O feminino é **restauratrice**. ✦ *Sob as batutas da "RESTAURATRICE" Neka Menna Barreto, foram reunidos nove bambambans para apresentar receitas com o produto.* (FSP)

réstia

Com **I** na segunda sílaba. ◆ *De um fio na parede pendiam bananas, chouriços, uma RÉSTIA de cebola.* (RET) ◆ *Pela janela aberta entrava uma RÉSTIA de sol que lhe batia ora no rosto, ora no busto, conforme ia e vinha a cadeira.* (CC)

restituir

1. Na conjugação, há formas em que o **I** forma ditongo com o **U** (**UI**), e, nesse caso, pela regra geral de acentuação, não há acento. ◆ *Uma informação mais precisa RESTITUI--lhe o entusiasmo.* (ANA)

Há formas em que o **I** é vogal tônica, formando hiato com o **U** (**UI**), e, nesse caso, pela regra geral de acentuação:

- ele é acentuado quando fica sozinho na sílaba, ou apenas com um **S**. ◆ *Por mais que revolvesse a memória, esta só lhe RESTITUÍA fatos vagos, imprecisos, esfumados, coisas da escola, dispersas, desconexas.* (RIR)

- ele não é acentuado se não fica sozinho na sílaba. ◆ *Não me RESTITUIU a primitiva ingenuidade.* (FAN)

2. Significa "devolver", "fazer retornar", e usa-se com um complemento sem preposição (objeto direto) e com um segundo complemento iniciado pela preposição **a**, o qual pode deixar de ocorrer. ◆ *O Concílio Tridentino se propôs RESTITUIR ao primitivo rigor a disciplina e os costumes desregrados.* (HF) ◆ *Por isso ninguém lhe poderá RESTITUIR a pureza ingênua dos primeiros anos.* (FAN) ◆ *Talvez isso seja uma forma de egocentrismo ou pretensão, mas desejaria ter o dom de RESTITUIR a vida.* (CH)

restringido, restrito

1. A forma de particípio **restringido** é usada com os verbos **ter**, **haver** e **ser**. ◆ *Como seria se o Brasil não tivesse RESTRINGIDO a entrada de capitais (depois do Plano Real)?* (FSP) ◆ *Collor havia RESTRINGIDO esse direito ao presidente, vice e ministros.* (FSP) ◆ *Há, decerto, neste mundo moderno, coisas inevitavelmente barulhentas, cujo uso poderia ser RESTRINGIDO ao mínimo.* (SU)

2. A forma de particípio **restrito** é usada apenas com os verbos **estar** e **ser** (este, muito raramente). ◆ *Atualmente, o conceito de brega não está RESTRITO à música romântica.* (FSP) ◆ *Até então, os cuidados com a gestação eram RESTRITOS à mãe.* (EM)

A forma **restrito** é mais usual como adjetivo. ◆ *Podemos observar como é RESTRITA e unilateral tal definição, de caráter puramente enciclopédico.* (EM)

resultar

1. Significando "ser resultado", "provir", usa-se com complemento iniciado pela preposição **de**. ◆ *A morte do casal não RESULTOU de qualquer transgressão legal.* (GLO) ◆ *Dessa reação RESULTARAM formações geológicas características desses remotíssimos tempos.* (DST)

2. Significando "redundar", usa-se com complemento iniciado pela preposição **em**. ◆ *As investigações RESULTARAM no impeachment.* (FSP)

3. Lições normativas condenam (como castelhanismo) a construção de **resultar** com predicativo do sujeito, significando "tornar--se, como resultado".

Entretanto, a construção é usual. ◆ *A pele do seu rosto RESULTOU mais pálida e murcha do que já era.* (EST)

ret(i)-

É elemento (latino) que se liga a um elemento seguinte. Significa "reto", "direito". Corresponde ao elemento grego **ort(o)-**. ◆ *O canal não é RETILÍNEO, formando ligeira curva de convexidade superior e posterior.* (ACL) ◆ *No mesmo hospital onde nascera encanaram-lhe o pé e lhe RETIFICARAM o defeito; quando se retirou o gesso, verificou--se que o pé já não era torto, mas reto para frente, como o de todo o mundo.* (CT)

retaliar, retalhar ⇨ Ver -iar.

1. **Retaliar**, forma portuguesa correspondente ao italiano *retaliare*, significa "tratar com represálias", "vingar". ◆ *O primeiro-ministro*

reter

do país, Binyamin Netanyahu, ameaçou RE-TALIAR energicamente a ação. (FSP)

2. **Retalhar** significa "picar em retalhos", "despedaçar". ◆ *Grandes receptadores chegam a RETALHAR cinco carros por dia* (VEJ)

reter

Conjuga-se como **ter**. ◆ *RETENHO a cena que presenciei.* (ATA) ◆ *O distinto não recolhia aos cofres públicos o dinheiro que RETINHA do salário de seus empregados.* (VEJ) ◆ *Voldenir RETEVE a mão de Aglaia.* (JM)

Como as formas de terceira pessoa (do singular e do plural) do presente do indicativo são oxítonas em **-em**, elas são acentuadas: com acento agudo no singular e com acento circunflexo no plural. ◆ *Evite o excesso de sal, pois ele RETÉM líquidos e provoca inchaço.* (ELL) ◆ *Quando há desmatamentos próximos às áreas litorâneas, as raízes aéreas dos mangues RETÊM os sedimentos do solo.* (SU)

reticências

1. Significado:

1.1. Denotam interrupção no texto:

◇ para indicar suspensão que sugere alguma interpretação particular. ◆ *Sílvio esperava, calado, triste, envolvido por uma nuvem que ninguém saberia dizer se era de bebida ou de tristeza. Sílvio, sempre Sílvio...* (A) ◆ *Ah essa falta de ar, o menos apetite de comer; umas dores... Suspeitava fosse via de morrer.* (COB)

◇ para indicar que uma enumeração não está fechada. ◆ *A faca, as botas, o chapéu, cinturão de cartucheira, rebenque, a carteira cheia de dinheiro... Tudo de couro!* (PEL)

◇ para indicar interrupção de turno, para tomada de turno por um interlocutor.

◆ *– Aloysio, aquele aparelho...*

– Isto é uma gravação, interrompeu-me aquela voz inconfundível dos filmes de Walt Disney. (FE)

1.2. Denotam ausência de enunciado, em texto de diálogo, se colocadas após o nome de uma personagem (indicando que não houve resposta a um enunciado anterior).

◆ *Margô:*

Quem é a senhora pra me ensinar o que devo fazer ? A senhora já esqueceu o que fez com a própria filha ?

Deolinda:

...

2. Uso:

As reticências podem ocorrer:

◇ no interior de um enunciado. ◆ *Afinal, se acabou tudo... não sei por que esse mal-estar entre nos três!* (A)

◇ no final de um enunciado:

- valendo como pontuação de encerramento de período. ◆ *– Uma esmolinha pelo amor de Deus...* (CNT)

- seguindo-se a um ponto de interrogação ou de exclamação que fecha o período. ◆ *Fala baixo que ele vai acordá !...* (EN) ◆ *E se Anna deixasse o marido?...* (ACM)

retificar ⇨ Ver **ratificar**.

Retificar significa "tornar reto", "consertar", "emendar". ◆ *As dragas, utilizadas para RETIFICAR rios e acabar com pântanos e charcos, estão mesmo enferrujando.* (VEJ) ◆ *Urgia RETIFICAR a rota social que impunha distorções dramáticas.* (PAO) ◆ *Posso RETIFICAR esse valor declarado, ajustando-o ao novo preço.* (FSP)

Ratificar significa "homologar", "confirmar".

retorno

O **O** é fechado, no singular e no plural. ◆ *O deslocamento das poupanças, sobretudo das de grande porte, confirma a busca acirrada pelos RETORNOS positivos.* (OI)

retorquir

Verbo defectivo, conjuga-se apenas nas formas em que ao radical se segue **E** ou **I**. Não existe, pois, a primeira pessoa do singular do presente do indicativo, e, consequentemente, todo o presente do subjuntivo. Só são usuais, porém, as formas em que ao radical se segue **I**. Em qualquer forma, o **U** não. A conjugação é regular. ◆ *"Era para aprovar a reeleição",*

RETORQUI. (FSP) ♦ *"E que tem isso?", RE-TORQUIU logo Dona Leonor.* (A)

retrair

Conjuga-se como **cair**.

Nas formas em que o **I** forma ditongo com o **A**, não há acento: **retrai, retrais**. ♦ *O dia está chegando ao fim – o calor RETRAI algumas de suas garras.* (MEN)

Nas formas em que o **I** é vogal tônica, formando hiato com o **A**, pela regra geral de acentuação:

- ele é acentuado quando fica sozinho na sílaba, ou apenas com um **S**. ♦ *Não havia perspectiva de recuperação rápida das cotações e os investidores se RETRAÍRAM.* (VEJ) ♦ *O recurso impedia que seus músculos se RETRAÍSSEM.* (FSP)

- ele não é acentuado se não fica sozinho na sílaba. ♦ *Ao se RETRAIR, a densidade aumenta; portanto, o sólido deveria sempre ser mais pesado que o líquido.* (SU)

retribuir

Na conjugação, há formas em que o **I** forma ditongo com o **U** (**UI**), e, nesse caso, pela regra geral de acentuação, não há acento. ♦ *Vida RETRIBUI o sorriso, afasta-se.* (ACT)

Há formas em que o **I** é vogal tônica, formando hiato com o **U** (**UI**), e, nesse caso, pela regra geral de acentuação:

- ele é acentuado quando fica sozinho na sílaba, ou apenas com um **S**. ♦ *No ano seguinte, os dois estrangeiros RETRIBUÍRAM a visita ao nosso prefeito.* (EMB)

- ele não é acentuado se não fica sozinho na sílaba. ♦ *Tentei RETRIBUIR.* (BL)

retro-, *retro*

1. **Retro-** é prefixo de origem latina que indica movimento para trás, no espaço e no tempo, ou situação posterior. Liga-se sem hífen ao elemento seguinte. ♦ *A lei não pode RETROAGIR para atingir um fato já gerado.* (FSP) ♦ *Encontra-se na região RETROMAXILAR uma adenopatia formada por um gânglio maior endurecido, rodeado de outros menores.* (TPM)

2. ***Retro*** é advérbio latino que significa "para trás", usado na expressão *vade retro (Satana)*, que significa "afasta-te (Satanás)". Refere-se a palavras de Jesus. ♦ *Vade RETRO, rebanho de satanás...* (OSD)

retrós

1. Com **S**. Com acento porque é oxítona terminada em **-ós**. ♦ *1 RETRÓS de linha da cor do tecido.* (FSP)

2. O plural é **retroses**. ♦ *A um simples gesto seu, estendi sobre a mesa da sala, diante dos olhos cobiçosos da mulherada, o tesouro de miudezas contido no baú (...), carretéis de linha e RETROSES de seda (...).* (ID)

réu

O feminino é **ré**, diferentemente dos adjetivos e substantivos terminados em **-ÉU** em geral, que fazem o feminino em **-EIA**. ♦ *Os depoimentos eram prestados ao vivo, para não se ofender a RÉ: delicadeza mineira.* (AF)

reveem ⇨ Ver **veem, creem, leem, deem** ⇨ Ver **vem, vêm**.

É a forma da terceira pessoa do plural do presente do indicativo do verbo **rever**, que se conjuga como **ver**. **Reveem** forma-se com acréscimo de **-em** ao singular **revê**. Por isso, tem dois **EE**. ♦ *Se vários países REVEEM sua Constituição, por que o Brasil não pode rever a sua, morta e mofada há mais de 19 anos?* (MAN)

réveillon

É palavra francesa que designa a comemoração da passagem de ano. ♦ *O próximo encontro das duas amigas pode ser no Brasil, para o RÉVEILLON.* (VEJ)

rever

Conjuga-se como **ver**. ♦ *REVEJO a escrivaninha toda feita no lavor paciente de Damasco.* (DM) ♦ *Abriu seus álbuns, REVIU suas fotografias, revisitou seus sucessos.* (BB) ♦ *Para os empresários do setor, o montante pode chegar a US$ 7 bilhões se o governo REVIR a alíquota do II (Imposto de Importação) e garantir regras mais estáveis.* (FSP)

revérbero, reverbero

1. **Revérbero** é substantivo. A sílaba tônica é a antepenúltima (**VÉR**), e, por isso, a palavra leva acento (proparoxítona). O substantivo designa reflexo luminoso. ✦ *Da banda do mar me vinha um REVÉRBERO esplêndido de magnificência luminosa.* (L)

2. **Reverbero** é a forma de primeira pessoa do presente do indicativo do verbo **reverberar**, que significa "refletir (luz, calor)". Entretanto, exatamente pelo seu significado, esse verbo não ocorreu na primeira pessoa.

Reverendíssima ⇨ Ver **Vossa Alteza, Vossa Excelência etc.** ⇨ Ver **Sua Alteza, Sua Excelência etc.**

A forma **Reverendíssima** (com inicial maiúscula) entra na formação de pronomes de tratamento referentes a religiosos, especialmente os que ocupam cargo de grande dignidade. ✦ *Vossa REVERENDÍSSIMA me perdoe se me exaltei além da conta.* (TS) ✦ *Isso foi no mil novecentos e quarenta e logo depois daquela viagem que Sua REVERENDÍSSIMA fez a Roma para se avistar com Pio XII (...).* (NB)

Mais alto grau de cerimônia se confere (especialmente a bispos e arcebispos) com a sequência **Excelência Reverendíssima**. ✦ *Estou certo de que Vossa Excelência REVERENDÍSSIMA, que em breve deixará Brasília, leva consigo um pouco do Brasil.* (II-O) ✦ *E como o Bispo estivesse a rir, riu também, mas sem exagero, apenas para acompanhar Sua Excelência REVERENDÍSSIMA.* (TS)

reversão (reverter)

Com **-são** final, como todo substantivo correspondente a verbos terminados em **-TER** (**reverter**). ✦ *Há países da América Latina em que se dá uma REVERSÃO de expectativas.* (ESP)

revés

1. Com **S** (como **reverso**). O substantivo designa fato que reverte uma situação de boa para má, contrariedade. ✦ *Paulo caiu cedo por terra, mas eu não havia sofrido nenhum REVÉS sério.* (VEJ)

2. O plural é **reveses** (com o **E** tônico aberto e sem acento). ✦ *A guerra era marcada notadamente por REVESES.* (HG)

revezar, revezamento

Com **Z**, como **vez**. ✦ *Dois helicópteros do exército se REVEZAVAM nas investigações aéreas.* (ACT) ✦ *Gustavo é o líder da equipe de REVEZAMENTO.* (EU)

revir

Conjuga-se como **vir**. Significa "vir de novo". É de uso raro. ✦ *Valério não largava o olhar de cima das armas e REVINHA-lhe: de punhal, foi sangrado Chico Fidélis.* (PFV)

revisar, revisão

Com **S** (como **visão**). ✦ *No cenário das negociações, a Varig terá de REVISAR nada menos que quarenta contratos, de arrendamentos a dívidas.* (VEJ) ✦ *Durante o ano de 1993 e parte de 1994, esteve em curso um processo de REVISÃO da Constituição Federal.* (ATN)

revoada

É coletivo para aves em voo. ✦ *A mulher dos gestos etéreos pervaga pelo teto os olhos semicerrados, como se uma REVOADA de pássaros tivesse invadido o recinto.* (RIR)

revolvido, revolto

1. A forma de particípio **revolvido** é usada com todos os auxiliares. ✦ *Eu vejo o velho cineasta responder ao meu olhar com tanta inocência e candura que quase tenho vergonha, eu digo quase, de ter REVOLVIDO todas as pedras das paredes (...).* (FSP) ✦ *Noutras palavras, a falência do desenvolvimentismo, o qual havia REVOLVIDO a sociedade de alto a baixo, abre um período específico, essencialmente moderno, cuja dinâmica é a desagregação.* (FSP) ✦ *A terra nua e vermelha do cemitério de Kikwit, no Zaire, não parou de ser REVOLVIDA na semana passada.* (VEJ) ✦ *Eles desconfiaram de um local onde a terra estava REVOLVIDA, dando sinal de ter sido mexida recentemente.* (FSP)

2. A forma **revolto** é geralmente usada como adjetivo. ✦ *Alta, esbelta, o corpo maravilho-*

so, o cabelo REVOLTO, Anália erguia o braço num adeus. (BH)

RG

É a sigla de **Registro Geral.** ◆ *Para isso, exige-se a apresentação de uma série de documentos como RG e CPF, no caso de pessoa física.* (FSP)

rico

O superlativo absoluto sintético é **riquíssimo.** ◆ *Em consequência, a RIQUÍSSIMA fauna se extinguiu quase que totalmente.* (OS-O)

ridicularizar

Com **Z**, como todo verbo formado com o sufixo **-izar.** ◆ *Aretino valia-se de seus poemas sobretudo para RIDICULARIZAR a imagem pública de figuras ilustres.* (ER)

rififi, rififi

Rififi é forma francesa que está oficialmente abrigada como **rififi** em português para designar confusão que envolve várias pessoas. A sílaba tônica é a última, e a palavra, pelas regras do português (oxítona terminada em **I**), não leva acento (tal como em francês). ◆ *Pior ainda, o RIFIFI acontece na Bahia, o lugar de onde o resto do país se acostumou a esperar exemplos de elegante tolerância.* (VEJ)

rígido, rigidez

1. Com **G.** ◆ *Américo se levanta apoiando-se na bengala e caminha RÍGIDO.* (TGG)

2. **Rigidez** é com **Z**, como todo substantivo abstrato em **-ez** derivado de adjetivo. ◆ *Havia RIGIDEZ e segurança nos propósitos daquela mulher aparentemente frágil e abandonada.* (INQ)

rijeza

Com **J**, como **rijo**. Com **Z**, como todo substantivo abstrato em **-eza** derivado de adjetivo. ◆ *Tal coisa compreende principalmente o preparo do aparelho de sucção, dando-se conformação e RIJEZA suficiente ao mamilo.* (CLO)

rim

O adjetivo correspondente é **renal.** ◆ *Cada rim recebe sangue da aorta pela artéria RENAL.* (FIA)

rin(o)-, -rino

É elemento (grego) que se liga a um elemento seguinte ou a um anterior. Significa "nariz". ◆ *Surgiu o RINOCERONTE enfurecido, farejando o ar.* (JT) ◆ *O OTORRINO parece não ter nada com o peixe.* (VIU)

Se o elemento seguinte começar por **R** ou **S**, é necessário duplicar essa letra (que ficará entre duas vogais, na escrita). ◆ *Observam-se ainda na gestante, RINORREIAS, epistaxes, mudanças da voz etc.* (CLO)

ringue, rinque

1. **Ringue** é a forma portuguesa correspondente ao inglês *ring*. Designa tablado em que lutam pugilistas. ◆ *O campeão estava no meio do RINGUE, o braço erguido pelo juiz.* (DE)

2. **Rinque** é a forma portuguesa correspondente ao inglês *rink*. Designa pista de patinação. ◆ *No inverno, toda essa água congela e vira um imenso RINQUE de patinação.* (FSP)

rinoceronte

1. É substantivo masculino, referindo-se ao macho e à fêmea do animal (substantivo epiceno). ◆ *Surgiu o RINOCERONTE enfurecido, farejando o ar.* (JT)

2. O substantivo **abada** é indicado como designação da fêmea do **rinoceronte**, mas a forma não ocorreu.

rio

Os adjetivos correspondentes são **fluvial** e **flumíneo**, mas esta última forma não ocorreu. ◆ *Pode-se dizer que os índios praticavam uma semidomesticação da tartaruga FLUVIAL em currais, onde era alimentada com mandioca e plantas leguminosas.* (ATN)

Rio Branco [Acre]

O adjetivo pátrio correspondente é **rio-branquense**. A forma não ocorreu.

Rio da Prata (região) [América do Sul]

Os adjetivos pátrios são:

◇ **platino**. ◆ *Montado no Uruguai, o modelo está entrando no país sem pagar imposto de importação, graças a um acordo firmado há cinco anos entre o Brasil e seu vizinho PLATINO.* (VEJ)

◇ **rio-platense**. ◆ *Aqui, no entanto, o número de jogadores RIO-PLATENSES era imenso.* (TAF)

Rio de Janeiro

1. A sigla do estado é **RJ**. ◆ *Há poucos anos o presidente da OAB-RJ emitiu um pensamento que reproduz uma dura realidade ainda hoje.* (DP)

2. Os adjetivos pátrios são:

◇ **carioca**, quando se trata da cidade. ◆ *Dona Isaura, por sua vez, possuía floreados da culinária CARIOCA.* (CF)

◇ **fluminense**, quando se trata do estado. ◆ *Finalmente, foi escolhida a Praia de Itaorna, localizada nas proximidades da cidade FLUMINENSE de Angra dos Reis.* (ENE)

Rio Grande do Norte

1. A sigla é **RN**. ◆ *O Carnatal – o carnaval fora de época que acontece anualmente em Natal (RN) – poderá entrar para o "Guinness Book", o livro de recordes.* (FSP)

2. Os adjetivos pátrios correspondentes são **rio-grandense-do-norte, norte-rio-grandense** e **potiguar**. ◆ *No texto, Pallares Burke apresentava a tese que a escritora RIO-GRAN-DENSE-DO-NORTE plagiara uma obra do século 17.* (FSP) ◆ *Era estudante. Estudante do Ateneu NORTE-RIO-GRANDENSE.* (CR) ◆ *O marinheiro POTIGUAR decidiu conhecer um lado pouco explorado do Gaia.* (GLO)

Rio Grande do Sul

1. A sigla é **RS**. ◆ *A prefeitura de São Leopoldo (RS) resolveu bater de frente com a Igreja Católica.* (VEJ)

2. Os adjetivos pátrios são **rio-grandense--do-sul, gaúcho** e **guasca**. ◆ *Como RIO--GRANDENSE-DO-SUL, tenho a satisfação de haver sentido, desde os primeiros anos da existência, o calor da amizade que une, eliminado fronteiras, os uruguaios e os brasileiros.* (G) ◆ *Depois do chimarrão, o café de chaleira, preparado sem passar no coador, era uma das bebidas mais características do campeiro SUL-RIO-GRANDENSE.* (REA) ◆ *Nenhum GAÚCHO sai do Rio Grande do Sul por vontade própria.* (ANB) ◆ *Outra, veiculada pelos machões GUASCAS, garante não passar de uma infiltração de brigadistas gays nos quartéis.* (FSP)

riqueza

Com **Z**, como todo substantivo abstrato em **-eza** derivado de adjetivo. ◆ *Ele é um raro homem rico que não ostenta a RIQUEZA.* (AM)

risco de saúde, risco de doença

Essas expressões são possíveis devido ao amplo âmbito de atuação da preposição **de**. Após um nome transitivo, como **risco**, a preposição **de** pode introduzir:

◇ o nome que corresponderia ao sujeito de **risco**, indicando aquilo que está em risco (um nome de valor positivo, ou seja, eufórico, ou neutro). ◆ *No aborto, temos certeza de que o feto vai morrer, e o RISCO DE saúde durante a gravidez não é uma certeza, os médicos farão a sua parte.* (FSP) ◆ *A estudante Adriana Cícero ficou ferida, mas não corre RISCO DE vida.* (FSP)

◇ o nome que corresponderia ao objeto de **risco**, indicando qual é o mal que se apresenta como risco (um nome de sentido negativo, ou seja, disfórico). ◆ *Os urologistas lembram que a idade do paciente interfere muito no RISCO DE impotência.* (FSP) ◆ *Os assalariados também perdem, porque é difícil se sair bem na livre negociação com RISCO DE desemprego.* (FSP)

risoto

É a forma portuguesa correspondente ao italiano *risotto*. ◆ *O RISOTO é preparado com arroz que vem da Itália, a mesma origem do óleo de oliva extravirgem.* (VEJ)

rispidez

Com **Z**, como todo substantivo abstrato em -ez derivado de adjetivo. ✦ *Apesar da RIS-PIDEZ com que era tratada, Carmencita, no rolar do tempo, foi-se tornando alegre e bonita.* (LA)

rivalizar

Com **Z**, como todo verbo formado com o sufixo **-izar**. ✦ *Aliás Juiz de Fora, nesse ponto de vista, RIVALIZA com Sabará.* (FSP)

rixa

Com **X**. O substantivo designa contenda, briga, desavença. ✦ *E a respeito do Badu com Silvino, eu estou com você, que essa RIXA dá em nada.* (SA)

riz(o)-

É elemento (grego) que se liga a um elemento seguinte. Significa "raiz". ✦ *A domesticação pelo homem, que a cultiva a partir de RI-ZOMAS, um caule subterrâneo semelhante à raiz, favoreceu à seleção de plantas com flores estéreis, que não possuem óvulos.* (SU)

robe de chambre ⇨ Ver chambre.

É expressão francesa correspondente à expressão portuguesa **traje de quarto**. Significa "roupão". Frequentemente a expressão se reduz a **robe**, palavra oficialmente registrada em português com essa acepção. É substantivo masculino. ✦ *Por isso a velhinha dormira tarde e abriu a porta para os moços ainda de ROBE DE CHAMBRE, com a cara de sono (...).* (AVL) ✦ *Pensou em ir ao quarto buscar o ROBE que precisava acabar.* (MNA)

Com grande frequência usa-se, com o mesmo significado, o substantivo *chambre* (literalmente: "quarto").

robustez

Com **Z**, como todo substantivo abstrato em -ez derivado de adjetivo. ✦ *Jipes misturam sofisticação e ROBUSTEZ.* (FSP)

rocha

O adjetivo correspondente é **rupestre**. ✦ *Com o óleo, experimentou a força da inscrição RUPESTRE e a leveza de cores ainda não investigadas.* (GAZ)

rocio ⇨ Ver rossio.

Rocio designa orvalho. A sílaba tônica é **CI**, e, por isso, a palavra não leva acento. ✦ *Embora o poema de Juanele insinue o motivo utópico da solidariedade e da fraternidade universais (...), o dispositivo retórico de que se serve o poeta tudo dissolve num ROCIO de frases reticentes, truncadas, que se organizam (ou desorganizam) como pespontos – como toques de pincel – sobre um vazio de pintura taoista.* (BAL)

Rossio designa praça, logradouro público.

rock, roque

Rock é palavra inglesa usada em português, e **roque** é a forma portuguesa correspondente. A forma original inglesa é a forma quase exclusivamente usada (99,9%). ✦ *O grupo Madredeus, formado por músicos de ROCK cansados do barulho, faz sucesso na Europa com seu som intimista.* (VEJ) ✦ *"É coisa de pobre", diz Edmilson, que tem uma namorada de 20 anos e ouve ROQUE nacional, "especialmente Legião Urbana".* (FSP)

roda

É coletivo para pessoas com alguma relação de amizade. ✦ *Por ele entrei na sua RODA de amigos, logo adotados por mim.* (CF)

rodear, rodeio ⇨ Ver -ear.

Os verbos em **-ear**, do mesmo modo que os substantivos e adjetivos correspondentes, recebem **I** nas formas rizotônicas, isto é, nas formas que têm a sílaba tônica no radical. ✦ *Com a cara coberta, as armas apontadas, RODEA-MOS os três.* (MMM) ✦ *Talvez o papel da escola tenha muito a ver com a nossa passividade e com os problemas do mundo que nos RODEIA.* (ATE) ✦ *Veja só: caminhar à toa nesse deserto à procura de um touro que sumiu do RODEIO!* (G) ✦ *O senhor pode-se abrir agora sem RODEIO, Seu Persilva.* (CHA)

rodízio

Com **Z**. ✦ *No vôlei existe o RODÍZIO, que obriga cada jogador a passar por todas as posições.* (REA)

roer

Conjugação:

1. Na primeira pessoa do singular do presente do indicativo, forma-se hiato **OO**, tônico, sem acento: **roo**. ♦ *ROO as unhas e medito, com alguma melancolia, sobre sua carreira.* (FSP)

2. As formas da segunda e da terceira pessoa do singular do presente do indicativo são com o ditongo aberto **ÓI**, e, por isso, levam acento: **róis** e **rói**, respectivamente. ♦ *Era madeira que cupim não RÓI.* (US)

3. Nas demais formas, o verbo é regular. ♦ *O caruncho ROÍA esteios e vigas da propriedade.* (MEC) ♦ *O turco estava nervoso e atrapalhado como nunca vi, ROENDO os dedos, olhando temeroso, dos lados, e eu naquela impaciência.* (ID)

rogo

1. No singular, o substantivo tem o **O** tônico fechado (sem acento). ♦ *Nunca mais quisera tocar, nem mesmo a ROGO dos mais íntimos, que o sabiam bom flautista.* (LA)

2. O plural é **rogos**, com **O** aberto, como na formas verbais **roga**, **rogam**, **rogue** etc. O substantivo **rogo** significa "pedido", "prece". ♦ *Ante os ROGOS da mãe aflita que recomendava tolerância, exigiu a presença do jovem.* (PCO)

Roma [Itália] ⇨ Ver romano-.

1. O adjetivo pátrio correspondente é **romano**. ♦ *As águias ROMANAS bem que o demonstram.* (PRO)

2. **Românico** é o adjetivo relativo à Roma Antiga, ao Império Romano, e, especialmente, às línguas e à cultura dos países que o sucederam. ♦ *O Vale do Arán é povoado de igrejinhas ROMÂNICAS.* (PAO) ♦ *Na Europa estão os povos de línguas ROMÂNICAS, descendentes do latim, como o português, o francês, o espanhol e o italiano.* (VEJ)

O elemento de composição correspondente para formação de adjetivos pátrios é **romano-**.

romanceiro

É o coletivo para poesias populares. ♦ *Por sua oralidade, o ROMANCEIRO ibérico sofre contínua reelaboração.* (EM)

romano- ⇨ Ver Roma.

É elemento de composição correspondente a **Roma**. É usado na formação de adjetivos pátrios, ligando-se com hífen ao elemento seguinte. ♦ *O Sacro Império ROMANO-germânico desapareceu.* (HG)

romeno, romeno-

1. **Romeno** é o adjetivo pátrio referente à Romênia. ♦ *Os produtos ROMENOS são exportados para mais de 40 países do Mundo.* (P)

2. **Romeno-** é um elemento de composição usado na formação de adjetivos pátrios, ligando-se com hífen ao elemento seguinte. Fica invariável. ♦ *Bons pratos da cozinha ROMENO-judaica são as especialidades do Shoshi Deli Shop.* (FSP)

rompido ⇨ Ver roto.

A forma de particípio **rompido** é usada com todos os auxiliares. ♦ *O casal tinha ROMPIDO o namoro havia quatro meses, depois de quatro anos.* (FSP) ♦ *Pádua disse ter atribuído isso à falta de incentivo de Daniella em relação à mãe, já que havia ROMPIDO o relacionamento.* (FSP) ♦ *Teremos, no próximo ano, problemas semelhantes, ou piores aos ocorridos este ano, quando, em consequência das enchentes, foram ROMPIDOS três pontilhões.* (CB) ♦ *O emissário submarino, que deveria lançar o esgoto 4.000 m da praia, está ROMPIDO desde 1991.* (FSP)

A forma **roto** é usada como adjetivo.

ronda

É o coletivo para soldados ou guardas em função de vigilância. ♦ *A polícia fazia a RONDA com tochas nas mãos.* (BOI)

Rondônia

1. A sigla é **RO**. ♦ *No Brasil as termoelétricas de Samuel (RO) e Balbina (AM) são dois exemplos de aproveitamento da lenha com tecnologia adequada para produção de energia elétrica.* (UE)

2. O adjetivo pátrio é **rondoniano** ou **rondoniense**. ♦ *Darcy cunhou a expressão "humanismo RONDONIANO", reinterpretando-o*

como um "indigenista". (FSP) ◆ Não é, pois, apenas a saúde RONDONIENSE que pede socorro. (OS-O)

roquefort, roquefor

Roquefort é palavra francesa que designa tipo de queijo francês, macio, de gosto forte e picante, cuja massa apresenta um bolor característico. É semelhante ao gorgonzola italiano. ◆ *Dois anos depois da tentativa de proibir os queijos camembert e ROQUEFORT, por "excesso de bactérias", os burocratas da União Europeia atacaram novamente na semana passada.* (FSP)

A forma gráfica aportuguesada **roquefor** é oficialmente registrada, mas não ocorreu.

Roraima

1. A sigla é **RR**. ◆ *A suspeita de que Boa Vista (RR) seja uma das portas de entrada de contrabando fez a Aeronáutica instalar provisoriamente um radar ali.* (FSP)

2. O adjetivo pátrio é **roraimense**. ◆ *Dom Aldo não está nem aí para as conveniências da elite RORAIMENSE.* (VEJ)

rosbife

É a forma portuguesa correspondente ao inglês *roast beef.* Designa tipo de assado ou fritura feita com uma parte inteira de carne bovina de boa qualidade, tostada por fora, rosada ou vermelha por dentro, servida em fatias. ◆ *Ela adorava sanduíche de pão preto, com ROSBIFE e tomate, frio.* (BE)

rossio ⇨ Ver rocio.

Rossio designa praça, logradouro público. A sílaba tônica é **SI**, e, por isso, a palavra não leva acento. ◆ *Como havia vários teatros na região do ROSSIO, não sabiam ao certo ao qual Sarah Bernhardt se referia.* (XA)

Rocio designa orvalho.

rosto

O **O** da sílaba tônica é fechado no singular e no plural. ◆ *Jesuíno continuava estático, o sol a pino queimando-lhe o ROSTO e ninguém prestando atenção aos seus pedidos*

de ajuda. (ACT) ◆ *Os homens da curriola fecharam as bocas, ROSTOS crisparam-se, os olhos jogaram-se em Malagueta e Perus, ameaçaram.* (MPB)

rotação, rotatividade

1. O substantivo **rotação** designa o processo de girar. ◆ *A Lua teria um papel crucial no movimento de ROTAÇÃO do nosso planeta.* (VEJ)

2. O substantivo **rotatividade** refere-se à intensidade do giro de algum processo. ◆ *A presidência da filial brasileira é um cargo de alta ROTATIVIDADE.* (EX)

rôtisserie, rotissaria

É palavra francesa que designa estabelecimento comercial que vende queijos, frios, massas, carnes. ◆ *O sabor e a qualidade da comida são os principais atrativos de uma "RÔTISSERIE".* (FSP)

A forma correspondente que está oficialmente registrada em português é **rotissaria**, mas essa forma não ocorreu. Apenas ocorreu o aportuguesamento **rotisseria**, que não está oficialmente abrigado. ◆ *Fiquei um instante distraído mirando os frangos que giravam se tostando numa ROTISSERIA.* (ATI)

roto ⇨ Ver rompido.

A forma **roto** é usada como adjetivo, que pode ser substantivado. ◆ *Coso a roupa e não coso o corpo, coso um molambo que está ROTO.* (SA) ◆ *É o ROTO que empresta ao molambento.* (FSP)

Em épocas passadas, **roto** ocorria como particípio, com os diversos auxiliares, como nesta passagem de Castro Alves, reproduzida em jornal contemporâneo: ◆ *"Antes te houvessem ROTO na batalha, que servires a um povo de mortalha!"* (FSP)

Hoje, a forma de particípio **rompido** é a usada com todos os auxiliares.

rótula ⇨ Ver patela.

É designação de osso do joelho, substituída oficialmente por **patela**. ◆ *Patela – designação oficial da RÓTULA, que quer dizer rodi-*

roubar, rouba etc.

nha; o osso é um disco redondo e achatado, mas sem o orifício central que caracteriza a roda. (FSP)

roubar, rouba etc.

A sílaba **ROU** (com o ditongo **OU**) mantém--se em toda a conjugação (seja forma átona, seja forma tônica). ◆ *Mas, inconscientemente, sente-se lesada, carente e pode começar a ROUBAR objetos de amiguinhos na escola.* (PSC) ◆ *Vovô Pepê ROUBA um pedaço do bolo.* (MD) ◆ *Diziam que só ROUBAVA dos ricos, deixando os pobres em paz.* (ANA)

rouge ⇨ Ver ruge.

É palavra francesa que designa pó ou pasta de cor vermelha ou semelhante que se usa para colorir as maçãs do rosto. A pronúncia é, aproximadamente, **ruge**. ◆ *Então, faltou pó de arroz, faltou ROUGE, faltou purpurina, a gente completa do bolso da gente.* (OM)

Ruge é a forma portuguesa correspondente ao francês *rouge*. Ambas são igualmente usuais.

round ⇨ Ver assalto.

Round é palavra inglesa muito usada em português, apesar de haver a forma portuguesa **assalto**, que traduz essa palavra, pelo menos no sentido estritamente técnico. A pronúncia é, aproximadamente, **raund**. ◆ *Nelson impôs um nocaute no quinto ROUND.* (FSP) ◆ *O primeiro ROUND contra a paralisia infantil foi vencido.* (MAN)

A forma inglesa *round* é usada em 55% dos casos.

rouxinol

É substantivo masculino, referindo-se ao macho e à fêmea do animal (substantivo epiceno). ◆ *Abrimos as plumas ao sol, como o pavão, a garganta à lua, como o ROUXINOL.* (Q)

roxear ⇨ Ver arroxar, arroxear ⇨ Ver -ear.

Roxear, **arroxar** e **arroxear** são formas variantes para significar "tornar roxo", "ficar roxo". São todas formas pouco usuais, especialmente **roxear** e **arroxar**, que têm uso bastante restrito (cada uma com 14% do total).

Arroxear é a mais frequente (72%). ◆ *O bicho que tem no campo, o melhor é sariema: que parece com as meninas, ROXEANDO as cor morena.* (COB)

royalty

É palavra inglesa que designa o valor cobrado pelo dono de uma patente, ou pelo autor de uma obra, para permitir seu uso ou comercialização. A pronúncia aproximada é **róialti**. ◆ *O capital inicial para as três megastores de Buenos Aires é de US$ 10 milhões, incluindo aí o ROYALTY pelo nome e know-how.* (FSP)

Ruanda [África]

O adjetivo pátrio é **ruandês**. ◆ *Em abril de 1994, um atentado matou o presidente RUANDÊS Juvenal Habyarimana, hutu.* (FSP)

rubrica

A sílaba tônica é a penúltima (**BRI**), e, por isso, a palavra não leva acento (paroxítona terminada em **A**). O substantivo designa:

✧ cada um dos títulos de tópicos, ou itens, de uma obra ou de um todo organizado. ◆ *O documento básico era, portanto, o orçamento, de acordo com suas RUBRICAS.* (FA)

✧ assinatura abreviada, geralmente reduzida a iniciais. ◆ *Os originais da matéria da revista só iam à vossa mesa para neles apordes os hieróglifos de vossa RUBRICA aprovadora.* (CAR-O)

ruço ⇨ Ver russo, russo-.

Ruço é adjetivo que significa "de cor pardacenta". ◆ *Sem ser velho, já tem cabelo RUÇO.* (FSP)

Russo é o adjetivo pátrio e **russo-** é elemento de composição referente à Rússia.

rudeza

Com **Z**, como todo substantivo abstrato em **-eza** derivado de adjetivo. ◆ *Uma certa RUDEZA no comportamento dos gregos para com turistas é normal.* (FSP)

rufar ⇨ Ver ruflar.

Rufar é pouco usual como verbo e é muito usual como substantivo que designa o barulho produzido pelo percutir do tambor. ♦ *Os tambores da selva já começam a RUFAR.* (FSP) ♦ *A música terminou com um RUFAR de tambores rematado por um tinir de pratos.* (N)

Ruflar é verbo e também é substantivo que designa o barulho produzido pelo voo das aves.

rufião

1. É adjetivo ou substantivo que significa "cáften", "alcoviteiro". ♦ *Ela descreveu Paulo Sérgio como um kafkiano, um RUFIÃO.* (JB)

2. Os plurais tradicionalmente indicados são **rufiões** e **rufiães**, mas só a primeira forma ocorreu. ♦ *A lei barregã preocupou-se, portanto, com o direito dos cafetões, dos RU-FIÕES, dos gigolôs.* (FSP)

3. O feminino é **rufiona**. ♦ *Quanto às batatas para a viúva Boll, eu as roubei, junto com Schill, não para impedir que a velha RUFIO-NA morresse de fome.* (VVS)

ruflar ⇨ Ver rufar.

Ruflar é pouco usual como verbo e é muito usual como substantivo que designa o barulho produzido pelo voo das aves. ♦ *Os pássaros já se vão agasalhando para dormir, há piados e RUFLAR de asas.* (CC)

Rufar é verbo e também é substantivo que designa o barulho produzido pelo percutir do tambor.

rúgbi

É a forma portuguesa correspondente ao inglês *rugby*. É a designação de um jogo de origem inglesa, jogado com bola oval por duas equipes de 15 jogadores. ♦ *A bola oval já dera características próprias ao RÚGBI e formara jogadores hábeis no uso ou emprego das mãos.* (FB)

ruge ⇨ Ver rouge.

1. Como substantivo, é a forma portuguesa correspondente ao francês *rouge*. Designa pó ou pasta de tonalidade entre o rosa e o vermelho que, como cosmético, se espalha nas maças do rosto. ♦ *Minha mãe às voltas com pó de arroz, caixinhas de RUGE.* (MAR)

Ambas as formas são igualmente usuais.

2. Como forma verbal, é a terceira pessoa do singular do presente do indicativo do verbo **rugir**. ♦ *A fera que RUGE e nos assusta seria uma representação de nossa parte animal e instintual (...).* (TA)

ruim

A sílaba tônica é **IM**, e, por isso, a palavra não leva acento (oxítona terminada em **IM**). ♦ *O futuro é incerto e a ausência de regras é pior que uma regra RUIM.* (FSP)

ruir

Verbo defectivo, conjuga-se apenas nas formas em que ao radical se segue **E** ou **I**. Não existe, pois, a primeira pessoa do singular do presente do indicativo, e, consequentemente, todo o presente do subjuntivo. A conjugação é regular. ♦ *Ao clangor de suas trombetas RUEM os muros da cidade e as muralhas das cidadelas.* (COR) ♦ *RUIU o comunismo e a União Soviética.* (VEJ)

rum

É forma portuguesa correspondente ao inglês *rum*. ♦ *A caninha Pirassununga 51 desbancou o RUM Bacardi como bebida mais vendida no mundo.* (FSP)

rupia

A sílaba tônica é **PI** (paroxítona), e, por isso, a palavra não leva acento. O substantivo designa unidade monetária e moeda de países da Ásia, entre eles a Índia e o Paquistão. ♦ *A polícia paquistanesa publicou desenhos de quatro suspeitos pelo ataque e ofereceu 1 milhão de RUPIAS (US$ 30 mil) por informações que levem a sua prisão.* (FSP)

rush

1. É palavra inglesa usada em português para designar intenso movimento, especialmente de veículos. A pronúncia aproximada é **râch**. ♦ *Era hora do RUSH e a gente lá agarrado no balaústre.* (IS)

2. O plural é *rushes*, mas a forma não ocorreu.

russo, russo-

russo, russo- ⇨ Ver **ruço.**

1. **Russo** é o adjetivo pátrio referente à Rússia. ◆ *Gurian é RUSSO.* (VA)

2. **Russo-** é um elemento de composição correspondente a Rússia.

✧ Usado na formação de adjetivos pátrios, liga-se com hífen ao elemento seguinte. ◆ *Bruges estabelecia contato com o mundo RUSSO-escandinavo.* (HIR)

✧ Usado para referência à Rússia, aos russos ou à língua russa, liga-se sem hífen ao elemento seguinte. ◆ *"Isso pode acabar em guerra civil", teme o RUSSÓFILO Nikolai Azarov, deputado do Partido Trabalhista da Ucrânia.* (VEJ)

Ruço é adjetivo que significa "de cor pardacenta".

S

s

O nome da letra é **esse**. O primeiro **E** (tônico) é aberto (É), mas a palavra não leva acento. ◆ *E o comerciante deita e rola nas tabuletas, escrevendo com um ESSE, dois ESSES, três ESSES, um zê, dois zês, zê ao contrário, dois cês cedilhados e até minhacuçu mesmo.* (AGF)

S ⇨ Ver **sul.**

É o símbolo de **sul.** ◆ *O verdadeiro Triângulo das Bermudas fica no Brasil. Mais precisamente, na latitude 0°45 S e longitude 44°15' W.* (VEJ)

S.

S. é a abreviatura de:

◇ **São.** ◆ *Atualmente, tenho em S. Paulo um primo em tratamento.* (DEN)

◇ **Santo.** ◆ *Com essa doutrina se afasta da tradição escolástica, emanada de S. Agostinho.* (HF)

◇ **Santa.** ◆ *Muitos deles possuíam fazenda no distrito, tendo S. Clara como núcleo, antiga, tradicional, onde viveram e morreram os seus antepassados.* (DEN)

S. A.

1. S. A. é a abreviatura de **Sociedade Anônima.** ◆ *Finalmente, a 26 de outubro último, com a cidade em festa, a Caterpillar Brasil S. A. adquiriu da Refinadora Paulista S. A. nada menos do que 4.000.000 de metros quadrados para ali instalar a sua fábrica de veículos agrícolas.* (CRU)

2. O plural é **S. As.** ◆ *Acreditamos que a unidade básica do setor deve ser a empresa concessionária regida pela lei das S. AS.* (POL)

Saara (deserto) [África]

Os adjetivos indicados como correspondentes são **saariano** e **saárico,** mas este último não ocorreu. ◆ *Os fabricantes da Europa sonham noite e dia com a África, com o lago SAARIANO, com o caminho de ferro do Sudão.* (DP)

sabá

É nome comum (masculino) para designar:

◇ descanso que os judeus observam no sábado. ◆ *Segundo os evangelhos, Jesus desrespeitava abertamente essa norma, tendo chegado mesmo a promover milagres em pleno SABÁ.* (VEJ)

◇ assembleia de bruxas. ◆ *No século 16, quando os europeus presenciavam ritos de obsessão dos índios, explicavam dizendo, como fez Lery, que estes ficavam fora de si, "como as feiticeiras na Europa quando vão ao SABÁ".* (FSP)

saber

Com o significado de "ter o sabor de" ou "dar a impressão de", usa-se o verbo **saber** com complemento iniciado pela preposição **a.** ◆ *A bebida SABIA a sabão e casca de barata, mas o calor servia para aquecer o estômago.* (GRO)

sabiá

É substantivo masculino ou feminino, designando, em qualquer gênero, o macho e

sábio

a fêmea do animal (substantivo epiceno). A forma feminina, porém, é muito pouco usada. ◆ *Na gaiola pendurada à parede, o velho SABIÁ que dormia encorujado piou baixinho, olhos fechados.* (DE) ◆ *Mas eu queria era contar que uma SABIÁ entrou aqui em casa, assustada, bicou daqui e dali e fez o seu ninho.* (BPN)

sábio

1. O aumentativo é **sabichão**, de valor pejorativo, aplicado especialmente a pessoa que tem presunção de sábia. ◆ *Precisamente porque não acreditava nas associações pejorativas do termo "SABICHÃO"; porque acreditava que se pudesse, de fato, saber tudo.* (FSP)

O feminino de **sabichão** é **sabichona**. ◆ *A SABICHONA ri de mim.* (ASA)

O plural é **sabichões**. ◆ *Os russos eram barbudos e calados. Impunham respeito como SABICHÕES.* (BPN)

2. O superlativo absoluto sintético de sábio é **sapientíssimo**. ◆ *Nessa Encíclica, expôs Pio XII os princípios dogmáticos, morais e ascéticos implicados na Sagrada Liturgia, de maneira a evitar que a pureza da fé e da moral viesse a periclitar num movimento cuja característica deve ser a conformidade com a SAPIENTÍSSIMA doutrina da Igreja.* (MA)

sabotagem

É a forma portuguesa correspondente ao francês *sabotage*. ◆ *Uma atribuição perigosa ficaria a cargo de um alemão, Paul Franz Gruber – lidar com explosivos e SABOTAGEM.* (OLG)

sabujice, sabujo

Sabujice escreve-se com **J**, como **sabujo**, que significa "(homem) servil", "bajulador". ◆ *Só os SABUJOS não percebem esta diferença entre a empresa nacional e a estrangeira.* (FSP) ◆ *Depois de um par de meses, com seu macaquismo e SABUJICE, angariou minha confiança, pelo que dei ao macaco Simão sociedade na quitanda.* (NI)

sacar

Usa-se com complemento sem preposição (objeto direto) ou iniciado pela preposição **de**.

◆ *Ele sorriu, um sorriso de gentileza, pois não, eu SAQUEI a arma, mirei e puf, errei o primeiro tiro.* (OMT) ◆ *Sizenando SACOU do revólver, o valentão derrubou a faca.* (CE)

sacar(i/o)-

É elemento (grego) que se liga a um elemento seguinte. Significa "açúcar". ◆ *Em ambos os casos, os tubérculos SACARÍFEROS mostram-se diminutos.* (TF) ◆ *A madeira produz celulose, que é convertida em SACAROSE, passando então por um processo de destilação.* (IS)

saca-rolha, saca-rolhas

1. São formas variantes, para o singular, sendo mais usual (56%) a primeira. É substantivo masculino. ◆ *À direita, o SACA-ROLHA que funciona com um simples giro na parte superior.* (FSP) ◆ *Que fim levou o SACA-ROLHAS?* (CBC)

2. O plural é sempre **saca-rolhas** (forma verbal + substantivo). ◆ *A nova seção oferece desde SACA-ROLHAS e decantadores até acessórios mais sofisticados.* (FSP)

sacerdote

O feminino é **sacerdotisa**. ◆ *A SACERDOTISA disse que eu era o mais sábio dos homens.* (TEG)

sacristão

1. O plural é **sacristãos** ou **sacristães**, sendo bem mais usual (67%) a primeira forma (que se faz por **cristãos**). ◆ *Deus nem vai se lembrar dos SACRISTÃOS de paróquia do interior.* (NOD) ◆ *Não queremos fazer SACRISTÃES.* (Q)

2. O feminino é **sacristã**. ◆ *Como SACRISTÃ, a irmã Sandrine era responsável pela supervisão de todos os aspectos não religiosos das operações da igreja.* (CDV)

sacudir

O verbo **sacudir** muda o **U** em **O** aberto, no presente do indicativo, quando é no radical que está a sílaba tônica (nas formas rizotônicas), exceto na primeira pessoa do singular (e, consequentemente, em todo o presente do subjuntivo). ◆ *SACUDA os tomates para tirar o resto da água, coloque-os num prato refratário.* (ELL) ◆ *SACODE-o pela gola da camisa, dá-lhe pequenos socos.* (ATR)

safári

A sílaba tônica é a penúltima (**FÁ**), e, por isso, a palavra leva acento (paroxítona terminada em **I**). O substantivo designa expedição de caça, especialmente na selva africana. ◆ *Um pequeno grupo do SAFÁRI aproximava-se do leito seco do Rio Rovuma.* (CRU)

sagaz

1. Com **Z**. Significa "que tem agudeza de espírito", "perspicaz", "astuto". ◆ *Holmes espantou-se com o raciocínio SAGAZ da compositora.* (XA)
2. O superlativo absoluto sintético é **sagacíssimo**. ◆ *Seu sucessor, Rodrigues Alves, era homem de princípios, SAGACÍSSIMO, dono de boa cultura, embora não fosse uma notabilidade.* (TGB)

sagrado

O superlativo absoluto sintético é **sacratíssimo**. ◆ *O faisão fulge-se de SACRATÍSSIMOS retalhos, recolorindo-se: da cauda ao boné, tudo madeixas de seda.* (AVE)

sagui

O **U** é pronunciado. A sílaba tônica é a última (**GUI**), e, por isso, a palavra não leva acento (oxítona terminada em **I**). ◆ *Zé Quentro levava um SAGUI preso ao ombro por uma embirra.* (CR)

saída de banho, saída de praia

O plural se faz apenas no primeiro elemento (dois substantivos ligados por preposição). ◆ *A Mulher por dentro: (...) Camisolas, SAÍDAS DE BANHO, praia, peignoirs, calças, conjuntos, blazers.* (GD) ◆ *Legenda Foto: Vendedora de cangas e "SAÍDAS DE PRAIA" em praia das Bahamas.* (FSP)

sair

Na conjugação, há formas em que o **I** forma ditongo com o **A** (**AI**), e, nesse caso, pela regra geral de acentuação, não há acento. ◆ *O sujeito preso custa um dinheirão à sociedade, cumpre algum tempo de cadeia e SAI pior do que entrou.* (AGO)

Há formas em que o **I** é vogal tônica, formando hiato com o **A** (**AI**), e, nesse caso, pela regra geral de acentuação:

- ele é acentuado quando fica sozinho na sílaba, ou apenas com um **S**. ◆ *O Brasil volta a ocupar um lugar na lista, da qual SAÍRA com a extinção da Lei de Reserva de Informática.* (VEJ) ◆ *As chaminés, após SAÍREM das coifas, subiam até o telhado por outro caminho.* (ACM)

- ele não é acentuado se não fica sozinho na sílaba. ◆ *O enterro SAIU desta sala, desta Câmara.* (AID) ◆ *E fez o goleiro do Pinheirense SAIR de campo consagrado.* (AP)

sala de estar, sala de jantar, sala de visitas ⇨ Ver *living (room)*.

Sem hífen. ◆ *Estavam na ampla SALA DE ESTAR do apartamento do Deauville.* (AGO) ◆ *Tarde da noite, quando todos dormiam, mamãe levantou-se da cama, voltou à SALA DE JANTAR.* (ANA) ◆ *A espera era na nossa SALA DE VISITAS, onde ficavam também os aflitivos pacientes que dilatavam os canais lacrimais.* (BAL)

Sala de estar é a forma portuguesa correspondente ao inglês *living room* ou *living*, formas também usadas, embora com menor frequência (30%, na soma de ambas).

sala e quarto, sala e dois quartos etc.

A ortografia oficial considera formações desse tipo como locuções, não como compostos, o que leva à grafia sem hífen. ◆ *E foi exatamente isso que aconteceu com o Northridge Meadows, um edifício típico dos subúrbios californianos, de paredes finas e estruturas fracas, com apartamentos SALA E QUARTO alugáveis.* (FSP) ◆ *No caso dos brasileiros, o imóvel mais procurado tem sido o SALA E DOIS QUARTOS.* (FSP)

salamaleque

A vogal da terceira sílaba é **A (MA)**, e não **E**. A palavra reproduz uma saudação entre os muçulmanos. Genericamente, designa cumprimento exagerado, rapapé, mesura. ✦ *Os restos foram apenas SALAMALEQUES.* (C)

salário mínimo, salário-mínimo
⇨ Ver **mínimo.**

1. A forma de substantivo composto unido por hífen, **salário-mínimo**, é oficialmente registrada. Quanto à sua acepção dessa forma, os dicionários em geral a indicam como designação do trabalhador que ganha salário mínimo.

Entretanto, a forma com hífen não ocorreu com esse significado, mas sim como designação de tal tipo de salário. ✦ *O SALÁRIO-MÍNIMO nos diversos países do mundo é proporcional à taxa de crescimento populacional.* (GLO) ✦ *Os ricos ganham mais de 70 SALÁRIOS-MÍNIMOS.* (FSP)

Para referência a esse tipo de salário, também é usual apenas a palavra **mínimo.**

2. A expressão sem hífen, **salário mínimo** (substantivo + adjetivo), é a usual para referência ao salário fixado como o mínimo aceito na legislação. ✦ *Em hipótese alguma o preço do chope excederá o valor de um SALÁRIO MÍNIMO local.* (BOC) ✦ *Ataíde apurava uns três SALÁRIOS MÍNIMOS, mas achava que as coisas iam melhorar.* (AF)

salário(s) ⇨ Ver **soldo** ⇨ Ver **subsídios**
⇨ Ver **vencimentos.**

O substantivo **salário(s)** designa a remuneração dos funcionários de empresa (privada ou pública). ✦ *Desempregado não tem SALÁRIO, Ciríaco.* (GRE) ✦ *Com os dois reduzidos SALÁRIOS viviam três pessoas, pois tia Dina, irmã nova de papai, passaria a morar com os recém-casados.* (ANA)

saldar ⇨ Ver **saudar.**

Saldar significa "pagar o saldo de", "liquidar". ✦ *Comprei um grande carro, SALDEI uma grande dívida.* (DE)

Saudar significa "fazer uma saudação", "cumprimentar".

saloon

É palavra inglesa que designa bar ou taberna em ambiente de faroeste. A pronúncia aproximada é **salun**. ✦ *O que se viu em seguida foi uma cena de SALOON.* (VEJ)

salpicar

1. Significando "lançar salpicos, grãos ou pingos em", usa-se:

◇ com um complemento sem preposição (objeto direto) e outro iniciado pela preposição **em**. ✦ *A lavadeira me agradecia perfumando minhas roupas; depois de esfregá-las e enxaguá-las, ela SALPICAVA seiva de alfazema nas camisas, lenços e meias.* (REL)

◇ com um complemento sem preposição (objeto direto) e outro iniciado pela preposição **com**. ✦ *SALPIQUE o pepino levemente com sal e açúcar.* (ELL)

2. Significando "colocar entre outras coisas", usa-se com complemento sem preposição (objeto direto). ✦ *Ao longo da matéria SALPICOU a expressão "a Folha apurou...", "na Folha apurou ainda...".* (RI)

salsicha

Com **S** na segunda sílaba e com **CH** na terceira. ✦ *A Dog Station levou a melhor na preferência e bastaram alguns ajustes em um dos tipos de SALSICHA para adequar o produto ao paladar nacional.* (EX)

salubre

O superlativo absoluto sintético é **salubérrimo**. O adjetivo significa "benéfico à saúde", "saudável". ✦ *Bancos como o Econômico e o Nacional afundam exibindo balanços SALUBÉRRIMOS.* (FSP)

salvado, salvo

1. A forma de particípio regular **salvado** é usada com os auxiliares **ter** e **haver**. ✦ *Ele inventava que teria estado frente a frente com ursos e teria SALVADO duas mulheres de se afogar.* (FSP) ✦ *Os soldados haviam SALVADO o país no decurso da guerra.* (TGB)

A forma **salvado** também é usada como substantivo, em referência particular às coisas que se salvam de um incêndio. ◆ *Porque era SALVADO de um incêndio, incêndio, da morte da esposa, a serena D. Nhanhá.* (VB)

2. A forma de particípio irregular **salvo** é usada com todos os auxiliares. ◆ *Sua impressão era a de se ter SALVO por um triz.* (M) ◆ *Quando a água desceu, o par que se havia SALVO nas três cabaças procurou um sítio.* (IA) ◆ *Quem é SALVO tem apenas o dever de gratidão.* (CH) ◆ *Está tudo SALVO!* (AM)

Salvador [Bahia]

Os adjetivos pátrios são **soteropolitano** e **salvadorense**. A primeira é a mais usual (85%). ◆ *No final da apresentação, os músicos da banda caribenha homenagearam o público SOTEROPOLITANO com uma versão do Hino de Nosso Senhor do Bonfim.* (FSP) ◆ *Graças aos céus, o fascinante na Bahia não é a prova de que ali se pode fazer a Barra da Tijuca ou, como no bairro SALVADORENSE da Vitória, a avenida Paulista.* (FSP)

salve-rainha

O plural é **salve-rainhas** (palavra invariável + substantivo). ◆ *Penitência de mulher casada é na cozinha, enquanto a panela ferve... reze oito SALVE-RAINHAS, até o feijão amolecer.* (NOD)

salvo

Significando "afora", "exceto", é invariável. ◆ *A casa é a mesma, SALVO umas adaptações que eu tive de mandar fazer.* (GAT)

salvo-conduto

O plural é **salvo-condutos** ou **salvos-condutos**, sendo o primeiro o mais usual (80%). ◆ *As palavras privatização ou globalização não são SALVO-CONDUTOS que garantam modernidade a ninguém.* (FSP) ◆ *Os "SALVOS-CONDUTOS" eram fornecidos pela direção do MST e os militantes precisavam comprovar a necessidade de sair.* (FSP)

samba-canção

O plural é **sambas-canções** ou **sambas-canção,** sendo a primeira forma a mais usual (77%). ◆ *Foi no Rio dos anos 40 que ele*

começou a criar os *SAMBAS-CANÇÕES que se incluem entre os mais representativos da música romântica brasileira.* (FSP) ◆ *Ali, Alf ganhava espaço com a introdução de novas e sofisticadas harmonias aos antigos SAMBAS-CANÇÃO.* (FSP)

samba-enredo

O plural é **sambas-enredo** ou **sambas-enredos,** a primeira levemente mais frequente (54%). ◆ *Não se fazem mais SAMBAS-ENREDO como antigamente.* (VEJ) ◆ *O Carnaval era muito melhor sem a dura realidade dos SAMBAS-ENREDOS.* (VEJ)

Samoa Ocidental [Oceânia]

O adjetivo pátrio é **samoano.** ◆ *O mais recente combate do SAMOANO, em dezembro, contra David Izonritei, foi o mais duro de sua carreira.* (FSP)

San Salvador / El Salvador [América Central]

O adjetivo pátrio é **salvadorenho.** ◆ *Segundo autoridades locais, foi um protesto de um SALVADORENHO contra o governo de seu país.* (FSP)

sanar, sanear ⇨ Ver -ear.

Sanar e **sanear** significam "tornar são". Entretanto:

◇ **sanar** usa-se mais na acepção genérica de "remediar". ◆ *Fizemos tudo para SANAR sua falta.* (PCO) ◆ *Eu estou disposto a envidar todos os esforços para que possamos SANAR imediatamente esta lacuna.* (TRH)

◇ **sanear** usa-se na acepção genérica, mas também na acepção específica de "tornar financeiramente saudável" e de "tornar eticamente saudável". ◆ *Nossos chefes, que são a nossa esperança, e constituem as nossas últimas reservas morais, não detêm poderes para SANEAR o pântano moral em que chafurda grande parte da Nação.* (ESP) ◆ *Por um lado, quanto mais fraca é a economia, mais tributos são necessários para SANEAR os problemas gerados pela miséria econômica do País.* (ESP) ◆ *Assim surge o caminho que temos que seguir este ano para SANEAR as finanças públicas.* (ESP)

sanção, sancionar

sanção, sancionar

1. **Sanção** significa:

◇ "ato pelo qual o chefe do poder executivo aprova, ou não, o que foi aprovado pelo legislativo". ♦ *Como a ratificação da convenção nº 158 foi levada a efeito através de decreto legislativo, que se caracteriza como lei ordinária "a que a Constituição não exige a remessa ao presidente da República para a SANÇÃO (promulgação ou veto)" (Ferreira Filho, M. G., "Curso de Direito Constitucional", São Paulo, Saraiva, 1989, p. 186), conclui-se que as regras nela contidas não poderão ter eficácia no Brasil.* (FSP) ♦ *E as leis são feitas em colaboração com o Poder Executivo, porquanto todo projeto, ainda que iniciado no Congresso, está sujeito à SANÇÃO do Chefe do Executivo.* (POL-O)

De ordinário, o termo é entendido com valor positivo, isto é, como "aprovação". ♦ *O Congresso colocou-lhe na mesa para SANÇÃO ou veto a anistia ao senador Humberto Lucena e o aumento do salário mínimo.* (VEJ)

◇ "medida repressiva", "reprovação". ♦ *Mas, como a SANÇÃO social imposta a quem não segue o código de conduta não é suficiente para coibir aqueles mais afoitos, há também a SANÇÃO imposta pelo Estado a quem infrinja a lei.* (FSP)

2. **Sancionar** significa "dar sanção a, aprovando". ♦ *O Parlamento SANCIONAVA a Lei da Reforma Postal.* (FIL)

sanduíche

É a forma portuguesa correspondente ao inglês *sandwich*. É substantivo masculino. ♦ *Você pode comer um SANDUÍCHE no hotel.* (CH)

sangue

Os adjetivos correspondentes são:

◇ **hemático**. ♦ *As hemorragias de certa intensidade são de sangue rutilante; as de pequena monta são de sangue escuro, semelhantes à borra de café, devido à transformação do pigmento HEMÁTICO.* (DDH)

◇ **sanguíneo**. ♦ *Algumas crianças nascem com uma malformação (aneurisma) em um vaso SANGUÍNEO da cabeça.* (FSP) ♦ *Os vasos peritoneais dilatam-se e a velocidade do fluxo SANGUÍNEO aumenta.* (CLC)

sanguessuga

Numa só palavra, com **SS**. É substantivo feminino. ♦ *Algumas centenas de anos atrás a cura de pacientes dependia daquele simpático bichinho, a SANGUESSUGA.* (EMB)

sanguinário

Há formas variantes orais, pronunciando-se, ou não, o **U**, mas a grafia é apenas uma. ♦ *Ela amou durante muito tempo, sem nunca ter visto, aquele homem SANGUINÁRIO, capaz de matar.* (AF)

sanguíneo

Há formas variantes orais, pronunciando-se, ou não, o **U**, mas a grafia é apenas uma. ♦ *Há pacientes que não sabem sequer seu tipo SANGUÍNEO.* (EM)

sansei ⇨ Ver **issei, isei** ⇨ Ver **nissei, nisei.**

É um termo de origem japonesa que literalmente significa "terceira geração". Designa o neto de imigrantes japoneses nascido na América. A sílaba tônica é a última, e a palavra não leva acento (oxítona terminada em ditongo). Usa-se com a mesma forma para masculino e para feminino (substantivo comum de dois). ♦ *Os japoneses, por exemplo, são incapazes de achar que você é brasileira, chamam você de nissei ou SANSEI.* (FIC)

Issei, ou **isei**, é a denominação para a primeira geração (o imigrante), e **nissei**, ou **nisei**, é a denominação para a segunda geração (o filho).

Santa Catarina

1. A sigla é **SC**. ♦ *Elberto, o quarto cortado por Sohn, veio de Concórdia (SC).* (PLA)

2. O adjetivo pátrio é **catarinense** ou **barriga-verde**. ♦ *O presidente da associação CATARINENSE de criadores de suínos não é inimigo da integração, pois sem a indústria não há mercado.* (GU) ♦ *Integrávamos, ao lado de Guilhermino César, a comitiva oficial do Rio Grande do Sul, em visita à terra BARRIGA-VERDE.* (CPO)

São indicadas também as formas variantes **catarineta**, **catarinete** e **caterinete**, que, entretanto, não ocorreram.

Santo, Santa ⇨ Ver São ⇨ Ver S.

1. A forma **Santo** é usada antes de nome próprio começado por vogal ou H. ✦ *Este é o período em que as heresias atingiram maior intensidade e o grande papel dos Padres da Igreja, SANTO Hilário, São Jerônimo, SANTO Ambrósio e principalmente SANTO Agostinho, foi o de criar a dogmática cristã, servindo-se da filosofia como auxiliar da teologia.* (HF)

Tirso é o único nome próprio iniciado por consoante com o qual é praxe o uso da forma **Santo**. ✦ *A seguir, o Simões da Fonseca o fez achar dois Tirsos: Tirso de Molina e o Visconde de SANTO Tirso.* (PFV)

No caso de **Tomás de Aquino** (também nome iniciado por consoante), o uso oscila entre **Santo** e **São**. ✦ *Bem ensinou SANTO Tomás, que "os ideais políticos variam consoante as ideias do homem sobre o destino humano".* (FI) ✦ *A partir de locais e imagens, SÃO Tomás formula três regras mnemônicas.* (ESO)

Ocorre o mesmo com **Borja**, mas a forma **Santo Borja** não ocorre em textos atuais. ✦ *A 23 do mesmo, quase à meia-noite, se disparou um canhão no Passo dos Barros, que fica 3 léguas abaixo de SANTO Borja, onde foi ouvido.* (CB)

2. No feminino, só existe a forma **Santa**, para uso antes de qualquer nome. ✦ *As fogueiras do Divino, de São Benedito e SANTA Ifigênia iam-se erguendo.* (CBC) ✦ *Florêncio olhava para Luzia e achava-a parecida com uma imagem de SANTA Rita.* (TV)

3. A abreviatura é **S.**, tanto para o masculino (**santo**) como para o feminino (**santa**). ✦ *Com essa doutrina se afasta da tradição escolástica, emanada de S. Agostinho.* (HF) ✦ *Na radiosa e fresca manhã de um sábado tive um chamado para a fazenda de S. Clara.* (DEN)

são [na indicação de horas]

Na indicação de horas, o verbo **ser** concorda com o número de horas. ✦ *Você não se levanta hoje? SÃO oito horas! Vai perder o emprego!* (BB)

A indicação se estende a qualquer verbo que esteja sendo usado como auxiliar do verbo **ser**. ✦ *Devem SER sete horas.* (PRE)

São ⇨ Ver Santo, Santa ⇨ Ver S.

1. A forma **São** é usada antes de nome próprio começado por consoante. ✦ *SÃO Sebastião fica sendo o padrinho no Céu.* (LOB)

No caso de **Tomás de Aquino** (nome iniciado por consoante), o uso oscila entre **São** e **Santo**. ✦ *SÃO Tomás de Aquino foi um dos maiores defensores da Astrologia na Idade Média.* (AST)

Com **Borja** também se indica a possibilidade das duas formas, mas a forma **São Borja** é a única que ocorre em textos atuais. ✦ *O Presidente viera de São BORJA, para onde se fora passar a Semana Santa.* (TV)

2. A abreviatura é **S.** ✦ *O Padre não o tolerava e afirmava que, quando se vagasse o trono de S. Pedro, certamente o Paduinha concorreria.* (S)

São Domingos / República Dominicana [Antilhas, América Central]

O adjetivo pátrio é **dominicano**. ✦ *O pivô DOMINICANO José Vargas, cestinha do time no campeonato, poderá deixar a equipe.* (FSP)

São Luís [Maranhão]

Os adjetivos pátrios são **ludovicense** e **são-luisense**, mas esta última forma não ocorreu. ✦ *Continua a "febre da SBPC" entre os LUDOVICENSES – os naturais de São Luís.* (FSP)

São Paulo ⇨ Ver são-paulino.

1. A sigla do estado é **SP**. ✦ *A concessionária Vocal, de Porto Ferreira (SP), foi a que ofereceu melhor atendimento em 94.* (FSP)

2. Os adjetivos pátrios são:

✧ **paulista** (que tem a mesma forma para masculino e feminino), quando se trata do estado. ✦ *"Fomos nós que descobrimos o ouro", disse um PAULISTA.* (RET) ✦ *Casara-*

São Tomé e Príncipe (arquipélago)...

-se com uma PAULISTA, sim, senhor. Uma senhora de Ribeirão Preto. (MAD)

✧ **paulistano**, quando se trata da cidade. ◆ *Eu não sou japonês. Sou PAULISTANO. Nasci aqui no Jardim América.* (BP)

Também se usa a forma alternativa **bandeirante**. ◆ *Entretanto, apesar de aceitar a proposta, o Northingan não deu sinal de vida na capital BANDEIRANTE, dando como desculpa o surto de febre amarela que grassava às margens do Tietê.* (TAF)

São-paulino é a forma usada para designar o torcedor do São Paulo Futebol Clube.

São Tomé e Príncipe (arquipélago) [África]

O adjetivo pátrio é **são-tomense**. ◆ *Um improvável Gilberto Gil Umbelina, SÃO-TOMENSE da Ilha de Príncipe, funde ritmos africanos com o samba e a salsa.* (FSP)

São Vicente de Paulo

Essa é a forma. ◆ *Ele reconhece o Lar SÃO VICENTE DE PAULO como marco na história local.* (ESP)

são-paulino ⇨ Ver São Paulo.

1. Essa é a forma usada para designar o torcedor do São Paulo Futebol Clube. ◆ *O SÃO-PAULINO fanático viu seu sonho de conhecer pessoalmente os jogadores realizado.* (FSP)

2. O plural é **são-paulinos**. ◆ *O dirigente disse que pelo menos 20 SÃO-PAULINOS viajaram ao Rio para assistir ao jogo.* (FSP)

sapo, sapa, sapear

1. **Sapo** é substantivo masculino, designando o macho e a fêmea do animal (substantivo epiceno). ◆ *O único animal que me interessava era o SAPO.* (BU)

Alguns manuais e dicionários indicam a existência da forma **sapa**, para designar a fêmea do animal, mas essa forma não ocorreu.

2. Como ocorre com muitos nomes de animais, o nome **sapo** pode ser usado em referência a seres humanos com significado depreciativo, especialmente em linguagem coloquial. Designa pessoa que não está tomando parte em um jogo, mas fica espiando as ações dos jogadores. A forma, porém, não ocorreu.

A partir desse nome, usa-se, também coloquialmente, o verbo **sapear**. ◆ *Para variar de diversão às vezes eu deixava o grupo das senhoras e ia SAPEAR o jogo dos homens.* (CF)

3. O substantivo feminino **sapa** (abstrato) designa a abertura de um fosso, ou a pá com que se levanta a terra escavada. ◆ *As baratas inglesas deflagram um trabalho de SAPA, visando desestabilizar a nova ordem, recém-imposta.* (CID)

sapoti

Com **O**. É a designação de um fruto. ◆ *Viva a mistura de raças que amadurece num SAPOTI desses!* (ASS)

sarau ⇨ Ver soirée.

Sarau é a forma portuguesa correspondente ao francês *soirée*. O substantivo designa festa noturna. ◆ *Outro dia, vi uma mulher linda fazendo um comício num SARAU de grã-finas.* (ESP)

A forma original francesa *soirée* também é usada, mas com frequência muito menor (12%), embora se use também com outro significado.

Sardanapalo

A sílaba tônica é a penúltima (**PA**), e, por isso, a palavra não leva acento (paroxítona terminada em **O**). ◆ *A companhia faz temporada com três espetáculos, inclusive "SARDANAPALO", no teatro de Antônio Nóbrega.* (FSP)

sardinha

É palavra feminina, designando o macho ou a fêmea do animal (substantivo epiceno). ◆ *Os argentinos pegaram um atum de 80 libras que em matéria de atum é uma SARDINHA.* (RI)

sargento

Com **G**. ◆ *O SARGENTO que substituíra Manuel veio ver a obra.* (CRU)

sarjeta

Com **J**. ◆ *Encontrei-o sentado na SARJETA, a camisa rasgada, um arranhão fundo na testa.* (DE)

sashimi

1. É a transliteração de designação japonesa para prato que consiste em fatias muito finas de peixe cru acompanhadas de molho de soja e pasta de raiz forte. ◆ *De uma dose de saquê a um combinado de sushi e SASHIMI, qualquer item chega à mesa duas vezes.* (FSP)

2. O plural é *sashimis*. ◆ *Para afastar o vodu, redobrou a fé nas velas confeccionadas com pó de ouro e pó de prata que enfeitavam o bufê de frutas e SASHIMIS dos camarins.* (VEJ)

satélite

Usa-se à direita de outro substantivo para classificá-lo ou qualificá-lo (como um adjetivo). ◆ *O Ática Shopping Cultural abre hoje sua segunda loja SATÉLITE.* (FSP)

Chega a formar-se um substantivo composto, com a ligação dos dois elementos por hífen. O composto **cidade-satélite**, por exemplo, é oficialmente registrado. ◆ *Uma exposição de artesanato e artes plásticas abriu ontem as festividades em comemoração aos 19 anos de fundação da cidade-SATÉLITE de Sobradinho.* (CB)

No plural, só o primeiro elemento varia, ou os dois elementos marcam o plural. ◆ *O shopping é a célula-mãe que vai coordenar uma rede de lojas-SATÉLITE, que serão instaladas na Grande São Paulo.* (FSP) ◆ *O Lula é o estadista em Wall Street, o povão no Nordeste, o que vai tirar a poeira das cidades-SATÉLITE de Brasília, o que abençoará casamento homossexual, dará um prato de comida a cada um que tiver fome.* (FSP) ◆ *Ceilândia e Braslândia são duas cidades-SATÉLITES de Brasília.* (GL)

satélites espaciais ⇨ Ver foguetes espaciais ⇨ Ver naves espaciais.

Os nomes dos satélites espaciais são masculinos. ◆ *Os americanos colocaram em órbita do planeta o EXPLORER I, em janeiro de 1958.* (VEJ) ◆ *Interessa-lhe, friamente, o resultado prático da invenção, como o automóvel, o SPUTINIK (1º satélite espacial, lançado pelos russos em 1957) etc.* (TE)

Os nomes dos foguetes espaciais são masculinos e os nomes das naves espaciais são femininos.

sátiro

A sílaba tônica é a antepenúltima (SÁ), e, por isso, a palavra leva acento (proparoxítona). O substantivo designa, especificamente, semideus lúbrico, habitante das florestas; genericamente, refere-se a homem devasso, libidinoso. ◆ *E SÁTIRO repetiu o monólogo, uma, duas, várias vezes, com o mesmo tiro e a mesma queda.* (TS)

satisfazer(-se)

1. Conjuga-se como **fazer**, que tem o mesmo radical. ◆ *Papai é rico e SATISFAZ os meus desejos.* (DEN) ◆ *O cliente experimenta lentes de diversos graus até encontrar um par que o SATISFAÇA.* (VEJ) ◆ *O paciente transfere, projeta na figura do analista as suas necessidades emocionais infantis insatisfeitas e espera que ele as SATISFAÇA.* (PSC) ◆ *Se Aílton SATISFIZER Telê, pode ter a chance de se firmar.* (FSP)

2. Usa-se com complemento sem preposição (objeto direto) ou com complemento iniciado pela preposição **a**:

◇ significando "atender", "saciar". ◆ *Sempre desejei possuir um cipreste; posso, enfim, SATISFAZER esse meu desejo.* (AL) ◆ *Muitas fórmulas têm sido examinadas e rejeitadas, porque incapazes de SATISFAZER às exigências reais das reformas.* (MAN)

◇ significando "contentar", "agradar". ◆ *Seu Quincas acabou pagando um despropósito para SATISFAZER o menino.* (SE) ◆ *A primeira diligência que o goiano mandara fazer não lhe SATISFIZERA.* (VB)

Nesse último sentido, pode não ocorrer o complemento. ◆ *Os bondes dos Carris Urbanos, puxados a burro, já não SATISFAZIAM.* (JO)

3. A forma pronominal (**satisfazer-se**) significa "contentar-se", "agradar-se", e tem complemento iniciado pelas preposições **com** ou **em**. ◆ *Os heróis de nosso tempo não SE*

sátrapa

SATISFAZEM com o triunfo. (E) ♦ *A vaidade humana sempre SE SATISFEZ mais em se ver enaltecida.* (NP)

Pode não ocorrer o complemento. ♦ *Porém, Silvana não SE SATISFEZ.* (GD)

sátrapa

A sílaba tônica é a antepenúltima (SÁ), e, por isso, a palavra leva acento (proparoxítona). O substantivo designa, especificamente, governador de província, na Pérsia antiga, e, genericamente, homem poderoso, arbitrário. ♦ *O SÁTRAPA estranhou, mas não disse nada.* (FAB)

saudar, saúda, saúdo ⇨ Ver saldar.

1. **Saudar** significa "fazer uma saudação", "cumprimentar". ♦ *Alguém o SAUDAVA ao nosso lado.* (BH) ♦ *Não o SAUDARA, a ele, Ramiro, e dera um "viva o Brasil!" mesmo diante da sua porta.* (SA)

2. Nas formas em que o U é tônico, ele é acentuado, porque forma hiato com o A anterior. ♦ *Na areia, uma mulata alta e esguia SAÚDA o mar e recolhe água nas mãos, espalhando-a sobre a cabeça das outras.* (CH) ♦ *Na figura desse extraordinário soldado e cidadão, SAÚDO a gloriosa Marinha do Brasil.* (JK)

Saldar significa "pagar o saldo de", "liquidar".

saúde

Os adjetivos correspondentes são:

◇ **sanitário.** ♦ *Os alimentos – como sopa, farinha e leite – foram queimados no aterro SANITÁRIO de Ituiutaba.* (FSP)

◇ **hígido.** ♦ *O hospedeiro HÍGIDO abriga nas cavidades naturais de seu corpo, nas mucosas, nos intestinos, uma variada flora bacteriana, comumente chamada de flora normal.* (ANT)

sauté, salteado

1. *Sauté* é o particípio passado do verbo *sauter*, que significa "saltear", ou seja, "cozer, em gordura, em fogo alto, agitando a caçarola". A pronúncia é, aproximadamente, **sotê**. ♦ *O prato é servido com postas de bacalhau ao molho de tomate e azeite, acompanhado com batata SAUTÉ e azeitonas pretas.* (FSP)

2. **Salteado** é o termo correspondente português que tem o mesmo significado. É menos usado (38%) e especialmente na imprensa. ♦ *Trata-se do famoso "sete maneiras de carne de vaca", em que a carne é assada, grelhada, SALTEADA, frita, cozida, guisada e marinada.* (FSP) ♦ *Decore com alecrim fresco (este prato também pode ser servido com batatas SALTEADAS).* (FSP)

O particípio e adjetivo **salteado** é mais frequentemente usado com o significado de "não sucessivo", "alternado", e especialmente na expressão **de cor e salteado.** ♦ *Conhecia os relatos de cor e SALTEADO, idênticos na peripécia principal.* (TG)

savoir-faire

É expressão francesa que designa sabedoria nas coisas práticas, habilidade. A pronúncia é, aproximadamente, **savuar fér.** É substantivo masculino. ♦ *Nesse esquema de administração familiar, o SAVOIR-FAIRE passa sistematicamente de pai para filho.* (FSP)

sax

1. Forma reduzida de **saxofone**, frequentemente usada no seu lugar. ♦ *Sua foto tocando SAX foi publicada no país inteiro, em muitos jornais nas primeiras páginas.* (RI)

2. O plural usual, feito pelo inglês, é **saxes**. ♦ *A gravação da faixa-título, por exemplo, contou com Milton Guedes, Marcelo Martins e Eduardo Neves nos SAXES e Marcos Suzano na percussão, o que resultou em uma mistura de jazz com funk.* (FSP)

Saxônia (região) [Europa]

1. Os adjetivos pátrios correspondentes são **saxão** e **saxônico.** ♦ *O segundo filho do casal, hoje com 5 anos, ganhou um nome SAXÃO, Gregory.* (VEJ) ♦ *Amílcar somou às regras rígidas da divisão do espaço e da eliminação de elementos dispersivos alguma tradição do grafismo SAXÔNICO, em particular a verticalidade da composição.* (LIJ)

Saxão e **saxônico** também são formas de substantivo, a primeira delas mais usual (60%). ♦ *Em Bath ocorreu a coroação do* *primeiro rei da Inglaterra, o SAXÃO Edgar, no ano de 973.* (FSP) ◆ *Já os SAXÔNICOS têm a visão de que é da própria natureza do político ser um homem pragmático.* (FSP)

Outra forma de substantivo é **saxônio**, a mais raramente usada (10%). ◆ *Lá eles encontraram os antepassados dos gregos, dos latinos, dos gauleses, dos romanos, dos SAXÔNIOS, dos germanos e de outros, em estado de selvageria.* (CTB)

2. **Saxão** e **saxônico** são muito usuais como segundo elemento dos compostos **anglo-saxão** e **anglo-saxônico** (com hífen). ◆ *A aposta geral é no gênero de jornalismo anglo-SAXÃO, em que se combina densidade com boa apresentação.* (RI) ◆ *Acha que as preocupações de Germaine Greer são para o mundo anglo-SAXÔNICO, e não para os latino-americanos.* (VEJ)

3. Embora o plural tradicionalmente indicado para **saxão** seja **saxões** e essa seja, de fato, a forma mais frequente (94%), também ocorre a forma **saxãos** (6%). ◆ *Assim se vestem os diretores SAXÕES das corporações, com a indefectível canetinha no bolso.* (FSP) ◆ *Formamos um polo cultural fortíssimo, assim como os anglo-SAXÕES formam o deles.* (FSP) ◆ *A não ser que japoneses e anglo-SAXÃOS comecem a ver a vida à maneira latina: começar a trocar produtividade por lazer.* (FSP)

O feminino de **saxão** é **saxã**. ◆ *O diabo é que com os filhos de americano não se pode fazer o mesmo, porque as leis de reconhecimento de paternidade são muito diferentes na liberal França e na puritana América Anglo-SAXÃ.* (CT)

sazonado, sazonal, sazonar

Com **Z**.

1. **Sazonado** significa "maduro", "pronto para ser colhido". ◆ *Quem sabe se esse alguém surgirá agora, fruto SAZONADO da frondosa árvore da caridade cristã (...)?* (VID)

2. **Sazonal** significa "relativo à estação do ano, ou sazão". ◆ *As imagens mostraram uma*

variação SAZONAL do fluxo do rio, que chega a afetar a África. (FOC)

3. **Sazonar** significa "amadurecer", "tornar-se maduro". ◆ *Suzana, João, Filomena e Lucina, todos colhidos por uma das pródigas entranhas de Totônia, de quem os filhos tombam fácil, igualmente a um fruto SAZONADO.* (CBC)

scanner, escâner ⇨ Ver escanear.

1. *Scanner* é palavra inglesa que designa aparelho que capta imagens e as converte em dados digitais. ◆ *A empresa americana Primax Electronics inventou um SCANNER portátil, o DataPen.* (VEJ)

2. **Escâner** é a forma aportuguesada, oficialmente registrada. ◆ *Uma quantidade surpreendente de equipamentos eletrônicos – computadores, projetores, microscópios, copiadoras e ESCÂNERES.* (CDV)

O verbo **escanear** é a forma aportuguesada, formada a partir do inglês *scanner*, já registrada em dicionários.

scherzo

É palavra italiana que designa andamento musical vivo e alegre. ◆ *São 1.763 fotos tiradas nos anos 70 até início dos 80, divididas em cinco movimentos de uma sinfonia, de um allegro a um SCHERZO.* (FSP)

-scop(o)

É elemento (grego) que se liga a um elemento anterior. Relaciona-se ao significado de "olhar atentamente". ◆ *Sisto IV foi o primeiro papa, ao que sabemos, a fazer e interpretar um HORÓSCOPO.* (AST) ◆ *Com o OTOSCÓPIO olha-se o tímpano.* (SMI) ◆ *Invisível ao MICROSCÓPIO comum, foi vista e estudada com ajuda da MICROSCOPIA eletrônica.* (OBS)

score ⇨ Ver escore.

É palavra inglesa, aportuguesada como **escore**. O substantivo designa o resultado de uma partida, expresso em números, placar. ◆ *Pelas fichas cadastrais, o programa estabelece o SCORE atingido pelo cliente, que corresponde a um montante de crédito.* (FSP)

se [índice de indeterminação...

Ambas as formas são igualmente usuais (50%).

se [índice de indeterminação do sujeito] ⇨ Ver se [pronome apassivador].

Segundo as lições tradicionais, o pronome **se**, quando usado junto de verbo que na voz ativa não tem objeto direto, forma uma oração de sujeito indeterminado, com o verbo na terceira pessoa do singular. Trata-se de verbos que:

✧ se constroem sem complemento. ✦ *Por ideias vive-SE ou morre-SE.* (DM)

✧ se constroem com complemento iniciado por preposição. ✦ *Precisa-SE de porteiro.* (OMT) ✦ *Trata-SE de um projeto completo.* (RIR)

✧ se constroem com predicativo do sujeito (verbos de ligação). ✦ *Não SE é imortal, vai-se morrer.* (SL) ✦ *Vai ver que a gente só consegue fazer isso com o tempo, quando SE é mais maduro.* (VEJ)

Contrariando as lições tradicionais, são também construídas como de sujeito indeterminado (na terceira pessoa do singular) orações com verbo que na voz ativa têm objeto direto. ✦ *Administra-SE antibióticos por via oral ou intramuscular.* (CLC) ✦ *Quando existe gravidez, a prova continua negativa, mesmo que SE injete altas doses de estrógenos.* (DDH)

se [pronome apassivador] ⇨ Ver se [índice de indeterminação do sujeito].

Segundo as lições tradicionais, o pronome **se**, quando usado junto de verbo que na voz ativa tem objeto direto, forma uma voz passiva na qual essa expressão funciona como sujeito. ✦ *Ouviu-SE o espoucar de granadas de gás lacrimejante.* (AGO) ["o espoucar de granadas de gás lacrimejante foi ouvido"]

A partir daí, indica-se que, se a expressão que é sujeito dessa voz passiva for plural, o verbo vai para o plural para concordar com seu sujeito (que pode estar anteposto ou posposto). ✦ *Nem todas as vantagens que em geral SE invocam a favor do sistema (...) são, em vigor, vantagens reais.* (PE) ✦ *Anoitecia,*

ouviam-SE rugidos, a cidade estava deserta, uma cidade enorme. (FP)

Entretanto, é comum que, nesse último tipo de construção com **se**, o verbo seja usado no singular (terceira pessoa), o que revela que a expressão plural não é entendida como sujeito mas como objeto direto, e que, portanto, a construção é entendida como de sujeito indeterminado, e não como de voz passiva. Isso ocorre especialmente quando a expressão plural é posposta ao verbo. ✦ *Administra-SE antibióticos por via oral ou intramuscular.* (CLC) ✦ *Quando existe gravidez, a prova continua negativa, mesmo que SE injete altas doses de estrógenos.* (DDH)

se acaso ⇨ Ver acaso ⇨ Ver caso.

Pode ocorrer o advérbio que indica possibilidade, **acaso** ("por acaso", "porventura"), após a conjunção condicional **se**. ✦ *SE ACASO alguém nos vê, pensará simplesmente que estamos a prantear algum morto querido.* (PH)

Caso é conjunção condicional, do mesmo modo que **se**, e, portanto, elas não ocorrem juntas.

se não ⇨ Ver senão.

Se não é a sequência:

✧ da conjunção condicional **se** + **não**. ✦ *Você não pode confiar num homem SE NÃO conhece sua casa.* (OA) ✦ *O desabamento da ponte SE NÃO isola cidades, acarreta sensíveis prejuízos.* (ATA)

✧ da conjunção integrante **se** (que introduz objeto direto) + **não**. ✦ *Perguntei SE NÃO era amor.* (CCA) ✦ *Rinaldo olhava intrigado para a cara de Beatrice e para a minha, quase a se perguntar SE NÃO estaria perdendo seu tempo com um bando de loucos.* (ACM)

Seade

É a sigla de **Fundação Sistema Estadual de Análise de Dados**. ✦ *Segundo a Fundação Seade, de São Paulo, entre os adolescentes da classe A, 89% só estudam e 9% estudam e trabalham.* (VEJ)

sede

Sebrae

É a sigla de **Serviço Brasileiro de Apoio às Micro e Pequenas Empresas**. ◆ *Dois parâmetros, portanto, sinalizam a ação do Sebrae: a casa e a causa.* (OP)

seção, secção ⇨ Ver **sessão**
⇨ Ver **cessão**.

Seção e **secção** são formas variantes para significar "divisão". Entretanto:

1. **Seção** se usa mais frequentemente na acepção especializada de "repartição", "segmento". ◆ *Ninguém sabe que eu sou policial, faço parte de uma SEÇÃO especializada.* (BB) ◆ *Todas as máquinas-ferramentas possuem mesa de ferro fundido com ranhuras de SEÇÃO em "T".* (FRE)

2. **Secção** se usa mais frequentemente na acepção especializada de "corte", "amputação". ◆ *Eu estava em êxtase, não tinha havido SECÇÃO da medula.* (FAV)

Sessão significa "espaço de tempo de uma reunião", "duração de um evento", "espetáculo".

Cessão designa o ato de ceder.

seccionar, secionar

São formas variantes de verbo que significa "dividir em seções", "cortar". A primeira forma é bastante mais frequente (90%). ◆ *O vidro da janela quebrada SECCIONOU-lhe a mão direita, que ficou ligada ao braço apenas pelos ossos.* (EX) ◆ *A bala entrou no lado direito do pescoço, SECIONOU a espinha e alojou-se na omoplata esquerda.* (REA)

secessão

Com **C** na segunda sílaba e **S** na terceira. Significa "separação", "desligamento". ◆ *Quando a Coroa viu que o regime das capitanias hereditárias acabaria em SECESSÃO, deu-se pressa em erigir um governo-geral para o Brasil.* (TGB) ◆ *Uma das maiores guerras civis já travadas foi a Guerra de SECESSÃO (1861-1865), que envolveu o Sul dos Estados Unidos, agrário e escravocrata, contra o Norte, rico e em acelerado processo de industrialização.* (GUE)

Secex

É a sigla de **Secretaria de Comércio Exterior**. ◆ *De acordo com a Secex (Secretaria de Comércio Exterior), o país exportou até julho 100,8 mil t, no valor de US$ 41,5 milhões.* (FSP)

seco

O superlativo absoluto sintético é **sequíssimo**. ◆ *O problema: durou tempo insuficiente para incendiar a lenha, SEQUÍSSIMA, de forma duradoura.* (FSP)

secretar ⇨ Ver **segregar**.

Secretar e **segregar** são formas variantes para significar "produzir secreção", "excretar", "expelir". ◆ *A fisiologia moderna atribuiu a essa glândula um papel bem menos nobre: SECRETAR alguns hormônios importantes para o corpo.* (FOC)

A forma **segregar** é a recomendada pelos puristas, mas é usada em apenas 27% dos casos.

séculos

Para indicação numérica dos séculos, usam-se numerais:

◇ ordinais (em algarismos arábicos), até 10. ◆ *Os vikings se expandiram para todos os lados. A partir do SÉCULO 9º, já dominavam parte das ilhas britânicas.* (FSP)

◇ cardinais, a partir de 11; nesse caso, embora se recomende oficialmente o uso de números romanos, também ocorrem algarismos arábicos. ◆ *O marxismo é, no SÉCULO XX, uma grande tradição de preocupações éticas.* (ET) ◆ *O SÉCULO 14 representou o fim das guerras por amor à pátria.* (EMB)

Ocorre, também, a indicação por extenso. ◆ *Os séculos QUINZE e DEZESSEIS presenciariam a intensificação das grandes navegações (...).* (HIB)

sede

Como segundo elemento de um substantivo composto, liga-se ao primeiro elemento por hífen. ◆ *Vaticano é o minúsculo Estado-SEDE da Igreja em Roma.* (VEJ)

sedentariedade

Com **E** antes do sufixo **-dade**, como em todo substantivo ligado a adjetivo terminado em **-ário** e **-ório**. ✦ *A falta de SEDENTARIEDADE e de um estágio onde já houvesse um processo de acumulação primitiva levou os portugueses a imaginar um plano de colonização diverso daquele utilizado no Oriente (...).* (ND)

sédula ⇨ Ver cédula.

Sédula é o feminino do adjetivo **sédulo**, que significa "ativo", "cuidadoso", "diligente". A forma não ocorreu.

Cédula é um substantivo que designa papel impresso representativo de moeda em curso.

segar ⇨ Ver cegar.

O verbo **segar** significa "cortar (com a sega)", "ceifar". ✦ *O camponês deveria deixar seus campos e SEGAR o campo do senhor.* (HIR)

O verbo **cegar** significa "tornar cego".

segregar ⇨ Ver secretar.

1. **Segregar** e **secretar** são formas variantes para significar "produzir secreção", "excretar", "expelir". A forma **segregar** é a recomendada pelos puristas, mas é usada em apenas 27% dos casos. ✦ *No caso, a hipófise SEGREGA em excesso o hormônio chamado somatrofina, ou hormônio de crescimento.* (REA)

2. **Segregar** também significa "fazer segregação", "apartar para evitar contato", "isolar". ✦ *A mesma lógica preside o rígido zoneamento funcional que SEGREGA áreas discretas, residenciais, comerciais, hoteleiras, diplomáticas e políticas.* (GPO)

seguimento, segmento

1. **Seguimento** significa "continuação". ✦ *A gestão atual lamentavelmente não deu SEGUIMENTO adequado a denúncias e sugestões antecipadas pela CEI.* (FSP)

2. **Segmento** significa "porção de um todo". ✦ *A visão ora privilegiada pelos inimigos dos índios é que estes constituem um SEGMENTO altamente favorecido da sociedade brasileira.* (ATN)

seguinte ⇨ Ver próximo.

Comparado ao adjetivo **próximo**, **seguinte** tem a diferença de que se refere a uma sequência imediata a partir de um momento referido, que não é o atual. ✦ *E no dia SEGUINTE, precisava voltar para São Paulo.* (A)

Próximo indica sequência imediata a partir do que é referido como atual.

seguir

O verbo **seguir** muda o **E** em **I** na primeira pessoa do singular do presente do indicativo (e, consequentemente, em todo o presente do subjuntivo). ✦ *Não acredito que o homem da capa SIGA você.* (VA) ✦ *De tarde Ricardo SEGUE com eles, porque Onofre ficou de trazer mais um animal.* (ALE)

segunda-feira

O plural é **segundas-feiras**. ✦ *O local promove campeonatos todas as SEGUNDAS-FEIRAS.* (FSP)

segurado, seguro

1. A forma de particípio **segurado** é usada com os auxiliares **ter** e **haver**. ✦ *Eu nunca tinha SEGURADO um cartão de crédito nas minhas mãos.* (OMT) ✦ *Aos amigos reclamava que nunca havia sequer SEGURADO a mão da moça.* (VEJ)

2. A forma **seguro** é usada com os verbos **ser** e **estar**. ✦ *Ieltsin é SEGURO pela presidente do Parlamento sueco, em Estocolmo.* (FSP) ✦ *Deve estar SEGURA pelos músculos de trás do pescoço e deixar os esternoclidomastóideos livres para os movimentos próprios da cabeça.* (BAE)

Seguro também é forma de adjetivo. ✦ *Não digo que sua voz fosse totalmente SEGURA, mas foi vencendo aos poucos as dificuldades.* (CCA) ✦ *De novo estou SEGURO de mim.* (DM)

seguro-desemprego, seguro-saúde

O plural é, respectivamente, **seguros-desemprego** e **seguros-saúde** (substantivo + substantivo, o segundo fazendo uma determinação sobre o primeiro). ✦ *Outra medida sugerida*

sem-

pela organização diz respeito à redução do montante e da duração dos SEGUROS-DE-SEMPREGO pagos na França, como forma de incitar a procura pelo trabalho. (FSP)
♦ *Para a sua gente os SEGUROS-SAÚDE são quase uma novidade.* (VEJ)

sela ⇨ Ver **cela.**

Sela é:

◇ substantivo feminino que designa o assento colocado sobre uma cavalgadura. ♦ *Reparou no animal magro, de SELA velha, de estribos de corda.* (CA)

◇ forma de presente do indicativo do verbo **selar.** ♦ *Deixa esse negócio. SELA o burro e dá um salto na rua.* (FP)

Cela é substantivo que designa pequeno aposento, quarto de prisão.

selar

1. **Selar**[1] usa-se com complemento sem preposição. Significa "pôr sela em (montaria)". ♦ *Toquem fogo no sítio e me SELEM seis cavalos.* (CBC)

2. **Selar**[2] usa-se com complemento sem preposição. Significa:

◇ "pôr sinete em", "marcar", "ratificar". ♦ *Dessa forma, sem concessões ou troca de favores, SELOU-se entre nós uma amizade alicerçada no próprio cumprimento do dever.* (OL)

◇ "pôr selo, carimbo ou estampilha em". ♦ *Escreveu, subscritou, lambeu, fechou, SELOU e jogou – não tem dúvida: foi entregue.* (CV)

◇ "cerrar", "fechar". ♦ *Tentei dizer algo, mas ela SELOU meus lábios com o dedo.* (ACM)

selen(i/o)-

É elemento (grego) que se liga a um elemento seguinte. Significa "lua". ♦ *É possível achar belíssimos cristais do mineral SELENITA crescendo lentamente em todas suas salobras lagoas.* (FSP)

seleta

1. É substantivo coletivo para trechos em prosa ou em verso. ♦ *O próprio livro organizado*

por Hamilton é uma SELETA de textos garimpados nos quatro cantos da Europa. (FSP)

São sinônimos: **antologia** e **florilégio.**

2. Usa-se também como designação de conjunto de produtos selecionados. ♦ *O consumo de maionese cresceu 10% e o de SELETA de legumes 8% neste final de ano.* (FSP)

selo

O adjetivo correspondente é **filatélico** (referente a estudo e a colecionamento de selos). ♦ *Existem, sim, os colecionadores que exercitam, também, o jornalismo FILATÉLICO.* (FIL)

selva

1. O adjetivo correspondente é **silvestre.** ♦ *Os bate-estacas, os tratores, a dinamite, afastaram para muito longe os ruídos naturais da vida SILVESTRE.* (OV)

2. O habitante da selva é denominado:

◇ **silvícola** (termo de formação latina, a partir de silva, "selva"); significa "habitante da selva". ♦ *Os estilos de vida do SILVÍCOLA se impuseram aos conquistadores, em toda a região, e ao pequeno número de negros chegados.* (CAN)

◇ **selvático** (termo vernáculo); significa "selvagem", "das selvas, ou próprio delas". ♦ *São apenas pintas de uma onça, copiadas de uma foto ampliada e metaforicamente utilizadas para aproximar o SELVÁTICO amazônico da barbárie bósnia.* (FSP)

selvagem

Com **G.** Tem a mesma forma para masculino e para feminino (substantivo comum de dois). ♦ *O SELVAGEM de bugalho vermelho me encostara sem raiva a arma no corpo.* (MEC) ♦ *Jerome Lovell (...) descobre a SELVAGEM quando a mãe dela morre.* (FSP)

sem-

1. É prefixo de forma portuguesa e origem latina que se liga por hífen ao elemento seguinte. ♦ *Defronte da casa, os cochos vazios; e, para além do curral deserto, o SEM-fim da mata.* (ALE) ♦ *As tacadas eram lentas,*

sem cerimônia, sem-cerimônia

o joguinho arrastado, encrencado, SEM--vergonha. (MPB)

Entretanto, são usuais, e o vocabulário oficial registra, as formas:

- **sensabor**, que significa "o que não tem sabor, gosto, graciosidade". ◆ *Por teu SEN-SABOR e pouca graça, és fábula do lar, riso da praça (...).* (BOI)

- **sensaborão**, que designa aquilo que é acentuadamente um sensabor. ◆ *Versão expurgada quer dizer roubada do elemento que lhe daria interesse, deixando apenas o SENSA-BORÃO – como ensopadinho de chuchu sem pimenta.* (BP)

- **sensaboria**, que designa a característica do sensabor ("insipidez"). ◆ *Dali em diante a conversa só podia ficar uma SENSABORIA cada vez maior.* (ASS)

2. Os adjetivos formados com o prefixo **sem-** + substantivo não se flexionam no plural, mesmo quando substantivados. ◆ *A prova está na aceitação praticamente unânime do princípio segundo o qual os trabalhadores SEM-terra precisam ser incorporados ao universo dos proprietários.* (OS-O) ◆ *Revista alternativa dos SEM-teto da Inglaterra vende 200.000 exemplares por semana.* (RI)

Têm plural, em geral:

◇ os substantivos compostos formados com **sem-** + substantivo. ◆ *Miranda diz que está cortando todas as despesas que considera "SEM-vergonhices propostas pelo governo".* (FSP)

◇ os adjetivos compostos formados com **sem-** + adjetivo: ◆ *O mistério desta inversão de personalidade, tão lamentável, que o levou da seriedade mais rigorosa para o cinismo mais SEM-CERIMONIOSO.* (FSP)

sem cerimônia, sem-cerimônia

1. **Sem cerimônia** é a sequência da preposição **sem** e do substantivo **cerimônia**. ◆ *A Dominga empurra SEM CERIMÔNIA a porta do gabinete e surge quase invisível de dentro do escuro.* (SE)

2. **Sem-cerimônia** (com hífen) é um substantivo composto feminino que significa "falta de cerimônia". ◆ *Entra Gardênia com toda SEM-CERIMÔNIA.* (TRH)

sem eira nem beira ⇨ Ver eira.

A expressão significa "sem nenhum recurso", "muito pobre". ◆ *Tantos meninos vadiando, tanto rapaz SEM EIRA NEM BEIRA!* (VB)

sem fim, sem-fim

1. **Sem fim** é a sequência da preposição **sem** e do substantivo **fim**. Essa sequência pode equivaler a um adjetivo ("infinito"). ◆ *A casa parecia longe, a rua SEM FIM.* (MMM)

2. **Sem-fim** (com hífen) é um substantivo composto masculino que significa "quantidade grande e indeterminada". ◆ *O continente africano é palco de um SEM-FIM de conflitos internos sangrentos.* (FSP)

sem número, sem-número

1. **Sem número** é a sequência da preposição **sem** e do substantivo **número**. Essa sequência pode equivaler a um adjetivo ("inúmero"). ◆ *Mais por ela que por minha avó é que nos chegou a crônica de D. Lourença Maria de Abreu e Melo. Os relatos da lubricidade dos filhos do coronel de Pitangui, dos bastardos SEM NÚMERO do tio Júlio Pinto.* (BAL)

2. **Sem-número** (com hífen) é um substantivo composto masculino que significa "quantidade grande e indeterminada". ◆ *Oitenta guardas e um SEM-NÚMERO de damas de companhia isolam os aposentos das candidatas aos olhares da multidão de curiosos.* (CRU)

sem sal, sem-sal

1. **Sem sal** é a sequência da preposição **sem** e do substantivo **sal**. ◆ *Nos conventos em que religiosos extremados fizeram voto de alimentação SEM SAL, não resistiram mais que um ano.* (VB)

2. **Sem-sal** (com hífen) é adjetivo que significa "insosso", "sem graça". ◆ *Com um vestido de ombros de fora, feito para A Joia do Nilo, conseguiu transformar a loira SEM-SAL Kathleen Turner numa aventureira sedutora.* (VEJ)

sem terra, sem-terra

1. **Sem terra** é a sequência da preposição **sem** e do substantivo **terra**. ✦ *Os trabalhadores rurais brancos não ficam SEM TERRA em decorrência da "exorbitância" das terras indígenas.* (ATN)

2. **Sem-terra** (com hífen) é um adjetivo ou substantivo referente a lavrador que não tem terra para cultivar (substantivo comum de dois). ✦ *Três pessoas – um líder estudantil, uma SEM-TERRA e um soldado – foram levadas para o pronto-socorro, com ferimentos leves.* (FSP)

Não varia no plural. ✦ *Ali, os SEM-TERRA eram acordados às 6 horas da manhã por um alto-falante instalado no centro do ajuntamento.* (VEJ)

sem teto, sem-teto

1. **Sem teto** é a sequência da preposição **sem** e do substantivo **teto**. ✦ *Era um prédio em ruínas, quase SEM TETO, com algumas paredes caídas e o madeiramento desconjuntado.* (DEN)

2. **Sem-teto** (com hífen) é um adjetivo ou substantivo referente a pessoa que não tem moradia (substantivo comum de dois). ✦ *O modelo francês Patrice Zoppis, 19 anos, era um SEM-TETO até dois meses atrás.* (VEJ)

Não varia no plural. ✦ *Revista alternativa dos SEM-TETO da Inglaterra vende 200.000 exemplares por semana.* (RI)

sem vergonha, sem-vergonha

1. **Sem vergonha** é a sequência da preposição **sem** e do substantivo **vergonha**. ✦ *É tecno para roqueiros empedernidos ouvirem SEM VERGONHA dos amigos.* (FSP)

2. **Sem-vergonha** (com hífen) é um adjetivo ou substantivo referente a pessoa desprovida de vergonha, pudor (substantivo comum de dois). ✦ *O Vitório disse que eu era um gago SEM-VERGONHA que queria gravar lá.* (CAA) ✦ *Eles foram ao Presidente da Câmara e o SEM-VERGONHA esteve pra ser demitido.* (GAT) ✦ *Brigado com a mulher*

que o engana, suporta a SEM-VERGONHA, porque tem filha moça dentro de casa. (MPB)

É invariável no plural. ✦ *Atrás de suas costas e da poeira que foi levantando pelos atalhos, a maldade dos SEM-VERGONHA volta a escavar.* (OSD)

semana

Os adjetivos correspondentes são:

✧ **semanal.** ✦ *O cinema representava o ponto alto da nossa programação SEMANAL.* (ANA)

✧ **hebdomadário** (de origem grega), que, como substantivo, significa "publicação semanal". ✦ *Tudo começou em 1973 com o Expresso, semanário broad-sheet no estilo do Observer que consagrou no país o gênero de um jornalismo HEBDOMADÁRIO mais denso e intenso e do qual subsistem hoje outros quatro títulos.* (RI)

✧ **semanário**, usual, entretanto, apenas substantivado ("publicação semanal"). ✦ *Gabeira deixara o SEMANÁRIO Binômio, edição de Juiz de Fora, em busca de horizontes profissionais mais amplos na capital mineira.* (RI)

semente

Os adjetivos correspondentes são:

✧ **semental.** ✦ *A morte do ovo, de causa "SEMENTAL" não é, pois, forçadamente, precoce.* (OBS)

✧ **seminal.** ✦ *Até mesmo o grande Hipócrates, com a sua sabedoria, ressaltou a importância do líquido SEMINAL na procriação.* (FIG)

semi-

É prefixo de origem latina que significa "metade", "meio" (como o prefixo de origem grega **hemi-**). Liga-se ao elemento seguinte:

✧ com hífen, se o elemento começar por H ou I.
✦ *O gesso (...) se constitui principalmente de SEMI-hidratos.* (MCO) ✦ *Com um gesto SEMI-INCONSCIENTE, o estudante atirou por sobre a cerca o tenro ramo florido que tinha nas mãos.* (MCA)

Senac

◇ sem hífen, antes das outras consoantes ou vogais. ◆ *O gol levou a Itália à SEMIFINAL num momento em que, de novo, tudo parecia perdido.* (VEJ) ◆ *Traz as mãos à cintura e a jaqueta acolchoada SEMIABERTA.* (EST) ◆ *Ele se SEMIERGUIA na cama e ficava, os olhos cerrados, o coração latejando.* (ABC)

Se o elemento seguinte começar por **R** ou **S**, é necessário duplicar essa letra (que ficará entre duas vogais, na escrita). ◆ *A homatropina é um composto SEMISSINTÉTICO derivado da atropina.* (ANE)

Senac

É a sigla de **Serviço Nacional de Aprendizagem Comercial.** ◆ *A entrevista será às treze horas, no restaurante do Senac.* (JC)

senador

O feminino é **senadora.** ◆ *Depois de receber a filiação da SENADORA Júnia Marise, o PDT mineiro não para de crescer.* (EM)

Senai

É a sigla de **Serviço Nacional de Aprendizagem Industrial.** ◆ *Na procura de uma profissão, conseguiu que a fábrica o matriculasse no curso de ajustador mecânico do Senai (Serviço Nacional de Aprendizagem Industrial).* (REA)

senão ⇨ Ver **se não.**

Senão:

◇ É substantivo (plural: **senões**), significando "defeito", "falha". ◆ *Mas havia um SENÃO na promessa do rei.* (RET) ◆ *Como Preston tem a garra dos grandes repórteres, esses SENÕES passam quase despercebidos.* (VEJ)

◇ Usa-se em frase negativa ou interrogativa, significando "a não ser", "salvo", "exceto". ◆ *Neste momento, o governo não tem outra escolha SENÃO apertar o combate à inflação.* (VEJ) ◆ *Quem irá defendê-lo SENÃO a autoridade a quem foi confiado o poder de defendê-lo?* (AF)

◇ Usa-se na segunda parte de uma correlação coordenativa, após expressão negativa, significando "mas sim". ◆ *Mas não só resolvemos problemas do passado, SENÃO também avançamos no aprofundamento da nossa relação.* (FSP)

Neste uso, ocorre a expressão **senão que**, quando o que se coordena são duas orações. ◆ *Essa corrente não correspondia, SENÃO que contrariava o interesse do Reino.* (FSP)

◇ Usa-se iniciando uma segunda oração, com a acepção de "de outra forma", "caso contrário". ◆ *Vai saindo da frente, SENÃO eu passo por cima!* (CRU) ◆ *Todavia as combinações sonoras do senhor Augusto são esplendidamente originais, SENÃO, vejamos, um medíocre rimaria a palavra arma com o metafisicismo de Abidarma?* (ACT)

Nesse mesmo tipo de sequência oracional, também se usa **se não**, isto é, a conjunção condicional **se** seguida da negação **não**, configurando-se uma oração condicional sem verbo expresso. ◆ *É isso mesmo e façam o favor de não me irritar SE NÃO eu dou um tiro na cabeça de Chico!* (AC) ◆ *Espera, porque SE NÃO o teu caminho pode ser cortado.* (ARA)

◇ Usa-se na expressão **eis senão quando**, para indicar subitaneidade. ◆ *Eis SENÃO quando a política entrou em cena e, como de costume, para atrapalhar.* (EM) ◆ *Procura que procura, eis SENÃO quando, numa volta da floresta, depara nada mais nada menos que com um urso.* (FAB)

◇ Usa-se na expressão **eis senão que**, para indicar que se segue uma demonstração. ◆ *Desse problema da legalidade, a Direção-Geral da Fazenda Nacional, de resto, consoante invariavelmente procede, se mostrou ciosa, eis SENÃO que, em baixando instruções sobre o assunto, na Portaria número Dg-Gb – 335, de 01.09.1967, fê-lo inclusive em atenção a sugestões da Procuradoria da Fazenda Nacional.* (CPO)

Senar

É a sigla de **Serviço Nacional de Aprendizagem Rural.** ◆ *Só para o Senac, o Senai e o Senar (Serviço Nacional de Aprendizagem Rural) os empresários contribuíram, até setembro passado, com R$ 315 milhões.* (FSP)

sênior

Senat

É a sigla de **Serviço Nacional de Aprendizagem do Transporte**. ✦ *Excluem-se da contribuição compulsória devida ao Sest e ao Senat as empresas que não tenham como atividade principal ou preponderante o transporte rodoviário de pessoas ou de bens.* (FSP)

sendo que

É geralmente desnecessário ou complicador da construção e, por isso, é tradicionalmente não recomendado o uso da expressão **sendo que** na ligação de orações ou de partes de orações.

◇ Algumas vezes não é necessária nenhuma ligação. ✦ *Lá ficou ele com mais dois sujeitos, SENDO QUE um armado de rifle.* (CA)

[Lá ficou ele com mais dois sujeitos, um armado de rifle.]

◇ Outras vezes o gerúndio do próprio verbo faria a ligação. ✦ *O faturamento mensal tem variado entre R$ 100 mil e R$ 140 mil, SENDO QUE sobram 37% líquidos.* (FSP)

[O faturamento mensal tem variado entre R$ 100 mil e R$ 140 mil, **sobrando** 37% líquidos.]

◇ Outras vezes a ligação é mais diretamente feita por pronome relativo. ✦ *A fase vegetativa (...) é assinalada pelo crescimento inicial da panícula, que passa a ser visível a olho nu, até a floração das espiguetas, que são compostas por três flores cada, SENDO QUE somente uma se desenvolve.* (AZ)

[A fase vegetativa (...) é assinalada pelo crescimento inicial da panícula, que passa a ser visível a olho nu até a floração das espiguetas, que são compostas por três flores cada, **das quais** somente uma se desenvolve.]

◇ Outras vezes a ligação pretendida é simplesmente aditiva (= **e**). ✦ *Num dos tipos, a membrana permanece inativa, SENDO QUE as substâncias atravessam-na de acordo com leis físicas.* (BC)

[Num dos tipos, a membrana permanece inativa, **e** as substâncias atravessam-na de acordo com leis físicas.]

◇ Outras vezes, ainda, trata-se de dois enunciados independentes. ✦ *Outros líderes se candidataram também a cargos eletivos, SENDO QUE nos dias do presente diversos índios exercem mandatos de vereador, em diferentes municípios do país.* (ATN)

[Outros líderes se candidataram também a cargos eletivos. Nos dias do presente diversos índios exercem mandatos de vereador, em diferentes municípios do país.]

Senegal [África]

O adjetivo pátrio é **senegalês**. ✦ *O governo SENEGALÊS informou que as vítimas são, em maioria, turistas franceses.* (FSP)

senhor de baraço e cutelo
⇨ Ver **baraço** ⇨ Ver **cutelo.**

A expressão designa senhor que tem domínio absoluto sobre seus vassalos ou subordinados, com poder de condená-los a qualquer tipo de pena, até à morte. O substantivo **baraço** designa a corda de enforcamento e o substantivo **cutelo** designa instrumento com lâmina cortante. ✦ *Simplesmente porque não são mais SENHORES DE BARAÇO E CUTELO no Estado de Pernambuco, hoje um Estado livre, para todos os pernambucanos.* (AR)

senhoria ⇨ Ver **Vossa Alteza, Vossa Excelência, Vossa Eminência etc.**
⇨ Ver **Sua Alteza, Sua Excelência, Sua Eminência etc.**

O substantivo **Senhoria** entra na formação de pronomes de tratamento referentes a pessoa que ocupa cargo de certa dignidade. Todo pronome de tratamento é de terceira pessoa. ✦ *VOSSA SENHORIA é muito bondosa.* (AC) ✦ *Não tenho informação acerca das posições políticas de SUA SENHORIA, mas é certo que houve o pênalti de Domingos da Guia em Piola e a Itália venceu, com justiça, por um gol de diferença.* (RI)

sênior

O plural é **seniores** (com deslocamento da sílaba tônica para o **O**, sem acento). ✦ *Os SENIORES saem automaticamente, enquan-*

sensação

to que os juniores podem ir para a NBA e terminam o curso na época do verão. (FSP)

sensação

Como segundo elemento de um substantivo composto, liga-se ao primeiro elemento por hífen. No plural o segundo elemento não varia. ✦ *Em O Parque dos Dinossauros, Steven Spielberg aciona seu carrossel de fantasias no filme-SENSAÇÃO da temporada.* (VEJ) ✦ *O Bayer Leverkusen joga em casa contra uma das equipes-SENSAÇÃO da Europa: o Nantes.* (FSP)

sensatez

Com **Z**, como todo substantivo abstrato em **-ez** derivado de adjetivo. ✦ *O boato fere e mata muito mais do que o fato, pois nasce dele a desordem, inimiga da SENSATEZ, com a ilusão posta acima da verdade.* (CB)

sensibilizar

Com **Z**, como todo verbo formado com o sufixo **-izar.** ✦ *O projeto ainda não SENSIBILIZOU o presidente.* (VEJ)

sensível

O superlativo absoluto sintético é **sensibilíssimo.** ✦ *As Bolsas afinal funcionam como SENSIBILÍSSIMO termômetro das expectativas empresariais.* (FSP)

senso ⇨ Ver censo.

Senso significa "juízo", "tino", "sentido". ✦ *Alice nunca fora uma pessoa de muito bom SENSO.* (AGO)

Censo é o mesmo que **recenseamento.**

sensor, sensório ⇨ Ver censor, censório.

1. O substantivo **sensor** designa dispositivo que responde a estímulos físicos e transmite um impulso. ✦ *Essa disposição lhes permite exercer eficientemente sua função de SENSOR da tensão desenvolvida pelo músculo.* (NEU)

Censor é a designação dada a quem aplica censura.

2. **Sensório** significa "relativo à sensibilidade". ✦ *Ao som de Wagner, Grieg, Schubert e Mahler, e com um uso generoso de câmera lenta, lentes coloridas e granulação, o espectador deve receber um impacto SENSÓRIO das imagens, sem interferência da razão.* (FSP)

Censório significa "relativo ao censor ou à censura".

sensu stricto ⇨ Ver stricto sensu ⇨ Ver lato sensu.

O mesmo que *stricto sensu*, que é forma muito mais usual (90%) e com aplicações específicas. A locução latina é formada por duas palavras no ablativo: *stricto*, que é adjetivo de primeira classe (ablativo em **O**), e *sensu*, que é substantivo de quarta declinação (ablativo em **U**). Significa "em sentido estrito". ✦ *A reconstituição mencionada nunca se faz SENSU STRICTO.* (OBS)

sentinela

É substantivo feminino, referindo-se indiferentemente a elemento do sexo masculino ou do sexo feminino (substantivo sobrecomum). ✦ *Chegou ao pátio fronteiriço onde a SENTINELA dormia recostada no mastro, o braço apoiado na caixa de esmolas, a arma no colo.* (RET)

Também ocorre, entretanto, como masculino, para referência a pessoa do sexo masculino (substantivo comum de dois). ✦ *O SENTINELA respondeu que as ordens eram expressas: jornalista não entra.* (NBN)

sentir algo ocorrer ⇨ Ver ouvir alguém dizer algo ⇨ Ver ver algo ocorrer / alguém fazer algo.

Tradicionalmente se indica que, nessa construção, o infinitivo não se flexiona. Entretanto, o que é usual é a flexão do infinitivo para concordar com o seu sujeito. ✦ *Mal SENTIU as horas passarem.* (GRO) ✦ *E SENTI as cordas baterem nas costas.* (IS) ✦ *SENTIU os olhos arderem de vontade de chorar de humilhação por ser tão pobre.* (ACI) ✦ *SENTIU as molas da cama nova cederem ao peso do seu corpo.* (AGO) ◆ *SENTIA os pulmões me agradecerem os dedos cada vez que o cigarro me subia à boca.* (U) ◆ *Quando ela entrou no apartamento, ele SENTIA as pernas tremerem e a boca amarga.* (PCO) ◆ *Só com Elisa no casarão silencioso, SENTI os nervos se retesarem.* (MAR)

Mesmo quando o sujeito do segundo verbo é representado por um pronome pessoal átono (isto é, quando ele não tem como núcleo um substantivo), esse verbo (no infinitivo) comumente se usa no plural. ◆ *SENTI-os pulsarem, antes que me escapassem por entre os dedos.* (CH) ◆ *SENTIA-as queimarem, mas não deixava a posição.* (ED)

sentir(-se)

O verbo **sentir** muda o E (nasal) em I (nasal) na primeira pessoa do singular do presente do indicativo (e, consequentemente, em todo o presente do subjuntivo). ◆ *Eu SINTO que alguma coisa nos engana.* (OMT) ◆ *Mas não há alsaciano que não SE SINTA francês e ainda menos um só bretão.* (ESP) ◆ *O juiz SENTIU-SE incompetente para escalar um jogador.* (TAF)

séptico ⇨ Ver cético, céptico.

Séptico é adjetivo, significando "que provoca infecção", "que contém germes patogênicos". ◆ *Inicialmente proliferam rapidamente, provocando processo SÉPTICO secundário.* (CLC)

É usado especialmente no composto **antisséptico**. ◆ *Existem propriedades notáveis antis--SÉPTICAS e expectorantes no alho.* (FSP)

Cético e **céptico** são formas variantes do mesmo termo (adjetivo ou substantivo), significando "que / quem duvida de tudo, descrente".

septingentésimo, setingentésimo

São formas variantes do numeral ordinal correspondente a 700, mas a primeira forma não ocorreu. ◆ *A tendência, no entanto, é pela supressão do "p", na família toda: setuagenário, setuagésimo, SETINGENTÉSIMO.* (FSP)

septuagenário, setuagenário, setentão

1. Significam "que / quem tem (mais de) 70 anos de idade". A forma septuagenário é a mais usual das duas (73%). ◆ *É SEPTUAGENÁRIO, de pequena estatura, apresentando uma gibosidade natural.* (REB) ◆ *Daniel Keith Ludwig, já SETUAGENÁRIO, é um dos quatro homens mais ricos do mundo.* (FSP)

2. A forma **setentão** é de uso mais informal. Usa-se em 20% dos casos, enquanto as formas **septuagenário** e **setuagenário** somadas estão em 80% dos casos. ◆ *Parabéns à Folha, um jovem jornal SETENTÃO.* (FSP)

septuagésimo, setuagésimo

São formas variantes do numeral ordinal correspondente a 70, sendo a primeira (**septuagésimo**) muito mais frequente (86%). ◆ *Michael Jackson será submetido à SEPTUAGÉSIMA plástica no nariz.* (FSP) ◆ *São Paulo, que no ano passado era a SETUAGÉSIMA cidade mais cara do mundo, subiu para a 35ª posição.* (VEJ)

séptuplo, sétuplo

São formas variantes do numeral multiplicativo (substantivo ou adjetivo) correspondente a 7, sendo a primeira a mais frequente (72%). ◆ *A Folha estava usando a forma SÉPTUPLO, encontrada no Vocabulário Ortográfico como variante de SÉTUPLO.* (FSP)

sequela

Pronuncia-se o U. A palavra significa "consequência (má)". ◆ *Por ironia, o esforço dramático de Ana Paula causou uma SEQUELA na vida real.* (VEJ)

sequer

1. Com E, na primeira sílaba.

2. Usa-se:

✧ após expressão negativa ou privativa, significando "(nem) ao menos", "(nem) pelo menos". ◆ *Não consegui SEQUER abrir a boca.* (A) ◆ *Creio mesmo que, nesse momento, nem SEQUER se lembrou da existência de Mário.* (A) ◆ *E, de repente, sem dizer palavra, sem me despedir SEQUER com um gesto, tomei o caminho da porta e voltei para aqui.* (A)

ser

◇ sem acompanhamento de marca negativa, e dando ao enunciado um valor negativo ("nem ao menos"). ✦ *Com base na mesma literatura e na mesma lógica, o pesquisador mais maduro formula hipóteses que o novato SEQUER imagina.* (ACM)

ser

O substantivo **ser** é masculino (**o ser**), referindo-se indiferentemente a elemento do sexo masculino ou do sexo feminino (substantivo sobrecomum). ✦ *Por uma fresta da janela, o vento filtrou-se com o cheiro do mar sereno, de que ouvia apenas o vago rumor, longe, como um sinal da natureza viva, que lhe tocava o SER.* (AV) ✦ *É preciso diferenciar o SER mulher do SER materno.* (VEJ)

ser (+ em) + numeral ⇨ Ver **estar (+ em) + numeral.**

O uso da preposição **em** antes de numeral cardinal, após o verbo **ser** ou o verbo **estar**, é imitação de construção italiana, condenada como italianismo, em manuais normativos. A construção recomendada é sem a preposição. ✦ *Mas o Coronel Fuão, com três advogados lá dele, disse que ele estava sozinho e nós ÉRAMOS dois.* (CRE) ✦ *ÉRAMOS três: eu, Indalécio Wanderley e um tacho velho, sepultado no mar paulista da costa de Pirabura, junto à Ilha de S. Sebastião.* (CRU)

Popularmente, ocorre o uso da preposição. ✦ *No show de lançamento de Rumo Ao Vivo, sábado passado, em São Paulo, Pedro Mourão surpreendeu o atual namorado de Ná com a seguinte admoestação: "SOMOS em onze irmãos, dez homens".* (VEJ)

ser [horas] ⇨ Ver **horas.**

O verbo **ser** concorda com o número de horas. ✦ *Uma, eu disse, o mentiroso falou que ERA uma hora, ERAM quatro horas, onde você estava, querido?* (OMT)

ser + um + substantivo + que + verbo

Segundo indicam lições normativas, em construções como **sou uma mulher que ...**, **és um homem que ...**, **somos pessoas que...**, o verbo

que se segue deve ir para a terceira pessoa (concordando com o substantivo). ✦ *Eu SOU UMA MULHER QUE gosta de fado, e nada mais.* (REA) ✦ *Eu SOU UM HOMEM QUE age por impulso.* (FSP) ✦ *SOU UM HOMEM QUE luta.* (IN) ✦ *SOU UM HOMEM QUE toma decisões radicais.* (EX)

Entretanto, ocorre frequentemente (e especialmente no plural) a concordância com a pessoa gramatical que se encontra no sujeito da oração. ✦ *Eu SOU UM HOMEM QUE posso ter dúvidas.* (FSP) ✦ *SOU UM HOMEM QUE, além de entender de estatísticas, amo acima de tudo o meu país.* (TB) ✦ *Nós SOMOS PESSOAS QUE vivemos do campo e da pesca.* (FSP) ✦ *NEM SOMOS PESSOAS QUE não lutamos por nossas convicções.* (FSP)

Sergipe

1. A sigla é **SE.** ✦ *A Festa do Mole (Carnaval fora de época), realizada anteontem à noite em Aracaju (SE), levou às ruas e avenidas da praia de Atalia cerca de 70 mil pessoas, segundo a Polícia Militar.* (FSP)

2. Os adjetivos pátrios são **sergipano** e **sergipense**, esta última menos usual (3%). ✦ *Mas seu Geraldo Oliveira, 56 anos, SERGIPANO, não está preocupado.* (VEJ) ✦ *A produção estadual de leite caiu 80%, segundo a CSL (Cooperativa SERGIPENSE de Laticínios).* (FSP)

seric(i)-

É elemento (latino) que se liga a um elemento seguinte. Significa "seda". ✦ *A SERICICULTURA inglesa, sediada nos subúrbios de Londres, desenvolveu-se com facilidade, e no século seguinte os tecidos ingleses se igualavam aos de Lion.* (CUB) ✦ *Há um ano, Simionato era SERICICULTOR (produtor de bicho-da-seda) e chegou a produzir 2 t de casulos por mês.* (FSP)

seringa

Com **E** na primeira sílaba. ✦ *Cláudio apontou a SERINGA, que era fervida, sobre a mesa.* (ARR)

sério ⇨ Ver **cério** ⇨ Ver **céreo.**

1. **Sério** é o adjetivo correspondente ao substantivo **seriedade**. Significa "grave", "importante", "severo". ◆ *O caixeiro-viajante ficou* **SÉRIO**, *desfez-se o ar superior que era puro enfeite*. (AM)

Cério é substantivo que designa elemento químico.

Céreo é adjetivo que significa "da cor de cera".

2. O superlativo absoluto sintético de **sério** é **seriíssimo** ou **seríssimo**. O primeiro é o tradicionalmente recomendado, mas é o menos usual (43%). ◆ *Sabemos que o problema da saúde é* **SERIÍSSIMO** *no Brasil.* (FSP) ◆ *Lamentavelmente, ela sofreu um contratempo* **SERÍSSIMO** *com esse problema do Iraque* (...). (POL-O)

serpente ⇨ Ver **ofídio** ⇨ Ver **cobra** ⇨ Ver **víbora.**

Os adjetivos correspondentes são:

◇ **ofídico.** ◆ *São trinta e duas páginas bem-ilustradas, que ensinam, entre outras coisas, como reconhecer cobras venenosas, sua identificação e distribuição geográfica e como prevenir acidentes* **OFÍDICOS.** (GL)

◇ **ofídio.** ◆ *Por razões óbvias, os médicos hindus eram hábeis no tratamento de acidentes* **OFÍDIOS**; *usavam para isso torniquete e incisões, juntamente com preces rituais.* (APA)

Ofídio também é substantivo: ◆ *Lembro que ali existiam ninhos de cobra, e muitos galináceos pereceram, vítimas dos* **OFÍDIOS.** (REL)

Serpro

É a sigla de **Serviço Federal de Processamento de Dados**. ◆ *O Serpro atua principalmente junto ao Ministério da Fazenda.* (P-VIS)

serrar ⇨ Ver **cerrar.**

Serrar significa "cortar com serra". ◆ *Todas as portas eram mesmo de vara, que não se tinha serrote para* **SERRAR** *tábuas, nem prego.* (MMM)

Cerrar significa "fechar".

serro ⇨ Ver **cerro.**

O substantivo **serro** significa "espinhaço". ◆ *Aí o raso do campo, aí o* **SERRO** *da serra; matagão.* (COB)

O substantivo **cerro** significa "pequena colina", "outeiro".

servente

Tem a mesma forma para masculino e feminino (substantivo comum de dois). ◆ *O* **SERVENTE** *também é novo, e se eu pedir um chope sem pagar na ficha, é capaz de não me atender.* (EST) ◆ *A* **SERVENTE** *acaba de me trazer da lojinha lá em baixo.* (NB)

Sérvia (Iugoslávia, juntamente com Montenegro) [Europa]

O adjetivo pátrio é **sérvio.** ◆ *Assim que a maioria dos* **SÉRVIOS** *fugiu de Vukovar, tropas do Exército federal avançaram e começaram a bombardear a cidade com granadas e morteiros.* (JB)

servir

1. O verbo **servir** muda o **E** em **I** na primeira pessoa do singular do presente do indicativo (e, consequentemente, em todo o presente do subjuntivo). ◆ *Diga a Carolina que* **SIRVA** *os outros.* (ARR) ◆ *A mulher faz os pratos que* **SERVE** *ali mesmo no fogão à lenha.* (ATR)

2. Modo de construção:

2.1. Significando "oferecer como alimento ou bebida", o verbo **servir** usa-se:

◇ com um complemento sem preposição (objeto direto, referente ao alimento ou à bebida) e outro complemento (referente à pessoa a quem se faz a oferta) iniciado pelas preposições **a** ou **para**, podendo deixar de ser expresso qualquer um desses dois complementos. ◆ *[Jeanne]* **SERVE** *lanche à equipe da filmagem.* (CRU) ◆ *A criada* **SERVE** *o café no living* **para Adroaldo**. (MD) ◆ *Mas você* **SERVIU** *a feijoada sem cachaça para rebater?* (BH) ◆ *Vem o café, o Honorato, com uma colher,* **SERVE ao** *dr. Assis.* (IS) ◆ *Os garçons* **SERVIRAM** *e o Coronel Ramalho Júnior levantou um brinde.* (GI)

servo

O complemento iniciado pela preposição **a** pode referir-se ao local em que se encontra a pessoa a quem se serve a comida ou a bebida. ✦ *Houve uma insurgência contra o culto à vida tal como refletida nos objetos de uso, no que se SERVE à mesa, no que se vê pela janela.* (FSP)

◊ com um complemento sem preposição (objeto direto, referente à pessoa que fica servida) e outro complemento (referente ao alimento ou à bebida) iniciado pela preposição **de**, podendo deixar de ser expresso esse segundo complemento. ✦ *Uma professora deu-se pressa em SERVI-lo de café.* (ORM) ✦ *Uma mulher sorridente SERVE os dois colocando-lhes nas mãos dois copos de uísque com gelo.* (TGG)

O objeto direto pode referir-se ao local em que se encontra a pessoa que fica servida. ✦ *Várias semanas capengou, SERVINDO a mesa.* (DM)

2.2. Significando "prestar serviços (a)", usa-se com complemento sem preposição (objeto direto) ou com complemento iniciado pela preposição **a**. ✦ *Vivi na minha vida militar (...) grandezas próprias do ideal de SERVIR a Pátria.* (TA) ✦ *SERVIU à Pátria tanto na área militar quanto na política.* (OG)

2.3. Significando "prestar serviço militar", usa-se com complemento de lugar. ✦ *Lordelo, que ontem deu entrada no pedido de aposentadoria, também SERVIU no Deic, Ceic e em Camaçari.* (ATA) ✦ *Os refugiados tútsis SERVIRAM no Exército ugandense.* (FSP)

2.4. **Servir-se** (pronominal) significa "tomar para si", "fazer uso", e usa-se com complemento iniciado pela preposição **de**. ✦ *Clemente foi ao bar, SERVIU-SE de licor de pitanga.* (AGO) ✦ *Acontece que quando começou a correr a jardineira, pouca gente SE SERVIA dela.* (ID)

servo ⇨ Ver **cervo.**

Servo é adjetivo ou substantivo, significando "que / quem serve a alguém", "criado". ✦ *Serei SERVO incondicional na execução das tuas ordens.* (PCO)

Cervo é substantivo, designando animal.

Sesc

É a sigla de **Serviço Social do Comércio.** ✦ *Os usuários do Sesc/São Paulo são leitores notórios.* (RI)

Sesi

É a sigla de **Serviço Social da Indústria.** ✦ *A outra organização – Sesi – completa harmoniosamente a primeira.* (VID)

sesqui-

É um radical latino que se liga ao elemento seguinte sem hífen. Significa "um e meio", "uma vez e meia". Daí:

◊ **sesquicentenário** significa, como adjetivo, "que tem um centenário e meio", e, como substantivo, "um centenário e meio". ✦ *A SESQUICENTENÁRIA Faculdade de Direito do Recife forneceu ao País muitos dos ministros do Império e da Primeira República.* (NOR) ✦ *Em hora feliz a classe médica, com apoio do Poder Público, decidiu celebrar o SESQUICENTENÁRIO do ensino da medicina do país.* (JK)

◊ **sesquipedal** significa "que mede um pé e meio de comprimento" (especialmente em referência à medida de versos), mas, nesse sentido literal, não ocorreu; a partir daí, significa "muito grande", "absurdo". ✦ *E, finalmente, ainda não contentes com tudo isso, pintaram as paredes dos sobrados e os muros com letras SESQUIPEDAIS.* (VPB) ✦ *O prêmio é SESQUIPEDAL: cinco mil réis!* (RC) ✦ *Acompanhou-o na provação dessa SESQUIPEDAL e inédita iniquidade outro jornalista igualmente honrado.* (FSP) ✦ *O teto dos juros inscrito na Constituição de 1988 é uma asneira econômica SESQUIPEDAL.* (FSP)

sessão ⇨ Ver **cessão** ⇨ Ver **seção, secção.**

Sessão significa "espaço de tempo de uma reunião", "duração de um evento", "espetáculo". ✦ *O Presidente e o Vice-Presidente tomam posse em SESSÃO solene do Supremo Tribunal.* (D)

Seção e **secção** são formas variantes para significar "divisão".

Cessão designa o ato de ceder.

702

sexy

Sest

É a sigla de **Serviço Social do Transporte**.
♦ *As contribuições referentes ao Sest (1,5%) e Senat (1,0%), devidas pelos transportadores autônomos, serão recolhidas diretamente.* (FSP)

sesta ⇨ Ver **sexta-feira, sexta** ⇨ Ver **cesta**.

O substantivo designa o repouso após o almoço ou a hora desse repouso. ♦ *Eu sempre acordava, depois da SESTA, saudável e revitalizado, e isso se refletia no meu rosto.* (BU)

sestro

Indica-se o E como fechado, no singular e no plural. Entretanto, a pronúncia varia. O substantivo significa "cacoete", "mania". ♦ *A Terra já era redonda, mas a burguesia ainda não havia pisado no convés com seus delírios de grandeza e seu SESTRO consumista.* (FSP)

seu, Seu

É a forma de tratamento abreviada de **senhor**. Precede o nome próprio. ♦ *Pai, Rialva, este é SEU João, o pai dos meus amigos.* (ATR) ♦ *Sim senhor, SEU Pedro, o que é que manda?* (MC)

Sevilha [Espanha]

O adjetivo pátrio é **sevilhano**. ♦ *É muito raro que um Velázquez vá a leilão ou que apareça uma tela desconhecida do pintor SEVILHANO.* (FSP)

sex appeal ⇨ Ver **charme**.

Sex appeal é palavra inglesa que designa encanto físico que provoca desejo sexual. A pronúncia aproximada é **sex apil**. ♦ *O senhor está desprendendo de sua pessoa grande quantidade de SEX APPEAL.* (TRH)

sex shop

É expressão inglesa que designa loja onde se vendem artigos relacionados à prática sexual e à pornografia. ♦ *Nosso objetivo é mostrar que o SEX SHOP é um negócio como outro qualquer.* (FSP)

sexagenário, sessentão

1. Significam "que / quem tem (mais de) 60 anos de idade". ♦ *– Eu tenho cara de louco?... Não tenho! Foram estas as únicas palavras concedidas à Imprensa pelo SEXAGENÁRIO, ao sair do interrogatório.* (OMU)

2. A forma **sessentão** é de uso mais informal (30% dos casos). ♦ *O Zeca do botequim, um português SESSENTÃO, resistia perfeitamente bem às solicitações da bebida durante o dia inteiro.* (ASS)

sexagésimo

É o numeral ordinal correspondente a 60. ♦ *Alario Junior dirige a Sanus, empresa de produtos farmacêuticos que ocupa o SEXAGÉSIMO lugar no ranking setorial.* (EX)

sexcentésimo, seiscentésimo

São formas variantes do numeral ordinal correspondente a 600, mas a segunda forma não ocorreu. ♦ *SEXCENTÉSIMO. A F-1 promove amanhã, na Argentina, o 600º Grande Prêmio de sua história moderna.* (FSP)

sexta-feira, sexta ⇨ Ver **sesta** ⇨ Ver **cesta**.

1. O plural de **sexta-feira** é **sextas-feiras**. ♦ *O governador Leonel Brizola fala pelo rádio ao povo do Rio Grande do Sul todas as SEXTAS-FEIRAS.* (CRU)

2. **Sexta** é uma forma reduzida do nome do dia da semana (**sexta-feira**). ♦ *Vigiasse na Quaresma, de SEXTA para sábado, depois da meia-noite.* (LOB)

sêxtuplo

É o numeral multiplicativo (substantivo ou adjetivo) correspondente a 6. ♦ *A presença simultânea de dois ou mais conceptos constitui a prenhez múltipla, classificada em dupla ou gemelar, tripla, quádrupla, quíntupla, SÊXTUPLA etc.* (OBS)

sexy ⇨ Ver **sex appeal**.

É palavra inglesa que significa "que tem apelo sexual". ♦ *Mas, ao ver Fred Astaire*

SFH

nos filmes dos anos 30, homens e mulheres convenceram-se de que dançar era moderno, charmoso, SEXY, e foram em hordas matricular-se nas escolas de dança. (SS)

SFH

É a sigla de **Sistema Financeiro da Habitação**. ✦ *O dinheiro da quitação está sendo destinado para cobrir déficits históricos do SFH.* (EX)

shampoo ⇨ Ver **xampu**.

É palavra inglesa aportuguesada como **xampu**, que é a forma mais usual (80%). ✦ *A troca de SHAMPOO sempre foi justificada com o argumento de que o cabelo fica viciado com o uso constante da mesma marca.* (ELL)

shiatsu

É a transliteração de designação japonesa de técnica terapêutica baseada nos princípios da medicina tradicional chinesa, a qual consiste em massagear com os dedos os pontos acupunturais do corpo e os *meridianos*, que são canais de energia vital. ✦ *O fundador da escola de SHIATSU e introdutor da massagem em Tóquio, há cerca de 50 anos, foi o massagista Tokujiro Namikoshi.* (FSP)

shilling ⇨ Ver **xelim**.

É palavra inglesa que designa moeda divisionária inglesa. ✦ *Era aquele que reduzia a taxa de um SHILLING e dois pence para apenas um penny, pois no entender da Comissão, a ideia lesava os interesses do tesouro.* (FIL)

Xelim é a forma portuguesa registrada como correspondente do inglês *shilling*.

shitake

É a transliteração de designação japonesa. O substantivo designa variedade de cogumelo grande. ✦ *Na montagem do prato, coloque um camarão sobre cada SHITAKE frito, acrescente os aspargos.* (FSP)

shopping (center)

1. É expressão inglesa em uso em português para designar centro de compras de algum

porte. ✦ *O feriado prolongado levou muita gente aos SHOPPING CENTERS.* (ESP)

2. Com o mesmo significado, e com maior frequência (67%), usa-se a forma reduzida *shopping*. ✦ *A Alfândega é uma butique cara num SHOPPING movimentado no quarteirão mais nobre da zona sul.* (EST)

shorts

É palavra inglesa de forma plural que designa certo tipo de calça(s) curta(s) para esporte, usada(s) por homens e mulheres. Em português o substantivo é usado:

✧ na forma *short*, para indicação de uma única peça. ✦ *Creonte entra de SHORT, comendo um sanduíche.* (MD)

✧ na forma *shorts*, para indicação de uma única peça (singular) ou de mais de uma peça (plural). ✦ *Durante cerca de dez minutos, um sujeito de meia-idade, dono de um galante bigode latino e vestindo apenas SHORTS, contorce-se em caretas.* (VEJ) ✦ *Prist faz SHORTS que ajudam você a conseguir mais olhares femininos, e mais entusiasmados.* (REA)

show

É palavra inglesa, muito usual em português, que designa espetáculo de apresentação de um ou vários artistas, geralmente de montagem grandiosa. A pronúncia aproximada é **chou**. ✦ *Lourenço insiste em sua presença no SHOW.* (CHU)

showbiz, show business

Showbiz é redução, em inglês, da expressão *show business*, que designa negócio ligado a espetáculos recreativos. Em geral o termo tem conotação pejorativa, referindo-se a falta de seriedade e a pouco valor artístico. ✦ *Parece que o "SHOWBIZ" nacional começa enfim a tomar consciência do imenso potencial que a música brasileira tem no mercado internacional.* (FSP) ✦ *O sr. também mudou de ideia quanto à ópera, que a seu ver é muito mais "SHOWBIZ" do que música de verdade?* (FSP) ✦ *Não que o SHOW BUSINESS seja um meio mais sujo que os outros. É que o ser humano não é particularmente limpo, em nenhuma situação.* (EX)

showroom

É palavra inglesa que designa ambiente preparado especialmente para apresentação e/ou demonstração de produtos a clientes. A pronúncia aproximada é **chourrum**. ◆ *Coloque-se à disposição dos interessados amplo SHOWROOM para promoções especiais.* (EX)

si, consigo

1. **Si** usa-se comumente como pronome reflexivo, isto é, em referência à mesma pessoa do sujeito. ◆ *Elpídio disse a SI mesmo que não guardava nenhum rancor da vida.* (CON)
Usa-se também como pronome recíproco, sempre em referência a plural ("um ao outro"). ◆ *As crianças se apertam entre SI, se mexem, mas atrás os adultos guardam um silêncio esquisito.* (NB)
2. **Consigo** também se usa como pronome reflexivo, isto é, em referência à mesma pessoa do sujeito. ◆ *É mais dinheiro do que o governo, no conjunto de suas esferas, gasta CONSIGO mesmo.* (VEJ)

Si vis pacem, para bellum.

É frase latina que significa "Se queres a paz, prepara-te para a guerra". ◆ *"SI VIS PACEM, PARA BELLUM." ("Se queres a paz, prepara-te para a guerra.") Quem nunca ouviu ou leu esta milenar expressão latina?* (FSP)

si(n)-

É prefixo de origem grega que indica copresença, reunião (correspondendo, em parte, ao de origem latina **co(m)-**). ◆ *É uma SINOPSE das principais notícias locais, nacionais e internacionais em linguagem radiofônica.* (RI) ◆ *Maria Negra rapidamente dominou a todos com sua SIMPATIA e eficiência.* (ANA) ◆ *Sempre pensei que os assuntos nebulosos eram decifrados por ela, e ninguém ousava pronunciar uma SÍLABA sem o seu assentimento.* (REL)

siamês ⇨ Ver **xifópago.**

1. É o adjetivo pátrio relativo ao Sião (atual Tailândia). ◆ *Voltando de Londres, trouxe para aqui um livro em língua esquisita, a que tinha grande estimação. Fora um hindu ou SIAMÊS que lho dera.* (CMC)
2. Referindo-se a gato, **siamês** designa uma raça originária do Extremo Oriente. ◆ *Era uma vez uma dama gentil e senil que tinha um gato SIAMÊS.* (FAB) ◆ *Aproxima-se do seu SIAMÊS que dorme na cesta de vime.* (XA)
3. Na expressão **irmão siamês**, ou **irmãos siameses**, ou, ainda, **gêmeos siameses**, o adjetivo tem o mesmo significado de **xifópago(s)** ("unido(s) na região do apêndice xifoide", embora nem sempre a união dos gêmeos siameses se dê na região torácica). Esse uso do adjetivo **siamês** deve-se ao caso de dois irmãos gêmeos xifópagos, Chang e Eng, que nasceram no começo do século XIX, no Sião. ◆ *Médicos da Faculdade de Medicina da Unesp de Botucatu (...) separaram ontem, em uma cirurgia de sete horas, dois irmãos SIAMESES que estavam unidos pela região pélvica e órgãos genitais.* (FSP) ◆ *Alguns eram farsas, como a sereia Feejee. Outros, autênticos, como os SIAMESES Chang e Eng Burker.* (FSP)
Mais genericamente, a expressão **irmão siamês**, ou **irmãos siameses**, ou, ainda, simplesmente o adjetivo **siamês**, refere-se a coisas intimamente ligadas e implicadas entre si. ◆ *A decadência econômica é irmã SIAMESA da instabilidade política.* (FSP) ◆ *Amor e ódio podem ser irmãos SIAMESES e vivem sob o mesmo teto.* (BJN) ◆ *Eleição e pesquisa, assim, passam a ter uma relação SIAMESA.* (FSP)

Sibéria (região) [Ásia]

O adjetivo pátrio é **siberiano**. ◆ *Com o tempo não só as prostitutas e as camponesas, mas as grandes senhoras da Corte, e, talvez a própria Czarina, aderiram ao estranho evangelho do monge SIBERIANO.* (FI)

sic

É palavra latina que significa "assim". Usa-se após um termo ou expressão (especial-

Sic transit gloria mundi.

mente quando estranho, inconveniente ou incorreto), para indicar que se faz uma citação literal e que quem cita não tem responsabilidade sobre o modo de expressão. ♦ *Por isso, muitas vezes sou alvo de injustiça, de calúnia e de infâmia, mas os baianos sempre me* **retenteram (SIC)** *com a força e o estímulo.* (ACM)

Sic transit gloria mundi.

É frase latina que significa "Assim passa a glória do mundo". Usa-se, normalmente, para referência à transitoriedade da vida terrena. São palavras pronunciadas na cerimônia de coroação do Papa da Igreja Católica. ♦ *Os textos religiosos têm uma frase em latim que sintetiza melhor o mal que se abateu em Ricupero e costuma abater os homens públicos: "SIC TRANSIT GLORIA MUNDI".* (FSP)

Sicília (ilha) [Itália]

O adjetivo pátrio é **siciliano**. ♦ *Denuncia, sem titubear, a existência de uma máfia nuclear, mais sinistra que o lendário agrupamento SICILIANO.* (PAO)

sicrano

Com **S** inicial e com **CR**. Usado para referência a uma pessoa a quem não se nomeia, colocada em terceiro lugar na série **fulano, beltrano, sicrano**, ou em segundo lugar, após **fulano**. ♦ *Agora, todos escrevem igual. Fulano de tal disparou. Beltrano alfinetou. SICRANO comemorou.* (RI) ♦ *Daí a frequente metáfora de ser fulana ou SICRANO uma pessoa elevada, este ou aquele lugar um lugar elevado.* (ESI)

Sida ⇨ Ver Aids, AIDS, aids.

É a sigla de **síndrome de imunodeficiência adquirida**. A grafia comum (100%) é com tipo maiúsculo apenas na letra inicial, o que condiz com as demais siglas de quatro ou mais letras que não se pronunciam com as letras separadamente, e sim como uma palavra. ♦ *O portador de Aids/Sida tem direito a auxílio-doença ou aposentadoria, independentemente de período de carência (...)* (Fund.: art. 27, 2º, dec. 611/92, c/c lei *7.670/88, art. 1º, inciso 1º, letra "e").* (FSP) ♦ *Originalmente, a música tinha o título de "Sidinha" – referência à* **SIDA** *(Síndrome da Imunodeficiência Adquirida), sigla que Portugal e outros países de língua latina usam no lugar de Aids.* (FSP)

A forma praticamente não é usada, preferindo-se **Aids / AIDS / aids**, forma provinda da junção das quatro primeiras letras da designação da doença em inglês (*Acquired Immune Deficiency Syndrome*).

sider-

É elemento (latino) que se liga a um elemento seguinte. Significa "astro". ♦ *Todo o amor que não transmita essa luminosidade, essa alegria clara, esse estado de leveza* **SIDERAL**, *não será amor, mas puro vício.* (AV)

sider(o)-

É elemento (grego) que se liga a um elemento seguinte. Significa "ferro". ♦ *O Brasil deve exportar minérios de ferro e incrementar sua* **SIDERURGIA**. (RM)

sidra ⇨ Ver cidra.

Sidra é a designação de uma bebida fermentada de maçãs. ♦ *A chamada "caixinha", que chega a engolir milhões de dólares nas negociações de obras públicas, pode limitar-se também a uma simples garrafa de* **SIDRA** – *bebida fermentada, à base de maçã, mais conhecida por substituir o champanhe em festas pobres.* (ESP)

Cidra é a designação de uma fruta.

SIF

É a sigla de **Serviço de Inspeção Federal**. ♦ *Cansado, parti para Minas Gerais, onde daria entrada no projeto para conseguir a aprovação do Serviço de Inspeção Federal,* **SIF**. (VEJ)

siglas

1. É praxe que as siglas de até três letras se escrevam com maiúsculas. ♦ *No seu quarto, no conjunto residencial da* **USP**, *havia um verso emoldurado.* (GD)

As siglas com mais de três letras:

◇ têm apenas a inicial maiúscula quando se pronunciam como uma palavra. ◆ *Os vinte e um anos da **Sudene** conferem a este órgão maiores responsabilidades.* (JB) ◆ *Afirma que a área desse tipo de lazer era do lado do prédio antigo da **Cobal**, e tinha um bom tratamento.* (CB)

◇ escrevem-se com maiúsculas quando as letras se pronunciam separadamente. ◆ *O mínimo que se pode dizer do Texto-Base da Campanha da **CNBB** é que se trata de um documento corajoso.* (OP) ◆ *A única estatal paulista pronta para ser privatizada e capaz de interessar a empresários no curto prazo é a **CPFL**, de energia elétrica.* (VEJ)

2. As siglas dos órgãos estrangeiros:

◇ formam-se com as letras da tradução do nome do órgão em português, quando essa denominação é usual. ◆ *O Brasil aderiu ainda à Convenção para a Prevenção e Sanção de Delito de Genocídio, adotada pela **ONU** em 1948.* (ATN) [Organização das Nações Unidas] ◆ *O **FMI** já está mandando, o povo já está sofrendo, pagando tudo mais caro, pelo dobro!* (HO) [Fundo Monetário Internacional] ◆ *Segundo o **Bird**, pelo menos cinquenta países em vias de desenvolvimento dispõem de reservas confirmadas, mas só trinta já iniciaram a extração.* (AP) [Banco Internacional de Reconstrução e Desenvolvimento]

◇ formam-se com as letras do nome do órgão na língua estrangeira quando a tradução portuguesa não é usual. ◆ *O México desperta interesse mais pela ameaça de imigração do que pelas possibilidades do **Nafta**.* (RI) [*North America Free Trade Agreement*: Acordo de Livre Comércio da América do Norte] ◆ *A **Unicef** envia telegramas às principais autoridades, pedindo providências.* (MEN) ◆ *A **Unesco** chegou a uma soma superior a 14 mil guerras, em 5 mil anos de civilização humana.* (GUE) [*United Nations Educational, Scientific and Cultural Organization*: Organização das Nações Unidas para a Educação, a Ciência e a Cultura]

sílex, sílice

São formas variantes que designam um tipo de rocha dura.

1. A sílaba tônica de **sílex** é a penúltima (SÍ), e, por isso, a palavra leva acento (paroxítona terminada em X). ◆ *Quanto a outros instrumentos da sua cultura material, os Jê possuem machados de **SÍLEX** com diferente apresentação, conforme os grupos.* (IA)

2. A sílaba tônica de **sílice** é a antepenúltima (SÍ), e, por isso, a palavra leva acento (proparoxítona). A forma não é usual, atualmente. ◆ *Nem mais seu rosto à pratica se move / Que dura **SÍLICE** ou marpesia rocha.* (OM)

silfo

O feminino é **sílfide**. O substantivo designa, na mitologia céltica e germânica da Idade Média, o gênio do ar. ◆ *O **SILFO**: Entrevisto e esquivo, eu sou esse aroma finado mas vivo que no vento assoma!* (FSP) ◆ *Subi à visão de deusas (...) lindas todas: Dária (...) Ragna e Aase; e Gúdrun; e Vívian, violeta; e Érika, **SÍLFIDE** loira.* (SA)

silha ⇨ Ver cilha.

Com S inicial, significa "pedra em que se assenta o cortiço das abelhas". Essa forma não ocorreu.

sílica

A sílaba tônica é a antepenúltima (SÍ), e, por isso, a palavra leva acento (proparoxítona). O substantivo designa composto do silício encontrado em minerais, usado na fabricação do vidro. ◆ *Quando o teor de **SÍLICA** é baixo, a viscosidade é pequena e as erupções liberam rios de lava sem grandes explosões.* (SU)

silício ⇨ Ver cilício.

Silício é a designação de um metaloide. ◆ *O **SILÍCIO** também tem sido empregado, por contribuir para o aumento da resistência à ruptura.* (EFE)

Cilício designa cinto para penitência.

silv(i)-

É elemento (latino) que se liga a um elemento seguinte. Significa "selva". ◆ *Quando não se tratava de desonestos cobiçando as terras dos **SILVÍCOLAS**, eram os turistas ansiosos para*

sim

ver os índios em seu natural habitat. (ARR)
◆ *Não há consenso sobre o que melhor fazer com elas, a área de atuação da "SILVICUL-TURA" (a disciplina que tem por finalidade o estudo e a exploração das florestas).* (FSP)

sim ⇨ Ver **não.**

Como substantivo, tem plural. ◆ *Um não que vale muitos SINS.* (FSP)

simbolizar

Com **Z**, como todo verbo formado com o sufixo **-izar.** ◆ *Fausto tem o prestígio de SIMBOLIZAR nossas ânsias e contradições.* (PAO)

símbolo

Usa-se à direita de outro substantivo para classificá-lo ou qualificá-lo (como um adjetivo). ◆ *Qual não foi seu choque ao ver que seu filho havia morrido e se transformara na criança SÍMBOLO da entidade.* (XA)

Mais frequentemente forma-se um substantivo composto, com a ligação dos dois elementos por hífen. ◆ *Dona Mariza diz que o povo de Carangola tem tanto orgulho dessa árvore-SÍMBOLO que a municipalidade acabou aprovando uma lei que determina o seu tombamento oficial.* (GL) *Momentos de encontro consigo mesmo, de análises introspectivas, longas e profundas, como aquelas do poeta-SÍMBOLO de seu romance.* (INC)

Em qualquer dos casos, em geral o plural só se faz no primeiro elemento, mas não é regra fixa, especialmente se não se forma um substantivo composto (com hífen). ◆ *(Grande Otelo) Com seus lábios espichados de bebê chorão, seus olhos esbugalhados e suas caretas, tornou-se um dos personagens--SÍMBOLO da alma brasileira.* (VEJ) ◆ *Madre Teresa fundou sua ordem em 1949 para tratar dos que chamava de "os esquecidos dos esquecidos": os agonizantes de Calcutá, uma das cidades-SÍMBOLO da pobreza na Índia, com quase 4 milhões de habitantes.* (FSP) ◆ *Parodiando Guimarães Rosa, eu diria que o Sertãozinho (uma das cidades SÍMBOLOS das mudanças da região) está em toda parte.* (FSP)

símile

A sílaba tônica é a antepenúltima (**SÍ**), e, por isso, a palavra leva acento (proparoxítona).

◇ Como adjetivo, significa "semelhante".
◆ *A intenção de Astruc era dotar o cinema de um estatuto abstrato e intelectual SÍMILE ao da escrita.* (FSP)

◇ Como substantivo, significa "o que / quem é semelhante". É palavra masculina. ◆ *Para encontrar um SÍMILE, diz Marx, "é preciso recorrer à região nebulosa da crença".* (MER)

Similia similibus curentur/curantur. ⇨ Ver *Contraria contrariis curentur/curantur.*

É frase latina que constitui o princípio básico da homeopatia, em oposição ao da medicina clássica, ou alopatia (*Contraria contrariis curentur/curantur*). Com duas variantes (verbo no subjuntivo ou verbo no indicativo), significa "Os semelhantes sejam / são curados pelos semelhantes". ◆ *A criança com o estigma deveria ser submetida ao mesmo estímulo que impressionara a mãe, um equivalente ao SIMILIA SIMILIBUS CURANTUR da homeopatia.* (APA)

simonia

A sílaba tônica é **NI** (sem acento). Significa "tráfico ilícito de coisas sagradas". ◆ *A SIMONIA é blasfêmia que nenhum cristão pode aceitar.* (FSP)

simpático

O superlativo absoluto sintético é **simpaticíssimo.** ◆ *Mandei me anunciar no Senado, em seguida saiu um senhor SIMPATICÍSSIMO, muito bem vestido, risonho.* (FSP)

simpatizar ⇨ Ver **antipatizar.**

Com **Z**. Não é verbo pronominal. ◆ *E somos levados, aos poucos, a SIMPATIZAR com eles.* (FSP)

Entretanto, também ocorreu (3%) o uso pronominal, condenado nas lições tradicionais. ◆ *Dizia-se, por isso, na época, que o imperador não SE SIMPATIZAVA com as forças armadas, e não era exato.* (TGB)

simples

O superlativo absoluto sintético é **simplicíssimo** ou **simplíssimo**. A primeira forma é a tradicionalmente mais recomendada, mas é a de uso mais raro (8%). ◆ *A história é SIMPLICÍSSIMA.* (FSP) ◆ *Houve quem fosse enforcado mesmo sem dever, por SIMPLÍSSIMA denúncia aos cérberos de El-Rei Magnanimo.* (VB)

simulacro

A sílaba tônica é a penúltima (**LA**), e, por isso, a palavra não leva acento. ◆ *No picadeiro, as damas imergem no SIMULACRO do sonho e os cavaleiros perpetuam a metafísica da mentira e da ilusão.* (PAO)

sinal da cruz

Sem hifens. ◆ *Tatão fez o SINAL DA CRUZ e mandou Fifi em paz para seu pires de porta de igreja.* (NI)

sinalizar

Sem **Z**, como todo verbo formado com o sufixo **-izar**. ◆ *Discutem-se propostas praticamente impossíveis, como o impeachment, para SINALIZAR o grau de insatisfação reinante.* (BEM)

síndrome, síndroma

São formas variantes, mas a segunda é pouquíssimo usada (0,4%). São substantivos femininos. Designam estado mórbido caracterizado por um conjunto de sinais e sintomas. A sílaba tônica é a antepenúltima (**SÍN**), e, por isso, as palavras levam acento (proparoxítonas). ◆ *A associação da silicose com a artrite reumatoide é descrita com o nome de SÍNDROME de Caplan.* (CLI) ◆ *Ao exame verifica-se que de maneira brusca ou insensível, com ou sem período de latência, estabelece-se uma verdadeira SÍNDROMA hemorrágica.* (CLC)

sine data, s. d.

1. *Sine data* é expressão latina que significa, na descrição bibliográfica, indicação de ausência de data na publicação. A expressão por extenso não ocorreu.

2. A abreviatura é **s. d.** ◆ *Glauber Rocha, desenho (do Acervo Tempo Glauber), S. D.* (FSP)

sine die

É expressão adverbial latina que significa "por tempo indeterminado". ◆ *O noivado fica adiado "SINE DIE".* (SM)

sine qua non

É expressão latina que significa "sem a qual não". Usa-se para indicar condição sem a qual não se faz determinada coisa ("indispensável"). ◆ *O fornecimento de algumas armas foi exigência SINE QUA NON deles para respeitar a vida dos reféns.* (FSP)

A expressão latina no plural é *sine quibus non*, mas ela não ocorreu.

sinestesia

É processo de composição pelo qual, numa mesma expressão, se mesclam sensações percebidas por diferentes órgãos dos sentidos. ◆ *Primeiro ficam fascinadas pelo cheiro doce e pela quantidade de chocolate depositada.* (VEJ)

singeleza

Com **Z**, como todo substantivo abstrato em **-eza** derivado de adjetivo. ◆ *O primeiro templo, dedicado à Senhora de Fátima, eleva-se na sua SINGELEZA.* (JK-O)

singular

O superlativo absoluto sintético é **singularíssimo**. ◆ *Só uma parceria produtiva, mas respeitosa, poderá modificar esta SINGULARÍSSIMA relação entre os que têm recursos que não podem explorar e os que têm capital e precisam investir.* (POL-O)

singularia tantum ⇨ Ver pluralia tantum.

É expressão latina que significa "os singulares apenas". Usa-se em referência a substantivos

sino-

que só se usam na forma singular: **fé, preguiça, sensatez, arroz, ouro, oxigênio** etc. ◆ *O real não se inclui entre os substantivos que só se empregam no singular, apelidados por alguns gramáticos de SINGULARIA TANTUM (os que só se usam no plural são chamados de pluralia tantum em bom latim).* (FSP)

sino-

Sino- é elemento de composição correspondente a **chinês**.

◇ Liga-se por hífen ao elemento seguinte quando entra na constituição de adjetivo pátrio. Não varia (o feminino e o plural se marcam apenas no segundo elemento). ◆ *O presidente da associação de amizade SINO-japonesa é neto do almirante Tosaburo Sano.* (VEJ) ◆ *Visam eles promover a criação de joint ventures SINO-brasileiras.* (FSP)

◇ Não há hífen na composição quando não se trata de adjetivo pátrio. ◆ *A colônia nepalesa do Thibet é representada em Lhasa por um cônsul-geral, Basudev Sharma, um SINÓLOGO.* (CB)

sínodo

A sílaba tônica é a antepenúltima (**SÍ**), e, por isso, a palavra leva acento (proparoxítona). É coletivo para párocos e outros padres convocados pelo bispo, ou para bispos reunidos sob a chefia do papa. ◆ *O SÍNODO adiou todas as outras discussões para defender o celibato sacerdotal.* (FA)

sinótico, sinóptico

São formas variantes, ambas oficialmente registradas. O significado é "em forma de sinopse". ◆ *De fato, mais alto nos elevamos e mais nossas palavras tornam-se concisas, pois os inteligíveis apresentam-se de forma mais e mais SINÓTICA.* (FSP) ◆ *Este mesmo informativo (...) também trazia um quadro SINÓPTICO dos principais avanços ocorridos nas negociações.* (RBS)

sintaxe

O adjetivo correspondente é **sintático**. ◆ *Embora se trate de esquema SINTÁTICO usual,* *tem passado despercebido aos nossos filólogos.* (PH)

síntese

Como segundo elemento de um substantivo composto, liga-se ao primeiro elemento por hífen. ◆ *Tarefa árdua indicar o ano mais feliz na vida de Einstein, a **personalidade-SÍNTESE** deste século.* (FSP)

sintonizar

Com **Z**, como todo verbo formado com o sufixo **-izar**. ◆ *Para meu tio, viver é SINTONIZAR faixas de rádio, percorrer a diversidade de línguas, países, vozes, timbres, não importa a estação ou a língua.* (AVI)

Sintra ⇨ Ver **Cintra**.

Sintra (com **S**) é o nome de uma serra e de uma sede de concelho de Portugal. ◆ *Escolhi SINTRA porque aqui encontrei tranquilidade e paz de espírito.* (VEJ)

Cintra (com **C**) é sobrenome.

sinuca ⇨ Ver *snooker*.

É a forma portuguesa correspondente ao inglês *snooker*, variedade de bilhar. ◆ *Jair sai bêbado do boteco, Pacuri, com o taco de SINUCA às mãos.* (VL)

A palavra **sinuca** é muito mais usual que a palavra inglesa (98%), mesmo porque, em linguagem coloquial, ela também designa situação de difícil solução. ◆ *O economista ouvido diz que o Banco Central está numa SINUCA, sem saída no curto prazo.* (FSP) ◆ *Que SINUCA! A Ludovina não pode mais camuflar a barriga.* (NOD)

Nesse sentido, usa-se, ainda, **sinuca de bico**, nome de uma posição no jogo de sinuca. ◆ *Alguns dos ex-franqueados da Eureka encontraram uma forma de sair da SINUCA de bico na qual foram colocados pela decretação da falência de sua franqueadora.* (FSP)

sinusite

Com **S** inicial e com **U** na segunda sílaba. ◆ *Quando você está gripado, ou resfriado, ou sofrendo de SINUSITE, ou de coriza alérgica* *é que você sente a falta de um nariz com boa saúde.* (REA)

sir

É forma de tratamento dada a cavaleiros ingleses. Usa-se sempre seguida do nome próprio da pessoa. A pronúncia aproximada é **sâr**. ◆ *O ideal seria que SIR Galahad tivesse sido eleito e promovido as reformas.* (FSP) ◆ *Fomos sentar na mesa de SIR Henry e me servi de deliciosos biscoitos.* (GI)

Siracusa [Sicília, Itália]

O adjetivo pátrio é **siracusano**. ◆ *Arquimedes, SIRACUSANO, foi morto quando criava engenhos de guerra contra nós.* (SE)

sirena, sirene

As duas formas são oficialmente registradas em português, em correspondência com a palavra francesa *sirene*. **Sirena** é forma adaptada ao português e **sirene** é forma fiel à original francesa. Esta é muito mais frequente (73%). ◆ *A ambulância parte, o silvo da SIRENA rasgando a quietude das ruas.* (CH) ◆ *O clarinetista ergueu o instrumento para o teto e tirou dele uma nota prolongada e aguda, que lembrava o gemido duma SIRENE.* (N)

sírio ⇨ Ver círio.

Sírio é adjetivo relativo à **Síria**. ◆ *Israel é um território SÍRIO.* (IS)

Círio é a designação de uma vela grande de cera.

Sísifo

A sílaba tônica é a antepenúltima (**SÍ**), e, por isso, a palavra leva acento (proparoxítona). É o nome de personagem da mitologia grega condenado por Zeus a eternamente rolar uma pedra até o alto de uma montanha, de onde ela tornava imediatamente a cair. ◆ *Isso resulta num círculo vicioso, deixando-nos tão perplexos quanto SÍSIFO ao assistir à sua rocha rolar montanha abaixo, em seu castigo eterno por ter traído Zeus e enganado Tanatos, o deus da morte.* (VEJ)

Daí a expressão **trabalho de Sísifo**. ◆ *Porém, se não houver obrigação de as curvas obedecerem a um projeto planialtimétrico, feito por engenheiro competente, esse será um "trabalho de SÍSIFO".* (FSP)

sism(o)-

É elemento (grego) que se liga a um elemento seguinte. Significa "sismo", "terremoto". ◆ *A explosão foi registrada pelos SISMÓGRAFOS no mundo inteiro e ouvida a centenas de quilômetros de distância.* (VEJ) ◆ *Varrida por ondas SÍSMICAS e vulcões, a face do planeta se enrugará como uma bola de sorvete comprimida.* (VEJ)

sistema digestório

É a denominação oficial atual para o tradicionalmente denominado **aparelho digestivo**. ◆ *SISTEMA DIGESTÓRIO substituirá o chamado aparelho digestivo; digestório porque é o lugar onde se faz a digestão; sistema é um conjunto de órgãos, enquanto que aparelho designa dois ou mais sistemas.* (FSP)

site

É palavra inglesa que designa lugar, na Internet, que é identificado por um nome de domínio e que é constituído por uma ou mais páginas de hipertexto. A pronúncia é, aproximadamente, **saite**. ◆ *O SITE oficial do artista (www.davidbowie.com) já inclui, antes de o disco chegar às lojas, resenha do novo disco.* (FSP)

sito, situado ⇨ Ver residente ⇨ Ver na rua, avenida, praça; no largo etc.

1. **Sito** significa "situado". A palavra se usa na indicação de endereços, seguida de expressão indicativa do lugar. Segundo as lições tradicionais, essa expressão deve iniciar-se pela preposição **em** (que é a preposição indicativa de lugar "onde"). ◆ *O maciço Central, espécie de imenso tabuleiro SITO nos Estados de Goiás e Mato Grosso (...).* (GHB)

Essa é a construção sempre usada quando se trata de indicação de lugar de gênero masculino, mas, quando se trata de gênero feminino,

skate, esqueite, esqueitista

frequentemente se usa a preposição **a** (que, craseando-se com o artigo **a**, resulta na forma **à**). É uma construção que, de fato, não encontra explicação, o que se evidencia no fato de que a construção masculina que seria a correspondente (com **ao**) não ocorre.

Assim, ocorre uma construção tradicionalmente não recomendada como:

♦ *(...) estabelecimento SITO à Rua Verbo Divino nº 1661.* (ESP)

mas não ocorre uma construção como *estabelecimento SITO ao Largo Verbo Divino nº 1661.*

2. Valem as mesmas indicações para **situado**. ♦ *O prédio ficava SITUADO na rua da Imperatriz Teresa Cristina.* (OE) ♦ *Todas as refeições são fornecidas pelo restaurante Sabor Cristal, SITUADO no bairro da Lapa.* (FSP) ♦ *O contrato de locação do imóvel, SITUADO à rua Dr. Lund, expirou em dezembro.* (FSP)

skate, esqueite, esqueitista

Skate é termo inglês que designa espécie de prancha usada em esporte. ♦ *Igor é o mais esportivo de todos, andando de SKATE e surfando.* (ATA)

A forma **esqueite**, oficialmente registrada, não ocorreu. Ocorreu, outrossim, a forma derivada **esqueitista**. ♦ *Seja você um futebolista, surfista (...), ESQUEITISTA, ou amante de qualquer outra modalidade de esporte profissional (...), atente para os seus períodos críticos.* (BIO)

sketch ⇨ Ver esquete.

Sketch é palavra inglesa que designa pequena cena de revista teatral, ou de programa de rádio ou de televisão, quase sempre de caráter cômico. ♦ *O programa ficaria mais dinâmico se, aliado às entrevistas ao vivo, fosse ilustrado com um pequeno SKETCH sobre o tema do dia.* (FSP)

A forma aportuguesada **esquete**, entretanto, é mais usual (77%).

ski ⇨ Ver esqui, esquiar, esquiador.

Ski é palavra norueguesa (e também inglesa), aportuguesada como **esqui**, mas ainda usual

(29%). ♦ *Os brasileiros adeptos do SKI viraram alvo de cobiça internacional.* (FSP)

skinhead

É palavra inglesa que significa "que / quem tem os cabelos aparadíssimos". Refere-se, especificamente, a integrante de bando juvenil de cabelos raspados que tem atitudes xenófobas e racistas. A pronúncia aproximada é **squinhéd** (com aspiração no **H**). ♦ *Nada mais certeiro para a definição de um dublê de SKINHEAD.* (VEJ) ♦ *O Tribunal de Dusseldorf condenou ontem quatro SKINHEADS alemães pelo incêndio que matou duas mulheres e três crianças turcas na Alemanha, em 1993.* (FSP)

slide ⇨ Ver eslaide.

Slide é palavra inglesa que designa cromo de 35 mm emoldurado para projeção como diapositivo. ♦ *Vídeo e SLIDE estão entre os recursos utilizados nas aulas.* (FSP)

Eslaide é a forma aportuguesada do inglês *slide*. Essa forma está oficialmente registrada, mas é muito raramente usada (1%). ♦ *É como se vários ESLAIDES fossem projetados rapidamente, um depois do outro.* (FSP)

slip

É palavra inglesa que significa "sunga". ♦ *Há modelos SLIP, samba-canção, minhocão e macaquinho nas cores branco, laranja, marinho, verde, cru e preto.* (FSP)

slogan

É palavra inglesa que designa palavra ou frase propositadamente usada com frequência, em geral associada a propaganda comercial ou política. ♦ *Nas ruas, o SLOGAN peronista era "Cámpora para presidente, Perón al poder".* (NBN)

smoking

É palavra inglesa que designa peça de vestuário de gala (abreviatura de *smoking jacket*). ♦ *O Odilon estava de SMOKING de veludo verde e dourado.* (UQ)

SNI

É a sigla de **Serviço Nacional de Informação**. ◆ *Figueiredo, que passara para o SNI, sequer pensou em mudar-se.* (AG)

snob ⇨ Ver esnobe.

Snob é palavra inglesa que designa pessoa que dá importância exagerada à posição social. ◆ *Não estou sendo SNOB, reclamando contra o desaparecimento – nessas reuniões – da casaca ou do "smoking".* (CPO)

Esnobe é a forma aportuguesada do inglês **snob**. É a forma preferentemente usada (85%).

snooker ⇨ Ver sinuca.

É forma inglesa que corresponde, em português, a **sinuca**, variedade de bilhar. ◆ *Colocou também atrativa mesa de SNOOKER e a rapaziada encontrou entretenimento e distração.* (PCO)

A palavra *snooker* é muito menos usual (2%) que a palavra portuguesa, mesmo porque, em linguagem coloquial, **sinuca** também designa situação de difícil solução.

só

1. Como adjetivo ("sozinho"), tem plural. ◆ *SÓS, mãe e filho pensaram naquilo que só os dois poderiam confessar.* (AM)

É esse o caso da expressão **por si só**, com plural **por si sós**. ◆ *O dossel era, POR SI SÓ, um tesouro.* (ACM) ◆ *Ficam-lhe muitas garças pulando, diante dos olhos, que doem e choram, POR SI SÓS, longo tempo.* (SA)

2. Como advérbio ("somente"), é invariável. ◆ *Ou, pelo menos, não é SÓ por isso.* (A) ◆ *SÓ havia agora uma solução.* (TS)

soalho, soalhar ⇨ Ver assoalho, assoalhar.

1. **Soalho** é o mesmo que **assoalho**, a que deu origem por prótese do A. É a forma menos usual (35%). ◆ *A nudez de SOALHOS e paredes parecia aumentar a sensação de frio que davam em geral as casas da Província.* (TV)

2. **Soalhar** e **assoalhar** também são formas variantes, mas o verbo **soalhar** apenas ocorreu em seu particípio adjetivado (e substantivações). ◆ *Em três semanas, tudo SOALHADO, envidraçado, caiado, encadeirado!* (DEL) ◆ *O ponto mais marcante das 25 fazendas apresentadas é a madeira: grossas colunas maciças, sólidas escadas e antigos SOALHADOS.* (FSP)

soar ⇨ Ver suar.

Soar significa "produzir som". ◆ *Uma voz pausada SOOU na praça.* (DE) ◆ *Que é que eu posso te dizer, que não SOE como uma pretensão?* (E)

Suar significa "transpirar".

soar [horas] ⇨ Ver horas.

O verbo **soar** concorda com o número de horas. ◆ *E quando SOAR meio dia, o mundo inteiro invejará os meninos que lutam contra a opressão.* (SPI) ◆ *SOARAM 9 horas.* (ANA)

sob o ponto de vista

Para alguns manuais normativos a expressão recomendada é **do ponto de vista**, sendo reprovado o uso de **sob o ponto de vista**. ◆ *SOB O PONTO DE VISTA ambiental, as algas são fundamentais para o equilíbrio da biosfera, pois realizam aproximadamente setenta por cento da fotossíntese do planeta.* (GV)

Do ponto de vista é, também, a construção mais usual (90%).

sobrancelha ⇨ Ver sobrolhos.

1. A forma é essa, sem M depois do O (o O não é nasal); o substantivo não se relaciona a **sombra**. ◆ *A testa içou a SOBRANCELHA até a altura máxima permitida pelos músculos.* (AVI)

2. O adjetivo correspondente é **superciliar**. ◆ *A fixidez das pupilas, que rutilavam na sombra das arcadas SUPERCILIARES, tornou-se enervante, intolerável mesmo para mim que não estava no raio de sua luz mortal.* (ROM)

sobrar

É muito comum o sujeito vir posposto ao verbo, e obviamente este concorda com seu su-

sobre-

jeito. ◆ *Depois de consultar um guia turístico na portaria, SOBRARAM duas opções.* (CH)

Pode ocorrer complemento iniciado pela preposição **a**. ◆ *SOBRARAM-lhe motivos para ser cauteloso em suas transações com os madeireiros.* (ALE)

sobre-

É prefixo de forma portuguesa e origem latina. Indica posição acima, excesso. Liga-se ao elemento seguinte:

◇ com hífen, se o elemento começar por **H** ou **E**. ◆ *Com um esforço SOBRE-humano consegui dobrar Budião.* (CR) ◆ *Há quem tema pela "sustentabilidade" do consumismo ou do "SOBRE-endividamento".* (FSP)

◇ sem hífen, antes das outras consoantes ou vogais. ◆ *A coxa é o que os criadores costumam chamar de SOBRECOXA.* (CGA) ◆ *Eu também a observava, inquieto e já de SOBREAVISO.* (AFA)

Se o elemento seguinte começar por **R** ou **S**, é necessário duplicar essa letra (que ficará entre duas vogais, na escrita). ◆ *Os tipos superiores, nos dois casos, são caracterizados pela forte SOBRERREPRESENTAÇÃO das categorias superiores.* (RBS) ◆ *Agora, SOBRESSENTIA aquelas angústias de ar, a sopitação, até uma dor de cabeça.* (COB)

sobrecomum

Diz-se de substantivo que apresenta um só gênero (ou é masculino ou é feminino), e com esse gênero designa pessoa de um ou de outro sexo. ◆ *Todos sentimos que urge fazer alguma coisa em defesa da segurança do INDIVÍDUO, da família, da sociedade.* (JC) ◆ *As fotos em que ele aparece ao lado da VÍTIMA são de há muito tempo.* (FA)

sobrepor(-se)

1. Conjuga-se como **pôr**. ◆ *Não quer que a imagem de empresário SE SOBREPONHA à de artista.* (VEJ) ◆ *No projeto gráfico, a diferença SE SOBREPÕE à semelhança e a novidade se integra na identidade.* (LIJ) ◆ *A sua modéstia, nos seus escrúpulos temperamentais, SE*

SOBREPUSERAM os sentimentos de civismo. (ESP)

2. Modo de construção:

◇ **Sobrepor** usa-se com um complemento sem preposição (objeto direto) e outro complemento iniciado pela preposição **a**. ◆ *Ele acha graça nos sermões dos padres que sempre SOBREPÕEM o Bem ao Mal, como se ambos não fossem as duas faces da mesma pataca.* (XA)

◇ **Sobrepor-se** usa-se com complemento iniciado pela preposição **a**. ◆ *O problema ético, pois, SE SOBREPÕE aos demais.* (HF)

sobrescrito, sobrescritar
⇨ Ver **subscrito**.

1. **Sobrescrito** é substantivo que designa nome e endereço de destinatário que se escrevem em invólucro de correspondência. A partir daí, designa o próprio invólucro, envelope, ou capa da correspondência. ◆ *(...) o artigo 7º determinava que fossem fixados nos SOBRESCRITOS tantos selos quantos perfizessem a importância de carta ou papel remetido (...).* (FIL)

2. **Sobrescritar** significa "pôr sobrescrito em", "escrever o nome e o endereço do destinatário em". ◆ *Depois meteu a carta num envelope timbrado da Intendência, e SOBRESCRITOU-a.* (CAS)

O particípio do verbo é **sobrescrito** ("escrito acima", "endereçado"). ◆ *Enfiado na dobra do embrulho, havia um envelope SOBRESCRITO.* (AF)

Subscrito significa "escrito abaixo", "assinado". Como substantivo, designa aquilo que está escrito ao pé, a assinatura, o fecho.

sobressair

O registro tradicional é de verbo não pronominal. ◆ *No ataque, Canhoteiro foi o que mais SOBRESSAIU.* (ESP)

Entretanto, embora raramente, encontra-se a forma **sobressair-se**. ◆ *Na Câmara alta de nossa primeira República, SOBRESSAIU-SE como um de seus mais prestigiosos financistas.* (TA-O)

social-democracia, socialdemocracia...

sobressalente, sobresselente

São formas variantes, mas a segunda não é usual, atualmente. Significam "que sobressai", "que sobeja", "que constitui reserva". ◆ *A vertigem ocupa um lugar SOBRESSALENTE no grupo dos sintomas desta neurose.* (NE) ◆ *A agremiação que der mando de jogo é a responsável pelas bolas devidamente aferidas e pelas SOBRESSALENTES para que a partida não sofra paralisações continuadas.* (FUT) ◆ *Raro será o (homem) que não tenha de SOBRESSELENTE, para o momento da aplicação, suas reservas mentais.* (REP)

sobrestar, sobestar

Conjugam-se como o verbo **estar**, de que se formam.

1. **Sobrestar** significa:

◇ sem complemento, "não prosseguir". ◆ *Considerei absurdo jogar semelhante frase numa cidade populosa e SOBRESTIVE; passados minutos, inquiri novamente.* (MEC)

◇ com complemento, "sustar". ◆ *A partir de amanhã, este veto passa a SOBRESTAR os outros projetos. Ou seja: nenhum outro documento pode ser votado antes dele.* (EM)

2. **Sobestar** (que não ocorreu) significa "estar abaixo".

sobretudo

Escreve-se numa só palavra. ◆ *O Chefe de Gabinete estranhou SOBRETUDO as palavras finais de Pantaleão, decerto ininteligíveis.* (AM)

sobrevir

Conjuga-se como **vir**. ◆ *Prata começou a suar frio, seu coração disparou e SOBREVEIO uma sensação de desmaio.* (VEJ) ◆ *Não era vil, ao menos não se desprendia como um impulso incontrolável, não SOBREVINHA sequer como gerado por um pesadelo.* (ML) ◆ *Assim, quando SOBREVIER o desastre, será por culpa da fatalidade, como costumava alegar a complacente Helena de Offenbach.* (FSP)

sobrolhos ⇨ Ver **sobrancelha.**

Nesse plural, assim como no das outras palavras compostas cujo último elemento é olhos (**abrolhos, antolhos**), o O é aberto. É o mesmo que **sobrancelhas**. É pouco usual (5%). ◆ *Olhos agudos de falcão, SOBROLHOS mefistofélicos.* (GAT)

social-democracia, socialdemocracia; social-democrata, socialdemocrata; social-liberal ⇨ Ver **democrata-cristão.**

1. Com legítima adaptação à formação vernácula, a grafia (oficialmente registrada) com hífen. É o que ocorre em 99% dos casos. ◆ *A SOCIAL-DEMOCRACIA tem nele um defensor ferrenho.* (CAA) ◆ *A oposição SOCIAL-DEMOCRATA acusou o governo de mentir sobre o emprego e propôs um pacto pelo desenvolvimento tecnológico.* (FSP)

Entretanto, com obediência à etimologia (alemão *Sozialdemokratie* e *Sozialdemokrate*), ocorrem as formas **socialdemocrata** e **socialdemocracia**, em uma só palavra. ◆ *Chegava-se mesmo a acreditar numa solução otimista, em que o nazismo acabaria por liberar os trabalhadores da influência da SOCIALDEMOCRACIA.* (NAZ) ◆ *Na Saxônia, apesar do desarmamento anterior dos sindicatos, a efervescência foi retomada com a eleição de um governo SOCIALDEMOCRATA, da ala esquerdista.* (NAZ)

2. A partir da etimologia, há a tendência para que só o segundo elemento desses substantivos compostos receba a marca de plural, mas a forma oficialmente registrada para o plural de **social-democracia** é apenas **sociais-democracias**. ◆ *O exemplo das SOCIAIS-DEMOCRACIAS europeias e a revisão de conceitos tributários por que passam no momento atestam estas conclusões.* (FSP)

Entretanto, a pluralização apenas no primeiro elemento é igualmente corrente. ◆ *O roteiro liberal e privatista de Cardoso (...) resulta aos olhos das SOCIAL-DEMOCRACIAS europeias muito mais atraente que o programa nacionalista, estatocrático e distributivo de Lula.* (FSP)

Para as formas de adjetivos (com substantivizações) desse tipo (**social-democrático, social-democrata**), os dois tipos de plural são oficialmente registrados, mas é prevalente a pluralização apenas do segundo elemento (mais de 70%). ◆ *Em Mainz e Bonn, conversou com líderes SOCIAL-DEMOCRATAS alemães que já há quase quarenta anos abandonaram a crítica ao capitalismo.* (VEJ) ◆ *Existem OS SOCIAL-DEMOCRATAS, os SOCIAL-LIBERAIS; agora temos também a nova espécie dos social-corruptos.* (FSP) ◆ *A vitória eleitoral de Hitler em 1933 comprovaria que, na verdade, a razão estava com Ewert e que a divisão entre os comunistas e os SOCIAIS-DEMOCRATAS facilitava o caminho dos nazistas.* (OLG) ◆ *Preceitos que, sem contestação, defendem os SOCIAIS-LIBERAIS e os SOCIAIS-DEMOCRATAS.* (FSP)

socio-, sócio

1. **Socio-** é elemento de composição que se liga a um elemento seguinte. Não leva acento. ◆ *A relação entre os povos indígenas e a floresta é mediada decisivamente por suas formas de organização SOCIOPOLÍTICA.* (ATN) ◆ *Segundo Edmar Eduardo Bassan Mendes, 35, assistente de SOCIOECONOMIA da Dira, a queda reflete a crise na agricultura e o endividamento dos produtores.* (FSP)

2. O substantivo **sócio** pode entrar na formação de substantivos compostos (com hífen). ◆ *Mário Covas estudava a possibilidade de incorporar o cacife de Piva, SÓCIO-gerente do grupo Klabin e homem de trânsito no meio empresarial, à sua equipe.* (VEJ)

Nesse caso, ambos os elementos vão para o plural. ◆ *Ele vai se declarar culpado de superfaturar as contas de duas agências do governo federal quando era um dos SÓCIOS-GERENTES da Rose Law Firm, em Arkansas.* (FSP)

soco

O plural é **socos**, com **O** fechado. ◆ *Os SOCOS continuavam no quintal e eram mais nítidos quando pegavam na cara de papai.* (CNT)

socó

É palavra masculina, designando o macho ou a fêmea do animal (substantivo epiceno). ◆ *O SOCÓ voa feito uma gaivota, a garça que nem cegonha de frente retraída.* (AVE)

soçobrar

Com **Ç**. O verbo significa "naufragar", "afundar". ◆ *O Túpac Amaru ameaça agora SOÇOBRAR em rachas e deserções.* (VEJ)

socorrer(-se)

1. **Socorrer** usa-se com complemento sem preposição (objeto direto). ◆ *Quem o SOCORREU?* (PCO)

A construção com complemento iniciado pela preposição **a**, frequente em épocas mais antigas, hoje não é usual.

2. **Socorrer-se** usa-se com complemento iniciado pela preposição **de**. ◆ *Para noticiar uma recente e importante operação do mercado financeiro português, uma congênere brasileira SOCORREU-SE do ancestral bordão da xenofobia tupiniquim.* (RI)

socorro

O plural é **socorros**, com **O** aberto. ◆ *Se a gravidade do acidente exigir proteção e SOCORROS imediatos para o atleta, o árbitro apitará, simultaneamente, paralisando o jogo.* (FUT)

soer

Verbo defectivo, significa "costumar" e só se conjuga nas seguintes formas: **sói**, **soem** (pres. do ind.); **soía**, **soías**, **soía**, **soíamos**, **soíeis**, **soíam** (pret. imperf.), **soído**. Só ocorreram formas de terceira pessoa. ◆ *Deitou-se no sofá da sala e dormiu logo, como SÓI acontecer com os inocentes.* (RO) ◆ *Pensava, adornando-a, com formá-la numa falsa sereia, uma amante, um pouco passiva, como SOEM ser os mamíferos aquáticos.* (CEN)

soez

Com **Z**. Significa "vil", "torpe", "reles". ◆ *O súbito ataque SOEZ de um Bruno Tolentino que se declara conhecedor do javanês (versificação inglesa) faz a figura de um espantalho de cavaleiro andante sobre a múmia de alimária.* (FSP)

-sof(o)

É elemento (grego) que se liga a um elemento anterior. O significado liga-se a "sabedoria".

solicitar

◆ *Certa vez atendeu um FILÓSOFO persa que se queixava da perda de sensação nos dedos de uma das mãos.* (APA) ◆ *Dentre os diversos sistemas de crença com que o espiritismo se relaciona – TEOSOFIA, Rosa- -Cruz, Parapsicologia etc. – destacam-se as religiões chamadas mediúnicas e, em especial, a umbanda.* (ESI)

Sófia [Bulgária]

1. Com a sílaba tônica **SÓ** (com acento), designa a capital da Bulgária. ◆ *SÓFIA é a primeira capital europeia, fora da Rússia, a se tornar comunista.* (HIR)

2. O adjetivo pátrio indicado é **sofiano**, mas a forma não ocorreu.

sofisma

É substantivo masculino. Significa "argumen- to aparentemente válido, mas, na realidade, não conclusivo e que supõe má-fé por parte de quem o apresenta". ◆ *O Sr. é vítima de um ve- lho SOFISMA, de que deve libertar-se.* (SIG)

software ⇨ Ver hardware.

É termo inglês da linguagem da informá- tica, designando programa de computador. A pronúncia aproximada é **sóftuer** (com **E** aberto). ◆ *Muitas inovações em matéria de SOFTWARE estão sendo movidas pela Internet.* (FSP)

sogro

O plural é **sogros**, com **O** fechado. ◆ *Já an- dava de aliança no dedo e viera um domingo para almoçar e conhecer os futuros SOGROS.* (MRF)

soi-disant

É expressão francesa que significa "que se au- todenomina", "que se diz", "que se faz passar por". Segue-se um adjetivo. A pronúncia é, aproximadamente, **suá-disán**. ◆ *Finalmente alguém tirou a máscara do SOI-DISANT re- ligioso, que na realidade é um quinta-coluna do comunismo e do castrismo.* (FSP)

soirée ⇨ Ver sarau.

É palavra francesa que designa festa noturna. ◆ *Próximo à nossa casa, único do bairro, o "Cinema América" oferecia todas as quintas- -feiras uma "SOIRÉE das moças", cobrando às senhoras e senhoritas apenas meia entra- da.* (ESP)

O substantivo refere-se também, embora menos frequentemente (36%), ao traje que se usa nesse tipo de recepção. ◆ *Depois de cada candidata ter sido apresentada, indivi- dualmente, em trajes de "SOIRÉE", voltam em linha, como um grupo, diante dos juízes.* (CRU)

Sarau é a forma portuguesa correspondente, muito mais frequente (88%), embora se use apenas na primeira acepção.

soldo ⇨ Ver salários, subsídios, vencimentos.

O substantivo **soldo** designa a parte fixa da remuneração dos militares. O **O** tônico é fe- chado, no singular e no plural. ◆ *Em muitos casos soldados lutavam descalços e armados de lanças de pau; eram mal-alimentados e raramente ou nunca recebiam seu SOLDO.* (TV) ◆ *A crise surgiu como fruto dos amuos dos chefes militares com os SOLDOS da cor- poração.* (VEJ)

solfeja, solfejo

O **E** é fechado (antes de **J**), trate-se de verbo ou de substantivo. ◆ *De repente o coro cessa e ela SOLFEJA mais dois ou três compassos.* (I) ◆ *Essa conversa de samba rápido e sam- ba lento pode parecer coisa de professor de SOLFEJO.* (VEJ)

solicitar

Significa "pedir com empenho". Usa-se com um complemento sem preposição (objeto di- reto, oracional ou não), podendo ocorrer outro complemento, referente a pessoa, iniciado pela preposição **a** ou (menos frequentemen- te) pela preposição **de**. ◆ *Vamos SOLICITAR que a Administração Regional jogue alguns caminhões de cascalhos pelas ruas.* (CB) ◆ *Sempre considerei que se deve SOLICITAR*

solidariedade

*aos escalões superiores **todo apoio possível** à tropa sob nosso comando (...)*. (OL) ✦ *Há nesse campo toda uma revolução a fazer, de forma que a máquina burocrática possa de fato responder ao **que** d**ela se SOLICITA**.* (ME-O)

solidariedade

Com **E** antes do sufixo **-dade**, como em todo substantivo ligado a adjetivo terminado em **-ário** e **-ório**. ✦ *Caiá também era impulsionado pela **SOLIDARIEDADE** humana, esquecendo-se de tudo para ajudar...* (ARR)

solidarizar(-se)

Com **Z**, como todo verbo formado com o sufixo **-izar**. Significa "tornar(-se) solidário". ✦ *Praguejo, em vez de **SOLIDARIZAR-ME** com o outro, de abandonar os bens terrestres, esquecer os ressentimentos, perdoar.* (CNT)

solidez

Com **Z**, como todo substantivo abstrato em **-ez** derivado de adjetivo. ✦ *Aquele carinho, aquela atenção me deram **SOLIDEZ** para o resto da vida.* (RI)

solo

1. Usa-se à direita de outro substantivo para classificá-lo ou qualificá-lo (como um adjetivo). ✦ *Mas, como era o sonho dourado de todas as crooners, Dóris queria seguir **carreira SOLO** ou desistir.* (SS)

Chega a formar-se um substantivo composto, com a ligação dos dois elementos por hífen, em geral sem registro na ortografia oficial. ✦ *Rita Marley colocou as manguinhas de fora e se lançou em **carreira-SOLO**.* (FSP)

Em ambos os casos, no plural esse segundo elemento não varia. ✦ *Os Beatles não puderam administrar **carreiras SOLO**.* (FSP) ✦ *Os motivos vão desde a diversidade dos interesses individuais, que levou à proliferação das **carreiras-SOLO** e à saída de Arnaldo Antunes, a opções musicais duvidosas.* (FSP)

2. O adjetivo correspondente a **solo** é **edáfico**. ✦ *Pelo dito acima, muitos sistemas subterrâneos são orientados pela dureza do meio **EDÁFICO**.* (TF)

soltado, solto

1. A forma de particípio **soltado** é usada com os auxiliares **ter** e **haver**. ✦ *Aparício tinha **SOLTADO** os presos da cadeia e arrasado tudo.* (CA) ✦ *Um dos grampos do envelope pardo com o timbre do hotel, que carregava, **havia** se **SOLTADO**.* (VEJ)

2. A forma **solto** (com **O** fechado) é usada com os verbos **ser** e **estar**. ✦ *Depois que o homem **foi SOLTO**, voltei a dormir, doutor.* (AGO) ✦ *Raios e trovões **estavam SOLTOS** aquela noite.* (ANA)

solução de continuidade

A expressão **solução de continuidade** significa "interrupção". Esse é um dos significados do próprio substantivo **solução**. ✦ *Os negócios do Sr. Stragos não sofrerão **SOLUÇÃO DE CONTINUIDADE**.* (SPI)

Somália [África]

O adjetivo pátrio é **somaliano** ou **somali**. Nesta última palavra, a sílaba tônica é a última (**LI**), e, por isso, não há acento (oxítona terminada em **I**). ✦ *Não é exatamente difícil arrasar um potentado **SOMALIANO**.* (VEJ) ✦ *Dacia Valent é filha de um diplomata italiano e de uma princesa **SOMALI**.* (FSP)

somatório, somatória

1. **Somatório** é palavra masculina que designa a soma de termos. ✦ *O **SOMATÓRIO** das frequências é expresso geralmente em termos de porcentagem.* (HID) ✦ *É um **SOMATÓRIO**, segundo o escritor, no crescimento e na divisão da pobreza.* (OD)

2. O uso do substantivo **somatória** (feminino), com o mesmo significado, é tradicionalmente condenado, mas essa forma, não registrada nos dicionários, é mais frequente que a masculina (63%), nos diversos registros. ✦ *É a **SOMATÓRIA** disso tudo que nos interessa.* (AQT) ✦ *Trocando em miúdos, é a **SOMATÓRIA** das consequências desse tipo de ajuste que permite uma maior arrecadação sem enfraquecer os agentes que movem a base da nossa economia: a produção e o consumo.* (ESP)

sommelier

É palavra francesa que designa pessoa especializada em bebidas alcoólicas que atua em restaurantes. A pronúncia é, aproximadamente, **someliê**. ◆ *O SOMMELIER escolhe o vinho mais apropriado para escoltar determinada comida.* (FSP)

sommier, somiê

1. *Sommier* é palavra francesa que designa uma espécie de divã. ◆ *Mas não havia sangue, só ossos, não havia carne, só ossos, um maço de ossos por cima do SOMMIER azul--celeste.* (COT)

2. Está oficialmente registrada a forma aportuguesada **somiê**, que, entretanto, não ocorreu.

songbook

É palavra inglesa que designa coletânea de canções, geralmente de um mesmo compositor, ou seja, o mesmo que **cancioneiro**. ◆ *SONGBOOK é a palavra inglesa para um livro de partituras com as canções de um certo compositor.* (VEJ)

sonho

O adjetivo correspondente é **onírico**. ◆ *O elemento ONÍRICO é uma presença forte na cabeça do povo, completa.* (CB)

soprano

1. É palavra italiana incorporada ao português. Designa a voz mais aguda de mulher ou de menino.

2. O substantivo **soprano** é tradicionalmente indicado como masculino, referindo-se indiferentemente a elemento do sexo masculino ou do sexo feminino (substantivo sobrecomum). ◆ *Parece que o Nouvelle Cuisine trocou Carlos Fernando por SOPRANO ligeiro.* (ESP) ◆ *Dizem que herdei a voz da minha mãe – fora SOPRANO no coro da Ópera de Estocolmo.* (BB)

Entretanto, quando a referência é a pessoa do sexo feminino – o que ocorre na quase totalidade dos casos –, indica-se o feminino por meio do adjunto que acompanha o subs-

tantivo, e, portanto, **soprano** funciona como substantivo comum de dois. ◆ *A SOPRANO Kathleen Battle frequenta os melhores palcos líricos do mundo.* (VEJ)

soro

O plural é **soros**, com **O** fechado. ◆ *As vacinas (e também os SOROS) constituem aplicações parecidas do princípio da semelhança (...).* (HOM)

soroban

É a transliteração de designação japonesa. O substantivo designa ábaco chinês modificado e usado pelos japoneses. ◆ *Em novembro de 1945, houve no Japão uma partida entre o japonês Kiyoshi Matsuzaki, campeão de SOROBAN (ábaco japonês), e o soldado americano Thomas Nathan Woods, o maior especialista em calculadoras elétricas do Exército americano no Japão.* (FSP)

sóror, soror ⇨ Ver **frade** ⇨ Ver **frei**.

São formas variantes, ambas em uso mas com baixa frequência. É palavra que precede o nome próprio e não vem precedida de artigo.

1. Em **sóror**, a sílaba tônica é a penúltima (**SÓ**), e, por isso, a palavra leva acento (paroxítona terminada em **R**). ◆ *Puccini julga prejudicial à arte de SÓROR Juana a própria base conceptual que a produz.* (FSP)

2. Em **soror**, a sílaba tônica é a última (**ROR**), e, por isso, a palavra não leva acento (oxítona terminada em **R**). É a forma mais frequente (70%). ◆ *Fora recomendada por SOROR Amanda.* (JM)

sorte ⇨ Ver **de sorte que**.

O substantivo **sorte** significa, em princípio, "fado". ◆ *Apesar dos seus sofrimentos, preocupava-se com a SORTE dos seus familiares que não conseguia encontrar por mais que tentasse.* (PCO) ◆ *Ciganas lerão a SORTE em tendas espalhadas pela boate, que estará toda forrada com panos dourados.* (FSP)

Mais comumente emprega-se, porém, para designar o bom fado, ou seja, o êxito. ◆ *Joaquim Manoel Pereira dos Sonhos sempre se*

sortir

*julgou abandonado pela **SORTE**. (ACT)* ◆ *Ou eles têm a **SORTE** de ter dinheiro suficiente para bancar o tratamento ou morrem.* (VEJ)

sortir ⇨ Ver **surtir**.

1. **Sortir** significa "abastecer", "prover". ◆ *O Juiz continuava a **SORTIR** as palavras, a ajustá-las às ideias.* (TV)

2. O verbo **sortir** tem **U** na primeira sílaba quando ela é a tônica (nas formas rizotônicas), isto é, em algumas pessoas do presente do indicativo e em todo o presente do subjuntivo: **surto, surtes, surte, surtem; surta, surtas, surta, surtamos, surtais, surtam**. Nenhuma dessas formas do verbo **sortir** ocorreu.

São formas coincidentes com formas do verbo **surtir**, que significa "produzir (efeito)".

SOS

É a sigla de *Save Our Soul* (**Salve Nossa Alma**), usada em pedido de socorro. ◆ *SOS Brasília!* (FSP) ◆ *SOS. Se você perdeu a etiqueta com o número de inscrição, ligue para a Fuvest.* (FSP)

Usa-se comumente como substantivo, significando "socorro". ◆ *É o SOS que o nosso barco lhe lança, senhor governador.* (PRE)

sósia

Com **S**. Designa indivíduo muito parecido com outro, a ponto de poder ser confundido com ele. Forma-se a partir do nome próprio latino *Sosia*, personagem da comédia *Anfitrião*, de Plauto. ◆ *Alcmena : Eu amo Anfitrião como tu amas SÓSIA.* (TEG)

Tem a mesma forma para masculino e feminino (substantivo comum de dois). ◆ *Não aceita ainda a ideia de Cristo ter sido crucificado, porque na hora exata Deus fê-lo chegar para si, tendo morrido em seu lugar um SÓSIA.* (ISL) ◆ *Lá, conhece Vivi (também interpretada por Christiane), sua SÓSIA, condenada por um assalto que não cometeu.* (FSP)

sostenuto

É palavra italiana (particípio passado que significa "sustentado"). Usa-se na linguagem musical para significar "executado lentamente". ◆ *O "Andante SOSTENUTO" recebe tratamento semelhante.* (FSP)

sot(o/a)-

É prefixo de origem latina que indica posição inferior. Segundo a indicação da ortografia oficial, liga-se por hífen ao elemento seguinte, formando palavras como *SOTO*-**mestre** e *SOTA*-**capitão**, que não ocorrem em textos contemporâneos. ◆ *O que até agora está dito, pertence em grande parte ao banqueiro também, que é o SOTO-mestre e ao banqueiro, seu ajudante.* (CB) ◆ *Registo do Alvará por que foi provido no Ofício de SOTA-piloto da Nau Bom Jesus de São Domingos.* (DH)

Também está oficialmente registrada com hífen a forma **sota-vento** (e derivados). A palavra significa "lado contrário àquele de onde sopra o vento", e que se opõe a **barlavento** (sem hífen). ◆ *Nestes brejos, que chamamos de altitude e exposição, na vertente a barlavento a área úmida desce a encosta até altitudes bem inferiores, o que não ocorre a SOTAVENTO.* (NO)

Também está oficialmente registrada com hífen a forma **soto-pôr**, o único composto de pôr que se grafa com hífen (cf. **repor**, **supor**, **sobrepor** etc.). Também com hífen se grafa **soto-posto**. ◆ *Deduz-se isto (...) da presença, em todos os flancos da bacia do Paraná dos arenitos devaneados inferiores que na Bolívia se SOTO-PÕEM ao folhelho oleogênico.* (EPT) ◆ *(Isso) seria SOTO-PÔR o dever patriótico a preferências pessoais, embora caras e respeitáveis.* (DPA)

Entretanto, a ortografia oficialmente registrada é, estranhamente, **soto-pôr** (com hífen), ao lado de **sotoposto**, e **sota-vento** (com hífen), ao lado de **sotaventar**.

sótão

O plural é **sótãos**. O substantivo designa pavimento situado imediatamente abaixo da cobertura de uma casa. ◆ *As grandes invenções do móvel brasileiro acabam roídas pelos cupins ou se perdem na poeira dos SÓTÃOS das velhas casas.* (VEJ)

spray

soul ⇨ Ver **blues** ⇨ Ver **gospel.**

É palavra inglesa que designa gênero de música popular, de origem norte-americana, datada em meados do século XX, ligada ao **blues** e ao **gospel**, e caracterizada especialmente pela improvisação e pelo forte papel do coro. ◆ _Uma noite toda dedicada à música_ **SOUL** _acontecerá no Summer Stage, dentro do Central Park, onde ninguém paga nada para se divertir._ (VEJ)

souvenir, suvenir

Souvenir é palavra francesa que designa objeto característico de um determinado lugar, que se adquire, geralmente em viagem, como lembrança daquele lugar. **Suvenir**, forma aportuguesada, ocorreu na mesma proporção. ◆ _O importante é a fotografia, é o testemunho alheio, é o_ **SOUVENIR**. (CV) ◆ _Um novo_ **SUVENIR** _da Copa do Mundo está à venda a partir de hoje._ (FSP)

spa

É substantivo que tem origem no nome de estância hidromineral belga. Designa estabelecimento que reúne serviços de hotelaria e outros, terapêuticos ou de cuidados corporais, e especialmente dietas. ◆ _Essa massagem, de origem alemã, é feita com exclusividade pelo_ **SPA** _Beauty Farm, de Itapecerica da Serra, São Paulo._ (ELL)

SPC

É a sigla de **Serviço de Proteção ao Crédito**. ◆ _No Recife, o_ **SPC** _estima que o número de inadimplentes com o comércio saltou de 37.000 em maio para mais de 42.000 em junho._ (VEJ)

spleen ⇨ Ver **esplim.**

É palavra inglesa (formada do grego _splén_, "baço"), que significa "tédio", "melancolia". ◆ _De outra parte, no hipocôndrio esquerdo fica o baço, também ligado à depressão, como evidenciado pela palavra inglesa_ **SPLEEN**. (APA) ◆ _Eu me refiro àquilo que os franceses chamavam "ennui", os ingleses "_**SPLEEN**_", e que para nós era simplesmente o tédio._ (FSP)

A forma aportuguesada, **esplim**, oficialmente registrada, é de uso muito menos frequente (9%).

sponte sua

É expressão latina que significa "de vontade própria", "de própria iniciativa". ◆ _E o tal prezado Bruno foi consultado ou opinou_ **SPONTE SUA** _sobre a tradução desse verso._ (ACM)

sportsman

É palavra inglesa que significa "esportista", referindo-se a homem. ◆ _Olhos e ouvidos ficaram com o Audiovisto Munhoz, um elegante,_ **um SPORTSMAN** _– mas muito competente._ (GAT)

sportswear

É palavra inglesa que significa "traje esportivo", "roupa para esporte". A pronúncia aproximada é **spórtsuer** (com **E** aberto). ◆ _A Osklen, grife de_ **SPORTSWEAR**, _apresentou duas linhas distintas._ (FSP)

spot, espote

Spot é palavra inglesa que designa:

✧ foco (abreviatura de _spot-light_). ◆ _Vejo o pó que circula denso numa faixa de claridade que vai até o chão, como um_ **SPOT**. (HAR) ◆ _A mulher que cantava abre a porta, e seu feixe de luz vira um_ **SPOT**, _focalizando a mala dividida em duas bandas._ (EST)

✧ mensagem publicitária breve veiculada em rádio ou televisão. ◆ _Recentemente, ouvi um "_**SPOT**_" da TAM feito por Rui Sanches e Laerte Agnelli._ (FSP)

A forma aportuguesada **espote** é oficialmente registrada, mas não ocorreu.

spray

É palavra inglesa que designa:

✧ jato gasoso de aerossol que se espalha como névoa. A pronúncia aproximada é **sprei**. ◆ _A partir daí, e vencida a resistência de alguns médicos, a antissepsia com_ **SPRAY** _de ácido carbólico foi sendo introduzida na prática médica._ (APA)

✧ recipiente fechado provido de dispositivo capaz de emitir essa névoa. ◆ _Sobre a pia do_

721

spread

---

banheiro, guarda um SPRAY da L'Oréal para fixar os cabelos. (VEJ)

spread

É palavra inglesa que designa a diferença entre as taxas de câmbio de venda e de compra, ou entre o preço pedido e o preço ofertado por ações. A pronúncia é, aproximadamente, **spréd.** ◆ *O Banco Central realizou ontem novo leilão de SPREAD, redefinindo a minibanda de variação do câmbio comercial.* (FSP)

squash

É palavra inglesa que designa jogo semelhante ao tênis, que usa raquetes mais longas e de aro menor; é jogado em quadra cercada por paredes, devendo a bola sempre bater numa parede antes da jogada seguinte. A pronúncia é, aproximadamente, **scuéch.** ◆ *Quero ter um imenso parque natural com pista de kart e supercross, quadra de tênis e SQUASH.* (VEJ)

Sri Lanka (antigo Ceilão) [Ásia]

O adjetivo pátrio é **cingalês.** ◆ *Morrem por ano de dois a três milhões de hindus, bengalis, CINGALESES e malabares, a maioria crianças do sexo feminino.* (OP)

staccato

É palavra italiana, usada em música, para significar "destacado". ◆ *O estilo deste autor foi muito bem caracterizado principalmente nos dois últimos movimentos, pelo uso do STACCATO e dos ornamentos.* (FSP)

staff, estafe

Staff é palavra inglesa usada para designar pessoal qualificado que assessora um dirigente. **Estafe,** forma aportuguesada, teve apenas 2% de frequência. ◆ *Todas as denúncias feitas por outros policiais contra o STAFF da Polícia Civil na época não foram provadas.* (DNI) ◆ *Agora, a fundação emprega um ESTAFE de 112 pessoas.* (FSP)

stand ⇨ Ver estande.

Stand é palavra inglesa aportuguesada como **estande,** usada para designar:

◇ espaço reservado a cada participante de uma exposição ou local fechado. ◆ *Até no STAND de livros da bienal, os negócios prosperaram.* (VEJ)

◇ local fechado para a prática do tiro ao alvo. ◆ *Vejo-o principalmente no STAND de tiro e recordo, cheio de vergonha, minha negação com o 1908.* (CF)

A forma **estande** é muito mais usual (95%).

standard ⇨ Ver padrão.

É palavra inglesa que significa "padrão", correspondendo por vezes ao adjetivo "comum", ou seja, "não diferenciado". ◆ *Isso faz o interesse de "Joga a Mamãe do Trem", que não é uma comédia para rir a bandeiras despregadas, mas escapa ao STANDARD com honra.* (FSP) ◆ *A diária no apartamento STANDARD sai por R$ 148.* (FSP) ◆ *Isso tira "Jade" da vala comum do cinema STANDARD e, se não o credencia como diversão para o público em geral, em todo caso o torna um caso digno de estudo para quem gosta de cinema.* (FSP)

status quo

É expressão latina que designa o estado em que se acha certa questão. ◆ *A revisão se transformaria por aí em legítima trincheira para a perenização do STATUS QUO.* (VEJ)

steak

É palavra inglesa que designa carne assada na grelha ou no espeto. A pronúncia é, aproximadamente, **steic.** ◆ *Um bom bife na França pesa mais ou menos 200 gramas – nos Estados Unidos, um STEAK médio tem o dobro desse peso.* (VEJ)

stencil ⇨ Ver estêncil.

Stencil é palavra inglesa (nome comercial), aportuguesada como **estêncil.** ◆ *Bom, gente, a conversa está muito boa, mas eu tenho um STENCIL na máquina...* (RE) ◆ *Pode-se copiar uma parte do filme do STENCIL sobre o filme original, ajustando o nível de transparência.* (FSP)

A forma aportuguesada tem uso mais frequente (57%).

STF

É a sigla de **Supremo Tribunal Federal**.
♦ *O presidente do STF destacou ainda que a medida objetiva impedir tumultos no plenário, com capacidade para 180 pessoas sentadas.* (OLI)

STJ

É a sigla de **Superior Tribunal de Justiça**.
♦ *Em 1986, o TFR (Tribunal Federal de Recursos), substituído pelo atual STJ (Superior Tribunal de Justiça), firmou entendimento de que a participação de quatro ou mais pessoas em determinado crime não é suficiente para tipificar a formação de quadrilha.* (FSP)

store

É palavra inglesa que significa "armazém", "depósito", "loja". ♦ *A Cultura não vai se tornar uma 'STORE' que vende revistas e artigos de papelaria.* (FSP)

strass

É palavra francesa que designa conta de vidro que imita pedra preciosa ou diamante. ♦ *O modelito misturava casaca preta com STRASS, pano branco amarrado na cabeça, imensas unhas postiças furando as luvas de renda.* (VEJ)

stress ⇨ Ver estresse.

Stress é palavra inglesa, aportuguesada como **estresse**. ♦ *Você está com STRESS, está trabalhando demais...* (SAM)
A forma aportuguesada é muito mais usual (63%).

stretch

É palavra inglesa que designa tecido elástico usado especialmente para confecção de peças de roupa que devem ficar coladas ao corpo. ♦ *Os biquínis podem ser de piquê STRETCH, algodão e crochê.* (FSP)

stricto sensu ⇨ Ver sensu stricto ⇨ Ver lato sensu.

Locução latina que significa "em sentido estrito". Ela é formada por duas palavras no ablativo: *stricto*, que é adjetivo de primeira classe (ablativo em O), e *sensu*, que é substantivo de quarta declinação (ablativo em U).
♦ *O imperialismo opera por relações neocoloniais STRICTO SENSU.* (FSP)

Usa-se muito particularmente para referência a uma das duas modalidades de pós-graduação no Brasil, aquela que leva a trabalho de grau com defesa (mestrado ou doutorado).
♦ *A [pós-graduação] "STRICTO SENSU" tem direcionamento científico (para produção de conhecimento).* (FSP)

Sensu stricto (com a ordem substantivo + adjetivo) é expressão equivalente, usada raramente e apenas no sentido genérico.

strip-tease, strip-teaser

1. **Strip-tease** é palavra inglesa que designa o espetáculo no qual alguém se despe lentamente em público, ao som de música e com movimentos eróticos. A pronúncia aproximada é **strip-tiz**. ♦ *Salô apresenta um espetáculo de STRIP-TEASE, que ele considera como uma obra de arte.* (FIC)

2. **Strip-teaser** é a designação da pessoa que faz **strip-tease**. ♦ *Ao lado, João Flávio instalou a amante, uma STRIP-TEASER chamada Tisa.* (VEJ)

strogonoff ⇨ Ver estrogonofe.

É palavra inglesa formada a partir de nome próprio russo. Designa prato feito com carne em pequenos pedaços, molho, creme de leite, cogumelos e condimentos, aromatizado com conhaque. ♦ *Dentre as que fizeram mais sucesso estão STROGONOFF à Olga, Galinha ao Fim do Mundo, Bolo de Salada, Gallantine e Pudim de Ameixa.* (CRU)

Ambas as formas são usuais, mas a forma aportuguesada **estrogonofe** é bem mais frequente (70%).

strudel

É palavra alemã que designa pastelão feito de massa folhada, que é assado, recheado e enrolado. ♦ *Não há rolo melhor para abrir a massa folhada do STRUDEL.* (FSP)

Sua Alteza, Sua Excelência...

Sua Alteza, Sua Excelência, Sua Eminência, Sua Magnificência, Sua Majestade, Sua Reverendíssima, Sua Santidade, Sua Senhoria etc. ⇨ Ver Vossa Alteza, Vossa Excelência etc.

Todos os pronomes de tratamento levam a concordância para a terceira pessoa.

As formas de tratamento com **Sua** são usadas para referência a uma pessoa de quem se fala. ◆ *E chega aquele estrangeiro e diz, como o menino da fábula, que SUA ALTEZA nada tinha sobre a pele.* (OV) ◆ *Venho aqui a chamado de SUA EXCELÊNCIA o Governador, declaro mais que ignoro a razão do chamado.* (AM) ◆ *Talvez isso explique como SUA EMINÊNCIA conseguia seus manuscritos.* (ACM) ◆ *Que venham, um é pouco para um soldado de SUA MAJESTADE!* (XA) ◆ *E sem esperar pela ordem de Dom Manuel, Damião entrou a repetir, palavra por palavra, corridamente, a prédica de SUA REVERENDÍSSIMA.* (TS) ◆ *E no momento talvez possa dizer, sem blasfêmia, que sou mais cristão do que SUA SANTIDADE, o Papa, porque tenho o coração repleto de amor.* (OSA) ◆ *Por ordem do Excelentíssimo Capitão-General Luís Diogo Lobo da Silva, SUA SENHORIA Padre Felix José Soares será recolhido, sob escolta.* (VB)

As formas de tratamento iniciadas por **Vossa** (**Vossa Alteza**, **Vossa Excelência** etc.) são usadas quando alguém se dirige a uma pessoa.

suadouro, suadoiro, suador

1. **Suadouro** ou **suadoiro** é como se denomina:

◇ a produção abundante de suor. *Se os travesseiros tiverem um plástico dentro da fronha, convém retirá-lo para evitar SUADOURO.* (FSP)

◇ aquilo que provoca produção de suor. ◆ *Sydenham se opunha ao tratamento violento dos gotosos, que incluía sangria, purga e SUADOUROS.* (APA)

A forma **suadoiro** não ocorreu.

2. Neste último significado, **suador** é forma variante, menos usual (30%). ◆ *Abarrotados de buquês de rosas e flâmulas oferecidas pela escola aos "bárbaros mais doces que a Mangueira tem", tomaram outro SUADOR até o minicamarim.* (FSP)

suar ⇨ Ver soar.

Suar significa "transpirar". ◆ *SUAMOS mais ou menos de acordo com o tipo de comida que ingerimos.* (QUI)

Soar significa "produzir som".

suavizar

Com **Z**, como todo verbo formado com o sufixo **-izar**. ◆ *O Ministério do Planejamento SUAVIZOU o corte nas verbas do IBGE.* (VEJ)

Suazilândia [África]

O adjetivo pátrio é **suazi**. ◆ *Do lado de fora do Palácio Ludzindzini na cidade de Mbabane, Suazilândia, menino SUAZI e soldados em roupas tradicionais aguardam início de festividade para entreter o príncipe Charles.* (FSP)

sub-, sob-, so-

São formas de prefixo de origem latina que significa "por baixo de", "abaixo de". Correspondem ao prefixo de origem grega **hipo-**. **Sub-** é a forma latina original e **sob-** é a forma portuguesa correspondente, usada em muito poucas formações.

1. **Sub-** liga-se ao elemento seguinte:

◇ com hífen, se o elemento começar por **H**, **B** ou **R** (segundo os registros da ortografia oficial brasileira). ◆ *Há nele qualquer coisa de SUB-humano, qualquer coisa de gorila como nesses quadros antropológicos que a gente vê por aí.* (BCD) ◆ *Alguns grupos, como os das Guianas são SUB-braquicéfalos.* (IA) ◆ *O Pacto Andino, por exemplo, é SUB-regional.* (DIP)

◇ sem hífen, antes das outras consoantes e das vogais. ◆ *Os três SUBAGENTES controlados pelo Agente Z chegaram aos postos máximos da economia brasileira.* (AVL) ◆ *Houve um SUBFATURAMENTO da energia de Itaipu que gerou um déficit.* (POL)

2. **Sob-**, em geral, liga-se ao elemento seguinte sem hífen: **sobestar**, **sobpor**. Liga-se com hífen quando o segundo elemento começa por **R**; por exemplo, *SOB-roda*, *SOB-rojar*, formas que não ocorreram.

subscrito

3. **So-** liga-se ao elemento seguinte sem hífen. ◆ *Na quinta-feira 28, as chuvas vão SOTER-RAR os casebres da favela cenográfica.* (VEJ)

sub judice

Sub judice é expressão latina que significa "sob apreciação judicial". ◆ *A expressão SUB JUDICE indica que a Justiça ainda não tomou uma decisão definitiva sobre um determinado assunto.* (FSP)

subestimar

É formado de **sub** e **estimar**. Significa "dar estima abaixo da devida a", "desdenhar". ◆ *Há os moderados, que não SUBESTIMAM a força nuclear americana e preferem esperar a marcha da história.* (CRU)

subido ⇨ Ver súbito.

O adjetivo **subido** (sílaba tônica: **BI**), que significa "elevado", é usado na expressão **subida honra**. ◆ *Todavia são estes cargos aceitos, justificadamente com SUBIDA honra.* (VID)

subir

O verbo **subir** muda o **U** em **O** aberto, no presente do indicativo, quando é no radical que está a sílaba tônica (nas formas rizotônicas), exceto na primeira pessoa do singular (e, consequentemente, em todo o presente do subjuntivo). ◆ *Não SUBA ou tente subir na escada traseira com a colhedora em movimento.* (MAQ) ◆ *Dan SOBE a ladeira por trás da igreja.* (CH)

súbito ⇨ Ver subido.

É adjetivo ou advérbio. A sílaba tônica é **SÚ**, e, por isso, leva acento (proparoxítona). O adjetivo significa "repentino", e o advérbio, "repentinamente". ◆ *Os programas subsequentes de estabilização deram prestígio SÚBITO aos autores e fracassaram em seguida.* (VEJ) ◆ *SÚBITO, fitando as cercas destruídas, a velha ergueu hirtamente os braços.* (ALE)

sublinhar

Significa "pôr traço sob (palavra, expressão, frase, número)". A pronúncia tradicionalmen-

te recomendada é com separação entre **B** e **L**, mas também se ouve a pronúncia com o grupo consonantal **BL**, já indicada em dicionário. ◆ *SUBLINHAVA a fraqueza diante do mal, a ignorância, os absurdos da espécie humana, as heresias, a lascívia.* (CAA)

submergir

Defectivo, conjuga-se como **emergir**: não existem as formas em que ao radical se seguiria **O** ou **A**. Nas demais formas, o verbo é regular. ◆ *A tecnologia energética SUBMERGE a floresta ou a transforma em biomassa para produção de energia.* (AMN) ◆ *Dois terços da ilha-capital, Malé, SUBMERGIRAM depois da passagem de um furacão.* (FSP)

submersão

É o substantivo correspondente a **submergir**. Com **-são** final, como todos os substantivos e adjetivos ligados a verbos terminados em **-gir**. ◆ *A irrigação por SUBMERSÃO é um meio eficaz de eliminação do sal, reduzindo o seu teor após alguns anos.* (AZ)

suborno

O plural é **subornos**, com **O** fechado. ◆ *O Brasil está farto das negociatas, do roubo do dinheiro público, dos SUBORNOS e das propinas.* (VEJ)

subscrito ⇨ Ver sobrescrito.

Subscrito significa "escrito abaixo", "assinado". ◆ *Um comitê de peritos (...) julga se uma dada regra é ou não compatível com os acordos internacionais SUBSCRITOS.* (FSP) ◆ *Em 13 de maio de 1888 foi assinado o mais curto decreto até hoje SUBSCRITO no Brasil.* (TGB)

Como substantivo, designa aquilo que está escrito ao pé, a assinatura, o fecho. ◆ *O sangue refluiu-lhe todo ao coração quando reconheceu a letra de Barbosa no SUBSCRITO liso, do papel diplomata.* (ACA)

Sobrescrito significa "escrito acima", "endereçado". Como substantivo, designa nome e endereço de destinatário que se escrevem em invólucro de correspondência, e, a partir

subsídio, subsídios

daí, designa o próprio invólucro, envelope, ou capa da correspondência.

subsídio, subsídios ⇨ Ver salários, soldo, vencimentos.

1. A sílaba tônica é **SÍ**, e, por isso, a palavra leva acento. A pronúncia tradicionalmente indicada é a correspondente a **SS**.

2. **Subsídio** (com plural **subsídios**) designa a contribuição, pecuniária ou não, concedida a alguma entidade, especialmente quando considerada de interesse público. Genericamente, significa "adjutório", "socorro". ◆ *Por esse mecanismo, o Governo passou a conceder, para a compra desses insumos, um SUBSÍDIO de 10% ao ano.* (DS) ◆ *A intenção é aproveitar as conclusões do encontro como SUBSÍDIO aos trabalhos da equipe do ministro.* (EX) ◆ *Esse precioso material paleontológico, depois de estudado, era remetido a sua terra natal, com o que garantia SUBSÍDIOS para prosseguir nas pesquisas.* (AVP)

3. O substantivo apenas plural (*pluralia tantum*) **subsídios** designa a remuneração dos políticos com mandato. ◆ *Os SUBSÍDIOS de Deputado são iguais à metade dos vencimentos de Ministro do Supremo Tribunal.* (D)

substantivo [anteposição] ⇨ Ver adjetivo [anteposição].

Alguns manuais de gramática consideram anglicismo sintático a anteposição de um substantivo a outro:

◇ se o primeiro constitui um nome próprio para denominação do segundo. ◆ *Gonzaga pai e o filho Gonzaguinha acabam de apresentar-se aos vinhos finos e cristais do RIO PALACE HOTEL.* (GON) ◆ *E chegamos à pensão de dona Leontina – onde se lê "REZENDE HOTEL" – sem trocar uma palavra.* (REA) ◆ *Os maiores em construção (BAHIA OTHON PALACE HOTEL, 301 leitos; SALVADOR PRAIA HOTEL, 164 leitos e ONDINA PRAIA HOTEL, 100 leitos) pertencem a essa faixa.* (VIS)

◇ se o primeiro faz uma classificação em relação ao segundo (como um adjetivo). ◆ *Estudo mostra que preconceito contra HIV positivos diminuiu.* (ESP)

substituir(-se)

1. Significando "ficar no lugar de", **substituir** usa-se com complemento sem preposição (objeto direto). ◆ *Necker SUBSTITUIU Turgot no ministério das Finanças.* (HG) ◆ *Quando terminava uma barrica de vinho, outra cheia logo a SUBSTITUÍA.* (ANA)

Significando "retirar, para pôr outro no lugar", usa-se com um complemento sem preposição (objeto direto), podendo ocorrer outro complemento (que indica o que é posto no lugar do substituído) iniciado pela preposição **por**. ◆ *Mas doutor Floro tem SUBSTITUÍDO tanta coisa nesta casa e nesta terra, que é capaz de querer SUBSTITUIR Deus também.* (REB) ◆ *Agora ela quer SUBSTITUIR o anjo por um homem mesmo, sem dúvida Afonso.* (CP)

Tradicionalmente se indica também a possibilidade de o segundo complemento se iniciar pela preposição **a**, mas construção desse tipo não ocorreu: *agora ela quer substituir ao anjo um homem mesmo.*

2. **Substituir-se**, que significa "ser posto no lugar de", usa-se com complemento iniciado pela preposição **a**. ◆ *Estradas novas vieram SUBSTITUIR-SE aos caminhos que levam ao passado.* (MP)

suceder

1. Significando "acontecer", "ocorrer", o verbo **suceder**, do mesmo modo que **acontecer**, tem sujeito (de terceira pessoa) e concorda com ele. ◆ *Resta, agora, pôr Carlos a par do que SUCEDEU e ver o que diz, que providências toma.* (A) ◆ *E o meio mais seguro de refletir é, e continua a ser, este: escrever, contar as coisas que SUCEDERAM, como SUCEDERAM e por que SUCEDERAM.* (A)

Pode ocorrer complemento iniciado pela preposição **a**. ◆ *Aglaia, que houve, que lhe SUCEDEU?* (JM)

2. Significando "vir depois de", "substituir", o verbo **suceder** usa-se, em geral, com complemento iniciado pela preposição **a**. ◆ *A privatização SUCEDE à criação de condições em termos de funcionamento de mercado.* (POL-O) ◆ *Joaquim José Rodrigues Torres SUCEDEU ao Visconde de Olinda em 1848.* (CRU)

suéter

Usa-se também, menos frequentemente, com complemento sem preposição (objeto direto). ◆ *SUCEDEU-o Rodrigues Alves, que deveria governar a República pela segunda vez, mas, doente, não teve condições de tomar posse.* (TGB)

Nessa acepção, usa-se também a forma pronominal **suceder-se**, e, nesse caso, pode não ocorrer o complemento. ◆ *Os resmungos que SE SUCEDERAM às palavras de Hélio Costa foram substituídos por aplausos.* (ADO) ◆ *SUCEDERAM-SE alguns segundos de silêncio.* (A)

No plural a forma pronominal pode indicar reciprocidade ("seguir-se uns aos outros"). ◆ *Os passageiros, em fila, SUCEDERAM-SE ante os policiais e o médico.* (TER)

súcia ⇨ Ver corja.

É coletivo para pessoas desprezíveis, de mau comportamento. ◆ *Na hora de maior influência, apareceu uma SÚCIA de desordeiros e o pacato blefóré acabou de água suja com pancadaria e tiros.* (TG)

sucinto

Com **C**, não com **SC**. Significa "resumido", "conciso". ◆ *O rádio, pela sua própria natureza e pelo controle que sofre, é SUCINTO, não dá curso a boatos, apenas conta fatos.* (CT)

súcubo ⇨ Ver íncubo.

A sílaba tônica é a antepenúltima (**SÚ**), e, por isso, a palavra leva acento (proparoxítona). Significa "que se deita ou se coloca por baixo". Designa demônio feminino, referindo-se também a indivíduo de personalidade mais fraca. ◆ *E descreve fantasias similares de outras eras – as visitas noturnas de SÚCUBOS (demônios femininos que copulam com os homens durante o sono e causam pesadelos) e íncubos (a versão masculina dos súcubos).* (FSP) ◆ *É certo que às vezes acordava com a estranha sensação de que alguém o visitara durante a noite: uma fêmea misteriosa, amável SÚCUBO, vindo de algum lugar, algum recanto do universo para acariciá-lo, para se deixar possuir.* (FSP)

Sudam

É a sigla de **Superintendência do Desenvolvimento da Amazônia**. ◆ *A Sudam responde pela ocupação da Amazônia, mas o homem não parece contar nisso.* (IS)

Sudão [África]

O adjetivo pátrio é **sudanês**. ◆ *Muitos SUDANESES sentiram-se aliviados com o golpe, depois de sete anos de caos e guerra civil.* (ESP)

Sudene

É a sigla de **Superintendência do Desenvolvimento do Nordeste**. ◆ *O estado de seca é determinado pela Sudene após a observação no local feita por técnicos do órgão.* (NOR)

Suécia [Europa], sueco-

1. O adjetivo pátrio correspondente a **Suécia** é **sueco**. ◆ *O botânico SUECO Carl von Linné (1707-1778) foi um dos primeiros a estabelecer a espécie como unidade básica dos reinos vegetal e animal.* (ZO)

2. Como primeiro elemento de um substantivo composto, **sueco-** liga-se ao segundo elemento por hífen, formando adjetivo pátrio. ◆ *O grande filme do dia é o inédito "Colheita Negra", coprodução SUECO-dinamarquesa dirigida por Anders Refn em 1994.* (FSP)

suelto, sueto

1. **Suelto** é palavra castelhana que designa um artiguinho, ou uma nota crítica de jornal. ◆ *Realmente, Antônio Carlos estava enfurecido; brandia o jornal no ar, como se o esfregasse na cara do autor do SUELTO.* (TER)

2. **Sueto** é substantivo que significa "feriado", "folga". ◆ *Descurara o serviço da igreja, dera SUETO aos alunos (...).* (OMI)

suéter

É a forma portuguesa correspondente ao inglês *sweater*. Usa-se como substantivo masculino ou feminino. Designa agasalho fechado, tecido em lã, que se veste pela cabeça. ◆ *Vestiu o SUÉTER azul por cima da*

Suframa

pele, uma calça justa, cabelos despenteados, descalça. (DE) ♦ *E não sei como não sufoca, com aquela SUÉTER de lã fechada até o pescoço.* (EST)

A forma original inglesa também é usada, embora com frequência muito baixa (5%).

Suframa

É a sigla de **Superintendência da Zona Franca de Manaus**. ♦ *Ora, aquela era uma reunião do Conselho de Administração da Suframa, que normalmente se realiza em Manaus, onde fica a sua sede.* (MIR-O)

sugerir

O verbo **sugerir** muda o **E** em **I** na primeira pessoa do singular do presente do indicativo (e, consequentemente, em todo o presente do subjuntivo). ♦ *A ideia, segundo Olgária, é que o público SUGIRA os temas.* (FSP) ♦ *Para passar o tempo, Byron SUGERE um concurso de textos de horror.* (APA)

sui generis

É expressão latina que significa "de seu próprio gênero", "peculiar". ♦ *O seu sabor é adocicado e o cheiro SUI GENERIS.* (BEB)

Suíça [Europa]

Os adjetivos pátrios são:

♦ **suíço**. ♦ *Só comia peixe assado, queijo SUÍÇO, não bebia leite cru e era chegado a um vinho francês.* (ACT)

♦ **helvético**. ♦ *Na Suíça, logo depois, colheu-se pálido empate com a seleção HELVÉTICA.* (TAF)

suicida

Tem a mesma forma para masculino e para feminino (substantivo comum de dois). ♦ *A viúva do SUICIDA depôs.* (P) ♦ *A SUICIDA mais velha foi uma mulher de 99 anos.* (FSP)

suicidar-se

É verbo pronominal, sempre reflexivo. ♦ *Sua mãe só lamentava uma coisa: não ter conseguido SUICIDAR-SE.* (VEJ)

sujeitado, sujeito

1. A forma **sujeitado** é usada com os auxiliares **ter**, **haver** e **ser** (voz passiva). ♦ *Daí ele ter-se SUJEITADO à pressão popular, da mesma forma que o fizera no caso dos estandartes com a efígie do imperador.* (VEJ) ♦ *Eles continuam sendo SUJEITADOS ao controle militar israelense e aos abusos dos colonos.* (FSP)

2. A forma **sujeito** é usada com os verbos **ser** e **estar** e também é usada como adjetivo. ♦ *O infrator é SUJEITO a multas de até US$ 250 mil e prisão.* (FSP) ♦ *O comerciante que infringir a norma está SUJEITO a multa de 1.500 reais.* (VEJ) ♦ *O presidente não quer ficar prisioneiro nem SUJEITO a pressões.* (FSP)

sukiyaki

É a transliteração de designação japonesa. O substantivo designa prato da culinária japonesa que consiste em mistura de finas fatias de carne, queijo de soja e legumes, cozida em molho de soja com açúcar. ♦ *Quentes e, sobretudo, leves, os pratos de inverno vão além dos tradicionais SUKIYAKI (carne com legumes) e missoshiro (pasta de soja).* (FSP)

sul-

Como primeiro elemento de um substantivo composto, liga-se ao segundo elemento por hífen, formando adjetivo pátrio. ♦ *O ex-presidente SUL-coreano Chun Doo-hwan foi hospitalizado ontem, no 18º dia de sua greve de fome.* (FSP) ♦ *Na loja de discos um SUL-americano de guitarra toca um tango como se tocasse o seu hino nacional.* (CT)

sul ⇨ Ver S.

1. Grafa-se:

♦ com inicial minúscula quando designa o ponto cardeal que se opõe a **norte**. ♦ *Abaixo, um mapa dos tesouros escondidos de norte a SUL do Brasil, para que não se perca a pista deles nas cidades que abrigam essas raridades.* (VEJ)

♦ com inicial maiúscula quando se refere a região. ♦ *Mas eu não me acostumo no SUL.* (BH)

2. Os adjetivos correspondentes são:

◇ **meridional.** ✦ *A bacia do Paraná surgiu no início do Devoniano, no interior da porção MERIDIONAL do País, estendendo-se pelo Uruguai e Paraguai.* (AVP)

◇ **austral.** ✦ *Durante os meses do verão AUSTRAL, milhões de pássaros migram para o continente.* (OCE)

S é o símbolo de **sul**.

sultão

1. O feminino é **sultana.** ✦ *Todos pareciam ver uma SULTANA saída das Mil e Uma Noites.* (VB)

2. Os plurais tradicionalmente indicados são **sultões, sultãos** e **sultães**, mas apenas a primeira forma ocorreu. ✦ *A Síria, por entre berros de emires e SULTÕES zangados, acusa Israel e Egito de arreglo, mancomunados com os ricos.* (CB)

sumariar, sumarizar ⇨ Ver -iar.

São formas variantes para significar "fazer o sumário de", "sintetizar", "resumir". ✦ *Não é esta a ocasião de SUMARIAR o que, no capítulo da saúde e no da educação, concernente às Faculdades de Medicina do país, tem realizado o meu Governo.* (JK-O) ✦ *Há dúvidas de que Celsus tenha sido um médico prático; ao que parece, tratava-se de um patrício romano que tentou SUMARIZAR, em seus escritos, o conhecimento da época.* (APA)

Sumarizar (formada com o sufixo **-izar**) é forma mais recente, considerada neologismo desnecessário por alguns puristas.

Entretanto, é a forma mais usada (60%).

sumário

O superlativo absoluto sintético é **sumaríssimo.** ✦ *Os processos devem ser verbais e SUMARÍSSIMOS.* (CID)

sumir(-se)

1. O verbo **sumir** muda o U em O no presente do indicativo, quando é no radical que está a sílaba tônica (nas formas rizotônicas), exceto na primeira pessoa do singular (e, consequentemente, em todo o presente do subjuntivo).

✦ *Muitas pessoas também SOMEM de repente, sem a menor explicação.* (COT) ✦ *Mas um dia eu SUMO daqui.* (SL) ✦ *Flor do Mato SUMIA, aparecia adiante, saindo de trás de uma árvore, tornava a sumir.* (LOB)

2. **Sumir-se** tem a mesma acepção básica ("desaparecer"). ✦ *Depois, o vento foi diminuindo, passando, até SUMIR-SE de todo nem sabem onde!* (ATR) ✦ *Ramiro viu-o da janela e SUMIU-SE lá dentro.* (SA)

sumo¹

É substantivo que designa substância oleaginosa contida em certas partes de plantas. Também se usa com o significado de "suco", "caldo". ✦ *Até uma bebida alcoólica conseguiram preparar, do SUMO fermentado de certa planta.* (CEN) ✦ *Acho que um SUMO de fruta seria melhor. Laranja ou limão.* (XA)

sumo²

É adjetivo de significação superlativa, correspondendo ao superlativo sintético do adjetivo **alto**, em latim (*summus*). É o mesmo que **supremo** ("o mais elevado"). ✦ *Mantendo-nos a alguma distância, numa visão de conjunto, numa operação rápida, colhemos elementos de SUMO valor.* (SMI) ✦ *Em presença de cianose ou em face a evidente embaraço respiratório, é de SUMO interesse manter a criança na tenda de oxigênio.* (TI) ✦ *SUMO sacerdote da cozinha capixaba, Fernando Ferreira do Amaral, o Ferrinho, é uma instituição vitoriana.* (IS)

Usa-se na expressão **Sumo Pontífice**, em referência ao papa. ✦ *Os padres foram informados por dom Antônio do Carmo Cheuiche sobre as vigílias de orações a Nossa Senhora pela visita do SUMO Pontífice.* (CPO)

Compõe também a expressão **suprassumo**, substantivo que significa "grau máximo". ✦ *Seus professores que enfaticamente se intitulavam lentes eram, localmente, considerados o suprasSUMO.* (S)

sundae

É palavra inglesa que designa sorvete coberto com calda cremosa, geralmente acompanhado de frutas secas moídas ou confeitos. A pro-

suor

núncia aproximada é **sândei**. ♦ *O infeliz fica parecendo um SUNDAE de caramelo.* (VEJ)

suor

O **O** é aberto. ♦ *Saí de mansinho e fui enxugar o SUOR no alpendre.* (ID)

super-

É prefixo de origem latina que indica posição superior, superioridade, excesso (correspondendo, em parte, aos prefixos de origem grega **epi-** e **hiper-**). Liga-se ao elemento seguinte:

◇ com hífen, se o elemento começar por **H** ou **R**. ♦ *Penso em legendas, heróis, SUPER--homens, mártires.* (DE) ♦ *Jamais surgirá uma espécie de SUPER-remédio.* (SU)

◇ sem hífen, antes das outras consoantes e das vogais. ♦ *O SUPERAQUECIMENTO ou combustão das estruturas pode liberar compostos tóxicos na atmosfera.* (UE) ♦ *Minha prima levantou os SUPERCÍLIOS, e seus olhos formosos se arredondaram.* (SA) ♦ *Uma aeronave de reconhecimento tático deve ser dotada de alto poder de manobralidade e velocidade SUPERSÔNICA.* (MAN)

Com nome próprio, a ligação se faz sempre por hífen. ♦ *SUPER-Jordan leva Bulls à vitória.* (FSP)

superavit, superávit ⇨ Ver déficit, déficit.

1. *Superavit* é palavra latina. **Superávit** é a forma gráfica aportuguesada do latim *déficit*, comumente usada (com acento para marcar a condição de proparoxítona), mas não abrigada na ortografia oficial. Significa "diferença a mais entre receita e despesa", "saldo positivo". É substantivo masculino. ♦ *Seus balanços são encerrados com SUPERÁVIT ou DÉFICIT.* (CTB)

2. O plural aportuguesado é **superávits**. ♦ *A partir de 1860 o comércio exterior começa a se saldar invariavelmente com SUPERÁVITS crescentes.* (H)

superior

Superior significa "mais elevado", "de qualidade melhor", por isso não precisa ser an-

tecedido de palavra que marca comparação, como **mais**. ♦ *Os batentes e o arco SUPERIOR eram de granito cinza-claro como o pátio.* (ACM) ♦ *Tudo isso é indigno de um homem SUPERIOR!* (ACM)

superstição

Com **S** depois do **R** na segunda sílaba. ♦ *Muitos transformaram a SUPERSTIÇÃO em bom negócio, mas há os que plantam trevos de quatro folhas só mesmo para atrair bons fluidos ou presentear amigos.* (OD)

supetão

Com **U**. Usado na expressão **de supetão**, que significa "de súbito", "de repente". ♦ *Um dia, apareci de SUPETÃO lá em casa e surrupiei o rádio dela.* (VEJ)

supor

Conjuga-se como **pôr**. ♦ *A criatividade SUPÕE trabalho.* (BRI) ♦ *SUPONHA que não estejamos no Brasil.* (EX) ♦ *Depois disto, SUPUS até que ele já estivesse em agonia.* (CCA)

supra-, supra

1. **Supra-** é prefixo de origem latina que indica posição superior, superioridade (correspondendo, em parte, aos prefixos de origem grega **epi-** e **hiper-**). Liga-se ao elemento seguinte:

◇ com hífen, se o elemento começar por **H** ou **A**. ♦ *No Mal estão seres SUPRA-humanos, que usam máscaras monstruosas.* (FSP)

◇ sem hífen, antes das outras consoantes ou vogais. ♦ *O Tratado de Assunção tem apenas 24 artigos, não prevê órgãos comunitários, nem órgãos SUPRANACIONAIS.* (II) ♦ *Todavia, nesse movimento participam também os músculos deltoides, principalmente seu feixe médio, SUPRAESPINHOSO e infraespinhoso.* (ANE)

2. **Supra** é:

◇ advérbio que significa "acima". ♦ *Os artigos 1º, 2º e 4º da Declaração de Princípios [ver SUPRA] sublinham justamente este ponto.* (ATN)

◇ adjetivo que significa "que está acima", "que foi mencionado acima". ◆ *Os Alferes, designados no despacho SUPRA, informam em conjunto, para economia de papel e consequente poupança da Fazenda Nacional.* (ALF)

Se o elemento seguinte começar por **R** ou **S**, é necessário duplicar essa letra (que ficará entre duas vogais, na escrita). ◆ *Em caso de inativacão das cápsulas SUPRARRENAIS, aparecem tremores precocemente como reação compensadora ao resfriamento.* (MEL) ◆ *O Direito Romano, que continua a ser ainda hoje o SUPRASSUMO da sabedoria na ciência do Direito Civil.* (DPA)

surdez

Com **Z**, como todo substantivo abstrato em **-ez** derivado de adjetivo. ◆ *A SURDEZ de Beethoven é um dos temas mais fascinantes da história da composição musical.* (VEJ)

surdo-mudo

Seja adjetivo, seja substantivo, os dois elementos do composto vão para o feminino e vão para o plural. ◆ *Nicole era SURDA-MUDA.* (FSP) ◆ *Palmira e Denise há dez anos trabalham com o ensino de crianças SURDAS-MUDAS.* (FSP) ◆ *SURDOS-MUDOS acusados de matar enfermeira são julgados pela 3ª vez.* (FSP)

surf, surfe, surfar, surfista

1. *Surf* é palavra inglesa que designa modalidade esportiva aquática. ◆ *Uma inteligência jovem exclamou: o SURF é o próprio amor com o mar.* (CRU)

2. **Surfe** é a forma portuguesa correspondente, muito mais usual (68%) que a forma original inglesa. ◆ *Bateria casca-grossa, na gíria do exército do SURFE, é uma bateria muito disputada.* (OD)

3. São derivados de **surfe: surfar** e **surfista**. ◆ *O bicampeão brasileiro profissional aconselha a quem for começar a SURFAR: escolha as praias com ondas pequenas.* (FSP) ◆ *A magrinha diz que teve dó do garotão, aquele com cara de SURFISTA.* (EST)

Suriname [América do Sul]

Os adjetivos pátrios são **surinamês** e **surinamense**, mas o segundo não ocorreu. ◆ *Ele conversa mais com o zagueiro Valckx, que jogou em Portugal, e com o meia SURINAMÊS Vink.* (FSP)

surmenage

Surmenage é palavra francesa que designa quadro de abatimento ou esgotamento físico e/ou mental, estafa. Corresponde ao inglês *stress*. A pronúncia é, aproximadamente, **syrmenage**. ◆ *Há certo nível entre os pacientes (...) que, de comum, sofrem doença completamente curável (...) – SURMENAGE, estafa, esgotamento nervoso, certos tipos mais ou menos mansos de neurose.* (REA)

surpresa

1. Com **S**, como todo substantivo ligado a verbo terminado em **-der** (**supreender**). ◆ *Na realidade, não há idades para as SURPRESAS.* (BS)

2. Usa-se à direita de outro substantivo para classificá-lo ou qualificá-lo (como um adjetivo). ◆ *Os ingleses fizeram um ataque SURPRESA e conquistaram o controle da cidade pelos cem anos seguintes.* (FSP)

Chega a formar-se um substantivo composto, com a ligação dos dois elementos por hífen (compostos não oficialmente registrados). ◆ *César Sampaio joga mais na marcação, mas é o elemento-SURPRESA nas bolas paradas.* (FSP) ◆ *No último dia, quando lhe fizeram uma festa-SURPRESA, anunciaram-no como "dr. Celso".* (FSP)

No plural, é comum que o segundo elemento não varie. ◆ *A FIA faz exames-SURPRESA nos melhores atletas do mundo.* (VEJ)

surrealismo, suprarrealismo

A palavra **surrealismo** corresponde ao francês *surréalisme*. Entretanto, o significado do prefixo francês *sur-* é o mesmo dos prefixos **supra-, super-** ("sobre"). Esse significado não fica evidente na palavra **surrealismo**, na qual a parte inicial **SU** pode sugerir o prefixo **sub-** (que significa "sob"), exatamente

surripiar, surrupiar

o oposto de **supra-** ou **super-**. ✦ *Era uma pergunta cuja resposta nem o SURREALISMO de Dali nem a intuição de ninguém seriam capazes de responder.* (CV)

2. O substantivo que corresponde semanticamente ao francês *surréalisme* é **suprarrealismo**, que, entretanto, tem uso raríssimo e não no sentido técnico da palavra francesa. ✦ *Não apenas retocadas, mas com um aspecto de SUPRARREALISMO, de artificialismo mesmo.* (FSP)

surripiar, surrupiar ⇨ Ver **-iar.**

São formas variantes. Significam "subtrair às escondidas", "furtar". A primeira, que é mais fiel à forma latina original, é menos usual (11%), quase restrita a uso literário. ✦ *Sim, nós éramos estranhos príncipes; e as aflições e humilhações da miséria nunca estragaram os momentos bons que a gente podia SURRIPIAR da vida.* (ACI) ✦ *A última novidade no circuito Arpoador-Ipanema são os bandos que SURRUPIAM sorvetes dos garotos menos avisados.* (FSP)

sursis

É palavra francesa usada na linguagem jurídica ("suspensão condicional da pena"). A pronúncia é **sursi** (oxítona). ✦ *Dois dias depois do atropelamento, Luciano Pinto teve o SURSIS suspenso pelo juiz Pinheiro.* (VEJ)

surtir ⇨ Ver **sortir.**

Surtir significa "produzir (efeito)". ✦ *Unidos, esse procedimento pode ganhar força e SURTIR resultados.* (EM)

Sortir significa "abastecer", "prover".

surto ⇨ Ver **epidemia.**

Surto significa "aparecimento repentino", "irrupção". Usa-se especialmente em relação a doenças. ✦ *Havia na cidade um SURTO de bubônica.* (CBC)

Epidemia refere-se à propagação rápida de doença que surge num lugar, acometendo grande número de pessoas.

surucucu

É indicado nos dicionários como substantivo feminino, designando o macho e a fêmea do animal (substantivo epiceno). Entretanto, ocorre no masculino (90%) e no feminino (10%), sempre como substantivo epiceno (em ambos os casos designando o macho e a fêmea do animal). ✦ *O pesquisador Márcio Martins faz cirurgia em uma SURUCUCU.* (FSP) ✦ *Livre do meu tiro mortal, o SURUCUCU ganhou os ermos.* (CL)

SUS

É a sigla de **Sistema Único de Saúde**. ✦ *Então, o SUS, apesar das dificuldades econômicas dos governos municipais, estaduais e federal, precisa e tem que dar certo.* (EM)

suscetível, susceptível

São formas variantes, ambas registradas em dicionários. A primeira é muito mais frequente (90%). ✦ *Há um consenso geral de que os queijos duros são mais SUSCETÍVEIS ao estufamento tardio.* (ACQ) ✦ *Nos bolsos da roupa não havia nada SUSCEPTÍVEL de furto.* (MEC)

suscitar

Com **SC**. ✦ *As críticas que seu trabalho como pintor possam SUSCITAR são encaradas com tranquilidade por Chico Anysio.* (JC)

Susep

É a sigla de **Superintendência de Seguros Privados**. ✦ *No ano passado, ele prestou concurso e virou chefe da Divisão de Análise de Planos da Susep (Superintendência de Seguros Privados), que tem sede no Rio.* (FSP)

sushi

1. É a transliteração de designação japonesa. O substantivo designa prato da culinária japonesa que consiste em bolinho de arroz temperado com saquê, açúcar e vinagre de arroz, envolvido em folha de alga, com fatias finas de peixe cru e ovas de peixe. ✦ *Estandes venderam pratos típicos – como SUSHI (bolinho de arroz, algas e pescado cru) –, bebidas e artigos de porcelana.* (FSP)

2. O plural é *sushis*. ✦ *Oferece cardápio variado que passa pelos tradicionais SUSHIS e sashimis grelhados.* (FSP)

suspendido, suspenso

1. A forma de particípio **suspendido** é usada com os auxiliares **ter** e **haver**. ✦ *Salinas disse **ter SUSPENDIDO** a greve ontem "por algumas horas".* (FSP) ✦ *Os jogadores de ronda **haviam SUSPENDIDO** as apostas.* (TG)

2. A forma **suspenso** é usada com os verbos **ser** e **estar**. ✦ *Um dos meus colegas japoneses **foi SUSPENSO** por uns meses do Clube.* (FH) ✦ *O tráfego aéreo para o Haiti **está SUSPENSO**.* (VEJ)

suspensão, suspenso

Com S na sílaba final, como todos os substantivos e adjetivos ligados a verbos terminados em **-der** (suspen**der**). ✦ *O silêncio é como a caixa de fotografias, uma SUSPENSÃO de vozes e felicidades, irrupção de saudades.* (AVI) ✦ *O gancho deve estar SUSPENSO a um metro do solo.* (AS)

suspense ➪ Ver em suspense, em suspenso.

Suspense é forma dicionarizada em português, correspondente ao inglês *suspense*. Designa momento de tensão forte no enredo de um filme, uma peça de teatro, um romance etc. ✦ *A música cria um clima de expectativa, de SUSPENSE policial.* (REI)

suspensório, suspensórios

1. **Suspensórios** é um substantivo de forma plural que designa apenas um objeto. ✦ *Partiu rápido, orgulhoso, ajeitando os SUSPENSÓRIOS de pano.* (ID)

Obviamente, a mesma forma também pode referir-se a mais de um objeto. ✦ *Uma curiosidade sobre o apresentador é que ele possui mais de cem SUSPENSÓRIOS – peça sempre presente em seu figurino.* (FSP)

2. A forma singular **suspensório** é usada para a mesma designação, embora com frequência menor (33%). ✦ *O menino meteu o embrulhinho branco entre o SUSPENSÓRIO e a camisa.* (MPB)

sustar, suster(-se) ➪ Ver ter.

1. **Sustar** significa "fazer parar", "interromper". ✦ *A empresa ordenou ao banco que SUSTASSE o pagamento dos cheques.* (ESP)

2. **Suster** significa "sustentar", "manter". ✦ *A mãe preta SUSTINHA numa das mãos o rosário, na outra a criança apavorada.* (JT)

Conjuga-se como **ter**, de que se compõe. ✦ *Um resto de pudor SUSTINHA-ME à beira do precipício, as forças já não respondiam, combalidas pelo inebriante filtro de amor.* (CE) ✦ *Um velho queixava-se de que suas pernas estavam bambas, mal podia SUSTER-SE de pé.* (MP)

Como as formas de terceira pessoa (do singular e do plural) do presente do indicativo são oxítonas em **em**, elas são acentuadas:

◇ com acento agudo no singular. ✦ *O ministro não SUSTÉM a gargalhada.* (CID)

◇ com acento circunflexo no plural. ✦ *Os ministros não SUSTÊM a gargalhada.*

sutiã

É a forma portuguesa correspondente ao francês *soutien*, forma reduzida de *soutien-gorge*. ✦ *Eu saí da água com o SUTIÃ do biquíni todo torto.* (FSP)

sutil, subtil; sútil

1. **Sutil** e **subtil** são formas variantes de adjetivo, ambas oficialmente registradas, significando "tênue", "pouco perceptível". A sílaba tônica é **TIL**, e, por isso, as palavras não levam acento (oxítonas terminadas em L). ✦ *A alteração que muda a vida da Petrobrás é SUTIL.* (VEJ)

As formas **subtil** e **subtileza** ocorrem com baixíssima frequência, atualmente. ✦ *A paz da tarde avançando SUBTIL reinava sobre as gentes, entorpecendo-se com a sua doce perfídia.* (CAN) ✦ *E para se entender bem as SUBTILEZAS dessa ocorrência há de se lembrar da problemática dos estilos.* (AQT)

O plural de **sutil** é **sutis**. ✦ *A luta e a exploração assumiram em nosso século formas muito mais SUTIS.* (ET)

2. O adjetivo **sútil** significa "costurado", "cosido". A sílaba tônica é **SÚ**, e, por isso, a palavra leva acento (paroxítona terminada em L). O plural é **súteis**. São formas que não ocorreram.

swing, suingue

Swing é palavra inglesa que designa música de ritmo dançante sincopado. **Suingue** é a forma aportuguesada, com 40% de frequência.

* *Os anos 30 foram os anos do SWING.* (SS)
* *Os reis do SUINGUE foram Ray "Sugar" Robinson e Archie Moore.* (FSP)

Especialmente a forma aportuguesada também se refere a balanço, ginga. * *Artes marciais, SUINGUE baiano, defesa pessoal e capoeira compuseram o programa.* (DIN)
* *Mas é o único jogador que dá um certo 'SWING' a esse certinho e quadrado meio-campo tricolor.* (FSP)

Refere-se, ainda (especialmente o original inglês), a troca de casais em relação sexual.
* *O SWING, ou troca de casais (casais mesmo, de aliança e tudo), não entra na cabeça de um cidadão comum.* (FSP)

t

O nome da letra é **tê**. Com acento circunflexo. ✦ *O "TÊ" virou "ele" e o travessão que devia cortar a letra lá em cima ficou dando a impressão de acento circunflexo em cima da letra seguinte.* (FSP)

tabaréu

O substantivo designa, especificamente, soldado bisonho, e, genericamente, pessoa inapta, ingênua, acanhada. ✦ *O jagunço destemeroso, o TABARÉU ingênuo e o caipira simplório serão em breve tipos relegados às tradições evanescentes, ou extintas.* (SER)

O feminino oficialmente indicado é **tabaroa**. ✦ *Mas eu sou da Capital. (...) Ou você pensa que eu sou TABAROA?* (MM)

tabelião

1. Os femininos tradicionalmente indicados são **tabeliã** e **tabelioa**. Entretanto, só a forma **tabeliã** ocorreu. ✦ *A TABELIÃ gaúcha Giselda Pech, 37, foi passar o Natal em Santa Catarina há dois anos.* (FSP)

A forma **tabelioa** ocorre (em textos não atuais) como feminino do adjetivo que significa "de / relativo a tabelião", "característico do que se usa nos cartórios e nos instrumentos lavrados por tabelião". ✦ *Socorrido a tempo pelo pai na sucessão TABELIOA, as coisas se harmonizaram (...).* (BS) ✦ *Como homem de boa avença, dei tudo por firme e valioso, segundo se diz na linguagem TABELIOA, e daí a algum tempo me casei.* (ABD)

2. O plural é **tabeliães**. ✦ *Com esta vantagem que só os mágicos, os gênios e os grandes mestres têm sobre nós, pobres TABELIÃES do dizer e do escrever.* (CAR)

tabu

O substantivo **tabu** usa-se à direita de outro, atuando como qualificador ou classificador (como um adjetivo).

O plural vem marcado apenas no primeiro substantivo, ou nos dois. ✦ *Eliminamos AS-SUNTOS TABU e retomamos as negociações fora da esfera ministerial.* (FSP) ✦ *Esse é um dos assuntos TABUS no Congresso brasileiro.* (VEJ)

A ligação entre os dois elementos pode chegar à formação de um substantivo composto, com hífen unindo os dois elementos. São formas não registradas oficialmente. ✦ *Convencidos de que sequer teriam a oportunidade de debater as "outras saídas" (eufemismo para a palavra-TABU: renúncia) com o presidente, os dois ministros esperaram Collor terminar o discurso sobre a "modernização" e se retiraram sem tocar no assunto.* (FSP)

Também nesse caso ocorrem dois tipos de plural: ou apenas no primeiro elemento, ou nos dois. ✦ *Muitos leitores (homens) escrevem cartas, furiosos, com a falta de... romantismo... eufemismo... com que abordo os temas-TABU da fantasia falocêntrica.* (FSP) ✦ *São tais pessoas os que desfiguram suas ocupações em "tarefas-TABUS", tornando-se ridículas a quem se apresentam e dificultando ou impossibilitando qualquer colaboração em seu favor.* (NP)

tábua, tabuada, tabuleiro

Com **u**. ✦ *A Argentina via o mercado brasileiro como sua TÁBUA de salvação.* (VEJ) ✦ *O ensino da aritmética já não se faz pelo*

tabula rasa

processo de adivinhação e de TABUADA, e os professores tiveram de aprender, a custo, a Teoria dos Conjuntos. (AF) ✦ *Acomodaram- -se alegremente em redor da mesa e abriram o TABULEIRO.* (CP)

tabula rasa

É expressão latina que significa "tábua lisa", "tábua aplanada", "tábua vazia", referindo- -se à possibilidade de nela se registrarem sinais. ✦ *O escritor trabalha com meios verbais já semantizados pela história da linguagem. Daí, a complexidade peculiar ao seu projeto, que não parte da matéria em si, TABULA RASA, zero assemântico.* (REF) ✦ *O que não se pode tolerar é que se faça "TABULA RASA" das prerrogativas do Congresso Nacional e, simplesmente, seja ele substituído em suas funções específicas pelo Poder Executivo.* (FSP)

tabule

Designa, na cozinha árabe, salada feita com trigo moído grosso, hortelã, tomate e cebola picados, temperada com azeite e limão. ✦ *No jantar foram oferecidos quibe cru e frito, TA- BULE e arroz de carneiro com lentilha.* (FSP)

tacha, tachar ⇨ Ver taxa, taxar.

1. O substantivo **tacha** designa:

◇ pequeno prego de cabeça larga e chata. ✦ *O couro do forro todo repregado de TACHAS de cabeça dourada.* (ALF)

◇ tacho grande. ✦ *Eu tenho que dar um jeito na TACHA de cozinhamento.* (CA)

◇ mancha, mácula. ✦ *"Tachar" significa apontar TACHA (mancha).* (FSP)

2. O verbo **tachar** significa "pôr tacha, ou defeito, em". Pode construir-se com complemento sem preposição (objeto direto) e predicativo do objeto iniciado pela preposição **de**, especificando qual a mácula apontada. ✦ *Por que determinadas pessoas, que não assistiram ao filme, o TACHAM de imoral e anticlerical?* (EM)

O substantivo **taxa** significa "tributo", "imposto", e o verbo **taxar** significa "impor tributo, imposto".

Tadjiquistão [Ásia]

O adjetivo pátrio correspondente é **tadjique**. ✦ *Os libertados são dois funcionários da ONU, dois repórteres russos de TV e um intérprete TADJIQUE.* (FSP*)*

tahine

Designa, na cozinha árabe, pasta de gergelim. ✦ *O TAHINE é uma pasta de sementes de gergelim que entra na composição de boa parte dos pratos libaneses.* (VEJ)

Tailândia [Ásia]

O adjetivo pátrio é **tailandês**. ✦ *Juntos, vestindo túnicas gregas de colorido TAILANDÊS, admirávamos, guiados por Santiago, a beleza do edifício catedrático da Academia.* (DDR)

tailleur

É palavra francesa que designa traje de duas peças, saia e casaco. A pronúncia é, aproximadamente, **taiêr**. ✦ *A manga de TAILLEUR é cortada com duas costuras.* (CUB)

Taiti [Polinésia, Pacífico Sul]

O adjetivo pátrio é **taitiano**. ✦ *Ocorreu-me que nem mesmo Gauguin em seu paraíso TAITIANO tinha um caranguejo tão perto de casa.* (VEJ)

tal

Como adjunto, concorda em número (**tais**) com o substantivo que acompanha. É demonstrativo. ✦ *Bruno estava acostumado a ouvir TAIS gentilezas, sempre que programava alguma expedição.* (ACM)

talass(i/o)-

É elemento (grego) que se liga a um elemento seguinte. Significa "mar". ✦ *Meio TALASSO- FÓBICO, sei que a fúria do mar pode ser a bíblica manifestação da cólera divina.* (BPN) ✦ *O mar foi para longe e os pobres mortos deixaram de ser devorados pelos necrófagos TALÁSSICOS, os siris e os guaiamuns.* (BAL)

talião

É palavra usada nas expressões **pena de talião**, ou **lei de talião**, referentes a antiga penalidade que consistia em fazer o delinquente sofrer o mesmo dano que causara. O substantivo **talião** escreve-se com inicial minúscula por não se tratar de nome próprio. ◆ *Crentes, fica-vos prescrita a* **pena de TALIÃO** *para o assassínio, um homem livre por um homem livre, um escravo por um escravo, uma mulher por uma mulher.* (ISL) ◆ *No plano penal, Hamurabi baseou-se na antiga* **Lei do TALIÃO** *(justiça privada): "olho por olho, dente por dente".* (HG)

talk-show

É expressão inglesa que designa programa de entrevistas de televisão que procura oferecer entretenimento. A pronúncia aproximada é **tólc-chou.** ◆ *Acho que só o programa do Jô é um* **TALK-SHOW** *clássico.* (FSP)

talvez

É um modalizador de possibilidade.

1. Quando o **talvez** vem antes do verbo, essa indicação de incerteza em geral se estende a toda a oração, e, por isso mesmo, o verbo se usa comumente no modo subjuntivo. ◆ **TALVEZ** *você* **tenha** *bastante razão.* (A) ◆ *Há rotas obrigatórias e* **TALVEZ seja** *essa obrigatoriedade o que se costuma chamar interdependência.* (FSP)

Mesmo com o **talvez** anteposto, porém, a indicação de incerteza pode não estender-se a toda a oração, ficando restrita a alguma porção do texto (porção que pode ser destacada por alguma pontuação, como a vírgula). Nesse caso, é comum o verbo ocorrer no modo indicativo (com um tempo verbal de valor pouco definido, como, por exemplo, o imperfeito ou o presente). ◆ **TALVEZ por isso era** *objeto especial das implicâncias de outras meninas.* (ASA) ◆ **TALVEZ por isso**, *à sua volta se* **respirava** *um clima de segurança e tranquilidade.* (MAD) ◆ **TALVEZ no caso do petróleo**, *o pessoal da Petrobrás* **tem**, *melhor do que eu, provavelmente, todos esses dados.* (POL-O) ◆ **Ali**, **TALVEZ**, **escrevia** *para leitores de outros tempos ou nações.* (ACM)

Entretanto, ainda que a indicação de incerteza não se estenda a toda a oração e incida particularmente sobre uma porção dela, o verbo pode ocorrer no subjuntivo. ◆ *E* **TALVEZ por isso** *Eurípides as* **tenha compreendido**. (ACM) ◆ **TALVEZ no próximo ano** *já não* **precise** *viver das mesadas que o pai me dá.* (CP)

2. Quando o **talvez** vem depois do verbo, a indicação de incerteza ou fica restrita a alguma porção da oração ou constitui uma espécie de comentário, e, por isso, o verbo se usa no modo indicativo. ◆ *O espaço* **será**, **TALVEZ para sempre**, *um mistério, o grande mistério.* (VEJ) ◆ *Exausto,* **caíra TALVEZ no chão**, *ainda vivo.* (ML) ◆ *Apesar disso, ou por isso,* **era**, **TALVEZ**, *a melhor bibliotecária deste planeta.* (ACM)

tamanduá

É substantivo masculino, referindo-se ao macho e à fêmea do animal (substantivo epiceno). ◆ *Elas passaram por mim e, mais adiante, a maior delas agarrou* **um TAMANDUÁ** *pelo pescoço e o arrastou pelo gramado.* (BL)

tamanduá-bandeira

O plural é **tamanduás-bandeira** (substantivo + substantivo, o segundo fazendo uma determinação sobre o primeiro). ◆ *Também há animais raros na área, como onças pintadas e* **TAMANDUÁS-BANDEIRA**. (FSP)

Tâmisa

A sílaba tônica é a antepenúltima (**TÂ**), e, por isso, a palavra leva acento (proparoxítona). É o nome de um rio da Inglaterra. ◆ *Pela primeira vez desde a Segunda Guerra Mundial (1939-45), o rio* **TÂMISA** *congelou.* (FSP)

tampão

Usa-se à direita de outro substantivo para classificá-lo ou qualificá-lo (como um adjetivo). ◆ *A saliva não atua rapidamente neste local e o seu* **efeito TAMPÃO** *demora mais para ocorrer.* (POD) ◆ *Nestes casos, a amostra(-teste) deve ser misturada com a solução transportadora ou com outra(s) solução(ões) contendo constituintes do* **sistema TAMPÃO**, *reagentes etc.* (QUN)

tampouco

Frequentemente se forma um substantivo composto, com a ligação dos dois elementos por hífen, mas em geral essas formas não têm registro na ortografia oficial. Estão oficialmente registrados, por exemplo, os compostos **mandato-tampão** e **solução-tampão**, termo científico que designa solução cujos constituintes são capazes de evitar grandes variações de pH quando a ela são adicionados ácidos ou bases. ◆ *Para aspartato transaminase, utilizou-se a solução-TAMPÃO de Scandalios.* (PAG) ◆ *A posse de Paniagua para um mandato-TAMPÃO de oito meses deu-se poucas horas depois da declaração.* (DIN) ◆ *ESTADO-TAMPÃO entre o Brasil e a Argentina, o Uruguai desenvolveria uma diplomacia pendular.* (GPO) ◆ *Os tanques eram protegidos por pequena área-TAMPÃO e não irrigados.* (BRG) ◆ *Se tampouco andou, é porque não era para andar mesmo, já que se trata de um ministro-TAMPÃO.* (FSP)

Indicam-se oficialmente duas possibilidades de plural para o composto, mas só ocorreu plural no primeiro elemento. ◆ *Para tal, foi adicionado um teor de 0,02M do sal às soluções-TAMPÃO empregadas no preparo das amostras.* (CTA)

tampouco ⇨ Ver tão pouco, tão-pouco.

Tampouco é advérbio que significa "também não". ◆ *Por seu turno, o homem TAMPOUCO era preparado para ser um bom parceiro.* (CH) ◆ *Os militares pensam que os políticos não são patriotas e TAMPOUCO honestos.* (VEJ)

Com o mesmo significado, registra-se nos dicionários a forma **tão-pouco**, que é muito raramente usada (menos de 1%).

tanat(o)- ⇨ Ver mor(t)-.

É elemento (grego) que se liga a um elemento seguinte. Significa "morte". Corresponde ao elemento latino **mor(t)-**. ◆ *Seu fascínio por cartas e diários era uma espécie de compensação de sua TANATOFOBIA.* (FSP) ◆ *Uma TANATÓLOGA (que estuda a morte) me disse que o luto existe para ser curtido.* (FSP)

tanger, Tânger [Marrocos, África]

1. Com **G**.

2. O verbo **tanger** (sem acento) significa "tocar". ◆ *Tive ímpeto de correr para meu pai, abraçá-lo, TANGER o punho da sua rede a noite inteira.* (CR)

3. O substantivo próprio **Tânger** tem acento porque é paroxítona terminada em **R**. O adjetivo pátrio correspondente é **tangerino**. ◆ *Até se falava na prisão dum TANGERINO chamado Moreno, que andava de recado de Aparício para o juiz de Tacaratu.* (CA)

tanto faz

Nessa expressão, o verbo não vai para o plural, mesmo que se sigam expressões no plural. ◆ *Afinal, meu Deus, TANTO FAZ vestido desta ou daquela maneira.* (CCA) ◆ *TANTO FAZ serem sete ou setenta.* (GTT) ◆ *Afinal, TANTO FAZ os sauditas viverem sob um regime totalitário ou outro.* (FSP)

Tanzânia [África]

O adjetivo pátrio é **tanzaniano**. ◆ *Os parques nacionais e as reservas ocupam quase 25% do território TANZANIANO.* (FSP)

tão pouco, tão-pouco ⇨ Ver tampouco.

1. **Tão pouco** é a sequência do advérbio intensificador **tão** e do quantificador **pouco** (pronome indefinido ou advérbio). ◆ *Pensar que em TÃO POUCO tempo estaria recusando convite para comer.* (BE) ◆ *Tenho atração pelos ofídios em geral, talvez por ser TÃO POUCO feminino.* (BU)

O quantificador **pouco** se flexiona no feminino e no plural. ◆ *Nunca tantos deveram tanto a TÃO POUCOS.* (T) ◆ *E então pude constatar como TÃO POUCAS coisas eram suficientes para viver em paz e bem.* (CDI)

2. A forma **tão-pouco** (registrada em dicionários) é o mesmo que **tampouco** ("também não"), mas é muito raramente usada (menos de 1%). ◆ *Nem eu TÃO-POUCO te condeno.* (NOD)

tão só, tão somente

Sem hífen. Significam "apenas". ◆ *E, no que dizia e ouvia, já estava TÃO SÓ querendo agradar-lhe.* (COB) ◆ *O que os diferenciava era apenas e TÃO SOMENTE o método escolhido para a concretização desses fins.* (CID)

tapa

É substantivo masculino ou feminino, mas é muito raro o uso como feminino (3%). ◆ *Bacanaço deu um TAPA no paletó imundo de Malagueta.* (MPB) ◆ *Benedito dá uma TAPA na parte de trás da cabeça de Cheiroso, perto da nuca.* (PEL)

taqui-

É elemento (grego) que se liga a um elemento seguinte. Significa "rápido", "breve". ◆ *Pela supressão brusca da droga, sintomas graves de abstinência se desenvolviam, consistindo em TAQUICARDIA, TAQUIPNEIA e febre.* (FF)

taramela, tramela

São formas variantes, ambas dicionarizadas. O substantivo designa peça de madeira que, sendo girada, segura o fechamento de uma porta. A primeira, **taramela**, tem uso ligeiramente mais frequente (53%). ◆ *Puxou a TARAMELA da porta e, da varanda, sob o céu ainda sem estrelas, distinguiu um pequeno vulto na estrada.* (OS) ◆ *Moveu a TRAMELA, e a porta abriu-se, num rechinar de dobradiças gastas.* (ALE)

tarantela

É a grafia aportuguesada do italiano *tarantella*, designação de dança popular napolitana. ◆ *O italiano agregado ao grupo, que toca uma TARANTELA e bebe copos de vinho que o dono da casa serve de um garrafão.* (ARI)

tarde

Os adjetivos correspondentes são:

◇ **vesperal.** ◆ *Já não era só o mal-estar, a tosse seca, a febre VESPERAL, o esgotamento incrível, a inapetência.* (MRF)

◇ **vespertino.** ◆ *Todas as tardes meus companheiros vão buscar água no riacho e voltam para o banho VESPERTINO.* (VEJ)

tarô

Tarô é a forma portuguesa correspondente ao francês *tarot*. A palavra designa espécie de baralho de 78 cartas grandes com desenhos simbólicos, usado no ofício de predizer o futuro. ◆ *O TARÔ é um baralho de origem desconhecida.* (TA)

tarraxa

Com **X**. ◆ *Quase à frente da mandíbula, onde o osso fica demasiado estreito para a colocação de tais ganchos, o cirurgião-dentista deixa uma abertura e insere uma TARRAXA.* (MAN)

tartaruga

É substantivo feminino, referindo-se ao macho e à fêmea do animal (substantivo epiceno). ◆ *O mais engraçado é que a TARTARUGA tenha aprendido a nadar.* (AVE)

Tasmânia [Austrália]

O adjetivo pátrio é **tasmaniano.** ◆ *Os TASMANIANOS aborígines tinham pele negra apesar de seus ancestrais já viverem há pelo menos 10 mil anos na mesma latitude de Vladivostok.* (FSP)

tátil, táctil

1. São formas variantes para o adjetivo referente a **tato**. A sílaba tônica é sempre a penúltima, e, por isso, a palavra leva acento (paroxítona terminada em **L**). ◆ *As operárias acompanham-na, procurando estar sempre em contato TÁTIL com a dançarina, pelas antenas e corpo a corpo.* (HB) ◆ *Enfim, há igualmente diminuição da sensibilidade TÁCTIL e dolorosa.* (CLO)

2. O plural é, respectivamente, **táteis** e **tácteis.** ◆ *As alucinações produzidas pelas intoxicações podem ser: visuais, auditivas, olfativas, gustativas, TÁTEIS ou psicomotrizes.* (TC) ◆ *Receptores TÁCTEIS da perna detectam contato com o rival.* (FSP)

As formas sem o **C** (**tátil** e **táteis**) são muito mais frequentes (70%).

tato, tacto

São formas variantes, mas a segunda (**tacto**) é muito raramente usada (3%). ◆ *Para todos esses a noção de sensibilidade se limita à* *primeira impressão sensorial, sobretudo a do TATO.* (FSP) ♦ *O TACTO descobriu uma coisa redonda e lisa, a curva de uma cantoneira.* (COT)

tatu

É substantivo masculino, referindo-se ao macho e à fêmea do animal (substantivo epiceno). ♦ *Os TATUS corriam, fugiam por baixo, as formigas pisadas se derretiam, chiando, esmagadas nas nossas botas.* (CJ)

taut(o)-

É elemento (grego) que se liga a um elemento seguinte. Significa "o mesmo". ♦ *No ritmo de um constante desencadeamento lógico entre verdades aceitas racionalmente, a matemática se reduz quase sempre a estabelecer TAUTOLOGIAS (repetições; tautos = o mesmo).* (TE) ♦ *Aquilo que Freud designava pelo nome de "pulsão da morte" nada mais era do que essa tentação vertiginosa de retornar, passando do lado de cá da morte, o anulamento na eterna repetição do Mesmo – a ontologia transformada em pura TAUTOLOGIA, a filogênese, em pura TAUTOGÊNESE.* (FSP)

taverna, taberna

São formas variantes. A primeira, **taverna**, tem uso ligeiramente mais frequente (54%), igualmente usuais. ♦ *Sim, vi-os na TAVERNA falando coisas atrozes a respeito de nosso soberano.* (RET) ♦ *Sozinhos na TABERNA, todos temiam agora as consequências do acidente.* (REP)

tax(i/o)-, -taxe

É elemento (grego) que se liga a um elemento seguinte ou a um anterior. Significa "arranjo", "ordenação", "classificação". ♦ *O Projeto Nordeste tem objetivos muito claros, informa o TAXIÓLOGO (especialista em classificação de formas vivas) Brian Stannard, do Kew.* (SU) ♦ *Num estudo dessa natureza (...), a busca de equivalentes na TAXONOMIA científica não foi completamente lograda.* (ATN) ♦ *Por umas quatro ou cinco vezes interrompera a diretora para corrigir erros de SINTAXE.* (ACT)

taxa, taxar ⇨ Ver tacha, tachar.

1. O substantivo **taxa** (com **X**) significa:

◇ "tributo", "imposto". ♦ *A cada dia que passava, a TAXA paga para retirá-los aumentava, acrescida de multa.* (ANA)

◇ "proporção (expressa em porcentagem)". ♦ *Consequência das orgias, a TAXA de natalidade era elevada.* (CEN)

2. O verbo **taxar** (com **X**) significa "impor tributo, imposto". ♦ *Em alguns países, as alíquotas chegam, nas faixas de renda mais alta, a TAXAR mais de 80% dos ganhos do contribuinte.* (REA)

O substantivo **tacha** designa: pequeno prego de cabeça larga e chata; tacho grande; mancha, mácula. O verbo **tachar** significa "pôr tacha ou defeito em".

taxativo, taxativamente

Com **X**, como **taxar**. O adjetivo significa "que não dá margem a objeção ou recusa". ♦ *Ainda quis discutir, mas ele foi TAXATIVO, de modo que resolvi levantar os braços e me render.* (SC) ♦ *Na nossa sociedade há uma regra que diz TAXATIVAMENTE com quem não se pode casar (os parentes vedados pelo tabu do incesto).* (SOC)

taxiar ⇨ Ver -iar.

É verbo decalcado no inglês *to taxi*. Significa, em relação a uma aeronave, "deslocar-se em terra antes ou depois do pouso". ♦ *A máquina escapou de seu controle, TAXIOU na pista e decolou sozinha.* (FSP)

taxonomia, taxionomia

1. São formas variantes para designar a ciência ou a técnica da classificação. A forma **taxionomia** é condenada como mal formada em manuais e dicionários, mas é tão usual quanto **taxonomia** (50%). ♦ *Em 1758, Carolus Linnaeus, considerado o pai da TAXONOMIA, estimou em 9.000 as espécies globais.* (VEJ) ♦ *O sucesso de Lineu, classificando animais e plantas, inspirou vários médicos na busca de TAXIONOMIAS.* (APA)

2. O adjetivos correspondentes são **taxônomico** e **taxiônomico**, respectivamente. ♦ *O*

te-déum, Te Deum

sistema de classificação usado hoje baseia-
-se em categorias TAXONÔMICAS criadas por
Lineu, biólogo do século 18. (FSP) ✦ *Embora*
se multiplicassem os diagnósticos – chegando
a uma verdadeira fúria TAXIONÔMICA –, os
recursos terapêuticos continuavam constran-
gedoramente pobres. (FSP)

tchau ⇨ Ver ciao.

É a forma aportuguesada, oficialmente registrada, de *ciao*, fórmula de saudação e de
despedida em italiano. É muito usada em
português apenas como despedida ("até logo",
"até a vista"). ✦ *Parou, sim, voltou-se par-*
cialmente e, dando o mesmo sorriso que ele
já quase não podia suportar, disse TCHAU e
saiu, andando devagar. (SL)

A forma **tchau** é a que se usa com mais frequência (96%).

tcheco, tchecoslovaco, tcheco-
-eslovaco ⇨ checo, checoslovaco,
checo-eslovaco ⇨ Ver República
Checa, ou Tcheca.

Todas essas formas são oficialmente registradas na língua portuguesa.

1. **Tcheco** é adjetivo pátrio correspondente à
República Checa (ou Tcheca). ✦ *Os TCHE-*
COS, destronados como campeões europeus,
declinaram também em 1980. (OP)

2. **Tchecoslovaco** (ou **tcheco-eslovaco**) é
adjetivo pátrio correspondente à antiga Checoslováquia (ou Tchecoslováquia), que se
dividiu em República Checa (ou República
Tcheca) e República Eslovaca (ou Eslováquia). ✦ *Ele saltou na vertical, derrubando*
meu lustre TCHECOSLOVACO sobre o tapete.
(T) ✦ *(...) mudei-me para um hotel de melhor*
qualidade (...) onde me registrei com um
nome TCHECO-ESLOVACO que já nem sei
mais como se escreve (...). (AL)

3. **Checo, checoslovaco** e **checo-eslovaco**
(com C inicial) são as variantes respectivas,
menos recomendadas nas lições tradicionais.
Checo é de uso menos frequente que **tcheco**
(20%), mas **checoslovaco** é mais usual que
tchecoslovaco (70%).

Tebas [Grécia antiga]

O adjetivo pátrio é **tebano**. ✦ *Essa árvore*
seria paulista, carioca, TEBANA ou babilô-
nica? (ESS)

-teca

É elemento de origem grega formador de
coletivo (indica "coleção"). ✦ *Documenta-*
ção: BIBLIOTECA, MAPOTECA, FOTOTECA,
FILMOTECA e DISCOTECA. (VID)

tecelão

1. Os femininos tradicionalmente indicados
são **tecelã** e **teceloa**, mas esta última forma
não ocorreu. ✦ *Já tivera Francelina, que era*
TECELÃ. (BH)

2. Os plurais tradicionalmente indicados são
tecelães e **tecelões**, mas o primeiro não ocorreu. ✦ *Li alguma coisa sobre as musselinas*
que os TECELÕES indianos fazem. (OAQ)

technicolor

É palavra inglesa que designa o processo de
filmagem cinematográfica em cores. ✦ *Welles*
chega ao Rio com o objetivo de filmar o Car-
naval em TECHNICOLOR, mas ainda sem uma
ideia precisa na cabeça. (FSP) ✦ *Se o paraíso*
fica na MGM dos anos 40 e 50, o templo é um
cenário em glorioso TECHNICOLOR assinado
por Cedric Gibbons. (SS)

tecido

O adjetivo correspondente é **têxtil**. ✦ *O do-*
mínio mouro na Europa trouxe o gosto pela
arte TÊXTIL. (CUB)

teco-teco

O plural é **teco-tecos** (substantivo composto
formado de palavras repetidas). ✦ *A economia*
é uma esquadrilha de TECO-TECOS. (VEJ)

te-déum, Te Deum

1. **Te-déum** é a forma gráfica portuguesa,
oficialmente registrada, da expressão latina
Te Deum, as primeiras palavras da frase *Te*
Deum laudamus ("A ti, ó Deus, louvamos."),
a qual constitui o título de um cântico de ação
de graças atribuído a Santo Ambrósio. O título se estende a outras composições sacras do

teen

gênero, e também a celebrações laudatórias em geral. Essa forma (geralmente com inicial maiúscula) e seu plural, **te-déuns** ocorrem, em geral, em textos não atuais. ◆ *Era a melhor voz do coro, cantava tão bem no TE--DÉUM.* (MRJ) ◆ *Não era um jantar, mas um* **TE-DÉUM**. (MBC) ◆ *Em muitos lugares do reino, efetuaram-se públicas demonstrações de regozijo... TE-DÉUNS e cânticos em ação de graças.* (BRA)

2. A expressão *Te Deum* (sem hífen, sem acento e com o substantivo *Deus* em maiúscula) constitui a própria expressão latina, significando "a ti, ó Deus". ◆ *Regressando à Matriz a imensa procissão, cantou-se o TE DEUM Laudamus, dando o Regimento as descargas.* (VB)

teen

É palavra inglesa formada por abreviação de *teenager*, que significa "adolescente" (entre 13 e 19 anos). É substantivo ou adjetivo. A pronúncia aproximada é **tin.** ◆ *O diretor Adam Rifkin, de 27 anos, tem o mérito de falar a linguagem TEEN sem soar forçado.* (VEJ) ◆ *O TEEN brasileiro é antes de tudo um voyeur.* (VEJ)

O plural é **teens.** ◆ *Entre os TEENS norte--americanos, o basquete está no topo, tanto para se assistir como para se praticar.* (FSP)

teenager

É palavra inglesa usada em português, apesar de haver termo equivalente, **adolescente** (aproximadamente, entre 13 e 19 anos). Trata-se, porém, de uso raríssimo (1%) e, em geral, na imprensa. A pronúncia aproximada é **tinêidger.** ◆ *Consideradas cafonas pelos TEENAGERS da década de 80, as festas de 15 anos, que no passado eram chamadas de bailes de debutantes, ressuscitam com toda a força no panteão de sonhos de adolescentes.* (VEJ)

Tejo

O **E** é aberto (mesmo antes de **J**), porque é a pronúncia de Portugal. ◆ *A polícia de Lisboa retirou ontem caminhoneiros que bloquearam* *por várias horas a ponte sobre o rio TEJO.* (FSP)

tele-

É elemento (grego) que se liga a um elemento seguinte. Se o elemento seguinte começar por **H**, essa letra é eliminada, nos compostos. Significa "longe", "ao longe". ◆ *Rede: termo genérico que designa um conjunto de linhas de TELECOMUNICAÇÕES.* (FSP) ◆ *Inaba informa ainda que a Telesp deverá implantar em 95 o Serviço TELEAVISO, que informará, em mensagem gravada, a existência de débitos pendentes.* (FSP)

Se o elemento seguinte começar por **R** ou **S**, é necessário duplicar essa letra (que ficará entre duas vogais, na escrita). ◆ *A cóclea funciona, portanto, como um órgão receptor periférico, como um TELERRECEPTOR de alta sensibilidade.* (ACL) ◆ *Para manter o grupo de admiradores das TELESSÉRIES unido, foi realizado, em novembro de 1993, um ciclo de projeções no Elétrico Cineclube.* (VEJ)

Se o elemento seguinte começar por **E**, a vogal final do primeiro elemento e a inicial do segundo se fundem. ◆ *O TELESPECTADOR olhou-o, sentou-se, botou gelo no copo, serviu-se do uísque e bebeu.* (CNT)

telefonema

É substantivo masculino. ◆ *Dona Otávia parece que estava esperando um TELEFONEMA urgente.* (CP)

teleprompter

É palavra inglesa (marca registrada) que designa ponto eletrônico que consiste em um monitor de vídeo acoplado a uma câmara, o qual exibe texto a ser lido numa apresentação. ◆ *Os mais inibidos "travam" diante do TELEPROMPTER e não conseguem disfarçar sua tensão.* (FSP)

A forma reduzida, *prompter*, não ocorreu.

televisão em cores, televisão a cores
⇨ Ver **em cores** ⇨ Ver **a cores.**

A expressão mais recomendada em manuais tradicionais é **televisão em cores.** ◆ *Em 1972,* *pressentiu que a TELEVISÃO EM CORES se transformaria no principal sonho de consumo do brasileiro.* (VEJ)

Entretanto, também é usual, embora com frequência bem menor (32%), a construção com a preposição **a**, considerada pelos puristas, e sem fundamento, como galicismo. ◆ *Havia uma TELEVISÃO A CORES mostrando cenas de um desfile de escola de samba, sem som.* (VA)

televisionar, televisionamento; televisar, televisado

1. **Televisionar** é o verbo correspondente a **televisão**. De **televisionar** se forma **televisionamento**. ◆ *A emissora já TELEVISIONOU 337 julgamentos em 33 Estados norte-americanos.* (FSP) ◆ *A emissora paulista teria direito de exibir dois jogos por semana, mas não haveria TELEVISIONAMENTO aos domingos.* (FSP)

2. O verbo **televisar** (que não representa uma formação regular, a partir de **televisão**, que é oficialmente registrada) ocorre muito raramente. ◆ *O nervosismo tomou conta do artista, que lutava bravamente contra uma grua que avançava no palco para TELEVISAR os acontecimentos.* (FSP)

É mais frequente a forma participial **televisado**, como adjetivo. ◆ *Código, todavia, não deve ser somente para a imprensa escrita, mas também para a falada e TELEVISADA.* (EM)

telex

1. É forma inglesa paroxítona incorporada ao português como oxítona: a sílaba tônica é a última (**LEX**), e, por isso, a palavra não leva acento. O substantivo designa modalidade de serviço telegráfico realizado por aparelhos teleimpressores. ◆ *A matriz já tomou conhecimento da repercussão e mandou um TELEX informando que um auditor chegará amanhã.* (SO)

2. O plural se faz de acordo com as regras do português: como toda palavra terminada em **X**, é invariável no plural. ◆ *Os documentos eram dois TELEX em código numérico e respectivas "traduções".* (NBN)

tem, têm

São as formas da terceira pessoa (do singular e do plural, respectivamente) do presente do indicativo do verbo **ter**: **tem** é singular, e **têm** (com acento circunflexo) é plural. ◆ *O teatro TEM mais pinturas do que a capela.* (ACM) ◆ *A psicose maníaco-depressiva é curável, mas nem todos os pacientes TÊM a mesma resposta positiva.* (AGO)

Os verbos formados de ter (**conter, deter, manter, suster** etc.) têm acento agudo no singular (**mantém, contém, detém, sustém**) e acento circunflexo no plural (**mantêm, contêm, detêm, sustêm**).

temperatura

Diz-se da temperatura que ela é alta ou elevada, baixa ou reduzida, e não que ela é quente ou fria. ◆ *TEMPERATURA alta faz com que praias do litoral sul e parques de SP fiquem cheios.* (FSP) ◆ *Esse material é submetido à destilação em baixa TEMPERATURA sob vácuo.* (MCO)

tempestivo, tempestivamente; tempestuoso ⇨ Ver intempestivo.

1. **Tempestivo** significa "que acontece no devido tempo", "oportuno". ◆ *Comprometo-me com a busca TEMPESTIVA de soluções duradouras e equitativas para os problemas institucionais e de carreira que afetam o funcionamento da Casa.* (II-O)

Tempestivamente é o advérbio correspondente ("no tempo devido", "oportunamente"). ◆ *A solução é propiciar meios para que os governos devedores possam saldar seus compromissos TEMPESTIVAMENTE.* (FSP)

2. **Tempestuoso** significa "que traz tempestades". ◆ *O barão viu-se no tombadilho de uma embarcação mercante armada de canhões, num mar TEMPESTUOSO, ameaçador.* (RET)

Intempestivo tem o significado oposto ao de **tempestivo**.

temporão

1. A palavra significa "que vem ou ocorre fora do tempo próprio", "extemporâneo". ◆ *Quebrara o resguardo do parto de Jorge,*

temporizador

seu filho TEMPORÃO, ao ir tirar os porcos da chuva poucos dias depois de dar à luz. (ETR)

2. O feminino oficialmente indicado é **temporã**, mas também ocorre a forma **temporona**, embora com baixa frequência (7%). ◆ *A previsão indica uma produção de 1 milhão de sacas para a safra TEMPORÃ.* (FSP) ◆ *Produtores da região de São José do Rio Preto dobraram o faturamento com a "exportação" de laranja-pera-rio "TEMPORONA" para o Nordeste.* (FSP)

3. O plural indicado em dicionários e manuais de gramática é **temporãos** ou **temporões**, e esta última forma é a mais usual, atualmente. ◆ *O bom vinho não resulta dos bacelos TEMPORÃOS, senão da farta vindima.* (REB) ◆ *Conceição, mais algumas companheiras, vagavam, procurando araçás TEMPORÕES.* (OJ) ◆ *Atualmente é possível pular carnaval o ano inteiro seguindo o calendário dos carnavais TEMPORÕES nordeste afora.* (FSP)

temporizador ⇨ Ver *timer*.

É a palavra portuguesa que traduz o inglês *timer*, denominação de dispositivo que controla intervalo de tempo para duração de funcionamento de um equipamento. É um pouco mais usual (53%) que a forma original inglesa. ◆ *O emissor de gás encontrado na estação tinha um TEMPORIZADOR que acionaria o motor de uma lâmina.* (FSP)

tempurá

É a designação de prato da culinária japonesa, um empanado de legumes, folhas, lula ou camarão. A sílaba tônica é a última. ◆ *O preço é praticamente o mesmo (...) e inclui missoshiro (sopa à base de um fermentado de soja) e TEMPURÁ de legumes (fritura com massa bem leve à base de farinha e água) à vontade.* (FSP)

tenaz

1. Com **z** final. ◆ *Ele insistiu, TENAZ, decidido.* (A)

2. O superlativo absoluto sintético é **tenacíssimo**. ◆ *A partir daquele momento, passou a dispor de uma "TENACÍSSIMA memória",*

o que lhe permitiu pregar em público antes mesmo de ser ordenado sacerdote. (FSP)

tenção, tencionar ⇨ Ver **tenso, tensão, tensionar.**

1. **Tenção** (com **ç**) significa "intenção", "intento". ◆ *Ninguém chega de boa TENÇÃO em terreiro alheio.* (CT)

2. A **tenção** liga-se **tencionar**, que significa "ter tenção de", "planejar". ◆ *Peguei este carro com o José e vim o mais depressa que pude, TENCIONANDO parar seu trem.* (PCO) ◆ *TENCIONAM eles apenas o desencadear das forças revolucionárias do País.* (SIG-O)

Tensão designa o estado daquilo que é tenso ("retesamento").

tendão calcâneo

É a denominação oficial atual para o tendão de Aquiles, nome tradicional baseado em dado da mitologia grega: o herói troiano Aquiles é mergulhado nas águas do rio Styx, que o tornariam invulnerável, seguro pela mãe que o prende pelo calcanhar, o qual passa, então, a constituir seu ponto vulnerável, por onde ele será morto. ◆ *TENDÃO CALCÂNEO – é o popular "tendão de Aquiles"; o nome vem da mitologia grega.* (FSP)

tênder, tender

1. **Tênder** é a forma portuguesa correspondente ao inglês *tender* (paroxítono), adjetivo que significa "tenro". Usado pelo substantivo que acompanha, o adjetivo **tênder** designa um tipo de presunto macio, geralmente defumado, muito consumido nas festas de final de ano. ◆ *Estarão nos supermercados, também, 400 toneladas de TÊNDER, 20% acima do volume vendido no Natal passado.* (FSP)

2. **Tender** é verbo que significa "estender"; "propender". ◆ *Se o som TENDER para o de um retinir metálico, é porque a terra está seca.* (JP)

tenso, tensão, tensionar ⇨ Ver **tenção, tencionar.**

1. **Tenso** e **tensão** escrevem-se com **s**, como todos os substantivos e adjetivos ligados a

ter mais que fazer, dizer etc...

verbos terminados em **-der** (**tender**). **Tensão** significa "estado daquilo que é tenso", "retesamento". ✦ *Dão risadas, Lindauro está menos TENSO, já respira mais calmo.* (ATR) ✦ *Gonçalo Ravasco sorriu. Sentia-se realmente muito bem, depois de momentos de muita TENSÃO.* (BOI)

2. A **tensão** liga-se **tensionar**, que significa "produzir tensão". ✦ *O governo não vai TENSIONAR as relações partidárias na Câmara por causa do bloco PSDB-PTB.* (FSP)

teo-

É elemento (grego) que se liga ao elemento seguinte sem hífen. O significado é referente a Deus ou deus. ✦ *A quarta diferença é que a Ciência Grega (pré-ciência) era mais antropocêntrica – assim como a medieval, TEOCÊNTRICA.* (TE)

teorema

É substantivo masculino. ✦ *A ele se atribui o TEOREMA sobre o triângulo retângulo e uma tábua de multiplicação.* (HF)

tepidez

Com **Z**, como todo substantivo abstrato em **-ez** derivado de adjetivo. Designa a qualidade ou o estado do que é tépido ("mornidão", "tibieza"). ✦ *Às 6 da manhã havia uma determinada TEPIDEZ no ar quase imóvel e duas cigarras começaram a cantar em estilo vertical.* (ACI)

ter

Segundo as lições da gramática tradicional, o verbo **ter** não deve ser usado no sentido de "haver" (existencial). Entretanto, a construção é usual, especialmente na linguagem menos formal. ✦ *Aqui eu sou sozinho e esse povo nem sabe ainda o que é isso, mas lá na Europa, lá longe, TEM muita gente que pensa assim.* (COR) ✦ *TINHA dias que nem conseguia fazer fisioterapia e chegava a duvidar que fosse possível voltar a jogar como antes.* (A)

ter a dizer, ter que dizer

Lições de puristas condenam a expressão **ter a dizer** como galicismo, recomendando, em seu lugar, **ter que dizer**. ✦ *Eu nada TENHO QUE DIZER da minha saudosa mãe.* (QDE)

Entretanto, **ter que dizer** é raramente usada com esse valor e geralmente indica obrigação, necessidade. ✦ *Uma coisa eu TENHO QUE DIZER.* (PD)

Significando "ter (o que) dizer", a expressão usual é **ter a dizer**. ✦ *Era o que TINHA A DIZER para o amigo.* (EM) ✦ *Colecionava aqueles pavores como argumentos que usaria para reforçar o que TINHA A DIZER a Manuel.* (ASS)

ter de, ter que

São expressões modalizadoras, indicando necessidade ou obrigação. As lições normativas apontam **ter de** como preferível a **ter que**, mas, no geral, **ter que** é mais usual (60%) (**ter de** é mais frequente que **ter que** na literatura, mas **ter que** é muito mais frequente que **ter de** na imprensa). ✦ *TIVE DE me conter, para não denunciar minha presença.* (AFA) ✦ *E o Exército, é óbvio, TEM QUE se preocupar com possíveis focos de insurreição.* (IS)

ter lugar

As lições normativas consideram a expressão **ter lugar**, na acepção de "realizar-se", "suceder", como não recomendável (galicismo).

Ela ocorre, entretanto, em diferentes registros. ✦ *A primeira ingressão marinha paleozoica TEVE LUGAR, entretanto, no Siluriano inferior.* (AVP) ✦ *Carregamos uma arquitetura que resultou de um processo evolutivo que TEVE LUGAR bem antes de a história começar.* (FSP) ✦ *A primeira assembleia TEVE LUGAR em El Salvador mas as condições da época não eram as mesmas do quadro atual.* (CRU)

ter mais que fazer, dizer etc., ter muito que fazer, dizer etc. ⇨ Ver mais que fazer, dizer etc. ⇨ Ver muito que fazer, dizer etc.

Nessas construções, os pronomes **muito** e **mais** são antecedentes do pronome relativo **que**. ✦ *Porém Maria não TINHA MAIS QUE DIZER.* (DE) ✦ *Vamos embora, menino, TENHO MUITO QUE FAZER.* (CA)

terat(o)-

Considera-se tradicionalmente que é injustificável o uso de um pronome demonstrativo **o** após o **muito** ou o **mais**, como nestas ocorrências: ✦ *Não vou segurar a vela de ninguém, TENHO MAIS o QUE FAZER.* (ANA) ✦ *O tempo demorava para passar e, pior, não TINHA MUITO o QUE FAZER.* (BL)

terat(o)-

É elemento (grego) que se liga a um elemento seguinte. Significa "monstro", "monstruosidade". ✦ *É extremamente complexa a averiguação da propriedade TERATOGÊNICA de uma substância, especialmente no homo.* (OBS) ✦ *O estudo científico dos monstros, a TERATOLOGIA, começou com William Harvey (...).* (APA)

terça-feira

O plural é **terças-feiras**. ✦ *Apesar das estradas intrafegáveis, a revista chega todas as TERÇAS-FEIRAS.* (VEJ)

Terceiro Mundo

A partir dessa expressão, formam-se o adjetivo **terceiro-mundista** e o substantivo **terceiro-mundismo**. ✦ *O carro ainda é utilizado como símbolo de status, como arma e armadilha, numa concepção jeca e TERCEIRO-MUNDISTA, mesmo pelas camadas mais esclarecidas da população.* (OES) ✦ *Jornalistas que continuam a mostrar o TERCEIRO-MUNDISMO do país estariam prestando um desserviço à nação.* (FSP)

O plural de **terceiro-mundista** é **terceiro-mundistas**. ✦ *Qualquer dia seremos menos TERCEIRO-MUNDISTAS.* (EMB)

terço ⇨ Ver **terso.**

O substantivo **terço** é numeral fracionário e também designa a terça parte do rosário. ✦ *O departamento de Santa Cruz compreende um TERÇO do território boliviano.* (VEJ) ✦ *A esposa, engelhada, encolhida na cama, sob rumas de cobertores, agarrava-se a um TERÇO com as mãos trêmulas.* (VB)

Terso significa "puro", "limpo", "correto".

terçol

Com Ç. O substantivo designa pequeno abscesso na borda das pálpebras. ✦ *(Itamar) Teve TERÇOL, uma virose, duas infecções dentárias e uma gripe.* (VEJ)

terebintina

Com **E** na segunda sílaba (**RE**) e com **I** nasal na terceira (**BIN**). A palavra se liga a **terebinto**, nome da árvore de que se extrai a resina. ✦ *Podem ser também untados com vaselina depois de bem limpos, ou envernizados com verniz copal misturado com o duplo de essência de TEREBINTINA.* (MPM)

Teresina [Piauí]

O adjetivo pátrio é **teresinense**. ✦ *As passagens foram reajustadas no dia 1º de julho e custam 79 centavos. O que é considerado muito caro pelos TERESINENSES que ganham apenas o salário mínimo por mês.* (VEJ)

tergal

É palavra de origem francesa, marca comercial de tecido de fio ou fibra sintética. Esse produto está com a produção encerrada. ✦ *O vestuário sofreu grande mudança: antes tínhamos as roupas de algodão, depois as de fibras sintéticas como o TERGAL, poliéster, náilon e mais atualmente a lycra.* (QUI)

termo-

É elemento (grego) (com o **E** tônico aberto) que significa "calor", "temperatura". Liga-se ao elemento seguinte:

◇ com hífen, se o elemento começar por **H**; pode ocorrer, entretanto, de o **H** inicial do segundo elemento cair na formação e ficarem duas vogais em sequência (sem hífen), o que faz surgir variantes gráficas, como no caso de **termo-higrógrafo** e **termoigrógrafo**, ambas as formas oficialmente registradas. ✦ *O armazenamento das frutas realizou-se em câmara frigorífica, sendo monitorada com TERMO-HIGRÓGRAFO / TERMOIGRÓGRAFO.* (SAG)

◇ sem hífen, antes das outras consoantes e vogais. ✦ *O estudo sobre o comportamento dos combustíveis, sobre as vantagens de uns* em relação a outros, é feito em *TERMOQUÍ-MICA, ensinado nos cursos de 2° grau.* (QUI) ♦ *Os resultados TERMOANALÍTICOS do teor de umidade e cinzas do pó e farelo da vagem da algaroba (...) foram satisfatórios para as temperaturas de secagem estudadas.* (QUN)

Se o elemento seguinte começar por **R** ou **S**, é necessário duplicar essa letra (que, então, ficará entre duas vogais, na escrita). ♦ *A maior dificuldade causada pelo grupo psicrotrófico é a TERMORRESISTÊNCIA das enzimas produzidas.* (ACQ) ♦ *Chegou-se a testar um aparelho de medição passiva TERMOSSENSÍVEL.* (VEJ)

Quando o segundo elemento começar por **E**, o **O** final de **termo-** pode desaparecer ou não. As formas **termelétrica** e **termoelétrica**, por exemplo, são ambas registradas oficialmente. ♦ *Há pouco tempo, os jornais informaram sobre a poluição causada pela Usina TERMELÉTRICA de Candiota (Bagé/RS), que queima carvão para gerar energia elétrica.* (QUI) ♦ *A usina nuclear assemelha-se à TERMOELÉTRICA, diferindo apenas na forma como o vapor é produzido.* (UE)

termóstato, termostato

São variantes prosódicas, ambas oficialmente registradas. A forma **termóstato** é a tradicionalmente recomendada, mas só a forma sem acento (paroxítona) ocorreu. O substantivo designa dispositivo que mantém constante a temperatura de um sistema. ♦ *Neste caso, S. é o próprio aquecedor com seu sistema de aquecimento, temperatura desejada, temperatura real da saída, TERMOSTATO e o sinal que este emitir para ligar ou desligar o aquecedor.* (CIB) ♦ *Descontrolado o seu TERMOSTATO corporal, ela tirava todos os 500 casacos que usava para logo depois, açoitada pelo gelo do ambiente, voltar a se cobrir.* (VEJ)

Terra, terra

1. **Terra** escreve-se com inicial maiúscula quando se trata do nome do planeta (substantivo próprio). ♦ *Não podiam mais descer na Lua e talvez nem voltar à TERRA.* (VEJ)

Escreve-se **terra** com inicial minúscula quando o nome designa o solo ou a substância de que ele se compõe (substantivo comum). ♦ *A partir daí, vários mitos a respeito do sono ruíram por TERRA.* (NOV) ♦ *Nessa época, os castelhanos realizavam o cozimento de diferentes tipos de carne embrulhada em folhas e dentro de um buraco escavado na TERRA.* (OEP)

2. Usado na acepção particular de "terra firme", em oposição a mar, o substantivo **terra** (que contrasta com **bordo**) se usa sem artigo. ♦ *Ele previa encarniçados combates, em TERRA se os EUA invadissem o Japão.* (VEJ)

3. Os adjetivos correspondentes a **Terra** são:

◇ **terrestre.** ♦ *O Equador TERRESTRE é onde ficam todos os pontos que têm latitude zero.* (ATE)

◇ **terreno.** ♦ *Nos espíritos inferiores, a proximidade da matéria determina a persistência das ilusões da vida TERRENA.* (ESI)

◇ **telúrico.** ♦ *Imaginei um romance, TELÚRICO e terrífico, do qual Bento Porfírio, desestilizado, será o herói.* (SA)

◇ **terreal.** ♦ *(...) e não parecia esta terra senão um retrato do TERREAL paraíso.* (C)

O adjetivo correspondente a **terra** é **térreo.** ♦ *O salão das refeições, na parte TÉRREA, está vazio.* (RIR)

4. O habitante da Terra é denominado **terráqueo.** ♦ *Com 45 anos, o ator será o primeiro TERRÁQUEO a ter seu nome lançado ao espaço junto do título de seu último filme.* (VEJ)

Terra do Fogo [América do Sul]

O adjetivo pátrio é **fueguino.** ♦ *Tudo é branco e majestoso e o horizonte é dominado pelas neves eternas da cadeia Martial, o nome que a cordilheira dos Andes recebe em solo FUEGUINO.* (FSP)

terracota

É a forma portuguesa correspondente ao italiano *terra cotta* ("terra cozida"). Designa argila cozida em forno, usada para modelagem. ♦ *Marrakech é inteirinha vestida em tons de TERRACOTA, vermelho e ocre.* (CLA)

terraplanagem, terraplenagem

São formas variantes que designam conjunto de movimentos de terra destinados a tornar a terra plana, antes de uma edificação. A forma **terraplenagem** é ligeiramente mais frequente (54%). ✦ *Apenas as máquinas de* **TERRAPLANAGEM** *da própria Chesf estão trabalhando.* (JB) ✦ *Um laudo técnico da CEF apontou superfaturamento nos serviços de* **TERRAPLENAGEM** *e pavimentação.* (VEJ)

terráqueo

Com **E** depois do **QU**. O substantivo designa o habitante da Terra. ✦ *Pela foto, vê-se que Collor é talvez o único* **TERRÁQUEO** *a ficar em casa vestido de maneira tão confortável e descontraída.* (VEJ)

terras, terrenos, imóveis

O adjetivo correspondente é **fundiário**. ✦ *A sociedade estava dividida em patrícios (grandes proprietários* **FUNDIÁRIOS**), *clientes (parentes pobres, dependentes dos patrícios) e plebeus (pequenos proprietários* **FUNDIÁRIOS**, *artesãos, comerciantes).* (HG)

terremoto

O adjetivo correspondente é **sísmico**. ✦ *Essas mudanças, afirmou, são do tipo que permitem uma segura previsão de um abalo* **SÍSMICO**. (MAN)

terrível

O superlativo absoluto sintético é **terribilíssimo** ✦ *Se é sempre terrível pisar na bola, a partir de agora fica* **TERRIBILÍSSIMO**, *né moçada?* (FSP)

terso ⇨ Ver terço.

Terso significa "puro", "limpo", "correto". ✦ *A resposta foi que sonhávamos, sorvendo inclusive com a boca um reconfortante odor de panos* **TERSOS**. (CBC)

O substantivo **terço** é numeral fracionário e também designa a terça parte do rosário.

tessitura

É palavra italiana usada no português. Com **SS**. Significa "conjunto de notas ou de sons que se acomoda a uma determinada voz ou a um determinado instrumento"; "organização". ✦ *Da soprano Kiri Te Kanawa, além do repertório, ela se distancia pela formação e* **TESSITURA** *da voz.* (VEJ)

teste

É a forma portuguesa correspondente ao inglês *test*. ✦ *Um* **TESTE** *de capacidade intelectual talvez fosse a fórmula mais justa.* (AVL)

testemunha

É substantivo feminino (**a testemunha**), referindo-se indiferentemente a elemento do sexo masculino ou do sexo feminino (substantivo sobrecomum). ✦ *Dino seria* **a TESTEMUNHA**, *talvez* **ele** *mesmo telefonasse para a polícia.* (MAD) ✦ **Outra TESTEMUNHA** *do barulho é* **a atriz** *de filmes eróticos Jennifer Peace.* (VEJ)

tetra-, tetra

1. **Tetra-** é elemento (grego) correspondente a **quatro**. Liga-se ao elemento seguinte:

◇ com hífen, se o elemento começar por **H**, por exemplo, **tetra-hidrato** e **tetra-hidrogenado**, formas oficialmente registradas, mas que não ocorreram; entretanto, o **H** inicial do segundo elemento pode cair na formação e ficarem duas vogais em sequência, o que faz surgir variantes gráficas, por exemplo, **tetraidrato** e **tetraidrogenado**, também oficialmente registradas, mas sem ocorrência. ✦ *Os produtos apresentaram baixa solubilidade em acetona, clorofórmio e* **TETRA-HIDROFURANO**. (EQU) ✦ *Os pesquisadores injetaram o princípio ativo da maconha, o THC (sigla para* **TETRAIDROCANABINOL**) *diretamente no estômago de ratos e camundongos.* (FSP)

◇ também com hífen, se o elemento começar por **A**. ✦ *A coleção combinatória de* **TETRA-AMIDAS** *preparada por Rebek Jr. e col. consistiu na reação do cloreto de acila tricíclico 7 com 19 aminoácidos.* (QUN)

◇ sem hífen, antes das outras consoantes e vogais. ✦ *O Brasil é o único país* **TETRACAMPEÃO**. (FSP) ✦ *O chumbo* **TETRAETILA**

Tibete (região) [Ásia]

(aditivo usado nos combustíveis) é um perigoso produto químico que contamina o óleo comestível. (FSP)

Se o elemento seguinte começar por **R** ou **S**, é necessário duplicar essa letra (que ficará entre duas vogais, na escrita). ◆ *Todos eles são constituídos do mesmo TETRASSACARÍDEO.* (ACB)

2. **Tetra** usa-se como substantivo, equivalendo a **tetracampeonato**. ◆ *Itamar viu o TETRA chegar com a alegria de um velório.* (RI)

tetraneto, tataraneto ⇨ Ver bisneto ⇨ Ver trineto.

1. **Tetraneto** é como se designa o filho do trineto ou da trineta. ◆ *No Rio, passou pela Assembleia nos anos 70 o deputado José Bonifácio Diniz de Andrade, TETRANETO do patriarca da Independência.* (VEJ)

2. Popularmente (75% dos casos), a denominação é **tataraneto**. ◆ *O TATARANETO em questão chamava-se Eurico.* (VN)

Bisneto é o filho do neto ou da neta.

Trineto é o filho do bisneto ou da bisneta.

tetravô, tataravô ⇨ Ver bisavô ⇨ Ver trisavô.

1. **Tetravô** é como se designa o pai de um dos trisavós, e **tetravó** é a mãe de um dos trisavós. ◆ *Andrade Neves tem antepassados militares tanto pelo lado materno, caso do TETRAVÔ, como pelo paterno.* (FSP)

2. Os plurais indicados para **tetravô** são **tetravós** ou **tetravôs**, mas esta última forma não ocorreu. ◆ *Mais complicado ainda, o mesmo cálculo precisa ser feito para os quatro avós paternos e maternos, os oito bisavós, 16 trisavós e 32 TETRAVÓS no espaço de um século.* (RI)

3. Popularmente (85% dos casos), a denominação é **tataravô** e **tataravó**. ◆ *O TATARAVÔ de Ludomiro veio da Alemanha para o Brasil, em 1851, com seis anos.* (GD) ◆ *TATARAVÓ de Charles, a rainha Vitória chegou aos 81 anos.* (VEJ)

Bisavô é o pai de um dos avós.

Trisavô é o pai de um dos bisavós.

tétum

É o nome de uma das línguas faladas no Timor. A sílaba tônica é a penúltima, e, por isso, a forma **tétum** leva acento (paroxítona terminada em **UM**). ◆ *A língua portuguesa, no Timor Leste, foi marcada pela influência das línguas tradicionais, sobretudo pelo TÉTUM.* (FSP)

teuto- ⇨ Ver germano-.

Teuto é um elemento de composição correspondente a **alemão**. É usado na formação de adjetivos pátrios, ligando-se com hífen ao elemento seguinte. ◆ *Só com ele mesmo? – perguntou o jovem TEUTO-brasileiro da caixa.* (BH)

têxtil

1. A sílaba tônica é a penúltima (**TÊX**), e, por isso, a palavra leva acento (paroxítona terminada em **L**). ◆ *Nova Darmstadt se localiza no centro de uma região que une produtores de vinho, soja, cana e indústria TÊXTIL.* (GD)

2. O plural é **têxteis**. ◆ *O calor acelera a deterioração do papel, couro e TÊXTEIS.* (CRS)

TFR

É a sigla de **Tribunal Federal de Recursos**. ◆ *No Superior Tribunal de Justiça, órgão que sucedeu ao TFR, tem a fama de juiz rápido e impetuoso.* (VEJ)

thinner, tíner

Thinner é palavra inglesa que designa líquido solvente, aportuguesada como **tíner**, que ocorreu em 65% dos casos. ◆ *De acordo com os relatos, a lata de THINNER (líquido inflamável) encontrada no conjunto estaria em outro apartamento.* (FSP) ◆ *Diluir a seladora no TÍNER em partes iguais.* (FSP)

thriller

É palavra inglesa que designa peça ou filme de mistério. A pronúncia aproximada é **tríler**. ◆ *Favela High-tech é metade THRILLER policial e metade romance-reportagem.* (VEJ)

Tibete (região) [Ásia]

O adjetivo pátrio é **tibetano**. ◆ *Quem chega lá encontra um templo japonês, outro tailandês, outro TIBETANO etc.* (BUD)

tíbia

É substantivo feminino. Designa osso situado na perna, ao lado da fíbula, ou perônio. ◆ *O armador John Stockton fraturou a TÍBIA no segundo jogo.* (VEJ)

tibieza

Com **Z**, como todo substantivo abstrato em **-eza** derivado de adjetivo. Designa a qualidade do que é tíbio, falta de ardor ou de entusiasmo, frouxidão. ◆ *Por isso, estou pregando a moderação que, como tenho dito, não deve ser confundida com indecisão ou TIBIEZA.* (CRU)

ticket, tíquete

1. *Ticket* ("bilhete") é palavra inglesa, aportuguesada como **tíquete** (palavra acentuada porque tem a antepenúltima sílaba tônica: **TÍ**). Ambas as grafias são usadas, mas a forma aportuguesada é bem mais frequente (63%). ◆ *Dia desses, em São Paulo, vi o povo pendurado nos balcões, comendo e pagando com TICKETS.* (GD) ◆ *Ao optar pelo sistema de refeições-convênio, sua empresa pode trabalhar com vales, cupons, TÍQUETES, vouchers etc.* (P)

2. **Tíquete** entra em compostos (com hífen), antecedendo outro substantivo da língua portuguesa. ◆ *Os Correios estão entrando no negócio de TÍQUETE-refeição.* (VEJ) ◆ *Outros R$ 80,00 vêm na forma de TÍQUETE-alimentação.* (FSP)

O plural se marca apenas no primeiro elemento. ◆ *Vendo até meus TÍQUETES-refeição, para poder pagar minhas contas.* (FSP)

tico-tico

O plural é **tico-ticos** (substantivo composto formado de palavras repetidas). ◆ *Não havia pardais no Brasil, havia TICO-TICOS, que se assemelham um pouquinho a eles, mas estão longe de ser a mesma praga.* (SL)

tigela

Com **G**. ◆ *Maria Berco serviu ao senhor uma TIGELA de leite quente.* (BOI)

tijolo

O plural é **tijolos**, com **O** aberto. ◆ *Almiro rodeou o prédio, subiu a pequena escada de TIJOLOS que dava para o compartimento principal da cadeia.* (DM)

tílburi

É a forma portuguesa correspondente ao inglês *tilbury*, espécie de carro sem boleia puxado por um cavalo. A sílaba tônica é a antepenúltima (**TIL**), e, por isso a palavra leva acento (proparoxítona). ◆ *Pois, já andei. De banguê, de trole, carro de boi, carro de dois cavalos, TÍLBURI, automóvel, trem e até de avião.* (ES)

tilintar ⇨ Ver **tiritar.**

Tilintar significa "fazer soar peças metálicas que se chocam, especialmente moedas". ◆ *Ele manteve na cintura o saquinho cheio de moedas que TILINTAVAM.* (BOI)

Tiritar significa "bater os dentes por frio ou medo".

timbale

A sílaba tônica é a penúltima (**BA**), e, por isso, a palavra não leva acento (paroxítona terminada em **E**). O substantivo designa uma espécie de tambor. ◆ *Por isso mesmo, não soa nada estranha a voz de Elba surgindo do meio daquele turbilhão sonoro formado por mãos batendo compassadas em bongôs, congas e TIMBALES.* (VEJ)

time

É a forma portuguesa correspondente ao inglês *team*. ◆ *O sonho de todos os garotos bons de bola do Brasil ainda era jogar no TIME de Ademir, Ely, Danilo, Jorge, Ipojucan, Barbosa, Augusto.* (ETR)

Time is money.

Frase inglesa que significa "Tempo é dinheiro". Exprime a ideia de que o tempo não deve ser gasto inutilmente, porque, bem aplicado, ele gera ganho. ◆ *A expressão "TIME IS MONEY" rege, segundo por segundo, a vida de centenas de profissionais envolvidos com os comerciais de tevê.* (REA) *timer* ⇨ Ver **temporizador.**

É palavra inglesa que designa dispositivo que controla intervalo de tempo para duração de funcionamento de um equipamento. A pronúncia aproximada é **táimer.** ♦ *Liga-se o TIMER e em poucos minutos, por somente 2 centavos de energia, você tem 3 kg de roupa bem lavada e quase enxuta.* (P)

A palavra portuguesa que traduz *timer* é **temporizador,** um pouco mais usual (53%) que a original inglesa.

timidez

Com **Z,** como todo substantivo abstrato em **-ez** derivado de adjetivo. ♦ *Os garotos olham o moço com seus olhinhos vivos e risonhos, sem TIMIDEZ.* (ATR)

timing

É palavra inglesa que se refere ao senso de oportunidade quanto à escolha do momento e do tempo de duração de alguma ação. A pronúncia aproximada é **táimin.** ♦ *O grande problema dos líderes tucanos que querem aprovar logo a reeleição de FHC é o TIMING.* (FSP) ♦ *Com essa bola toda, cometeu um erro primário de TIMING – para falar na língua deles.* (VEJ)

Timor [Oceânia]

O **O** é fechado. O adjetivo pátrio é **timorense.** ♦ *Xanana Gusmão, líder do povo TIMORENSE, novo Nelson Mandela, continua preso.* (FSP)

tingido, tinto

1. A forma **tingido** é usada com os verbos **ter, haver, ser** e **estar.** ♦ *Através da assessoria de imprensa, o governador desmentiu que tenha TINGIDO ou feito reflexos nos cabelos.* (FSP) ♦ *Desde o começo, João Paulo 2º mostrou sua disposição a emprestar vigor (...) ao cargo que Paulo 6º havia TINGIDO de um tom melancólico.* (FSP) ♦ *O velho xale de barbante de Esther também foi TINGIDO.* (UQ) ♦ *Pegaram uma musicalidade que ainda estava TINGIDA pelas águas lamacentas do delta do rio Mississippi.* (FSP)

2. A forma **tinto** é geralmente usada como adjetivo. ♦ *Ficará tudo TINTO de sangue.* (BN) ♦ *O cabelo TINTO de um castanho "natural", penteado para trás com simplicidade.* (NB) ♦ *Eusébio cometeu a gafe de gelar o vinho TINTO.* (DE)

3. Também a forma **tingido** é usada como adjetivo. ♦ *Dois anos depois de ter conseguido sobreviver à loira TINGIDA Gennifer Flowers, (...) as gatas no armário de Clinton voltaram a miar à sua porta.* (VEJ)

tintim por tintim

Tintim escreve-se numa só palavra, sem hífen (embora a forma esteja sem registro na ortografia oficial). A expressão **tintim por tintim** significa "ponto por ponto", "com todos os pormenores". ♦ *Soube do acontecimento TINTIM POR TINTIM e de tudo quanto ouviu.* (PFV)

tio

O adjetivo correspondente é **avuncular.** ♦ *No lugar de Will Rogers, o AVUNCULAR Charles Winninger, pondo um mínimo de ordem numa comunidade corroída pela intolerância racial e outros tipos de segregação e preconceito.* (FSP)

tique

É a forma portuguesa correspondente ao francês *tic.* Significa "cacoete". ♦ *O homem tinha um TIQUE insinuante: fechava às vezes o olho esquerdo.* (CD)

tique-taque

1. É expressão onomatopaica (reprodução do som do relógio). ♦ *O TIQUE-TAQUE do relógio, que marca dez e meia, vai quebrando o silêncio.* (TPR)

2. O plural é **tique-taques.** ♦ *Nas paredes, o brasileiro pendurou cerca de 1.000 relógios que entoam TIQUE-TAQUES em intervalos de tempo diferentes.* (VEJ)

tira-teima, tira-teimas

1. Ambas as formas são usadas para o singular, mas a segunda (**tira-teimas**) é muito

tireoide, tiroide

pouco usual (4%). Trata-se de substantivo masculino. ◆ *Para testar o olho clínico do público, VEJA propõe* **um TIRA-TEIMA**. (VEJ) ◆ *Dificilmente* **uma reavaliação TIRA-TEIMAS** *poderá ser feita às pressas*. (VEJ)

2. O plural é **tira-teimas**. ◆ *As duas equipes estão fazendo um* **dos maiores TIRA-TEIMAS** *da história do futebol italiano*. (FSP)

tireoide, tiroide

1. São formas variantes dicionarizadas. **Tireoide** é a forma tradicionalmente mais recomendada e praticamente é a única usada (95%). ◆ *A hipófise, a* **TIREOIDE**, *as suprarrenais desenvolvem-se enquanto o timo regride*. (AE) ◆ *Masse disse que, nos anos 60, a Fernald fez cobaias beberem uma solução contendo iodo radiativo em pesquisas sobre a* **TIROIDE**. (FSP)

2. Além disso, as palavras derivadas ligam-se todas a **tireoide**, e não a **tiroide**. ◆ *A lentidão mental é resultante da falta do hormônio* **TIREÓIDEO**. (APA) ◆ *No exame da pele do pescoço, podem ser observadas cicatrizes consequentes a atos cirúrgicos* **(TIREOIDECTOMIAS)** *ou a antigas adenites supuradas*. (CLI)

tiritar ⇨ Ver tilintar.

Tiritar significa "bater os dentes por frio ou medo". ◆ *Minhas mãos* **TIRITAM** *de frio (...)*. (AL)

Tilintar significa "fazer soar peças metálicas que se chocam, especialmente moedas".

Tirol (região) [Europa]

O adjetivo pátrio é **tirolês**. ◆ *"Ele se parecia com os nossos ancestrais de pele mais escura, queimada pelo sol", afirma o arqueólogo* **TIROLÊS** *Hans Notdürfter*. (VEJ)

To be or not to be.

É expressão inglesa que significa "Ser ou não ser". Constitui o início do primeiro verso do monólogo de *Hamlet* (III, 1), Shakespeare. Refere-se a uma situação em que está em jogo a própria existência de um indivíduo ou de uma nação. ◆ *Não fique se perguntando* **TO BE OR NOT TO BE**, *preocupado com o nível em que está o seu inglês*. (P)

to, ta, tos, tas ⇨ Ver lho, lha, lhos, lhas ⇨ Ver no-lo, no-la, no-los, no-las ⇨ Ver vo-lo, vo-la, vo-los, vo-las.

Essas formas constituem combinações do pronome pessoal de segunda pessoa **te** (como objeto indireto) com o pronome pessoal de terceira pessoa *o, a, os, as* (sempre objeto direto). Não ocorreram.

toalete

1. É a forma portuguesa correspondente ao francês *toilette*.

2. É substantivo feminino, com os significados de:

◇ "arranjo da aparência pessoal". ◆ *Continuou* **sua TOALETE**, *vestiu um dos ternos de casimira que mandara fazer sob medida havia pouco tempo*. (ANA)

◇ "traje feminino de gala, para cerimônias, bailes". ◆ *As damas deviam ir de sapatos altos e traje de* **TOALETE**, *também completo*. (REA)

3. É masculino na acepção de "banheiro". ◆ *Dona Irene me arrastou para* **o TOALETE** *de senhoras e virou o trinco*. (GI)

toca-discos

Essa é a forma, no singular e plural. ◆ *Liga* **o TOCA-DISCOS** *e ouve melancólica a música*. (F) ◆ *Para o segundo semestre,* **dois novos TOCA-DISCOS** *laser deverão chegar às lojas*. (EX)

Tocantins

1. A sigla é **TO**. ◆ *Os três da bancada da Paraíba (...), o deputado Udson Bandeira* **(TO)** *e o deputado João Natal (GO) votaram contra a proposta*. (FSP)

2. O adjetivo pátrio é **tocantinense**. ◆ *Paulistas também compraram fazendas na várzea* **TOCANTINENSE**. (FSP)

todavia

É advérbio de valor adversativo, em fase de gramaticalização como conjunção adversativa. ◆ *A opressão da altitude, TODAVIA, é mais forte que o sentimento de solidão e faz as pessoas sofrerem mais.* (RET) ◆ *Não lhe foi fácil. TODAVIA, trabalhou tanto, pediu tanto, que conseguiu por fim autorização.* (PCO)

todo

1. Como pronome, **todo** (posposto ou anteposto) concorda com o substantivo que acompanha, haja artigo, ou não, junto do substantivo e seja qual for a posição ocupada. ◆ *TODA pessoa precisa saber orientar-se a partir de sua potencialidade.* (BIO) ◆ *Com estrutura de ferro TODA envidraçada, o estande tinha até copa para preparar canapês.* (VEJ)

2. Segundo as lições dos manuais tradicionais, é o seguinte o modo de emprego do pronome **todo** que precede substantivo:

◇ Significando "qualquer", "cada", o substantivo não se acompanha de artigo (ou outro determinante). ◆ *TODA criança gosta de água.* (PFI)

◇ Significando "a totalidade de", o substantivo tem artigo (ou outro determinante). ◆ *Durante TODO o trajeto, aquele sonho vinha e voltava aos seus pensamentos.* (ORM) ◆ *Durante TODA a minha estada, não avistei sequer Dona Leonor.* (A)

Entretanto, são comuns empregos de **todo**:

◇ significando "a totalidade de" mas não seguido de artigo. ◆ *Para falar com TODA franqueza, disponho de muito pouco tempo.* (SPI)

◇ significando "qualquer" mas seguido de artigo. ◆ *Belarmino, como faz quase TODO o barbeiro, participou do comentário.* (AM)

No caso do plural, sempre ocorre artigo (ou outro determinante) com o substantivo. ◆ *Os banqueiros gostariam que TODOS os correntistas recebessem seu dinheiro.* (VEJ) ◆ *Não compreendo por que os homens TODOS se vestem de preto, à europeia, num país tropical.* (XA)

3. No plural, quando o substantivo é acompanhado de numeral cardinal, o uso de **todos** é tradicionalmente considerado como indevido, já que sem ele já está indicada totalidade. Entretanto, a construção é usual. ◆ *O presi-*

dente já deu mais entrevistas que TODOS os quatro antecessores juntos, em quinze anos de governos revolucionários. (VEJ)

Se não ocorre substantivo após o numeral, **todos** se emprega com ou sem artigo, dependendo do caso. ◆ *Vinha de passar pelos "braços" de quatro maridos, TODOS quatro bem morridos, com boas aposentadorias e bons montepios.* (NI) ◆ *Abaixamos, TODOS três, os olhos, confusos.* (A) ◆ *Apesar disso, TODOS os três têm boas novidades para exibir aos primos ricos do Sul e do Sudeste.* (VEJ) ◆ *A quebradeira do México, o risco da Argentina e o susto do Brasil, TODOS os três prensados pela questão cambial, são temas que merecem exame no mundo.* (VEJ)

todo-poderoso

1. O feminino é **todo-poderosa** (o primeiro elemento é invariável). ◆ *Envolvendo somas de dinheiro fantásticas, os concursos proliferam nas emissoras de TV, a começar pela TODO-PODEROSA Rede Globo.* (FSP)

2. O plural é **todo-poderosos** e **todo-poderosas** (palavra invariável + adjetivo). ◆ *Pobres que gostam de samba e ricos amantes da música clássica viram 'TODO-PODEROSOS' das escolas.* (FSP) ◆ *João Francisco Lisboa atribuía-lhes grande independência, considerando-as como instituições autônomas e TODO-PODEROSAS.* (CRO)

tofu

É palavra de origem japonesa que designa espécie de queijo coalho feito com leite de soja. A sílaba tônica é a última e, por isso, a palavra não leva acento (oxítona terminada em U). ◆ *Entre as comidas preferidas de Koko, figuram pratos delicados à base de TOFU (queijo de soja), além de milho verde.* (FSP)

Togo [África]

O adjetivo pátrio é **togolês**. ◆ *Governo TOGOLÊS mantém silêncio sobre a presença do ex-homem-forte do Zaire no palácio presidencial de Lomé.* (FSP)

toldo

O O é fechado, no singular e no plural. ◆ *Os TOLDOS abrigaram os mais prudentes.* (MRF)

toma

O **O** é tradicionalmente indicado como fechado (antes de consoante nasal), mas a pronúncia varia. ◆ *Lindauro* **TOMA** *a balsa, farto de lidar, mais um moleque, com os burros rebeldes e ariscos.* (ATR)

tomar emprestado ⇨ Ver **emprestar** ⇨ Ver **pedir emprestado.**

A gramática normativa não aceita o emprego do verbo **emprestar** com o significado de "tomar emprestado" ou de "pedir emprestado", recomendando que, para tais acepções, sejam usadas essas próprias expressões, fazendo-se a concordância, em gênero e número, do particípio do verbo **emprestar**. ◆ *Não herdamos a* **Terra** *de nossos ancestrais, mas a* **TOMAMOS EMPRESTADA** *de nossos filhos.* (SU) ◆ *São* **dados** *que as pessoas não conhecem e que eu pouco entendo e que* **TOMEI EMPRESTADOS** *do Dr. Iturra, da Secretaria de Ciência e Tecnologia.* (POL-O)

Entretanto, é comum, e não apenas na linguagem informal, o uso de **emprestar** com o significado de "tomar emprestado". ◆ *Quem* **emprestou** *dinheiro em banco paga a diferença.* (FSP)

tomar parte

Usa-se geralmente com complemento iniciado pela preposição **em**, e essa é a recomendação das lições tradicionais. ◆ *Na quinta-feira passada, 200 soldados alemães* **TOMARAM PARTE** *na tradicional parada militar do 14 de Julho na França.* (VEJ)

Entretanto, ocorre também com complemento iniciado pela preposição **de**. ◆ *As únicas exigências para participar desses tours são ter uma bicicleta, de preferência uma mountain bike, usar capacete, obedecer aos guias dos passeios e pagar 100.000 cruzeiros para cada evento do clube de que* **TOMAR PARTE.** (VEJ)

tomo-, -tom(o)

É elemento (grego) que se liga a um elemento seguinte ou a um anterior. O significado liga-se a "corte", "incisão", "separação". ◆ *Mui-*

tas empresas pagam **TOMOGRAFIAS**, *aquele exame demorado e incômodo que tira centenas de chapas radiográficas e fornece uma imagem tridimensional da área estudada.* (VEJ) ◆ *Como o estudo de cadáveres era proibido, os chineses não tinham um conhecimento preciso da* **ANATOMIA.** (APA)

top(o)- ⇨ Ver **loc(o)-.**

É elemento (grego) que se liga a um elemento seguinte. Significa "lugar". Corresponde ao elemento latino **loc(o)-.** ◆ *A* **TOPOGRAFIA** *do terreno é outro fator determinante do sistema de cultivo.* (AZ) ◆ *Ninguém precisa ser tamoio para traduzir Tarituba: "lugar com muitas frutas em cachos", segundo o dicionário* **TOPONÍMICO** *de Orlando Bordoni.* (GEO)

topless

É palavra inglesa que significa "sem a parte de cima". Refere-se a modo feminino de se vestir que deixa o corpo nu acima da cintura. ◆ *Como se mostrou naquela novela das 8 que celebrou o* **TOPLESS** *como trincheira da emancipação e questão de honra para a mulher moderna.* (FIC)

torácico ⇨ Ver **tórax.**

Com **C** na penúltima sílaba (**CI**), e não com **X**. ◆ *Com o advento da baronarcose, o esôfago* **TORÁCICO** *tornou-se acessível ao cirurgião.* (APA)

toranja, toronja ⇨ Ver **grapefruit.**

São palavras vindas do espanhol que designam a fruta cítrica denominada *grapefruit*, em inglês. ◆ *Sentou-se um tanto melancólico e bebeu mais suco de* **TORANJA** *com adoçante do que pretendera inicialmente.* (SL) ◆ *Fazendo variações sobre receitas tradicionais, ele servirá pratos como frutos do mar com suco de limão,* **TORONJA** *e molho de tomate.* (FSP)

tórax

1. Com acento (paroxítona terminada em **X**).

2. Como ocorre com as palavras terminadas em **X**, a forma é a mesma, para singular e para plural. ◆ *Em realidade, já Hipócrates recomendava aplicar o ouvido ao* **TÓRAX**

como parte do exame clínico. (APA) ✦ *Em uma das unidades da rede de salões de beleza Jacques Janine, a cabeleireira Vilma Ribart tinge em média dez TÓRAX cabeludos por semana.* (VEJ)

3. O adjetivo correspondente é **torácico.** ✦ *O peso, a altura, o perímetro TORÁCICO e, nos três primeiros anos, o perímetro cefálico, são medidas da rotina, indispensáveis no exame clínico.* (SMI)

torção

Com Ç. O mesmo que **torcedura.** ✦ *No gado adulto, a cãibra pode ser consequência de pancada, queda ou TORÇÃO.* (GL)

torneio, encontro ⇨ Ver meeting.

Torneio e **encontro** são formas portuguesas que traduzem o inglês *meeting.* ✦ *Copacabana abriga TORNEIO internacional.* (FSP) ✦ *Carlos, papai me telefonou, ainda há pouco, contando o ENCONTRO que teve com você.* (A)

Entretanto a forma *meeting* é bastante usada em português, especialmente na imprensa.

torno

O **O** é fechado, no singular e no plural do substantivo. ✦ *Os TORNOS modernos, de maior porte, exigem grande série de número de rotações.* (MAT)

torpeza

Com **Z**, como todo substantivo abstrato em **-eza** derivado de adjetivo. O substantivo designa a qualidade daquele que é torpe, indignidade, procedimento ignóbil. ✦ *Só conhecendo a TORPEZA é que podemos ser inocentes e puras.* (I)

torto

O plural é **tortos,** com **O** aberto. ✦ *O crioulo tem poucos dentes ou três, TORTOS e escuros.* (CNT)

Toscana (região) [Itália]

O adjetivo pátrio é **toscano.** ✦ *No relato do italiano Antonio Pigafetta, nobre TOSCANO que acompanhou a viagem, os pinguins são chamados de "gansos".* (FSP)

tosco

O **O** é fechado, no singular e no plural. A palavra significa "tal como veio da natureza", "rústico". ✦ *O interior não era menos pobre: chão de lajes, móveis TOSCOS, paredes nuas.* (ALE)

tossir

De conjugação irregular, o verbo **tossir** tem **U** na primeira pessoa do singular do presente do indicativo e, consequentemente, em todo o presente do subjuntivo. Nas demais formas o radical tem **O**, que é aberto quando é tônico. ✦ *"Eu TUSSO, meu filho", respondeu Garcia.* (VEJ) ✦ *A dor em pontada que surge quando o doente TOSSE ou inspira profundamente é devida à inflamação da pleura.* (CLI)

total

Em orações que têm como sujeito as expressões "o total de pessoas", "um total de pessoas", o verbo fica no singular. ✦ *O TOTAL de investimentos estrangeiros no Vietnã passa dos 14 bilhões de dólares.* (VEJ) ✦ *Um TOTAL de cem milhões será destinado à construção de casas populares.* (DP)

totem, tóteme

São formas variantes, oficialmente registradas, que designam animal, planta ou objeto que serve como símbolo sagrado a um clã ou a uma tribo, considerado como seu ancestral. Apenas a primeira forma (**totem**) ocorreu. É substantivo masculino. ✦ *A monitora da patrulha carrega uma bandeirinha com esse TOTEM.* (PE)

toucinho, toicinho

São formas variantes, mas **toucinho** é muito mais usual (80%). ✦ *O odor da comida, das verduras, do TOUCINHO, invadiu a cozinha.* (OSD) ✦ *Uma turma recebeu comida bastante gordurosa, com muito TOICINHO, ovos etc.* (REA)

tour

1. É palavra francesa em uso no português para designar viagem guiada, excursão. A pronúncia aproximada é **tur.** ✦ *Isso sem falar*

tour de force

*nas cidades menores, porque, não sendo eu um motorista, nunca pude fazer um **TOUR** completo.* (VEJ)

2. O plural é **tours**. ◆ *Também é possível velejar em **TOURS** de duas horas pelo mesmo preço.* (FSP)

tour de force

É expressão francesa que designa o emprego de muita força ou de grande esforço para obtenção de um resultado. ◆ *Se hoje psiquismo lembra Psyche, é apenas porque a palavra psiquismo foi um **TOUR DE FORCE**, mais ou menos irresponsável, de designar um certo objeto ou ideia com uma palavra inadequada.* (ACM)

tournedos, turnedô

1. *Tournedos* é termo da culinária francesa que designa um tipo de bife macio e alto, de formato redondo. ◆ *Ravioli de berinjelas, massa de linguado com recheio de salmão e **TOURNEDOS** estão entre as opções que se revezam a cada dia.* (FSP)

2. **Turnedô** é a grafia oficialmente registrada como a forma aportuguesada da palavra. Entretanto, essa forma não ocorreu.

touro

O adjetivo correspondente é **taurino**. ◆ *Um homem de pescoço **TAURINO**, olhos congestionados, permanece encarando o fiscal, empunhando uma garrafa.* (RIR)

Táureo, outro adjetivo oficialmente indicado, não é usual, atualmente. ◆ *Magdá ri com as cócegas, e sua cabeça repousa num **TÁUREO** pescoço de Hércules, cujo suor lhe umedece as faces.* (HO)

tóxico, toxicômano ⇨ Ver intoxicar.

O X representa som de **KS**. ◆ *A fixidez do olhar dava mesmo a impressão de ingestão de **TÓXICO**.* (CH) ◆ *Sara passou a se interessar pelo assunto, e desde aí estamos juntos nesse trabalho de recuperação de alcoólatras, **TOXICÔMANOS** e neuróticos.* (FA)

tracoma

É substantivo masculino. ◆ *O **TRACOMA** persistia terrível.* (CR)

trading (company)

1. É termo inglês (ou expressão inglesa) em uso no português. Refere-se a empresa de comércio exterior. É feminino. A pronúncia aproximada é **trêidin**. ◆ *Quando as exportações de calçados do Brasil davam seus primeiros passos, pela primeira vez o agente da Sumitomo (**TRADING COMPANY** japonesa) visitou a Fenac.* (CRU)

2. O plural de *trading* é *tradings* e o de *trading company* é *trading companies*. ◆ *Em seu conjunto, **as TRADINGS** brasileiras – TRADING é o nome que se dá à empresa que intermedeia negócios de exportação e importação – não vão lá muito bem.* (VEJ) ◆ *Este foi o espírito, aliás, que norteou a lei que criou **as TRADING COMPANIES** (empresas voltadas especificamente para intermediar exportações e importações).* (FSP)

tráfego, trafegar; tráfico, traficar

1. **Tráfego** significa "movimento de veículos", "trânsito", e **trafegar** é o verbo correspondente. ◆ *Com a implantação das indústrias as ruas estreitas e sinuosas não mais suportam o **TRÁFEGO** intenso de multidões e veículos.* (URB) ◆ *Não é permitido **TRAFEGAR** em estradas públicas com a plataforma acoplada à colhedora.* (MAQ)

2. **Tráfico** designa comércio ilícito, transação imoral, e **traficar** é o verbo correspondente. ◆ *Com o **TRÁFICO** de drogas conseguiu economizar dinheiro suficiente para nunca mais ter que trabalhar.* (FH) ◆ *Primeiro, se viciam. Depois, são obrigadas a **TRAFICAR** para sustentar o vício.* (MEN)

trailer

É palavra inglesa usada para designar:

◇ exibição promocional de curtos trechos de um filme, anunciando-o como de próxima apresentação. ◆ *Diziam que o Durango chorava em **TRAILER** de filme do Zeffireli.* (AVL)

◇ reboque que é utilizado como moradia. ◆ *Dentro do **TRAILER** maior um telefone toca, toca, toca e ninguém atende.* (EST)

A pronúncia é, aproximadamente, **trêiler**.

training

É palavra inglesa (marca comercial) usada para designar traje esportivo para ambos os sexos, confeccionado em tecido de malha, e composto, em geral, de calças compridas e blusa usada por fora das calças. A pronúncia aproximada é **trêinin**. ♦ *Só vai dormir às 4h usando TRAINING de moletom.* (FSP)

traje, trajo

Com **J**. São formas variantes, mas **trajo** é de uso muito raro (2%) e apenas literário. ♦ *Reparou Bentinho nos TRAJES dos soldados.* (CA) ♦ *Trouxe meu TRAJE de montaria completo, que comprei na Inglaterra.* (PD) ♦ *A gaforina pachola saía de um coco marrom e caía sobre a gola do seu TRAJO de montaria também marrom.* (CF)

trâmite, tramite

1. O substantivo **trâmite** tem a antepenúltima sílaba tônica (**TRÂ**), e, por isso, leva acento (proparoxítona). Designa aquilo que conduz a um ponto, caminho, procedimento. ♦ *O processo vem rolando nos TRÂMITES legais desde 11 de novembro de 1975.* (OI)

2. **Tramite**, com a penúltima sílaba tônica (**MI**), sem acento, é forma verbal do presente do subjuntivo do verbo **tramitar**. ♦ *A PF irá pedir que o inquérito TRAMITE sob segredo de Justiça.* (FSP)

tranquilizar

Com **Z**, como todo verbo formado com o sufixo **-izar**. O U é pronunciado e não é tônico. ♦ *Doces palavras com que acompanhava as carícias não eram suficientes para me TRANQUILIZAR.* (CE)

trans-, tra(s)-, tres-

1. São formas variantes de prefixo de origem latina que significa "através de", "além de", "da parte de lá de" (o oposto de **cis-**). Liga-se sem hífen ao elemento seguinte. ♦ *A impressão de que o príncipe regente, ao se TRASLADAR para a nova terra, viera criar um novo império confirmava-se.* (TGB) ♦ *Um tiro bom aquele: TRESPASSOU o coração.* (FR)

Quando o elemento seguinte ao prefixo **trans-** começa por S, mantém-se apenas um S. ♦ *Reinava Nicolau II, que sucedera a Alexandre III, o construtor da estrada de ferro TRANSIBERIANA.* (FI)

Ao S desse prefixo corresponde o som de Z quando se segue vogal. ♦ *O TRANSATLÂNTICO Brasil volta, por força das marés benignas, ao alto mar.* (EMB)

2. O prefixo **trans-** se usa também com o significado de "mudança". ♦ *Eles hão de saber TRANSFORMAR aquele rancho hostil num posto.* (DES) ♦ *Pela primeira vez, o Cartório de Registro Civil de São Paulo terá de averbar a retificação de um prenome – João para Joana – e ainda registrar a palavra "TRANSEXUAL" no campo destinado ao sexo.* (ESP)

transcender, transcendência, transcendente

Essas são as formas, com a letra N indicando que a vogal E da sílaba CEN é nasal. **Transcender** significa "exceder", "ultrapassar", "elevar-se acima de". ♦ *Existem várias perguntas, que TRANSCENDEM a experiência (...).* (HF) ♦ *O homem antigo ignorava a TRANSCENDÊNCIA divina.* (IP) ♦ *Não se está querendo, aqui, sair da História para procurar subir a alguma esfera TRANSCENDENTE, ou teológica.* (VEJ)

transferir

De conjugação irregular, o verbo **transferir** tem I na primeira pessoa do singular do presente do indicativo e, consequentemente, em todo o presente do subjuntivo. Nas demais formas o radical tem E, que é aberto quando é tônico. ♦ *Ela espera que a Telerj TRANSFIRA seu telefone de endereço.* (VEJ) ♦ *O proprietário não TRANSFERE ao trabalhador nada que se assemelhe à posse da terra.* (BF)

trânsfuga

Trânsfuga tem a mesma forma para masculino e feminino (substantivo comum de dois). O substantivo designa pessoa que abandonou deveres, partido ou crença. A sílaba tônica é a

transgredir

antepenúltima (**TRÂNS**), e, por isso, a palavra leva acento (proparoxítona). ◆ *Seria Lautréamont compondo, Lautréamont o TRÂNSFUGA?* (AL) ◆ *Dormia, ainda, seu primeiro sono de mulher e de TRÂNSFUGA.* (BB)

transgredir

Como **agredir**, **progredir**, **regredir**, tem **I** na penúltima sílaba quando ela é a tônica (nas formas rizotônicas). ◆ *Acha que o teatro atual é "um espetáculo para tias, que não TRANSGRIDE, não provoca".* (VEJ) ◆ *A generosidade sempre se manifestou de acordo com as leis, e nunca as TRANSGREDIU.* (CNT)

transgressão

Com **-são** final, como todos os substantivos e adjetivos ligados a verbos terminados em **-dir** (**transgredir**). ◆ *A polícia reprimia com violência a TRANSGRESSÃO, aí incluída a capoeiragem e o maxixe.* (APA)

transido

A sílaba tônica é a penúltima (**SI**, com som de **ZI**). Significa "dominado por um sentimento ou sensação", "em pânico", "apavorado". ◆ *Beautemps se encolheu, TRANSIDO de vergonha e de medo.* (BH)

transístor, transistor

1. São formas variantes. É menos frequente (menos de 20%) a forma paraxítona (com acento no **Í**), que é a que mantém a pronúncia inglesa ◆ *O TRANSISTOR deu uma notável dimensão ao rádio.* (P) ◆ *O grande passo na eletrônica que possibilitou todo o avanço da espionagem foi a substituição da válvula pelo TRANSÍSTOR.* (MAN)

2. O plural de **transistor** é **transistores** ou **transístores**. ◆ *Os TRANSISTORES não resultaram de nenhuma pesquisa científica pura.* (PT) ◆ *Pois as pessoas passavam com os TRANSÍSTORES aos ouvidos.* (DI)

transitar em julgado ⇨ Ver em julgado.

A expressão **transitar em julgado** refere-se a uma sentença judicial irrecorrível. ◆ *As ações já TRANSITARAM EM JULGADO, ou seja, não cabem mais recursos.* (FSP) ◆ *Para que a cassação de Lucena seja efetivada, é preciso que a sentença contra ele TRANSITE EM JULGADO – ou seja, que se esgotem todas as possibilidades de recursos judiciais.* (VEJ)

transladar, trasladar; translado, traslado

São pares de formas variantes. Significam "transferir", "remover". A forma **trasladar** é mais usual (70%), assim como a forma **traslado** (87%). ◆ *À frente de Valério, o retrato continuava a TRANSLADAR feições dentro da moldura.* (PFV) ◆ *A impressão de que o príncipe regente, ao se TRASLADAR para a nova terra, viera criar um novo império confirmava-se.* (TGB)

transpassar, traspassar
⇨ Ver **trespassar.**

São três formas variantes, todas registradas em dicionários, mas **traspassar** não é usual, atualmente. Significam "furar de parte a parte", "fazer passar através de". ◆ *O ruído do choro sempre TRANSPASSA a parede: anteparo frágil, vulnerável à dor do desespero.* (REL) ◆ *Eu sentia minha alma prenhe de saudades TRASPASSAR essa cesura em que o céu e o mar mutuamente se ligavam.* (ATP)

Trespassar é a forma com maior número de ocorrências.

transpor

Conjuga-se como **pôr**. ◆ *Os tiros são amadorísticos e não TRANSPÕEM a couraça do grande animal (...).* (EMB) ◆ *Para o amor não há barreiras. Não há obstáculos que não vença e TRANSPONHA.* (VP) ◆ *Jenner volveu o rosto na direção da pequena porta que o cachorro TRANSPUSERA.* (ALE)

transtorno

O **O** é fechado, no singular e no plural. O substantivo designa situação imprevista e desagradável, contratempo. ◆ *A falta de organização da produção também causava TRANSTORNOS.* (EX)

traquinas

1. É adjetivo referente a singular e a plural. ◆ *Mais tarde, descobre ser a máscara de Loki,*

*espécie de **sátiro** da mitologia escandinava,* ***fanfarrão** e **TRAQUINAS**.* (VEJ)

De uso raríssimo (0,1%) é a forma **traquina**, para singular. ✦ *Conta-se que suas estripulias eram tantas que, quando uma criança era **TRAQUINA** ou gostava de bater nas outras, os mais velhos, ao repreendê-la, perguntavam se ela era Pedro Porreta.* (CAP)

2. É substantivo que, com forma aparentemente plural, designa apenas um elemento. Designa pessoa inquieta, travessa. ✦ *Referia-se a Exu, **o TRAQUINAS**, o pregador de peças.* (TG)

Obviamente, a mesma forma também se refere a mais de um elemento (plural). ✦ *E algum **daqueles TRAQUINAS** sempre desencovava uma espiga de milho.* (CG)

trás, traseiro, traseira; traz
⇨ Ver **atrás, atrasar, atraso.**

1. As formas derivadas do advérbio **trás** são com S: **traseiro, traseira** etc. ✦ *Samuel deu a volta **por TRÁS** da estação.* (AF) ✦ *Martina fingia dormir no banco **TRASEIRO**.* (BL) ✦ *A distância entre o centro do eixo dianteiro e a **TRASEIRA** da cabina é a menor do mercado.* (EX)

2. **Traz** (com **Z**) é forma do verbo **trazer**. ✦ *A chegada de novas montadoras **TRAZ** um impulso fabuloso para a economia.* (VEJ)

tratar(-se)

1. **Tratar:**

✧ Com o significado de "comportar-se ou agir em relação a", usa-se com complemento sem preposição (objeto direto). ✦ *E para início do papel militante, **TRATOU** com ostensiva frialdade **o calado contínuo**, que servia o café (...).* (DM) ✦ *Será que Salomão **TRATA-o** melhor do que a mim?* (CEN)

✧ Com o significado de "aplicar procedimento terapêutico a", usa-se com complemento (animado) sem preposição ou iniciado pela preposição **de**. ✦ *Os médicos o levaram e **o TRATARAM** no hospital.* (AF) ✦ *Compadre não já **TRATOU de** gado atacado de mal sem cura?* (ED)

✧ Com o significado de "ocupar-se", usa-se com complemento (não animado) iniciado pela preposição **de**. ✦ *Já **TRATEI de** tudo.* (ARR) ✦ *Ele **TRATOU do** assunto com muita diplomacia.* (DIP)

✧ Com o significado de "dar tratamento, título, alcunha", usa-se com um complemento sem preposição (objeto direto) e um predicativo do objeto iniciado pelas preposições **de** ou **por**. ✦ *Ele nunca a **TRATAVA por** tu.* (FR) ✦ *Fui cumprimentado na porta do templo e **me TRATARA de** irmão.* (PEN)

2. **Trata-se de** é construção em que o verbo fica invariável (terceira pessoa do singular), siga-se ou não de uma forma plural. Significa "o caso é". ✦ ***TRATA-SE DE** acusações dirigidas pela paixão.* (ACM) ✦ ***TRATA-SE DE** todos os tipos de rede, destacando-se quatro quanto ao investimento público.* (AMN)

trattoria

É palavra italiana que designa restaurante caracterizado por uma atmosfera familiar. ✦ *Em seguida, acompanhada dos filhos, Nicole foi jantar no Mezzaluna, uma **TRATTORIA** badalada de Brentwood em que Goldman trabalhava como garçom.* (VEJ)

traveller's check / traveler's check; traveller's cheque / traveler's cheque

1. *Traveller's check* é expressão inglesa que significa "cheque de viagem". Designa cheque em moeda estrangeira adquirido para uso em viagens internacionais. ✦ *Alguns bancos europeus anunciaram que a partir de 1985 emitiriam cheques de viagem (TRAVELLER'S CHECKS) em ECU.* (NU)

2. *Traveler's check* é a expressão no inglês americano, grafia que não ocorreu.

3. A expressão também se usa com o substantivo **cheque** em português. ✦ *Prefira os **TRAVELLER'S CHEQUES** sempre que for possível.* (FSP)

travessão

O travessão indica graficamente:

✧ mudança de interlocutor, no diálogo (com ou sem aspas; geralmente em outra linha).

trecentésimo

♦ – *Ressentimento?*

– *É.* (A)

♦ *"– Tarde?!" "– É."* (A)

◇ inserção que quebra o fluxo de um enunciado (travessão duplo, uma espécie de parêntese), correspondendo a uma pausa acentuada, com mudança de entoação. ♦ *Escondido da polícia, escreveu-lhe um bilhete – num português horrível que ela teve a delicadeza de desculpar – dizendo que brigara por sua causa.* (AF)

trecentésimo

É o numeral ordinal correspondente a trezentos. Não ocorreu.

trejeito

Com **J**. Significa "gesto", "arremedo", "esgar". ♦ *O homem falava excessivamente alto, com jactância e TREJEITOS.* (ASV)

trema

1. É substantivo masculino. Designa sinal diacrítico que, colocado sobre uma vogal, determina um som especial para ela. ♦ *Mas para acrescentar o k, o w e o y ao alfabeto, assim como para eliminar o TREMA, não é preciso fazer uma grande reforma ortográfica.* (VEJ)

2. Em português usa-se o trema apenas em palavras derivadas de nomes próprios estrangeiros que tenham esse sinal. ♦ *Derivados MÜLLERIANOS não só do lado do streak mas também do lado do testículo podem estar presentes.* (AEM)

Trento [Itália]

O adjetivo correspondente é **tridentino**. ♦ *Os problemas postos pela Reforma deviam ser enfrentados e o Concílio TRIDENTINO se propôs restituir ao primitivo rigor a disciplina e os costumes desregrados.* (HF)

três-estrelas ⇨ Ver estrelas.

Escrevem-se com hífen os compostos formados com numeral cardinal (até **cinco**) e o substantivo **estrela(s)**, usados para qualificar hotéis que recebem classificação. Está oficialmente registrado, por exemplo, o composto **três-estrelas**, forma que, entretanto, não ocorreu.

Além de indicar classificação de hotéis, o termo **três-estrelas** refere-se à patente de general de divisão do exército. ♦ *Ele e Hugo Abreu eram os únicos TRÊS-ESTRELAS naquela mesa.* (NBN)

trespassar ⇨ Ver transpassar, traspassar.

São três formas variantes, todas oficialmente registradas. Significam "furar de parte a parte", "fazer passar através de". ♦ *O riso forte TRESPASSOU o pano da tenda.* (PAO)

Trespassar é a forma com maior número de ocorrências.

treze, trezena, trezentos

Com **Z**. ♦ *TREZE naus partiram de Belém, para o reino de Calicute.* (AVL) ♦ *A festa era a do último dia da TREZENA de Santo Antônio.* (LOB) ♦ *Ajeitou os óculos, franziu a testa e acabou por me oferecer TREZENTOS mil réis.* (ASV)

tri-, tri

1. **Tri-** é elemento de composição correspondente a **três**. Liga-se ao elemento seguinte:

◇ com hífen, se o elemento começar por **H** ou por **I** (que é a mesma vogal em que o elemento termina). ♦ *Por via oral (o antibiótico) é usado como TRI-HIDRATO ou na forma anidra.* (ANT) ♦ *A tireoxina e a TRI-IODOTIRONINA também são transportadas por proteínas plasmáticas.* (CLI)

◇ sem hífen, antes das outras consoantes e vogais. ♦ *No último TRIÊNIO verificaram-se nove mil, setecentos e trinta e três casos de afogamento, com oitenta e sete óbitos.* (PFI) ♦ *Elberto foi TRICAMPEÃO brasileiro pelo Minas, junto com o treinador e agora está na Sadia.* (PLA)

Se o elemento seguinte começar por **R** ou **S**, é necessário duplicar essa letra (que ficará entre duas vogais, na escrita). ♦ *Uma nave antiga com três fileiras de remadores (TRIRREME), escravos que dia e noite movimentavam os pesados remos que faziam o barco andar.* (FSP)

* *A doença é produzida, em 95% dos casos, por uma TRISSOMIA do cromossomo 21.* (FSP)

2. **Tri** usa-se como substantivo, equivalendo a **tricampeonato.** * *Há quatro anos se prepara para tentar o TRI, em Barcelona.* (VEJ)

tríade

A sílaba tônica é a antepenúltima (**TRÍ**), e, por isso, a palavra leva acento (proparoxítona). O substantivo designa conjunto de três elementos da mesma natureza, trindade. * *As verduras são, assim como o peixe e a massa, feitas com farinha e água (sem ovos), a TRÍADE básica da sua alimentação.* (FSP)

tribo

1. Com **O** final. * *A TRIBO estava extinta.* (VB)

2. Seguindo-se convenção internacional dos etnólogos, os nomes de povos indígenas se escrevem com inicial maiúscula e não têm flexão no plural. * *Entre os Xavante, os Xikrin e outros grupos Jê do Brasil Central, o dom da oratória é um dos pré-requisitos para que um homem seja elevado à liderança política.* (SOC) * *Os Pareci são, portanto, segundo esses dados, braquicéfalos, mesorrinos e de moderada leptoprosopia.* (IA)

Entretanto, na linguagem comum, frequentemente tais indicações não são seguidas, e esses nomes se escrevem com inicial minúscula e se pluralizam, como todos os outros nomes de povos. * *Os etnólogos, por exemplo, escrevem os Bororo, os Yanomami, como já lembramos. Em português escreve--se bororos, ianomâmis, amoritas, brasileiros, franceses, hindus, civilização olmeca, aldeia ianomâni.* (FSP)

tribulação ⇨ Ver **atribulação, atribular, atribulado.**

Tribulação e **atribulação** são formas variantes. Significam "adversidade", "sofrimento". * *Tudo o que na Igreja é sofrimento, TRIBULAÇÃO ou resultado de perseguição é sempre frutuoso.* (FSP)

A forma **atribulação** é bem mais usual (75%).

tricô

É a forma portuguesa correspondente ao francês *tricot.* * *A mulher do violinista está agora examinando um novo ponto no TRICÔ que cobre a estante dos livros de música.* (RIR)

tricolina, tricoline

1. **Tricolina** é a forma aportuguesada correspondente ao francês *tricoline.* * *Dulce vestiu um chambre de TRICOLINA e atendeu-a.* (FR)

2. **Tricoline**, forma fiel ao francês, também é oficialmente registrada, e é muito mais usada que **tricolina** (94%). * *Lembrou-se do presente que lhe dera a ele de manhã: uma camisa de TRICOLINE, que ela mesma costurara, com o bolsinho de um lado, como ele pedira.* (LOB)

Trieste [Itália]

O adjetivo pátrio é **triestino.** * *Funcionário do setor de correspondência de um banco TRIESTINO, Alfonso é o modelo acabado do inepto.* (VEJ)

trigésimo

É o numeral ordinal correspondente a 30. * *A manhã já desceu do TRIGÉSIMO andar daquele arranha-céu colorido onde moro.* (CAR)

trilhão, trilião

São formas variantes (oficialmente registradas) do numeral cardinal substantivo que representa "o conjunto de mil bilhões". A forma **trilião**, entretanto, não é usual, atualmente. * *Segundo Hall, a chance da primeira mutação ocorrer em células normais era de duas em um TRILHÃO.* (FOC) * *Os centros nervosos contêm mais de doze biliões de células, unidas umas às outras por fibras, possuindo cada uma destas múltiplas ramificações, graças às quais as fibras se associam entre si vários TRILIÕES de vezes.* (HD)

trimestral, trimensal

1. O adjetivo **trimestral** refere-se àquilo que ocorre a cada três meses. * *A revista é TRIMESTRAL, com tiragem de 6.000 exemplares.* (VEJ)

trinchar

2. O adjetivo **trimensal** refere-se àquilo que ocorre três vezes por mês. ◆ *Outra (irreverência) é a capina TRIMENSAL das ruas: o raspar das enxadas perturba o silêncio com a insistência do coaxar do sapo-ferreiro.* (CM)

trinchar

Com **CH**. Usa-se em relação a carne, significando "cortar em pedaços". ◆ *Na cozinha, as Ginsu II tornam tudo mais fácil e rápido: cortam, fatiam, TRINCHAM, pelam.* (P)

trineto ⇨ Ver bisneto ⇨ Ver tetraneto.

Trineto é como se designa o filho do bisneto ou da bisneta. ◆ *Se dependesse mesmo de um carro, só iria conhecer o TRINETO depois de grande.* (TS)

Bisneto é o filho do neto ou da neta.

Tetraneto é o filho do trineto ou da trineta.

tripartido, tripartite

São formas variantes para significar "dividido em três partes", "composto de três partes". **Tripartite** tem uso bem mais frequente (85%), especialmente na imprensa. ◆ *A publicação do grande clássico inglês foi concebida segundo o plano TRIPARTIDO, de comédias, dramas históricos e tragédias.* (ESS) ◆ *Em 1979, Brasil, Argentina e Paraguai assinaram o acordo TRIPARTITE.* (FSP)

tríplex

Tradicionalmente se registra a penúltima sílaba (**TRÍ**) como tônica, e, desse modo, escreve-se a palavra com acento no **Í** por ser paroxítona terminada em **X**. A palavra refere-se a apartamento composto de três pavimentos. ◆ *Ele desceu à sala do apartamento TRÍPLEX da família e matou Deolinda.* (FSP)

Entretanto, a pronúncia mais em uso dessa palavra (62%) é como oxítona, e, portanto, sem acento (sílaba tônica **PLEX**), seguindo a maioria das palavras portuguesas terminadas em **X**. ◆ *Depois da lua de mel no eixo Paris-Nova York, o casal se muda para um TRIPLEX em São Conrado.* (FSP)

triplo, tríplice

São formas do numeral multiplicativo correspondente a 3.

1. **Tríplice** é só adjetivo. ◆ *A política de crédito rural subsidiado ilustra bem essa TRÍPLICE aliança entre indústria, bancos e latifundiários, hoje, no Brasil.* (AGR)

2. **Triplo** é:

◇ adjetivo. ◆ *Já o falante americano Willie Banks, recordista mundial de salto TRIPLO, decepcionou.* (PL)

◇ substantivo. ◆ *Podia ser o dobro, o TRIPLO.* (CF)

tripulação

É coletivo para pessoas empregadas em uma embarcação ou uma aeronave. ◆ *Era um cargueiro de bandeira liberiana e TRIPULAÇÃO italiana que seguia para os Estados Unidos.* (CDI) ◆ *O avião tinha uma escala prevista na Namíbia, mas a TRIPULAÇÃO preferiu pousar na Rio para abastecer.* (ESP)

trisavô, trisavó ⇨ Ver bisavô ⇨ Ver tetravô.

1. **Trisavô** é como se designa o pai de um dos bisavós, e **trisavó** é a mãe de um dos bisavós. ◆ *O TRISAVÔ de Cesarino era um tropeiro que chegou a Campinas por volta de 1820.* (FSP) ◆ *Cientistas britânicos dizem ter indícios de que a TRISAVÓ da rainha Elizabeth 2ª, do Reino Unido, era filha ilegítima.* (FSP)

2. Os plurais indicados para **trisavô** são **trisavós** ou **trisavôs**, mas esta última forma é raramente usada como plural genérico, referente ao conjunto de masculino e feminino. ◆ *O mesmo cálculo precisa ser feito para os quatro avós paternos e maternos, os oito bisavós, 16 TRISAVÓS e 32 tetravós no espaço de um século.* (RI) ◆ *É o mesmo que supor que nossos TRISAVÔS morressem de tédio por desconhecer o automóvel e a televisão.* (VEJ)

Bisavô é o pai de um dos avós.

Tetravô é o pai de um dos trisavós.

triste

O superlativo absoluto sintético é **tristíssimo**. ◆ *A paisagem era triste, e as cigarras TRISTÍSSIMAS, à tarde.* (SA)

triúnviro

A sílaba tônica é a antepenúltima (ÚN), e, por isso, a palavra leva acento (proparoxítona). A palavra designa, especificamente, magistrado romano que, juntamente com outras duas pessoas, se incumbe de uma parte da administração pública; genericamente, designa o membro de qualquer triunvirato, conjunto de três pessoas que governam com igual poder. ✦ *Talvez desejasse morrer como o TRIÚNVI-RO Crasso, com a garganta entupida de ouro do Rei Herodes.* (VB)

trivial

O superlativo absoluto sintético é **trivialíssimo**. ✦ *O senhor, entretanto, perde o tempo em narrar uma história TRIVIALÍSSIMA que cada um de nós conhece de sobra.* (VES)

trivium, trívio

1. *Trivium* é palavra latina que, na Idade Média, designava o conjunto das três disciplinas (gramática, retórica e dialética) ministradas antes do *quadrivium* e que, com ele, compunham as sete artes liberais. ✦ *Marciano Capela – Viveu no século V; era cartaginense e ensinou em Roma, onde ficaram sistematizados os estudos que haveriam de dominar a Idade Média, o TRIVIUM (gramática, retórica e dialética) e o quadrivium (aritmética, geometria, astronomia e música), que constituem, no todo, as sete artes liberais.* (HF)

2. A forma aportuguesada de *trivium* é **trívio**, que, entretanto, não ocorreu.

Trívio também designa o lugar onde se cruzam ou terminam três vias. ✦ *(...) a área auditiva da linguagem, conhecida como área de Wernicke, estender-se-ia, no hemisfério dominante, à prega curva (gyrus angularis), a uma parte da circunvolução parietal inferior (gyrus supramarginalis) e ao TRÍVIO têmporo-parieto-ocipital.* (ACL)

troco

No plural, a pronúncia varia (O fechado ou O aberto). ✦ *Guardava ali dentro os selos da correspondência que chegava, seu dinheiro, seus TROCOS, e cada mês, com uma tesoura,* ia recortando os cupons numerados das suas apólices. (BAL)

trof(o)-, -trof(o)

É elemento (grego) que se liga a um elemento seguinte ou a um anterior. O significado liga-se a "alimentação", "nutrição". ✦ *É óbvio que da palpação resulta a impressão geral sobre o TROFISMO muscular. Este é, porém, descrito no conjunto das alterações TRÓFICAS.* (CLI) ✦ *O inverso também é verdade, pois a falta de exercício conduz à ATROFIA, ao amolecimento físico, à flacidez.* (GM)

Troia (cidade antiga) [Frígia]

O adjetivo pátrio é **troiano**. ✦ *Aquiles recebeu o rei TROIANO mastigando uma costeleta e chorando a morte de Pátroclo.* (RET)

trólebus ⇨ Ver ônibus elétrico.

Trólebus (sem I depois do E) é a forma portuguesa correspondente ao inglês *trolley-bus*, bastante usada em português (80%), apesar de existir a expressão **ônibus elétrico** que a traduz. A sílaba tônica é a antepenúltima (TRÓ), e, por isso, a palavra leva acento (proparoxítona). ✦ *A Engesolo participou do projeto dos TRÓLEBUS sem licitação.* (VEJ)

trombone

É forma italiana já incorporada ao português. ✦ *Reberaldo Carijó saiu em pé de paina e foi botar o TROMBONE na rua.* (NI)

trompete

É a forma portuguesa correspondente ao francês *trompette*. ✦ *Não vale chamar de sucesso o repetido Carinhoso, que abria a novela das oito no TROMPETE jazzístico de Márcio Montarroyos.* (CHO)

trono

O O é fechado, no singular e no plural. ✦ *O tempo tem visto a miséria quebrar cetros, coroas e TRONOS com as débeis muletas.* (JA)

tropa

É substantivo coletivo para:

✧ soldados. ✦ *Aparício tinha atravessado para a Bahia por causa da TROPA de Pernambuco.* (CA) *trottoir*

◇ animais que andam em bando. ♦ *Se entendessem mesmo de TROPA, tinham obrigação de desconfiar que aquele mau estado da bestinha nova era obra de desmame fora de época.* (CHA)

◇ pessoas, em geral (em grande quantidade). ♦ *Todas as casas da família em Santa Teresa, Rio, ficaram lotadas: Evinha e Baby Monteiro de Carvalho juntaram toda a TROPA para o Natal.* (FSP)

trottoir

É palavra francesa que designa calçada de rua, passeio, mas é usada especialmente para referência à atividade de prostitutas que usam as ruas para o aliciamento de clientes. A pronúncia é, aproximadamente, **trotuar**. ♦ *Obteve-lhe um quarto de bordel, entendeu-se com os policiais do TROTTOIR, deu-lhe um lugar na malandragem, deu-lhe luz, que diabo!* (MPB)

trouxa

Com **X** (depois de ditongo), seja substantivo, seja adjetivo. ♦ *Evangelina fez uma TROUXA de suas miudezas, despediu-se do menino aos gritos.* (MAR) ♦ *Você é muito TROUXA.* (DO)

trouxe, trouxer, trouxesse etc.

Com **X** (depois de ditongo). Existe o ditongo **OU**, não simplesmente uma vogal (**O** ou **U**). ♦ *A senhora já acabou de tomar a mezinha que eu TROUXE a semana passada?* (ALE) ♦ *Giulio TROUXE pão e um salame caseiro, do inverno anterior.* (ACM) ♦ *A contragosto de Tutu, mandei que o major TROUXESSE o raçudo e a pecúnia da aposta.* (CL)

troveja

O **E** é fechado (antes de **J**). ♦ *"Quem grita ou ameaça as outras pessoas nas ruas deve ser retirado das ruas", TROVEJA.* (VEJ)

TRT

É a sigla de **Tribunal Regional do Trabalho**. ♦ *E, o que é mais grave, após o julgamento do Tribunal Regional do Trabalho (TRT), retirou todos os ônibus de circulação.* (ESP)

truste

Truste é a forma portuguesa correspondente ao inglês *trust*. O substantivo designa arranjo ou combinação entre empresas, geralmente ilegal, com o objetivo de restringir a concorrência e exercer o controle dos preços. ♦ *Afinal encontrou-o numa mesa de biriba a cem cruzeiros o ponto, na residência do Manuel Inácio, cavaleiro lusitano e um dos baluartes do TRUSTE dos antibióticos.* (DM)

truz

Com **Z**. O substantivo é onomatopaico, reproduzindo o barulho da queda de um corpo ou do estrondo de um tiro. É usado especialmente na expressão **de truz**, que significa "de qualidade". ♦ *A rapaziada se baba só pelo gosto de ver essa morena de TRUZ assim carrapetear nos sapatinhos já servidos, mas de rico cordovão.* (OSD)

TSE

É a sigla de **Tribunal Superior Eleitoral**. ♦ *O problema, portanto, não é do TSE.* (GAZ)

t-shirt

É palavra inglesa que significa "camiseta". A pronúncia aproximada é **ti-chârt**. ♦ *Sem o quimono de seda e a maquiagem excêntrica, apenas de jeans e T-SHIRT, como qualquer mortal, Tsukumi, aos 24 anos, era muito mais bela à luz do dia.* (FH)

tuba auditiva

É a denominação oficial atual para a trompa de Eustáquio. ♦ *A função da TUBA AUDITIVA é a de assegurar a drenagem e o arejamento da cavidade timpânica, mantendo o equilíbrio da pressão atmosférica nas duas faces da membrana do tímpano.* (ACL)

tubarão

É substantivo masculino, referindo-se ao macho e à fêmea do animal (substantivo epiceno). ♦ *Sou o rei do mundo, das vagas e dos TUBARÕES.* (INQ)

tudo

O pronome **tudo** pode ser usado no final de uma enumeração para resumi-la, e, nesse

turma

caso, se a expressão for o sujeito, é com o **tudo** (no singular) que o verbo concorda. ✦ *A sensualidade de Lisa, o brilho dourado dos faisões, a festa de aromas e sabores delicados, sublimes... TUDO compunha um clima de fruição e de entrega.* (ACM)

tudo (de) + adjetivo ⇨ Ver alguma coisa, nenhuma coisa, qualquer coisa ⇨ Ver algo, nada.

Nessas expressões, o adjetivo não varia, haja ou não a preposição. ✦ *Só quero tudo de BOM pra ela.* (BOC) ✦ *Chuva. Moles massas. Tudo MACIO e ESCORREGOSO.* (SA)

tudo (o) que

As duas construções (**tudo o que** e **tudo que**) são usadas, mas **tudo o que**, que é a construção tradicionalmente recomendada, é muito mais frequente (64%). ✦ *Eu estava meio atordoado com TUDO O QUE via naquele afresco.* (ACM) ✦ *Mas Zezinho é TUDO QUE eu tenho no mundo.* (PCO)

tulipa

A sílaba tônica é a penúltima (**LI**), e, por isso, a palavra não leva acento (paroxítona terminada em **A**). ✦ *Patrizia chegou com cinco taças em forma de TULIPAS sobre uma bandeja hexagonal.* (ACM)

túmido

A sílaba tônica é a antepenúltima (**TÚ**), e, por isso, a palavra leva acento (proparoxítona). Significa "dilatado", "saliente". ✦ *Apaguei as luzes, fiquei olhando o mar que a luz nascente fazia TÚMIDO.* (ACI)

Tunísia, Túnis [África]

1. O adjetivo pátrio referente à Tunísia é **tunisiano**. ✦ *Sou tão brasileiro quanto Azzedine Alaia é TUNISIANO ou Yves Saint Laurent é argelino.* (VEJ)

2. Os dicionários registram **tunisino** como o adjetivo pátrio referente a Túnis (capital da Tunísia), mas esse termo é comumente usado (da mesma forma que **tunisiano**) em referência à Tunísia. ✦ *Como a maioria das cidades TUNISINAS, tem seu ponto alto na Medina com sua grande mesquita (fechada para não muçulmanos), seus mercados, sua kashbah (uma espécie de fortaleza) e suas praias belíssimas.* (FSP)

turbo-

É elemento que se liga a um elemento seguinte. Refere-se a **turbina**. Se o elemento seguinte começar por **R** ou **S**, é necessário duplicar essa letra (que ficará entre duas vogais, na escrita). ✦ *O Uno Turbo, da Fiat, é o primeiro carro brasileiro a sair de fábrica com TURBOCOMPRESSOR.* (VEJ) ✦ *TURBOALIMENTADO e pós-arrefecido, o motor Cummins proporciona excelente rendimento termodinâmico.* (VEJ) ✦ *O Electra é um avião TURBOÉLICE.* (FSP)

turco, turco-

1. **Turco** é o adjetivo pátrio referente à Turquia. ✦ *Reza a crônica mineira que o Salim, inegavelmente TURCO mas criado em Belo Horizonte, vivia em plena prosperidade.* (FE)

2. **Turco-** é um elemento de composição usado na formação de adjetivos pátrios, ligando-se com hífen ao elemento seguinte. ✦ *O Iraque disse que as relações TURCO-iraquianas podem ser prejudicadas caso continuem tais negociações.* (FSP)

turfe

É a forma portuguesa correspondente ao inglês *turf*. ✦ *Bruce era obrigado a abrir manchetes para o futebol, mas sua verdadeira paixão era o TURFE.* (ETR)

turma

É substantivo coletivo para:

◇ pessoas reunidas. ✦ *Bruno costumava reunir a TURMA quando projetava suas "expedições arqueográficas" nas aldeias da região.* (ACM)

◇ alunos de uma mesma série ou classe. ✦ *Odacir era fascinado por palavras. Tornou-se o orador da sua TURMA e até hoje o seu discurso de formatura (em Letras) é lembrado na faculdade.* (ANB)

turnê, tournée

◇ trabalhadores de um mesmo turno. ◆ *Em vez de fazer a segunda TURMA, das 19h às 0h, iria pegar a TURMA das 3h às 7h.* (FSP)

turnê, tournée

1. **Turnê** é a forma portuguesa correspondente ao francês *tournée*. O substantivo designa viagem com itinerário e paradas predeterminados, de uma pessoa ou de um grupo de pessoas, a passeio ou no cumprimento de agenda de apresentações. ◆ *O Madredeus faz TURNÊS anuais pela Europa e Ásia.* (VEJ)

2. A forma original francesa também é usada em português, embora com baixíssima frequência (1%). ◆ *Isaurinha Garcia, logo após sua coroação, fará uma "TOURNÉE" por todo o país.* (VID)

tutti frutti, tutti-fruti

Tutti frutti é expressão italiana que significa "todas as frutas". Em português os elementos aparecem grafados unidos por hífen, formando um adjetivo composto que significa "com sabor e/ou aroma de vários tipos de frutas". ◆ *Os biquínis e maiôs irão do TUTTI--FRUTTI ao fúcsia, quase vermelho.* (VEJ)

tweed

Tweed é palavra inglesa que designa tecido de lã, originariamente fabricado na Escócia, geralmente tramado com fios de duas cores. A pronúncia é, aproximadamente, **tuíd**. ◆ *Vi*

as duas pernas moverem-se e quase morri de rir quando a calça de TWEED do Prefeito caiu no chão. (GI)

Tuíde é a forma aportuguesada, oficialmente registrada, mas não ocorreu.

tzar, tzarismo, tzarista ⇨ Ver czar.

1. **Tzar** e **czar** são formas variantes, mas a forma **tzar** é muito pouco usual (6%). Trata-se da designação do título que se dava ao imperador na Rússia e a antigos soberanos sérvios e búlgaros. O feminino de **tzar** é **tzarina**. ◆ *O TZAR, Nicolau 2º, e a TZARINA só se correspondiam em inglês.* (FSP)

2. O plural é **tzares**. ◆ *Passaram por domínios persas e da Rússia dos TZARES, a partir de 1828.* (FSP)

3. São derivados **tzarismo** e **tzarista**. ◆ *Que a censura à palavra escrita também não adianta, a polícia TZARISTA descobriu em 1917.* (APA)

4. **Tzaréviche** é a designação do príncipe herdeiro, e **tzarevna** é a princesa herdeira. Nenhuma das formas ocorreu. Ambas as palavras têm abrigo na ortografia oficial brasileira, mas a referência que se encontrou ao título masculino se faz com a forma *tzarevitch*, de difícil adaptação à grafia portuguesa. ◆ *Rasputin dela havia conseguido se aproximar, pretextando poder curar o jovem "TZAREVITCH", portador de hemofilia.* (FI)

u

u

O nome da letra é **u**. ◆ *A letra U maiúscula significa you, ou você em inglês.* (VEJ)

-uar ⇨ Ver **-uir** ⇨ Ver **-guar** ⇨ Ver **-quar.**

1. Os verbos em **-uar** têm:

◇ no presente do indicativo, o final **-ua** (com o U tônico, mas sem acento). ◆ *A grande fonte de produção do município, entretanto, CONTINUA a ser o diamante.* (ALE)

◇ no presente do subjuntivo, o final **-ue** (com o U tônico, mas sem acento). ◆ *Eulália, você tem muito sentimento para tocar! CONTINUE.* (DM)

2. Quando o verbo tem **G** ou **Q** antes do **-uar**, isto é, termina em **-guar** ou **-quar** (*averiguar, adequar* etc.), seguem-se as seguintes diretrizes, quanto à pronúncia e quanto à acentuação:

a) O U sempre soa, em qualquer das formas.

b) No caso das formas rizotônicas, a ortografia oficial prevê duas diferentes pronúncias (com o U tônico ou com o U átono), e, desse modo, prevê também dois modos de acentuação: sem acento, se o U for tônico, na pronúncia, e com acento na sílaba anterior, se o U for átono, na pronúncia. ◆ *É o que venho fazendo, Zé, diariamente AVERIGUO o nível de água dessa minha existência.* (CNT) ◆ *Desejo que AVERÍGUEM se a gota se mantém em bom estado e se reduz sua rotação.* (EM)

úbere, ubre

1. Como substantivo, designa a mama da vaca e de outras fêmeas de mamíferos. A forma **ubre**, que é variante considerada mais popu-lar, é menos usual (32%). ◆ *A vaca precisa de quem lhe conte a história, não de quem lhe cante o ÚBERE.* (CRU) ◆ *Com o susto, a camponesa dava um puxão mais violento no UBRE da vaca, que dava um chute para trás, acertando um sino, que assim anunciava a hora.* (ANB)

2. Como adjetivo, **úbere** significa "fecundo", "fértil". ◆ *Abril rebentava em flores na terra ÚBERE do planalto araxano.* (VB)

O superlativo absoluto sintético é **ubérrimo**. ◆ *O que era principal à grandeza da pátria estremecida, era uma forte base agrícola, um culto pelo seu solo UBÉRRIMO.* (TF) ◆ *Não tardaram, no entanto, em descobrir que todas aquelas terras UBÉRRIMAS pertenciam a uns poucos donos.* (SV)

ubiquidade

Há variantes prosódicas, com pronúncia, ou não do U, sem diferença de grafia. O substantivo designa a faculdade (em princípio divina) de estar em todos os lugares ao mesmo tempo. ◆ *Não tenho o dom da UBIQUIDADE.* (FSP)

Ucrânia [Europa]

O adjetivo pátrio é **ucraniano**. ◆ *Na época, a Alemanha voltava-se cobiçosamente para as planícies do leste, acalentando sonhos expansionistas dirigidos para a anexação de territórios poloneses e UCRANIANOS.* (GPO)

UE

É a sigla de **União Europeia**. ◆ *A Espanha enviou um navio de guerra e mobilizou a UE contra o que chamou de "pirataria em alto-mar".* (VEJ)

Uganda [África]

O adjetivo pátrio é **ugandense**. ◆ *Quando as tropas da Tanzânia alcançaram Kampala no dia 11 de abril, poucos eram os sobreviventes nas prisões UGANDENSES.* (FA)

-uir ⇨ Ver -uar.

Os verbos regulares em **-uir** (**incluir, influir, atribuir, contribuir, retribuir, restituir** etc.) têm:

◇ na terceira pessoa do singular do presente do indicativo o final **-ui** (ditongo, e, portanto, numa só sílaba): **inclui, influi, atribui, contribui, retribui, restitui** etc. ◆ *O regime e vida do adolescente INFLUI também decisivamente sobre sua saúde.* (AE)

◇ no presente do subjuntivo, o final **-ua** (hiato, e, portanto, em duas sílabas: **-uas, -uam** etc.), com o **U** tônico, mas sem acento: **inclua, influa, atribua, contribua, retribua, restitua** etc. ◆ *Há quem ATRIBUA a onda de crimes à ineficiência da polícia.* (CV) ◆ *Existem diretores preocupados em fazer filmes que CONTRIBUAM para a grandeza da humanidade.* (VEJ)

uísque ⇨ Ver *whisky, whiskey.*

É a forma portuguesa correspondente ao inglês *whisky* ou *whiskey.* ◆ *Clemente foi ao bar e trouxe uma garrafa de UÍSQUE.* (AGO)

ulna

É a denominação oficial atual para o **cúbito**, osso longo que, com o rádio, forma o antebraço. É substantivo feminino. ◆ *A partir do cotovelo em direção à mão, o braço ganha um movimento que chamamos de "supinação", que é o ato de girarmos o rádio sobre a ULNA (os dois ossos do antebraço), fazendo com que a mão fique virada para frente sem a necessidade de abaixarmos o cotovelo.* (BAE)

ultimato, *ultimatum*

Ultimato é a forma portuguesa correspondente ao latim *ultimatum*, forma que também é usual, embora com muito baixa frequência (2,5%). Indica, em sentido geral, declaração extrema e irrevogável de uma exigência, que deve ser cumprida para que não haja conflito;

especificamente, usa-se para o caso de conflito armado. ◆ *Um ULTIMATO foi enviado a Vila dando um prazo para que os habitantes entregassem todo o ouro e joias que possuíssem.* (OLA) ◆ *Ela reagia, dizia-se sem coragem até que ele lhe dera um ULTIMATUM.* (PCO)

Também ocorre, embora muito raramente (0,7%), a forma **ultimátum**, que é uma adaptação apenas gráfica da forma latina. ◆ *O anúncio foi feito na madrugada de ontem em Washington, duas horas depois de esgotado o ULTIMÁTUM que o governo americano havia imposto para o início de sanções de US$ 1 bilhão contra a importação de produtos chineses.* (FSP)

ultra-

É prefixo de origem latina que indica ultrapassagem, excesso. Liga-se ao elemento seguinte:

◇ com hífen, se o elemento começar por **H** ou **A**; por exemplo: **ultra-humano, ultra-honesto, ultra-aquecimento, ultra-apressado**, formas que não ocorreram;

◇ sem hífen, antes das outras consoantes e vogais. ◆ *A conquista e manutenção do império ULTRAMARINO absorviam parte considerável dos lucros comerciais.* (HIB) ◆ *Os técnicos do PMDB são ULTRACOMPETENTES.* (JL-O) ◆ *Judeus ULTRAORTODOXOS se opuseram à descoberta.* (FSP)

Se o elemento seguinte começar por **R** ou **S**, é necessário duplicar essa letra (que ficará entre duas vogais, na escrita). ◆ *A temporada de desfiles de alta-costura mostrou sobretudo modelos ULTRARROMÂNTICOS e femininos.* (FSP) ◆ *Para o diagnóstico diferencial das complicações podem ser solicitados outros exames: radiografia ou ULTRASSONOGRAFIA de tórax, abdome e/ou crânio.* (RBP)

ultraje

Com **J**. O substantivo significa "insulto", "afronta". ◆ *O grande ULTRAJE ao mar é mesmo a poluição.* (OV)

ultraleve

1. Numa só palavra, sem hífen. ◆ *Nos Estados Unidos, o produtor rural pode usar o ULTRALE-*

VE para pulverizações apenas dentro dos limites de sua propriedade. (AGF)

2. O plural é **ultraleves**. ◆ *Passeios de catamarãs, ULTRALEVES e jet skis encantam os veranistas.* (VEJ)

ultrapassar

Usa-se com complemento não iniciado por preposição (objeto direto). O verbo significa "passar além de". ◆ *A ação terrorista moderna ULTRAPASSA a imaginação dos ficcionistas.* (NEP)

ultravioleta

Numa só palavra, sem hífen. É invariável. ◆ *Alguns produtos novos protegem a pele da ação dos raios ULTRAVIOLETA B.* (VEJ)

um / uns de (dentre) + substantivo / pronome no plural ⇨ Ver algum / alguns de, qual / quais de, qualquer / quaisquer de (dentre) ⇨ Ver muitos de, poucos de, quantos de, vários de (dentre) ⇨ Ver nenhum de (dentre).

1. Se o indefinido **um** estiver no singular, o verbo fica no singular, concordando com ele. ◆ *Nas horas vagas compunha poemas futuristas, que UM DE meus alunos se incumbia de traduzir para o português local.* (AL)

2. Se o indefinido **um** estiver no plural, a indicação tradicional é que o verbo concorde em pessoa e número com a palavra ou expressão que se seguir à preposição de (ou **dentre**): *UNS DE nós nos incumbíamos.*

Entretanto, é mais comum a concordância com o indefinido **uns** (na terceira pessoa do plural): *UNS DE nós se incumbiam.*

um ao outro, um do outro etc.

Essas expressões se mantêm no masculino mesmo que se estejam referindo a palavras do gênero masculino e do feminino, conjuntamente. ◆ *Em determinadas espécies de aves, macho e fêmea se acasalam, vivem juntos e são fiéis UM AO OUTRO.* (VEJ) ◆ *Isabel seguia a meu lado e até o ruído de seus passos me soava hostil, como se eles nos separassem cada vez mais UM DO OUTRO.* (AFA)

um certo, uma certa

Lições normativas recomendam que não se use o indefinido **um** antes do indefinido **certo** (um certo, uma certa). ◆ *CERTO dia uma senhora rica viu, num antiquário, uma cadeira que era uma beleza.* (FAB)

Entretanto, nos diversos níveis de linguagem é frequente o uso de **um certo**, especialmente se a expressão não constituir sujeito. ◆ *Senti UM CERTO desconforto: por um átimo ela me pareceu etérea, feita de névoa.* (ACM) ◆ *Todos tínhamos UMA CERTA aversão por roteiros de leituras.* (ACM)

um dos / daqueles / desses que [concordância]

O verbo que tem como sujeito o pronome relativo **que** dessa expressão é usado:

◇ no plural (mais geralmente): a concordância dá relevo à totalidade expressa. ◆ *O produto é UM DOS QUE pesam em nossas exportações.* (GHB) ◆ *O senhor é UM DAQUELES QUE ainda sentem saudades do Fusquinha?* (VEJ) ◆ *Era UM DESSES QUE trazem no bronzeado da pele o selo de sua cidadania carioca.* (BPN)

◇ no singular (apenas quando a ação se refere a uma única pessoa): a concordância dá relevo a um indivíduo particular. ◆ *Foi UM DOS QUE peleou na batalha de Ituzaingo.* (CG) ◆ *Dessa forma, é possível a partir do netúnio obtermos plutônio, que, dos elementos transurânicos, é UM DOS QUE tem maior "tempo de vida" ou que leva mais tempo para se desintegrar.* (FSP)

Obviamente, só a concordância no singular é usada quando o verbo vem anteposto. ◆ *(...) gritou UM DOS QUE, segundos antes, queria comer vivo o prisioneiro.* (RC)

Pode não ocorrer a palavra **um**, e, nesse caso, a concordância é sempre no plural. ◆ *Ele foi DOS QUE acreditaram em Jânio Quadros.* (MAN)

um e outro [concordância]

1. O verbo que tem como sujeito essa expressão usa-se no plural ou no singular, sendo a

um ou outro [concordância]

concordância no plural a mais recomendada tradicionalmente. ✦ *UM E OUTRO são divinos em sua origem e em seu objeto.* (DC) ✦ *Assim, Rousseau, o pai do contrato social, pertence à família de Hobbes, o pioneiro do Estado Leviatã; UM E OUTRO vem da mesma ninhada.* (RB)

2. Se a seguir houver um substantivo, esse substantivo vem no singular. ✦ *UM E OUTRO conjunto de textos já integram o patrimônio diplomático do Brasil.* (II-O)

3. Os dois elementos (**um** e **outro**), não seguidos de substantivo, permanecem invariáveis (no masculino), mesmo que a referência seja a um termo feminino. ✦ *Proseando com UM E OUTRO, falava com Tia Velha e Tio Simão.* (G) ✦ *Que diferença da prosa e da poesia verdadeiramente espontâneas e capazes de dar de uma terra e de um povo a imagem comovente que torna amoráveis UM E OUTRO.* (BAL)

um ou outro [concordância]

1. O verbo que tem como sujeito essa expressão usa-se no singular (um exclui o outro). ✦ *Lá UM OU OUTRO trazia o seu frasquinho de ouro em pó, ou as suas pepitas escondidas com ciúmes.* (MMM)

2. Se a seguir houver um substantivo, ele vem no singular, e se o substantivo estiver acompanhado de um adjetivo, este também fica no singular. ✦ *Diariamente aparecia UM OU OUTRO mendigo, pedindo sobras.* (VEJ) ✦ *Já quase não chove, apenas UM OU OUTRO pingo esparso lhe molha o rosto.* (CC)

uma porção de

Com essa expressão (+ substantivo ou pronome no plural) como sujeito, o verbo:

◇ se posposto:

- fica no singular. ✦ *De fato, UMA PORÇÃO DE confusões desaparece quando consideramos que o homem introjeta tudo o que é para ele fonte de prazer (...).* (LC) ✦ *UMA PORÇÃO DE pessoas caiu em cima de mim.* (FSP)

- vai para o plural. ✦ *UMA PORÇÃO DE índios aboletavam-se em volta deles enquanto*

esperavam chegar sua vez. (ARR) ✦ *Logo UMA PORÇÃO DE outros se apressaram em opinar (...).* (BP)

◇ se anteposto, fica no singular, concordando com o substantivo núcleo da expressão que é sujeito (**porção**). ✦ *É UMA PORÇÃO DE coisas.* (COT) ✦ *Sobra UMA PORÇÃO DE fragmentos de alma e a recuperação depois é muito lenta.* (FSP) ✦ *É só ir para o hall do hotel que aparece UMA PORÇÃO DE jornalistas para nos entrevistar.* (FSP)

umbigo

O adjetivo correspondente é **umbilical** (com a segunda sílaba **BI**, e não **BE**). ✦ *O sangue oxigenado na placenta vem pela veia UMBILICAL.* (OBS)

umbr(a)-, -umbr(a)

É elemento (latino) que se liga a um elemento seguinte ou a um anterior. Significa "sombra". ✦ *O aroma UMBROSO e doce de seu perfume chegou de novo até Therese.* (FSP) ✦ *Havia uma densa PENUMBRA lá dentro.* (ACM)

umedecer, umectar, umectante

Diferentemente de **úmido, umidade, umidificar** etc., essas palavras têm **E** na segunda sílaba, e não **I** (**MEC**). ✦ *Ele UMEDECEU a toalha, passou-a pelo corpo.* (B) ✦ *Em seguida UMECTOU-o no nariz, nos ouvidos, nas mãos, nos pés.* (RET) ✦ *Composta de algas marinhas e pantenol, seus altos teores UMECTANTES e emolientes formam uma película protetora após a aplicação.* (FSP)

úmero

Sem **H** e com acento, pois a sílaba tônica é a antepenúltima (proparoxítona). O substantivo designa o osso único do braço. ✦ *O ÚMERO é um osso longo cuja epífise superior, denominada cabeça, articula-se com a escápula.* (ENF)

unânime

A sílaba tônica é a antepenúltima (**NÂ**), e, por isso, a palavra leva acento (proparoxítona). A palavra significa "em conformidade com todos os demais". ✦ *Todos os educadores*

770

são UNÂNIMES em reconhecer o valor da biblioteca escolar. (BIB)

-úncio, úncia ⇨ Ver **-ância, ancia; -êncio, ência; -íncia.**

Escrevem-se com **C** os substantivos terminados em **-úncio** e **-úncia**:

◇ **anúncio.** ◆ *Já não havia barreiras para o ANÚNCIO oficial do nome de Figueiredo.* (NBN)

◇ **núncio.** ◆ *Segundo Cardenal, o NÚNCIO colaborava com o regime de Somoza.* (CB)

◇ **denúncia.** ◆ *Essa DENÚNCIA foi um tiro de pólvora seca, que só fez fumaça.* (ESP)

◇ **pronúncia.** ◆ *A PRONÚNCIA muda no tempo e no espaço.* (VEJ)

◇ **renúncia.** ◆ *A RENÚNCIA de Jânio é uma prova de desespero do capitalismo.* (MD)

Obviamente, também se escrevem com **C** os verbos ligados a esses substantivos. ◆ *Quirino Feital ANUNCIOU que tinha ficado livre da asma.* (NI) ◆ *O feitor se aproximava e um som de berimbau DENUNCIAVA sua presença.* (CAP) ◆ *Mariana havia falecido perdoando a filha e PRONUNCIANDO o nome de Tomaz Abreu.* (OS) ◆ *Por causa do sermão, muitos cristãos logo RENUNCIARAM livremente ao casamento.* (REA)

undécuplo

É o numeral multiplicativo (substantivo ou adjetivo) correspondente a 11. A forma não ocorreu.

underground

É palavra inglesa que designa movimento ou organização subterrânea, de atividade secreta, que busca destruir forças estabelecidas. A designação aplica-se mais geralmente a estilo de vida ou de moda e a movimentos artísticos, como cinema e música. A pronúncia aproximada é **andergraund.** ◆ *O cinema "UNDERGROUND" é ainda mais caracterizado pelo seu marginalismo. É aquele banido pela sociedade de consumo – são os filmes de orçamento modesto, simples, livres, abertos, abordando temas insólitos desesperados e*

realizando uma análise profunda e reflexiva sobre a natureza do homem e seus valores. (CB) ◆ *O cinema brasileiro tem que deixar de se considerar independente, UNDERGROUND em relação ao americano, por exemplo. Para ser UNDERGROUND (marginal, subterrâneo), é necessário existir um 'ground' (chão, base), o que no Brasil não é o caso.* (FSP)

underwear

É palavra inglesa que significa "roupa de baixo". A pronúncia aproximada é **anderuér.**
◆ *Depois do efeito Madonna – que nos anos 80 recolocou a UNDERWEAR (roupa de baixo) em evidência na moda ao deixar aparentes alças e bojos de sutiãs –, outra onda está em curso.* (FSP) ◆ *Camiseta UNDERWEAR e saia comprida é o par mais sensual e infalível deste verão.* (VEJ)

Unesco

É a sigla de *United Nations Educational, Scientific and Cultural Organization* (**Organização das Nações Unidas para a Educação, Ciência e Cultura**). ◆ *A Unesco chegou a uma soma superior a 14 mil guerras, em 5 mil anos de civilização humana.* (GUE)

ungir

Verbo defectivo, conjuga-se apenas nas formas em que ao radical se segue **E** ou **I**. Não existe, pois, a primeira pessoa do singular do presente do indicativo, e, consequentemente, todo o presente do subjuntivo. Conjuga-se como **abolir.** Significa "untar com óleo ou unguento". ◆ *E, se a bem-aventurança nos UNGE a existência, apelo para que nos aproximemos dos que não foram contemplados.* (ME) ◆ *Quando a UNGI com o santo óleo, já essa face pretérita esvaíra-se, subsistindo apenas seus resíduos, seu pó.* (CBC)

unha

O adjetivo correspondente é **ungueal.** ◆ *O aumento do tamanho e da espessura das unhas, o que as torna rugosas e às vezes encurvadas, geralmente decorre de doenças da pele que comprometem a matriz UNGUEAL (micoses, infecções purulentas).* (CLI)

uni-

É elemento (latino) correspondente a **um**. Liga-se a um elemento seguinte. ✦ *Fazemos do marxismo uma coisa UNILATERAL, disforme, morta.* (SIG) ✦ *10 estames em dois veticilos (5+5) ovário bilocular, com os lóculos UNIOVULADOS.* (FC)

Se o elemento seguinte começar por **R** ou **S**, é necessário duplicar essa letra (que ficará entre duas vogais, na escrita). ✦ *Incisivos: dentes UNIRRADICULARES localizados na região anterior da cavidade bucal.* (HB) ✦ *Hoje, 5.000 clientes do banco já trocaram os talões UNISSEX pelo modelo feminino.* (VEJ)

Unicef

É a sigla de **United Nations Children's Fund** (Fundo das Nações Unidas para a Infância – agência da ONU para a infância). ✦ *A Unicef envia telegramas às principais autoridades, pedindo providências.* (MEN)

uniformizar

Com **Z**, como todo verbo formado com o sufixo **-izar**. ✦ *Precisamos UNIFORMIZAR nossa linguagem nas campanhas.* (VEJ)

uníssono

Com **SS**. A palavra significa "com o mesmo som". Como substantivo, é usado especialmente na expressão **em uníssono**, que significa "em conjunto e ao mesmo tempo". ✦ *Começou então a erguer-se do povo um clamor UNÍSSONO, cadenciado e fúnebre.* (TV) ✦ *Os risos na plateia nunca vêm em UNÍSSONO.* (FSP)

universo

Os adjetivos correspondentes são:

◇ **universal**. ✦ *A morte, por ser UNIVERSAL, extingue as malquerenças, a todos irmanando.* (FR)

◇ **ecumênico** (aplicando-se especialmente a religião). ✦ *Meu pensamento é ECUMÊNICO, de matriz católica, mas pretende incluir outras experiências espirituais.* (VEJ)

uno ⇨ Ver **huno**.

É adjetivo que significa "singular", "indiviso". ✦ *O ser é UNO, único e imutável.* (HF) ✦ *Sabe, também, que o Universo é UNO e é essa unidade que permite interpretar o fato astrológico.* (AST)

O adjetivo **huno** refere-se a povo bárbaro da Ásia Central.

upgrade

É palavra inglesa usada para designar:

◇ na informática, atualização ou modernização de programa ou de equipamento. ✦ *O UPGRADE custará 109 dólares nos Estados Unidos para quem já tem a versão imediatamente anterior do sistema operacional, o Windows 3.1.* (VEJ)

◇ elevação de nível em relação ao bem ou serviço a que se tem direito. ✦ *Para conseguir um "UPGRADE" (mudança da classe econômica para a executiva, por exemplo), o passageiro de ambas as companhias deve dispor de 25 mil milhas.* (FSP)

A pronúncia aproximada é **apgrêidi**.

upload ⇨ Ver **download**.

É palavra inglesa usada para designar, na informática, envio de cópias de arquivos de um computador de origem para outro. A pronúncia aproximada é **âp-loud**. ✦ *Estes programas podem ser recebidos (download) por um computador, ou enviados (UPLOAD) por este.* (FSP)

up-to-date

É palavra inglesa que significa "de acordo com a moda", "atualizado". A pronúncia aproximada é **âp-tu-dêiti**. ✦ *Daí seu teor realmente UP-TO-DATE. É o último modelo.* (MH)

Urais (montes, região) [Europa]

O adjetivo pátrio é **uraliano**. ✦ *As esmeraldas russas ou URALIANAS, do mesmo modo que as esmeraldas das minas colombianas, contêm inclusões trifásicas muito semelhantes.* (PEP)

urbi et orbi

É expressão latina que significa "para a cidade e para o universo" (sendo Roma a cidade de referência), significado que pode resumir-se em "por toda parte". Essa expressão faz parte da bênção do Sumo Pontífice, significando que ela se estende ao universo inteiro. ◆ *Em sua mensagem "URBI ET ORBI" ("para a cidade e para o mundo"), João Paulo 2º fez menção aos conflitos na Bósnia, Cáucaso, Argélia, Oriente Médio e África.* (FSP) ◆ *Lorenzo sugeriu que chamasse Lisa para o batismo, que era preciso contar URBI ET ORBI o nome da obra de arte.* (ACM)

ureter

1. A sílaba tônica é a última (**TER**), e, por isso, a palavra não leva acento (oxítona terminada em **R**). ◆ *Cada rim apresenta um duto coletor, o URETER (...).* (IA)

2. O plural é **ureteres**. ◆ *Na maioria dos mamíferos, os URETERES conectam-se diretamente à bexiga, da qual parte a uretra, tubo que se abre para o exterior.* (FIA)

urgir

Verbo defectivo, conjuga-se apenas nas terceiras pessoas. Significa "ser urgente". ◆ *Golpeado pela verdade, URGE que o carrossel do mundo gire a meu serviço.* (PAO) ◆ *Desta forma, mecanismos de acesso a esses recursos URGEM serem criados.* (FSP)

urra ⇨ Ver hurra!

Urra é forma do verbo **urrar** (presente do indicativo). ◆ *O tiranossauro URRA e movimenta suas poderosas mandíbulas.* (FOC)

Hurra é forma de interjeição e de substantivo (a partir da interjeição).

Uruguai [América do Sul]

O adjetivo pátrio é **uruguaio**. ◆ *O segundo lugar coube a este URUGUAIO.* (HP)

usina

Com **S**. ◆ *Olacyr dobrou o tamanho da USINA e equipou-a para também refinar açúcar.* (VEJ)

-uso, -usa

Escrevem-se com **S** as palavras terminadas em **-uso** e **-usa**.

1. Substantivos:

✧ **abuso**. ◆ *É um ABUSO de confiança eu estar aqui à mercê.* (NB)

✧ **blusa**. ◆ *Vestiu a saia e a BLUSA mais simples que tinha em seu guarda-roupa, tirou suas joias.* (AGO)

✧ **musa**. ◆ *A MUSA longínqua nunca apareceu no Acre.* (RI)

✧ **parafuso**. ◆ *O PARAFUSO de fenda pode ser substituído por um de porca que ofereça maior resistência.* (MPM)

✧ **uso**. ◆ *Como o avô, cultivava suíças e o USO do chapéu, que tirava por gracejo diante das senhoras.* (FR)

2. Adjetivos:

✧ **confuso, confusa**. ◆ *Lindauro fica sem ação – sente-se mesmo muito CONFUSO.* (ATR) ◆ *Terrivelmente CONFUSA, esforçava-me por dar-lhe o tratamento de Excelência.* (CE)

✧ **obtuso, obtusa**. ◆ *Aquele policial gordo e OBTUSO não enxerga nada, mas o inglês lerá facilmente as mensagens.* (XA) ◆ *Não sou sensível, antes OBTUSA, em todas as questões puramente psicológicas.* (FSP)

usucapião

É substantivo masculino que designa um modo de aquisição de propriedade móvel ou imóvel pela posse incontestada e ininterrupta durante um prazo legalmente previsto. ◆ *O USUCAPIÃO social urbano está previsto no artigo 183 da Constituição.* (FSP)

usufruir, usufruto

1. **Usufruir** significa, em relação a algo que não se pode alienar ou destruir, "ter a posse e o gozo de", "desfrutar". Usa-se com complemento sem preposição (objeto direto) ou com complemento iniciado pela preposição **de**, sendo a primeira a construção tradicionalmente mais recomendada. ◆ *Hoje Salvador já USUFRUI um raro prestígio na imprensa*

usurpar

internacional. (VEJ) ◆ *Os fabricantes também poderão* **USUFRUIR** *de prazo maior de adaptação às regras contratuais.* (FSP)

Na linguagem jurídica, designa o direito de posse e gozo de um bem, conferido a quem não é seu proprietário.

2. **Usufruto** é o substantivo correspondente a **usufruir**, no sentido genérico e no especializado. Constitui uma só palavra, de forma singular. Tem **U** na segunda sílaba (**SU**), porque não se forma da palavra portuguesa **uso**. ◆ *Minha avó, como quem distribui prebendas, dava um pé a cada favorito seu – para bel-prazer e* **USUFRUTO**. (HG) ◆ *Estas são áreas de propriedade da União com direito de* **USUFRUTO** *garantido aos seus ocupantes.* (AMN)

usurpar

Com **S**. O verbo significa "apossar-se ilegitimamente de", "alcançar sem direito". ◆ *Nenhum estudante pode* **USURPAR** *todo o material, ou todo o serviço que a biblioteca oferece.* (BIB)

ut supra

É expressão latina que significa "como acima". ◆ *Daimônion: (UT SUPRA, e em toda a cena) eu penso as palavras, os versos, e os coloco no papiro.* (TEG)

uti possidetis

É expressão latina que significa "como vós possuís". Trata-se de fórmula diplomática que estabelece o direito de um país a um território, exclusivamente com base na ocupação efetiva e prolongada. ◆ *Com isso, atropelou o princípio do "UTI POSSIDETIS" (a terra é da nação que a ocupa), que prevalecia nas demarcações desde o Império.* (FSP)

útil

O superlativo absoluto sintético é **utilíssimo**. ◆ *O cirurgião geral, embora UTILÍSSIMO, está perdendo terreno.* (MAN)

utilizar

Com **Z**, como todo verbo formado com o sufixo **-izar**. ◆ *A poesia se* **UTILIZA** *do idioma e a física do cosmos, da matemática.* (VEJ)

uxori-

É elemento (latino) que se liga a um elemento seguinte. Significa "esposa". ◆ *A impressão que a gente tem, lendo os jornais, é que "lar" é um local destinado principalmente à prática de "UXORICÍDIO".* (B)

V

v

O nome da letra é **vê**. Com acento circunflexo. ♦ *O [parâmetro] v99999 (letra VÊ seguida de um número) indica o tamanho do volume em bytes.* (FSP)

vaca

1. É o substantivo que designa a fêmea do boi. ♦ *Lá adiante, havia uma assembleia, caudejante e ruminativa, de bois e VACAS.* (SA)

2. Como ocorre com muitos nomes de animais, pode ser usado em referência a seres humanos, com significado depreciativo, especialmente em linguagem coloquial. Designa mulher depudorada. ♦ *Lá na fronteira se diz que nem toda mulher é VACA mas toda vaca é mulher.* (ANB)

3. Os adjetivos correspondentes em uso são:

♦ **vacum**. ♦ *Duas ovelhas, um pequeno rebanho de gado VACUM e alguns suínos são postos diante de uma rampa, por onde serão puxados para dentro dos vagões de carga.* (UQ)

♦ **vaqueiro**. ♦ *Só vejo que esse povo VAQUEIRO todo tem mais medo de um pito do senhor do que da chifrada de um garrote, comparando sem quebrar seu respeito, meu compadre seu Major.* (SA)

Vaqueiro também é substantivo que designa quem pastoreia gado vacum. ♦ *Antigo VAQUEIRO da fazenda mangabal, conhecia-lhe muito bem as matas.* (ALE)

vadear, vadiar ⇨ Ver **-ear** ⇨ Ver **-iar.**

1. **Vadear** (com E) significa "passar [um rio] a vau", isto é, "passar dentro de um rio com os pés no fundo, sem ser coberto pelas águas". ♦ *José de Arimateia (...) VADEOU o rego-d'água sem mais se importar com o lamaçal.* (CHA)

Os verbos em **-ear** recebem I nas formas rizotônicas, isto é, nas formas que têm a sílaba tônica no radical. ♦ *E na quarta o cliente (...) sobe monte e desce monte, VADEIA rio e não se gruda na lama, chega aonde pretende e quer.* (SD) ♦ *Tantos mais VADEIAM os córregos buscando a paca (...).* (S)

2. **Vadiar** (com I, como **vadio**) significa "andar ociosamente de um lugar a outro". A conjugação é regular. ♦ *Os negros formavam suas rodas e VADIAVAM freneticamente no jogo da capoeira.* (CAP)

Vadiação (com I) é o substantivo correspondente a **vadiar**. ♦ *O Promitivo assentia; em tudo ele achava as nobrezas da VADIAÇÃO.* (COB)

vade-mécum

Vade-mécum é a forma portuguesa de substantivo originário da frase latina *Vade mecum*. ("Vai comigo."). Designa obra de consulta fácil e de uso frequente. ♦ *Um século depois, o VADE-MÉCUM de Rabbe ainda era consumido com mórbida fascinação pelos intelectuais parisienses.* (FSP)

vaga

Significa "onda". O aumentativo é **vagalhão** (forma masculina). ♦ *Os grandes VAGALHÕES ocorrem no alto mar e dificilmente atingem as praias, apesar de não ser isto uma regra.* (OMA)

vaga-lume, vagalumear
⇨ Ver **pirilampo** ⇨ Ver **lampírio**.

1. A forma gráfica oficialmente registrada é com hífen, embora seja frequente a grafia em uma só palavra. ✦ *E entra à procura de uma caixinha para aprisionar o VAGA-LUME.* (N)

O plural se marca apenas no final (trata-se de substantivo composto de verbo + substantivo). ✦ *Longe brilhavam luzes, como bandos mágicos e imóveis de VAGA-LUMES.* (FAN)

São inúmeros os sinônimos registrados em dicionários, mas apenas ocorreram **pirilampo** e **lampírio**.

2. O verbo correspondente é **vagalumear**, grafia oficialmente registrada. ✦ *Os sinos bateram e os rapazes que, no escuro da rua, esperavam as pequenas, com o cigarro VAGALUMEANDO na boca, ficaram atentos.* (MRJ)

vagem

Com **G**. ✦ *Depois dos cereais integrais, as leguminosas salientam-se como fontes de tiamima: a ervilha, a VAGEM, o feijão.* (NFN)

valdevinos

1. É substantivo que, com forma aparentemente plural, designa apenas um elemento. Designa pessoa sem ocupação, sem juízo, estroina. ✦ *Então o vigário se deixava ludibriar pelo VALDEVINOS e ainda ficava rindo com coisa que não fosse ele o prejudicado!* (VER)

Obviamente, a mesma forma também se refere a mais de um elemento. ✦ *Estamos procedendo a um levantamento, de maneira que se cuidem outros VALDEVINOS, aqueles que fizeram e desfizeram e estão a salvo.* (GD)

2. É adjetivo referente a singular e a plural. ✦ *Só que ele era VALDEVINOS, no tanto que ela era trabalhadeira.* (COB)

vale-brinde, vale-refeição, vale-transporte etc.

A indicação tradicional é que, nesse tipo de substantivos compostos, o plural se marque apenas no primeiro elemento. ✦ *A entrada no mercado de VALES-REFEIÇÃO faz parte da estratégia agressiva adotada pelo Banco do Brasil.* (FSP) ✦ *Sindicatos de diversas categorias forneceram cestas básicas, tíquetes-refeição e VALES-TRANSPORTE.* (VEJ)

Entretanto, ocorre (embora com menor frequência: 24%) marca de plural em ambos os elementos. ✦ *Serão distribuídos 25 mil ovinhos e VALES-BRINDES para as crianças.* (FSP) ✦ *A fábrica, fruto dessa parceria, fica no miolo do prédio de uma indústria que produz outros tipos de papéis especiais, como os dos VALES-REFEIÇÕES.* (SU)

Valença [Espanha]

O adjetivo pátrio é **valenciano**. ✦ *Usava luvas brancas e trazia na cabeça coifa de rendas VALENCIANAS.* (VB)

valentão

1. O feminino é **valentona**. ✦ *Madeleine Stowe é Cody Zamora, mulher VALENTONA que, enquanto andava com o bando de um tal Kid Jarrett, aprendeu tudo o que um bandido texano precisa saber.* (VEJ)

2. O plural é **valentões**. ✦ *Infeliz, passou a beber, frequentar tavernas, desafiar VALENTÕES, em suma: chamar pela morte.* (VEJ)

valer

Na primeira pessoa do singular do presente do indicativo (e, consequentemente, em todo o presente do subjuntivo), o **L** passa a **LH**. ✦ *Eu não VALHO as suas lágrimas...* (TPR) ✦ *Talvez VALHA a pena apontarmos algumas destas passagens.* (PO)

válido, valido

1. **Válido** (palavra proparoxítona, com acento) é adjetivo que significa "que tem validade", "legítimo", "saudável". ✦ *O conhecimento químico só é VÁLIDO se servir para um melhor entendimento das coisas, dos fatos e fenômenos diversos que nos cercam.* (QUI)

2. **Valido** (palavra paroxítona, sem acento) é substantivo que significa "indivíduo protegido". ✦ *Com aquela desmedida ambição de poder... com aquela subserviência de VALIDO, será VALIDO predileto.* (VB)

valise

É palavra francesa usada para designar maleta de mão, registrada oficialmente, ao lado da forma aportuguesada **valisa**, que não é usual. Seu uso é condenado pelos puristas porque a forma conserva o **E** final do francês, sem aportuguesamento. ✦ *Blanche aparece na esquina, carregando uma VALISE.* (BCD)

vândalo

A sílaba tônica é a antepenúltima (**VÂN**), e, por isso, a palavra leva acento (proparoxítona). O substantivo designa, especificamente, membro de um povo germânico de bárbaros que devastaram o sul da Europa; genericamente, refere-se àquele que destrói bens públicos, coisas valiosas, ou que tudo estraga. ✦ *No Brasil, precisei, às vezes, agir como VÂNDALO.* (REP)

Vanitas vanitatum (et omnia vanitas).

É expressão latina que significa "Vaidade das vaidades (e tudo é vaidade)". São palavras do Eclesiastes que indicam que as coisas do mundo nada valem. É a tradução do grego: *Mataiotês mataiotetôn, kaì pánta mataiotês.* ✦ *Rogério ("VANITAS VANITATUM ET OMNIA VANITAS" – vaidade das vaidades, tudo é vaidade) Fasano, proprietário dos dois melhores restaurantes paulistanos ou, segundo ele, do mundo, foi convidado a participar de uma corrida de kart indoor (pista coberta), a ser disputada entre donos de restaurante.* (FSP)

vão

1. O adjetivo refere-se a algo que é sem conteúdo, sem fundamento, sem valor, inútil.

2. O feminino é **vã**. ✦ *Lessa correu enorme risco de cair nessa erudição VÃ e vadia, que constitui a principal enfermidade do espírito.* (DDR)

3. O plural é **vãos**. ✦ *Meditava como têm sido VÃOS os meus esforços e de meu povo.* (SC)

4. O superlativo absoluto sintético é **vaníssimo**, forma que não ocorreu.

vara

É o coletivo para porcos. ✦ *Pensamos que Vossa Excelência poderia declinar a ordem religiosa, a malta, a VARA, o enxame, a manada e o que mais seja que congregue V. S.a.* (CID)

varão

1. As formas de feminino tradicionalmente indicadas são **virago**, **varoa** ou **matrona**. A forma **matrona**, que é a mais frequente (80%), não é um simples feminino de **varão**, mas incorpora o significado de mulher de idade madura, mãe de família, respeitável. **Virago**, por sua vez, refere-se a mulher de aspecto, inclinações e hábitos masculinos. **Varoa** é termo praticamente em desuso. ✦ *Algumas VIRAGOS teimam na desfeminilização da sua imagem alegórica para tornar-se teratologias monstruosas no corpo andrógino.* (CRU) ✦ *Acreditava em seu sangue de boa MATRONA paulista.* (DM) ✦ *Há nove meses te ordenei que empregasses toda a tua ciência, a fim de que não seja varão, e sim VAROA, a primícia do meu feliz matrimônio!* (PC)

2. O plural é **varões**. ✦ *Depois dos 55, cresce a percentagem de poetas VARÕES.* (BOC)

3. O adjetivo correspondente é **varonil**. ✦ *Faço um apelo de coração aos corruptos deste país VARONIL.* (FSP)

varejista

Com **J**, como **varejo**. ✦ *Não tardaria que outros VAREJISTAS o imitassem.* (FP)

variante

É substantivo feminino. ✦ *No final do feijoal, a VARIANTE se bifurca.* (AS)

vários de (dentre) + substantivo / pronome no plural ⇨ Ver **muitos de, poucos de, quantos de** ⇨ Ver **nenhum de (dentre)** ⇨ Ver **algum / alguns de, qual / quais de, qualquer /quaisquer de, um / uns de.**

A indicação das gramáticas é que o verbo concorde em pessoa e número com a palavra ou expressão que se seguir à preposição **de** (ou **dentre**). ✦ *VÁRIOS Dos povos atuais são conhecidos por nomes que apareceram pela primeira vez em trabalhos antropológicos.* (ATN) / *VÁRIOS DE nós somos conhecidos.*

varizes

Entretanto, também se faz a concordância com o indefinido **vários** (na terceira pessoa do plural), como em: ◆ *VÁRIOS DE nós já compareceram.*

varizes

Com **Z**. Esse substantivo não é usado no singular. ◆ *Na perna, aparecem muitas VA-RIZES.* (PAQ)

vasa ⇨ Ver **vaza.**

O substantivo **vasa**, com **S**, designa uma espécie de lama fina e inconsistente encontrada em certos fundos oceânicos. Significa também "podridão", "depravação". ◆ *Os escuros peixes nadarão nas tuas ruas e na VASA fétida.* (AID) ◆ *Todas essas expressões tinham o condão de cristalizar-me numa tristeza imediata e espessa. Sobretudo a palavra vaza pela ambivalência de som que me levava a VASA e ao que nisto há implícito de resto, sedimento, depósito e lodo.* (CF)

Vaza, com **Z**, significa "conjunto de cartas jogadas pelos parceiros em cada lance ou vez, e que são recolhidas pelo jogador". Significa, também, "oportunidade". É, ainda, forma verbal do verbo **vazar**.

vaselina

Com **E** depois do **S**. ◆ *Havia um homem meio gordo, cabelos endurecidos de VASELINA, que volta e meia vinha buscar minha mãe.* (BB)

vau ⇨ Ver **vadear, vadiar.**

É substantivo masculino. Designa trecho raso do rio ou do mar no qual se pode transitar até a pé. ◆ *Sempre desconfiei dessa estrada velha, da passagem pelo VAU do Murici.* (CHA)

vaza ⇨ Ver **vasa.**

1. O substantivo **vaza**, com **Z** (porque é ligado ao italiano *bazza*), significa "conjunto de cartas jogadas pelos parceiros em cada lance ou vez e que são recolhidas pelo jogador". ◆ *Recolher a VAZA.* (CF)

Esse substantivo, com a ideia de "oportunidade", é usado para formar expressões junto de verbos como **dar, aproveitar, esperar, perder.** ◆ *Nenhum dos dois se deu conta de minha presença, eu doida para que o aviador me olhasse, me desse VAZA para sapecar a música em sua homenagem.* (ANA) ◆ *Aproveitou a VAZA, boa para entusiasmar mais ainda o companheiro de viagem.* (CHA) ◆ *Pelo canto dos olhos, ela observava de vez em quando o irmão, esperando a VAZA para atirar-lhe a bomba que tinha na boca.* (TS) ◆ *Dava-se conta, reconhecia que Guerrando não perdia VAZA para "alfinetar" a cunhada, mas não gostava que ela reclamasse.* (ANA)

2. **Vaza** é também forma verbal do verbo **vazar** (terceira pessoa do singular do presente do indicativo). ◆ *Césio radioativo VAZA no atol de Mururoa.* (FSP) ◆ *O fecho Velcro da janela de lona não veda (na chuva, a capota também VAZA água).* (VIS)

O substantivo **vasa**, com **S**, designa uma espécie de lama fina e inconsistente encontrada em certos fundos oceânicos.

vazar, vazante, vazão ⇨ Ver **vaza** ⇨ Ver **vasa.**

Com **Z**. ◆ *Um alumiado VAZAVA por entre as vidraças da casa do padre.* (CL) ◆ *A cada ano, nessa época de VAZANTE, boia um cadáver que acende o ânimo da opinião pública.* (REL) ◆ *A Tauros acabou promovendo uma feira para dar VAZÃO a essa produção.* (EX)

Existem os substantivos **vasa** (com **S**) e **vaza** (com **Z**).

vazio

Com **Z**. ◆ *Atrás do edifício, Alessandro vinha de volta empurrando o carrinho VAZIO.* (ACM)

vê

1. É o nome da letra **V**. Com acento circunflexo. ◆ *O [parâmetro] v99999 (letra VÊ seguida de um número) indica o tamanho do volume em bytes.* (FSP)

2. É forma do verbo **ver** (terceira pessoa do singular do presente do indicativo). ◆ *O Sr. Alferes VÊ alguma saída que melhore a sua situação e também a minha?* (ALF)

veloz

veado ⇨ Ver **corço, corça.**

1. Como feminino de **veado** usa-se **corça**, que, na verdade, é o feminino de **corço**, nome de animal da mesma família do veado, muito pouco usual. ◆ *CORÇA, no Brasil, é a fêmea do veado.* (VEJ)

2. Como ocorre com muitos nomes de animais, **veado** pode ser usado em referência a seres humanos, com significado depreciativo, especialmente em linguagem popular. É termo chulo que designa homossexual masculino. ◆ *Foi esse VEADO mesmo que acordou a gente.* (BA) ◆ *Segundo Adriana, a família só se deu conta de que Izuo era VEADO quando ele tinha 12 anos.* (FH)

vedeta, vedete ⇨ Ver **vendeta.**

1. São formas oficialmente registradas em português como correspondentes do francês *vedette*. A forma aportuguesada, **vedeta**, tem uso raríssimo (2%). O que se usa, em geral, é a forma que apenas aportuguesou a grafia, **vedete**. ◆ *Em outra ocasião, o presidente decidiu dar um presente à sua VEDETE favorita.* (ESP) ◆ *Papel de VEDETA, só pernas e plumas!* (CH)

2. **Vedeta** também é a forma portuguesa correspondente ao italiano *vedetta*. Significa "guarda avançada". É forma pouco usual, atualmente. ◆ *É um desses dias de verão, que chofram de repente no meio de frias temporadas como VEDETAS ou postos avançados do estio a explorar as névoas do inverno.* (SOD) ◆ *Na noite anterior, as guerrilhas de VEDETA se dispersaram aos primeiros tiros.* (HMB)

veem ⇨ Ver **creem, leem, deem** ⇨ Ver **vem, vêm.**

É a forma da terceira pessoa do plural do presente do indicativo do verbo **ver**. Forma-se com acréscimo de **-em** ao singular **vê**. Por isso, tem dois **EE**. ◆ *Não VEEM o carro?* (ATR)

A mesma indicação vale para os verbos compostos de **ver** (**rever, prever** etc.).

Outros verbos que têm formas do mesmo tipo são **crer, ler** e **dar** (**creem, leem** e **deem**).

Vem é a terceira pessoa do singular e **vêm** é a terceira pessoa do plural do presente do indicativo do verbo **vir**.

veia

O adjetivo correspondente é **venoso**. ◆ *Na insuficiência cardíaca e na pericardite constritiva haverá estase bilateral acompanhada de pulso VENOSO.* (CLI)

veicular, veicula etc.

Nessas palavras, o **E** e o **I**, embora átonos, não constituem uma única sílaba, não formam o ditongo **EI** (são duas vogais). ◆ *Em busca de culpados, a mídia VEICULA notícias mal investigadas e condena antes de obter as provas.* (RI)

veleja, velejo

Com **E** fechado (antes de **J**). ◆ *Quando se VELEJA contra o vento, o leme pesa e o corpo tentando compensar a inclinação do barco provoca uma forte sensação de poder.* (OLA) ◆ *Vejo campos de agonia, / VELEJO mares do Não.* (FSP)

velho, velhice

O adjetivo correspondente é **senil**. ◆ *A dama gentil e SENIL naturalmente era incapaz de compreender o fenômeno.* (FAB)

velocípede

A penúltima sílaba é **PE**, com **E**. A sílaba tônica é a antepenúltima (**CÍ**), e, por isso, a palavra leva acento (proparoxítona). ◆ *O pequeno Garrincha não teve patinete, VELOCÍPEDE ou pistola d'água como muitas crianças do seu tempo.* (ETR)

velódromo

A sílaba tônica é a antepenúltima (**LÓ**), e, por isso, a palavra leva acento (proparoxítona). ◆ *Também se jogava na parte interna do VELÓDROMO.* (FB)

veloz

O superlativo absoluto sintético é **velocíssimo**. ◆ *Outro empurrão foram os cálculos*

vem, vêm

VELOCÍSSIMOS que os computadores se habilitaram a fazer. (VEJ)

vem, vêm ⇨ Ver **veem.**

Vem é a forma da terceira pessoa do singular e **vêm** é a terceira pessoa do plural do presente do indicativo do verbo **vir.** ◆ *Rinaldo VEM vindo para fechar as portas.* (ACM) ◆ *O furacão, o fogo, o mar VÊM vindo furiosamente.* (OMT)

Nos verbos derivados de **vir** (**provir, intervir** etc.), há acento agudo no singular (**provém, intervém** etc.) e acento circunflexo no plural (**provêm, intervêm** etc.). **Veem** é a terceira pessoa do plural do presente do indicativo do verbo **ver.**

vencimentos ⇨ Ver **salário(s), soldo, subsídios.**

O substantivo plural **vencimentos** designa a remuneração dos funcionários públicos. ◆ *O Comandante, além de me prender, passou uma ordem ao Quartel-Mestre para fazer o desconto nos meus VENCIMENTOS.* (ALF)

vendeta ⇨ Ver **vedeta.**

É a forma portuguesa correspondente ao italiano *vendetta.* Significa "vingança". ◆ *Levanta-se no caso da Candelária a hipótese de uma VENDETA policial.* (VEJ)

Veneza [Itália]

O adjetivo pátrio é **veneziano.** ◆ *E também desapareceu o camafeu VENEZIANO de mamãe.* (VN)

Venezuela [América do Sul]

O adjetivo pátrio é **venezuelano.** ◆ *A prisão dos terroristas permitiu ao governo VENEZUELANO desvendar toda uma rede de terror anticastrista (...).* (NEP)

Veni, vidi, vici.

É frase latina que significa "Vim, vi, venci.". Foram as palavras de César, participando ao Senado a sua vitória sobre Farnaces, rei do Ponto. A frase é usada para referência a um empreendimento em que alguém rapidamente se sai vitorioso. ◆ *Um torcedor de Eddie Irvine foi criativo: pendurou a seguinte faixa em uma sacada de Mônaco: "VENI, VIDI, VICI".* (FSP)

vento ⇨ Ver **eólio, eólico.**

Os adjetivos correspondentes são:

✧ **eólio.** ◆ *Estou mais bíblico do que S. João em Patmos, e o meu silêncio é uma harpa EÓLIA que o vento da Izianhã só toma audível aos que sintam comigo a gravidade da hora presente.* (AL)

✧ **eólico.** ◆ *O cata-vento é composto por um rotor (conjunto de haste giratória e pás da hélice), um multiplicador de velocidade e um gerador EÓLICO.* (UE)

Eólio e **eólico** também são formas variantes de adjetivo ou substantivo referente à Eólia, região da Grécia.

ventríloquo

Na última sílaba, pronuncia-se o **U** depois do **Q.** A palavra tem acento na sílaba tônica (**TRÍ**). ◆ *Méliès estava preparado para seu futuro papel por ter sido mágico, ilusionista e VENTRÍLOQUO.* (FSP)

ver ⇨ Ver **vir.**

1. A forma **ver** é do infinitivo. ◆ *Sérgio correu o olhar em torno e pareceu não VER ninguém com nitidez.* (A)

2. O futuro do subjuntivo é **vir,** porque o pretérito perfeito do indicativo (que é a forma primitiva) é com **I: vi, viste, viram** etc. ◆ *Se você VIR um cara com o sapato dessa cor, saia correndo.* (OMT) ◆ *Falta saber o que dirão os jurados do Oscar quando VIREM o esfacelamento físico de Hanks.* (VEJ)

3. A forma **vimos,** quando é do verbo **ver,** é do pretérito perfeito do indicativo. ◆ *Quando VIMOS a viúva Matoso, volta de Rio Preto a nossa vida, eu e minha mulher sentimos uma grande alegria.* (BH)

Quando é do verbo **vir,** a forma **vimos** é do presente do indicativo.

4. As mesmas indicações valem para os verbos compostos de **ver** (**rever, prever** etc.).

ver (a meu ver, a seu ver, a nosso ver etc.)

Essas são as formas das expressões adverbiais, indicativas de opinião. ✦ *A MEU VER, faltam ideias novas na televisão.* (VEJ) ✦ *Algumas supostas declarações, a nosso ver, são imprecisas.* (FSP)

ver algo ocorrer / alguém fazer algo
⇨ Ver **ouvir alguém dizer algo**
⇨ Ver **sentir algo ocorrer.**

Tradicionalmente se indica que, nessa construção, o infinitivo não se flexiona, mas são raros os casos em que assim se constrói. ✦ *Ele chora lembrando os amigos que VIU morrer ao seu lado.* (FSP)

O que é usual é a flexão do infinitivo para concordar com o seu sujeito. ✦ *Karol relembra que VIU os vencedores degolarem três cativos e levarem um grupo de pessoas para atrás de um edifício, onde as fuzilaram.* (JB) ✦ *VIU os filhos se exilarem e sumirem no mundo, sem dar fricote.* (CLA) ✦ *Gregório de Matos VIU os dois padres entrarem no alcouce.* (BOI) ✦ *Lá do alpendre, Seu Tonho Inácio VIU os dois atravessarem o portão da entrada, caminhando rumo ao curral de grama.* (CHA) ✦ *Florêncio VIU os olhos da rapariga pousarem um instante nos seus.* (TV)

Mesmo quando o sujeito do segundo verbo é representado por um pronome pessoal átono (isto é, quando ele não tem como núcleo um substantivo) plural, esse verbo (no infinitivo) se usa no singular ou no plural. ✦ *VI-os partir na manhã tépida, dentro da bruma que se levantava do rio (...).* (ASV) ✦ *Olhando-os, ao marido e ao filho, VIU-os seguirem na direção da cidade.* (TER)

No caso de sujeito representado por pronome átono, ocorre, também, de ele preceder os dois verbos. Nesse caso o infinitivo fica sempre no singular. ✦ *Ninguém nos VIU entrar.* (OAQ) ✦ *Mas, paralelamente, ninguém nos VIU silenciar, por medo.* (GLO)

verão

1. O adjetivo correspondente é **estival**. ✦ *Aqui há uma coincidência entre o período ESTIVAL e a baixa temperatura.* (JL)

2. Os plurais tradicionalmente indicados são **verões** e **verãos**, mas só a primeira forma, que é mais recomendada, é usual. ✦ *O Rio de Janeiro enfrenta temperaturas que beiram os 40 graus nos VERÕES mais fortes.* (VEJ)

veraz

Com **z** final. Significa "que diz a verdade" ou "em que há verdade". ✦ *Um amigo jura que o meu telefone não é VERAZ. (BPN)*

O superlativo absoluto sintético indicado é **veracíssimo**, forma muito pouco usual ✦ *Temíamos as almas vagabundas de outro mundo, almas penadas que assoviavam e arrastavam correntes, segundo a VERACÍSSIMA versão de Virgulina, preta centenária que criara mamãe e nos criava agora.* (CAC)

Verba volant (, scripta manent).

É frase latina que significa "As palavras voam (, os escritos ficam)". Trata-se de um provérbio que indica que é necessário tomar cuidado com o que se escreve, porque o escrito constitui uma prova material. Cita-se, especialmente, a primeira parte do provérbio. ✦ *"VERBA VOLANT", se me permitem um pequeno latinório. As palavras desaparecem.* (FSP)

verbatim ⇨ Ver *ipsis litteris*.

É palavra latina que significa "exatamente com as mesmas palavras", "literalmente". ✦ *Reproduzo-as aqui, VERBATIM: Sabe o que fiz com o último lotador de impostos que apareceu nestas terras?* (INC)

verbi gratia

1. É expressão latina que significa "por exemplo". ✦ *Seria aquele que não possui, para com o país que o recebe, herança cultural comum, como "VERBI GRATIA", um tasmaniano no Brasil.* (CLC)

2. A abreviatura é **v.g.** ✦ *Nas cardiopatias com cianose e nas doenças crônicas do aparelho respiratório (v.g. bronquectasias), as unhas encurvam-se em forma de vidro de relógio.* (SMI)

verde-claro, verde-escuro, verde-amarelado, verde-acinzentado etc.

Como se trata de adjetivo referente a cor composto de dois adjetivos, as flexões são, em geral, no segundo elemento. ◆ *As folhas, de 7 a 15 cm de comprimento, são opostas e apresentam coloração VERDE-CLARA e nervuras bem acentuadas.* (FT) ◆ *A mão risca na terra uma trilha por onde passam agora formigas pressurosas carregando folhas de roseira VERDE-ESCURAS.* (EM)

Ocorre, entretanto, flexão nos dois adjetivos. ◆ *É possível ver os olhos VERDES-ESCUROS do líder do Verve.* (FSP) ◆ *Morena bonita de olhos VERDES-CLAROS.* (ATR-R)

Como substantivo masculino, o plural se faz nos dois elementos. ◆ *E que cores! cerejas riquíssimas, VERDES-ESCUROS, maravilhosos matizes de azul.* (VID)

verde-oliva, verde-musgo, verde-piscina, verde-garrafa, verde-jade etc.

Com adjetivo referente a cor composto de um adjetivo seguido de um substantivo, o mais comum é que nenhum dos elementos varie. ◆ *Durante o combate, exibiu um amarelo-vivo tingido de ferrugem, com listras verticais VERDE-OLIVA e listras horizontais que se moviam para cima e para baixo como água.* (SU)

Ocorre, entretanto, flexão nos dois elementos. ◆ *Manchas VERDES-OLIVAS tingem os morros do Rio de Janeiro.* (FSP)

Como substantivo masculino, o plural pode fazer-se nos dois elementos, ou apenas no primeiro. Um exemplo é: *os VERDES-OLIVAS* ou *os VERDES-OLIVA.* Entretanto, esses plurais do substantivo não são ocorrentes.

verdugo

É substantivo masculino, referindo-se indiferentemente a elemento do sexo masculino ou do sexo feminino (substantivo sobrecomum). Designa pessoa responsável pela execução de pena de morte ou de outros castigos corporais, carrasco. ◆ *Que deveria fazer contigo? Entregar-te ao VERDUGO, à sala de torturas.* (BN)

vermífugo

A sílaba tônica é a antepenúltima (**MÍ**), e, por isso, a palavra leva acento (proparoxítona). ◆ *O tratamento, simples e rápido, é feito através da ingestão de um VERMÍFUGO durante três ou quatro dias.* (CLA)

vermute

É a forma portuguesa correspondente ao francês *vermout* ou *vermouth.* ◆ *O médico embarcou o cálice de cachaça com VERMUTE – uma talagada de mestre.* (CAS)

vernissage, vernissagem

Vernissage é forma francesa usada em português. Significa "inauguração, ou abertura de uma exposição de obras de arte". É substantivo masculino. ◆ *Tudo tinha de estar pronto para a noite do VERNISSAGE de grande escultor.* (PCO)

Também ocorre como feminino (gênero também abrigado em dicionário), talvez por sugestão das palavras portuguesas terminadas em **-agem**. ◆ *Sonhava com minha primeira VERNISSAGE, numa enorme galeria cheia de amigos e quadros.* (INT)

A forma portuguesa correspondente, **vernissagem**, oficialmente registrada (como substantivo feminino) não ocorreu.

Verona [Itália]

O adjetivo pátrio é **veronês**. ◆ *Em Morro de São Paulo, ilha situada ao sul da Baía de Todos os Santos, o melhor hotel pertence a um italiano, o VERONÊS Ezio Rebonato.* (VEJ)

verossímil, verossimilhança

Com **SS**. **Verossimilhança**, como **verossímil**, tem **I** depois do **M**. Significa "qualidade ou caráter de verossímil", "semelhança com a verdade". ◆ *A narrativa de Alcott é VEROSSÍMIL e assim supera o risco do sentimentalismo barato.* (VEJ) ◆ *O trunfo de Lish está na dramaticidade e VEROSSIMILHANÇA da recriação linguística deste embate no longo monólogo.* (ESP)

verruga ⇨ Ver berruga.

Verruga e **berruga** são formas variantes, mas a segunda, considerada mais popular, ocorreu muito raramente (2%). ♦ *Uma ferida ou uma VERRUGA servem como um sinal de alerta.* (FSP)

versar

Significa "tratar", "considerar". Usa-se:

✧ com complemento iniciado pela preposição **sobre**. ♦ *O parecer da OAB VERSAVA sobre um documento que orientava o interrogatório de pessoas que retornavam de Cuba.* (FSP)

✧ com complemento sem preposição (objeto direto). ♦ *A ideia primeira do drama nasceu da leitura do poema, que VERSA precisamente os combates travados entre os índios das Missões.* (FSP)

verseja

Com **E** fechado (antes de **J**). ♦ *Varela também VERSEJA seu gosto pela vida campestre.* (DDR)

vertigem

Com **G**. É substantivo feminino. ♦ *Dom Afonso deu um grito longo, como se tomado de uma VERTIGEM.* (RET)

vesícula biliar

O adjetivo correspondente é **cístico**. ♦ *Em alguns casos, podem ser encontradas glândulas dilatadas, de aspecto fusiforme ou CÍSTICO.* (DDH)

vesperal ⇨ Ver matinê.

É a forma vernácula que designa espetáculo realizado à tarde. ♦ *Vão, com certeza, à VESPERAL do cinema.* (B)

Matinê é forma gráfica portuguesa correspondente ao francês *matinée*, usada na mesma acepção. Essa forma é muito mais usual (94%) do que **vesperal**.

vestir(-se)

De conjugação irregular, o verbo **vestir** tem **I** na primeira pessoa do singular do presente do indicativo e, consequentemente, em todo o presente do subjuntivo. Nas demais formas o radical tem **E**, que é aberto quando é tôni-

co. ♦ *Eu sempre ME VISTO quando levanto.* (AGO) ♦ *Depois, pede que eu ME VISTA, o que faço com alguma dificuldade: nunca dei nó numa gravata, por exemplo.* (CEN) ♦ *Margô, ex-atriz, mãe de Armando, VESTE-SE sempre com muito mau gosto e exagero.* (DEL)

vetustez

Com **Z** final, como todo substantivo abstrato em **-ez** derivado de adjetivo. O substantivo designa a qualidade ou o estado de vetusto; ancianidade, velhice. ♦ *O principal exemplo da VETUSTEZ do debate é a questão do crescimento econômico.* (FSP)

vexar, vexado, vexame

Com **X**. ♦ *Mãe não precisa mais se VEXAR!* (GE) ♦ *A gargalhada de Mamoto e dos outros artistas do Circo Fekete me deixou VEXADO, lágrimas arrasando-me os olhos, que humilhação!* (CR) ♦ *D. Odete, percebendo-lhe o VEXAME, abanara a cabeça em negativa.* (FR)

vez (em vez de) ⇨ Ver invés.

A expressão **em vez de** significa:

✧ "em lugar de". ♦ *Em VEZ de quatrocentos oficiais, como na reunião do dia 6, havia mais de dois mil, de todas as Armas.* (AGO)

✧ "ao invés de", "ao contrário de". ♦ *Sua atitude de salvar livros em VEZ de queimá-los foi respeitada.* (ACM)

via (em via de, por via de)

1. A expressão **em via de** significa "a caminho de", "prestes a". ♦ *O grupo de PC teria desalojado a elite corrupta tradicional e por isso estaria em VIA de ser colocado para fora do governo.* (VEJ)

A colocação do substantivo **via** no plural, nessa construção, é condenada em lições tradicionais.

Entretanto, a expressão **em vias de** é mais usual (74%) do que **em via de**, nos diversos tipos textuais. ♦ *O porco transgênico, por exemplo, está em VIAS de tornar-se uma realidade.* (FSP) *via crucis*

2. A expressão **por via de** significa "por intermédio de", "por causa de". ✦ *O rio enche muito mas é do salto para baixo, por VIA de vertentes da serra.* (CHA)

via crucis

É expressão latina que significa literalmente "caminho da cruz", e, mais genericamente, "caminho penoso". ✦ *Finalmente, Juarez consegue agarrar a enorme cruz de madeira e a vai levando embora, porta afora, como um Cristo vergado sob a cruz, curvado sob ela como numa VIA CRUCIS.* (TB) ✦ *A VIA CRUCIS de Maradona também parece não ter fim.* (FSP)

via de regra ⇨ Ver **por via de regra.**

Via de regra e **por via de regra** são expressões equivalentes, que significam "em regra", "em geral". ✦ *As histórias sempre envolviam garotos de beleza incomparável e VIA DE REGRA terminavam em violentas tragédias.* (FH) ✦ *O grande fazendeiro individual é, VIA DE REGRA, pecuarista por tradição e suas fazendas têm mais de 1.000 alqueires.* (AMN)

A expressão **via de regra** é bastante mais usada (80%).

Via Sacra, via-sacra

1. *Via Sacra* é expressão latina que significa literalmente "caminho sagrado", designando o caminho de Cristo até o Calvário, representado em pintura por 14 cenas, denominadas **estações.** ✦ *Ontem, foi rezada uma missa de Páscoa no acampamento para cerca de 500 pessoas e as famílias encenaram uma VIA SACRA.* (FSP)

2. **Via-sacra** é substantivo composto que significa "caminho penoso". ✦ *Começa, então, a VIA-SACRA da família real russa.* (FSP)

viabilizar

Com **Z**, como todo verbo formado com o sufixo **-izar.** ✦ *Buscamos no MERCOSUL a indispensável base regional para VIABILIZAR nossa inserção competitiva no mundo.* (II)

viagem; viaje, viajem

1. O substantivo **viagem** escreve-se com **G.** ✦ *Miguel lamentou-se durante a VIAGEM, protestando inocência.* (AGO)

2. Todas as formas do verbo **viajar** (inclusive **viaje** e **viajem**) são com **J.** ✦ *A ideia da existência de muitos Nordestes surge em qualquer pessoa que VIAJE pela região.* (NOR) ✦ *A lei proíbe também que menores de nove anos VIAJEM no banco dianteiro.* (FSP)

víbora ⇨ Ver **cobra** ⇨ Ver **serpente.**

Os adjetivos correspondentes são **viperino**, **vipéreo** e **vípero**, mas a forma **vípero** não ocorreu e a forma **vipéreo** está praticamente em desuso. ✦ *Gore Vidal possui uma língua VIPERINA que, na presença de meio motivo apenas, já se enrola para tornar-se um estilingue mortífero.* (FSP) ✦ *É seu gozo todo: – prostrar-se nas lajes, / Nas lajes marmóreas daquele calvário: / Liberta das vistas VIPÉREAS do mundo / Rezar mais devota no bento rosário.* (JF)

vice-, vis-; vice

1. **Vice-** e **vis-** são prefixos de origem latina. Significam "em vez de", "que fica no lugar de".

Vice- liga-se com hífen ao elemento seguinte. ✦ *O Presidente e o VICE-Presidente tomam posse em sessão solene do Supremo Tribunal.* (D)

O plural se faz apenas no segundo elemento. ✦ *Eles deram uma tacinha para todos e foram todos VICE-campeões mundiais, inclusive eu.* (RI)

Vis- liga-se sem hífen ao elemento seguinte. ✦ *Saio do sobrado da rua VISCONDE de Maranguape.* (CNT)

2. Usa-se o elemento sozinho (**vice**), como substantivo, com plural **vices.** ✦ *Enquanto isso, o Presidente do Brasil pôde viajar com tranquilidade e deixar o VICE no governo, com naturalidade.* (CB) ✦ *Desde 1836, quando o vice-presidente Martin Van Buren foi eleito, os VICES não passavam do segundo lugar para o primeiro.* (RI)

vicissitude

Com **C** e, na sílaba seguinte, com **SS**. O substantivo designa mudança na sequência das coisas, instabilidade, provação, revés. ✦ *A*

Igreja, em que pese sua origem divina, é fato histórico e assim está sujeita às VICISSITUDES do processo que envolve a todos. (CRU)

viçoso

Com **Ç** e com **S**. ◆ *O recorte de sua enseada é lindo, seus coqueiros são múltiplos e VIÇOSOS.* (TRI)

vida

O adjetivo correspondente é **vital**. ◆ *Mas a presença dela na oficina de Aurélio Valdesi era VITAL.* (ACM)

video-, vídeo

1. **Video-** é elemento de composição (latino) que se liga a um elemento seguinte. O significado é relacionado com "ver". A grande maioria das palavras assim formadas que são usadas em português vieram pelo inglês. ◆ *Prédios organizam hoje campeonatos de VIDEOGAME entre as crianças.* (LAZ) ◆ *Aproveitou o embalo e gravou um novo VIDEOCLIPE da música, mais ao gosto dos dançarinos de plantão.* (VEJ) ◆ *As telenovelas só se tornaram diárias a partir da introdução da tecnologia do VIDEOTAPE, no início dos 60.* (RI) ◆ *Alta definição dos discos de VIDEOLASER ameaça aposentar o VIDEOCASSETE.* (IS)

Essas palavras correspondem, em geral, a expressões inglesas compostas de dois substantivos (*video cassette*, *video tape*, *video game*), embora haja variação no registro gráfico, nos diversos dicionários ingleses (*video tape* / *videotape*; *video game* / *videogame*). Do mesmo modo, nos dicionários de português se registra a grafia em uma ou em duas palavras, em alguns casos (*videogame* / *video game*).

O registro oficial da grafia portuguesa de formações com o primeiro elemento **vídeo-** (provenham ou não do inglês) é com os dois elementos unidos em uma só palavra. ◆ *O primeiro VIDEOJOGO fabricado no Brasil, o Odissey, da Philips, foi lançado em meados de 1983.* (BRI) ◆ *No Canadá, as primeiras experiências de informatização da sociedade giraram principalmente em torno da utiliza-*

ção de VIDEOTEXTO. (ISO) ◆ *O sistema foi inaugurado com uma VIDEOCONFERÊNCIA.* (FSP) ◆ *A correção mediante o acesso por VIDEOLAPAROSCOPIA tem sido preconizada por alguns autores.* (ACB-T)

Obviamente, o plural se faz apenas no final. ◆ *Nem todos os cartuchos se ajustam, porém, a todos os VIDEOJOGOS.* (BRI) ◆ *No Brasil, a importação de VIDEOCASSETES estava proibida.* (VEJ) ◆ *Um telão foi montado no local, para a exibição de VIDEOCLIPES e gravações de outras bandas do movimento.* (FSP)

2. **Vídeo** (com acento, em português) é substantivo que designa parte do equipamento do circuito de televisão, e, por extensão, o próprio aparelho. ◆ *Para os que ficarem de fora, foram instalados dois telões e mais dez monitores de VÍDEO de 29 polegadas que vão transmitir as atrações simultaneamente.* (FSP)

Constitui, também, a forma reduzida de **videocassete**. ◆ *Ninguém sabe ao certo quando televisão, telefone, VÍDEO e computador formarão um sistema único e estarão na casa de cada um ligados por um único fio ou receptor.* (FSP)

vidro

O adjetivos correspondentes são:

◇ **vítreo** ("de vidro", "próprio do vidro", "semelhante ao vidro"). ◆ *Nesses momentos, os olhos dela tinham um palor VÍTREO e manso, estampando paisagem de um céu fumacento, imensas pradarias amarelentas pela seca.* (VER)

◇ **hialino** ("semelhante ao vidro", "transparente", "translúcido"). ◆ *Opalas HIALINAS do México por exemplo, são algumas vezes pintadas de preto em sua parte inferior.* (PEP)

Viena [Áustria]

O adjetivo pátrio é **vienense**. ◆ *Da casa ao lado, um rádio toca alto uma valsa VIENENSE.* (SE)

Vietnã [Ásia]

O adjetivo pátrio é **vietnamita**. ◆ *Foi a invasão VIETNAMITA no Camboja, afirmou ele,*

vigário

que obrigou milhares e milhares de pessoas a fugir para a Tailândia. (CB)

vigário

O adjetivo correspondente é **vicarial**. Significa "aquele que faz as vezes de outro"; "padre que substitui o pároco em uma paróquia". ◆ *Não estaria, porém, separado do povo quanto à posse deste direito – muito ao contrário! –, desde que o possuía em modo VICARIAL e por participação.* (DC)

viger, vigente

1. **Viger** (e não **vigir**) é a forma do verbo que significa "estar em vigor", "vigorar". É verbo defectivo que só se usa nas formas em que ao **G** se segue **E** ou **I**. A conjugação é regular. ◆ *Como relator na Câmara durante quase quatro anos, da lei que hoje começa a VIGER, registro a minha apreensão.* (FSP) ◆ *A democracia, que VIGE plenamente no plano interno e queremos intensificar no plano externo, através da ampliação no processo decisório internacional.* (II-O) ◆ *Nesse caso, já VIGIA a lei que aumentou o prazo dos crimes contra a ordem tributária.* (FSP)

2. De **viger** vem o adjetivo **vigente**. ◆ *A política realista, VIGENTE nos últimos anos da década, imprimiu novos rumos às importações.* (DS)

vigésimo

É o numeral ordinal correspondente a 20. ◆ *O visor marcava VIGÉSIMO nono andar.* (BL)

viking, viquingue

1. *Viking* é a denominação para salteadores escandinavos que atacavam em bando e pilhavam povoações litorâneas do norte e do oeste da Europa entre o século VIII e o século XII. ◆ *Os VIKINGS se expandiram para todos os lados. A partir do século 9º, já dominavam parte das ilhas britânicas, onde deixaram uma forte influência.* (FSP)

Como adjetivo, refere-se a esses indivíduos. ◆ *As covas do cemitério de Smoerumvre datam do período inicial da era VIKING, que durou de 800 d.C. a 1050 d.C.* (FSP)

2. **Viquingue** é a forma aportuguesada, oficialmente registrada, mas pouco usual (9%). ◆ *Mas então usavam peles como roupas e aqueles simpáticos chapéus com chifres que caracterizaram os vikings (VIQUINGUES, em português) trançudos e troncudos entre 750 e 1050.* (FSP) ◆ *VIQUINGUES. As sagas escandinavas celebram as aventuras de dois navegadores, Bjarni Heljolfsson e Leif Ericsson, por volta do ano 1000.* (SU)

vilão

1. O feminino indicado é **vilã** ou **viloa**, mas só a primeira forma, que é mais recomendada, ocorreu. ◆ *Na novela Guerra dos Sexos, Lucélia Santos foi convocada para fazer seu primeiro papel de VILÃ na Globo.* (VEJ) ◆ *As empresas são vistas como VILÃS da história mas apenas operam o sistema.* (FSP)

2. O plural indicado é **vilões** (forma mais recomendada), **vilãos** ou **vilães**, mas esta última forma não ocorreu. A forma quase exclusivamente usada (99%) é **vilões**. ◆ *Deixe a gente sair por cima. Não fique falando que somos VILÕES.* (PLA) ◆ *Alguns VILÃOS estavam dispensados dos 'dias de dádiva' e realizavam apenas as tarefas normais de cultivo.* (HIR)

vileza

Com **Z**, como todo substantivo abstrato em **-eza** derivado de adjetivo. Designa a qualidade daquele que é vil ou vilão; vilania, indignidade. ◆ *Não contente com essa VILEZA, acusava-os publicamente, difamava-os junto aos conhecidos.* (A)

vinagre

O adjetivo correspondente é **acético**. ◆ *Como subprodutos do processo devem ser aproveitados os componentes do destilado pirolenhoso: ácido ACÉTICO, metanol e alcatrão.* (BEB)

vindo

A forma **vindo**, do verbo **vir**, pode ser:

◇ gerúndio. ◆ *De dentro da noite, o vulto veio VINDO lentamente, colado ao muro e depois à parede.* (CAS)

◇ particípio. ◆ *Carlos deve ter VINDO.* (A)

vinho

Os adjetivos correspondentes são:

❖ **vinário** ("próprio do vinho", "próprio para conter vinho"). ♦ *Um caso significativo refere-se à produção e exportação de vinho e azeite durante o Império Romano, havendo certos silêncios materiais – como a ausência de recipientes VINÁRIOS italianos a partir do primeiro século d.C. (...).* (ARQ)

❖ **vinífero** ("produz vinho"). ♦ *Essas regiões eram VINÍFERAS e as pessoas tomavam vinho regularmente nas refeições.* (FSP)

❖ **enológico** ("relativo à enologia, que é a ciência que trata do vinho"). ♦ *Além do caráter ENOLÓGICO, a série tratará de aspectos históricos e turísticos dessas regiões.* (FSP)

Registram-se também os adjetivos **vínico** e **vínháceo**, mas estas formas não ocorreram.

violeta

1. É feminino quando designa flor. ♦ *Teremos sobre nós o lençol da noite e dormiremos tão rente ao chão quanto as VIOLETAS.* (EL)

2. É masculino quando designa cor. ♦ *Estavam presentes todas as cores e cambiantes que vão do verde e do glauco aos confins do espectro, ao VIOLETA, ao roxo.* (CF)

VIP, vip

VIP (em maiúsculas) é a sigla da expressão inglesa *Very Important Person* ("pessoa muito importante"). Usada como adjetivo (para referência a pessoa de considerável importância e influência), a palavra passa a ser escrita com minúsculas: **vip.** ♦ *Eram matérias parecidas, elogiosas, assinadas por repórteres que devem ter viajado de graça, com tratamento VIP.* (RI) ♦ *Esse público VIP criou moda.* (VEJ)

vir ⇨ Ver **ver.**

1. A forma **vir** é do infinitivo. ♦ *Ela não pôde VIR hoje, mas mandou um beijo para você.* (ACM)

2. O futuro do subjuntivo é **vier**, porque o pretérito perfeito do indicativo (que é a forma primitiva) é **vim, vieste, viemos, vieram** etc.

♦ *Corri para a estrada de onde VIEMOS, olhando o chão limpo em busca de pegadas.* (ID) ♦ *Entretanto, se os rebeldes VIEREM até a porta do Palácio do Catete, só me levarão morto.* (INC)

3. A forma **vimos,** quando é do verbo **vir,** é do presente do indicativo ♦ *Bem, primeiro, nós VIMOS embora para Buenos Aires.* (NBN)

Quando é do verbo **ver,** a forma **vimos** é do pretérito perfeito do indicativo.

4. As mesmas indicações valem para os verbos compostos de **vir** (**advir, intervir, provir** etc.).

vir de

Os puristas apontam como galicismo o uso de **vir de** para indicar ação recém-terminada, recomendando que, para essa indicação, se use **acabar de.** ♦ *Ela ACABA DE lavar os cabelos e vem secá-los ao sol para que fiquem mais dourados.* (ASA)

Entretanto, ocorrem construções com **vir de.** ♦ *Fraca ou não, a Sky News VEM DE fazer uma oferta, só anunciada ontem (...).* (VEJ)

virgem

O adjetivo correspondente é **virginal.** ♦ *Era justo que Leopoldo perdesse, vez por outra, o aspecto VIRGINAL do adolescente, para surgir diante da criança que fora como uma espécie de preceptor.* (OE)

vírgula

Uso da vírgula.

1. Alguns termos da oração são, em geral, precedidos por vírgula:

❖ o vocativo. ♦ ***Sérgio,*** *não vamos voltar ao assunto... que é desagradável para todos.* (A) ♦ *Diga,* ***meu filho,*** *o que é que está havendo?* (ASS)

❖ o aposto. ♦ *Sinatra,* ***a Voz,*** *deu-se à generosidade de convidar para sua festa privê uma lista de celebridades, em Duets.* (VEJ) ♦ *V. Exa. acabou de afirmar isto,* ***que o tribunal se inspirou numa fórmula que seria a do PMDB.*** (JL-O)

vírgula (cont.)

Na maioria desses casos pode ocorrer outra pontuação que também marque presunção de pausa acentuada.

2. A vírgula ocorre, indicando forte pausa:

◇ antes e depois de palavras ou expressões que devem ser destacadas (por intercalação) para anunciar explicação, retificação, ressalva, continuação, conclusão. ◆ *Devemos ter em mente que a literatura de cordel é igual a qualquer outra literatura, isto é, tem autores.* (LIP) ◆ *Assim, por exemplo, nos Estados Unidos ou na Rússia, por razões diferentes, é claro, o progresso técnico-científico encontrou poucas resistências sociais.* (PT) ◆ *Posteriormente, soube que ele contara à prima parte da nossa conserva, ou seja, o meu interesse a seu respeito.* (DM) ◆ *Agora vamos dormir, ou melhor, pensar nos pormenores da aventura, a grande aventura...* (PRE) ◆ *Também não tomou mais conhecimento do cargo de inspetor, que era, aliás, gratuito e voluntário.* (PFV)

◇ antes e depois de oração que deve ser destacada porque constitui uma observação intercalada ou posposta. ◆ *Agora quase posso afirmar algo que vocês dificilmente admitirão porque, presumo, abalará opiniões já estabelecidas.* (ACM) ◆ *Não que esteja contra. Mas o feminismo é pra mulheres muito especiais, eu acho.* (E)

◇ nas datações, entre o nome do local e a data. ◆ *Quartel em Bonito, 12 de junho de 1912.* (ALF)

◇ nos endereçamentos, entre o nome da rua, ou avenida, e o número da casa. ◆ *Era de uma garotinha, nove anos de idade, residente na rua Ouvidor Freire, 3020.* (ACT)

◇ no lugar do verbo (marcando elipse do verbo). ◆ *O chiru foi andando como cancheiro, e eu, na cola dele.* (CG)

◇ entre palavras repetidas. ◆ *O que é preciso é que eu tenha um filho, um filho meu!* (FIG) ◆ *Junto dele, colada a ele, sempre, sempre.* (ED)

◇ marcando o limite de uma expressão deslocada de sua posição mais usual. ◆ *E, mais ainda, quando S. Exᵃ fala da gente brasileira pobre, da gente brasileira que não tem estudo; dos nossos irmãos índios, com que emoção S. Exᵃ fala deles!* (DMB-O)

3. Com numerais, a vírgula ocorre:

◇ depois de **mil**, se se seguir indicação de centenas e ainda a indicação de pelo menos mais uma casa. ◆ *Quatorze MIL, SEISCENTOS e oitenta e nove.* (VI)

◇ depois de **milhão:**

- a indicação de milhares e ainda a indicação de pelo menos mais uma casa. ◆ *E dez milhões de telefones (contra um MILHÃO, novecentos e oitenta MIL e setenta).* (FA)

- a indicação de centenas e ainda a indicação de pelo menos mais uma casa. ◆ *As cerca de cinco MILHÕES, QUINHENTAS e cinquenta sacas produzidas em 1987 representaram um milhão de sacas a menos que o total produzido há dois anos.* (ZH)

4. Uso da vírgula na coordenação.

4.1. Na coordenação aditiva:

4.1.1. Usa-se a vírgula quando a coordenação aditiva é feita sem conjunção.

◇ Entre termos. ◆ *A seu lado, nervoso, vibrante, bebido, Sérgio não parava de falar, comentando o bar, os garções, as pessoas que entravam e saíam, os pratos que iam escolher, o vinho a tomar, as precauções necessárias para não serem incomodados pela vitrola.* (A) ◆ *O silêncio que envolve a cena é quebrado, aqui e ali, por ruídos espaçados, o balido longínquo de uma OVELHA, o canto gritado das aves que se recolhem, o atrito das folhagens no balanço da ventania.* (HO)

◇ Entre orações. ◆ *Marcava baralhos, passava contos do vigário, tivera várias entradas na polícia.* (MRF)

4.1.2. A existência de conjunção **e** não é, em si, impedimento para que se use a vírgula na coordenação, seja de termos, seja de orações. Pelo contrário, há casos em que a vírgula antes do **e** é necessária, por exemplo para marcar que se passa da coordenação em um determinado nível para a coordenação em um nível superior (seja nível sintático, seja

vírgula (cont.)

nível semântico), o que corresponde a uma pausa diferenciada. ✦ *Por mais que tivesse insistido no cansaço em que estávamos, depois daquela semana de sofrimento e vigília, e daquele dia particularmente carregado, foi como se estivesse conseguindo uma vitória.* (A) ✦ *Um dia, sentada no banco de trás, viu que ele falava, falava, e de repente dava uma boa gargalhada.* (FE)

Isso inclui a coordenação entre orações que têm sujeitos diferentes, a qual, em geral, é marcada por vírgula. ✦ ***Exemplos dessa natureza** são muitos, e por isso **as dificuldades do Estado** em matéria de saúde pública são incontáveis.* (AR)

Não necessariamente, porém, usa-se vírgula antes do **e** que ocorre entre orações de sujeito diferente. ✦ *O meu caso é outro e estamos na jogada faz muito tempo.* (FIC)

4.2. Na coordenação alternativa.

Em geral, a motivação para o uso da vírgula antes da conjunção **ou** é ligada ao ritmo, isto é, em geral há vírgula antes do **ou** quando nesse ponto do enunciado há pausa marcada. ✦ *Vale falar de estratégias de intuição, **ou** você quer uma lógica da descoberta?* (ACM) ✦ *Tudo o que dissesse, **ou** sobre ou contra Sérgio, seria verdade.* (A)

A existência, ou não, da pausa é, em geral, determinada pelo valor semântico específico daquela alternância. Por exemplo, em princípio, não há vírgula quando o que se expressa com o **ou** é a identificação de um elemento com outro, coordenando-se, assim, dois nomes do mesmo objeto expressos numa sequência não marcada por pausa. ✦ ***A protuberância anular ou ponte de Varóli** apresenta-se constituída em grande parte por substância branca (...).* (BAP) ✦ ***Fortaleza ou valor** (andreia) é a que faz com que as paixões mais nobres predominem, e que o prazer se subordine ao dever.* (ET) ✦ *Sua forma de trabalhar é conhecida como **Terapia Junguiana ou Terapia Analítica**.* (PSC) ✦ *Ele tentará regular as forças primitivas do Id, aqueles **impulsos ou pulsões** que visam à satisfação imediata.* (PSC) ✦ *O próprio Reich dizia que*

*a armadura do caráter é funcionalmente idêntica à **armadura muscular ou couraça muscular**.* (PSC)

Entretanto, mesmo com esse valor de identificação, uma pausa pode existir e ser graficamente registrada na vírgula. ✦ *Assim, "**hostilidade inconsciente", ou "dependência"**, seriam parecidos com o nosso mencionado magnético.* (EC)

A pausa – assinalada pela vírgula ou por outro sinal de pontuação – frequentemente envolve um componente de correção, no sentido de indicar que o segundo termo que denomina a mesma entidade seria mais adequado, mais esclarecedor, enfim, de melhor escolha, ou que a segunda formulação de um trecho é melhor. ✦ *O vocábulo "função" tem, na fisiologia, digamos, conotações teleológicas e pode ser traduzido, frequentemente, por "**propósito", ou "finalidade"**.* (EC) ✦ *Nos países industrializados e desenvolvidos, a mulher não mais **se autodefine, ou é definida**, apenas por suas funções biológicas.* (VEJ)

4.3. Na coordenação adversativa.

Em geral a conjunção **mas** vem precedida por vírgula, especialmente quando há uma pausa marcada, nesse ponto do enunciado. ✦ *Vocês servem mal, **mas** a comida é ótima!* (A)

O mesmo ocorre com elementos adverbiais adversativos, como **porém, todavia, contudo, entretanto, no entanto, não obstante,** quando são usados como elementos que já estão em processo final de gramaticalização como conjunções adversativas. ✦ *É feioso, tem um olho fora do esquadro, **mas** força as prateleiras.* (NI) ✦ *Valentim correu para o baú onde estava o retrato do rei, **porém** sua decepção e sua surpresa foram enormes, ao constatar que a caixa com as inscrições reais não estava lá.* (RET) ✦ *Posso soltá-la, **entretanto** diga sim à minha proposta, e nós todos evitaremos uma guerra.* (VO)

Quando esses elementos são nitidamente adverbiais, eles podem ficar intercalados e, assim, podem, ainda, ser seguidos de vírgula, o que não ocorre com a conjunção **mas**. ✦ *E é preciso que entendam a reverência com que*

vírgula (cont.)

*tratamos os estados mórbidos dos quais o amor não correspondido é o primeiro, naturalmente. Isto, **porém,** só entenderão quando bem mais sofridos.* (Q) ◆ *Agora, sim, Pacuera tem ímpetos de ajoelhar-se, mas para beijar a mão do gringo.* **Porém,** *os segundos em que hesita dão para o gringo sumir pela porta dos fundos.* (R) ◆ *Os espíritos negativistas, que não confiam na pujança desta terra jovem e na capacidade de seu povo, se espantam e se atemorizam com o vulto do programa de metas. Esse programa,* **entretanto,** *não constitui nenhuma aventura.* (JK-O) ◆ *A ti apenas coube, como legado, o segredo das minas.* **Entretanto,** *o que precisares dar-te-ei de coração.* (VP)

5. Uso da vírgula na subordinação.

5.1. Em geral, usa-se a vírgula depois de adjuntos adverbiais (palavras, expressões ou orações) que precedem a predicação nuclear, se se quer marcar a existência de pausa. ◆ **Agora,** *sentia o coração apertado, pequenino.* (A) ◆ **Naquele momento,** *percebi que devia agir rápido, sem perder o sangue frio.* (ID) ◆ **Quando minha mãe faleceu,** *eu devia ter mais ou menos uns seis anos.* (A)

Se não se quer marcar pausa, não se usa vírgula. São casos menos frequentes. ◆ **Agora** *apenas podes continuar o teu trabalho.* (PCO) ◆ **Naquele momento** *um turbilhão de ideias me passou pela cabeça.* (ACM) ◆ **Quando eu era criança** *a figura do bispo era, ao mesmo tempo, venerada e temida.* (ACM)

Mesmo que os adjuntos adverbiais estejam pospostos, a indicação de pausa na elocução se marca por vírgula. Essa pausa é mais rara para os adjuntos expressos por palavras ou expressões e menos rara para as orações adverbiais, em geral mais longas. Nos casos de posposição, comumente o adjunto adverbial funciona como adendo, como informação marcadamente acrescentada a uma predicação já expressa. ◆ *– Ele se salvara? – perguntei ao médico,* **no instante em que entrou.** (FR) ◆ *Os espelhos e a mobília vieram mais tarde,* **quando a Parisiense se tornou apenas um lugar de trabalho.** (REL)

Se o adjunto adverbial (palavra, expressão ou oração) estiver intercalado, ele é destacado por duas vírgulas, uma antes, outra depois, independentemente de estar anteposto ou posposto ao verbo da predicação nuclear. ◆ *O dia,* **ontem,** *foi tão insípido que não tive coragem de escrever neste caderno.* (A) ◆ *Mas minhas ideias,* **naquele momento,** *não podiam compor mais do que círculos, vertiginosos e fugazes.* (ACM) ◆ *Hanna jamais notara,* **até então,** *que Eduardo nunca falava em Bach, em Beethoven, em Brahms.* (BH)

5.2. Sempre se usa a vírgula antes de orações adjetivas explicativas (e depois dessas orações, se elas estiverem intercaladas). ◆ *Ela,* **que sempre vivia brincando,** *agora era uma perfeita dona de casa, melhor do que Albertina.* (FR) ◆ *O Departamento de Estradas de Rodagem,* **a cujo cargo está afeta a execução da política rodoviária do Governo,** *fez em 1963 a conservação de um total de 2.052 quilômetros de rodovias.* (AR)

O mesmo ocorre antes de adjuntos adnominais que correspondem a orações explicativas. ◆ *Roberto Ferreira Primo,* **de vinte e três anos,** *e Denilson Xavier de Azevedo,* **vinte e dois anos,** *se impressionam com o gigantismo dos números.* (PLA)

Antes de oração adjetiva restritiva não se usa vírgula. ◆ *A semente* **que jogamos** *não caiu em terra estéril.* (JK-O)

A vírgula só ocorre em casos excepcionais, e especialmente se a oração for muito longa.

6. Uso da vírgula na justaposição de oração.

As orações com verbos que indicam "dizer" (verbos *dicendi* ou de elocução), quando pospostas ao enunciado que registra o que é dito (discurso direto), são precedidas por vírgula. ◆ *"Pode até ser. Só que eu falei em imagem desejada, de si mesmo",* **respondeu ele rindo.** (ACM)

Quando intercaladas, essas orações são precedidas e também seguidas de vírgula. ◆ *"Cavalheiro",* **disse ele assustado,** *"quer fazer o favor de vir aqui por um momento?"* (VA)

Especialmente no caso de intercalação, é muito frequente o uso de travessões, em vez de vírgulas. ✦ *Houve tempo – disse ele quase de costas para mim – houve tempo em que achei que devia seguir o caminho de todo mundo.* (CCA)

7. Interdição do uso da vírgula.

7.1. Em princípio, não se usa vírgula entre sujeito e verbo, mesmo que o sujeito seja longo. A presunção de pausa nesse ponto do enunciado não implica colocação de vírgula. ✦ *Um odor mais desagradável ainda do que aquele que já existia no ambiente deu-lhe náuseas.* (PCO) ✦ *A sucessão de valores de vazões médias de certo intervalo de tempo (dia, mês) constitui uma série de dados que pode ser organizada segundo uma distribuição de frequências.* (HID)

Mesmo que haja uma série de núcleos de sujeito que se vão separando por vírgula, não se usa vírgula depois do último elemento da série, antes do verbo. ✦ *A prematuridade, as interrupções prematuras da gravidez, as malformações, o tocotraumatismo, as infecções congênitas, as isoimunizações, a debilidade mental representam temas longe de suficientemente perscrutados, clínica e patologicamente, pelos competentes.* (OBS)

7.2. Também não se usa vírgula diretamente entre o verbo e seu objeto direto ou objeto indireto. ✦ *Ele aplica essa receita desde setenta e oito, quando comprou a primeira fazenda.* (AGF) ✦ *Lágrimas rolavam pelos olhos de Jules, quando o presidente referiu-se a ele elogiosamente.* (PCO)

virilha

O adjetivo correspondente é **inguinal**. ✦ *A hérnia INGUINAL é diagnosticada pela anamnese e principalmente pelo exame físico local.* (CLC)

virtuose

É palavra francesa, já com registro oficial como portuguesa (para masculino e feminino), correspondente ao italiano *virtuoso*, usada para designar músico de talento. O **o** tônico é fechado. ✦ *Murphy é um guitarrista bastante eclético, mas está longe de ser um VIRTUOSE.* (FSP)

Com o mesmo valor, usa-se também como segundo elemento de substantivo composto (unido por hífen). ✦ *A preparação de um artista-VIRTUOSE no esporte, na música, na literatura, no teatro, exige longos e difíceis anos de aprendizado.* (LAZ)

vis

É palavra latina que significa "força", "energia", "poder". É substantivo feminino. ✦ *Há uma VIS conservadora do ego que impede esses trocadinhos, esses quatros de Bosch, que mantêm dentro do ilogismo e do pânico onírico (...).* (CF)

visão, visões; vista

1. O adjetivo relativo a **visão**, ou a **vista**, é **óptico** ou **ótico**. A primeira forma é a mais usual (60%), especialmente em obras técnico-científicas. ✦ *O disco do nervo ÓPTICO é o local onde este emerge da retina, e não possui células fotorreceptoras.* (ENF) ✦ *Para ler as informações contidas nas barras, o sensor ÓTICO emite um feixe de luz infravermelha e capta seus reflexos.* (VEJ)

2. O adjetivo correspondente a **visão**, no sentido de "aparição", "sonho", é **visionário**, que significa "que tem visões", "sonhador". ✦ *No centro do relato, está uma criança – um garoto VISIONÁRIO, capaz de antecipar o futuro.* (ESP) ✦ *Leonardo é observador e vidente, cientista e VISIONÁRIO, naturalista e mago.* (REF)

visar

1. **Visar** usa-se com complemento sem preposição (objeto direto) quando significa:

◇ "mirar". ✦ *Toda a nossa atenção deve estar concentrada num único ponto, como o arqueiro no instante de VISAR o centro do alvo.* (AL)

◇ "pôr visto em" (como em **visar um documento**), acepção em que o verbo não ocorreu.

2. Significando "pretender", "ter em mira", recomendam as lições tradicionais que o verbo **visar** se construa com complemento iniciado pela preposição **a**. ✦ *O financiamento pode VISAR a políticas gerais legítimas e*

vis-à-vis

não a um favorecimento particular antiético.
(FSP) ✦ *A reforma agrária VISAVA então a alterar a estrutura de posse e uso da terra no Brasil.* (AGR)

Para o caso de o complemento de **visar** ser uma oração infinitiva, alguns manuais normativos relativizam a crítica e admitem a construção sem preposição. ✦ *A produção açucareira VISAVA satisfazer os interesses de Portugal, e não os do Brasil.* (HIB)

Entretanto, é comum o uso de complemento sem preposição (objeto direto) mesmo quando ele não é oracional. Isso ocorreu: no geral, em cerca de 70% dos casos; com infinitivo, em cerca de 80% dos casos, e com complemento não oracional, em cerca de 55% dos casos. ✦ *O Brasil precisa de calma, precisa VISAR um horizonte.* (FSP) ✦ *O tratamento VISA a eliminação do parasita e, quando presente, da insuficiência cardíaca.* (CLI)

vis-à-vis

É expressão francesa que significa "frente a frente", "defronte". O **à** (com acento grave) é uma preposição francesa. ✦ *Eles moravam numa bela casa defronte do Castelinho do Waldemar Loureiro e quase VIS-À-VIS do sobradinho verde onde divisei pela primeira vez o imenso Milton Campos.* (CF)

visconde

O feminino é **viscondessa**. ✦ *Mário ataca uma velha música francesa – Solitude – e creio bem que vi ou senti a senhora VISCONDESSA suspirar de leve.* (AID)

visível, visionário

1. Com S, como **visão**. ✦ *Sérgio e Angela se olhavam com VISÍVEL raiva, na iminência de um briga.* (A) ✦ *Leonardo é observador e vidente, cientista e VISIONÁRIO, naturalista e mago.* (REF)

2. O superlativo absoluto sintético de **visível** é **visibilíssimo** ✦ *Tive um palpite, mandei radiografar ele todo, lá estava a bolinha branca, pulmão esquerdo, lóbulo basal, VISIBILÍSSIMA.* (SL)

vison

É palavra francesa que designa mamífero de pelo macio, abundante e muito bonito; designa também a pele desse animal, usada em casacos de luxo. ✦ *Nesse instante ouvi a mulher elegante dizer ao seu acompanhante que devia ter trazido o seu casaco de VISON.* (BU)

víspora

É substantivo indicado em dicionários como masculino e feminino, mas só ocorre como feminino. É o mesmo que **loto**. ✦ *Aí notei que todos jogavam um jogo chamado VÍSPORA. Fiz um esquete sobre a VÍSPORA.* (FSP)

vista ⇨ Ver **haja vista** ⇨ Ver **com vista a, com vistas a** ⇨ Ver **fazer vista grossa a, fazer vistas grossas a** ⇨ Ver **saltar à vista** ⇨ Ver **à vista de, em vista de.**

1. A locução **haja vista** não varia. ✦ *Haja VISTA o ouro de Serra Pelada e a lambada, que virou baiana.* (VEJ) ✦ *Haja VISTA os surtos de amnésia a que sou sujeito nas noites de autógrafo: não me lembro do nome de ninguém.* (FE)

2. Na expressão adverbial **à (...) vista**, o a é craseado em casos como os seguintes:

◇ **à vista.** ✦ *Passou a fazer com Nestor, à VISTA, as compras semanais.* (FP)

◇ **à primeira vista.** ✦ *Os trapos que carregava espremidos contra o peito, à primeira VISTA, pareciam somente uma trouxa de roupa suja e velha.* (INQ)

◇ **à simples vista.** ✦ *Esses defeitos são perceptíveis à simples VISTA, no fim da laminação, e não têm influência na segurança.* (EFE)

◇ **saltar à vista.** ✦ *A evidência é claríssima, salta à VISTA, mas todo mundo acha que eu sou diferente dessa evidência, é uma maluquice.* (SL)

3. Na expressão **a perder de vista**, o a não é craseado, porque é simples preposição (vem antes de forma verbal). ✦ *A raposa saiu do areal do deserto e caiu na sombra deliciosa*

do parreiral que descia por um precipício a perder de VISTA. (FAB)

4. Quando a expressão adverbial que envolve o substantivo **vista** termina pela preposição **a**:

- há crase (e há acento no **à**) se o substantivo seguinte for feminino e estiver construído com artigo:

◇ **com vista a / com vistas a.** ◆ *Também na serra de Triunfo em Pernambuco os canaviais ocupam as áreas mais ricas das encostas e vales, com VISTAS à produção de rapadura para o mercado sertanejo.* (ND)

◇ **fazer vista grossa a / fazer vistas grossas a.** ◆ *Nós nos preocupamos e fazemos VISTAS grossas à maneira como ela abre cuidadosamente seus presentes.* (REA)

- não há crase (e não há acento no **a**) se o substantivo seguinte estiver construído sem artigo (existe apenas o **a** preposição). ◆ *Os fundos nem sempre utilizam seu capital com VISTA a atingir metas de rentabilidade.* (EX) ◆ *Como chefe na fábrica, seu Boboco faria VISTA grossa a qualquer deslize do garoto, desde que este jogasse no seu time.* (ETR)

5. A expressão para significar "na presença de", "diante de" é **à vista de** (com **vista** no singular). ◆ *É claro que o sistema existe e está à VISTA de todos.* (REA)

6. **Em vista de** é uma expressão iniciada pela preposição **em**, e com núcleo (substantivo) feminino singular sem artigo. ◆ *Em VISTA de seu bom comportamento na prisão, a pena foi reduzida pela metade.* (VEJ)

vit(i)-

É elemento (latino) que se liga a um elemento seguinte. Significa "vinha". ◆ *Dando assistência a pequenos VITICULTORES e comprando sua produção, ajudaram a conter a fuga do campo para a indústria do turismo.* (VEJ) ◆ *Se já conseguimos incluir a uva entre os produtos financiáveis pelo governo federal, na Carta de Brasília, nossa VITIVINICULTURA se tem de valer desse apoio.* (CPO)

vítima

O substantivo **vítima** é feminino (**a vítima**), referindo-se indiferentemente a elemento do sexo masculino ou do sexo feminino (substantivo sobrecomum). ◆ *Contaram que outra VÍTIMA da feiticeira foi o carpinteiro Wandice da Silva.* (AP) ◆ *A filha dela é uma VÍTIMA da dissolução da família.* (BP)

Vitória [Espírito Santo]

O adjetivo pátrio é **vitoriense**. A forma não ocorreu.

vitória-régia

O plural é **vitórias-régias** (substantivo + adjetivo). ◆ *Garças de todas as cores passam em bando; o recanto das VITÓRIAS-RÉGIAS recende os perfumes da mata.* (RIR)

vitral, vitrô

1. **Vitral** é a forma portuguesa correspondente ao francês *vitrail*. ◆ *Marianne Peretti é escultora e realizou, entre outros, o VITRAL da catedral de Brasília.* (FSP)

2. A forma **vitrô**, que é a grafia portuguesa correspondente ao plural francês *vitraux*, não é registrada oficialmente em português, mas também é usada (como forma singular), embora com muito menor frequência (12%). ◆ *O delegado disse que os assassinos invadiram a escola, ficaram atrás de um VITRÔ da sala de aula e atiraram no estudante.* (FSP)

3. Os plurais são **vitrais** e **vitrôs**, respectivamente, formas igualmente usuais (50%) para a mesma acepção. ◆ *A luz vinha de sete janelas na parede externa e três pequenos VITRAIS antigos na interna.* (ACM) ◆ *As copas não tinham dois requisitos de higiene: exaustores nos fogões e telas nos VITRÔS.* (FSP)

vítreo ⇨ Ver vidro.

Com **E**. ◆ *Permanecia horas ao lado das duas mulheres, magnetizado pelo desenho dourado gravado no corpo VÍTREO do narguilé.* (REL)

vitrina, vitrine

1. **Vitrina** é a forma portuguesa correspondente ao francês *vitrine*. ◆ *Quando Benjamin Franklin, o grande cientista e político americano, tinha 7 anos, viu na VITRINA de uma loja um apito que o encantou.* (REA)

viuvez

2. A forma original francesa *vitrine*, entretanto, é muito mais usual (85%) que **vitrina**. ✦ *Minha ex-mulher está sentada no carpete, de costas para a VITRINE, arranjando as roupas.* (EST)

viuvez

Com **Z**, como todo substantivo abstrato em **-ez** derivado de adjetivo. ✦ *Na sua VIUVEZ d. Emília passou a trabalhar para pessoas a quem Leopoldo dedicava o mais profundo dos ódios de criança.* (OE)

viva, vivam

Recomendam manuais normativos que, nas exclamações de aplauso, a forma **viva** se mantenha como verbo, fazendo a concordância, em número, com seu sujeito (plural: **vivam**). ✦ *VIVAM os homens livres!* (CTR) ✦ *VIVAM honra e brio dos paracatuenses!* (VB)

Entretanto, é comum que a forma **viva** seja sentida como uma fórmula de saudação invariável (tal como **salve**). ✦ *Ora VIVA! Já estava notando a sua demora em visitar-me.* (HP) ✦ *"Abaixo o regime entreguista e traidor" e "VIVA os ideais proletários" eram alguns dos slogans que decoravam as faixas vermelhas dos diversos grupos na marcha.* (FSP)

De fato, é o que sugerem as saudações com **viva** quando a referência é a uma primeira ou a uma segunda pessoa (singular ou plural), casos em que nenhum manual indica que teria de haver a concordância de pessoa. ✦ *E VIVA eu e VIVA tu que estamos tendo a paciência de escrever e ler tudo isso que vai embrulhar o peixe de amanhã na feira do Bixiga.* (FSP) ✦ *E, finalmente, ainda não contentes com tudo isso, pintaram as paredes dos sobrados e os muros com letras sesquipedais que diziam "VIVA nós, viva o povo brasileiro, VIVA nós, viva o povo brasileiro que um dia se achará, VIVA nós que não somos de ninguém, VIVA nós que queremos liberdade para nós e não para os nossos donos".* (VPB)

víveres

É substantivo que só se usa no plural (*pluralia tantum*). ✦ *As tropas holandesas começavam*

a sofrer com a falta de VÍVERES, e o abastecimento ficava dia a dia mais difícil. (HIB)

viveza

Com **Z**, como todo substantivo abstrato em **-eza** derivado de adjetivo. ✦ *A criança terá os olhos brilhantes e alegres, refletindo a VIVEZA do espírito e do coração.* (BIB)

vivido, vívido

1. **Vivido** (sem acento) é o particípio do verbo **viver**. ✦ *Ramiro, que tinha VIVIDO o episódio, bebia os ares do Falua, debruçado na mesa.* (Q)

2. **Vívido** (com acento, palavra proparoxítona) é adjetivo que significa "ardente", "intenso", "vivo". ✦ *As VÍVIDAS descrições que faz dos pacientes antecipam a causa da morte.* (APA)

vivissecção, vivisseção ⇨ Ver **dissecar, dissecação.**

São formas variantes, ambas registradas oficialmente. Significam "operação ou dissecação feita em animais vivos para fins de pesquisa científica". ✦ *Ofereça-se a um cientista para uma VIVISSECÇÃO.* (TPR) ✦ *Aqui está um trecho dos Anais (sessão de 6 de Julho de 1860) que dá ideia desse gênero de VIVISSEÇÃO presidencial.* (EIN)

voar

1. Com **O** (e não com **U**) depois do **V**. ✦ *Para eles, nada que VOAVA estava a salvo.* (ETR)

2. Os verbos em **-oar** têm a primeira pessoa do singular do presente do indicativo em **-oo**, sem acento. ✦ *A cegonha retrucou: "eu VOO para cantar perto dos astros e alcanço a altura do céu; tu só andas no chão lamacento".* (TEG)

Esses verbos têm **-e** final na terceira pessoa do singular do presente do indicativo. ✦ *VOE pela Líder.* (VIS)

vocabulário

É o coletivo que designa o conjunto de palavras de uma língua, pessoa ou especialidade. ✦ *O VOCABULÁRIO de dona Angelina era redu-*

zido – tanto em português como em italiano. (ANA) ♦ *Há outro efeito perverso das taxas de juros altas: a palavra recessão já entrou no VOCABULÁRIO do empresariado.* (FSP)

vocativo

É termo que constitui um chamamento, uma invocação. Pode ocorrer em qualquer posição no enunciado, e, na escrita, sempre vem separado por um sinal de pontuação. ♦ *MARIA! Eles acabaram de sair.* (ALE) ♦ *Bem, DOUTOR, é o seguinte.* (AM) ♦ *Mas, TIA, e a frase da Lua?* (AVL)

Muitas vezes vem precedido de Ó (sem H). ♦ *Nunca te abandonaremos, ó ELEITO!* (BH)

vodca

É a forma portuguesa correspondente ao russo *vodka*. ♦ *O copeiro repousa a bandeja numa mesa verde, retirando de um balde três cálices suados e a garrafa de VODCA envolta numa capa de gelo.* (EST)

vogal

1. Como substantivo masculino, designa pessoa que tem direito a voto num colegiado. ♦ *O PMDB encontrou a fórmula para acomodar os grupos que disputam o poder no partido: criou mais quatro vagas de VOGAL na direção nacional.* (FSP)

2. Como substantivo feminino, designa um tipo de fonema. ♦ *Usa-se o til para dar um som nasalado à VOGAL ou a um encontro vocálico.* (PFI)

voleibol, volibol, vôlei

1. **Voleibol** e **volibol** são formas oficialmente indicadas como variantes para corresponder ao inglês *volleyball*. A forma **volibol**, entretanto, não ocorreu. ♦ *As meninas do VOLEIBOL trouxeram muita confiança na bagagem.* (ATA)

2. Usa-se muito mais frequentemente (95%) a forma reduzida **vôlei**, também oficialmente registrada. ♦ *Tão eficiente que até hoje, no treinamento do futebol moderno, se utiliza esta prática com uma rede de VÔLEI separando os times.* (FB)

vo-lo, vo-la, vo-los, vo-las ⇨ Ver **lho, lha, lhos, lhas** ⇨ Ver **no-lo, no-la, no-los, no-las** ⇨ Ver **to, ta, tos, tas.**

Essas formas constituem combinações do pronome pessoal de segunda pessoa do plural **vos** (como objeto indireto) com o pronome pessoal de terceira pessoa **o, a, os, as** (sempre objeto direto). ♦ *O que, pois, adorais sem O conhecer, eu VO-LO anuncio.* (VES) ♦ *Estejam sempre prontos a dar razão da vossa esperança a todo aquele que VO-LA pede.* (FSP)

volt

1. É unidade de medida de diferença de potencial elétrico. ♦ *Representa a força despendida quando uma corrente elétrica flui à razão de 1 ampère e com a pressão de 1 VOLT.* (ELE)

2. O plural é **volts**. ♦ *A amplitude é expressa em VOLTS e caracteriza a força ou potência do som.* (TEB)

voluptuoso, volutuoso

São formas variantes, mas a segunda é de uso raro (7%). Significa "em que há volúpia", "sensual". ♦ *O rosto se torna entranhadamente VOLUPTUOSO.* (NOF) ♦ *Não pude trazer comigo, como desejava, o VOLUTUOSO príncipe Danilo, cujas curvas já começavam a interessar-me vivamente (...).* (AL)

voo, voa

Nenhuma das formas é acentuada, seja verbo seja substantivo. ♦ *Abriu os motores; a máquina iniciou o VOO, verticalmente.* (PRE) ♦ *Sinto, porém, que a noite VOA e o cansaço se apodera de mim.* (A)

voo doméstico

Indica-se como anglicismo o uso do adjetivo **doméstico** (por **nacional**), junto do substantivo **voo**.

Entretanto, a expressão é muito usual. ♦ *Um Boeing 707 que fazia um VOO DOMÉSTICO no Irã foi sequestrado por um comissário de bordo e desviado para Israel.* (FSP) ♦ *Do Aeroparque só saem VOOS DOMÉSTICOS e a ponte aérea para Montevidéu.* (NBN)

voraz

1. Com **Z**. O adjetivo significa "que devora", "ávido", "insaciável". ✦ *Os automóveis, na tentativa de saciar seu VORAZ apetite pelo espaço, entopem as vias e invadem as calçadas.* (TT)

2. O superlativo absoluto sintético é **voracíssimo** ✦ *Fomos para sua casa, minha antiga casa, mal entramos na cozinha ela pulou na mesa, carnívora, suas pernas me prenderam, VORACÍSSIMA.* (OMT)

-voro

É elemento (latino) que se liga a um elemento anterior. Significa "que devora". ✦ *As enciclopédias registram o panda como um bicho CARNÍVORO.* (GLO) ✦ *Todas as espécies citadas são HERBÍVORAS.* (ATN)

Vossa Alteza, Vossa Excelência, Vossa Eminência, Vossa Magnificência, Vossa Majestade, Vossa Reverendíssima, Vossa Santidade, Vossa Senhoria etc. ⇨ Ver Sua Alteza, Sua Excelência etc.

Todos os pronomes de tratamento levam a concordância para a terceira pessoa.

As formas de tratamento com **Vossa** são usadas quando alguém se dirige diretamente à pessoa. ✦ *Já começaram rebaixando d. Pedro 2º. Chamaram-no de VOSSA ALTEZA em vez de VOSSA MAJESTADE.* (FSP) ✦ *Queira VOSSA EXCELÊNCIA me ceder seu punhal.* (AC) ✦ *De qualquer forma, com a permissão de VOSSA EMINÊNCIA (...), eu creio sinceramente que uma estocada seria mais humano de que a fogueira.* (BN) ✦ *Se VOSSA REVERENDÍSSIMA não bota embargo, vou chamar o major à responsabilidade.* (CL) ✦ *Há poucas semanas, VOSSA SANTIDADE recordou que a busca de maior eficiência no mundo do trabalho é universal e legítima, mas não pode ter por objetivo apenas o lucro.* (FSP) ✦ *Quer VOSSA SENHORIA me explicar como esses negros e mulatos puderam subir tão alto?* (FSP)

Para se fazer referência à pessoa usam-se as formas de tratamento iniciadas por **Sua**: **Sua Alteza**, **Sua Excelência** etc.

voucher

É palavra inglesa que designa vale que assegura crédito em despesas futuras com produtos ou serviços. A pronúncia é, aproximadamente, **váucher**. ✦ *Ao optar pelo sistema de refeições--convênio, sua empresa pode trabalhar com vales, cupons, tíquetes, VOUCHERS etc.* (P)

Vox populi, vox Dei.

É frase latina que significa "Voz do povo, voz de Deus". Indica que a sabedoria popular tem inspiração divina. ✦ *"VOX POPULI, VOX DEI". Este foi um dos conselhos dados a Carlos Magno, o rei dos francos, pelo clérigo Alcuíno.* (FSP)

voyeur, voyeurismo, voyeurístico

1. *Voyeur* é palavra francesa que designa pessoa que, para excitação sexual, se dedica a observar ato sexual praticado por outros, ou simplesmente a observar estímulos sexuais como órgãos genitais ou objetos associados à sexualidade. A pronúncia é, aproximadamente, **vóiêr**. ✦ *A experiência do VOYEUR é sempre da violação.* (PO) ✦ *Um VOYEUR espia uma mulher nua com o telescópio; depois de atenta observação, percebe que era apenas um manequim.* (VEJ)

O feminino, feito pelo francês, é *voyeuse* (forma que não ocorreu), e o plural é *voyeurs*. ✦ *Elas querem ser objeto de VOYEURS desconhecidos, pessoas que ficam excitadas ao observar uma relação sexual.* (FSP)

2. **Voyeurismo** (uma forma já com sufixo português) é a designação dessa atividade. ✦ *Ao exibir o perverso, a pornografia privilegia uma das perversões: o VOYEURISMO.* (PO) ✦ *Partindo da constatação clássica de que todo bom filme tem seu aspecto de VOYEURISMO, parte do sucesso de Emmanuelle se deve à generosidade com que as câmaras passeiam por sua geografia.* (VEJ)

3. O adjetivo correspondente é **voyeurístico** (também uma forma com sufixo português). ✦ *Ela [a fotografia] nos ilude com a sensação de poder interromper o fluxo do tempo, possibilita o prazer VOYEURÍSTICO de devassar o passado numa imagem parada, disponível, eterna.* (FOT)

voz

1. O aumentativo é **vozeirão** (substantivo masculino). ◆ *O VOZEIRÃO dele, assim solto na sala, fazia baixar a própria crista dos ventos.* (CL)

2. O adjetivo correspondente é **vocal**. ◆ *Não é um desperdício gravar músicas que não revelam toda a sua possibilidade VOCAL?* (VEJ)

vulgar

O superlativo absoluto sintético é **vulgaríssimo**. ◆ *Autor de mais de 600 sonetos e madrigais, descrevia em VULGARÍSSIMA linguagem dialetal toda a libertinagem da cidade.* (VEJ)

vulgarizar

Com **Z**, como todo verbo formado com o sufixo **-izar**. ◆ *Os cientistas estão certos de que a tevê vai VULGARIZAR o uso da imagem, como o telefone VULGARIZOU o uso da voz a distância.* (REA)

vulnerável

O superlativo absoluto sintético é **vulnerabilíssimo** ◆ *Em caso de súbita retirada dos capitais, o país fica VULNERABILÍSSIMO.* (FSP)

vultoso, vultuoso

1. **Vultoso** significa "de grande vulto", "volumoso", "enorme". ◆ *Os norte-americanos começaram usando estruturas de ferro, e a corrosão jamais ameaçaria seriamente um vigamento tão VULTOSO.* (MAN)

2. **Vultuoso** significa "atacado de vultuosidade, congestão das faces". ◆ *O rosto VULTUOSO, cianótico, empolado em vergões, era uma máscara hedionda.* (BZ)

w

O nome da letra é **dáblio**. As grafias **dábliu** e **dabliú** também são indicadas, mas são estranhas à língua portuguesa, na qual não são comuns palavras com esse final. A forma **dábliu** é muito pouco usual e a forma **dabliú** não ocorreu. ◆ *A quadrilha formada por Agá (Adriano Garib), DÁBLIO (Francisco Brêtas), Eme (Roberto Matos), Ka (Adão Filho) e Jota (o próprio Alkmim) é contratada por uma pessoa anônima para sequestrar um empresário.* (FSP) ◆ *A sigla BMW vem da palavra Bayerischen Motoren Werke, ou fábrica de motores da Bavária. Os ingleses pronunciam o W como "DÁBLIU" e os alemães, "vê".* (FSP)

W ⇨ Ver O ⇨ Ver Oeste.

É símbolo inglês (usado internacionalmente) de **oeste** e de **ocidental** (inglês: *West* e *Western*, respectivamente). ◆ *A longitude pode ser contada para leste (E) ou para oeste (W).* (ATE)

O é símbolo de **oeste**, em português.

waffle

É palavra inglesa que designa massa fluida, preparada à base de leite, ovos, farinha de trigo e fermento, assada em chapa elétrica especial e servida com recheio. A pronúncia aproximada é **uáfel**. ◆ *Não sei por que, para aquele estudante de quinze anos (...), "WAFFLES com mel" ficou sendo o símbolo do desperdício.* (B)

walkie-talkie

É palavra inglesa que designa emissor e receptor portátil para comunicações radiofônicas a curta distância. A pronúncia aproximada é **uólqui-tólqui**. ◆ *Na porta, um bando de penetras era barrado por um porteiro elegante com um WALKIE-TALKIE na mão.* (BL)

walkman

É palavra inglesa que designa pequeno aparelho de escuta de rádio e de fita cassete. O nome comum provém do nome da marca, **Walkman**. ◆ *Quando vejo que já vai, sinto vontade de lhe perguntar qualquer coisa, mas ela tem os ouvidos tapados com um fone de WALKMAN.* (EST)

warrant, warrantagem, warrantar, warrantado

1. ***Warrant*** é palavra inglesa em uso no português para designar certo tipo de título de crédito negociável. A pronúncia aproximada é **uórant**. ◆ *Os quatro novos produtos são venda a descoberto, dispensa de registro, "WARRANT" (certificados de garantia) e conta margem.* (FSP)

2. O plural é *warrants*. ◆ *A adesão ao sistema de retenção está sendo solicitada pelos próprios produtores, que têm interesse nos "WARRANTS" (certificados de depósito do produto) emitidos pelo Banco do Brasil.* (FSP)

3. São dicionarizados os derivados **warrantagem** e **warrantar**, mas só o primeiro ocorreu. ◆ *Em 1960, a companhia financiou aos produtores (...), 9 milhões, indiretamente, através da "WARRANTAGEM".* (CRU)

water closet

1. É palavra inglesa em uso no português para designar banheiro. Frequentemente se comete

watt, wattímetro

engano no final da segunda palavra, usando-se um **D** (no lugar do **T**), por julgar-se que se trata da forma inglesa *closed* ("fechado"). ♦ *A sra. Broughon-Adderley vem se queixando de que o artefato histórico em questão, que já foi de tão grande importância, já não atrai a atenção que seria devida a um "WATER CLOSET" tão digno.* (FSP)

2. É usual a abreviatura **W. C.**, ou **w. c.**, para *water closet.* ♦ *E um dia eu botei o calendário da sala de jantar no lugar do papel higiênico do* **W. C.** (VES)

watt, wattímetro

1. **Watt** é, no sistema internacional, a unidade de medida de potência. A palavra tem origem em um nome próprio. ♦ *WATT – é a unidade de força elétrica.* (ELE)

2. O símbolo é **W**, sem ponto de abreviatura e sem plural, como todo símbolo. ♦ *Amplificador tem potência inicial de 240 W.* (FSP)

3. **Wattímetro** é um composto. ♦ *WATTÍMETROS – medem a quantidade de watts.* (ELE)

web

É termo inglês em uso na linguagem da informática (redução de *world wide web*: "teia de âmbito mundial"). A pronúncia aproximada é **uéb**. ♦ *Invenção do famoso Cem de Genebra, Laboratório Europeu de Física de Partículas, o WWW, sigla em inglês de World Wide Web, ou teia de alcance mundial, é conhecida simplesmente como "the WEB".* (VEJ)

weekend, week-end ⇨ Ver fim de semana.

São variantes da palavra inglesa que se traduz por **fim de semana**. A primeira forma, *weekend*, é mais usual (2,5%) que *week-end* (a forma oficialmente registrada em português), quase inexistente (0,5%). A expressão mais frequente de todas, porém, é a portuguesa **fim de semana** (97%). ♦ *Num desses WEEKENDS litero-musicais-recreativos, surgiu primeiro a ideia de se fundar um teatro de amadores.* (VIE) ♦ *Os sábados aqui, como na Inglaterra, são dedicados a férias, excursões fora da cidade etc. (...) É o "WEEK-END" inglês.* (PRE)

western ⇨ Ver faroeste ⇨ Ver bangue-bangue.

É palavra inglesa em uso no português para designar filme de faroeste, ou bangue-bangue. A pronúncia aproximada é **uéstern**. ♦ *Como tal, com o beneplácito de seu estúdio, a United Artists, pôs na cabeça que teria que filmar o maior "WESTERN" de todos os tempos.* (VIE)

whisky, whiskey ⇨ Ver uísque

São formas gráficas variantes de palavra inglesa que designa bebida destilada obtida a partir da fermentação de cereais. A forma gráfica *whisky* é muito mais usual (90%). ♦ *O alagoano encara a coisa com esportividade e consola-se com a garrafa de WHISKY.* (CH) ♦ *Chegou ao Brasil o primeiro Bourbon importado – o legítimo WHISKEY americano.* (P)

winchester ⇨ Ver disco rígido ⇨ Ver hard disk.

1. É palavra inglesa em uso no português (com baixa frequência: 3%) para designar disco rígido de computador. É o mesmo que *hard disk* (*HD*). ♦ *No mundo dos computadores, WINCHESTER é um disco magnético onde são armazenados os dados.* (VEJ) ♦ *Hard disk, HD ou WINCHESTER. Palavras muito usadas por vendedores para designar disco rígido. É nesse disco que ficam armazenados os dados, entre eles os programas que são instalados.* (FSP)

A expressão inglesa *hard disk* também é muito pouco usual (2%), bem como a designação pelas iniciais HD (5%). A expressão **disco rígido** é a usada na grande maioria dos casos (90%), em todos os tipos textuais.

2. A palavra *winchester* também designa arma de fogo. ♦ *Os meninos (não a polícia) traziam revólveres, metralhadoras, canos de chumbo e WINCHESTER a mão.* (DE)

Com esse significado, ocorre também com maiúscula inicial, porque a designação parte de um nome próprio inglês (nome de marca).

- *Pôs a **WINCHESTER** a tiracolo.* (TER)
- *Tínhamos algumas metralhadoras **WINCHESTER** e revólveres velhos.* (VEJ) ◆ *Mike Halpeny, pistoleiro de Nova York, (...) carregava (...) um rifle **WINCHESTER**.* (FSP) ◆ *Pensara em comprar também uma carabina **WINCHESTER**, 22, mas desistiu.* (AGO)

windsurfe, windsurfar, windsurfista

1. **Windsurfe** é a forma aportuguesada do substantivo inglês *windsurf*. ◆ *Calor, vento e sol constantes fazem de Aruba um paraíso para os praticantes de **WINDSURFE**.* (FSP)

2. São derivados: **windsurfar, windsurfista**. ◆ *Além de observar baleias, você pode surfar, **WINDSURFAR**, (...) nadar, tomar sol e fazer compras.* (FSP) ◆ *O acesso de banhistas propriamente ditos ao mar não deve de maneira alguma pôr em risco a liberdade de movimentos e a segurança individual dos surfistas e **WINDSURFISTAS**, que carecem de proteção contra a tendência expansivista dos primeiros.* (BOC)

workshop

É palavra inglesa usada para designar reunião interativa de trabalho ou de treinamento. A pronúncia aproximada é **uôrk-chóp**. ◆ *Ele já chegou a coordenar um **WORKSHOP** de três dias para um partido político de São Paulo que enfrentava sérios problemas de organização.* (EX)

workstation

É termo inglês usado na informática, com o mesmo significado mas com muito menor frequência (20%) do que se usa sua tradução, **estação de trabalho**. A pronúncia aproximada é **uôrk-stêichon**. ◆ *A denominação **WORKSTATION** – estação de trabalho ou estação de trabalho gráfica – designa computadores de mesa com alta capacidade e características apropriadas para processamento gráfico.* (FSP)

world music

É expressão inglesa que designa tendência musical do final da década de 1980, originada do *jazz*, da música *pop* e de músicas africanas e latino-americanas. A pronúncia aproximada é **uârld-míusik**. ◆ *O som do Araketu está inserido naquilo que se convencionou chamar de **WORLD MUSIC**, ou seja, uma fusão de ritmos contemporâneos com expressões de raízes étnicas.* (VEJ)

x

O nome da letra é **xis**. ◆ *É preciso ensinar ao Newton que o rabisco tal significa a letra "XIS" e que outro muito parecido significa "z"*. (VEJ)

xá ⇨ Ver **chá**.

Xá é título de soberano da antiga Pérsia (Irã). ◆ *Os condenados foram acusados de assassinatos e torturas sob o regime do XÁ.* (CB)
Chá é nome de planta e da bebida que se faz com suas folhas.

xácara ⇨ Ver **chácara**.

Xácara é substantivo que designa narrativa popular em verso. Não é usual, atualmente. ◆ *De repente cortou o silêncio da noite voz argentina, que cantava uma antiga XÁCARA portuguesa.* (GUA)
Chácara designa pequena propriedade campestre, em geral próxima de cidade.

xadrez

1. Com **Z** no final. ◆ *Lídia riu, olhando as próprias calças compridas, o blusão XADREZ.* (Q)
2. O plural é **xadrezes**. ◆ *A estilista Anna Sui cruzou XADREZES com listados e abusou dos gorros de garotos pobres.* (VEJ)

xale, xaile

Com **X**. São formas variantes, mas a forma **xaile** é muito raramente usada (2%). O substantivo designa espécie de manta, em geral de lã ou de seda, usada pelas mulheres sobre os ombros e o tronco. ◆ *A boa mulher recebeu-o envolta em um XALE de lã, e amável como sempre.* (OE) ◆ *À igreja ia de noite e lá ocultava-se num canto escuro bem atrás debaixo da escada do coro, de parelha com a preta Inácia, que a ensinou a embrulhar-se no XAILE, misteriosamente.* (VER)

xampu ⇨ Ver **shampoo**.

É a forma portuguesa correspondente ao inglês **shampoo**. ◆ *Deixaria a água escorrer pelo corpo, lavaria os cabelos com XAMPU contra caspa.* (GTT)
A forma original inglesa também é usada, embora com menor frequência (20%).

Xangai

É a forma portuguesa para designação da cidade chinesa. ◆ *O governo chinês privilegiou as cidades litorâneas e do sul do país, como XANGAI.* (FSP)

xantungue

Com **X** inicial (palavra de origem chinesa). O substantivo designa tecido de seda. ◆ *O XANTUNGUE dá exatamente esse efeito artesanal.* (VEJ)

xará

Com **X** inicial (palavra de origem indígena). ◆ *E teria por padrinho o próprio santo, de que já era XARÁ o pai.* (LOB)

xarada ⇨ Ver **charada**.

Com **X** inicial, o substantivo se refere a uma das estações do ano do calendário indiano. A forma não ocorreu.

xavante

Com **X** inicial (palavra de origem africana). ◆ *Certa vez, numa aldeia XAVANTE, senti que estava se aproximando um grande dia.* (QI)

xaxado

Com **X** nas duas primeiras sílabas (palavra onomatopaica). O substantivo designa dança brasileira do Nordeste. ◆ *Cheiroso e Cheirosa entram, cada um por um lado do palco, dançando o XAXADO.* (PEL)

xaxim

Com **X** nas duas sílabas (palavra onomatopaica). O substantivo designa o tronco fibroso de samambaias do Brasil. ◆ *Nas áreas de sombra, tufos irregulares e combinados de folhagem tropical de grande porte (filodendro, monstera, XAXIM, samambaias diversas).* (JP)

xelim ⇨ Ver *shilling*.

Xelim é a forma portuguesa registrada como correspondente do inglês *shilling* (moeda divisionária). ◆ *Na segunda-feira da semana passada, encontrou meio XELIM na rua.* (MCI)

xeno-

É elemento (grego) que se liga a um elemento seguinte. Significa "estranho", "estrangeiro". ◆ *Já as substâncias feitas pelo homem (XENOBIÓTICAS; XENO = estranho e biótico = relativo à vida) são estranhas aos seres vivos.* (PQ) ◆ *Nova Iorque é o paraíso dos estrangeiros e é mesmo de espantar a completa ausência de XENOFOBIA por parte de seus habitantes.* (CV)

xenófobo

É palavra proparoxítona. Refere-se a pessoa que tem aversão ao que é estrangeiro. ◆ *Aliás, os programas japoneses não são XENÓFOBOS.* (FSP)

xepa

Com **X** inicial. O substantivo designa sobra de comida, ou qualquer sobra. ◆ *Sabe, Alma, um samba como "Gota d'água" é feito dos carnavais, das quartas-feiras de cinzas, das tralhas das XEPAS, dos pileques, todas as migalhas que fazem um chocalho dentro do meu peito.* (GA)

xeque ⇨ Ver **cheque**.

Há dois substantivos com a forma **xeque**, com **X**.

◇ Um, de origem persa, designa lance do jogo de xadrez que envolve o rei, e, a partir daí, significa "risco", "situação difícil". ◆ *O rei estará em XEQUE toda vez que a sua casa for atacada por uma peça adversária, segundo os seus movimentos, sendo obrigatória a defesa em seguida ao lance que o produz.* (X) ◆ *Justamente essa capacidade da criança em recriar significados acaba pondo em XEQUE o brinquedo educativo, cujo recado pedagógico já está predeterminado.* (BRI)

Desse substantivo forma-se o composto **xeque-mate**, termo do jogo de xadrez. ◆ *O escritor Ivan Lessa, enxadrista diletante, previa XEQUE-mate em poucos lances.* (VEJ)

◇ Outro, de origem árabe, designa chefe de tribo ou soberano árabe. ◆ *Já a lenda islâmica do XEQUE Nenmoslem do século XII (antes de Dante) coincide com ele quanto às semelhanças do jardim e à sucessão de cenas.* (ISL)

Cheque é substantivo que designa documento representativo de valor, usado no giro comercial ou bancário.

xereta

Com **X**. ◆ *E assim ia o mundo de minha amiga francesa, quando, XERETA como ela só, decidiu fazer um estudo sobre a televisão brasileira.* (SC)

xerife

É a forma portuguesa correspondente ao inglês *sheriff*. Com **X** inicial. ◆ *O XERIFE seguiu Mattos até sua sala.* (AGO)

xerox, xérox

1. Ambas as formas são oficialmente registradas, mas a forma comumente usada (97%) é **xerox** (sem acento, como oxítona terminada

xisto, xistoso

em **X**), que é a mais de acordo com a pronúncia das palavras terminadas em **X**, em português. Essa forma usa-se predominantemente como masculina (70%), mas ambos os gêneros são registrados oficialmente. ◆ *A duplicadora, o XEROX, a multiplicadora elétrica e até mesmo o computador particular não retiraram do Patrão o gosto da bajulação.* (FAB) ◆ *Tudo isso está a merecer um bilhete com esclarecimentos cabais, com as XEROX dos depósitos bancários e o levantamento das despesas.* (ATA)

2. A forma **xérox** (com acento, porque a palavra está sendo considerada como paroxítona terminada em **X**), raramente usada (3%), conserva a sílaba tônica da palavra inglesa de origem, *Xerox*, uma marca registrada. Em geral se considera feminino, entendendo-se que a referência é a uma "cópia". ◆ *A Xerox faz 30 anos no Brasil na quinta-feira e já não aposta somente em cópias XÉROX para aumentar seu faturamento no país.* (FSP)

A indefinição quanto à sílaba tônica e ao gênero dessa palavra está ilustrada nesta ocorrência: ◆ *Quanto ao sexo dos anjos, os leitores tiram um XEROX ou uma XÉROX?* (FSP)

xícara

Com **X**. ◆ *Luciana levou lentamente sua XÍCARA aos lábios.* (AGO)

xifópago ⇨ Ver siamês.

Essa é a forma, ligada a **xifoide**, pois a palavra **xifópago** se refere, em princípio, a irmãos que nascem ligados na região do apêndice xifoide. ◆ *A separação de irmãos XIFÓPAGOS é uma operação de alto risco.* (VEJ)

xiita

Com **X** e sem acento. Designa o partidário das convicções religiosas e políticas do xiismo, ramo ortodoxo de crença muçulmana. ◆ *Os Estados Unidos propõem o isolamento do governo XIITA iraniano.* (FSP)

xilo-

É elemento (grego) que se liga a um elemento seguinte. Significa "lenho", "madeira".

◆ *Escreveu dois livros. Um sobre literatura de cordel e outro a respeito das ilustrações XILOGRAVADAS.* (LIP) ◆ *Em São Paulo, uma mostra prova a versatilidade e o talento dos XILOGRAVADORES brasileiros.* (VEJ)

xingar, xingamento, xingação

Com **X**. ◆ *Walter desligou o rádio e começou a XINGAR.* (CRU) ◆ *Ele teve a impressão de que não era XINGAMENTO, parecia antes um chamado.* (COT) ◆ *Mas, como ela mencionou a novela, vi, no caso, uma certa analogia entre fazer um programa eleitoral atraente, sem XINGAÇÃO e desaforos, e produzir uma novela interessante, sem imoralidades e apelações.* (FSP)

xiquexique, xique-xique

Ambas as formas são oficialmente registradas.

1. Escreve-se numa só palavra, sem hífen, como nome de planta cactácea. ◆ *Um dia desses o céu vai chover uma chuva de pingos de fogo de secar até o XIQUEXIQUE e o umbuzeiro e de furar a água do rio até o fundo...* (ASS)

2. Escreve-se com os dois elementos unidos por hífen, como palavra onomatopaica que significa "barulho". ◆ *Vem aí tamanduá / Repinique, XIQUE-XIQUE, tanta coisa / com repique / Pra entupir nossos ouvidos, pra cobrir / nossos gemidos.* (MPB)

xis

É o nome da letra **X**. ◆ *Fiquei excitado quando vi (...) que poderia decidir o futuro da minha vida com um mísero "XIS" num mísero quadradinho.* (BL)

xisto, xistoso ⇨ Ver chistoso.

1. Com **X**. **Xisto** é a designação de um mineral. ◆ *O XISTO é rocha em formação que contém grande quantidade de óleo.* (MPM)

2. **Xistoso** significa "em que há xisto". ◆ *As hematitas em lâminas são minérios igualmente puros, de estrutura XISTOSA.* (RM)

Chistoso significa "que tem chiste", "engraçado".

xodó

Com **X**. O substantivo significa "amor", "paixão". ◆ *XODÓ vive-se um de cada vez, não sendo assim não é chamego verdadeiro (...).* (TG)

xote

Com **X**. É a designação de uma antiga dança de salão, de origem europeia. ◆ *Antônio dos Santos compunha XOTES, rancheira e valsa (...).* (CPO)

xucro

Com **X**. O adjetivo refere-se, especificamente, a animal de sela ainda não domesticado, e, genericamente, a pessoa mal treinada, inábil, bronca. ◆ *Contentava-se com o diminuto e XUCRO rancho de mulheres perdidas (...).* (TG) ◆ *Xisto (...) morreu menos de uma semana mais tarde, com ventre rasgado pela cornada dum boi XUCRO que seu lenço vermelho provocara.* (INC)

y

y

A letra Y é designada como **ípsilon, ipsilo-ne, ipsilão, hipsilo, hípsilon, hipsilão**, mas apenas são ocorrentes a primeira e a segunda, que é a mais usual. ✦ *O vendedor chamava--se Leary. Era um irlandês. Ele, e, a, erre, ÍPSILON.* (VEJ) ✦ *"Yvonne" – assim mesmo, com IPSILONE e dois enes.* (FSP)

y

É o símbolo de **ítrio**. Como ocorre com todo símbolo, não há ponto de abreviatura e não se faz plural. ✦ *Essas letras só devem ser usadas em abreviaturas (kg, kw etc.), símbolos internacionais apropriados (K, de potássio; Y, de ítrio, e outros), bem como em palavras derivadas de nomes próprios estrangeiros.* (FSP)

yakisoba

É a transliteração de designação japonesa. O substantivo designa prato da culinária japonesa, composto de macarrão com carne e verduras. ✦ *Os pauzinhos com os quais Steiner captura o seu YAKISOBA ficam parados no ar por instantes.* (VEJ)

yang, yin, yin-yang

1. *Yang* e *yin* são designações de princípios do pensamento oriental. No taoismo, *yang* e *yin* são princípios que coexistem. *Yang* é o princípio masculino, ativo, celeste, penetrante, quente e luminoso, e *yin* é o princípio feminino, passivo, absorvente, frio e obscuro. ✦ *Coincidente com esta divisão dos Krahô, encontramos na cultura oriental o princípio do YIN e do YANG, que se integram nos movimentos naturais.* (X) ✦ *A medicina chinesa, como a egípcia, é das mais antigas. De acordo com os princípios taoistas, e usando analogias, como se viu acima, tinha como objetivo o equilíbrio entre o YIN (o princípio feminino, passivo, negativo, correspondente à Lua, à terra, à escuridão, à delicadeza, ao úmido, ao frio e ao lado direito) e o YANG (o princípio masculino, ativo, positivo, correspondendo ao Sol, ao céu, à luz, ao poder, ao seco, ao quente e ao lado esquerdo).* (APA)

2. *Yang-yin* é o par dessas forças ou princípios complementares, abrangendo todos os aspectos e fenômenos da vida. ✦ *"Quanta" é disposto de forma a repetir o princípio oriental do YIN-YANG, de que Gil tanto gosta.* (FSP)

yd

É o símbolo de **jarda** (forma portuguesa correspondente ao inglês *yard*). Como ocorre com todo símbolo, não há ponto de abreviatura e não se faz plural. A forma não ocorreu.

Yom Kippur

Designa o Dia do Perdão dos judeus. ✦ *O mercado do dólar deve ser mais fraco hoje, pois alguns operadores devem se ausentar dos negócios, por causa do feriado judaico do YOM KIPPUR (Dia do Perdão).* (FSP)

York, yorkino

York entra com a sua forma inglesa no nome da cidade **Nova York**. ✦ *A GM até vendeu sua garbosa sede em Nova YORK.* (VEJ)

yuppie

A ortografia oficial brasileira também abriga a forma derivada **yorkino** (bem como **yorkense**, mas esta não tem ocorrência). ◆ *A ideia do livro, ainda não publicado, é de dois NOVA-YORKINOS jovens, bonitos e solteiros.* (FSP)

yuppie

É palavra inglesa que designa homem jovem bem-sucedido profissionalmente, revelando essa condição na sua aparência. Refere-se, também, ao modo de vida desse tipo de homem. ◆ *Os outros dois não têm as semivirtudes sólidas do primeiro, são YUPPIES médicos, por assim dizer, ou estão treinando para ser.* (SL) ◆ *É assim que a civilização YUPPIE, professada com tanta fé pelos gibis da grande imprensa, acaba por desfigurar o interior do país, torcer as suas potencialidades e o seu viço e impedir o florescimento da nova elite cultural brasileira.* (RI)

Z

z

O nome da letra é **zê**. Com acento circunflexo. ✦ *ZÊ ao contrário é aquele problema ortográfico decorrente do fato de o sujeito começar o ZÊ da direita para a esquerda: nunca dá certo.* (AGF)

Zaire (atual República Democrática do Congo) [África]

O adjetivo pátrio é **zairense**. ✦ *Para a OMS, os bloqueios não servem para surtir o efeito que o governo ZAIRENSE, erradamente, esperava.* (FSP)

Zâmbia [África Central]

O adjetivo pátrio é **zambiano**. ✦ *O governo o havia acusado de ter se tornado cidadão ZAMBIANO apenas em 1970.* (FSP)

zângão, zangão

São formas variantes. Embora tradicionalmente se recomende o uso da forma **zângão**, com plural **zângãos** (paroxítonas terminadas em ÃO, e, portanto, com acento), trata-se de formas praticamente em desuso. ✦ *Tenha a maldição da Pátria, e da Nação todo aquele que podendo advogar a causa se conserva na estupidez da indiferença, ou na expectação do trabalho alheio: ZÂNGÃOS do Estado que dele recebem os benefícios, e que por ele nada fazem!* (RE)

A forma corrente é a oxítona, **zangão** (e seu plural, **zangões**). É a designação do macho da abelha. ✦ *O ZANGÃO tem somente a função reprodutora, sendo inútil para qualquer outra atividade.* (SU) ✦ *Colocou-se em frente à saída das colmeias uma tela cujos orifícios impediam a passagem da rainha e dos ZANGÕES, embora permitissem o trânsito das operárias em busca do alimento.* (SU)

zê

É o nome da letra **Z**. Com acento circunflexo. ✦ *E o comerciante deita e rola nas tabuletas, escrevendo com um esse, dois esses, três esses, um ZÊ, dois ZÊS, ZÊ ao contrário, dois cês cedilhados e até minhacuçu mesmo.* (AGF)

zebra

É substantivo feminino, referindo-se ao macho e à fêmea do animal (substantivo epiceno). ✦ *A ZEBRA se coça contra uma árvore, tão de leve que nem uma listra se apaga.* (AVE)

zéfiro

A sílaba tônica é a antepenúltima (ZÉ), e, por isso, a palavra leva acento (proparoxítona). ✦ *O cavaleiro moreno transformou-se em ZÉFIRO e desapareceu.* (SD)

zé-ninguém, zé-povinho

Escrevem-se com hífen entre os dois elementos. Ambos os termos são usados para referência a ralé, o primeiro individualmente e o segundo coletivamente. ✦ *Para um ZÉ-NINGUÉM, só tiro na nuca?* (CNT) ✦ *Mas as instituições financeiras não negociam principalmente com o ZÉ-POVINHO.* (VEJ)

zênite, zenite

1. A forma tradicionalmente recomendada é **zênite**. A sílaba tônica é a antepenúltima

zero

(ZÊ), e, por isso, a palavra leva acento (proparoxítona). O substantivo designa, especificamente, o ponto da intersecção entre a vertical superior de um determinado lugar e a esfera celeste; genericamente, significa "ponto mais elevado", "culminância", "apogeu". ◆ *O sol deixou o ZÊNITE e começa a inclinar-se.* (CH)

2. Também é usada, embora com frequência muito menor (12%), a forma **zenite** (paroxítona, sem acento), que está dicionarizada mas é menos recomendada. ◆ *ZENITE – Intersecção vertical superior do lugar com a esfera celeste; projeção do observador na esfera celeste.* (CDI)

zero

A concordância com o numeral **zero** é no singular. ◆ *O certo é que ventos de quase 100 quilômetros horários e um frio de ZERO grau ou menos gelam os ossos e empurram os intrusos para trás.* (MAN)

zero hora ⇨ Ver meia-noite.

Zero hora escreve-se sem hífen. ◆ *Sai com a preocupação ferida por aquele 0:00. Seria ZERO HORA?* (VES)

Zero hora e **meia-noite** indicam o mesmo horário, o primeiro referindo-se ao dia posterior e o segundo, ao dia anterior: a **zero hora** do dia 6, por exemplo, é a **meia-noite** do dia 5.

zero-quilômetro

É um adjetivo composto (com hífen). É invariável. ◆ *Tiraram os modelos populares ZERO-QUILÔMETRO das vitrines e passaram a atuar com um pouco mais de discrição.* (VEJ)

zigoma ⇨ Ver maçã do rosto.

É a denominação oficial atual para **maçã do rosto**. É substantivo masculino. ◆ *Nome novo: ZIGOMA. Conhecido como malar (maçã do rosto). Nome do osso de cada lado da bochecha que se articula com os demais ossos da face e do crânio. O nome foi trocado porque chamava atenção para a cor avermelhada* dessa região do rosto, que nem todas as pessoas têm. (FSP) ◆ *O barbaça tinha o rosto amarelo, olhos espremidos entre os ZIGOMAS, e logo, como prático, diagnosticou: sofria de amarelão.* (GRO)

ziguezague, ziguezaguear

Escrevem-se numa só palavra. ◆ *Tínhamos de andar em ZIGUEZAGUES e curvaturas, evitando os choques dos balanços, passando por baixo dos punhos.* (MEC) ◆ *O trilho pra frente cada vez mais estreito e ZIGUEZAGUEAVA caprichosamente pelo terreno pontilho de pedras-ferro.* (GRO)

Zimbábue (antiga Rodésia) [África]

O adjetivo pátrio é **zimbabuano**. ◆ *O general ZIMBABUANO Phillip Sibanda protestou contra a ação dos guerrilheiros.* (FSP)

zíper, zipe ⇨ Ver fecho ecler.

1. **Zíper** é a grafia portuguesa do inglês *zipper*, marca registrada de um tipo de fecho usado em roupas (o mesmo que **fecho ecler**). A palavra leva acento porque é paroxítona terminada em **R**. ◆ *A mão de Perus puxou o ZÍPER do blusão de couro e o menino marchou.* (MPB)

2. **Zipe** (sem acento) é uma simplificação da forma **zíper**, também oficialmente registrada, mas muito pouco usual (1,5%). ◆ *Então, corria o ZIPE da rancheira e fazia-a escorregar para o chão.* (LR)

zo(o)-

É elemento (grego) que se liga a um elemento seguinte. Significa "animal". ◆ *As divindades naturais da África não têm representação antropomórfica ou ZOOMÓRFICA.* (CAN) ◆ *Olhava com a curiosidade que se tem no ZOOLÓGICO.* (DE)

Zululândia [África]

O adjetivo pátrio é **zulu**. ◆ *Os manifestantes o acusaram de estar implicado na matança de quarta-feira provocada pelos partidários do grupo ZULU Inkhata, com a cumplicidade da polícia.* (ESP)

zumbir, zunir

1. **Zumbir** é o verbo relativo à voz dos insetos ou ao som produzido por seu esvoaçar. ◆ *O carapanã da mata ZUMBIA ao ouvido e picava-os sem dó nem piedade.* (ARR)

2. **Zunir** é o verbo relativo ao som produzido pelo vento ou por algo que se desloca com velocidade. ◆ *O tempo escurecera: trovões abalavam a terra, e o vento ZUNIA no telhado.* (FR) ◆ *Os automóveis que vinham em sentido contrário passavam ZUNINDO.* (N) ◆ *Rojões explodiam perto dos policiais, tiros ZUNIAM de ambos os lados.* (VEJ)

O uso do verbo **zunir** em referência ao movimento de insetos é condenado em alguns manuais normativos.

Entretanto, esse uso ocorre. ◆ *No calor parado, os mosquitos entravam pelos olhos, pelas ventas, pelos ouvidos, ZUNINDO e retinindo.* (VER) ◆ *Moscas ZUNIAM sobre os corpos espalhados pelas ruas poeirentas, enquanto muitas famílias promoviam enterros.* (FSP)

zunzum, zunzunzum, zunzunar

1. **Zunzum** e **zunzunzum**, substantivos onomatopaicos, bem como o verbo correspondente, escrevem-se numa só palavra. Ambas as formas significam "zumbido", "boataria". ◆ *O tumulto aumentou, as versões se contradiziam, e grande era o ZUNZUM.* (AM) ◆ *Estava o maior ZUNZUNZUM lá fora.* (VEJ) ◆ *E os insetos se ocultavam nos meus ouvidos e ZUNZUNAVAM sobre os meus lábios.* (VM)

2. Desse modo, o plural é apenas marcado no final. ◆ *Entre bocejos, resmungos, ZUNZUNS confusos de conversas, Etelvina e a filha iniciavam a labuta cotidiana.* (VER)

Zurique

Essa é a forma portuguesa correspondente à forma original *Zürich*, nome de cidade suíça. ◆ *Ou que ficasse oito dias parado em Amsterdã, esperando por um jogo em ZURIQUE, ali pertinho.* (ETR)

Obras examinadas

Sigla   **Obra**

A   *Angela ou as areias do mundo*. FARIA, O. Rio de Janeiro: José Olympio, 1963.

AB   *Abajur lilás*. MARCOS, P. São Paulo: Global, 1979.

AC   *Auto da compadecida*. SUASSUNA, A. Rio de Janeiro: José Olympio, 1963.

ACI   A cidade e a roça. In: BRAGA, R. *200 crônicas escolhidas*. 2.ed. Rio de Janeiro: Record, 1978.

ACL   *Audiologia clínica*. LACERDA, A. P. Rio de Janeiro: Guanabara, 1976.

ACM   *Aqueles cães malditos de Arquelau*. PESSOTI, I. 2.ed. Rio de Janeiro: Ed. 34, 1994.

ACQ   *A arte e a ciência do queijo*. FURTADO, M. M. Rio de Janeiro: Globo, 1990.

ACT   *Acontecências*. IGNÁCIO, S. E. Franca: Ribeirão Gráfica, 1996.

AD   *Administração estratégica*. GAJ, L. São Paulo: Ática, 1987. (Série Fundamentos, 27).

ADV   *Adubação orgânica*. COSTA, M. B. B. São Paulo: Ícone, 1989. (Coleção Agrícola).

AE   *Adolescência e sua educação*. LEÃO, A. C. São Paulo: Ed. C.E.N., 1950. v.52.

AF   *A festa*. ANGELO, I. São Paulo: Summus, 1978.

AFA   *A faca de dois gumes*. SABINO, F. Rio de Janeiro: Record, 1985.

AG   *A Gazeta*. Vitória. 10.1.1993.

AGF   Agrofolha – *Folha de S.Paulo*. São Paulo, 1986. Diversas edições.

AGO   *Agosto*. FONSECA. R. São Paulo: Cia. das Letras, 1990.

AGR   *O que é questão agrária*. SILVA, J. G. 16.ed. São Paulo: Brasiliense, 1980. (Coleção Primeiros Passos, 18).

AID   Ai de ti Copacabana. In: BRAGA, R. *200 crônicas escolhidas*. 2.ed. Rio de Janeiro: Record, 1978.

AL   *A lua vem da Ásia*. CARVALHO, C. 3.ed. Rio de Janeiro: Codecri, 1977.

ALE   Além dos marimbus. SALLES, H. *O Cruzeiro*. Rio de Janeiro, 1961.

ALF   *O Alferes*. PROENÇA, M. C. Rio de Janeiro: Civilização Brasileira, 1967.

ALQ   *O que é alquimia*. MACHADO, J. São Paulo: Brasiliense, 1991. (Coleção Primeiros Passos, 248).

AM   *Ajudante de mentiroso.* JARDIM, L. Rio de Janeiro: José Olympio, 1980.

AM-O   *Discursos de Gilberto Amado.* AMADO, G. Rio de Janeiro: José Olympio, 1965.

AMI   *Amiga*, n.616. Rio de Janeiro: Bloch, 1982, 1991.

AMN   *A Amazônia no espaço brasileiro.*

ANA   *Anarquistas, graças a Deus.* GATTAI, Z. Rio de Janeiro: Record, 1979.

ANB   *O analista de Bagé.* VERÍSSIMO, J. F. Porto Alegre: L&PM, 1982.

ANC   *Análise da conversação.* MARCUSCHI, L. A. São Paulo: Ática, 1995.

ANI   *Análise de investimentos e taxa de retorno.* SCHUBERT, P. São Paulo: Ática, 1989. (Série Princípios, 187).

ANT   *Antibióticos na clínica diária.* FONSECA, A. L. 2.ed. Epume, 1984.

AP   *A província do Pará.* Belém. 1980. Diversas edições.

APA   *A paixão transformada, história da medicina na literatura.* SCLIAR, M. São Paulo: Cia. das Letras, 1996.

AQ   Ascensão e queda da família mineira. BOSCHI, R. *Revista de Teatro.* Rio de Janeiro, n.89, jun. 1989.

AQT   *O que é arquitetura.* LEMOS, C. A. C. 3.ed. São Paulo: Brasiliense, 1982. (Coleção Primeiros Passos, 16).

AR-O   *Palavra de Arraes.* Discurso, 1963.

ARA   *A estória de Ana Raio e Zé Trovão.* CARUZO, M., BUZZAR, R. Novela Rede Manchete. 1991.

ARI   *Abismo de Rosas.* NOGUEIRA, A. Rede Globo de Televisão. Cap.1. 1982. (Caso Verdade).

ARQ   *Arqueologia.* FUNARI, P. P. A. São Paulo: Ática, 1988. v.145.

ARR   *Arraia de fogo.* VASCONCELOS, J. M. 1.ed. São Paulo: Melhoramentos, 1965.

ARU   *Quadro da arquitetura no Brasil.* NESTOR, G. R. F. São Paulo: Perspectiva, 1970.

AS   *A semente.* GUARNIERI, G. São Paulo: M. Moho, s. d.

ASA   *A asa esquerda do anjo.* LUFT, L. São Paulo: Siciliano, 1981.

ASS   *Assunção de Salviano.* CALLADO, A. 1.ed. Rio de Janeiro: Civilização Brasileira, 1954.

AST   *O que é astrologia.* MÜLLER, J. A. C. São Paulo: Brasiliense, 1983. (Coleção Primeiros Passos, 106).

ASV   *As viagens.* MONTENEGRO, J. B. Rio de Janeiro: Gavião, 1960.

ATA   *A Tarde.* Salvador. 16.7.1992, 17.7.1992, 20.7.1992.

ATE   *A terra em que vivemos.* CANIATO, R. 4.ed. Campinas: Papirus, s. d.

ATI   A traição das elegantes. In: BRAGA, R. *200 crônicas escolhidas.* 2.ed. Rio de Janeiro: Record, 1978.

ATL   *Atletismo – corridas.* SILVA, J. F., CAMARGO, J. C. Rio de Janeiro: Guanabara, s. d.

ATN   *A temática indígena na escola.* SILVA, A. L., GRUPIONI, L. D. B. Brasília: MEC, Mari, Unesco, 1965.

ATR   *A transamazônica.* MOTT, O. B. São Paulo: Atual, 1986.

ATT   *Áreas de terras e terrenos.* PARADA, M. O. São Paulo: Edição do Autor, s. d.

AUT   *Auto-Esporte.* Rio de Janeiro: Efice Ed., 1992. Diversas edições.

AV   A viúva branca. LEITE, A. *O Cruzeiro.* Rio de Janeiro, 1960.

GUIA DE USO DO PORTUGUÊS

AVE *Ave, palavra.* ROSA, J. G. Rio de Janeiro: José Olympio, 1970.

AVI *A vida secreta dos relógios.* CYTRYNOWICZ. São Paulo: Scritta, 1994.

AVL *A velhinha de Taubaté.* VERÍSSIMO, J. F. Porto Alegre: L&PM, 1983.

AVP *A vida pré-histórica.* MENDES, J. C. São Paulo: Melhoramentos, 1993.

AZ *Arroz – O prato do dia na mesa e na lavoura brasileira.* ANSELMI, R.V. 2.ed. São Paulo: Ícone, 1988.

B *A borboleta amarela.* BRAGA, R. 4.ed. Rio de Janeiro: Sabiá, 1963.

BA *Barrela.* MARCOS, P. São Paulo: Global, 1976.

BAE *Ballet essencial.* SAMPAIO, F. Rio de Janeiro: Sprint, 1996.

BAL *Balão cativo.* NAVA, P. Rio de Janeiro: Nova Fronteira, 1986.

BAP *As bases anátomo-patológicas da neuriatria e psiquiatria.* EDGARD, W., MAFFEI, D. M. São Paulo: Metodista, 1965. v.1 e 2.

BB *Balé branco.* CONY, C. H. Rio de Janeiro: Civilização Brasileira, 1966.

BC *Biologia celular.* PINSET, E. D. São Paulo: Anglo, 1985. (Livro-texto, 41).

BE *O beijo não vem da boca.* BRANDÃO, I. L. Rio de Janeiro: Global, 1985.

BEB *Botânica econômica brasileira.* MORS, W. B. São Paulo: EPU, Edusp, 1976.

BEN *O que é benzeção.* OLIVEIRA, E. R. São Paulo: Brasiliense, 1985. (Coleção Primeiros Passos, 142).

BF *O boia fria.* MELO, M. C. Petrópolis: Vozes, 1975.

BH *Balbino, o homem do mar.* LESSA, O. Rio de Janeiro: José Olympio, 1970.

BIB *A biblioteca.* FERRAZ, W. 6.ed. Rio de Janeiro: Freitas Bastos, MEC, 1972.

BIO *Como programar-se pelo biorritmo.* ENNESSE, L. São Paulo: Cia. Brasileira do Livro, 1986.

BL *Blecaute.* PAIVA, M. R. São Paulo: Brasiliense, 1986.

BN *Branca de Neve.* MONIZ, E. Rio de Janeiro: S. José, 1954.

BO Boca de Ouro. RODRIGUES, N. In: *Teatro quase completo.* Rio de Janeiro: Tempo Brasileiro, 1966.

BOC *Boca de luar.* ANDRADE, C. D. Rio de Janeiro: Record, 1984.

BOI *Boca do inferno.* MIRANDA, A. São Paulo: Cia. das Letras, 1989.

BP *Brasileiro perplexo.* QUEIROZ, R. Rio de Janeiro: Edição do Autor, 1963.

BPN *Bom dia para nascer.* RESENDE, O. L. São Paulo: Cia. das Letras, 1993.

BR *A bruxinha que era boa.* MACHADO, M. C. 2.ed. Rio de Janeiro: Agir, 1954.

BRI *O que é brinquedo.* OLIVEIRA, P. S. 2.ed. São Paulo: Brasiliense, 1989. (Coleção Primeiros Passos, 138).

BRO *O que é burocracia.* MOTTA, F. C. P. São Paulo: Brasiliense, 1984. (Coleção Primeiros Passos, 21).

BS *O boi e sua senhora.* TRAVASSOS, N. P. São Paulo: Edart, 1962.

BU *Bufo e Spalanzani.* BRAGA, R. Rio de Janeiro: Francisco Alves, 1985.

BUD *O que é budismo.* ROCHA, A. C. São Paulo: Brasiliense. (Coleção Primeiros Passos, 113).

C *Calabar.* HOLLANDA, C. B., GUERRA, R. 12.ed. Rio de Janeiro: Civilização Brasileira, 1979.

CA *Cangaceiros.* REGO, J. L. 5.ed. Rio de Janeiro: José Olympio, 1961.

CAA *Caras.* Rio de Janeiro: Abril, nov. 1994.

MARIA HELENA DE MOURA NEVES

CAN   *Candomblés da Bahia.* CARNEIRO, E. 6.ed. Rio de Janeiro: Civilização Brasileira, 1978.

CAP   *O que é capoeira.* AREIAS, A. São Paulo: Brasiliense, 1983. (Coleção Primeiros Passos, 96).

CAR-O   *Discursos na Academia.* CARVALHO, J. C. Rio de Janeiro: José Olympio, 1974.

CAS   Cascalho. SALLES, H. *O Cruzeiro.* Rio de Janeiro, 1966.

CAY   Dorival Caymmi – O culto popular. *Som.* Rio de Janeiro, n.19, Ed. Antena, 8.5.1988.

CB   *Correio Brasiliense.* Brasília, 22.7.1979.

CBC   *O conto brasileiro contemporâneo.* BOSI, A. (Org.) São Paulo: Cultrix, 1977.

CC   *Cobra cega.* PEREIRA, L. M. Rio de Janeiro: José Olympio, 1954.

CCA   *Crônica da casa assassinada.* CARDOSO, L. Rio de Janeiro: Bruguera, 1959.

CCE   *Biblioteca da mulher.* ARAÚJO, L., CRAVO, D. Rio de Janeiro: Victor Publicações, 1969.

CCI   *Caixa de cimento.* ESCOBAR, C. H. Rio de Janeiro: Civilização Brasileira, 1977.

CD   *Contos d'escárnio* – Textos grotescos. HILST, H. São Paulo: Siciliano, 1990.

CDI   *Cem dias entre a terra e o mar.* KLINK, A. Rio de Janeiro: José Olympio, 1985.

CE   *Cemitério de elefantes.* TREVISAN, D. Rio de Janeiro: Civilização Brasileira, 1975.

CEN   *Cenas da vida minúscula.* SCLIAR, M. Porto Alegre: L&PM, 1991.

CET   *O que é ceticismo.* SMITH, P. São Paulo: Brasiliense, 1992. (Coleção Primeiros Passos, 262).

CF   *Chão de ferro.* NAVA, P. Rio de Janeiro: José Olympio, 1976.

CG   *Contos gauchescos e lendas do sul.* LOPES NETO, S. 5.ed. São Paulo: Globo, 1957.

CGA   *Criação de galinhas.* REIS, J. São Paulo: Ibrasa, 1977.

CH   *Chagas, o cabra.* MENDES, S. Rio de Janeiro: Civilização Brasileira, 1965.

CHA   *Chapadão do Bugre.* PALMÉRIO, M. Rio de Janeiro: José Olympio, 1965.

CHI   *Chão de infância.* DANTAS, P. São Paulo: CEM, 1953.

CHO   O som nosso de cada dia – Viva o chorinho. *Som.* Rio de Janeiro, n.3, p.149-54, Ed. Antena, ago.1980.

CHR   *Chico Rei.* AYALA, W. Rio de Janeiro: Civilização Brasileira, 1965.

CHU   *Chuvas de verão.* DIEGUES, C. Rio de Janeiro: Civilização Brasileira, 1977. (Roteiro do filme).

CI   *A cigarra.* Rio de Janeiro, n.11, Ed. O Cruzeiro, 1962.

CIB   *Cibernética.* EPSTEIN, I. São Paulo: Ática, 1986. (Série Princípios, 62).

CID   *A cidade dos padres.* SILVA, D. Rio de Janeiro: Guanabara, 1986.

CJ   *Capitão jagunço.* DANTAS, P. São Paulo: Brasiliense, 1959.

CL   *O coronel e o lobisomem.* CARVALHO, J. C. Rio de Janeiro: José Olympio, 1978.

CLA   *Claudia.* São Paulo: Abril, 1987, 1990. Diversas edições.

CLC   *Clínica cirúrgica.* CORREA NETTO, A., RAIA, A. A., ZERBINI, E. J. 4.ed. São Paulo: Sarvier, 1988.

CLI   *Clínica médica propedêutica e fisiopatológica.* MARCONDES, M., RAMOS, D., RAMOS, O. 2.ed. Rio de Janeiro: Guanabara Koogan, 1979.

GUIA DE USO DO PORTUGUÊS

CLO   *Clínica obstétrica.* SOUZA, O. 2.ed. Rio de Janeiro, 1955.

CM   *Cartas às mães.* HENFIL. Rio de Janeiro: Codecri, 1980.

CNS   *Constituições brasileiras e cidadania.* QUIRINO, C. G. São Paulo: Ática, 1987.

CNT   *Contos da repressão.* ANGELO, I. Rio de Janeiro: Record, 1987.

COB   *Corpo de baile.* ROSA, J. G. Rio de Janeiro: José Olympio, 1956.

COL-O   Discurso de posse do Presidente Collor. *O Estado de S. Paulo.* São Paulo, 1990.

CON   *Concerto carioca.* CALLADO, A. Rio de Janeiro: Nova Fronteira, 1985.

COR   *Coronel dos coronéis.* SEGALL, M. Rio de Janeiro: MEC, Funarte, 1978.

COR-O   *Resposta ao novo acadêmico.* CORREIA, V. Serviço de documentação da Biblioteca Municipal de São Paulo. São Paulo, 1955.

COT   *Contos de aprendiz.* ANDRADE, C. D. Rio de Janeiro: José Olympio, 1951.

CP   *Ciranda de pedra.* TELLES, L. F. São Paulo: Martins, 1955.

CPO   *Correio do Povo.* Porto Alegre. Maio/out./nov.1980 – set. 1990.

CR   *Cabra das Rocas.* HOMEM, H. São Paulo: Ática, 1973.

CRE   *O crepúsculo do macho.* GABEIRA, F. 5.ed. Rio de Janeiro: Codecri, 1980.

CRO   *O coronelismo, uma política de compromissos.* JANOTTI, M. L. M. 2.ed. São Paulo: Brasiliense, 1981.

CRP   *Correio da Paraíba.* João Pessoa, 23.9.1992.

CRS   *Conserve e restaure seus documentos.* CORUJEIRA, L. A. Salvador: Itapuí, 1971.

CRU   *O Cruzeiro.* Rio de Janeiro, jan.1955 – ago./set.1959; 1980.

CS   *Cidade de Santos.* Santos, ago.1967.

CT   *O caçador de tatu.* QUEIROZ, R. Rio de Janeiro: José Olympio, 1967.

CTB   *O que é contabilidade.* JACINTO, R. São Paulo: Brasiliense, 1983. (Coleção Primeiros Passos, 70).

CTR   *O que é contracultura.* PEREIRA, C. A. M. São Paulo: Nova Cultural Brasiliense, 1986.

CUB   *Curso básico de corte e costura.* DENNER. São Paulo: Rideel, s. d.

CV   *A cidade vazia.* SABINO, F. Rio de Janeiro: Sabiá, 1950.

D   A democracia no Brasil. TELLES JÚNIOR., G. *Revista dos Tribunais.* São Paulo, 1965.

DC   *A democracia coroada.* TORRES, J. C. Rio de Janeiro: José Olympio, 1957.

DCM-O   Carta-posse de Darcy na Academia Brasileira de Letras – Discurso de Candido Mendes. RIBEIRO, D. Brasília: Senado Federal, 1993.

DDH   *Diagnóstico diferencial das hemorragias.* STERSA, O. São Paulo: Autores Reunidos Ltda., 1961.

DDR-O   Carta-discurso de posse do acadêmico Darcy Ribeiro. RIBEIRO, D. Brasília: Senado Federal, 1983.

DE   *Os 18 melhores contos do Brasil.* TREVISAN, D. Rio de Janeiro: Block, 1968.

DEL   Desligue o projetor e espie pelo olho mágico. HAVE, H. *Revista de Teatro.* Rio de Janeiro, n.463, 1987.

DEN   *Dentro da vida.* PRATA, R. São Paulo: Clube do Livro, 1953.

DES   *Desolação.* MACHADO, D. São Paulo: Moderna, 1981.

DIE   *Dinâmica impulsiva hidrostática.* ANDRADE, L. R. A. et al. São Paulo: Anglo, 1985. (Livro-texto, 25).

DIP   *O que é diplomacia.* BATH, S. São Paulo: Brasiliense, 1989. (Coleção Primeiros Passos, 221).

817

MARIA HELENA DE MOURA NEVES

DIR   *O que é direito.* LYRA, F. R. São Paulo: Brasiliense, 1982. (Coleção Primeiros Passos, 62).

DM   *Os dez mandamentos.* VV.AA. Rio de Janeiro: Civilização Brasileira, 1965.

DMB-O   Carta-discurso do Senador Mauro Benevides. RIBEIRO, D. Brasília: Senado Federal, 1993.

DO   *Dois perdidos numa noite suja.* MARCOS, P. São Paulo: Global, 1979.

DP   *Diário de Pernambuco.* Pernambuco, 8.3.1991.

DP-O   Discurso – Dirno Pires. ANAIS DA CÂMARA DOS DEPUTADOS. Rio de Janeiro: Serviço Gráfico do IBGE, 1952. v.VII.

DRO   *As drogas.* ROCHA, L. C. 3.ed. São Paulo: Ática, 1988. (Série Princípios, 96).

DS   *Desempenho do setor agrícola.* RIBEIRO, S. W. Brasília: IPES, 1973.

DST   *Destruição e equilíbrio.* O homem e o ambiente no espaço e no tempo. RODRI-GUES, S. A. 4.ed. São Paulo: Atual, 1989.

DZ   *Domingo Zeppelim.* MORAES, V. Rio de Janeiro: MEC. v.II.

E   *É.* FERNANDES, M. Porto Alegre: L&PM, 1977.

EC   *Explicações científicas.* HEGENBERG, L. São Paulo: Herder, 1969.

ECG   *Ecologia geral.* DAJOZ, R. 3.ed. São Paulo: Vozes, 1978.

ECO   *Ecologia.* UZUNIAN, A. São Paulo: Anglo, 1985. (Livro-texto, 45).

ED   *Emissários do diabo.* LEMOS, G. Rio de Janeiro: Civilização Brasileira, 1968.

EFE   *Estradas de ferro.* BRINA, H. L. São Paulo: Livros Técnicos e Científicos, 1956. v.I.

EG   *Estudos de geografia.* ADAS, M. São Paulo: Moderna, 1975.

EGR   *Ensino da gramática – Opressão? Liberdade?* BECHARA, E. São Paulo: Ática, 1985.

EL   *Um elefante no caos.* FERNANDES, M. Rio de Janeiro: Edição do Autor, 1955.

ELD   *Eletrodinâmica.* SPANI, A. et al. São Paulo: Anglo, 1985. (Livro-texto, 27).

ELE   *Elementos de fisioterapia* (Medicina física). LEITÃO, A. 2.ed. Rio de Janeiro: Artenova, 1970.

ELL   *Elle.* São Paulo: 1989, 1991. Diversas edições.

EM   *Estado de Minas.* Belo Horizonte, 1992, 1993, 1994. Diversas edições.

EMB   *Embrulhando o peixe.* SEMLER, R. São Paulo: Best Seller, 1992.

EN   *Eles não usam black-tie.* GUARNIERI, G. São Paulo: Brasiliense, 1966.

ENE   *Energia nuclear no Brasil.* BIASI, R. Rio de Janeiro: Artenova, 1979.

ENF   *Enfermagem –* Anatomia e fisiologia humana. KAWAMOTO. São Paulo: EPU, 1988.

EPA   *O Estado do Pará.* Belém, 1981. Diversas edições.

EPR   *O Estado do Paraná.* Curitiba, 15.4.1981.

ER   *O que é erotismo.* BRANCO, L. C. São Paulo: Brasiliense, 1980. (Coleção Primeiros Passos, 136).

ES   *A escada.* ANDRADE, J. São Paulo: Brasiliense, 1964.

ESC   *Escara, problema de hospitalização.* CAMPEDELLI, M. C., GAIDZINSKI, R. R. São Paulo: Ática, 1987. v.146.

ESI   *O que é espiritismo.* CASTRO, M. L. V. São Paulo: Brasiliense, 1985. (Coleção Primeiros Passos, 146).

818

GUIA DE USO DO PORTUGUÊS

ESP   *O Estado de S. Paulo*. São Paulo, 1955-1958, 1992. Diversas edições.

ESS   *O Estado de S. Paulo*. São Paulo, 22.12.1956. Suplemento Literário.

EST   *Estorvo*. HOLLANDA, C. B. São Paulo: Cia. das Letras, 1991.

ET   *O que é ética*. VALLS, A. L. M. São Paulo: Brasiliense, 1986. (Coleção Primeiros Passos, 177).

ETR   *Estrela solitária*. CASTRO, R. São Paulo: Cia. das Letras, 1995.

ETT   *O que é estatística*. VIEIRA, S., WADA, R. 2.ed. São Paulo: Brasiliense, 1987. (Coleção Primeiros Passos, 195).

EV   *Evolução do catolicismo no Brasil*. MONTENEGRO, J. A. Petrópolis: Vozes, 1972.

EVO   *Evolução humana*. LIMA, C. P. São Paulo: Ática, 1996. (Série Princípios, 190).

EX   *Exame*. 1992, 1993. Diversas edições.

F   *O fardão*. PEDROSO, B. Rio de Janeiro: Saga, 1967.

FA   *Fatos e Fotos*. Rio de Janeiro: Bloch, 1990, 1993. Diversas edições.

FAB   *Fábulas fabulosas*. FERNANDES, M. Rio de Janeiro: Nórdica, 1963.

FAN   *Fantoches*. VERÍSSIMO, E. Porto Alegre: Globo, 1956.

FAV   *Feliz ano velho*. PAIVA, M. R. São Paulo: Brasiliense, 1982.

FB   *O futebol*. SALDANHA, J. Rio de Janeiro: Block, 1971.

FC   *Frutas comestíveis da Amazônia*. CAVALCANTE, P. B. Manaus: CNPq, INPA, 1976.

FE   *A falta que ela me faz*. SABINO, F. Rio de Janeiro: Record, 1980.

FEB   *Formação econômica do Brasil*. FURTADO, C. Rio de Janeiro: Fundo de Cultura, 1959.

FEL   *Felicidade*. CARLOS, M. Rede Globo de Televisão, 1989.

FER-O   Discurso de posse de Fernando Henrique Cardoso. *O Estado de S. Paulo*. São Paulo, 1995.

FF   *Fundamentos da farmacologia*. SILVA, M. R. 3.ed. São Paulo: Edart, 1973.

FH   *Favela High-Tech*. LACERDA, M. São Paulo: Scritta, 1993.

FI   *Ficção e ideologia*. CUNHA, F. W. Rio de Janeiro: Pongetti, 1972.

FIA   *Fisiologia animal comparada*. PINSETTA, S. E. São Paulo: Anglo, 1985. (Livro-texto, 43).

FIC   *Filme e cultura*. Rio de Janeiro: Empresa Brasileira de Filmes, 1978/1979.

FIG   *Figueira do inferno*. CAMARGO, J. M. São Paulo: Cultura Editora, 1961.

FIL   *O que é filatelia*. QUEIROZ, R. G. São Paulo: Brasiliense, 1984. (Coleção Primeiros Passos, 132).

FL-O   Discursos – Fernando Lyra. ANAIS DA CÂMARA DOS DEPUTADOS. Rio de Janeiro: Serviço Gráfico do IBGE, 1959. v.XV.

FN   *Folclore nacional*. ARAÚJO, A. M. São Paulo: Melhoramentos, 1964.

FO   *Forró no engenho da Cananeia*. CALLADO, A. Rio de Janeiro: Civilização Brasileira, 1964.

FOC   *Folha de S.Paulo*. São Paulo, 1989-1990. Ciência. Diversas edições.

FOR-O   *Fórum Nacional sobre reforma fiscal*. Brasília. 1991.

FOT   *O que é fotografia*. KUBRUSKI, C. São Paulo: Brasiliense, 1988. (Coleção Primeiros Passos, 82).

FP   *O fiel e a pedra*. LINS, O. Rio de Janeiro: Civilização Brasileira, 1961.

FR   *Ficção reunida*. CARVALHO, O. G. R. Teresina: Meridiano, 1981.

FRE   *Fresador*. SOUSA, A. B. 2.ed. São Paulo: Edart, 1968.

FS   *Os fundamentos sociais da ciência*. SANTOS, I. R. São Paulo: Polis, 1979.

FSP   *Folha de S.Paulo*. São Paulo, 1979, 1993; CD-ROM 1994/1995.

FT   *As frutas silvestres brasileiras*. ANDERSEN, O., VERONICA, U. 3.ed. Rio de Janeiro: Globo, 1989.

FU   *Aspectos fundamentais da cultura guarani*. SCHADEN, E. 3.ed. São Paulo: Ática, 1988.

FUN   *Fundamentos numéricos da química geral*. CARVALHO, G. C. São Paulo: Anglo, 1985. (Livro-texto, 32).

FUT   *Futebol de salão*. FERNANDES, L. G. O. São Paulo: Cia. Brasil, 1973. v.11.

G   *Os guaxos*. LESSA, O. Rio de Janeiro: Francisco Alves, 1959.

G-O   Desenvolvimento e independência. Discurso de J. Goulart. Porto Alegre: 7.9.1961.

GA   *Gota d'água*. HOLLANDA, C. B. Rio de Janeiro: Civilização Brasileira, 1980.

JA-O   Discursos – Jorge Arbage. ANAIS DA CÂMARA DOS DEPUTADOS. Rio de Janeiro: Serviço Gráfico do IBGE, 1955. v.V.

GAI   *Gaia – O planeta vivo* (por um caminho suave). LUTZENBERGER, J. Porto Alegre: L&PM, 1990.

GAN   *Grupos animais: embriologia dos cordados*. PINSETA, D. E. São Paulo: Anglo, 1985. (Livro-texto, 39).

GAT   *Galo das trevas*. NAVA, P. Rio de Janeiro: José Olympio, 1981.

GAZ   *A Gazeta de Vitória do Espírito Santo*. Vitória, 29.9.1994.

GCC   *Guerra do Cansa Cavalo*. LUIS, O. São Paulo: Cons. Est. de Cultura, 1965.

GCS   *Geografia, ciência da sociedade*. ANDRADE, M. C. São Paulo: Atlas, 1987.

GD   *O ganhador*. BRANDÃO, I. L. São Paulo: Global, 1987.

GE   *A grande estiagem*. GONDINI Filho, I. Rio de Janeiro: Dramas e Comédias, 1955.

GEN   *Genética*. PINSETA, E. D. São Paulo: Anglo, 1985. (Livro-texto, 42).

GEO   *Geomorfologia*. CHRISTOFOLETTI, A. São Paulo: Edusp, 1974.

GES   *Gazeta Esportiva*. São Paulo, 1957. Diversas edições.

GFO   *O que é grafologia*. CAMARGO, P. S. São Paulo: Brasiliense, 1993. (Coleção Primeiros Passos, 264).

GHB   *Geografia humana*. LOBO, R. H. São Paulo: Atlas, 1970.

GI   *Galvez, o imperador do Acre*. SOUZA, M. Rio de Janeiro: Marco Zero, 1983.

GL   *Globo Rural*. Rede Globo de Televisão. n.8, 15, 17, 18, 43.

GLA   *Glaucoma*. PAIVA GONÇALVES, P. São Paulo: Procienx, 1966. (Coletânea de trabalhos e notas).

GLO   *O Globo*. Rio de Janeiro, 1954, 1993.

GM   *Ginástica para a mulher moderna*. FISCHER, N. G. Rio de Janeiro: Tecnoprint, s. d.

GON   Gonzagão – O monumento do nordeste. *Som*. Rio de Janeiro, n.3, p.149-54, Ed. Antena, 1980.

GP   *Gazeta do Povo*. Curitiba, 1992. Diversas edições.

GUIA DE USO DO PORTUGUÊS

GPO *O que é geopolítica*. MAGNONI, D. 2.ed. São Paulo: Brasiliense, 1988. (Coleção Primeiros Passos, 183).

GRE *A greve dos desempregados*. BELTRÃO, L. São Paulo: Cortez, 1984.

GRO *Grotão do café amarelo*. MARINS, F. F. 3.ed. São Paulo, 1969.

GT *Gafanhotos em Taquara-Poca*. MARINS, F. F. 9.ed. São Paulo: Melhoramentos, 1971.

GTC *Geografia* – Teoria e Crítica. MOREIRA, R. Petrópolis: Vozes, 1982.

GTT *Um gato na terra do tamborim*. DIAFÉRIA, L. São Paulo: Símbolo, 1977.

GU *Guia Rural*. São Paulo: Abril, n.2, 8, 11, 12, 1990.

GUE *O que é guerra*. NUMERIANO, R. São Paulo: Brasiliense, 1990. (Coleção Primeiros Passos, 236).

GV *Grupos vegetais*. BRITO, E. A. São Paulo: Anglo, 1982. (Livro-texto, 40).

H *História econômica do Brasil*. PRADO JÚNIOR, C. São Paulo: Brasiliense, 1967.

HA *Halloween, o dia das bruxas*. GOMIDE, N. Rio de Janeiro: Zahar, 1988. v.465.

HAB *Habermas e a teoria crítica*. FREITAG, B. São Paulo: Ática, 1980.

HAR *Harmada*. NOLL, G. G. São Paulo: Cia. das Letras, 1993.

HB *Higiene bucal*. MICHELI, G. São Paulo: Ática, 1986. (Série Princípios, 79).

HIB *História do Brasil*. BORIS, F. São Paulo: Edusp, 1994.

HIR *História da riqueza do homem*. HUBERMAN, L. Rio de Janeiro: Zahar, 1962.

HF *História da filosofia, psicologia e lógica*. FONTANA, D. F. São Paulo: Saraiva, 1969.

HG *História geral* I e II. MARONI. G. T. São Paulo: Anglo, 1985. (Livro-texto, 8 e 9).

HH *Halterofilismo pelo método Hércules*. 4.ed. São Paulo: Cia. Brasil Editora, 1958.

HID *Hidrologia*. SOUSA PINTO, N. L. Curitiba: UFPR, 1967.

HO *O homem da capa preta*. RESENDE, S. Porto Alegre: Tche, 1987.

HOM *O que é homeopatia*. DANTAS, F. São Paulo: Brasiliense, 1989. (Coleção Primeiros Passos, 134).

HP *O homem que perdeu a alma*. WANDERLEY, J. C. Rio de Janeiro: MEC, 1960.

I *Irene*. BLOCK, P. Rio de Janeiro: Talmagráfica, 1953.

IA *Introdução à Antropologia Brasileira*. RAMOS, A. 2.ed. Rio de Janeiro: Casa do Estudante, v.1.

IC *A Ilha de Circe* (Mister Sexo). BETHENCOURT, J. São Paulo: Brasiliense, 1966.

ID *O ídolo de cedro*. BORGES, D. São Paulo: Livres Artes, 1965.

IFE *Imprensa feminina*. BUITONI, D. S. 2.ed. São Paulo: Ática, 1990. (Série Princípios, 41).

II-O *Inserção internacional do Brasil* – Gestão do ministro Celso Lafer no Itamaraty. LAFER, C. Brasília: Gráfica do Senado, 1993.

ILC *Informação. Linguagem. Comunicação*. PIGNATARI, D. 4.ed. São Paulo: Perspectiva, 1970.

IN *A invasão*. GOMES, D. Rio de Janeiro: Civilização Brasileira, 1962.

INC *Incidente em Antares*. VERÍSSIMO, E. São Paulo: Globo, 1996.

INF *Informática*. São Paulo: Eletrônica Digital, 1992. Diversas edições.

INQ *Inquéritos em preto e branco*. MAY, N. L. Porto Alegre: Mercado Aberto, 1994.

INT *Interview*. São Paulo, n.157/161. Inter Ed., 1963.

MARIA HELENA DE MOURA NEVES

IP   *Interdisciplinaridade e patologia do saber*. JAPIASSU, H. Rio de Janeiro: Imago, 1976.

IS   *IstoÉ*. São Paulo, n.252, Ed. Três, 18.8.1982.

ISO *Informática e sociedade*. YOUSSEF, A. N., FERNANDEZ, V. P. 2.ed. São Paulo: Ática, 1988.

ISL *O que é islamismo*. HADDAD, J. A. São Paulo: Brasiliense, 1981. (Coleção Primeiros Passos, 41).

J   *João Abade*. SANTOS, J. F. Rio de Janeiro: Agir, 1958.

JA   *Jornal de Alagoas*. Maceió, 1992. Diversas edições.

JB   *Jornal do Brasil*. Rio de Janeiro, 1965, 1981, 1993. Diversas edições.

JDB *Jornal de Brasília*. Brasília, 11.4.1979; 26/29.1980.

JC   *Jornal do Comércio*. Recife, 6.3.1981. Recortes.

JK-O Discursos – Arraial do Cabo. Rio de Janeiro, 3.1.1958.

JL-O Discursos – J. Lins. ANAIS DA CÂMARA DOS DEPUTADOS. Rio de Janeiro: Serviço Gráfico do IBGE, 1958. v.XI.

JM   *A janela e o morro*. LIMA, G. F. 2.ed. Rio de Janeiro: José Olympio, 1988.

JO   *Joia*. Rio de Janeiro: Bloch, 1954. Vários números.

JP   *Jardinagem prática*. PEREIRA, A. São Paulo: Melhoramentos, 1978.

JT   *João Ternura*. MACHADO, A. Rio de Janeiro: José Olympio, 1965.

JU   *O que é justiça*. BARBOSA, J. C. São Paulo: Brasiliense, 1984. (Coleção Primeiros Passos, 6).

JV-O Discursos – J. Viveiros. ANAIS DA CÂMARA DOS DEPUTADOS. Rio de Janeiro: Serviço Gráfico do IBGE, 1959. v.XIV.

L   *A ladeira da memória*. VIEIRA, J. G. São Paulo: Saraiva, 1950.

LA   *Labirinto de espelhos*. MONTELLO, G. São Paulo: Martins, 1961.

LAZ *O que é lazer*. LIMA CAMARGO, L. O. 2.ed. São Paulo: Brasiliense, 1989. (Coleção Primeiros Passos, 172).

LC   *Lobos e cordeiros*. LOPES, E. São Paulo: Moderna, 1983.

LE-O *Eu era cego e agora eu vejo*. LESSA, O. São Paulo: Pendão Real, 1976.

LIJ *Linguagem jornalística*. LAGE, N. 3.ed. São Paulo: Ática, 1990. (Série Princípios, 37).

LIP *O que é literatura popular*. LUYTEN, J. M. 5.ed. São Paulo: Brasiliense, 1983. (Coleção Primeiros Passos, 98).

LOB *O lobisomem e outros contos*. SALES, H. Rio de Janeiro: Civilização Brasileira, 1975.

LS-O Discursos – Lins e Silva. ANAIS DA CÂMARA DOS DEPUTADOS. Rio de Janeiro: Serviço Gráfico do IBGE, 1975. v.XV.

M   *A maçã no escuro*. LISPECTOR, C. 3.ed. Rio de Janeiro: Instituto Nacional do Livro, 1970.

MA   *Marajó*. JURANDIR, D. 2.ed. Rio de Janeiro: Cátedra, MEC, 1978.

MAD *Madrugada sem Deus*. DONATO, M. São Paulo: Círculo do Livro, 1954.

MAG *Magia e pensamento mágico*. MONTEIRO, O. São Paulo: Ática, 1986. (Série Princípios, 43).

MAN *Manchete*. Rio de Janeiro, n.1027/1222, Bloch, dez.1971/dez.1975.

GUIA DE USO DO PORTUGUÊS

MA-O   Carta pastoral – Prevenindo os diocesanos. MAYER, A. C. Rio de Janeiro: Vera Cruz, 1976.

MAQ   *Mecanização.* Rio de Janeiro: Globo, 1991. (Coleção Agrícola).

MAR   *Marcoré.* PEREIRA, A. O. Rio de Janeiro: José Olympio, 1965.

MAT   *Manual do torneiro.* LOUVRET, J. C. 9.ed. São Paulo: Credilep S/A, 1970.

MC   *A Madona de Cedro.* CALLADO, A. Rio de Janeiro: José Olympio, 1957.

MCA   *À moda da casa da amizade* – 745 receitas testadas e aprovadas. FERREIRA, P. Araraquara: Rotary Distr., 1984.

MCO   *Materiais de construção.* BAUER, L. A. F. São Paulo: Livros Técnicos, 1979.

MD   *Mandala.* GOMES, D. Rede Globo de Televisão, 1988.

ME-O   *O jogo da verdade* – Assessoria Especial de Relações Públicas da Presidência da República. MÉDICI, E. A. Brasília, 1973.

MEC   *Memórias do cárcere.* RAMOS, G. Rio de Janeiro: José Olympio, 1954.

MEN   *Meninas da noite.* DIMENSTEIN, G. São Paulo: Ática, 1992.

MER   *O que é mercadoria.* SIGNINI, L. R. P. São Paulo: Brasiliense, 1984. (Coleção Primeiros Passos, 123).

MH   *Mundo Homem, arte em crise.* PEDROSA, A. M. São Paulo: Perspectiva, 1975.

MIR-O   Discursos – senador Gilberto Miranda. AGENDA PARLAMENTAR. Brasília: Gráfica do Senado. v.1.

MK   *O que é marketing.* RICHERS, R. 6.ed. São Paulo: Brasiliense, 1984. (Coleção Primeiros Passos, 27).

ML   *Memórias do Lázaro.* ADONIAS FILHO. 3.ed. Rio de Janeiro: Civilização Brasileira, 1974.

MMM   *Memorial de Maria Moura.* QUEIROZ, R. São Paulo: Siciliano, 1992.

MO   *A moratória.* ANDRADE, J. São Paulo: Agir, 1980.

MOR   *O que é moral.* PEREIRA, O. São Paulo: Brasiliense, 1991. (Coleção Primeiros Passos, 244).

MP   *A morte da porta-estandarte.* MACHADO, A. J. 2.ed. Rio de Janeiro: José Olympio, 1969.

MPB   *Malagueta, Perus e Bacanaço.* ANTONIO, J. 4.ed. Rio de Janeiro: Civilização Brasileira, 1976.

MPF   *Murro em ponta de faca.* BOAL, A. São Paulo: Hucitec, 1978.

MPM   *Manual prático de marcenaria.* MARCELLINI, D. 3.ed. São Paulo: Melhoramentos, 1953.

MRF   *Marafa.* REBELO, M. Rio de Janeiro: Edições de Ouro, 1966.

MS   *A menina do sobrado.* ANJOS, C. Rio de Janeiro: José Olympio, 1979.

MS-O   Discursos – Milton Steinbruch. ANAIS DA CÂMARA DOS DEPUTADOS. Rio de Janeiro: Serviço Gráfico do IBGE, 1956. v.XXXV.

MT   *Manual de treinamento da empresa moderna.* FONTES, L. B. 2.ed. São Paulo: Atlas, 1975.

MU   *O mundo do boxe.* QUEIRÓZ, J. São Paulo: Civilização Brasileira, 1969.

N   *Noite.* VERÍSSIMO, E. Porto Alegre: Globo, 1957.

NAM   *Novo amor.* CARLOS, M. Rede Globo de Televisão, 1982/1983.

NAZ   *Nazismo* – O triunfo da vontade. LENHARO, A. São Paulo: Ática, 1986. (Série Princípios, 94).

NBN   *Nos bastidores da notícia.* GARCIA, A. São Paulo: Globo, 1991.

NB   *O nome do bispo.* TAVAREZ, Z. São Paulo: Brasiliense, 1985.

NC   *A navalha na carne.* MARCOS, P. São Paulo: Senzala, 1968.

ND   *Nordeste – Alternativas da agricultura.* ANDRADE, M. C. Campinas: Papirus, 1988.

NE   *Neuroses.* QUILES, I. Q. São Paulo: Ática, 1986. (Série Princípios, 76).

NE-O   *A rua da amargura.* NERY, J. C. São Paulo: Escolas Profissionais Salesianas, 1975.

NEP   *As novas estruturas políticas brasileiras.* VALLE, A. 2.ed. Rio de Janeiro: Nórdica, 1978.

NEU   *Neurolinguística dos distúrbios da fala.* RODRIGUES, N. São Paulo: Cortez, 1989.

NFN   *Noções de fisiologia da nutrição.* COUTINHO, R. 2.ed. Rio de Janeiro: Cultura Médica, 1981.

NI   *Um ninho de mafagafes cheio de mafagafinhos.* CARVALHO, J. C. Rio de Janeiro: José Olympio, 1972. (Coleção Sagarana, 91).

NO   *O Norte.* João Pessoa, 1980. Recortes.

NOD   Nó de quatro pernas. TOURINHO, N. *Revista de Teatro.* Rio de Janeiro, n.457, 1986.

NOF   *No fundo do poço.* SILVEIRA, H. São Paulo: Martins, 1950.

NOL   *Natação olímpica.* LENK, M. Rio de Janeiro: INL, 1966.

NOR   *O que é nordeste brasileiro.* GARCIA, C. 5.ed. São Paulo: Brasiliense, 1986. (Coleção Primeiros Passos, 119).

NOV   *Nova.* São Paulo: Abril, jun.1978.

NP   *Noções práticas de estatística.* NUNES, M. R. 2.ed. Rio de Janeiro: Fundação IBGE, 1971.

NU   *O que é numismática.* COSTILHES, A. J. São Paulo: Brasiliense, 1985. (Coleção Primeiros Passos, 147).

O   *Orfeu da Conceição.* MORAIS, V. 2.ed. Rio de Janeiro: Livraria São José, 1960.

OA   *O alquimista.* COELHO, P. Rio de Janeiro: Rocco, 1990.

OAQ   *O aquário.* CASTRO, L. P. Rio de Janeiro: José Álvaro, 1970.

OB   *Os ossos do barão.* ANDRADE, J. São Paulo: Brasiliense, 1964.

OBS   *Obstetrícia.* REZENDE, J. Rio de Janeiro: Guanabara Koogan, 1962. v.I e II.

OCE   *O que é oceanografia.* GALLO, J., VERRONE, L. V. São Paulo: Brasiliense, 1993. (Coleção Primeiros Passos, 284).

OD   *O Dia.* Rio de Janeiro, fev./mar.1992.

OE   *Os escorpiões.* HOLANDA, G. São Paulo: Comissão do IV Centenário, s. d.

OEP   *O Estado do Pará.* Belém, 1992. Diversas edições.

OES   *O Estado de Sergipe.* Sergipe, 1992. Diversas edições.

OG   *O Globo.* Rio de Janeiro, 1992. Diversas edições.

OI   *O Imparcial.* São Luís, 20.12.1979, p.7.

OL   *O outro lado do poder.* ABREU, H. 2.ed. Rio de Janeiro: Nova Fronteira, 1979.

OLA   *O labirinto de Mariana.* ANTINORI, M. São Paulo: Klaxon, 1990.

OLG   *Olga.* MORAIS, F. São Paulo: Alfa Omega, 1987.

OLI   *O Liberal.* Belém, 1981. Diversas edições.

GUIA DE USO DO PORTUGUÊS

OM   *Ópera do malandro.* HOLLANDA, C. B. 3.ed. São Paulo: Cultura, 1980.

OMA   *O jovem deve saber tudo sobre o mar.* BEKUTI, H., MOREIRA, A. Rio de Janeiro: Inst. Nacional do Livro, 1971. (Coleção Brasil Hoje, 1).

OMT   *O matador.* MELO, P. São Paulo: Cia. das Letras, 1995.

OMU   *O Mundo Português.* Rio de Janeiro, 1992. Diversas edições.

ON   *Ondulatória.* STAVALE, S. et al. São Paulo: Anglo, 1982. (Livro-texto, 26).

OP   *O Popular.* Goiânia, 1980. Diversas edições.

OPT   *Óptica.* STAVALE, S. et al. São Paulo: Anglo, 1985. (Livro-texto, 23).

OPV   *O Povo.* Fortaleza, 23.9.1992.

ORM   *Orminda.* GARCIA, J. B. 6.ed. Capivari: EME, 1994.

OS   *Os servos da morte.* ADONIAS FILHO. 2.ed. Rio de Janeiro: GRD, 1965.

OS-O   Atuação parlamentar do senador Odacyr Soares 1988. SOARES, O. Brasília: Senado Federal, 1992.

OSA   *O santo inquérito.* GOMES, D. Rio de Janeiro: Civilização Brasileira, 1966.

OSD   *Os desvalidos.* DANTAS, F. G. C. São Paulo: Cia. das Letras, 1993.

OV   *Olhos de ver, ouvidos de ouvir.* LISBOA, L. C. São Paulo: Difel, 1977.

P   *Patética.* CHAVES NETO, J. R. Rio de Janeiro: Civilização Brasileira, 1978.

PAE   *Primo Altamirando e elas.* PONTE PRETA. S. 3.ed. Rio de Janeiro: Ed. do Autor, 1962.

PAN   *Pantanal – Um grito de agonia.* SILVA, S. F. 2.ed. São Paulo: Câmara Brasileira do Livro, 1990.

PAO   *O pão de cada dia.* PIÑON, N. Rio de Janeiro: Nova Fronteira, 1994.

PCO   *Pedaços do cotidiano.* GASPARETTO, Z. M. 4.ed. São Paulo: Espaço Vida e Consciência, s. d.

PD   *Pedra sobre pedra.* Rede Globo de Televisão.

PE   *Práticas escolares.* D'ÁVILA, A. São Paulo: Saraiva, 1954. v.3.

PED   Pedro pedreiro. PALLOTTINI, R. *Revista de Teatro.* Rio de Janeiro, n.458, 1986.

PEL   *A pena e a lei.* SUASSUNA, A. 2.ed. Rio de Janeiro: Agir, 1975.

PEM   Pedro Malazarte. KHNER, M. H. *Revista de Teatro.* Rio de Janeiro, n.469, 1989.

PEN   *O que é pentecostalismo.* ROLIM, F. P. São Paulo: Brasiliense, 1987. (Coleção Primeiros Passos, 188).

PEP   *As pedras preciosas.* FRANCO, R. R., CAMPOS, J. E. S. São Paulo: Brasiliense, 1965.

PER   *Períodos literários.* CADEMARTORI, L. São Paulo: Ática, 1985. (Série Princípios, 21).

PEV   *Perigo de vida* – Predadores e presas – Um equilíbrio ameaçado. ALBERTS, C. C. 7.ed. São Paulo: Atual, 1989.

PEX   *A pesquisa experimental em psicologia e educação.* RODRIGUES, H. Petrópolis: Vozes, 1976.

PF   Pluft, o fantasminha. MACHADO, M. C. *Teatro infantil.* 2.ed. Rio de Janeiro: Agir, 1959.

PFI   *Pais & Filhos.* Rio de Janeiro: Bloch, 1972, 1989. Diversas edições.

PFV   *Paixão e fim de Valério Caluete.* ARAÚJO, J. G. Rio de Janeiro: Agir, MEC, 1978.

PGN   *Por uma geografia nova.* SANTOS, M. São Paulo: Hucitec, 1980.

825

MARIA HELENA DE MOURA NEVES

PH   *O período hipotético iniciado por se...* LEÃO, A. V. Belo Horizonte: UMG, 1961.

PHM   *Pequena história da música popular brasileira.* TINHORÃO, J. R. Petrópolis: Vozes, 1978.

PI   O papel dos interesses na escolha da profissão. ANGELINI, A. N. *Psicologia educacional 5.* São Paulo: FCLH, USP. Boletim n.185, 1957.

PL   *Meu pé de laranja lima.* VASCONCELOS, J. M. 8.ed. São Paulo: Melhoramentos, 1968.

PLA   *Placar.* 1989. Diversas edições.

PM   *Pedro Mico, o zumbi da catacumba.* CALLADO, A. Rio de Janeiro: Dramas e Comédias, 1957.

PN   *Os pastores da noite.* AMADO, J. São Paulo: Martins, 1964.

PO   *O que é pornografia.* MORAES, E. R., LAPEIZ, S. M. São Paulo: Brasiliense, 1984. (Coleção Primeiros Passos, 128).

POL-O   *Políticas de preços da energia no Brasil.* Brasília: Senado Federal, 1991.

PP   *O pagador de promessas.* GOMES, D. 3.ed. Rio de Janeiro: Civilização Brasileira, 1967.

PQ   *O que é poluição química.* PONTIN, J. A., MASSARO, S. 3.ed. São Paulo: Brasiliense, 1994. (Coleção Primeiros Passos, 267).

PR   *A pedra do reino.* SUASSUNA, A. 3.ed. Rio de Janeiro: Civilização Brasileira, 1967.

PRA   *A prática da reportagem.* KOTSCHO, R. São Paulo: Ática, 1986. (Série Fundamentos, 16).

PRE   *O presidente.* VEIGA, V. São Paulo: Clube do Livro, 1959.

PRO   *Prodígios.* MACHADO, D. São Paulo: Moderna, 1980.

PRP   *Prospecção geotécnica do subsolo.* PORTO, J. C., LIMA, A. Rio de Janeiro: Livros Técnicos, 1979.

PRT   *Prática das pequenas construções.* BORGES, A. C. 6.ed. São Paulo: Edgart Blucher, 1972.

PS   *O que é psicanálise.* CESAROTO, O., LEITE, M. P. S. São Paulo: Brasiliense, 1984. (Coleção Primeiros Passos, 133).

PSC   *O que é psicoterapia.* PORCHAT, L. São Paulo: Brasiliense, 1989. (Coleção Primeiros Passos, 224).

PSI   *Psicanálise e linguagem.* CASTRO, E. M. São Paulo: Ática, 1986. (Série Princípios, 45).

PT   *Pesquisa tecnológica na universidade e na indústria brasileiras.* São Paulo: Pioneira, 1968. Inst. Roberto Simonsen.

PTP   *Progressos no tratamento das parasitoses.* CARRERA, P., BARBEITO, A., TESSI, C. São Paulo: Cia. Lit. Ypiranga, 1968.

PV   *Plataforma vazia.* BARRETO, B. Belo Horizonte: Itatiaia, 1962.

Q   *Quarup.* CALLADO, A. 2.ed. São Paulo: Círculo do Livro, 1974.

Q-DI   *Química.* CARVALHO, G. C. São Paulo: Anglo, 1985. (Livro-texto, 33).

QDE   *Quarto de despejo.* JESUS, C. M. São Paulo: Paulo de Azevedo, 1960.

QI   *A questão indígena na sala de aula.* Subsídios para professores de 1º e 2º graus. São Paulo: Brasiliense, 1987. (Prefácio Frei Betto).

QUI   *O que é química.* CHRISPINO, A. 3.ed. São Paulo: Brasiliense, 1994. (Coleção Primeiros Passos, 226).

GUIA DE USO DO PORTUGUÊS

R   *Roteiro da agonia*. MIRANDA, M. Rio de Janeiro: Civilização Brasileira, 1965.

RAP   Os rapazes estão chegando. VIEIRA NETO, G. *Revista de Teatro*. Rio de Janeiro, n.473, 1990.

RB   *Raízes do Brasil*. HOLLANDA, S. B. 10.ed. Rio de Janeiro: José Olympio, 1976.

RC   *Rasga coração*. VIANA FILHO, O. Rio de Janeiro: MEC, SEAC, Funarte, 1980.

RE   *A resistência*. AMARAL, M. A. S. Rio de Janeiro: MEC, DAC, Funarte, 1978.

REA   *Realidade*. São Paulo: Abril, 1968, 1989. Diversas edições.

REB   *A revolução dos beatos*. GOMES, D. Rio de Janeiro: Civilização Brasileira, 1962.

REF   *Reflexões sobre a arte*. BOSI, A. São Paulo: Ática, 1989. (Série Fundamentos, 8).

REI   *O Rei de Ramos*. GOMES, D. Rio de Janeiro: Civilização Brasileira, 1979.

REL   *Relato de um certo Oriente*. HATOUM, M. São Paulo: Cia. das Letras, 1991.

REP   *República dos sonhos*. PIÑON, N. Rio de Janeiro: Francisco Alves, 1984.

RET   *O retrato do rei*. MIRANDA, A. São Paulo: Cia. das Letras, 1991.

RI   *Imprensa*. São Paulo: Imprensa Graf. Ed., 1989. Diversas edições.

RIR   *Um rio imita o Reno*. MOOG, V. 8.ed. Rio de Janeiro: Civilização Brasileira, 1966.

RM   *A riqueza mineral do Brasil*. ABREU, S. F. São Paulo: Cia. Nacional, 1957.

RO   *Rosamundo e os outros.* PONTE PRETA, S. 2.ed. Rio de Janeiro: Edição do Autor, 1963.

ROM   *Romances completos*. PENA, G. Rio de Janeiro: Aguilar, 1958.

ROT   *O roteirista profissional: TV e Cinema*. REY, M. São Paulo: Ática, 1989. (Série Fundamentos, 50).

RR   *Revista do Rádio*. Rio de Janeiro, n.876/633, 1968/1961.

RS   *A redução sociológica*. RAMOS, G. Rio de Janeiro: MEC, 1958.

RV   *Roda viva.* HOLLANDA, C. B. Rio de Janeiro: Sabiá, 1968.

S   *Serras Azuis*. LIMA, G. F. 3.ed. Rio de Janeiro: José Olympio, MEC, 1976.

SA   *Sagarana*. ROSA, J. G. Rio de Janeiro: José Olympio, 1951.

SAM   *Sampa.* DANIEL, M., ASSUNÇÃO, L., AVANCINE, W. Rede Globo de Televisão, 1996.

SAR   *Sargento Getúlio*. RIBEIRO, J. U. 7.ed. Rio de Janeiro: Nova Fronteira, 1982.

SC   *Seria cômico se não fosse trágico*. RANGEL, F. 2.ed. Rio de Janeiro: Civilização Brasileira, 1981.

SD   *Sete dias a cavalo*. BORBA FILHO, H. Porto Alegre: Globo, 1975.

SE   *Os sete pecados capitais*. ROSA, J. G. Rio de Janeiro: Civilização Brasileira, 1964.

SEG   *Segura teu homem.* CALVET, A. *Revista de Teatro*. Rio de Janeiro, n.468, 1972.

SEN   *O senhor do mundo*. FARIA, O. Rio de Janeiro: José Olympio, 1957.

SER   *A serpente*. RODRIGUES, N. Rio de Janeiro: Nova Fronteira, 1980.

SF-O   Discursos – Santos Filho. ANAIS DA CÂMARA DOS DEPUTADOS. Rio de Janeiro: Serviço Gráfico do IBGE, 1956. v.IX.

SIG-O   *Carta Pastoral.* SIGAUD, G. P., 1963.

SIM-O   Recordo com a dor de todas as saudades. Discurso de Pedro Simon dedicado a Ulisses Guimarães. Brasília: Gráfica do Senado, 1992.

SIN   *O que é sindicalismo*. ANTUNES, R. L. C. São Paulo: Brasiliense, 1981. (Coleção Primeiros Passos, 3).

SI-O Senador Pedro Simon – Discursos e Projetos 1993. Discurso de Pedro Simon. Brasília, 1995.

SL *O sorriso do lagarto*. RIBEIRO, J. U. Rio de Janeiro: Nova Fronteira, 1984.

SM *Santa Maria Fabril S/A*. ALMEIDA, A. P. São Paulo: Martins, 1955.

SMI *Semiologia infantil*. PERNETTA, C. Rio de Janeiro: Gráfica Laemmert, 1957.

SO *Sonho de uma noite de velório*. COSTA, O. R. Rio de Janeiro: Funarte, 1976.

SOC *Sociedades indígenas*. RAMOS, A. R. 2.ed. São Paulo: Ática, 1988.

SOR *O sorriso de pedra*. BLOCK, P. Rio de Janeiro: Pongetti, 1965.

SPI *Spiros*. JOCKMAN, S. Brasília: MEC, SEAC, 1977.

SS *Saudades do século XX*. CASTRO, R. São Paulo: Cia. das Letras, 1994.

SU *Super Interessante* São Paulo: Abril, 1987. n.5, 6, 7, ano 6.

SUC *Subordinação e coordenação*. CARONE, F. B. São Paulo: Ática, 1988. (Série Princípios, 138).

SV *Sinal de vida*. MUNIZ, L. C. São Paulo: Global, 1979.

T *O telefone amarelo*. ANÍSIO, F. R. J. São Paulo: Rocco, 1979.

TA *O que é tarô*. URBAN, P. São Paulo: Brasiliense, 1992. (Coleção Primeiros Passos, 263).

TA-O Discursos – Aurélio de Lyra Tavares. ANAIS DA CÂMARA DOS DEPUTADOS. Rio de Janeiro: Serviço Gráfico do IBGE, 1970.

TAF *Táticas de futebol*. MENDES, L. Rio de Janeiro: Ed. Ouro, 1979.

TB *Tudo bem*. JABOR, A. (Roteiro do filme).

TC *Toxicologia clínica e forense*. ALCÂNTARA, H. R. 2.ed. São Paulo: Cia. Lit. Ypiranga, 1985.

TEF *Termofísica*. PIQUEIRA, J. R. C. São Paulo: Anglo, 1985. (Livro-texto, 28).

TE *O que é teoria*. PEREIRA, O. 8.ed. São Paulo: Brasiliense, 1982. (Coleção Primeiros Passos, 59).

TEB *Telefonia básica*. ROMANO, C., TODDAI, R. São Paulo: Brasiliense, 1978. v.5.

TEG *Teatro de G. Figueiredo*. Rio de Janeiro: Civilização Brasileira, 1964. (Quatro peças).

TER *Terra encharcada*. PASSARINHO, J. G. São Paulo: Clube do Livro, 1968.

TF *Tratado de fitogeografia no Brasil*. RIZZINI, C. T. São Paulo: Hucitec, 1976.

TG *Tocaia grande*. AMADO, J. Rio de Janeiro: Record, 1984.

TGB *Tratado geral do Brasil*. SCANTIMBURGO, J. São Paulo: Universidade de São Paulo, 1971.

TGG *Teatro de G. Guarnieri*. São Paulo: Hucitec, 1988. (Texto para TV).

TI *Terapêutica infantil*. PERNETTA, C. 3.ed. Rio de Janeiro: Koogan, 1959.

TL *Teoria lexical*. BASÍLIO, M. São Paulo: Ática, 1987. (Série Princípios, 88).

TPR *Tragédia para rir*. FIGUEIREDO, G. Rio de Janeiro: Civilização Brasileira, 1958.

TQ *Termoquímica*. CARVALHO, G. C. São Paulo: Anglo, 1985. (Livro-texto, 34).

TR *Travessias*. LOPES, E. São Paulo: Moderna, 1980.

TRH *Trilogia do herói grotesco* (A inconveniência de ser esposa. Da necessidade de ser polígamo). SAMPAIO, S. Rio de Janeiro: Civilização Brasileira, 1961.

TRI *Tribuna do Norte*. Natal. 14.1.1993.

TS *Tambores de São Luís*. MONTELLO, J. Rio de Janeiro: José Olympio, 1975.

GUIA DE USO DO PORTUGUÊS

TT   *O que é transporte urbano.* São Paulo: Brasiliense, 1988. (Coleção Primeiros Passos, 199).

TU   *Tubulações industriais.* TELLES, S. Rio de Janeiro: Ao Livro Técnico, 1968.

TV   *O tempo e o vento – O continente.* VERÍSSIMO, E. Rio de Janeiro: Globo, 1956. t.II.

U   *Um copo de cólera.* NASSAR, R. São Paulo: Livraria Cultura, 1978.

UC   *O último carro.* NEVES, J. Rio de Janeiro: MEC, 1976.

UE   *Usos da energia – Sistemas, fontes e alternativas do fogo aos gradientes de temperaturas oceânicas.* TUNDISI, H. S. F. 4.ed. São Paulo: Atual, 1991.

UM   *Umbanda.* MAGNANI, J. G. C. São Paulo: Ática, 1986. (Série Princípios, 34).

UNM   *Um nome de mulher.* LOVADA, M. C. TV Manchete, 1985.

UQ   *A última quimera.* MIRANDA, A. São Paulo: Cia. das Letras, 1995.

URB   *O que é urbanismo.* GONÇALVES, A. J., SANT'ANA, A., CARSTENS, F. São Paulo: Brasiliense, 1990. (Coleção Primeiros Passos, 246).

US   Um sábado em 30. MARINHO, L. *Revista de Teatro.* Rio de Janeiro, n.453, 1963.

V   *Vila dos Confins.* PALMÉRIO, M. Rio de Janeiro: José Olympio, 1957.

VA   *Vastas emoções e pensamentos imperfeitos.* FONSECA, R. São Paulo: Cia. das Letras, 1988.

VB   *A vida em flor de Dona Beja.* VASCONCELOS, A. 5.ed. Belo Horizonte: Itatiaia, 1988.

VEJ   *Veja.* São Paulo: Abril, 1979, 1994. Diversas edições.

VER   *Veranico de janeiro.* BERNARDO, E. 2.ed. Rio de Janeiro: José Olympio, 1976.

VES   *O valete de espadas.* MOURÃO, G. M. Rio de Janeiro: Guanabara, 1965.

VI   *Vinte histórias curtas.* DINES, A. Rio de Janeiro: Antunes, 1960.

VIC   *Violetas e caracóis.* DOURADO, A. Rio de Janeiro: Guanabara, 1987.

VID   *Vida doméstica.* Rio de Janeiro: Bloch, set.1953.

VIO   Paulinho da Viola. *Som.* Rio de Janeiro, n.3, p.145-8, Ed. Antena, 1980.

VIS   *Visão.* São Paulo: Ed. Visão, 39/40, 1970; 1987.

VIU   *Viúva porém honesta.* RODRIGUES, N. Rio de Janeiro: Tempo Brasileiro, 1966.

VL   *Volta ao lar.* NOGUEIRA, A. Rede Globo de Televisão.

VN   *A viagem noturna.* TEIXEIRA, M. L. São Paulo: Martins, 1965.

VO   Vovô Clementino contra o planeta cor de prata. NASCIMENTO, J. *Revista de Teatro.* Rio de Janeiro, n.467, 1988.

VP   A Vila de Prata. MONIZ, E. *Revista dos Tribunais.* São Paulo: MEC, 1956.

VPB   *Viva o povo brasileiro.* RIBEIRO, J. U. Rio de Janeiro: Nova Fronteira, 1984.

X   *O que é xadrez.* SANTOS, P. S. São Paulo: Brasiliense, 1993. (Coleção Primeiros Passos, 271).

XA   *O xangô de Baker Street.* SOARES. J. São Paulo: Cia. das Letras, 1995.

Z   *Zero.* BRANDÃO, I. L. 2.ed. Rio de Janeiro: Ed. Brasília, 1976.

ZH   *Zero Hora.* Porto Alegre, 1990. Diversas edições.

ZO   *O que é zoologia.* FRANCIS, D. P., MARIA, D. S. A. 2.ed. São Paulo: Brasiliense, 1989. (Coleção Primeiros Passos, 154).

SOBRE O LIVRO

Formato: 16 x 23 cm
Mancha: 30 x 45 paicas
Tipologia: Times New Roman 9,5/11
Papel: Off-white 80 g/m^2 (miolo)
Couché fosco 120 g/m^2 (capa)
2ª edição: 2012
1ª reimpressão: 2020

EQUIPE DE REALIZAÇÃO

Edição de texto
Giuliana Gramani e Geisa Mathias de Oliveira (Revisão)

Capa
Estúdio Bogari

Editoração Eletrônica
Eduardo Seiji Seki (Diagramação)

Assistência Editorial
Alberto Bononi